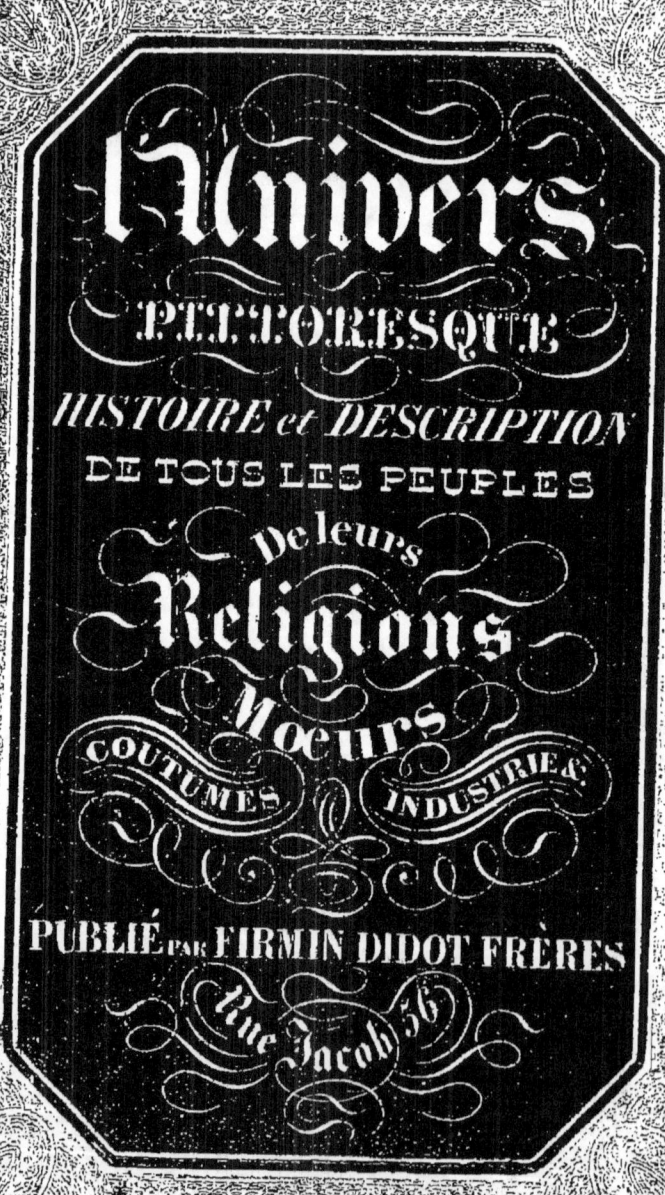

L'UNIVERS.

HISTOIRE ET DESCRIPTION
DE TOUS LES PEUPLES.

ESPAGNE.

PARIS.
TYPOGRAPHIE DE FIRMIN DIDOT FRERES,
IMPRIMEURS DE L'INSTITUT,
rue Jacob, 56.

ESPAGNE,

PAR M. JOSEPH LAVALLÉE,

MEMBRE DE LA SOCIÉTÉ ARCHÉOLOGIQUE DE MADRID,

ET

PAR M. ADOLPHE GUÉROULT,

CONSUL DE FRANCE.

PARIS,

FIRMIN DIDOT FRÈRES, ÉDITEURS,

IMPRIMEURS-LIBRAIRES DE L'INSTITUT DE FRANCE,

RUE JACOB, Nº 56.

M DCCC XLIV.

L'UNIVERS,

OU

HISTOIRE ET DESCRIPTION

DE TOUS LES PEUPLES,

DE LEURS RELIGIONS, MOEURS, INDUSTRIE, COUTUMES, ETC.

ESPAGNE,

Par MM. AD. GUEROULT ET J. LAVALLÉE.

DESCRIPTION GÉNÉRALE DE L'ESPAGNE.

Lorsque le doigt de Dieu creusa les mers, souleva les montagnes, déprima les vallées, au sud, et tout au bout de l'Europe, il posa l'Espagne comme une transition entre nos régions tempérées et les brûlants climats de l'Afrique. Il la plaça à l'extrémité la plus occidentale de l'ancien continent, comme un promontoire d'où devaient un jour s'élancer de hardis navigateurs, qui franchiraient l'océan et agrandiraient le monde d'un nouvel hémisphère.

Au nord, la péninsule Ibérique tient à la France. De tous les autres côtés elle est entourée par la mer. Son périmètre est très-irrégulier; aussi les auteurs qui l'ont décrit ne sont-ils pas d'accord entre eux sur la manière de le définir. Florian de O-Campo veut qu'il présente un quadrilatère, Pedro de Médina y voit un pentagone, Strabon ainsi que Mariana lui trouvent de la ressemblance avec une peau de bœuf. Le cou est formé par l'endroit où l'Espagne tient à la France. La queue, c'est le cap Saint-Vincent. Les pieds de devant sont figurés par la petite pointe de Bermeo près de Bilbao, et par le cap de Gata; ceux de derrière, par les pointes de Finistère en Galice et de Gibraltar sur le détroit de ce nom. Il faut au reste que la ressemblance ne soit pas bien frappante, car Juan Antonio de Estrada, tout en adoptant pour l'Espagne cette comparaison avec une peau de bœuf, place la tête en Portugal et la queue aux Pyrénées; c'est précisément le contraire de ce qu'avaient dit ses devanciers.

Dans sa plus grande étendue en ligne droite, c'est-à-dire depuis le cap Creuz jusqu'au cap Saint-Vincent, la Péninsule a cent quatre-vingt-quinze lieues espagnoles de dix-sept et demie au degré, ce qui représente environ cent vingt de nos myriamètres.

Quant à sa largeur, elle est excessivement variable, puisqu'au pied des Pyrénées, une ligne droite tirée de Portugalet jusqu'à l'extrémité de la pointe de Tosa, qui se trouve entre Blanès et San Feliù de Guixols, aurait soixante-dix-huit lieues espagnoles, environ cinquante-six myriamètres, tandis que de la pointe de Gibraltar à celle de Finistère il faut compter cent vingt-huit lieues ou quatre-vingt-dix-sept myriamètres. Le périmètre de la Péninsule est de six cent trente-quatre lieues. D'abord

1re *Livraison.* (ESPAGNE.)

il faut compter la frontière de terre pour quatre-vingts lieues; ensuite en partant du cap Creuz, en suivant les côtes de la Catalogne, des royaumes de Valence, de Murcie, de Grenade, de l'Andalousie, en franchissant le détroit, en comprenant une partie de celles du Portugal et jusqu'au cap Saint-Vincent dans les Algarves, on trouve deux cent soixante-dix lieues; de cet endroit jusqu'à la pointe du Finistère en Galice, il y a encore cent cinquante lieues; enfin, pour achever de fermer le polygone, en longeant la côte de la Galice, des Asturies, de la Biscaye, de la Guipuscoa jusqu'à la frontière de France, il faut ajouter cent trente-quatre lieues.

Sous la domination des Goths la Péninsule ne faisait qu'un seul royaume. Sous celle des Maures, elle a été fractionnée en une multitude de petits États indépendants les uns des autres. La couronne d'Aragon, celle de Castille et celle de Portugal ont successivement absorbé toutes ces petites seigneuries. Le mariage de Ferdinand et d'Isabelle a réuni la Castille et l'Aragon. Enfin, en 1580, le Portugal a été joint à l'Espagne par Philippe II; mais après être resté province espagnole pendant soixante années, il a ressaisi son indépendance. Depuis cette époque il a toujours formé un État séparé.

Cet ouvrage doit traiter seulement de l'Espagne; et pour avoir la figure de ce royaume, il faut retrancher le territoire portugais de la Péninsule telle qu'elle vient d'être décrite. Celui-ci forme un étroit parallélogramme, une espèce de bande, d'une largeur seulement de trente myriamètres, située le long de la côte occidentale, dont, au reste, il n'occupe pas toute l'étendue. Il n'a guère que soixante myriamètres du sud au nord, et s'arrête au bord du Minho, en sorte qu'il forme comme une entaille à l'extrémité de ce cuir de bœuf.

Des montagnes. — La Péninsule est presque entièrement couverte par des chaînes de montagnes que les habitants appellent *sierras*, scies, parce que les sommets qui se détachent sur le ciel donnent assez bien l'idée des dents de cet outil. Ils les appellent aussi *cordilleras*, mot qu'on a essayé de franciser et qui est au moins resté dans notre langue pour désigner les Andes; cette immense chaîne de montagnes de l'Amérique du Sud, qui s'étend le long du grand Océan depuis le détroit de Magellan jusqu'au golfe de Darien.

Au nord, ce sont les Pyrénées qui servent de barrière entre la France et l'Espagne. Cette chaîne, qui s'étend de l'est à l'ouest sur une longueur d'environ quarante-cinq myriamètres, est large de vingt à vingt-cinq lieues. Les pics les plus élevés sont la Maladeta, le mont Perdu, le pic du Midi, le Canigou. Quoique ces montagnes soient très-élevées, et qu'en tout temps leurs sommets soient couverts de neige, cependant il y existe des chemins praticables. Les Espagnols les nomment des ports, *puertos*; ils désignent par ce mot, et quelquefois, quoique moins souvent, par celui de col tous les passages resserrés entre deux élévations, ou bien entre une élévation et la mer ou un précipice.

Les plus importants de ces chemins sont celui de Saint-Jean-de-Luz à Irun, celui de Roncevaux à Saint-Jean-Pied-de-Port, célèbre par la mort de Roland, celui de Canfranc à Oloron, celui de Puycerda à Prades, et enfin celui de Junquière au Boulou.

Les Pyrénées ont peu de ramifications sur leur versant septentrional. Il n'en est pas de même du côté de l'Espagne. Elles donnent naissance à une foule de prolongements qui couvrent la Biscaye, la Navarre, l'Aragon, la Catalogne d'un dédale inextricable de collines et de vallées. Le plus important de ces rameaux est celui qu'elles envoient tout le long de la côte septentrionale, et qui, sous les noms de Sierra de Covadunga, de monts des Asturies, de Sierra de Benamarela, sépare la Biscaye de la Vieille-Castille, et les Asturies du royaume de Léon. Presque au sortir de la Biscaye, ce rameau donne lui-même naissance à un autre embranchement qui prend le nom de Sierra de Burgos. Jusqu'à Soria, cette chaîne se dirige vers le sud-est, mais alors elle retourne vers le couchant et reçoit différents noms. Au nord de Madrid, et près de l'Escurial, elle s'appelle la Sierra de Guadarrama. Plus loin, elle devient la Sierra de Gata, de Estrella, de Alquecidao. Elle arrive ainsi jusqu'à la mer, auprès de Lisbonne, en suivant presque toujours le cours du Tage. Avant de prendre le nom de monts de Guadarrama, elle donne naissance à une branche nouvelle. Celle-ci, après s'être d'abord dirigée vers le sud-est, retourne bientôt vers le couchant. Auprès de Cuenca, elle se subdivise elle-même en deux parties. Celle de droite est connue sous le nom de monts de Tolède. Elle suit la rive droite de la Guadiana, et va rejoindre l'Océan auprès du cap Saint-Vincent; l'autre, qui s'avance plus vers le sud, qui se rapproche davantage de la Méditerranée, et qui suit la rive gauche de la Guadiana, est la fameuse Sierra Morena. Enfin celle-ci a plusieurs branches. La plus méridionale décrit de nombreux circuits dans les royaumes de Murcie, de Grenade. Elle reçoit successivement les noms de Sierra de Sagra, de Segura, de Sierra Nevada, de Alpuxarras, de Sierra de Alhama, de Antequerra, de Ronda, et va finir à la pointe de Gibraltar.

Plusieurs de ces montagnes conservent les traces d'une origine volcanique. Dans beaucoup d'endroits de la Péninsule, on rencontre des matières qui évidemment ont été vitrifiées. Entre Carthagène et Murcie, près de la mer, on voit encore, à *Torre Vieja*, un ancien cratère. Il conserve toujours sa forme, quoiqu'il soit éteint depuis si longtemps que, ni les historiens ni les traditions les plus éloignées ne parlent de ses éruptions.

En Catalogne, entre Gironne et Figuières, on remarque deux montagnes de forme pyramidale, assez rapprochées l'une de l'autre pour que leurs bases se touchent. Elles sont égales en hauteur. Leur configuration, les matières dont elles sont couvertes, tout démontre de la manière la plus claire qu'elles ont été autrefois des volcans. Ces faits peuvent donner l'explication d'une vieille tradition répandue en Espagne, et recueillie par les anciens auteurs. Autrefois, disent-ils, les Pyrénées étaient partout couvertes d'épaisses forêts. Des pasteurs y ayant allumé du feu pour se garantir du froid, ou pour faire cuire leurs aliments, la flamme gagna les bois, et l'incendie devint si violent, que non-seulement les buissons et les arbres, mais encore les rochers et les montagnes elles-mêmes brûlèrent jusqu'au fond de leurs entrailles. La chaleur devint telle que les métaux fondus s'échappèrent du sein de la terre, et qu'on les vit couler comme des ruisseaux de feu. Les flammes s'élevèrent si haut qu'on les apercevait des provinces les plus éloignées de l'Espagne, et que les endroits d'où l'on ne pouvait les voir étaient au moins éclairés par la lueur dont tout le ciel était embrasé. Depuis ce temps, on les nomma les Pyrénées, c'est-à-dire, les montagnes enflammées, parce qu'en grec πῦρ signifie feu.

Voilà, dit Pedro de Medina, dans ses Grandeurs d'Espagne, la véritable étymologie du nom que les Pyrénées n'ont reçu ni du roi Pyrrhus, ni d'une prétendue Pyrène, fille du roi Bébrix, amante d'Hercule, déchirée par les ours et enterrée dans les montagnes qui séparent l'Espagne de la France. Maintenant, si on dépouille ce récit de ce qu'il a de fabuleux, on pourra en tirer cette conséquence, que les volcans, dont le temps n'a pas entièrement effacé les traces, brûlaient encore lorsque les Grecs ont abordé sur la côte, et que c'est pour cette raison qu'ils ont donné aux Pyrénées leur nom, qui signifie montagnes de feu.

Parmi les hauteurs de la Péninsule, il en est peu d'aussi célèbre que le mont Serrat (*le mont scié*), situé à peu près au milieu de la Catalogne, à sept lieues au nord de Barcelone; il est assez élevé pour qu'on puisse, de son sommet, apercevoir les hauteurs des îles Baléares, éloignées au moins de soixante lieues. Le mont Serrat

1.

peut avoir huit lieues de circuit à sa base, qui est arrosée par le Llobregat. Les pics de cette montagne sont découpés comme les doigts de la main, ou plutôt ils représentent un immense jeu de quilles. C'est à cette configuration singulière qu'il doit le nom de *mont Serrat*.

On a construit sur la montagne un couvent, dont, en 1522, est sorti Ignace de Loyola, fondateur de l'ordre des jésuites. On y a bâti aussi douze ermitages, consacrés à saint Jérôme, sainte Madeleine, saint Onufre, sainte Catherine, saint Jacques, saint Michel, saint Antoine, au Sauveur, à saint Benoît, à sainte Anne, à la sainte Croix et au bon Larron.

On vénère dans ce monastère une image de la Vierge, trouvée d'une manière miraculeuse. En plaçant ici la légende qui raconte cette découverte, notre intention n'est en aucune façon d'approuver ou de contredire les faits qu'elle rapporte. Nous ne faisons pas un ouvrage de critique. Notre but, notre désir est de peindre l'Espagne telle qu'elle est; de représenter le pays avec ses inconvénients et ses avantages; de montrer le naturel, les coutumes des habitants; de redire leurs croyances et même leurs préjugés. A d'autres le soin de vérifier si telle date est plus ou moins exacte, si tel fait est plus ou moins avéré. Pour nous, notre opinion est que des fables, lorsqu'elles ont cours dans un pays, doivent être recueillies aussi soigneusement que la vérité; car elles sont vraies sous un certain point de vue; elles peignent le génie du peuple, et ne seraient pas devenues populaires si elles n'eussent été en tout point conformes au caractère national.

Au reste, la voici telle qu'on la conte : sept jeunes gens du village de Ministrol, en gardant leurs troupeaux au pied du mont Serrat, virent, pendant plusieurs samedis consécutifs, une grande quantité de cierges allumés qui descendaient du ciel, et se dirigeaient vers le flanc de la montagne, où ils entraient dans une caverne. Puis ils entendirent ensuite sortir de cet endroit une douce harmonie de voix et d'instruments. Surpris de ce prodige, que leur intelligence ne pouvait expliquer, ils le contèrent à leurs parents, qui eux-mêmes en donnèrent avis au recteur d'Avilesa. Celui-ci était un saint homme qui venait tous les dimanches dire la messe à Ministrol; il voulut vérifier le fait, et le samedi suivant, ayant vu lui-même ces lumières qui descendaient du ciel, ayant entendu les chants mélodieux dont les anges faisaient retentir les airs, il en prévint l'évêque de Manresa, car cette ville était alors un siége épiscopal. Le dimanche suivant, l'évêque, avec son clergé, vint escalader la montagne; il entra dans la caverne, qui exhalait une odeur délicieuse, comme si les parfums les plus précieux y eussent été abondamment répandus. C'est dans cet asile que fut trouvée l'image de Notre-Dame. Elle est maintenant sur le maître-autel du couvent, et de toutes les parties de l'Espagne, il vient un grand nombre de pèlerins pour l'adorer.

Du détroit de Gibraltar et des mers qui baignent la Péninsule. — Les premiers temps de l'histoire espagnole sont un mélange de peu de vérités et de beaucoup de mensonges. En la parcourant, vous rencontrez à chaque pas une légende chrétienne ou des souvenirs du paganisme; ainsi, le mont Serrat est renommé chez les modernes, mais Calpé et Abyla, les Colonnes d'Hercule étaient célèbres chez les anciens. Calpé est une hauteur située à l'extrémité de la Sierra la plus méridionale de l'Espagne. L'autre colonne est placée tout en face, sur la côte d'Afrique où elle forme l'extrémité occidentale du petit Atlas. Tout porte à croire qu'autrefois ces deux chaînes de montagnes ont été réunies. Quelque convulsion de la nature aura fait disparaître les monts qui les joignaient l'une à l'autre. La fable attribuait cette division à Hercule; ce serait lui qui, en les séparant, aurait fait communiquer l'Océan avec la Méditerranée.

Il y a longtemps que Calpé s'est

dépouillée de son nom poétique pour prendre la dénomination mauresque de Gibraltar. Suivant quelques étymologistes, celle-ci viendrait des mots *Gibel*, montagne, et *Tarif*, le général maure qui vainquit le dernier des rois goths. Bernard Aldrète, dans ses Antiquités d'Espagne et d'Afrique, pense que ce mot vient seulement de Gibel-Aar, ou Gibel-Tarf, ce qui, dit-il, signifie le haut de la montagne.

Quant au nom d'Abyla ou d'Abina, il est d'origine orientale, il n'a pas changé. Il veut dire élevé.

Le bras de mer qui sépare en cet endroit l'Espagne de l'Afrique, et qu'on nomme détroit de Gibraltar, a environ quatre lieues de largeur. Il y existe un courant qui va de l'ouest à l'est, et qui rend l'entrée des bâtiments plus facile que la sortie. La quantité d'eau que l'Océan déverse ainsi dans la Méditerranée est immense, et on se demandait comment elle pouvait être absorbée. Pour expliquer ce phénomène, on avait supposé qu'il existait au fond du détroit des courants qui, allant de l'est à l'ouest, restituaient à l'Océan une grande partie de ce que lui enlevaient les courants supérieurs. Des expériences récentes et des observations faites avec le plus grand soin ont prouvé que cette hypothèse était parfaitement fondée.

A l'est et au midi, depuis le pied des Pyrénées jusqu'au détroit de Gibraltar, l'Espagne est baignée par la Méditerranée à l'occident, et au nord par l'Océan.

Des eaux de la Péninsule. — On sait que les fleuves coulent presque toujours parallèlement aux chaînes de montagnes dont ils sortent. Avoir indiqué la direction de celles-ci, c'est avoir dessiné d'avance le cours des eaux qui arrosent la Péninsule. Toutes ses chaînes de montagnes, on se le rappelle, vont, en faisant plus ou moins de détours, de l'est à l'ouest. Tous les fleuves importants de l'Espagne, qu'ils coulent vers l'orient ou vers l'ouest, suivront tous à peu près une ligne perpendiculaire au méridien. L'Èbre, qui est le plus rapproché des Pyrénées, baignera, pour ainsi dire, leurs bases; il ira, du couchant au sud-est, se jeter dans la Méditerranée. Tous les autres suivront à peu près la même direction, mais avec une pente inverse. Ils roulent leurs eaux vers l'ouest, et vont en porter le tribut à l'Océan.

Les principaux fleuves sont: l'Èbre, le Guadalquivir, la Guadiana, le Tage, le Duero et le Minho. On en nomme encore d'autres d'une moindre importance, comme le Guadalete, le Rio-Tinto, la Segura, le Xucar et le Turia et le Llobregat. Parmi les rivières il faut citer le Ségré, le Génil, le Jalon, le Gallego, le Sil. Il faut enfin passer sous le silence beaucoup d'autres cours d'eau, car on ne porte pas leur nombre à moins de deux cent cinquante; il est vrai de dire que la plupart d'entre eux restent à peu près à sec pendant une grande partie de l'année, et qu'ils n'ont d'eau qu'à l'époque de la fonte des neiges.

L'Èbre, l'Ibérus des anciens, prend sa source au pied des montagnes de la Vieille-Castille. Il descend vers la Méditerranée. Son cours est d'environ cent vingt lieues espagnoles. Il reçoit presque toutes les eaux de la Navarre, de l'Aragon et de la Catalogne; la rivière d'Aragon, le Jiloca, le Jalon, le Gallego, le Cinca et le Ségré. On rencontre sur ses rives beaucoup de villes importantes: Logroño, Calahorra, Tudèle, Saragosse, Mora, Tortose; il va se jeter dans la mer, au-dessous d'Amposta. Ainsi que tous les fleuves de la Péninsule, il doit à la fonte des neiges la plus grande quantité de ses eaux. Leur volume est donc très-variable. Il charrie une grande quantité de limon qui, en se déposant à son embouchure, a formé des bancs de plusieurs lieues d'étendue. Ces *alfaques*, c'est le nom que leur ont donné les Maures et qu'on leur a conservé, sont recouverts de quelques pieds, et plus souvent de quelques pouces d'eau seulement; quelquefois même ils sont tout à fait à sec. Ils produisent abondamment des herbes qu'on brûle pour faire de la soude. Dans d'autres endroits, il pousse d'immenses touffes de roseaux qui servent de refuge à des myriades d'oiseaux aquatiques.

Le Guadalquivir (*) est celui que les anciens désignaient sous les noms de *Bœtis* ou *Tartessus*.

On a déjà vu que la Sierra Morena se divisait en plusieurs branches. L'une d'elles se dirige le long de la Méditerranée, à travers les royaumes de Murcie et de Grenade, c'est la Sierra Nevada. La chaîne principale de la Sierra Morena se prolonge en courant vers l'ouest; puis, à une dizaine de lieues avant d'atteindre la frontière du Portugal, elle se détourne tout à coup vers le midi, et va finir à trente lieues environ au sud-est du cap Saint-Vincent. C'est dans le bassin formé entre ces deux lignes de montagnes que serpente le Guadalquivir. Il prend sa source dans cette partie de la chaîne méridionale, qu'on appelle la Sierra de Segura. Ses ondes fertilisent les fameux haras de Cordoue et les campagnes de Séville. Les plaines qu'il arrose sont assez unies, surtout au-dessous de Séville; en sorte que lorsqu'il vient à déborder, il couvre quelquefois une largeur de quatre lieues de terrain. Ses eaux ont de tout temps été renommées comme excellentes pour la teinture; voici à cet égard comment s'exprimait Martial (**) : « Bœtis aux cheveux « parés d'une couronne d'olivier, c'est « dans tes ondes limpides que les toi- « sons dorées prennent de si vives cou- « leurs. » Le Guadalquivir reçoit, au-dessous de Cordoue, les eaux du Genil qui descend des montagnes de Grenade. Il se jette dans l'Océan, à San Lucar de Barrameda.

La Guadiana a son lit tracé au fond du bassin formé au sud par la Sierra Morena; au nord, par les monts de Tolède. Les anciens appelaient ce fleuve *Ana* ou *Anas*, ce qui, dans la langue des Celtes, signifie mère ou nourrice. Les Arabes n'ont fait qu'ajouter avant son nom le mot ouadi, fleuve. Il sort de plusieurs étangs qui communiquent entre eux, et qui sont alimentés par des sources intarissables. Après un cours de quatre lieues, il disparaît dans des prairies à côté d'Alcazar-san-Juan, dans la Manche. Sept lieues plus loin, il se montre de nouveau dans d'autres étangs, qu'on nomme les yeux de la Guadiana. C'est cette circonstance qui a fait dire que ce fleuve avait un pont de sept lieues, sur lequel on pouvait faire paître des milliers de moutons. La Guadiana ne s'engloutit pas dans un gouffre. Elle ne se précipite pas, comme le Rhône, sous une voûte creusée dans des collines. Elle décroît insensiblement à mesure qu'elle s'éloigne de sa source. Pour expliquer ce phénomène, on a supposé que le sol était, jusqu'à une certaine profondeur, composé de fragments de roches et de pierres calcaires, sans mélange de terres fortes capables de retenir l'eau qui passe à travers les interstices de ces cailloux. Ce qui donne quelque vraisemblance à cette supposition, c'est que, dans la partie du terrain qu'on appelle le pont, on a creusé des puits, et qu'au niveau du fleuve, on a trouvé de l'eau qui ne s'épuise jamais. Les yeux de la Guadiana sont de grands étangs, ou plutôt des marais alimentés par des conduits souterrains. Lorsque le fleuve a reçu toute l'eau que ces étangs lui fournissent, il est assez fort pour faire tourner plusieurs moulins. Il a alors trente-trois mètres de large sur une profondeur de cent trente centimètres.

Le nom de ce fleuve, Anas, qui, en latin, signifie aussi un canard, a donné lieu à un jeu de mots que don Juan de Triarte a exprimé en deux vers latins, dont voici le sens (*) : « L'oiseau et le « fleuve Anas se ressemblent par leurs « habitudes ainsi que par leur nom; « l'oiseau plonge dans l'eau; le fleuve « plonge dans la terre. »

Les bords de la Guadiana sont couverts de pâturages si abondants que

---

(*) En arabe Ouad-al-Quebir, le grand Fleuve.

(**) Bœtis, oliviferâ crinem redimite coronâ, Aurea qui nitidis vellera tingis aquis.

(*) Ales et amnis Anas sociant cum nomine mores : Mergitur ales aquâ; mergitur amnis humo.

la plupart des troupeaux de l'Estramadure et de la Castille viennent y passer l'hiver. La Guadiana coule à l'ouest jusqu'à Badajoz. Un peu au-dessous de cette ville, et sur la frontière du Portugal, elle tourne vers le midi, et va se jeter dans l'Océan, à Ayamonte. Elle sert, en plusieurs endroits, de limites entre l'Espagne et le Portugal.

Le Tage coule dans le bassin qui existe entre les monts de Tolède et la Sierra de Guadarrama. Sa source est au couchant de Molina d'Aragon, sur un des plateaux les plus élevés de l'Espagne, puisque les eaux de ce fleuve vont se perdre dans l'Océan, et que la source du Guadalaviar, qui se jette dans la Méditerranée, se trouve fort voisine. Le Tage sort de la fontaine d'Abrega, dont les ondes sont très-abondantes. Il n'est alors qu'un ruisseau, et fait tant de détours dans une petite vallée, nommée la plaine du Tage, qu'on est obligé de le traverser quatre fois dans l'espace d'une demi-lieue. Cependant, assez près de là, au village de Peralejos, il a déjà quinze mètres de large et quatre décimètres de profondeur. Il passe alors par une gorge très-étroite, qu'il a creusée entre deux montagnes de marbre blanc, coupées à pic et d'une hauteur de plus de cent vingt mètres. En plusieurs endroits et notamment à Tolède son cours est ainsi resserré par des rochers. Son lit est souvent encaissé à une très-grande profondeur. C'est, dit-on, ce qui lui avait fait donner, par les Celtes, le nom de Tag, qui signifie étranglé. Avant d'arriver à Aranjuez, il traverse des collines où il se charge de substances salines et calcaires, au point que ses eaux deviennent peu salubres et d'un goût désagréable. Elles tiennent alors en dissolution une proportion assez considérable de sulfate de chaux et de sels d'Epsom et de Glauber. Sept lieues plus bas, à Tolède, ces mêmes eaux se sont dépouillées des matières qui les altéraient. Aucune rivière ne s'est pourtant jetée dans le Tage pendant ce court trajet. C'est au-dessus d'Aranjuez que le Jarama lui a versé ses ondes avec celles de l'Henarez et du Tajuno. Comment se fait donc cette purification surprenante? Dans son introduction à l'histoire générale de l'Espagne, Guillaume Bowles, qui a séjourné pendant quelque temps à Aranjuez, raconte le fait, mais il ne l'explique pas. Le Tage traverse Talavera-la-Reyna, Alcantara, pénètre en Portugal, et va se perdre à Lisbonne, dans l'Océan. En Estremadure et en Portugal, on substitue au nom de Tajo, que les Espagnols donnent à ce fleuve, celui de Tejo. C'est une légère modification occasionnée par la différence des idiomes.

Pour écrire, on se servait autrefois de roseaux au lieu de plumes. Ceux que produit le Tage étaient au nombre des plus estimés. Enfin, le sable de ce fleuve contient des paillettes d'or.

Le Duero, le Durius des Romains, coule entre la chaîne des Asturies et celle du Guadarrama. Il descend d'un lac excessivement profond, situé sur la montagne d'Orbion. Il se dirige vers le couchant, presque sans faire de détours. Sur ses bords, on trouve Soria et Gormaz. Il passe dans les environs de Valladolid, entre dans Toro, dans Zamora, traverse le Portugal, et, après un cours de plus de cent vingt lieues, il tombe dans l'Océan, au-dessous d'Oporto. C'est sur ses rives qu'était située la fameuse ville de Numance. Les champs arrosés par ce fleuve semblent être la patrie première du jasmin. Il y pousse de lui-même sans culture et sans soins. Soit qu'on fasse venir le mot Duero du basque *ur*, eau, du celte *dwr*, ou du grec ὕδωρ, qui présentent le même sens, il exprimera simplement un courant d'eau.

Le Minho n'a que trente-cinq lieues de cours; il sort de terre au pied de la chaîne de montagnes qui fait suite aux Asturies. Il coule pendant vingt-deux lieues du nord au sud. Arrivé près d'Orense, il se détourne vers l'occident, et se perd dans l'Océan à quelques lieues au-dessous de Tuy. Dans cette dernière partie de son cours, il forme la limite entre l'Espagne et le Portugal. Avec le Duero, il sert à désigner la province que les Portugais appellent Entre-Duero et Minho. Les Romains l'appelaient *Minium*, sans doute parce qu'il était voisin de quelque colline où se trouve cette substance si commune dans la Péninsule.

Les fontaines sont aussi fort nombreuses en Espagne; en donner la nomenclature serait une entreprise fastidieuse et peut-être impraticable. Mais il en est cependant quelques-unes qui méritent d'être citées. Celles qui alimentent la capitale ont bien le droit de passer les premières. Elles viennent de sept lieues de loin, des montagnes de Guadarama. Voici comment les fontainiers les y conduisent avec beaucoup d'intelligence et de simplicité. Quand ils ont reconnu l'existence d'une source, ils creusent un puits de trois pieds de diamètre jusqu'à ce qu'ils aient rencontré la nappe d'eau qu'ils cherchent. Alors ils étendent du milieu de leur puits une corde de huit mètres environ en se dirigeant en ligne droite vers l'endroit où ils veulent mener l'eau. A l'extrémité de cette ligne, ils percent un second puits de trois pieds de diamètre qu'ils réunissent à l'autre par une galerie pratiquée au niveau de la source. Ils font ainsi des puits et des galeries jusqu'à ce qu'ils aient amené l'eau au point où ils la veulent conduire; ensuite on l'élève avec des *norias*(*) pour pouvoir la distribuer dans les fontaines publiques. Cette méthode est simple et économique; mais ces conduits souterrains ont l'inconvénient de s'ensabler rapidement. C'est pour cela sans doute que les eaux des fontaines de Madrid sont maintenant si peu abondantes. Les *aguadores*, afin de recueillir celle qui leur est nécessaire pour servir leurs pratiques, sont obligés de rester constamment auprès de ces filets d'eau qui coulent goutte à goutte; et comme la quantité que les fontaines jettent pendant le jour ne leur serait pas suffisante, ils veillent chacun à leur tour pour amasser celle qu'elles versent pendant la nuit.

(*) Roues à chapelet avec des augets.

Les sources médicinales sont fort abondantes en Espagne; et sans s'éloigner de Madrid, à trois lieues seulement de cette ville, à Vacia-Madrid, on en trouve une qui contient assez de sel de Glauber pour purger violemment.

Il y en a aussi beaucoup dont la température est très-élevée. Orense ne doit pas son nom à une autre cause. Les Romains ont appelé cette ville *Aquæ Urentes*, les eaux brûlantes. Ce dernier mot est resté seul; il s'est corrompu avec le temps et est devenu celui d'Orense. Cette ville possède en effet trois fontaines qui donnent des jets de la grosseur de la jambe, d'une eau dont la température est si élevée, qu'en y plongeant pendant quelques secondes un pied de mouton ou de veau, il est échaudé parfaitement, et on peut sans la moindre difficulté en enlever le poil et les ongles.

Alhama, dit Bernard Aldrete, tire aussi son nom de la chaleur de ses bains, et ces mots al-iam-mim sont un composé d'arabe et d'hébreu qui signifie la chaude eau.

Il existe dans le seul royaume de Valence plusieurs fontaines auxquelles on attribue des propriétés merveilleuses. Celle qui a le plus de renom est celle de l'Aveja. Voici, dit-on dans le pays, comment elle fut découverte. Parmi les saintes du paradis, il en est une qui favorise les aveugles d'une protection toute spéciale, c'est sainte Lucie, sans doute parce que son nom a quelque rapport avec le mot *lux*, qui exprime la lumière. Elle avait au pied des montagnes de Valence une chapelle connue sous le nom de Sainte-Lucie de l'Aveja. Une pauvre femme depuis longtemps privée de la vue avait fait un pèlerinage à ce sanctuaire; elle priait avec ferveur, lorsque la sainte lui fit entendre ces paroles: « Ayez confiance en Dieu. Partez; allez sans bâton et sans guide parcourir la montagne voisine. Dieu vous assistera et vous serez guérie. » La bonne vieille n'hésita pas, et ce qui était inévitable arriva. Au bord d'un précipice le pied lui manqua, et d'une hauteur considérable elle tomba la tête la première sur un rocher. Suivant toutes les lois de la nature, elle devait se briser le crâne. Mais les voies de la Providence sont incompréhensibles : ce fut la roche qui s'entr'ouvrit. Il en sortit une fontaine, et le contact de son eau rendit à la malade la vue et la santé. Dès ce moment, les eaux de l'Aveja acquirent un grand renom. Ce fait est-il exact? la légende est-elle apocryphe? Que d'autres le vérifient. Ce qui est certain, c'est que chaque année un grand nombre de malades se réunissent à l'Aveja, et boivent les eaux de sa fontaine, tout en déplorant que leur vertu curative ne soit plus tout à fait aussi puissante qu'au temps où le miracle a eu lieu.

Sur le territoire de Corpa, à deux lieues d'Alcala de Henarès, il existe une source à laquelle on a donné le nom de fontaine des Sept-Miches (*de las Siete Hogazas*). Voici comment on explique l'origine de ce nom. Un berger venait de recevoir la provision de pain qu'il ne devait manger qu'en sept jours, lorsque pour déjeuner il s'assit au bord de cette fontaine. Il en but pour se désaltérer. Mais à mesure qu'il buvait sa faim augmentait; si bien qu'en un repas et sans être rassasié il dévora les sept pains destinés à toute la semaine. Selon Ambrosio Moralez, qui rapporte cette anecdote, elle aurait la vertu de donner de l'appétit. Cet auteur ajoute qu'il en a fait lui-même l'expérience. « J'ai bu, dit-il, l'estomac faible et délabré. J'ai bu abondamment de cette eau, et j'ai trouvé qu'elle me donnait des forces et favorisait mes digestions. » Une eau à l'aide de laquelle on peut dîner toujours! Oh! Brillat Savarin! oh! Grimod la Reynière! oh! Berchoux! oh! Blaze! si vous l'aviez connue!...

Les lacs et les étangs sont très-rares en Espagne; il en est un cependant dont nous devons faire mention, car la vertu qu'on lui attribue se rattache à l'une des plus touchantes légendes de la Péninsule : nous voulons parler du lac de Saint-Vincent situé dans la Vieille-Castille, non loin de Briviesca. Ses eaux ont, dit-on, la propriété de guérir le flux de sang et les autres maladies de ce genre. Sainte Casilda est la première qui en ait fait l'épreuve (*).

Au temps du saint roi don Fernando Ier de Castille, vivait sainte Casilda, fille du roi maure Almenon de Tolède. C'était une jeune fille belle et vertueuse, aimant singulièrement son père, et pour laquelle se présentaient de riches alliances. Mais elle avait mis en sa volonté de rester vierge. Elle était si remplie de piété envers les captifs chrétiens, qu'elle s'en allait les visiter elle-même dans les *mazmorras* (**), où ils étaient prisonniers, et cela à l'insu de son père.

Elle les pourvoyait de ce dont ils avaient besoin; et comme le roi vint à apprendre cela, il se sentit fort indigné contre sa fille; on dit même qu'à ce sujet il la maltraita vivement de paroles; mais elle n'eut aucun souci de ses menaces, et, bien mieux, elle continua à mener la conduite qu'elle avait tenue par le passé; et il arriva que comme le roi était un soir à la porte de son palais, la guettant pour voir s'il était vrai qu'elle portât du pain et d'autres choses encore aux chrétiens captifs, il lui dit : — « Ma fille, que portez-vous là? » — Elle lui répondit subitement : « Que serait-ce, si ce n'était des roses? » Et comme il écarta le bas de sa robe longue qu'elle avait relevée, il vit en effet que c'étaient des

---

(*) Cette légende est rapportée par Alcocer dans son Histoire de Tolède, et presque dans les mêmes termes par Pedro de Medina dans ses Grandeurs d'Espagne. Elle a été traduite par M. Ferdinand Denis. Elle fait partie de son excellent ouvrage intitulé, Chroniques chevalesques de l'Espagne et du Portugal. Nous ne pouvions mieux faire que d'emprunter la traduction qu'il a donnée; et si nous y changeons trois ou quatre mots, c'est pour nous conformer au texte de Pedro de Medina qui nous a paru préférable à celui d'Alcocer.

(**) Les *mazmorras* étaient des culs de basse fosse creusés en terre comme des citernes; c'est là que les Maures jetaient les prisonniers chrétiens.

roses blanches et vermeilles, et ne prit plus pour vérité ce qu'on lui disait de sa fille.

Casilda, après avoir vu ce miracle, s'en fut vers les chrétiens captifs et le leur raconta ; puis, ils se mirent tous, de concert avec elle, à rendre des grâces infinies à Dieu.

Vers ce temps, il arriva que Casilda tomba dangereusement malade d'un flux de sang, et bien que de savants médecins s'occupassent de la guérir, et que son père fît de grandes dépenses à son sujet, elle ne put recouvrer la santé. Mais la jeune infante eut en songe une révélation ; il lui fut annoncé que si elle se baignait dans le lac de Saint-Vincent, à l'instant elle serait guérie. Et quand elle eut fait ce rêve, elle dit au roi son père qu'elle voulait aller prendre des bains dans ce lac.

Le roi ayant entendu son conseil, délibéra de lui donner permission, pour éviter qu'elle ne mourût de cette maladie, que les médecins disaient être incurable. Il délivra tous les chrétiens qui étaient captifs à Tolède, et il les envoya avec sa fille Casilda ; il en écrivit au roi don Fernand, et la princesse maure s'en vint en Castille avec ces chrétiens, que son père avait mis en liberté ; et le roi don Fernand la reçut à merveille, lui rendant beaucoup d'honneurs. De là, elle et ses compagnons s'en furent chercher le lac de Saint-Vincent. Elle se baigna dans ce lac et fut à l'instant guérie. Alors elle reçut le baptême et ne voulut plus retourner en son pays. Elle fit son habitation en un ermitage qu'elle fit construire auprès du lac, et là elle vécut chaste et sainte jusqu'à sa mort, et elle fut inscrite par l'Église au nombre des bienheureux.

On trouve enfin, sur plusieurs parties du littoral de l'Espagne, de grands amas d'eau de mer ; on donne à ces espèces de lacs salés le nom d'*Albuferas*. Leur pêche donne un produit assez abondant.

Dans beaucoup d'endroits de la Péninsule qu'on regarde comme arides, l'eau se trouve cependant à très-peu de profondeur, et parfois à quelques *varas* seulement de la superficie. Il ne faudrait pour ainsi dire que frapper la terre du pied pour l'en faire jaillir : cependant on ne l'essaye pas. Sous le ministère d'Olavidès, on a fait en Espagne des tentatives de défrichement et de colonisation. Plusieurs systèmes ont été mis à l'épreuve. Dans quelques endroits les colons ont été parsemés sur le terrain, isolés les uns des autres ; on leur a donné de la terre et des instruments pour labourer ; mais, abandonnés à leurs propres forces, ils n'ont pu se creuser de puits et ont manqué d'eau, cette première condition de prospérité dans les pays chauds. Ils se sont découragés, ont abandonné la concession qui leur était faite, ou bien ils sont morts à la peine, épuisés de fatigue et de misère. Dans d'autres endroits, au contraire, on a rassemblé les colons : alors ils ont pu réunir leurs efforts. Ils ont commencé par creuser des puits, par établir des *norias*, et bientôt la Carolina est devenue une des contrées les plus fertiles de l'Espagne. Qu'on ne dise donc plus que l'eau manque partout en Espagne. Que des canaux soient creusés, que des étangs reçoivent cette fonte des neiges que les torrents vont sans profit porter à la mer ; qu'on la retienne comme une précieuse ressource pour le temps de la sécheresse ; qu'on fasse pour toute l'Espagne ce que les Maures ont fait pour Valence, nul pays alors ne pourra se vanter de l'emporter sur elle en fertilité.

Des productions minérales. — Dès l'antiquité la plus reculée, on connaissait la richesse des mines de l'Espagne. Une tradition fabuleuse raconte, que quand les Phéniciens abordèrent dans ce pays, ils y trouvèrent une telle abondance de métaux précieux, que, ne sachant comment emporter la quantité considérable qu'ils en avaient rassemblée, ils furent contraints de faire en or et en argent leurs ancres ainsi que toutes les ferrures de leurs vaisseaux. Suivant Strabon, l'argent était alors chose si commune dans l'Ibérie, qu'on s'en servait pour ferrer les chevaux. Le premier Livre des

Machabées fait mention de l'or qu'on tirait d'Espagne. Caton remit au trésor public vingt-cinq mille livres pesant d'argent en lingots, cent vingt mille en monnaies, et quatre cents d'or qui provenaient de ce pays. Helvius, qui n'avait eu que le gouvernement de la Bétique, y recueillit, en une seule année, trente-sept mille livres d'argent monnayé, et quatre mille livres en lingots. Minucius, lors de son triomphe, présenta, comme dépouilles des vaincus, quatre-vingt mille livres d'argent en lingots et trois cent mille de monnayé. Fulvius Flaccus, triomphant à son tour, fit porter devant lui cent vingt-quatre couronnes d'or, trente et une livres en lingots du même métal, et cent soixante et dix mille monnayées. Pline ajoute que les Romains tiraient chaque année de la Lusitanie, de la Galice et des Asturies, soixante mille livres d'or. Justin affirme que dans la Galice l'or était en telle abondance, que souvent les laboureurs entr'ouvraient, avec le soc de leurs charrues, des mottes de terre toutes remplies de ce métal; il ajoute enfin, que plusieurs fleuves coulaient sur un sable mêlé d'or, et qu'on en trouvait des grains qui pesaient quelquefois jusqu'à une demi-livre.

Il y a certainement beaucoup d'exagération dans tous ces récits : il faut faire la part de la vanterie méridionale. Cependant, quand on considère ce qui reste des travaux faits par les anciens pour exploiter les mines de l'Espagne, on ne peut s'empêcher de reconnaître qu'une quantité immense de métaux précieux a dû en être enlevée. Les Phéniciens, les Carthaginois, les Romains, les Goths et les Maures les fouillèrent successivement. On distingue encore parfaitement les puits des Romains et ceux des Maures. Les premiers, habitués à construire leurs tours d'une forme circulaire, creusaient aussi des puits ronds. Ils cintraient les voûtes de leurs galeries. Les Maures, au contraire, faisaient leurs tours carrées. Ils donnaient la même forme à leurs puits et au ciel de leurs souterrains. On reconnaît encore les puits ronds des Romains dans les mines de cuivre de Rio-Tinto. Quand on parcourt, au contraire, les environs de Linarès, on trouve des collines toutes criblées par les travaux des Maures. Pendant plus d'une lieue on voit leurs sommets percés de puits pratiqués de quatre pas en quatre pas. Ces endroits contiennent encore du plomb, du cuivre et de l'argent.

On connaît plusieurs mines d'argent en Espagne. Il en existe une à Zalamea; mais la plus célèbre est celle de Guadalcanal, qui se trouve dans la Sierra Morena, à quatre lieues de Llerena. La ville de Guadalcanal paraît avoir été fondée en 580 avant l'ère chrétienne, par les Celtes, qui lui donnèrent le nom de *Tereses*. Les Vandales, plus tard, y substituèrent celui de *Canani*. C'est aux Maures qu'elle doit celui qu'elle porte maintenant.

La mine est à une lieue de la ville. Dans le dix-septième siècle, elle a été exploitée par des Allemands, les frères Marc et Christophe Fuggars, qui étaient plus connus en Espagne sous le nom de Fucares. La quantité de métal qu'ils en ont tirée est considérable. La portion qu'ils ont versée au trésor ne s'est pas élevée à moins de huit millions, qui ont servi à construire l'Escurial; encore faut-il dire qu'ils avaient trouvé le moyen de frauder les droits en battant monnaie dans l'intérieur même de la mine. En 1635, lorsqu'ils avaient déjà acquis une immense fortune, le ministre voulut changer les conditions de leur bail et les rendre plus onéreuses. Alors ils introduisirent dans la mine un courant d'eau, et la quittèrent précipitamment après l'avoir inondée. On a fait depuis de nombreux travaux pour l'exploiter de nouveau.

Les mêmes frères Fuggars tinrent aussi à bail la mine de vif-argent d'Almaden. Ils avaient contracté l'obligation de donner annuellement au roi quatre mille cinq cents quintaux de mercure. Cette mine est, en effet, la plus productive de toutes celles de la Péninsule; elle est aussi la plus anciennement connue. Théophraste, qui vivait 300 ans avant Jésus-Christ, vante le cinabre d'Espagne. Vitruve, contemporain d'Auguste, en parle également avec éloge. Enfin, Pline rapporte qu'on la fermait soigneusement, et que le gouverneur de la province, dépositaire de la clef, ne permettait pas qu'on l'ouvrît sans un ordre exprès de l'empereur; et il veillait à ce qu'on la refermât aussitôt qu'on en avait extrait le cinabre qu'on devait envoyer à Rome.

Almaden est le dernier village de la Manche. Il se trouve sur la limite du royaume de Cordoue, dont il n'est séparé que par un petit ruisseau. Son territoire est assez fertile; seulement, on y voit une grande quantité de roches de grès, semblables à celles de la forêt de Fontainebleau, dont sont faits en grande partie les pavés de Paris. Le village est bâti sur le coteau même qui renferme la mine. Cette hauteur se dirige du nord-ouest au sud-est. Elle peut avoir quarante mètres d'élévation. Sa longueur est environ de deux mille quatre cents mètres, sur une largeur de quatorze cents; elle est presque entièrement formée de grès. Son sommet est divisé par une crête de roches pelées, et semées de taches de cinabre, qui servirent d'indices à ceux qui découvrirent la mine. C'est le grès qui sert de matrice au cinabre. Mais on le trouve aussi quelquefois, quoique plus rarement, dans du sulfure de fer, dans du quartz blanc ou dans du spath léger. Le mercure s'y trouve en telle abondance, que le grès en contient quelquefois jusqu'à dix seizièmes de son poids. Quand on a recueilli une quantité suffisante de ce minerai, on le porte au fourneau, où il est distillé de manière à séparer le vif-argent du soufre et d'un peu d'arsenic qui le minéralisent.

On connaît encore en Espagne plusieurs mines de cinabre. Il y en a une dans la montagne d'Alcoraï, près d'Alicante. Il y a aussi près de Saint-Philippe, au royaume de Valence, une terre dure, blanche et calcaire, qui contient du mercure vierge. Mais ces mines sont loin d'approcher de la richesse de celle d'Almaden.

L'Espagne produit beaucoup de cuivre. On peut citer l'exploitation de Rio-Tinto, qui était fort estimée des Romains, quoique son minerai soit très-difficile à réduire, à raison de la grande quantité de fer qu'il contient. En 1762, dans une galerie ancienne et presque rebouchée par les décombres et les scories, on a trouvé une plaque de cuivre d'environ trois pieds sur deux. On y lisait une dédicace à Nerva, qui a possédé l'empire de 97 à 99.

IM. NERVAE. CAESARI. AUG
PONTIFICI. MAXIMO TR...
... OTEST. P. P. COS III
... G. IIII PUDENS. AUG. LIB
... PROCURATOR
.... 10. POSUIT

La mine de cuivre des environs de Molina, en Aragon, connue sous le nom de la Platille, mérite aussi d'être citée. Quelques personnes se figurent que les vapeurs qui s'exhalent des mines sont nuisibles à la végétation, et qu'on ne doit les trouver que dans des roches nues et pelées. C'est une erreur. A Almaden, il pousse une grande quantité de plantes différentes dans le voisinage même des fourneaux. Les filons de la Platille, qui sont minéralisés par l'arsenic, ne sont pas, dans beaucoup d'endroits, recouverts par plus d'un pied de terre. Cependant leurs émanations n'empêchent en aucune manière les arbres, les arbustes ou les herbes d'y croître avec vigueur. Ils sont couverts de chênes, de genévriers, de cistes, de romarins, d'églantiers, de sauges, de jacinthes, de glaïeuls. Et dans d'autres parties, il y a des prés où les troupeaux viennent paître sans éprouver aucun inconvénient de la proximité du minerai.

Le fer se trouve dans presque toutes les montagnes de l'Espagne. Il est à peu près inutile de faire l'éloge des aciers espagnols. Il est convenu chez certains écrivains qu'un héros de la renaissance ne peut jurer que par sa bonne lame de Tolède. Les plus estimées de ces dagues si acérées, de ces épées si élastiques et si tranchantes, portent les noms de Ferrara, de Perillo de Saragosse, ou tout simplement ceux des villes de Sahagun ou Tolède. Elles étaient faites avec du fer tiré de la mine de Mondragon, dans la province de Guipuscoa. On l'y trouve dans une argile rouge. Il est assez difficile à fondre, mais il donne un excellent acier.

Le fameux fer de Somorostro, en Biscaye, passe pour le plus fusible et le plus malléable qui soit connu.

L'Espagne est remplie de mines de plomb qui, presque toutes, sont argentifères. La ville de Réuss, en Catalogne, fait un grand commerce du plomb qui se tire dans son voisinage. La Galice a des mines d'étain. Santa-Cruz-de-Mudela est enrichie par la fécondité de sa mine d'antimoine. Alcañiz en possède une d'alun. Cardona et la Migranilla exploitent des bancs de sel gemme. On trouve aussi beaucoup de sel dans les environs de Saragosse. C'est ce qui avait autrefois fait donner à cette ville le nom de Salduba.

On connaît en Espagne quelques mines de houille; mais jusqu'à ce jour on en avait fort peu exploité. Le défaut de voies de communication avait sans doute été le principal obstacle à ce qu'on tirât parti de ce précieux combustible. Tout récemment, M. le marquis de Las Marismas vient de construire un chemin pour faciliter le transport à Gijon du charbon qu'il fait extraire des houillères qu'il possède dans les Asturies. Dans la Sierra Blanca, près de la source du Tage, on rencontre des filons de bois bitumineux qui ont un pied d'épaisseur. Ce qu'il y a de singulier, c'est que ce charbon de terre contient aussi du plomb, et les paysans qui s'en servent recueillent le plomb qui en coule lorsqu'ils le brûlent, et en font de la grenaille pour aller à la chasse.

Les marbres blancs ou de couleur y sont excessivement communs. On y voit aussi des albâtres et des jaspes les plus variés. Les cinq cents colonnes de la mosquée de Cordoue peuvent en rendre témoignage. La nature y a rassemblé tous les matériaux qui peuvent être nécessaires à la construction : la chaux, le gypse, l'argile, l'ardoise, les granits et les carbonates calcaires. C'est en granit gris qu'est fait le revêtement de l'aqueduc romain de Ségovie (*), et la conservation parfaite de cet antique monument atteste non-seulement le talent de ceux qui l'ont construit, mais aussi la bonté des matières qu'ils ont employées. La cathédrale de la même ville est bâtie en pierre calcaire d'une teinte jaunâtre et d'une grande solidité. Il y a beaucoup de grès propre à faire des pavés. Malheureusement il ne s'en trouve pas dans les environs de Madrid; aussi ne fait-on usage, pour paver les rues de cette capitale, que de cailloux arrondis dont les environs contiennent une grande quantité. Pour les rues principales on emploie des morceaux de silex qui s'usent très-vite et très-inégalement, en sorte que leurs aspérités coupent les chaussures; elles endommagent même les fers des chevaux et les bandes de fer qui entourent les roues. En un mot, elles faisaient, il y a un demi-siècle, le désespoir des personnes obligées d'aller à pied. Aujourd'hui cependant on a, pour la commodité des piétons, placé de chaque côté des rues principales des dalles qui forment des espèces de trottoirs. Néanmoins, dans beaucoup d'endroits, le pavage est en mauvais état, et en ce moment on peut citer celui de la rue Hortaleza, qui depuis l'école Pie jusqu'à la montée de Santa-Barbara, est dans un tel état de délabrement qu'un carosse n'y saurait passer sans éprouver de violents cahots, et que les voitures à deux roues, pour peu qu'elles aillent vite, y sont sans cesse exposées à verser. Fiez-vous, après cela, aux dictionnaires géographiques, qui s'entendent tous pour vous dire que Madrid est une ville merveilleusement pavée. Les maisons de Madrid sont construites en granit, en briques, en bois et en cailloux. Les rochers de la

---

(*) Voyez la planche 9.

Sierra de Guadarrama ne sont presque formés que d'une pierre de taille grise connue sous le nom de *berroquena*. C'est celle qui a été employée pour la construction du fameux couvent de l'Escurial. Tolède s'élève sur un rocher qui peut avoir trois lieues de circonférence. Il est entièrement composé de berroquena. Au reste, ces matériaux ne se rencontrent pas partout avec la même profusion. Auprès de Séville, la vallée qu'arrose le Guadalquivir repose sur un terrain d'alluvion. Aussi n'y trouve-t-on aucune pierre; et quand les Romains élevèrent les murailles qui servent encore d'enceinte à une partie de la ville, ils les construisirent avec un mortier qui est, avec le temps, devenu presque aussi dur que le silex.

Des productions végétales. — Celui qui, se fiant aux emphatiques descriptions qu'on a faites de l'Espagne, s'attendrait à y trouver partout de frais ombrages, des campagnes toujours vertes et toujours embaumées de fleurs, serait cruellement déçu lorsqu'il verrait la réalité. Au reste, il faut le dire, il n'y a pas moins d'exagération dans les peintures contraires, qui nous présentent toute la Péninsule comme un désert aride. Les montagnes qui la couvrent en grande partie lui donnent nécessairement l'aspect le plus varié. Chaque localité a sa physionomie particulière. Juger tout le pays sous l'impression que vous laisse telle ou telle partie du territoire, c'est se préparer de continuels mécomptes. Les plaines sèches et monotones de la Vieille-Castilles ont-elles quelque similitude avec les champs de Valence, où la terre ne se repose jamais? Comment se figurer les ombrages frais et marécageux du Soto de Roma, lorsqu'on n'a vu que les montagnes boisées de la Navarre ou les pinèdes de Tortose? Quelle analogie peut-il y avoir entre les Asturies couvertes de rouvres, de hêtres, de chênes verts, et les coteaux d'Albayda, au pied desquels on cultive le blé, dont la croupe se pare de vignes, qui plus haut portent une ceinture de caroubiers et d'amandiers, et dont le sommet est couronné d'yeuses, de liéges et de pins? Chaque localité ne prend-elle pas elle-même avec la saison un aspect différent? Lorsqu'elles sont dépouillées de leur moisson, les campagnes si fertiles de la Manche ne présentent plus à l'œil du voyageur qu'une terre nue, blanche et poudreuse. Chaque province a son caractère particulier.

Dans les plaines des deux Castilles, on chercherait en vain à reposer son regard sur un arbre; on n'y trouve pas un rameau de verdure, pas un buisson, pas un abri contre les ardeurs du soleil. Quelquefois au milieu du village, auprès de l'église, il existe un orme, un noyer; mais c'est le seul arbre des environs. Il ne faut pas croire pour cela qu'on doive attribuer au sol ou bien au climat cette complète absence d'ombrage. On voit dans le livre de vénerie d'Alphonse XI, qu'il existait autrefois dans ces plaines si nues, si dépouillées, des bois où il chassait l'ours et le sanglier. On pourrait donc, à force de soins, repeupler le terrain d'arbres qui lui rendraient un peu de fraîcheur, et accroîtraient encore sa fertilité. A Aranjuez, où l'on a utilisé l'eau du Tage pour arroser les dépendances de la résidence royale, on trouve des arbres d'une dimension colossale: des ormes, des platanes, des cèdres que plusieurs hommes auraient peine à embrasser. Mais les habitants ne veulent pas en planter, parce que, disent-ils, l'ombre fait pousser l'herbe, augmente la quantité des tiges, en même temps qu'elle empêche les épis de mûrir. Enfin ils sont persuadés que les arbres ne servent qu'à multiplier les oiseaux qui viennent manger leur grain. Ne suffit-il pas d'énoncer ces motifs pour en reconnaître toute l'absurdité? Le royaume de Valence est couvert d'arbres, et cependant il n'a, pour la fertilité, rien à envier à la Castille, et le nombre des oiseaux n'y est pas plus considérable que dans ce pays.

Si quelques gouttes de pluie ont mouillé ces plaines arides, les rayons du soleil, qui ne rencontrent aucun obstacle, pénètrent profondément la terre, et tarissent bientôt cette bienfaisante humidité. La rosée du matin, qui est sur cette terre plus abondante que dans les royaumes d'Andalousie, s'évapore cependant dès le point du jour. Les vents qui courent sur cette surface embrasée brûlent et dessèchent tout. Pour se faire une idée de cette chaleur dévorante, il faut, par le milieu du jour, avoir traversé cette ardente fournaise. Pendant la guerre de 1808, lorsque nos vieux soldats, si endurcis à la fatigue, étaient forcés de voyager dans la Castille, il leur est souvent arrivé d'avoir la peau havie et les lèvres couvertes d'ampoules avant d'atteindre leur étape. Cependant l'eau s'y trouve à peu de profondeur : quelquefois à moins de deux deux pieds. La grande quantité d'hièble et de bardane qui pousse dans les champs en atteste la proximité. Des arbres viendraient donc facilement; mais pour en garnir le pays, il faudrait d'abord vaincre l'entêtement des cultivateurs ; et, selon toutes les probabilités, la Castille restera longtemps telle qu'elle est aujourd'hui ; car, s'il ne faut que quelques années pour faire croître du bois, il faut des siècles pour déraciner un préjugé. D'ailleurs, le caractère insouciant des Castillans viendrait augmenter les obstacles. Vivant au jour le jour, ne s'embarrassant pas du lendemain, ils sont actifs, intelligents pour tout ce qui doit leur procurer un bénéfice, un bien-être présent, actuel ; mais ils ne veulent pas songer à l'avenir. Aussi un de leurs proverbes dit-il : Qui a vu le jour de demain? *Quien ha visto mañana?* Pourquoi, se demandent-ils, pourquoi faire des plantations dont nous ne devons pas jouir?

La nature des guerres qui ont pendant si longtemps désolé la Péninsule peut expliquer comment, en de certaines parties, elle se trouve tellement dégarnie d'ombrage. Quand les Maures et les Espagnols entraient en campagne, c'était toujours en coupant les arbres, en incendiant les propriétés, en enlevant les troupeaux. C'est la même guerre de sauvages que les Arabes nous font aujourd'hui dans l'Algérie. Ils entraient sur la terre ennemie, disent naïvement les vieux chroniqueurs, pour couper, brûler et voler : *por talar, quemar y robar la tierra.* Cette lutte de dévastation, continuée pendant huit cents ans, a détruit les arbres. Les conquérants ont trouvé la terre dépouillée. Dans leur esprit d'insouciance, ils l'ont presque partout conservée telle qu'elle était. Chaque génération l'a transmise à la génération suivante, sans arbres et telle qu'elle l'avait reçue de ses pères. Cependant, malgré son aridité, la Castille est fertile ; on ne laboure qu'à peu de profondeur. On ne fait, pour ainsi dire, qu'égratigner le terrain. On y jette la semence sans précaution, et lorsqu'elle est poussée, les Galiciens viennent faire la moisson.

Le pays basque, c'est-à-dire, celui qui se trouve au pied de la partie occidentale des Pyrénées, a un aspect tout différent : à l'exception des terres qu'on laboure et du sommet des collines, qui se compose seulement de rochers pelés, tout le surplus est couvert de taillis de chênes, d'arbousiers, de tilleuls et de bruyère à feuille de myrte. Dans les endroits où la terre est moins profonde, on trouve de la bruyère ordinaire qui fournit pour les forges un combustible excellent. Le pays contient une grande quantité de châtaigniers, de poiriers et de cerisiers. Les pommes y sont en abondance, on en fait un assez bon cidre. Les environs de Bilbao sont cultivés en jardins maraîchers qui produisent de superbes légumes.

Les raisins de la Biscaye sont beaux, ils ont la peau tendre ; mais, soit que les Pyrénées, en arrêtant les vapeurs de la mer, rendent le pays trop humide, et que les vignes ne puissent y atteindre une parfaite maturité, soit que le sol ne convienne pas à leur culture, le vin qu'elles produisent est âpre, aigre et sans substance. On l'appelle dans le pays du *chacoli.* C'est le vin de Surêne, le vin de Brie de la Péninsule.

La manière dont les Basques labourent la terre est assez curieuse. La culture à la charrue serait souvent très-difficile dans les terrains en pente. Il est des plateaux où un cheval ne pourrait que difficilement parvenir. Ils ont donc un outil particulier auquel ils donnent le nom de *laya*. Ils emploient le verbe *layar* pour exprimer l'action de s'en servir. C'est une espèce de fourche qui a deux dents de fer droites, parallèles et séparées d'environ seize centimètres. Cet instrument offre cette particularité, que le manche n'est pas placé au milieu de la traverse qui réunit une dent à l'autre, mais au-dessus de l'une d'elles, en sorte que la laya ressemble à un trident dont une des dents latérales aurait été supprimée. Pour labourer, il faut toujours que plusieurs ouvriers travaillent ensemble ; un seul irait lentement et ferait de mauvaise besogne. Chacun tient deux layas ; une de chaque main. Les travailleurs se rangent en file, enfoncent en terre devant eux leurs deux outils ; puis, pour les faire pénétrer plus profondément, ils montent sur les deux traverses comme sur des échasses ; ensuite, agitant en avant et en arrière le manche de ces espèces de fourches, ils enlèvent une motte de terre qu'ils jettent devant eux en la retournant. Cette opération se fait assez vite, et souvent avec tant de précision, que les sillons qu'elle forme sont aussi droits que s'ils eussent été tracés par la charrue. Un autre ouvrier qui suit les premiers coupe les grosses racines des plantes ; ensuite on casse les mottes à coups de hoyau.

On trouve dans l'Aragon, le long de l'Èbre, des campagnes bien cultivées. Le canal impérial, commencé par Charles V, permet d'arroser les terres. Celles qui peuvent recevoir le bienfait de l'irrigation sont très-fécondes, aussi a-t-on donné à la capitale de cette province le surnom de *la rassasiée*. On dit : *Saragoza la harta*. On y trouve aussi de beaux champs d'oliviers, qui seraient beaucoup plus productifs si les habitants savaient mieux tirer parti de cette richesse ; mais, soit incurie, soit impuissance, ils ne font que de mauvaise huile. Au moment de la récolte, ils amassent les olives à terre par monceaux, et les abandonnent ainsi sans autre soin, jusqu'au moment où ils pourront les porter au pressoir. Celles qui sont au centre du tas, pressées par le poids des autres, s'écrasent ; l'huile qui en découle sur la terre ne tarde pas à rancir ; elle communique aux autres fruits un goût détestable, et l'huile, qui devrait être excellente, ne vaut absolument rien. Au reste, ce n'est pas aux cultivateurs des bords de l'Èbre seuls qu'il faut adresser ce reproche, mais à tous ceux de l'Espagne. On a beau leur répéter qu'ils devraient prendre plus de précautions, ils aiment leur huile telle qu'ils la font ; et si par hasard il leur arrive d'en obtenir qui ne soit pas corrompue, qu'on puisse manger sans être forcé de se boucher le nez et sans qu'elle vous prenne à la gorge : Oh ! disent-ils avec dédain, elle ne sent rien ; elle est bonne pour des Français.

Les vins de l'Aragon, sans valoir ceux de la Manche ou du midi de la Péninsule, ne sont pas à dédaigner.

La contrée la plus riche de l'Espagne est incontestablement celle qui s'étend au bord de la Méditerranée, depuis le pied des Pyrénées jusqu'à l'embouchure de l'Èbre, c'est la Catalogne ; non pas que la nature l'ait avantagée plus que les autres, mais ses habitants sont actifs, industrieux, persévérants. Donnez-leur un rocher, ils sauront le convertir en un coteau fertile : ils y feront la terre, la porteront par hottées, par pelletées s'il le faut ; ils la retiendront en l'entourant de pierres, et bientôt ils l'auront fécondée. Ils cultivent beaucoup de noisetiers sur les hauteurs qui bordent la Méditerranée. Au pied de ces arbustes, et quand la noisette est nouée, ils sèment des pois ou d'autres plantes grimpantes, puis des choux ou quelque racine qui pivote ; la même terre leur donne ainsi trois récoltes : les avelines, dont ils font un assez grand commerce, les légumes qui ont ombragé de leur feuillage le pied de l'arbuste, les pois ou les haricots auxquels ses branches ont servi de rames. Ce n'est pas tout encore ; il n'est pas jusqu'au bois qu'on en retire qui ne soit un avantageux produit. On brûle beaucoup de vin en Aragon et en Catalogne. Pour exporter les esprits, il faut une grande quantité de tonneaux. On apporte du Nord les douves toutes préparées, mais on n'apporte rien pour les cercler, et le noisetier fait des cerceaux excellents.

La réglisse est un arbrisseau à fleurs légumineuses qui couvre des plaines entières. Comme ses racines s'étendent beaucoup et sont très-difficiles à détruire, on la regarde comme une mauvaise herbe. Cependant on la récolte, et dans quelques endroits on en extrait le suc. Les manufactures de réglisse de la Catalogne peuvent rivaliser avec celles de la Calabre.

En suivant vers le sud-ouest le bord de la Méditerranée, vous entrez dans le pays des Édétains, qui faisait partie de la Celtibérie. C'est aujourd'hui le royaume de Valence. Vous y retrouvez un grand système d'irrigation : c'est ce qu'on appelle en Espagne un jardinage, une *huerta*.

« La huerta (*) de Valence proprement dite occupe un espace d'un peu plus de trois lieues carrées; elle a la forme d'un triangle qui aurait la mer pour base... Ce sont les Arabes qui ont doté Valence du système d'irrigation, qui subsiste encore tel qu'ils l'ont établi. Les eaux du Turia ou Guadalaviar, qui se jette dans la mer un peu au-dessous de Valence, ont été soutenues par une digue à deux lieues environ de son embouchure; et sept coupures principales, dont trois sur une rive et quatre sur l'autre, vont distribuer dans la plaine ces eaux qui s'étendent en éventail et fertilisent toute la *huerta* contenue et comme embrassée entre leurs deux branches extérieures. Maintenant, sur chacune de ces sept artères principales le même système est répété en petit, et une multitude innombrable de veines secondaires viennent prendre l'eau et la porter au plus humble carré de terre caché au centre de la plaine. Ce système, dont l'idée est fort simple, offrait néanmoins dans l'exécution une complication dont les difficultés n'ont pu être résolues que par la prévoyance la plus ingénieuse. Une de ces difficultés se trouvait dans la nécessité d'observer partout une telle graduation de niveau que tous les terrains sans exception pussent jouir à leur tour des bienfaits de l'irrigation. Or, la plaine, bien qu'assez égale, ne présentait pas cependant ce nivellement parfait et géométrique. On y a suppléé par de petits canaux et des ponts-aqueducs. En se promenant dans la plaine, on voit à chaque instant de petits canaux qui passent sur les grands, et je ne sais combien d'aqueducs en miniature construits les uns sur les autres pour porter à quelques perches de terre un volume d'eau trois fois gros comme la cuisse. Ailleurs, vous voyez au milieu d'un terrain tout plat le chemin s'élever tout à coup de quatre pieds, et vous obliger de suspendre pendant douze pas le trot de votre cheval. C'est un aqueduc souterrain qui passe par là. Tout ce travail est peu apparent; la plupart du temps il se cache sous terre, mais il est plein de détails et de prévoyance. Une autre difficulté, c'était de répartir les eaux équitablement, et que chacun pût en jouir à son tour; car pour faire monter les eaux d'une *acequia* (c'est le nom des canaux), il faut presque mettre les autres à sec. Après le travail de l'ingénieur venait donc le travail de l'administrateur et du légiste. Ce travail a été également fait par les Arabes et subsiste encore. A chacune des sept branches mères correspond un jour de la semaine; ce jour-là, elle emprunte l'eau de ses voisines pour élever les siennes au niveau voulu; le tout, bien entendu, à charge de revanche. Ce jour-là, tous les petits filets qui s'alimentent des

---

(*) Lettres sur l'Espagne par Ad. Guéroult, Paris, 1838.

« eaux de la grosse artère sont égale-
« ment ouverts; mais comme leur
« nombre est immense, et qu'en ve-
« nant le sucer tous à la fois, » les
eaux ne pourraient se maintenir à
la hauteur nécessaire, et se préci-
piteraient tout à coup vers les fonds
inférieurs qui seraient noyés, tandis que les champs supérieurs jouiraient à peine du bienfait de l'irrigation, on commence par ouvrir ceux
dont le niveau est le plus élevé. « Cha-
« cun d'eux a son heure dans la jour-
« née, comme la branche mère a son
« jour dans la semaine... Quand cette
« heure arrive, un des colons intéressés
« défait en trois coups de pioche la
« digue de gazon qui forme sa rigole;
« l'eau monte, et à mesure qu'elle
« vient à passer devant chaque pièce
« de terre, le colon, qui l'attend la
« pioche à la main, lui donne accès
« par le même procédé; alors la terre
« est submergée et couverte de plu-
« sieurs pouces d'eau pendant un temps
« déterminé. Le lendemain, les choses
« se passent de la même manière dans
« une autre partie de la huerta, et au
« bout de la semaine toute la campagne
« a été imprégnée à son tour de ces
« eaux fécondantes.

« Quelquefois il arrive qu'un pro-
« priétaire impatient devance l'heure
« prescrite, et donne par-ci par-là pen-
« dant la semaine un coup de pioche
« dans sa digue, au préjudice de son
« voisin. De là des procès. » On comprend que s'il fallait instruire une
procédure pour chacune des difficultés
auxquelles donne lieu la répartition
des eaux, pendant que les gens de loi
feraient des écritures l'eau coulerait.
Telle propriété privée de l'arrosage
serait brûlée par le soleil; telle autre
serait noyée, et toutes perdraient leur
récolte. Aussi dans tous les pays d'irrigation a-t-on établi en Espagne des
magistrats connus sous le nom de
alcaldes de aguas, juges des eaux.
Tous les jeudis, à la porte de la cathédrale, on plaide devant l'*alcalde de
aguas* les procès qui se sont élevés
pendant le cours de la semaine et que
ce magistrat n'a pas encore terminés;
car le plus souvent, comme il y a ur-
gence, il n'attend pas même ce jour
pour vider la difficulté. Aussitôt qu'il
reçoit la plainte, pendant que la
cause de la discussion est encore flagrante, il se transporte sur les lieux,
décide sans désemparer, et sa sentence
purement orale est exécutoire à l'instant même, sans opposition et sans
appel. Afin que nulle procédure ne
vienne ralentir cette justice expéditive,
la législation qui institue les *alcaldes
de aguas* leur interdit de se servir
dans leurs fonctions de papier, d'encre
et de plumes.

Indépendamment de ce mode d'arrosage, les propriétés, qui aux environs de Valence sont excessivement
divisées, ont presque toutes des puits
avec des norias. Dans un pays où ni
l'eau ni la chaleur ne manquent jamais,
on comprend que la fertilité doit être
extrême; aussi la terre ne s'y repose
pas, et donne jusqu'à trois récoltes et
demie par année.

Il y a dans les environs de Valence
des terrains qui restent presque constamment submergés, ce sont des ri-
zières. Le riz qu'elles produisent n'est
ni si gros ni si blanc que celui du Levant, mais il lui est préférable en ce
qu'il ne contracte jamais d'âcreté.

La culture du mûrier blanc occupe
à Valence une grande partie des terrains arrosés. Pour semer ces arbres,
les cultivateurs se servent d'un procédé bien simple. Ils frottent avec des
fruits qui ont atteint une parfaite maturité une corde grossière à laquelle
s'attachent les graines; ils enterrent
ensuite cette corde à une profondeur
de deux pouces dans un sol léger.
Quand les arbres lèvent, on arrache le
plant pour le repiquer beaucoup plus
espacé. On le laisse dans la pépinière
pendant deux ou trois ans. Après ce
temps, on lève de nouveau les jeunes
arbres pour les placer où ils doivent
rester.

Les Valenciens émondent leurs mûriers tous les deux ans. Ils prétendent
que cela rend la feuille plus tendre,
et que si leur soie est plus fine que
celle de Murcie, c'est parce que, dans

le royaume de Murcie, on ne les émonde que la troisième année; cependant la soie la plus belle est incontestablement celle de Grenade, où l'on ne taille jamais les branches. Mais il est juste d'ajouter que les mûriers de Grenade sont noirs, tandis que ceux de Valence et de Murcie sont blancs.

Il faut de grands soins pour élever les vers à soie; et ce n'est pas ici la place de décrire toutes les précautions que leur éducation exige. Mais, pour donner une idée de l'attention excessive que cet objet réclame, Antonio Moralès va jusqu'à dire qu'on doit leur faire de la musique pendant qu'ils dorment, afin que des bruits fâcheux ne viennent pas troubler leur sommeil. Je ne sais pas si, dans leurs magnaneries modèles, MM. Darcet et Camille Beauvais ont jugé nécessaire d'avoir recours à ce moyen d'hygiène.

Il y a des oliviers dans presque toute l'Espagne. On en trouve donc dans le royaume de Valence; mais, en général, cet arbre aime les endroits secs. Ceux qui viennent dans des terrains humides produisent de moins bons fruits.

Les collines des environs de Valence sont couvertes de caroubiers. La silique que produit cet arbre est d'une saveur douce et sucrée, en sorte que quelques personnes la mangent; mais, en général, elle est réservée, dans tout le midi de l'Espagne, pour la nourriture des chevaux et des bestiaux. Dans les romans, au moins dans ceux de la vieille école, on ne parle pas de l'Espagne sans vous entretenir de ses bois d'orangers. Sans doute ces bosquets embaumés ne sont pas tout à fait une fiction; on en trouve quelques-uns, mais ils ne sont pas très-communs. Il existait, il y a un demi-siècle, des bosquets d'orangers dans les Asturies et dans la Galice; ils fournissaient la plupart des oranges qu'on expédiait pour la France ou pour l'Angleterre. Mais, depuis qu'on en a beaucoup planté en Portugal, ceux de la Galice et des Asturies ont été remplacés par des champs de pommiers; et la consommation du cidre s'est beaucoup accrue dans ces deux provinces.

L'oranger, qui vient librement en pleine terre, est un arbre magnifique, presque toujours chargé en même temps de fleurs, de fruits verts et de pommes dorées; il s'élance dans les airs comme une fraîche pyramide de verdure. Il n'a aucune analogie avec ces arbrisseaux rabougris qu'on mutile dans nos serres pour leur faire prendre la figure disgracieuse d'une boule. Par quel travers d'esprit se donne-t-on tant de mal pour gâter ce qui est bien? Comment se fait-il que nos horticulteurs s'obstinent à tailler en sphère cet arbre que la nature a créé d'une forme conique?

La même terre qui produit l'oranger voit aussi le palmier balancer dans les airs sa cime élégante. Cependant, quoique cet enfant de l'Afrique y pousse grand et vigoureux, ses fruits n'y viennent guère plus gros qu'une olive. Ils sont bien loin de valoir les dattes de Barbarie, que les Maures de Tanger colportent dans les villes du midi de l'Espagne, où l'on ne saurait traverser une place publique sans les entendre crier, avec leur voix accentuée: *Christiano, quieres datiles?* Chrétien, veux-tu des dates? Malgré cela, on cultive le palmier, et on en voit beaucoup dans les environs d'Elche, ville du duché d'Arcos, au royaume de Valence. On lie et on entoure quelques-unes de ses branches avec de la paille, ou plutôt avec un jonc appelé sparte. Ainsi à l'abri du soleil, elles jaunissent comme les cardons; c'est dans cet état qu'on les vend dans toutes les églises d'Espagne, pour célébrer le dimanche des Rameaux.

Passer du dattier au palmiste, c'est aller du géant au nain. Le palmiste, *phœnix humilis*, en castillan *palmito*, en valencien *datils de rabosa*, *dattiers de renard*, ou bien encore *margallons* et *margallonera*, est une plante qui s'élève seulement à deux pieds de terre; elle vient naturellement dans presque tous les terrains. Il existe, auprès de Valence, une plaine dans laquelle on en voit une si grande quantité, qu'on l'a nommée le désert des palmistes. On mange une partie de cette plante, celle qui est au-dessus de la racine, et qui n'est pas sortie de terre. C'est une substance blanche, douceâtre, de plusieurs pouces de longueur, et de la grosseur de deux doigts. On mange aussi les fleurs avant qu'elles soient dégagées des spathes qui les enveloppent; elles sont alors d'un goût assez agréable. Mais ce qu'il y a de plus utile, ce sont les feuilles; elles servent à faire des balais, des paniers, des cordes, des lacets, dont la fabrication occupe un grand nombre d'enfants. Les figuiers préfèrent les terres légères; cependant ils viennent partout. Souvent on les a plantés au bord d'une source, pour que leurs larges feuilles ombrageassent le filet d'eau qui s'échappe à leur pied. Aussi on n'aurait pas de peine à trouver en Espagne plus de cinquante localités du nom de *fuente de la higuera*, fontaine du figuier. Le *cactus opuntia*, qui nourrit la cochenille, croît de lui-même dans les fentes des rochers.

L'aloès pite forme d'excellentes clôtures; ses feuilles contiennent aussi des fibres dont on fait des cordes et des rênes, et dont on fabrique à Barcelone une espèce de blonde.

L'amandier se plaît dans les endroits élevés, dans les terres blanches et pierreuses. Au village d'Ibi, près d'Alicante, dans le royaume de Valence, on en trouve beaucoup qui sont entés sur des sujets sauvages. Ce mode de culture, et probablement aussi la nature du sol, assurent à leur fruit une grande supériorité sur toutes les amandes de l'Espagne. On peut conserver celles d'Ibi pendant dix années sans qu'elles rancissent, tandis que les autres s'altèrent en très-peu de temps. C'est avec ces amandes qu'on fait dans une petite ville voisine, à Xijona, une espèce de nougat fort estimé, qui se vend sous le nom de Turron de Xijona.

On récolte la soude dans presque toute l'Espagne, mais surtout dans le midi; et, comme le plus grand commerce de cette substance se fait dans le port d'Alicante, celle qui est le plus estimée a pris le nom de cette ville.

Alicante peut se glorifier encore d'une autre de ses productions. Les vins d'Espagne ont trop souvent flatté notre sensualité pour que nous n'en parlions pas avec quelque reconnaissance; toute la côte, depuis les Pyrénées jusqu'à l'embouchure de la Guadiana, produit des vins délicieux. Ceux d'Alicante, de Malaga, de Xerès de la Frontera sont si connus, qu'il n'est pas besoin de faire leur éloge. Au reste, il n'est peut-être pas une province du midi de l'Espagne qui ne puisse s'enorgueillir de quelque cru fameux. Sancho Panza avait une estime particulière pour les vins de la Manche. Celui de Val-de-Peñas est encore un des plus prisés par les gourmets de la Péninsule. Anciennement, les vins de Cazalla étaient très-recherchés; on en exportait beaucoup pour les Amériques. Leur culture devint si avantageuse que, pour leur faire concurrence, on planta une grande quantité de vignes sur les côtes de l'Andalousie. Alors les vins de Cazalla ont été abandonnés et les vignes remplacées par des oliviers.

Les vins ne sont pas le seul produit que l'Espagne tire de ses raisins; on les sèche. Les *passes* de Valence, de Grenade et de Malaga sont les meilleures de l'Europe. Pour préparer celles de Valence, on trempe pendant quelques secondes la grappe entière dans une lessive de sarment; cette opération ouvre les pores de la peau. Le sucre se cristallise à l'extérieur et on n'a plus qu'à suspendre la grappe au soleil, qui achève de sécher les grains; mais soit que cela provienne de cette préparation ou de la nature des raisins, les passes de Valence prennent un goût doux et un peu fade; aussi préfère-t-on celles de Grenade et de Malaga, dont les treilles mûrissent un raisin plus tendre. Pour le sécher, il suffit de couper les grappes et de les exposer au soleil.

Les Maures avaient introduit sur la partie la plus méridionale de la côte, entre Gibraltar et Motril, la culture de la canne à sucre. Mais depuis que cette précieuse denrée nous vient de l'Amérique, l'importance de cette culture a presque entièrement disparu.

Dans les environs de Salamanque et de Guadalcanal on cultive beaucoup de sumach. On le réduit en poudre; ainsi préparé, c'est un tan fort estimé des corroyeurs pour l'apprêt des peaux de bouc, de chèvre, du maroquin noir et des fameuses peaux connues sous le nom de Cordoban.

Le liége est commun en Espagne. On y trouve aussi plusieurs espèces de chênes qui donnent des glands doux. Dans la Manche on cultive le safran. Les piments de toute espèce, les tomates, les pois carrés ou *Garbanzos* font la nourriture principale d'une grande partie de la population. Dans quelques parties de l'Andalousie, à Malaga par exemple, la température est si douce, que les petits pois se vendent en abondance au marché dès les fêtes de Noël. L'Espagne produit aussi des poisons. Ainsi, on trouve l'ellébore (vedegambre) dans la Sierra de Guadarrama et dans celle de Bejar. On avait autrefois donné à cette plante le nom de *Yerva de ballestero*, herbe du chasseur, parce qu'on en tirait un poison très-subtil, dans lequel les Espagnols trempaient les traits employés à la chasse. Son effet était si prompt, que pour peu que la flèche eût tiré du sang, en quelque partie du corps que la blessure fût faite, l'animal atteint mourait en peu de secondes. Cependant, ce poison n'altérait pas la chair, qui ne contractait aucune propriété malfaisante.

Philippe II trouvant que l'herbe du chasseur rendait trop facile la destruction du gibier, a, par la loi IV, au livre 8 de sa *recopilacion*, défendu sous des peines sévères qu'on en fît usage, et même qu'on en conservât chez soi. Seulement, aux termes de la loi suivante, on pouvait obtenir la permission de s'en servir pour détruire les loups.

Il pousse aussi dans les champs de la Péninsule des plantes qui sans être utiles méritent cependant d'être citées pour leur beauté, et les bords du Xenil sont ombragés de lauriers roses.

Malgré tout cela, il faut bien se garder de croire que l'Espagne soit partout verdoyante et fleurie; les champs labourés y sont rares, et la plus grande partie du sol reste inculte. Le quart au moins de la superficie est couvert d'une espèce de jonc ou de genêt appelé *Esparto*, sparte dont on fabrique une foule d'objets divers connus sous le nom générique de sparterie, des nattes, des tapis, des cordes et des câbles qui ont l'avantage de ne s'user que fort peu par le frottement. C'est avec ce jonc qu'on fait les chaussures appelées *Esparteñas* ou *Alpargatas*.

Quelquefois vous parcourez des plaines de plusieurs lieues d'étendue où l'œil ne rencontre que des palmistes, des asperges sauvages qui, au temps de la floraison, couvrent la campagne de leurs blancs pétales. Quelquefois aussi vous y trouvez le cardon et l'artichaut. Quelquefois les plaines ou les collines sont jaunes de gramen desséché par le soleil. On n'aperçoit que quelques rares arbrisseaux, quelques tiges de stœcha, quelques buissons du ciste qui donne la manne. Quelquefois aussi la terre est tout à fait nue et le regard se heurte contre des cailloux, contre des rochers; il ne trouve pour toute verdure que les feuilles pâles de la sauge ou quelques bouquets de romarin.

Productions animales. — La péninsule Ibérique ne contient aucun animal qu'on ne trouve dans d'autres parties de l'Europe. L'ours, le loup sont les seules bêtes féroces qu'on y rencontre. Les reptiles venimeux y sont rares, malgré sa température élevée, presque semblable à celle du nord de l'Afrique. Il ne faut pas cependant donner une foi entière aux exagérations des habitants. Toujours prêts à vanter leur pays, ils prétendent que les serpents y sont inconnus. Mais le nom seul d'un des courants d'eau qui arrosent le royaume de Cordoue démentirait cette prétention. C'est un des affluents du Guadajoz. Il s'appelle la rivière des vipères (*El rio* Viboras).

Les ours étaient autrefois très-communs dans la Péninsule. Le livre de vénerie, du roi Alphonse XI, désigné avec grand soin les retraites où il faut les attaquer. Les guerres continuelles qui ont détruit presque tous les bois de l'Espagne, ont en même temps refoulé ces animaux sur les sommets des Asturies et de la Sierra Nevada.

Il n'en est pas de même des loups. Les immenses troupeaux de bêtes à laine qui parcourent continuellement ses campagnes, leur offrent une nourriture trop assurée pour qu'ils ne se multiplient pas. Néanmoins, dans les années ordinaires, leurs ravages sont peu considérables, et leur férocité n'est pas très-grande; car, une alliance que Buffon regardait comme impossible est, en Espagne, un fait avéré et fréquent. La louve ne refuse pas les caresses du mâtin, ni la lice celles du loup. Communément, les chasseurs font une assez grande destruction de ces animaux, pour que leur accroissement ne devienne pas dangereux; mais, dès qu'on cesse de leur faire la guerre, ils se réunissent pour attaquer les hommes. Ainsi, pendant les années 1835-36 et 37, la guerre civile qui désolait le pays ayant empêché de les détruire, les loups s'étaient tellement multipliés dans la Manche, ils y étaient devenus si hardis, que pendant l'hiver de 1838, un petit corps armé, attaqué par eux, fut contraint de se retrancher dans une masure pour attendre que le jour, en dissipant ces féroces agresseurs, lui permît de continuer son chemin. Ce sont, au reste, des circonstances tout à fait exceptionnelles; et, en général, sur les routes de la Péninsule, on doit moins craindre la rencontre des loups que celle des hommes.

Les oiseaux de rapine y sont aussi nombreux. Il y a des faucons de toute espèce, des vautours et des aigles assez grands pour enlever des agneaux. Martinez de Espinar (*), porte-arquebuse de Philippe III, raconte qu'un jour il accompagnait le roi à la chasse dans les bois du Pardo, lorsqu'on vit

(*) Arte de Ballesteria, lib. III, cap. 1°.

un aigle s'abattre et lier une proie, à peu de distance de la reine Marguerite, qui se promenait de l'autre côté du Manzanarez. On jugea de loin qu'il avait pris quelque lapin; et, pour le lui ôter, un des chasseurs, nommé Estacio Garcia, traversa la rivière, s'approcha avec précaution de l'endroit où l'oiseau s'était posé, et le trouva tenant dans ses serres non du gibier, mais une chienne de chasse à laquelle il avait déjà ouvert la poitrine et dévoré le cœur. Celle-ci était plus grosse qu'un lièvre, avait la robe de couleur grise, et portait un collier aux armes royales avec des grelots d'argent. C'était une bête que la reine aimait beaucoup parce qu'elle lui avait été envoyée de Flandre par l'infante dona Isabelle. Elle s'était éloignée de sa royale maîtresse en chassant les lapins, et c'est lorsqu'elle les poursuivait qu'elle avait elle-même été tuée par l'aigle.

Les gibiers de toute espèce sont en abondance. Les bois contiennent le cerf, le chevreuil, le sanglier, le renard, le chat sauvage, le blaireau, la marte, le lièvre, le hérisson et le lapin. Le cerf, sans être d'une espèce différente de celui qu'on trouve en France, est cependant un peu moins fort, et surtout il n'égale jamais pour la taille nos tragélaphes des Ardennes.

Les sangliers sont communs. On leur faisait autrefois une chasse qui exigeait beaucoup d'adresse de la part du veneur. C'est la chasse à la fourchette (*con la horquilla*). Elle présente beaucoup d'analogie avec les courses de taureaux, et n'a été pratiquée chez aucune autre nation. Quand on avait détourné un animal qu'on jugeait bien vigoureux, on construisait, avec des toiles, une enceinte tout autour du bosquet où se trouvait sa bauge. On disposait cet enclos de manière à ce qu'il allât en se rétrécissant, et qu'il vînt aboutir à un cirque de cent pas environ en tous les sens, également entouré de toiles. C'est là qu'on devait combattre le sanglier. Pour disposer cette place, que les veneurs espagnols appellent *la contratela*, on choisissait l'endroit le plus uni qu'on pût trouver; lorsque tout était ainsi disposé, les veneurs entraient dans l'enceinte, allaient attaquer le sanglier à sa bauge; par leurs cris et par le bruit des trompes, ils le forçaient à fuir; ensuite, pour l'empêcher de revenir en arrière, on élevait des traverses en toile. De cette manière, on parvenait à le conduire dans la lice. Dès qu'il y était entré, on élevait derrière lui une dernière barrière qui lui interdisait le retour. Alors, par des ouvertures qu'on refermait derrière eux, les chasseurs pénétraient dans l'arène. Ils étaient à cheval, et n'avaient pour toute arme que leur fourchette. C'était une lance semblable pour la dimension à celle dont on se sert dans les combats de taureaux; mais, au lieu de se terminer par une pointe, elle finissait par une petite fourche, dont les deux dents étaient seulement assez écartées pour pouvoir saisir le boutoir du sanglier; puis, comme on semblait craindre que si cette arme étant solide le combat fût trop tôt fini, ou bien qu'il offrît peu de danger, on faisait ces lances en bois de sapin, de manière à ce qu'elles se rompissent facilement.

Un chasseur courait au-devant du sanglier. Celui-ci, en l'apercevant, voulait se précipiter sur le cheval et le frapper de sa défense; mais, avec la fourchette dont il était armé, le chasseur lui saisissait le boutoir, détournait le coup, et lui maintenait aussi longtemps que possible la hure immobile (*). Mais, lorsque le sanglier en se débattant était parvenu à se dégager des dents de la fourchette, ou bien que par ses efforts il avait rompu la hampe de la lance, il fallait que le chasseur fût assez adroit pour détourner son cheval et pour éviter le coup porté par son furieux adversaire. Aussitôt qu'il s'était échappé, un autre cavalier venait prendre sa place. Les combattants se succédaient ainsi jusqu'à ce que le sanglier, couvert d'écume, harassé de fatigue, allât s'acculer dans quelque coin. Alors, on lui jetait de petits dards garnis d'artifice, ou d'étoupe enflammée qui, en s'attachant à ses flancs, lui causaient une vive douleur et ranimaient ses forces et sa rage. Il livrait donc de nouveaux combats. Refusait-il encore d'avancer, on lançait sur lui quelques hourets, dont les aboiements et les morsures pouvaient exciter sa furie. Enfin, lorsque tous ces moyens étaient épuisés, lorsqu'il tombait exténué de fatigue, on lâchait la meute qui achevait de le tuer. Il tombait toujours, mais c'était rarement sans vengeance. Lorsque la lance se rompait, lorsque la fourchette ne saisissait pas le boutoir, sa défense décousait le cheval, et faisait même au chasseur de terribles blessures; ainsi, c'est à cette chasse que l'empereur Maximilien reçut dans la jambe un coup de boutoir dont il demeura boiteux pendant le reste de ses jours.

Les Espagnols étaient (*) et sont encore d'adroits chasseurs, car ils savent atteindre et frapper le gibier; mais ils n'ont jamais poussé aussi loin que les Français la science de la vénerie. En effet, la configuration de leur pays, coupé de ravins, hérissé de difficultés de toute espèce, ne permet guère de forcer le gibier à la course. Ils n'ont donc pas comme nous réduit en règles exactes l'art de juger un animal et de placer des relais. Pour eux, la vénerie est tout simplement l'attaque de la grosse bête. Ils la nomment la chasse au bois, *la montería;* car leurs montagnes étant à peu près seules couvertes de forêts, le mot de mont et celui de bois y sont synonymes. Mais ils excellent surtout dans la chasse à tir, qu'ils appellent *ballesteria*. Pour y réussir, quand on se servait d'arbalète, beaucoup de persévérance et la plus grande dextérité étaient nécessaires; aussi le nom de *ballestero*, d'arbalétrier, était-il l'équi-

---

(*) Voir la planche 74.

(*) Martial disait en parlant des habitants de Fuen-Girola, ville voisine de Malaga, qui de son temps s'appelait Svel,

Et certos jaculo levi Svellos.

valent d'homme prudent et adroit. Au reste, la grande quantité de menu gibier qu'on rencontre en Espagne explique tout naturellement la prédilection que les habitants avaient pour cet exercice. Les perdrix, les cailles, y sont en abondance. Les bois près desquels le Tage prend sa source sont remplis de merles qui, nourris de baies de myrtes et de fraises d'arbousiers, ne le cèdent pas en délicatesse aux merles parfumés de la Corse. Les oiseaux d'eau abondent dans les Alfaques. Le canard, l'oie sauvage, la poule d'au, la macreuse, le héron peuplent les Albuferas. Le phénicoptère aux ailes écarlates étale au soleil de la Péninsule sa brillante parure, et le cygne balance sur les étangs ses formes élégantes et son plumage éclatant.

Le 26 juillet 1380, le roi Alphonse XI étant en marche pour le siége d'Algeciras, s'arrêta auprès de l'étang de Medina Sidonia, et, s'étant mis à y chasser, il tua quatre cygnes, en prit six en vie, et, ajoute le chroniqueur, l'histoire rapporte ce fait parce que le roi chassait tous les jours, quelque temps qu'il fît.

Le lapin est aussi très-commun; on peut même penser que l'Espagne est sa première patrie. Autrefois il n'existait pas en Grèce, car Xénophon n'en parle pas dans ses Cynégétiques, et Oppien garde, à son égard, le même silence dans son poëme sur la chasse. Les Romains paraissent ne l'avoir connu que très-tard. Varron le désigne comme un lièvre d'une espèce particulière à l'Espagne, qui se construit une retraite souterraine, et c'est de cette habitude de creuser des terriers que lui vient le nom de *cuniculus*, qui signifie une mine. Ce mot, dont plus tard les Espagnols ont fait *conejo*, les Italiens *coniglio*, et les Français *conil*, n'était alors employé que par les Latins; Strabon, en décrivant les dégâts exercés par cet animal, dit que les anciens Espagnols le nommaient *leberidas*. Quelques étymologistes prétendent que les Phéniciens l'appelaient *saphan*, et qu'ils avaient nommé le pays *Sphania* ou *Spania* à raison du grand nombre de lapins qu'ils y avaient trouvés. Une semblable origine ne mérite pas un examen bien sérieux. Quelquefois cependant il se rencontre, en matière d'étymologie, de singulières coïncidences. Le nom de la ville de Gadès signifie, en langue celtique, la femelle du lapin : *Gad*, un lapin, *Gadès*, une hase. Au reste, ce qui est positif, c'est que les lapins étaient autrefois très-nombreux dans ce pays; et, sur les monnaies d'or et de bronze que l'empereur Adrien fit frapper à Rome, après la guerre de Celtibérie, cet animal fait l'attribut de l'Espagne personnifiée. Le poëte Catulle donne à la Celtibérie l'épithète de *cuniculosa*, remplie de lapins. A une époque fort reculée, ils s'y étaient multipliés au point de causer d'immenses dommages. Il y a peut-être un peu d'exagération dans ce qu'on raconte à cet égard; nous le répétons sans nous porter garants de l'authenticité du récit. Dans les environs d'une ville de la Bétique ils étaient devenus si importuns, que non-seulement ils détruisaient toutes les récoltes au point d'affamer les habitants, mais encore, creusant leurs terriers de tous les côtés, ils en étaient venus jusqu'à miner une partie des édifices, qui ne tardèrent pas à s'écrouler. On essaya vainement plusieurs moyens pour les détruire, mais, quelque quantité qu'on en tuât, il en naissait davantage, et le mal allait toujours en s'aggravant. Alors, on conseilla aux habitants de se procurer un animal qui existait en Afrique, et qui pourrait forcer les lapins à sortir de leurs terriers. Ils en trouvèrent le conseil bon, et ce furent eux qui, les premiers, introduisirent les furets en Europe.

Ce remède fut efficace. Pourquoi ne peut-on pas aussi en trouver un contre un autre fléau qui désole de temps en temps les champs de la Péninsule? Comment ne peut-on pas se défendre contre les ravages que font les sauterelles? Tous les ans, on voit de ces insectes dans le midi de l'Espagne, et surtout dans les terres incultes de l'Estremadure. Ordinairement ils ne sont pas très-nombreux; et comme il y a beaucoup plus de mâles que de femelles, ils ne se reproduisent pas dans une proportion trop considérable. Mais lorsque le malheur veut que les femelles naissent plus nombreuses, comme cela a eu lieu en 1754, alors elles se multiplient d'une manière effrayante, et elles portent de tous les côtés la dévastation, la misère, la famine et la peste.

La femelle, pour déposer ses œufs, choisit toujours un terrain stérile et inculte, afin que le hoyau ou la charrue ne viennent pas les détruire. Elle les place dans un nid, qu'elle maçonne en terre avec une déplorable industrie. A la fin du printemps suivant, la chaleur du soleil fait éclore les œufs; il en sort des vers qui bientôt se transforment en nymphes. Alors les insectes sont noirs et de la grosseur d'un moucheron. Rassemblés au pied de quelque arbuste, ils montent les uns sur les autres, et couvrent quelquefois un espace de douze pieds de circonférence sur deux pouces d'épaisseur, en sorte que la terre, en cet endroit, ressemble à une tourte noire qui se remue, ou à un drap mortuaire agité par le vent. Au bout de quelques jours, les sauterelles ont acquis plus de force. Elles se jettent sur toute la verdure des environs, dévorant jusqu'aux racines des plantes les plus venimeuses, la jusquiame, la belladone, la ciguë, et même la renoncule, caustique dont le suc est si corrosif qu'il brûle la peau des autres animaux. La feuille de la tomate a seule le privilége d'être épargnée. Enfin, quand elles sont devenues parfaites, que des ailes roses ont remplacé leur enveloppe lugubre, elles entreprennent des migrations pour aller chercher une région moins désolée que celle qu'elles ont dévorée. Elles s'élèvent peu à peu en l'air jusqu'à une hauteur de cinq cents pieds, et elles forment une nuée qui intercepte les rayons du soleil, au point que le beau ciel de l'Espagne paraît, au milieu de l'été, aussi noir que celui de Londres par les plus tristes matinées d'hiver (*). Le bourdonnement de tant de millions d'ailes produit un bruit semblable à celui du vent qui gronde au milieu des arbres d'une forêt. Le chemin que suivent ces nuées funestes est toujours dans la direction du vent. De leur premier vol, elles s'éloignent d'environ deux lieues, détruisant tout sur leur passage. Elles s'écartent quelquefois jusqu'à une demi-lieue de la ligne droite, pour aller dévaster un champ de blé ou un verger; et lorsque la destruction est achevée, ce qui a lieu en quelques instants, elles se relèvent et reprennent leur première direction.

Dans un ancien conte espagnol intitulé: Histoire de la damoiselle Théodor (**), un des sages qui dispute avec cette damoiselle, lui demande: « Quel est l'oiseau qui va par les campagnes, et chez lequel on trouve huit caractères qui appartiennent aux grands animaux? — L'oiseau dont vous parlez, répond-elle, est la sauterelle: elle a deux cornes comme le cerf, son cou est semblable à celui du taureau; on remarque en elle le poitrail du cheval, le mufle de la vache, les ailes de l'aigle, la queue de la vipère et les pattes de la cigogne. Ses yeux sont semblables à ceux d'une bête redoutable qui habite loin de ces contrées. » La belle Théodor aurait pu ajouter que la sauterelle surpassait tous ces animaux en voracité. En 1754, on les a vues à Almaden s'abattre sur un champ, manger jusqu'aux chemises de toile et aux couches de laine que les pauvres gens du hameau avaient mis sécher sur l'herbe. Un détachement de cette légion étant entré dans l'église, y dévora les surtouts de soie qui couvraient les images et jusqu'au vernis de l'autel. Quelquefois, le vent emporte une de ces nuées dévastatrices et la précipite dans la mer, où les sauterelles se noient. Il faut alors en rendre grâce à

(*) Bowles, Histoire naturelle de l'Espagne.

(**) Chroniques chevaleresques de l'Espagne et du Portugal, traduites par M. Ferdinand Denis.

Dieu. Mais le plus souvent elles meurent sur terre, et leur mort est une nouvelle calamité. Dès que les mâles ont pu se rendre maîtres de leurs femelles, et qu'ils les ont fécondées, ils sentent leurs entrailles dévorées par une ardeur violente. Ils volent vers l'eau la plus prochaine; ils s'y plongent pour se rafraîchir; mais leurs ailes, une fois mouillées, n'ont plus assez d'élasticité pour les enlever, et presque toujours ils se noient. Quand ils se sont jetés dans une rivière, cela est sans inconvénient; l'eau emporte leurs cadavres à la mer; mais quand ils se sont abattus sur une eau dormante, sur un puits, sur une fontaine, leurs cadavres, en se corrompant, les infectent et les empoisonnent.

Quant à la femelle, après avoir déposé ses œufs, elle est tellement épuisée, qu'il lui reste à peine la force de s'élever et d'aller mourir à peu de distance. Quelquefois on a vu leurs corps, amoncelés à une hauteur qui surpassait celle du genou, couvrir une grande étendue de terrain; et les miasmes qui, sous ce ciel brûlant, s'exhalaient de cette masse énorme d'insectes en putréfaction, ont causé de terribles épidémies (*).

Ces terribles insectes ont presque toujours pris naissance dans les pâturages, qui, s'il faut en croire quelques économistes, renfermeraient encore une autre cause de ruine pour l'agriculture. Les troupeaux voyageurs de l'Espagne seraient aussi un fléau pour les cultivateurs. Il est vrai que d'autres écrivains considèrent les brebis ambulantes comme une des richesses les plus réelles du pays. De quel côté se trouve la vérité?

(*) On lit dans les journaux imprimés à Madrid dans les premiers jours du mois de juin 1841, que plusieurs provinces d'Espagne ont été ravagées par les sauterelles, mais que ce fléau ne les a pas toutes également affligées. Ainsi dans la province de Ciudad-Réal, on n'a enterré que 375,000 livres pesant de sauterelles, tandis que dans le royaume de Jaën, séparé de la Manche par la Sierra-Morena, on en a enfoui plus de deux millions cinq cent mille livres. *Le Temps* du 11 juin 1841.

Il y a en Espagne deux espèces de brebis. Les unes dont la laine est commune: celles-là ne sortent pas du pays où elles naissent; les autres, dont la laine est fine et qui voyagent tous les ans. Elles passent les chaleurs sur les montagnes, et descendent pendant l'hiver dans les prairies chaudes de la Manche, de l'Estramadure et de l'Andalousie. En 1790, on ne portait pas le nombre de ces brebis ambulantes à moins de cinq millions; mais les guerres dont la Péninsule a été le théâtre doivent l'avoir considérablement réduit.

La manière dont se fait cette migration a toujours été réglée par les lois. Dès les premiers temps de la monarchie espagnole, les propriétaires de troupeaux ambulants ont, sous le nom de conseil de la *mesta*, formé une nombreuse et puissante association. C'était une espèce de maîtrise qui avait ses officiers, ses administrateurs, et même ses tribunaux particuliers. Les lettres de priviléges accordées par Alphonse XI (*) parlent de cette institution comme d'une société établie depuis longtemps.

Le conseil de la mesta se divisait en quatre quadrilles, qui prenaient les noms de Soria, Cuenca, Ségovie et Léon. L'association, ou plutôt la fraternité (*la hermandad*) de la mesta, avait tous les ans une assemblée générale, et chaque quadrille choisissait à son tour le lieu de la réunion. Les délibérations n'étaient considérées comme valables que si quarante membres ou frères au moins y avaient pris part. Pour avoir droit de voter dans les affaires du conseil, il fallait posséder depuis plus d'une année cent cinquante têtes de bétail ambulant, brebis, moutons ou chèvres. Chaque quadrille élisait quatre représentants ou *apartados*, et le conseil des seize apartados s'occupait de l'administration de la société, de la décision des affaires urgentes, ou de celles qui lui

(*) Le samedi 2 septembre 1311: Libro de las leyes y privilegios del honrado consejo de la mesta. F°. Madrid, 1639.

étaient envoyées par l'assemblée générale.

Il y avait en outre quatre *contadores*, quatre sous-contadores, quatre alcades d'appel, quatre alcades de première instance. Chaque quadrille nommait un de ces officiers. Il y avait enfin un trésorier général, un secrétaire d'appel et un secrétaire ordinaire, élus à tour de rôle par chacun des quadrilles.

Les alcades connaissaient de toutes les difficultés qui pouvaient naître entre les frères de la mesta, relativement à la conduite ou à l'alimentation des troupeaux. Ils jugeaient aussi les procès qui s'élevaient entre les bergers pour injures, rixes ou blessures. Au reste, la procédure était toujours sommaire. La loi (*) veut que les bergers s'expliquent en personne. Elle condamne à trois cents maravédis d'amende la partie qui produit des moyens écrits; l'avocat qui a prêté son ministère pour rédiger un mémoire dans ces affaires, peut même être condamné à la même peine: tout doit être oral. Il n'y a d'exception que pour les causes graves, et lorsque le juge lui-même l'a ordonné.

La juridiction des alcades de la mesta s'étendait aussi sur les bergers des troupeaux sédentaires de la plaine, mais dans trois cas seulement: lorsqu'ils avaient voulu faire des *mestas*, c'est-à-dire, se réunir en conseil et faire errer leurs brebis; lorsqu'ils avaient introduit des troupeaux malades dans les pâtis communs; lorsqu'ils s'emparaient des herbages dont les bergers de la mesta étaient en possession. Les endroits où devaient pâturer les brebis ambulantes étaient réglés par les lois; et il ne faut pas croire, comme l'ont écrit quelques auteurs, que ce droit de pâture s'étendît sur toutes les terres indistinctement. La loi ordonne que les troupeaux circuleront sans être inquiétés dans toutes les parties du royaume, broutant les herbes, buvant les eaux, à la condition de ne faire de dommage ni aux moissons, ni aux vignes, ni aux autres endroits qui ont des bornes (*).

Le droit de pâture ne s'exerçait donc que sur les terres vagues et incultes; sur des propriétés louées par les contadores pour le compte de la mesta; et sur des prairies assujetties à cette servitude, de même que nous avons en France des terres soumises aux droits d'herbage, de pacage et de paisson; des bois grevés de droits d'usage, de pâturage, de parcours, de panage et de glandée. Quelques économistes se sont évertués à démontrer que la mesta causait d'immenses préjudices à l'agriculture, et que ces terres produiraient beaucoup davantage si on les semait en céréales. Mais a-t-on le moyen de les défricher? Il ne faut pas perdre de vue que plus des trois quarts de l'Espagne sont incultes. A-t-on des bras pour les labourer, des fumiers pour les amender, de l'eau pour les arroser? Et puis, à quoi servirait de faire produire à la terre tant de blé, dans un pays qui déjà en produit plus qu'il n'en consomme, et qui, manquant de chemins et de moyens de transport, ne peut exporter ses récoltes. Il n'est pas rare, lorsque plusieurs années ont été trop abondantes, de voir des fermiers castillans réduits à jeter une partie de leur grain, parce qu'il ne se vend pas au marché voisin, et que la difficulté des transports ne leur permet pas de le voiturer autre part. C'est là un inconvénient qui n'existe pas avec une denrée qui marche. Chaque année, les brebis ambulantes apportent leurs toisons à Ségovie ou sur quelque autre marché, et toujours elles s'y vendent.

La loi s'était aussi occupée de distribuer les pâturages communs entre les frères de la mesta. Des alcades

(*) Loi I, titre xiv, livre III de la Recopilacion de don Felipe II.

(*) ... Manda el-Rey ... que andeu salvos e seguros por todas partes de sus reynos e pascan las yervas e bevan las aguas: e non faziendo daños en miesses, nin en viñas, nin en otros lugares *acotados* .... Partida III, tit. 18, ley 19.

spéciaux (*) délivraient à chacun d'eux la portion qu'il devait occuper. Lorsqu'un berger avait trouvé une terre vague, et que, pendant une année, il y avait fait paître son troupeau sans être troublé; quand il avait joui, comme disent les légistes espagnols, *en paz y en faz*, en paix et à visage découvert, il avait acquis le droit de conduire, les années suivantes, son troupeau dans le même lieu. Ce n'était pas un privilége qui appartînt au berger, car il ne pouvait pas le transmettre; c'était un droit inhérent à l'existence du troupeau lui-même; et le droit s'éteignait si le troupeau venait à périr. Au reste, la mémoire avec laquelle les brebis ambulantes reconnaissent leurs pâturages est un fait digne de remarque. Chaque année, à la même époque, elles font le même voyage, elles suivent le même chemin, s'arrêtent d'elles-mêmes aux endroits où elles se sont arrêtées l'année précédente; et ce ne serait pas sans peine que le berger pourrait les déterminer à aller plus loin.

C'est au mois de septembre que les troupeaux quittent les lieux élevés pour descendre dans les plaines; les chemins, en Espagne, ne sont pas très-larges, et ils seraient beaucoup trop étroits pour le passage des moutons. Les propriétaires riverains sont donc obligés de laisser de chaque côté de la route un certain espace libre, c'est ce qu'on appelle *las cañadas*. Cette voie réservée aux troupeaux doit avoir de largeur six *sogas* de quarante-cinq palmes chacune; ce qui représente environ quatre-vingt-dix pieds. Il n'est permis aux bergers ni de s'écarter de ce chemin, ni de s'arrêter. Si cependant la crue imprévue de quelque courant d'eau les empêche d'avancer, ils peuvent séjourner pendant quelque temps; mais on leur désigne un terrain dont ils ne peuvent dépasser les limites, sous peine de trente moutons d'amende; et, dans tous les cas, ils doivent payer au propriétaire une indemnité proportionnée au dommage que lui cause (*) leur séjour.

On dit que les *cañadas*, qui ne produisent que de l'herbe, sont autant de terrain perdu pour l'agriculture. Elles n'ont que quatre-vingt-dix pieds de largeur, et on les signale comme un mal; mais si de larges routes sont un mal pour l'agriculture, que dira-t-on de nos routes françaises? Il faut bien d'ailleurs que les pâturages donnent un produit qui se rapproche beaucoup de celui des terres à blé, car il n'est pas rare de voir, en Andalousie, un propriétaire louer ses terres uniquement pour la pâture des moutons, parce que les pasteurs lui en donnent un prix supérieur à celui que pourrait lui rendre le fermier qui les cultive. Cette circonstance est même si fréquente, que les Espagnols ont fait le verbe *dehesar*, pour exprimer l'action de mettre en pâturage des terres qui étaient précédemment cultivées. On a été jusqu'à incendier les bois pour les convertir en pâtis; et il a fallu une loi pour détruire cet abus. Poursuivre les incendiaires eût été chose assez inutile, car il est bien difficile de les saisir, mais on défendit de laisser paître quelque espèce de bestiaux que ce fût dans les bois qui avaient été brûlés; et les incendies cessèrent (**). Les migrations continuelles des brebis causaient-elles réellement du tort à l'agriculture? C'est une question que nous n'osons pas résoudre. On a beaucoup déclamé contre l'institution de la mesta. Mais c'est au temps où l'agriculture était le plus florissante que la mesta était aussi le plus puissante et le plus riche. L'Espagne alors produisait les plus belles laines de l'Europe. Maintenant on a conservé seulement les lois sur les *cañadas*; le conseil de la mesta n'existe plus. Les propriétaires de brebis errantes y ont perdu quelques priviléges. Mais l'agriculture y a-t-elle gagné?

Puisque nous parlons des productions animales de l'Espagne, nous ne

---

(*) Alcaldes entregadores.

(*) Tit. 40 del libro de las leyes de la mesta.

(**) Recopilacion de don Felipe II. Libro vii, t. VII, ley 21.

saurions nous dispenser de dire un mot du nombre et de la beauté de ses chevaux. Dès la plus haute antiquité, leur élégance et leur vitesse étaient devenues proverbiales ; aussi on a prétendu que le nom *spania* venait des mots *ispah*, chevaux, et *ania*, contrée. Employé dans les langues de l'Orient, le nom d'*Ispahan* n'a pas une autre signification. Les chevaux de la Péninsule étaient tellement estimés, que les Romains faisaient venir des bords du Bœtis et du Tage ceux qui devaient concourir dans le cirque. L'abondance et la bonté des coursiers avaient fait des indigènes des écuyers parfaits. Leur adresse à cet égard avait quelque chose de merveilleux. Souvent un cavalier conduisait deux chevaux, et voltigeait avec une grande aisance de l'un sur l'autre ; ils excellaient aussi à conduire des chars. L'histoire a conservé le souvenir d'un Espagnol nommé Dioclès, qui fit à Rome le désespoir de tous ses émules. Il gagna mille fois le premier prix ; huit cent soixante et une fois le second ; cinq cent soixante et seize le troisième, et quatre-vingt-dix-neuf fois le dernier ; en sorte qu'il fut deux mille cinq cent vingt-six fois vainqueur. Il concourut en tout trois mille huit cent soixante et dix-sept fois.

Les haras des bords du Guadalquivir avaient déjà la renommée qu'ils ont conservée jusqu'au commencement de notre siècle, et qu'ils n'ont perdue que par suite des longues guerres qui ont dévasté la Péninsule. Aussi les villes qui se trouvaient près de ce fleuve frappaient-elles, sur presque toutes leurs monnaies, une tête de cheval. Les cités des côtes de la Méditerranée mettaient sur les leurs des poissons ou un coquillage ; c'est qu'en Espagne la terre n'était pas seule féconde, et que les eaux renfermaient aussi d'abondantes richesses. Les côtes de la Galice, de la Biscaye et du Portugal fourmillent de sardines et de saumons. Dans presque toutes ces rivières, on trouve des truites d'un goût délicieux. Du temps des Phéniciens et des Carthaginois, les côtes de l'Andalousie étaient renommées pour la grande quantité de thons qu'on y prenait.

Les Maures, qui, à leur tour, se sont beaucoup occupés de cette pêche, l'ont appelée *al-madraba*. De ce mot, les Provençaux et les Catalans ont fait celui de madrague, en usage pour désigner les filets qu'on y emploie. C'est près du cap de Trafalgar et de la ville de Conil qu'elle est surtout abondante. Aux mois de mai et de juin, les thons s'approchent des côtes pour déposer leur frai ; ils viennent par bancs d'un à deux mille, et quelquefois davantage. Voici comment cette pêche se pratique : Les pêcheurs montent six ou sept nacelles qui se placent assez éloignées l'une de l'autre, et de manière à former un croissant ; deux d'entre elles restent près de terre, tandis que la plus éloignée se trouve à un quart de lieue : un homme, placé à terre sur une élévation, guette l'arrivée de ces poissons qui font beaucoup de bruit en nageant, et qui agitent tellement l'eau, qu'il est facile de les apercevoir de plus d'une lieue. On peut même déterminer à peu près leur nombre. Aussitôt que celui qui fait le guet voit les thons s'approcher des bateaux, il donne le signal, et les deux barques qui sont aux extrémités jettent leurs filets en s'avançant dans la mer, de manière à se rejoindre après avoir entouré le banc de poissons. Ce premier filet, qui est fait en corde de sparterie, se nomme *açadal*. Les thons pourraient facilement le rompre ; mais ils sont si timides qu'ils se laissent effrayer par le moindre objet. Aussi, quoique très-léger, ce filet suffit-il pour les arrêter, et pour laisser à une autre barque plus grande le temps de jeter à l'entour de l'açadal un second filet, fait en grosses cordes de chanvre, qu'on appelle la grosse enceinte (*la cinta gorda*). Celui-ci est destiné à tirer les thons à terre. Il faut environ deux cents hommes pour le haler. A mesure que les poissons amenés près de terre se trouvent plus resserrés, ils s'agitent plus violemment, ils se blessent en se frappant l'un l'autre ;

et l'écume, qui tout autour d'eux était jusqu'alors restée blanche, devient rose et sanglante. Lorsqu'enfin ils sont tout à fait près de terre, des hommes nus entrent dans l'eau jusqu'aux genoux. Chacun d'eux est armé d'un long harpon, auquel est attaché un câble. Lorsqu'un thon est harponné, il faut que trois ou quatre personnes saisissent la corde pour le traîner à terre, car une seule ne le pourrait pas. Il arrive même quelquefois, lorsque le harponneur tient la corde attachée autour de son bras, que le poisson entraîne le pêcheur à la mer. Quelques-uns ont tant de force, qu'il ne faut pas moins de dix hommes pour s'en emparer. Au reste, on ne fait pas partout usage des mêmes moyens. Dans le golfe de Biscaye, on les pêche à l'hameçon; mais, avec la madrague, on en prend, sur la seule côte de Conil, jusqu'à cinquante mille en une saison, qui ne dure que deux mois.

L'Espagne a des côtes, des rivières poissonneuses, une terre fertile; les métaux s'y trouvent en plus grande abondance que dans aucune autre contrée de l'ancien continent. La même terre y réunit les fruits de l'Europe, le coton, la canne à sucre de l'Asie, et le dattier de l'Afrique; l'oranger, cette pomme d'or des Hespérides, embaume encore ses vergers; ses champs, ses monts, fourmillent de gibier; ses troupeaux, ses coursiers sont nombreux, d'une espèce supérieure. Avec tant de richesses, comment se fait-il que l'Espagne soit si misérable? La nature l'a traitée en enfant chéri. C'est donc aux fautes des hommes, c'est donc à de mauvaises institutions qu'il faut demander le secret de sa décadence et de sa pauvreté.

DES PREMIERS HABITANTS DE L'ESPAGNE ET DE SES ANCIENNES DIVISIONS TERRITORIALES.

L'histoire ne nous apprend rien de positif sur les peuples qui les premiers ont habité l'Espagne. Il existe quelques rares monuments qui sont évidemment antérieurs à l'arrivée des Phéniciens et à celle des Grecs; mais on ne sait à qui les attribuer (*). On voit près d'Olerda des niches taillées dans le roc, qui par leur forme semblent n'avoir pu servir qu'à recevoir des cadavres. On y reconnaît la place de la tête, celle des épaules. Ces sépultures ne sont pas phéniciennes. On a retrouvé à Cadix d'anciens tombeaux attribués aux Phéniciens (**). Ils avaient la forme d'une petite citerne, où un corps seulement pouvait tenir. Ils étaient revêtus intérieurement d'une grossière mosaïque. Il y en avait aussi de construits simplement en pierre et sans aucun revêtement; mais tous avaient la même forme.

Les sépultures d'Olerda ne sauraient avoir davantage une origine grecque ou romaine, car les Grecs et les Romains étaient dans l'usage de brûler les morts, et si quelques familles avaient, il est vrai, conservé la coutume antique de rendre à la terre les dépouilles mortelles de leurs ancêtres (***), leurs tombeaux n'ont aucune analogie avec ceux dont nous parlons.

On ne saurait davantage les attribuer aux Celtes, car dans les monuments celtes qu'on a ouverts, et dans ceux que le hasard fait encore trouver de temps en temps, les morts étaient couchés. Au contraire, dans les sépultures d'Olerda, les tombes creusées sur la face escarpée du rocher sont disposées de manière à ce que les cadavres n'aient pu être placés que debout. Elles appartiennent donc à quelque nation dont l'histoire n'a pas conservé le souvenir.

Il existe aussi dans la Péninsule des restes de constructions gigantesques: une partie des murailles de Tarragone

(*) Voir la planche 12.
(**) Antigüedades gaditanas por Juan Baptista Suarez Salazar.
(***) Pline, Historiæ naturalis lib. VII, cap. 54. Ipsum cremare, apud Romanos non fuit veteris instituti : terra condebantur. At postquam longinquis bellis obrutos erui cognovere, tunc institutum. Et tamen multæ familiæ priscos servavere ritus : sicut in Corneliâ nemo ante Syllam dictatorem traditur crematus. Idque voluisse, veritum talionem, eruto C. Marii cadavere.

est encore assise sur un assemblage irrégulier de blocs énormes de roches, dont quelques-unes n'ont pas moins de treize pieds de long sur huit de large et de haut. Les portes n'y sont point cintrées; mais, de même que dans les monuments égyptiens ou druidiques, la voûte est formée par une pierre posée à plat. Ces murailles présentent quelques caractères des constructions pélasgiques. Faut-il penser que les Pélasges ont été les fondateurs de quelques villes de la Péninsule? Le fait est possible; mais on ne saurait le regarder comme entièrement prouvé.

Quelques auteurs prétendent que l'Espagne aurait été peuplée par Tubal, un des fils de Japhet. C'est de lui qu'elle tiendrait le premier nom sous lequel elle a été connue, celui de Sétubalie; mais cette origine, qui ne repose sur aucune preuve, sur aucune conjecture raisonnable, doit être classée au nombre des fables inventées au moyen âge par l'ignorance et la superstition. Plus tard, nous en chercherons la source, et nous en discuterons le mérite.

Les Hébreux donnaient à l'Espagne le nom de Sepharad, mot qui, dit-on, signifie le confin ou l'extrémité. Les Grecs l'appelèrent l'Hespérie, c'est-à-dire, l'occident. Quant au nom d'Espagne, *Hispania*, il paraît aussi d'origine grecque. Il pourrait bien venir de *hê spania*, la clair-semée.

On a aussi appelé l'Espagne *Ibérie*. M. de Humboldt a écrit une savante dissertation pour prouver d'abord que les premiers habitants de la Péninsule sont les Basques; ensuite que ces aborigènes portaient dès le principe le nom d'Ibères. Si la première de ces deux propositions n'est pas entièrement démontrée, au moins est-elle extrêmement probable. Dans toutes les parties de l'Espagne, on retrouve des villes dont les noms sont formés de mots basques. Ainsi, Basturi veut dire, dans leur langue, beaucoup d'eau. Ili berri signifie ville neuve. L'antiquité des Basques ne saurait donc sérieusement être contestée. Maintenant ont-ils porté le nom d'Ibères? Est-ce à cause d'eux que la Péninsule a été appelée Ibérie? Cette question est beaucoup plus douteuse. Les Basques, dans leur langue, ne se donnent pas à eux-mêmes le nom d'Ibères, mais bien celui d'Escuaraz; d'ailleurs, M. Charles Romey a, dans son *Histoire d'Espagne*, réuni beaucoup de preuves pour démontrer que l'expression *iber* est d'origine celtique, et n'est autre que le mot *aber*, qui signifie *onde* et *havre*. On le retrouve en effet, ainsi que ses composés, partout où les Celtes se sont établis. Cette partie de l'Asie qui est le long du Caucase, et que nous appelons aujourd'hui la Géorgie, se nommait autrefois l'Ibérie. Dans la Thrace, on retrouve un fleuve appelé l'Hèbre. Le mot aber, très peu altéré, est resté dans la langue française. Pour désigner l'embouchure d'une rivière, on dit un havre. Il y avait en Espagne deux fleuves du nom d'Iber, l'un qui se jette dans la Méditerranée: c'est l'Èbre de nos jours; l'autre qui, d'après les passages du Périple d'Himilcon, se jette dans l'Océan. Ces fleuves avaient probablement donné aux pays qui les environnent le nom d'Ibérie, qu'on a ensuite étendu à toute la Péninsule. Ce qui rend l'opinion de M. Romey encore plus vraisemblable, c'est qu'en Espagne on trouvait des Celtibères. On a longtemps entendu ce nom comme représentant cette idée: Celtes mélangés aux Ibères. On n'a pas fait attention que les Celtes étaient dans l'usage de joindre à leur nom la désignation de la contrée qu'ils habitaient. Ainsi on connaissait les Ceilt-Tor (Celtorii), les Celtes de la montagne; les Ceiltac'h, les Celtes de la plaine. Les Celtibères ou Ceilt-Aber sont donc tout simplement les Celtes du fleuve.

C'est dans l'antiquité la plus reculée qu'eut lieu en Espagne l'invasion des Celtes. Déjà, dans le Périple d'Himilcon, le nom de Celtes est donné aux habitants de la Péninsule. Dans le récit de cette navigation entreprise par l'amiral carthaginois au delà des Colonnes d'Hercule, 440 ans avant l'ère chrétienne, on trouve ce passage : « Là où les flots de l'Océan se pressent et se heurtent pour s'introduire dans le bassin de notre mer, commence le golfe Atlantique, là est la ville de Gadir, nommée autrefois Tartessus. Là sont les Colonnes d'Hercule, Abila et Calpé. Les terres voisines, à gauche, appartiennent à la Libye ; l'autre région (dans sa partie la plus éloignée) est exposée au vent bruyant du nord. Les Celtes l'occupent. »

L'historien Éphore, qui écrivait 340 ans avant la naissance du Christ, comprenait l'Espagne presque entière dans le pays habité par les Celtes.

Cette nation, après avoir envahi l'Espagne, se fractionna en une foule de peuplades qui tirèrent leur nom de la nature des lieux où elles s'étaient établies. Il est donc très-difficile d'expliquer comment la Péninsule était divisée.

Il manque bien des éléments pour reconstruire avec certitude la carte de l'Espagne antique. Sur beaucoup de points, on en est réduit à de simples conjectures. D'ailleurs, pendant le laps de temps considérable qui a précédé les guerres puniques, les noms et les limites ont dû varier plusieurs fois, et la confusion qui résulte de ces changements n'est pas la moindre des difficultés. Ce serait une erreur de croire qu'on trouvait alors dans toute la Péninsule une nation unique, ayant une même origine, des lois générales et un centre de gouvernement. On se tromperait même beaucoup si on pensait que tous les habitants se donnaient un même nom ; enfin, qu'il y avait une espèce quelconque d'unité nationale. On rencontrait, à la vérité, quelques noms de races, comme les Vascons, cantonnés déjà à cette époque au pied des Pyrénées, à l'endroit où s'étendent aujourd'hui la Navarre et les provinces basques ; les Celtibères, les Bastules, les Turditains ; mais ces races elles-mêmes ne formaient pas des peuples distincts, des corps de nation. La plupart des peuplades étaient maîtresses chez elles. A la vérité, quelques cités plus puissantes que les autres avaient fondé des villes sur le territoire qui les environnait, ou bien elles avaient soumis quelques-uns de leurs voisins. Ces agrégations de villes formaient de petites souverainetés ; les chef-lieux de ces petits États imposaient leurs lois aux villes qui se trouvaient dans leur dépendance, et elles y percevaient un impôt. Voilà pourquoi plus tard les Romains avaient divisé l'Espagne en villes *stipendiatæ* et *stipendiariæ*, c'est-à-dire, qui payaient ou qui étaient payées. Avant l'arrivée des Romains, ces villes, colonisées par les Phéniciens, se nommaient des Bahalats, ce qui correspond parfaitement au mot de souveraineté. Dans les parties, au contraire, où la domination grecque avait prévalu, ces villes recevaient le nom d'autonomes, c'est-à-dire, qui se gouvernent par leurs propres lois.

Au reste, ce morcellement de la nation est une conséquence naturelle de la manière dont la Péninsule est sillonnée par des barrières de montagnes qui suffiraient à former les frontières d'États indépendants. « Ce caractère, « dit M. Romey, loin d'être indifférent à l'histoire de ses destinées, en « est peut-être l'explication et la clef. « C'est ce caractère qui les a déterminées en grande partie, et c'est là, « sans nul doute, qu'il faut chercher « la cause au moins principale, qui, « de tout temps, a tenu l'Espagne éloignée d'une constitution nationale « unitaire, et, par une invincible tendance naturelle, l'a portée au morcellement et à l'individualisme provincial. » Quand les Celtes ou Gaulois, car César dit qu'ils formaient la même race (*), eurent franchi les Pyrénées, ceux qui s'établirent sur les bords de l'Ibérus prirent le nom de Celtibères. Tout le bassin où coulent ce fleuve et ses affluents, à l'exception toutefois du pays habité par les Vascons, et du littoral de la Méditerra-

(*) Cæsar, de Bello gallico, l. II. Qui ipsorum linguâ Celtæ, nostrâ vero Galli vocantur.

ESPAGNE.

née occupé par des colonies grecques, prit le nom de Celtibérie (*). Cette grande partie de la Péninsule se subdivisait elle-même en une foule de petits peuples, comme les Édétains, les Ausétains, les Ilercavones, les Ilergètes. Quelques auteurs veulent même y faire entrer les Pélendones, les Numantins et les Arévaques, dont le pays n'est pas dans le bassin de l'Èbre, mais bien près des sources du Duero.

A l'endroit où les Pyrénées séparent l'Espagne de la France, la côte septentrionale de la Péninsule forme un angle rentrant : c'est le fond du golfe de Biscaye. Les Celtes qui s'établirent le long de ce rivage le nommèrent *Kent-Aber* (**) : *le coin de l'onde* ; ce qui les a fait appeler Cantabres. Suivant plusieurs auteurs, la Cantabrie s'étendait non-seulement le long de la côte d'Espagne, mais elle se prolongeait encore sur celle de France. Les Cantabres se subdivisent en Austrigons, Caristes et Vardules.

En suivant la chaîne de montagnes qui règne tout le long de cette mer, on la trouve habitée par les Astures. Ce nom décèle encore son origine celtique : *as-thor* (***) signifie hautes montagnes.

Cette chaîne se termine à l'extrémité de l'Espagne par un long promontoire que les Romains avaient appelé *finis terræ*, nom qu'il conserve encore. Les Celtes l'avaient appelé *Arot-aber* (*) : sur la rive, ou au bout de la rive de l'onde ; et, comme le constate Strabon (**), les habitants de ce promontoire en avaient reçu le nom de Arotèbres, qui, avec le temps, s'était changé en celui d'Artabres.

Une rivière, nommée encore aujourd'hui le *Sil*, descend des Asturies; elle va se jeter dans le Minho. Soit qu'on ait appelé *Zili* les populations qui vivaient sur les bords du Sil, soit qu'il ait existé en cet endroit une ville de ce nom, on a conservé des médailles antiques sur lesquelles on déchiffre ce mot. Les hommes de race gallique, qui vinrent s'établir en cet endroit, prirent le nom de *Gall-Zili*, Gaulois du Sil. Les Romains en ont fait, par euphonie, celui de Gallæci et Gallaíci ; ce sont les Galiciens de nos jours.

Entre le Minho et le Duero, sur les bords du Léthé, on trouve les *Gallaici-Braccari*. Il faut se rappeler que la Gaule avait été séparée par les Romains en deux grandes divisions. La Gaule qui, se conformant aux coutumes latines, portait la toge, était appelée *Gallia togata*. L'autre partie, qui avait conservé son ancien costume, était nommée *Gallia braccata*, du mot celte *braïg*, haut-de-chausses. Les Gallaïques-Braccares étaient donc les Gallaïques à hauts-de-chausses.

En remontant le cours du Durius, on trouve les Vaccéens, puis les Arévaques et les Pélendones. Ces derniers occupaient les montagnes qui s'élèvent entre la source de ce fleuve et le bassin de l'Èbre.

La Lusitanie s'étendait depuis les bords du Duero jusqu'à l'endroit où la Guadiana tombe dans la mer. Elle remontait, dans l'intérieur de la Péninsule, le long des rives du Tage et de la Guadiana.

Les montagnes qui séparent le bassin du Durius de celui du Tage étaient occupées par les Vettons. Depuis la

---

(*) Masden, et après lui M. Depping, ont soutenu que les Celtes étaient entrés en Espagne par le midi, en s'avançant du sud vers le nord. Nous ne discuterons pas cette opinion. Elle nous paraît une de ces thèses paradoxales que quelques personnes aiment à jeter en avant pour y faire briller toute la finesse et toute la subtilité de leur esprit.

M. Depping voudrait aussi restreindre la Celtibérie à un petit district placé vers la source du Tage. Mais cette restriction ne saurait s'accommoder avec tout ce que les auteurs anciens ont écrit de cette grande division de la Péninsule.

(**) *Kent* coin, angle. Le comté de *Kent* en Angleterre est ainsi appelé parce qu'il a la forme d'un coin. Coret de la Tour d'Auvergne, *Origines gauloises*.

(***) *As* haut, *thor* montagne.

3ᵉ Livraison. (ESPAGNE.)

(*) *Ar* sur, *ot* rive, *aber* onde.

(**) Nostræ ætatis homines Artabros Arotebras vocant, litteris permutatis.

frontière de la Lusitanie jusqu'à la source du Tage, le pays était habité par les Carpétains. Dans les plaines qui avoisinent la rive gauche et près de son embouchure, on trouve les *Celtici*; peut-être faudrait-il lire *Celtiaci*, et traduire par le mot de *Celt-ac'h*, les Celtes de la plaine. Ce qu'il y a de certain, c'est que Pline met non loin de cet endroit la ville de *Celtiaca*, qui, évidemment, est la ville des *Celt-ac'h*.

En suivant le bord de la mer, et en descendant vers le midi, on arrive au promontoire que les Grecs avaient nommé *Cyneos*, le coin. Il était habité par les *Cynètes*.

Les bords de l'Ana et toute la vallée du Bétis appartenaient aux Tartesses, Turditains ou Turdules. Seulement, près des sources de l'Ana, se tenaient les Orétains. Le rivage méridional de la Péninsule, depuis la baie de Gadès jusqu'au promontoire de Dianium, était peuplé de colonies phéniciennes. Ses habitants se nommaient les Bastules-Phéniciens, *Bastuli-Pœni*. Au cap de Dianium, on rentrait dans la Celtibérie.

Quand, après la première guerre punique, les Carthaginois et les Romains se partagèrent la Péninsule, ils la divisèrent en Espagne citérieure et en Espagne ultérieure. La citérieure, qui échut aux Romains, ne comprenait que le pays qui s'étend entre l'Ebre et les Pyrénées. L'ultérieure embrassait tout le reste. Dès que les victoires du premier Scipion l'Africain eurent chassé les Carthaginois de la Péninsule, les limites de la citérieure furent de fait reculées vers le midi; on y comprit toute la Celtibérie, le pays des Arévaques et celui des Vaccéens.

Plus tard, lorsque César-Auguste fut resté seul maître de l'empire, il divisa l'Espagne en trois provinces : la Tarraconaise, la Bétique et la Lusitanie. La Bétique ou province sénatoriale se forma du pays des Bastules-Phéniciens jusqu'au cap Charidème (*) seulement; de toute la vallée du Bétis et d'une partie de la rive gauche du fleuve Ana. Les deux autres provinces, appelées impériales, parce qu'Octave s'en réserva spécialement l'administration, étaient la Lusitanie, dont les anciennes limites ne furent pas changées, et la Tarraconaise, qui avait pour chef-lieu la ville de Tarragone, et qui, comprenant tout le reste de la Péninsule, s'étendait depuis le pied des Pyrénées jusqu'au promontoire des Artabres; depuis Rosas jusqu'au cap Charidème.

Voilà quelles étaient les principales régions de l'Espagne. Elles se partageaient encore en une foule de subdivisions; mais la connaissance de celles-ci ne peut être de quelque utilité que lorsqu'on veut faire une étude toute spéciale des antiquités de la Péninsule.

Des différentes langues parlées en Espagne. — Au commencement du huitième siècle, dix langues étaient étudiées en Espagne. Il est vrai qu'on rangeait dans ce nombre le chaldéen, l'hébreu, le grec et le latin, qui pouvaient, dès cette époque, être classés parmi les langues savantes. Il faut aussi retrancher l'arabe, qui n'était vulgaire que par suite de l'occupation des Maures, et qui n'était pas propre à la Péninsule. Mais, selon Luitprand, il en serait encore resté cinq : c'étaient l'ancien espagnol, le cantabre, le celtibérien, le valencien et le catalan. Dans ces différents dialectes, peut-on retrouver quelque chose de l'ancien idiome du pays? Quel est celui qu'ont parlé les populations aborigènes? Déjà, du temps de Strabon, il eût été bien difficile de décider la question. Il y en avait plusieurs distincts, assujettis chacun à des formes régulières. Les Turditains, qui passaient pour les plus savants de l'Ibérie, possédaient des ouvrages écrits en vers, et ils se vantaient d'avoir des annales qui remontaient à six mille ans. Qu'est-il resté de cette langue des Turditains? De courtes inscriptions en caractères indéchiffrables, découvertes sur des ruines antiques, sur quelques médailles, ont donné lieu à bien des dissertations; on s'est efforcé de les interpréter. On croit y être parvenu. Cependant

---

(*) Le cap de Gata.

on n'a pas même la certitude d'avoir deviné la valeur des lettres qui les composent. L'opinion la plus généralement admise est que la langue basque ou escuaraz est celle des anciens habitants. On croit qu'elle s'est conservée presque pure de tout mélange, malgré les vicissitudes qu'a subies la Péninsule. Une des circonstances qu'on invoque, et peut-être aussi une de celles qui doivent avoir le plus d'influence pour décider la question, c'est que les noms de beaucoup de villes qui existaient avant la domination romaine, se composent de mots encore en usage chez les habitants de la Biscaye (*).

Si cela ne paraît pas suffisant pour prouver que cet idiome était celui des anciens habitants, au moins les formes de sa grammaire, qui n'ont aucune analogie avec celles des dialectes modernes, attestent sa haute antiquité. Il procède d'une manière toute particulière et excessivement compliquée. Pour exprimer les difficultés qu'il offre aux étrangers, les Basques disent que le diable est resté sept ans dans leur pays sans pouvoir en apprendre la langue.

Ses noms, ses adjectifs, n'ont qu'un seul genre, et cependant il possède à lui seul plus d'articles que le français, l'anglais, l'italien et l'espagnol réunis. Il en compte huit qui ne s'emploient pas indifféremment. Il faut les choisir selon que le sujet est actif ou passif,

(*) *Uria* ou *Uiria*, ville des eaux; *ur* eau, *iria* ville. *Basturia*, ville abondante en eaux; *bast* suffisant, *ur* eau, *iria* ville. *Iliberri*, ville neuve; *ili* peuplade, *berri* nouvelle. Il serait facile de multiplier ces exemples à l'infini; mais ceux-ci peuvent suffire, et nous nous bornerons à ajouter que les indications données par ces étymologies sont toutes exactes. Il y avait deux villes du nom d'Uria, toutes deux auprès de rivières. Basturia était dans le pays où circule l'Anas. Strabon désigne cet endroit comme ayant beaucoup de sources. Nous dirons enfin, quoique cela s'écarte un peu de notre sujet, que le joli nom d'Elvire s'est formé du mot d'Iliberri au moyen des transformations suivantes : *Eliberria, Elberria, Elbirra*.

selon que la phrase exprime une négation ou une proposition affirmative (*).

En n'en comptant que huit, c'est encore faire grâce des articles *ec* et *aco* dont on fait usage dans le dialecte de la province d'Alava. Quant aux verbes, ils sont tellement compliqués qu'on ne peut essayer d'en donner une idée sans entrer dans des détails qui n'offriraient ici aucun intérêt. Mais on peut cependant signaler une singularité de ce langage. Les noms n'ont pas de genre; mais les verbes sont masculins ou féminins, selon qu'on s'adresse à un homme ou à une femme.

Le basque diffère donc des autres langues par le nombre de ses articles, par les modes compliqués de ses verbes, par sa construction, qui rejette toujours l'article après le nom, et

(*) L'article en basque se pose toujours après le nom, et même après l'adjectif qui le suit : *Guizon* homme; *Guizon-a*, homme le; *Guizon-on-a*, homme-bon-le.

L'article *a* s'emploie lorsque le nom auquel il se rapporte est sujet d'un verbe neutre ou passif. Dans ces phrases : l'homme tombe, l'homme est aimé, on mettra *guizon a*.

Lorsque le verbe est actif, il faut se servir de l'art. *ac. Guizon ac.*

Lorsque la phrase est négative, il faut se servir de l'art. *ic*. Dans cette phrase : il n'y a pas d'homme, on mettra *guizon ic*.

Si dans ce cas le nom est terminé par une voyelle, comme *buru*, jugement, on emploie l'art. *ric : buru ric.*

Dans les phrases qui expriment un rapport de propriété, comme la maison de l'homme, on se sert du mot *arena*, qui est le génitif de l'art. *ac : guizon arena ;* mais si ce n'est pas un rapport de cette nature qu'on veut exprimer; si on veut dire : Il est mécontent de l'homme, on emploiera les articles *az* ou *arenzaz*. On dira *guizonaz* ou *guizon arenzaz.*

Lorsque le sens indique une provenance, une descendance, comme le fils de l'homme, il faut se servir de l'art. *ez. Guizon-ez.* Dans ce cas, lorsque le nom se termine par une voyelle, l'article *ez* se contracte en *z* ; ainsi les conséquences du jugement, on traduira ce dernier mot par *buruz.*

3.

même après l'adjectif qui le qualifie. Il n'est pas moins extraordinaire par la formation de ses mots, dont les racines n'ont aucune similitude avec nos mots, tirés presque tous du grec ou du latin. Il en est quelques-unes qu'on rencontre presque constamment dans leurs noms de villes ou de localités. *Ur*, eau; *ir, iri*, ville; *il, ili*, peuplade; *on*, bon; *nava*, vallée; *erria* ou *iria*, contrée; *ir-on*, ville bonne; *bay-on-a*, la baie bonne; *nava-rra*, la contrée des vallées. Il en est beaucoup de cette nature dont l'antiquité est incontestable. Mais c'est ne savoir pas se tenir dans de justes limites que de considérer tous les mots employés maintenant dans cette langue comme ayant la même origine, et de la présenter comme absolument pure de tout mélange. Elle a conservé ses idiotismes, ainsi qu'un grand nombre de termes qui lui sont propres; mais elle en a aussi emprunté beaucoup au grec et au latin. En basque, de même qu'en grec, du pain se dit *arton*; dans ces deux premiers vers de la traduction basque du *Te Deum laudamus*:

Jaungoicoá zu zaitúgu
Bihótz ozóz laudatzen,

le dernier mot décèle clairement sa provenance latine, et paraît formé du verbe *laudare*. Oihenart (*) donne une grande liste de mots espagnols qu'il indique comme dérivés du basque; mais il faut en retrancher plusieurs dont l'origine grecque ou latine se révèle au premier examen. Il en est d'autres qu'il cite comme basques et qui sont arabes : de ce nombre est le mot *atalaya*, vedette.

Sur toutes ses frontières, soit de terre, soit de mer, l'Espagne est garnie d'une ceinture de tours placées très-près les unes des autres. Pour les mettre à l'abri d'un coup de main, on n'y pratique pas d'ouverture au niveau de terre. La garnison, qui consiste en quelques hommes seulement, ne s'y introduit qu'à l'aide d'une échelle, qu'elle retire après être montée. Construites pendant les guerres avec les Maures, elles ont été placées de manière à ce que ceux qui étaient au sommet pussent apercevoir au loin dans la campagne, et donner l'alarme en cas d'invasion de l'ennemi; car dans ces temps où tout l'art de la guerre consistait en surprises, en incursions subites, en courses, en pillages, c'était beaucoup de ne pas être attaqué à l'improviste. Après l'expulsion des Maures, l'Espagne est presque continuellement restée en guerre avec les puissances barbaresques; alors ces tours ont servi pour signaler l'approche des pirates. Maintenant leur principal emploi est d'empêcher l'introduction de la contrebande. Ce sont donc de véritables observatoires plutôt que des forteresses, et les Arabes donnaient ces mots pour consigne à leurs garnisons : *At-al-aya*, donne l'œil, c'est-à-dire, surveille. Le mot *atalaya* est resté pour désigner ces tours, et ensuite les vedettes. Il est d'origine arabe, et n'a rien à démêler avec le basque.

Au reste, quelle que soit l'antiquité de cette langue, dès les temps les plus reculés, elle se trouvait déjà cantonnée dans cette partie de la Celtibérie qui avoisine les Pyrénées et l'Océan, et dont les habitants avaient reçu le nom de Vascons. Les autres contrées s'étaient formé un langage en mêlant leur idiome avec celui des peuples qui étaient venus en Espagne, soit de l'est, soit du couchant. Ainsi les Phéniciens, en naviguant le long de l'Afrique, étaient arrivés aux Colonnes d'Hercule. Ils avaient traversé le détroit, s'étaient établis à Cadix et sur les côtes voisines. Ils y avaient répandu leurs usages, leurs dieux et leur parler. Ces principes, fondus avec l'ancienne langue du pays, avaient composé le bastule. Les Grecs, au lieu d'entrer en Espagne par l'occident, avaient suivi dans la Méditerranée les rivages de l'Europe. Après avoir bâti Marseille, ils s'étaient avancés davantage vers l'ouest, et avaient pénétré dans la Celtibérie. La langue qu'on y parlait alors, et qui ne devait être

(*) Notitia utriusque Vasconiæ.

elle-même qu'une combinaison de la celtique et de l'idiome aborigène, se mêla avec la leur, et forma le celtibérique.

Les Grecs allèrent aussi fonder des colonies le long du fleuve Anas. Leur langage, en se mélangeant avec le bastule, créa une langue nouvelle, celle des Turditains. Le commerce avec les Carthaginois, la domination passagère qu'ils exercèrent dans la Péninsule, vinrent encore compliquer tous ces éléments. Ce ne fut pas seulement leur langage, mais aussi leur écriture, que les conquérants donnèrent à l'Espagne. Sur les rares monuments, sur les médailles qui sont restés de cette époque, l'archéologue peut reconnaître trois alphabets bien différents : celui des Bastules, qui est presque entièrement phénicien; celui des Celtibères, où se trouvent, avec des altérations légères, les caractères grecs primitifs et quelques caractères pélasgiques; enfin le turditain, qui, formé presque entièrement de lettres grecques, avait emprunté aussi quelques signes phéniciens. Au premier abord, il est facile de distinguer ces alphabets l'un de l'autre. Les lettres celtibériques se composent presque entièrement de lignes droites faisant entre elles des angles plus ou moins aigus. Ce n'est que par exception qu'il s'y rencontre des courbes. Les lettres bastules, au contraire, ont des formes arrondies, et se composent de lignes sinueuses. L'alphabet turditain se rapproche plus du celtibérique que du bastule. Cependant il emprunte quelquefois à celui-ci ses formes contournées. Il se rencontre enfin dans cette dernière écriture un élément qui en rend la lecture encore plus difficile : c'est l'élément libyque. A quelque époque reculée qu'une race descendue des pentes de l'Atlas, ou venue des plaines du Sahara, se soit établie au couchant de l'Espagne, il est impossible de méconnaître sa présence. On trouve dans l'alphabet turditain des caractères en forme de clous, accouplés tantôt deux à deux, ou trois à trois, tantôt dans une position verticale, tantôt dans une situation horizontale, quelquefois disposés en sautoir, quelquefois en croix. Ils présentent une grande analogie avec les inscriptions cunéiformes, et leur présence dans les légendes turditaines a rendu celles-ci à peu près indéchiffrables.

S'il est facile, avec un peu d'étude, de reconnaître auquel de ces alphabets appartient une inscription, il ne l'est pas autant d'en donner la signification. Tous les interprètes ne s'accordent pas sur la valeur de ces caractères : tantôt il faut les lire en allant de droite à gauche, quelquefois de gauche à droite, et quelquefois, comme dans l'ancien grec, l'écriture est boustrophède, c'est-à-dire, qu'il faut prendre alternativement une ligne dans un sens et la suivante dans le sens inverse. L'écriture bastule doit toujours se lire de la droite à la gauche; on pense qu'il faut prendre la turditaine quelquefois dans un sens, quelquefois dans l'autre; la celtique, presque toujours de la gauche à la droite. Ce qui rend l'interprétation de ces écritures plus difficile encore, c'est qu'il faut souvent, de même que dans les langues orientales, suppléer les voyelles qui ne s'écrivent pas. Cela a constamment lieu dans les inscriptions bastules, presque toujours dans les turditaines, et souvent dans les celtibériques. Malgré ces obstacles, on croit être parvenu à déchiffrer la plupart des inscriptions qu'on a découvertes; et s'il n'est pas absolument prouvé que l'explication qu'on en a donnée soit exacte, on doit dire au moins qu'elle paraît très-vraisemblable.

Ces quatre langues principales, la basque, la celtibérique, la bastule, la turditaine, et probablement un grand nombre de dialectes, étaient en usage dans la Péninsule quand les Romains vinrent à leur tour imposer leur idiome aux peuples qu'ils avaient vaincus; mais il ne faut pas croire qu'on puisse faire entièrement oublier à une nation les formes de son ancien langage. Dans le parler du peuple, il est de ces vieilles habitudes qui reparaissent toujours. Certainement, en Espagne, quelques personnes savaient le latin aussi purement qu'on le savait à Rome. Sénèque était de Cordoue, Quintilien de Calagùris, et Martial de Bilbilis. Mais le peuple n'avait pas encore entièrement désappris le turditain, le bastule ou le celtibérique. A côté de l'idiome des maîtres du pays, il se forma autant de patois qu'il y avait auparavant de langues différentes. Puis quand les barbares remplacèrent les Romains, ils adoptèrent le langage altéré comme ils le trouvaient. Les patois se polirent et redevinrent des langues.

Le savant M. Renouard émet un avis différent. Il pense qu'un latin bâtard était vulgairement parlé à Rome, même pendant les plus brillantes années de sa prospérité; que ce latin rustique se répandit dans toute l'Europe, où il donna naissance à la langue romane, d'où seraient enfin sorties toutes celles du midi de l'Europe, le provençal, le catalan, le valencien, le portugais, l'espagnol et l'italien. Il a soutenu cette opinion avec tout son talent, avec toute son immense érudition; mais, malgré l'autorité d'un nom comme le sien, malgré tout le poids de sa science, nous ne pensons pas que pour se former, toutes les langues modernes aient nécessairement passé par cette double filière. Supposer qu'il y a eu un idiome rustique répandu universellement, c'est supposer que ce latin dégénéré était soumis à des règles, et que les règles suivant lesquelles la langue de Virgile s'était corrompue avaient été adoptées également par tout le monde. N'est-il pas plus vrai de dire que la langue rustique était celle des gens qui ne connaissaient pas la grammaire? C'était l'altération du latin. Évidemment, cette altération n'était soumise qu'aux habitudes, qu'au caprice de ceux qui s'en servaient. Les usages, la prononciation variant suivant les pays, la corruption n'a jamais pu être partout la même. Soutenir le contraire, ce serait supposer qu'il peut y avoir uniformité dans des choses composées de principes différents. Sur quoi se basera-t-on ensuite pour ajouter que la langue romane est venue effacer toutes ces dissemblances et ramener le parler à l'unité de formes, de mots et de syntaxe? Mais les idiomes qu'on en prétend sortis diffèrent entre eux. Dira-t-on que de nombreuses analogies existent dans leurs tournures, dans les racines des mots qu'ils emploient? Est-il donc besoin pour expliquer ce fait de recourir à l'intervention de la langue romane? et ne suffit-il pas qu'ils aient tous puisé à une source commune? que chacun d'eux ait, sans intermédiaire, emprunté beaucoup au latin?

Le savant M. Renouard s'attache à démontrer que la langue catalane dérive de la provençale ou romane. Des auteurs catalans soutiennent la proposition inverse. A quoi aboutit ce débat? N'est-il pas plus probable que toutes les deux ont dû se former simultanément, et qu'elles ont dû aussi se trouver à peu près semblables? Lorsque les Grecs civilisèrent la côte de la Provence, l'idiome usité était le celtique. Ils y mêlèrent celui des Hellènes; le latin vint ensuite. Ce sont donc le celtique, le grec et le latin qui, broyés ensemble, ont formé le provençal. Dans le catalan, vous rencontrez absolument les mêmes principes, et en outre quelques restes de l'ancien espagnol. C'est peut-être à celui-ci qu'il faut attribuer la rudesse qu'on reproche à cette langue. Les Arabes, qui ne restèrent qu'un siècle à Barcelone, n'eurent pas le temps de l'altérer beaucoup; et quand les Français, après avoir chassé les Maures de cette partie de l'Espagne, y fondèrent le comté de Barcelone, ils y trouvèrent à peu près la langue qu'ils parlaient eux-mêmes. Cette seigneurie et une partie du Languedoc eurent longtemps les mêmes souverains, et la communauté de gouvernement ne peut qu'avoir contribué à rendre les deux langues plus semblables. Enfin, quand le fils de Marie de Montpellier, quand en Jayme le Conquérant voulut entreprendre la conquête de Valence, la plupart des seigneurs catalans refusèrent de l'accompagner, en disant qu'ils n'étaient tenus de combattre que pour la défense de la Catalogne. Alors en Jayme forma son armée de guerriers rassemblés en Languedoc et dans les montagnes de l'Auvergne. Après la victoire, les terres enlevées aux Maures furent distribuées par le conquérant à ceux qui l'avaient suivi. Ceux-ci étaient pour la plupart du midi de la France; dans leur bouche, le catalan perdit presque toute sa dureté; il se forma un nouveau dialecte qu'on désigne sous le nom de valencien. La ressemblance entre cette langue et celle de l'Auvergne devint telle, que les Espagnols appelèrent le catalan et ses dialectes la langue limousine, *el lemosino;* et lorsque nos compatriotes du Cantal vont porter à Valence leur industrie cosmopolite, ils entendent facilement la langue du pays, et n'ont que peu d'efforts à faire pour être compris.

Le catalan a donc remplacé le celtibérique. Si nous avions à nous occuper du portugais, nous pourrions peut-être émettre la pensée qu'à côté du latin, qui en fait la base principale, on doit y rencontrer un peu de la langue turditaine; mais nous n'avons à parler que de ce qui concerne spécialement la partie espagnole de la Péninsule.

Quant au castillan, il a emprunté presque tous ses mots au latin. Il y a ajouté beaucoup de termes arabes. On peut penser aussi qu'il a conservé un peu du bastule (*). La prononciation gutturale des lettres J et X, celle du G devant les voyelles *e, i* ne se retrouve dans aucune langue de l'Europe. Elle est au contraire très-fréquente dans celles de l'Orient, et comme elle existe dans l'arabe, on pourrait croire qu'elle a été apportée par les Maures, si on ne la rencontrait déjà dans la Péninsule du temps même des Romains. Catulle et Strabon reprochent aux Espagnols la dureté de leurs aspirations. Ces lettres aspirées ont donc une origine antérieure à l'invasion des Maures. Elle ne peut venir que du bastulé. La domination romaine n'a été établie définitivement que par César, et n'a duré que jusqu'à l'invasion des barbares, c'est-à-dire jusqu'à la fin du quatrième siècle; elle n'a donc pas été assez prolongée pour détruire cette prononciation. On s'étonnera moins encore qu'elle ait persévéré, quand on se rappellera que du temps même des Romains, les anciens idiomes mélangés sans doute de latin se parlaient encore dans la Péninsule. Ceci n'est pas une simple conjecture; il en existe des preuves matérielles. On a trouvé des médailles dont une face portait des caractères romains et le revers une inscription turditaine. Il en existe une représentant une tête de femme, et en lettres romaines le mot *Obulco*, nom de la ville à laquelle appartenait cette monnaie. Sur le revers, on voit une charrue, un épi, et des caractères turditains dont on n'a pu donner l'interprétation (*). D'autres portent à la fois des caractères romains et des lettres bastules. Ainsi il en existe qui représentent d'un côté une tête avec le nom d'*Asido* en caractères romains; au revers est un taureau courant vers sénestre; puis au-dessous, en caractères bastules ou phéniciens, *Aciphoc* (**). C'est le même nom avant que les Romains l'eussent latinisé. Au dos d'une médaille de Sagunte portant cette légende *Saguntum invictum*, on trouve une inscription celtibérienne(***). On retrouve ainsi sur les médailles les noms de beaucoup de villes que,

(*) Il ne serait pas difficile, dit M. Romey, de retrouver encore de nos jours dans le caractère et les mœurs de certaines provinces espagnoles, quelque chose qui témoignât de leur origine phénicienne. *Histoire d'Espagne*, chap. 1, p. 81.

(*) Cette pièce existe au cabinet de médailles de la bibliothèque royale, n° 448. Elle est la sixième de la planche 31 de cet ouvrage.

(**) Cette pièce a été gravée d'après une médaille de la bibliothèque royale, classée sous le n° 95. Elle est la deuxième de la planche 32.

(***) Cette pièce a été gravée d'après une médaille de la bibliothèque royale. Elle est la première de la planche 32.

suivant leur habitude, les vainqueurs ont appropriés à leur langue. Ainsi d'*Aimphats* ils ont fait Amba, et de *Osckerd* Osicerda.

Quoique le castillan ait emprunté au latin le plus grand nombre de ses racines, il a des caractères qui lui sont propres. Ainsi il possède deux verbes auxiliaires être, *ser* et *estar*, qui ne doivent pas s'employer indifféremment. Le premier sert à conjuguer tous les verbes passifs ; il exprime l'état où l'on se trouve habituellement ; l'autre désigne celui où l'on ne se trouve que d'une manière accidentelle. Le premier, comme on dit en philosophie, indique la substance ; l'autre la modification. *Ser* se traduit toujours en français par le mot être. *Estar* représente plutôt le sens de se trouver.

> El Cid les digera : Amigos
> El mensage habeis errado,
> Porque yo no *soy* señor
> Adonde *esta* el rey Fernando.

Le Cid leur dit : « Amis, vous avez mal adressé votre message ; je ne suis pas seigneur là où se trouve le roi Ferdinand. »

Le choix de l'un de ces verbes peut modifier beaucoup le sens de l'adjectif joint au sujet de la phrase. *Soy malo, soy bueno*, signifie je suis mauvais, je suis bon ; *estoy bueno, estoy malo*, je me trouve bien, je me trouve mal.

Il serait possible de citer ainsi beaucoup de singularités du castillan ; mais cet examen nous entraînerait trop loin, et nous nous bornerons à citer le jugement qu'en porte M. de Laborde dans son Itinéraire descriptif de l'Espagne : « Malgré quelques petits dé-
« fauts, la langue espagnole est une
« des plus belles langues de l'Europe ;
« elle est noble, harmonieuse, poéti-
« que, remplie d'élévation, d'énergie,
« d'expression et de majesté ; elle
« abonde en expressions sonores, pom-
« peuses, dont la réunion forme des
« phrases cadencées qui flattent agréa-
« blement l'oreille. Cette langue est
« très-propre à la poésie ; mais aussi
« elle prête beaucoup à l'exagération,
« à l'enthousiasme, et dégénère aisé-
« ment en boursouflure. Elle est na-
« turellement grave ; cependant elle se
« prête aisément à la plaisanterie ; elle
« est généralement expressive et noble
« dans la bouche des hommes bien
« élevés ; vive et saillante dans celle du
« peuple ; douce, séduisante et per-
« suasive dans celle des femmes ; élevée
« et ronflante chez les poëtes ; touchante
« et imposante, quoiqu'un peu diffuse,
« chez les orateurs ; barbare au barreau
« et dans les écoles. Les personnes de
« la cour la parlent d'une manière
« concise et agréable. » Ajoutons à cela ce qu'en disait Charles-Quint : « L'espagnol est la langue qu'il faut parler aux rois. »

De la mythologie et des traditions fabuleuses de la péninsule ibérique.
— Lorsque les Phéniciens vinrent s'établir en Espagne, ils y introduisirent leurs usages et leurs dieux. Ils adoraient les astres ; et, sous les noms d'Astarté et de Melkarth, ils vénéraient la lune et le soleil. Aussi rapporte-t-on qu'ils élevèrent près de Cadix un temple à ce dieu Melkarth, qui était tout à la fois l'Apollon et l'Hercule des Grecs. La crédulité populaire ne tarda pas à lui attribuer une foule de travaux merveilleux. Au reste, voici la manière dont les apprécie un auteur auquel on ne reproche guère de ne pas être assez crédule : « Mais surtout, dit Pline l'Ancien en parlant de l'Espagne, je regarde comme fabuleux tout ce qu'on rapporte d'Hercule et de Pyrène ou Saturne. »

Aux fables que le paganisme avait inventées sur la manière dont l'Espagne a été peuplée, les auteurs chrétiens ont substitué des légendes qui ne méritent guère plus de confiance. Ce fut, racontent-ils gravement, *Tubal*, petit-fils de Noé, qui vint en Espagne, et qui, à la tête de ses descendants, occupa le premier cette partie de l'Europe. Mais où ces écrivains ont-ils puisé le récit de ce voyage ? Les livres sacrés n'en parlent pas, aucun des auteurs païens n'en fait mention. Ces fables ont-elles été inventées à plaisir, ou ne sont-elles que le résultat de l'erreur ? Les moines ont-ils, du fond de leurs couvents où s'écrivaient les premières chroniques, jeté volontairement au public des contes pour remplir une lacune qu'ils trouvaient dans l'ordre des faits? On doit difficilement le présumer, si on trouve le moyen d'expliquer leur erreur. Nous essayerons timidement de montrer comment cette fable de la venue de Tubal a pu se répandre. Nous hasarderons cette conjecture avec bien de la défiance, car personne ne l'avait présentée avant nous ; et cependant cette interprétation ne nous paraît pas improbable.

Le mot *Bal,* ou plutôt *Bahal,* de la langue phénicienne ou bastule, exprime l'idée de chef ou de souverain. Celui de *Bahalat* présente le sens de souveraineté ou de gouvernement. Les premières colonies fondées par les Phéniciens étaient libres ; et, comme Carthage, comme Cadix, elles se gouvernaient par des magistrats qu'elles élisaient elles-mêmes, et qu'on nommait juges ou *suffètes.* Quelquefois elles étendaient leur domination sur des pays voisins. Les cités libres de la partie colonisée par les Grecs, celles qui ne dépendaient que d'elles-mêmes, s'appelaient *autonomoi,* c'est-à-dire, régies par leurs propres lois. Dans le langage bastule, ces cités libres se distinguaient par le titre de *bahalat,* souverainetés. Beaucoup de médailles bastules représentent une tête d'Hercule, avec des caractères qu'on a interprétés de cette manière : *Bahal a Gadès* (*), souverain de Cadix. Sur beaucoup d'autres on a trouvé le mot *Bahalat,* puis le nom de la ville, c'est-à-dire, souveraineté ou gouvernement de telle cité. Il est donc hors de doute que le mot *Bahal, Bal* et *Bel,* était répandu dans une partie de la Péninsule pour exprimer l'idée de souverain.

Il est un autre nom qu'on retrouve le même dans presque toutes les langues, c'est le nom de Dieu : *Theos* chez les Grecs, *Taaut, Adod* ou *Dod* (*) chez les Syriens, *Thoth* chez les Égyptiens, *Teut* chez les Celtes et les Gaulois, *Teotl* chez les Mexicains, *Deus* chez les Romains, *Dio* chez les Italiens, *Dios* en espagnol moderne, *Dieu* chez nous. De *Teut* à *Tu*, de *Dio* à *Do*, il y a bien de la ressemblance ; et, sans crainte de se tromper beaucoup, on peut avancer que, dans l'ancien langage bastule ou turditain, ces syllabes *tu*, *to* et *do* ont eu cette signification. *Tu bal* sera donc dieu souverain. Ce qui prouve que ceci n'est pas une supposition sans fondement, c'est que les Espagnols adoraient Dieu sous le nom de *An-Tubal, An-Tubel, En-Dobel,* quelquefois seulement *En-Do :* c'est ce dieu que les Romains ont appelé *Endovellicus.* La syllabe *an*, *en* qui précède le nom, est un article employé dans les langues bastule, turditaine ou celtibérique, et qui s'écrivait *an* ou *en*, suivant le dialecte auquel il appartenait. Cet article *en* de la langue celtibérique existe encore dans le catalan ; on le place devant les noms qu'on veut honorer ; on dit : en Jayme, en Père, comme les Espagnols disent : don Juan, don Pedro. Lorsque les Catalans se servent du mot don, c'est un emprunt fait par eux à la langue espagnole. Ainsi *an tubel, an tubal, endo bel,* c'est le dieu souverain. Ce qui prouve que le mot *Do* a réellement la signification que nous lui donnons, c'est que sur la voie militaire qui conduisait à Braga, on a trouvé une pierre qui portait cette inscription : *Endo castrorum,* le dieu des camps.

Dans quelque vieille page échappée aux désastres de la guerre, et traduite peut-être du bastule, au temps où l'on commençait à ne plus bien l'entendre, un moine aura lu que *Tubal* avait conduit le premier vaisseau abordé en Espagne, comme nous disons : Dieu mène la France ; il aura pris le dieu souverain pour un homme (**) : t,

---

(*) Une de ces pièces a été gravée d'après une médaille d'argent de la bibliothèque royale, portant le numéro 77. Elle est la deuxième de la planche 31.

(*) La lettre *a* qui précède le mot *adod* est un article qui ne fait pas partie du nom.

(**) Pour démontrer combien cette erreur était facile, et combien elle est probable, il faut ajouter que de même que nous avons

voulant lui donner une famille, dans son zèle tout catholique il en aura fait le petit-fils de Noë.

Suivant Strabon, les habitants primitifs de l'Espagne adoraient un dieu qu'ils ne représentaient par aucune idole, auquel ils n'élevaient aucun temple; mais plus tard ils reçurent les dieux des Phéniciens et ceux des Grecs, qui, sous des noms différents, avaient cependant les mêmes attributs. La cause de cette ressemblance s'explique d'elle-même. Les divinités païennes n'étaient souvent que la personnification de quelque qualité de l'âme; il n'est donc point étonnant qu'on ait employé dans différents pays les mêmes signes pour les représenter, quoique leurs noms fussent différents, suivant les époques et suivant les nations qui les avaient déifiées. A Cadix, les Phéniciens avaient construit un temple au dieu qu'ils appelaient Melkarth. Ils le représentaient couvert d'une peau de lion et armé d'une massue, ou bien lançant des flèches. C'est le même dieu que les Grecs nommaient Hercule. Ce temple était, dit-on, dans une petite île qui a été submergée. On prétend même que, quand la mer est basse, on aperçoit encore sous les eaux les ruines de ce monument.

Dans son *Histoire d'Espagne*, M. Romey, qui a éclairci tant de questions douteuses, et qui, sur des points qu'on ne saurait prouver, a fourni tant d'ingénieuses conjectures, pense que Melkarth, l'Hercule tyrien, est une personnification du génie de Tyr. On pourrait ajouter peut-être qu'il est un emblème des forces de la civilisation. Ce qui donnerait un caractère de probabilité à cette explication, c'est que le nom de Melkarth paraît formé des mots phéniciens *melech*, roi ou puissant et *kartha*, cité. Il peut donc

signifier ou le puissant de la ville, ou plutôt la puissance de la cité. Alors les fables d'Hercule deviennent faciles à expliquer : c'est le pouvoir civilisateur des Phéniciens qui extermine les monstres, et qui marche de l'orient à l'occident en suivant les côtes d'Afrique. Il triomphe des habitants féroces de ces contrées, caractérisés sous les noms de Busiris et d'Antée; puis il passe en Espagne, y répand ses lumières, dissipe l'ignorance des indigènes. Ce Géryon à trois corps qui tombe sous les coups d'Hercule, c'est la barbarie qui succombe sous les atteintes de la civilisation phénitienne. Peut-être cette manière d'entendre des fables satisfera-t-elle quelques esprits. Cependant il ne faut pas se laisser entraîner par le désir de tout expliquer; ces interprétations ne sont souvent que des jeux d'esprit sans fondement, sans réalité. Les fables anciennes peuvent se rapporter quelquefois à des faits dont rien ne saurait maintenant révéler les circonstances véritables. Alors elles forment un dédale dont le fil conducteur est à jamais perdu. Souvent donc il serait sage de renoncer à l'espoir de trouver leur sens figuré, de découvrir leur pensée morale, et l'on devrait se borner à les accepter comme des romans agréables, comme des récits amusants.

Après Hercule, la divinité dont le culte était le plus répandu était la lune, qu'on vénérait sous le nom d'Astarté. On la représentait sous la figure d'une femme dont la tête était entourée de rayons. On en retrouve l'image sur des médailles bastules (*).

Dans les pays soumis à la domination des Grecs, on adorait la même divinité sous le nom d'Artémis, qui était la Diane des Romains. C'est, dit-on, à cette divinité que la ville de Dania doit le nom qu'elle porte (**). Ce culte était si profondément enra-

---

en France des familles qui ont pris le mot *Dieu* pour nom patronymique, de même en Espagne quelques individus avaient pris celui de *Tubal* ou *Dobal*. Un des chefs qui combattirent contre Scipion après la prise d'Iliturgi se nommait En-Dobal. Les Romains ont fait de ce nom celui d'*Indibilis*.

(*) Velasquez. Essai sur les lettres inconnues, planche XVII, médaille 2. Dans le texte hébreu des saintes Écritures, on trouve cette divinité désignée sous le nom d'Asthoreth.

(**) A l'occasion de cette étymologie, on

ciné dans la Péninsule, que le christianisme n'a pas pu l'extirper entièrement ; il reste encore un peu de l'idolâtrie antique dans la manière dont les Espagnols honorent la mère de Dieu. Pour eux, elle remplace Diane, déesse de la chasteté; elle représente la triple Hécate, et vous ne verrez jamais un artiste espagnol peindre le mystère de la Conception, sans que la Vierge ait sous les pieds ou bien près d'elle le croissant, attribut de la divinité païenne.

Les dieux des Phéniciens n'étaient pour la plupart que la personnification du soleil, dont ils modifiaient le nom selon celui des attributs de la divinité qu'ils voulaient exprimer. Il en était ainsi de *Neto*, *Nito*, ou *Neton*, dont ils avaient introduit le culte en Espagne. On représentait ce dieu sous la figure d'un jeune homme couronné de rayons, ou sous la forme d'un taureau : c'était, dit Macrobe, le soleil vainqueur, le dieu des conquêtes ou de la guerre. Aussi Montfaucon, dans l'*Antiquité expliquée*, et M. Depping, dans le savant travail qu'il a publié sur l'histoire d'Espagne, le nomment-ils le Mars radié des Espagnols. Son culte avait la plus grande analogie avec celui d'Adonis; et lorsqu'on se rappelle qu'Adonis représentait le soleil qui triomphe des ténèbres, on sera volontiers porté à penser qu'Adonis et Neto sont la même divinité. En effet, n'est-il pas évident que Donis et Nito sont identiquement le même nom dont les syllabes ont été interverties? Le culte de Néton était fort répandu en Espagne ; et ces figures colossales de taureaux qu'on rencontre dans quelques localités de la Péninsule, sont des idoles de ce dieu (*).

Les Phéniciens avaient encore établi en Espagne le culte de la Vénus génératrice, que les Babyloniens, aussi bien que les habitants de Tyr, nommaient Salambo. C'est aussi sous ce nom que les Espagnols vénéraient cet emblème de la beauté, de la fécondité de la nature. Chez presque tous les peuples anciens, la fête de cette divinité a été pompeusement célébrée, soit qu'on ait appelé cette déesse Salambo, Isis, ou bien Cérès Éleusine. On faisait en son honneur des processions où l'on promenait son image. Les femmes l'accompagnaient en portant dans des corbeilles ou dans des vases de terre les fleurs et les fruits de la saison. Les Actes des martyrs racontent que sainte Justine et sainte Rufine, qui, pour vivre, vendaient de la poterie sur une place de Séville, ayant refusé de céder des vases que les femmes de la ville destinaient à la célébration de cette fête, furent insultées par la populace, et que ce refus devint une des causes de leur martyre.

Sur beaucoup de pierres votives, on a lu des noms latinisés qu'on a jugés devoir être ceux de dieux adorés par les Espagnols ; mais rien ne fait connaître leurs attributs, et dès lors on doit peu s'occuper de ces prétendues divinités. En effet, il faut se méfier de la facilité avec laquelle des antiquaires, pour interpréter une inscription qu'ils ne comprennent pas, vous font un dieu inconnu avec autant d'aplomb que Sancho Pança en mettait à enchanter l'incomparable Dulcinée. Veut-on un exemple du laisser-aller de quelques auteurs en cette matière? Qu'on prenne ce passage d'une histoire d'Espagne, d'ailleurs fort bien faite et consciencieusement élaborée :

« On lit sur une cornaline annulaire trouvée dans le territoire d'Almeida : *N'offense pas le dieu Ypsistos, c'est un grand nom.* La curiosité renonce à apprendre quel est ce dieu dont le

---

doit observer que le nom de Dianium n'a jamais pu être donné à cette ville par les Grecs qui l'avaient fondée. En effet, le mot Diana, ainsi que le constate Varron, liv. IV, § 10, est d'origine purement latine. Il n'a donc été donné à cette ville qu'après l'occupation des Romains, qui l'ont substitué au nom primitif. En effet, Strabon la nomme Artémion.

(*) Apud Heliopolim taurum soli consecratum, quem Neton cognominant, maxime colunt. Macrobe.

nom paraissait si redoutable aux anciens (*). »

L'auteur se trompe. La curiosité peut facilement être satisfaite; et il suffit de rectifier une erreur qui s'est glissée dans sa traduction. Le traducteur a pris le Pyrée pour un homme. Cette devise est évidemment chrétienne; en voici le sens littéral : « *Tu ne m'outrageras pas, moi, le Dieu Très-Haut; mon nom est grand.* »

Les Phéniciens, les Grecs, les Romains ne sont pas les seuls qui aient donné des dieux à la Péninsule. Un peuple, qui les avait dès longtemps devancés dans ce pays, y avait aussi apporté sa mythologie. Avec les Celtes, et peut-être même avant eux, le culte druidique s'était établi en Espagne. Dans beaucoup d'endroits, on rencontre des pierres énormes, entassées de manière à former des autels sur lesquels a coulé le sang des victimes immolées à Teutatès.

Le dieu des Germains, le dieu de la guerre, Erman, était adoré, en Espagne, sous le nom d'Elman. Il est probable que ce sera quelque temple élevé à ce dieu qui aura donné son nom à la ville d'Elmantica, aujourd'hui Salamanque (**).

(*) ΤΟΝ.ΘΕΟΝ.ΣΟΙ.ΥΨΙΣΤΟΝ
ΜΗ.ΜΕ.ΑΣΙΚΗΣΕΙΣ
ΜΕΓΑ.ΤΟ.ΟΝΟΜΑ

Je dirai d'abord que cette pierre gravée ne doit pas être très-antique. Elle ne peut guère remonter qu'au temps où déjà les langues anciennes étaient corrompues, c'est-à-dire au moyen âge, quand on a commencé à employer en Espagne le datif au lieu du nominatif. σοί est un hispanisme ; correctement il faudrait σύ. Au lieu de ἀσικησις il faudrait ἀσιγησεις. L'altération du langage, en prouvant que cette inscription est presque moderne, devait éveiller la défiance du traducteur ; car le nom d'un dieu adoré encore au moyen âge serait probablement venu jusqu'à nous. Hypsistos n'est donc pas le nom d'une divinité. C'est tout simplement le superlatif de l'adjectif ὕψος, haut. ὕψιστος c'est le très-haut.

(**) Nous donnons la gravure d'une médaille d'argent de la bibliothèque royale (n° 1490), sur laquelle on lit en caractères celtibériens

Après ces dieux principaux, il y avait encore beaucoup de divinités inférieures vénérées seulement dans quelques localités particulières ; mais il est sans intérêt de les connaître. Nous ne nous arrêterons donc pas davantage sur les anciennes superstitions ; nous quitterons les époques fabuleuses pour arriver à des événements qui, bien éloignés encore cependant, présentent déjà moins d'incertitude.

Établissement en Espagne des Phéniciens, des Grecs, puis des Carthaginois. — La venue des Phéniciens en Espagne est un fait hors de contestation ; mais à quelle époque faut-il la reporter ? On ne peut, sur ce point, faire que des conjectures. Cependant M. Romey a déterminé cette date par des raisonnements si plausibles, que son opinion ne saurait s'écarter beaucoup de la vérité. Voici comment il s'exprime :

« Le temps de l'accomplissement des
« promesses de Dieu faites à Abraham
« était arrivé. La postérité de ce pa-
« triarche devait enfin entrer dans la
« possession de la terre promise ; et
« cette terre, c'était le riche pays des
« Phéniciens. Josué, successeur de
« Moïse, et conducteur du peuple
« choisi de Dieu, l'y introduisit le fer
« à la main, 1452 ans avant Jésus-
« Christ. Jéricho, Haï, Gabaon, Jéru-
« salem, Béthel, Yérimoth, Hébron,
« Gader et Lachis, toutes villes phé-
« niciennes de l'intérieur des terres,
« tombèrent au pouvoir du chef des
« Hébreux ; il en chassa et dispersa les
« habitants ; et cette invasion refou-
« lant la population cananéenne vers
« les grandes métropoles de la côte,
« Sidon, la vieille Tyr, Biblos et Arade,
« regorgèrent d'habitants. Ce surcroît
« de population fit bientôt naître la
« pensée d'aller établir des comptoirs
« et des citadelles dans les pays où
« jusque-là les Phéniciens ne s'étaient

le mot *Elman*. La plupart des numismatographes pensent que cette légende exprime le nom primitif de la ville de Salamanque. L'académie espagnole a émis l'opinion qu'elle indique celui du dieu Elman. Cette médaille est la cinquième de la planche 31.

« présentés qu'en simples marchands ;
« et les vaisseaux de Sidon et de Tyr
« portèrent à la fois des colonies ca-
« nanéennes parmi les populations sau-
« vages de l'Attique et du Péloponèse,
« et parmi ceux qui habitaient les ex-
« trémités occidentales de la Méditer-
« ranée, jusque dans le sud et l'ouest
« de l'Espagne. »

Il y avait déjà plusieurs siècles que les Phéniciens étaient établis sur les côtes de l'Espagne, lorsqu'un autre peuple maritime vint y fonder une colonie. On fait remonter à neuf cents ans environ avant l'ère chrétienne, l'époque à laquelle les Grecs de l'île de Rhodes vinrent s'établir au pied des Pyrénées, et y fondèrent une cité dont le nom a toujours rappelé celui de ses premiers habitants. C'est la ville de Rosas, située presque sur la frontière de France, dans le voisinage du cap Creuz.

Les Phocéens, à leur tour, naviguant le long des côtes de l'Italie et de la Sicile, arrivèrent dans le golfe que forme le rivage méridional de la Gaule. Ils y élevèrent une ville qu'ils appelèrent Massilia (Marseille). Ils commercèrent aussi sur les côtes d'Espagne; mais d'abord ils ne s'y fixèrent pas. Plus tard, lorsqu'une partie des habitants de l'Asie Mineure, fuyant devant les cruautés d'Harpages, lieutenant de Cyrus, vint chercher un refuge dans les colonies que les Phocéens avaient depuis longtemps établies, ce surcroît de population ne tarda pas à se trouver à l'étroit. Alors ces Grecs fugitifs allèrent s'établir sur la côte orientale de l'Espagne. D'autres poussèrent plus loin; mais ayant trouvé le pays occupé par les Phéniciens, ils poussèrent plus loin encore, franchirent le détroit pour aller au pays des Turditains. Ils y furent accueillis par un roi auquel la tradition donne le nom d'Argantonius. On rapporte beaucoup de fables sur son compte. Pour qu'on en apprécie la valeur, il suffit de signaler une seule des invraisemblances que ces récits renferment. Il suffit de dire que, d'après les traditions anciennes, Argan-

tonius aurait déjà été un chef puissant à l'époque des victoires de Nabuchodonosor, et qu'il aurait été encore plein de force et de vigueur près de cent ans plus tard, lorsque Cyrus soumit l'Asie Mineure. Aussi ajoute-t-on que ce prince régna très-longtemps, et qu'il vécut trois cents ans. Quoi qu'il en soit, ces fables n'ont pu dénaturer entièrement la vérité; et le point principal, l'établissement des Grecs au pays des Turditains, n'en est pas moins considéré comme un fait incontestable. On a des détails plus positifs sur l'expédition des Grecs qui, partis de Marseille, vinrent se fixer sur les côtes de la Celtibérie.

545 ans environ avant Jésus-Christ, ils formèrent leur premier établissement à peu de distance de Roses. C'était un simple entrepôt de commerce, ainsi que le prouve son premier nom Emporium (*), qui s'est conservé presque sans altération, car on reconnaît encore le mot grec dans le nom actuel d'Ampurias. Les naturels du pays se montrèrent peu satisfaits de l'arrivée de ces étrangers; la conduite des habitants de Roses leur avait appris le danger de recevoir chez soi des aventuriers presque toujours violents et cupides. Ils résistèrent donc avec énergie aux envahissements que les Massaliotes s'efforçaient de faire chaque jour. Enfin, après des luttes sanglantes, acharnées, les deux peuples firent un arrangement si singulier, qu'on en chercherait en vain un semblable dans l'histoire. Les naturels du pays cédèrent aux colons grecs une petite partie de leur ville; mais il fut convenu aussi qu'une muraille serait construite de manière à empêcher toute communication entre le quartier assigné aux nouveaux venus et ceux réservés par les anciens habitants.

On a peine à s'expliquer comment il fut possible d'exécuter cette convention, et surtout comment elle put avoir quelque durée. Cependant les Grecs prirent possession de la portion

(*) Ἐμπόριον signifie marché, place publique.

qui leur était attribuée. Elle était située du côté de la mer, et n'avait que quatre cents pas d'étendue; tandis que les naturels se réservèrent le reste de la ville et le territoire environnant. La crainte rendit les Grecs vigilants. Ils pourvurent à leur défense avec une prudence qui assura peut-être leur salut. Ils fortifièrent la muraille qui les séparait des anciens habitants, de manière à la rendre imprenable; elle n'avait qu'une seule porte. Pendant le jour, elle était soigneusement gardée; pendant la nuit, une grande partie des habitants veillait sur les murailles. Quelques auteurs portent au tiers des citoyens le nombre de ceux qui restaient ainsi sous les armes. Il y a là une exagération évidente. Un semblable régime eût bientôt exténué de fatigue tous les Massaliotes. Ce qu'on doit croire, c'est qu'ils se gardèrent comme s'ils eussent été dans une ville assiégée. Ils ne sortaient jamais dans la partie habitée par les naturels sans être en grand nombre et armés; enfin ils prirent tant de précautions, que, lors de l'arrivée des Romains en Espagne, cet arrangement s'exécutait encore dans toute son intégrité; la muraille subsistait toujours, et chaque peuple se gouvernait par ses lois particulières. La ville, comme on l'a vu, avait reçu le nom d'Emporium; quant à une petite île située en face de cette partie de la côte, et dans laquelle les Grecs s'étaient d'abord établis, elle reçut le nom de Palœopolis, ou la vieille ville.

Des aventuriers nombreux, entreprenants, devaient se trouver bien resserrés dans un terrain de quatre cents pas. Cependant ils observèrent la convention, soit qu'ils ne se sentissent pas assez puissants pour la rompre, soit qu'ils fussent arrêtés par le respect de la foi jurée; mais rien de semblable ne les retenait à l'égard des côtes voisines; ils commencèrent par s'emparer de la ville de Roses; puis ils s'avancèrent ensuite vers le couchant, et fondèrent trois villes dans le pays des Édétains, aux environs du fleuve Sucro (le Xucar de nos jours).

Dianium, célèbre par le temple consacré à Diane, était une de ces cités. Quant aux deux autres, on ne peut dire ni leur nom, ni l'endroit précis où elles s'élevaient. Près de là, sur la même côte, et en remontant vers l'Ibérus, on trouve encore une autre ville d'origine grecque. Sagunte avait, dit-on, tiré son nom de celui de ses premiers fondateurs, qui auraient été des Zacynthiens, ou habitants de l'île de Zante. Sagunte était renommée par ses produits céramiques; et, de nos jours encore, on estime les poteries de Murviedro (mur-viejo), qui s'élève près des vieilles murailles et des ruines de la cité zacynthienne.

Parmi les colonies que les Phéniciens avaient jetées sur la terre africaine, il en était une qui s'élevait au-dessus de toutes les autres. Elle égalait déjà la métropole en influence, mais elle la surpassait de beaucoup en ambition. Puissante par son commerce, puissante par ses armes, la ville de Didon, Carthage, qui devait être la rivale de Rome, ne négligeait aucun moyen d'étendre sa domination. Elle saisit avec empressement la première occasion qui se présenta de pénétrer en Espagne. Les anciens habitants s'étaient soulevés contre les Phéniciens, les avaient vaincus, avaient pris plusieurs villes, en avaient passé les habitants au fil de l'épée, en avaient profané les temples. Enfin, les Phéniciens se trouvaient étroitement resserrés dans quelques villes du littoral. Il eût fallu un long voyage pour aller réclamer du secours de la métropole. Les colons se déterminèrent donc à implorer l'assistance des Carthaginois, avec lesquels ils avaient, comme on l'a vu, une commune origine. Ceux-ci attendaient depuis longtemps un prétexte honnête pour mettre le pied en Espagne. Ils saisirent cette occasion, et s'annoncèrent comme les défenseurs des Phéniciens leurs frères, comme les vengeurs des dieux immortels, de la religion profanée, et du temple de Melkarth, qui avait été détruit. Ils commencèrent par combattre pour les Phéniciens; puis, après avoir repoussé les ennemis, ils changèrent de rôle, et voulurent s'ériger en maîtres, là où ils n'étaient venus que comme alliés.

Ils suscitèrent des discordes intestines entre les habitants de Cadix et leurs magistrats. Ils les firent accuser de tyrannie et de concussion. Ils se présentèrent comme les soutiens de ceux qui étaient opprimés. Ils eurent cependant à surmonter une résistance énergique. Il leur fallut battre en brèche les murs de Cadix; et, si l'on doit croire les anciennes traditions, ce serait à cette occasion que, pour la première fois, on aurait employé le bélier, cet instrument de destruction le plus puissant dont on ait fait usage dans les siéges avant qu'on eût découvert la poudre. Une fois maîtres de Cadix, les Carthaginois eurent peu de peine à s'emparer de toute cette ceinture de villes florissantes qui s'étendaient sur le littoral, depuis l'embouchure du Bœtis jusqu'au cap Charidème.

Pour maintenir leur domination sur la partie de l'Espagne dont ils venaient de ravir la souveraineté aux anciens colons phéniciens, les usurpateurs sentirent la nécessité d'avoir un point de relâche, un port intermédiaire entre Carthage et la côte d'Espagne. Ils s'étaient déjà emparés depuis longtemps d'une des îles Pithuses, d'Ivica. Ils fondèrent encore dans la plus petite des Gymnésiennes (Minorque) une ville à laquelle ils donnèrent le nom de Magon, l'un de leurs généraux. C'est, dit-on, aujourd'hui le Port-Mahon.

Les expéditions guerrières n'étaient pas les seules que les Carthaginois employassent pour étendre leur influence. Ils ne reculaient devant aucune des entreprises qui pouvaient augmenter leur puissance ou favoriser le développement de leur commerce. La navigation au delà des colonnes d'Hercule avait été longtemps regardée comme une tentative téméraire, comme une chose impraticable. Les Carthaginois, pour lier des relations nouvelles, pour acquérir des pays nouveaux, osèrent naviguer sur l'océan Atlantique. Le sénat de Carthage fit équiper deux flottes, dont il remit le commandement aux deux frères Hannon et Himilcon, qui avaient été élus suffètes. Ceux-ci franchirent le détroit qui sépare l'Afrique de la terre d'Espagne. Hannon, à la tête d'une escadre de soixante *pentecontores*, ou galères à cinquante rames, chargées d'hommes et de femmes, parcourut la rive occidentale de l'Afrique et y établit des colonies. On raconte qu'il pénétra jusqu'au fond de la mer Rouge, d'où il envoya par terre des messagers à Carthage. Ce récit paraît en contradiction avec un extrait du récit de ce voyage, traduit en grec, sans doute, par quelque navigateur sicilien, et qui est parvenu jusqu'à nous sous le nom de Périple d'Hannon. On y lit que le navigateur suivit la côte jusqu'à un promontoire qu'il appelle le cap du Midi, et qu'il fut forcé de revenir, parce que les vivres lui manquaient.

Himilcon, après être sorti du détroit, prit une direction opposée à celle que suivait Hannon. Il côtoya le couchant et le nord de l'Espagne, visita les rivages de l'Armorique et de la Grande-Bretagne, et revint à Carthage après une navigation de deux années. Le Périple d'Himilcon n'est pas venu jusqu'à nous; on en connaît seulement quelques passages par les citations faites dans le poëme d'Avienus (*)

Cette époque était celle des premières grandes tentatives de ce genre. Darius, fils d'Hystapes, chargea le géomètre Scylax de Cariande de diriger une de ces longues expéditions maritimes. Quelques biographes prétendent que c'est à Scylax qu'il faut attribuer l'invention des tables géographiques. C'est un fait qui importe peu à notre sujet; mais il en est un autre qui s'y rattache plus directement. Scylax est le premier qui ait donné à l'Espagne le nom d'Ibérie.

Les Carthaginois cherchèrent les premiers à pénétrer dans l'intérieur du pays, car les Phéniciens paraissent s'être bornés à occuper le littoral. Mais cruels et avides comme le sont tous les peuples qui font passer avant

(*) De Oris maritimis.

tout les intérêts de leur négoce, ils furent bientôt détestés, et ils éprouvèrent de la part des Espagnols une vive résistance. Ils trouvèrent aussi sur la côte orientale de redoutables adversaires. Ennemis implacables de tout ce qui pouvait faire concurrence à leur commerce, ils voyaient d'un œil de jalousie ces nombreux comptoirs, ces riches entrepôts dont les Massaliotes avaient garni le bord de la mer, depuis le pied des Pyrénées jusqu'au promontoire de Diane. Ces villes rendaient à Carthage la haine dont elles étaient l'objet, et ce fut cette animosité mutuelle qui plus tard fit des colonies grecques les fidèles alliés des Romains. Cependant, pour le moment, les Carthaginois laissaient reposer l'Espagne. Leurs forces étaient engagées autre part. Rome et Carthage venaient de se heurter pour la première fois. Depuis longtemps maîtres d'une partie de la Sicile, ils venaient d'attaquer Messine. Les habitants de cette ville réclamèrent le secours des Romains, et le sénat, accordant l'appui qui lui était demandé, envoya le consul Appius Claudius en Sicile. La lutte fut acharnée. Enfin, après vingt-quatre années de résistance, les Carthaginois durent céder une première fois à la fortune de Rome, et la paix qui termina la première guerre punique leur enleva la Sicile et la Sardaigne. Ils résolurent de chercher des dédommagements à ces pertes, et d'asseoir enfin leur empire sur toute l'Espagne. C'est dans ce but qu'ils y envoyèrent une armée commandée par *Amilcar Barcas*. On raconte que ce général avant de partir offrit un sacrifice aux dieux. Il amena près de l'autel son fils Annibal qui n'avait encore que neuf ans, et sur les victimes sanglantes qui venaient d'être immolées, il lui fit jurer de rester éternellement ennemi des Romains, et de venger sa patrie des outrages qu'ils lui avaient fait subir.

Les opérations d'Amilcar furent excessivement rapides. Il s'assura d'abord de la possession de tout le pays arrosé par le Bétis; puis, pour tenir en respect les cités grecques du littoral de la Celtibérie, il construisit sous le nom de *Barchino* la puissante ville de Barcelone. Il avait aussi choisi pour établir ses magasins de guerre un rocher situé sur le rivage des Édétains, en face des îles Pithuses. Cet établissement qu'on appelait *Acra-Leukè*, la Roche-Blanche, lui servit de principale place d'armes et de centre d'opérations. Cette position était bien près de Sagunte; cependant il n'osa pas encore attaquer cette cité. Elle lui avait envoyé des ambassadeurs pour lui rappeler que depuis plusieurs années elle était l'alliée de Rome. Il s'arrêta devant cette qualité; car malgré toute sa haine pour les Romains, il ne croyait pas le temps venu de leur faire de nouveau la guerre. La ville d'Hélikê (*), dont les Romains, suivant l'habitude qu'ils avaient de dénaturer tous les noms, ont fait Ilicis, ne pouvait invoquer la même garantie; Amilcar l'attaqua. Hélikê réclama le secours de plusieurs villes de l'intérieur. Les habitants de ces cités se liguèrent pour la défendre; ils vinrent livrer bataille aux Carthaginois, et ceux-ci furent vaincus malgré tout le talent, malgré tous les efforts de leur général. Des auteurs rapportent qu'Amilcar, forcé de prendre la fuite, se noya en passant une rivière; d'autres disent qu'il mourut dans le combat. C'est dans le courant de l'année 516 de Rome qu'Amilcar était venu en Espagne. Il mourut en 521. Son fils Annibal était encore trop jeune pour qu'on lui confiât le commandement. Le sénat de Carthage nomma donc pour gouverner l'Espagne Asdrubal, que des liens de parenté attachaient à Amilcar. Le premier soin de ce général fut de tirer vengeance de la mort de son prédécesseur. Il s'efforça ensuite d'établir d'une manière plus solide dans la Péninsule la puissance de son pays. Il fonda la ville de Carthagène (Carthago Nova), dont il voulait faire le centre de sa domination. Il l'éleva, l'embellit avec un soin tout particulier. Polybe a donné de

―――――――
(*) Ἡλίκη, aujourd'hui Elche.

cette ville une description dont on peut encore de nos jours apprécier l'exactitude.

« Carthagène (*), dit-il, est située « au milieu de la plage maritime de « l'Espagne, et au fond d'un golfe qui, « long de deux milles et demi et large « de la moitié, forme un port assez « vaste. Un îlot placé à l'entrée du « golfe la rend étroite de part et d'au-« tre, et, en brisant les vagues, main-« tient le port dans un état calme, « interrompu seulement de temps à « autre par le vent d'Afrique, contre « lequel il n'est pas toujours en sûreté, « puisqu'il pénètre par un passage à « droite et à gauche de l'îlot. Grâce à « la terre ferme, le port est abrité « contre tous les autres vents. Tout au « fond du golfe, s'élève une colline en « forme de presqu'île; c'est celle sur « laquelle Carthagène est bâtie. A l'est « et au midi, elle est entourée par la « mer; à l'ouest, est un étang qui par « sa communication avec la mer favo-« rise la navigation et semble être « l'ouvrage de l'art : un pont y est jeté « à l'endroit où est la petite langue de « terre, et sert de passage à ceux qui « viennent de la campagne pour ap-« porter des vivres. Le milieu de la « ville est plus bas que les extrémités, « parce qu'elle est située dans une « vallée formée par cinq collines, dont « deux sont plus élevées et plus rudes « que les trois autres, tellement per-« cées de cavernes qu'elles en devien-« nent inaccessibles. La plus considé-« rable, qui du côté de l'est s'étend « jusqu'à la mer, porte un temple dé-« dié à Esculape. Sur la colline oppo-« sée et située à l'ouest, a existé le « magnifique palais construit, à ce « qu'on dit, par Asdrubal, qui aspi-« rait à la monarchie. Parmi les autres « petites collines du côté du nord, les « deux extrêmes portent le nom de « Vulcain et de Saturne, et celle du « milieu le nom d'Alétès, qui jouit des « honneurs divins pour avoir le pre-« mier découvert le moyen d'exploiter « les mines d'argent. »

(*) Traduction de M. Depping.

Asdrubal s'adjoignit bientôt le jeune Annibal comme lieutenant, et conserva le commandement pendant deux années. Il fut tué par un esclave espagnol, qui voulut venger ainsi sur lui la mort de son maître. C'était (*) un des principaux seigneurs de l'Espagne nommé Tagus. Asdrubal l'avait fait périr pour quelque cause injuste. Son esclave le vengea en frappant le général carthaginois au pied de l'autel où il offrait un sacrifice. On saisit aussitôt le meurtrier, on broya ses membres dans les tortures, mais on ne put lui arracher une plainte; son visage, loin d'exprimer la douleur, ne peignit que la joie. Il était content de mourir, il avait vengé son seigneur.

Annibal, qui n'avait encore que vingt-six ans, fut choisi par le sénat de Carthage pour succéder à Asdrubal. Ce jeune capitaine, malgré la fougue de son âge, malgré l'excès de sa haine contre Rome, ne crut pas prudent de rompre encore la paix. Il voulut achever d'établir en Espagne la domination carthaginoise. Il fit la guerre à quelques peuples de l'intérieur. Enfin, quand il fut certain de ne plus laisser d'ennemis derrière lui, il se retourna vers Rome. Il songea d'abord à détruire les colonies grecques, car elles étaient alliées des Romains. Il saisit la première occasion de les attaquer; et, prétextant un différend survenu entre une peuplade alliée de Carthage et les habitants de Sagonte, il rassembla une puissante armée pour mettre le siège devant cette ville. Les Sagontins, pleins de confiance dans l'alliance romaine, envoyèrent en toute hâte des ambassadeurs au sénat. Mais au lieu de prendre un parti énergique et rapide, ce corps se mit à discuter. Comme cela arrive presque toujours dans les assemblées délibérantes, ce fut le parti de la faiblesse qui prévalut. On députa des ambassadeurs au général carthaginois, qui les renvoya au sénat de Carthage. On amusa les députés, et, pendant ce temps, Annibal poussait le siège avec activité. Les Sagontins se défendirent avec

---

(*) Mariana, liv. II, ch. 8.

courage. Annibal ayant lui-même conduit ses soldats à l'assaut, eut la cuisse traversée d'un dard (*).

Cette résistance opiniâtre ne le rebuta pas. Il fit construire une tour de bois qui dominait les murailles et même les tours les plus élevées de la ville assiégée. De là on faisait pleuvoir sur les Sagontins une grêle de flèches et de pierres ; en même temps, le bélier ne cessait de battre les murailles. Plusieurs brèches furent ouvertes, les assiégeants s'y précipitèrent en foule ; mais derrière la brèche ils trouvèrent de nouveaux retranchements, que les habitants avaient élevés avec les débris de leurs demeures. Les Sagontins, affaiblis par les fatigues d'un siége de neuf mois, par les maladies et la disette, ne perdirent pas courage ; et lorsqu'ils virent qu'ils ne pouvaient plus attendre de secours des Romains, que les vivres leur manquaient entièrement, que la défense devenait impossible, ils se déterminèrent à mourir plutôt que de se rendre. Ils dressèrent un énorme bûcher au milieu de la ville, y déposèrent tout ce qu'ils avaient d'effets précieux ; puis, quand la nuit fut venue, tous ceux qui pouvaient encore soutenir leurs armes se jetèrent sur le camp des ennemis pour les chasser, ou bien pour périr en combattant. Ce fut une affreuse mêlée, une nuit de carnage ; et quand, aux premières lueurs du jour, les femmes des Sagontins virent cet effroyable désastre, lorsqu'elles purent apercevoir les cadavres de leurs maris, de leurs enfants, lorsqu'elles virent tomber sous le fer ceux qui jusqu'alors avaient résisté, le sacrifice qu'elles avaient projeté s'accomplit. Les vieillards, les blessés, les malades se poignardèrent. Les femmes, après avoir mis le feu à l'immense bûcher qui était préparé, après avoir égorgé leurs jeunes enfants, se jetèrent jusqu'à la dernière dans les flammes qu'elles venaient d'allumer. Le vainqueur, qui se précipitait avide de carnage et de butin, fut trompé dans son horrible attente : toutes les richesses avaient disparu consumées, et son fer ne trouvait plus une victime à frapper. Il ne rencontra que des cadavres sanglants ou des ossements déjà blanchis par l'incendie, et il recula d'épouvante.

C'est dans le courant de l'année 536 de la fondation de Rome que succomba Sagonte, offrant au monde le premier exemple de ce courage sublime dont les Espagnols ont donné tant de preuves quand ils ont combattu pour la défense de leurs foyers. La ruine de Sagonte fut un coup terrible porté à la puissance de Rome. Tous les peuples apprirent que le nom d'allié des Romains ne présentait plus qu'une garantie illusoire. On apprit que si Rome pouvait quelquefois venger ses alliés, quelquefois aussi elle les laissait tom-

---

(*) Nous ne dirons pas, comme un historien moderne, qu'Annibal eut la cuisse traversée d'un coup d'arbalète : autant vaudrait presque dire qu'il fut blessé d'un coup de feu. L'arbalète, *arcus balistarius*, ne fut pas connue en Europe avant les croisades. Pulcherius, qui a écrit l'histoire de la première guerre sainte, remarque, liv. I, chap. 5, que les croisés avaient été effrayés et mis en fuite par la quantité de sagettes que les Sarrasins avaient fait pleuvoir sur eux : « Et, ajoute-t-il, cela n'était pas étonnant ; car cette manière de combattre nous était entièrement inconnue. » Ces traits causaient tant de dommages aux croisés, que, sous le pape Innocent II, on crut nécessaire de frapper d'anathème ceux qui se servaient contre les chrétiens d'arbalètes et de sagettes. Voici les termes du vingt-neuvième canon du concile de Latran : « Nous défendons, « sous peine d'anathème, de faire usage « contre les chrétiens et les catholiques de « cet art pernicieux et exécrable des arba-« létriers. » L'histoire, au reste, ne dit pas que par suite de cette prohibition les Sarrasins aient tiré moins juste et moins dru.

Dans le second livre de la Philippide, Guillaume le Breton, contemporain du héros qu'il chantait, dit aussi : « A cette « époque, nos Français ignoraient entière-« ment ce que c'était qu'une arbalète ou « une baliste, et dans toute l'armée le roi « n'avait pas un homme qui sût en faire « usage.

Francigenis nostris illis ignota diebus
Res erat omninò quid balistarius arcus,
Quid balista foret ; nec habebat in agmine toto
Rex armis quemquam sciret qui talibus uti.

ber sans défense. Ce fut non-seulement une cruauté de laisser ainsi périr cette cité héroïque, ce fut une faute. Elle fut la cause première des désastres que les Romains éprouvèrent au commencement de la deuxième guerre punique. Lorsque le Carthaginois victorieux arriva en Italie, il trouva à demi délié le faisceau d'alliances avec les peuples italiens qui faisait la force principale de Rome, et il lui fallut peu d'efforts pour achever de le rompre. Presque tous les auteurs sont d'accord pour flétrir la lâche inertie du sénat romain.

« Un particulier, dit M. Depping, « passe pour lâche dans la société quand « il abandonne son ami dans la dé« tresse, et il serait permis à un gou« vernement d'abandonner un allié qui « lui donne les preuves les moins équi« voques de son attachement, et de le « laisser abandonné à la cruauté d'un « ennemi furieux? Non, tant qu'il y « aura de la bonne foi sur la terre, « une pareille infamie sera la honte « des Romains. C'est ce que pensèrent « aussi tous les autres peuples d'Es« pagne, qui, avec moins de politique « et de raffinement, avaient tout au« tant de bon sens que le sénat de « Rome. » Aussi, lorsque le sénat de Rome réclama plus tard leur alliance, ils la refusèrent; et voici la réponse que Polybe met dans leur bouche :

« N'êtes-vous pas honteux de nous « offrir votre amitié après les désas« tres de Sagonte? En abandonnant « vos alliés, vous les avez traités avec « plus de cruauté qu'Annibal leur en« nemi. Allez chercher des alliés dans « les pays où le sort des Sagontins « est encore ignoré. Les ruines de « cette cité sont pour tous les peu« ples de l'Espagne une leçon salu« taire, qui doit leur apprendre à ne « point se fier à votre sénat et au peu« ple romain. »

A Rome même, le peuple s'éleva contre cette lâche conduite. L'inertie du sénat dans cette circonstance passa en proverbe; et, pour désigner ceux qui donnent des paroles quand on leur demande des secours, on répétait :

Dum Romæ consulitur, expugnatur Saguntum, pendant qu'on délibère à Rome, Sagonte est prise.

Seconde guerre punique. Armes des anciens Espagnols; leur manière de combattre. — La nouvelle du désastre de Sagonte parvint à Rome au moment où les ambassadeurs envoyés à Annibal arrivaient de Carthage. Les regrets du sénat, la douleur du peuple, ne pouvaient réparer le mal qui était fait; mais on pouvait prévenir un mal plus grand dont on était menacé. Il était aisé de comprendre que l'ennemi qui avait outragé la puissance romaine, qui pendant tant d'années avait formé une armée nombreuse, ne l'avait pas fait pour s'en tenir à la prise d'une seule ville. Annibal voulait venger son pays des traités qui avaient terminé la première guerre punique. On courut donc aux armes; mais en même temps le sénat romain, pour n'avoir pas à se reprocher la rupture de la paix, envoya encore une ambassade à Carthage. Elle fut reçue par les magistrats assemblés. Le député romain leur demanda si c'était par leurs ordres que Sagonte avait été attaquée; et, dans le cas contraire, il exigea qu'on lui livrât le général qui, au mépris des traités, avait osé assiéger une cité alliée de Rome. Les Carthaginois répondirent que peu importait de savoir par les ordres de qui la guerre avait eu lieu; qu'il fallait examiner seulement si elle était juste; que la première agression venait des habitants de Sagonte, qui avaient été chercher querelle aux Turbolétains, alliés de Carthage.

L'ambassadeur romain tenait le bas de sa toge relevé, comme s'il y eût renfermé quelque chose. « Nous vous apportons, dit-il, ou la paix, ou la guerre; laquelle des deux choisissez-vous? — Comme il vous plaira, lui répondit-on. — Eh bien! dit-il en secouant le pan de sa toge, c'est la guerre! »

Annibal n'avait pas attendu cette déclaration pour faire ses préparatifs. Il avait tiré d'Espagne des troupes pour garnir les parties de l'Afrique susceptibles d'être attaquées, et il avait envoyé en Espagne des troupes africaines sous le commandement d'Asdrubal son frère. Il avait lui-même rassemblé à Carthagène une armée de plus de cent mille fantassins, de douze mille cavaliers et de cent éléphants. Parmi ses troupes se trouvaient des corps nombreux de soldats espagnols, auxquels il dut plus d'une fois la victoire.

Les fantassins espagnols étaient ordinairement armés de deux petites piques ou javelines de trois ou quatre pieds de longueur; ces javelines, qu'en Espagne on appelle *chuzos*, y étaient une arme nationale. Maintenant que les vieilles coutumes s'en vont, presque tout le monde, dans la Péninsule, possède des armes à feu. Mais, encore en 1808, il n'était si pauvre laboureur qui n'eut un *chuzo* dans sa cabane. Le fantassin espagnol était aussi armé d'une épée droite peu longue et à double tranchant. Les Romains, qui ne tardèrent pas à apprendre à leurs propres dépens combien cette épée était redoutable, la substituèrent à celle que jusqu'à ce jour les légions avaient portée.

Quelques antiquaires ont cru reconnaître aussi sur des médailles espagnoles des guerriers armés d'un sabre courbé en forme de faux, et dont le tranchant se trouve en dedans de la courbure; mais en examinant ces médailles avec soin, on peut aisément reconnaître que ce qu'on avait pris pour une épée courbée n'est autre chose qu'une palme ou rameau d'arbre. Sur quelques médailles très-frustes, les feuilles de la branche ont entièrement disparu, et l'erreur est possible; mais si on les compare à d'autres pièces du même type d'une conservation plus parfaite, on retrouve les feuilles qui garnissent le rameau parfaitement distinctes. Les fantassins étaient aussi quelquefois armés de la fronde ou bien du bident, dont ils se servaient pour arrêter la cavalerie. C'était une lame courbée en forme de croissant, emmanchée au bout d'une hampe, et semblable au croissant, dont on se sert dans quelques colonies espagnoles du nouveau monde pour couper le jarret des taureaux sauvages. On en fait usage encore aujourd'hui à Madrid dans les *corridas* (*), sous le nom de *media luna* (**).

Sur plusieurs médailles on trouve aussi des archers; cependant ce ne sont pas les armes de jet qui rendaient si redoutable l'ancienne infanterie espagnole. Elle aimait mieux combattre corps à corps. Ses armes défensives consistaient en un petit bouclier rond appelé *cetra*, fait de bois ou d'osier, et couvert de cuir. Dans quelques contrées septentrionales, les fantassins portaient un bouclier de deux pieds de diamètre, couvert de peau ou de nerfs d'animaux, et semblable à celui d'une partie des Gaulois. Ils ne se couvraient pas la tête d'un casque, mais bien d'une espèce de mitre ou de bonnet. Leur vêtement était une espèce de sayon, de blouse de toile ou plutôt de peaux de chèvres ou de moutons. Ce vêtement laissait nus leur cou et une partie de leur poitrine. Leurs pieds étaient chaussés de grosses bottines de cuir, de ces *abarcas* que portent encore une partie des montagnards espagnols.

Les cavaliers étaient armés d'une hache, d'une massue, d'un sabre ou d'une lance longue environ de deux mètres. Plusieurs auteurs citent le mot lance, *lancia*, comme appartenant à l'ancienne langue espagnole. Souvent on trouve dans les médailles antiques les cavaliers espagnols coiffés de casques.

Ces guerriers étaient très-agiles, et habitués à lutter contre des bêtes sauvages. Les combats de taureaux étaient dès cette époque un de leurs passe-temps favoris. Aussi, accoutumés à maîtriser la furie de ces animaux, ils surent plus d'une fois la tourner contre leurs adversaires. A la bataille où ils vainquirent Amilcar, auprès d'Ilicis, ils usèrent d'un stratagème qu'Annibal, à son tour, employa contre les Romains. Ils placèrent, au premier rang de leur armée, une grande quantité de chariots attelés de taureaux,

(*) Courses de taureaux.
(**) Demi-lune, croissant.

sur le front de ces animaux ils attachèrent des bottes de paille enduites de poix. Ils y mirent le feu, en sorte que les taureaux, rendus furieux par la douleur, se précipitèrent avec leurs chariots au milieu des ennemis, où ils portèrent le désordre.

Les soldats espagnols avaient-ils un fleuve à franchir, ils construisaient un radeau avec des outres gonflées de vent, sur lesquelles ils mettaient leurs boucliers; à l'aide de ce bac improvisé, ils gagnaient rapidement l'autre rive. C'est à la tête d'une armée composée en grande partie de ces Espagnols sobres, agiles, infatigables, qu'au commencement de l'année 537 de la fondation de Rome, Annibal s'élança pour aller porter la guerre au cœur de l'Italie.

Les Romains étaient bien loin de s'attendre à cette invasion. Ils pensaient que l'Espagne et la Sicile serviraient de théâtre à la guerre. C'est en Espagne qu'ils voyaient s'accumuler les forces des Carthaginois; c'est en Espagne qu'ils envoyèrent Publius Cornelius Scipion. En s'y rendant, la flotte qui portait ce consul et son armée vint relâcher à Marseille. Alors seulement Scipion apprit qu'Annibal avait quitté l'Espagne, qu'il traversait la Gaule, et que déjà il avait atteint les bords du Rhône. Aussitôt le général romain se mit à remonter ce fleuve, dans l'espoir d'atteindre les Carthaginois; mais ils avaient beaucoup d'avance, et quand Scipion arriva au confluent du Rhône et de la Saône, il y avait déjà trois jours que l'armée ennemie était passée sur la rive gauche. Alors il revint à Marseille, où il divisa ses forces. Avec une partie de son armée, il vint débarquer à Gênes (Geneba), capitale de la Ligurie, pour se joindre, dans la haute Italie, aux troupes romaines qui devaient s'opposer à la marche d'Annibal. L'autre partie de ses forces passa en Espagne sous le commandement de Cneius Scipion, son frère. Toutes les colonies grecques, depuis le pied des Pyrénées jusqu'au bord de l'Èbre, accueillirent comme des libérateurs les Romains qui venaient venger Sagonte. Leur flotte trouva d'abord un abri dans le port d'Emporium, et plus tard, quand Scipion fit de Tarragone le centre de ses opérations, elle vint mouiller à cinq quarts de lieue de cette ville, à Salaü. Cette plage, qui n'est plus de nos jours fréquentée que par de pauvres pêcheurs, eut pendant longtemps un port renommé. Dès que les Carthaginois connurent l'arrivée des Romains, ils s'empressèrent de marcher au-devant d'eux. Ceux-ci avaient également hâte d'en venir aux mains. Les deux armées ne tardèrent donc pas à se rencontrer. La lutte eut lieu auprès de la ville de Cissa, et les Carthaginois, commandés par Hannon, lieutenant d'Asdrubal, furent entièrement défaits. C'était la première bataille que les Romains et les Carthaginois se livraient dans la Pésule. Le résultat en était doublement important. Un début heureux devait être regardé par les Romains, naturellement superstitieux, comme d'un heureux augure, et leur énergie morale devait s'en accroître. Une première victoire devait aussi ébranler l'alliance de toutes les villes qui ne s'étaient unies aux Carthaginois qu'à regret, et en cédant à la contrainte. Les avantages matériels ne furent pas moins considérables, car les Romains s'emparèrent du camp d'Hannon. Ils y firent un immense butin; ils y prirent tous les bagages qu'Annibal avait laissés en Espagne, dans la crainte qu'ils n'entravassent la rapidité de sa marche. A la nouvelle de ce désastre, Asdrubal s'avança pour en tirer vengeance. Il surprit, vers les bouches de l'Èbre, quelques détachements isolés; mais ne se sentant pas assez fort pour résister à l'armée romaine, il repassa le fleuve, et se retira à Carthagène. De retour dans cette ville, il rassembla de nouvelles forces, confia à Himilcon le commandement d'une flotte de quarante galères, et lui recommanda de gagner les bouches de l'Èbre, tandis que, de son côté, il se rendrait sur les bords de ce fleuve, à la tête d'une armée de vingt mille hommes. Cneius Scipion ayant eu connaissance de ces préparatifs, déjoua par son activité les projets d'Asdrubal. Il surprit la flotte conduite par Himilcon, prit ou coula à fond tous les navires qui la composaient, et Asdrubal, spectateur de ce nouveau désastre sans pouvoir l'empêcher, se vit encore une fois forcé à la retraite.

Cette série de succès devait avoir pour effet de détacher un grand nombre d'Espagnols du parti de Carthage. On trouve dans les anciens auteurs le nom de cent vingt cités qui recherchèrent alors l'amitié des Romains; presque tous les Celtibères prirent les armes en leur faveur. Ces heureuses nouvelles vinrent apporter quelque adoucissement à la douleur que causaient à Rome les victoires d'Annibal. On comprit que le salut de la république dépendait de ce qui se passait en Espagne. Les Romains étaient maîtres de la mer. L'armée d'Annibal ne pouvait donc se recruter que par terre; et si on lui enlevait cette Espagne qui lui avait fourni ses meilleurs soldats, le seul pays d'où elle pût tirer des secours, il était évident que, abandonnée à ses propres ressources, elle ne devait pas tarder à se détruire par ses victoires elles-mêmes. Aussi le sénat prit-il la résolution d'envoyer des forces nouvelles en Espagne. Publius Cornélius Scipion fut chargé de conduire à son frère une flotte de trente galères, huit mille soldats et beaucoup de munitions. Les armes des deux frères réunis furent longtemps heureuses. Ils reprirent Sagonte, et trouvèrent dans cette ville les otages qu'Annibal s'était fait donner pour garantie de la fidélité d'un grand nombre de villes. Ils pouvaient les conserver à leur tour; ils préférèrent les mettre en liberté, espérant par cette action se concilier l'amitié des Espagnols.

Ce ne fut pas en Espagne seulement que se fit sentir l'influence de ces victoires. Elles vinrent paralyser en Italie les succès d'Annibal. Les journées de la Trébie, de Trasimène et de Cannes avaient été funestes aux Romains; mais chaque bataille que gagnait le général carthaginois diminuait ses forces. Il ne pouvait remplir le vide que chaque triomphe laissait dans ses rangs. Aussi, quoique toujours victorieux, demandait-il des secours. Il voulait de nouvelles forces pour écraser par un coup décisif la puissance romaine. Asdrubal avait rassemblé une puissante armée. Il avait remis le commandement de l'Espagne à Himilcon, fils de Bomilcar, et il se dirigeait vers les Pyrénées pour traverser la Gaule et aller rejoindre Annibal en Italie; mais les Scipions lui barrèrent le chemin, le battirent, et le forcèrent à se retirer encore une fois à Carthagène.

Carthage fit passer de nouvelles forces en Espagne, sous le commandement de Magon, qui était aussi frère d'Annibal. Mais les secours que celui-ci amenait furent impuissants pour rappeler la victoire dans les rangs de ses compatriotes. Asdrubal et Magon furent battus plusieurs fois, soit ensemble, soit séparément. Enfin les armes romaines, après quatre années de victoires continues dans la Péninsule, éprouvèrent tout à coup un de ces revirements de fortune que le génie des généraux ne peut prévoir, que leur bravoure ne peut conjurer. Asdrubal avait reçu de nouvelles forces, et Massinissa, prince africain, était passé en Espagne à la tête d'un corps de cavaliers numides.

Asdrubal, qui n'avait pas renoncé à la pensée de conduire en Italie des secours à Annibal, garda sous ses ordres la plus grande partie de ses troupes. Il partagea le reste entre Magon son frère, Asdrubal, fils de Gisgon, et Massinissa. Les Scipions, pour faire face à ces nombreux adversaires, commirent la faute de se séparer. Cneius, à la tête du tiers des troupes romaines et de trente mille Celtibères, s'avança pour s'opposer à la marche d'Asdrubal. Tout à coup, sans que l'histoire nous en fasse connaître la cause d'une manière certaine, les Celtibères abandonnèrent Cneius. Quelques auteurs pensent qu'ils furent gagnés par l'argent des Carthaginois. Le général romain, privé par cette défection de la plus grande partie de ses

ESPAGNE.

forces, fut contraint de se retirer vers le nord. Ce mouvement permit à Asdrubal de joindre une partie de ses forces à celles qui déjà attaquaient Publius. Celui-ci livrait bataille à Massinissa et à Asdrubal Gisgon, lorsque Magon l'attaqua subitement par derrière. Scipion fut renversé de son cheval par un coup de lance qui l'étendit mort. Ce malheur répandit la consternation parmi les Romains, qui furent bientôt mis en déroute. Après cette victoire, toutes les armées, d'Asdrubal-Gisgon, de Massinissa, de Magon et d'Asdrubal, se réunirent contre Cneius Scipion, qui, forcé de combattre dans une position défavorable, vit son armée dissipée au premier choc. Une partie des Romains se sauva dans les bois; quelques-uns, avec le général, se retirèrent dans une tour voisine. Mais cette tour fut prise, et tous ceux qui s'y trouvaient furent massacrés. C'est ainsi que ces deux frères, également célèbres, périrent par le fer de l'ennemi à vingt-neuf jours d'intervalle.

Il existe, à peu de distance de Tarragone, un monument auquel on donne encore aujourd'hui le nom de *Torre de los Scipiones* (*). Nous aurons occasion d'en parler de nouveau en examinant le caractère des monuments que les Romains ont construits dans la Péninsule.

Asdrubal crut avoir anéanti les forces de ses ennemis en Espagne. Il n'y voyait plus d'armée à combattre. Les deux généraux étaient morts, et les Romains fugitifs avaient vu se fermer devant eux les villes où ils avaient été chercher un refuge. Dans quelques-unes même de ces cités qui désertaient ainsi tout à coup l'alliance romaine, à Iliturgi, à Castulo, à Astapa, on ne s'était pas borné à leur refuser un asile. On avait poussé la barbarie jusqu'à les massacrer. Dans la pensée du général carthaginois, tous les Romains qui se trouvaient en Espagne avaient été exterminés. Il rassembla donc presque toutes ses forces, et se dirigea vers les Pyrénées, pour traverser la Gaule et gagner l'Italie par la route qu'Annibal avait tracée. Cependant les débris des deux armées de Publius et de Cneius s'étaient rassemblés sous le commandement de Marcius, simple chevalier. Celui-ci conduisit les soldats avides de vengeance contre Magon et contre le fils de Gisgon, qui demeuraient affaiblis par le départ d'Asdrubal. Il les battit à plusieurs reprises; et le bruit de ces victoires, en forçant Asdrubal à revenir sur ses pas, l'empêcha une seconde fois de passer en Italie, et d'exécuter un plan qui pouvait alors entraîner la ruine de la république.

Pour achever de réparer le désastre des Scipions, le sénat envoya en Espagne des troupes nouvelles, sous le commandement de Claude Néron. Ce général, qui se montra plus tard le digne adversaire d'Annibal, ne fit alors rien qui mérite d'être rapporté. Il se borna à des marches sans résultat. Ayant eu le bonheur de surprendre Asdrubal dans un défilé où il pouvait aisément détruire son armée, il se laissa amuser par des propositions de paix; pendant qu'on négociait, l'armée d'Asdrubal s'échappa, et le général romain resta dupe de son aveugle confiance. Le temps de son commandement expiré, il retourna à Rome, et l'on s'occupa de lui choisir un successeur. Le sénat, après une longue délibération, renvoya au peuple assemblé le soin de nommer un général. On s'attendait à voir, suivant l'usage, un grand nombre de candidats briguer le commandement de l'armée romaine. Mais soit que le sort des deux Scipions et le peu de succès de Claude Néron eussent découragé tous les esprits, personne ne se mit sur les rangs. Enfin, l'assemblée allait se dissoudre, quand Scipion, qui portait, comme son père, les noms de Publius Cornélius, et qui n'était encore âgé que de vingt-quatre ans, réclama l'honneur de conduire cette guerre difficile, et de venger à la fois son père, son oncle et le nom romain. La jeunesse de ce candidat devait inspirer peu de confiance. Mais dans les nombreuses assemblées, il

(*) Voir la planche xi.

y a des inspirations subites qui leur révèlent le génie. On eut foi dans les promesses du jeune Scipion, et on remit entre des mains de vingt-quatre ans le salut de la république.

Arrivé à Tarragone, le nouveau général agit avec une prudence qui n'est pas ordinaire à son âge et que les ennemis attribuèrent à de la timidité. Ils en conçurent une sécurité funeste, et s'occupèrent uniquement d'organiser des moyens d'agression. Asdrubal était à recruter des troupes au fond de la Lusitanie. Asdrubal-Gisgon se tenait auprès de Cadix, lorsque Scipion s'élança tout à coup pour une des plus hardies entreprises que le succès ait couronnées.

Carthagène était en Espagne la principale place d'armes des Africains; Scipion préparait depuis longtemps en silence les moyens de l'attaquer. Il partit de Tarragone sans avoir fait connaître le but de son expédition. Il avait seulement donné à Lélius, commandant de la flotte, l'ordre de suivre lentement la côte, de manière à arriver devant Carthagène à un jour donné. Pour lui, il s'avançait à la tête de vingt-cinq mille hommes d'infanterie et de deux mille cinq cents cavaliers. Sa marche fut si rapide, que sept jours après son départ il arriva devant Carthagène, au moment où sa flotte entrait dans le golfe. Ainsi que nous l'avons expliqué, cette ville est située sur un isthme entouré au levant et au midi par la Méditerranée; au couchant et en partie au nord, par un étang qui communique avec la mer; au nord, elle ne se rattache au continent que par une étroite langue de terre. De ce côté, les murailles étaient hautes et soigneusement défendues; mais comme des autres côtés elles étaient entourées d'eau, on en avait cru l'accès trop difficile pour qu'il fût nécessaire de les construire aussi élevées ou de les garder avec autant de vigilance. Carthagène est située sur la Méditerranée, mais assez près de l'Océan pour que l'effet de la marée s'y fasse encore sentir. Scipion avait appris que lorsque la mer était très-basse, l'étang qui entourait la ville du côté du midi se vidait en partie. Il se garda bien d'expliquer ce phénomène à ses soldats; mais il leur dit qu'il était d'intelligence avec Neptune, et que ce dieu, pour faciliter l'attaque de la ville, ferait retirer les eaux de la mer à une heure qu'il désigna d'avance. On commença par assaillir la muraille la plus forte, de manière à attirer de ce côté, tous les efforts et toute l'attention des assiégés; puis, quand à l'heure dite on vit l'eau se retirer, un corps d'élite s'élança dans l'étang. Les soldats le traversèrent n'ayant de l'eau que jusqu'à la ceinture, et, persuadés que les dieux combattaient pour eux, ils surmontèrent aisément les faibles obstacles que leur opposaient les défenseurs surpris. Une fois qu'ils furent entrés dans la ville, la défense devint impossible. Magon se retira dans la citadelle; mais avant la fin de la journée, il fut obligé de capituler. Les avantages de cette conquête furent immenses. On trouva dans la ville beaucoup de coupes et de bijoux d'or formant ensemble un poids de deux cent soixante et seize livres. Il y avait dans le butin dix-huit mille trois cents livres d'argent monnayé ou de vases de ce métal. Les arsenaux étaient pleins d'armes et de munitions de guerre. Le port contenait cent trente vaisseaux et dix galères; enfin dix mille prisonniers carthaginois furent vendus comme esclaves. Si le général romain se montra rigoureux pour les Carthaginois, il usa au contraire de beaucoup de douceur à l'égard des Espagnols, et il laissa en liberté tous ceux qui se trouvaient dans la ville, soit qu'ils y fussent retenus comme otages, comme prisonniers, soit même qu'ils s'y trouvassent de leur gré et comme ennemis des Romains.

Au nombre des captifs se trouvait une jeune fille d'une beauté remarquable. Les soldats l'amenèrent à Scipion comme la part du butin qui devait plaire davantage à un général de vingt-cinq ans. C'était la fiancée d'Allucius, un des principaux chefs celtibères. Scipion la rendit à sa famille et à son mari.

« Je vous ai remis votre épouse, dit-il à Allucius, et j'ai jugé que c'é-
tait un présent digne de vous et de moi. Elle a été au milieu de nous comme elle aurait été dans la maison de son père. En retour de ce don, je vous demande votre amitié pour le peuple romain. Si vous me jugez homme de bien, tel que mon père et mon oncle ont paru aux peuples de votre pays, je veux que vous soyez persuadé qu'il y en a beaucoup dans Rome qui nous ressemblent, et qu'il n'y a point de peuple dans l'univers que vous deviez plus craindre d'avoir pour ennemi, ni souhaiter davantage d'avoir pour ami. »

Scipion, après avoir mis dans Carthagène une puissante garnison, après en avoir fait augmenter et réparer les fortifications, revint à Tarragone, satisfait de sa première campagne. La prise de Carthagène eut lieu en l'an 543 de la fondation de Rome, 208 ans avant Jésus-Christ.

Cette perte causa une grande douleur à Asdrubal, qui désirait ardemment prendre sa revanche. Dans cet espoir, il avait rassemblé une nombreuse armée pour accabler Scipion; mais celui-ci le prévint encore. Il l'attaqua et le battit avant qu'il eût eu le temps de concentrer toutes ses forces. Il est vrai que cette victoire ne fut pas très-décisive, car elle n'empêcha pas le général carthaginois de mettre à exécution le projet que les victoires des Scipions avaient d'abord rendu impraticable, et que plus tard l'énergie et les succès de Marcius avaient une seconde fois fait échouer. Asdrubal franchit les Pyrénées, traversa la Gaule et passa en Italie. Nous ne l'y suivrons pas. Nous sommes attachés au sol de l'Espagne, et notre tâche est seulement de nous occuper des événements qui se sont passés dans la Péninsule. Il nous suffira de dire qu'avant d'avoir pu rejoindre Annibal, il fut défait par les consuls Livius et Claude Néron dans une bataille où il perdit la vie.

Hannon, qui avait été appelé à prendre le commandement des troupes carthaginoises en Espagne après le départ d'Asdrubal, réunit inutilement ses efforts à ceux de Magon et d'Asdrubal-Gisgon. Il ne leur restait pas assez de forces pour contre-balancer la puissance des Romains, qui chaque jour s'affermissait dans la Péninsule. Ils furent plusieurs fois défaits par Scipion. Ce général ne se borna pas à ces victoires, il avait des vengeances à exercer. Il n'avait pas oublié que plusieurs cités, après avoir juré alliance avec Cneius et Publius Scipion, les avaient tout à coup abandonnés; que quelques-unes avaient massacré des Romains fugitifs. Pour demander compte de cette trahison, il assiégea Iliturgi. La place se défendit avec tout le courage que peut inspirer le désespoir; mais enfin elle fut emportée d'assaut. Tous les habitants furent passés au fil de l'épée, la ville fut rasée, et sur l'endroit où elle avait existé on promena la charrue et l'on sema du sel. Voici ce que rapportent les historiens; mais il faut croire que pour effrayer les villes qui seraient tentées d'imiter la trahison d'Iliturgi, on a mis beaucoup d'exagération dans le récit du châtiment qui lui a été infligé, ou bien il faut s'étonner de la voir se relever aussi promptement de ses ruines; car à quelques années de là on la retrouve déjà florissante; il existe des médailles bilingues de cette ville frappées dans les premiers temps de l'occupation romaine(*), et plus tard on lui voit prendre le nom de Forum Julium. Quoi qu'il en soit, Castulo n'attendit pas un semblable sort; elle implora la clémence du vainqueur et obtint son pardon. Les habitants d'Astapa, au contraire, prirent la résolution de ne pas se rendre. De même que les Sagontins, ils rassemblèrent tous leurs effets précieux sur un bûcher destiné à consumer aussi leurs femmes et leurs enfants, et quand les Romains se furent rendus maîtres de la ville, ils n'y trouvèrent plus que des cadavres et que des cendres.

(*) M. de Saulcy, Essai de classification des monnaies autonomes, légende 18.

La rigueur déployée à Iliturgi aussi bien qu'à Astapa pouvait être dans le droit de la guerre; elle pouvait même paraître une juste punition de la trahison des Celtibères; mais loin d'être utile à la cause des Romains, elle ne servit qu'à exciter des ressentiments, qu'à faire naître des haines. Deux chefs celtibères, Mandonius et Andobal (les auteurs latins appellent ce dernier *Indibilis*), soulevèrent leurs compatriotes et rassemblèrent une puissante armée. En ce moment, Scipion était atteint d'une grave maladie, et l'armée, privée de son chef, avait oublié les lois de la discipline. Huit mille Romains s'étaient mutinés sous le prétexte que leur solde ne leur était pas exactement payée; mais le général ayant recouvré la santé, les fit rentrer dans le devoir, et les conduisit contre l'armée de Mandonius et d'Andobal. La résistance des Espagnols fut acharnée, car les Romains, quoique mieux armés et mieux disciplinés, perdirent cinq mille hommes dans la bataille. Cependant, malgré cette perte, ils furent vainqueurs et forcèrent Mandonius et Andobal à se retirer et à venir demander la paix, qu'on ne leur refusa pas.

Les Carthaginois avaient été successivement chassés de toutes les positions importantes qu'ils avaient occupées dans la Péninsule. Une seule leur restait; c'était la plus ancienne des colonies phéniciennes, c'était Cadix. Les habitants de cette ville, gémissant sous la dureté de la domination punique, entretenaient déjà des intelligences avec Scipion. Un premier complot qu'ils tramèrent pour livrer la ville aux Romains fut découvert par Magon. Ce général fit arrêter les auteurs de cette conspiration, et les envoya en Afrique, où ils expièrent dans les supplices l'insuccès de leur tentative. Cependant les Carthaginois songeaient eux-mêmes à quitter l'Espagne. Magon avait reçu l'ordre de réunir toute son armée et de tenter un dernier effort pour aller porter des secours à Annibal. Il devait aller débarquer en Ligurie, et traverser l'Italie pour rejoindre son frère. Il arma donc sa flotte; et, avant de partir, il dépouilla toutes les caisses publiques de Cadix, tous les édifices qui renfermaient quelques richesses. Il ne respecta pas même le temple d'Hercule, et fit enlever les offrandes précieuses que, pendant douze siècles, la piété des habitants et celle des navigateurs y avaient accumulées. Après ce pillage, il mit à la voile, et vint débarquer auprès de Carthagène, qu'il espérait enlever par surprise; mais il échoua dans cette entreprise; et, ayant appris que la flotte romaine se tenait dans les environs, il n'osa point passer outre et s'exposer aux chances d'un combat. Il retourna donc à Cadix.

Il avait laissé la garde de cette ville aux habitants et aux Numides de Massinissa; mais, depuis longtemps déjà, celui-ci, voyant que la fortune avait abandonné le parti qu'il servait, s'était laissé gagner par Silanus, lieutenant de Scipion; et, après avoir eu une entrevue avec le proconsul lui-même, il était devenu l'allié des Romains. Les habitants, restés seuls, avaient aboli l'autorité de Carthage; et lorsque Magon se présenta devant la ville, ils refusèrent de lui en ouvrir les portes. Le Carthaginois demanda à conférer avec les suffètes. Les magistrats eurent la simplicité de se rendre auprès de lui; mais ils ne furent pas plutôt dans son camp, qu'il les fit saisir, les fit déchirer à coups de verges et mettre en croix; puis, après ce supplice, il se rembarqua et se rendit dans les Baléares. Repoussé de Mayorque par les habitants, qui firent pleuvoir sur ses vaisseaux une grêle de pierres, il se retira à Minorque, où il demeura pendant quelque temps. Suivant l'usage des anciens, il tira ses vaisseaux sur le rivage; et de là, disent quelques auteurs, vient le nom de port de Magon, aujourd'hui Port-Mahon, donné à la ville construite en cet endroit. Mais, comme nous l'avons déjà dit, d'autres historiens font remonter la fondation du Port-Mahon à une époque antérieure de plus de deux siècles. Ils l'attribuent à un autre Magon, parent et contemporain des fameux navigateurs Hannon et Himilcon. S'il faut admettre une de ces deux opinions, la dernière nous paraît préférable ; car le général qui abandonnait l'Espagne en fugitif, qui était tout préoccupé de l'expédition qu'il devait, au printemps prochain, tenter contre la Ligurie, ne pouvait pas songer à bâtir une ville. Ce soin et ce loisir n'appartenaient qu'au vainqueur. Aussi Cornelius Scipion, après avoir purgé entièrement l'Espagne de la domination carthaginoise, et avant d'aller à Rome recevoir les honneurs qu'il avait mérités, voulut-il élever une ville près des bords du Bétis. Il la peupla d'anciens compagnons de ses travaux, des vétérans de son armée, et il donna à cette cité le nom d'Italica.

Après le départ de Scipion, les Celtibères se soulevèrent de nouveau. Sous le commandement de Mandonius, chef des Ausétans, et d'Andobal, chef des Ilergètes, ils vinrent attaquer les Romains, commandés par les proconsuls Lentulus et Accidinus. Le combat fut long et meurtrier ; mais Andobal ayant été tué d'un coup de javeline, le désordre se mit dans les rangs de ses soldats, et la victoire se décida pour les Romains. Mandonius, forcé de prendre la fuite, eut un sort plus malheureux que celui d'Andobal ; il fut livré aux Romains par ses compatriotes, qui lui reprochaient d'avoir attiré sur eux le fléau de la guerre.

Scipion, de retour à Rome, obtint bientôt le commandement d'une armée, avec la permission de porter la guerre en Afrique. Annibal, rappelé dans sa patrie, que menaçaient les armées romaines, fut obligé d'abandonner l'Italie, où il combattait depuis quatorze années. Il fut vaincu dans les plaines de Zama, et sa défaite mit fin à la seconde guerre punique. Dans le traité par lequel les Romains accordèrent la paix aux vaincus, on stipula qu'aucun Carthaginois ne pourrait à l'avenir mettre le pied en Espagne.

Domination des Romains en Espagne. — Commencement de la guerre contre Numance. — Guerre contre Viriathes. — Destruction de Numance.

— Guerre contre Sertorius. — Les Romains s'étaient présentés dans la Péninsule seulement comme des alliés, comme les vengeurs des Sagontins, et c'est à ce titre qu'ils avaient obtenu l'appui et les sympathies d'une partie des Espagnols ; mais quand ils avaient mis le pied dans un pays, ils ne l'abandonnaient plus. C'est pour cela qu'ils avaient fait leur dieu Terme sans jambes, afin que, porté quelque part, il ne pût jamais reculer. Ils s'étaient donc établis en Espagne, non plus en alliés, mais en dominateurs. Avant leur arrivée, les habitants ne formaient pas un seul corps de nation. Ils étaient séparés en une foule de petits États indépendants les uns des autres. Un semblable morcellement ne pouvait être pris pour base d'un bon gouvernement. Ils tracèrent une division plus large ; ils appelèrent Espagne citérieure toute la partie comprise entre l'Èbre et les Pyrénées, et Espagne ultérieure tout le pays qui s'étend de l'autre côté de ce fleuve jusqu'à l'Océan. Cette circonscription a paru vicieuse à quelques historiens. Ils font observer que l'Espagne citérieure était à peine égale au quart de l'autre partie. Mais il faut faire attention que les Romains n'occupaient pas encore la Lusitanie ; que le pays des Gallaïques et des Astures leur était à peine connu de nom. Le territoire soumis réellement au préteur de l'Espagne ultérieure, se bornait à la Bétique et à une partie de la Carpétanie. L'inégalité qu'on critique dans l'étendue des deux gouvernements, n'existait donc pas à cette époque. Ils donnèrent le commandement de l'Espagne successivement à des proconsuls, à des consuls ou à des préteurs, qui, n'ayant plus les Carthaginois à combattre, ne s'occupèrent que du soin de tirer du pays toutes les richesses qu'il était possible d'en extorquer. Aussi bientôt les Espagnols trouvèrent-ils le joug des Romains plus insupportable que celui de Carthage, et ils ne tardèrent pas à se soulever. Les proconsuls eurent donc des révoltes continuelles à étouffer, des guerres éternelles à soutenir. Ils ne cessèrent de combattre,

quelquefois remportant des victoires, quelquefois éprouvant des revers. Plusieurs d'entre eux obtinrent les honneurs du triomphe ou de l'ovation ; et telle était déjà la vénalité et la corruption des Romains, que ces honneurs ne se mesuraient plus d'après l'importance des victoires que les proconsuls avaient remportées, mais d'après la quantité d'argent plus ou moins considérable qu'ils versaient au trésor.

Les armées de la république ayant éprouvé des échecs en Espagne, on envoya pour gouverner ce pays le consul Porcius Caton, qui mérita plus tard le surnom de Caton le Censeur. Celui-ci se signala dans son gouvernement par une sévérité inflexible qu'il poussa plus d'une fois jusqu'à la cruauté. Il remporta plusieurs victoires; mais ce qu'il y eut de plus remarquable dans son administration, ce fut l'énorme quantité de métaux précieux qu'il parvint à arracher des Espagnols. Il fit porter à son triomphe, comme dépouilles des vaincus, quinze cent quarante-huit livres pesant d'or et cent quarante-huit mille livres d'argent, sans compter une livre d'argent donnée à chacun de ses soldats.

On approuvait fort à Rome cet usage des gouverneurs de piller le pays vaincu. Aussi, lorsque Scipion Nasica, fils de Cneius Scipion, envoyé comme préteur dans l'Espagne ultérieure, demanda au sénat des fonds pour subvenir aux besoins de son administration, sa réclamation sembla ridicule. On lui répondit, que s'il avait besoin d'argent il n'avait qu'à en prendre dans le pays. Scipion Nasica n'ayant pas suivi ce conseil, fut considéré comme un très-mauvais administrateur. Puis, comme tout n'est que contradiction dans les choses de ce monde, il fut, par décret du sénat, déclaré le plus honnête homme de la république.

Quoique les Romains s'attribuassent la souveraineté de l'Espagne entière, ils n'étaient en réalité maîtres que du littoral de la Méditerranée. Ils ne s'étaient pas avancés vers le cœur du pays. Dans l'Espagne ultérieure, à mesure que les Romains s'étendaient vers la côte occidentale, ils venaient se heurter contre les Lusitains. Scipion Nasica avait bien eu l'occasion de combattre ces peuples qui avaient fait une invasion sur les terres de la Bétique; il les avait repoussés, mais il ne s'était pas établi chez eux. Dans l'Espagne citérieure, à mesure qu'ils remontaient vers le nord, ils rencontraient de nouvelles populations dont bientôt ils méritaient l'inimitié. Tibérius Sempronius Gracchus était le premier parvenu jusqu'au pays des Arévaques. Comme nous l'avons expliqué en commençant, l'Espagne est coupée de l'est à l'ouest par plusieurs chaînes de montagnes; la plus septentrionale est celle des Asturies. Celle qui venait ensuite portait le nom de monts Carpétains (*montes Carpetani*). Le Durius, actuellement le Duero, coule dans le bassin formé par ces deux *sierras*. A l'endroit où ce fleuve prend sa source, vivaient deux peuples signalés comme les plus belliqueux des Celtibères, les Arévaques et les Pélendones. Presque sur la limite des deux peuples s'élevait la ville de Numance, dont les habitants passaient pour les plus braves et les plus aguerris de leurs compatriotes. Tiberius Sempronius Gracchus en arrivant dans leur pays fit avec eux un traité d'alliance. Mais bientôt les motifs pour rompre cette paix ne manquèrent pas. Les Romains prétendirent empêcher la ville de Ségéda de relever ses remparts. A cette occasion la guerre éclata. Les Pélendones, les Arévaques et les habitants de Numance, qui dans le principe étaient restés neutres entre les combattants, ne tardèrent pas à prendre parti pour les habitants de Ségéda. La lutte fut acharnée et désastreuse pour les Romains, au point que personne à Rome ne voulait plus se charger de la soutenir; et comme il ne se trouvait plus de légions qui se présentassent spontanément pour aller en Espagne, il fallut qu'on tirât au sort celles qui y seraient envoyées.

Sans doute une des causes qui contribuèrent le plus à entretenir contre les Romains l'animosité des peuples qu'ils subjuguaient, ce fut l'inégalité révoltante que leurs lois civiles établissaient entre les citoyens et les étrangers. L'ancien droit de Rome ne reconnaissait d'unions légitimes que celles contractées entre les citoyens romains (*). Il assimilait celles entre les Romains et les étrangères à ces liaisons que le plaisir provoque, mais que la morale réprouve. Les enfants qui en naissaient étaient flétris de l'épithète de *spurii*, bâtards. Cependant, quarante-sept années s'étaient écoulées depuis que les Romains étaient venus en Espagne, sous la conduite de Cneius Scipion, et il était né plus de quatre mille enfants de leur commerce avec des femmes espagnoles. Ces hybrides s'adressèrent au sénat pour qu'on leur donnât des terres où ils pussent vivre conformément aux lois et aux coutumes de Rome. Le sénat chargea le préteur Canuleius de leur assigner Carteya, une des villes phéniciennes du littoral de l'Océan. Cette colonie fut dotée des avantages dont jouissaient les cités latines et fut appelée la colonie des affranchis. Ceux des anciens habitants qui voulurent demeurer chez eux reçurent des terres, et furent comptés au nombre des colons. Quelques historiens regardent cette colonie comme la première fondée en Espagne par les Romains; c'est oublier que Scipion l'Africain avait peuplé Italica des vétérans de son armée (*). Pendant la préture du même Canuleius les Romains érigèrent aussi en colonie romaine une petite ville fondée par les Phéniciens sur les bords du Bétis : c'est Corteba ou Corduba, dont le nom, dans la langue de ses fondateurs, signifie un pressoir à huile. Bientôt il devint de mode, parmi les Romains les plus riches, de posséder une maison à Corduba, et cette ville prit le surnom de colonie patricienne. Rome s'établissait partout où elle pouvait atteindre, et cependant sa souveraineté était presque partout contestée. Les Celtibères ne cessaient de s'agiter. Si la guerre avec les Numantins était un instant interrompue, c'était pour se rallumer bientôt avec plus de fureur. Dans l'Espagne ultérieure, les Lusitains combattaient avec acharnement. Cessaron, leur chef, avait vaincu le préteur Nummius. Fier de ce succès, il promenait dans les campagnes de la Lusitanie les dépouilles et les aigles qu'il avait enlevées aux Romains, lorsqu'il se laissa surprendre par celui qu'il croyait avoir anéanti. Attaqué à l'improviste, il fut à son tour défait et tué dans le combat. Cette victoire valut à Nummius les honneurs du triomphe; mais elle ne contraignit pas les Lusitains à rester tranquilles. Marcus Atilius, qui lui succéda dans le commandement, battit plusieurs fois les Lusitains sans pouvoir les soumettre. Enfin, l'année suivante (602 de Rome), le sénat envoya le préteur Sergius Sulpicius Galba pour gouverner l'Espagne ultérieure, et le consul Lucius Licinius

(*) Le texte de cette loi qui a soulevé tant de difficultés n'est pas venu jusqu'à nous. Elle était antérieure aux douze tables; mais elle a dû être relatée, soit dans la quatrième qui traitait de la puissance paternelle et du mariage, soit dans la dixième qui s'occupait du droit public, et qui commençait comme notre charte française, par poser en principe l'égalité des citoyens devant la loi : *Privilegia ne inroganto*, qu'on n'accorde de priviléges à personne. Il ne nous reste que des fragments de la législation des décemvirs, et le seul passage qu'on retrouve dans les lois romaines relativement au mariage avec les étrangers est bien postérieur à cette époque. C'est un morceau d'Ulpien, jurisconsulte contemporain de Caracalla :

Connubium habent cives romani cum civibus romanis ; cum Latinis autem et peregrinis ita si concessum sit.

(*) Voici le passage de Tite-Live : « Et alia novi generis hominum ex Hispania legatio venit ; ex militibus romanis et ex hispanis mulieribus, cum quibus connubium non esset, natos se memorantes, supra quatuor millia hominum orabant ut sibi oppidum, in quo habitarent, daretur. Senatus decrevit : uti nomina sua apud L. Canuleium profiterentur; eorumque si quos manumisset eos Carteiam ad occasum deduci placere. Qui Carteiensium domi manere vellent, potestatem fore, uti numero colonorum essent agro adsignato. Latinam eam coloniam esse, libertinorumque adpellari. »

Lucullus pour la citérieure. Ces deux chefs se sont également rendus célèbres par leur avarice, leur perfidie et leur cruauté. Ainsi, Lucullus ayant assiégé la ville de Cauca, les habitants capitulèrent. Ils s'engagèrent à payer cent talents d'argent et à donner des otages. Pleins de confiance dans la capitulation, ils ouvrirent leurs portes aux Romains; mais ceux-ci ne furent pas plutôt entrés, que Lucullus donna l'ordre de passer tous les habitants au fil de l'épée, sans distinction d'âge ni de sexe, et il fit livrer au pillage la ville dont les richesses avaient tenté sa cupidité. On aimerait à croire qu'il était impossible d'égaler en déloyauté l'auteur de cette infâme trahison; cependant Galba laissa en cette matière Lucullus encore bien loin derrière lui. Il commença par courir la campagne, égorgeant, incendiant, pillant tout ce qu'il trouvait. Il causa tant de dommage, que les Lusitains se déterminèrent à lui envoyer des ambassadeurs. Le préteur les reçut avec un air de bonté et de douceur auquel ils étaient loin de s'attendre. Il les plaignit de ce que la stérilité de leurs campagnes, en les forçant à se livrer au brigandage, attirait sur eux la colère des Romains. Il leur dit qu'il voulait leur donner des champs plus riches, des terres plus fertiles, où ils pourraient vivre sans attaquer leurs voisins. Il parla avec tant de bonhomie, tant d'effusion, qu'ils se laissèrent convaincre. Au jour indiqué par lui, ils vinrent pour prendre possession des terres qu'il leur avait promises. Ils arrivaient par petites troupes, portant avec eux tout ce qu'ils possédaient. Galba les fit entourer, et lorsqu'on les eut désarmés, il les fit lâchement égorger. Il donna une partie des dépouilles à ses soldats; mais, ce qu'il conserva suffit pour le rendre le plus riche des citoyens de Rome. On porte à neuf mille le nombre des infortunés qu'il fit ainsi massacrer; il en fit aussi prendre et enchaîner plus de vingt mille, qu'il fit vendre comme esclaves dans les Gaules. Au nombre de ces prisonniers se trouvait un jeune pâtre, qui parvint à s'évader, et qui fut pour Rome un ennemi redoutable. C'était Ouriathous, Uriatthô, ou Viriathus; car les auteurs ne sont pas d'accord sur son nom. Les historiens modernes ont généralement adopté celui de Viriathes (*). Il était d'une basse extraction, et avait commencé par garder les troupeaux. Quand il se fut échappé des mains de Galba, il se mit à courir les grands chemins, et rassembla bientôt une foule d'hommes de son espèce. Les gens de mauvaise vie, ceux qui étaient criblés de dettes, ceux que les désastres de la guerre avaient ruinés et réduits au désespoir, vinrent se joindre à lui. A la tête de cette troupe, qui formait déjà une petite armée, il s'appliqua à dévaster les terres qui étaient sous la domination romaine, et principalement le pays des Turditains, situé à l'embouchure du fleuve Ana.

Caius Vetilius, successeur de Galba dans le gouvernement de l'Espagne ultérieure, s'étant mis à la poursuite de Viriathes, parvint à acculer les Lusitains à une colline escarpée, et à les placer dans une situation où ils ne pouvaient ni combattre ni se retirer sans désavantage. Alors ils parlèrent d'envoyer des députés à Vetilius; mais Viriathes leur rappela les trahisons de Galba; il leur demanda comment, après tant de perfidie, ils pouvaient songer à se confier aux Romains. Il ajouta qu'ils n'avaient qu'à suivre ses ordres, qu'il saurait bien les tirer du mauvais pas où ils se trouvaient. Ces paroles leur rendirent courage. Il les rangea en bataille, mettant en première ligne ses cavaliers, puis derrière ses fantassins. Il commanda à ceux-ci de se débander aussitôt qu'ils le verraient monter à cheval, et de fuir dans toutes les directions pour le rejoindre auprès de la ville de Tribola où il

(*) Il y avait en Espagne plusieurs villes du nom de Viria, Uria. Ces mots qu'on dit basques, ont une grande analogie avec celui de Uiriats qui paraît avoir la même origine. Il est donc probable qu'en adoptant le nom de Viriathes on ne s'est pas beaucoup éloigné du véritable.

Ur, Uri signifie de l'eau.

comptait se rendre. Pour lui, à la tête de mille cavaliers, il resta en bataille, prêt à soutenir le choc des Romains, ou même à les charger le premier s'ils se débandaient afin de poursuivre les fuyards. Le préteur, en voyant les Lusitains s'échapper de tous les côtés, ne sut quel parti prendre. Quand il se décida à attaquer ceux qui, sous le commandement de Viriathes, étaient restés en bataille, les fantassins s'étaient déjà mis en sûreté dans les bois ou dans les montagnes. Alors Viriathes tourna bride, partit au galop, et Vetilius resta tout confus d'avoir laissé fuir une armée qu'il regardait déjà comme prisonnière. Les Romains, pleins de dépit, se mirent en marche pour aller assiéger Tribola. Viriathes avait prévu ce mouvement. Dans le chemin, il leur dressa une embuscade où plus de quatre mille Romains furent tués ; le préteur lui-même fut pris par un soldat, qui ensuite le tua par mépris, parce que, dit un historien, il avait un gros ventre.

Six mille Romains se retirèrent en fuyant jusqu'à Tartessus, où ils s'enfermèrent avec le questeur; celui-ci demanda des secours de tous les côtés : cinq mille Romains s'étaient mis en marche pour venir le rejoindre. Viriathes eut connaissance de leur marche; il les attaqua à l'improviste, et pas un seul d'entre eux ne put s'échapper pour porter la nouvelle de ce désastre.

L'année suivante, le commandement de l'Espagne ultérieure fut donné à Caius Plautius. Lorsque celui-ci arriva, le général lusitain ravageait les champs de la Carpétanie. Le préteur marcha pour l'attaquer ; mais à la vue des Romains, les Lusitains se retirèrent comme s'ils étaient forcés de fuir. Caius Plautius les poursuivit imprudemment, à la tête seulement de quatre mille hommes, pensant que ce nombre suffisait pour les vaincre ; mais dès que Viriathes eut entraîné les Romains loin du reste de leur armée, et qu'il les eut amenés dans une position désavantageuse, il fit volte-face, les chargea avec impétuosité, et les contraignit à fuir.

Il passa le Tage et alla attendre le questeur sur une colline auprès d'Ebora. L'armée romaine tout entière vint l'attaquer. Cette affaire ne fut plus une simple embuscade, mais bien une bataille rangée. Les Romains furent encore vaincus, et Caius Plautius, ne se sentant plus le moyen de tenir la campagne, se renferma dans les places fortes.

Claudius Unimanus vint, au commencement de l'année 606 de Rome, pour remplacer Caius Plautius. Il fut plus malheureux encore que les généraux qui l'avaient précédé. Vaincu par les Lusitains, il resta sur le champ de bataille avec la plus grande partie de son armée; des aigles et les insignes de la préture tombèrent au pouvoir de Viriathes, qui fit placer ces trophées sur les montagnes de la Lusitanie. Le courage des Espagnols s'accrut tellement par cette série de succès, que trois cents d'entre eux ne craignirent pas d'attaquer mille Romains. Dans le combat, ils ne perdirent que soixante-dix des leurs, et tuèrent trois cent vingt ennemis. Lorsqu'ils se retirèrent, un fantassin espagnol, se voyant poursuivi par dix cavaliers romains, s'arrêta pour leur faire face. Il tua d'un seul coup de pique le cheval de celui qui s'avançait le premier ; puis d'un coup de sabre il abattit la tête du cavalier ; et les Romains, étonnés de cette vigoureuse résistance, renoncèrent à le poursuivre plus longtemps (*).

(*) Mariana, Depping et plusieurs autres historiens pensent que la bataille où périt Unimanus eut lieu près de Urique. Ils rapportent à l'appui de leur opinion cette inscription trouvée auprès de la ville dans les ruines d'une tour antique :

C . Minutius . C . F . Lem . Jubatus.
Leg . X . Gem . quem . in . prælio.
Contra . Viriatum . volneribus.
Sopitum . imp . Claudius . Unimanus.
Pro . mortuo . dereliquit . Eubutii.
Militis . Lusitani, opera . Servatus
Curari . que . jussus . paucos . supervixi
Dies . mœstus , obJ . quia . bene
Merenti . more . Romano.
Gratiam non retuli.

Caïus Minutius, fils de Caïus Lemona,

Caius Nigidius, qui commandait l'Espagne citérieure, voulut à son tour tenter la fortune. Il entra dans la Lusitanie; mais il fut vaincu par Viriathes auprès de Viseo. Caius Lélius Sapiens, qui lui succéda, eut l'honneur de faire le premier fléchir la fortune de Viriathes, et de remporter contre lui quelques avantages.

Quintus Fabius Maximus Æmilianus, consul, reçut, en l'année 608 de Rome, le gouvernement de l'Espagne ultérieure. Il vint débarquer à la tête de quinze mille hommes d'infanterie et de deux mille de cavalerie. C'étaient de nouvelles levées, et le consul, ne voulant pas les hasarder dans une bataille avant de les avoir disciplinées et aguerries, les fit camper auprès de la ville d'Urso, située au centre de la Turditanie. Il les y laissa sous le commandement d'un de ses lieutenants,

centurion (*) de la légion dixième géminée, évanoui par suite des blessures que j'avais reçues dans un combat contre Viriathes; j'ai été abandonné pour mort par le général Claudius Unimanus, relevé et soigné par les soins d'Eubutius, soldat lusitain; j'ai survécu peu de jours et je suis mort triste parce que je n'avais pas, suivant l'habitude des Romains, récompensé mon bienfaiteur.

Nous pensons que cette épitaphe prouve précisément le contraire de ce qu'on veut en conclure. En effet, puisque le préteur Claudius Unimanus a abandonné Caius Minutius sur le champ de bataille, c'est que lui-même n'y est pas resté. Il faut donc croire qu'Unimanus n'a pas été tué près d'Urique et qu'il a livré plus d'une bataille. Ce qui rend cette opinion vraisemblable, c'est qu'Unimanus conserva pendant les deux années 606 et 607 de Rome le gouvernement de l'Espagne ultérieure.

(*) Mariana a pris pour un nom propre le mot Jubatus qui nous paraît désigner un grade dans la légion romaine. Voici le passage de Végèce sur lequel s'appuie notre opinion; cet auteur, après avoir parlé des étendards, ajoute :

Centuriones insuper, qui nunc centenarii vocantur, transversis cassidum cristis (indicaverunt), ut facilius noscerentur, quos singulas jusserunt gubernare centurias. Quatenus nullus error existeret, cum centeni milites sequerentur non solum vexillum suum, sed etiam centurionem, qui signum habebat in galeâ.

puis il se transporta à Cadix pour accomplir un vœu qu'il avait fait à Hercule. Cependant Viriathes ne connut pas plutôt l'arrivée des renforts que les Romains venaient de recevoir, qu'il résolut de les attaquer. Il réunit la plus grande partie de ses forces, et tomba à l'improviste sur leurs fourrageurs et sur leurs bûcherons, en prit et en tua un grand nombre. Le lieutenant de Fabius profita de cette occasion pour livrer, en l'absence du consul, un combat dont la gloire ne reviendrait qu'à lui seul. Il conduisit une partie de l'armée à la rencontre des Lusitains; mais il fut battu, et sa défaite parut à tout le monde un juste châtiment de sa présomption. En apprenant cet échec, Quintus Fabius accourut se mettre à la tête de l'armée; et, imitant la prudence de Fabius Cunctator, il refusa la bataille que Viriathes lui offrait. Il passa l'année toute entière à exercer ses soldats par des marches ou par des escarmouches. L'année suivante, il fit contre Viriathes une campagne heureuse. Mais le général lusitain alla chercher des secours chez les Arévaques et chez les autres Celtibères, et il répara promptement les pertes qu'il avait éprouvées. Il reprit à son tour l'offensive, s'empara d'Ituca, et empêcha les Romains de sortir de leurs quartiers.

A la voix de Viriathes, qui appelait tous les Espagnols à former une ligue générale, et à combattre les Romains pour l'honneur et pour la liberté de la patrie, la Celtibérie tout entière s'était soulevée; de tous les côtés on faisait des préparatifs de guerre. Pour comprimer ce mouvement, on envoya de Rome le consul Quintus Cécilius Métellus, tandis que son collègue Fabius Servilianus était chargé de faire en Lusitanie la guerre contre Viriathes. Servilianus était un homme violent et cruel. Après avoir reçu à composition un bandoulier nommé Canoba, il fit couper les mains à tous ses compagnons et à cinq cents prisonniers qui avaient tenté de s'échapper. Par cette action féroce et par quelques succès obtenus contre Viriathes, le consul crut avoir semé l'épouvante dans l'esprit des Espagnols. Il vint donc mettre le siége devant la ville d'Érisana. Mais pendant la nuit, Viriathes s'introduisit en secret dans la place. Au lever du soleil, il attaqua les Romains avec tant d'impétuosité, qu'il leur tua beaucoup de monde, et qu'il les contraignit à se retirer en désordre. Poussés l'épée dans les reins, ils s'engagèrent dans une gorge de montagnes sans issue. Le Lusitain les y fit aussitôt entourer de retranchements pour leur ôter toute possibilité d'en sortir. Il les tint ainsi plusieurs jours renfermés. Il pouvait les y laisser périr de faim, pas un n'avait le moyen de s'échapper. Il pouvait venger d'un seul coup les habitants de Cauca, si lâchement égorgés par Lucullus; ses compatriotes massacrés ou vendus comme esclaves par Sergius Galba; les compagnons de Canoba mutilés par Servilianus; mais Viriathes était un de ces esprits que les revers n'abattent pas, et que la victoire trouve toujours calmes, sans orgueil et sans ressentiment. Au lieu d'exterminer ses ennemis, il leur accorda généreusement une capitulation raisonnable. Il les laissa sortir à condition qu'ils restitueraient le butin fait par eux, qu'ils respecteraient à l'avenir le territoire et la liberté des Lusitains, et qu'ils les traiteraient comme un peuple ami de Rome. Cette paix fut jurée par les deux parties; elle fut solennellement confirmée par le sénat et par le peuple. Cependant elle ne devait avoir que peu de durée. L'année suivante, Quintus Servilius Cœpio reçut le commandement de l'Espagne ultérieure, et recommença la guerre sous le prétexte que la paix conclue par Servilianus était indigne de la majesté du nom romain. Viriathes, surpris par lui, fut obligé de fuir en toute hâte de la ville d'Arsa où il s'était retiré. Il ramassa quelques-uns de ses anciens soldats, et déjà il avait rassemblé une petite armée, lorsqu'il fut rejoint dans la Carpétanie par les Romains, qui s'étaient attachés à sa poursuite. Ne voulant pas sacrifier ses troupes dans un combat inégal, il eut recours à un stratagème qui lui avait déjà réussi contre Vétilius. Il feignit d'accepter la bataille, rangea son armée, en plaçant sa cavalerie sur la première ligne, de manière à masquer aux yeux des Romains son infanterie, qu'il faisait fuir précipitamment vers des bois voisins; puis, quand il la vit en sûreté, quand ses ennemis eurent achevé les dispositions qu'ils faisaient pour l'attaquer, il partit à toute bride, laissant Cœpion furieux d'avoir manqué l'occasion de combattre avec avantage. Pour faire tomber sa colère sur quelqu'un, le consul se mit à parcourir le pays des Vettons et ensuite celui des Gallaïques, pillant les villes et ravageant les campagnes. Viriathes, dans le but de faire cesser tant de désastres et de conserver la paix, si cela n'était pas impossible, lui envoya trois députés. Ils se plaignirent de ce qu'on violait ainsi la paix qui venait d'être jurée; ils demandaient quelles étaient enfin les prétentions des Romains, ce qu'ils exigeaient pour mettre un terme à la guerre. Au lieu de répondre à ces questions, Cœpion accabla les envoyés de caresses, les gagna, les corrompit par des promesses pompeuses. Les trois Lusitains retournèrent à leur camp lorsque la nuit était déjà close. Ils entrèrent dans la tente du général, sous le prétexte de lui rendre compte de leur mission; et, l'ayant trouvé endormi, ils se précipitèrent sur lui et le poignardèrent dans le lit où il reposait, sans que personne s'aperçût de leur trahison. Le lendemain, seulement, les soldats, en ne voyant pas paraître leur chef, pénétrèrent dans sa tente et le trouvèrent baigné dans son sang.

C'est ainsi que périt, victime d'un lâche assassinat, Viriathes, le plus grand homme qui, dans les temps anciens, ait combattu pour la liberté de l'Espagne. Tous les historiens s'accordent à faire son éloge. Il était ferme et sans crainte dans les revers. Tant de victoires remportées sur les armées romaines n'avaient jamais rempli son âme d'orgueil. Il conserva dans la for-

5ᵉ *Livraison.* (ESPAGNE.)

tune prospère toute la modération et toute la modestie de son caractère. Il ne changea rien à son costume ni à sa manière de vivre. Le jour de son mariage, après le repas de famille, pendant lequel il se montra aussi sobre qu'à l'ordinaire, il prit sa lance, monta à cheval, emportant en croupe sa femme, pour regagner avec elle les montagnes où était situé son camp. L'assassinat de Viriathes fit horreur à tout le monde, et à celui même qui avait eu l'infamie de le proposer. Quand les assassins se présentèrent pour recevoir le prix de leur forfait, il les repoussa avec dégoût, en répondant que jamais les Romains n'avaient vu avec plaisir un chef d'armée périr par la main de ses propres soldats (*).

Après la mort de Viriathes, son armée se sépara. Quelques-uns de ses compagnons cherchèrent un asile dans les montagnes inaccessibles de leur pays; les autres, sous la conduite de ses lieutenants, continuèrent à combattre; mais ils ne tardèrent pas à s'arranger avec les Romains, qui leur donnèrent des terres pour subsister. Ils fondèrent une colonie appelée Valence. Il existe dans la Péninsule trois cités de ce nom. La plus célèbre, dont nous avons déjà parlé, est au pays des Édétains, auprès de la Méditerranée; c'est celle qu'on connaît aujourd'hui sous le nom de Valencia del Cid. Une autre est située dans le bassin où coule le Tage, et sur une des petites rivières tributaires de ce fleuve, sur le Rio Sever, qui sert sur ce point de limite entre l'Espagne et le Portugal; on la nomme maintenant Valencia de Alcantara. La troisième se trouve presque à l'embouchure et sur la rive gauche du Minho, en face de Tuy. D'après l'opinion de Mariana, ce serait cette dernière qui aurait été fondée par les débris de l'armée de Viriathes; mais cela n'est guère probable, car cette fondation remonte à l'année 616 de Rome. A cette époque, les Romains n'avaient pas encore franchi le fleuve Lethé; ils n'avaient point subjugué les Gallaïques, et ceux-ci occupaient le pays où Mariana voudrait placer la colonie nouvelle. L'opinion de Masdeu, qui la met à Valencia de Alcantara, doit être préférée; car cette ville se trouve au centre de l'ancienne Lusitanie, à l'endroit où combattaient alors les Romains et les compagnons de Viriathes.

Guerre de Numance. — Les Romains, à peine délivrés du redoutable adversaire qui avait tant de fois mis leurs légions en fuite, entreprirent dans une autre partie de l'Espagne une guerre qui leur fut longtemps funeste. Métellus avait apaisé les troubles qui avaient éclaté dans la Celtibérie. Tous les peuples de cette partie de la Péninsule reconnaissaient la souveraineté de Rome. Les Numantins et les Termestins avaient seuls conservé leur liberté. Elle leur avait été garantie par les traités conclus avec Tibérius Sempronius Gracchus. Le nouveau gouverneur de l'Espagne citérieure, Quintus Pompéius Rufus, se trouva gêné par l'oisiveté à laquelle cette paix générale le réduisait. Elle ne lui laissait ni espoir de butin ni espoir de triomphe. Aussi ne cherchait-il qu'un prétexte pour attaquer les habitants de ces deux cités. Elles avaient donné asile à quelques naturels de la ville de Ségéda, qui, au temps de la guerre de Viriathes, avaient fourni des secours à ce général. Cette circonstance parut suffisante à Pompéius Rufus pour motiver la rupture de la paix. Après avoir molesté les ambassadeurs que lui avaient adressés les villes de Termes et de Numance, il vint établir son camp près de cette dernière. Mais les citoyens s'étaient préparés à la guerre. Ils avaient élu pour général un de leurs compatriotes du nom de Mégara, homme de courage et d'expérience. Celui-ci ne crut pas pouvoir livrer aux Romains une bataille rangée; mais chaque jour il les harcelait, il engageait contre eux des escarmouches, puis aussitôt qu'il voyait leur armée sortir de ses retranchements, il battait

---

(*) Eutrope, Histoire romaine, lib. IV, cap. 16. *Numquam Romanis placuisse, imperatorem a suis militibus interfici.*

en retraite, et allait se mettre à l'abri derrière les remparts de la ville. Cette conduite prudente fatigua tellement le consul, qu'il abandonna le siége pour aller essayer celui de Termes. Cette tentative fut encore plus malheureuse. Les Termestins attaquèrent son armée avec tant de vigueur, qu'elle fut forcée de fuir en désordre, et qu'elle fut acculée à un précipice où périrent beaucoup de Romains. Pompéius Rufus revint alors à sa première entreprise. Il pensa que s'il privait Numance des secours qu'elle recevait par la voie du fleuve, il en aurait bon marché. Il se mit donc à travailler pour détourner le cours du Duero ; mais les Numantins se précipitèrent sur ses ouvriers, lui tuèrent beaucoup de monde, et maltraitèrent tellement son armée, qu'il fut dans la nécessité de se retirer en grande hâte. Cependant le terme de son gouvernement approchait. Il craignait qu'on ne lui reprochât à Rome d'avoir allumé une guerre désastreuse. Il chercha donc à la terminer par des négociations, puisqu'il n'avait pu la finir par la force des armes. Dans cette circonstance, les Espagnols furent encore dupes de l'astuce des Romains. Pompéius Rufus leur persuada que, pour ménager l'orgueil du sénat et arriver à une paix durable, il fallait faire deux traités, l'un apparent et glorieux pour lui, l'autre secret, qui contiendrait toutes les clauses favorables aux Numantins. Lorsqu'on en vint à l'exécution, les conditions secrètes furent niées par Pompéius Rufus, qui n'eut pas honte de se parjurer, et d'affirmer par serment qu'elles n'existaient pas. De leur côté, les Numantins persistèrent à en réclamer l'accomplissement. La guerre se ralluma donc avec plus de furie, et Popilius, auquel était échu le commandement de l'Espagne citérieure, fut défait par ces terribles adversaires. Le consul Caius Hostilius Mancinus qui lui succéda eut un sort encore plus triste. Il avait mis le siège devant Numance, et déjà les sorties des habitants lui avaient fait éprouver des pertes considérables, lorsqu'il apprit que les Cantabres et les Vaccéens s'avançaient au secours de leurs compatriotes. N'osant pas les attendre, il se détermina à abandonner son camp pendant la nuit, et à se retirer aussi secrètement que cela était possible. Un événement un peu romanesque, mais qui est tout à fait dans le caractère espagnol, vint révéler aux assiégés la fuite de leurs ennemis. Deux Numantins aimaient la même fille. Ils étaient égaux en fortune, en courage, en amour, ils avaient le même jour demandé sa main : nul motif n'existait pour qu'on préférât l'un plutôt que l'autre. Le père de la jeune Espagnole ne sachant pour lequel se décider, et voulant d'ailleurs faire tourner leur passion au profit de la patrie, répondit qu'il choisirait pour gendre celui des deux qui le premier rapporterait la main droite d'un Romain. Aussitôt que la nuit fut venue, les deux amoureux sortirent de la ville, décidés à égorger quelque sentinelle ou bien à pénétrer dans le camp ; enfin avec la ferme volonté de ne pas rentrer dans Numance sans rapporter la main d'un ennemi qu'ils auraient immolé. Chacun s'avance de son côté avec précaution, se glisse en silence par des chemins qui lui sont bien connus ; mais ni l'un ni l'autre ne rencontre de sentinelles dans les postes accoutumés. Ils ne trouvent personne à la garde du camp ; ils franchissent les retranchements ; c'est inutilement qu'ils cherchent des ennemis. Enfin, certains de la retraite des Romains, ils courent en donner avis dans la ville.

Mancinus, qui croyait sa fuite ignorée des ennemis, marchait sans défiance et sans précaution ; mais les Espagnols s'étaient mis à sa poursuite ; ils l'atteignirent bientôt, l'enfermèrent dans un passage difficile, et ceux qui, tout à l'heure, étaient assiégés, devinrent à leur tour assiégeants. Les Romains demeurèrent ainsi, pendant quelque temps, étroitement bloqués. Enfin, exténués de fatigue, privés de vivres, et s'attendant toujours à voir le nombre de leurs antagonistes s'augmenter par l'arrivée des Cantabres et des Vaccéens, ils demandèrent à capituler. Parmi les officiers de l'armée se trouvait le fils de Tibérius Sempronius Gracchus, qui portait les mêmes noms que son père. La mémoire de ce général était vénérée par les Numantins, qui avaient autrefois traité avec lui : ils se rappelaient sa franchise et sa loyauté. Gracchus fut donc chargé de leur porter des paroles de paix. Suivant leur habitude, les Espagnols se montrèrent généreux et imprévoyants; ils demandèrent qu'on leur laissât leur antique indépendance; qu'on les comptât au nombre des peuples amis et alliés de Rome, et à ces conditions ils laissèrent partir une armée de vingt mille hommes, qu'il leur eût été facile d'exterminer.

Aussitôt que cette capitulation fut connue à Rome, on nomma un nouveau gouverneur pour remplacer Hostilius Mancinus, quoiqu'il restât encore plus de six mois à courir sur le temps de sa magistrature. Ce fut Émilius Lépidus qui reçut mission de tirer vengeance de l'outrage qu'avaient éprouvé les armes romaines. Les Numantins, de leur côté, envoyèrent à Rome. Ils demandaient qu'on exécutât le traité ou qu'on leur livrât l'armée qu'ils tenaient prisonnière quand la convention avait été signée. Tibérius Sempronius Gracchus fit, auprès du peuple et du sénat, d'inutiles efforts pour qu'on respectât la foi jurée. Le sénat répondit que le traité était l'œuvre du général, et que celui-ci devait seul répondre de son inexécution ; il décida que Mancinus serait seul livré aux habitants de Numance.

Pendant que ces négociations avaient lieu, Æmilius Lépidus alla porter la guerre chez les Vaccéens. Il fut battu par eux ; mais comme son commandement ne dura que quelques mois, il n'eut pas le temps d'éprouver de grands désastres.

L'année suivante, 617 de Rome, le consul Publius Furius Philon fut chargé de diriger la guerre dans l'Espagne citérieure. Il vint camper devant Numance ; et, dès le matin de son arrivée, il fit conduire auprès d'une des portes de la ville l'infortuné Mancinus dépouillé de ses vêtements et les mains attachées derrière le dos. Les habitants refusèrent de le recevoir. La malheureuse victime resta exposée pendant toute la journée. Enfin, vers le soir, les Romains jugèrent que leur manque de foi était suffisamment expié ; ils permirent à Mancinus de rentrer dans leur camp. Cet acte du consulat de Furius Philon est le seul que l'histoire nous ait transmis. Calpurnius Pison vint ensuite dans l'Espagne citérieure. Il fut battu comme ses prédécesseurs ; et tels étaient la crainte et le découragement que cette série non interrompue de défaites avait inspirés aux Romains, qu'ils éprouvaient à la vue des Espagnols la même impression que le cerf ressent à l'approche de la meute : ils ne pouvaient les voir ni les entendre sans prendre la fuite.

Dans l'Espagne ultérieure, la fortune leur était plus favorable. Commandés par Décius Junius Brutus, ils avaient porté la guerre aux Gallaïques, et les succès que ce général avait obtenus firent prolonger son gouvernement pendant six années, ce qui est arrivé très-rarement ; car les gouverneurs ne restaient guère qu'une année ou deux dans la province qui leur était confiée.

Quand Brutus arriva sur les bords du fleuve Lethé (*), aujourd'hui le Lima, ses soldats furent arrêtés par une crainte superstitieuse. Ils s'imaginèrent que s'ils le franchissaient, ils ne reverraient plus leur patrie, parce qu'un des fleuves de leur enfer porte ce nom, et que lorsqu'on a bu de ses ondes on oublie tout le passé. Brutus n'ayant pu par ses raisonnements dissiper leurs terreurs, saisit un drapeau qu'il alla planter sur l'autre bord. Il détermina par son exemple toute l'armée à le suivre. Cette action, qui

---

(*) Il y avait beaucoup de fleuves de ce nom. On en connaissait un en Lydie, un en Macédoine, un en Crète et deux en Espagne, qui sont aujourd'hui le Lima et le Guadalete.

de nos jours paraîtrait si simple, fut célébrée par ses contemporains comme l'effort d'une vertu plus qu'humaine, et contribua peut-être autant que ses victoires à lui faire donner par la suite le surnom de Gallaïque.

Pour rétablir les affaires romaines dans l'Espagne citérieure, on ne trouva d'autre remède que d'y envoyer le vainqueur de Carthage, Publius Cornélius Scipion Æmilianus (*).

Ce général s'attacha d'abord à rétablir la discipline dans l'armée. Il chassa du camp les courtisanes, qui s'y trouvaient au nombre de deux mille. Il chassa de même les marchands, les cantiniers, les goujats; il fit vendre les chariots, les bêtes de somme qui n'étaient pas d'une absolue nécessité, et ne laissa aux soldats que les ustensiles les plus indispensables. Il exigea que, conformément aux règlements militaires, chacun d'eux portât sur ses épaules sept pieux pour la construction des retranchements dont ils étaient dans l'usage d'entourer leur camp, et enfin des vivres pour plus de quinze jours. Il leur fit faire de longues marches, leur fit creuser des fossés, élever des murailles qu'on détruisait presque aussitôt; car son but était seulement de les endurcir à la fatigue. Il disait qu'il fallait qu'ils se couvrissent de boue, puisqu'ils ne pouvaient pas se couvrir de sang. C'est par cette sévérité qu'il parvint à bannir du camp des Romains la licence et la mollesse. C'est un fait digne d'être signalé, que deux hommes devenus par la suite également célèbres, Marius et Jugurtha, faisaient partie de cette armée, et se formaient à cette rude école. Quand Scipion eut ainsi rendu à ses troupes leur ancienne énergie, il les aguerrit par des combats avec les Vaccéens, les habitants de Pallantia, puis contre les Numantins eux-mêmes. Dans plusieurs circonstances, il força ceux-ci à la retraite, et les Romains, tout surpris de ce succès, disaient : Il y avait bien longtemps que nous n'avions vu les épaules des Numantins. Enfin, au commencement de la seconde année, il alla assiéger Numance. Il commença par enfermer la ville dans une ligne de circonvallation formée d'un fossé profond et d'un rempart de dix pieds de hauteur sur cinq d'épaisseur. Il construisit d'espace en espace des tours crénelées, où il établit des balistes et des catapultes. Les assiégés étaient ainsi entièrement entourés par cette muraille, qui ne se trouvait interrompue au-dessus et au-dessous de la ville que par le lit du Duero. Afin d'empêcher qu'on ne se servît du cours du fleuve pour communiquer avec Numance, Scipion avait placé des gardes sur les deux rives. Mais ceux qui voulaient sortir de la ville ou y pénétrer, gagnaient à la nage le milieu du fleuve, et, plongeant quand ils approchaient des postes romains, passaient sans être vus, ou du moins sans pouvoir être atteints. Les barques, qui arrivaient à force de rames ou de voiles, évitaient, par la rapidité de leur marche, les traits qu'on leur lançait, et elles portaient aux défenseurs de l'indépendance espagnole des vivres et des secours de toute espèce. Dans le but de leur enlever cette ressource, Scipion fit tendre d'un bord à l'autre du fleuve des chaînes auxquelles étaient attachées des poutres armées tout autour de longs piquants de fer. Ces poutres, qui s'enfonçaient dans l'eau,

---

(*) Ce guerrier était fils de Paul Émile et de la sœur du premier Scipion l'Africain, qui avait chassé les Carthaginois d'Espagne et vaincu Annibal dans les plaines de Zama. Il se trouvait donc le neveu de ce grand homme. Il fut aussi son petit-fils par adoption; c'est ainsi qu'au nom d'Æmilianus qui était celui de sa famille naturelle, il avait joint ceux de Publius Cornélius Scipion, qui appartenaient à sa famille adoptive. Enfin il était aussi par alliance le petit-fils du premier Africain; car il avait épousé la sœur des Gracques, qui étaient enfants de Tibérius Sempronius Gracchus et de Cornélia, fille du premier Africain.

Scipion Æmilien ayant eu l'honneur de terminer la troisième guerre punique par la destruction de Carthage, reçut le surnom d'Africain que son aïeul adoptif avait déjà porté; mais pour le distinguer de celui-ci, on le nommait Scipion l'Africain le jeune.

et qui étaient constamment agitées par le courant, offraient également aux bateaux et aux plongeurs un obstacle insurmontable. Les assiégés, qui n'étaient qu'au nombre de huit mille combattants, s'efforcèrent plusieurs fois d'empêcher ou de détruire ces travaux. Mais que pouvaient-ils contre une armée de soixante-dix mille soldats qui ne voulait pas combattre en rase campagne, et qui, abritée derrière ses fossés et ses parapets, se bornait à refouler les assaillants? car, par un raffinement de barbarie, et pour les affamer plus vite, les Romains avaient l'ordre d'épargner autant qu'ils le pouvaient la vie des assiégés, et de se borner à les repousser. La disette ne tarda pas à se faire sentir dans Numance, et les habitants n'avaient que l'alternative de mourir de faim ou de capituler. Un d'entre eux nommé Retogènes, suivi de quatre de ses compatriotes, égorgea les sentinelles et les vedettes qui se trouvèrent sur son chemin, escalada l'enceinte dans l'endroit où elle était le plus faible, et courut demander du secours aux autres villes des Arévaques. Mais le nom de Scipion inspirait trop de craintes; ils ne furent bien accueillis que par la jeunesse de Lucia, qui se disposait à prendre les armes, lorsque le général romain, averti de ce qui se passait, arriva à la tête d'une partie de son armée, exigea qu'on lui livrât quatre cents jeunes gens de la ville, et leur fit couper les mains. Après cet acte de barbarie, Scipion pensant avoir suffisamment jeté l'épouvante parmi ceux qui pourraient être tentés de secourir Numance, regagna son camp. Les assiégés furent bientôt réduits aux dernières extrémités, au point d'être forcés de se nourrir de la chair des cadavres. Enfin, n'espérant plus être secourus, ils se déterminèrent à envoyer des parlementaires au camp romain. Ceux-ci, conduits devant Scipion, lui demandèrent si jamais il avait rencontré des ennemis plus braves ou plus constants que les Numantins. « Eh bien! ajoutèrent-ils, puisque nous nous reconnaissons vaincus, accorde-nous des conditions que nous puissions accepter, ou bien traite-nous en gens de cœur, et donne-nous un champ de bataille où nous puissions mourir en combattant. » Le général romain répondit qu'il ne traiterait avec les assiégés que lorsqu'il serait entré dans la place, et qu'il n'exposerait pas le sang de ses soldats à couler dans un combat inutile, puisqu'il pouvait réduire ses ennemis par la faim. Quand les parlementaires rapportèrent cette nouvelle à leurs compatriotes, ceux-ci furent saisis d'une telle fureur, qu'ils se précipitèrent sur eux et qu'ils les massacrèrent. Ensuite, pour se donner des forces, ils burent d'une boisson enivrante qu'ils tiraient du grain fermenté, puis ils s'élancèrent en désespérés sur les retranchements romains. Les femmes elles-mêmes prirent part à ce combat. On rapporte que, dans le moment où la mêlée était le plus animée, quelques cavaliers numantins tentèrent de s'échapper en se précipitant par un endroit où les tranchées étaient ouvertes; mais les femmes, qui étaient au comble de l'exaltation, coupèrent les sangles des chevaux pour les forcer à rester et à souffrir avec elles. Enfin, quand les Numantins eurent encore une fois été repoussés dans la ville, ils n'écoutèrent plus que leur désespoir. Chacun ne songea plus qu'à se donner la mort, puisqu'on ne pouvait pas la recevoir en combattant : les uns se poignardaient, les autres, étendus sur la voie publique, expiraient dans les angoisses et les contorsions que cause le poison; d'autres se précipitaient du haut des édifices; d'autres combattaient ensemble pour s'entretuer. Ceux qui ne périssaient pas dans ces luttes funèbres saisissaient des torches et portaient partout l'incendie. Les mères étouffaient leurs enfants et se jetaient avec eux dans les flammes. Enfin, quand Scipion entra dans la ville, il n'y restait plus un seul être vivant. Les édifices que les flammes avaient épargnés furent rasés, pour qu'il ne restât pas même de vestiges de cette ville héroïque.

De nos jours, on montre à Puente-Garay, à quatre lieues au-dessus de Soria, et près de la source du Duero, quelques débris de fondations. C'est tout ce qui reste de Numance.

Voilà quel fut le sort de ces généreux Espagnols qui avaient laissé la vie à vingt mille Romains quand ils pouvaient les exterminer. Voilà comment finit cette guerre, la plus injuste parmi les plus injustes que Rome ait suscitées.

Cette victoire valut à Scipion un nouveau triomphe. Il put joindre au surnom d'Africain celui de Numantin. Brutus obtint aussi la même année les honneurs du triomphe, et reçut le nom de Gallaïque. A la suite de ces violentes secousses, l'Espagne soumise, ou plutôt épuisée par tant de guerres, resta tranquille pendant vingt-quatre années.

Guerre de Sertorius. — La destruction de Numance et les victoires de Brutus achevèrent de soumettre l'Espagne. Elle fut déclarée province romaine ; dix sénateurs y furent envoyés pour organiser l'administration. La division en Espagne citérieure et en Espagne ultérieure fut conservée ; mais le cours de l'Ebre, qui, du temps des Carthaginois, avait servi de séparation entre ces deux provinces, ne fut plus pris pour limite, on recula cette frontière vers le couchant. Au reste, on a vu que, depuis longtemps, les préteurs de l'Espagne citérieure avaient franchi l'ancienne limite pour s'étendre dans le pays des Carpétains, des Arévaques, des Vacéens et des Pélendones. L'Espagne, fatiguée par près d'un siècle de guerres, ou bien épouvantée par le désastre de Numance, resta pendant vingt-quatre années en repos, car c'est à peine s'il faut mentionner une petite expédition faite par le consul Quintus Cécilius Métellus contre les Baléares. Aussi les gouverneurs, dans la persuasion que les Espagnols avaient entièrement perdu leur courage et le souvenir de leur ancienne liberté, se livraient sans retenue à toute sorte de pillage et d'exactions. Cependant le sénat ayant envoyé pour commander à l'Espagne ultérieure Quintus Servilius Cœpion, dont le nom rappelait aux Lusitains l'assassinat de Viriathes et la dévastation de leur pays, toute la Lusitanie se souleva. Ce fut le commencement d'une guerre qui dura quinze années, et qui ne put être terminée que par Publius Licinius Crassus. Elle était commencée déjà depuis six ans, lorsque de redoutables adversaires vinrent menacer la puissance de Rome. Les Teutons et les Cimbres (*), au nombre de plus de quatre cent mille combattants, s'étaient élancés de leurs régions septentrionales pour fondre sur le midi de l'Europe. Après avoir écrasé deux armées romaines qui avaient tenté de s'opposer à leur marche, ils étaient arrivés dans la Gaule, et s'étaient divisés en deux armées, dont une avait marché vers les Alpes Noriques, où se trouvait le consul Catulus. L'autre s'était avancée vers les Pyrénées pour passer en Espagne. Mais les Vascons, les Cantabres et les Celtibères défendirent avec tant de courage les défilés de ces montagnes, qu'après trois années d'efforts inutiles, les Cimbres, désespérant de surmonter cet obstacle, se retournèrent vers le levant ; ils traversèrent de nouveau la Gaule en suivant le bord de la Méditerranée ; Marius les attendait près des bouches du Rhône, et les extermina dans les champs de Pourrière.

Les Celtibères, enhardis par le succès qu'ils avaient obtenu contre les Cimbres, crurent qu'ils pourraient aussi chasser les Romains. Ils se réunirent en armes. Titus Didius Népos marcha au-devant d'eux et leur livra bataille. La nuit sépara les combattants, sans que la victoire se fût décidée pour aucun parti. Mais on raconte que le général romain, pendant que les Celtibères se livraient au repos, fit ramasser une grande partie de ses morts, en sorte que, le lendemain matin, lorsque les Celtibères virent une énorme disproportion entre le nombre de ceux qu'ils avaient laissés

(*) An 650 de Rome.

sur le champ de bataille et ceux qui se trouvaient du côté des Romains, ils demeurèrent effrayés, et demandèrent à se soumettre. Au reste, la paix ne fut pas rétablie d'une manière si solide, que plusieurs villes, poussées à bout par les vexations, ne se soulevassent. Les habitants de Castulo, aidés par les Girisènes, citoyens d'une ville voisine, profitant un soir de ce que presque tous les Romains s'étaient abandonnés à la débauche, les attaquèrent à l'improviste, en tuèrent un grand nombre, et forcèrent les autres à quitter la ville. Cependant le jeune Sertorius, qui commandait la garnison, étant parvenu à réunir tous ceux qui avaient échappé au massacre, se trouva assez fort pour prendre à son tour l'offensive. Il pénétra subitement dans Castulo, fit mettre à mort tous les habitants trouvés les armes à la main. Ensuite il fit endosser par ses soldats les vêtements des Espagnols qui avaient été tués, et les conduisit à la ville des Girisènes. Ceux-ci, trompés par ce déguisement, et les prenant pour leurs compatriotes, qui revenaient de Castulo chargés de butin, s'empressèrent de leur ouvrir les portes; mais les Romains ne furent pas plutôt entrés, qu'ils se jetèrent sur les habitants, les passèrent au fil de l'épée, et saccagèrent la ville. Tels sont les premiers actes attribués par l'histoire à ce jeune Sertorius, qui devait bientôt acquérir tant de gloire en disputant à Métellus et à Pompée la possession de l'Espagne.

Les guerres civiles de Marius et de Sylla déchiraient le sein de la république. Sertorius, simple plébéien, avait suivi le parti de Marius. Il s'y fit remarquer; et quand Sylla fut vainqueur, son nom fut un des premiers portés sur les listes de proscription. Il se souvint alors des amis qu'il avait laissés en Espagne, et vint chercher un asile dans ce pays. Il fut bien accueilli par les habitants, et en peu de temps il se vit à la tête d'une armée de neuf mille hommes. Sylla voulut éteindre dès son principe l'incendie qui menaçait d'embraser la Péninsule. Il envoya Caius Annius avec une armée puissante, pour écraser le proscrit qui osait lever la tête. Sertorius songea à disputer au lieutenant du dictateur les passages des Pyrénées. Il envoya une armée de six mille hommes, commandés par Livius Salinator, un de ses capitaines, pour occuper les défilés de ces montagnes. Caius Annius, n'osant pas essayer de les franchir de vive force, eut recours à la trahison. Il gagna un des officiers de Salinator nommé Calpurnius Lanarius. Ce misérable assassina son général, qui le traitait comme son ami. L'armée, privée de son chef, ne tarda pas à se débander, livrant ainsi le champ libre aux troupes d'Annius. Sertorius n'était pas encore préparé à la défense, il ne se trouvait pas en force pour lutter contre l'armée que Sylla envoyait contre lui; il fut donc obligé de prendre la fuite, et de se retirer en Afrique.

Cependant il n'avait pas renoncé à ses projets. Aidé par quelques corsaires de la Cilicie, il s'était emparé de l'île d'Ébusus (*Iviça*), située en face du cap de Dianium, et d'où il semblait prêt à s'élancer à chaque instant sur la Péninsule. Chassé bientôt de cette position par la flotte d'Annius, il se retira en Mauritanie. C'est là que vinrent le chercher les offres des Lusitains. Ces peuples, las de la tyrannie du dictateur, n'attendaient qu'un chef pour se soulever. Sertorius s'embarqua avec ceux qui suivaient sa fortune. Il fut assez heureux pour échapper à la flotte des Romains qui le guettait au passage, et vint débarquer dans le pays arrosé par le Bétis. Il amenait avec lui deux mille Romains et sept cents Africains. Quatre mille fantassins et sept cents cavaliers, composés soit d'Espagnols soit de Romains proscrits, ne tardèrent pas à se joindre à lui. A la tête de cette petite armée, il livra bataille au préteur Titus Didius, et le vainquit sur les bords du Bétis.

Cette victoire fut suivie de la conquête de toute l'Espagne ultérieure. Sylla, effrayé des progrès de Sertorius, envoya pour le combattre Lucius

Domitius avec le titre de preteur de l'Espagne citérieure. Mais à peine ce général avait-il franchi les Pyrénées, qu'il fut battu par Hirtuleyus, un des lieutenants de Sertorius. Manilius, préteur de la Gaule narbonnaise, reçut l'ordre de passer en Espagne. Il n'y eut pas plutôt mis le pied, qu'il fut attaqué par Hirtuleyus et mis en déroute. Dès que Sertorius eut ainsi affermi sa puissance par des victoires, il s'occupa d'organiser un gouvernement semblable à celui de Rome. Il réunit à Ébora un sénat composé de trois cents Romains nobles, qui avaient été obligés comme lui de se soustraire par la fuite aux proscriptions de Sylla. Il divisa ses troupes, de même que les armées romaines, en légions, en cohortes et en centuries. Enfin, il fonda à Osca une université où l'on enseignait aux jeunes Espagnols les lettres grecques et latines, les sciences et les beaux-arts. Au sortir de cette école, les élèves étaient proclamés citoyens romains et déclarés aptes à exercer les charges et les emplois publics. Il éleva des manufactures pour la fabrication des armes (*); enfin il fit tout ce qui était en son pouvoir pour rendre l'Espagne heureuse et florissante. Son génie vif, entreprenant, les brillantes qualités dont il était doué, lui assuraient une grande influence sur l'esprit des Espagnols. Il sut encore faire tourner au profit de son pouvoir le caractère de ces peuples superstitieux et amis de tout ce qui tient du prodige. Un paysan lui avait donné une biche à peine âgée de quelques jours. Il l'avait élevée lui-même, en sorte qu'elle s'était attachée à lui au point de le suivre partout. Souvent elle venait poser la tête sur son épaule, et l'on eût dit qu'elle lui parlait à l'oreille. La familiarité de cette biche, la blancheur parfaite de son pelage, couleur assez rare chez les animaux de cette espèce, accréditèrent le bruit qu'elle lui avait été donnée par Diane, et qu'elle lui apportait les ordres et les conseils de cette déesse. Une semblable croyance augmenta merveilleusement l'obéissance avec laquelle les Espagnols exécutèrent les commandements de leur général. On commente, on discute les décisions d'un homme; et, quelque supériorité, quelque génie qu'on lui reconnaisse, on cherche à deviner le but de ses mouvements; mais si les ordres viennent d'une divinité, on les exécute sans contrôle et sans hésitation. Au reste, le succès des entreprises de Sertorius justifiait presque toujours la source divine qu'on leur attribuait.

Sylla avait compris que, pour combattre un homme semblable, il fallait choisir un des meilleurs généraux de la république. Métellus Pius fut envoyé par lui en Espagne; mais la lente prudence de ce capitaine vint échouer contre le génie de Sertorius. Les légions romaines, qui traînaient toujours après elles des vivres, des effets de campement, qui étaient accoutumées à coucher sous des tentes, ne pouvaient lutter de légèreté avec les soldats de Sertorius, qui faisaient la guerre sans provisions et sans bagages; qui, lorsqu'ils étaient en danger, s'évanouissaient en quelque sorte, et disparaissaient avec rapidité pour se retrouver partout où ils pouvaient combattre avec avantage; qui enlevaient les fourrageurs, les traînards; qui faisaient cette guerre d'embuscades et de surprises pour laquelle le sol de l'Espagne est si admirablement disposé.

Métellus Pius, qui voyait ainsi son armée s'épuiser sans combattre, voulut chercher des ennemis qui ne fussent pas insaisissables. Il courut mettre le siége devant Lacobriga. Cette ville était peu forte; on pouvait facilement la priver d'eau, en détournant les sources qui l'alimentaient; car elle ne renfermait qu'un seul puits. Aussi, persuadé qu'il l'enlèverait promptement, il fit prendre à ses soldats pour

---

(*) Gratius, qui écrivait à peu près à cette époque, nous apprend que les lames espagnoles jouissaient déjà d'une grande célébrité. On lit dans son poëme sur la chasse, vers 341, que le veneur doit porter à son côté un couteau de Tolède :

Ima Toletano præcingant ilia cultro.

cinq jours seulement de vivres. Mais il fût bien trompé dans ses calculs; Sertorius introduisit dans la ville deux mille outres pleines d'eau. Il fit sortir les femmes, les vieillards, et tous ceux qui ne pouvaient combattre; en sorte que Lacobriga se défendit courageusement. Cependant les vivres de l'assiégeant furent bientôt épuisés; il fallut qu'il courût le pays pour s'en procurer. Mais partout les partis qu'envoyait Métellus trouvaient les troupes de Sertorius qui, dans toutes ces rencontres, avaient l'avantage du nombre et de la position. Il fut enfin forcé de se retirer, et son armée, dont les rangs s'étaient éclaircis sans qu'il eût pu livrer de bataille, fut pour quelque temps réduite à l'inaction.

La renommée de Sertorius ne tarda pas à se répandre; elle pénétra jusqu'en Asie, et Mithridate lui envoya une ambassade pour demander son alliance. Sertorius était resté Romain, tout en combattant contre les armées romaines; il ne voyait dans ses adversaires que les tyrans de la république. Il reçut les envoyés du roi de Pont à Dianium, au milieu du sénat qu'il avait institué, et dans cette conférence il stipula les intérêts de Rome: Mithridate demandait que Sertorius l'aidât à reconquérir l'Asie Mineure, abandonnée par lui après les défaites que lui avait fait éprouver Sylla. « Je consens, répondit-il, que Mithridate reprenne la Cappadoce, héritage de sa sœur Laodicée, la Bithynie, jusqu'à présent gouvernée par des rois; mais je ne souffrirai pas qu'il touche au reste de l'Asie Mineure cédé à la république aux termes des traités qu'il a consentis. Il pourra seulement, pour les nécessités de la guerre, en occuper quelques parties, à la charge de les remettre immédiatement à un proconsul que je choisirai. » Ces conditions, quoique dures et humiliantes, furent acceptées par le roi de Pont, qui donna à Sertorius quarante vaisseaux et trois cents talents. En échange, celui-ci lui envoya un corps d'armée sous le commandement de Marcus Marius.

Cependant Sylla venait de mourir (*), Perpenna, qui, pendant les proscriptions, était resté caché en Sardaigne, passa en Espagne dans l'espoir de s'y créer un parti. Il eut bientôt rassemblé une armée de dix-sept mille hommes; mais ses soldats, admirateurs du génie de Sertorius, exigèrent qu'il se réunît à l'armée de ce général, et Perpenna, ne voyant pas de meilleure décision à prendre, céda aux vœux qui lui étaient exprimés. Après bien des hésitations, il alla rejoindre Sertorius, qui faisait en ce moment le siége de la ville de Laurona.

Cependant le sénat, effrayé des progrès de son ennemi, avait envoyé au secours de Métellus, Cnéius Pompée, pour écraser ce qu'on appelait à Rome les restes du parti de Marius. Pompée, encore jeune et plein de vanité, avait promis de terminer la guerre en quelques jours. Il s'avançait avec Métellus pour contraindre Sertorius à lever le siége de Laurona. Pompée crut nécessaire d'occuper une hauteur près de la ville; mais Sertorius le gagna de vitesse et s'en empara avant lui. Pompée, dépité de ce contre-temps, crut qu'il lui serait facile d'enfermer les ennemis entre la ville et son armée. Il fit dire aux habitants qu'il voulait leur donner le spectacle des assiégeants assiégés à leur tour. Cette forfanterie ayant été rapportée à Sertorius, celui-ci répondit qu'il apprendrait bientôt à l'écolier de Sylla qu'un général doit autant regarder derrière que devant lui. En effet, Pompée fut bien étonné de voir six mille hommes de vieilles troupes sortir du camp que les Espagnols occupaient la veille, et qu'il croyait entièrement abandonné. Pompée, pris entre deux armées, et placé précisément dans la position où il avait cru mettre son adversaire, fut contraint de combattre avec désavantage et de fuir avec une armée en désordre, après avoir laissé sur le champ de bataille dix mille morts et tous ses bagages.

Sertorius, débarrassé de ces enne-

(*) An 674 de la fondation de Rome.

mis, pressa le siége de la ville. Les habitants demandèrent bientôt à capituler. Le vainqueur leur accorda la vie sauve et le droit d'emporter leurs richesses; mais il les chassa de la ville, qu'il fit incendier pour apprendre aux peuples de l'Espagne ce qu'il y avait de vain dans la protection de Pompée, ce qu'il y avait de ridicule dans ses forfanteries.

La campagne suivante fut moins heureuse pour les Espagnols. Hirtuleyus, un de leurs chefs, qui combattait dans l'Espagne ultérieure, fut battu par Métellus et périt dans le combat. Il est vrai que Sertorius enleva au parti de Pompée la ville de Contrébia; mais cet avantage ne compensait que bien faiblement les pertes qu'il avait éprouvées. L'année d'après commença également d'une manière fâcheuse. Sertorius était près de la source de l'Èbre, lorsqu'il apprit que Pompée venait de battre Perpenna dans le pays des Édétains, et de lui enlever la ville de Valentia. Il accourut en toute hâte pour s'opposer à ses progrès, et se disposait à lui livrer bataille, lorsqu'il reçut avis de la défaite du corps d'armée qu'il avait opposé dans l'Espagne citérieure aux efforts de Métellus. On l'avertissait que celui-ci s'avançait à marches forcées pour joindre ses forces à celles de Pompée. Dans la crainte que cette nouvelle ne se répandît, et ne jetât le découragement dans les rangs de ses soldats, et pour être plus sûr de la discrétion du messager, il tira son épée et le tua; ensuite il donna le signal du combat. La lutte fut acharnée; mais l'impétuosité de Sertorius décida la victoire. Pompée lui-même faillit être pris : attaqué par plusieurs soldats africains, il coupa la main de l'un de ceux qui le pressaient davantage; mais il fut lui-même blessé. Il était entouré d'ennemis, et ne pouvait éviter d'être tué ou de tomber en leur pouvoir, s'ils ne se fussent mis à se disputer les riches caparaçons qui couvraient son cheval. Il profita de leur avidité pour leur échapper par la fuite.

Le lendemain, les débris de l'armée vaincue furent vigoureusement poursuivis; encore un jour, elle eût été complètement anéantie; mais Métellus arriva au secours de son collègue. Ce contre-temps causa un chagrin extrême à Sertorius, et on lui entendit répéter : « Si cette *vieille* (c'est ainsi « qu'il appelait Métellus) fût venue « plus tard, j'aurais renvoyé à Rome « ce petit garçon bien fustigé. » Cependant ce n'était pas aussi sans avoir fait des pertes cruelles que Sertorius avait remporté une victoire longtemps disputée. Il jugea que la prudence ne lui permettait pas d'exposer le sort de l'Espagne aux chances d'une seconde bataille, et il se retira. Métellus devint si glorieux de l'avoir fait reculer, les avantages qu'il avait remportés firent naître dans son esprit un orgueil si ridicule, qu'il marchait constamment accompagné de poètes pour célébrer ses louanges, et qu'il se faisait rendre des honneurs presque divins. Cependant il s'en fallait de beaucoup que Sertorius fût vaincu. Il combattit au contraire pendant plusieurs années avec avantage contre les deux proconsuls, qui se trouvèrent, au bout de peu de temps, épuisés d'hommes et d'argent. Pompée, pour obtenir des secours, écrivit au sénat une lettre menaçante. Métellus, dans le but de mettre fin à la guerre, eut recours à un autre moyen : il mit la tête de Sertorius à prix. Il fit répandre une proclamation par laquelle il promettait cent talents d'argent et vingt mille mesures de terre à celui qui tuerait Sertorius. Cette infâme provocation sema la défiance dans le camp du proscrit.

Depuis longtemps, celui-ci avait auprès de lui une garde formée d'hommes choisis, qu'il appelait ses dévoués (*devoti*), et qui, dans l'idiome du pays, recevaient le nom de *soldures*. Ce mot mérite d'être remarqué, car il prouve combien la langue et les coutumes des Celtes étaient encore répandues en Espagne. Les soldures étaient considérés par les Gaulois et par les Celtes comme l'élite de leurs guerriers; ils suivaient un chef, non pour le salaire qu'ils en recevaient, mais par dévouement, et ils faisaient serment de ne pas lui survivre. César (*) affirme que, de mémoire d'homme, on n'avait vu parmi les Gaulois un soldure refuser de mourir lorsque le chef dont il avait suivi la fortune avait été tué. Plusieurs de ces hommes dévoués à Sertorius étant tombés entre les mains des soldats de Pompée, les frappèrent d'étonnement et d'admiration par l'exaltation de leur courage : ils mordaient leurs chaînes, et tendaient la gorge à leurs camarades en leur demandant la mort ; car ils regardaient comme le plus affreux des maux, comme le plus ignominieux des supplices, d'être séparés du chef auquel ils s'étaient attachés. On comprend que la proclamation de Métellus eut pour effet nécessaire de donner une importance plus grande aux soldures de Sertorius ; et, soit que le danger nouveau dont ce général était menacé les eût davantage placés en évidence, soit qu'il leur eût réellement témoigné plus de bienveillance, ils devinrent un objet de jalousie pour les autres troupes. Les Espagnols et les Romains qui étaient dans son camp ne se regardaient plus qu'avec méfiance. D'un autre côté, l'esprit de Sertorius, naturellement franc et généreux, s'aigrit à la suite de quelques revers. La preuve des trahisons qui se tramaient autour de lui le rendit soupçonneux. Il commit quelques actes d'une cruelle sévérité, bien éloignés de son caractère habituel. Pour punir quelques fautes ou quelques crimes dont l'histoire ne nous a pas transmis le souvenir, il fit mettre à mort plusieurs des jeunes gens qui étudiaient à Osca. Il en fit vendre d'autres comme esclaves. Il fit traiter quelques villes avec sévérité, et perdit par ces rigueurs une partie de l'affection que les Espagnols lui avaient vouée. Une conjuration ne tarda pas à se tramer dans le camp même de Sertorius. L'orgueilleux Perpenna, dont la famille était noble, ne se voyait qu'à regret l'inférieur d'un plébéien. De concert avec plusieurs officiers romains, il préparait la mort de ce grand capitaine. C'est au milieu d'un repas qu'ils avaient résolu de le frapper ; mais comme Sertorius n'acceptait pas ordinairement les invitations qui lui étaient faites, voici à quelle ruse ils eurent recours : ils lui firent remettre une lettre fausse, par laquelle un de ses lieutenants lui adressait les détails d'une victoire remportée sur les ennemis. Cette heureuse nouvelle produisit sur lui l'effet qu'on en attendait. Il ne put refuser d'assister à un festin que donnait Perpenna pour célébrer le succès de ses armes. Au commencement du repas, les convives se comportèrent comme des gens graves et sérieux ; mais peu à peu ils s'animèrent, leurs propos devinrent grossiers et pleins de licence. Sertorius, attribuant leurs paroles à l'ivresse, s'abstint de leur faire des représentations ; mais, pour indiquer qu'il ne voulait plus prendre part à la conversation, il s'étendit sur son siége. En ce moment, Perpenna laissa tomber sa coupe à terre. C'était le signal convenu. Un des conjurés s'élança sur Sertorius et le blessa d'un coup de poignard. Ce général voulut se lever ; mais l'assassin le retint couché sur son siége, tandis que les autres conjurés le frappaient pour achever de lui donner la mort.

C'est ainsi que périt, victime de la trahison, celui que Métellus et Pompée n'avaient pu vaincre. Lorsqu'il fut si lâchement immolé, il y avait huit ans déjà qu'il avait établi son pouvoir dans la Péninsule. Il est le troisième chef espagnol que, dans un espace de soixante-sept ans, nous ayons vu mourir assassiné par suite de la provocation des Romains : Viriathes en 613, Salinator en 672, et Sertorius en 680. Qu'étaient donc devenues les antiques vertus de la république ?

La nouvelle de ce crime remplit tous les Espagnols de consternation. Ils comprirent toute l'étendue de leur perte, et les auteurs de cet attentat furent voués à l'exécration publique. Le désespoir fut général. Les soldures n'oublièrent pas le serment qu'ils avaient fait de ne pas survivre à leur chef ; et l'épitaphe gravée sur le tombeau qui leur fut élevé nous apprend

---

(*) César, *De Bello Gallico*, l. III.

qu'ils se tuèrent en combattant les uns contre les autres (*).

Un nommé Bebricius de Calagurris se dévoua également aux mânes de Sertorius (**).

L'horreur et le mépris que Perpenna inspirait s'augmentèrent encore lorsqu'on apprit que, dans son testament, Sertorius l'avait institué pour héritier, et que c'était à lui que le commandement de l'armée était déféré. Il est vrai que l'assassin ne jouit pas longtemps du prix de son crime. Attaqué, battu et fait prisonnier par Pompée, il crut racheter sa vie en livrant à ce proconsul la correspondance que Sertorius avait entretenue avec plusieurs membres du sénat de Rome.

(*) Voici leur épitaphe :
Hic multæ quæ se manibus
Q. Sertorii turmæ et terræ
Mortalium omnium parenti
Devovere, dum, eo sublato,
Superesse tæderet, et fortiter
Pugnando invicem cecidere,
Morte ad præsens optatâ jacent.
Valete posteri.

Ici reposent maintenant, frappés d'une mort qu'ils ont désirée, les guerriers nombreux qui se sont dévoués aux mânes de Quintus Sertorius et à la terre mère commune des mortels, parce qu'il leur était insupportable de survivre au chef qui leur était enlevé ; ils sont tombés en combattant avec courage les uns contre les autres. Adieu à nos descendants.

(**) Voici son épitaphe :
DIIS MANIBUS Q. SERTORII
ME BEBRICIUS CALAGURRITANUS
DEVOVI, ARBITRATUS
RELIGIONEM ESSE, EO SUBLATO
QUI OMNIA CUM DIIS IMMORTALIBUS
COMMUNIA HABEBAT,
ME INCOLUMEM RETINERE ANIMAM.
VALE LECTOR QUI HEC LEGIS,
ET MEO DISCE EXEMPLO
FIDEM SERVARE.
IPSA FIDES ETIAM MORTUIS PLACET
CORPORE HUMANO EXUTIS.

Moi, Bebricius de Calagurris, je me suis dévoué aux mânes de Quintus Sertorius, pensant qu'il y avait impiété à conserver la vie après la perte de celui qui avait tout commun avec les dieux immortels. Adieu lecteur ; apprends par mon exemple à garder la fidélité à tes amitiés. La foi est agréable même à ceux qui ont dépouillé leur enveloppe humaine.

Pompée méprisa cette lâcheté nouvelle. Il jeta au feu, sans les lire, les lettres qui lui étaient remises, et il fit décapiter le traître. Ceux des conjurés dont Pompée ne fit pas justice périrent tous promptement d'une manière misérable. Un seul survécut, mais ce fut pour vieillir dans la misère au fond d'un village, où il était pour tout le monde un objet d'exécration et de mépris.

Au reste, l'assassinat de Sertorius et l'exécution de Perpenna ne mirent pas fin à la guerre. Les débris du parti de Sertorius luttèrent encore pendant deux années. Les Romains furent obligés de faire le siége de plusieurs villes. Il en est un surtout qui est resté célèbre par la constance et par le malheur des assiégés. Les habitants de Calagurris, réduits à la plus affreuse famine, furent contraints à se nourrir de cadavres ; et, pour se ménager pendant plus longtemps cette horrible ressource, ils salèrent les corps de ceux qui mouraient en combattant ; aussi leurs souffrances passèrent-elles en proverbe à Rome. Pour exprimer les angoisses du besoin, on disait : une *faim calagurritaine*. Malgré cette résistance désespérée, la ville fut prise et les habitants passés au fil de l'épée. Le sort de Calagurris jeta l'épouvante dans l'âme de ceux qui auraient encore pu tenter de se défendre ; et la guerre de Sertorius fut terminée.

Pompée ne voulut pas quitter l'Espagne sans y avoir réparé en partie les désastres causés par cette lutte terrible. On dit qu'il fit embellir Pampelune, et qu'il lui donna le nom de *Pompeiopolis*, c'est-à-dire, ville de Pompée (*). Ce fait et cette étymologie du nom que porte aujourd'hui la capitale de la Navarre sont révoqués en doute par beaucoup d'auteurs.

Ce qui est plus certain, c'est qu'il fit élever, dans les Pyrénées, des trophées pour perpétuer le souvenir de ses

(*) Strabon, livre III, dit que l'ancien nom de Pampelune était Iruni. *Ir-un* en basque signifie *la ville bonne*. C'est encore le nom d'une ville qui existe aujourd'hui sur la frontière de la Biscaye.

victoires. Ensuite il se rendit à Rome, où il se fit accorder, ainsi qu'à Métellus, les honneurs du triomphe.

Guerre de César contre Pompée, puis contre ses fils. — L'Espagne passe entre les mains d'Octave. — De l'ère espagnole ou de sofar ; des deux guerres de Cantabrie. — De nouvelles guerres viendront bientôt ensanglanter la Péninsule ibérique. Mais, cette fois, la lutte ne s'élèvera plus entre Rome et l'Espagne. On ne combattra plus pour savoir si cette dernière restera libre, ou bien si elle sera asservie ; ce seront les Romains qui se déchireront entre eux ; on verra marcher aigle contre aigle, et légion contre légion. Ce sera le sort de la république, la destinée du monde qui se décidera sur les bords de l'Èbre et du Bétis. Ces événements se rapportent donc bien plus à l'histoire de Rome qu'à celle dont nous nous occupons spécialement ; ils ne sont qu'un accessoire de notre sujet ; aussi nous n'en parlerons que d'une manière excessivement succincte.

César, qui devait jouer le plus grand rôle dans ces sanglantes dissensions, vint pour la première fois en Espagne comme questeur de l'armée d'Anthistius Tuberon, préteur de l'Espagne ultérieure. On dit qu'ayant trouvé à Cadix, dans le temple d'Hercule, la statue d'Alexandre, il versa des larmes. Il avait alors trente et un ans, et il pleurait en songeant qu'à son âge Alexandre avait déjà conquis toute l'Asie, tandis que lui, il n'avait encore pu rien faire pour rendre son nom célèbre. Il retourna à Rome pour revenir, une année plus tard, en qualité de préteur de l'Espagne ultérieure. Il trouva le pays assez tranquille, et seulement troublé de temps en temps par les incursions qu'y faisaient les habitants du mont Herminius. César leur fit la guerre, les contraignit à venir habiter dans la plaine, et, quand le temps de son gouvernement fut expiré, il revint à Rome, où les honneurs du triomphe l'attendaient. Il obtint aussi le consulat. Il avait pour collègue Calpurnius Bibulus ; mais il contraignit bientôt celui-ci à quitter la place ; et, en s'unissant à Crassus et à Pompée, il forma le premier triumvirat. Les triumvirs se firent donner le gouvernement des provinces les plus importantes de la république. Pompée eut l'Espagne et l'Afrique en partage ; César, chargé du commandement des Gaules, acheva de soumettre ce pays et porta ses conquêtes jusque dans la Grande-Bretagne. Sa gloire et son ambition étaient devenues menaçantes pour Pompée, qui obtint contre lui un décret du sénat. On ordonnait au vainqueur des Gaules de quitter sa province et le commandement de son armée, sous peine d'être déclaré ennemi de la patrie.

Marc-Antoine, qui était alors tribun du peuple, protesta contre ce décret ; mais, pour se soustraire aux violences auxquelles cette protestation l'avait exposé, il fut obligé de fuir déguisé en esclave. Il alla rejoindre César, qui représentait le parti démocratique. Celui-ci, sous le prétexte de venger les droits du magistrat populaire contre les attaques des patriciens, franchit le Rubicon, qui formait la limite de son gouvernement, et marcha rapidement sur Rome. Ni Pompée, ni les consuls Métellus et Cornélius Lentulus n'avaient une seule légion à lui opposer. Ils furent donc forcés de prendre la fuite. Ils se retirèrent d'abord à l'extrémité de l'Italie, d'où ils passèrent en Macédoine, pour s'y défendre avec les légions d'Orient.

Cependant César, après avoir affermi dans Rome la domination de son parti, après s'être assuré de la possession de l'Italie entière, voulut enlever encore l'Espagne à son rival. Il se mit en route à la tête de son armée ; avant de passer les Pyrénées, il crut important de s'emparer de Marseille, qui avait refusé de lui ouvrir ses portes. Mais, comme le siège durait plus longtemps qu'il ne l'avait espéré, il laissa devant cette ville une portion de son armée, pour se rendre, avec le reste, dans la péninsule Ibérique.

Pompée, prévoyant bien que César ne tarderait pas à attaquer ce pays avait envoyé des instructions à ses lieutenants. Voici comment le commandement était réparti entre eux : Afranius, avec trois légions, occupait l'Espagne citérieure; Pétreius, avec deux légions, était stationné dans la Lusitanie. Varron n'en avait qu'une pour défendre le pays qui se trouve entre le fleuve Anas et la Méditerranée. Pompée avait recommandé à Pétreius et Afranius de réunir leurs forces pour empêcher le passage des Pyrénées, tandis que Varron protégerait les frontières maritimes. Trois légions de César, commandées par Caius Fabius, un de ses lieutenants, forcèrent les défilés des Pyrénées que défendaient les Pompéiens; tandis que lui-même, avec une autre partie de son armée, alla débarquer à Emporium. Par des manœuvres habiles, par des marches savantes, il eut bientôt vaincu les lieutenants de Pompée. On prétendit aussi qu'il ne devait pas cette prompte victoire seulement à la force de ses armes, et que Varron lui avait vendu sa province. Quoi qu'il en soit, l'Espagne tout entière ne tarda pas à se déclarer en sa faveur. Il en confia le commandement à Cassius et à Lépide, ensuite il revint rapidement à Rome, où il avait été nommé dictateur. De là, il passa en Épire, détruisit l'armée de son rival à la célèbre journée de Pharsale. Le chef du parti des patriciens, ce Pompée que ses contemporains avaient honoré du nom de grand, prit honteusement la fuite; et en débarquant en Égypte, où il allait chercher un refuge, il tomba sous le fer des assassins que Ptolémée avait envoyés au-devant de lui. Après sa mort, ses fils Cnéius et Sextus vinrent porter la guerre en Espagne. Ils étaient à la tête d'une puissante armée, et avaient dans ce pays de nombreux partisans; aussi beaucoup de villes se déclarèrent-elles pour eux. Bientôt ils se virent maîtres de presque toute la Péninsule.

Pendant ce temps, César, forcé de rester à Rome pour y assurer sa puissance, se contenta d'envoyer à ses lieutenants quelques secours, afin qu'ils pussent se défendre contre les Pompéiens. Enfin il passa lui-même en Espagne. Après plusieurs engagements partiels, on livra, près de la ville de Munda, une bataille générale. La victoire fut disputée avec tant d'acharnement, que César, voyant les siens faiblir, saisit un bouclier et se jeta à pied dans la mêlée. Aussi répétait-il qu'il avait souvent combattu pour l'honneur et pour la gloire, mais qu'à Munda il avait combattu pour sa vie.

Cnéius Pompée, fuyant devant le vainqueur, voulut gagner par mer l'Espagne citérieure; mais une blessure qu'il avait reçue à l'épaule s'étant envenimée, il ne put supporter le roulis du bâtiment, qui lui causait de violentes douleurs. Il fallut qu'on le descendît à terre. Ses soldats le transportaient dans une litière, cherchant partout un endroit pour le cacher, car ils étaient vivement poursuivis. Enfin ils se retirèrent dans une caverne, où ils ne tardèrent pas à être découverts et attaqués. Cnéius Pompée fut tué, et l'on porta sa tête à César. Quant à Sextus, son frère, il fut assez heureux pour se réfugier dans les montagnes de l'Espagne citérieure. Toute la Péninsule était au pouvoir du vainqueur, et beaucoup de villes, non contentes de se ranger sous sa domination, abandonnèrent leur nom pour y substituer le sien. Ainsi *Attubi* s'appela Claritas Julia; *Evora*, Liberalitas Julia; *Iliturgi*, Forum Julium. César était au comble du pouvoir. Il avait été déclaré dictateur perpétuel. On parlait même de lui donner le nom de roi; mais il ne jouit que cinq mois d'une puissance qu'il avait eu tant de peine à acquérir, et il tomba sous le fer des assassins.

Dès l'instant où César avait quitté l'Espagne, Sextus Pompée était sorti de ses montagnes pour lever de nouveau l'étendard. Il avait rallumé la guerre dans la Celtibérie, et remporté de grands avantages sur Asinius Pollion, à qui César en avait confié le commandement. Après la mort du dictateur, le sénat fit offrir à Sextus la restitution de ses biens et le commandement de la flotte, s'il voulait cesser la guerre. Celui-ci eut la sagesse de préférer une paix avantageuse aux chances d'une lutte dont les résultats paraissaient incertains, et l'Espagne fut encore une fois pacifiée.

Cependant un nouveau triumvirat s'était formé. Octave, l'héritier et le neveu de César, Marc-Antoine et Lépide, s'étaient partagé les provinces romaines. Lépide avait eu l'Espagne avec la Gaule narbonnaise. Le reste de la Gaule avait été attribué à Marc-Antoine. L'Italie, la Sardaigne, la Sicile et l'Afrique, étaient échues à Octave. Quant aux provinces de l'Orient, les triumvirs ne les partagèrent pas, parce qu'elles étaient occupées par Brutus et par les autres assassins de César. Bientôt Lépide ayant été nommé consul, fut obligé de quitter l'administration de l'Espagne. Cette province passa entre les mains d'Octave, qui la fit gouverner par le propréteur Cnéius Domitius Calvinus. Celui-ci ayant apaisé quelques troubles qui s'étaient élevés dans le pays et l'ayant rangé presqu'en entier(*) sous la domination d'Octave, un décret déclara que désormais l'Espagne serait tributaire de Rome; qu'elle payerait chaque année une somme déterminée, *æra singulorum annorum*. Cet acte servit de point de départ à un nouveau système de chronologie. On commença à compter ce qu'on appelle l'ère d'Espagne ou de César-Auguste. Elle a commencé en l'année 704 après la fondation de Rome, trente-huit ans avant la naissance du Christ, qui par conséquent a eu lieu en l'an 39 de l'ère espagnole ou 753 de Rome. Cette manière de compter les années a été usitée en Aragon jusqu'à l'année 1358 de l'ère chrétienne; en Castille jusqu'à 1383, et en Portugal jusqu'à 1415.

Les Maures d'Espagne n'ayant pas de mot qui correspondît précisément au mot ère, avaient appelé les années de l'ère d'Espagne les années de *sophar* (*), c'est-à-dire les années de cuivre, parce que le mot *sophar* répond précisément au latin *æs*, dont le mot ère est dérivé.

Le décret d'Octave fut bientôt suivi d'une disposition nouvelle qui changea la division territoriale du pays et sépara l'Espagne en trois provinces : la Bétique, la Lusitanie et la Tarraconaise. Octave laissa au sénat le gouvernement de la Bétique, considérée comme la plus soumise et la plus tranquille des trois provinces. Elle fut appelée Sénatoriale. Les deux autres, regardées comme plus guerrières et plus turbulentes, furent des provinces impériales; car César avait reçu le titre d'empereur, et au nom de César qu'il avait pris comme successeur de son oncle, le sénat avait ajouté le surnom d'Auguste. César-Auguste concentra toutes les forces militaires de l'Espagne dans les deux provinces qui s'était attribuées. Il se montra prudent en agissant de cette manière; car deux peuples de la Tarraconaise qui n'avaient pas encore été subjugués commencèrent à faire des incursions dans le pays soumis à la domination romaine. L'empereur se disposait à ce moment à passer dans les îles Britanniques

---

(*) C'est à l'obligeance du savant M. Reynaud, employé de la bibliothèque royale que je dois cette explication, et je saisis avec empressement une occasion de rendre hommage à l'inépuisable complaisance des employés de ce magnifique établissement. Je ne parle pas du zèle avec lequel ils remplissent leurs fonctions : tout le monde a pu le mettre à l'épreuve ; mais ils vont plus loin encore, et jamais on ne s'est adressé en vain à eux pour obtenir un renseignement que leur science et leur érudition leur permettent toujours de donner. C'est ainsi que j'ai été guidé par M. Alp. de Longpérrier dans le choix des médailles dont la gravure est jointe à cet ouvrage. Il m'a donné l'interprétation des légendes arabes inscrites sur les pièces d'Hesham et de Suleiman. M. Reynaud a bien voulu me fournir entière la légende de la monnaie mozzarabe inédite d'Alphonse VIII, dont quelques mots se trouvent effacés sur la médaille de la bibliothèque royale.

(*) Les Romains n'avaient pas encore pénétré chez les Astures, et n'avaient dompté ni les Vascons ni les Cantabres.

tanniques pour en achever la conquête. Il changea de dessein. Après avoir fait ouvrir le temple de Janus, qui, pour la troisième fois depuis la fondation de Rome, avait été fermé lors de sa victoire sur Marc-Antoine, il rassembla une armée puissante, et réunit aussi une flotte sur la mer Cantabrique pour empêcher que les ennemis ne pussent recevoir de secours par mer. Les Cantabres, en voyant les forces dont disposaient les Romains, se gardèrent bien de descendre dans les plaines pour y livrer une bataille. La guerre d'embuscades, d'escarmouches, de surprises, où la connaissance des localités, la force et la valeur de chaque individu entrent pour beaucoup dans le succès, pouvait seule leur être avantageuse; mais eux montagnards, qui attaquaient sans ensemble ou se retiraient sans ordre, ne devaient pas songer à livrer de grandes batailles, où la victoire dépend autant de la discipline et de la tactique des combattants que de leur courage et de leur impétuosité. Cependant, après beaucoup de tentatives inutiles pour les amener à un combat général, les Romains, en feignant de fuir, parvinrent à les attirer en plaine auprès de la ville de Vellica. Au premier choc, les Cantabres furent mis en déroute. Ils se retirèrent en fuyant; mais comme ils ne pouvaient se diriger du côté de la mer, où ils eussent rencontré d'autres Romains, ils se jetèrent dans le pays des Astures, et se réfugièrent sur une hauteur que les Romains appelaient le mont Vindius. Elle était très-escarpée; aussi les Romains n'essayèrent-ils pas de l'escalader. Il eût été imprudent de vouloir lutter à la fois contre la difficulté des lieux et contre des gens qui se battaient en désespérés; mais ils entourèrent la montagne entière d'un retranchement qui n'avait pas moins de quinze milles (*) de développement. Privée ainsi de toute communication avec le reste du pays, l'armée des Cantabres et des Astures se vit bientôt réduite à la plus horrible famine; mais préférant mourir plutôt que de se rendre, ils se tuèrent entre eux. Beaucoup, dit-on, eurent recours au poison pour se procurer la mort. Enfin les Romains firent vingt-trois mille prisonniers. Ils eurent la cruauté de soumettre quelques-uns des captifs à d'horribles supplices; mais ceux-ci les endurèrent en chantant. On vendit comme esclaves ceux qui furent considérés comme les plus dangereux, c'est-à-dire les plus braves. Enfin on essaya d'en incorporer un certain nombre dans les légions. Il restait encore à vaincre les Astures, dont une partie s'était jetée dans la Lusitanie, tandis que les autres n'avaient pas quitté le sol de leur patrie. Octave divisa ses forces en deux armées. L'une, sous le commandement de Carisius, alla combattre dans la Lusitanie. Les Astures vinrent d'eux-mêmes à sa rencontre pour lui livrer bataille. La lutte dura deux jours entiers; enfin le lieutenant d'Octave resta vainqueur. Celui-ci, de son côté, prit Lancia, principale place forte des Astures et leur centre d'action; en sorte qu'ils ne tardèrent pas à succomber entièrement.

Dès que la tranquillité eut été rétablie, César-Auguste s'occupa de la rendre durable en élevant des forteresses, en fondant des villes qui pussent tenir les populations en respect. Il fonda au pays des Astures une ville qu'il fit habiter par deux légions, et qui en reçut le nom de *Legio septima gemina*. Sur la frontière qui séparait la Bétique de la Lusitanie, le long du fleuve Anas, il éleva une ville destinée à servir de retraite aux vétérans de son armée. Aussi reçut-elle le nom de *Augusta-Emerita* (*). Un peu plus bas, en suivant le cours du même fleuve, il fonda *Pax-Augusta*, aujourd'hui Badajoz. La ville de Bracara, du pays des Gallaïques, reçut beaucoup de vétérans au nombre de ses habitants, et prit le surnom d'Augusta. Enfin, dans la vallée de l'Èbre, Salduba fut agrandie, et changea son

(*) 20 kilomètres.

(*) Emeriti, vétérans; c'est aujourd'hui Mérida.

nom en celui de Cæsar-Augusta. L'empereur fit aussi ouvrir, dans les montagnes des Cantabres et des Astures, beaucoup de mines que, jusqu'à ce jour, les habitants n'avaient pas su exploiter. Enfin, après avoir entièrement pacifié la Péninsule, il retourna à Rome, et le temple de Janus fut fermé pour la quatrième fois. Néanmoins la paix fut de courte durée. Les Cantabres et les Astures cherchèrent bientôt à reconquérir leur liberté. Par la promesse de distribuer gratuitement du blé aux soldats romains cantonnés sur leur territoire, ils les attirèrent dans un piége, les attaquèrent à l'improviste, et en massacrèrent une grande partie. Lucius Emilius, qui gouvernait la Tarraconaise, tira vengeance de cette trahison. Il attaqua les Cantabres, dévasta leurs terres, brûla leurs villages, et fit couper les mains à tous ceux qui tombèrent en son pouvoir. La cruauté de ces représailles ne fit qu'animer davantage les Cantabres et les Astures ; et, dès que le temps du gouvernement de Lucius Emilius fut expiré, ils se levèrent en masse et firent éprouver de nombreux échecs aux troupes envoyées pour les réduire. Agrippa, qui se trouvait alors dans la Gaule, fut chargé de passer en Celtibérie pour soumettre les habitants. Il était persuadé qu'en peu de temps il terminerait cette entreprise ; mais il avait eu tort de se flatter d'un prompt succès. L'impétuosité de ces barbares, leurs cris sauvages effrayèrent ses soldats, qui, plus d'une fois, prirent la fuite. Agrippa, pour rétablir la discipline, fut obligé de menacer les Romains de toute la rigueur des lois militaires ; et une de ses légions ayant faibli devant l'ennemi, il la déclara indigne de porter le nom de *Legio-Augusta*. Cette sévérité ranima la vigueur de son armée. Enfin, après cinq années de combats, il parvint à subjuguer les Cantabres et les Astures. A partir de ce moment, l'Espagne fut entièrement soumise à la domination romaine, et Auguste put ne s'occuper que du soin d'y protéger le commerce, l'agriculture et les beaux-arts. La tranquillité ne fut plus troublée que par les courses de quelques brigands. Le plus célèbre et le plus dangereux d'entre eux était un certain Corocota. Comme toutes les tentatives pour le prendre avaient été inutiles, César fit promettre une somme d'argent à qui le livrerait. Corocota ne vit qu'un seul moyen de se soustraire à cette proscription. Il se rendit à Rome, et ayant été admis devant l'empereur, il lui déclara franchement qui il était, et réclama la récompense due à celui qui le livrerait. Auguste, frappé de sa franchise et de sa hardiesse, lui fit payer la somme promise, à condition qu'il vivrait désormais en honnête homme. Corocota s'y engagea, et tint sa parole.

Auguste fit tout ce qui était en son pouvoir pour mériter l'amour des peuples soumis à sa puissance. Ce fut sous son gouvernement que, pour la première fois, un étranger obtint, à Rome, la dignité consulaire. Cette dérogation aux coutumes de la république eut lieu en faveur d'un Espagnol, Lucius Cornélius Balbus, né à Cadix, qui s'était distingué dans la guerre contre Sertorius.

On rapporte d'Auguste des actes de clémence et des reparties spirituelles qui justifient l'amour que les peuples de la Péninsule avaient pour cet empereur. On disait en sa présence qu'un nommé Ælianus de Cordoue avait mal parlé de lui : « *Je voudrais bien*, répondit-il au délateur, *que vous pussiez me prouver cela ; je ferais voir à cet Ælianus que j'ai aussi une langue ; j'en dirais de belles sur son compte* (*). »

L'enthousiasme des Espagnols pour Auguste fut tel, qu'on lui rendit des honneurs presque divins, dont il avait quelquefois lui-même le bon esprit de rire. Les habitants de Tarragone lui ayant expédié des députés pour lui annoncer qu'une palme était sortie

---

(*) Velim, inquit, hoc mihi probes, faciam sciat OElianus, et me linguam habere : plura enim de eo loquar. Suétone, Vie d'Auguste.

d'un autel qui lui était consacré (*), « Cela prouve, répondit-il en souriant, « que vous n'y faites pas souvent de « sacrifices. »

Il fit percer des routes, creuser des canaux; enfin, il sut, à force de bienfaits, faire oublier les proscriptions du triumvir, et se rendre digne du nom de père de la patrie qui lui fut déféré.

Tibère empereur.—Mort de Jésus-Christ. — Établissement du christianisme.—De la venue de saint Jacques en Espagne. — Légende de la fondation de Notre-Dame del Pilar. —Francs en Espagne.— Concile d'Iliberri. — Hérésie de Priscillien. — Conciles de Saragosse et de Tolède. —Sous les empereurs, le sort de la péninsule Ibérique fut le même que celui des autres provinces romaines; aussi ne dirons-nous de leur histoire que ce qui se lie intimement à notre sujet, ou ce qui devait modifier les habitudes et les croyances des Espagnols. Ainsi, un événement qui a changé la face du monde entier s'accomplit sous le règne de Tibère, successeur d'Auguste. Jésus-Christ mourut sur la croix, et la foi nouvelle qui venait régénérer tous les peuples de la terre, se répandit avec rapidité dans les diverses parties de l'empire; ce fut, disent les chroniqueurs, saint Jacques, fils de Zébédée, surnommé le Majeur, qui prêcha le christianisme aux Espagnols. Ce fut aussi lui, dit-on, qui fonda, dans la ville de César-Auguste, l'église célèbre de Notre-Dame *del Pilar.*

(*) Nous n'avons qu'un mot en français pour rendre les mots latins *ara* et *altare*, qui, cependant, n'ont pas la même signification. On entendait par *ara* un espace libre à ras de terre. C'était le terrain consacré où était conduite l'hostie et où elle tombait sous la hache du sacrificateur, tandis que l'*altare* était un massif élevé et proprement ce que nous appelons un autel. Par cette distinction on explique facilement le passage de Festus, qui rapporte qu'un palmier avait poussé de lui-même dans l'*ara* du temple de Jupiter Capitolin pendant le cours de la guerre punique, et que ce palmier étant mort, il avait été remplacé par un figuier.

Voici comment Luis Lopez (*) raconte la fondation de ce fameux sanctuaire :

« Le 12 octobre de l'année 38, ou, « selon d'autres, de l'année 39 après la « naissance de Notre-Seigneur, saint « Jacques Zébédée étant le long de « l'Èbre à prier avec ses disciples, s'é- « loigna d'eux d'environ un jet de « pierre. On pouvait être alors au « milieu de la nuit. Tout à coup les « sombres voiles, les nuées épaisses « qui couvraient le ciel se déchirèrent; « la lumière la plus éclatante rem- « plaça l'obscurité de la nuit. Au mi- « lieu de milliers d'anges, dont la sa- « crée milice servait de cortége et de « garde à leur reine et souveraine, ap- « parut en chair et en âme la prin- « cesse du ciel, la mère de Dieu. Elle « reposait sur une colonne ou pilier « de jaspe, que d'autres appellent du « marbre de couleur. Flavius Dextrus « affirme qu'elle était accompagnée de « saint Jean l'Évangéliste. A peine la « lumière avait-elle chassé les ténèbres, « qu'on entendit des accords et des « voix célestes, accompagnées par de « nombreux instruments. Elles répé- « taient la salutation angélique.

« La sainte Vierge, avec un visage « radieux et bienveillant, s'abaissa vers « la terre, qui, désireuse de tant de « gloire, semblait se réjouir au con- « tact des pieds divins. Elle se tourna « vers le bienheureux Zébédée, et lui « adressa ces paroles : C'est ici, Jac- « ques, ô mon fils, l'endroit où je dois « être honorée; c'est ici que doit s'é- « lever un temple à ma gloire; car ce « pilier sur lequel tu me vois placée, « mon fils me l'a envoyé du ciel, et « c'est près de lui que tu construiras « un autel. Dans ce lieu, la vertu du « Très-Haut qui a opéré en moi la « plus grande des merveilles, se ma- « nifestera par des signes prodigieux « à ceux qui viendront implorer ma « faveur et mon secours. Que ce pilier « reste en cette place jusqu'à la fin du « monde; jamais il n'y manquera de « chrétiens pour adorer le nom de mon « fils Jésus-Christ.

(*) Excelencias de Saragoza, fol. 239. Luis Lopez.

6.

« Saint Jacques construisit une cha-
« pelle simple dans l'origine, et dont
« la piété des fidèles eut bientôt fait
« un temple magnifique. »

Le fils de Zébédée, après avoir prêché le christianisme en Espagne, retourna à Jérusalem. L'empereur Claude venait de faire Hérode-Agrippa roi des Juifs, et celui-ci crut, en martyrisant saint Jacques, inaugurer dignement son élévation au pouvoir. Les disciples du saint recueillirent son corps, le mirent dans un navire, qui, après avoir traversé la Méditerranée, franchi le détroit de Gibraltar, et suivi la côte occidentale de la Péninsule, vint aborder à l'extrémité du pays des Gallaïques, près de la ville de *Iria Flavia*, aujourd'hui *el Padron*. Le 30 décembre, on ne sait au juste de quelle année, le corps de saint Jacques fut transporté de cet endroit à Compostelle, où il resta longtemps oublié. Ce fut seulement au temps d'Alphonse le Chaste que des miracles vinrent manifester sa présence.

Il s'écoula environ un quart de siècle depuis le martyre de saint Jacques jusqu'au moment où Titus, accomplissant les décrets de Dieu, vint prendre Jérusalem et détruire le temple. Cet événement ne fut pas sans influence sur le sort de l'Espagne, car le général romain fit un grand nombre de prisonniers, qu'il dispersa dans les diverses provinces de l'empire. Une grande partie de ces captifs, établie dans le midi de l'Espagne, devint la souche de ces nombreuses familles israélites, qui surent s'y maintenir sous toutes les dominations.

Quelques auteurs placent aussi sous le règne de Titus la mort de Bilela, qui, suivant eux, aurait été la servante de Jésus-Christ, et serait venue finir sa vie en Espagne. Voici ce qui paraît avoir donné lieu à cette croyance : Vers le milieu du seizième siècle, on découvrit, en Biscaye, une pierre tumulaire sur laquelle se lisait cette épitaphe : Ici repose le corps de Bilela, servante de Jésus-Christ, an CXIX. Mais il faut faire attention que le nom de Bilela ne se trouve mentionné ni dans l'Évangile, ni dans les Actes des apôtres, ni dans aucun écrivain sacré. Il paraît donc raisonnable de croire que le mot de servante est pris ici au figuré. Il est probable que le signe millénaire a été sous-entendu, ainsi que cela se rencontre quelquefois dans des inscriptions anciennes, et qu'il faut lire MCXIX (*). Alors, il serait seulement question d'une dame Bilela qui aurait pris, par piété, la qualité de servante du Seigneur.

Pendant les règnes de Domitien et de Nerva, il ne se passa rien qui se rapporte à l'histoire spéciale de l'Espagne. Il est cependant un acte du dernier de ces empereurs qu'il est nécessaire de citer : il fit choix d'un Espagnol pour lui succéder. Trajan, qu'il avait désigné, est le premier étranger qui ait été appelé à l'empire. Il était né à Italica. Il fit faire dans la Péninsule des travaux immenses ; il construisit des ponts et ouvrit des voies de communication.

A la fin de la première guerre cantabrique, une ville avait été fondée dans les Asturies pour servir de demeure aux soldats de la septième légion Gemina ; elle était située sur une colline. Les habitants obtinrent pendant le règne de Trajan l'autorisation de la reconstruire dans la plaine, à huit milles de l'ancienne, qu'ils détruisirent. Cette nouvelle cité reçut le nom de Legio, d'où est venu par corruption celui de Léon.

L'empereur qui succéda à Trajan fut encore un Espagnol. Ce fut Adrien, qui était comme lui né à Italica, et qui certainement compterait parmi les plus grands hommes de l'empire, si son nom ne se trouvait immédiatement après celui de Trajan et avant ceux d'Antonin et de Marc-Aurèle.

Sous le règne de Valérien, une horde

(*) Une faute contre les règles de la langue latine qui s'est glissée dans cette inscription, doit en effet porter à penser qu'elle a été gravée lorsque la langue était corrompue, et non au temps de Titus.

HIC JACET CORPUS BILELÆ,
SERVA JESUS CHRISTI. CXIX.

de barbares vint désoler le midi de la Péninsule. Les Hérules, les Alains, les Burgondes, les Goths, menaçaient l'empire et sapaient ses fondements. Les Francs, sortis des marais de la Germanie, s'étaient rendus maîtres de la Gaule. Une partie d'entre eux franchit les Pyrénées; et, après avoir pendant douze ans dévasté le pays, ils traversèrent le détroit de Gibraltar, et allèrent porter leurs ravages dans la Mauritanie.

Le vieil édifice de la puissance romaine tombait en ruine; mais à côté de ce monde du paganisme qui s'écroulait, une société nouvelle se constituait. La foi chrétienne se répandait en Espagne. Là, comme dans les autres parties de l'empire, elle eut à lutter contre le fanatisme des païens, et la péninsule Ibérique fut arrosée du sang de nombreux martyrs. Mais si l'Église espagnole peut invoquer les saints qui font sa gloire, elle eut, de même que le reste de la chrétienté, ses déserteurs et ses fléaux: les erreurs des gnostiques, celles d'Arien, y trouvèrent de nombreux sectaires. Aussi crut-on nécessaire de régler dans une assemblée générale des évêques les affaires religieuses; et, dès les premières années du règne de Constantin, un concile se réunit à Iliberri. Ce fut le premier tenu dans la Péninsule.

L'histoire n'est souvent que le récit des erreurs humaines. Ainsi nous avons à parler d'une hérésie qui prit naissance en Espagne. Priscillien, homme riche et puissant, né au fond de la Galice, se mit à prêcher une doctrine nouvelle. Ainsi que Sabellius, il confondait les trois personnes de la sainte Trinité. Il regardait le mariage comme un lien immoral qu'il convenait d'éviter; il voulait qu'on suivît la loi de la nature, et qu'on obéît seulement à l'impulsion de ses désirs. Le relâchement de ces maximes, les apparences séduisantes du novateur, lui attirèrent beaucoup de prosélytes. Mais il fut attaqué avec véhémence par Hygin, évêque de Cordoue, et par Ithace, évêque d'Ossobona. Un concile réuni à Saragosse condamna les doctrines nouvelles; mais cette décision fut impuissante pour arrêter les progrès de Priscillien. Il avait même gagné des évêques à son opinion, et fut nommé par ses partisans évêque d'Avila. Ithace s'adressa alors à l'empereur Gratien, qui prononça la destitution des évêques priscillianistes. Mais Priscillien se transporta à Rome, et sut par ses intrigues faire révoquer cette décision. Il était triomphant, lorsque l'empire passa en d'autres mains. Maxime, Espagnol de nation, et l'un des principaux généraux de Gratien, commandait dans les Gaules. Il s'y fit proclamer César. L'empereur légitime fut battu près de Lutèce, où il avait été attaquer son lieutenant, et périt à Lyon, où il s'était retiré après sa défaite.

Ithace s'étant adressé à Maxime, un concile fut convoqué à Bordeaux. Les doctrines de Priscillien y furent de nouveau condamnées. Celui-ci en appela à l'empereur lui-même; mais il n'eut pas auprès de lui le même succès qu'avec son prédécesseur. Non-seulement ce prince ne voulut pas l'absoudre, mais encore il le fit mettre à mort. Ce supplice ne rendit que plus fervent le zèle des priscillianistes. Ils subirent d'abord la persécution avec courage; mais, après dix-sept années, ils demandèrent à rentrer dans le sein de l'Église. Un concile fut convoqué à Tolède, et ils y furent reçus en grâce.

Le faible Honorius était alors empereur, et ses mains débiles ne pouvaient soutenir un édifice qui menaçait de s'écrouler à la moindre secousse. Déjà, de tous les côtés, des hordes innombrables de barbares se ruaient sur l'empire. Le temps de la domination romaine dans la Péninsule était fini, et l'Espagne allait changer de maîtres.

De l'organisation judiciaire et administrative, de la littérature et des beaux-arts dans la Péninsule avant l'invasion des barbares. — Les barbares avaient appris à connaître et leur force et la faiblesse des Romains dégénérés. La main de Dieu les conduisait; elle se servait d'eux pour renverser les débris qui restaient encore de la civilisation païenne. La Providence voulait faire sortir des ténèbres où l'Europe allait être plongée, une société nouvelle qui eût pour base la religion la plus pure et la plus éclairée. Mais avant de s'occuper de ces grands événements, il faut encore jeter un coup d'œil en arrière. Il faut examiner l'état des lettres et des beaux-arts en Espagne, ainsi que l'organisation administrative que les Romains avaient donnée à ce pays. Les trois provinces, dont les limites avaient été tracées par Octave, furent, comme les autres parties de l'empire, successivement gouvernées par des proconsuls, des préteurs, des légats impériaux, et par des présidents (*præsides*); mais elles avaient des subdivisions qui ne se trouvent pas également chez toutes les nations soumises au pouvoir de Rome. Elles se partageaient en convents juridiques (*). La Bétique en contenait quatre : ceux de Gadès, Corduba, Astigis et Hispalis. La Lusitanie en avait trois : Émérita, Pax-Julia et Scalabis. On en comptait sept dans la Tarraconaise : Carthagène, Tarragone, Cæsar-Augusta, Clunia, Lucus, Asturica, Braccara; en tout quatorze. Ces circonscriptions, bien plus administratives que judiciaires, ressemblaient assez à nos divisions par départements; mais les villes qui les composaient n'étaient pas toutes soumises aux mêmes lois, et ne jouissaient pas de droits égaux. Les Romains, respectant ce qui était établi, avaient laissé à presque toutes les villes leurs anciennes coutumes et leurs anciens tribunaux. Elles se régissaient elles-mêmes d'après leurs propres lois; seulement ils en changèrent le nom. Les bahalats des Bastules, les villes autonomes du pays colonisé par les Grecs, furent appelés par eux des municipes. Cette désignation, ainsi que nous l'apprend le Digeste, signifie que les habitants des municipes étaient admis à participer aux charges honorifiques de la république, et qu'après les avoir exercées, ils pouvaient obtenir la qualité de citoyens romains (*).

Les municipes venaient de l'étranger pour se rattacher à Rome. Les colonies romaines, au contraire, étaient une extension de la ville qui se répandait au dehors. C'étaient des parties de Rome transportées hors de son territoire, qui, pour cela, ne cessaient pas d'être romaines. Aussi leurs habitants étaient-ils soumis à toutes les lois de la république, de même qu'ils jouissaient de tous les droits de citoyens. Ils pouvaient se marier à Rome, y exercer la puissance paternelle, y tester, y hériter, être honorés du sacerdoce, et voter dans les assemblées populaires. Il n'en était pas de même des colonies latines. Les Latins étaient seulement admis par les lois de Rome à faire les contrats du droit naturel, à être témoins ou parties dans les actes transmissifs de propriété. Ils pouvaient à la vérité obtenir la qualité de citoyens romains, lorsqu'ils avaient exercé quelque magistrature dans leur patrie. Sous Vespasien, les droits du Latium furent accordés à l'Espagne entière.

Enfin, comme on l'a vu, quelques cités avaient autrefois fondé sur leur propre territoire des établissements qui leur payaient des subsides. Quelquefois aussi elles avaient imposé par la force des tributs à leurs voisins; quelquefois aussi, les Romains, dans le but de récompenser des villes amies, les avaient autorisées à percevoir un impôt sur quelques populations qu'ils voulaient punir. Celles qui payaient étaient appelées stipendiaires, et celles qui recevaient, stipendiées. Du temps de Charles-Quint, un paysan des environs de Canta-la-Réal, la Sabora

_____
(*) Conventus juridici.

(*) Liv. 1, § 1, Ad municipalem. Et proprie quidem municipes appellantur MUNERIS PARTICIPES, recepti in civitate ut munera nobiscum facerent.

Pothier ajoute en note : Id est quibus jus civitatis nostræ communicatum est, ut officiorum civilium essent participes nobiscum.

des anciens Espagnols, trouva une table d'airain sur laquelle était gravé ce rescrit de Vespasien :

« César Vespasien, auguste, pontife
« suprême, investi pour la huitième
« fois de la puissance tribunitienne,
« de l'autorité impériale pour la dix-
« huitième, consul pour la huitième,
« aux quatuorvirs et aux décurions de
« Sabora. Salut.

« D'après l'exposé que vous faites
« de votre faiblesse et de vos embar-
« ras, je vous permets de bâtir la ville,
« ainsi que vous le désirez, sous mon
« nom et dans la plaine. Je maintiens
« les tributs que vous dites avoir reçus
« de l'empereur auguste. Pour tous
« autres que vous voudriez percevoir
« de nouveau, vous aurez à vous pré-
« senter au proconsul. Je ne puis rien
« établir dans ce genre sans que les
« intéressés soient entendus. J'ai reçu
« votre requête le huitième jour avant
« les calendes d'auguste, et j'ai con-
« gédié vos envoyés trois jours avant
« lesdites calendes. Portez-vous bien.

« Gravé sur l'airain aux frais du pé-
« cule public, par les soins des duum-
« virs Cornélius Sévérus et Septimius
« Sévérus. »

Les duumvirs auxquels ce rescrit est adressé étaient des magistrats qui remplissaient dans chaque ville les fonctions dont les consuls étaient chargés à Rome. Quelquefois ces magistrats étaient au nombre de quatre, et alors ils prenaient le nom de quatuorvirs. Ils étaient assistés par un conseil municipal ou *curie* de dix *décurions*.

Avant l'arrivée des Romains, l'Espagne n'avait été qu'un assemblage de petites souverainetés indépendantes, dont l'origine, les habitudes et souvent le langage étaient différents. Sous l'administration romaine, elle forma un ensemble plus homogène et plus puissant. Le commerce prospéra; on fit de ces travaux qui sont à la fois la gloire et la richesse du pays. On ouvrit des voies de communication; on éleva des monuments; les Espagnols s'adonnèrent à l'étude des belles-lettres, et plusieurs d'entre eux purent rivaliser de gloire avec les écrivains de Rome les plus célèbres.

Parmi les auteurs illustres auxquels l'Espagne a donné le jour, il en est trois dont les ouvrages ne sont pas venus jusqu'à nous. Ce sont Antonius Julianus, Porcius Latro et Turianus Gracilis. Antonius Julianus était rhéteur à Rome, et Aulu-Gelle, dans ses *Nuits attiques*, en fait un pompeux éloge. Pline cite plusieurs fois dans son histoire naturelle les travaux de Turianus Gracilis, qui avait écrit des observations physiques sur l'Espagne. Sénèque et Quintilien vantent les talents de Porcius Latro, comme rhéteur et comme jurisconsulte. Ce fut lui qui guida Ovide dans l'étude des lois, et qui fut chargé de l'initier à tous les secrets de l'éloquence du barreau.

Nous trouvons aussi une longue liste d'auteurs dont nous pouvons nous-mêmes apprécier le mérite; car le temps n'a pas détruit leurs écrits. Les deux Sénèque, Lucain, Columelle, Martial, étaient Espagnols. Sénèque l'orateur, Marcus Annæus Seneca, est né à Cordoue en l'année 695 de Rome. On a de lui quelques déclamations. Lucius Annæus Seneca, que nous appelons le philosophe, était son fils. Il naquit à Cordoue en l'année 750 de Rome, et fut chargé par Agrippine de l'éducation de Néron. Tant que ce jeune prince suivit les instructions de son précepteur, il fut les délices de Rome; quand il cessa de les écouter, il devint l'exécration du genre humain. Cependant lorsqu'on voit Sénèque faire l'apologie des meurtres de Britannicus et d'Agrippine, on peut douter que la morale qu'il avait recommandée à son disciple ait été aussi sévère que celle répandue dans ses écrits. Ce n'est pas sans raison qu'on lui reproche d'avoir, par sa conduite, donné un démenti continuel aux principes qu'il soutenait dans ses ouvrages. Il professait dans ses paroles le mépris des richesses; et, lorsqu'il fut questeur, il se déshonora par ses concussions et par sa rapacité. Néanmoins, il faut le dire à sa louange, il se montra d'accord avec lui-même lorsqu'il mourut courageusement. Condamné par Néron comme complice de la conspiration de Pison, il se fit ouvrir les veines dans un bain chaud ; et, avant de consommer ce sacrifice, il prit de l'eau de son bain, en arrosa la terre et les spectateurs, en disant qu'il faisait des libations à Jupiter libérateur.

Indépendamment des ouvrages philosophiques laissés par lui, on connaît des tragédies latines que généralement on lui attribue. Quelques savants pensent qu'elles sont d'un troisième Sénèque appelé par eux *Sénèque le Tragique*.

Lucain était encore de Cordoue, neveu de Sénèque le philosophe et petit-fils de Sénèque l'orateur. Lucain commit la noble imprudence de disputer à Néron le prix de la poésie, et mérita le dangereux honneur de l'emporter sur le tyran. Néron le condamna bientôt à mort, comme ayant pris part à la conjuration de Pison. Ainsi que Sénèque, Lucain se fit ouvrir les veines dans un bain chaud, et mourut en déclamant des vers. Il n'était âgé que de vingt-sept ans. La *Pharsale* est le seul de ses ouvrages qui soit venu jusqu'à nous.

Si on lit Lucain et les Sénèque, on y trouve la même manière sentencieuse, le même goût pour l'antithèse et l'exagération. Ce sont encore aujourd'hui les défauts le plus généralement reprochés à la littérature espagnole. Mais aussi combien de beautés ces trois écrivains ne renferment-ils pas ! Sénèque est rempli des préceptes de la morale la plus pure, rendus avec esprit et avec finesse. On reproche avec raison à Lucain l'emphase et l'enflure ; mais aussi combien n'y a-t-il pas de pompe et de majesté dans ses images, de vigueur et de force dans ses récits !

Quintilien et Columelle sont nés en l'année 42 de l'ère chrétienne, Quintilien à Calaguris, et Columelle à Gadès. Les Institutes de l'Orateur, par Quintilien, n'ont pas besoin d'être louées, et l'ouvrage de Columelle sur l'agriculture, son traité sur les arbres, se recommandent autant par l'élégance et la pureté du style que par les excellents préceptes qu'ils contiennent.

Marc Valère Martial était également Espagnol ; et, ainsi qu'il nous l'apprend lui-même dans ses vers, il était né à Bilbilis (Calatayud). Quelques-unes de ses épigrammes sont pleines de grâce, d'esprit et de délicatesse ; beaucoup sont médiocres, et quelques-unes sont mauvaises. Il y en a dans le nombre de tellement licencieuses, que de nos jours on rougirait de les expliquer.

Pomponius Méla, célèbre par sa géographie (*de Situ Orbis*), était né à Mellaria, ville de la Bétique. L'Espagne revendique encore comme ses enfants, Silius Italicus et Annæus Julius Florus. Ce dernier était de cette famille des Annæus qui avait déjà produit Lucain et les deux Sénèque. Il a écrit un précis de l'histoire romaine. Sa parenté avec les Sénèque, le style souvent déclamatoire de l'auteur, et la partialité qu'il montre pour les Espagnols, font présumer qu'il était lui-même de la Péninsule. Cependant cela n'est pas certain, et quelques écrivains prétendent que Florus serait né dans les Gaules.

Caius Silius Italicus a écrit un poëme sur la deuxième guerre punique. Cet ouvrage, remarquable par l'exactitude et par la précision des détails historiques, manque souvent d'élégance. Les nombreuses altérations que le texte a subies en rendent la lecture difficile ou inintelligible. Les Espagnols prétendent que ce poëte était de la ville d'Italica, et que c'est le lieu de sa naissance qui lui a fait donner le surnom d'Italicus ; les Italiens, au contraire, soutiennent qu'il était leur compatriote.

Si les Espagnols citent avec orgueil les noms de leurs concitoyens que les lettres ont rendus célèbres, ils peuvent aussi montrer avec fierté le sol de leur patrie, enrichi de tous côtés par les chefs-d'œuvre de l'architecture. La manière dont les beaux-arts ont été cultivés dans la Péninsule, leurs progrès, leurs vicissitudes, offrent un digne sujet d'attention et d'étude. Parmi les monuments les plus anciens qui se trouvent chez eux, il faut ranger les sépultures découvertes en Catalogne, près des restes de l'ancienne ville d'Olerdola (planche 12). Ce sont des trous creusés dans le roc, de manière à recevoir un cadavre en conservant la forme du corps. Il y a la place de la tête et des épaules, et jusqu'à un creux pour les talons. Ils sont de différentes dimensions, suivant la taille des invividus auxquels ils étaient destinés. On en voit de très-petits, qui n'ont pu servir qu'à des enfants nouveau-nés. Malgré l'antiquité de ces tombeaux, on reconnaît le soin avec lequel ils ont été travaillés, et l'on voit encore très-distinctement autour de plusieurs d'entre eux la feuillure taillée pour recevoir la pierre qui eur servait de couvercle. Au reste, nulle tradition ne vient nous apprendre à quel peuple ils ont pu appartenir. On ne sait non plus à qui attribuer la construction des murailles de Tarragone (planche 1re). Elles n'ont pas moins de vingt pieds d'épaisseur, et sont formées de blocs immenses, dont quelques-uns ont jusqu'à treize pieds de long sur huit de large et de haut. Ils sont au reste disposés par assises, ce qui les distingue des constructions pélasgiques, où les pierres sont entassées sans ordre et sans symétrie. Ces travaux annoncent déjà chez ceux qui les ont exécutés un degré avancé de civilisation, puisqu'ils ont nécessité l'emploi d'instruments assez parfaits. Ils sont donc bien supérieurs aux monuments grossiers élevés par les Celtes ; car ceux-ci se contentaient d'entasser des blocs de pierre dont la main de l'homme n'avait pas modifié la forme primitive, ainsi qu'on peut le reconnaître par les dolmens et les menhirs qui se trouvent encore en assez grand nombre dans quelques contrées du Portugal ou du nord de l'Espagne. La totalité des remparts de Tarragone n'a pas la même origine ; et, au-dessus de ces constructions que nous n'osons pas appeler pélasgiques, on distingue parfaitement des travaux d'une antiquité moins reculée ; ce sont des murailles romaines.

En suivant l'ordre des temps, et aussi les progrès que l'art avait faits, il faut citer les statues colossales d'animaux qu'on trouve dans le sud de la Vieille-Castille. Les plus fameuses sont connues sous le nom de taureaux de Guizando. Quoique très-célèbres en Espagne, elles ont rarement attiré l'attention des voyageurs, parce qu'elles ne se trouvent pas sur les routes qui conduisent à l'une des extrémités du royaume. Les taureaux de Guizando (planche 63) sont placés sur le chemin qui mène de Tolède à Avila, et non loin de la rivière Alberche. Les mousses, les lichens dont ils sont couverts, les traces profondes que les intempéries y ont creusées, sont un témoignage de leur haute antiquité. Ils étaient au nombre de quatre ; un d'eux a été renversé, il n'en reste plus que des débris. Trois sont encore sur pied, et braveront sans doute encore pendant de longues années les injures du temps. Ces statues colossales représentent, à ce qu'on pense, des taureaux ; mais elles sont travaillées d'une manière si grossière, qu'on pourrait au premier abord se demander si celui qui les a taillées n'a pas eu l'idée de sculpter des hippopotames. Une de celles qui restent debout paraît néanmoins faite avec plus de soin, ou bien le temps en a moins altéré les formes : la tête du taureau y est assez reconnaissable, et le fanon est sculpté d'une manière à peu près distincte. Sur la tête de chacune de ces statues on a percé deux trous destinés sans doute à recevoir des appendices qui devaient figurer les cornes. Un autre trou creusé à la partie postérieure de l'animal a servi à attacher ce qui représentait sa queue. Deux de ces taureaux sont ornés de bandelettes, le troisième au contraire n'en a pas. Sur le flanc de l'un d'entre eux existe une inscription en lettres romaines, qui paraît avoir été gravée bien postérieurement à l'érection de ces statues ; mais ces mots, dont les caractères n'étaient pas très-profondément incisés dans la pierre, ont été en partie effacés. Ils sont aujourd'hui tout à fait inintelligibles. Sur le flanc d'un autre de ces animaux se trouvent aussi de ces caractères, que les Espagnols nomment inconnus. Ceux-ci semblent remonter à l'époque la plus reculée; car, bien que profondément creusés, ils ont été tellement maltraités par le temps, que l'examen le plus attentif ne saurait permettre d'en déterminer la forme d'une manière certaine.

Une tradition populaire, qui ne repose sur aucun fondement, attribue aux Romains la construction des taureaux de Guizando. Mais les Romains ne se sont établis dans la Carpétanie qu'un siècle et demi avant l'ère chrétienne. A cette époque, Paul Émile, vainqueur de Persée, avait déjà enrichi Rome des chefs-d'œuvre de la statuaire grecque, et un ouvrage aussi grossier que celui qui nous occupe ne pouvait plus être taillé par le ciseau d'un artiste romain.

M. Bory de Saint-Vincent, en considérant la construction massive de ces statues, croit pouvoir en faire honneur aux Égyptiens; mais l'histoire n'a conservé le souvenir d'aucune colonie égyptienne établie dans la Péninsule. Les Phéniciens, au contraire, sont venus y apporter leurs arts et leur religion. N'est-il pas plus probable que ces monuments ont une origine phénicienne ? Maintenant, en cherchant à quel usage ils étaient destinés, on ne saurait douter qu'ils ne fussent la représentation de quelque divinité. « Les aborigènes, dit M. Bory « de Saint-Vincent, avaient voué un « grand respect aux taureaux, si l'on « en juge par leurs monuments, soit « qu'ils vissent dans ces animaux l'em- « blème d'un signe céleste du prin- « temps, soit qu'ils y vissent un mons- « tre qu'ils se plaisaient à combattre. » Et plus bas il ajoute : « Les trois mo- « numents de Guizando qui subsistent, « sont des taureaux ou des Apis par- « faitement caractérisés. » Les Phéniciens, de même que les Égyptiens, adoraient quelquefois le soleil sous la figure d'un taureau. Macrobe nous apprend que c'était une des formes sous lesquelles ils vénéraient le dieu Néton. Le culte de cette divinité était répandu en Espagne. Serait-ce donc avancer une supposition sans vraisemblance, que de présenter les taureaux sacrés de Guizando comme étant des images de ce dieu, et comme ayant une origine phénicienne? Il se présente, il est vrai, une objection; mais nous croyons facile d'y répondre. On s'accorde généralement à penser que les Phéniciens se sont bornés à occuper les côtes sans pénétrer jamais dans le cœur du pays; ils étaient d'ailleurs assez avancés dans les arts, pour qu'on ne les suppose pas auteurs de ces représentations grossières. Aussi nous n'allons pas jusqu'à dire qu'elles sont l'ouvrage de leurs mains; mais il est à croire que les Espagnols, en adoptant leur mythologie, auront aussi cherché à copier leurs idoles, et les taureaux de Guizando sont sans doute des imitations informes, faites par des artistes indigènes, d'après quelque idole phénicienne.

La terre d'Espagne n'a pas conservé d'autres monuments du passage des Phéniciens. Quelques tombeaux, qui avaient été découverts dans les environs de Cadix, et dont Suarez de Salazar avait donné la description dans ses antiquités de Cadix, ont été détruits. Nulle construction ne nous rappelle aujourd'hui les hardis navigateurs qui avaient porté aux limites du monde connu le culte de Melkarth, de Néton et d'Astarté; mais au moins les médailles bastules, qui existent encore assez nombreuses, prouvent à quel point de perfection ils avaient poussé l'art de la gravure en médailles. Nul ne les a surpassés pour la pureté des formes, l'élégance des contours, la puissance des reliefs. Les monnaies bastules, comme presque toutes celles d'une haute antiquité, portent la figure de quelque dieu. Les types qui s'y trouvent représentés avaient quelque chose de sacré, et leur reproduction étant regardée comme un acte pieux, les artistes mettaient tout leur talent à ne pas les altérer. Aussi presque toutes celles d'une même ville se ressemblent-elles. Sur le plus grand nombre des médailles de Gadès on retrouve la tête de Melkarth, l'Hercule phénicien. Elle est représentée planche 31, n° 2.

À défaut de monuments qu'on puisse d'une manière bien certaine faire remonter aux Grecs fondateurs des colonies établies sur le littoral de la Celtibérie, on a du moins leurs médailles. Celle d'Emporium, qui est reproduite planche 31, n° 1, a toute la finesse et toute la perfection qu'on est accoutumé à rencontrer dans les ouvrages des beaux temps de la Grèce.

Les médailles celtibériennes, au contraire, et celles des Turditains, sont une preuve du peu de connaissances qu'avaient dans les arts les peuples auxquels elles servaient de monnaies. Celles de Bilbilis, de Celsa et d'Helmantica, reproduites sous les numéros 3, 4, 5 de la planche 31, donneront une idée de l'incorrection du dessin et de la roideur des types en usage chez les Celtibères. Mais si, comme objets d'art, ces pièces sont d'un médiocre intérêt, sous le point de vue historique elles sont de la plus haute importance. Les inscriptions qu'elles portent peuvent servir à rectifier les noms de beaucoup de villes, écrits par le plus grand nombre des auteurs romains avec une déplorable inexactitude. Une grande quantité de médailles celtibériennes représentent une tête à cheveux bouclés, et au revers, un cavalier portant, suivant les régions où la pièce avait été frappée, une lance, une palme, ou un bouclier rond. Depuis le pied des Pyrénées jusqu'à l'Èbre, et sur toute la côte septentrionale de l'Espagne, depuis la Cantabrie jusqu'à l'extrémité du pays des Artabres, le cavalier portait une palme. Le cavalier armé d'un bouclier rond est circonscrit à quelques villes de la vallée du Bétis; celui qui tient une lance en arrêt se retrouve dans presque tout le reste de l'Espagne. Il est vrai qu'il y a de nombreuses exceptions à cette règle, et ces types sont bien loin d'être les seuls en usage. Sur les monnaies de quelques villes maritimes, il y a des poissons; sur celles des contrées où l'influence phénicienne avait agi plus puissamment, on trouve des représentations d'animaux accompagnés d'une étoile, d'un croissant, ou d'un soleil; quelquefois aussi on y voit des épis ou des instruments aratoires.

On ne saurait déterminer d'une manière exacte l'époque à laquelle ont été frappées ces pièces. Tout ce qu'on peut affirmer, c'est qu'elles l'ont été avant l'établissement de la domination romaine, puisque les légendes sont entièrement écrites en lettres celtibériennes. Un fait mérite encore d'être remarqué, c'est que, malgré la quantité de métaux précieux qui existaient dans la Péninsule, les Romains avaient mis tant de rapacité à en dépouiller le pays, qu'on ne trouve plus de monnaies celtibériennes qu'en bronze. Et cependant les historiens font foi de la quantité considérable de monnaie d'or ou d'argent que les vainqueurs ont portée à Rome. Il suffit de rappeler que Fulvius Flaccus fit porter à son triomphe cent soixante-dix mille livres d'or monnayé d'Espagne.

Après que la domination des Romains se fut établie, les villes espagnoles conservèrent leurs types monétaires; seulement elles ajoutèrent des légendes latines aux inscriptions en celtibérien; car cet idiome continua longtemps à faire la base de la langue vulgaire. Ainsi la médaille 6 de la planche 31 est une médaille d'Obulco. Elle porte au revers une inscription turditaine qu'on n'est pas encore parvenu à déchiffrer. Le numéro 1er de la planche 32 est une pièce de Sagonte. D'un côté, on lit en caractères romains: *Saguntum invictum*, et de l'autre, des caractères celtibériens. M. de Saulcy, dans son essai de classificateur des monnaies des villes autonomes, les a traduits par le mot de *Barsè*. Il pense que ce nom est celui d'une ville amie avec laquelle Sagonte aurait contracté une étroite alliance.

Le numéro 2 de la planche 32 est

une pièce bastule, avec cette inscription en caractères phéniciens : *Aciphoc*, et en latin, *Asido*.

On se convaincra facilement, par l'examen de ces pièces, que, même sous la domination romaine, les Espagnols avaient fait peu de progrès dans les arts, et que la langue, aussi bien que l'écriture nationale, sont longtemps restées en usage, même après que la Péninsule eut été déclarée province de l'empire. Ainsi, sur les ruines du théâtre de Sagonte, on lit une grande quantité d'inscriptions en caractères celtibériens. Cette circonstance a fait penser à quelques savants que ce monument était de construction grecque, et qu'il avait survécu à la destruction de cette ville par Annibal; mais il existe des monnaies bilingues qui portent le nom d'Auguste(*). La présence des caractères celtibériens ne prouve donc en aucune manière une date antérieure à l'occupation romaine. Il faut considérer d'ailleurs qu'aucun monument, dont l'origine puisse bien clairement être attribuée aux colonies grecques, n'a survécu, tandis que l'Espagne est hérissée d'édifices romains. Il est donc plus naturel de croire que ceux qui ont déjà enrichi le sol ibérique de tant de merveilles, ont aussi élevé le théâtre de Sagonte.

Ce théâtre est disposé de manière, qu'en y prenant place on jouit d'une vue délicieuse des environs et de la mer. Dans la partie où venait s'asseoir le public, on compte encore trente-trois gradins coupés en huit divisions ou *cunei* par neuf escaliers, qui aboutissent à autant de vomitoires. Un rang de portiques règne à l'intérieur, tout autour de la partie supérieure des gradins. Il existe aussi un autre rang de portiques extérieurs, sous lesquels s'ouvrent les portes d'entrée. Les restes de ce monument sont encore assez considérables et en assez bon état pour qu'à la fin du siècle dernier, D. Palos y Navarro, conservateur de ce superbe édifice, ait pu y faire donner une représentation théâtrale.

Un monument romain qui existe encore dans les environs de Tarragone (planche 11), est vulgairement appelé le tombeau des Scipions. La tradition, qui ne repose au reste sur aucun fondement, veut que ce soit le mausolée élevé par le premier Scipion l'Africain à la mémoire de son oncle et de son père. On a prétendu que les deux statues mutilées qui décorent cet édifice représentent Cnéius et Publius Cornélius Scipion. Mais le costume dont elles sont revêtues n'est pas celui des généraux romains; il ressemble plutôt à celui des esclaves. Ce qui d'ailleurs doit faire présumer que ce monument n'est pas du temps de Scipion, c'est qu'en creusant la terre pour niveler la route qui passe au pied de cette construction, on a trouvé des ruines romaines, des médailles d'Auguste, une urne funéraire contenant les cendres d'un enfant, et tous ces objets paraissent antérieurs au prétendu tombeau des Scipions, qui s'élève en quelque sorte sur leurs débris.

Swinburne, qui a visité ce monument en 1775, est encore parvenu à y lire ce reste d'inscription :

ORN..TE.. EAQUE....L..O.. UNUS..VER.. BUSTUS.. L.S.. NEGL... VI.. VA.. FL. BUS... SIBI PERPETUO REMANSIT.

Les trois lettres qui commencent la première ligne, peuvent avoir fait partie du mot Cornelius, nom de la famille des Scipions. Voilà probablement d'où vient la tradition qui fait de ce monument le tombeau des deux généraux vaincus par Asdrubal.

Dans toutes les parties de l'Espagne on rencontre des palais, des temples, des arcs de triomphe romains. A une lieue et demie de Vendrell on trouve un arc de triomphe, qu'on pense avoir été érigé en l'honneur de Trajan, et qu'on appelle vulgairement l'arc de Barra. C'est un des morceaux d'architecture les plus élégants qui enrichissent l'Espagne : il est orné sur chaque face de quatre pilastres corinthiens; le temps a fait disparaître une partie des angles de son entablement. On a plusieurs fois essayé de le res-

---

(*) On peut citer par exemple une pièce bilingue de Sagonte, décrite par M. de Saulcy, p. 76.

taurer ; mais le manque de fonds suffisants est toujours venu interrompre les travaux.

Le chef-lieu de la province tarraconaise a aussi conservé de nombreux vestiges de sa splendeur passée. On y montre encore les restes d'un immense palais d'Auguste, que le vulgaire appelle, on ne sait par quel motif, la maison de Pilate (la torre de Pilato) (planche 3). En 1808, cette antique demeure des proconsuls romains avait été transformée en une caserne occupée par un bataillon du régiment suisse de Wimpfen.

Il faut parler aussi de l'antique Emerita ; et, sans décrire tous les monuments qui enrichissent cette vieille colonie des vétérans d'Auguste, on peut citer les restes d'un temple de Diane (pl. 2), une citerne antique (pl. 10), les ruines du théâtre et surtout de la naumachie d'Emerita (pl. 5), la seule qu'on retrouve aujourd'hui en Espagne.

Ces travaux d'embellissement ne sont pas les seuls dont les Romains ont doté leur conquête ; ils l'ont aussi enrichie d'ouvrages dont l'utilité s'adressait plus directement aux intérêts matériels du pays. Des routes ont été percées ; et le pont jeté par Trajan sur le Tage à Norba Cæsarea, aujourd'hui *al-Cantara*, mérite encore, après dix-sept siècles, d'être admiré pour sa solidité, ses proportions grandioses, et la hardiesse de son architecture. Il a environ deux cent vingt-quatre mètres de longueur sur neuf de large, et sa hauteur au-dessus du niveau de l'eau est énorme (pl. 8).

Des aqueducs ont aussi été élevés par les Romains. On peut citer celui de Tarragone. Celui de Ségovie, composé de deux rangs d'arcades superposées, a une grâce et une légèreté qui rappelle le pont du Gard. Il est au reste une circonstance digne de remarque ; c'est que la solidité de ce monument provient uniquement de la précision avec laquelle les pierres ont été taillées ; car elles ne sont liées entre elles par aucune espèce de ciment.

Les Romains élevèrent autour de presque toutes les villes de l'Espagne de nouveaux remparts et des portes nouvelles. Une grande partie de l'enceinte de Barcelone qu'ils avaient construite existe encore. La ville a pris tant d'accroissement, que ces murailles se trouvent au centre de la cité. Mais une ancienne porte d'entrée qu'on voit sur la place neuve, prouve que les anciens Romains n'avaient rien négligé pour la sûreté ou pour l'embellissement du pays (pl. 7).

Aux signes monétaires des indigènes, les Romains finirent par substituer les leurs. Nous avons vu les pièces grecques, bastules ou celtibériennes, faire place à des médailles bilingues ; celles-ci furent à leur tour remplacées par des pièces purement romaines, qui, sans avoir tout à fait l'élégance et la pureté de contours qu'on trouve dans les types grecs ou phéniciens, étaient cependant bien supérieures aux monnaies celtibériennes. Les municipes et les colonies eurent leurs monnaies. Le n° 4 de la planche 32 est une pièce des municipes. Le n° 5 est une pièce de la colonie d'Emerita. Le n° 3 est une monnaie impériale. Enfin, pour que la ressemblance de l'Espagne avec les villes italiennes devînt tout à fait complète, on y frappa des deniers au nom des familles consulaires.

Afin d'achever ce tableau, il faut dire que, sous l'administration romaine, le commerce de la Péninsule avait pris un immense développement. Les métaux précieux, l'huile, le blé, les vins, qu'elle produit en abondance, les fruits desséchés, les poissons salés, le kermès, le cinabre, les laines, la cire, le miel, les draps et les toiles de Galice, étaient portés par de nombreux vaisseaux dans l'Italie et dans les autres parties de l'empire. En un mot, l'Espagne partagea toute la prospérité de ses vainqueurs, comme elle partagea bientôt leurs vices et leur décadence.

Invasion des barbares dans la Péninsule. — *Les Suèves, les Vandales, les Alains et les Goths.* — *Origine des Bagaudes et des Béhétries.* — *Départ volontaire des Vandales.* — Les Pyrénées, qui séparent entièrement la Péninsule du reste de l'Europe, semblaient devoir, du côté du nord, la mettre à l'abri de toute invasion. Déjà, au temps de Marius, nous avons vu les Teutons et les Cimbres, après avoir traversé la Gaule, venir s'arrêter au pied de ces montagnes, combattre pendant plusieurs années sans succès pour en forcer les passages, défendus par les Cantabres, puis enfin abandonner la partie et retourner en arrière. Mais l'imprévoyance des lieutenants d'Honorius avait négligé la garde de ces importantes positions, et lorsque de nouveaux essaims de barbares vinrent fondre à la fois sur toutes les provinces de l'empire, les Alains, les Suèves et les Vandales trouvèrent le chemin libre et se précipitèrent sur l'Espagne. Les Suèves, venus de la mer Baltique, marchaient sous la conduite d'un chef nommé Hermerich. Les Vandales étaient sortis des mêmes contrées, sous les ordres de Gunderich leur roi; ils avaient quitté les rivages de l'Elbe. Les Burgundes, les Saliens et les Silinges s'étaient joints à eux et avaient grossi leurs rangs. Enfin, les Alains, qui reconnaissaient Atace pour leur roi, étaient partis d'une région différente. Leur patrie était sur les bords du Tanaïs et des Palus Méotides. Tous ces peuples différents s'avançaient vers un même but, poussés par un même sentiment, l'amour du pillage et de la dévastation. Ils se ruèrent ensemble sur l'Espagne, portant partout le fer et la flamme, et chassant devant eux les débris des légions romaines. Ils se virent bientôt maîtres de la plus grande partie du pays, puis, quand cette conquête fut achevée, ils voulurent la partager entre eux; mais, comme ils ne pouvaient s'entendre sur les provinces que chacun d'eux conserverait, ils se décidèrent à les tirer au sort. La Bétique échut aux Vandales; les Alains eurent en partage toute la Lusitanie. Le pays des Gallaïques, des Astures, et la plus grande partie du bassin du Duero, furent attribués aux Suèves.

Le reste de la Péninsule, c'est-à-dire, le bassin de l'Èbre, les sources du Tage, de l'Ana, et le littoral de la Méditerranée, depuis le pied des Pyrénées jusqu'au cap Charidème, demeurèrent pendant quelque temps encore sous la domination des Romains. On eût dit qu'ils y gardaient la place réservée par la Providence à d'autres barbares qui ne devaient pas tarder à venir prendre leur part des lambeaux de l'empire.

Les Goths avaient, depuis longtemps, quitté la presqu'île scandinave, qu'on s'accorde à regarder comme leur berceau. Ils avaient eu déjà de fréquents rapports avec les Romains, et tour à tour ils avaient eu à traiter avec eux, comme vainqueurs, comme vaincus, ou comme alliés. Dans ce contact avec les anciens maîtres du monde, ils avaient reçu un commencement de civilisation. Ils avaient entendu la parole de Dieu; et si la foi qu'ils suivaient n'était pas pure de toute erreur, s'ils avaient adopté les hérésies d'Arius, au moins ils n'étaient plus enfoncés dans les ténèbres du paganisme. Puissants par leur nombre et par leur courage, ils n'avaient qu'à se remuer pour faire trembler jusqu'en ses fondements le trône vacillant des empereurs d'Orient ou des souverains de Rome. Alarich, leur chef, mécontent d'avoir été mal récompensé des services qu'il avait rendus dans la guerre contre les Huns, avait envahi l'Italie, et il menaçait Rome elle-même. Honorius, pour se débarrasser de ces dangereux ennemis, leur offrit deux provinces, qui étaient à peu près perdues pour l'empire : il leur abandonna la Gaule et l'Espagne. Alarich se mit en route, à la tête de son armée, pour aller prendre possession des terres qui lui étaient cédées. Mais, pendant que les Goths sans défiance passaient les Alpes, ils furent attaqués par une armée romaine. Les historiens racontent que c'était le jour de Pâques, et que dans le premier moment les Goths, craignant de profaner cette fête en se défendant, se laissaient égorger et se contentaient de lever les mains au ciel. Enfin, ils secouèrent ce scrupule, saisirent leurs armes, et tirèrent une éclatante vengeance de cette trahison. Après avoir exterminé leurs agresseurs, ils retournèrent sur leurs pas, prirent et saccagèrent Rome; ensuite ils se rendirent à Naples; ce fut dans cette ville que mourut Alarich, et que fut élu Ataulphe, le premier roi goth dont la domination se soit étendue sur l'Espagne. Ce chef partit avec ses guerriers pour aller prendre possession des provinces qui avaient été cédées à Alarich. Au nombre des prisonniers faits lors de la prise de Rome qu'il emmenait avec lui, se trouvait Galle Placidie, fille de Théodose le Grand et sœur de l'empereur Honorius. Ataulphe traita cette princesse avec tous les égards que méritaient sa naissance et ses malheurs. Touché de sa beauté, il lui proposa de l'épouser. Placidie consentit à cette alliance, et le chef des Goths devint le beau-frère de l'empereur d'Occident. Les Goths, arrivés dans la Gaule, y séjournèrent pendant quelque temps. Ataulphe établit d'abord à Narbonne le siége de son gouvernement; ensuite il passa en Espagne, non sans un grand déplaisir des Vandales et des autres barbares, qui étaient déjà établis dans ce pays. Cependant, ceux-ci ne se trouvant pas assez forts pour combattre les nouveaux venus, les laissèrent paisiblement s'y établir. Les Goths ne prirent d'abord possession que d'une contrée peu étendue; ils se bornèrent à occuper le littoral de la Méditerranée, depuis les Pyrénées jusqu'à l'Ebre. La souveraineté de la Péninsule se trouvait ainsi divisée entre cinq peuples différents. Les Suèves, comme nous l'avons déjà vu, avaient en partage la Galice, les Asturies et presque tout le cours du Duero. La Lusitanie appartenait aux Alains; la Bétique aux Vandales. La province qu'on désigne aujourd'hui sous le nom de Catalogne était au pouvoir des Goths, qu'on appelait aussi Wisigoths ou West-Goths, c'est-à-dire, Goths de l'Occident, pour les distinguer de ceux de leurs compatriotes qui vivaient dans des contrées plus orientales. Enfin, les Romains conservaient les côtes de la Méditerranée, depuis le cap Charidème jusqu'à l'Èbre, une partie du cours de ce fleuve, les sources de l'Ana et du Tage.

Si les Alains, les Suèves et les Vandales, que tourmentait un besoin continuel de tumulte et de guerre, n'attaquèrent pas d'abord les Goths, ils ne restèrent pas pour cela tranquilles, et peu contents de la division qui avait été faite entre eux, ils se disputèrent les parts qu'ils s'étaient données. Les Alains chassèrent de la Bétique les Vandales, qui furent obligés d'aller chercher un asile auprès des Suèves. Avec l'aide de ceux-ci, les vaincus parvinrent à reconquérir la province qui leur avait été enlevée. Alors les Alains se tournèrent du côté des possessions romaines; ils assiégèrent et prirent quelques villes. Pendant ce temps, Ataulphe, satisfait de la part que lui avait donnée la Providence, ne songeait qu'à jouir tranquillement à Barcelone du fruit de ses conquêtes. Mais cette inaction ne pouvait convenir à son armée; aussi bientôt mourut-il assassiné.

On élut Sigerich pour lui succéder; mais on se demande s'il faut porter ce prince sur la liste des rois, car il éprouva bien promptement le sort de son prédécesseur, et tomba sous le fer des assassins après un règne de sept jours seulement.

Walia, que le choix de ses compatriotes éleva ensuite au commandement, sentant la nécessité de donner un aliment à cette passion de guerre qui dévorait son armée, réunit une flotte pour passer dans la Mauritanie, dont il voulait faire la conquête; mais la tempête maltraita ses vaisseaux; il en perdit plusieurs, et fut obligé de renoncer à ce projet. Honorius, apprenant ce désastre, crut pouvoir en profiter pour ressaisir les provinces qu'il avait cédées aux Goths; Constance, qui commandait pour lui dans les Gaules, avait d'ailleurs un intérêt personnel à cette guerre. Il aimait la sœur de l'empereur, la veuve d'Ataulphe, et voulait l'arracher des mains des barbares; il se disposait donc activement à combattre. Cependant, on n'en vint pas aux mains. Walia remit Galle Placidie à Constance, et une convention fut signée, par laquelle Walia s'engagea à combattre, pour les Romains, contre les autres barbares établis en Espagne.

Les Alains, qui avaient récemment saccagé des villes restées sous la domination romaine, furent les premiers contre lesquels Walia tourna ses armes. Il les attaqua, les pressa avec tant de vigueur, qu'il les contraignit à accepter une grande bataille. Il les vainquit. Atace, leur roi, fut tué dans le combat, et leur déroute fut si complète, que le petit nombre d'entre eux qui purent échapper au massacre général vint se mêler aux Suèves et aux Vandales. Leur domination fut entièrement anéantie, et, à partir de cet instant, il ne fut plus question d'eux dans l'histoire de la Péninsule.

Les Vandales et les Suèves, craignant un sort semblable à celui des Alains, se soumirent aux Romains, dont ils réclamèrent la protection. Walia respecta en eux les sujets de Rome, et retourna à Barcelone, où, la même année, il mourut de maladie. Son règne avait duré environ quatre années.

Après sa mort on élut, pour lui succéder, Théodored, que quelques auteurs appellent aussi Théodorich; mais ce nouveau souverain, ne causant pas aux Suèves et aux Vandales la même terreur que leur inspirait le chef qui les avait vaincus, ils recommencèrent à se soulever, semant partout la mort et la désolation. La misère des Espagnols était portée à l'excès; les campagnes restaient en friche, et la famine, suite nécessaire de cet abandon de la culture, décimait la population des cités. Ainsi que cela arrive toutes les fois que la société est profondément agitée, on vit des hommes, poussés par le désespoir, se serrer les uns auprès des autres, former des associations pour se soustraire aux maux dont ils étaient accablés. C'est alors que prirent naissance les *Bagaudes*, ainsi nommées du mot celtique *bagud*, qui signifie réunion, assemblée. Sans doute, au milieu du désastre général, ces bandes ne restèrent pas pures de tout excès et de tout crime. Plus d'une fois il dut leur arriver de courir la campagne. Il est probable qu'elles n'eurent souvent pour ressource que le vol et le pillage; mais elles n'avaient pour but, dans le principe, que de résister à l'oppression, de quelque part qu'elle vînt. Les assimiler en tout point, comme l'ont fait beaucoup d'écrivains, à des ramassis de brigands, serait étrangement méconnaître leur véritable caractère. C'est dans le même temps que se formèrent ces agrégations municipales, connues sous le nom de *Behetrias*, qui, héritières des libertés dont jouissaient les bahalats, les villes autonomes et les municipes, ont su les conserver intactes pendant une longue série de siècles. Il existe encore, dans quelques bourgs de la Castille, un vieil usage qui leur fait donner le nom de *pueblos de behetria* : c'est de n'admettre personne aux fonctions d'alcade ou de régidor, s'il ne justifie qu'il n'est ni noble ni anobli. Les Béhétries et les Bagaudes trouvèrent dans leur courage la force de résister à la fois aux attaques des Romains et à celles des barbares, et plus d'une fois elles réussirent à protéger les populations contre les excès de tout genre auxquels se livraient les Suèves et les Vandales. On aurait peine à comprendre jusqu'à quel point l'instinct de la destruction était surtout porté chez ces derniers. Le renard et le loup, lorsqu'ils sont rassasiés, enterrent les restes de leur proie pour les retrouver le lendemain. Les Vandales n'avaient pas cette prévoyance des bêtes féroces, ils détruisaient pour détruire, et ne se réservaient pas même le moyen de subsister dans le pays qu'ils habitaient ; aussi l'eurent-ils bientôt épuisé, et ils furent forcés de se jeter sur les possessions romaines pour y chercher de nouvelles ressources. Ils s'emparèrent des îles Baléares, prirent et saccagèrent Carthagène. Enfin, appelés en Afrique par le comte Boniface, qui réclamait leur secours pour assujettir la Mauritanie, ils s'embarquèrent, abandonnant volontairement l'Espagne dix-neuf années environ après y être entrés. Ce fut, dit la tradition, à cause de leur séjour dans les provinces méridionales de la Péninsule qu'on donna, dans la suite, à la Bétique, le nom de *Vandalitia*, d'où s'est formé plus tard celui d'*Andaluzia*.

Les Suèves ne virent pas plutôt la Bétique abandonnée par les Vandales qu'ils s'en emparèrent. Ils envahirent aussi le pays des Carpétains, et tout ce que les Romains possédaient encore dans le bassin du Tage. L'empire ne put repousser cette agression; il avait alors un ennemi bien plus redoutable à combattre. Les Huns s'avançaient sous la conduite de leur roi, de cet Attila qui se faisait appeler la terreur du monde et le fléau de Dieu. Après avoir imposé un tribut à Théodose le Jeune, empereur d'Orient, ils avaient remonté le cours du Danube, traversé le Rhin, et s'étaient jetés dans les Gaules. Ætius, qui commandait dans cette province au nom des Romains; Mérovée, roi des Francs, et le roi des Goths, Théodored, avec deux de ses fils, Thorismond et Théodorich, réunirent leurs forces pour attaquer ensemble ce redoutable adversaire. Ils lui livrèrent bataille dans les plaines de la Champagne; et la victoire, longtemps disputée, fut en grande partie due au courage et à l'intrépidité des Goths; mais, dès le commencement de la mêlée, Théodored avait été tué.

Quoique l'armée d'Attila eût éprouvé des pertes énormes, cependant elle n'avait pas été entièrement détruite. On rapporte que ce barbare, retranché derrière les chariots qui formaient l'enceinte de son camp, passa la nuit à proférer des imprécations; et que, s'attendant à être attaqué le lendemain, il avait préparé un bûcher avec les selles de ses chevaux, afin de s'y jeter et de ne tomber ni mort ni vivant entre les mains de ses ennemis. Thorismond, que, dans l'enthousiasme de leur victoire, les Goths avaient proclamé roi, voulait attaquer les Huns, et venger la mort de son père en achevant de les exterminer; mais le général romain, soit qu'il craignît de réduire au désespoir un ennemi encore redoutable, soit qu'il eût peur de laisser prendre aux Goths trop de pouvoir et trop d'influence, s'il leur permettait d'achever la victoire, s'attacha à dissuader Thorismond de son projet. Il lui conseilla de se rendre promptement à Toulouse, qui était alors le centre du royaume gothique, afin de faire confirmer par la nation son élection qui n'était que partielle. Thorismond suivit cet avis. Il regagna précipitamment le midi de la Gaule, où son élection fut validée. Peu de temps après, comme il avait des discussions avec Ætius, sur le partage du butin fait sur les Huns, il se mit en marche pour aller le combattre. Mais Ætius apaisa son ressentiment, en lui envoyant en présent un vase d'or du poids de cinq cents livres, dont le prix était encore augmenté par les pierreries qu'on y avait incrustées. Ce vase fut pendant longtemps l'objet le plus précieux du trésor des rois goths.

Au dire des historiens, Thorismond était violent et cruel. Il songeait à faire périr plusieurs de ses frères; mais ceux-ci le prévinrent et le firent assassiner. L'aîné d'entre eux, Théodorich, fut élu à sa place. C'était un prince intrépide et habile. Sous son règne, Rechiaire, roi des Suèves, non content de s'être approprié l'héritage des Vandales, d'avoir occupé tout le bassin du Tage, voulut faire encore de nouvelles conquêtes sur les Romains. Théodorich, allié de l'empereur Avitus, se chargea de punir cette agression. Il se mit en campagne, poursuivit Rechiaire qui voulait gagner les montagnes des Asturies, l'atteignit, et le força à livrer bataille sur les bords du fleuve Orbigo, auprès d'Asturicum. Il remporta une victoire complète sur le roi suève, qui, blessé dans le combat, forcé de fuir, et ne se croyant pas en sûreté tant que ses pieds toucheraient la terre d'Espagne, s'embarqua pour aller rejoindre les Vandales en Afrique. Mais le mauvais temps l'ayant contraint à redescendre à terre, il fut fait prisonnier et mis à mort. Théodorich, profitant de sa victoire, alla mettre le siége devant Bracara. Cette ville fut prise et livrée au pillage. Mais les vainqueurs respectèrent la vie des habitants. Ensuite Théodorich passa en Lusitanie pour réduire cette province ; tandis qu'une autre armée, sous le commandement de Cyrila, un de ses capitaines, soumettait la Bétique à la domination des Goths.

Les Suèves qui avaient survécu à la déroute de leur roi s'étaient divisés en deux partis. Les uns, retirés à l'extrémité de la Galice, au pays des Artabres, avaient élu un roi que les auteurs nomment Maldras. Les autres avaient reconnu la suzeraineté des Goths, et avaient reçu d'eux un chef nommé Aiulf. Théodorich, après avoir ainsi pacifié le pays, y laissa une armée pour contenir les provinces conquises ; puis il repassa dans les Gaules pour aller se mêler aux guerres qui désolaient l'empire. A peine eut-il quitté l'Espagne, que les Suèves, commandés par Aiulf, se soulevèrent ; mais, attaqués par les Goths, ils furent encore battus ; et Aiulf ayant été pris, fut mis à mort. Les vaincus demandèrent de nouveau à se soumettre, et Théodorich leur accorda le droit de se choisir un chef. Quelques-uns se réunirent à Maldras, qui avait déjà été élu par une partie de leurs compatriotes ; les autres choisirent un nommé Frantan. Au bout de deux années, Maldras, ayant cessé de convenir à ses sujets, fut assassiné par eux, et remplacé par Remismond. Frantan ne tarda pas non plus à périr. Il eut pour successeur un autre chef nommé Frumar. Celui-ci ne commanda que pendant peu de temps. Il mourut, et tous les Suèves reconnurent Remismond pour leur roi. Dès que celui-ci se vit le seul chef de sa nation, il songea à faire la paix avec ses voisins ; et, pour la rendre plus durable, il épousa la fille de Théodorich, et embrassa l'arianisme, que professaient les Goths.

Il y avait treize ans que Théodorich était monté sur le trône ; et, pendant ce temps, il avait puissamment travaillé à l'agrandissement et à la gloire de sa patrie. Il venait de conquérir pour les Goths une autorité dont, jusqu'à ce jour, ils n'avaient pas joui dans la Péninsule. Maîtres de la Catalogne et de la Bétique, ils exerçaient encore une espèce de protectorat sur les autres parties de l'Espagne, que les Romains ne conservaient qu'avec leur aide, et, en quelque sorte, sous leur bon plaisir. Enfin les Suèves reconnaissaient leur suzeraineté. Ce prince avait constamment régné avec bonheur, lorsqu'il tomba sous le fer des assassins. L'histoire lui reproche le meurtre de Thorismond, son frère. Ce fut par les ordres d'un autre de ses frères, par les ordres d'Eurich, qu'il fut frappé.

Eurich, proclamé roi, acheva ce que son prédécesseur avait commencé. Profitant de l'état de faiblesse et de désorganisation où l'empire d'Occident était tombé, il attaqua les Romains des deux côtés des Pyrénées à la fois, dans la Gaule et dans la Péninsule. Il les chassa définitivement de l'Espagne, qui, à l'exception d'une partie de la Galice laissée par lui aux Suèves ses alliés, fut occupée en entier par les Goths ; et ce n'est qu'à partir de ce moment qu'on doit considérer leur domination comme solidement assise dans ce pays. Eurich ne fut pas seulement conquérant, il eut aussi la gloire de donner un code à sa patrie. Il s'occupa de recueillir en un corps de lois les ordonnances publiées par lui et par ses prédécesseurs. Ce fut un prince plein de modération et de générosité. Il mourut en 483 de l'ère chrétienne, après un règne de dix-sept ans.

Domination des Goths dans la Péninsule. — Après la mort d'Eurich, les Goths élurent Alarich, son fils. Pendant le règne de ce prince, nulle guerre ne vint agiter les États qu'il possédait en Espagne. Il n'en fut pas de même de ceux qu'il avait dans le midi de la Gaule. Les Francs et les Wisigoths s'y trouvaient trop rapprochés pour vivre en bonne intelligence. Clovis, qui joignait toute l'ambition d'un conquérant au fanatisme d'un nouveau converti, avait répété plus d'une fois qu'il s'impatientait de voir la plus belle partie des Gaules possédée par les ariens. Il n'était pas arrêté dans ses projets de guerre par les liens de parenté qui l'unissaient au roi des Wisigoths. Cependant c'était sa propre nièce qui était la femme d'Alarich. En effet, Théodorich, fondateur du royaume des Ostrogoths en Italie, avait épousé Audeflède, sœur de Clovis. Il en avait eu deux filles : l'une, nommée Ostrogotha, qu'il avait mariée à Gondebaud, roi des Bourguignons; l'autre, appelée Theudicoda, était femme d'Alarich. Tous les efforts de Théodorich pour empêcher une guerre entre son beau-frère et son gendre furent inutiles. Ils en vinrent aux mains à Vouglé, près de Poitiers. Alarich fut vaincu, et périt dans le combat. La plupart des historiens s'accordent à dire qu'il fut tué par Clovis lui-même.

Alarich laissait deux enfants : Gesalic ou Gesaleyc, qu'il avait eu d'une concubine longtemps avant son mariage; l'autre, né de sa femme Theudicoda. Ce dernier, nommé Amalarich, était trop jeune pour qu'on pût lui confier le gouvernement, et les Goths élurent Gesalic pour roi. Théodorich, mécontent de voir son petit-fils privé du trône, envoya dans les Gaules une armée de quatre-vingt mille hommes, dans le double but de réprimer l'orgueil des Francs, qui n'avait plus de bornes depuis la victoire remportée par Clovis, et de rétablir son petit-fils Amalarich sur le trône.

On a vu que, jusqu'à ce jour, la royauté était purement élective chez les Goths. Cependant le droit d'hérédité tendait à s'introduire dans leurs mœurs. Depuis un siècle, la couronne n'était pas sortie de la même famille. Walia avait eu pour successeur Théodored, son parent. Après celui-ci, trois de ses fils, Thorismond, Théodorich et Eurich, avaient successivement régné. Alarich, fils de ce dernier, venait de périr en combattant ; et cette fois encore, les Goths, en écartant du trône l'enfant légitime laissé par lui, avaient été demander un roi à sa descendance. C'est son bâtard qu'ils avaient choisi. L'hérédité commençait à devenir un droit chez les Goths; cependant c'était la première fois qu'on y voyait le commandement réclamé, les armes à la main, comme étant une propriété de famille. Cet exemple est d'autant plus remarquable, qu'on revendiquait cette propriété au nom d'un prince encore incapable de gouverner : il avait à peine cinq ans. Quoi qu'il en soit, l'armée des Ostrogoths s'avançait pour faire prévaloir ce droit. Dans ces circonstances, Gesalic se montra peu digne du rang dont ses compatriotes l'avaient honoré. Il prit honteusement la fuite, se retira à Barcelone, et, ne s'y trouvant pas encore en sûreté, il passa en Afrique pour demander des secours aux Vandales. Ceux-ci lui ayant donné de l'argent et des hommes, il revint dans la Gaule, et employa une année entière à organiser une armée. Quand enfin il l'eut réunie, il partit pour aller assiéger Barcelone. Mais, attaqué par un des lieutenants de Théodorich, il fut battu et forcé de prendre la fuite. Suivant quelques auteurs, il tomba entre les mains d'un parti d'Ostrogoths qui le mirent à mort. Suivant les autres, il se réfugia dans les Gaules, où bientôt il mourut d'une maladie que lui causèrent le chagrin et la honte de sa défaite.

Théodorich confia le gouvernement de l'Espagne à Theudis, qui avait été son écuyer, et le chargea de l'éducation du jeune roi. Quelques auteurs pensent que Theudis gouvernait au nom du roi des Ostrogoths, et ils comptent celui-ci au nombre des souverains de l'Espagne. Cette opinion paraît peu fondée. En effet, Théodorich ne quitta jamais l'Italie, et dès qu'Amalarich fut en âge de gouverner, il lui remit l'administration de son royaume. Une des premières pensées du jeune roi pour assurer la paix entre son royaume et celui des Francs, fut de demander en mariage Clotilde, fille de Clovis. Cette union, qui paraissait devoir être un gage de paix entre les deux pays, devint une source de haines et de discordes. Clotilde était catholique, Amalarich au contraire était arien ; cette diversité de croyances fut entre eux une cause toujours renaissante de discussions et de querelles. Quand Clotilde remplissait les devoirs de sa religion, Amalarich la faisait insulter et la maltraitait. La fille de Clovis implora l'assistance de Childebert son frère, et pour le déterminer à venir la secourir, elle lui envoya, dit-on, un mouchoir teint de son sang.

Les quatre fils de Clovis, Childebert, roi de Paris ; Clotaire, de Soissons ; Théodorich, d'Austrasie ; et Clodomir, d'Orléans, se réunirent contre le roi des Wisigoths. Celui-ci vint au-devant d'eux pour leur livrer bataille ; mais il fut mis en fuite, et forcé de se réfugier sur ses vaisseaux. Dans sa précipitation, il avait oublié d'emporter ses trésors. Il redescendit à terre ; la ville était déjà occupée par ses ennemis ; et, au moment où, pour échapper à leur poursuite, il entrait dans une église, un Franc le tua d'un coup de lance. D'autres auteurs racontent qu'il se serait retiré à Barcelone, et que sa fuite l'ayant rendu méprisable aux siens, il y fut massacré par ses propres soldats. Childebert fit un butin considérable ; il emporta soixante-dix calices, quinze patènes, et beaucoup d'autres ornements d'église en or, qu'à son retour il distribua aux églises de Paris. Quant à Clotilde, elle ne survécut pas longtemps à son mari. Elle revenait en France avec ses frères, qui l'avaient délivrée ; mais elle mourut dans le voyage.

Ce fut sous le règne de ce prince que s'introduisit l'usage des épreuves par le feu. Voici, dit Mariana, comment cette superstition prit naissance : Montano, prélat de Tolède, était accusé d'actions impures. Pour prouver son innocence, il mit dans son sein des charbons enflammés, et les y conserva pendant qu'il disait la messe, sans qu'ils brûlassent ses vêtements et sans que le feu s'éteignît. Ce fut l'origine de cette coutume, autrefois généralement admise en Espagne. Les lois des Goths en font plusieurs fois mention, quoiqu'elle soit réprouvée par les lois divines. Elle permettait de purger par les épreuves de l'eau ou du feu les accusations de vol, de meurtre et d'adultère. Voici de quelle manière et avec quelles cérémonies l'épreuve avait lieu : l'accusé commençait par se confesser de ses péchés ; ensuite on faisait rougir une barre de fer ou bouillir de l'eau ; ces objets étaient bénits par un prêtre qui venait d'offrir le saint sacrifice. Celui qui pouvait sans danger saisir le fer brûlant ou boire l'eau bouillante, était proclamé innocent et déchargé de toute infamie.

Theudis, qui avait gouverné l'Espagne pendant les premières années de la minorité d'Amalarich, et qui était Ostrogoth de nation, fut élu roi. A peine était-il sur le trône, qu'il eut à soutenir une guerre contre les Francs. Childebert avait rapporté un trop riche butin de sa première expédition en Espagne, pour n'être pas tenté d'en essayer une seconde. Il traversa les Pyrénées ; et, après avoir ravagé le pays, il vint mettre le siége devant Cæsar-Augusta. Il pressait vivement la ville ; aussi les habitants, craignant de ne pas être suffisamment défendus par des forces humaines, implorèrent un secours céleste. Les hommes, couverts de cilices, les pieds nus, et portant à la main des torches funéraires, les femmes, vêtues de blanc, et laissant flotter leur chevelure, firent plusieurs fois le tour des remparts, en portant en procession la tunique et les reliques de saint Vincent. Le roi franc, surpris à la vue de cet appareil, crut d'abord qu'il était question de quelque conjuration magique. Mais un prisonnier espagnol lui expliqua comment, par l'intercession de saint Vincent, qui avait déjà fait de nombreux miracles, ils appelaient contre lui la colère de Dieu. Dans ces temps d'ignorance, les esprits recevaient facilement une impression superstitieuse; et, soit que Childebert fût effrayé par la crainte d'un châtiment céleste, soit qu'il fût déterminé par d'autres considérations, et qu'il redoutât de voir son armée affamée par les Goths, qui tenaient la campagne, il traita avec les habitants, et exigea qu'ils lui cédassent la tunique de saint Vincent. Il reprit le chemin de la France, emportant cette pieuse dépouille, qui au reste ne le garantit pas de tout danger; car, enfermé par Theudisèle, général de Theudis, dans les gorges des Pyrénées, il ne put forcer le passage qu'en éprouvant des pertes considérables. Néanmoins, Childebert, de retour à Paris, y fit élever, en mémoire de ce qui lui était arrivé en Espagne, une église et une abbaye. Elles étaient, à cette époque, situées en dehors de la ville, sur la rive gauche de la Seine, et entourées de fossés et de remparts qui en faisaient une véritable citadelle. Placées d'abord sous l'invocation de saint Vincent, elles ont plus tard été consacrées à un autre patron. Elles forment aujourd'hui l'abbaye Saint-Germain des Prés.

La seconde année du règne de Theudis (532), les armées de l'empereur d'Orient, conduites par Bélisaire, détruisirent l'établissement que les Vandales avaient fondé en Afrique, et firent prisonnier Gélimer leur roi. La marche et les succès du général romain furent si rapides, qu'en Espagne on connut la défaite des Vandales avant d'avoir appris qu'ils étaient attaqués. Cependant Theudis envoya des secours en Afrique pour relever leur cause; mais cette expédition n'eut aucun succès, et sa flotte fut bientôt forcée de rapporter les débris de son armée.

Pendant dix-sept années, Theudis ne s'occupa que du bonheur de ses sujets, et cependant il mourut assassiné. Un mendiant qui était insensé, ou qui feignait de l'être, le frappa d'un coup d'épée. Il reçut cette mort avec résignation, comme un châtiment des fautes qu'il avait commises, et il pardonna à son meurtrier.

Quelques historiens disent que Theudis avait été au nombre des révoltés qui, à Barcelone, avaient massacré Amalarich, et qu'en mourant à son tour de la main d'un assassin, il défendit qu'on punît celui qui venait de le poignarder; *parce que*, dit-il, *Dieu m'a fait souffrir par la main de cet assassin la peine du crime que j'ai commis autrefois en tuant moi-même le chef de ma nation.*

Le général que nous avons vu arrêtant l'armée des Francs dans les Pyrénées, fut choisi pour succéder à Theudis. Une fois sur le trône, ce nouveau souverain ne se distingua que par sa cruauté, par sa luxure, et encore, ajoutent les auteurs ecclésiastiques, par son impiété. Ils racontent qu'un miracle se renouvelait tous les ans dans l'église catholique d'Osset, près de Séville : les fonts baptismaux, quoique fermés par l'évêque, en présence du peuple, le jeudi de la semaine sainte, se retrouvaient toujours pleins d'eau le samedi suivant, sans qu'on sût comment elle y était arrivée. Theudisèle était arien, et par conséquent il croyait peu aux miracles qui pouvaient se faire en faveur des catholiques. Soupçonnant donc quelque fraude, et pensant que l'eau pouvait être introduite par quelque conduit souterrain, il fit creuser tout autour de l'église un fossé de vingt-cinq pieds de largeur, qui était aussi profond que large. Il fit soigneusement surveiller les portes de l'église, et se vanta d'empêcher le miracle; mais avant le samedi saint il mourut assassiné.

Les conspirateurs qui l'avaient frappé se crurent en droit de donner un roi à leurs compatriotes. Ils désignèrent Agila, l'un d'entre eux; mais il s'en fallut de beaucoup que toute l'Espagne approuvât leur choix : plusieurs villes refusèrent de reconnaître leur élu pour souverain. Cordoue, n'ayant pas voulu lui ouvrir ses portes, fut assiégée par lui; mais il échoua dans cette tentative, et fut forcé de se retirer à Mérida. On ne tarda pas à lui opposer un concurrent. Ce fut Athanagilde. Celui-ci ne se trouvant pas assez puissant pour vaincre son rival, appela l'empereur d'Orient à son secours. Il promit de faire rentrer une partie de l'Espagne sous la domination romaine si on voulait l'aider à renverser son compétiteur. Justinien lui envoya une armée, sous le commandement du patrice Libérius. Agila, battu par Athanagilde et par les Romains réunis, se retira à Émérita, et il y fut assassiné par les siens.

Sa mort eût laissé Athanagilde seul maître de l'Espagne, si les dangereux auxiliaires qu'il avait appelés n'eussent pris pour eux une partie de son royaume. Les Romains n'avaient point encore oublié que cette riche contrée avait appartenu à l'empire, et ils ne désespéraient pas d'y détruire la puissance des Wisigoths, comme Bélisaire avait déjà anéanti celle des Vandales en Afrique et celle des Ostrogoths en Italie. Les Romains s'étaient approprié le littoral de la Bétique, et même de la Lusitanie, jusqu'au promontoire sacré. Athanagilde eut donc à soutenir contre eux des guerres longues et acharnées. Dans ses entreprises, il eut tour à tour à se plaindre et à se louer de la fortune; mais quel qu'en ait été le succès, l'histoire n'en a pas moins de graves reproches à lui adresser. Celui qui, pour satisfaire son ambition, pour renverser un rival et s'emparer du pouvoir, appelle à son aide l'invasion étrangère, est traître à sa patrie; et lorsqu'un prince est déjà coupable d'un semblable crime, s'il faut juger son caractère non-seulement d'après ses actes, mais encore d'après la conduite de ses enfants, ce doit être une circonstance bien aggravante que d'être, comme Athanagilde, père de Galsuinde et de Brunehaut.

Galsuinde, l'aînée de ses deux filles, fut unie à Chilpéric, roi de Soissons, et mourut peu de jours après son mariage, assassinée, à ce qu'on croit, par Frédégonde. La plus jeune, que les Espagnols appellent Brunechilde, et qui est si horriblement célèbre dans l'histoire française sous le nom de Brunehaut, épousa Sigebert, roi d'Austrasie. Elle put être accusée par Clotaire d'avoir fait périr dix rois ou enfants de rois. Au reste, Athanagilde ne fut pas témoin de cette série d'horreurs. Il mourut de maladie à Tolède en 567.

Ce fut à peu près vers cette époque que Théodomir (*), roi des Suèves, abandonna l'hérésie d'Arius pour embrasser le catholicisme. On raconte que sa fille ayant été frappée d'une maladie incurable, il avait fait vœu de croire ce qu'avait cru saint Martin, dont on lui vantait les miracles, si, par l'intercession de ce saint, la vie de son enfant était sauvée. La guérison ayant eu lieu, Théodomir, ainsi qu'une grande partie de ses sujets, se convertirent. Pour s'éclairer davantage dans la voie nouvelle qu'il voulait suivre, le roi réunit un concile à Bracara. Parmi les actes de ce concile, il en est un qui mérite d'être remarqué. Les évêques rassemblés condamnèrent l'usage d'enterrer les morts dans les églises, qui convertit les temples en autant de charniers. Mais les abus sont vivaces, et quoiqu'on eût reconnu, dès le milieu du sixième siècle, combien cette coutume était insalubre, elle n'a pas moins subsisté en Espagne jusqu'à nos jours.

Après la mort d'Athanagilde, il y eut un interrègne de quelques mois. Les grands ne pouvaient tomber d'accord sur le choix à faire. Enfin on élut Leuva. Celui-ci, dès la seconde année de son règne, trouvant qu'une seule personne pouvait difficilement pourvoir à la fois au gouvernement de l'Espagne et à celui des provinces que les Goths possédaient dans la Gaule, demanda à la nation que son frère Léovigilde partageât avec lui la royauté. Leuva se réserva les provin-

(*) L'histoire depuis Remismond ne parle pas des Suèves; et s'ils reparaissent, c'est pour quelques instants seulement, car ils doivent être absorbés bientôt par la monarchie des Goths. Voici la liste de leurs rois:

Hermenrich.	Ariamir, Carriarich ou Théodomir.
Rechila.	
Rechiaire.	Mir ou Miron.
Maldras.	Eboric, dépouillé par Andeca.
Frumar.	
Remismond.	Malarich, qui ne fut que prétendant au trône.
Lacune.	

ces qui étaient dans la Gaule; Léovigilde eut l'Espagne en partage. Ce prince, qui, d'un premier mariage, avait déjà deux fils, Hermenegilde et Récared, épousa Gowsuinde, veuve d'Athanagilde, afin de consolider par cette union l'autorité qu'on venait de lui conférer. Ensuite il réunit une armée, attaqua les Romains, les battit, et leur enleva les villes d'Asido et de Malaca. Il fit aussi rentrer sous son obéissance Cordoue, qui, depuis qu'elle avait repoussé Agila, s'était maintenue indépendante, et avait refusé de reconnaître aucun souverain.

Il y avait déjà trois ans que Léovigilde travaillait ainsi à affermir l'autorité royale et à combattre les ennemis de sa patrie, lorsque son frère Leuva mourut. Il se trouva dès lors seul maître du royaume des Goths. Le commencement de ce règne fut signalé par quelques troubles. Les Cantabres, toujours prêts à combattre, se soulevèrent contre son autorité; mais, après avoir commencé par chasser les Romains de la Bétique, le nouveau roi se rendit dans le nord de l'Espagne, où bientôt il eut apaisé la révolte. Alors il suivit l'exemple que lui avait donné son frère. Leuva, guidé par l'amour du bien public, et pour que son royaume fût mieux administré, avait partagé le pouvoir avec lui. Un motif différent, le désir de perpétuer le sceptre dans sa famille, détermina Léovigilde à partager son autorité avec ses deux fils, Hermenegilde et Récared. Hermenegilde eut Séville pour résidence. Récared, au contraire, eut la sienne dans une ville de la Celtibérie. Quant à Léovigilde, il s'établit à Tolède, qui prit le titre de ville royale. Cet arrangement, qui semblait devoir assurer la tranquillité dans la famille royale, devint au contraire un ferment de discorde. Tous les Espagnols ne suivaient pas la même croyance: les anciens habitants étaient presque tous catholiques; les Goths étaient ariens. Dans le principe, la religion catholique était restée humble et soumise; mais à mesure que l'époque de la conquête s'était éloignée, elle avait relevé la tête; elle avait fait des prosélytes même parmi les maîtres du pays. Elle aspirait à exclure l'arianisme; elle s'agitait, se remuait; elle était devenue le point de ralliement de tous les mécontents et le prétexte de tous les ambitieux; mais il leur manquait un chef, lorsque les circonstances vinrent désigner Hermenegilde à leur choix. Il avait épousé Ingunde, fille de Brunehaut et de Sigebert. Cette princesse était catholique. Elle eut de vives altercations avec Gowsuinde, son aïeule maternelle, qui était restée arienne. Hermenegilde prit dans ces discussions le parti de sa jeune épouse. Bientôt converti par elle, il embrassa la foi des catholiques, et se trouva tout naturellement placé à la tête du parti qu'ils formaient dans l'État. Pour donner à cette faction encore plus de force, il fit alliance avec les ennemis du royaume, avec ces Romains que son père avait combattus, et qu'il avait réduits à ne plus posséder qu'un coin de la Lusitanie. Il avait fait aussi alliance avec le roi des Suèves, Mir, fils de Théodomir, qui était catholique. C'est ainsi qu'il préparait la ruine de son père. Mais Léovigilde, averti de ces menées coupables, rassembla une armée, surprit et cerna les Suèves, qui s'avançaient pour se joindre à Hermenegilde, et contraignit leur roi à venir avec lui, soit comme auxiliaire, soit comme otage, faire le siége de Séville, où Hermenegilde s'était fortifié. Cependant il répugnait à Léovigilde d'enlever cette cité de force; il prit donc le parti de la bloquer étroitement, et d'attendre que la famine la lui eût livrée. Il s'établit à Italica, cette antique colonie fondée par Scipion à une lieue au-dessous de Séville. Il en releva les murailles, coupa toute communication entre les assiégés et la campagne, et parvint même à empêcher qu'on profitât du cours du Bétis pour faire passer des vivres aux habitants. Aussi, après un blocus d'une année, Hermenegilde sentant l'impossibilité de se défendre plus longtemps, prit la fuite et courut chercher un asile à Cordoue. Il comptait sur les secours que lui avaient promis les Romains. Mais Léovigilde gagna à prix d'argent le général qui devait les lui amener, et Hermenegilde, abandonné à ses propres forces, fut encore obligé de prendre la fuite. S'étant réfugié dans une église, il fit prier son frère Récared d'implorer pour lui le pardon de leur père. Léovigilde reçut le rebelle en grâce. Il se contenta de le faire dépouiller de ses vêtements royaux et de l'éloigner du pays où sa révolte avait eu lieu, en lui donnant pour résidence la ville de Valence. Cette clémence paternelle ne corrigea pas Hermenegilde. Il recommença ses intrigues, réunit une armée, et leva de nouveau l'étendard de la révolte. Il pénétra dans cette partie de la Lusitanie ancienne que nous nommons l'Estrémadure. Mais le roi se mit à sa poursuite; il le chassa d'Émérita, qui lui avait ouvert ses portes, et le repoussa ainsi de ville en ville jusqu'à Valence. Les rebelles, ainsi pressés, se débandèrent; leur chef, resté presque seul, tomba encore une fois entre les mains de son père, qui, justement irrité, le fit emprisonner à Tarragone. Malgré tous les crimes de son fils, Léovigilde voulait encore lui pardonner; mais il exigeait quelque preuve d'un repentir sincère. Hermenegilde s'était uni à tous les ennemis de l'État; aux mécontents, aux Romains, à Gontran, roi d'Orléans et de Bourgogne, qui, voisin des provinces possédées par les Goths dans le midi de la Gaule, était par conséquent leur adversaire naturel; à Childebert, roi d'Austrasie, frère d'Ingunde sa femme. Le catholicisme avait été le nœud qui avait resserré toutes ces alliances, qui en avait été la cause ou le prétexte. Léovigilde exigeait qu'il revînt à son ancienne croyance; et, pour l'exhorter à l'abjuration qu'il lui demandait, il lui avait envoyé un évêque arien. Mais le prisonnier s'emporta en invectives contre cet évêque et contre son père lui-même. Alors celui-ci, dans un moment de colère, ordonna de le décapiter; et cet ordre fut exécuté avec une précipitation qui ne laissa de place ni à la réflexion, ni au repentir. Sans doute cette catastrophe est déplorable; mais faut-il, comme le font les historiens espagnols, en rejeter tout l'odieux sur Léovigilde, qu'ils dépeignent comme poussé contre son fils par une haine aveugle de la religion que celui-ci venait d'embrasser? Cette accusation paraît démentie par les faits. Léovigilde aimait tendrement ses enfants, puisqu'il s'était spontanément dépouillé d'une partie de son royaume et l'avait partagé avec eux. Il n'était pas entraîné par un fanatisme furieux; car, loin de persécuter les catholiques, il avait cherché tous les moyens de rapprocher les opinions religieuses; dans ce but de conciliation, avant d'aller assiéger Séville, il avait réuni un concile, et les prêtres ariens qui composaient cette assemblée, animés du même esprit de transaction, proclamaient ce qu'ils n'avaient pas accordé jusqu'à ce jour, que le fils est égal au père. Ce n'était donc pas un fanatisme religieux qui le faisait agir. Sa sévérité était sollicitée par des causes plus impérieuses. Comme roi, n'était-ce pas pour lui un devoir de punir le sujet qui s'alliait avec les ennemis de l'État, et qui remplissait le royaume de troubles et d'agitations? Hermenegilde n'était-il pas d'ailleurs assez coupable, lorsque deux fois il avait pris les armes contre son père? Cependant les Espagnols le vénèrent comme un saint, et l'Église romaine l'a placé au nombre des martyrs.

Après la mort d'Hermenegilde, sa femme et son jeune fils, Athanagilde, qu'il avait confiés à la garde des Romains, s'embarquèrent pour passer à Constantinople. Ingunde périt dans la traversée, et son enfant fut élevé par les soins de l'empereur Maurice.

Pendant le siége de Séville, Mir, roi des Suèves, était mort, et il avait eu pour successeur son fils Éboric. Mais ce jeune prince n'avait pas tardé à être détrôné par le second mari de Sisegunde sa mère, nommé Andeca. Cet usurpateur, après lui avoir fait couper les cheveux, l'avait renfermé dans un cloître. Ce fut pour Léovigilde un motif d'intervention. Il attaqua le tyran, et, l'ayant vaincu, il lui fit à son tour couper sa chevelure, ce qui, à cette époque, dégradait de la noblesse et rendait indigne de régner. Il le jeta dans un cloître de la Lusitanie. Un seigneur suève, appelé Malarich, voulut encore prendre le titre et l'autorité de roi; mais Léovigilde réprima promptement cette tentative, et resta seul maître de la Galice; car Éboric, dont les cheveux avaient été rasés, ne pouvait remonter sur le trône; et d'ailleurs Léovigilde n'avait peut-être pas bien envie de le lui rendre. C'est ainsi que le royaume des Suèves finit en 586, après avoir duré 174 ans.

Léovigilde mourut dans cette même année 586. Il est le premier qui, parmi les Wisigoths, ait fait usage des insignes de la royauté, du manteau, du sceptre et de la couronne. Avant son époque, on ne trouve sur les médailles ni sur les monuments gothiques aucune trace de couronne ni de bandeau royal. Malgré les guerres nombreuses qu'il eut à soutenir, malgré cette autre plaie qui désole souvent l'Espagne, les sauterelles, qui portèrent la famine et la dévastation dans plusieurs provinces, son règne fut heureux. Aussi tous les historiens s'accordent-ils à regarder Léovigilde comme un des plus grands rois de l'Espagne gothique.

Un événement d'une grande importance signala le règne de Récared, son fils et son successeur. Le nombre des catholiques s'était considérablement accru en Espagne. Soit par politique, soit par conviction, Récared favorisait leur croyance, et s'efforçait de la propager. Il détermina un grand nombre de seigneurs à l'embrasser; il y engageait les uns par des caresses, les autres par des présents. Enfin, quand il eut successivement préparé les esprits au changement qu'il méditait, il fit lui-même profession de la foi catholique. Cependant ce n'est jamais sans agitation dans l'État qu'une pareille conversion peut avoir lieu. Plusieurs conjurations éclatèrent; mais elles furent déjouées par la prudence et par la fermeté du roi. Les Romains l'attaquèrent; il leur fit la guerre avec vigueur et avec succès. Des révoltes éclatèrent dans le pays des Vascons; il les réprima; et, malgré la sévérité qu'il lui fallut déployer dans plus d'une circonstance, il sut cependant se faire aimer de la plus grande partie de ses sujets; aussi plusieurs historiens, et notamment Mariana, l'appellent-ils souvent le bon roi Récared. Il mourut en 601, laissant trois fils : Leuva, Suinthila et Geila.

Leuva n'était âgé que de vingt ans, et promettait d'être aussi bon roi que son père; mais les assassins ne lui en laissèrent pas le temps. Ils le frappèrent comme il achevait la seconde année de son règne.

Witerich, qui avait été l'artisan de ce crime, fut élu à la place de Leuva. Il était d'un caractère cruel, et s'efforça, mais inutilement, de faire revivre la secte d'Arius. Il eut bientôt amassé tant de haines contre lui, qu'enfin elles éclatèrent. Le peuple se souleva, l'attaqua dans son palais, le massacra, et traîna dans les rues son cadavre, qui fut honteusement enseveli hors des murs de Tolède. Et parce qu'il s'était élevé par le glaive, dit saint Isidore de Séville, il périt par le glaive; et cette fois du moins, la mort de l'innocent ne resta pas sans vengeance.

On élut roi Gundemar, qui avait été chef de ce mouvement populaire. Pendant son règne, qui ne dura que deux années, il combattit avec succès contre les Romains, et apaisa des révoltes dans le pays des Vascons. Il mourut de maladie à Tolède en 612.

Dans ces temps d'ignorance, il était bien rare et presque merveilleux de voir un homme joindre à la pratique du métier de la guerre quelque connaissance des lettres grecques ou latines. Cependant ces deux qualités de brave soldat et d'homme lettré se trouvaient réunies chez Sisebute, qui fut élu roi. On a conservé de lui plusieurs écrits qui rendent témoignage de son érudition. Les révoltes continuelles des populations du nord de la

Péninsule lui donnèrent bientôt l'occasion de faire preuve de ses talents militaires. Des troubles ayant éclaté dans les Asturies et dans cette partie de la Cantabrie habitée par les Ruscons, appelée aujourd'hui la Rioja, il prit aussitôt les armes, confia à Suintila, fils du bon roi Récared, le commandement de l'armée envoyée contre les Ruscons, et conduisit lui-même l'expédition dirigée contre les Astures. Les Romains, le voyant occupé dans le nord de l'Espagne, crurent pouvoir se jeter impunément sur la Bétique, pour reconquérir le terrain que Léovigilde et Récared leur avaient enlevé. Mais Sisebute en finit promptement avec les Astures et les Cantabres, réunit ses forces et vint s'opposer aux attaques des Romains. Il remporta sur eux deux victoires, et leur fit essuyer des pertes considérables. Il donna dans cette circonstance non-seulement des preuves de sa vaillance et de son habileté, mais encore il fit connaître sa générosité et sa grandeur d'âme. Il renvoya aux vaincus tous les prisonniers qu'il leur avait faits; et, pour que ses soldats ne fussent pas frustrés de la part qui leur revenait dans cette partie du butin, il leur paya de son épargne la rançon des captifs qu'il délivrait.

Tout en rendant hommage aux talents et aux vertus de ce prince, il faut le plaindre de n'avoir pas su se mettre au-dessus des préjugés, qui, de son temps, faisaient des Israélites les objets de l'exécration générale. A l'instigation de l'empereur Héraclius, il persécuta les juifs, les força à recevoir le baptême ou à quitter ses États; aussi un grand nombre d'Espagnols qui professaient le judaïsme s'expatrièrent-ils pour aller porter dans d'autres pays leurs capitaux et leur industrie. Sisebute ne régna que jusqu'en 621. Quelques auteurs pensent qu'il fut empoisonné; mais, dit Mariana, lorsqu'un prince renommé par ses vertus et par l'amour de ses sujets vient à périr encore jeune, on veut toujours que sa mort ait une cause extraordinaire. Sisebute mourut pour avoir bu en trop grande quantité d'une potion que ses médecins lui avaient donnée, et qui, prise à moindre dose, eût peut-être été salutaire.

Son fils Récared lui succéda; mais ce prince, qui était trop jeune, ne régna que peu de mois, et l'histoire ne dit rien de sa vie ni de sa mort.

Le fils du bon roi Récared, Suintila, qui s'était distingué dans la guerre contre les Ruscons, fut élu roi. Il eut à combattre d'abord les Vascons et les Cantabres, qui portèrent le fer et le feu dans une partie de la Tarraconaise. Quand il les eut vaincus, il tourna ses armes contre les Romains, et les chassa entièrement de l'Espagne, où ils étaient restés pendant plus de soixante et dix ans, depuis qu'Athanagilde les y avait rappelés. Après avoir rendu ce service au pays, Suintila songea à perpétuer le trône dans sa famille. Déjà on a vu plusieurs rois goths associer à l'exercice du pouvoir souverain ou leur fils ou leur frère, pour éluder la constitution, qui voulait que le commandement fût déféré par l'élection. Suintila voulut suivre cet exemple et partager le pouvoir avec son fils Récimir, qui n'était encore qu'un enfant. Cette conduite mécontenta les grands. Ils voyaient avec impatience qu'on cherchât à les dépouiller du droit d'élire le souverain. Suintila s'attira d'ailleurs le mépris du peuple, en s'abandonnant à des excès de tout genre.

Sisenand, qui gouvernait les provinces possédées par les Goths dans la Gaule, crut l'occasion favorable pour s'emparer du trône. Cependant, comme avec ses propres forces il ne se trouvait pas en état d'entrer en lutte contre Suintila, il appela Dagobert, roi des Français, à son aide; et en payement de l'assistance qu'il réclamait, il promit de lui donner le vase d'or qu'Ætius avait envoyé au fils de Théodored pour sa part du butin fait sur Attila. Les troupes de Sisenand et de Dagobert s'avancèrent jusqu'à Cæsar-Augusta; Suintila, de son côté, marcha au-devant d'eux; mais, au moment de combattre, son armée l'abandonna, proclama son rival roi, et il fut obligé de prendre la fuite.

Après cette heureuse réussite, Sisenand fit beaucoup de présents aux officiers français. Il remit aussi aux délégués de Dagobert le vase d'Ætius; mais les Goths ne voulurent pas souffrir l'enlèvement de cet objet précieux. Ils prétendirent qu'il dépendait du trésor de la couronne, et ne pouvait être aliéné. On transigea donc, et Dagobert reçut deux cent mille sous, que, dit-on, il employa à la construction de l'église de Saint-Denis.

Quant à Suintila, il vécut en simple particulier à Tolède, où il mourut de maladie.

Pour effacer tout ce qu'il y avait d'irrégulier dans son élection, Sisenand réunit à Tolède un concile qui déclara Suintila indigne de la couronne, en même temps qu'il approuvait la nomination de son successeur. Mais, par une singulière contradiction, cette assemblée, tout en sanctionnant l'élévation d'un prince élu dans une sédition, fulminait par trois fois l'anathème contre quiconque chercherait par une conspiration à se saisir du pouvoir royal. C'est dans ce concile, présidé par saint Isidore, que fut rédigé le corps de loi appelé *Forum judicum*, et en espagnol, *Fuero Juzgo*. Ce fut l'acte le plus important du règne de Sisenand, qui mourut, à ce qu'on croit, de mort naturelle, cinq ans après qu'il eut succédé à Suintila.

Après sa mort, Chintila, qui avait été élu roi, s'empressa de réunir une assemblée de grands et de prélats pour y faire valider son élection conformément aux prescriptions du concile qui avait eu lieu sous le règne précédent. Son règne excessivement court ne fut signalé par aucun fait qui mérite d'être rapporté. Il faut en dire autant de celui de Tulga son fils, que les grands et les prélats lui donnèrent pour successeur.

Il était encore très-jeune, et Chindasuinte qui commandait l'armée, ne supportant qu'avec impatience la souveraineté d'un enfant, se révolta contre lui. La chronique de Frédégaire dit que Tulga fut pris par les révoltés, dépouillé de sa chevelure et renfermé dans un couvent. Saint Ildephonse au contraire, qui était contemporain, rapporte qu'en 641 ce jeune prince étant mort de maladie, laissa la place libre à Chindasuinte, qui s'empara de tout le royaume par la force et sans respect pour les prescriptions des conciles. Les premiers temps de son administration furent très-orageux, car il eut bien des combats à livrer pour se faire reconnaître par toute l'Espagne. Cependant il parvint à établir solidement sa puissance. Après sept années d'une administration dont les dernières avaient été calmes et heureuses, il associa son fils Recesuinte au trône, et quoique se réservant le titre de roi, il lui abandonna en réalité tout le soin des affaires, et consacra à la culture des lettres les trois années de vie que Dieu lui accorda encore.

En 652 Recesuinte lui succéda et gouverna l'Espagne avec sagesse. Ce prince sut mettre de l'ordre dans les finances et diminuer le poids des impôts dont ses prédécesseurs avaient surchargé le peuple. Il fut aidé dans cette tâche par les conciles, qui, dit Mariana, « s'attachèrent à tempérer
« la puissance royale. Ils considéraient
« que le pouvoir n'est jamais sûr quand
« il est sans limites; que les choses
« modérées sont les seules qui présen-
« tent de la force et de la durée, et
« qu'il n'est pas de prince assez puis-
« sant pour résister à la haine du
« peuple quand elle s'est déchaînée
« contre lui. »

Recesuinte régna heureusement pendant vingt ans. Il ne laissa pas de fils, et lorsque les grands et les prélats se réunirent pour élire un roi, ils restèrent longtemps avant de s'accorder sur le souverain qu'ils choisiraient. Enfin, après bien des débats, tous les suffrages se reportèrent sur Wamba, homme plein de bravoure et de sagesse. Mais celui-ci donna un exemple bien rare. Il refusa avec obstination le pouvoir qu'on lui offrait. En vain, pour vaincre sa résistance, on alléguait l'intérêt de l'État qui exigeait un chef expérimenté; il persistait dans son refus. Alors un des électeurs s'élance vers lui l'épée nue à la main, et lui en posant la pointe sur la gorge : « Si tu ne promets d'accepter, dit-il, ce glaive fera justice de ton entêtement. » Wamba se rendit enfin au vœu général exprimé d'une manière si pressante. Il accepta le pouvoir, et il fut oint et couronné à Tolède dans l'église de Saint-Pierre et Saint-Paul, le 29 septembre 672. Les chroniqueurs, toujours prodigues de miracles, rapportent qu'on vit, pendant que le prêtre le sacrait, une colonne de vapeur rutilante suspendue au-dessus de sa tête, et que pour présager la douceur de son règne, une abeille sortit de son front et s'éleva vers le ciel.

Dans les premiers temps cette promesse de bonheur ne se réalisa pas. Wamba eut plusieurs ennemis à combattre. D'abord les Vascons se soulevèrent, et pendant que le roi était occupé à les réduire, Hildéric, comte de Nîmes, crut l'occasion favorable, il prit les armes pour se rendre souverain indépendant de la Gaule gothique. Le roi sentant la nécessité de réprimer promptement une pareille tentative et se trouvant occupé à faire la guerre aux Vascons et aux Cantabres, envoya contre Hildéric une partie de ses meilleurs troupes, dont il confia le commandement à l'un de ses capitaines les plus expérimentés, nommé Paul, et Grec d'origine.

Celui-ci conçut alors la pensée de se substituer à Wamba. Il gagna secrètement à son parti le duc Ranosinde qui commandait à Tarragone, et quelques autres chefs de la même province; puis, se prévalant du commandement qui lui était confié, il se fit remettre les villes de Barcelone, de Vich, de Girone, pillant partout sur son passage les caisses publiques et les trésors des églises. Arrivé dans la Gaule, il s'empara de Narbonne. Là, il réunit une assemblée de grands et de prélats pour examiner l'élection de Wamba qu'il prétendait irrégulière. Ce vieillard, dit-il, est incapable de diriger d'une main ferme le gouvernement de l'État et de faire le bonheur du pays. Il n'a été élu que par le caprice de quelques chefs avides de gouverner sous le nom d'un prince débile. Il faut procéder à une élection nouvelle.

Ranosinde élève alors la voix, il dit qu'il ne connaît personne plus digne que Paul de la royauté. On applaudit à ces paroles, et Paul est proclamé. Après ce simulacre d'élection, l'usurpateur se fait sacrer et se pare d'une couronne d'or enlevée par lui de l'église de Girone, où Récared l'avait offerte à saint Félix, patron de cette cité. Toutes les villes de la Gaule gothique reconnurent son autorité, et une grande partie de la province de Tarragone, influencée par Ranosinde, suivit cet exemple. Alors Paul, enorgueilli de son succès, envoya au roi un défi d'une ridicule insolence. Wamba assembla aussitôt les principaux chefs de l'armée pour les consulter sur la conduite qu'il devait suivre. Les avis se trouvant partagés, Wamba pensa qu'il fallait avant tout en finir avec les ennemis qu'il avait devant lui; qu'il pourrait ensuite se retourner pour combattre l'usurpateur. Il attaqua donc les Vascons; il mit tant de rapidité dans sa marche, tant d'impétuosité dans ses attaques, qu'en sept jours il parvint à les soumettre. Ensuite, il descendit le cours de l'Èbre, enleva en quelques jours aux révoltés Barcelone, Vich, Girone et toute la Catalogne. Il prit, avec autant de bonheur, les forts qui commandaient les passages des Pyrénées. Les lieutenants de Paul n'avaient pas osé les défendre; puis, à la tête de toute son armée, il alla mettre le siége devant Narbonne. La rapidité de ces opérations, le succès dont elles avaient été couronnées, effrayèrent Paul au point qu'il n'osa pas rester dans cette ville. Il en confia le commandement à Wittimir et s'enfuit jusqu'à Nîmes, où il espérait pouvoir attendre les secours qu'il avait fait solliciter des Francs. Mais Narbonne n'arrêta pas Wamba aussi longtemps que Paul l'avait présumé. Après un assaut très-meurtrier, les Goths parvinrent à mettre le feu aux portes; ils pénétrèrent dans la ville, et Wittimir lui-même, qui s'était réfugié dans une église, fut pris et amené garrotté dans le camp du vainqueur.

Agde, Béziers, Maguelonne, tombèrent aussi rapidement entre ses mains. Enfin, il s'avança vers Nîmes. Il n'envoya devant cette ville que trente mille hommes, l'élite de son armée, avec toutes les machines qu'à cette époque on employait dans les siéges. Quant à lui, avec le reste de ses troupes, il prit position à quelques lieues de la ville pour couper le chemin aux secours qui auraient pu venir aux assiégés. La ville fut assaillie avec vigueur; mais la défense fut acharnée, et la nuit seule sépara les combattants. Les assiégeants avaient perdu plus de monde que leurs adversaires. C'était un échec pour eux de ne pas avoir vaincu; aussi Wamba, ne voulant pas laisser aux secours, qu'on annonçait comme prochains, le temps d'arriver, fit partir pendant la nuit même un renfort de dix mille hommes, qui fit assez de diligence pour arriver devant Nîmes au lever du soleil. Dès qu'il fit jour, l'assaut recommença. Les Goths attaquèrent la ville avec fureur : les uns sapaient les murailles tandis que les autres y faisaient pleuvoir une grêle de flèches et de pierres qui en éloignaient les défenseurs. Enfin, les assaillants parvinrent à escalader une partie du rempart, à forcer une porte, et ils se répandirent dans Nîmes, massacrant tout ce qui se trouvait devant eux. D'un autre côté, les Francs, qui faisaient partie de la garnison, se persuadèrent qu'ils avaient été trahis par les Goths que Paul avait amenés avec lui. Ils crurent que ceux-ci, pour obtenir plus facilement leur pardon, avaient livré une entrée au vainqueur. Dans leur désespoir, ne connaissant plus d'alliés, ils tombèrent sur les soldats de Paul, cherchant à se venger sur eux de la perfidie dont ils se croyaient les victimes. L'usurpateur, ainsi attaqué de tous les côtés, vit égorger auprès de lui plusieurs de ses serviteurs et même de ses parents. Enfin, il chercha un dernier refuge dans les arènes, dont les Goths avaient fait une citadelle. Ils en avaient fortifié l'entrée en y élevant deux tours, qui subsistaient encore il y a peu d'années. De cette retraite, il entendait les cris des blessés et ceux des vainqueurs, qui célébraient leur succès par des chants et par d'abondantes libations. Alors il se dépouilla du manteau royal, qu'il avait pris et porté avec tant d'ostentation, et on remarqua que, par une singulière coïncidence, le jour où Paul quittait la pourpre était l'anniversaire de l'élection de Wamba.

Les arènes avaient offert une retraite momentanée aux vaincus, mais ils ne pouvaient songer à y soutenir un siège contre une armée victorieuse. Ils n'avaient plus l'espoir d'être secourus, et d'ailleurs ils manquaient de vivres. Ils députèrent à Wamba Argebauld, évêque de Narbonne, que Paul avait amené avec lui parce qu'il ne le croyait pas entièrement dévoué à sa cause. Argebauld rencontra, à peu de distance de Nîmes, le roi qui s'avançait à la tête de son armée. Il se jeta à genoux devant son cheval, demandant grâce pour tous les coupables. Wamba lui répondit qu'il leur accordait à tous la vie sauve. Mais comme l'évêque le pressait pour qu'il accordât un pardon entier : Puisque vous insistez, reprit-il, vous aurez pour vous la grâce tout entière et je ne promets rien pour les autres. Quand le roi arriva dans Nîmes, les rebelles, qui s'étaient réfugiés dans les arènes, ne songèrent même pas à se défendre. Paul fut trouvé caché dans les loges qui avaient servi autrefois à renfermer les animaux féroces qu'on lâchait dans le cirque. Deux capitaines lui firent traverser tous les rangs de l'armée. Ils étaient à cheval et le faisaient marcher à pied entre eux, le tenant chacun par une poignée de sa longue chevelure. Amené devant le roi, Paul, qui n'avait pas même la dignité du malheur, se dégrada lui-même en ôtant, de son propre mouvement, le baudrier, insigne de son commandement militaire. A ces témoignages d'humilité de l'usurpateur et de ses complices, qui, prosternés à terre, demandaient merci, Wamba répondit qu'il les ferait juger par leurs pairs, en présence de l'armée. Ensuite, il fit remettre en liberté tous les prisonniers, à l'exception des chefs. Il fit restituer aux églises tout ce qui leur avait été enlevé par Paul. Il voulut aussi qu'on rendît ce qui avait été pris aux habitants de la ville; mais il abandonna à ses soldats tout ce qui provenait des rebelles et il leur fit encore des largesses avec des fonds tirés de son propre trésor.

Trois jours après la prise de Nîmes, il fit ériger un tribunal, où il prit place avec ses principaux officiers en présence de l'armée rangée en bataille. Le roi interrogea lui-même les accusés : As-tu reçu de moi quelque offense, demanda-t-il à Paul, qui ait pu te déterminer à livrer ainsi le pays aux maux de la guerre civile? Celui-ci répondit qu'il n'avait au contraire reçu que des grâces et des honneurs. Alors on donna lecture de la formule qu'il avait prononcée en prêtant foi et hommage à Wamba; puis des termes du serment qu'il avait fait jurer par ceux qui l'avaient proclamé roi. On lut ensuite les canons des conciles qui déterminent de quelles peines doivent être punis ceux qui se soulèvent contre l'autorité royale, et, en exécution de ces dispositions, on condamna Paul et ses complices à mourir d'une mort ignominieuse. Les juges ajoutèrent ensuite que si la clémence royale s'étendait jusqu'à faire grâce de la vie aux condamnés, il fallait au moins qu'il leur fît crever les yeux. Wamba fut plus clément encore que le jugement ne pouvait le laisser espérer; car il se borna à faire raser les cheveux des coupables, et à les retenir prisonniers. Parmi les noms portés au jugement, on ne trouve pas celui de Hildéric, qui, le premier, avait donné l'exemple de la rébellion. Il est probable qu'il avait péri dans les premiers mois de la révolte de Paul.

Wamba, après être resté quelque temps dans la Gaule pour protéger cette partie de ses États contre les attaques qu'il redoutait de la part des Francs, retourna en Espagne, et son entrée à Tolède fut un véritable triomphe. Les condamnés venaient d'abord. Ils avaient les cheveux, la barbe et les sourcils rasés. Ils étaient couverts de vêtements grossiers, marchaient les pieds nus et portaient une corde autour du cou. Par dérision pour sa royauté éphémère, Paul avait en outre sur la tête une couronne de cuir noir. L'infanterie de Wamba venait ensuite, puis ses cavaliers, et le roi s'avançait en dernier, au milieu de ses officiers, couverts de brillantes armures. Il fut accueilli par les acclamations de tous les habitants de Tolède, qui, pour célébrer sa victoire, se pressaient en foule sur son passage.

A partir de ce moment, l'Espagne fut tranquille, et Wamba put mettre tous ses soins à faire jouir son pays des bienfaits de la paix. Il agrandit l'enceinte de Tolède, fit des travaux utiles et promulgua des lois sévères sur la discipline militaire; mais, si de son temps sa patrie fut délivrée de toute agitation intestine, elle apprit à connaître une race contre laquelle bientôt elle allait livrer de longs et de sanglants combats. Depuis environ cinquante années une croyance nouvelle s'était répandue. De simple conducteur de chameaux, un homme de génie s'était fait le législateur et le prophète de ses compatriotes. Mahomet, persécuté à la Mecque, sa patrie, s'était retiré à Médine, et bientôt le nombre de ses disciples s'étant accru, il en avait fait des soldats. A leur tête, il avait successivement battu les Perses et les Romains. Ses sectateurs avaient rapidement conquis la Syrie, l'Égypte, et déjà leur puissance s'étendait des bords de l'Euphrate jusqu'aux rivages de l'océan Atlantique, car ils avaient conquis toute la Mauritanie, à l'exception de la ville de Ceuta et d'une portion du territoire environnant, qui depuis longtemps étaient possédés par les Goths. Après avoir soumis l'Afrique, ils voulaient passer en Europe; dans ce but, ils avaient rassemblé une flotte de 160 voiles avec laquelle ils portaient la désolation sur tout le littoral de l'Espagne. Wamba fit armer ses vaisseaux, attaqua les Arabes et prit ou incendia la plus grande partie de leurs navires.

Il ne manque pas d'écrivains qui prétendent que cette première agression de la part des Maures ne fut pas entièrement spontanée. Ils disent qu'elle fut provoquée par l'ambition d'Ervige, qui voulait attirer la guerre sur son pays, parce qu'il espérait obtenir le commandement d'une armée, et, par ses victoires, acquérir de nouveaux droits au trône auquel il prétendait comme issu d'une race royale. Suivant ces historiens, le fils d'Herménegilde et d'Ingunde, Athanagilde, élevé par l'empereur d'Orient, aurait eu un fils nommé Ardabaste. Celui-ci, revenu en Espagne, aurait épousé la sœur de Recesuinte, et c'est de ce mariage qu'Ervige serait issu. Il aspirait au trône, mais il craignait la concurrence de Théodored et de Favila, tous deux fils de Chindasuinte et frères du roi précédent. Il eut donc recours à la trahison. Il fit boire à Wamba une boisson préparée par la fermentation du chanvre ou du sparte. Le roi tomba aussitôt dans un état d'angoisse et de faiblesse qui fit croire que sa fin était prochaine. On profita de l'anéantissement et de l'espèce d'ivresse où il se trouvait; on lui fit signer un acte par lequel il désignait Ervige pour successeur. Ensuite, on lui rasa les cheveux et on le revêtit d'un habit de moine. C'était l'usage de couvrir ainsi les mourants d'une robe de pénitent pour attirer sur eux la miséricorde divine. Lorsque le lendemain matin Wamba fut revenu à lui, il demeura bien étonné de se trouver les cheveux coupés, et de se voir costumé en moine; mais ce malheur passait alors pour irrémédiable: celui dont la chevelure avait été rasée était réputé inhabile à régner. Il se résigna donc, se retira dans un couvent, et, ne pouvant mieux faire, il confirma librement ce qu'on lui avait arraché par la ruse et par la trahison.

Le concile réuni à Tolède par Ervige approuva la nomination de ce prince, et dégagea les grands du serment de fidélité qu'ils avaient prêté à Wamba. Le nouveau roi fit remise aux populations de tout ce qui était dû sur les impôts arriérés. Il diminua les charges du peuple, rapporta plusieurs des lois de son prédécesseur, rendit la liberté à quelques seigneurs punis en vertu de ces lois, leur remit les biens dont ils avaient été dépossédés; enfin, pour assurer la tranquillité du royaume, il chercha des appuis dans la famille du roi qu'il avait renversé. Il donna en mariage sa fille Cixilona à Egica, neveu de Wamba. Il n'exigea de son gendre qu'une seule promesse, celle qu'en toute circonstance il défendrait sa femme et ses parents contre leurs ennemis. En un mot, Ervige se montra constamment animé du désir d'employer, pour le bien du pays, ce pouvoir qu'il avait obtenu d'une manière si coupable. Malheureusement il ne le conserva que peu de temps, et il mourut de maladie, le 15 novembre 687, après avoir désigné son gendre comme le plus digne de lui succéder. Celui-ci, peu reconnaissant de ce bienfait, commença par répudier sa femme Cixilona. Quelques auteurs pensent qu'il fut poussé à cette démarche par Wamba, son oncle, qui existait encore. Cela nous paraît peu probable. L'ingratitude est assez naturelle au cœur des hommes, et surtout au cœur des princes, pour qu'on la présume toujours spontanée.

Au reste, Egica ne se borna pas à ce fait unique. Il assembla un concile pour le consulter sur la manière de concilier deux serments contradictoires qu'il avait prêtés. D'un côté, en épousant Cixilona, il avait juré de protéger sa femme et toute la famille de son prédécesseur; de l'autre, en montant sur le trône, il avait fait le serment de rendre à tous une justice égale, et les parents d'Ervige étaient injustement en possession de biens enlevés à d'autres seigneurs. Quel était, demandait-il, celui de ces deux serments auquel il devait rester fidèle? La question ainsi posée ne pouvait paraître douteuse: le concile déclara que le premier engagement n'était obligatoire que dans les cas conformes à l'équité.

Le roi s'empara de cette décision pour dépouiller de leurs biens les parents de sa femme et pour les persécuter de toute manière.

Egica avait eu de sa femme un fils, nommé Witiza, qu'il associa au trône et auquel il confia le commandement de la Galice, sept années avant de mourir.

Les auteurs sont loin de s'accorder sur la manière de peindre le caractère de Witiza. Suivant les uns, il fut un exécrable tyran; suivant les autres, quelques démêlés qu'il eut avec la cour de Rome l'ont fait indignement calomnier par des écrivains que leur partialité en faveur du saint-siége rend suspects d'une coupable exagération.

Mariana rapporte que les commencements de son règne furent heureux. Il fit brûler les dossiers des procédures introduites contre ceux que son père avait fait poursuivre. Il rappela ceux qui avaient été exilés, leur rendit leurs biens. Mais cette douceur et cette clémence ne durèrent pas longtemps. De nombreux actes de cruauté vinrent bientôt faire maudire son nom. A la vérité, quelques auteurs modernes se sont efforcés de réhabiliter sa mémoire; mais les autorités et les raisonnements sur lesquels ils s'appuient, ne sont pas assez concluants pour détruire une opinion généralement admise. La tyrannie de Witiza souleva contre lui la haine du peuple, et on se rappela qu'il existait encore deux fils de Chindasuinte, Théodored et Favila (*).

Théodored, duc de Cordoue, qui se méfiait du prince, s'abstenait de paraître à sa cour. Favila, au contraire, duc de Cantabrie et de Biscaye, y était presque constamment retenu par ses fonctions de protospataire; c'est le titre qu'on donnait alors au commandant de la garde du roi. Sa femme avait, dit-on, attiré les regards de Witiza, qui le tua d'un coup de bâton afin qu'il ne fût pas un obstacle à l'accomplissement de ses désirs. Pélage, fils de Favila, eût sans doute éprouvé le même sort, s'il ne se fût soustrait par la fuite aux attentats du tyran, et s'il n'eût trouvé un asile dans les montagnes de la Cantabrie. Un seul crime ne satisfaisait pas la haine du fils d'Egica : il parvint à s'emparer de Théodored et lui fit crever les yeux. Mais cette nouvelle victime avait un fils, nommé Roderich ou comme disent les Espagnols Rodrigue, et celui-ci, de même que Pélage, sut échapper par la fuite au persécuteur de sa famille.

Mariana rapporte que Pélage ne se trouvant pas encore en sûreté dans la retraite qu'il avait choisie, passa dans la terre sainte et fit un pèlerinage à Jérusalem. Il ajoute même qu'on montrait encore de son temps, en Biscaye, dans la chapelle du village d'Arratia, le bourdon que Pélage avait porté pendant son voyage. Il importe peu de savoir si le petit-fils de Chindasuinte a été à Jérusalem; mais il peut paraître curieux de rechercher comment il suffit souvent d'une équivoque, ou d'un jeu de mots, pour établir une tradition populaire, semblable à celle dont Mariana se fait ici l'écho. Dans la langue catalane, qui a été longtemps en usage chez les populations de l'Aragon et d'une partie de la Navarre, le nom de Pélage se traduit par Pelegri (*).

(*) On a contesté cette descendance. Notre prétention n'est pas de soutenir qu'elle est prouvée par des titres irrécusables. Mais il n'est pas exact de dire, comme l'ont fait quelques auteurs, que les fils de Chindasuinte ne pouvaient plus exister du temps de Witiza. Chindasuinte est mort en 652, dix années seulement après avoir conquis le trône, c'est-à-dire, encore dans la force de l'âge. Il pouvait donc laisser des enfants très-jeunes. Witiza a commencé à régner seul en 701. A cette époque, les fils de Chindasuinte pouvaient donc n'avoir que cinquante et quelques années.

(*) Pus vos e dit la generacio dels rey gots quina fi feu : vos dire don hagueren commençament los reys de Leo e de Castella apres la malesa del comte Julia. Deveu saber que apres la trahicio del comte Julia, alguns chrestians, axi come dessus es ia dit, se salvaren en les muntanyes de las Sturias e Biscaya : e esser los chrestians aiustats en les dites muntanyes : los qui scampats eren levaren lur rey e senyor un gran baron de

Mais le mot *Pelegri*, *Peregrino* et *Pelegrino* signifie aussi un pèlerin (*), et, par une confusion facile à comprendre, dans des temps d'ignorance, l'ex-voto déposé par quelque saint voyageur, l'offrande d'un pèlerin, *de un pelegri*, sera devenu dans la croyance populaire le bourdon du saint roi Pélage.

Witiza avait pour beau-frère le comte Julien, gouverneur de Ceuta et du territoire que les Goths possédaient dans la Mauritanie. Il lui donna encore la place de protospataire que Favila avait occupée. Le siége de Tolède avait la primatie sur tous les évêchés de l'Espagne. Il dépouilla l'ecclésiastique qui en était en possession pour y établir l'évêque Oppas, son propre frère. Voulant faire oublier ses vices et sa luxure, il excita les mêmes vices chez les autres, et non-seulement il autorisa, mais encore il encouragea le mariage des prêtres. Il ne respecta rien, ni la vie ni les biens, ni l'honneur de ses sujets; aussi Witiza eut-il à réprimer de nombreux soulèvements. Il crut prévenir les révoltes en faisant démanteler la plupart des places fortes. Ces précautions furent inutiles, et Witiza finit comme doivent finir les tyrans. Attaqué par Roderich, dont le parti s'était grossi de tous les mécontents, il fut vaincu et mis à mort. Quelques auteurs prétendent, au contraire, mais cela paraît peu probable, qu'il fut enlevé par une maladie dans la douzième année de son règne. Il laissait deux fils en bas âge nommés Eba et Sisebute.

Le règne de Witiza fut bien diversement jugé. Cependant la vérité paraît être du côté des historiens qui le représentent comme une époque de tyrannie et de dépravation. Pour qu'un

linatge real dels gots, qui era appellat per son nom propri, PELEGRI.
Historias dels reys de Aragon, por mossen PERE TOMICH.

(*) En lo temps del comte en Ramon Berenguer dessus dit era comte de Urgel Harmangol a qui apellaren *Pelegri* : perço com ana en la terra santa de Hierusalem per visitar lo sepulchro de Jesu-Christ y en aquell viatge mori en l'any 1038. PERE TOMICH.

8ᵉ *Livraison.* (ESPAGNE.)

État périsse, il faut qu'il soit arrivé à un point extrême de dissolution; et toujours cette décomposition des forces d'un pays est signalée par la licence des sujets ou par la tyrannie des gouvernants. Un État, qui n'est pas rongé par une maladie intérieure, ne périt pas pour une bataille perdue. Les empires tombent, on ne les abat pas. Celui des Goths, en Espagne, était arrivé à son terme. Le dernier souverain avait achevé de détruire, d'énerver tout ce qui pouvait donner quelque force au pays, et Roderich, en lui succédant, n'eut pas le temps de remédier au mal. Il n'en eut peut-être même pas la volonté. On ne peut rien affirmer à cet égard, car nul écrivain véridique ne nous a raconté les événements de son règne, et la tradition ne nous a transmis que des fables pleines d'invraisemblance. Au reste, l'histoire ne se compose pas seulement de ce qui est vrai, mais encore de tout ce qui a été l'objet de la croyance publique. Il faut donc, quand on les rencontre, répéter ces récits fabuleux, sauf à ne pas y ajouter foi.

Les premiers jours du règne de Roderich furent, dit-on, signalés par de menaçants présages. Il existait à Tolède un antique édifice appelé la maison d'Hercule. De fortes serrures, de nombreux cadenas en tenaient la porte fermée, afin que personne ne pût s'y introduire, car c'était une croyance généralement répandue parmi le peuple, aussi bien que parmi les grands, qu'à l'instant où il serait ouvert, l'Espagne serait perdue. Pendant les fêtes qui furent célébrées pour l'avènement de Roderich au trône, les habitants de Tolède vinrent le supplier de faire ajouter un nouveau cadenas à ceux qui fermaient déjà la porte du palais d'Hercule. C'était un usage auquel tous les rois, jusqu'à ce jour, s'étaient conformés. Loin d'imiter leur exemple, Roderich, persuadé que cette maison mystérieuse contenait d'immenses richesses, fit briser les cadenas qui la fermaient. Mais son avarice fut bien déçue, car on n'y vit pas de trésors; on trouva seulement une grande caisse, et dans celle-ci une toile sur laquelle étaient représentés des hommes à figures étranges et menaçantes; leur costume était celui des guerriers arabes. Quelques paroles étaient écrites sur cette toile; on y lisait : « Ceux-ci viendront bientôt pour la perte de l'Espagne. » Le roi effrayé s'empressa de sortir de cet édifice, qui fut aussitôt détruit par le feu du ciel.

Cette sinistre prédiction ne devait pas tarder à s'accomplir. Le beau-frère du roi précédent, le comte Julien, avait une fille d'une beauté remarquable. Les romances lui donnent le nom de Florinda (*); mais elle est plus connue sous le surnom de la Cava qui, dit-on, signifie la Mauvaise. Elle était au nombre des dames de la reine. Roderich, l'ayant aperçue pendant qu'elle se baignait, en devint éperdument amoureux, et, n'ayant pu la séduire, il arracha par la violence ce qu'il n'avait su obtenir ni par l'amour ni par les prières.

Une autre tradition (**) rapporte que la Cava se rendit d'elle-même à l'amour de Roderich, qui lui avait promis de la faire reine; mais quand celui-ci épousa une autre femme, la fille du comte Julien devint furieuse de voir monter sur le trône la rivale que le roi lui avait préférée. Elle instruisit son père de l'outrage qu'elle avait reçu, lui demandant une vengeance proportionnée à la grandeur de l'offense. Cet affront n'était pas nécessaire pour que le comte Julien devînt un ennemi implacable de Roderich. Si ces amours de sa fille et du roi ne sont pas un conte inventé, comme le dit M. Romey, au temps des romances, alors qu'on préférait une belle fable d'amour aux vérités sérieuses, l'insulte qu'il venait de recevoir a pu accélérer les effets de son ressentiment, mais ils ne l'ont pas fait naître. Il avait vu Witiza, son beau-frère, dépouillé du trône et de la vie par D. Roderich; lui-même, il s'était vu enlever la dignité de protospataire que le roi avait rendue à Pélage. C'est auprès de lui, et dans son gouvernement de Ceuta, que les fils du précédent roi, les neveux de sa femme, Eba et Sisebute, étaient venus chercher un asile. Il y avait là des motifs suffisants pour expliquer sa haine et sa trahison. Au reste, ne se trouvant pas assez fort pour renverser un roi qu'il abhorrait, il demanda l'assistance des Maures, alliés naturels de tous les mécontents. Il promit de les aider à passer en Espagne, et leur fraya lui-même le chemin. A la tête de quinze cents hommes, il s'empara de la ville d'Héraclée, qui porte aujourd'hui le nom de Gibraltar, et, de cette manière, il se trouva maître des deux rives du détroit. Alors il fut suivi par un corps de 12,000 Maures, commandés par Tarif, général qui réunissait autant de valeur que de prudence. De toute part des essaims de mécontents accoururent se joindre au comte Julien. Au bruit de sa trahison, le roi se persuada qu'il lui serait facile de le châtier en l'attaquant dès le principe. Il envoya donc, pour le combattre, Sancho, son parent, à la tête d'un corps de troupes levées à la hâte. Mais cette armée, composée de soldats qui manquaient de force, de courage et d'expérience, ayant livré bataille aux Maures, auprès de Tarifa, fut entièrement détruite. Le général Sancho fut tué et presque tous les soldats furent passés au fil de l'épée. Les Maures, maîtres de

---

(*) Les romances espagnoles sont quelquefois d'utiles auxiliaires pour l'historien. Écrites souvent à une époque contemporaine, ou au moins très-rapprochée des faits qu'elles racontent, si elles ne sont pas toujours de tout point conformes à la vérité, elles ont pour la plupart l'esprit et la couleur du temps. Cependant, toutes celles du Romancero de D. Rodrigue ne méritent pas cet éloge : elles paraissent n'avoir été composées que très-tard, et lorsque la tradition était depuis bien longtemps obscurcie ou perdue.

(**) Si me quieres dar remedio
A pagar te lo me obligo
Con mi cetro y mi corona
Que a tus aras sacrificio.

Dizen que no respondió,
Y que se enojó al principio :
Pero al fin de aquesta platica
Lo que mandava se hizo.

Florinda perdió su flor
El rey quedó arrepentido
Y obligada toda España
Por el gusto de Rodrigo.

la campagne, se répandirent comme une inondation. Les places étaient sans défense et les populations n'avaient d'autre alternative que de prendre la fuite ou de périr sous le tranchant du cimeterre africain. Les vainqueurs poussèrent leurs ravages jusqu'à Séville qu'ils pillèrent, puis, chargés de butin, ils retournèrent en Afrique pour revenir l'année suivante en plus grand nombre. Lorsqu'un prince a su se faire aimer, il trouve dans le cœur de ses sujets des secours contre les plus grands revers. Mais Roderich ne rencontra pas dans la nation cet ardent concours, qui n'est prêté qu'aux bons rois, et qui est, pour eux, le gage le plus certain de la victoire. Néanmoins, il fit tous les efforts qui étaient en son pouvoir; il réunit une armée de cent mille hommes et marcha à leur tête au-devant des Maures et des mécontents. Il les rencontra près de la ville de Xérès, sur les bords du Guadalete. La bataille dura pendant huit jours consécutifs. Enfin, le dernier jour(*), la victoire se décida contre les chrétiens. Oppas, ce frère de Witiza, qui avait été élevé à l'évêché de Tolède, avait un commandement dans l'armée : au plus fort de la mêlée, il passa du côté des infidèles et, se réunissant au comte Julien, il attaqua l'armée de Roderich en flanc et par le côté le plus faible. Les Goths, épuisés déjà par sept heures de combat, et stupéfaits d'une si horrible trahison, commencèrent à fléchir; c'est en vain que le roi, avec les plus braves chevaliers, s'efforça de les arrêter, ils furent tous mis en fuite (**).

(*) Il existe un grand dissentiment entre les auteurs sur la date de cet événement. Selon Mariana, le dernier jour de la bataille aurait été le dimanche 11 octobre 714 de J. C., 27 saphar, l'année 96 de l'hégire. Suivant Isidore de Béja et suivant les auteurs arabes, cet événement aurait eu lieu le 13 du mois de sjawal, le 10ᵉ de l'année 92 de l'hégire, ce qui répond au 3 août 711 de J. C.

(**) Des auteurs du plus grand mérite ont écrit de savantes dissertations pour démontrer que le général berbère, qui a gagné la

Suivant l'usage des rois goths, Roderich avait été au combat sur un char d'ivoire. Il portait le manteau de pourpre, la couronne d'or et des bottines brodées de perles. Au moment de l'attaque d'Oppas, il quitta son char pour monter sur un cheval qu'on lui tenait prêt à tout événement et qu'on nommait Orélie. Il se conduisit non-seulement en brave capitaine, ramenant au combat ceux qui fuyaient, mais il paya de sa personne comme un bon soldat. Enfin il fut entraîné dans la déroute générale, et l'on pense qu'il se noya en traversant le Guadalete. Sa couronne, son manteau et ses bottines ornées de perles et de pierreries furent ramassés sur le bord du fleuve. On trouva son cheval Orélie qui errait sans cavalier. Cependant son corps ne fut pas reconnu parmi les morts. Quelques auteurs pensent qu'il parvint à se retirer en Portugal, où il vécut ignoré; ce qui rend cette opinion très-probable, c'est qu'on a découvert à Viseo une tombe sur laquelle se lisait cette épitaphe : Ici repose Roderich, dernier roi des Goths.

Les vaincus, qui parvinrent à échapper à ce désastre, se réfugièrent dans les villes voisines; mais elles étaient dépourvues de moyens de défense, en sorte qu'en moins de trois ans les Arabes se rendirent maîtres de toute l'Espagne, et que la domination des Goths, après avoir duré trois siècles, fut abattue d'un seul coup.

Quant au comte Julien, on ne sait pas quelle fut sa destinée. On ignore s'il a survécu longtemps à l'incendie qu'il avait allumé. Mais il avait été traître à son roi, à son Dieu, à son pays; son nom ne périra pas; il passera de génération en génération, chargé de l'exécration de ses contemporains et de celle de la postérité.

bataille du Guadalete, se nommait Tarics et n'était pas le même que Tarif, qui a dirigé la première invasion. Cette question n'était pas de celles qu'il nous importait d'éclaircir; il nous suffit de l'avoir signalée. Les personnes qui la voudront approfondir, la trouveront soigneusement traitée dans le consciencieux travail de M. Charles Romey

DES LOIS ET DES COUTUMES DES GOTHS. — DU ROI, DES PRINCIPAUX FONCTIONNAIRES CIVILS ET MILITAIRES. — DES TITRES HONORIFIQUES. — DE L'ESCLAVAGE. — DU PARTAGE DES SUCCESSIONS. — DES CONVENTIONS MATRIMONIALES. — DE LA LITTÉRATURE, DU COMMERCE, DE L'AGRICULTURE ET DE L'ARCHITECTURE.

Lorsqu'on veut apprendre à connaître les mœurs et le caractère d'une nation, il faut avant tout consulter la collection de ses lois. Il n'est pas de document qu'on puisse étudier avec plus de fruit. Tout s'y trouve, son organisation sociale, ses habitudes, ses croyances, ses qualités ou ses vices. Les lois, soit qu'elles répriment des abus, soit qu'elles règlent les contrats et les transactions en usage, sont toujours empreintes de l'esprit général de la nation; et quand un code survit au prince qui l'a promulgué, aux circonstances qui l'ont vu naître; lorsque après quatorze siècles, comme celui des Wisigoths, il forme encore le droit commun du pays, il faut bien convenir qu'il contenait un peu de sagesse, et qu'il était approprié aux mœurs et à la constitution des habitants. Cependant un homme dont la parole est d'un poids immense, surtout en pareille matière, Montesquieu disait : « Les lois des « Wisigoths, celles de Récésuinde, de « Chindasuinde et d'Ejica, sont puériles, gauches et idiotes; elles n'atteignent pas le but; pleines de rhétorique et vides de sens, frivoles « dans le fond et gigantesques dans le « style. » Nous ne discuterons pas cette opinion; nous ne nous attacherons pas à prouver qu'elle a pu être exprimée avec un peu de légèreté. Nous nous bornerons à examiner ces lois, et quelquefois à en citer le texte.

Si vous les lisez attentivement, vous serez frappé d'abord de l'excessive facilité avec laquelle les Goths s'étaient pliés aux coutumes, au caractère des peuples chez lesquels ils s'étaient établis. En Italie, ils étaient presque devenus Romains; en Espagne, ils s'étaient faits Espagnols. Ils avaient pris jusqu'aux défauts du langage des vaincus, et on retrouve dans leur code ce ton emphatique et sentencieux qu'on a toujours reproché aux habitants de la péninsule ibérique.

Dans presque toutes leurs lois, on remarque deux parties bien distinctes: la première est un préambule où le législateur donne carrière à son éloquence, où il se complaît à débiter des sentences, à établir des points de morale ou de politique : c'est, comme on dirait de nos jours, l'exposé des motifs; seulement, ce hors-d'œuvre fait corps avec le reste de la loi, et n'est pas, comme chez nous, séparé des dispositions dont il explique la cause et la nécessité. La seconde partie, qui commande ou qui défend, qui permet ou qui punit, est la loi proprement dite. Celle-là est toujours claire, nerveuse et concise.

Quelquefois, sous forme de loi, le code wisigoth contient des conseils ou des déclarations de principe. C'est un défaut; mais n'est-il pas commun à toutes les législations? Notre admirable code Napoléon n'en est pas tout à fait exempt; la loi romaine en est remplie. Cependant le législateur romain avait reconnu qu'il est mauvais d'insérer dans la loi des déclarations de principe, et, par une inconséquence singulière, au moment même où il signalait cette faute, il la commettait en proclamant cet axiome : Toute définition est dangereuse en droit (*).

La loi doit commander et non pas donner des conseils. Il en est cependant qu'on se plaît à y trouver. Voici les qualités que le code des Wisigoths exige du juge (**) : « Le juge, pour rem-

(*) Omnis definitio in jure periculosa. ff, de regulis juris.
(**) Loi 7, tit. 2, liv. Ier du Fuero-Juzgo.

El juyz deve ser entendudo en judgar derecho, deve ser mocho anteviso, non deve ser moy coytoso por departir, deve ser moy mesurado en penar, deve a las veces parcir, deve penar al que faz mal e deve aver templancia en dar la pena, e deve aver coydo del ome estranio, deve ser mesurado en o que es de la tierra : assi que la persona de cada uno non desprece nen escoia de fazer, mas derecho al uno que al otro.

« plir ses fonctions, doit être éclairé ;
« il doit être versé dans l'étude du
« droit ; nulle préoccupation ne doit
« influencer ses décisions ; il doit être
« indulgent en punissant ; il doit quel-
« quefois pardonner ; il faut bien qu'il
« punisse celui qui fait mal, mais il
« doit appliquer la peine avec modéra-
« tion ; il doit avoir soin de l'étranger,
« garder une juste mesure avec l'in-
« digène, ne rabaisser personne, et
« s'abstenir de faire plus de droit à
« l'un qu'à l'autre. »

Les lois wisigothes sont empreintes d'un caractère évident de bienveillance, de douceur et d'humanité ; ainsi, après avoir porté des peines contre la révolte et la rébellion, elles rappellent au souverain qu'il doit user de clémence (*). « Dans toutes les dispositions qui pré-
« cèdent, nous nous sommes attachés
« à protéger la puissance du prince.
« Mais si, dans sa pitié et dans son
« indulgence, il trouve que quelque
« coupable se veut amender, qu'il lui
« fasse merci. »

Ces lois étaient d'une grande impartialité, et, sous ce point de vue, Montesquieu leur rend justice. » Les Bour-
« guignons et les Wisigoths, dit-il,
« dont les provinces étaient très-ex-
« posées, cherchèrent à se concilier
« les anciens habitants, et à leur don-
« ner des lois civiles les plus impar-
« tiales. »

Eurich fut, à ce qu'on pense, le premier qui fît pour les Wisigoths des lois écrites, soit qu'il ait seulement rédigé les dispositions que la coutume avait adoptées, soit qu'il ait puisé dans les lois romaines ou qu'il ait prescrit des règles nouvelles. Plus tard, Sisenand fit réunir toutes les lois de ses prédécesseurs en un code auquel on donna le nom de *Liber judicum.* Ce travail fut fait dans le quatrième concile de Tolède ; on pense qu'il est en grande partie l'ouvrage de saint Isidore. Ce recueil, augmenté des lois rendues sous les rois qui succédèrent à Sisenand, fut revu sous le règne d'Egica, dans le dix-septième concile de Tolède. Ces lois étaient originairement écrites en latin ; elles ont, à une époque très-reculée, été traduites en langue vulgaire, sous le titre de *Fuero-Juzgo.* Le docteur Alonzo de Villa Diego, qui a publié un commentaire et une édition du *Fuero-Juzgo*, pense que la version en langue vulgaire a été faite à l'époque même où le texte latin a été composé ; mais cette opinion ne saurait être raisonnablement soutenue, car il existe dans la traduction espagnole des mots qui, comme celui de *Moravidis* (*), n'ont été en usage que postérieurement à l'invasion des Arabes ; elle n'a donc pu être faite du temps des rois goths. Mais elle est antérieure au règne d'Alphonse XI. Il est facile de s'en convaincre en comparant le style du Fuero-Juzgo avec celui du livre de Vénerie écrit par les ordres de ce prince, avec celui de sa Chronique, ou avec celui des *Siete Partidas* (**).

Le recueil des lois des Goths est précédé d'un prologue, et divisé en douze livres. Le prologue contient des lois relatives à l'élection des rois, car, ainsi que nous l'avons vu, il s'en fallait de beaucoup qu'en Espagne la royauté fut héréditaire ; malgré tous

(*) Prologo del Fuero-Juzgo. Ley XIII.
En todos los establecementos que de suso son dichos, guardamos el poder al principe, que segondo sua piedad, e segondo sua bondat, axar algunos que se quieran enmendar, que aya mercet dellos.

(*) Maravédis, liv. 7, t. VI, loi 11.
(**) Dans ces trois ouvrages on trouve déjà l'usage du tilde bien établi. Dans le texte du *Fuero-Juzgo*, au contraire, on lit souvent *compania* au lieu de *compaña* ; *estranio*, étranger, au lieu de *estraño*. Dans les ouvrages du temps d'Alphonse le Savant, *L* redoublée est d'un usage fréquent ; dans le Fuero-Juzgo, elle est quelquefois remplacée par un *X.* On lit *axar* au lieu de *hallar*, trouver ; *xaga* pour *llaga*, plaie ; *xamado* pour *llamado.* Aux articles *lo, la, los, las*, sont souvent subtitués les mots *o, a, os, as.* Enfin, il serait aisé d'accumuler une foule de remarques semblables qui doivent faire croire que la version espagnole du Fuero-Juzgo est bien antérieure au règne d'Alphonse le onzième.

les efforts faits par quelques souverains pour la perpétuer dans leur famille, il fallut toujours en revenir à l'élection. Le roi, dans le principe, n'était qu'un chef militaire élevé sur le pavois comme les chefs des Francs. Quand les Goths se furent établis dans le pays, quand ils ne furent plus une horde errante, mais bien un peuple attaché au sol, ils sentirent la nécessité de ne pas obéir seulement à la puissance du glaive; ils reconnurent une puissance civile qui vint prendre part à l'élection. Les commandements dans l'armée s'acquéraient par la force, l'adresse et le courage. La puissance civile était le prix de l'étude et du savoir, et, comme à cette époque le nombre des hommes lettrés était fort restreint, que presque tous ils étaient ecclésiastiques, ce fut bientôt dans les conciles que l'élection dut avoir lieu. La loi deuxième du prologue établit que le roi doit être élu par le concile des évêques et des grands du royaume, réunis dans la ville royale, ou bien au lieu où le dernier roi était mort. Comme on le voit par ce texte, les conciles espagnols n'étaient pas des assemblées purement religieuses. On n'y traitait pas uniquement les choses spirituelles; on s'y occupait aussi des affaires du pays. Ces conciles étaient la représentation nationale, les cortès de cette époque; souvent ils faisaient ou modifiaient les lois; et comme on rencontrait peu d'hommes lettrés parmi les laïques appelés à prendre part à leur confection, le soin de rédiger était abandonné aux ecclésiastiques: de là vient que leur texte est généralement empreint d'un caractère monacal. On retrouve à chaque instant le nom de Dieu, et, à côté des peines que la justice séculière doit seule appliquer, les rédacteurs ont encore placé des peines spirituelles. Ainsi la loi (*) commence par prononcer la peine de mort contre les rebelles, et ajoute ces paroles, dont on a déjà vu l'application littérale dans le jugement rendu, au temps de Wamba, contre Paul et les complices de sa révolte : « Et, si le « prince par pitié veut lui laisser la « vie, il faut au moins qu'il lui fasse crever les yeux, afin qu'il ne puisse voir « le mal qu'il a voulu faire, et que le « reste de sa vie soit rempli d'amertume. » Ensuite, comme ces peines temporelles ne suffisent pas au législateur, par la loi 9 du prologue, il fulmine l'anathème contre les traîtres; il appelle sur eux les châtiments de l'enfer : « Qu'ils aient, dit-il, une part « dans les tourments que souffrent « Judas Iscariote et ses semblables. » Dans plusieurs autres lois de ce code, on retrouve la même imprécation, qui paraît au reste avoir été longtemps en usage; car on la rencontre dans l'enfer du Dante exprimée presque de la même manière.

Les conciles, après avoir élu le roi, recevaient le serment que faisait celui-ci d'observer la loi; car le souverain n'était pas absolu; il devait respecter les biens et la personne de ses sujets. Une fois qu'il avait accepté la couronne, il ne pouvait plus rien acquérir pour lui-même. Ce qu'il gagnait, soit à la guerre, soit autrement, ne passait pas à ses enfants; il ne leur transmettait que les biens possédés par lui avant son élection; tout le surplus était acquis à l'État. Le prince en conservait la jouissance tant qu'il était sur le trône, mais il devait le laisser à son successeur. Cela n'avait pas lieu seulement pour les immeubles : les choses mobilières, les bijoux étaient soumis au même droit, et on se rappelle que les Goths s'opposèrent à ce que Sisenand livrât à Dagobert le vase d'or donné à Thorismond, après la défaite d'Attila.

Les principaux officiers qui, après le roi, prenaient part au gouvernement, étaient le duc, le comte, le vicaire, le gardingue, le juge et le sayon. Le duc, ainsi que l'indique l'étymologie de son nom, était dans l'origine un chef d'armée; mais l'usage avait déjà bien modifié le sens de ce mot, et, du temps des Goths, c'était aux ducs que l'administration des provinces était ordinairement confiée : celle

---

(*) Loi 6, tit. 2, liv. 2.

des villes était remise à des comtes. Le nom de ceux-ci signifiait seulement dans le principe qu'ils accompagnaient le roi, et c'est pour cela qu'ils avaient reçu le nom de *comites*, compagnons. Garribay raconte que toutes les fois que les rois faisaient un comte, ils lui donnaient un pennon et une chaudière : le pennon, pour indiquer qu'il avait le droit de lever des gens de guerre; la chaudière, pour lui rappeler que son devoir était de veiller et de pourvoir à la subsistance de sa troupe. Par la suite, les rois goths donnèrent le titre de comte à presque tous leurs officiers. Il y avait un comte de l'écurie, *comes stabuli*, dont est venu le nom de connétable; des comtes de l'épargne, des comtes de la milice, des comtes des échansons, des comtes des spathaires. Ces derniers commandaient à des guerriers armés de la spatha, large épée tranchante des deux côtés, fort en usage chez les Goths. Cette arme avait fait donner le nom de spathaires à ceux qui la portaient, et principalement à la garde des rois. On se rappelle que Favila, père de Pélage, le comte Julien, enfin Pélage lui-même, furent successivement proto-spathaires.

Les vicaires étaient les officiers auxquels un fonctionnaire d'un ordre supérieur avait délégué une partie de ses pouvoirs.

On a beaucoup discuté pour savoir ce qu'étaient les gardingues. On rencontre souvent leur nom dans les lois des Goths. C'étaient des officiers inférieurs aux comtes; mais les textes qui nous sont parvenus ne définissent pas autrement la nature de leurs fonctions.

La puissance judiciaire était exercée par des officiers qui recevaient leur mandat soit directement du prince, soit du vicaire qu'il avait délégué à cet effet (*). On appelait de leur sentence devant les évêques (**). Ceux-ci n'avaient pas le droit d'infirmer le jugement; ils se bornaient à l'examiner,

et, lorsque les griefs de l'appelant leur paraissaient fondés, ils mandaient devant eux le magistrat qui avait jugé, lui faisaient des observations et l'engageaient à modifier sa décision. Si le juge, qui ne pouvait se dispenser de comparaître, persistait dans son opinion, l'évêque rédigeait un mémoire sur l'affaire et l'adressait avec la partie plaignante au roi, qui jugeait par lui-même, ou qui renvoyait la cause devant le gouverneur de la province ou de la ville.

Il était défendu aux juges de s'immiscer dans les transactions qui pouvaient intervenir entre les plaideurs. La loi pensait avec raison que la dignité judiciaire avait beaucoup à perdre en se mêlant à des actes semblables. La partie mécontente de la transaction pouvait toujours dire : Je n'ai consenti à faire des concessions à mon adversaire que parce que le juge m'a laissé entrevoir que si je plaidais, il me condamnerait : mon consentement n'a pas été libre. Le juge ne pouvait donc en aucune manière prendre part à des accommodements entre les plaideurs. Mais dans les circonstances graves le prince pouvait nommer un officier chargé de concilier les parties. Cet envoyé royal prenait le titre de *pacis assertor*, défenseur de la paix. Il ne pouvait, au reste, se mêler que de l'affaire pour laquelle il avait reçu une mission spéciale (*).

Les *missi* et les *sayons* prêtaient la main à l'exécution des mandements de la justice. Ils étaient les huissiers et les gendarmes de cette époque.

Aucune fonction civile n'était le partage spécial des marquis. Leur titre était dans l'origine à peu près l'équivalent de celui de cavalier. En effet, le marquis était tenu de posséder un certain nombre de chevaux, et son nom vient de l'expression celte *marc'h*, cheval.

Les Goths n'avaient pas adopté l'organisation militaire des Romains. Leurs corps armés présentaient plus de ressemblance avec notre régiment qu'a-

---

(*) Ley XIII, libro I, t. II.
(**) Ley XXVIII, libro I, t. II.

(*) Ley XV, lib. I, t. I.

vec la légion antique. Après les généraux et les comtes, qui pouvaient commander des armées, se trouvait le tiuphade. Suivant plusieurs auteurs, cet officier aurait eu le commandement de mille hommes seulement et aurait tenu à peu près le rang de nos colonels. Suivant d'autres commentateurs du code wisigoth, il aurait eu sous ses ordres plusieurs *millenaires*, c'est-à-dire des commandants de mille hommes. Son emploi aurait donc été correspondant à celui d'un général de brigade. La *tiuphadia* aurait été la réunion de plusieurs corps de mille hommes. Le millenaire avait sous lui deux *quingentaires*; ces derniers étaient de véritables chefs de bataillon. Chacun d'eux conduisait cinq cents soldats divisés en cinq compagnies, subdivisées elles-mêmes en dix escouades, et dirigées par cinq centeniers ou centurions, et par cinquante decani. Souvent, en parcourant le code des Wisigoths, on rencontre les mots latins *proceres* et *magnates*, que le traducteur a rendus par celui de *ricos ombres*. On doit considérer cette traduction comme très-exacte, si on adopte le sentiment du savant M. Renouard, qui pense que dans la langue gothique *rich* signifiait fort et puissant. Cette explication, il est vrai, n'est pas universellement admise, mais, en matière d'étymologie, les opinions sont quelquefois bien partagées. On a fait beaucoup de conjectures sur celle du mot *hidalgo*. Les uns font venir *fidalgo* de *fidelis*. Cette origine, qui n'a aucun rapport avec le sens qu'on attribue au mot *hidalgo*, ne saurait être admise. Les autres le font dériver d'*Italicus*. Mais le surnom d'Italien ne pouvait être un titre de noblesse quand tous les habitants de l'Espagne jouissaient depuis longtemps des droits, non-seulement de citoyens italiens, mais encore de citoyens romains : d'ailleurs, les Goths appelaient tous les sujets de l'empire, des Romains. Ils ne donnaient pas d'autre nom aux habitants de la Péninsule, où ils s'étaient établis en vainqueurs et en maîtres. Ainsi ce ne pouvait pas être un signe de distinction et de supériorité que celui qui vous eût classé au nombre des vaincus. Quelques personnes veulent donc voir, dans le mot hidalgo, une syncope de la phrase *hijo dal Godo*, fils du Goth ; d'autres, et cette opinion est la plus généralement admise, pensent qu'il faut entendre seulement *hijo de algo*, fils de quelque chose. Un personnage de comédie bien connu dit qu'on est toujours le fils de quelqu'un ; mais ce quelqu'un peut ne pas être grand'chose. *Algo* exprime l'idée contraire ; c'est ainsi qu'on dit en français Cet homme n'a pas de naissance ; ou bien, C'est un homme né.

Les Goths avaient trouvé l'esclavage établi en Espagne ; ils ne l'avaient pas aboli, mais ils l'avaient considérablement adouci. En principe général, la loi s'opposait à ce que l'homme libre pût être vendu comme esclave. Il était cependant quelques dérogations à cette règle ; et lorsque deux conditions se rencontraient, elles suffisaient pour rendre le contrat valable. C'était lorsque l'homme libre s'était laissé vendre sans réclamation, et qu'il avait profité du prix.

« Si l'homme libre permet qu'on le
« vende et partage le prix avec celui
« qui l'a vendu, et qu'ensuite il réclame
« sa liberté, on ne doit pas la lui rendre, et il doit rester esclave, car il
« n'est pas juste de déclarer libre celui
« qui a voulu être esclave.

« Cependant, si celui qui s'est vendu,
« ou s'est laissé vendre, peut payer le
« prix nécessaire pour se racheter, ou
« si ses parents le payent pour lui à
« l'acquéreur, celui-ci ne peut le refuser, et l'esclave recouvre sa liberté (*). »

(*) Si el ome libre sofre quel vendan, e partir el precio con quel quel vende, si quiser despoys ser libre, no lo deve ser, mas deve fincar por siervo : que non es derecho que aquel sea libre quien quiso ser siervo.

Mas si aquel que se vendeó, o se dexó vender, podier pagar el precio por redemirse, o sos padres pagaren lo por el a aquel quien lo compró, el comprador deve recibir

La coutume qui attache le serf à la glèbe n'existait pas en Espagne, et celui qui servait un seigneur, en qualité de vassal, était libre de le quitter en lui rendant les armes, les terres et tout ce qu'il avait reçu de lui. Les Goths ne connaissaient pas davantage le droit d'aînesse. Tous les enfants partageaient également les biens de leurs parents.

Le titre II du livre IV, qui règle la manière dont les successions doivent être partagées, établit cette égalité de la manière la plus absolue. Les enfants qui avaient reçu quelque donation du vivant de leurs parents, en devaient faire le rapport lors du partage de la succession. Ce rapport n'avait pas lieu en nature, mais, comme on dit dans le langage du droit, en moins prenant (*). En ligne directe, la représentation était admise, mais jamais en ligne collatérale, où le parent le plus proche excluait tous les autres, et où tous les parents d'un même degré partageaient par têtes et non par souches.

Les lois qui règlent les conventions matrimoniales entre les époux ne sont pas moins sages, et l'on ne sait par quelle fatalité presque tous les historiens français qui en ont parlé, ont fait sur ce point de grossières méprises. Dans les pays où la femme n'est en quelque sorte que la première esclave et la propriété de son mari, comme cela a lieu chez les sauvages d'une partie de l'Amérique, dans l'Inde, en Chine et chez quelques musulmans, il est juste que le mari paye la femme qu'il acquiert. Il en donne le prix aux parents dont elle dépend, et qui la lui livrent. C'est à ceux-ci que le prix revient, et la femme n'en profite en aucune manière. Dans les pays, au contraire, où les deux époux sont égaux, ils doivent tous les deux, suivant leurs moyens, concourir aux frais de la vie commune. Ainsi la dot est ce que la femme donne au mari pour supporter les charges du ménage (*). Dire, comme l'ont fait quelques auteurs, qu'en Espagne, où la femme a toujours été l'égale de son mari, celui-ci donnait une dot, c'est méconnaître de tout point la nature du contrat dotal. Dire que la femme recevait ce présent pour la livraison qu'elle faisait de son corps, c'est se montrer peu galant pour les dames espagnoles et les rabaisser au niveau d'une chose vénale ; c'est travestir les sages dispositions de la loi des Goths pour faire un droit tout fantastique. Voici ce qui se passait en réalité : le mariage était toujours précédé des fiançailles. Lors de cette cérémonie un contrat intervenait entre les parties. Le futur s'engageait à prendre la fiancée pour épouse; celle-ci, avec l'autorisation de ses parents, s'engageait à l'accepter pour mari. Lors de cette convention, pour lier plus étroitement les parties, on stipulait un dédit qui prenait le nom d'arrhes. C'est absolument ce qui se passait dans la législation romaine (**). Comme emblème de cette stipulation et pour représenter

---

el precio, e aquel otro deve ser libre. Libro 5, t. IV, ley XI.

Le traducteur espagnol a souvent rendu peu exactement le sens de la loi gothique; il est donc bon de recourir quelquefois au texte original. Dans la loi qui nous occupe le sens n'a pas été altéré, nous pensons cependant qu'on ne sera pas fâché de connaître la version latine.

Dans le *Liber judicum* elle n'est pas la onzième, mais seulement la dixième du livre V. Voici comment elle est conçue :

Quicunque ingenuus se vendi permiserit, et pretium cum venditore partitus *est*, ut circumveniret emptorem, proclamans postea, nullatenus audiatur; sed in ea servitute quam voluit permaneat. Quoniam non justum est liber sit, qui se volens subdidit servituti. Et tamen si ipse qui se vendiderit, vel *venundari* permiserit, pretium unde se redimat habere *poterit*; aut si parentes ejus redemptionem pro eo qui se vendidit dare elegerint; reddito ad integrum pretio, quod pro venditi persona emptor accepit, ad ingenuitatis titulum, ille qui se vendiderat, poterit vindicari

(*) Libro 4, t. IV, ley III.

(*) Dos est quod mulier dat aut promittit viro ad sustinenda matrimonii onera. POTHIER, π *de verborum significatione*.

(**) In contrahendis sponsalibus moris

les arrhes, le mari donnait un anneau à sa femme (*). En cas d'inexécution du contrat, la partie qui manquait à sa parole, payait le dédit convenu. Dans le droit romain, lorsque le mariage avait lieu, les arrhes étaient rendues. La loi des Wisigoths était plus prévoyante; elle jugeait nécessaire d'assurer des moyens de subsistance à la femme pour le cas où elle survivrait à son mari, et de pourvoir aux besoins des enfants qui naîtraient du mariage. Les arrhes promises par le mari étaient l'objet d'un droit particulier. Elles devenaient la propriété de la femme et de ses enfants à naître; mais le mari en conservait la jouissance pendant toute sa vie. Elles faisaient retour au donateur dans le cas où la femme mourait la première et sans enfants (**). Si c'était, au contraire, le mari qui décédait le premier, elles étaient remises à la femme. Celle-ci, toutefois, en était gardienne plutôt que propriétaire, lorsqu'elle avait des enfants, car elle devait, à sa mort, leur en laisser au moins les trois quarts (***). Si elle était veuve, sans enfants, les arrhes devenaient entièrement sa propriété (****).

Comment ces sages dispositions, qui ont servi de modèle à l'établissement de notre douaire préfix et coutumier, ont-elles pu ne pas être comprises par quelques historiens ? Il faut certainement qu'ils aient été sous l'empire de quelque préoccupation. Les arrhes espagnoles, de même que le douaire français, peuvent être stipulées en faveur d'une veuve qui se remarie. Ainsi, cette proposition de Cujas, qui

erat ut sponsus sponsæ arrhas daret aut patri in cujus potestate sponsa esset.

Hujus autem arrharum contractus ea lex erat, ut si per neutram partem staret quominus nuptiæ sequerentur, redderentur arrhæ; si vero staret per sponsum, arrhæ lucro sponsæ cederint. POTHIER, π *de Sponsalibus.*

Et quum pater arrhas susceperat, eidem pœnæ se obligat. *Cod. theod.*, l. 6, *de Sponsalibus.*

(*) Libro 3, t. I, ley III, Fuero-Juzgo.
(**) Libro 3, t. I, ley III.
(***) Libro 4, t. IV, ley IV.
(****) Libro 3, t. I, ley VI.

prétendait que le douaire était le prix de la virginité (pretium defloratæ virginis), se trouvait aussi fausse dans la Péninsule que chez nous. Mais ce qui est vrai, c'est que les arrhes espagnoles, de même que le douaire français, n'étaient acquises que par la consommation du mariage, et, comme dit la coutume française : « au coucher, la femme « gagne son douaire. » La loi des Goths a quelque chose de plus galant. Si le mari donne un baiser à sa femme, celle-ci a, par cette seule caresse, gagné la moitié de ses arrhes (*). Cet usage était devenu le droit commun de l'Espagne. Ainsi, au couronnement de doña Leonora, première femme de don Pèdre IV d'Aragon, après que le roi eut retiré de sa main l'anneau pour la passer au doigt de la princesse, il se mit à la baiser sur les lèvres. Sa couronne, aussi bien que celle de la reine, faillirent tomber; ils furent l'un et l'autre obligés de la retenir de la main gauche, et, quoiqu'en rougissant, ils n'en continuèrent pas moins à se tenir embrassés aux yeux de toute l'assemblée étonnée. Mais don Pèdre avait voulu qu'on fît cette addition au cérémonial habituel, tant il était pressé de faire gagner à la reine la première partie de son douaire.

Les biens que chaque époux apportait en se mariant, ceux qui lui étaient advenus pendant le mariage, soit par succession, soit par donation, restaient sa propriété distincte; mais la loi établissait la communauté pour tout ce qui était acquis pendant le mariage par le travail ou par l'économie des époux. Elle n'en excluait que les gains faits à la guerre par le mari, ou les récompenses qu'il avait obtenues du souverain : elles n'appartenaient qu'à lui seul (**). Les bénéfices de la communauté se partageaient proportionnellement à la valeur des biens apportés par chaque époux, comme cela se passe encore dans les cas prévus par

(*) Libro 3, t. I, ley IV. Cette loi, attribuée à Recesuinde, ne se trouve pas dans les manuscrits du texte latin qui sont parvenus jusqu'à nous.
(**) Libro 4, t. II, ley XVII.

l'article 1520 de notre Code Napoléon. La femme recevait aussi dans la succession de son mari l'usufruit d'une part d'enfant ; elle perdait cet avantage lorsqu'elle contractait un nouveau mariage (*). Toutes ces lois qui touchent au mariage étaient pleines de sagesse. Celles qui règlent la procédure étaient d'une excessive simplicité et d'une grande justice. Quand on veut se dépouiller de toute prévention pour comparer ce code aux législations qui à la même époque régissaient l'Europe, on ne peut s'empêcher de reconnaître combien il leur est supérieur. Ainsi les lois saliques, celles des Ripuaires et des Bavarois, admettaient le duel comme preuve judiciaire, même dans les procès civils (**) ; rien de semblable ne se rencontre dans les lois des Wisigoths. Il est cependant un titre du *Fuero-Juzgo* contre lequel on s'élève avec raison : c'est celui qui prononce contre les juifs et contre les hérétiques les peines les plus sévères. Certainement aujourd'hui il est facile de déclamer contre l'injustice et l'iniquité de châtiments temporels prononcés pour des matières toutes spirituelles qui intéressent seulement la conscience ; mais il faut se reporter à l'époque où ces lois ont été écrites. Il n'est pas de législation contemporaine qui ne contienne des dispositions tout aussi cruelles et tout aussi déraisonnables. Ce serait se rendre coupable d'une grave erreur que de répéter, comme l'a fait Montesquieu : « Nous devons au code « des Wisigoths toutes les maximes, « tous les principes et toutes les vues « de l'inquisition d'aujourd'hui, et les « moines n'ont fait que copier contre « les juifs des lois faites autrefois par « les évêques. » Les lois des Wisigoths n'ont été pour rien dans l'institution de l'inquisition : elle a pris naissance dans des pays où le Fuero-Juzgo n'a jamais prévalu sur le droit romain. Créée par le fanatisme de saint Dominique, elle s'est exercée d'abord dans le Languedoc, où certainement, à cette époque, les lois des Goths n'étaient plus connues, même de nom. Ainsi ce n'est pas à cette source qu'allaient chercher des inspirations les moines furieux qui forçaient le comte de Toulouse, Raymond, à faire amende honorable en chemise, et à se laisser frapper de verges en public. Les lois des Goths n'ont rien de commun avec les furieux qui déterraient une femme dans le cimetière d'Albi, pour faire, sous le prétexte d'hérésie, le procès à son cadavre. L'inquisition n'a été introduite en Espagne qu'en 1480, lorsque déjà, depuis le commencement du treizième siècle, Innocent IV l'avait établie en Italie, où les lois des Wisigoths n'ont jamais pénétré. Dans ce pays, l'inquisition n'a pas eu besoin de l'influence des lois wisigothes pour prêcher une croisade contre les Malatesta et les Manfredi, auxquels on ne pouvait reprocher d'autres hérésies que d'être Gibelins.

L'accusation portée contre ces lois est donc mal fondée ; elles sont généralement plus douces et plus humaines qu'aucune autre législation de cette époque ; et vraiment on doit s'étonner d'y rencontrer tant de sagesse et tant de lumières, quand on songe à la barbarie des siècles où elles ont été rendues.

A cette époque, l'étude des lettres était presque entièrement abandonnée ; on regardait comme une chose merveilleuse de rencontrer une personne lettrée qui n'appartînt pas au clergé. Le roi Sisebute était cependant versé dans les arts de la guerre et dans ceux de la paix ; mais cette exception était considérée presque comme miraculeuse. Il reste de ce prince quelques épîtres écrites en latin, ainsi que la vie de l'évêque saint Desiderio ; presque tous les autres écrivains que nous trouvons en Espagne pendant la période gothique étaient ecclésiastiques. Le premier, Paul Orose, pourrait presque être considéré comme appartenant encore au temps de la domination romaine. Il fut témoin de l'envahissement de l'Espagne par les barbares. Il

---

(*) Libro 4, t. II, ley xv.

(**) Capitulaires de Dagobert. Lex Bajuvariorum, t. XVI.

était prêtre à Tarragone, lorsqu'il fut envoyé en Afrique vers saint Augustin. Il demeura une année auprès de l'illustre évêque d'Hippone. Il fit un voyage à Jérusalem pour visiter saint Jérôme, et, à son retour, il composa une histoire en sept livres. Les païens prétendaient que tous les fléaux qui étaient venus fondre sur le monde provenaient de ce qu'on avait abandonné le culte des anciens dieux. Orose écrivit son ouvrage pour démontrer qu'en tous les temps le monde avait été également malheureux. Son style est clair et facile, mais on peut reprocher à cet auteur d'avoir trop facilement accueilli les fables et les traditions populaires. Il mourut, à ce qu'on pense, sur la fin du cinquième siècle. On considère généralement comme exacts tous les renseignements qu'il donne sur les événements contemporains.

Ithace que nous avons vu, du temps de Maxime, se montrer l'ardent persécuteur des priscillianistes, nous a aussi laissé sur l'invasion des barbares une chronique utile à consulter.

Isidore, évêque de Cordoue, qu'on appelle Isidore l'Ancien, pour le distinguer des deux autres écrivains espagnols de ce nom, composa des commentaires sur les livres des rois, et les dédia à Paul Orose.

On possède aussi une chronique écrite par Jean de Biclar. Cet écrivain était né à Scalabis (*Santarem*) en Portugal. Il fut exilé à Barcelone par Léovigilde, pour avoir pris part à la révolte d'Hermenegilde. Il profita de cet exil pour fonder au pied des Pyrénées le couvent de Biclar, qui prit par la suite le nom de Valclara.

De tous les auteurs espagnols qui ont écrit du temps des Goths, le plus célèbre est saint Isidore de Séville. Cet illustre écrivain était fils de Sévérien, duc de la province de Carthagène. Il fut le frère de saint Léandre, de saint Fulgence et de sainte Florentine. Les auteurs qui nous ont transmis les détails de sa vie, saint Braulio son disciple, et saint Ildefonse dans ses Hommes illustres de l'Espagne, rapportent qu'on vit voltiger autour de son berceau et de sa bouche un essaim d'abeilles, présage de son éloquence et de la douceur de son langage. Néanmoins il paraît que, pendant ses premières années, il montra peu d'aptitude pour les lettres, et que, désespéré par les difficultés qu'il rencontrait et par la sévérité de son précepteur, il avait quitté la demeure de son père. Il errait à l'aventure dans la campagne, lorsqu'il s'arrêta auprès d'un puits, dont la margelle, quoique de marbre, était usée par le frottement de la corde qui, à la longue, y avait creusé comme une cannelure. Cette circonstance fit réfléchir le jeune fugitif : il se dit que la persévérance pouvait triompher de tous les obstacles. Il retourna à la maison paternelle, et par les soins de saint Léandre, son frère aîné, il devint bientôt l'homme le plus érudit de son époque. Longtemps dans l'église de Saint-Isidore de Séville on montra la margelle de marbre près de laquelle on dit qu'il s'était arrêté. Cette anecdote n'est, peut-être, qu'un apologue inventé pour prouver que rien ne résiste à une volonté ferme et patiente ; mais ce qui est bien positif, c'est l'immense érudition qu'avait acquise saint Isidore. On peut considérer ses Étymologies comme le résumé le plus exact de toutes les connaissances qu'un homme pouvait posséder à cette époque. Cet ouvrage, quoiqu'il ne contienne pas moins de vingt livres, n'est que la moindre partie de ses œuvres. Il composa beaucoup d'écrits, et on a de lui une chronique depuis le commencement du monde jusqu'à l'année 626 de l'ère chrétienne, et une Histoire des Goths, des Vandales et des Suèves. Il succéda, dans l'évêché de Séville, à saint Léandre, son frère, et présida le quatrième concile de Tolède, où fut rédigé le corps des lois des Wisigoths. Il conserva le siége de Séville pendant quarante années. A un âge très-avancé, se sentant frappé d'une maladie qu'il jugea devoir être mortelle, il se fit transporter sur les épaules de ses disciples dans l'église de Saint-Vincent de Séville, où il fit la confession publique de ses fautes et où il demeura jusqu'à sa mort, qui arriva après trois jours d'une douloureuse attente. Isidore avait adressé ses Étymologies à Braulio, son disciple. Cet ouvrage n'était pas encore entièrement terminé. Ce fut Braulio qui y mit la dernière main.

Il est juste de parler aussi d'un troisième écrivain qui porte également le nom d'Isidore. Il était évêque de Pax Julia (*Beja*), et écrivit une chronique depuis l'année 610 de l'ère chrétienne jusqu'à 754. On pourrait encore citer quelques écrivains, qui, ainsi que nous l'avons dit, étaient tous ecclésiastiques, car du temps des Goths, les laïques, en général, demeuraient étrangers à la culture des lettres; ils se bornaient à les encourager. Les Goths ont agi de la même manière avec le commerce; ils l'ont favorisé, sans vouloir le pratiquer eux-mêmes. On trouve dans leurs lois des dispositions protectrices des marchands étrangers qui venaient négocier chez eux. L'Espagne, baignée par l'Océan et la Méditerranée, est trop admirablement placée pour que le commerce puisse jamais y périr entièrement. Mais pour qu'il devienne florissant il faut que le pays soit tranquille. Qu'on se rappelle toutes les secousses, toutes les guerres qui pendant les trois siècles de la domination des Wisigoths ont désolé l'Espagne, on demeurera persuadé qu'au milieu de toutes ces agitations, il n'a jamais pu parvenir à une bien grande prospérité.

Il faut en dire autant de l'agriculture. Les Goths, en entrant en Espagne, s'attribuèrent les deux tiers de toutes les terres; en leur qualité de vainqueurs et de conquérants, ils eurent bien soin de choisir les meilleures et les plus fertiles, ne laissant aux anciens habitants du pays que celles d'une qualité inférieure. Cette spoliation n'eût été qu'un demi-mal, si les nouveaux propriétaires eussent labouré par eux-mêmes les biens dont ils s'étaient emparés; mais les Goths étaient seulement guerriers : ils eussent cru déroger à leur noblesse militaire s'ils eussent mis la main à la charrue. Cependant ils ne possédaient pas un nombre d'esclaves suffisant pour leur faire cultiver tous les champs qu'ils avaient pris; ils n'avaient pas pu, comme les Francs, attacher les vaincus à la glèbe. Ainsi les deux tiers au moins des meilleures terres arables restèrent en friche et servirent de pâturages aux brebis ambulantes. Les Goths firent, à la vérité, des lois pour punir ceux qui dévasteraient les récoltes, qui causeraient du dommage aux bois, aux vignes, aux oliviers; mais les lois les plus protectrices ne feront pas naître de récoltes là où l'on n'a pas semé. Malgré les plus beaux règlements, la terre reste inféconde quand elle n'a pas été arrosée par la sueur de ses habitants. Ainsi l'occupation de la Péninsule par les Goths fit-elle à l'agriculture de ce pays une blessure si profonde, que onze siècles n'ont pas suffi pour la cicatriser.

La profession de laboureur semblait aux Goths indigne de leur noblesse, par la même raison l'exercice des arts mécaniques leur paraissait peu honorable; et ces travaux, dont la perfection tient encore plus à l'élévation de la pensée qu'à l'exécution manuelle, étaient sans prix pour des hommes qui méconnaissaient le pouvoir de la science : aussi, les monnaies frappées par les Goths se ressentent-elles de la barbarie des temps. Les caractères graphiques y sont quelquefois si mal formés, que les légendes deviennent indéchiffrables. Les effigies des rois qu'on y a gravées sont roides et faites d'une manière grossière. Enfin, un seul exemple suffira pour faire juger combien sont informes les types qu'on y a dessinés. Au dos de quelques-unes de leurs médailles ils avaient essayé de graver une Victoire ; mais telle était l'imperfection de cette figure, que plusieurs personnes la prirent pour l'image d'un scarabée. Il a fallu toute la sagacité des antiquaires pour deviner l'objet que l'artiste, ou plutôt l'ouvrier, avait réellement voulu y représenter. Il est cependant plusieurs médailles qui ne sont pas tout à fait aussi barbares : parmi les plus correctes il faut citer celle de Wamba, gravée planche XXXII, n° 6.

Cependant il est un art dans lequel ils avaient acquis un grand renom : ils passaient chez les Francs pour d'excellents architectes. Dire en ce temps qu'un monument avait été bâti par un Goth, c'était en faire l'éloge. Ainsi, dans une chronique écrite vers la première moitié du huitième siècle, on rapporte que le corps de saint Ouen était enseveli dans l'église de Saint-Pierre de Rouen, ouvrage admirable construit de la main des Goths (*).

Il ne faut pas, au reste, confondre leur style architectural avec celui qu'on a pendant longtemps désigné sous le titre impropre d'architecture gothique, et qui est principalement caractérisé par la présence de l'arc en tiers-point. On est maintenant convenu d'appeler celui-ci style ogival, car il est de plusieurs siècles postérieur à l'époque dont nous nous occupons. Les monuments que les Goths élevaient n'avaient rien qui les distinguât des constructions romaines de la décadence : c'était le style roman ou byzantin. « On doit re-« gretter, dit M. de Laborde, qu'aucun « de leurs édifices ne soit resté assez « intact pour qu'on puisse juger de « cette époque intermédiaire des arts. » Les constructions qu'on peut avec certitude attribuer aux Goths sont excessivement rares. On cite les murailles de Tolède, dont une partie est l'ouvrage de Wamba, ou bien encore le portail de l'église de Villa-Nueva, élevé par la sœur du second roi d'Oviedo. On y a sculpté un bas-relief représentant la mort de ce prince étouffé par un ours. Ce monument doit se rapprocher beaucoup de ceux construits pendant la domination des Goths; mais cependant il y avait déjà plus de vingt-cinq années que les Arabes étaient

entrés dans la Péninsule. On retrouve encore en Espagne quelques monuments de style byzantin : il faut citer parmi les plus élégants le portail d'une église à la Corogne (*); la gracieuse église de Saint-Nicolas à Girone (**), et l'abside de l'église de Bososte (***). Mais ces monuments peuvent avoir une date postérieure de trois siècles à la destruction du royaume des Goths; en effet, jusqu'à la fin du dixième siècle l'architecture byzantine a seule été en usage. Ce n'est que vers le commencement du onzième que le style ogival lui a été substitué, et c'est une chose bizarre qu'on ait donné le nom de gothique aux monuments à ogives, puisqu'ils n'ont pu être construits que trois cents ans après que les Goths avaient cessé de régner. Peut-être faut-il penser que le nom de Goth était devenu le synonyme de bon architecte, et que plus tard, pour vanter l'élégance et la légèreté des nouveaux édifices, on a dit qu'ils étaient gothiques. Quelle qu'ait été, au reste, la renommée de leurs constructions, ils en ont laissé bien peu dans la Péninsule, et cependant leur domination durait déjà depuis trois siècles, quand il suffit d'une bataille perdue pour la faire s'évanouir.

CONQUÊTES DES MAURES EN ESPAGNE. — DISSENSIONS ENTRE LES CHEFS MAURES. — LES ESPAGNOLS SE RÉFUGIENT DANS LES ASTURIES.

On rencontre souvent des vérités, même dans les fables les plus déraisonnables. Les chrétiens, dit l'Arioste, étaient sur le point de succomber. Dieu appela l'archange Michel, et lui dit : « Va dans l'endroit où la Discorde fait son séjour : ordonne-lui d'en sortir, d'emporter avec elle un brandon, et d'allumer l'incendie dans le camp des Maures (****). » En effet, dès les pre-

(*) Illa vero basilica, in qua sancta ejus membra quiescunt, mirum opus, quadris lapidibus, *Gothica manu*, a primo Clothario Francorum rege olim nobiliter constructa fuit, anno plus minus quarto et vigesimo regni ejus, sedem Rhotomagensem obtinente Flavio episcopo. Recueil de Duchesne, t. Ier, p. 638.

(*) Planche 12.
(**) Planche 56.
(***) Planche 54.
(****) .... subito va in parte
Dove il suo seggio la discordia tenga:
Dille che l'esca, et il fucil seco prenda,
E nel campo de' mori il foco accenda.
C. 14, s. 76.

miers instants de la victoire, la jalousie éclata entre les généraux arabes ; les dissensions auxquelles elle donna naissance contribuèrent puissamment à préserver l'Europe du joug musulman et à garantir le christianisme d'une entière destruction. Ces discordes, qui durèrent autant que la domination des Maures, ne provenaient pas seulement de cette ambition, de cette soif du pouvoir, si commune chez ceux qui commandent ; elles étaient encore excitées par la différence des races dont était composée l'armée des conquérants. Le fondateur de l'islamisme, Mahomet, appartenait à la race d'Adnan, la plus illustre chez les Arabes. Il était de la tribu des Koraïschites, la première parmi celles d'Adnan. Lorsque le prophète mourut en la onzième année de l'hégire, il avait déjà réuni sous ses bannières toutes les tribus de l'Arabie. Aboubecker, son beau-père et son successeur, ajouta la Syrie à son empire. Omar fut le premier qui porta les armes musulmanes en Afrique ; il commença la conquête de l'Égypte. Ses successeurs continuèrent à s'étendre vers l'occident, en suivant le bord de la Méditerranée. C'est sous le calife Abd-el-Meleck (*), vers le commencement du huitième siècle, que Mousa-Ben-Nosseïr (**), un de ses lieutenants, poussa ses conquêtes jusqu'à l'extrémité occidentale de l'Afrique. Il acheva de ranger la Mauritanie sous la domination musulmane. La ville de Ceuta, défendue par le comte Julien, beau-frère de Witiza, avait seule résisté à ses efforts. Les Sarrasins s'étaient établis dans le reste du pays où se trouvaient ainsi trois races bien distinctes. D'abord, les premiers habitants de cette partie de l'Afrique, les Berbers, se tenaient sur les hauteurs de l'Atlas et dans les sables du désert, où ils avaient été refoulés par les Romains. Les villes étaient peuplées par une race hybride, née de l'alliance des anciens colons romains avec les débris des Carthaginois et avec les indigènes, et dans laquelle étaient venus se confondre des Goths, des Alains et des Vandales. Enfin, l'armée de Mousa était formée en grande partie d'Arabes, parmi lesquels on comptait les plus nobles des Koraïschites.

Mousa s'occupait à établir solidement la puissance musulmane chez les Berbers, et à propager la loi du prophète chez ces peuples plongés encore dans les superstitions du sabéisme et de l'idolâtrie, lorsque le comte Julien vint réclamer son assistance pour tirer vengeance du roi Rodrigue. On a vu déjà que Mousa ne passa pas lui-même en Europe. C'est une politique commune à toutes les nations conquérantes de lancer d'abord, sur le nouveau pays qu'elles veulent envahir, tout ce qu'il y a d'énergique dans celui qu'elles ont déjà vaincu. De cette manière elles atteignent un double but : d'abord de laisser derrière elles moins d'éléments de révolte ; ensuite, elles ménagent leurs propres forces, et souvent elles n'ont qu'à recueillir le fruit de la victoire remportée par ceux qu'elles ont ainsi jetés en avant. Mousa ne dérogea pas à cette habitude : il confia le commandement des expéditions dirigées contre l'Espagne à Tarif, chef berber, et les Berbers formaient la plus grande partie de l'armée qui vainquit Rodrigue sur les bords du Guadalete.

Le sentiment de jalousie qui existait entre les Arabes et les Berbers se manifesta dès les premiers instants. Mousa apprit avec dépit la victoire de son lieutenant. Un semblable succès allait au delà de ses espérances et de toutes ses prévisions : il envoya donc à Tarif l'ordre de s'arrêter, et se disposa à passer immédiatement en Espagne pour en achever lui-même la conquête. Après avoir laissé le commandement de l'Afrique à son fils Abd-Allah, il franchit le détroit à la tête d'une armée composée en grande partie d'Arabes.

Cependant Tarif, que l'ordre de Mousa était venu surprendre au milieu de ses succès, ne pouvait ni ne voulait obéir. Il avait attaqué et battu les

---

(*) Littéralement : le serviteur du roi.
(**) Moïse fils de Nosseïr.

débris de l'armée des Goths, qui s'étaient ralliés à Ecija sur les bords du Xenil. Il était évident que s'il s'arrêtait comme on le lui enjoignait, il laisserait aux vaincus le temps de se reconnaître, et qu'il perdrait une partie des fruits de sa victoire. Il se détermina donc à continuer activement la guerre. Il sépara son armée en plusieurs divisions : il donna le commandement de l'une d'elles à un renégat appelé par les auteurs arabes Mogueïth-el-Roumi (Mogueïth le Romain). C'était probablement quelque chef de la population romaine que les vainqueurs avaient trouvée établie dans les villes de la Mauritanie, ou bien, c'était un de ceux qui, avec le comte Julien, avaient trahi leur Dieu et leur patrie. Il avait ordre de marcher sur Cordoue. Une autre division, dirigée par Zaïd-ben-Kesadi, devait s'emparer de quelques villes du littoral. Tarif, à la tête de la troisième division, comptait traverser le territoire qui forme aujourd'hui le royaume de Jaën, la Sierra Morena, la vallée de l'Ana, les monts qui la séparent de la vallée du Tage, et arriver enfin jusqu'à Tolède, qui était la ville royale des Goths.

Ces trois expéditions furent également couronnées de succès. Mogueïth s'avança avec précaution, faisant éclairer sa marche par des soldats qui portaient le costume des Goths. Comme il approchait de Cordoue, ses éclaireurs surprirent un pâtre qui promit de leur indiquer un endroit où la muraille tombait en ruine, et par lequel il était possible de pénétrer dans la ville. Le chef arabe cacha son armée dans un bois de pins, qui, à cette époque, existait dans les environs. Lorsque la nuit fut venue, mille cavaliers, portant en croupe autant de fantassins, s'approchèrent en silence de la ville. Un violent orage, mêlé de grêle et de tonnerre, favorisa leur marche et leur permit d'arriver au pied des remparts sans être découverts. Le berger qu'ils avaient fait prisonnier leur montra une brèche, près de laquelle avait poussé un énorme figuier. En s'aidant des branches de cet arbre un des Maures parvint à escalader la muraille. Alors Mogueïth, ayant déroulé son turban, lui en jeta le bout et s'en servit pour monter le second. Cette toile ainsi retenue par les premiers arrivés fut pour les autres une espèce d'échelle. Quand ils se trouvèrent en assez grand nombre sur le rempart, ils coururent vers une des portes de la ville, égorgèrent ceux qui la gardaient, et, l'ayant ouverte, livrèrent passage à ceux qui étaient restés dehors : alors ils se précipitèrent tous dans la ville, en poussant des cris de victoire. Au milieu du désordre, le gouverneur de la ville parvint à réunir quatre cents soldats chrétiens, avec lesquels il se réfugia dans une église consacrée à saint George. Il y avait fait transporter de l'eau et des vivres, et il s'y défendit avec courage. Il y a certainement de l'exagération dans le récit que fait Mariana, lorsqu'il prétend qu'ils résistèrent pendant trois mois. Mais ce qui paraît certain, c'est qu'ils combattirent jusqu'à ce que le feu ayant été mis à leur retraite, ils périrent tous dans l'incendie : aussi ce lieu fut-il appelé depuis *l'église du bûcher*, et demeura-t-il en grande vénération chez les chrétiens.

Zaïd-Ben-Kesadi prit en courant Malaga, Grenade. Il y laissa des garnisons, composées en grande partie de juifs, qui, trop heureux de se soustraire aux persécutions exercées contre eux par les Goths, avaient embrassé avec empressement le parti des vainqueurs. Il rejoignit ensuite Tarif, avant que celui-ci fût arrivé devant Tolède. Ils mirent ensemble le siége devant cette capitale. Les chroniques ne sont pas d'accord sur la manière dont ils s'en rendirent maîtres. L'archevêque don Rodrigue raconte que, par haine pour les chrétiens, les juifs livrèrent aussitôt les portes aux ennemis. Don Lucas de Tuy raconte les faits d'une manière différente. Les chrétiens de Tolède, dit-il, étaient peu nombreux, mais la ville, située sur un rocher que le Tage entoure presque de tous les côtés, pouvait facilement être défendue. Ils résistèrent donc avec courage pendant plusieurs mois. Enfin, le dimanche des Rameaux, ils sortirent pour aller, suivant l'usage, en procession à l'église de Sainte-Léocadie du Faubourg. Les juifs profitèrent de ce moment pour ouvrir les portes aux Sarrasins, qui se précipitèrent dans la ville et qui en massacrèrent tous les défenseurs. Les auteurs arabes disent, au contraire, que les habitants capitulèrent sans faire une longue résistance.

Lorsqu'on trouve tant de diversité dans les récits, il y aurait de la témérité à affirmer que l'un est plus vrai que l'autre; cependant il est des circonstances qui rendent la dernière opinion plus probable. Les principaux seigneurs qui habitaient ordinairement la ville et qui auraient pu la défendre avaient péri sur les bords du Guadalété. Beaucoup d'entre eux, commandés par l'évêque Oppas, étaient passés dans les rangs des Arabes. Enfin, un plus grand nombre encore avaient pris la fuite, épouvantés par les récits effrayants qui arrivaient de toute part; aussi est-il probable que Tolède se rendit à composition presque sans s'être défendue.

Les conditions imposées par les vainqueurs aux villes qui se soumettaient étaient d'ailleurs assez douces : ils réservaient toute leur rigueur pour celles qui résistaient ou pour les Espagnols qui avaient fui. Ils séquestraient tous les biens de ces derniers; mais ordinairement ils se bornaient à exiger un tribut du cinquième, et quelquefois du dixième seulement des revenus. Ils laissaient aux chrétiens la liberté de suivre leur religion, à la condition d'en exercer les pratiques dans l'intérieur seulement de leurs temples, et surtout de ne mettre aucun obstacle à la conversion de ceux de leurs compatriotes qui voudraient embrasser l'islamisme. Ils leur interdisaient de construire des églises nouvelles, mais ils leur laissaient une grande partie de celles qui existaient. Ainsi, à Tolède, les chrétiens en conservèrent sept : c'étaient celles consacrées à saint Just, à saint Torquatus, à saint Lucas, à saint Marc, à sainte Eulalie, à saint Sébastien et à Notre-Dame du Faubourg. Tarif s'établit dans le palais des rois goths. Les auteurs arabes, qui ne sont pas moins prodigues de fables que les chroniqueurs chrétiens, font un merveilleux récit des richesses qu'il y trouva. A la mort de chaque roi goth, disent-ils, on déposait dans le trésor la couronne que ce prince avait portée, et Tarif trouva ainsi à Tolède vingt-cinq couronnes d'or enrichies des pierres les plus précieuses : c'étaient celles des vingt-cinq rois goths qui avaient fixé leur résidence en Espagne. Pour apprécier ce conte à sa juste valeur, il suffit de se rappeler que Léovigilde fut le premier de la race gothique qui porta les insignes royaux, et de Léovigilde à Rodrigue on ne compte que dix-huit rois.

Tarif ne s'arrêta pas à Tolède, il poussa ses conquêtes jusque dans la vallée du Duero et dans celle de l'Èbre. Dans une ville située sur les bords du Xalon on trouva, disent les Arabes, une table faite d'une seule émeraude et montée en or : c'était la table de Salomon. Les Goths s'en étaient emparés lors du pillage de Rome, où elle avait été apportée par Titus après la destruction du temple de Jérusalem. Ils donnèrent à cet endroit le nom de *Medina Talmeyda*, qui signifie la ville de la table : elle s'appelle aujourd'hui Medina-Celi.

Dès que Mousa fut débarqué à Algéciras, il s'efforça d'éclipser par ses conquêtes la gloire de son lieutenant. Il s'abstint soigneusement de passer dans le pays que celui-ci avait déjà parcouru. Il commença par s'emparer de quelques villes voisines du point où il avait pris terre. Il enleva d'assaut l'antique Asido, à laquelle les Maures donnèrent par la suite le nom de Medina-Sidonia. Il marcha ensuite sur Carmona, qui lui fut livrée par la trahison du comte Julien. Celui-ci, feignant d'être poursuivi par les Maures, vint, à la tête des siens, demander un asile dans la ville. Dès qu'il y fut entré, il s'empara d'une porte qu'il ouvrit aux Arabes. Après cette conquête

9e *Livraison*. (ESPAGNE.)

facile, Mousa courut attaquer Séville, dont la résistance ne dura qu'un mois. Ossonaba, Pax Julia, aujourd'hui Beja, furent rapidement enlevées. Enfin, en remontant le cours de la Guadiana, Mousa arriva devant Mérida, cette colonie des vétérans d'Auguste, que les empereurs avaient embellie de tant de majestueux édifices. En apercevant les monuments dont elle était remplie, Mousa s'écria qu'il semblait que l'univers entier avait dû se réunir pour la construire. « Heureux, ajouta-t-il, celui qui serait maître d'une semblable cité. » Cependant, il ne pouvait songer à s'en emparer aussi rapidement que de Séville et de Carmona. Tout ce que l'art de la guerre avait alors inventé pour rendre les places imprenables avait été mis en usage. Les murailles étaient garnies de machines de toutes sortes. Les habitants étaient nombreux et bien déterminés à se défendre jusqu'à la dernière extrémité. Ils faisaient de vigoureuses sorties, et souvent ils venaient enlever les premières tentes du camp des assiégeants. Mousa profita de leur impétuosité pour les attirer dans une embuscade. Il avait remarqué près de la ville une carrière profonde; elle lui parut disposée tout exprès pour ce qu'il méditait. Pendant la nuit, il y fit entrer sans bruit une partie de son armée. Dès que le jour fut venu, un petit corps de troupes courut insulter les murailles et provoquer les assiégés. Ceux-ci sortirent en foule, chargèrent les Arabes qui fuyaient devant eux et les poursuivirent avec intrépidité. Mais lorsque les fuyards eurent entraîné les Espagnols assez loin de la ville, ils firent volte-face; les soldats cachés dans la carrière sortirent précipitamment de leur embuscade, coupèrent la retraite aux chrétiens, qui se trouvèrent attaqués à la fois de tous les côtés. Ce ne fut qu'en faisant des pertes énormes qu'ils parvinrent à regagner la ville; aussi, rendus prudents par ce malheur, ils se bornèrent dans la suite à défendre leurs murailles. Mais chaque jour leur nombre diminuait. On amenait, au contraire, de nouveaux renforts à Mousa. Abdelaziz, un de ses fils, venait d'arriver au camp à la tête de sept mille cavaliers et d'un grand nombre d'archers berbers. Les vivres commençaient à manquer aux assiégés; ils songèrent donc à capituler. Mousa avait la barbe et les cheveux blancs; aussi parut-il si vieux aux parlementaires envoyés par les habitants, qu'ils se demandaient s'il pourrait vivre jusqu'à la fin du siége. Cependant les négociations, qu'ils avaient d'abord rompues, se renouèrent, et, cette fois, les députés trouvèrent Mousa beaucoup plus jeune. Il avait les cheveux et la barbe d'un brun qui tirait sur le roux. Il les avait teints; mais les Espagnols, ne soupçonnant pas cet artifice, ne surent comment expliquer ce changement; ils l'attribuèrent à un prodige, et dirent à leurs compatriotes qu'il fallait bien céder à un homme qui n'était pas soumis aux lois ordinaires de la nature, et qui rajeunissait à volonté.

Les conditions furent à peu près les mêmes que celles accordées aux autres villes. Indépendamment du tribut qu'il exigea, Mousa confisqua les biens de tous ceux qui étaient morts pendant le siége, ou qui voulaient quitter la ville. Il prit également la moitié des églises pour les convertir en mosquées, et se fit donner la moitié de leurs ornements. Enfin, il exigea qu'on lui remît comme otages les principaux Espagnols, qui, après la bataille du Guadalété, s'étaient réfugiés à Mérida. De ce nombre se trouvait Egilona, veuve du roi Rodrigue.

Mousa partit de Mérida pour se rendre à Tolède. A sa rencontre vint Tarif qui, le connaissant avide de richesses, lui offrit les bijoux précieux qu'il avait eus pour sa part du butin. Il lui donna même la fameuse table de Salomon. Il espérait apaiser de cette manière le ressentiment du vieux général. Mousa accepta tout ce qui lui était offert. Mais, le lendemain, il interrogea Tarif en présence des chefs de l'armée, lui demanda pourquoi il ne s'était pas conformé aux ordres qu'il avait reçus, lui reprocha sa désobéissance, lui ôta le commandement qu'il remit à Mogueïth-el-Roumi. Cependant, celui-ci agit avec générosité; il s'efforça de disculper Tarif, et reprocha, avec chaleur, à Mousa, l'injustice de sa conduite. Peu de temps après, Mousa, forcé peut-être de céder aux réclamations des Berbers, qui redemandaient leur général, feignit de se réconcilier avec lui et le remit à la tête de ses troupes; alors ces deux généraux se rendirent ensemble devant Saragosse, dont le siége était commencé depuis plusieurs mois. A leur arrivée, cette ville, qui était vivement pressée, demanda à capituler. Mousa parcourut ensuite rapidement la Catalogne, dont il prit toutes les villes importantes. Barcelone, Tarragone, Roses se rendirent à lui. On dit même qu'il passa les Pyrénées, et qu'il s'empara de Narbonne; mais il est plus probable que la prise de cette ville n'eut lieu que plus tard, et que les Arabes se bornèrent cette fois à pousser quelques reconnaissances dans la Gaule narbonnaise.

Pendant ce temps, Abdelaziz, fils de Mousa, était chargé de soumettre la partie de l'Andalousie que baigne la Méditerranée. Le capitaine goth qui commandait dans cette province, s'appelait Theudemir. C'était un homme de courage, qui s'était principalement distingué à la malheureuse bataille du Guadalete. Après la mort ou la fuite de Rodrigue, il s'était retiré, à la tête de quelques soldats, dans les montagnes qui font aujourd'hui la limite occidentale du royaume de Murcie. Les siens l'avaient proclamé roi, et il avait pris la résolution de défendre ce pays, que les Arabes appelèrent, pendant quelque temps, la terre de *Tadmir* (*). Il se défendit avec succès dans les montagnes, harcelant sans cesse, dans les défilés, Abdelaziz, qui s'efforçait en vain de l'attirer à une bataille. Enfin, les chrétiens se trouvèrent dans une telle position, qu'il ne leur fut plus possible de refuser le combat. Teudemir fut vaincu, et forcé de chercher un refuge dans la plus prochaine ville fortifiée: c'était Orihuela. Ce capitaine s'y enferma, bien déterminé à tirer de sa position le meilleur parti possible. Sa garnison était peu considérable, mais il fit habiller en soldats, et placer sur les remparts, toutes les femmes de la ville. Il fit ainsi croire aux ennemis qu'Orihuela avait de nombreux défenseurs, et, par ce stratagème, il obtint d'Abdelaziz une capitulation honorable (*).

Tarif, de son côté, ne restait pas

(*) Il avait elevé au pied de ces montagnes une forteresse dont le nom arabe, *Carietoucat Tadmir*, la forteresse de Teudemir, paraît avoir été l'origine du nom de *Caravaca*, qu'elle porte aujourd'hui.

(*) En voici le texte authentique, tel qu'il a été traduit de l'arabe par M. Ch. Romey:

« Au nom de Dieu clément et miséri« cordieux: Rescrit d'Abdelaziz, fils de « Mousa, pour Teudemir Ben-Gobdos (fils « des Goths). — Qu'il lui soit accordé la « paix, et que ce soit pour lui une stipu« lation et un pacte de Dieu et de son « prophète, savoir: Qu'il ne sera déposé « ni éloigné de son royaume; que les fidèles « ne tueront, ne captiveront ni ne sépa« reront les chrétiens, leurs fils ni leurs « femmes, ni ne leur feront violence en ce « qui concerne leur loi (leur religion); qu'on « ne brûlera pas leurs églises; sans autres « obligations de leur part que celles ici sti« pulées. Il demeure entendu que le pouvoir « de Tadmir s'étendra et s'exercera pacifi« quement sur les sept villes dont les noms « suivent: Aourioualet, Baleutolat, Locant, « Moula, Biscaret, Atzhi et Dourcat; qu'il « ne s'emparera pas des nôtres; qu'il ne « donnera point asile à nos ennemis, ni ne « leur prêtera assistance, et qu'il ne nous « cachera pas, les connaissant, leurs projets « contre nous. Lui et les siens se soumettent « à payer une redevance annuelle d'un di« nar d'or par tête, quatre mesures de fro« ment, quatre d'orge, quatre de vin cuit, « quatre de vinaigre, quatre de miel et qua« tre d'huile; et les esclaves ou paysans « payeront la moitié. — Fait le 4 de redjeb « de l'an 94 de l'hégire: et ont signé le « présent rescrit, etc. » 5 avril, 713 de J. C.

On croit que les villes dont les noms se trouvent énoncés dans cette capitulation, sont Orihuela, Valence, Alicante, Mula, Bigerra, Aspis et Lorca.

inoccupé. Il descendait le long de l'Ebre, et, après avoir soumis Tortose et les autres villes qui se trouvent sur ses rives, il retournait vers le couchant, prenant Denia, Xativa, et s'avançant le long de la Méditerranée, jusqu'à ce qu'il fût arrivé au pays de Theudemir. Il y avait, comme on le voit, des conquêtes pour tous les chefs. Cependant cette continuité même de succès eut de funestes effets pour les Sarrasins, car elle entretint la jalousie entre Tarif et Mousa. Ils écrivaient l'un et l'autre au calife pour s'accuser réciproquement de compromettre les progrès de l'islamisme. Abd-el-Meleck, pour mettre fin à ces discussions, leur envoya l'ordre de se rendre l'un et l'autre auprès de lui à Damas. Tarif obéit sans balancer. Mousa, au contraire, chercha des prétextes pour ne pas aller en Syrie. Il se préparait à porter la guerre dans les montagnes de la Galice, où les chrétiens se rassemblaient. Il était à Lugo, à la tête de son armée, lorsqu'un second messager vint saisir la bride de son cheval et lui intimer les ordres du calife. Mousa avait, dit-on, formé un projet gigantesque. Il voulait soumettre l'Europe entière à la loi du prophète. Il comptait conquérir successivement les Gaules, la Germanie, l'Italie, la Grèce, tandis qu'une autre armée musulmane s'avancerait par l'Asie Mineure. C'était à regret qu'il apportait un instant de retard à l'accomplissement d'une semblable entreprise ; mais, avant tout, il fallait obéir. Il laissa le commandement de l'Espagne à son fils Abdelaziz, et il se mit en route pour se rendre auprès du calife. Sur ces entrefaites, Abd-el-Meleck vint à mourir. Il fut remplacé par Soliman, homme cruel et de peu de valeur personnelle, qui se plut à placer Mousa en présence de son capitaine. Parmi les choses précieuses que Mousa avait apportées au calife, comme dépouille du pays conquis, se trouvait la fameuse table d'émeraude. Il en exaltait la valeur. — Oui, dit alors Tarif, mais ce n'est pas vous qui l'avez conquise.

— C'est moi qui l'ai enlevée aux infidèles, répondit Mousa.

— Pourquoi donc, reprit Tarif, ne donnez-vous que trois des quatre pieds de cette table?

— Elle était ainsi lorsque je l'ai trouvée.

— Qu'on juge de la véracité du fils de Nosseïr, dit alors Tarif en montrant le quatrième pied qu'il avait conservé lorsqu'il avait donné à Mousa ce précieux butin.

Le vieux général, convaincu de mensonge, fut condamné par Soliman à payer une amende considérable, et à rester pendant un jour exposé en public. Sans doute cette punition n'avait pas alors le caractère infamant que nos mœurs lui attribuent aujourd'hui, car le calife n'en continua pas moins à recevoir Mousa dans son palais. Il se plaisait à causer avec lui ; il aimait à l'entendre parler des combats qu'il avait livrés et des peuples qu'il avait vaincus. Néanmoins, il ne rendit le commandement ni à Mousa ni à Tarif.

Ce furent ces dissensions entre les chefs musulmans qui firent le salut des chrétiens : elles leur laissèrent le temps de se reconnaître, et les préservèrent d'une ruine complète, qu'ils n'eussent probablement pas évitée si les vainqueurs fussent restés unis. Pélage, duc de Cantabrie, celui qui avait été le protospathaire de Rodrigue, avait déjà, du temps de Witiza, trouvé un asile dans les montagnes des Astures et des Cantabres. Il s'y était de nouveau réfugié, et rassemblait autour de lui tous les chrétiens qui venaient y chercher un asile.

Abdelaziz, de son côté, se montra moins jaloux de faire de nouvelles conquêtes que d'organiser l'administration de celles qui avaient été faites par son père. Il s'appliquait à régulariser la perception des impôts. Les guerres avaient considérablement dépeuplé l'Espagne. Abdelaziz fit venir une grande quantité de Maures pour la cultiver. Il protégea les chrétiens, qui aimèrent mieux rester soumis aux vainqueurs que d'aller dans les montagnes chercher une liberté sans doute plus glorieuse, mais aussi accompagnée de plus de périls. Ces chrétiens, qui restèrent mêlés aux Maures, prirent le nom de Mozarabes (*). La bienveillance qu'Abdelaziz avait toujours manifestée pour eux lui était, dit-on, inspirée par une femme, qui faisait ainsi tourner à l'avantage de ses compatriotes l'empire qu'elle exerçait sur son esprit. La belle, il faut dire aussi la bonne Égilona, veuve du dernier roi des Goths, s'était trouvée au nombre des otages donnés à Mousa par la ville de Mérida. Dès qu'Abdelaziz l'eut vue, il en devint épris, et il l'épousa sans exiger qu'elle changeât de religion. Il lui donna seulement le nom arabe de *Omm al Yssam*, c'est-à-dire, la mère des colliers précieux. Les auteurs l'appellent aussi quelquefois Zahra-bent-Isa, la fleur fille de Jésus. Ce mariage d'Abdelaziz, ses goûts pacifiques, sa modération, sa douceur pour les chrétiens, parurent une trahison aux yeux des fervents musulmans, qui voulaient avant tout faire prévaloir la loi du prophète par la puissance du cimeterre. Ils l'accusèrent de s'être fait chrétien, et de songer à se rendre en Espagne souverain indépendant. Cette accusation fut portée devant Soliman, qui, sans entendre ni justification ni défense, envoya à cinq des principaux officiers de l'armée l'ordre de faire périr Abdelaziz et ses deux frères Merwan et Abdallah. Les officiers chargés d'exécuter cette sentence du commandeur des croyants hésitèrent pendant quelque temps. Abdelaziz était chéri de ses troupes, et ils craignaient que les soldats ne se soulevassent pour le défendre. Ils attendirent donc un moment favorable pour le frapper, et l'assassinèrent dans la mosquée pendant la prière du matin. On envoya sa tête à Soliman dans une boîte pleine de camphre. Celui-ci la montra à Mousa, en lui demandant s'il la reconnaissait : « Oui, je la reconnais, s'écria « ce malheureux vieillard ; oui, je la « reconnais, et que la malédiction de « Dieu soit sur son assassin ! »

Mousa se retira aussitôt dans son pays natal, où cette même année il mourut de douleur.

VICTOIRE REMPORTÉE PAR PÉLAGE SUR LES MAURES. — COMMENCEMENT DE LA MONARCHIE ESPAGNOLE. — INVASION DE ZAMAH EN FRANCE. — BATAILLE DE TOULOUSE. — MASSACRE DES CHRÉTIENS RÉFUGIÉS DANS LES PYRÉNÉES.

Le calife, en ordonnant l'assassinat d'Abdelaziz, avait oublié de lui nommer un successeur. L'Espagne se trouvait sans gouverneur. Les principaux chefs se réunirent et firent choix d'Ayoub, officier plein de courage, d'expérience, et parent de Mousa. Ce chef s'occupa très-activement de régulariser l'administration. Il parcourut les provinces pour réprimer les abus, et réparer, autant qu'il était en son pouvoir, les désastres de la guerre. Sur les ruines de Bilbilis, il éleva une ville nouvelle à laquelle il donna son nom (*). Mais il ne conserva que peu de temps le pouvoir, et le calife, ayant envoyé l'ordre de dépouiller tous les membres de la famille de Mousa des commandements dont ils pouvaient être investis, Ayoub fut remplacé dans le gouvernement de l'Espagne par El-Horr-ben-abd-el-Rahman-el-Takefi, que les historiens espagnols appellent Alahor. C'était un homme violent, cruel et avare, qui fit durement sentir son autorité, non-seulement aux chrétiens, mais encore aux musulmans eux-mêmes. Quelques auteurs pensent qu'il passa dans la Gaule narbonnaise, et qu'il en fit la conquête; mais l'opinion la plus générale est qu'il

---

(*) Quelques auteurs veulent que ce mot vienne de mezo-arabe, pour medio-arabe, demi-arabe; d'autres veulent qu'il vienne de mozo-arabe, jeune Arabe; d'autres de most-arabe, qui exprime devenu Arabe. Aucune de ces étymologies ne parait bien certaine, et la seule chose positive c'est le sens attribué par l'usage à ce mot. Il s'appliquait aux chrétiens qui vivaient avec les Maures.

(*) C'est Calatayud, appelée dans le principe Calat-Ayoub, c'est-à-dire, le château d'Ayoub.

se borna à faire quelques incursions dans ce pays, et que cette conquête fut l'ouvrage de son successeur.

C'est du temps d'Alabor qu'eut lieu l'événement le plus remarquable de l'histoire espagnole. C'est pendant son gouvernement que les chrétiens, commandés par Pélage, remportèrent sur les Maures une victoire qui devait avoir d'immenses résultats. L'histoire, qui nous a conservé le souvenir de ce fait d'armes, ne nous a pas fait connaître tous les engagements qui, probablement, l'avaient précédé. Nous ne savons pas les combats que s'étaient déjà livrés les Maures et les Asturiens, ou plutôt les Cantabres, car c'est aux confins des Asturies et de la Cantabrie que se trouve la Sierra de Covadunga, qui avait servi de refuge à Pélage. Suivant toutes les probabilités, les chrétiens fugitifs, que l'invasion musulmane avait refoulés dans les montagnes, durent bientôt y manquer de moyens de subsistance, et commencèrent à faire des courses dans les plaines dont les Maures s'étaient emparés. Ensuite, poussant plus loin leurs prétentions, ils s'efforcèrent de reprendre les terres dont ils avaient été dépouillés. C'est ainsi qu'ils s'établirent d'abord à Canicas (*). Les musulmans ne les laissèrent pas paisibles possesseurs de ce territoire; on se battit, et l'avantage ne resta pas toujours du côté des chrétiens. Ceux-ci, à la suite sans doute de quelque défaite, furent forcés de donner des otages pour garantir qu'à l'avenir ils ne se soulèveraient plus, et qu'ils ne troubleraient plus la tranquillité du pays. Au nombre de ces otages se trouvait Pélage, que les Espagnols appellent Pélayo, et dont les Arabes ont à peine altéré le nom. Ils ont remplacé par un B le P qui n'existe ni dans l'hébreu, ni dans l'arabe. Ils l'appellent Bélaï. La captivité de Pélage, chez les musulmans, est attestée par un historien arabe, Ahmed-el-Mokri. « Le premier, dit-il, qui rassembla les chrétiens, après leur défaite, fut Bélaï, d'entre les Astourischs, peuples de la Djalikiah(*), qui, retenu à Cordoue comme otage, pour la tranquillité de son peuple, s'en échappa du temps d'El-Horr-ben-abd-el-Rahman. Il souleva les chrétiens contre leur sous-gouverneur arabe, le chassa et établit un État indépendant. »

Pélage était donc, à cette époque, un homme d'une grande importance, puisque sa présence pouvait déchaîner des tempêtes, et que sa captivité faisait cesser les troubles. L'influence qu'il exerçait est donc bien avérée, quelle qu'en fût l'origine, soit qu'il la dût à la qualité de duc de Cantabrie, dont il avait hérité après la mort de Favila son père, soit que l'attachement des Espagnols, et la confiance qu'ils avaient en lui, ne prissent leur source que dans son mérite et dans sa bravoure personnelle. Ce chef, étant parvenu à s'échapper de Cordoue, vint ranimer le courage des chrétiens réfugiés dans les Asturies. Ils se soulevèrent de nouveau (**). Le sous-gouverneur de cette partie de l'Espagne, établi par les Arabes à Gijon, était un renégat appelé En-Munuza par les chroniqueurs chrétiens. C'est sous le nom d'Abou Nessa que les Maures le désignent. Il fit connaître cette révolte à El-Horr, qui envoya une armée commandée par Alkamah, pour châtier les insurgés. Pélage, averti de la mar-

(*) Les Maures donnaient le nom de Djalikiah, Galice, à la chaîne de montagnes et à tout le pays qui s'étendaient le long de l'Océan, depuis le promontoire des Artabres jusqu'au pied des Pyrénées.

(**) Mariana raconte d'une manière toute différente l'établissement du royaume de Pélage. Celui-ci, dit-il, avait une sœur dont Munuza devint amoureux. Le gouverneur de Gijon, désespérant d'obtenir sa main, profita d'une absence de Pélage pour la déshonorer. Ce serait pour venger cet outrage que le fondateur de la monarchie espagnole aurait pris les armes. Cette pâle et fade contre-partie de l'histoire de la Cava ne présente aucun caractère de vraisemblance. Aussi n'a-t-elle été acceptée que par très-peu d'écrivains.

(*) Cangas de Oñis.

che de ce général, et connaissant le nombre de troupes qu'il menait avec lui, ne se trouva pas assez fort pour l'attendre dans les plaines. Il fit cacher les vieillards, les femmes, les enfants, sur le haut des montagnes et dans leurs plus profondes retraites. Pour lui, avec tous les hommes en état de combattre, il en occupa les moyennes hauteurs. Alkamah s'attacha à sa poursuite. Pélage attendait les Maures dans une position habilement choisie. C'était à l'est du mont Auseba, où la Deva coule au fond d'une vallée sombre, étroite et fermée des deux côtés par des montagnes, dont les flancs se dressent et se rapprochent davantage, à mesure qu'on remonte le cours de la rivière. A l'endroit où celle-ci prend sa source, un énorme rocher vient intercepter la vallée dans toute sa largeur. C'est au milieu de ce rocher que s'enfonce la caverne de Covadunga, assez vaste pour servir d'abri à plus de deux cents hommes. On y pénètre par une ouverture naturelle élevée de quelques pieds au-dessus du sol. Pélage s'y enferma avec tout ce qu'elle put contenir de soldats. Il fit placer le reste de son armée en embuscade dans les bois et sur les montagnes escarpées qui, des deux côtés, dominent ce défilé. Alkamah se laissa entraîner dans cette gorge, où quelques hommes, maîtres des hauteurs, devaient facilement anéantir une armée nombreuse. Dès que les Maures furent arrivés près de la caverne, le combat commença. Les vieux chroniqueurs entourent le récit de cette bataille de circonstances miraculeuses. Ils disent que les flèches tirées par les Arabes retournèrent en arrière et tuèrent ceux-là même qui les avaient lancées. Il n'est cependant pas besoin de recourir à des prodiges pour expliquer la victoire de Pélage. Ses Asturiens, tous adroits chasseurs, tous habiles archers, embusqués derrière des pointes de rochers, derrière des troncs d'arbres, et presque invisibles pour les ennemis, visaient à loisir ceux qu'ils voulaient abattre; ils les frappaient d'une mort certaine. D'autres accablaient les Maures d'une grêle de pierres, ou bien du haut des montagnes faisaient rouler d'immenses quartiers de roche qui, dans leur chute, écrasaient des bataillons entiers. Cela suffisait pour mettre en fuite les troupes les plus intrépides, et sainte Marie de Covadunga, Notre-dame des Batailles, pour donner la victoire aux chrétiens, n'eut pas besoin d'intervertir l'ordre de la nature. Déjà les Arabes fuyaient en désordre lorsqu'une tempête éclata. Dans ces montagnes, où la pluie la plus légère suffit pour convertir les moindres ruisseaux en torrents, les fugitifs se virent, à chaque pas, arrêtés par de nouveaux obstacles, qui les livraient sans défense aux coups des chrétiens, et ceux-ci, du haut des montagnes qu'ils n'avaient pas quittées, les accablaient de traits et de pierres. Cependant une partie des Maures, fuyant dans la direction du territoire de Liebane, étaient parvenus à gagner le penchant du mont Auseba. Ils étaient arrivés auprès de Causegadia, dans un passage où la montagne surplombait au-dessus de la Deva. Tout à coup, le terrain, rongé à sa base par la rivière changée en un torrent impétueux, ébranlé par leurs pas précipités, s'abîma, et ce qui restait de l'armée périt englouti sous les terres qui s'écroulaient, ou submergé sous les ondes furieuses.

Le nombre des infidèles qui périrent en cette circonstance fut considérable. Pendant bien longtemps, quand la Deva, enflée par les pluies, rongeait ses rivages, elle mettait à découvert des ossements et des débris d'armures. Sébastien de Salamanque ne fait pas monter le nombre des morts à moins de 124,000. Rodrigue de Tolède le réduit à 24,000. Un auteur arabe, Abdallah-ben-Abd-el-Rahman, dit qu'il fut tué près de trois mille hommes, et que le reste de l'armée fut submergé; mais il ne dit pas le nombre de ceux qui furent engloutis dans les eaux, et ce dut être la plus grande partie. Un écrivain français pense que le nombre des morts ne dut pas excéder trois mille. Pour nous, sans approuver les exagérations de Sébastien de Salamanque et de Rodrigue de Tolède, nous ne pouvons nous empêcher de dire que le chiffre de 3,000 nous paraît de tous le moins vraisemblable. Il n'y a que les très-petits échecs et les très-grands désastres dont on ne cherche pas à tirer vengeance, les premiers parce qu'ils passent inaperçus, les autres parce qu'ils ne laissent pas de force aux vaincus, ou qu'ils jettent l'épouvante dans les esprits. Mais chez aucun peuple la perte de trois mille hommes n'est un de ces événements qu'on accueille avec indifférence; chez aucun aussi, ce n'est un de ces désastres assez grands pour mettre le vainqueur à l'abri de toute tentative de vengeance. Cependant, après la bataille de Covadunga, le gouverneur de Gijon ne tenta pas même de se défendre. Il battit en retraite; mais, poursuivi par les Espagnols, il fut atteint, vaincu et tué. Pélage resta maître du pays, et l'histoire ne nous a pas appris qu'il ait eu d'autre attaque à repousser. Sa victoire avait donc été de nature à effrayer les Arabes, et ils crurent prudent de le laisser paisible possesseur du petit royaume de douze lieues de large sur quarante environ de longueur qu'il venait de conquérir (*). Cette victoire protégea aussi l'existence d'un autre rassemblement de chrétiens fugitifs qui s'étaient réunis sur les confins de la Cantabrie, sous les ordres d'un chef nommé Pèdre. Les Maures n'osèrent pas venir les attaquer dans leur retraite. Peut-être les nombreux changements qui eurent lieu dans les gouverneurs de la Péninsule, contribuèrent-ils aussi beaucoup à assurer la tranquillité dont on laissa jouir le nouveau souverain. El-horr avait, par son excessive rigueur, excité les réclamations non-seulement des chrétiens, mais encore celles des principaux chefs sarrasins. Aussi le calife nomma-t-il à sa place Zamah, dont le nom est célèbre dans toutes les histoires de chevalerie. Ce nouveau gouverneur s'occupa d'abord de l'organisation du pays. Lors de la conquête de l'Espagne, les Sarrasins n'avaient pas un marin. Ce fut sur des vaisseaux marchands que les troupes de Tarif passèrent en Europe; mais les vainqueurs avaient senti la nécessité d'avoir une marine. Elle se forma rapidement, et, sous le gouvernement de Zamah, on créa un chef de la flotte auquel on donna le titre de *Émir-...* ou plutôt *Amir-al-ma*, le prince de l'eau (*).

Ces soins ne furent pas les seuls dont s'occupa le nouveau gouverneur. Mahomet disait que chaque prophète avait son caractère; que celui de Jésus-Christ était la douceur, que le sien, au contraire, était la force, et que le glaive seul devait faire triompher le Koran. Zamah était un guerrier selon le cœur de Mahomet; il songea à porter en France la foi des musulmans, et appela les croyants à la guerre sainte. Dans une première expédition, il soumit en entier la Gaule narbonnaise, et, remontant le cours du Rhône, il saccagea le pays jusqu'à la Bourgogne, puis il ramena vers Narbonne son armée chargée de butin. Ensuite, il s'avança vers la Garonne, et vint mettre le siége devant Toulouse. Eudes, duc d'Aquitaine, accourut au secours de cette ville. Il marchait à la tête d'une armée formidable. Il attaqua les Sarrasins, et la victoire, longtemps balancée, finit par se décider en sa faveur. Ce fut en vain que Zamah s'élança au milieu des bataillons français les plus épais; le succès ne répondit pas à son intrépidité. Mais s'il ne

(*) Quelques auteurs pensent que Pélage ne prit jamais le nom de roi. Cela est possible; mais tous ses successeurs le lui ont donné. Par une exagération en sens contraire, d'autres historiens soutiennent que l'État qu'il venait de fonder avait pris, dès les premiers temps, le nom de royaume de Léon. Jamais Pélage ne posséda la ville de Léon (*Legio*). Il faut croire que quelque erreur se sera glissée dans les manuscrits que ces écrivains consultaient; et on aura écrit Legio au lieu de Gegio (*Gijon*), nom de la ville où il s'était d'abord établi.

(*) C'est évidemment de ce nom que vient notre mot français Amiral.

put, par son courage, rappeler la fortune, il sut au moins trouver une mort glorieuse : il tomba percé de plusieurs coups de lance. Les Sarrasins, découragés par la mort de leur général, abandonnèrent en fuyant le champ de bataille. Eudes se mit à leur poursuite. Mais Abd-el-Rahman (*), un des chefs arabes qui s'étaient le plus distingués dans le combat, rallia les fugitifs, les ramena jusqu'à Narbonne, et dirigea si habilement sa retraite, que le duc d'Aquitaine ne put obtenir sur lui aucun nouvel avantage.

Les restes de l'armée qu'il avait sauvés lui déférèrent le commandement de l'Espagne. Les secours qui lui furent envoyés par le gouverneur que Zamah avait en partant laissé dans la Péninsule, le mirent à même de faire face au duc d'Aquitaine, et de conserver une partie de la Gaule gothique. Abd-el-Rahman eut aussi des succès en combattant contre les chrétiens réfugiés dans les Pyrénées.

Quand la ville de Saragosse avait été prise par les Arabes, une partie des chrétiens qui l'habitaient avaient refusé de se soumettre aux infidèles, et, abandonnant leurs foyers, ils s'étaient retirés dans les montagnes. Là, vivant dans des cavernes, dans de pauvres huttes de bûcherons ou de pasteurs, ils avaient commencé à faire la guerre aux Maures. Mais ils s'étaient bientôt aperçus qu'en combattant chacun pour leur compte, ils ne pouvaient attendre aucun succès sérieux; aussi trois cents d'entre eux s'étaient-ils réunis sur la montagne d'Uruel, dans une caverne, près de la ville de Jaca.

Ils l'avaient fortifiée pour en faire leur citadelle. Ils espéraient, à l'exemple de ce que Pélage avait fait dans les Asturies, y braver la fureur des Maures; mais la fortune ne leur fut pas favorable, et, sous Abd-el-Rahman, ils furent tous massacrés (**).

RÉBELLION DE MUNUZA. — INVASION D'ABD-EL-RAHMAN EN FRANCE. — BATAILLE DE POITIERS. — DÉROUTE D'ABD-EL-MELECK DANS LES PYRÉNÉES. — ORIGINE DU ROYAUME DE SOBRARBE. — FAVILA. — ALPHONSE LE CATHOLIQUE.

Malgré tous ses succès, Abd-el-Rahman ne fut pas confirmé dans son commandement, et le calife nomma gouverneur de l'Espagne, Ambessa, que Zamah avait choisi pour administrer ce pays pendant son absence. Le nouvel émir tenta de venger l'échec éprouvé par les armes musulmanes. Il passa en France et s'empara de Carcassonne; mais il fut plusieurs fois battu par Eudes. Ces revers ne l'empêchèrent pas de faire des incursions en France et de pénétrer jusqu'en Bourgogne. Mais il eut de nombreux combats à livrer et, lorsqu'il opérait sa retraite, il mourut des suites de ses blessures. Après lui, l'Espagne eut successivement pour gouverneurs Hodheyrah, Yahya, Othman, El Haïtam et Mohammed (*).

Enfin Abd-el-Rahman fut de nouveau appelé au gouvernement. Ce général n'avait pas été ébranlé par les échecs que les Maures avaient essuyés en France. Il persévérait dans le projet de conquérir ce pays et de venger la mort de Zamah et celle d'Ambessa. Le duc d'Aquitaine, de son côté, faisait des préparatifs pour défendre ses États, et il cherchait des alliés jusque parmi les infidèles. La garde des frontières orientales de l'Espagne était confiée à un capitaine appelé Munuza (**). Eudes fit avec lui un

---

(*) Abd-el-Rahman, littéralement Le serviteur du miséricordieux. C'est l'Abdérame des chroniques.

(**) Blancas, *Aragonensium rerum commentarii, de suprarbiensis regni initiis*,

place cet événement sous le règne d'Abdelaziz.

(*) Les auteurs espagnols ont défiguré ces noms chacun à sa manière. Mariana nomme ces gouverneurs Odayfa, Himen, Autuma, Alhaytan, Mahomad. Ferreras les appelle Odera, Jahic, Autuman, Aliatan, Mahimen.

(**) Tous les récits qui nous viennent de cette époque, sont écrits en latin ou en arabe. Les noms ne nous arrivent donc qu'après avoir subi une transformation arabe ou latine, c'est-à-dire, qu'ils sont horriblement

traité d'alliance, et pour en resserrer davantage les liens, il lui donna en mariage sa fille Lampégie. Abd-el-Rahman, en apprenant cet arrangement, sentit qu'il pouvait lui causer d'inextricables embarras. Il ne laissa pas aux alliés le temps de se fortifier dans les passages des Pyrénées. Il dépêcha un capitaine syrien à la tête d'un fort détachement de son armée. Celui-ci fit tant de diligence, qu'il surprit dans le fort de Cerritan Munuza, qui n'avait encore rien préparé pour sa défense. L'allié du duc d'Aquitaine se jeta dans les montagnes afin de passer en France et de gagner les États de son beau-père; mais, se voyant vivement poursuivi, et désespérant d'échapper à ses ennemis, il se précipita du haut d'un rocher afin de ne pas être pris vivant. Suivant quelques auteurs, et cela est plus probable, il se fit tuer en se défendant. Sa tête fut envoyée au calife de Damas avec Lampégie, qui, étant d'une beauté remarquable, fut considérée comme une conquête digne de son sérail.

Abd-el-Rahman, après s'être ainsi débarrassé de cet adversaire, passa en France et marcha vers Bordeaux. Le duc d'Aquitaine ne s'attendait pas à être si promptement attaqué. Il avait compté que son allié arrêterait quelques instants la marche des Sarrasins. C'est sans doute par cette raison que la ville de Bordeaux se trouva découverte, et qu'Abd-el-Rahman, après avoir dévasté tout le pays entre les Pyrénées et la Garonne, vint livrer cette ville au pillage. Ce fut, à ce qu'il paraît, seulement après avoir traversé la Dordogne que les Sarrasins rencontrèrent l'armée que conduisait le duc d'Aquitaine. Ils lui livrèrent bataille et le mirent en déroute. Après cette victoire, ils se trouvèrent seuls maîtres du pays, et s'avancèrent vers Tours. Ils convoitaient les trésors entassés au tombeau de saint Martin. Cependant, Eudes s'était décidé à réclamer les secours de Charles, maire du palais du roi Thierry. Celui-ci s'empressa d'accourir.

Abd-el-Rahman venait de livrer au pillage et aux flammes un des faubourgs de Poitiers, lorsqu'il apprit que Charles s'avançait pour le combattre. Pendant six jours les deux armées manœuvrèrent en présence l'une de l'autre, avant de s'aborder. Enfin Abd-el-Rahman se détermina à donner le signal de l'attaque. Son armée surpassait de beaucoup en nombre celle de Charles. Mais les Français, plus grands et plus vigoureux que les Arabes, étaient couverts d'épaisses cuirasses ou de bonnes cottes de mailles. Les Maures, au contraire, n'avaient pas d'armes défensives. Ils vinrent se briser sur la ligne d'acier que présentaient les rangs des chrétiens. Les Africains ne purent résister à la force de ces guerriers, dont les longues et tranchantes épées, dont les lourdes haches d'armes ne frappaient jamais en vain. Mais s'ils étaient facilement enfoncés, ils se ralliaient avec rapidité, et Charles ne

défigurés. Les historiens espagnols qui ont fait usage des chroniques ont tâché de rendre aux noms leur véritable physionomie espagnole. Mais de nos jours, chacun a été tout à coup saisi de la vanité de faire mieux que ses devanciers, et pour se donner une couleur locale rétrospective, on a voulu rétablir dans l'histoire tous les noms latinisés, comme étant les seuls authentiques. On n'a pas fait attention que si le latin était bien la langue des couvents et des actes publics, tout ce qui n'était pas moine ou écrivain parlait une langue vulgaire, et, comme nous l'avons déjà dit, Pedro devenait Petrus pour le couvent et pour le tabellion. Le Munus ou Munuza était probablement un nom approchant de celui de Muños ou de Muñis. Le nom d'Elvira est, ainsi que nous l'avons dit (p. 35), une corruption des mots basques Ili-berri (Ville neuve). Il était donc en usage dans la Péninsule avant qu'on y employât le latin. Les chroniqueurs des temps barbares l'ont changé en celui de Geluira et Geloïra. Les faiseurs de couleur moyen âge se sont bien gardés d'employer le nom véritable; ils ont pris le mot latinisé, confondant la langue vulgaire et la langue savante de cette époque. Ils se sont conduits comme celui qui, écrivant l'histoire de France, soutiendrait qu'il faut dire Ludovic XIV, parce qu'on a, sur la porte Saint-Denis, écrit pour dédicace : *Ludovico magno*.

pouvait les poursuivre dans la crainte de se voir enveloppé. Abd-el-Rahman lui opposait constamment des troupes fraîches, et la victoire pouvait rester longtemps douteuse, lorsque le duc d'Aquitaine, avec les restes de son armée qu'il avait ralliés, se jeta sur le camp des Sarrasins, massacrant tous ceux qui s'y trouvaient, sans épargner ni les enfants, ni les femmes, qui avaient en grand nombre suivi leurs époux et leurs pères. Cette attaque jeta la consternation parmi les Maures. Cependant Abd-el-Rahman parvint à maintenir le combat malgré le carnage que les Français faisaient des siens. Enfin, comme le jour approchait de son déclin, il fut tué, et la nuit vint séparer ceux qui combattaient encore. Les soldats de Charles Martel comptaient recommencer la lutte le lendemain et achever d'exterminer les Maures ; mais le matin on trouva leur camp désert. Ils avaient profité de l'obscurité pour se retirer sans être poursuivis. Afin que rien n'embarrassât leur fuite, ils avaient abandonné leurs tentes, leurs bagages et tout le butin qu'ils avaient ramassé. Les Français ne jugèrent pas nécessaire de les poursuivre, et les faibles restes de cette armée fugitive coururent chercher un asile dans la partie de la Gaule narbonnaise soumise à la domination musulmane.

En apprenant la mort et la défaite d'Abd-el-Rahman, le gouverneur d'Afrique nomma Abd-el-Meleck pour le remplacer. Le calife confirma cette nomination, et recommanda au nouvel émir de venger le sang des croyants versé dans les plaines de Poitiers. Abd-el-Meleck rassembla donc des troupes pour franchir de nouveau les défilés de ces montagnes. Mais il fut mis en déroute et forcé de renoncer à son expédition.

On n'est pas d'accord sur la partie des Pyrénées où ce combat eut lieu. Ferreras revendique l'honneur de la victoire pour les Asturiens. Les écrivains aragonais s'appuient sur un passage de don Rodrigue pour en attribuer la gloire à leurs compatriotes. Près de Jaca se trouvent plusieurs ports, et notamment celui qui mène de Canfranc à Oloron. Ils présentent le chemin le plus direct pour se rendre du centre de l'Espagne au cœur de l'Aquitaine. C'est donc celui qu'Abd-el-Meleck avait dû choisir, et c'est là qu'il fut attaqué selon toutes les probabilités par les premiers fondateurs du royaume d'Aragon.

Il en est de beaucoup d'empires comme de plusieurs grands fleuves ; on connaît leur cours, sans savoir où ils prennent leur source. L'origine de la monarchie aragonaise est entourée d'obscurité, et les auteurs ne sont pas même d'accord sur le nom que ce royaume aurait eu dans l'origine. Les écrivains castillans prétendent qu'il porta d'abord le nom de royaume de Pampelune ou de Navarre. Les Aragonais, au contraire, et les Catalans ; Curita, Blancas, Tomich, disent qu'il fut fondé sous celui de Sobrarbe ; mais beaucoup d'écrivains, et entre autres Oihenart (*), considèrent comme mensonger tout ce qu'on raconte du royaume de Sobrarbe. Ils vont même jusqu'à nier qu'aucun royaume chrétien ait dans les premiers temps existé au pied des Pyrénées. C'est aller beaucoup trop loin ; néanmoins, on ne peut s'empêcher de convenir que le récit des faits de cette époque est rempli de fables ; mais des fables accréditées par une croyance de dix siècles sont presque de la vérité, et l'historien, lors même qu'il est bien loin d'y ajouter foi, doit encore les faire connaître.

Parmi les citoyens de Saragosse qui n'avaient pas voulu se soumettre au joug des musulmans, se trouvait un seigneur nommé Otho, ou Voto. Un jour qu'il chassait sur la montagne d'Uruel, il fut emporté par son cheval vers un ravin profond, où venait de se jeter le cerf qu'il poursuivait. Le gibier, déchiré sur les pointes des rochers, n'était arrivé qu'en lambeaux au fond du précipice ; quant à Voto, déjà les pieds de son cheval avaient quitté la terre, il tombait..... Dans ce

(*) Notitia utriusque Vasconiæ.

pressant danger, il se recommanda à saint Jean-Baptiste, et la puissante main du saint se fit aussitôt sentir. Soutenu dans sa chute par une puissance surnaturelle, il arriva sans mal au pied du rocher, dont il avait été précipité (*). En cherchant un chemin pour sortir du lieu où il était tombé, il trouva un sentier peu frayé qui le conduisit à un chétif ermitage. Voto entra ; sur un autel, il vit l'image de saint Jean-Baptiste. A terre était étendu le corps d'un ermite qui semblait dormir, tant son visage était calme et serein.

Réfléchissant sur la manière dont il était venu dans cette solitude, Voto reconnut que le cerf qui l'y avait conduit, n'avait été que l'instrument de la Providence ; il prit la résolution de s'y consacrer au culte du Seigneur. Il appela aussi les fidèles pour rendre dignement les honneurs funèbres au saint homme dont il avait trouvé le corps. Convoqués par lui, six cents gentilshommes et d'autres chrétiens se réunirent dans ces montagnes. C'est là, aux obsèques du saint ermite, que, sentant combien un chef leur était nécessaire, par une inspiration d'en haut, ils se déterminèrent à se donner un prince. Leur choix unanime tomba sur Garci-Ximenès qui, avant la venue des Maures, était seigneur d'Amescua et d'Abarcuca, dans

---

(*) D'autres auteurs disent que son cheval resta suspendu au bord du précipice. Dans tous les cas, un récit aussi extraordinaire doit faire naître beaucoup de doutes. Il faut dire cependant que cet événement n'est pas en dehors de toute possibilité ; on cite un exemple authentique d'une chute aussi merveilleuse. En 1654, emporté par un cheval fougueux, un étudiant sauta de la terrasse de Berne, haute de cent huit pieds ; le cheval seul fut tué ; l'homme en fut quitte pour quelques contusions. L'inscription suivante existe encore sur la terrasse d'où cette chute a eu lieu : « D'ici le sieur Théobald « Weinzæpfli, le 25 mai 1654, sauta en bas « avec son cheval. Après cet accident, il « desservit trente ans l'Église en qualité de « pasteur, et mourut très-vieux, en odeur de « sainteté, le 25 novembre 1694. »

la Cantabrie, et qui avait mieux aimé abandonner ses domaines que de les conserver en se soumettant aux infidèles. Pour leur faire la guerre, il s'était retiré dans les montagnes. Les chrétiens réunis aux obsèques de Juan l'élevèrent sur le pavois, et Garci-Ximenès fut le premier des rois de Sobrarbe.

Quant à Voto, il se retira dans l'ermitage et employa le reste de ses jours à servir Dieu. Il fut, après sa mort, placé au rang des saints, et son humble retraite, agrandie par ses successeurs, devint le fameux monastère de San-Juan de la Peña (Saint-Jean du Rocher).

Ces braves Espagnols ne se bornèrent pas à se fortifier dans les montagnes, ils firent des incursions dans le pays occupé par les musulmans. Ils voulaient avoir une place d'armes. Ils ne se sentaient pas assez forts pour enlever la ville de Jaca, munie d'une nombreuse garnison, mais il leur sembla qu'ils pourraient facilement surprendre celle d'Ainza, située au confluent de la Cinca et de l'Ara. En effet, ils se mirent en route pendant la nuit, en se dirigeant par des chemins détournés, afin de ne pas passer auprès de Jaca, dans la crainte de donner l'éveil à sa garnison, qui aurait pu arrêter leur marche. Le succès couronna leur entreprise ; Ainza tomba entre leurs mains. Dès qu'ils furent maîtres de cette place, tous les chrétiens des environs vinrent grossir leurs rangs et les aider à remporter de nouvelles victoires. Les Maures, de leur côté, rassemblèrent une armée pour aller assiéger Ainza. Garci-Ximenès ne les attendit pas derrière ses murailles. Il se crut assez fort pour marcher à leur rencontre. Cependant, quand il put comparer sa petite troupe à la multitude de ses adversaires, il fut un instant alarmé sur le succès de son entreprise ; mais un signe qu'on aperçut dans le ciel vint ranimer son espérance et son courage. Il vit dans les nuages un arbre vert surmonté d'une croix rouge. Ce présage de victoire fut bientôt accompli. Les Maures furent mis en déroute, et Garci-Ximenès, en commémoration du secours divin qu'il avait reçu, prit pour armoiries un écu d'or, où était représenté un arbre de sinople surmonté d'une croix de gueules. Ce fut, dit-on, ce qui fit donner à son royaume le nom de Sobrarbe (*).

On place en 724 le commencement du règne de Garci-Ximenès; il n'a fini qu'en 758. Ce serait donc à ce prince et à ses sujets qu'il faudrait attribuer l'honneur d'avoir, en 733, mis en déroute, dans les Pyrénées, l'armée d'Abd-el-Meleck.

Quels qu'aient été, au reste, les chrétiens qui ont remporté cette victoire, elle fut assez importante pour enlever à Abd-el-Meleck la confiance des Sarrasins, et il fut remplacé dans le commandement par Ocbah-(**) ben-Hedjadji-el-Selouli. Ce général s'occupa de porter la guerre en France; mais les troubles qui éclatèrent en Afrique l'empêchèrent de passer lui-même dans la Gaule narbonnaise, comme il en avait l'intention. Il fut forcé de se rendre en Mauritanie pour réprimer une révolte des Berbers, qui s'étaient soulevés contre la domination arabe.

Ce fut un peu avant ce temps que mourut en 737 le fondateur de la monarchie espagnole. Il fut inhumé dans l'église de Sainte-Eulalie de Velana,

qu'il avait fait bâtir sur le territoire de Cangas de Oñis. La même église reçut aussi le corps de la reine Gaudiose, son épouse.

Pélage avait, dit-on, régné dix-neuf années. Il laissait deux enfants : Favila, qui fut élu par les Espagnols pour lui succéder, et Ormisinda, mariée à don Alphonse, fils de ce duc Pèdre, chef des chrétiens qui s'étaient réfugiés dans les montagnes de la Cantabrie.

Le règne de Favila ne dura que deux années. Il ne fut signalé par aucun événement digne d'être rapporté. La mort déplorable de ce jeune prince est le seul dont l'histoire ait conservé le souvenir. Ce roi se préparait aux fatigues de la guerre en chassant les animaux féroces. Il avait attaqué seul un ours énorme. Cet animal, qu'il avait blessé mortellement, se retourna vers le chasseur, l'étreignit, l'écrasa entre ses bras nerveux. Tous deux ils roulèrent à terre. L'Espagne avait perdu le second de ses rois.

Après Favila, le gendre de Pélage fut considéré comme le plus digne de commander aux chrétiens. C'était un guerrier intrépide, persévérant, qui mérita par son amour pour la religion le surnom de Catholique. Il fut élu roi, quoique Favila eût, dit-on, laissé des enfants mâles. Mais dans les premiers temps de la monarchie espagnole, de même que chez les Goths, la couronne était élective.

Depuis vingt et un ans que le royaume de Pélage existait, il était resté à peu près dans les mêmes limites; mais sa population et sa force s'étaient considérablement accrues : il avait servi de retraite à tout ce qui haïssait le joug musulman. Les Sarrasins, au contraire, s'étaient affaiblis par les divisions qui existaient entre eux. A la moindre occasion, ils combattaient race contre race ou tribu contre tribu. Leur puissance si rapidement acquise commençait à décliner. Plusieurs fois déjà ils avaient été battus par les Français. Toutes ces circonstances parurent donc au nouveau prince favorables à l'agrandissement de son royaume. Il

---

(*) C'est-à-dire, Sobre-Arbol, sur l'arbre. Il n'est pas besoin de dire que cette étymologie aussi bien que ce blason paraissent controuvés. En effet, l'emploi des écus armoriés ne remonte pas, d'une manière authentique, au delà du douzième siècle. Mais, dans toutes les organisations militaires, on a fait usage d'enseignes, c'est-à-dire, de figures reconnaissables et portées à l'extrémité d'une hampe, afin que les combattants pussent les apercevoir de loin et s'y rallier au besoin. Est-il hors de toute vraisemblance que des guerriers, en combattant pour leur religion, aient pris une croix pour enseigne et l'aient placée au-dessus d'une touffe de verdure, soit comme symbole de victoire, soit comme emblème d'espérance?

(**) Les auteurs espagnols l'appellent Aucupa.

sut en profiter : il s'étendit à l'est jusqu'à la Biscaye, au couchant, jusqu'au promontoire des Artabres. Ensuite il entra par l'ouest de la Galice dans le bassin du Duero ; il parcourut tout le pays situé au nord de cette chaîne de montagnes qui s'élève entre la vallée du Tage et celle du Duero. Mais il ne pouvait garder un terrain si étendu : il se borna à conserver d'abord les plaines les plus rapprochées des Asturies ; il resta de ce côté dans les limites les plus restreintes de l'ancien royaume des Suèves. Il fit un désert des autres terres qui se trouvaient dans la vallée du Duero, et auxquelles le nom de champs gothiques est donné par la chronique d'Alvelda (*).

Ce n'est pas l'étendue du territoire, mais le nombre et la richesse de ses habitants qui font la force d'un État. Aussi Alphonse, pour ruiner le pays ennemi où il faisait ses incursions, ne se bornait-il pas à raser les habitations, à démanteler les remparts, à couper les arbres, à brûler les moissons ; après avoir massacré les musulmans, il emmenait les femmes et les enfants des vaincus, ainsi que les populations chrétiennes, qu'il contraignait à le suivre. C'est de cette manière qu'il peupla les environs de Burgos et le littoral de la Galice. Alphonse était devenu la terreur des musulmans. Voici comment s'exprime El Laghi, un de leurs historiens : « Et alors prit
« le commandement des Astourichs
« Alphonse le Redouté, tueur de gens,
« fils de l'épée ; il prit des villes, des
« châteaux, et il n'y eut personne pour
« lui tenir tête. Mille et mille musul-
« mans souffrirent par lui le martyre
« de l'épée. Il brûloit leurs maisons et
« leurs champs, et il ne faisoit pas
« bon de se fier à lui. »

L'histoire nous a transmis quelques détails sur la manière de combattre des Espagnols et sur les armes qu'ils employaient. Ils avaient la tête couverte d'une espèce de mitre ronde garnie de grosses mailles de fer, et assujettie à l'aide d'une courroie qui passait sous le menton. Ils portaient des vêtements de peaux de chèvres ou de bêtes fauves serrés par une large ceinture de cuir. Leurs longs cheveux, qui flottaient sur leurs épaules, achevaient de donner à leur figure un air étrange et sauvage. Leurs armes étaient le *chuzo*, ou javeline espagnole, l'épée droite à double tranchant, le poignard cantabre, l'épieu du chasseur ou la lourde cognée du bûcheron. Comme leurs ancêtres, ils se servaient aussi du bident : c'est une large lame d'acier en forme de croissant, dont les cornes pouvaient avoir deux pieds d'ouverture. Cette arme s'emmanchait au bout d'une hampe de quatre à cinq pieds. Ils l'employaient avec avantage pour repousser le choc de la cavalerie. Ils se servaient aussi de l'arc et de la fronde avec beaucoup d'adresse. Sobres, agiles, infatigables, patients, ils faisaient d'excellents guerrilleros. Leurs bandes peu compactes et peu disciplinées auraient eu de la peine à résister en rase campagne à des troupes qui auraient manœuvré avec ensemble ; aussi se gardaient-ils bien de s'engager dans les plaines, ou, s'ils l'avaient fait, au moindre désavantage ils se hâtaient de regagner leurs montagnes ; et si les Maures étaient assez imprudents pour les y poursuivre, cette témérité était toujours chèrement payée. A la tête de ces hommes redoutables Alphonse fut presque toujours victorieux, non pas qu'il ait jamais livré aux Arabes des batailles rangées ; tel n'était pas le caractère de la guerre que se sont fait pendant si longtemps les Espagnols et leurs adversaires : c'était de part et d'autre une série perpétuelle d'escarmouches, d'incursions, d'embuscades, de surprises, de pillages et de dévastations.

Ocbah, comme on l'a vu, était passé en Afrique pour étouffer la révolte des Berbers. Après les avoir vaincus, il était revenu en Espagne. Il y était bientôt tombé malade, et était mort après avoir rendu le gouvernement de

---

(*) Campos quos dicunt gothicos, usque ad flumen Dorium eremavit. Chron. Albeld.

pays à Abd-el-Meleck. Les Berbers n'eurent pas plutôt connaissance de la mort d'Ocbah, qu'ils se soulevèrent de nouveau, et taillèrent en pièces les troupes que leur opposait le gouverneur de la Mauritanie. Celui-ci périt lui-même dans la mêlée. En apprenant cette défaite, le calife de Damas nomma un nouveau gouverneur, qui vint d'Égypte à la tête d'une nombreuse armée d'Arabes et de Syriens; mais, attaqué par les rebelles sur les bords de la Masfa, il fut complétement vaincu. Un grand nombre d'Arabes périrent dans le combat, et les débris de ses troupes, ralliés par deux généraux nommés Baledji et Thaalaba (*), furent contraints de faire leur retraite du côté de la mer, et de se jeter dans Ceuta pour tâcher de passer en Espagne.

Abd-el-Meleck s'effrayait de l'arrivée de ces troupes nouvelles; il craignait avec raison qu'elles ne vinssent mêler encore de nouveaux éléments de discorde aux factions qui existaient déjà dans la Péninsule. Il ne voulut pas les y recevoir. Ce refus irrita les ennemis qu'il avait parmi les Arabes d'Espagne : ils résolurent de faire entrer malgré lui dans le pays les vaincus de la Masfa, et ensuite de le déposer.

Les Berbers, de leur côté, fiers des succès obtenus en Afrique par leurs compatriotes, crurent que le moment était venu de secouer le joug des Arabes : ils tentèrent à la fois de s'emparer de Cordoue et de Tolède; ils échouèrent dans cette double entreprise. Enfin, un troisième corps de Berbers s'était avancé pour s'opposer au débarquement de Baledji et de Thaalaba; mais il fut battu par les nouveaux venus, réunis aux Arabes qui leur avaient facilité le passage du détroit. Rien n'arrêta plus la marche des vainqueurs. Ils s'avancèrent en toute hâte vers Cordoue où résidait Abd-el-Meleck, qui leur fut livré par les habitants de cette ville : ils l'attachèrent à une croix, à l'entrée du pont, entre un cochon et un chien, Baledji le fit décapiter, et se fit proclamer à sa place gouverneur de l'Espagne. Une partie de l'armée refusa de reconnaître ce nouvel émir, et se rangea sous les ordres de Thaalaba. Enfin, la plupart des Arabes qui étaient anciennement en Espagne, les habitants du pays, les débris des Berbers et le gouverneur de Narbonne, nommé Abd-el-Rahman-ben-Ocbah, se rallièrent autour des deux fils d'Abd-el-Meleck. Il y avait ainsi trois partis en présence : ceux de Baledji et de Thaalaba, et celui des fils d'Ab-el-Meleck. Ces derniers avaient avant tout à cœur de venger la mort de leur père. Ils attaquèrent Baledji dans les plaines de Calatrava. Baledji et le fils d'Ocbah, qui commandaient les deux armées, se rencontrèrent au milieu de la mêlée, et Abd-el-Rahman ayant renversé Baledji d'un coup de lance, la fortune se décida en sa faveur. Son courage et son bonheur dans cette rencontre lui firent donner le surnom d'Al-Manzour, c'est-à-dire le victorieux.

Cependant le gouverneur d'Afrique était parvenu à apaiser les Berbers et à rétablir la domination arabe; mais, pour se débarrasser des plus remuants de ces intrépides guerriers, et pour contre-balancer en Espagne la puissance des forces arabes et syriennes que Baledji et Thaalaba y avaient introduites, il les y envoya sous le commandement d'Aboul-Katar (*), qu'il nomma gouverneur de ce pays. A son arrivée, les fils d'Abd-el-Meleck et Thaalaba déposèrent les armes. Ce dernier fut envoyé en Afrique pour y rendre compte de sa conduite, et les dissensions parurent un instant se calmer.

Aboul-Katar tâcha de remettre un peu de régularité dans l'administration du pays, ou plutôt de créer cette administration qui n'existait pas. Il abolit les priviléges accordés au royaume éphémère de Tadmir, qui fut assujetti

---

(*) Mariana les appelle Belgi et Toba. Dans Ferreras, on trouve Belgi et Toaba.

(*) Selon Mariana, Abuel Catar; selon Ferreras, Abulcatar.

aux mêmes taxes que toutes les propriétés chrétiennes, et qui fut, quelques années plus tard, entièrement confondu parmi les autres terres de la conquête. Le nouveau gouverneur s'appliqua surtout à calmer les factions; mais ses efforts demeurèrent impuissants. Un chef nommé Zamaïl, mécontent du lot qui, dans le partage des terres, était échu aux Arabes de l'Irack, ses compatriotes, et blessé de ne pas avoir obtenu le gouvernement de Saragosse qu'il avait demandé, s'unit à Thouéba, frère de Thaalaba. Ils levèrent ensemble l'étendard de la révolte, et attaquèrent Aboul-Katar. Celui-ci étant tombé dans une embuscade y fut tué d'un coup de lance : alors Thouéba fut proclamé émir, et Zamaïl se contenta du commandement de Saragosse.

L'administration du nouveau gouverneur fut inique et violente. Le pays était de tous les côtés abandonné à la discorde et au pillage. Enfin les scheiks arabes se réunirent à Cordoue, afin de se concerter sur les moyens de rétablir le calme. Ils tombèrent d'accord de prendre pour émir un homme brave et prudent, qui ne se fût pas mêlé au mouvement des partis. Ils élurent un nommé Yousouf, et sur ces entrefaites Thouéba étant venu à mourir, la nomination qu'ils avaient faite fut accueillie favorablement par tous les partis. La sagesse de ce choix promettait une administration heureuse. L'ambition d'Ahmer empêcha ces espérances de se réaliser. Mécontent d'avoir perdu la charge d'émir de la mer, qu'Yousouf venait de supprimer comme inutile, il prit les armes, appela ses partisans à la révolte, et plongea de nouveau le pays dans les horreurs des discordes intestines. Le calife de Damas, dont l'Espagne relevait, aurait peut-être pu rétablir la tranquillité dans ce pays, où tout n'était que trouble et que désolation; mais des intérêts plus puissants le préoccupaient, et l'Espagne devait bientôt échapper entièrement à sa domination.

LA DYNASTIE DES ABBASSIDES SUCCÈDE A CELLE DES OMMYADES. — LE DERNIER DESCENDANT DES OMMYADES FONDE EN ESPAGNE UN ÉTAT INDÉPENDANT DES CALIFES DE DAMAS. — RÈGNE DE FROILA. — ORIGINE DU COMTÉ D'ARAGON. — RÈGNE D'AURELIO ET DE SILO. — IBN ALABALI S'EMPARE DE SARAGOSSE. — INVASION DE CHARLEMAGNE EN ESPAGNE. — BATAILLE DE RONCEVAUX. — FIN DU RÈGNE D'ABD-EL-RAHMAN-EL-DAGHEL.

Malgré la loi que nous nous sommes imposée de parler uniquement des faits qui se sont passés sur le sol de l'Espagne, l'histoire des califes se trouve en quelques endroits si intimement liée à celle des Arabes établis dans la Péninsule, qu'il devient indispensable d'en rapporter ici quelques circonstances.

Après la mort de Mahomet, ses sectateurs élurent pour chef Abd-Allah, qui avait changé son nom en celui d'Abou-Beker, c'est-à-dire le père de la vierge, parce qu'il était père d'Ayesha, la plus jeune des femmes du prophète. Ce fut lui qui prit par humilité la qualification de calife, adoptée aussi par ses successeurs : elle signifie vicaire.

Omar, père de Haphsa, autre femme du prophète, fut ensuite élu pour calife. Il se fit le premier appeler *Émir-al-Moumenin*, c'est-à-dire prince des croyants. C'est ce titre qu'on rencontre à chaque pas dans les chroniqueurs espagnols, converti en celui de *Miramamolin*.

Othman fut choisi pour succéder à Omar. Ensuite on éleva au califat le fils d'Abou-Taleb, oncle de Mahomet. C'est le fameux Ali qui avait épousé Fatimah, fille du prophète et de Cadhige sa première femme. Ali, malgré cette double qualité de cousin germain et de gendre, qui le liait au fondateur de la religion nouvelle, ne put faire reconnaître son autorité par Moaviah, petit-fils d'Ommyah (*). Celui-ci s'

(*) On trouve dans quelques auteurs, Ommayah; presque tous les historiens espagnols l'appellent Humeia; aussi désignent-ils ses descendants sous le nom de Beni-Humeyas.

maintint dans le gouvernement de l'Égypte et de la Syrie qui lui avait été conféré par Omar, et il invoqua les droits qu'il avait lui-même au califat. Il avait été pendant longtemps secrétaire de Mahomet; il se trouvait son cousin au huitième degré, car il était petit-fils d'Ommyah, petit-fils lui-même d'Abd-Menaf, trisaïeul du prophète. D'un autre côté, quand, après cinq années de règne, Ali fut mort assassiné, et qu'on eut élu Hassan son fils, les descendants d'Abbas, oncle paternel de Mahomet, protestèrent contre ce choix, et prétendirent aussi au califat. Mais Hassan, le cinquième et le dernier des califes élus ou directs, résigna le pouvoir en faveur de Moavias, premier souverain de la race des Ommyades. Cette dignité qui, jusqu'alors, était restée élective, devint en quelque sorte héréditaire, et quatorze princes de la famille des Ommyades se succédèrent sur le trône.

Cependant plusieurs Abbassides (*) avaient successivement tenté de le leur enlever. Un prince de cette famille, nommé Mohammed, avait pris secrètement le titre d'iman et de souverain pontife. Son fils Ibrahim, qui lui avait succédé dans cette dignité, avait agi plus ouvertement: il avait même fait quelques progrès en Perse; mais il était tombé entre les mains de Merwan II, quatorzième calife de la famille des Ommyades, qui l'avait fait mourir. En apprenant son supplice, ses partisans réunis à Couffah proclamèrent calife Aboul-Abbas, son frère. Les deux oncles de celui-ci, Abd-Allah et Saleh, s'étant mis à la tête des révoltés, attaquèrent Merwan, qui, après plusieurs défaites, fut enfin pris en Égypte et décapité. Sa mort ne satisfit pas encore Aboul-Abbas, qui ne se considérait pas comme tranquille possesseur du pouvoir tant qu'il n'avait pas exterminé jusqu'au dernier rejeton de la race des Ommyades. Sur la foi d'une amnistie qui leur avait été accordée, quatre-vingt-dix cavaliers de cette famille vivaient tranquillement à Damas. Abd-Allah, oncle du nouveau calife, les ayant invités à un festin, les fit frapper de verges jusqu'à ce qu'ils tombassent expirants; ensuite on les couvrit de tapis et de coussins, sur lesquels les autres convives prirent leur repas.

Deux petits-fils d'Hescham, le dixième des califes ommyades, habitaient Couffah. Aboul-Abbas ordonna de les mettre à mort; mais le hasard voulut que l'un d'eux, Abd-el-Rahman-ben-Moavias, fût absent lorsqu'on vint pour le saisir. Prévenu de la mort de son parent et du danger qui menaçait sa propre tête, il se réfugia au milieu des tribus nomades du désert, et, ne s'y trouvant pas encore en sûreté, il s'enfuit en Afrique, où il rencontra quelques partisans. Il y passa cinq années, poursuivi sans cesse par les émissaires d'Aboul-Abbas, auquel sa cruauté avait fait donner le surnom d'*El-Saffah*, c'est-à-dire, celui qui répand le sang. Ne croyant pas encore l'Afrique un asile assez sûr, il résolut d'aller en chercher un en Espagne, où peut-être il pourrait relever la fortune de sa famille; mais avant de se hasarder dans un pays qu'il ne connaissait pas, il y envoya Bedr, affranchi de son père. Par un heureux hasard, celui-ci arriva à Cordoue lorsque Yousouf était déjà parti pour faire la guerre à Ahmer. Il trouva réunis dans cette ville quatre-vingts scheiks des tribus syriennes. Ils délibéraient sur la nécessité de remplacer par un nouvel émir Yousouf, qui n'usait du pouvoir que dans son propre intérêt; ils discutaient aussi sur la nécessité d'affranchir le pays de la suzeraineté des califes. Ceux des scheiks auxquels Bedr s'était adressé proposèrent d'élire cet Ommyade échappé seul au massacre de sa famille. Dans les circonstances où l'on se trouvait, lorsqu'on cherchait un chef capable d'en imposer à toutes les ambitions, c'était une véritable fortune que de trouver le dernier rejeton d'une race royale chérie de toutes les tribus syriennes. Au moment où l'on songeait à se débarrasser de toute dépendance

---

(*) Mariana et quelques auteurs espagnols les appellent Alabecides.

envers les califes d'Orient, qui, jusqu'alors, avaient exercé sur les conquérants de l'Espagne un double pouvoir religieux et temporel, il y avait quelque chose de providentiel dans l'arrivée d'un parent du prophète, qui pouvait par son concours transformer la révolte en un acte de religion. Les scheiks envoyèrent donc sans délai des députés à Abd-el-Rhaman, pour lui offrir non-seulement un asile, mais la souveraineté sur toutes les tribus musulmanes de la Péninsule. Abd-el-Rahman ne balança pas : à la tête de quelques amis et de sept cents cavaliers berbers il s'embarqua, et vint aborder en Andalousie le 3 dsulkada de l'année 138 de l'hégire (9 avril 756 de J. C.). Les chefs qui l'avaient appelé accoururent au-devant de lui pour lui jurer obéissance, et, en peu de jours, il vit une armée de vingt mille hommes réunie sous ses ordres.

Les premières nouvelles de ce mouvement furent apportées à Yousouf au moment où il venait de prendre Saragosse et Ahmer qui s'y était renfermé. Il ramenait prisonniers et enchaînés sur des chameaux Ahmer, son fils et son secrétaire. Dans le mouvement de fureur que lui causa cette nouvelle, il fit attacher ses prisonniers sur une croix et les fit tuer à coups de lance.

Cependant Abd-el-Rahman s'avançait vers Cordoue. Un des fils de Yousouf, chargé de défendre cette ville, ne crut pas devoir attendre l'ennemi derrière ses murailles. Il sortit à sa rencontre; mais il fut battu, et la ville de Cordoue tomba au pouvoir du nouveau venu. Yousouf accourut, à son tour, pour s'opposer à la marche de celui qu'il appelait l'intrus (*), *El-Daghel*. Il éprouva le même sort que son fils, et fut contraint d'aller se renfermer dans Grenade, où bientôt il fut assiégé. Vivement pressé et ne se sentant pas le moyen de résister longtemps, il capitula le 28 rabia postérior de l'année 139 de l'hégire, 29 septembre 756 de J. C., et abandonna la souveraineté de l'Espagne au descendant des Ommyades.

Le nouvel émir s'occupa alors de pourvoir au commandement des provinces. Il chargea Zamaïl du commandement des provinces du nord de la Péninsule, soit pour le récompenser d'avoir, par ses bons offices, accéléré la soumission d'Yousouf et la pacification du pays, soit aussi parce qu'il y avait besoin, dans ces contrées, d'un chef habile et énergique pour faire face aux chrétiens des Pyrénées. Les divisions continuelles des Arabes avaient permis aux Espagnols de regagner partout un peu de terrain. Sous Alphonse le Catholique, le royaume fondé par Pélage s'était étendu des limites de la Cantabrie jusqu'à l'extrémité de la Galice. Après ces conquêtes, ce prince était mort en 757. Il avait eu quatre enfants de sa femme Ormisinda. C'étaient Froïla, Bimaran, Aurelio et Adosinda. Il laissait encore un fils, né d'une esclave maure qu'il avait enlevée dans une de ses incursions sur le pays ennemi. Aussi l'appelait-on Mauregato, c'est-à-dire le petit de la Mauresque, *Mauræ catulus*. Froïla, l'aîné de ses fils, bien qu'il fût d'un caractère rude et féroce, fut élu pour lui succéder.

Les Espagnols établis dans les Pyrénées, en se rendant maîtres des défilés, empêchaient les communications entre l'Espagne et les possessions que les Sarrasins conservaient encore en France. On trouve à chaque pas, dans les chroniques arabes, la mention de combats qui leur ont été livrés. Ainsi, pendant que la lutte entre Abd-el-Rahman-el-Daghel et Yousouf durait encore, un corps de troupes, envoyé contre ces chrétiens par le gouverneur de Barcelone, avait été taillé en pièces. C'était pour repousser leurs attaques qu'Abd-el-Rahman avait fait choix de Zamaïl. Mais ce chef ne put empêcher les progrès qu'ils faisaient chaque jour

(*) Mariana défigure ce nom et en fait celui de Adahil. C'est ainsi que les noms s'altèrent de la manière la plus étrange, en passant d'une langue dans une autre. Abd-el-Rahman joignait à son nom celui de son père, Moavias. Aussi, au lieu de Ben-Moavias, Éginhard ne l'appelle que Ibin-Maugа.

ESPAGNE.

A peu près à cette époque, en 758, Garci-Ximenès, le premier des rois de Sobrarbe, étant mort, Garci-Inigo, son fils et son successeur, désireux d'augmenter son royaume, rassembla ses troupes, et alla attaquer Pampelune dont il finit par se rendre maître. Pendant le siége, un des chevaliers qui marchaient sous ses ordres, Aznar(*), parvint à s'emparer de Jaca, dont presque toute la garnison avait été au secours de Pampelune. Pour le récompenser de ce service, le roi Garci-Inigo lui donna cette ville qu'il érigea en un comté relevant du royaume de Sobrarbe. Comme la ville de Jaca s'élève entre deux rivières du nom d'Aragon, cette petite souveraineté prit le nom de comté d'Aragon.

De l'autre côté des Pyrénées les affaires des Sarrasins étaient encore en plus mauvais état. Narbonne était la seule ville importante qui leur restât dans la Septimanie. Il y avait peu de temps qu'un seigneur goth, nommé Ausemonde, avait livré à Pepin Nîmes, Maguelone, Agde et Béziers. Ce roi avait aussi essayé d'enlever Narbonne d'assaut; mais, ne pouvant y parvenir, il s'était borné à occuper les environs de cette ville qu'il tenait ainsi bloquée. En 759, une partie de la garnison, qui était chrétienne, fatiguée d'un siége qui durait depuis six années, s'unit aux habitants pour massacrer les Maures, et la ville se rendit à condition qu'elle se gouvernerait elle-même et par ses propres lois. A la même époque, le chef arabe qui commandait à Girone et à Barcelone, secoua le joug d'Ab-el-Rahman, se reconnut vassal de Pepin, et mit son gouvernement sous la protection de ce roi.

Quand Narbonne, Girone et Barcelone furent enlevées aux Maures, il y avait déjà trois années qu'Abd-el-Rahman-el-Daghel avait vaincu Yousouf et l'avait contraint à abandonner le gouvernement de l'Espagne. Le vieil émir, en apprenant la perte que venait d'éprouver la puissance mahométane, et songeant que depuis trois ans *El-Daghel* commandait, que dès lors la première ferveur inspirée par son arrivée devait être éteinte, s'imagina que le moment était favorable pour ressaisir le pouvoir. Il appela ses amis aux armes; mais la fortune ne lui fut

---

(*) Mariana dit qu'Aznar était fils d'Eudes, duc d'Aquitaine. Blancas en fait, sans plus de raison, le petit-fils de ce souverain. « Eudes, dit-il, avait trois fils, Hunold, « Vifar, Aznar; et deux filles, Monime, qui « fut femme de Froïla; la seconde, dont on « ne dit pas le nom, fut mariée à Muños, « qui commandait dans la Cerdagne » (nous en avons déjà parlé, et nous avons dit qu'elle se nommait Lampégie). « Après la mort « d'Eudes, Charles Martel s'étant emparé « des États de ce souverain, le plus jeune « de ses fils, Aznar, passa dans la Cantabrie. « Il y eut deux enfants, Eudon, qui s'éta- « blit dans la Biscaye, et Aznar, fondateur « du comté d'Aragon. »

Il y a dans ces faits de nombreuses erreurs. Eudes eut trois fils, Hunold, Hatton et Remistain. Le premier fut Hunold, à qui une partie des États de son père fut laissée par Charles Martel, mais seulement à titre de vassal de la couronne de France. Le second, Hatton, eut en partage le comté de Gascogne. En 745, Hunold lui fit crever les yeux; Hatton mourut au bout de peu de jours des suites de son supplice. La même année, pour expier ce forfait, Hunold se retira dans un couvent de l'île de Ré. Vaïfar ou Gaïffre, son fils, fut mis en possession de ses États; mais s'étant révolté contre Pepin, il fut vaincu et forcé de se sauver. Il fut tué dans sa fuite par ses propres soldats. Enfin, le troisième fils d'Eudes, Henry-Stan ou Remistain, qui avait d'abord embrassé le parti de Pepin, l'ayant abandonné pour soutenir la révolte de Vaïfar son neveu, fut pris et pendu comme traître et comme rebelle, et ne laissa pas de descendance. Hatton eut trois fils, Loup Ier, comte de Gascogne; Atalgarius, comte des Marches de Gascogne; Icterius, comte d'Auvergne.

Vandrigisile, fils d'Atalgarius et, par conséquent, arrière-petit-fils d'Eudes, épousa Marie, fille de ce comte Aznar que nous venons de voir fonder le comté de Jaca ou d'Aragon. Voilà, en réalité, le seul lien de parenté qui le rattache au fameux rival de Charles Martel.

Toute cette généalogie est parfaitement établie par la charte de fondation du monastère d'Alaon, en 832, pièce de la plus

pas favorable. Il fut défait, et l'on trouva son corps sur le champ de bataille. De ses trois fils, l'un, Aboul-Zaïd, fut tué dans une rencontre près haute importance historique, reconnue comme authentique par les critiques les plus judicieux, et dont nous aurons occasion de parler plus d'une fois.

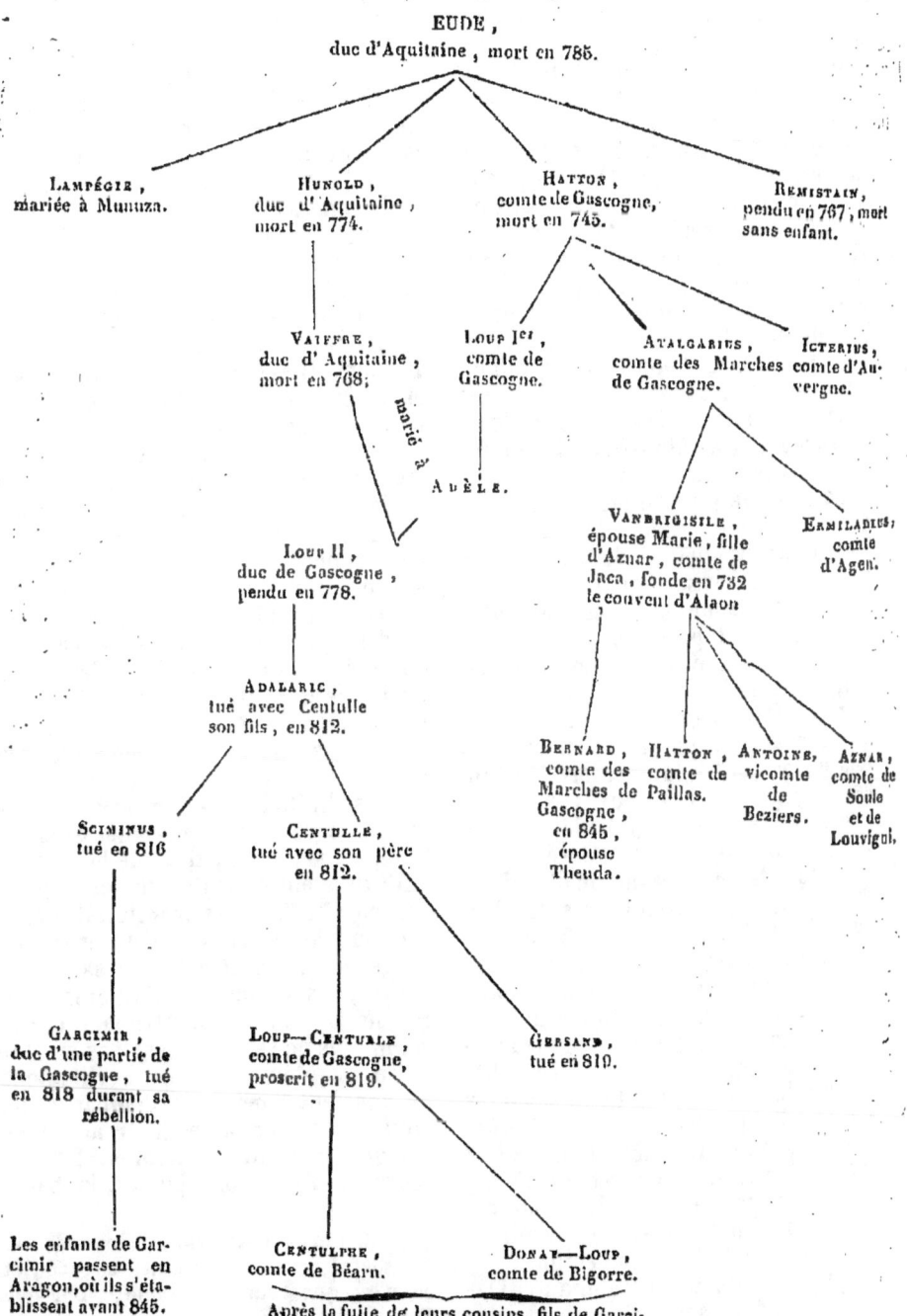

ESPAGNE.

de Tolède. Les deux autres demeurèrent prisonniers. Abd-el-Rahman, en leur faisant grâce de la vie, les condamna à une prison perpétuelle. Il fit enfermer Aboul-Aswad dans une tour de Cordoue, et Khasem dans un cachot de Tolède.

Il y avait deux ans qu'il avait apaisé cette révolte, lorsqu'un nouveau soulèvement éclata. Les restes du parti de Yousouf se réunirent, s'emparèrent de Tolède et délivrèrent Khasem qu'on y tenait toujours renfermé. Ces ennemis ne furent pas les seuls qu'Abd-el-Rahman eut alors à combattre, il vit s'élever le plus dangereux de ceux qui eussent encore attaqué sa puissance. Le calife Aboul-Abbas le Sanguinaire n'existait plus. Son frère, Abou-Giaffar, qui lui avait succédé, avait mérité, par ses conquêtes en Arménie et en Cappadoce, le surnom d'Al-Manzour. Il voulut faire rentrer sous son empire cette riche Espagne qui s'en était séparée. Il chargea le gouverneur de l'Afrique, El-Ela-ben-Mogueïth, de châtier les rebelles et d'écraser le dernier rejeton d'une race maudite. El-Ela-ben-Mogueïth obéit. Il passa en Espagne; il faisait porter devant lui un étendard qui, disait-il, lui avait été envoyé par Abou-Giaffar. C'était la bannière noire des Abbassides, qui venait encore une fois lutter contre la bannière blanche des Ommyades. Les deux armées se rencontrèrent près de Badajoz. Les troupes du calife ne purent résister à l'impétuosité de la cavalerie d'Abd-el-Rahman. Elles furent culbutées. Ben-Mogueïth fut tué en s'efforçant de rétablir le combat; l'étendard noir fut renversé dans la poussière, et resta aux mains du vainqueur. Abd-el-Rahman fit couper la tête, les mains et les pieds de Ben-Mogueïth, pour les envoyer, dit-on, au calife Almanzor. Celui-ci, en les voyant, dit qu'assurément *El-Daghel* était un démon. Il se félicita de ce que Dieu avait mis la mer entre lui et l'Espagne, et de ce qu'Abd-el-Rahman n'avait pas eu la pensée de venir en Orient pour lui disputer l'empire.

Pendant qu'Abd-el-Rahman-el-Daghel défendait son trône contre des ennemis qui partageaient sa croyance, les chrétiens lui suscitaient d'autres embarras. Froïla continuait toujours la guerre acharnée qu'Alphonse, son père, avait faite aux musulmans, et il avait remporté divers avantages. Les chroniqueurs parlent, notamment, d'une bataille dans laquelle un grand nombre de Maures auraient péri. Les uns placent cette victoire pendant la dernière année du gouvernement de Yousouf (*), les autres la reculent de trois années. Au reste, quelle que soit sa date, Abd-el-Rahman résolut de mettre un terme aux ravages exercés par Froïla. En 766, ses troupes entrèrent dans le royaume des Asturies en même temps par la Galice et par la Biscaye. Elles saccagèrent tout le pays, et forcèrent les chrétiens des Asturies à demander la paix; bien que les historiens ne la fassent signer que deux années plus tard, elle commença de fait à partir de ce moment. Mais les Espagnols n'en restèrent guère plus tranquilles. L'agitation était tellement un besoin pour eux, que lorsqu'ils ne faisaient pas la guerre aux infidèles, il fallait qu'ils se la fissent à eux-mêmes. Froïla eut à combattre les Galiciens et les Basques, qui refusaient de reconnaître son autorité. Le roi des Asturies prétendait même étendre sa souveraineté sur le pays conquis par les chrétiens des Pyrénées. Il voulut donc se mettre en possession de Pampelune; mais, soit que la rivalité qui existe entre les différentes provinces de l'Espagne se manifestât déjà, soit que le caractère violent et tyrannique de Froïla fît abhorrer sa domination, les vainqueurs de Pampelune refusèrent de se soumettre à lui, et, comme ils ne se trouvaient pas en état de se maintenir dans cette ville dont ils venaient à peine de s'emparer, ils aimèrent mieux la restituer aux Arabes que de la lui abandonner. Les fureurs de Froïla ont justifié la haine

---

(*) Cette date est évidemment erronée. Yousouf a cessé de gouverner en 756, et ce n'est que l'année suivante, 757, que Froïla a été élu roi.

dont il était l'objet. Son frère Bimaran était aussi bon, aussi chéri, qu'il était lui-même cruel et exécré; il en devint jaloux et le poignarda de sa propre main. Il paya bientôt de sa vie son détestable fratricide. On conspira contre lui. On le poignarda à son tour et on nomma, pour lui succéder, Aurélio, le dernier des fils légitimes d'Alphonse le Catholique (*). Froïla laissa deux enfants, Alphonse et Ximena (**). Il fut enterré avec Monime, sa femme, dans l'église d'Oviedo. Cette ville avait été fondée pendant son règne.

Sous le gouvernement de son successeur, un seul événement vint troubler la tranquillité publique. Les nombreux esclaves que les Espagnols avaient faits dans leurs incursions sur le pays des Maures, se révoltèrent; mais Aurélio parvint à réprimer ce soulèvement. Ce prince ne régna que quatre années. Il avait donné en mariage sa sœur Adosinda à un seigneur nommé Silo, qui fut élu pour lui succéder. Quelques troubles dans la Galice, promptement apaisés, altérèrent seuls la paix de ce règne. Silo mourut en 783, neuf ans après être monté sur le trône. Il ne laissa pas d'enfants.

Comme on l'a vu, Abd-el-Rahman-el-Daghel avait non-seulement contraint les chrétiens à cesser leurs incursions sur les possessions arabes, il avait encore abattu l'étendard des Abbassides. La bannière verte des Fatimites vint à son tour s'élever contre lui. Un aventurier nommé Abd-el-Gafir, qui se disait le descendant d'Ali et de Fatimah, passa d'Afrique en Espagne pour lui enlever le pouvoir. Mais les forces d'Abd-el-Gafir n'étaient pas en état de lutter avec celles de l'émir; aussi le Fatimite, après s'être réuni à quelques débris vivaces du parti de Yousouf, commandés par un chef expérimenté du nom d'Halifa, se jeta dans les montagnes de Ronda et d'Antequera. Il ne sortait de ces retraites inaccessibles que pour piller les contrées environnantes. Il parvint à s'y maintenir pendant sept années, malgré tous les efforts qu'on put faire pour l'attirer en rase campagne. Enfin des secours lui furent envoyés d'Afrique. Habib-el-Seklebi, qui les conduisait, étant débarqué près de Tortose, fut attaqué par le gouverneur de cette place. Il fut tué et ses troupes furent mises en déroute. Néanmoins les vaincus perdirent peu de monde : ils se rallièrent, et quoiqu'il y ait assez loin de Tortose aux montagnes de Ronda et d'Antequera, ils allèrent y rejoindre Abd-el-Gafir. Celui-ci, fier de l'accroissement de ses forces, oublia la prudence qui jusqu'alors l'avait garanti de tout désastre. Il s'éloigna davantage des montagnes qui lui servaient de retraite. Il reconnut bientôt sa faute, et voulut retourner en arrière; mais tandis qu'il s'efforçait de gagner la Sierra d'Antequera, en remontant la vallée du Xenil, il fut atteint par les armées d'Abd-el-Rahman auprès d'Ecija. Forcé de livrer bataille, il fut défait et tué en combattant.

A peine cette lutte était-elle terminée, qu'Abd-el-Melech-ben-Omar, qui commandait à Saragosse, étouffa une conspiration qui était sur le point d'éclater. Hosseïn voulait proclamer dans cette ville le calife d'Orient. Le gouverneur le fit décapiter. Ici, il faut l'avouer, l'histoire devient d'une désespérante obscurité. Les chroniqueurs espagnols dénaturent tous les noms. Ainsi ils parlent d'un roi maure de Saragosse, qu'ils appellent Marsilius. D'abord, il faut le dire, à cette époque aucun Arabe ne s'arrogeait le titre de *Melech*, roi (*). Celui de wali était

---

(*) D'autres historiens le font fils d'un Froïla frère d'Alphonse le Catholique. D'après cette version, il aurait été cousin germain, au lieu d'être frère du roi auquel il succédait.

(**) Il n'y a pas de preuves authentiques de l'existence de Ximena, Scimena ou Chimène. Beaucoup de critiques la considèrent comme un personnage inventé par les romanciers.

(*) Pour être juste, il faut dire que ce reproche ne s'adresse pas à tous les chroniqueurs. Quelques-uns d'entre eux ont employé le mot de *subregulus*, en usage dans la

donné aux gouverneurs des villes et des provinces. La dignité d'émir, qui répond à notre mot de prince, était la plus élevée à laquelle leur ambition pût prétendre ; et quoique plusieurs historiens fassent remonter à Abd-el-Rahman-el-Daghel l'origine du califat d'Occident, on croit que ce chef se contenta d'avoir un pouvoir égal à celui des califes, sans en prendre le titre. Il paraît s'être borné à celui d'émir.

Quel était donc ce roi Marsilius dont parlent les chroniqueurs? Condé, dans son Histoire des Arabes, forme une conjecture qui paraît assez probable. Le nom du gouverneur de Saragosse, Ben-Omar, c'est-à-dire le fils d'Omar, se traduisait en latin par Omaris filius : c'est probablement de là qu'est venu celui de Marsilius. Cet Abd-el-Melech-Ben-Omar était un homme d'une grande énergie, et certes il y avait besoin d'un chef de ce caractère dans une ville comme Saragosse, qui était le rendez-vous de tous les mécontents. C'est là que se rassemblaient les restes du parti de Yousouf, et ceux qui dans un but d'intérêt particulier auraient voulu replacer la Péninsule sous l'empire du calife d'Orient. Cependant, on voit bientôt Ben-Omar remplacé par un autre chef. Peut-être avait-il dû se retirer devant quelque sédition populaire.

Un chef, nommé Ibn-al-Arabi, avait été mis en possession du gouvernement de Saragosse, à la suite de quelque soulèvement, et il avait conçu la pensée de s'y maintenir indépendant de l'autorité d'Abd-el-Rahman ; mais Ben-Omar, le Marsilius des auteurs espagnols, était revenu avec des forces plus considérables, l'avait attaqué, l'avait

latinité de cette époque. Il signifie non pas roi, mais celui qui est au-dessous du petit roi. C'est le titre que le pape Grégoire III donne à Charles Martel dans la lettre qu'il lui adresse pour réclamer son appui. D'autres auteurs ont employé, non le mot de *rex*, mais celui de *regulus*; c'est ainsi que Blancas écrit *Mauri Cæsaraugustanenses reguli*.

Du Cange regarde le titre de subregulus comme équivalent à celui de comte.

contraint à fuir, et Ibn-al-Arabi était passé en France pour réclamer l'appui de Charlemagne. Ce prince était alors à Paderborn, au fond de la Westphalie. A la suite de ses victoires sur les Saxons, il avait convoqué une diète dans cette ville pour y recevoir le serment des capitaines nouvellement soumis. C'est là que lui furent présentés Ibn-al-Arabi et plusieurs autres Sarrasins, parmi lesquels se distinguait Khasem, ce fils d'Yousouf, délivré par ses partisans de la prison de Tolède où Abd-el-Rahman l'avait fait renfermer. Ils lui demandèrent des secours et se déclarèrent ses vassaux. Le roi de France leur accorda leur demande, et ayant rassemblé son armée en Aquitaine, il la divisa en deux corps, dont un entra en Espagne en suivant le littoral de la Méditerranée ; l'autre, sous la conduite de Charles lui-même, y pénétra en franchissant les défilés de la Biscaye. Pampelune fut d'abord assiégée, puis elle se rendit après une courte résistance. Les deux armées françaises, qui s'avançaient par des chemins opposés, se réunirent sous les murs de Saragosse. Cette ville ne résista pas longtemps, et Charlemagne y rétablit Ibn-al-Arabi. Le but principal de l'expédition était atteint. Les dispositions des populations étaient peu amicales ; les princes chrétiens eux-mêmes ne voyaient qu'avec effroi le voisinage d'un protecteur aussi redoutable que le roi des Francs, et la fidélité des chefs arabes parut fort douteuse à Charlemagne. Il ne jugea donc pas à propos de séjourner dans le pays. D'ailleurs, de nouveaux mouvements de Witikind et de ses Saxons le rappelaient sur les bords du Rhin. Il prit des otages pour être sûr de la fidélité de ses nouveaux sujets arabes, et il revint sur ses pas pour rentrer en France. Il fit à son retour raser les murs de Pampelune, dont les habitants lui parurent disposés à la révolte, et il s'engagea de nouveau dans les gorges des montagnes, ne pensant pas que leur passage dût lui présenter à son retour plus de danger qu'à son arrivée. Cependant des Vascons, et, dit-on, aussi des Arabes, s'étaient mis en embuscade sur le haut de la montagne. L'armée défilait sur une longue ligne comme l'exigeait la nature des lieux. Les Vascons laissèrent passer l'armée sans se montrer. Les bagages étaient à l'arrière-garde et presque sans escorte. Sitôt qu'ils les virent paraître, ils se jetèrent sur le peu de troupes qui les défendaient, et commencèrent à les piller. Charles était à la tête de l'armée. Il ne fut averti de cette agression qu'après la retraite des ennemis, et il lui fut impossible de tirer immédiatement vengeance de leur attaque, car, après avoir à la hâte pillé les bagages, et profitant de la nuit qui approchait, les ennemis prirent la fuite avec une telle célérité qu'on ne put indiquer où ils s'étaient retirés. Dans cette embuscade, les Français perdirent plusieurs de leurs plus célèbres guerriers, et, entre autres, Roland, gouverneur de la Marche de Bretagne, si célèbre chez les romanciers, bien que ce soit la seule fois que l'histoire fasse mention de lui.

La fuite des agresseurs avait été si rapide que, non-seulement on ne put les suivre dans leur retraite, mais que, au dire de plusieurs historiens, on ne put savoir d'une manière bien avérée quels ennemis on avait eus à combattre. S'il faut s'en rapporter à une chartre de Charles le Chauve, rapportée par le cardinal Aguirre dans sa collection des conciles (*), le fils de Vaifar, Loup II, duc de Gascogne, vassal du roi de France, était à la tête des montagnards qui se jetèrent sur l'arrière-garde de Charlemagne, dans le défilé de Roncevaux. Cette félonie ayant été découverte par la suite, le duc Loup fut ignominieusement pendu (*).

Ibn-al-Arabi garda peu de temps le pouvoir que lui avait rendu Charlemagne. Un musulman, vassal et tributaire d'un roi chrétien, ne pouvait conserver aucune influence parmi les disciples fanatiques du prophète. Un parti puissant se forma contre lui et, en 778, il fut assassiné dans une mosquée. Houssein-ben-Yahyah, qui était à la tête des conjurés, s'empara du gouvernement de Saragosse, et proclama la souveraineté de Mahadi, fils d'Abou-Giaffar, calife d'Orient. Abd-el-Rhaman, qui jusqu'alors était resté tranquille, s'émut en entendant encore une fois retentir le nom des califes abbassides. Il rassembla une armée puissante. Cependant Saragosse résista pendant plus d'une année. Enfin Houssein-ben-Yahyah se soumit, et remit à Abd-el-Rahman ses deux fils pour garants de sa fidélité. L'émir parcourut ensuite tout le pays jusqu'au pied des Pyrénées, et fit rentrer en son pouvoir Pampelune, Barcelone, Gironne, Tortose et toutes les villes qui avaient accepté la suzeraineté du roi des Francs.

Quelques années plus tard, en 787, Abd-el-Rhaman, sentant les approches

---

(*) Voir, pour la généalogie de Loup, la note des pages 147 et 148.
Voici les passages de la chartre citée par le cardinal Aguirre, qui se rapportent à cet événement : « Magnus avus noster Carolus..... « Lupo..... totam Vasconiæ partem benefi- « ciario jure reliquit..... quam ille omnibus « pejoribus pessimus ac perfidissimus supra « omnes mortales, operibus et nomine Lu- « pus, latro potius quam dux dicendus, Vi- « farii patris scelestissimi, avique apostatæ « Hunaldi improbis vestigiis inhærens, ar- « ripuit..... Attamen dum simulanter atrox « nepos, sacramentum glorioso avo nostro « multiplex dicebat, solitam ejus majorumque « suorum perfidiam expertus est in reditu « ejus de Hispania : dum cum scara latro- « num comites exercitus sacrilege trucidavit. « Propter quod postea jam dictus Lupus cap- « tus misere vitam in laqueo finivit. »
Aguirre, vol. III.

(*) Nous ne rapporterons en ce moment aucune des fables auxquelles a donné lieu cette fameuse bataille de Roncevaux. Cet événement, qui tient si peu de place chez les historiens contemporains, en remplit une immense dans les chroniques chevaleresques. Il n'est certainement aucun autre combat qui ait été célèbre par autant de refrains populaires. Nous aurons occasion de faire connaître une partie de ces traditions en parlant du règne d'Alphonse le Chaste.

de la mort, réunit solennellement les principaux chefs de la nation et leur demanda de reconnaître pour son successeur Hescham, le plus jeune de ses trois fils. Tous les chefs présents jurèrent de faire ce que l'émir leur demandait. *El-Daghel* avait, dit-on, préféré celui-ci à ses deux fils Soleïman et Abd-Allah, parce qu'il avait trouvé en lui plus de bonté et plus de justice que dans ses autres enfants. Cette reconnaissance anticipée du successeur à la couronne fut imitée, non-seulement par les souverains ommyades, mais encore par les princes chrétiens de la Péninsule, qui y trouvèrent le moyen de transmettre le trône à leurs enfants; car il est un point dont il faut bien se pénétrer en lisant l'histoire d'Espagne, c'est que, dans les premiers temps de la monarchie, le souverain ne tenait la couronne que du vœu de ses sujets, et non de sa naissance.

Abd-el-Rahman-el-Daghel mourut l'année suivante, le 24 rabia posterior de l'année 172 de l'hégire (1er octobre 788 de J. C.) Il était entré à Cordoue en 756; son règne avait donc duré environ 32 ans. Malgré les révoltes nombreuses que ce prince eut à réprimer, malgré la diversité des ennemis qu'il eut à combattre, il ne se montra jamais cruel et ne chercha pas à se venger. Il fit grâce quand il le put sans compromettre la tranquillité de l'État, et s'il se crut dans la nécessité de faire tomber quelques têtes, c'est que, jusqu'à nos jours, c'était une chose inouïe qu'une dynastie nouvelle s'élevant au milieu des factions, des révoltes et des assassinats, sans tacher son manteau royal d'une seule goutte de sang.

Au milieu des troubles continuels qui agitèrent son règne, il fit fleurir les beaux-arts : lui-même, il cultivait la poésie avec succès. Il embellit Cordoue de plusieurs édifices remarquables, et c'est lui qui commença la célèbre mosquée de cette ville. Dernier descendant d'une race royale, et parent du prophète, il avait sauvé des désastres de sa famille, un koran écrit tout entier de la main d'Otman, le compagnon de Mahomet, et le troisième calife direct. Il en avait fait don à la mosquée de Cordoue destinée à devenir la ville sainte des musulmans d'Occident.

On peut compter Abd-el-Rahman au nombre des plus grands princes de cette époque. « Sa renommée était si « grande, » dit M. Romey dans son excellente histoire d'Espagne, « que son « rival de Bagdad, El-Mansour, par-« lait souvent de lui avec admiration. « Il avait coutume de l'appeler le *fau-* « *con de* Koraïsch, non parce qu'il « était un grand chasseur, mais à cause « de l'habileté et de la rapidité avec « lesquelles, de la condition de pros-« crit, il s'était élevé au rang de ses « proscripteurs. Il vantait sa bravoure « et sa sagacité, et se félicitait que « les embarras intérieurs du gouver-« nement des tribus andalou-musul-« manes le détournassent du projet « qu'il eut un moment de porter la « guerre jusqu'en Orient et d'y ruiner « la puissance de la maison d'Abbas. » .... « Abd-el-Rahman avait « le teint vif et coloré, les yeux bleus, « les cheveux, par endroit, tirant sur « le roux; il était remarquable par un « signe au visage; sa taille était haute « et élancée. Dans les dernières an-« nées de sa vie, il avait perdu un œil. « Il était amateur passionné de la chasse « aux oiseaux, et il avait fait dresser « pour cet amusement un grand nom-« bre de faucons très-habiles, qu'il « menait avec lui jusque dans ses ex-« péditions de guerre. On raconte que « dans une de ces expéditions, mar-« chant au centre de son armée, il « n'eut pas plutôt aperçu un vol de « grues allant s'abattre dans une val-« lée voisine, qu'il sortit de son esca-« dron et courut, avec ses fauconniers, « pour leur faire la chasse. »

Malgré sa fortune élevée, il ne put oublier que l'Espagne n'était pour lui qu'une terre d'exil. Il fit apporter d'Afrique, et planter dans le jardin de son alcazar de Cordoue, un palmier qui lui rappelait sa patrie.

RÈGNES DE MAURÉGAT, DE BERMUDE ET D'ALPHONSE LE CHASTE. — HÉRÉSIE D'ÉLIPAND ET DE FÉLIX D'URGEL. — RÈGNE D'HESCHAM Ier. — NOUVELLE INVASION DES SARRASINS DANS L'AQUITAINE. — CONSTRUCTION DE LA MOSQUÉE DE CORDOUE.

A la mort de Silo, la plupart des grands choisirent, pour lui succéder, Alphonse, fils de Froïla. Mais la royauté fut aussitôt disputée à ce jeune prince par son oncle Maurégat, qui, on se le rappelle, était fils d'Alphonse et d'une prisonnière mauresque. Maurégat ne se contenta pas de représenter aux grands, qu'en prenant pour souverain le descendant de Froïla, ils s'exposaient à voir venger sur eux l'assassinat de son père. Pour faire prévaloir les prétentions qu'il avait lui-même au trône, il rassembla une armée, et eut recours à l'appui d'Abd-el-Rahman. Quelques auteurs disent qu'il n'obtint la protection du prince ommyade qu'en s'engageant à lui payer un tribut annuel de cent jeunes filles, dont cinquante devaient être nobles. Mais il faut croire, pour l'honneur de la royauté, qu'il ne s'est jamais trouvé de tyran assez lâche pour consentir à une semblable transaction, et ce prétendu tribut est considéré, par la plupart des écrivains modernes, comme une invention fabuleuse. Mais, à quelque titre qu'il eût obtenu des secours de l'émir de Cordoue, il avait pu joindre des troupes arabes aux soldats que lui-même avait réunis. Alphonse aurait peut-être pu défendre son droit par les armes; mais, plutôt que d'exposer son pays aux horreurs d'une guerre civile, il aima mieux renoncer au trône sur lequel on l'avait fait monter, et il se retira dans l'Alava, abandonnant le royaume à son compétiteur. Quand Alphonse donna cet exemple de sagesse et d'amour de son pays, il n'avait encore, dit-on, que 19 ans (*).

Le règne de Maurégat ne dura que cinq années et demie. Il ne fut signalé que par un seul événement qui mérite d'être rapporté : ce fut l'hérésie d'Élipand, évêque de Tolède, et de Félix, évêque d'Urgel, qui, renouvelant en partie la doctrine des nestoriens, soutinrent que Jésus-Christ n'était pas de nature divine, et que seulement il avait été adopté par Dieu. Cette opinion, condamnée par les conciles de Narbonne, de Ratisbonne et de Francfort, fit au reste peu de prosélytes. Maurégat, compté au nombre des mauvais rois, mourut en 789. Il fut inhumé dans l'église Saint-Jean de la ville de Pravia, ce qui donna lieu à ce dicton: *Como fué pravo, in Pravia fué sepultado* ; et comme il fut mauvais, il fut enseveli à Pravie (*).

On choisit pour lui succéder Veremunde, Bermunde ou Bermude, bien qu'il fût engagé dans les ordres sacrés; ce qui lui fit donner le nom de Bermude le Diacre. Les auteurs ne sont pas d'accord sur la généalogie de ce roi. Quelques-uns en font le fils de Bimaran, frère de Froïla que ce tyran avait poignardé de sa propre main; quelques-uns disent qu'il fut fils d'un autre Froïla, qui était frère d'Alphonse le Catholique. Bermude était un homme plein de courage. Sous son règne, en 791, la paix avec les Arabes, qui durait depuis le règne de Froïla, fut rompue par ceux-ci. Ils entrèrent sur les terres des chrétiens, et furent mis en déroute. Mais il est pour Bermude quelque chose de plus glorieux encore que cette victoire, c'est le désintéressement dont il fit preuve. Il se montra dépouillé de toute ambition personnelle et vraiment ami de son pays, en appelant Alphonse à partager le pouvoir avec lui. Puis, quand il fut parvenu à dissiper les préventions et les défiances que ce fils de Froïla avait d'abord inspirées, il abdiqua en sa faveur, pour se consacrer tout entier aux soins religieux que sa qualité de prêtre lui imposait. Quoique diacre, Bermude avait cependant une femme nommée Ninilon ou Ninila. Il en eut deux fils, Ramire et Garcia. Son abdication eut lieu en 791.

A cette époque, il y avait déjà trois

_____
(*) Mariana lui en donne vingt-cinq.

(*) *Pravia* signifie, en espagnol, méchanceté.

ans que le premier des Ommyades d'Espagne était mort. Son fils Hescham, que les chroniqueurs appellent Issem, avait été proclamé émir. Ce n'était cependant pas sans contestation, car il arrivait rarement chez les Arabes que le pouvoir passât d'une main dans une autre sans que ce changement donnât lieu à quelque guerre civile. Ses deux frères, Soleïman et Abdallah, qui l'un et l'autre étaient nés en Syrie, tandis qu'Hescham n'était venu au monde que beaucoup plus tard et lorsque Abd-el-Rahman était déjà émir de Cordoue, se trouvaient blessés de la préférence donnée par leur père à celui dont ils étaient les aînés. Ils commencèrent à préparer les moyens de se soulever; mais ils ne rencontrèrent pas pour cette entreprise la sympathie qu'ils avaient espérée. Abdallah trouva une vive résistance chez l'officier qui commandait sous ses ordres à Mérida. Celui-ci était un de ceux qui avaient juré entre les mains d'Abd-el-Rahman d'être fidèle à son fils Hescham. Abdallah désespérant de rien obtenir de ce côté, se rendit auprès de Soleïman, qui commandait à Tolède. Là, comme les deux frères s'expliquaient en présence d'un des principaux magistrats de la ville, celui-ci non-seulement ne promit pas de seconder leur entreprise, mais il osa la blâmer sévèrement. Pour le punir de sa franchise et de sa fidélité, Soleïman le fit aussitôt jeter dans une prison. Hescham, averti de cet acte de violence, en fit demander compte à celui qui l'avait ordonné. En recevant le message de son frère, Soleïman entra dans une affreuse colère. Il fit sortir le prisonnier du cachot où il avait été jeté, et le fit clouer à un pieu en présence de l'envoyé de son frère, qu'il congédia ensuite en lui disant : « Apprends à « ton maître que nous entendons au « moins commander dans nos petites « souverainetés. Ainsi, qu'il nous y « laisse en repos. »

Il n'y avait plus de ménagements possibles. Hescham déclara ses frères rebelles et ennemis du bien public. Il réunit en peu de jours une armée de 20,000 hommes, et se dirigea promptement vers Tolède où ses frères étaient renfermés. A son approche, Soleïman confia la défense de la ville à Abdallah et à son fils, et sortit à la tête de 15,000 hommes pour aller au-devant d'Hescham lui livrer bataille; mais il fut défait, forcé de fuir, et le vainqueur put venir mettre le siége devant Tolède. Néanmoins, tandis qu'Hescham s'efforçait d'enlever cette place, Soleïman avait rallié les débris de son armée, et s'était emparé d'un petit fort dans les environs de Cordoue. Mais encore en cet endroit la fortune lui fut contraire : il fut battu par un lieutenant d'Hescham et contraint à chercher un asile dans les montagnes de Murcie. De son côté, Abdallah, renfermé dans Tolède, et ne recevant pas les secours que son frère lui avait promis, commença à désespérer de sa cause et songea à capituler. Mais pour ne confier à personne le soin de cette négociation, il demanda un sauf-conduit sous le nom d'un de ses officiers, sortit de la ville sans être connu, et alla trouver Hescham qui le reçut à bras ouverts. L'émir promit l'oubli de tout ce qui s'était passé, ajoutant que le pardon s'étendait également à Soleïman, pourvu qu'il vînt aussi se soumettre. Mais celui-ci fut irrité bien plus qu'abattu par la reddition de Tolède; il se préparait avec plus d'acharnement à continuer la guerre, lorsque les troupes qu'il rassemblait dans le pays de Murcie furent détruites par un corps d'armée que commandait Al-Hakem, jeune fils d'Hescham. Placé de nouveau dans la nécessité de fuir, et vivement poursuivi par ceux qui l'avaient vaincu, Soleïman se détermina à envoyer sa soumission. Hescham l'accueillit avec bienveillance; mais, comme il redoutait le caractère emporté de son frère, il lui imposa la condition de sortir d'Espagne et de vendre tous les biens qu'il y possédait. Pour lui faciliter l'exécution de cette dernière disposition, il lui offrit pour prix de ses propriétés soixante mille pesants d'or, qui furent acceptés.

Soleïman alla s'établir à Tanger : il pouvait y vivre sans craindre les persécutions des Abbassides, car, depuis trois années, Édris-ben-Abdallah, descendant d'Ali-ben-Abou-Thaleb et de Fathimah, fille du prophète, s'était emparé d'une partie de l'Afrique, et y avait jeté les fondements du royaume de Fez.

Hescham, après avoir ainsi apaisé les troubles suscités par ses frères, s'occupa des ennemis du dehors. Il fit prêcher la guerre sainte dans toutes les mosquées. Pendant deux années il combattit au pied des Pyrénées pour reprendre Cardone, Gironne et toutes les villes que les Français possédaient dans la Péninsule. Enfin, en 793, son armée se jeta sur l'Aquitaine. Cette province était alors dégarnie de ses meilleures milices. Le roi Louis les avait conduites en Italie, pour faire la guerre aux Bénéventins qui s'étaient soulevés. Les Maures éprouvèrent donc peu de résistance, pillèrent et saccagèrent tout le pays, et poussèrent leurs ravages jusqu'à Narbonne, dont ils emportèrent les faubourgs. Ils prirent ensuite la route de Carcassonne. Guillaume de Toulouse ayant rassemblé quelques troupes à la hâte, marcha au-devant d'eux, et bientôt il les rencontra au moment où ils venaient de passer l'Orbieu. Ses forces étaient bien inférieures à celles des Sarrasins ; aussi, après un combat très-meurtrier, qui dura plusieurs heures, les Aquitains furent forcés de se retirer précipitamment. Mais la perte des Arabes avait été si considérable, qu'ils ne songèrent pas à poursuivre leur victoire, et qu'ils se retirèrent, s'estimant sans doute heureux de pouvoir emmener en Espagne leurs prisonniers et y rapporter leur butin. On dit que par orgueil du succès qu'ils avaient obtenu, ou plutôt pour insulter à la religion chrétienne, ils firent apporter sur le dos de leurs prisonniers, depuis les frontières de France jusqu'à Cordoue, le sable, la chaux et les matériaux nécessaires pour achever la construction de la mosquée commencée par Abd-el-Rahman. Hescham regardait comme une obligation sacrée l'achèvement de cet édifice, et, à l'exemple de son père, il y travaillait chaque jour de ses mains pendant quelques instants. Cette mosquée, du temps des Arabes, formait un carré long couvert d'un toit plat qui ne s'élevait pas à plus de trente-cinq pieds. Il était soutenu par plus de 1000 colonnes des marbres les plus beaux et les plus rares, disposées en quinconce de manière à former 38 nefs en long et 19 en large. On y entrait par dix-neuf portes : neuf s'ouvraient sur l'orient et neuf sur le couchant ; elles étaient couvertes de plaques de bronze ornées d'arabesques d'un travail et d'une délicatesse infinie. La dix-neuvième, la porte principale, était revêtue de lames d'or, sur lesquelles étaient inscrits les plus beaux passages du Koran. Le toit était surmonté de nombreuses coupoles. Sur la plus élevée il y avait trois boules d'or portant chacune une grenade de ce précieux métal. Quatre mille sept cents lampes brillaient toutes les nuits dans cette mosquée, consumant par an près de vingt mille livres d'huile ; on y brûlait aussi tous les ans soixante livres de bois d'aloès et autant d'ambre gris pour les parfums.

Le temps a changé cette disposition. Aujourd'hui la mosquée, convertie en cathédrale, n'a plus tant de richesses qu'au temps des Ommyades. Sa porte, ses boules et ses grenades d'or ont disparu. Au nord on a élevé un beffroi, à la place probablement du léger minaret d'où le muezzin appelait les musulmans à la prière. A l'extérieur, la muraille est presque nue ; seulement de petites tours carrées, ou plutôt des arcs-boutants en forme de gros pilastres, séparent chaque façade en plusieurs divisions. Deux bandeaux qui règnent dans la partie la plus élevée du mur et des tourelles, et qui peuvent avoir à peine quelques centimètres de saillie, dessinent seuls l'entablement. Le sommet du mur est surmonté par une rangée de créneaux découpés en degrés d'escalier, qui cachent entièrement le toit. Les portes sont encore décorées d'élégantes sculptures en stuc de plusieurs couleurs (*).

A la mosquée est joint un cloître ou grande cour (**). Il servait aux mahométans à faire leurs ablutions. Ils y laissaient aussi leurs chaussures avant d'entrer dans la maison sainte. Ce cloître forme un rectangle de la même longueur que la mosquée. Un portique large de vingt-cinq pieds environne le cloître de trois côtés. Le milieu est occupé par trois fontaines belles et abondantes, par des bosquets d'orangers, de hauts cyprès et de beaux palmiers qui offrent la retraite la plus délicieuse pendant les heures brûlantes du jour.

Rien ne peut causer plus de surprise que le premier coup d'œil jeté dans l'intérieur de la mosquée (***). C'est un immense labyrinthe de colonnes de toutes les couleurs. Il y en a de bleues avec des veines blanches, de jaunes, de rouges, de rouges veinées de blanc, de grises, de vertes. Malheureusement elles ne sont pas toutes de la même hauteur. Les Arabes les ont enlevées des constructions romaines dont la Péninsule était couverte. Pour les ramener toutes à la même taille, ils ont ajouté à celles qui étaient trop courtes de monstrueux chapiteaux et d'énormes bases. Ils ont tronqué celles qui étaient trop élevées; cependant elles sont toutes à peu près d'un même module, environ dix-huit pouces de diamètre. Les chapiteaux sont, en général, une imitation de ceux de l'ordre corinthien. Le sommet des colonnes sert de base à une rangée d'arcades à plein cintre, qui supportent le toit. Entre les jambages de ces arcades sont insérés des arceaux découpés à jour, quelquefois tréflés, mais le plus souvent circulaires.

L'édifice est divisé en quatre parties principales par deux rangs de piliers qui se coupent à angle droit. Trois de ces parties étaient autrefois abandonnées au peuple. La quatrième, celle du sud-est, était réservée pour la noblesse et le clergé. C'est dans cette dernière partie que se trouvait le *Zancarron :* c'est l'endroit où le Koran était déposé. Cette chapelle est décorée de colonnes de marbre vert et d'autres de marbre rouge veiné de blanc. Nous n'essayerons pas d'expliquer sa disposition, de dire comment ses élégants arceaux sont jetés, comment ils s'entrecoupent : il est des choses qu'il est plus facile de dessiner que de décrire (*).

Au milieu de cet édifice mauresque on a construit un chœur remarquable par la hauteur de son dôme, l'élégance et le fini des arcades ; mais il n'est plus du même style, et, malgré toutes ses beautés, on ne peut s'empêcher de reconnaître qu'il est mal en harmonie avec le reste du monument.

Il est bien difficile de faire comprendre l'impression d'étonnement qu'on éprouve lorsqu'on est placé dans les endroits de l'église où l'on peut apercevoir les nefs qui se coupent à angle droit. Mais la vue est peut-être encore plus extraordinaire quand on regarde, dans une direction oblique, ces allées d'arceaux et de colonnes. Alors toute apparence d'ordre disparaît, et l'œil se perd au milieu de ce dédale de piliers de toutes les couleurs. Le jour pénètre dans l'église par les portes et par quelques petites coupoles ; en sorte qu'il s'y répand d'une manière inégale et tout à fait pittoresque, qui donne au monument quelque chose de sombre, d'imposant et de mystérieux. En apercevant les personnages marcher silencieusement au milieu de cette multitude de colonnes, l'esprit se porte involontairement aux romans de féerie. On croirait voir des chevaliers enchantés qui se promènent dans une forêt de marbre. Et, en réalité, il est si difficile de se reconnaître au milieu de ce dédale de piliers, qu'à moins d'y apporter une attention toute particulière, il est rare qu'on parvienne à sortir par la porte même par laquelle on est entré.

Les Arabes, encouragés par les suc-

(*) Voir la planche 14.
(**) Voir la planche 17.
(***) Voir la planche 15.

(*) Voir la planche 16.

cès qu'ils avaient obtenus en Aquitaine, se préparaient à y faire une nouvelle invasion ; mais, auparavant, ils jugèrent nécessaire d'exterminer les chrétiens des Asturies. Ils avaient une armée nombreuse et fière des victoires qu'elle avait remportées. Ils la séparèrent en deux divisions, et, comme cette manœuvre avait réussi en 776, contre Froïla, ils entrèrent par deux endroits différents dans le royaume d'Alphonse le Chaste. Ce prince avait appelé à son aide le roi de Sobrarbe. C'est au moins ce qu'on peut inférer de ce passage extrait d'un auteur arabe et cité par M. Romey (*) : « En même « temps Abd-el-Meleck, frère d'Abd-« el-Kerim, entrait par une route différente sur les terres des chrétiens. « A Astorga, il rencontra le roi de « Galice et celui de Biscaye ; mais « ceux-ci n'osèrent pas l'attaquer. » On se rappelle que les Arabes donnaient le nom de Galice (Djalikiah) à tout le pays qui s'étendait depuis le promontoire des Artabres jusqu'au pied des Pyrénées. Une partie des Pyrénées, probablement la Navarre, et l'Aragon étaient pour eux les monts Albaskenses. Le roi de Biscaye était donc le souverain d'un État situé au pied des Pyrénées. Ainsi, à cette époque, en 794, voici l'existence de deux rois et de deux royaumes chrétiens dans la Péninsule, bien constatée par un auteur étranger.

Alphonse et cet autre prince chrétien (**) avaient réuni leurs forces ; cependant ils avaient encore une armée bien inférieure en nombre à celle de leur ennemi ; aussi se bornèrent-ils à observer prudemment sa marche ; puis, l'ayant attiré dans un lieu marécageux, rempli de lagunes, où les Maures ne pouvaient faire usage de la cavalerie, qui formait la partie la plus redoutable de leurs forces, les chrétiens en firent un grand carnage. On porte à soixante mille le nombre des Arabes qui périrent dans cette rencontre. Il y a sans doute un peu d'exagération dans ce chiffre. Cependant, quand on examine les résultats de cette bataille, on doit penser qu'elle fut très-sanglante. Elle éteignit tout à coup cette ardeur de conquête qu'Hescham avait réveillée chez les musulmans, et cette guerre est la dernière qui eut lieu sous le règne de cet émir. Le projet d'envahir de nouveau l'Aquitaine ou de détruire le royaume de Pélage fut abandonné. Suivant les auteurs espagnols, cette bataille aurait eu lieu dans les Asturies ou bien sur leurs confins, dans un endroit qu'ils s'accordent tous à appeler Lutos, ou Lodos, c'est-à-dire les boues, mais dont ils n'indiquent pas autrement la situation.

Hescham ne survécut que peu de temps à cette défaite. Voici, disent les Arabes, grands amateurs de fables et d'astrologie, comment il fut prévenu de l'instant de sa mort : il s'occupait à cultiver des fleurs, lorsqu'un célèbre astrologue, qui était présent, lui dit : « Seigneur, travaille dans ces « jours passagers pour le temps de l'é-« ternité. » Hescham lui demanda pourquoi il lui rappelait cette sentence. L'astrologue refusa d'abord de le lui dire ; puis, enfin, il avoua avoir lu dans le ciel que l'émir devait mourir avant la fin de la seconde année. Hescham ne se montra pas affecté par cette prédiction. Il continua de cultiver les fleurs de son jardin. Ensuite, à son heure accoutumée, il joua tranquillement aux échecs, et fit donner un riche vêtement à l'astrologue. Mais, depuis cette époque, il répétait souvent avec résignation : Ma confiance est en Dieu et j'espère en lui. Il assembla les principaux chefs de la nation et leur fit reconnaître, pour son successeur, son fils Al-Hakem (*), qui déjà s'était signalé par des actes de bravoure et qui avait pris part au gouvernement. Cette précaution ne fut pas

---

(*) III° vol., page 204.
(**) Ce devait être Garci-Inigo, qui a régné depuis 758 jusqu'en 802.

(*) Ferreras l'appelle Alhacan, el Achem, Mariana ne lui donne que le nom de Alhacan. On le trouve souvent désigné dans les écrivains français sous le nom de Abulaz et Abulazis, parce qu'il mérita plus tard le surnom de Aboul-Assi, c'est-à-dire, le Père du mal.

inutile. Hescham fut atteint au commencement de l'année suivante d'une maladie dont il mourut après peu de jours, le 19 dsulkada de l'année 138 de l'hégire (25 avril 796 de J. C.), laissant même chez les chrétiens la renommée d'un prince juste, prudent et libéral.

RÈGNE D'AL-HAKEM. — SES ONCLES LUI DISPUTENT LE POUVOIR. — PRISE DE BARCELONE PAR LES FRANÇAIS. — QUATRE CENTS NOTABLES DE TOLÈDE ASSASSINÉS DANS UN REPAS. — INVENTION DU CORPS DE SAINT JACQUES. — RÉVOLTE ET DESTRUCTION D'UN FAUBOURG DE CORDOUE.

Les frères d'Hescham n'avaient pas entièrement renoncé à l'espoir de se saisir un jour du pouvoir; et, quand ils le virent tomber en de si jeunes mains, ils pensèrent qu'ils auraient peu d'efforts à faire pour s'en emparer. Cependant, pour rendre plus certain le succès de leur entreprise, ils convinrent qu'Abdallah, qui était à Valence, se rendrait en France pour solliciter l'appui de Charlemagne, tandis que Soleïman, réfugié en Afrique, y rassemblerait une armée pour passer en Espagne. Charlemagne s'empressa d'accueillir la demande qui lui était adressée. Abdallah revint donc à Valence pour exciter le dévouement des partisans qu'il avait dans ce pays. De son côté, Soleïman, qui avait déjà réuni une armée, passa en Espagne, et les deux frères, ayant réuni leurs forces, marchèrent rapidement vers Tolède, dont ils s'emparèrent. En même temps une armée française était entrée en Catalogne. Elle avait repris Gironne, Pampelune et Lérida. Un chef arabe nommé Zeïd, profitant de la terreur causée par cette invasion nouvelle, s'empara du pouvoir à Barcelone, et se reconnut vassal du roi d'Aquitaine, Louis le Débonnaire, auquel, toutefois, il n'ouvrit pas les portes de la ville.

Al-Hakem rassembla promptement ses troupes et courut où le danger lui parut le plus pressant. L'invasion de la frontière lui sembla encore plus menaçante que la tentative de ses oncles. Il laissa donc seulement devant Tolède un corps de troupes sous le commandement d'Amrou, caïd de Talavera, dont la fidélité lui était connue, et il se porta lui-même en Catalogne. Il eut dans plusieurs rencontres l'avantage contre les Français, reprit presque toutes les villes qui étaient entre leurs mains, et revint à la tête de son armée victorieuse pour attaquer celle de ses oncles. Il leur livra plusieurs combats, qui d'abord n'eurent rien de décisif; ensuite il parvint à les repousser jusque dans le midi de l'Espagne. Enfin Amrou, après un long siége, s'étant emparé de Tolède, y laissa son fils pour gouverneur, et vint à la tête de son armée rejoindre Al-Hakem. Alors la guerre fut poussée avec plus de vigueur; les armées se rencontrèrent, et Soleïman fut tué dans le combat d'un coup de flèche qui lui traversa la gorge. Cette mort jeta le désordre parmi les siens, et bientôt son parti fut mis en déroute. Abdallah, fugitif, se retira à Valence, d'où il envoya sa soumission à son neveu. Celui-ci lui fit bon accueil: il demanda seulement que les deux fils d'Abdallah lui fussent donnés pour otages. Au reste, il traita ses jeunes cousins avec bonté: il donna même sa propre sœur Kinsa pour femme à Esbaah, l'aîné d'entre eux.

Al-Hakem cependant n'en avait pas fini avec tous ses ennemis. Les Français repoussés un instant par lui avaient de nouveau envahi les Marches de la Catalogne: ils avaient repris Cardone, Casera, Ausone, dont ils relevaient les fortifications. Ils s'appliquaient à repeupler toutes ces villes; mais, quels que fussent leurs efforts, ils ne purent jamais rendre à la dernière de ces cités son ancienne prospérité. Elle prit le nom de Vicus-Ausona; le premier de ces deux mots est seul resté, et il a formé le nom de Vich, qu'elle conserve encore. Le roi d'Aquitaine, après s'être ainsi établi solidement au pied des Pyrénées orientales, résolut de s'emparer de Barcelone, car Zeïd (*), qui, comme

(*) Ferreras le nomme Zade. Ermoldus Nigellus, dans son poëme sur les exploits et

nous l'avons vu, lui en avait fait hommage, avait refusé de la lui livrer en réalité. Au commencement de l'année 801, il réunit une armée nombreuse, et la partagea en trois divisions : l'une, sous les ordres du comte Guillaume de Toulouse, tenait la campagne pour empêcher Al-Hakem de venir secourir la ville; l'autre, sous les ordres du comte de Rostaing, faisait le siége; enfin la troisième, sous le commandement de Louis lui-même, était restée sur la frontière, prête à se porter du côté où quelque danger se présenterait. Les Arabes firent une seule tentative pour délivrer la ville; mais ayant appris que le comte de Toulouse venait au-devant d'eux avec des forces supérieures, ils se retirèrent, et le corps d'armée commandé par Guillaume put venir se réunir à celui qui déjà pressait la ville. Des assauts étaient chaque jour donnés à la place. Les avenues surtout en étaient si étroitement gardées, que la disette s'y fit bientôt sentir; elle fut telle, disent quelques écrivains, que les habitants furent réduits à se nourrir de vieux cuirs et de courroies. On doit douter cependant qu'une semblable famine ait pu avoir lieu dans une ville qui conservait libres ses communications par mer, car les Français n'avaient pas de flotte dans ces parages. Quoi qu'il en soit, les habitants se défendaient vaillamment; et comme l'arrière-saison approchait, ils espéraient que l'hiver forcerait les assiégeants à se retirer. Mais le découragement commença à s'emparer d'eux quand ils virent que dans le camp on s'occupait à consolider les baraques construites d'abord assez légèrement, et qu'on travaillait à les transformer en des habitations plus durables, à boucher avec de l'étoupe les joints des planches dont ces abris étaient formés, à les enduire de poix et de goudron pour les rendre impénétrables au vent et à la pluie. Enfin, dit-on, le gouverneur de Barcelone, Zeïd, prit le parti d'aller lui-même auprès de

la vie de Louis le Débonnaire, le nomme Zeïdoun.

Al-Hakem pour solliciter des secours; il confia le soin de la défense à Omar, son frère, et, pendant une nuit obscure, il s'efforça de traverser le camp français. Mais, trahi par les hennissements de son cheval, il tomba entre les mains des assiégeants, qui l'envoyèrent à Charlemagne. Ce souverain le reçut très-mal et le condamna à l'exil. Les généraux français connaissant les cruelles extrémités auxquelles la place était réduite, en donnèrent avis au roi Louis, et sur-le-champ celui-ci accourut à la tête des troupes qu'il avait conservées. Cet accroissement dans les forces des assiégeants ne décida pas encore Barcelone à se rendre. Cependant on était parvenu à faire quelques brèches aux remparts. Pendant six semaines on ne cessa de donner des assauts; enfin, pendant un de ces combats, un trait que Louis avait lui-même lancé, vint s'enfoncer jusqu'à la hampe dans un bloc de marbre, et les Maures émerveillés de ce miracle se déterminèrent à capituler. Ce dernier fait, il faut le dire, nous a grandement l'air d'une licence poétique dont Ermoldus Nigellus a embelli le récit qu'il écrivait en vers latins des hauts faits de Louis le Pieux. Quoi qu'il en soit, la ville se rendit, et la garnison, traitée honorablement, eut la faculté de se retirer avec armes et bagages où bon lui semblerait. Les portes furent livrées, et, le lendemain, Louis alla remercier Dieu dans l'antique église de Sainte-Croix. Les Arabes en avaient fait une mosquée; les vainqueurs la rendirent à sa première destination.

Ce désastre ne fut pas le seul que cette année les Maures eurent à déplorer. L'armée qu'ils avaient rassemblée à Saragosse, pour aller au secours de Barcelone, n'ayant pas osé attaquer Guillaume de Toulouse, remonta l'Èbre et courut se jeter sur les États d'Alphonse, avec l'espoir de s'y venger des pertes qu'ils éprouvaient dans la Catalogne; mais là aussi la fortune leur fut contraire : ils furent battus et contraints à prendre la fuite.

La victoire d'Alphonse fut suivie

d'un de ces événements qu'on a peine à s'expliquer. Une révolte éclata parmi ses sujets. Le roi fut renfermé dans un couvent par les conjurés; mais, après peu de temps, il fut délivré par quelques seigneurs qui lui étaient restés fidèles, sans que cette révolution d'un moment ait laissé d'autres souvenirs dans l'histoire.

Louis, après avoir créé Bera comte de Barcelone, continua ses conquêtes. Il eut peu de peine à s'emparer de Tarragone, dont les murailles avaient été ruinées; il n'en fut pas de même de Tortose. Ferreras dit qu'il s'en rendit maître; cela n'est pas probable, et, dans tous les cas, s'il parvint à y pénétrer, il ne put s'y maintenir, car, à peu de temps de là, on la retrouve au pouvoir d'Al-Hakem. Ce prince, qui s'était montré si lent à venir au secours de Barcelone, ne laissa pas cependant les Français s'établir sans contestation sur le versant méridional des Pyrénées. Il avait réuni à Saragosse une armée nombreuse, avait repris Pampelune et Huesca. Tout le pays entre l'Èbre et les Pyrénées fut dévasté par les armées française ou musulmane. Pendant qu'Al-Hakem combattait ainsi à la frontière, il apprit que les habitants de Tolède s'étaient révoltés contre le fils d'Amrou, leur gouverneur. Amrou fut lui-même chargé d'aller rétablir l'ordre, et, à son arrivée, les troubles cessèrent. Mais Amrou n'en conserva pas moins un vif ressentiment contre les principaux citoyens qui avaient pris part à ce soulèvement, et il ne tarda pas à le prouver par une action atroce. Le jeune Abd-el-Rahman, fils d'Al-Hakem, conduisait à la frontière un corps de cinq mille hommes, et les habitants de la ville, à l'instigation de leur gouverneur, engagèrent le fils de leur émir à se reposer dans leur ville. Abd-el-Rahman y consentit. Sa présence servit de prétexte à Amrou pour convier à un repas les principaux habitants de la ville, puis, à mesure qu'ils se rendaient à cette invitation, on les saisissait, on les entraînait dans une chambre souterraine, où ils étaient décapités, et leurs corps étaient jetés dans une fosse profonde que l'on avait creusée d'avance. Quatre cents des plus notables habitants furent, dit-on, ainsi sacrifiés, et les quatre cents têtes furent le lendemain montrées au peuple, qui resta frappé de stupeur.

Cependant la guerre se continuait entre l'Èbre et les Pyrénées sans avantage bien marqué de part ni d'autre. Pendant deux années successives, les Français vinrent mettre inutilement le siège devant Tortose. Vers la fin de 810, les Arabes, fatigués de la rude guerre que leur faisaient les Français, se déterminèrent à demander la paix à Charlemagne. Quelques auteurs pensent qu'elle fut conclue en cette année; mais il paraît plus probable qu'il n'y eut encore que des projets d'arrangement, car, au printemps suivant, une nouvelle tentative fut dirigée contre Tortose, dont cette fois le gouverneur se reconnut vassal du roi Louis. Enfin, en 812, ce prince conduisit une expédition dans la Navarre en franchissant les défilés de Roncevaux. Après être restée quelque temps dans le pays, cette armée reprit le chemin par lequel elle était venue. Mais pour éviter les dangers de ce passage qui, trente-quatre ans auparavant, avait été si funeste à l'arrière-garde de son père, il eut recours à un expédient qui lui réussit parfaitement. Il battit les vallées hautes des Pyrénées, y enleva les femmes et les enfants des montagnards, et fit marcher ces otages dans les rangs de ses soldats jusqu'à ce que l'armée fût arrivée dans un pays où elle n'avait plus d'embûches à craindre.

Mariana place, mais à tort, en cette année le désastre éprouvé en 778, par l'arrière-garde de Charlemagne. Il mêle à son récit les hauts faits de Bernard del Carpio, que tous les critiques considèrent comme un héros purement imaginaire. Quoique ces aventures ne doivent être regardées que comme un roman agréable, cependant elles sont tellement célèbres en Espagne, que lorsqu'on veut peindre le pays, il n'est pas permis de les passer sous silence.

11ᵉ *Livraison.* (ESPAGNE.) 11

On se rappelle qu'en 757 Froïla, qui venait d'être élu roi à la place d'Alphonse le Catholique, avait porté la guerre en Navarre. Il y avait rencontré Monime, fille d'Eudes, duc d'Aquitaine (*). Épris de sa beauté, il l'avait choisie pour épouse. Il en avait eu deux enfants de caractères bien différents. L'un était Alphonse, dont la femme, dit-on, mourut vierge, et auquel l'histoire a donné le nom de Chaste. L'autre était Ximena, dont on traduit le nom par le mot de Chimène. Tous deux étaient encore bien jeunes lorsque leur père expia, par sa mort, le crime qu'il avait commis en poignardant son frère. Le trône était passé entre les mains d'Aurèle, puis de Silo, de Maurégat et de Bermude; mais, avec le temps, Alphonse, à son tour, avait été élu roi. Avec le temps aussi, Chimène était devenue aussi belle que l'avait été sa mère. Un des plus vaillants chevaliers de la cour de son frère, Sancho Dias, comte de Saldaña, lui avait inspiré de l'amour. L'infante et son amant, effrayés par le caractère sévère d'Alphonse, n'avaient osé s'unir qu'en secret. Cette alliance, néanmoins, ne put rester longtemps cachée. La naissance d'un fils vint la révéler au roi, qui, plein de courroux, fit enfermer sa sœur dans un couvent de religieuses. Il ordonna d'arrêter le comte de Saldaña, qui, d'après ses ordres, venait pour lui baiser la main, de le charger de chaînes et de le jeter dans une des prisons du château de Luna. Quant au jeune infant, auquel on avait donné le nom de Bernard, il n'était pas coupable de la faute de ses parents; soigneusement élevé par les soins d'Alphonse, il devint bientôt un chevalier accompli, digne en tout point de sa noble origine. Cependant il ne la connaissait pas. Le roi avait fait jurer à tous ses chevaliers de ne jamais révéler à Bernard le secret de sa naissance ou le sort de son père;

(*) Cette parenté avec Eudes est fort douteuse. La charte d'Alaon, dont nous avons déjà parlé, ne fait aucune mention de cette prétendue fille du duc d'Aquitaine.

mais il avait oublié d'exiger le même serment des dames, et une d'entre elles apprit au jeune héros tout ce qu'on voulait lui cacher. Bernard prit alors des vêtements de deuil et alla se jeter aux pieds du roi pour lui demander la liberté de son père. Mais Alphonse le repoussa avec colère. « J'ai juré, lui dit-il, que de sa vie votre père ne vous verrait, et je garderai mon serment. »

Bernard espérait qu'à force de bons services et de vaillance il contraindrait le roi à céder à ses prières. Il se montra le plus brave de tous les chevaliers espagnols. A chaque service qu'il rendait, il demandait la même grâce qui lui était toujours refusée; cependant, avec un dévouement inépuisable, il recommençait à servir le roi, croyant toujours qu'il parviendrait à fléchir son ressentiment. Il n'y avait pas de combat, pas de tournoi où Bernard ne méritât d'être appelé le meilleur chevalier. Dans une bataille, les Maures ayant tué le cheval d'Alphonse, ce prince se trouvait en grand danger de mort. Bernard vint l'arracher aux mains des ennemis et lui donna son propre coursier.

Enfin, Alphonse, accablé par l'âge et fatigué par les guerres éternelles qu'il avait à soutenir contre les Maures, et se voyant sans héritier, offrit son royaume à Charlemagne, s'il voulait venir l'aider à chasser entièrement les ennemis de la foi. La noblesse d'Espagne fut révoltée de cette proposition et Bernard fut chargé de faire des représentations au roi, qui se vit contraint de retirer sa parole. Mais déjà Charlemagne était en marche. Alors les Espagnols se réunirent sous la conduite de Bernard del Carpio, attaquèrent l'armée française dans le défilé de Roncevaux, et Bernard tua de sa propre main le fameux Roland.

Tant de services n'ayant pu toucher le roi, Bernard del Carpio se retira dans son château et commença à faire une guerre acharnée à son souverain. Pour obtenir la paix, Alphonse consentit à lui rendre son père. Il accomplit sa parole, dit le Romancero, et ce fut encore une tromperie, car il ordonna qu'on ne mît le comte de Saldaña en liberté qu'après lui avoir crevé les yeux.

Mariana raconte différemment le dénoûment de cette histoire. Bernard continua à servir l'État pendant deux règnes, ceux de Ramire et d'Ordoño. Sous Alphonse le Grand, il présenta de nouveau sa demande au roi; mais celui-ci lui ayant répondu que ce serait une offense à la majesté royale de revenir sur une décision prise par ses prédécesseurs, Bernard éleva, à quelques lieues de Salamanque, le château del Carpio, d'où il a reçu son nom. Il se mit à courir les terres du roi, enlevant les troupeaux et faisant tous les dommages possibles. Effrayé de ses ravages, le roi réunit les grands à Salamanque pour les consulter. Tous furent d'avis qu'il fallait accorder à Bernardo del Carpio sa demande, pourvu qu'il livrât auparavant son château. Bernard fit ce qu'on exigeait; mais quand on alla pour mettre son père en liberté, on le trouva mort de vieillesse dans la prison où il était renfermé. Mariana ajoute que de son temps on voyait à Aguilar del Campo un tombeau qu'on pensait être celui de Bernardo del Carpio. Il n'est pas besoin de répéter que, pour nous, tout ce récit n'est qu'un roman rempli d'invraisemblances et d'impossibilités (*).

(*) D'abord il n'est nullement prouvé qu'Alphonse le Chaste ait eu une sœur; mais si cette sœur a existé, comme son père ne s'était pas marié avant l'année 757, elle pouvait tout au plus avoir 20 ans lors de la mort de Roland arrivée en 778. A supposer qu'elle eût conçu à 12 ans, elle n'aurait pu en 778 avoir qu'un fils de sept ans, qui se serait trouvé un peu jeune pour combattre le plus vaillant des douze pairs de Charlemagne. Aussi Mariana, pour rendre ce roman possible, recule-t-il la bataille de Roncevaux de 34 ans; c'est une licence plus hardie encore que celles d'Ermoldus Nigellus.

Mariana fait vivre le comte Sancho de Saldaña jusqu'à 874. Ce comte devait avoir au moins l'âge de sa femme, s'il n'était pas son aîné. Or le père de Chimène étant mort en 768, le comte Sancho aurait eu en 874

Il faut revenir maintenant à des faits plus sérieux et plus certains. Sans le secours fabuleux de Bernard, Alphonse remporta des avantages continuels contre les Maures. Mais, parmi les événements de ce règne, il en est un surtout qui eut sur le sort de l'Espagne la plus active influence : c'est la découverte du corps de saint Jacques, fils de Zébédée. Voici comment elle est racontée dans la chronique de Compostelle écrite, au commencement du douzième siècle, par les évêques de Porto et de Mondoñedo :

« Dans le lieu où est aujourd'hui bâtie l'église de Saint-Jacques, au royaume de Galice, sur l'ancien diocèse d'Iria Flavia, nommé à présent *El-Padron*, il y avait un bois épais, sur lequel plusieurs personnes, dignes et respectables par leur sainteté, assurent que l'on voyait, toutes les nuits, descendre du ciel des lumières et des anges. Théodomir, personnage très-recommandable, qui occupait le siége d'Iria Flavia, en ayant été informé, voulut, par lui-même, examiner la chose et s'assurer de la vérité. Il se transporta une nuit près de ce lieu, et il vit de ses propres yeux tout ce qu'on lui avait raconté. Il fit sur-le-champ abattre le bois par quelques personnes pieuses qu'il avait amenées avec lui, et il trouva un petit ermitage où était le tombeau qui renfermait le corps du glorieux apôtre. C'est ainsi que Dieu révéla l'existence de ces restes précieux au saint évêque

au moins 106 ans, ce qui est une assez belle vieillesse. On s'étonne à cet âge de le trouver mort dans sa prison ; il n'y a cependant pas de quoi rester surpris. Mais au milieu de toutes ces invraisemblances, le romancero de Bernardo del Carpio a de fort belles strophes, très-patriotiques, et qui, pendant la guerre de 1808, se trouvèrent dans la bouche de tous les Espagnols :

> El Frances ha por ventura
> Esta tierra conquistado ?
> Victoria sin sangre quiere ?
> No! mientras tengamos manos.

Le Français par hasard a-t-il conquis cette terre? Veut-il la victoire sans qu'elle lui coûte de sang ? Non! tant que nous aurons des bras.

11.

Théodomir et à un digne ermite, appelé Pélage, qui vivait dans ces montagnes, en grande opinion de sainteté. Depuis ce moment la puissance suprême a prouvé par des miracles continuels la gloire du fils de Zébédée. »

Théodomir, charmé d'une si heureuse découverte, en donna sur-le-champ avis au roi Alphonse, lui faisant part de toutes les circonstances de cet événement. Le roi accourut aussitôt au lieu où était le corps du saint apôtre, et, après avoir vénéré ses précieuses reliques, il fit bâtir au même endroit une église qui fut faite à la hâte et de simple brique, pour ne point arrêter la dévotion des fidèles qui s'y rendaient en foule, par envie d'honorer ce corps glorieux. C'est en l'année 808, et du temps de Charlemagne, que cette découverte eut lieu. Le roi Alphonse, transporté de joie d'avoir dans ses États un trésor d'un si grand prix, s'occupa de ranimer le culte du patron de l'Espagne ; et, après en avoir obtenu la permission du pape, il transféra le siège épiscopal d'Iria Flavia à la nouvelle église qu'il venait de fonder. Ce lieu prit par la suite le nom de Compostelle, par corruption, dit-on, des mots *Giacom Postolo*, Jacques l'apôtre.

Les effets politiques de cette découverte ne se firent pas attendre, et quand, en 812, Alphonse appela les Galiciens pour faire la guerre aux infidèles, il les trouva tout brûlants d'un nouveau zèle pour la religion. C'est à leur tête que, le premier depuis l'invasion des Maures, il pénétra dans la Lusitanie. Lorsqu'en 813 Al-Hakem vint pour ravager ses États, les Galiciens étaient encore au nombre des combattants, et la victoire fut si sanglante, que le roi maure, épuisé par tant de défaites, se détermina à demander une trêve.

Al-Hakem profita de la paix pour appeler auprès de lui les principaux chefs de la nation, afin de leur faire reconnaître d'avance pour émir Abd-el-Rahman, comme son père l'avait fait reconnaître lui-même. Au reste, depuis longtemps déjà Abd-el-Rahman était chargé du gouvernement de l'Espagne orientale. Quant à Al-Hakem, bien que la paix régnât dans l'intérieur de son royaume, il avait sans cesse quelques mécontents à punir, quelques murmures à étouffer. La longueur, la gravité des guerres qu'il lui avait fallu soutenir, l'avaient mis dans la nécessité de surcharger le peuple d'impôts ; aussi ne se passait-il pas de jour qu'il n'eût à signer quelque condamnation à mort pour réprimer ce qu'il appelait des rébellions.

Al-Hakem est le premier, parmi les princes maures d'Espagne, qui, pour assurer en tout temps le maintien de son autorité, ait conservé un corps armé permanent. Il avait notamment une troupe de trois mille cavaliers étrangers, qui lui servaient de gardes du corps, et qui faisaient le service du palais. Ils portaient l'écu, la masse d'armes et l'épée à deux mains. Pour subvenir à l'entretien de cette troupe, il avait mis un droit nouveau sur les marchandises. On ne put en effectuer que difficilement la perception. Il se trouva des individus qui refusèrent de payer. Al-Hakem en fit saisir dix qu'il condamna à être cloués à des poteaux plantés le long du Guadalquivir. Au jour indiqué pour le supplice, une collision éclata entre les habitants du faubourg méridional de Cordoue et la garde de la ville. Les soldats furent poursuivis par le peuple en furie jusqu'à la porte du palais ; alors Al-Hakem, pour châtier cette émeute, fit sortir ses cavaliers étrangers, qui tuèrent beaucoup de monde, refoulèrent tous les révoltés dans le faubourg. Il tomba entre leurs mains trois cents prisonniers qu'Al-Hakem fit clouer vivants à des poteaux rangés en file le long du fleuve. Ensuite il abandonna pendant trois jours le faubourg au pillage de ses troupes ; et, après ce pillage, il le fit raser, et bannit impitoyablement tous ceux qui l'habitaient. Quinze mille de ces malheureux passèrent en Afrique. Huit mille d'entre eux, accueillis par Edris-ben-Edris, se fixèrent dans la ville de Fez. Les autres, augmentés de tous les aventuriers qu'ils rencontrèrent dans leur marche, suivirent le littoral de l'Afrique, arrivèrent en Égypte, et, après avoir pillé à leur tour la ville d'Alexandrie, où l'on avait refusé de les recevoir, passèrent dans l'île de Crète, où ils s'établirent.

Ces exécutions sanglantes valurent à Al-Hakem le surnom de *Aboul-Assi*, le Père du mal. Depuis le carnage du faubourg, l'émir était tombé dans un état de maladie étrange; il était attaqué d'une fièvre qui le minait sans relâche. Il était pâle et décharné. Par moment, il semblait avoir devant les yeux des gens qui combattaient. Il entendait le cliquetis des armes, les cris et les gémissements de gens qu'on égorgeait. Lorsqu'il était seul, il était saisi de frayeurs subites. Il fuyait dans les salles, sur les terrasses de son palais, appelant ses esclaves, ses gardes. Enfin, dans le courant de l'année 207 de l'hégire (822 de J. C.), il mourut dévoré par ses terreurs et par ses remords.

ABD-EL-RAHMAN II EST PROCLAMÉ ÉMIR. — ABD-ALLAH LUI DISPUTE LE POUVOIR. — INVASION DES FRANÇAIS DANS LA NAVARRE. — NOUVELLE DÉFAITE DE RONCEVAUX. — MORT DE SANCHO GARCIA. — PREMIER INTERRÈGNE DES ROIS DE SOBRARBE. — MORT D'ALPHONSE LE CHASTE. — RAMIRE LUI SUCCÈDE. — BATAILLE DE CLAVIJO.

De même que son père et que son aïeul, Abd-el-Rahman, en montant sur le trône, eut à défendre ses droits contre les prétentions du vieil Abd-Allah, son oncle. Celui-ci, quoiqu'il fût déjà plus qu'octogénaire, passa d'Afrique en Espagne, à la tête d'une armée; mais, battu plusieurs fois par son neveu et assiégé dans Valence, il se décida à lui envoyer sa soumission. Les Catalans, de leur côté, profitèrent de cette occasion pour faire des incursions sur le territoire des Maures. Abd-el-Rahman, à la tête de l'armée qui venait de vaincre Abd-Allah, se mit en marche pour aller repousser les chrétiens; il s'empara d'Urgel, et même, disent les historiens arabes, de Barcelone elle-même, quoique cela soit hors de toute vraisemblance. Depuis deux années déjà, le commandement de cette ville avait été confié au comte Bernard. Ce brave guerrier n'eût pas laissé emporter aussi rapidement une place qui avait résisté si longtemps aux armes des Français, et, d'ailleurs, il est constant qu'il resta, sans interruption, gouverneur jusqu'à l'année 832. On ne sait si ce furent ces succès des Maures, ou quelque autre motif, dont les auteurs contemporains ne nous donnent pas connaissance, qui, en 823, seconde année du règne d'Abd-el-Rahman, déterminèrent le roi de France à envoyer une armée dans la Navarre. Les chrétiens de cette partie de l'Espagne, pour repousser cet ennemi, qu'ils redoutaient bien plus encore que les Maures, firent alliance avec Abd-el-Rahman. Fortuno-Garcia, fils de Garci-Iniguez, après avoir régné depuis 802 jusqu'en 815, était mort, laissant pour successeur son fils Sancho-Garcia. C'est ce prince qui régnait alors et qui s'unit à Abd-el-Rahman. L'armée des Français, commandée par Ebles et Aznar, pénétra en Navarre. Ce qu'elle y fit, l'histoire ne le dit pas. Mais elle y resta peu de temps. Attaquée, à son retour, dans les défilés de Roncevaux, elle fut entièrement détruite, et les deux généraux qui la commandaient, Ebles et Aznar, furent faits prisonniers. Ebles entra dans la part de butin réservée à l'émir. Aznar, au contraire, étant tombé en partage aux chrétiens, fut épargné par eux à raison, dit un chroniqueur français, des liens de parenté qui l'unissaient aux vainqueurs (*). L'auteur s'exprime trop laconiquement pour qu'on puisse en conclure quelle était cette affinité de sang. Cependant, s'il était permis de tirer la moindre conséquence d'une similitude de noms, on pourrait penser qu'il était de la famille de cet Aznar, qui, au temps du roi Garci-Iniguez, avait gagné la ville de Jaca, et dont le petit-fils, Ximeno-

(*) Asenario vero, tanquam qui eos affinitate sanguinis tangeret, pepercerunt. L'anonyme astronome.

Aznar, était alors comte d'Aragon (*).

Jamais la domination française ne s'établit d'une manière sérieuse dans la Navarre, la Biscaye, l'Aragon et le pays de Sobrarbe. Elle ne demeura assise d'une manière plus solide au pied de la partie orientale des Pyrénées qu'en s'appuyant sur la grande quantité de Goths qui s'y trouvaient réunis. Cette province était celle que les Goths avaient d'abord occupée. C'était aussi celle où il en restait davantage. Aussi prétend-on que le nom de *Gothland* ou *Gotha-landia*, terre des Goths, lui a été donné, et c'est de la corruption de ces mots que sont venus ceux de Catalans et de Cataluña. Ces anciens dominateurs du pays, dans les endroits où ils se trouvaient resserrés, songeaient alors à se rendre indépendants. Ils supportaient avec une égale impatience la domination des Francs et celle des Arabes. Ils avaient fait déjà quelques tentatives pour atteindre ce but. Le premier gouverneur établi par Louis le Débonnaire après la prise de Barcelone, Bera, était Goth d'origine, et avait, à ce qu'il paraît, prêté les mains à ces projets. Il avait été accusé de trahison devant le roi de France.

(*) Voici la série des comtes d'Aragon telle qu'on la trouve dans Blancas :

1° *Aznar*, qui, en 759, a fondé le comté d'Aragon, mort en 795.

2° *Galindo*, son fils, qui a construit le château et fondé le comté d'Atar, mort en 816.

3° *Ximeno-Aznar*, fils du précédent. L'époque de sa mort est incertaine. Il avait un frère, qu'on trouve porté par Zurita au nombre des comtes d'Aragon, sous le nom de Endregoto Galindez.

4° *Ximeno-Garcias*, oncle du précédent, frère de Galindo et fils du premier Aznar.

5° *Garcias-Aznar*, fils du précédent, qui, peu de temps après avoir hérité du comté d'Aragon, fut tué à la même bataille que le roi Sancho Garcia, en 832.

6° *Fortuno-Ximenes*, fils du précédent. Il n'eut qu'une fille unique, Urraca ou Iñiga. Elle fut mariée au roi de Sobrarbe, Garcia, fils de Iñigo Arista. Elle eut un fils, Fortuno le Moine, qui confondit sur sa tête les droits au royaume de Sobrarbe et au comté d'Aragon.

Pour se justifier, il avait, suivant l'usage de cette époque, réclamé le combat contre son accusateur; mais il avait été vaincu, s'était reconnu coupable, avait été exilé à Rouen, et c'est à cette occasion que le gouvernement de Barcelone était passé entre les mains du comte Bernard. Vers les premières années du règne d'Abd-el-Rahman II, les tentatives des Goths se renouvelèrent. Un de leurs compatriotes, que les chroniqueurs appellent Aïzon, s'empara d'une petite ville, s'y fortifia, et bientôt il fut à la tête de forces assez considérables pour tenir la campagne et porter ses ravages jusque sous les murs de Barcelone et de Girone; cependant, comme il ne se trouvait pas assez puissant pour chasser entièrement les Français, il fit alliance avec Abd-el-Rahman, qui lui envoya des secours. Le roi de France, de son côté, envoya une armée pour apaiser ce soulèvement; mais elle se retira après une campagne où elle se borna à rester spectatrice de ce qui se passait, sans rien faire et sans rien empêcher. Abd-el-Rahman préparait des armements considérables pour porter la guerre sur les terres des Francs, dont l'empire commençait à être déchiré par des dissensions intestines. Mais les révoltes qui éclatèrent dans son propre État l'empêchèrent de réaliser ce projet. Les impôts dont il avait été forcé de surcharger le peuple pour subvenir aux dépenses de la guerre, portèrent les villes de Mérida et de Tolède à se soulever. Il fut obligé de les assiéger, et elles se défendirent pendant plusieurs années. Parmi les chefs de la rébellion, il s'en trouvait un nommé Mohammed-ben-Abd-el-Djebir. Il demanda au roi Alphonse le Chaste un asile pour lui et pour un parti assez nombreux à la tête duquel il se trouvait. Ce prince consentit à le recevoir dans ses États, et à lui donner une résidence dans la Galice. Cette protection accordée à un proscrit, et probablement aussi les secours et les encouragements donnés en secret aux révoltés, déterminèrent Abd-el-Rahman à entrer sur les terres des chrétiens; mais ses troupes furent repoussées, et il ne put tirer vengeance de Mohammed. Au reste ce chef, qui avait été rebelle envers son souverain, se montra peu reconnaissant envers celui qui l'avait accueilli ; après avoir joui tranquillement, pendant plusieurs années, de l'hospitalité qui lui avait été accordée, il voulut, en 829, se faire dans la Galice un État indépendant. Il s'empara du château de Santa-Christina, situé à deux lieues de Lugo, et il appela les autres musulmans d'Espagne à son aide. Mais Alphonse rassembla ses troupes, courut l'attaquer, et les Maures furent mis en déroute. Mohammed fut tué dans le combat. Il y a des historiens qui portent à cinquante mille le nombre des musulmans qui périrent dans cette circonstance; c'est là une folle exagération.

Du côté des Pyrénées, les Arabes furent moins malheureux. Le gouverneur, ou, comme dit Blancas, le vice-roi (*regulus*), qui commandait à Saragosse, était un nommé Muza, de race gothique, qui avait abjuré la religion chrétienne pour embrasser la foi de Mahomet. A la tête d'une armée nombreuse, il s'apprêtait à traverser les montagnes pour faire une incursion en France. Il espérait réussir à la faveur de la guerre qui existait entre Pepin, roi d'Aquitaine, et son père Louis le Débonnaire. Mais ces deux princes s'étant momentanément arrangés, il n'osa probablement plus exécuter son projet. Il revint sur ses pas, et se jeta sur la Navarre (*). Il prit Pampelune et plusieurs autres villes importantes. Sancho-Garcia, quatrième roi de Sobrarbe, vint lui livrer bataille ; mais, enveloppé par l'armée des Maures, bien supérieure en nombre à la sienne, il périt dans le combat avec Garci-Aznar, cinquième comte d'Aragon, qui fut, dans cette circonstance, non-seulement son compagnon de gloire, mais encore d'infortune (*).

Sancho-Garcia ne laissait pas d'héritiers, et le royaume de Sobrarbe fut désorganisé par sa mort et par sa défaite. Il resta sans souverain jusqu'à l'élection d'Iñigo-Arista, qui n'eut lieu que trente-six ans plus tard, en 868. Les Navarrais se séparèrent de l'Aragon et de Sobrarbe. L'Aragon resta sous le gouvernement du comte Fortunio-Ximenes, fils de Garci-Aznar. Les Navarrais, qui ne possédaient plus que quelques positions au pied des Pyrénées, élurent pour roi Ximeno-Garcia qui, selon Mariana, était frère de Sancho-Garcia, et qui mourut bientôt, dit Zurita, sans laisser de postérité (**).

Tout ce qui a trait au royaume de Sobrarbe est excessivement obscur; aussi les écrivains, qui se donnent par excellence le nom d'historiens critiques, aiment mieux nier son existence, avec un superbe dédain, que de porter la lumière au milieu de ces ténèbres. Pour nous, qui n'avons pas la prétention de faire de la critique, nous pouvons nous borner à rapporter les traditions, et nous laisserons à d'autres le soin d'éclaircir ces questions si difficiles. Si nous présentons quelques observations, c'est pour l'acquit de notre conscience, et pour mettre seulement nos lecteurs en garde contre l'outrecuidance avec laquelle quelques auteurs rejettent, comme apocryphe, tout ce qui n'entre pas dans leur cadre.

Les Sarrasins se sont rendus maîtres de la Gaule narbonnaise peu de temps après leur invasion en Espagne. Ils ont donc dû mettre tous leurs efforts à s'emparer de la contrée située sur le versant méridional des Pyrénées, puisque les ports de ces montagnes

(*) Blancas dit qu'il fut arrêté par les présents que lui envoya Charles le Chauve. Mais il y a ici confusion avec une autre expédition qui paraît avoir eu lieu en 852, l'année même de la seconde bataille livrée près d'Alvelda. En 832, Charles le Chauve n'avait que 9 ans, et n'était pas encore roi.

(*) Ac vere quidem non honoris tantum sed et calamitatis comes ac socius appellandus. *Blancas*, Rerum aragonensium commentarii.

(**) Blancas prétend au contraire qu'il fut père de Iñigo Arista, élu en 868.

étaient des points par lesquels il fallait nécessairement qu'ils passassent pour se rendre dans leurs possessions de France. Si, malgré l'importance qu'il y avait pour eux à rester maîtres de ce pays, leur domination y a toujours été contestée; s'ils y ont eu à soutenir une guerre continuelle, une guerre de tous les jours, constatée par tous les écrivains arabes ou chrétiens, c'est qu'ils y trouvaient un État organisé, qu'elle qu'en fût la forme, monarchique ou républicaine. En effet, pour soutenir une guerre, il faut une organisation. Il n'y a pas d'armée, pas de bande qui puisse exister sans un chef. Quels étaient donc les chefs de ces hommes qui, vaincus en 722 par Abd-el-Rahman, se trouvaient déjà assez puissants en 733 pour écraser l'armée d'Abd-el-Meleck? Les auteurs aragonais et la tradition nous répondent : ce sont les rois de Sobrarbe. Les auteurs critiques disent que ces rois n'ont pas existé. Que faut-il donc mettre à leur place? car, enfin, il n'y a pas de victoire, et surtout de durée dans la guerre, sans une tête qui dirige, et nous voyons une guerre continuelle, soutenue au pied des Pyrénées; les historiens font foi des victoires remportées en cet endroit sur les Maures.

Les rois de Sobrarbe, disent les critiques, n'ont pas existé. Les chartres nombreuses, recueillies dans les couvents et qui portent leurs noms, sont falsifiées. Celles de Saint-Jean de la Peña sont fausses; celles du couvent de Leyra sont fausses; celles trouvées par Blancas, dans les archives de Barcelone, sont fausses. Mais au moins faut-il convenir que tous les moines, qui faisaient de faux priviléges pour leurs couvents, eussent été bien stupides, si, voulant se créer des titres qui eussent l'apparence de la vérité, ils avaient été invoquer l'existence d'un royaume imaginaire, et tout à fait inconnu de leur temps. Ils ont bien pu inventer des donations, des contrats, en se trompant sur des dates, mais ils n'ont pas pu inventer une série de rois, car ils n'avaient nul intérêt à le faire, et l'invention de ces faits, s'ils eussent été entièrement contraires aux traditions admises de leur temps, eût démontré trop évidemment leur fraude. D'ailleurs, comment ces faussaires de Saint-Jean de la Peña, de Leyra, de Barcelone, d'Overa, divisés d'intérêts, écartés les uns des autres, écrivant à diverses époques, auraient-ils pu s'entendre pour créer tous la même fable? On ne peut expliquer cette concordance entre les fausses chartres qu'en reconnaissant que ceux qui les ont fabriquées ont suivi les croyances historiques généralement admises de leur temps; et si tous ces diplômes ne font pas foi de ce qu'ils contiennent, ils prouvent au moins que la tradition existait à une époque très-reculée.

On dit encore qu'aucun auteur contemporain n'a parlé de ce royaume. D'abord jamais le silence ne peut être considéré comme preuve de la fausseté ou de la vérité d'une allégation; ensuite il est inexact de dire qu'aucun historien ne fasse mention d'un royaume chrétien établi au pied des Pyrénées. Nous avons vu déjà qu'un historien arabe cité par M. Romey (page 304, IIIe volume) signale un second roi chrétien, qui, avec Alphonse le Chaste, a pris part à la bataille de Lodos. Mais, dit-on, le continuateur de la Chronique de Biclar, qui écrivait en 724, Isidore de Beja, dont la Chronique va jusqu'en 754, Sébastien de Salamanque, qui datait de 886, Euloge, qui a voyagé dans le nord de l'Espagne en 844, gardent tous le silence. Cela est vrai; mais le silence ne prouve rien, et d'ailleurs il peut facilement s'expliquer. Le continuateur de la Chronique de Biclar terminait son ouvrage en 724. Cette année est précisément celle de la fondation du royaume de Sobrarbe. Il ne pouvait donc pas raconter un événement qui, probablement, n'était pas encore accompli, et qui, dans tous les cas, devait encore être ignoré dans le couvent où il vivait.

La Chronique d'Isidore de Beja n'est pas le seul ouvrage écrit par cet auteur; il en avait composé un autre plus détaillé, intitulé : *Dierum seculi, des Jours du siècle;* il traitait avec plus de détail des événements contemporains. En l'absence de cet ouvrage qui a été perdu, et qu'Isidore composait pour combler les lacunes de sa première Chronique, on ne peut raisonnablement se faire un argument des omissions qui s'y trouvent. Voici, au reste, à l'égard d'Isidore de Beja, l'opinion de Ferreras (*) : « Si le « silence d'Isidore devait servir de rè- « gle à ceux qui écrivent l'histoire « d'Espagne, il faudrait omettre bien « des faits et nier entièrement les rè- « gnes de don Pélage, de don Favila « et de don Alphonse le Catholique, « dont cet auteur ne parle pas. Au « surplus, le même Isidore déclare « qu'il a composé deux autres livres, « l'un des guerres que les mahométans « se firent entre eux en Espagne, et « l'autre des *Jours du siècle;* et com- « me ces deux ouvrages n'ont point « paru ou ont péri, l'on ignore s'il a « parlé ou non de l'érection du nou- « veau royaume des chrétiens en la « personne de Pélage; par conséquent « l'argument négatif d'Isidore est dé- « fectueux. »

Euloge, qui a voyagé dans le nord de l'Espagne en 844, ne fait pas mention des rois de Sobrarbe, par l'excellente raison qu'en 832 le quatrième de ces rois, Sancho-Garcia, avait été tué. Depuis douze ans, le trône était vacant; il n'a été occupé de nouveau par Iñigo-Arista qu'en 868.

En 886, Sébastien de Salamanque parle de la Navarre et de l'Aragon comme de provinces soumises au roi des Asturies. Les rois asturiens pouvaient avoir la prétention d'étendre leur domination sur toutes les populations chrétiennes de l'Espagne, et Sébastien de Salamanque, animé déjà de cette jalousie qui, de tout temps, a existé entre l'Aragon et la Castille, a pu soutenir ces prétentions; mais on doit se rappeler que du temps de Froïla, les Navarrais aimèrent mieux rendre aux Maures la ville de Pampelune que Garci-Iniguez venait de conquérir, et qu'ils ne pouvaient pas garder, plutôt que de se soumettre au roi des Asturies.

On dit enfin que les noms Garci-Ximenez, Garci-Iniguez sont des noms trop modernes, et qu'on ne trouve dans les chartres de cette époque que Simenus, Garceanus, Ennecus. On ne trouve, cela est vrai, que ces noms dans les chartres, parce qu'elles sont toutes écrites en un latin plus ou moins barbare; mais, nous l'avons déjà dit, si le latin était la langue des couvents et des actes, il y avait à la même époque une autre langue qu'on parlait et qu'on n'écrivait pas. On peut sans doute contester cette proposition pour quelques points de la Péninsule; mais il est hors de doute que longtemps avant l'entrée des Romains en Espagne, on parlait dans les Pyrénées et dans le pays environnant la langue basque qu'on y parle encore. Or, il est question de rois qui ont régné au pied des Pyrénées, et leurs noms sont précisément des mots basques. Si on veut se reporter à ce que nous avons dit sur cet idiome (*), on verra que la syllabe *ez* est un article qui indique la provenance. Ainsi, Garci-Ximen-ez, c'est Garci provenant de Ximen, ou descendant de Ximen. Cette terminaison *ez* a été adoptée absolument dans le même sens par les Espagnols : Sancho-Sanchez, Lope-Lopes, c'est Sancho, fils de Sancho, Lope, fils de Lope. Tous ces noms étaient dès cette époque en usage, et, s'il y a quelque altération, c'est dans les chroniqueurs qui ont latinisé des mots de la langue vulgaire.

On voit qu'il y a des réponses pour toutes les objections faites contre l'existence du royaume chrétien des Pyrénées. Nous ne nous flattons pas cependant d'avoir entièrement réfuté tous les arguments; nous croyons seulement que la question est douteuse, et nous laissons à de plus judicieux le soin de la décider.

(*) IVe partie, siècle VIII, année 718.

(*) La note du f° 35.

C'est en 832 que mourut sans descendants le quatrième roi de Sobrarbe, et, par sa mort, son royaume fut désorganisé. Alphonse le Chaste, qui n'avait pas d'enfant, averti peut-être par cet exemple, voulut pourvoir à la sûreté du royaume. En 835, il fit reconnaître Ramire, fils de Bermude, comme devant lui succéder. Néanmoins Alphonse régna encore huit ans, et ce ne fut qu'à la fin de 843 qu'il mourut. Ramire était en ce moment éloigné d'Oviedo : il avait été pour se marier sur les confins de la Biscaye. Un seigneur nommé Népotien profita de son absence pour se faire proclamer roi. Ramire accourut en toute hâte, rassembla des troupes à Lugo, et marcha pour attaquer son compétiteur. Celui-ci, abandonné par son armée, qui, presque tout entière, passa du côté de Ramire, fut forcé de prendre la fuite ; mais vivement poursuivi par des cavaliers du parti ennemi, il tomba entre leurs mains. On lui creva les yeux et on le renferma dans un couvent.

Le nouveau roi se montra d'une grande sévérité. Des voleurs désolaient la campagne; il fit crever les yeux à tous ceux qui furent pris. Il se montra plus rigoureux encore à l'égard des individus accusés de sorcellerie, qui furent condamnés au feu. Ramire était au reste un prince guerrier et plein de courage. Les Normands ayant de son temps fait une descente dans la Galice, il leur livra bataille, leur tua beaucoup de monde, et leur fit un grand nombre de prisonniers. Il mit le feu à une partie de leurs vaisseaux ; ceux qui ne furent pas brûlés se hâtèrent de lever l'ancre et de s'éloigner à force de voiles. Ramire fit aussi la guerre aux Arabes. Parmi les victoires qu'il remporta sur eux, il en est une surtout qui est demeurée célèbre : c'est celle de Clavijo. Ramire s'était avancé le long de l'Èbre dans le pays appelé aujourd'hui la Rioja, qui était encore au pouvoir des Maures. Il rencontra l'armée ennemie près d'une ville nommée Alvelda ou Albayda, c'est-à-dire la blanche, à raison de la couleur de ses murailles. C'est sur son territoire que se donna la bataille. La victoire fut vivement disputée ; mais les chrétiens eurent dans cette journée un désavantage bien marqué, il ne fallut rien moins que le courage de leurs généraux pour les empêcher de fuir. Quand la nuit eut mis fin au combat, les chrétiens se réfugièrent dans leur camp et s'efforcèrent de s'y fortifier. Ramire, après avoir fait panser les blessés, se retira dans sa tente. Le lendemain, de très-grand matin, il réunit les chefs de l'armée, et leur raconta une vision qu'il avait eue pendant son sommeil. Saint Jacques lui était apparu, lui avait pris la main, en l'exhortant à ne pas désespérer de la victoire, et en lui promettant qu'il combattrait en personne dans les rangs des chrétiens. La promesse de cette intervention céleste ranima le courage abattu des Espagnols : ils se précipitèrent avec intrépidité sur les Maures. On vit, dit-on, saint Jacques à la tête des escadrons chrétiens charger les infidèles. Il était monté sur un cheval blanc, tenant à la main une bannière blanche où était peinte une croix rouge. La perte que les Sarrasins firent en cette circonstance fut considérable. Les historiens portent à soixante mille le nombre de ceux qui périrent sur le champ de bataille, indépendamment des fuyards qui furent tués dans les chemins. On trouve encore, dit Mariana, beaucoup de débris d'armes dans les champs de Clavijo, où la bataille a été donnée. Alvelda, Clavijo et Calahorra furent le fruit de cette victoire. Ramire, plein de reconnaissance pour le secours qu'il avait reçu de saint Jacques, promit de faire payer par chaque mesure de terre ou de vigne une redevance annuelle de blé ou de vin à l'église de Compostelle. Il ordonna aussi qu'à l'avenir, dans le partage du butin, saint Jacques fût toujours compté pour un soldat de cavalerie, et que sa part fût remise à son église.

Le miracle de Clavijo a trouvé beaucoup d'incrédules parmi les historiens. Quelques-uns d'entre eux ont pensé que la bataille, elle-même, était purement imaginaire. Un acte, connu sous le nom de *Diploma del voto*, produit au commencement du dix-septième siècle pour prouver le vœu de Ramire Ier, a été généralement considéré comme un acte forgé. Cependant la redevance à l'église de Saint-Jacques a été payée pendant longtemps; mais il paraît qu'elle aurait eu une autre origine. La chronique d'Iria Flavia rapporte qu'en 938, c'est-à-dire un siècle plus tard que l'époque dont nous nous occupons, Ramire II, étant sur le point de partir pour aller combattre Abd-el-Rahman III, de Cordoue, alla d'abord visiter le tombeau de saint Jacques, et s'engagea, s'il était vainqueur, à faire payer à l'église Saint-Jacques une mesure de blé ou de vin sur la récolte de chaque pièce de terre ou de vigne. Ayant été vainqueur à Simancas, il accomplit le vœu qu'il avait fait. Il est probable que la charte, qui constatait dans le principe les droits attribués à l'église de Saint-Jacques, ayant été perdue, on en a fabriqué une pour la remplacer.

Si le règne de don Ramire fut glorieux, il fut de peu de durée. Ce prince mourut, en 850, sept ans après être monté sur le trône. Depuis trois ans déjà, il avait, du consentement des grands du royaume, associé au gouvernement Ordoño, son fils, qui fut reconnu pour son successeur presque sans opposition. Cependant les premiers temps de son règne furent troublés par une guerre qu'il eut à soutenir contre les Basques, qui ne voulaient pas se soumettre à son autorité. Au reste, elle fut courte et heureuse.

L'émir de Cordoue, Abd-el-Rahman II, mourut deux années seulement après don Ramire, le 29 de saphar 238 de l'hégire, 20 août 850. Les historiens de sa nation le vantent comme un prince juste et magnifique. Les Espagnols, au contraire, ne voient en lui qu'un tyran odieux. Sous son règne, en effet, les chrétiens de Cordoue furent persécutés, et plusieurs d'entre eux, encouragés par Euloge, prêtre chrétien, qui vivait à Cordoue, ne se contentèrent pas de persister dans leur croyance, ils se répandirent publiquement en injures contre la foi de Mahomet, et bientôt ils souffrirent le martyre. L'Église espagnole honore comme les plus célèbres de ces saintes personnes deux vierges chrétiennes du nom de Flore et de Marie. Euloge lui-même obtint, sous le règne suivant, l'honneur qu'il ambitionnait avant tout, de mourir pour sa foi.

RÈGNE D'ORDOÑO Ier. — DE MOHAMMED Ier. — RÉVOLTE DE MUZA ET D'ABEN-LOPE. — BATAILLE D'ALVELDA. — MORT D'ORDOÑO. — RÈGNE D'ALPHONSE III DIT LE GRAND. — USURPATION DE FROILA, SA MORT. — SOULÈVEMENT DES BASQUES. — VICTOIRE DE POLVERIARA. — BATAILLE D'ARRIGORIAGA. — CONSPIRATION DE WITIZA, DE FROILA, BERMUDE, NUÑO ET ODOARIO. — ORIGINE DES COMTES DE CASTILLE. — RÉVOLTE DES ENFANTS D'ALPHONSE. — ABDICATION DE CE PRINCE.

Mohammed fut reconnu, sans grande opposition, successeur de son père, mais la première année de son règne fut signalée par la rébellion des gouverneurs de Tolède et de Saragosse. Déjà nous avons eu l'occasion de parler de Muza, qui, malgré son origine gothique, avait embrassé le mahométisme, et était devenu un des principaux chefs musulmans. Chargé de gouverner la partie de l'Espagne orientale qui restait encore au pouvoir des Sarrasins, il avait, par sa longue administration, établi solidement sa puissance dans ce pays, et pour s'y affermir encore, il avait fait alliance avec un seigneur nommé Garci, que tous les auteurs espagnols désignent comme ayant été à cette époque le chef des Navarrais. Pour cimenter davantage cette union, le chef musulman lui avait donné sa fille en mariage. Puis, avec le secours de son gendre, il avait franchi les Pyrénées, et porté ses ravages sur les terres de France, où il avait ramassé un butin considérable. Charles le Chauve, qui, dans ce moment, avait à combattre bien d'autres ennemis que les Sarrasins, acheta la paix à force de présents, et Muza s'en retourna en Espagne, chargé du butin qu'il avait enlevé et des présents qu'il avait reçus. Il fut, dit-on, si fier de ses succès, qu'il se crut assez puissant pour oser se déclarer indépendant. Il possédait depuis longtemps Saragosse, Tolède, Huesca et un grand nombre d'autres places entre l'Èbre et les Pyrénées. Son fils, Aben-Lope, avait le gouvernement de Tolède. L'émir de Cordoue n'était sur le trône que depuis peu de jours. Aussi Muza ne craignit-il pas de se proclamer le troisième souverain de l'Espagne. Mohammed et Alphonse étaient les deux autres. Quant au royaume de Sobrarbe, nous avons vu que depuis 832 il était détruit. Non-seulement le gouverneur de Saragosse pensa qu'il pouvait braver Mohammed, il crut qu'il pourrait en même temps combattre avec avantage contre les chrétiens des Asturies. A la suite de la bataille de Clavijo, Ramire avait enlevé aux Maures la ville d'Alvelda. Il paraît qu'Ordoño en avait augmenté les fortifications, ce qui n'avait pas empêché Muza de s'en emparer soit de force, soit par surprise. Dès que le roi chrétien eut appris cette agression, il rassembla son armée et se mit en campagne. Il rencontra Muza dans les environs d'Alvelda, et lui livra bataille. La victoire fut chèrement disputée; enfin les Sarrasins furent mis en déroute et laissèrent dix mille des leurs sur le champ de bataille. Au nombre des morts, on compta Garci, gendre de Muza; ce général lui-même avait reçu trois blessures, et il n'aurait pu s'échapper si, pour faciliter sa fuite, un de ses amis, qui combattait dans l'armée d'Ordoño, ne lui eût donné un cheval. Malgré cette défaite, Muza fut encore assez puissant pour se maintenir dans son gouvernement, et pour résister aux attaques de Mohammed. Ce qu'il y a de plus remarquable, c'est qu'Ordoño, dont l'intérêt était d'entretenir la division entre les infidèles, après avoir battu Muza, ne tarda pas à faire alliance avec Aben-Lope, fils de celui-ci, et à lui envoyer des secours pour repousser l'armée de l'émir de Cordoue. L'assistance d'Ordoño n'empêcha cependant pas la ville de Tolède de capituler. Au reste, le roi chrétien fut bientôt dédommagé de ce peu de succès par les victoires qu'il remporta aux bords du Duero. Il prit Salamanque et Coria, situées toutes les deux au midi de ce fleuve; mais il ne crut pas devoir les conserver, et il les abandonna après en avoir détruit les remparts. Ordoño mourut en 862, laissant cinq enfants : don Alphonse, don Bermude, don Nuño, don Odoario et don Froïla.

L'aîné des enfants d'Ordoño avait à peine 14 ans. Cependant il fut proclamé roi. Mais Froïla (*), comte de Galice, personnage de sang royal, puissant par sa fortune et par ses alliances, prétendait à la couronne. Il répétait qu'il était contraire au bien public de choisir un enfant pour souverain. Et, appuyant ses prétentions par les armes, il s'avança jusqu'à Oviedo à la tête des troupes de son gouvernement. Alphonse, qui n'avait aucune force à lui opposer, prit la fuite et chercha un refuge dans l'Alava. L'usurpateur fut, sans opposition, proclamé roi à Oviedo; mais, après peu de temps, il fut poignardé par les seigneurs qui avaient élu Alphonse. Ce jeune prince fut rappelé dans les Asturies et remis en possession de son royaume. Cependant la province d'Alava, sur laquelle les rois asturiens avaient toujours prétendu étendre leur souveraineté, était alors gouvernée par Eylon, parent de Zénon, qui était comte du reste de la Biscaye. Elle refusa de reconnaître le nouveau roi. Pour réprimer ce mouvement, dont Eylon était l'instigateur, Alphonse n'eut besoin ni de combattre ni de verser le sang; il suffit de sa présence. Elle rétablit le calme; et il se contenta de faire arrêter le principal coupable et de l'enfermer dans une prison.

(*) Quelques auteurs pensent que ce Froïla était fils de Bermude; mais cela ne paraît guère probable. Bermude était mort en 797; son fils ne pouvait donc, en 866, avoir moins de 70 ans : ce n'est guère l'âge auquel on peut venir pour la première fois disputer une couronne.

Zénon, à son tour, voulut venger son parent. Il prit les armes; mais, vaincu par les Asturiens, il fut fait prisonnier, et jeté dans le même cachot où déjà Eylon était renfermé.

Alphonse eut bientôt des ennemis plus dangereux à combattre. Les Arabes pensèrent que, sous un prince aussi jeune, ils pourraient impunément dévaster les terres des chrétiens. Mais, à la tête de l'armée qui, sous Ordoño, avait si vaillamment combattu, le nouveau roi parcourut les deux rives du Duero. Il occupa au midi de ce fleuve la ville de Salamanque, et s'avança même jusqu'à Coria, située sur le rio Alagon, à quelques lieues seulement de l'endroit où cette rivière se jette dans le Tage. Néanmoins il ne chercha pas à se maintenir dans ces deux villes qui avaient déjà été prises par les chrétiens sous le règne de son père, et qu'ils avaient abandonnées après les avoir ruinées; mais il conserva Coïmbre, et, songeant à repeupler la rive droite du Duero, dont les ravages de la guerre avaient presque fait un désert, il commença par élever près de Léon le fort de Sublancia, aujourd'hui Sollanzo. Dans le but de détruire ce nouvel établissement, El-Mundhir, fils de l'émir de Cordoue, et un autre général sarrasin, nommé Ben-Gamin, vinrent courir la campagne dans les environs de Léon. Mais Alphonse surprit Ben-Gamin dans une lande située sur les bords de l'Orbigo, un des affluents de l'Esla, et le força à livrer bataille. Mariana appelle Pulveraria l'endroit où ce combat eut lieu. Les Maures se défendirent mal, ils furent défaits, et ils laissèrent, disent les chroniqueurs, plus de douze mille des leurs sur les bords de l'Orbigo. Alphonse battit encore un autre corps de la même armée, en sorte qu'El-Mundhir, qui marchait vers Sublancia, ne se crut plus en état de résister aux Asturiens. Il se retira précipitamment, fit demander la paix, et on convint d'une trêve de trois années. Dès que le terme de cette suspension d'armes fut expiré, Alphonse se jeta dans le pays des Maures; il y pénétra plus avant que ne l'avait fait aucun de ses prédécesseurs, car il franchit le Tage et arriva jusqu'à Mérida, sur les bords de la Guadiana; puis il retourna dans son royaume, emmenant un grand nombre de captifs et chargé d'un riche butin. Toutes ses expéditions contre les infidèles furent heureuses, en sorte qu'en 883 ils demandèrent de nouveau la paix, et Alphonse leur accorda encore une trêve de six années.

Jusqu'à ce jour, nous n'avons raconté que les succès du roi des Asturies. Cependant la victoire ne lui fut pas toujours fidèle. En 888, selon Mariana, ou dès les premières années de son règne, suivant d'autres auteurs, les Basques se soulevèrent de nouveau contre la domination asturienne, et, réunis sous le chêne de Guernika, ils ploclamèrent leur indépendance. Dans les luttes qu'ils avaient précédemment soutenues contre Alphonse, leurs chefs, Eylon et Zénon, leur avaient été enlevés. Ils élurent pour les commander un étranger qui descendait, dit-on, des rois d'Écosse, et qu'on avait surnommé Jaon-Çouri-a, c'est-à-dire le seigneur blanc, sans doute à raison de la blancheur de ses armes (*). Les troupes d'Alphonse, étant entrées en Biscaye, rencontrèrent, dans une plaine appelée Padura, les insurgés auxquels s'était joint Sancho-Estiguiz, seigneur de Durango. A l'aide de ce secours, les Basques remportèrent sur les Asturiens une victoire complète. Elle fut, dit-on, si sanglante que la terre et les pierres contractèrent une couleur rouge que depuis elles n'ont jamais perdue, et qu'on appelle encore cet endroit *Arri-Gorriaga*,

(*) La célèbre famille de Quiros élève aussi la prétention de descendre d'un roi d'Écosse; comme Jaon-Çouri, elle portait des armes blanches avec quatre roses rouges et quatre lis d'azur. Son écu était bordé d'une orle de gueules où étaient semés sept sautoirs d'or. Il se pourrait que le nom de Quiros ne fût qu'une corruption de celui de Jaon-Çouri.

Quant au mot de jaon, il répond à celui de sieur ou seigneur; *avur, jaon-a*, bonjour, monsieur.

c'est-à-dire, le champ des pierres rouges (*).

Cet infant don Çuria, seigneur de Biscaye, est communément regardé comme le premier seigneur de Biscaye, sans qu'on fasse aucun compte de ses prédécesseurs. C'est de lui, dit-on, que sont descendus les seigneurs de Haro qui, pendant si longtemps, furent seigneurs de Biscaye. C'est à partir de ce moment que les Basques jouirent de leurs fueros, et furent gouvernés par des souverains particuliers.

Alphonse n'eut pas à combattre seulement les ennemis du dehors, il vit plusieurs de ses sujets se soulever contre lui. Hanno, Witiza et Sarracino tentèrent successivement de soulever la Galice; mais toutes ces entreprises furent déjouées par la prudence et par l'activité du roi. Cependant sa famille elle-même lui fournit des ennemis. Un nommé Froïla, qui était son parent, et, disent même quelques auteurs, son propre frère, trama une conspiration pour le dépouiller de la couronne; mais le complot ayant été découvert, Froïla se réfugia en Castille, où il fut pris avec ses frères Nuño, Bermude et Odoario. Alphonse leur fit crever les yeux et les fit retenir en prison. L'un d'eux, cependant, Bermude, parvint à s'échapper, et tout aveugle qu'il était, il souleva en sa faveur les villes d'Astorga, de Bentosa et plusieurs autres de ces parages. Le roi s'empressa de venir faire le siége d'Astorga, où Bermude se défendit courageusement. Cependant comprenant qu'il ne pourrait résister seul aux forces du roi, il demanda l'appui de l'émir de Cordoue. Celui-ci envoya une armée pour le soutenir; mais Alphonse marcha au-devant des troupes musulmanes qui s'avançaient le long de la rivière d'Ezla, leur livra bataille dans la plaine de Grajal de Ribera et les tailla en pièces. Bermude, qui à l'approche des Arabes était sorti de la ville pour aller se mettre dans leurs rangs, fut du petit nombre de ceux qui purent fuir. Il alla chercher un asile dans les États de l'émir de Cordoue. Astorga, Bentosa et les autres places qui s'étaient soulevées, se soumirent au roi, et de leur côté les Arabes demandèrent la paix. Alphonse consentit à leur accorder une trêve de quelques années.

Le roi des Asturies profita de ce temps de tranquillité pour relever les fortifications de plusieurs villes. Il augmenta celles de Gijon et d'Oviedo, pour les mettre à l'abri des entreprises des Normands; mais il s'appliqua surtout à rétablir les villes situées sur la rive droite du Duero. Alphonse le Catholique et ses successeurs ne se trouvant pas assez puissants pour garder cette contrée, s'étaient efforcés d'en faire un désert. Mais deux siècles de victoires avaient considérablement accru les forces des Asturiens. Ils pouvaient reporter plus loin le théâtre de la guerre; aussi Alphonse mit-il tous ses soins à fortifier ce pays et à le repeupler. Il avait pris Zamora sur la rive droite du Duero, à quelques lieues au-dessus de l'endroit où ce fleuve reçoit les eaux de l'Esla. Il en avait étendu et réparé l'enceinte; il avait aussi relevé les murailles de Toro et celles de Simancas placée au confluent de la Pisuerga et du Duero. Il ordonna aussi d'élever une ville presqu'à la source de l'Arlanzon, rivière qui se jette dans la Pisuerga. Cette cité, qui devint par la suite une des plus importantes de l'Espagne, fut fondée ou reconstruite par un comte de Castille. Dès le temps d'Alphonse le Chaste, on avait commencé à donner ce nom de Castille au pays des anciens Vaccéens, parce qu'à mesure que les chrétiens l'enlevaient aux Arabes, ils le couvraient de châteaux (*castella*). Les seigneurs auxquels était confiée la garde de ces forteresses prenaient le titre de comtes de Castille; ce qui ne paraît pas indiquer qu'ils fussent souverains de cette contrée, mais seulement que la ville ou les châteaux dont ils avaient le gouvernement s'y trouvaient situés.

(*) *Arri* signifie non-seulement une pierre, mais encore un amas de pierres. C'est ce que dans le Béarn on nomme une *arraillère*.

aussi voit-on plusieurs seigneurs à la fois porter le même titre. D. Diego Porcellos, Fernando Anzules, Almondar surnommé le Blanc, étaient en même temps comtes de Castille. A cette époque et même beaucoup plus tard, sous Garcia et sous Ordoño II, ces comtes étaient seulement tenanciers de ces fiefs qui relevaient du royaume des Asturies. Lorsque les cortès se réunissaient, ils devaient y assister, comme ils devaient, à la tête d'un certain nombre de leurs vassaux, suivre le roi quand il faisait la guerre.

D. Rodrigo est le premier de ces comtes dont l'histoire fasse mention. La chronique d'Alvelda nous apprend que ce fut au fils de celui-ci, à D. Diego Porcellos, que le roi Alphonse confia la construction de la ville qu'il voulait élever sur les bords de l'Arlançon. D. Diego Porcellos avait donné en mariage sa fille Sulla Bella à un seigneur allemand nommé Nuño Belchidès, qui, venu en pèlerinage au tombeau de saint Jacques, s'était établi dans le pays pour combattre les infidèles. Ce gendre de D. Diego aida à construire la ville, et lui donna le nom de Burgos, formé d'un mot allemand qui signifie cité. C'est pour cela qu'on trouve dans les historiens D. Diego Porcellos désigné tantôt sous le titre de comte de Burgos, tantôt sous celui de comte de Castille.

Les travaux auxquels se livrait Alphonse furent pour les Arabes un nouveau motif de rompre la paix. Ils jugèrent que ces constructions étaient entreprises moins pour assurer la défense du territoire chrétien que pour créer des moyens d'agression contre leur empire. Ils allèrent donc mettre le siège devant Zamora; mais Alphonse les attaqua, les battit, et à la suite de cette victoire il fit une incursion dans le centre de l'Espagne, ravagea le pays jusqu'à Tolède. Il avait même eu la pensée d'assiéger cette ville; mais elle se racheta en lui payant une rançon, et il revint dans ses États, chargé d'un riche butin. Il y avait déjà quarante ans qu'il régnait. Il avait su repousser les ennemis du dehors et réprimer les tentatives coupables de ceux qui avaient essayé de troubler la tranquillité intérieure de l'État, lorsque son propre fils, don Garcia, excité par Nuño Fernandez son beau-père, l'un des plus puissants seigneurs de la Castille, prit les armes pour se faire proclamer roi. Alphonse marcha aussitôt avec de bonnes troupes vers Zamora où se trouvait Garcia, le fit prisonnier, et l'envoya chargé de fers au château de Gauzon. Ce ne fut pas un remède suffisant pour arrêter le mal. Nuño Fernandez Ordoño, le second fils du roi, et la reine elle-même, se réunirent pour contraindre Alphonse à rendre la liberté à don Garcia. La guerre fut vive et dura deux années. Enfin, en 810, dans la quarante-quatrième année de son règne, Alphonse ne voulant pas livrer plus longtemps son pays aux horreurs de la guerre civile, mit don Garcia en liberté, réunit les grands du royaume, et en leur présence il abdiqua la royauté en faveur de ses fils. Garcia fut reconnu roi des Asturies. Ordoño eut la Galice en partage. L'année suivante Alphonse fit un pèlerinage au tombeau de saint Jacques; ensuite, à la tête d'une armée, et comme lieutenant de don Garcia son fils et son roi, il fit encore une dernière incursion sur les terres des Maures, puis il revint à Astorga, où il mourut dans le cours de l'année 912. Il laissa cinq enfants nés de son mariage avec Doña Ximena : ce sont Garcia, Ordoño, Froïla, Ramire et Gonzalve; les trois premiers montèrent successivement sur le trône, et Gonzalve fut archiprêtre de l'église d'Oviedo. Pendant son règne, Alphonse ne donna pas uniquement ses soins aux choses de la guerre; il protégea les lettres, et on lui attribue la chronique publiée sous le nom de Sébastien. Ses armées furent presque toujours victorieuses; et quand on considère le résultat de son règne, quand on voit les frontières de son royaume reculées jusqu'au bord du Duero, il est difficile de lui contester le nom de Grand que lui a donné l'histoire.

SUITE DE LA RÉVOLTE DE MUZA. — RÉ-
VOLTE D'HAFSOUN. — MORT DE ZEID-BEN-
KASEM, PETIT-FILS DE L'ÉMIR. — RÈGNE
DE EL-MUNDIR. — RÈGNE D'ABD-ALLAH.
RÉVOLTE DE SON FILS. — DES COMTES DE
BARCELONE. — MORT DE BERNARD. —
MORT DE GUILLAUME. — ORIGINE DES AR-
MES DE BARCELONE. — WIFRED LE VELU,
PREMIER COMTE INDÉPENDANT. — FUEROS
DE SOBRARBE. — CONSTITUTION DES ARA-
GONAIS. — ÉLECTION DE INIGO ARISTA. —
RÈGNES DE GARCI INIGO, DE FORTUN LE
MOINE. — SECOND INTERRÈGNE. — ÉLEC-
TION DE SANCHO ABARCA.

Pour ne point interrompre le récit du règne d'Alphonse le Grand, nous avons omis de rapporter ce qui se passait dans la partie de l'Espagne soumise aux Maures, dans le comté de Barcelone, et ce qui a trait au royaume fondé au pied des Pyrénées. Il est donc nécessaire de se reporter un instant en arrière. Aben-Lope et Muza, comme on l'a vu, s'étaient déclarés indépendants de l'émir de Cordoue. Aben-Lope avait été chassé de Tolède, malgré l'assistance qu'Alphonse lui avait prêtée. Muza, au contraire, se maintenait à Saragosse et dans toute l'Espagne orientale, quelques efforts que l'émir de Cordoue ait pu faire pour l'en chasser (*).

Une autre faction bien plus redoutable encore que celle de Muza vint troubler l'Espagne orientale. Un homme d'une origine obscure et du nom d'Hafsoun vivait à Ronda du travail de ses mains. Mécontent de son sort, il passa à Truxillo pour y chercher de quoi vivre. N'y trouvant point de ressources, il se fit voleur de grand chemin avec quelques compagnons dont son intrépidité le rendit le chef. Il résista aux kaschefs (**) : c'est ainsi qu'on appelait une milice instituée par les souverains de Cordoue pour assurer la sûreté des grandes routes et des campagnes. Lui et ses compagnons s'acquirent beaucoup de célébrité dans cette vie d'aventures et de périls; ils parvinrent même à se rendre maîtres d'un château fort et à s'y maintenir. Cependant, en 864, ne pouvant résister en Andalousie, Hafsoun se réfugia avec ses bandes dans les vallées centrales des Pyrénées.

Deux siècles de séjour dans la Péninsule n'avaient pas suffi pour effacer les différences de race qui existaient entre les peuples qui l'avaient conquise. Les tribus venues de l'Asie, les Arabes, les Syriens, se regardaient comme bien supérieurs aux Berbers. Parmi les tribus africaines il y en avait de juives ou de païennes, qui étaient presque proscrites : celles-là avaient été en grande partie établies au pied des Pyrénées. Hafsoun y trouva de nombreux partisans. Les juifs le recurent dans une de leurs principales forteresses de cette frontière : c'était *Routâh-el-Yehoud*, Roda des juifs, château fort presque inexpugnable posé au sommet d'un amas de rochers qu'entourait une rivière. Beaucoup de chrétiens de ces contrées ne tardèrent pas à se joindre à lui. Abd-el-Melek, gouverneur de Lerida, lui livra cette place. Hafsoun occupa encore un grand nombre de villes et de châteaux forts, en sorte qu'il se trouva bientôt assez puissant pour parcourir impunément le pays; et qu'il osa même porter ses ravages jusqu'aux environs d'Alcanis, dans ces plaines qui s'étendent si riches et si fertiles le long de la rive droite de l'Èbre. Mohammed rassembla des troupes pour exterminer l'auteur de ces brigandages. Les tribus arabes et syriennes de l'Andalousie, les hommes d'armes de Murcie et de Valence furent réunis sous le commandement de Zeïd-ben-Kasem, petit-fils de l'émir.

Craignant de ne pouvoir résister à des forces si considérables, Hafsoun eut recours à la ruse. Il fit par lettre sa soumission à l'émir, prenant la terre et les cieux à témoin que tout ce qu'il avait fait n'était qu'artifice pour confondre plus sûrement les ennemis de l'islam en tournant contre eux ses armes à l'improviste; que rien n'é-

---

(*) Nous emprunterons à l'excellente histoire de M. Romey tous les détails que nous donnons sur la faction d'Hafsoun.

(**) Kaschefs, découvreurs.

perdu; que si l'émir voulait lui prêter le secours des troupes de Valence et de Murcie, qui marchaient contre lui Hafsoun, il surprendrait les chrétiens dans leurs possessions au sud de la Sègre et qu'il y anéantirait leur puissance; il protestait d'ailleurs qu'il n'avait jamais cessé d'être un bon et sincère musulman. Il fit de si belles promesses enfin, et d'un si grand air de bonne foi, que l'émir crut à tout, et promit de lui donner le gouvernement d'Huesca, et même celui de Saragosse, dès qu'il aurait réuni sous l'autorité de Cordoue les pays qu'il se vantait de pouvoir y ramener d'un seul coup, et il s'engagea de son côté à l'aider de toutes ses forces dans cette entreprise. Aussitôt Mohammed fit prendre à son armée la route de la Castille pour se réunir à celle qui, sous les ordres d'El-Mundhir, y combattait contre les chrétiens, et il chargea Zeïd-ben-Kasem de l'expédition projetée de concert avec Hafsoun.

Les troupes que commandait le petit-fils de Mohammed, Zeïd-ben-Kasem, firent peu après rencontre de celles d'Hafsoun dans les champs d'Alcañiz, entre Guadalupe et le Martine. Elles campèrent sans crainte près de celles-ci, qu'elles regardaient comme des alliées. Et Zeïd-ben-Kasem fut traité, par Hafsoun et les siens, avec beaucoup de considération et de marques d'amitié; mais dans la nuit, pendant que les soldats de Valence et de Murcie reposaient sans défiance, ceux d'Hafsoun et d'Abd-el-Meleck tombèrent sur eux et en massacrèrent le plus grand nombre avant que ceux qu'ils assassinaient eussent pu se mettre en défense. Peu échappèrent à ce désastre. Parmi ceux qui succombèrent des premiers fut le jeune Zeïd-ben-Kasem, qui périt en combattant vaillamment. Il n'avait pas accompli sa dix-huitième année.

Lorsque l'émir apprit cette trahison, il fut transporté de fureur, et il appela sur-le-champ tous ses chefs militaires à une guerre à mort contre le rebelle Hafsoun. El-Mondhir fut lui-même rappelé des frontières de Castille pour mener à fin cette guerre de vengeance.

Il parcourait l'Alava avec son armée, lorsqu'il reçut les dépêches de son père. Il en fit aussitôt donner lecture à toute son armée, qui partagea le ressentiment qu'elles exprimaient, et qui demanda à marcher incontinent contre le rebelle coupable d'une si noire perfidie. Le plus vaillants d'entre les Syriens et les Arabes d'Andalousie composaient l'armée d'El-Mundhir. Il les mena tout bouillants encore de colère contre les rebelles rassemblés dans les vallons et les rochers des environs de Routhâh-el-Yehoud. Là, on en vint aux mains avec acharnement. Les compagnies d'Hafsoun, commandées par ce chef et par l'intrépide Abd-el-Meleck, soutinrent vigoureusement l'attaque. Cependant la victoire resta aux soldats d'El-Mundhir. Abd-el-Meleck s'échappa blessé, avec cent vaillants compagnons, et se renferma dans le fort de Routhâh-el-Yehoud; mais le lendemain El-Mundhir fit investir la forteresse de tous les côtés, et telles étaient l'ardeur et la soif de vengeance dont ses troupes étaient animées, qu'elles forcèrent les tours de ce lieu réputé jusque-là inaccessible. Abd-el-Meleck se défendit jusqu'à la mort et tomba couvert de blessures. El-Mundhir fit couper la tête de son cadavre et l'envoya à Cordoue comme le plus beau trophée de sa victoire. La prise de Routhâh-el-Yehoud entraîna celle de Lerida et des autres forteresses des révoltés. Hafsoun n'osa pas continuer cette lutte inégale; il se réfugia dans un des escarpements des Pyrénées les plus inaccessibles, après avoir distribué ses trésors à ses amis, et leur avoir promis de revenir parmi eux dès qu'il jugerait le moment favorable.

Toutes les tentatives faites pour abattre la puissance de Mousa étaient restées inutiles. Cependant El-Mundhir voulant faire rentrer l'Espagne orientale tout entière sous la domination de l'émir de Cordoue, vint, en 257 de l'hégire (870 de J. C.), mettre le siège devant Saragosse. Mousa se défendit courageusement, mais un matin il fut trouvé mort dans son lit. On pensa qu'il avait été étranglé par quelqu'un de ses serviteurs vendu aux assiégeants. Cette mort amena la reddition de la ville; mais El-Mundhir n'en tira aucun avantage réel; car les fils de Mousa restèrent en possession des cités dont ils étaient maîtres sur les bords de l'Èbre, et l'un d'eux succéda à son père dans le gouvernement de Saragosse. M. Romey lui donne le nom d'Ismaël; il est appelé Zimaël par Ferreras, et Aben-Alfaxe par Blancas et par d'autres auteurs espagnols. C'est sans doute quelque surnom qu'il aura pris suivant l'usage des Arabes. Il fit construire à l'ouest de Saragosse un château qui prit de lui le nom de Afaxeria (*).

Hafsoun, comme il l'avait annoncé aux siens, reparut bientôt. En 877 El-Mundhir était à faire la guerre sur les bords du Duero. Hafsoun descendit de ses montagnes, recommença ses incursions et devint plus redoutable encore qu'auparavant. El-Mundhir accourut alors pour le combattre, et parvint en 882 à le forcer à livrer bataille. Hafsoun, dangereusement blessé, se retira au milieu des montagnes où il mourut de ses blessures; mais avec lui ne mourut pas la faction dont il était le chef. Son fils Kaleb-ben-Hafsoun réunit ses partisans, et devint bientôt plus puissant qu'Hafsoun ne l'avait jamais été.

C'est dans cet état que se trouvaient les choses de l'Espagne, quand, au mois de muharrem ou de saphar 273 de l'hégire (août 886 de J. C.), Mohammed mourut, laissant pour successeur El-Mundhir, que deux ans auparavant il avait fait reconnaître par les principaux chefs de la nation. A peine le nouvel émir fut-il proclamé, que Kaleb-ben-Hafsoun réussit dans une entreprise plus hardie qu'aucune de celles que jusqu'alors il avait tentées. Il s'était rendu maître de presque toute l'Espagne orientale, soit qu'il eût vaincu les chefs de la puissante famille de Mousa, soit qu'il s'en fût fait des alliés et des subalternes. Il rassembla un corps de dix mille cavaliers et se présenta devant Tolède, où il fut reçu aux acclamations du peuple.

El-Mundhir s'empressa d'accourir à la tête de ses troupes; mais pendant deux années la guerre se fit sans aucun avantage important. Enfin, un jour qu'El Mundhir s'avançait suivi seulement d'un faible corps de cavalerie, il aperçut l'armée de Ben-Hafsoun et se précipita imprudemment sur les escadrons ennemis. Il fut accablé par le nombre et périt dans la mêlée, percé de plusieurs coups de lance.

A la nouvelle de sa mort, on proclama pour émir Abd-Allah son frère. Le nouveau souverain eut aussitôt à réprimer de nombreuses révoltes. Kaleb-ben-Hafsoun ne fut pas le seul qu'il eut à combattre. La ville de Mérida se souleva; des partisans d'Hafsoun formèrent une faction puissante dans les Alpuxarras; enfin deux de ses frères et l'aîné de ses fils, son propre fils Mohammed, prirent les armes contre lui et lui firent la guerre dans le midi de l'Andalousie. Mais ils furent battus et Mohammed ayant été fait prisonnier, fut conduit à Cordoue et renfermé dans un cachot où il mourut au bout de peu de jours. On prétendit que son père l'avait fait périr par le poison, et malgré toute l'invraisemblance d'un crime qui non-seulement répugne à la nature, mais qui était inutile, on donna à Mohammed le surnom de l'assassiné (el-mactoul). Ce qui démontre au reste toute l'absurdité de cette supposition, c'est la tendresse avec laquelle Abd-Allah éleva le fils de Mohammed. Cet enfant, nommé Abd-Rahman, n'avait que quatre ans lors de la mort de son père. Abd-Allah surveilla son éducation avec une affection toute paternelle, et quand il sentit que sa fin approchait, bien qu'il eût d'autres enfants, ce fut son petit-fils qu'il désigna pour son successeur. Aussi, en 912, dès que la mort l'eut frappé, on proclama pour émir de Cordoue Abd-el-Rahman-Ben-el-Mactoul.

(*) Ce château a été rebâti sous les rois chrétiens. Il ne reste plus de l'ancienne construction des Maures que l'emplacement et le nom; encore le nom a-t-il été altéré, car on l'appelle aujourd'hui Aljaferia.

Ce fut à peu près à cette époque que le comté de Barcelone devint indépendant de la couronne de France. Quand, en 801, Louis le Pieux eut enlevé cette ville aux Maures, il en confia la garde au comte Bera. Celui-ci ayant été accusé de trahison et ayant été vaincu dans le combat qu'il avait réclamé pour prouver son innocence, avait, en 812, été remplacé dans le gouvernement par Bernard, fils de Guillaume, comte de Toulouse. Vingt ans plus tard, lorsque les fils de la première femme de Louis le Débonnaire se révoltèrent contre leur père, Bernard, mêlé à toutes les intrigues et à toutes les discordes qui avaient divisé la famille royale et désolé l'État, fut accusé de plusieurs crimes; mais pour se justifier il offrit le combat, et personne n'ayant osé accepter son gage de bataille, il fut déclaré innocent. Néanmoins il fut privé de ses charges, et Berenger fut nommé à sa place comte de Barcelone. Celui-ci conserva pendant quatre ans seulement ce comté, qui, en 836, fut rendu à Bernard. Le gouvernement confié à ce seigneur ne se bornait pas à la ville de Barcelone; il s'étendait encore sur tout le Languedoc. Aussi Bernard songeait, dit-on, à s'y rendre indépendant, lorsque Charles le Chauve, dont il s'était attiré l'inimitié, le fit arrêter, le soumit au jugement d'une assemblée de seigneurs qui le déclarèrent coupable du crime de lèse-majesté, et le condamnèrent à avoir la tête tranchée.

Sa mort est racontée d'une manière différente par plusieurs écrivains. Charles le Chauve, disent-ils, ayant convoqué les états près de Toulouse, y manda le comte Bernard, et lui fit donner l'assurance qu'il pouvait y venir sans aucune crainte. Bernard obéit sans difficulté. Étant entré dans l'assemblée, il se prosterna pour baiser la main du roi. Au moment où il se relevait, Charles le saisit avec la main gauche, et de la droite, ayant tiré un poignard, il le lui enfonça dans le cœur.

De quelque manière, au reste, que la chose se soit passée, le comte Guillaume son fils jura de venger sa mort. Il rassembla ses soldats, s'empara de Toulouse; puis ne se croyant pas en sûreté dans cette ville, il passa en Espagne, où il fit alliance avec Abd-el-Rahman II. A l'aide des intelligences qu'il avait dans Barcelone, il parvint à pénétrer dans cette ville, et même à prendre le comte Alédran, qui en avait été nommé gouverneur depuis la mort de Bernard. Cependant il ne jouit de son succès que pendant peu de temps. En 850, il fut assailli et tué par les partisans d'Alédran, qui reprit le gouvernement de la ville. On ne sait pas jusqu'à quelle époque il le conserva; mais son successeur fut Wifred, que quelques écrivains nomment Hunfrid, et que d'autres appellent Hunric. Salomon gouverna ensuite jusqu'en 872.

En cette année le comté de Barcelone passa entre les mains de Wifred le Velu, que les Catalans appellent Grifa Pelos. C'était un prince plein de courage. Il se distingua pendant les guerres que Charles le Gros eut à soutenir contre les Normands. On raconte qu'ayant été dangereusement blessé dans une bataille sur les bords de la Loire, il reçut dans sa tente la visite de l'empereur. Charles, voyant le sang couler abondamment des blessures du comte, y trempa les doigts de la main droite et les traîna sur l'écu d'or de ce vaillant guerrier de manière à y tracer depuis le haut jusqu'au bas quatre raies parallèles. Voilà, lui dit-il, quatre paux glorieux. Ce seront désormais vos armes et celles de vos descendants (*). Cette origine des armoiries du comté de Barcelone est assez généralement considérée comme une fable. Mais ce qui ne paraît pas douteux, c'est que le comte Wifred le Velu posséda Barcelone à titre de souverain indépendant, soit qu'il ait obtenu cette entière indépendance comme prix des services qu'il avait rendus, soit que pour se l'arroger, il ait profité de l'état de trouble et de faiblesse où se trouvait à cette époque

(*) Ces armes sont aujourd'hui celles d'Aragon, qui porte d'or à quatre paux de gueules.

la monarchie française. Aussi les historiens catalans et aragonais considèrent-ils Wifred le Velu comme le premier des comtes de Barcelone, et passent-ils sous le silence tous les autres qui n'ont été que des tenanciers dépendant de la France. Ce souverain mourut dans la même année que l'émir Abd-Allah et qu'Alphonse le Grand, c'est-à-dire en 912. Après lui, son fils, le comte En-Mir, recueillit le comté de Barcelone à titre d'héritage.

Maintenant, pour achever le récit des événements qui se sont accomplis dans le neuvième siècle, il faut encore retourner en arrière et nous occuper du royaume de Sobrarbe. La défaite de Sancho-Garcia l'avait laissé sans roi et totalement désorganisé. Après un tiers de siècle, les habitants chrétiens de cette partie de l'Espagne songèrent de nouveau à se choisir un souverain; mais, avant de l'élire, ils voulurent donner à leur pays une constitution qui pût assurer son indépendance. Cette précaution n'était pas nécessaire dans les Asturies, où la couronne était élective. Elle devenait indispensable chez les peuples de l'Espagne orientale, où le principe héréditaire avait prévalu. Ils rédigèrent donc les fameux *fueros* de Sobrarbe, base première des libertés aragonaises. Oihenart, on se le rappelle, nie que le royaume de Sobrarbe ait jamais existé; il doit, pour être conséquent, nier aussi l'existence des fueros de Sobrarbe; aussi dit-il qu'ils ne diffèrent en rien de ceux de la Navarre. Il suffit d'avoir jeté un coup d'œil sur les fueros navarrais, recueillis par Armendariz, pour se convaincre qu'il n'existe aucune ressemblance entre les deux législations. D'autres auteurs ont été plus loin qu'Oihenart. Ils ont prétendu que ces fueros étaient supposés et créés seulement pour donner plus de relief à la constitution aragonaise. Cela peut être; mais il faut avouer alors que la fraude remonterait déjà à une époque bien éloignée, car De Marca, dans son histoire des vicomtes de Béarn, tout en adoptant l'opinion d'Oihenart, avoue qu'à Toulouse, dans la bibliothèque du collége de Foix, il existe un manuscrit de ces fueros, qui remonte au moins au treizième siècle (*). Dans tous les cas, ces fueros méritent d'être cités. En voici le texte:

« Gouvernez le royaume avec douceur et justice, et travaillez à rendre nos lois meilleures.

« Que tout ce qu'on reprendra sur les Maures soit partagé, non-seulement entre les riches-hommes, mais encore entre les soldats et les gentilshommes, et que nul étranger n'y prenne part.

« Il est défendu au roi de faire des lois sans le concours de ses sujets.

« Le roi doit se garder d'entreprendre la guerre, de faire la paix, de consentir des trêves, ou de traiter des affaires d'un grand intérêt, sans le concours des anciens.

« Pour garantir nos lois et nos libertés de tout dommage et de toute atteinte, qu'il y ait un juge intermédiaire devant lequel il soit permis de déférer les actes du roi qui blesseraient quelque citoyen, ou de poursuivre les violations de la loi qui porteraient préjudice à la chose publique (**). »

Ce magistrat, placé entre le roi et ses sujets, n'avait d'autre charge que de surveiller les actes du pouvoir et d'empêcher tout empiétement sur les libertés publiques; mais, par la même raison, il protégeait le pouvoir contre les empiétements de la démocratie;

(*) De Marca, liv. II, ch. 7, f° 167.
(**) « In pace et justitiâ regnum regito, nobisque *foros* meliores irrogato.

« E Mauris vindicabunda dividuntur inter riccos homines non modo, sed etiam inter milites ac *infantiones*; peregrinus autem homo nihil inde capito.

« Jura dicere regi nefas esto, nisi adhibito subditorum consilio.

« Bellum aggredi, pacem inire, indocias agere, remve aliam magni momenti pertractare, caveto rex, præterquam seniorum annuente consensu.

« Ne quid autem damni leges aut libertates nostræ patiantur, judex quidam medius adesto, ad quem a rege provocare si aliquem læserit, injurias arcere si quas forsan rei publicæ intulerit, jus fasque esto. »

et plus d'une fois les rois eux-mêmes ont eu recours à son intervention. Ce magistrat était la justice suprême du pays; aussi les Aragonais l'ont-ils appelé le *justicia*; et ce ne serait pas rendre le sens de ce nom que de le traduire, comme l'ont fait plusieurs écrivains français, par le mot justicier. Il était la justice elle-même. Il n'avait aucun droit d'agir, mais il empêchait de faire. C'est à lui que s'adressaient les citoyens lésés par l'autorité royale. Le *justicia* examinait leurs griefs, et, s'il lui paraissait qu'il y eût violation des franchises, il délivrait des lettres (*firmas*) qui suffisaient pour arrêter l'exécution des ordres donnés par le roi.

Toute cette organisation fut décrétée avant qu'on pensât à faire le choix d'un prince; c'est ce qui fait dire, avec fierté, par Blancas : Nous avons eu des lois avant d'avoir des rois (*). Cependant, il ne faut pas croire que ces institutions aient reçu dès les premiers jours toute la perfection qu'elles devaient acquérir par l'usage, ni qu'elles aient toutes pu être mises immédiatement en pratique. Blancas avoue qu'il n'a pu découvrir le nom d'aucun magistrat qui ait exercé cette charge de *justicia* avant 1114.

Les fueros, en imposant au prince l'obligation de consulter la volonté de ses sujets sur toutes les affaires importantes, le mettaient dans la nécessité de les convoquer souvent : ces assemblées prirent le nom de cortès. Sans doute elles ne se réunirent pas dans le principe avec toute la solennité qu'on y apporta depuis, mais voici, dans les derniers temps, comment elles se composaient : elles comprenaient les quatre états, ou, comme on dit en Aragon, les quatre bras (brazos) du royaume. Le premier était le bras ecclésiastique, composé des principaux prélats aragonais; ils tenaient le droit d'y siéger, de la dignité qu'ils occupaient dans l'Église. Mais, dans les premiers temps, les ecclésias-tiques n'étaient pas admis dans ces assemblées; ce n'est même qu'en l'année 1301 qu'ils entrèrent pour la première fois dans les cortès. Le second s'appelait le bras noble : il se formait des riches hommes. Venait ensuite celui des chevaliers et des gentilshommes appelés *infançones*. C'est de leur naissance qu'ils recevaient le droit d'y assister. Les femmes qui possédaient une seigneurie, pouvaient s'y présenter, soit en personne, soit par mandataire : les mineurs jouissaient aussi de la faculté d'être remplacés par des procureurs. Le quatrième bras se formait des représentants des communes (*).

Quant aux laboureurs, aux artisans, ils n'étaient pas admis dans ces assemblées; il suffisait même d'exercer un commerce pour en être exclu; ce qui prouve, soit dit en passant, que ces constitutions n'étaient pas si libérales qu'on a bien voulu le dire depuis qu'elles ont cessé d'exister.

Les cortès étaient générales, quand elles comprenaient les députés des provinces de Catalogne, de Valence, des îles de Majorque et de Minorque; particulières, lorsqu'elles se composaient seulement des quatre bras du royaume d'Aragon. Ces dernières étaient, dans les premiers temps, réunies chaque année à Saragosse, dans le courant du mois de décembre; mais, lors des cortès générales, tenues, en 1307, à Alagon, par don Jayme II, il fut décrété qu'elles ne s'assembleraient plus que tous les deux ans.

Elles s'occupaient à corriger les lois, à pourvoir aux points qui n'étaient pas réglés par les fueros; elles votaient

(*) Apud nos leges conditas priusquam reges creatos...

(*) Voici les villes qui avaient le droit d'être représentées aux cortès d'Aragon : Çaragoça, Huesca, Taraçona, Jaca, Barbastro, Calatayud, Daroca, Teruel, Borja, Albarazin, Alcañiz, Fraga, Montalvan, Monçon, Sariñena, Sant Estevan de Litera, Tamarit, Magallon, Bolea, Alquezar, Ayusa, Loharre, Mosquezuela, Murillo, Berbegal, Almudevar, Alagon, Canfranch. On trouve en outre les communes (communidades) de Teruel, Calatayud et Daroca déjà nommées comme villes.

les subsides. Des commissions, choisies dans leur sein, étaient chargées d'examiner les comptes des dépenses publiques, et de vérifier l'emploi des sommes accordées. Elles constituaient encore un souverain tribunal devant lequel se débattaient les différends survenus entre les grands corps de l'État. Enfin, elles connaissaient des plaintes qui leur étaient adressées pour atteintes portées aux franchises nationales.

Les rois ne pouvaient exercer aucune autorité, ni même prendre le titre de roi, avant d'avoir prêté serment de respecter les lois et les libertés de la nation. Ce serment était ordinairement fait entre les mains du *justicia*. Cependant, cet usage n'était pas constamment suivi; car plusieurs princes ont juré entre les mains de l'archevêque de Saragosse. La formule prononcée en cette circonstance est très-longue, et contient en substance que le prince, pour lui et pour ses successeurs, promet et donne sa parole royale, sans tromperie et sans arrière-pensée, de garder, par lui-même et par ses officiers, et faire inviolablement garder les lois, priviléges, libertés, usages et coutumes du royaume d'Aragon, de n'y contrevenir, ni en public, ni en secret, ni par lui, ni par personne interposée.

Pour prêter ce serment, le roi se tient debout, la main droite étendue sur une croix d'or placée sur le livre des saints Évangiles. Pendant la prononciation de la formule, le *justicia* reste à genoux. Il est assisté par les députés des quatre bras, et par les jurats de Saragosse. Cet usage de faire promettre aux rois de respecter la loi, remonte aux premiers souverains de la monarchie. Il est une autre coutume beaucoup plus récente, c'est celle du serment prêté par les Aragonais à leurs princes. S'il faut en croire une tradition qu'on ne trouve cependant consacrée par aucun écrivain antérieur à la fin du seizième siècle, ceux qui élurent Garci-Ximenès, au lieu de prêter un serment, lui auraient adressé ces paroles arrogantes : « Nous qui valons autant que vous et qui pouvons plus que vous, nous vous faisons roi, à la condition que vous conserverez nos lois et nos libertés, et qu'il y aura entre vous et nous, quelqu'un qui pourra plus que vous : sinon, non (*). »

D'autres auteurs vont plus loin encore : ils prétendent que le *justicia* d'Aragon prononçait ces paroles au couronnement de chaque nouveau roi. Il y a beaucoup de motifs pour douter de la véracité de cette allégation. Ces mots « *nous nous faisons roi* » ne peuvent s'appliquer qu'à un roi que l'on élit, et la couronne en Aragon était héréditaire. Pas un seul écrivain antérieur à la fin du seizième siècle n'a parlé de cette formule que les Aragonais auraient employée en jurant fidélité à leur roi; et il y a cela de remarquable, que le premier auteur qui en ait fait mention était Français. C'est le jurisconsulte François Hotman qui l'a rapportée dans son ouvrage intitulé *Franco-Gallia*, imprimé en 1575. Si on considère qu'Hotman, partisan de la religion réformée, ennemi des Guises, professe souvent dans ses écrits les principes d'une liberté exagérée, on ne s'étonnera pas que, pour faire germer dans les esprits des idées d'indépendance et de souveraineté populaire, il ait pu donner comme un fait constant, et se renouvelant à l'avènement de chaque roi d'Aragon, une allocution qui a pu être prononcée lors de l'élection du premier souverain de Sobrarbe, mais dont cependant l'authenticité paraît fort douteuse. Antonio Perez (**), dans ses relations écrites en 1598, a répété la même version, qui a été acceptée ensuite sans contrôle par une foule d'écrivains. Cependant Blancas, en 1585, à une époque où les libertés aragonaises existaient encore, a publié un Traité spécial des couronnements des rois d'Aragon, ainsi que des serments qu'ils prêtent et de ceux

(*) Nos que valemos tanto como vos y podemos mas que vos, os elejimos rey con tal que nos guardeis nuestros fueros y libertades, y entre vos y nos un que manda mas que vos; sino, no.

(**) Relaciones de Antonio Perez, édit. de Genève, 1644, 1º 143.

qu'ils reçoivent de leurs sujets. Non-seulement il ne fait pas mention de la formule citée par Hotman et par Antonio Perez, mais encore il ajoute qu'en Aragon l'usage de prêter serment au prince ne remonte pas au delà de 1214. Voici les circonstances qui l'ont fait introduire. Après la mort de don Pèdre II, les frères de ce roi, profitant de la jeunesse de En Jayme, son fils, tentèrent de s'emparer de la couronne et commencèrent à exciter des troubles dans le royaume. C'est alors que, pour assurer la tranquillité, les cortès générales réunies à Lérida jurèrent à En Jayme, qui n'avait encore que six ans, *de le défendre comme leur roi et seigneur, et de le servir jusqu'à la mort en bons et fidèles vassaux.*

Cet usage s'est maintenu; et même, afin de prévenir par la suite les difficultés qui pourraient s'élever sur la succession à la couronne, les cortès adoptèrent l'usage de prêter serment à l'héritier présomptif du trône, qui, lui-même, jurait auparavant de garder les lois et les libertés de la nation. Il était dressé acte de chacune de ces cérémonies. Blancas a rédigé son ouvrage d'après les procès-verbaux qui, depuis 1214, avaient tous été conservés. Voici comment il donne la formule du serment :

« Les quatre bras et états du royaume « d'Aragon, réunis en cortès générales, après en avoir conféré ensemble « et après une mûre délibération, jurent pour eux et pour leurs successeurs, qu'ils tiennent et tiendront le « roi, auquel ils font serment, pour « leur roi et seigneur naturel; qu'ils « lui obéiront et le respecteront comme « tel tant qu'il vivra, et lui garderont « la fidélité et vasselage que doivent à « leur roi et seigneur naturel de fidèles « et loyaux sujets et vassaux (*). »

(*) « Los quatro braços y estados del reyno de Aragon ajuntados a corte general, avido entre si acuerdo, y precediendo madura deliberacion, por si y por sus successores juran que tienen y tendran el rey, por su rey y señor natural al que asi juran, y le obe-

Il y a bien loin de cette formule, pour l'esprit et pour les termes, à cette autre qu'on a tant répétée; mais si l'autre est plus piquante, celle-ci est plus vraie. Cependant il faut dire que, dans la réalité, le serment des Aragonais était autrefois conditionnel, et un de leurs fueros, qu'ils appelaient celui de l'union, était ainsi conçu : « Que « si jamais le roi violait leurs fueros, « ils avaient le droit d'élire à sa place « celui que bon leur semblerait, fût-il « païen (*). »

Après avoir arrêté les termes de cette constitution, les chrétiens de Sobrarbe furent encore quelque temps sans pouvoir s'entendre sur l'élection de leur roi. Ils s'étaient réunis à Araguez, dans le but de conférer sur cet objet. Les Arabes n'eurent pas plutôt connaissance de cette assemblée, qu'espérant abattre d'un seul coup tous les principaux chefs chrétiens de ces contrées, ils vinrent mettre le siége devant la ville où ils délibéraient, et la pressèrent vivement. Ainsi que nous l'avons déjà dit, pendant que le royaume de Sobrarbe était désorganisé, les Navarrais avaient toujours conservé des souverains. On ne connaît pas la liste de ces rois d'une manière bien exacte, mais on a vu que Mousa avait donné sa fille à un Garcia, chef des Navarrais. Celui qui gouvernait alors était Iñigo, fils de Ximenez, qui lui-même avait été roi. Iñigo avait mérité le surnom d'Arista, qui, dans la langue escuaraz, de même qu'en grec, signifie le plus brave. Iñigo Arista vint au secours des assiégés, et remporta sur les Maures une victoire signalée. Ce succès fit cesser les incertitudes, et toutes les voix se reportèrent sur Iñigo, le plus brave. Il fut proclamé roi de Sobrarbe, comme il l'était déjà

deceran, y acataran como a tal, mientras viviere, y le guardaran la fidelidad y vasallaje que los fieles y leales subditos y vasallos deven y son tenidos a su rey y señor natural. »

(*) « Que siempre que el rey les quebrantasse sus fueros, pudiessen eligir otro rey encara que sea pagano. »

de Pampelune. Voici comment les vieux chroniqueurs espagnols rapportent le cérémonial qui devait avoir lieu à l'avénement du roi.

« Qu'il entende la messe dans l'église ; qu'il fasse une offrande de pourpre et d'argent, et qu'ensuite il communie.

« Qu'à l'élévation, il monte sur son pavois, porté par les riches hommes, et que tous crient par trois fois : Réal ! Réal ! Réal !

« Alors, qu'on jette de sa monnaie au peuple jusqu'à concurrence de cent sous.

« Et, pour montrer que nul roi de ce monde n'a de pouvoir sur lui, qu'il se ceigne lui-même son épée, faite en forme de croix.

« Que les douze riches hommes jurent au roi, sur la croix et sur les saints Évangiles, de défendre sa personne et ses États, et de l'aider à maintenir les fueros. Le peuple doit faire le même serment, et tous doivent lui baiser la main (*). »

L'élection d'Iñigo-Arista eut lieu dans le courant de 868. Durant un règne de douze années, ce prince livra de nombreux combats aux Maures. On rapporte que, pendant une de ces batailles, il vit dans le ciel une croix blanche, présage de la victoire; et que, en mémoire de ce signe céleste, il quitta l'écu qu'il portait, rouge semé d'épis d'or, et prit pour armes une croix d'argent en champ d'azur (**). Il

(*) « Que oya su misa en la iglesia, e que ofresca porpora, e de su moneda e que despues comulgue.

« Que al levantar suba sobre su escudo, teniendolo ricos oms , e clamando todos, tres vezes : Real ! Real ! Real !

« Estonz se panda su moneda sobre las gens, entrea a cien sueldos.

« Que por entender que ningun otro rey terrenal no aya poder sobre eyll, cinga se eyll mismo su espada, que es a semblante de cruz.

« Que los doze ricos oms deven jurar al rey sobre la cruz et los santos Evangelios de curar li el cuerpo e la tierra, e el pueblo haga lo mismo, e ayndarli a mantener los fueros, e deven besar su mano. »

(**) Il n'est pas besoin de répéter que

mourut en 880, et fut remplacé par Garci-Iñiguez, son fils, qui avait pour femme Urraca, fille de Fortunio-Ximenez, sixième comte d'Aragon. Celui-ci, étant mort sans enfants, le comté se trouva, de cette manière, réuni au royaume de Sobrarbe. Il y avait déjà cinq années qu'il régnait, lorsque, se rendant avec la reine à Saint-Jean de la Peña, il tomba près de Larumbe, ville de la Navarre, dans une embuscade que lui avaient dressée les mahométans. Il y fut tué ainsi que sa femme, qui était alors enceinte, et cette circonstance doit être remarquée, car l'enfant qu'elle portait encore dans son sein, sauvé par une espèce de prodige, fut, au dire des historiens aragonais, appelé par la suite à monter sur le trône.

Garci-Iñiguez eut pour héritier Fortun, son fils ; mais les anciens auteurs ne nous apprennent presque rien sur son règne ; plusieurs même d'entre eux, et Tomich est de ce nombre, ne le comptent pas au nombre des rois. Ils le remplacent par un interrègne de seize ou dix-huit ans. Cependant Garribay a produit des pièces assez nombreuses et assez authentiques pour que presque tous les auteurs qui ont écrit depuis lui aient parlé du règne de ce fils de Garci-Iñiguez. Au reste, il paraît que son administration ne fut pas heureuse, et que, de son temps, les Maures reprirent aux chrétiens beaucoup de villes de l'Aragon et de la Navarre. Enfin, en 904, ce prince abdiqua la couronne et se retira dans un couvent, ce qui lui fit donner le surnom de Fortun le Moine.

L'année suivante, les Aragonais s'étant réunis pour élire un souverain, Sancho de Guevara, un des seigneurs

presque tout ce qu'on raconte relativement aux origines héraldiques de cette époque, est douteux ou controuvé. Ce qui paraît cependant certain, c'est que pendant longtemps et jusqu'à la bataille d'Alcoraz, livrée sous don Pèdre Ier, les armes d'Aragon restèrent d'azur, et au premier canton la croix d'argent pattée et terminée à sa branche inférieure en lame de poignard.

qui faisaient partie de l'assemblée, se leva et prit ainsi la parole :

« Seigneurs, vous savez tous comment le roi Garci-Iñiguez fut tué par les Maures, et avec lui la reine, sa femme, lorsqu'ils se rendaient ensemble à Saint-Jean de la Peña. Par bonheur, je passai dans l'endroit où le conflit avait eu lieu, et j'y trouvai le cadavre du roi et celui de la reine; et je vis que, du ventre de la reine, sortait une main d'enfant; et, tant prestement comme j'aperçus cette petite main, je dévalai de mon cheval, et, par la blessure, je tirai l'enfant du ventre de la reine; et je vis que cette petite créature était un enfant mâle; et incontinent je le fis baptiser et je le nommai Sancho; et, après, je l'emportai avec moi, et je l'ai fait nourrir, et, maintenant, j'ai amené ici cet infant, et je vous le présente à vous tous comme celui qui doit être votre seigneur. Cependant, s'il y a ici quelque personne ou cavalier, ou autre qui veuille dire le contraire, et prétendre que cela n'est pas ainsi que je le dis, j'offre de combattre de mon corps pour prouver que ce récit est aussi vrai, qu'il est vrai que c'est moi qui viens de vous le dire (*). »

Après ce discours, Sancho le Cesarien (Sanctius Cœso) fut proclamé roi sans opposition.

Pour nous, quoi qu'en ait dit le brave Sancho de Guevara, nous ne sommes pas tout à fait tenus de croire ce récit sur parole, et d'autres écrivains disent que les faits se passèrent d'une façon plus naturelle. Ils rapportent que Fortun le Moine abdiqua en faveur de Sancho, son frère, sans dire en aucune manière qu'il ait été mis au jour et conservé par une espèce de miracle. Cependant, les deux versions ont également des partisans, et Blancas dit que si les seigneurs de Guevara ont pris par la suite le nom de Ladron c'est parce que l'un d'eux avait, par un pieux larcin, dérobé le fils de leur roi à la mort.

CONQUÊTES DE SANCHO ABARCA. — MORT DE GARCIA. — BATAILLE DE SAINT-ÉTIENNE DE GORMAZ. — BATAILLE DE JUNQUERA. — MARTYRE DE PÉLAGE. — RÈGNE DE FROILA — ÉTABLISSEMENT DES JUGES DE CASTILLE — RÈGNE D'ALPHONSE LE MOINE. — RÈGNE DE D. RAMIRE II. — BATAILLE DE SIMANCAS. — ALLIANCE AVEC LE COMTE FERNAN GONZALEZ DE CASTILLE.

Comme on vient de le voir, dès les premières années du dixième siècle, de nouveaux princes étaient montés sur tous les trônes de la Péninsule. En 910, les enfants d'Alphonse le Grand s'étaient partagé les États de leur père. Ordoño gouvernait la Galice, don Garcia possédait le royaume des Asturies. Enfin, quoique ni Mariana, ni Ferreras ne fassent à cette époque mention de la royauté de Froïla, il paraît prouvé, par des documents dont on ne saurait suspecter l'authenticité, que ce troisième fils d'Alphonse avait la souveraineté d'Oviedo avec le titre de roi. Il existait encore en Espagne deux autres princes chrétiens; Mir, le fils de Wuifred le Velu, comte de Barcelone, commandait à une partie de la Catalogne, et quelque nom que l'on donne à l'État fondé au pied des Pyrénées, qu'on l'appelle Sobrarbe, Navarre ou Aragon, ce royaume avait, en 904, reconnu pour souverain Sancho le Césarien. Ainsi, les terres chrétiennes,

---

(*) « Senyors a tots es cert com lo rey Garcia Iniego fu mort e ab ell la reyna sa muller per Moros anant a Sant Johan de la Penya : e per bona ventura yo passi per lo loch hon lo conflicte era estat e trobi aqui lo dit rey mort e la reyna su muller; e viu que del ventre de la reyna exia una ma de criatura : e tant prestament como yo viu la ma de la criatura devalli de mo cavall e ab la spasa tragui li la criatura del ventre : e viu que la criatura era fill muscle e en continent fiu lo bateiare e meti li nom Sanxo : e apres lo men porti en ço del meu e l'ho fet nodrir e ara yo he menat aci lo dit infant e presentel a vos altres axi como aquell que es senyor; pero si aci ha alguna persona, o cavaller que vulla dir lo contrari que no sea axi como yo dic : yo offerre lo meu cors a combatre que les paraules por mi recitadas son axi veres com per mi son estades ditas. » Mossen en Pere Tomich, Historias dels reys de Aragon.

qui s'étendaient au nord et à l'orient des possessions musulmanes, étaient divisées en cinq petits États. Ordoño avait la Galice; Garcia, les Asturies; Froïla, Oviedo; Sancho le Césarien, l'Aragon, et Mir, la Catalogne. Quant à la portion qui obéissait aux Arabes, elle était de droit tout entière sous la domination de l'émir de Cordoue, Abd-el-Rahman III, qui venait, en 912, de succéder à son aïeul paternel Abd-Allah; mais de fait, depuis le règne d'El-Mundir, la plus grande partie de la vallée de l'Èbre, ainsi que la ville et les environs de Tolède, obéissaient aux enfants d'Hafsoun. Ceux ci, employant la plus grande partie de leurs forces à se maintenir indépendants de l'émir de Cordoue, laissaient probablement beaucoup de points vulnérables sur les frontières de l'Aragon, et c'est probablement à ces causes qu'il faut attribuer la rapidité avec laquelle le roi Sancho enleva aux Arabes une grande quantité de villes importantes. En 907, Sancho était passé dans l'Aquitaine, avec la plus grande partie de ses guerriers. Il y était encore lorsque l'hiver arriva, et que l'abondance des neiges vint rendre les passages des montagnes impraticables. Les Arabes crurent cette circonstance favorable pour s'emparer de Pampelune. Ils allèrent mettre le siége devant cette ville. Ils espéraient que la ville ne serait pas secourue, car ils croyaient impossible à une armée de franchir, à cette époque, les ports des Pyrénées. Mais Sancho fit donner à tous ses soldats des chaussures faites en cuir de bœuf cru, qui leur permirent de marcher au milieu des neiges, sans trop en souffrir. Son armée arriva à l'improviste, tomba sur les Arabes qu'elle mit en déroute. C'est à cette occasion, dit-on, que Sancho reçut le surnom d'Abarca; parce qu'on appelle ainsi cette chaussure grossière, qui est encore en usage chez les montagnards des Pyrénées. Elle a conservé chez eux la même forme et le même nom. Cette espèce de sandale est à peu près semblable à celle que portent les paysans de la Calabre. Elle consiste en un seul morceau de cuir relevé et lacé sur le pied à l'aide d'un cordon (*).

Sancho fit ensuite la conquête d'un grand nombre de villes; il prit en 908 Montjardin; en 909, Arcos, Sansol, Torres; en 910, Mendabia, Lodoso et tout le pays qui s'étend jusqu'à Milagro; en 913, il prit Najera; en 914, Alcanadre, Logroño, Calahorra, Tudèle; enfin, en 915, Tarrazone et Agreda.

De leur côté, les fils d'Alphonse faisaient aussi, avec avantage, la guerre aux Arabes; mais, dit Mariana, le pouvoir mal acquis n'a pas de durée, et don Garcia mourut de maladie, après un règne de trois années seulement; on élut, pour lui succéder, Ordoño, son frère, qui réunit ainsi dans la même main presque tous les États d'Alphonse le Grand. Ce fut lui qui le premier s'intitula roi de Léon, et qui établit dans cette ville le centre de son gouvernement. Il continua la guerre avec avantage, et remporta, contre les troupes d'Abd-el-Rahman, une victoire signalée, près de la ville de Talavera, qu'il prit et dont il détruisit les murailles parce qu'il ne pouvait pas la conserver.

Abd-el-Rahman, désirant tirer vengeance de l'échec qu'il avait éprouvé, demanda des renforts en Afrique. Et, ayant joint à son armée les troupes qui lui avaient été envoyées de la Mauritanie, il les confia au commandement d'un général nommé Aboul-Abbas (**). Les Maures pénétrèrent jusque sur les bords du Duero, près de Saint-Étienne de Gormaz. Ils y rencontrèrent l'armée d'Ordoño, à laquelle était venue se joindre celle du roi Sancho.

(*) On en trouve la forme dessinée fort exactement dans les armoiries de la famille aragonaise qui porte le nom d'Abarca. Blancas, *Commentarii rerum aragonensium,* p. 337.

(**) Il y a dans Ferreras Ablapaz, mais ce nom ne saurait être arabe, puisque la lettre *p* n'existe pas dans la langue arabe. Mariana défigure un peu moins ce nom; il le change seulement en celui de Avol Alpaz.

Abarca. Après avoir longtemps disputé la victoire, les Arabes furent mis en déroute. Leur général fut tué dans le combat, et cette défaite fut assez sanglante pour déterminer Abd-el-Rahman à demander la paix. Ordoño lui accorda une trêve de trois années. Dès que ce délai fut expiré, l'émir de Cordoue entra de nouveau dans la Galice, et remporta sur Ordoño quelques avantages dans un lieu appelé Mindonia. Ces avantages n'eurent rien de bien sérieux, car les Maures laissèrent la Galice tranquille pour porter leurs armes vers les Pyrénées. C'était en 921; il y avait deux ans que le roi Sancho-Abarca s'était retiré dans le couvent de Leyra; il n'avait pas abdiqué la couronne, mais il laissait à Garci-Abarca, son fils, le soin de gouverner le royaume. Les forces des Maures étaient imposantes, et le roi d'Aragon appela à son secours le roi Ordoño, comme il avait été lui-même au secours de celui-ci, lors de la bataille de Saint-Étienne de Gormaz. Malgré cette réunion, les armées chrétiennes ne furent pas heureuses; elles furent mises en déroute par les troupes d'Abd-el-Rahman, dans un endroit appelé le Val de Junquera. Une circonstance a rendu cette bataille célèbre. Deux évêques, Dulcidius de Salamanque et Hermogius de Tuy, qui combattaient à la tête des troupes fournies par leurs diocèses, tombèrent entre les mains des Maures. On traita du rachat de ces deux prisonniers, et, comme on ne pouvait réunir la somme suffisante pour la rançon de l'évêque Hermogius, on en paya une partie, et, pour sûreté du reste, on donna le fils d'une de ses sœurs. Ce jeune enfant, nommé Pélage, n'avait que 13 ans. Il était d'une beauté remarquable. L'émir Abd-el-Rahman, l'ayant fait amener en sa présence, une passion monstrueuse s'empara du cœur de ce prince. Mais ses caresses n'excitèrent que la colère et l'indignation du jeune chrétien, qui, pour s'y soustraire, le frappa au visage et lui arracha la barbe. Alors Abd-el-Rahman, furieux, commanda sur-le-champ de lui donner des coups de corde jusqu'à ce qu'il en mourût, ou qu'il cessât de confesser le Christ; et, comme Pélage supportait ce supplice avec courage, et qu'il ne cessait pas d'invoquer le nom de Jésus-Christ, on lui coupa les membres les uns après les autres, on le décapita, et les lambeaux de son corps furent jetés dans le Guadalquivir; mais les chrétiens les repêchèrent et lui donnèrent la sépulture. Ce fut, disent les historiens, le 25 juin de l'année 924 que Pélage souffrit le martyre.

Après la victoire du Val de Junquera, les Arabes, au lieu d'en profiter pour rétablir d'une manière solide leur domination au pied des Pyrénées, traversèrent ces montagnes et firent une incursion en France. Ils s'avancèrent jusqu'aux portes de Toulouse, et s'en revinrent chargés de butin. Afin de retourner plus commodément en Espagne, l'armée des Sarrasins s'était divisée en deux corps. Le plus important, celui qui avait à sa tête le général de l'expédition, s'engagea dans la vallée de Roncal. Il y fut attaqué par Garci-Abarca, qui avait profité de l'absence des ennemis pour rallier son armée. Il s'était emparé des défilés des montagnes; et, quand les musulmans eurent pénétré dans ces passages difficiles, il fut aisé aux Aragonais, qui étaient maîtres des hauteurs, de les y exterminer. On raconte que le général arabe étant tombé entre les mains d'une femme qui combattait parmi les chrétiens, elle le poignarda.

Le reste de cette armée était rentré par la vallée de Jaca; Garci-Abarca se mit à sa poursuite, et l'ayant atteint près de l'Èbre, dans un taillis appelé Bardena-Real, il l'attaqua, le défit, en sorte que tout le butin ramassé par les ennemis, dans la course qu'ils venaient de faire, tomba entre ses mains.

Tandis que le roi d'Aragon tirait ainsi une noble vengeance de la défaite de Junquera, celui de Léon s'en prenait aux comtes de Castille. Convoqués par lui, ils avaient refusé de lui amener les troupes qu'ils devaient lui fournir comme feudataires, et c'était, en grande partie, à leur absence qu'Ordoño attribuait la défaite de Junquera. Tous ces petits souverains aspiraient d'ailleurs à se déclarer indépendants. On se rappelle combien était déjà puissant Nuño-Fernandez, qui, beau-père de Garcia, avait puissamment contribué à renverser Alphonse le Grand du trône. Ordoño fit mander à sa cour Nuño-Fernandez, Almondar dit le Blanc, son fils Diego et Fernando-Ansurez, sous prétexte de conférer avec eux sur les affaires les plus graves de l'État. Dès qu'ils furent arrivés, il les fit arrêter. Il les emmena avec lui à Léon, où il les fit étrangler dans leur prison. Les historiens portent sur cette action d'Ordoño les jugements les plus opposés. Les uns la regardent comme un acte de cruauté qui a souillé la fin de son règne; d'autres la considèrent comme un juste châtiment imposé à des sujets rebelles.

Les victoires de Roncal et de Bardena-Real avaient permis au roi d'Aragon de reprendre rapidement les villes que les Maures lui avaient enlevées à la suite de l'affaire de Junquera. Deux de ces villes seulement lui opposaient une vive résistance : c'étaient Najera et Viguera. Garci Abarca appela le roi de Léon à son aide. Ordoño s'empressa d'accourir, et leurs armées réunies eurent bientôt enlevé ces deux villes, qui furent remises aux Aragonais. Garci, par reconnaissance et pour resserrer encore davantage l'alliance qui existait entre lui et Ordoño, donna sa fille doña Sancha pour femme à ce prince. Mais cette union fut de bien courte durée, car, en retournant à Léon, le roi fut pris d'une maladie dont il mourut en peu de temps.

Ordoño avait eu trois femmes. De la première, nommée Elvire, il avait eu deux enfants, Alphonse et D. Ramire. Après la mort d'Elvire, il avait épousé une demoiselle d'une puissante famille de la Galice, nommée Argonta; mais il l'avait bientôt répudiée.

Sa troisième épouse était doña Sancha, infante d'Aragon.

On donna pour successeur à D. Ordoño, Froïla son frère, qui, ainsi que nous l'avons vu, portait depuis treize ans le titre de roi d'Oviédo. Le règne de Froïla, comme roi de Léon, ne dura que quatorze mois. C'est pendant ce temps qu'eut lieu la révolte de la Castille. Les habitants de cette province, irrités du supplice de leurs comtes, et mécontents d'ailleurs de ce qu'on les obligeait de recourir aux tribunaux de Léon pour faire décider les difficultés qui pouvaient s'élever entre eux, prirent la résolution de former un État à part, et de nommer des magistrats qui les gouverneraient. Mais dans la crainte que ceux-ci ne pussent se prévaloir de leur titre pour opprimer la liberté, ils ne voulurent leur donner ni le nom de prince, ni celui de roi, et se bornèrent à les appeler leurs juges. Ceux auxquels ils confièrent cette magistrature furent: Nuño Rasura et Laïn Calvo. Ce dernier était le plus jeune. Il était marié avec Nuña Bella, fille de son collègue. Ce fut lui qu'on chargea de tout ce qui concernait la guerre, parce que sa bravoure et son expérience étaient connues. Nuño Rasura eut dans ses attributions la direction intérieure de l'État et l'administration de la justice. On a peu de détails sur les faits de leur gouvernement; on sait seulement qu'ils se montrèrent dignes du choix de leurs compatriotes, et que leurs descendants ne dégénérèrent pas. Laïn Calvo fut, en effet, père du quatris-aïeul du Cid Campeador. Nuño Rasura eut pour fils Gonçalo Nuño qui lui succéda dans sa charge. Celui-ci eut pour femme doña Ximena, fille de Nuño Fernandez, l'un des comtes mis à mort par Ordoño. C'est de ce mariage que naquit le fameux Fernan Gonçalez, que nous verrons reprendre, dans peu d'années, le titre de comte de Castille, et qui finira par ériger cette province en souveraineté indépendante.

Froïla ne put réprimer cette révolte des Castillans. Pendant le règne si court que lui accorda la Providence, il fit mettre à mort les fils d'un seigneur nommé Olmundo, et il trouva le moyen de faire maudire sa cruauté. On regarda comme un châtiment de Dieu l'horrible maladie dont il fut atteint. Il mourut de la lèpre. Il laissait trois enfants légitimes nommés D. Alphonse, D. Ordoño et D. Ramire: aucun d'eux ne fut appelé à lui succéder.

On proclama pour roi l'aîné des enfants d'Ordoño II. C'était Alphonse, le quatrième du nom. Ce prince se montra d'un caractère faible, léger et incapable de gouverner. Il était surtout adonné aux pratiques de dévotion. Après trois années d'un règne qui ne présente rien de remarquable, il eut le malheur de perdre sa femme Urraca (*). Il en éprouva un chagrin si violent, qu'il prit la résolution de se retirer du monde. Il abdiqua la couronne en faveur de son frère D. Ramire, et il se retira dans un couvent, ce qui le fait désigner par les historiens sous le surnom d'Alphonse le Moine.

Un des premiers actes de don Ramire fut de contracter alliance avec les descendants d'Hafsoun, qui continuaient de se maintenir dans l'Espagne orientale indépendants de l'émir de Cordoue Abd-el-Rahman III. Ce souverain, dès le commencement de son règne, avait pris le titre d'*Émir-al-Moumenim*, c'est-à-dire, commandeur des croyants, qui n'avait encore été porté par aucun de ses prédécesseurs. Il avait pris aussi le surnom de *El-Nassr-Ledin-Allah*, le défenseur de la loi de Dieu. Pour justifier ce titre, il s'était appliqué à détruire un parti qui, en divisant les musulmans, compromettait sans cesse le succès de leurs armes. Il avait appelé sous les drapeaux les guerriers des provinces restées fidèles, et il avait été attaquer Kaleb-ben-Hafsoun. Celui-ci ayant confié à Djafar, l'un de ses fils, le soin de défendre Tolède, s'était retiré dans les provinces orientales, où il eut bientôt rassemblé une armée de 40,000 hommes. *Abd-el-Rahman* ne crut pas devoir s'arrêter à faire le siège de Tolède, qui était défendue par une nombreuse garnison : il se dirigea vers l'Espagne orientale, et ne tarda pas à rencontrer l'armée d'Hafsoun et à lui livrer bataille. Il remporta sur elle une victoire qui ne termina rien, et Kaleb-ben-Hafsoun ayant conservé des forces imposantes, n'en continua pas moins à faire la guerre. La prise de Saragosse, qui fut livrée par la jeunesse de cette ville aux troupes d'Abd-el-Rahman, n'abattit pas son parti; et quand, dans le courant de mai 919, Kaleb-ben-Hafsoun mourut, il laissa deux fils, Soleïman et Djafar, qui, héritiers de son pouvoir et de son courage, soutinrent la lutte commencée par leur aïeul. Djafar défendit la ville de Tolède jusqu'en 927; mais Abd-el-Rahman ayant pendant deux années de suite dévasté les environs de cette cité de manière à empêcher que ses habitants ne pussent recueillir aucune provision, la position ne se trouva plus tenable, et Djafar, à la tête de 5,000 hommes qui formaient la plus grande partie de la garnison, traversa pendant la nuit le camp des assiégeants, abandonnant la ville, qui se rendit le lendemain. Abd-el-Rahman y mit pour gouverneur Abd-Allah-ben-Jali. C'est en ce temps que Djafar sollicita l'appui des chrétiens, fit alliance avec eux, et alla même, dit-on, jusqu'à se reconnaître leur vassal. Don Ramire, à l'instigation du descendant d'Hafsoun, se disposait à porter la guerre sur les terres musulmanes; il rassemblait son armée à Zamora, lorsqu'un envoyé vint lui annoncer qu'Alphonse avait quitté son cloître, et qu'il avait repris à Léon les insignes de la royauté. Aussitôt, à la tête des troupes qu'il avait réunies, il se dirigea vers Léon, assiégea la ville, qui se défendit longtemps; mais enfin il s'en rendit maître; il y prit Alphonse, qu'il fit jeter en prison. Les trois fils de Froïla II, qui avaient embrassé le parti d'Alphonse, furent pris dans les Asturies, où ils avaient excité quelques

---

(*) Sampire donne à cette reine le nom de Ximena.

troubles, et don Ramire les ayant jetés dans la même prison que ce prince, leur fit le même jour crever les yeux à tous les quatre. Il les renferma ensuite dans le couvent de Saint-Julien, qui était voisin de Léon. Alphonse le Moine y mourut dans le courant de l'année 932.

Quand don Ramire eut assuré de cette manière le repos intérieur de l'État, il reprit ses projets de guerre contre les musulmans: il entra dans le pays de Tolède; il s'empara de la ville de Madrid, dont il détruisit les murailles. Pendant son règne il remporta sur les Arabes plusieurs victoires importantes. La plus célèbre est celle livrée le 6 août 938, près de Simancas, à l'endroit où la Pisuerga se jette dans le Duero. C'est, disent quelques historiens, avant de partir pour cette campagne que don Ramire se rendit au tombeau de saint Jacques, afin d'obtenir le secours du ciel par l'intercession de cet apôtre de l'Espagne. A cette occasion, il fit, disent-ils, le vœu qu'on a attribué plus tard à don Ramire Ier et qu'on a reporté à la bataille de Clavijo. L'un des guerriers qui prirent le plus de part aux événements de cette époque, fut le fameux Fernan Gonçalez, appelé quelquefois comte de Salas ou de Lara, mais plus connu sous le titre de comte de Castille, qu'il reprit sans doute de l'aveu du roi de Léon. Il se signala dans toutes les guerres contre les musulmans. Mais il ne porta pas les armes contre les infidèles seulement. Mariana raconte que des difficultés s'étant élevées entre le comte de Castille et don Sancho-Abarca, ils livrèrent une bataille, dans laquelle le roi d'Aragon aurait été tué de la main du comte lui-même. Blancas ne parle pas de ce prétendu combat: il dit, au contraire, que l'époque de la mort de Sancho-Abarca n'est pas parfaitement connue. Un fait qui paraît plus certain est la tentative faite par ce comte pour se rendre souverain indépendant de la Castille. Il n'était pas assez fort pour lutter contre le roi de Léon; il tomba entre les mains de ce souverain, qui le fit enfermer en prison, ainsi qu'un autre comte don Gonçalo Nuñez. Mais Ramire comprenant combien il importait d'entretenir la bonne harmonie entre Léon et la Castille, rendit bientôt la liberté à ses prisonniers, et, pour assurer le maintien de la paix, il donna pour épouse à son fils Ordoño une fille du comte Fernan Gonçalez, qui portait, comme sa mère, le nom de doña Urraca (*).

Vers la fin de l'année 949, le roi don Ramire ayant fait un voyage de Léon

(*) Voici d'après M. Romey l'étymologie de ce nom qui a été longtemps fort usité en Espagne:

« Je m'arrêterai un moment ici sur le nom d'Urraca, qui se produira dorénavant fort fréquemment dans cette histoire. Moralès veut que ce soit une corruption d'Aragonta; mais il paraît plus naturel d'en chercher l'origine dans le nom gothique d'Ulrica, qui a pu être facilement changé par une prononciation barbare en Urraca. C'est là, ce nous semble, l'étymologie la plus vraisemblable de ce singulier nom particulier à l'Espagne, à moins que nous ne la cherchions dans la langue arabe, où Bouraka, Bourraka (Urraca, par la suppression du b, et en écrivant à la latine et à l'espagnole où l'u se prononce toujours ou) signifie resplendissante, de diverses couleurs, mêlée de blanc et de noir; ce qui pourrait convenir assez bien à un nom de femme. Les Arabes donnent par la même raison ce nom à tout ce qui est blanc et noir, à l'œil, à la chèvre, au canard, à la pie (Hurraca est encore aujourd'hui le nom de cette dernière en espagnol); et la monture sur laquelle Mahomet fut transporté au ciel, est nommée dans le Koran, à cause de l'éclat dont elle était douée, El-Bourak. Quoi qu'il en soit de cette origine, nous verrons en son lieu que la seconde fille d'Alphonse VIII de Castille et de Léonore d'Angleterre manqua de devenir reine de France, parce que les ambassadeurs français trouvèrent trop dur le nom d'Urraca qu'elle portait. Philippe-Auguste leur avait donné plein pouvoir de choisir pour son fils Louis celle des filles du roi de Castille qu'ils jugeraient la plus digne de son alliance, et bien qu'Urraca fût plus belle que sa sœur puînée Blanca, ils lui préférèrent celle-ci à cause de son nom; et c'est pourquoi elle épousa Louis, depuis Louis VIII, et fut la mère de saint Louis.

à Oviédo, fut atteint dans cette dernière ville d'une maladie mortelle. Il s'empressa de revenir à Léon, y rassembla les grands du royaume, et en leur présence il abdiqua en faveur de son fils Ordoño, le troisième roi de ce nom. Il mourut, après une courte maladie, le 5 janvier 950, laissant trois enfants : don Ordoño, doña Elvire et don Sancho le Gros.

SUITE DU RÈGNE D'ABD-EL-RAHMAN III. — DESCRIPTION DE MEDINA-AL-ZARAH. — RÈGNE D'ORDONO III. — DE SANCHO LE GROS. — SANCHO LE GROS EST DÉTRÔNÉ. — RÈGNE D'ORDONO LE MAUVAIS. — LES MÉDECINS DE CORDOUE GUÉRISSENT SANCHO LE GROS DE L'INFIRMITÉ DONT IL ÉTAIT ATTEINT. — IL EST RAPPELÉ PAR SES SUJETS ET REMONTE SUR LE TRÔNE. — FERNAN GONÇALEZ OBTIENT LA SOUVERAINETÉ INDÉPENDANTE DU COMTÉ DE CASTILLE. — MORT D'ABD-EL-RAHMAN III. — SANCHO LE GROS MEURT EMPOISONNÉ.

Malgré les échecs que plus d'une fois les chrétiens avaient en ce temps fait éprouver aux armes musulmanes, on peut cependant regarder le règne d'Abd-el-Rahman comme un des plus glorieux pour l'islamisme. Il paraît que ce prince put enfin étouffer la rébellion soulevée par Hafsoun dans les provinces orientales de l'Espagne, puisque, depuis la prise de Tolède, les historiens ne font plus mention ni de Soleïman, ni de Djafar, fils de Kaleb-ben-Hafsoun. Quand il fut parvenu à établir le calme et la tranquillité intérieure dans ses États, il s'occupa d'y faire fleurir les arts de la paix. Il bâtit sur les bords du Guadalquivir, à cinq milles au-dessous de Cordoue, une ville nommée Medina-al-Zarah. Quand on lit ce que les historiens rapportent de la magnificence de ces constructions, on croirait entendre un de ces contes enfantés par la brillante imagination des poètes orientaux. Cette description ressemble aux féeries des mille et une nuits. Le palais que Abd-el-Rahman III y fit élever était assez grand pour loger toute sa cour avec une garde de 12,000 cavaliers. Il était couvert de toits dorés et soutenu par quatre mille trois cents colonnes des marbres les plus précieux. Le pavé, les murs étaient de jaspe, ou de ce stuc de couleur éclatante dont quelques monuments arabes conservent encore des restes admirables, mais dont le secret semble perdu. Le bois de cèdre était le seul qui eût été employé dans la construction. Les plafonds étaient peints d'or et d'azur, ornés d'arabesques en relief et de ciselures du travail le plus délicat. Un jardin délicieux, où croissaient toutes les plantes du monde connu, entourait cette magnifique demeure. Parmi les pavillons de marbre et d'albâtre dont il était embelli on distinguait le pavillon du calife : c'était celui où Abd-el-Rahman venait se reposer des fatigues de la chasse. Il était formé par une galerie circulaire de colonnes de marbre blanc, surmontées de chapiteaux dorés. Les portes étaient d'ébène et d'ivoire. Du milieu d'une conque de porphyre s'élançait un jet de vif-argent, qui, en retombant, reflétait les rayons du soleil, et jetait des éclairs dont l'œil avait peine à soutenir l'éclat. Dans presque toutes les salles il y avait des fontaines et des bassins de marbre ou de jaspe. On voyait dans la salle qu'on appelait du califat, une conque du plus beau jaspe, remplie d'eau, au milieu de laquelle était un cygne d'or d'un travail admirable. Enfin Abd-el-Rahman avait fait placer au-dessus de la porte principale une statue de la maîtresse pour laquelle il élevait ces merveilleux palais (*) :

(*) Une grande partie des musulmans regardent la reproduction des êtres animés comme contraire aux principes de la loi de Mahomet. Ainsi M. de Choiseul ayant voulu faire le portrait d'un soldat albanais de la garnison de Coron, celui-ci qui, pour un sequin, aurait assassiné dix personnes, lui fit répondre que « pour tout l'or du monde il ne consentirait pas à laisser ainsi prendre sa figure, et que M. de Choiseul serait bien effrayé quand, au jour du jugement, tous ces petits hommes que produisait son crayon viendraient lui demander leurs âmes. »

Cependant cette répugnance pour les images est chez les musulmans un préjugé plutôt qu'un article de foi; dès les premiers temps de l'islamisme, plusieurs souverains

elle s'appelait Zahra, mot qui en arabe signifie une fleur. Il nomma la ville nouvelle Medina-al-Zahra, ou, suivant l'orthographe espagnole, Medina-Azzara, la ville de la fleur.

Cette ville si magnifique a été entièrement détruite ; il n'en reste pas même de ruines, et on pourrait regarder comme fabuleux tout ce qu'on en rapporte, si tous les historiens chrétiens ou musulmans n'en parlaient de la même manière. L'archevêque Roderich de Tolède dit qu'elle existait encore de son temps. Enfin, on possède quelques preuves matérielles qui viennent confirmer le récit des historiens. Abd-el-Rahman avait transporté à Zahra l'hôtel des monnaies, et l'on trouve encore beaucoup de pièces qui portent le nom de cette ville. La pièce de Soleïman, dont la gravure forme le numéro 2 de la planche 80, a été frappée à Zahra.

Pendant que la sage administration d'Abd-el-Rahman s'appliquait à faire fleurir les arts, des dissensions civiles désolaient le royaume de Léon. Ordoño II, fils et successeur de don Ramire, était contraint de prendre les armes pour repousser les attaques de son propre frère Sancho le Gros et de Fernan Gonçalez, son beau-père. Il est des historiens qui prétendent qu'Ordoño leur avait donné à tous les deux de justes sujets de plainte ; d'autres disent que Sancho réclamait la souveraineté d'une partie du royaume, et que Fernan Gonçalez l'avait poussé à cette démarche afin d'affaiblir le royaume de Léon, dont il voulait se déclarer indépendant. Quoi qu'il en soit, cette révolte fut promptement apaisée, et les deux frères se réconcilièrent ; mais le ressentiment d'Ordoño contre Gonçalo Fernandez, son beau-père, ne se calma pas aussi facilement, et voulant lui exprimer tout son mécontentement, il répudia sa femme Urraca, et prit une autre épouse du nom d'Elvire. Il réprima quelques troubles qui s'étaient également élevés dans la Galice ; puis, afin de ne pas congédier l'armée qu'il avait rassemblée sans l'avoir employée, il pénétra dans la Lusitanie, poussa son incursion jusqu'aux portes de Lisbonne, et s'en revint chargé de butin. De son côté, le comte Fernan Gonçalez entra sur les terres des Maures, et leur enleva le château de Carranço ; en sorte qu'Abd-el-Rahman, pour tirer vengeance de ces agressions, rassembla aussi une armée et entra dans la Castille. Les Maures et les chrétiens se rencontrèrent ; mais il faut que la victoire ne se soit pas déclarée d'une manière bien certaine, puisque les écrivains des deux nations attribuent chacun l'avantage à leurs compatriotes ; il en est d'autres qui regardent cette affaire comme de peu d'importance, et la passent sous silence. Voici, au reste, comment les chroniqueurs espagnols la racontent. A la nouvelle des armements que préparait le calife, Fernan Gonçalez rassembla les principaux seigneurs de la Castille, pour s'entendre avec eux sur le parti qu'il fallait prendre. Les uns étaient d'avis qu'on achetât des Maures la paix à prix d'argent ; les autres regardaient comme plus honorable et plus avantageux de combattre. Le comte Fernan Gonçalez était du nombre de ces derniers. Par ses raisonnements et ses prières il fit prévaloir son opinion. On marcha donc au-devant de l'ennemi. Les camps étaient placés près de la ville de Lara. Mais comme on resta quelque temps en présence sans en venir aux mains, le comte Fernan Gonçalez profita d'un jour de repos

s'efforcèrent de le détruire. Le calife Mohawiah fit frapper des dinars sur lesquels était son effigie. Les Persans et tous les musulmans qui font partie de la secte d'Ali, exposent dans leurs habitations et même en public, sans aucun scrupule, des figures d'hommes ou d'animaux. Les musulmans espagnols paraissent avoir partagé quelquefois, sur cette matière, la tolérance des disciples d'Ali, puisqu'on trouve dans plusieurs de leurs monuments la représentation d'êtres vivants. Ainsi on voit encore à l'Alhambra la fameuse cour des lions. La salle du califat dans le palais de Zahra contenait un cygne d'or. Il n'est donc point étonnant qu'Abd-el-Rahman ait aussi érigé une statue à sa maîtresse.

pour aller à la chasse. En poursuivant un sanglier, il s'éloigna des personnes qui l'accompagnaient et se trouva au milieu des bois, près d'un ermitage où se voyait un autel tout couvert de lierre, et consacré à l'apôtre saint Pierre. C'est en cet endroit que le sanglier s'était réfugié comme dans un lieu d'asile. Le comte, en effet, touché par la sainteté de cette retraite, s'abstint d'y frapper le gibier qu'il avait poursuivi. Il s'agenouilla au pied de l'autel, demandant à Dieu son assistance dans le combat qu'on allait livrer. Un saint homme du nom de Pélage, qui habitait dans cette solitude, interrogé par le comte sur le résultat de la lutte qui allait s'engager, lui promit la victoire, et lui assura que la protection divine s'annoncerait par un prodige qui précéderait la bataille. En effet, le matin, dès que l'armée des Espagnols fut rangée pour le combat, un chevalier nommé Pedro Gonçalez de la Puente de Fitero ayant piqué des deux pour prendre les devants, la terre s'entr'ouvrit sous ses pieds, l'engloutit et se referma sans qu'il en restât de traces. L'armée fut d'abord effrayée par ce miracle; mais Fernan Gonçalez ayant raconté ce qui lui avait été prédit par l'ermite, et ayant annoncé que c'était le présage de la victoire, les chrétiens, malgré leur petit nombre, se précipitèrent sur les Maures, les mirent en fuite, et firent un grand butin sur eux. C'est, d.t-on, à la suite de cette journée glorieuse que le comte Fernan Gonçalez fonda le monastère de Saint-Pierre d'Arlanza. On raconte aussi que les troupes de Castille, réunies à celles d'Ordoño, avec qui le comte s'était réconcilié, ne tardèrent pas à remporter près de Saint-Étienne de Gormaz une nouvelle victoire sur les mahométans. Le roi, heureux de ce succès, se préparait à faire encore une incursion sur les terres des Arabes, lorsqu'il fut atteint à Zamora d'une maladie dont il mourut en 955. Il ne laissait qu'un fils nommé Bermude, qu'il avait eu de son mariage avec Elvire, sa seconde femme; mais ce prince n'avait encore que quelques années, et l'on élut pour roi don Sancho, frère du précédent roi. Les troubles qui avaient agité les premières années du règne d'Ordoño se renouvelèrent quand don Sancho monta sur le trône. Fernan Gonçalez désirant se rendre indépendant du royaume de Léon, ne songeait qu'à susciter des désordres dans l'État. Il souleva les grands du royaume contre Sancho, qui fut forcé d'aller chercher un asile en Navarre, auprès du roi Garci-Abarca, son parent. On choisit pour le remplacer le fils d'Alphonse le Moine, nommé Ordoño, qui avait épousé doña Urraca, cette fille du comte Fernan Gonçalez répudiée par Ordoño III. Il dut en grande partie son élection à l'influence de son beau-père. Quant au roi détrôné, il était, depuis quelque temps, atteint d'une infirmité qui lui permettait à peine de se mouvoir. Il était devenu si gros qu'il ne pouvait monter même sur les plus petits chevaux des Asturies. Quelle que fût la cause de cette gênante obésité, qu'elle provînt d'un excès d'embonpoint ou d'une hydropisie, Sancho résolut de s'en débarrasser. Les médecins arabes étaient à cette époque les plus renommés de l'univers. Aboulcasis, ce célèbre praticien dont les écrits méritent encore d'être consultés, était alors dans toute la plénitude de son talent. Sancho demanda au calife Abd-el-Rahman la permission d'aller à Cordoue pour se faire guérir de l'incommodité qui le tourmentait. Non-seulement l'autorisation qu'il sollicitait lui fut accordée, mais Abd el-Rahman voulut le recevoir dans son palais, et le fit traiter par ses propres médecins. Par leurs soins il fut délivré de cette infirmité qui l'avait fait surnommer *le gros*. Il recouvra toute son agilité première; mais il fallut près de deux années pour que cette guérison fût complète. Pendant ce temps, les relations les plus amicales s'établirent entre l'émir de Cordoue et le roi détrôné. De son côté, Ordoño IV, ce fils d'Alphonse le Moine qu'on avait élu roi à la place de Sancho, avait su se rendre odieux par ses violences et par ses excès ; il avait mérité le nom d'Ordoño le Mauvais, sous lequel les historiens le désignent. Un grand nombre de seigneurs de Léon écrivirent alors à Sancho qu'il n'avait qu'à paraître à la tête de quelques troupes, et que tout le pays se soulèverait en sa faveur. Don Sancho obtint facilement d'Abd-el-Rahman, dont il avait gagné l'amitié, l'armée qui lui était nécessaire : il se mit en marche pour le royaume de Léon. Ordoño *le Mauvais* n'attendit pas l'armée arabe : il prit honteusement la fuite, disent tous les historiens. Peut-être, cependant, ne serait-il pas juste d'attribuer cette fuite à sa lâcheté : la défense était impossible ; il se voyait abandonné par tout le monde. Il alla chercher un refuge dans les Asturies ; mais son rival, dont toutes les villes et toutes les populations embrassaient le parti, se mit à sa poursuite. Ordoño crut trouver un asile dans les États de son beau-père ; mais, dit Mariana, tout le monde abandonne les malheureux, et les pierres même se soulèvent contre celui qui fuit. Les Castillans le regardant comme indigne de conserver le titre de gendre du comte de Castille, lui enlevèrent sa femme doña Urraca, et le chassèrent ignominieusement de leur territoire. Il fut obligé de fuir jusque sur les terres musulmanes de l'Aragon, où il traîna, dit-on, une vie misérable.

Lorsque don Sancho eut ainsi recouvré son royaume, il songea à réunir tous les grands pour les consulter sur les intérêts de l'État. Fernan Gonçalez, de même que les autres grands vassaux du royaume, fut invité à se trouver à ces cortès. Le comte, craignant le ressentiment que le roi devait avoir conçu contre lui, et se méfiant de quelque embûche, n'y vint que bien accompagné. Mais le roi, loin de manifester la moindre rancune de ce qui s'était passé, sortit au-devant de lui pour lui faire honneur, et le reçut de la manière la plus amicale. Le comte était monté sur un cheval magnifique : il portait sur le poing un faucon des mieux affaités. Le roi ayant beaucoup admiré la beauté du cheval et du faucon, le comte les lui offrit ; mais le roi ne voulut pas les accepter en présent. Il demanda au comte de les lui vendre, et Fernan Gonçalez les mit à un prix si élevé, que Sancho ne put les payer immédiatement, car ses finances étaient épuisées par les dépenses et les largesses qu'il avait été dans la nécessité de faire pour reconquérir son royaume. Il demanda donc du temps pour payer ; le comte accorda un terme assez éloigné ; mais il imposa cette stipulation, comme clause du marché, que si la somme n'était pas payée le jour même de l'échéance, elle serait doublée par chaque jour de retard.

Après la clôture des cortès, Fernan Gonçalez retourna en Castille, et fit la guerre à Vela, seigneur de l'Alava, qu'il dépouilla de ses États et qu'il contraignit à chercher un refuge chez les musulmans. On dit même qu'il porta aussi les armes contre la Navarre.

Soit que ces conquêtes et ces augmentations de pouvoir eussent inspiré quelque crainte au roi de Léon, soit que le comte lui eût donné quelque autre sujet de mécontentement, Sancho le manda à sa cour. Fernan Gonçalez s'étant empressé de s'y rendre, le roi le fit arrêter et jeter dans une prison. Doña Sancha, épouse du comte, fit de vaines prières pour obtenir sa liberté ; mais n'ayant pu fléchir le roi, elle annonça le projet de se rendre en pèlerinage au tombeau de saint Jacques. Son chemin était de passer par la ville de Léon. Elle alla donc voir le roi Sancho, dont elle était parente ; et demanda la permission de coucher dans la prison de son mari, ce qui lui fut accordé sans la moindre difficulté. A la pointe du jour, ce fut le comte Fernan Gonçalez qui sortit déguisé avec les vêtements de sa femme. Il trouva près de là un cheval qu'on lui tenait préparé, et regagna en toute hâte la Castille. Lorsque le roi de Léon apprit cette évasion il commença par se mettre en colère, puis, lorsque le premier mouvement de mauvaise humeur fut passé, il ne put s'empêcher de rendre hommage à l'adresse et au dévouement honorable de doña Sancha. Il ordonna qu'elle fût mise en liberté et rendue à son mari. Quant à Fernan Gonçalez, il se prépara à faire la guerre au roi de Léon, l'accusant d'être un mauvais débiteur, et réclamant tout haut le prix du cheval et du faucon qu'il lui avait vendus. Le roi reconnut la justice de cette réclamation, et persuadé qu'un homme d'honneur ne saurait se battre avec son créancier avant d'avoir payé ce qu'il lui doit, il donna l'ordre à ses trésoriers de faire le compte de la créance de Fernan Gonçalez, et de la payer. Il y avait bien longtemps que le terme stipulé était passé, et les trésoriers vinrent, au grand étonnement de don Sancho, lui expliquer que le prix de toutes les terres de l'Espagne, avec toutes les richesses qu'elles peuvent contenir, ne ferait qu'une fraction minime de ce qui, par suite du retard dans le payement, était dû à Fernan Gonçalez. Il fallut donc pour se libérer que Sancho transigeât, et le comte reçut pour indemnité la souveraineté indépendante de la Castille. C'est au moins ce que racontent quelques historiens ; mais nous ne sommes pas tenus de les croire.

Don Sancho éprouva à cette époque un autre sujet de chagrin. Abd-el-Rahman, aux secours duquel il devait d'avoir recouvré la couronne, mourut en l'année 961. Il était âgé de soixante et douze ans, et avait régné d'une manière glorieuse pendant cinquante années et quelques mois. Cependant on trouva, dit-on, après sa mort, cet écrit qu'il avait tracé de sa main :

« J'ai régné cinquante ans, et mon règne a toujours été paisible ou victorieux. Aimé de mes sujets, redouté de mes ennemis, respecté de mes alliés et des plus grands princes de la terre, la richesse et les honneurs, la puissance et le plaisir, j'avais tout à souhait : aucun bien terrestre ne me manquait. J'ai compté les jours où j'ai goûté un bonheur sans mélange ; je n'en ai trouvé que quatorze. »

Malgré l'hostilité avec laquelle les historiens espagnols jugent toujours les princes mahométans, ils ne peuvent s'empêcher de rendre hommage aux vertus et au généreux caractère de ce souverain. El-Hakem, son fils, avait été reconnu d'avance pour son successeur. Il fut proclamé émir le lendemain de la mort de son père. Il avait déjà quarante-sept ans. Dès que don Sancho connut la mort d'Abd-el-Rahman, il adressa une ambassade au nouveau prince, pour le complimenter sur la mort de son père, et pour renouveler le traité d'amitié qui avait été fait entre les deux États.

Les soins de don Sancho ne purent assurer à ses sujets une complète tranquillité ; la paix fut troublée par quelques révoltes dans la Galice. Les Normands vinrent aussi porter leurs ravages jusqu'auprès de Compostelle. Sisenand, évêque de cette ville, demanda au roi la permission de la garnir de bonnes murailles. Le roi la lui ayant accordée, il profita de cette autorisation pour exercer dans le pays une foule de violences et d'exactions. Don Sancho, instruit de sa conduite, le fit prendre et renfermer dans une forteresse. En apprenant que Sisenand avait été déposé de son siége et jeté dans une prison, un de ses parents nommé Gonçalo Sanchez, qui était seigneur des villes de Viseo et de Lamego en Portugal, se révolta contre le roi. Don Sancho s'avança aussitôt à la tête de son armée pour le faire rentrer dans l'obéissance. Gonçalo Sanchez ne se trouvant pas en état de résister au roi, vint au-devant de lui, et, sous prétexte d'implorer sa clémence, lui demanda une entrevue, pendant laquelle il lui fit servir une collation et lui présenta un fruit empoisonné. Sancho n'en eut pas plutôt goûté qu'il en sentit les funestes effets ; il exprima le désir d'être sur-le-champ reporté à Léon ; mais le troisième jour il mourut en chemin.

L'année même qu'il avait recouvré la couronne, Sancho avait épousé doña Thérésa, sœur de Fernand Anzurez, comte de Monzon. Il en avait eu un fils nommé don Ramire. En 967, lors de la mort de son père, cet enfant n'avait encore que cinq ans; néanmoins on le proclama roi; sa mère, doña Thérèse, et doña Elvire, sa tante, furent chargées de la régence. Ce fut sans doute la crainte de troubler par des guerres civiles le commencement de cette administration, qui empêcha de tirer vengeance de l'acte de félonie qui avait privé Léon de son roi. Le comte Gonçalo Sanchez resta en possession de son gouvernement, où plus tard il se distingua contre les Normands qui vinrent dévaster les côtes de la Galice et du Portugal. Quant à l'évêque Sisenand, cause première de toutes ces agitations, aussitôt que don Ramire eut été proclamé roi, il sortit de sa prison. Au milieu de la nuit de Noël, couvert d'une cuirasse et armé d'une épée nue, il pénétra dans le dortoir où, en attendant l'heure des offices, reposaient les chanoines et le saint évêque Rosende qui lui avait été donné pour successeur. Il éveilla celui-ci, et, le menaçant de son épée, lui intima l'ordre d'abandonner à l'instant même l'évêché de Compostelle. Saint Rosende ne chercha pas à résister, et se retira, sans murmurer, dans le couvent de Celanova, dont on l'avait tiré; seulement il rappela à l'évêque guerrier cette sentence de l'Évangile : « Ceux qui prendront l'épée périront par l'épée. »

Ces paroles prophétiques ne tardèrent pas à s'accomplir. Une année s'était à peine écoulée, lorsque les Normands, attirés par le butin qu'ils espéraient recueillir sur les côtes de la Galice, vinrent avec une grosse flotte faire une nouvelle descente dans le pays. Ils s'avancèrent vers Compostelle, dans le dessein de piller cette ville riche et peuplée, où les Galiciens avaient mis tout ce qu'ils possédaient de plus précieux. L'évêque Sisenand rassembla aussitôt tous les gens en état de porter les armes, et marcha hardiment au-devant des Normands : il les rencontra proche de Tornellos, et les attaqua courageusement; mais il fut tué dans la mêlée d'un coup de flèche. Sa mort fit perdre courage à ses soldats, qui prirent la fuite. Les vainqueurs continuèrent à courir et à dévaster le pays. Cependant, des troupes envoyées par les régentes pour combattre ces pirates, les atteignirent avant qu'ils eussent pu rejoindre leur flotte, et les mirent en déroute. Presque tous furent exterminés, et Gondered, qui les conduisait, resta au nombre des morts. On alla brûler leurs vaisseaux dans le port où ils avaient jeté l'ancre, en sorte qu'on recouvra tout ce qu'ils avaient pillé dans le royaume.

BATAILLE DE PIEDRA HITA. — MORT DE FERNAN GONÇALEZ. — RÈGNE DE DON RAMIRE III. — MORT DE EL-HAKEM. — RÈGNE D'HESCHAM II. — RÈGNE DE BERMUDE LE GOUTTEUX. — HISTOIRE DES INFANTS DE LARA. — GUERRE FAITE AUX CHRÉTIENS PAR ALMANZOR, HADJEB D'HESCHAM II. — PRISE DE BARCELONE PAR LES MAURES. — ORIGINE DES HOMMES DE PARATGE. — PRISE DE LÉON ET PILLAGE DE SAINT-JACQUES DE COMPOSTELLE. — BATAILLE DE CALATANASOR. — MORT D'ALMANZOR.

Dès que don Fernan Gonçalez eut acquis l'indépendance de la Castille, il eut à défendre l'État dont il était souverain contre les attaques des Musulmans. El-Hakem était en paix avec le roi Sancho; mais Sancho n'était plus roi de la Castille, et Véla, dont le comte Fernan Gonçalez avait envahi les États, s'était réfugié auprès de l'émir de Cordoue qu'il avait intéressé à sa cause, en sorte qu'une rude guerre s'engagea entre les Maures et le héros castillan. On a sur les faits d'armes de celui-ci fort peu de détails positifs; mais l'imagination des auteurs de romanceros y a suppléé. Le général de l'émir El-Hakem, disent-ils, s'avançait dans la Castille. Le comte, à la tête des siens, sortit pour marcher à sa rencontre. Cependant, avant de combattre les ennemis, il voulut consulter l'ermite Pélage; mais il trouva que ce saint homme était trépassé. Il s'en allait donc triste et fort inquiet sur l'événement de la bataille, lorsque, pendant son sommeil, l'ermite Pélage lui apparut et lui promit la victoire. La bataille se donna près de Piedra Hita : elle dura pendant trois jours. On combattit sans relâche, et l'obscurité de la nuit ne suspendit la lutte que pour quelques instants. Enfin, le dernier jour, on vit saint Jacques fils de Zébédée(*) charger à la tête des escadrons espagnols, et son intervention décida la victoire en faveur des chrétiens.

On raconte encore beaucoup de choses merveilleuses du comte de Castille. Il faut dans tout cela faire la part de l'esprit d'exagération et de l'amour du merveilleux qui sont de tous les temps et de tous les pays. Le comte mourut dans le courant de juillet de l'année 970, laissant pour successeur son fils Garçi Fernandez. Il fut enterré dans le monastère de Saint-Pierre d'Arlanza, qu'il avait fondé. On y montre encore sa sépulture, à laquelle se rattache une tradition superstitieuse. C'est une croyance répandue chez le peuple, qu'un instinct belliqueux anime encore les restes de Fernan Gonçalez. Lorsque les Castillans ont quelque guerre à soutenir, ses ossements, dit-on, s'agitent dans leur cercueil et font entendre un bruit qui présage les batailles.

En cette même année 970 mourut aussi don Garci Abarca. De son mariage avec Thérèse, fille d'Endregoto Galindez, seigneur aragonais, il avait eu cinq enfants : Sancho, Ramire, Urraca, Hermigilda et Ximena. Il eut pour successeur don Sancho, son fils aîné. Ce prince est désigné le plus souvent sous le nom de don Sancho Garcez; mais on le trouve aussi quelquefois désigné sous celui de don Sancho Galindez, à raison de son aïeul maternel Endregoto Galindez.

Pendant que la Castille avait à soutenir la guerre contre les Maures, le royaume de Léon jouissait de ce côté d'une tranquillité profonde. Le premier acte des régentes qui administraient sous le nom de Ramire III avait été d'envoyer un ambassadeur à Cordoue, pour demander à El-Hakem de continuer avec le nouveau roi la paix et l'amitié qu'il avait accordées à don Sancho le Gros. El-Hakem y avait volontiers consenti, car c'était un prince ami de la tranquillité. Pendant tout son règne il s'attacha à faire fleurir l'agriculture et les lettres. Il mourut en 976 (*), après un règne de quinze ans, qui, pour avoir été plus paisible que celui de ses prédécesseurs, ne fut pas moins glorieux.

Le fils d'El-Hakem n'avait que dix ans lorsqu'il fut proclamé émir, en remplacement de son père; on ajouta à son nom l'épithète *almowayed-Bi'llah*, le protégé de Dieu. Il était trop jeune pour gouverner. Sa mère Sobeya donna la direction des affaires de l'État, avec le titre de premier hadjeb, à Mohammed-ben Abi-Ahmer, qui devint si célèbre par la suite sous le nom d'Almanzor, c'est-à-dire le victorieux (**).

Ce titre de hadjeb, que les Espagnols traduisent par celui de vice-roi, n'avait été avant Almanzor qu'une charge de ministre et de général. Sous Hescham II, qu'on livra aux esclaves et aux femmes, et qu'on eut soin d'entretenir dans une continuelle enfance, elle devint ce qu'avait été en France la place de maire du palais sous les rois fainéants. Emprisonné dans la délicieuse retraite de Zahra, dont il ne sortait jamais, Hescham II y menait une vie mystérieuse. Iman et émir des croyants, sa souveraineté ne se manifestait que par l'inscription de son nom sur les monnaies ou dans les actes officiels, et par la prière qui se faisait pour lui dans les mosquées; encore dans ces actes le nom du hadjeb était-il toujours accolé au sien. La monnaie de Hescham II, gravée sous le n° 1 de la planche 80, porte sur chaque face deux légendes : une circulaire, l'autre intérieure. D'un côté on lit :

Légende circulaire : « Mahomet est le messager de Dieu, qui l'a envoyé

(*) 2 safar 366 de l'hégire, 30 septembre 976. Ferreras indique 974 : c'est une erreur.

(**) On le trouve souvent désigné par les écrivains espagnols sous le nom de Mahomet Aben-Amir-Almanzor, et plus souvent sous le nom de Alhagib-Almanzor, ce qui paraît une modification espagnole du mot arabe Alhadgeb.

(*) Mariana, liv. viii, ch. 6.

avec la direction et la religion véritable afin qu'il la fît prévaloir sur toutes les religions. »

Légende intérieure : « L'iman Hescham, prince des croyants (*émir-al-moumenim*), le protégé de Dieu (*al-mouwayed-Bi'llah*). »

Sur l'autre face on trouve :

Légende circulaire : « Au nom de Dieu a été frappé ce dinar (*denier d'or*) dans l'Andalouse (*Cordoue*), l'an 391 » (*).

Légende intérieure : « Il n'y a de dieu que le Dieu unique; il n'a pas de pair. »   « Mohammed. »

Ce dernier nom est celui du hadjeb Mohammed Almanzor.

Au reste, le pouvoir n'était pas trop lourd pour les mains dans lesquelles il était tombé. Almanzor était à la fois un grand administrateur et un grand homme de guerre. Il avait conçu le projet de ranger l'Espagne tout entière sous la domination musulmane, et ce projet n'eût pas été au-dessus de ses forces, si Dieu ne fût venu en aide aux Espagnols. Almanzor fit une guerre d'extermination aux chrétiens, qui, par leurs divisions, contribuèrent à assurer le succès de ses armes. Il fut presque toujours victorieux. Cependant le mode de guerre adopté par les Arabes rendait ses succès moins désastreux pour ses adversaires. L'armée musulmane se réunissait au commencement de chaque année; puis, après un certain temps de service, chacun retournait chez soi pour ensemencer ses terres ou pour faire ses moissons. Quand elles étaient achevées, l'armée se réunissait de nouveau. Il y avait de cette manière deux campagnes : une pendant le printemps, l'autre pendant l'automne. Aussi voit-on Almanzor, après chaque victoire, s'arrêter au lieu de poursuivre vivement ses avantages, revenir à Cordoue et licencier ses troupes, ne laissant que des garnisons pour conserver ses conquêtes, jusqu'à ce que l'expédition suivante lui permît d'en reprendre le cours. Ce répit accordé aux vaincus leur donnait le temps de réparer leurs pertes, et souvent de reprendre tout ce que les musulmans avaient enlevé. Aussi, à chaque attaque nouvelle, Almanzor retrouvait-il l'ennemi qu'il avait défait, et ses nombreux triomphes ne lui procurèrent que le pillage des villes et la possession temporaire du pays. Cette coutume de faire deux expéditions chaque année a fait dire que pendant son administration, qui a duré vingt-six années, Almanzor avait fait cinquante-deux guerres contre les chrétiens, et que dans aucune son drapeau n'avait été abattu. Il y a là dedans un peu d'exagération. Bien qu'on ne connaisse que d'une manière inexacte les détails de ces expéditions, et que les auteurs chrétiens ou musulmans diffèrent entre eux de dix années sur l'époque à laquelle il faut placer les victoires et les siéges les plus importants, cependant tous sont d'accord que sa première incursion eut lieu à la fin de 978, dans la troisième année de son administration. Il faut donc réduire au moins de cinq campagnes le nombre de celles qu'on lui attribue.

« Au commencement de l'année islamite 368, écrit M. Romey, c'est-à-dire dans l'automne de 978, Mohammed partit avec la cavalerie africaine, celle d'Andalousie et celle de Mérida; il entra en Galice (*); il vainquit les chrétiens qui vinrent à sa rencontre, en fit un affreux carnage, enleva beaucoup de dépouilles, prit une très-florissante jeunesse des deux sexes, et retourna vainqueur à Cordoue, où il fut reçu avec de grandes démonstrations d'allégresse. Ce fut à cette occasion qu'il

---

(*) L'année 391 de l'hégire correspond à la fin de l'année 1000. Ainsi qu'on le verra par la suite, cette date est fort importante.

C'est M. de Longpérier, employé de la bibliothèque royale, qui a eu la complaisance de me donner cette traduction.

(*) Il ne faut pas oublier que les Arabes désignent sous le nom de Galice tout le pays depuis le promontoire des Artabres jusqu'aux Pyrénées. Il ne faut donc pas entendre la Galice qui dépendait du royaume de Léon, avec lequel les Arabes étaient en paix, mais bien la Castille.

fut surnommé El-Mansour, le victorieux. Il répartit le butin de son expédition entre les soldats, sans autre réserve que le cinquième, ou lot de Dieu, qui revenait au calife, et le droit de choix qui appartenait aux généraux, tant sur les prisonniers hommes et femmes que sur les troupeaux de toute espèce. Il renouvela l'ancienne coutume de donner un banquet aux troupes après la victoire; il parcourait lui-même les chambrées des compagnies, et sa mémoire était telle qu'il connaissait par leurs noms tous ses soldats; il retenait la généalogie de ceux qui se distinguaient, les invitant à sa table et leur faisant un honneur particulier. Ce fut par cette adroite conduite qu'il devint l'idole des soldats et qu'il s'entoura non d'une armée dévouée à l'islamisme et obéissant à un chef, parce qu'il en était le représentant, mais d'une armée dévouée à un homme, chose inouïe encore parmi les Arabes. Depuis ses premières incursions contre les chrétiens, Mohammed-el-Mansour prit l'habitude de faire secouer avec beaucoup de soin, chaque fois qu'il revenait du champ de bataille à sa tente, la poussière qui se trouvait sur ses habits, et il la gardait dans une cassette faite exprès; il voulait que, quand l'heure de sa mort serait sonnée, on le couvrît dans son tombeau de cette poussière. Dans toutes ses expéditions, il faisait porter cette caisse avec beaucoup de précaution parmi les choses les plus précieuses de son équipage, afin qu'il pût embaumer son tombeau comme avec du musc, par la bonne odeur de la guerre sainte, et détourner ainsi de lui le feu éternel, suivant ce verset du Koran : « Celui dont les pieds se couvrent de poussière dans le chemin de Dieu, Dieu le préserve du feu. »

« On ne connaît pas les détails et l'objet particulier de chacune des expéditions d'El-Mansour contre les chrétiens; cependant les auteurs arabes nous ont conservé la mémoire de quelques-unes des particularités qui les marquèrent, dignes, en effet, d'échapper à l'oubli.

« Ils racontent, par exemple, qu'une fois en Castille, tandis que les armées musulmane et chrétienne, campées en face l'une de l'autre, s'observaient, hésitant à commencer le combat, El-Mansour se prit à rêver : « Combien crois-tu que nous ayons de vaillants cavaliers dans notre armée ? dit-il à un de ses plus braves capitaines nommé Moschafa. Moschafa lui répondit : Tu le sais bien, toi. El-Mansour ajouta : Penses-tu que nous en ayons mille ? Moschafa répondit : Pas autant. — Y en a-t-il cinq cents ? dit El-Mansour. Moschafa répéta : Pas autant. El-Mansour lui dit alors : Y en a-t-il cent, ou même cinquante ? Moschafa lui dit : Je n'ai confiance qu'en trois. » En ce moment sortit du camp des chrétiens un cavalier bien armé, monté sur un beau cheval. Il s'avança vers les musulmans, et leur cria : « Y a-t-il quelqu'un de vous qui veuille se mesurer avec moi ? » Un cavalier musulman se présenta aussitôt contre lui; en moins d'une heure le chrétien le tua et s'écria : « Y en a-t-il quelque autre qui se présente contre moi ? » Il vint un autre musulman; ils combattirent moins d'une heure, et le chrétien le tua de même. Le chrétien cria : « Y en a-t-il quelque autre qui vienne contre moi, ou même deux ou trois ensemble ? » et aussitôt parut un brave musulman, que le chrétien renversa aussi d'un coup de lance. Les chrétiens applaudirent par de grands cris et de vives acclamations. Le chrétien retourna à son camp, changea de cheval, et reparut sur un cheval non moins beau que le premier, couvert d'une grande peau de bête féroce, dont les pattes, nouées sur le poitrail du cheval, laissaient voir leurs ongles qui semblaient être d'or. El-Mansour défendit que personne s'avançât contre lui. Il appela Moschafa, et lui dit : « N'as-tu pas vu ce qu'a fait ce chrétien toute la journée ? — Je l'ai vu de mes yeux, répondit Moschafa, et il n'y a eu dans tout ceci aucune magie; mais l'infidèle est un très-bon cavalier, tandis que nos musulmans sont intimidés. — Dis plutôt couverts de honte, s'écria

El-Mansour. » Là-dessus le chevalier, monté sur son vigoureux cheval couvert de la riche peau de bête, s'avança et dit : « Y a-t-il quelqu'un qui vienne contre moi? » Alors El-Mansour dit : « Je vois bien, Moschafa, la vérité de ce que tu me disais, que j'ai à peine trois vaillants cavaliers dans mon armée; si tu n'y vas pas, mon fils ira, ou bien j'irai moi-même, car je ne puis plus souffrir cela. » Alors Moschafa lui dit : « Tu verras promptement sa tête à tes pieds, ainsi que cette belle peau riche et hérissée qui sert de housse à son cheval. — Je l'espère, dit El-Mansour, et dès ce moment je te la cède, afin que tu t'en fasses par la suite un pompeux ornement pour aller au combat. » Aussitôt Moschafa alla contre le chrétien, et celui-ci lui demanda : « Qui es-tu? quel rang tiens-tu parmi les nobles? » Moschafa, brandissant sa lance et marchant sur lui, répondit : « Voici ma noblesse, voici ma lignée. » Les deux cavaliers combattirent avec beaucoup de valeur et d'adresse, se frappant de rudes coups de lance, faisant tourner leurs chevaux, avançant l'un contre l'autre ou reculant avec une admirable dextérité; mais Moschafa, qui était plus jeune et plus léger et en même temps mieux reposé, maniait son cheval avec plus de prestesse, et porta dans le côté de son adversaire un coup violent de sa lance, dont celui-ci tomba mort. Moschafa sauta à bas de son cheval, coupa la tête de son ennemi, dépouilla le cheval de la housse qui le couvrait, et retourna vers El-Mansour, qui l'embrassa et fit proclamer son nom par les muezzins de l'armée. »

Ce fut d'abord le comte de Castille qui eut à supporter seul l'effort de ses armes. On a vu que la paix existait entre l'émir de Cordoue et le jeune roi de Léon. Almanzor, religieux observateur des traités, se borna donc à faire d'abord la guerre en Castille et en Aragon. Il enleva au comte Garci-Fernandez Saint-Étienne de Gormaz et plusieurs autres villes, mais il n'attaqua pas le royaume de Léon tant que le prince avec lequel la paix avait été jurée resta sur le trône. Ainsi les tutrices de don Ramire, pendant les dix années que dura la régence, n'eurent point à craindre de guerre étrangère; elles surent aussi conserver la tranquillité intérieure de l'État. Les seigneurs galiciens, toujours prêts à s'agiter, firent bien quelques mouvements, mais ces tentatives de révolte n'eurent pas de conséquences fâcheuses. En 977, don Ramire ayant atteint sa quinzième année, demanda aux grands de l'État de lui choisir une femme. On lui donna pour épouse une demoiselle nommée Urraca. A partir de cette époque, Ramire III prit lui-même l'administration du royaume. Il cessa d'obéir aux sages conseils que lui donnaient doña Thérésa et doña Elvira. Il ne dissimula pas le ressentiment que lui avaient inspiré contre les seigneurs de la Galice les troubles que ceux-ci avaient excités à plusieurs reprises. Il les insulta ouvertement, et bientôt il se fit de tous les Galiciens des ennemis implacables; aussi ne tardèrent-ils pas à se choisir un autre roi. Ils élurent pour les gouverner Bermude, fils d'Ordoño III et de doña Elvire, et le proclamèrent roi dans le sanctuaire même de Saint-Jacques. A la nouvelle de cette élection, Ramire réunit des troupes, et s'avança vers la Galice pour étouffer la révolte. Les Galiciens, de leur côté, marchèrent au-devant de lui pour défendre l'entrée de leur territoire. Les deux armées se rencontrèrent à Portela de Arenas, près de Monte Roso. On combattit de part et d'autre avec une égale bravoure et sans que la victoire se décidât pour aucun parti. Mais des deux côtés on fit des pertes énormes, et le roi don Ramire ne croyant pas possible de persévérer dans son entreprise, retourna immédiatement à Léon, où il ne tarda pas à mourir.

Les seigneurs élurent pour son successeur Bermude, que les Galiciens avaient déjà proclamé roi. C'est à partir de ce moment qu'Almanzor se crut délié de tout engagement pacifique à l'égard du royaume de Léon, et qu'il commença l'année suivante à lui faire la guerre en allant mettre le siége devant Simancas, cette clef de la Castille relevée par Alphonse le Grand pour commander le cours de la Pisuerga et celui de l'Arlanzon. Les historiens arabes placent aussi en cette année le siége et la prise de Léon; mais les auteurs chrétiens pensent que ces faits ne se passèrent qu'en 996 : cette date est beaucoup plus vraisemblable. Comment supposer, en effet, qu'un général, quel qu'il soit, puisse concevoir la pensée d'aller attaquer une ville aussi forte que l'était à cette époque celle de Léon, dont le siége, au témoignage de Roderich de Tolède et de Lucas de Tuy, a duré une année entière, sans avoir auparavant assuré ses communications, et sans s'être rendu maître du cours de l'Esla, de la Pisuerga et du Duero, en s'emparant des villes de Simancas, de Toro et de Zamora? Le simple bon sens montre que c'était la seule marche à suivre, et, à cet égard, les auteurs chrétiens sont d'accord avec le bon sens. Ils font donc prendre successivement par Almanzor Simancas, Sepulveda, Zamora, Atienza. Ce n'est qu'en 995, et lorsqu'il s'était rendu maître du pays, qu'il vint pour la première fois insulter les murs de Léon. Don Bermude, à la vue du danger qui le menaçait, assembla le plus de troupes qu'il put, et quoique tourmenté par la goutte, il marcha à leur tête à la rencontre de l'ennemi, qu'il trouva campé sur le bord de l'Esla, dans l'endroit où cette rivière approche le plus de Léon. Les chrétiens attaquèrent à l'improviste les Arabes, qu'ils mirent en déroute. Almanzor, au désespoir de ce que ses troupes, quoique bien supérieures en nombre, fuyaient devant celles de Bermude, fit de vains efforts pour les arrêter. Mais voyant que rien n'était capable de les retenir, il descendit de cheval, s'assit à terre, ôta son turban, protestant qu'il aimait mieux recevoir la mort sur le champ de bataille, que de mourir vaincu et déshonoré. Cette action ranima le courage des infidèles : ils attaquèrent à leur tour les chrétiens qui les chargeaient en désordre, les mirent en fuite et les poursuivirent jusqu'aux portes de Léon. Cette victoire avait coûté bien cher aux musulmans; aussi se retirèrent-ils; mais Almanzor annonça en s'éloignant qu'il reviendrait l'année suivante pour démolir la ville de Léon. Don Bermude sachant qu'Almanzor ne menaçait jamais en vain, fit transporter dans les Asturies toutes les reliques et tous les vases sacrés, ainsi que les ossements des rois ses prédécesseurs. Il mit ensuite une bonne garnison dans la place, et en confia le commandement à un seigneur nommé don Gil ou don Guillaume. Dès le printemps, Almanzor vint établir son camp devant Léon, et commença à battre les murailles avec toutes les machines de guerre employées à cette époque; mais il n'avait pas plutôt fait une brèche, que le comte don Gil la réparait. Les murailles de Léon étaient d'ailleurs très-fortes et très-élevées: elles étaient flanquées par des tours dont chacune semblait une forteresse; ses portes étaient de bronze ou de fer. Les musulmans parvinrent cependant à ruiner le rempart du côté du couchant, et commencèrent à monter à l'assaut. Le comte don Gil, quoique malade, se fit porter sur la brèche, et soutint pendant trois jours l'effort des assaillants. Enfin l'assaut continuait depuis quatre jours, lorsque les Maures pénétrèrent dans la ville par une autre brèche ouverte au midi. Les premiers jours, les Maures ne s'y étaient pas présentés, et par conséquent elle était moins bien garnie de défenseurs. Le comte don Gil et toute sa garnison se firent bravement tuer en combattant; aussi les pertes d'Almanzor furent-elles considérables, et, pour s'en venger, il fit entièrement démolir la ville. Il n'y laissa pas pierre sur pierre, à l'exception d'une tour qu'il conserva, dit-on, comme un témoignage de son triomphe. Il alla ensuite assiéger Astorga située à sept lieues à l'ouest de Léon. Cette ville, effrayée du sort de la capitale, se rendit sans résistance; aussi fut-elle épargnée. De là il voulut pénétrer dans les Asturies; mais les châteaux de Gordon, de Lima, d'Alva et d'Arbole arrêtèrent les musulmans, qui, désespérant de pouvoir s'en emparer, retournèrent à Cordoue.

L'année suivante, 387 de l'hégire (997 de J. C.), Almanzor entra dans le Portugal. Il enleva en courant Viseo et Lamego; puis il pénétra dans le cœur de la Galice. Il y était appelé par l'évêque de Compostelle, qui, non moins turbulent que Sisenand son prédécesseur, avait été déposé par Bermude. Almanzor avait aussi dans son armée plusieurs comtes galiciens qui s'étaient soulevés contre leur roi. Il s'avança jusqu'à Compostelle, qu'il trouva abandonnée par tous ses habitants; il n'y restait qu'un vieux moine qui se tenait assis près du tombeau de saint Jacques. Almanzor lui ayant demandé ce qu'il faisait là : Je vis avec Jacques, répondit-il. Le général musulman ordonna qu'on respectât ce vieillard et qu'on laissât le tombeau intact; mais il fit abattre une des murailles de l'église, et prit les cloches, qu'il fit porter jusqu'à Cordoue sur les épaules des prisonniers chrétiens. On les suspendit sens dessus dessous dans la mosquée de cette ville, pour y servir de lampes : elles y restèrent jusqu'à ce que saint Ferdinand, ayant reconquis Cordoue, les fit à son tour reporter en Galice sur les épaules des captifs musulmans.

Almanzor, après avoir donné aux comtes chrétiens qui étaient dans son armée une partie du butin, reprit le chemin de Cordoue. Suivant quelques historiens, la dyssenterie se mit dans son armée, et Bermude, profitant de cette circonstance, ne cessa de le harceler pendant sa retraite, et lui tua beaucoup de monde. Au reste, les expéditions d'Almanzor ne furent pas bornées à la Castille et au royaume de Léon; l'Aragon et la Catalogne en furent aussi le théâtre. En Aragon, le roi don Sancho Galindez combattit vaillamment contre lui, et quand, en 995, ce prince fut mort, son fils don Garcia, qui lui succéda, défendit courageusement son royaume contre les attaques des musulmans; mais il ne lui fut pas donné d'abattre le pouvoir d'Almanzor, et les dernières années du dixième siècle furent pour les chrétiens d'Espagne un temps d'épreuve et de désastre. Ce don Garcia, fils de don Sancho Galindez, est désigné chez les écrivains sous le nom de Garcia le Trembleur. Ce n'était pas qu'il fût lâche; mais à l'approche du combat un mouvement nerveux s'emparait de lui et faisait tressaillir tous ses muscles. Au reste, bientôt cette agitation cessait, et, dans l'action, Garcia le Trembleur payait de sa personne, agissant non-seulement comme un bon capitaine, mais encore comme un brave soldat. Il mourut à la fin de 999 ou au commencement de l'année 1000. Il eut pour successeur don Sancho, surnommé le Grand.

Pour ne pas interrompre la série des événements, nous n'avons pas parlé des changements arrivés dans le comté de Barcelone. Il est maintenant nécessaire de réparer cette omission. En Mir, proclamé comte de Barcelone en 912, mourut suivant Ferreras en 928, et, suivant Tomich, en 930. Il laissa trois fils, et, par son testament, il divisa entre eux ses États de la manière suivante : l'aîné, que Ferreras appelle Suniefred, et que Tomich nomme Grifa, ce qui équivaut au nom de Wifred, eut le comté de Barcelone; Oliva Cabreta celui de Cerdagne, et Mira celui de Girone. Comme tous ces princes étaient encore en bas âge, Sunier leur oncle, comte d'Urgel, prit le gouvernement de leurs États en qualité de tuteur, et ne les leur remit que lors de leur majorité en 950. Suniefred étant mort en 964 sans laisser d'enfants, son cousin En Borell, fils de Sunier son tuteur, fut appelé à le remplacer. Les principaux barons du pays privèrent du comté son frère Oliva Cabreta, auquel il revenait par droit de succession. Ils en agirent ainsi parce qu'ils le regardaient comme un mauvais prince et comme un mauvais chrétien. Il y avait vingt et un ans que Borell possédait le comté de Barcelone, lorsqu'en 985 Almanzor fit une invasion dans la

Catalogne. Le comte, à la tête du peu de troupes qu'il put rassembler à la hâte, marcha au-devant des Arabes qu'il rencontra près de Moncada : il les attaqua avec intrépidité; mais, accablé par le nombre, il se vit forcé de fuir et de se réfugier dans les montagnes.

Almanzor marcha immédiatement vers Barcelone, dont il se rendit maître (*). Il livra la ville au pillage et emmena une partie des habitants prisonniers et retourna à Cordoue, ne laissant qu'une faible garnison dans la ville qu'il venait de conquérir. Pendant ce temps, En Borell, retiré à Manresa, y rassembla des troupes. Il fit publier qu'il assurerait les priviléges de la noblesse à tous ceux, quels qu'ils fussent, qui, pour faire la guerre aux Maures, viendraient tout équipés avec armes, chevaux et bagages. Neuf cents chefs catalans répondirent à son appel, et reçurent de lui le titre de *oms de paraige*, ce qui, disent les vieux chroniqueurs, signifie hommes pairs et égaux. A leur tête il alla attaquer Barcelone, et parvint à en chasser les Maures (**). On ne voit pas dans les écrivains de ce temps qu'Almanzor ait fait de tentative pour lui enlever de nouveau cette ville. En Borell mourut en 993, laissant deux fils, En Ramon Borell (***), qui fut son successeur, et En Armengol, comte d'Urgel.

C'est aussi pendant le règne de Bermude que les historiens placent l'histoire lamentable des infants de Lara. C'est un épisode, qui fait un instant diversion aux récits de siéges et de batailles (****).

(*) La ville de Barcelone fut prise par Almanzor le 14 de safar 375 (6 juillet 985 de J. C.).

(**) Ferreras pense qu'il reçut aussi des secours du roi de France, dont il reconnut la suzeraineté, et pour preuve de ce fait, il allègue l'existence de plusieurs chartes trouvées à Barcelone et datées du règne de Hugues Capet.

(***) Don Raimond Borell.

(****) Nous emprunterons une partie de ce récit à l'excellente traduction que M. Ferdi-

En l'année de l'incarnation de Notre-Seigneur 965, un homme puissant des frontières de Lara se maria; il s'appelait Ruy Velasquez, et prit pour femme doña Lambra, née au pays de Burueña et cousine germaine du comte don Garci Fernandez (*).

Ce Ruy Velasquez était seigneur de Bilaren; il avait pour sœur une honorable dame nommée doña Sancha, laquelle était très-bien pourvue des biens de ce monde, et avait épousé un bon chevalier fort ami de Dieu et loyal pour qui il devait l'être. On l'appelait don Gonçalo Gustios, seigneur de Salas de Lara.

On se rappelle que Diego Porcellos avait donné sa fille Sulla Bella au comte Nuño Belchidez, qui l'avait aidé à fonder la ville de Burgos. De ce mariage étaient nés deux enfants, Nuño Rasura, qui fut un des juges de Castille, et Gustio Gonçalez. C'est de ce dernier qu'était fils Gonçalo Gustios. Ce chevalier avait sept fils, qu'on nommait les sept infants de Salas ou de Lara; tous les sept avaient été faits chevaliers en un seul jour par don Garci Fernandez. Ils étaient bons cavaliers et très-hardis aux armes.

Gonçalo Gustios vint aux noces de Ruy Velasquez, son beau-frère. Il y amena doña Sancha, sa femme, avec les sept infants de Lara, et Nuño Salido, le précepteur qui les avait élevés.

Pour célébrer ce mariage, on donna des fêtes magnifiques qui durèrent plusieurs semaines. Un des derniers jours, une dispute s'éleva entre Gonçalo Gonçalez, le plus jeune des infants, et don Alvar Sanchez, cousin de la mariée; puis on se réconcilia, en paroles du moins, mais non de cœur, car doña Lambra conserva une haine violente contre Gonçalo Gonçalez.

nand Denis en a donnée dans ses chroniques chevaleresques de l'Espagne et du Portugal : ce récit est tiré de la Chronique générale d'Alphonse le Savant.

(*) En 965 Garci Fernandez n'était pas encore comte de Castille; son père Fernan Gonçalez a régné jusqu'en 970; mais il est fort possible qu'il eût déjà le titre de comte,

Tout semblait cependant apaisé. Les gens qui avaient assisté à la noce s'étaient dispersés. Don Ruy avait accompagné le comte de Castille, qui retournait en ses États avec don Gustios; mais doña Sancha et ses sept fils étaient restés près de doña Lambra avec plusieurs chevaliers; ils se rendirent à Barvadiello pour prendre le plaisir de la chasse.

Un jour, les infants étaient entrés dans un jardin pour se divertir à l'ombre des arbres, lorsque Gonçalo Gonçalez se fit apporter son faucon, et se prit à le baigner en belles eaux, afin de le réjouir. Doña Lambra le vit; et comme elle le haïssait dans son cœur, elle dit à un vassal : « Prends un concombre, remplis-le de sang, va dans ce jardin, et frappes-en Gonçalo Gonçalez, le chevalier au faucon; reviens ensuite vers moi, je te secourrai. »

Le vassal fit ce qu'avait ordonné doña Lambra.

Mais quand les infants virent leur frère teint de sang, leur cœur bondit; ils eurent soif de vengeance.

Ils cachèrent leurs épées sous leurs manteaux, et dirent : « Si cet homme est un insensé, nous le saurons : il lui faut pardonner; s'il a reçu des ordres, nous le saurons encore... » Ils s'en furent vers doña Lambra. Le vassal s'était réfugié près d'elle. « Doña Lambra, notre cousine, laissez-nous nous saisir de cet homme. — Non, car il est mon vassal, et tant que cela sera en mon pouvoir nul mal ne lui sera fait. » Les infants le tuèrent sans pitié, et du sang qui sortait de ses blessures ils marquèrent les coiffes et la robe de doña Lambra; puis ils chevauchèrent sur leurs chevaux, allèrent vers leur mère doña Sancha et retournèrent à Salas.

Bien vous pensez quelle fut l'angoisse de doña Lambra et combien elle pleurait son vassal; après le départ des infants, elle lui fit dresser un lit de parade au milieu du verger. Ce lit était couvert de drap noir, comme il convient pour un homme mort; elle et ses dames l'entouraient, menant le plus grand deuil que l'on eût vu : l'on eût dit qu'elle était abandonnée de mari et de seigneur.

Ruy Velasquez revint de sa course avec le comte Fernandez et don Gustios, et aussitôt qu'il fut arrivé, doña Lambra se traîna à ses pieds, en le suppliant de se rappeler l'affront que lui avaient fait ses neveux. Ruy Velasquez répondit : « Doña Lambra, ne vous inquiétez point, je vous donnerai telle réparation, que l'univers pourra bien en parler. »

Il envoya donc dire à don Gustios qu'il vînt vers lui et qu'il avait longues choses à lui dire. Don Gustios arriva avec ses sept fils, et ils parlèrent de l'affront qui avait été fait à doña Lambra; mais de paroles en paroles ils semblèrent ranimer leur affection l'un pour l'autre, et les sept infants mirent leur main dans la main de don Ruy.

Alors, comme s'ils étaient des amis véritables, Ruy Velasquez dit à don Gustios : « Beau-frère, les noces m'ont coûté cher, et le comte Garci n'a pu m'aider en ces dépenses, comme il avait promis de le faire. Vous savez qu'Almanzor m'a été déjà d'un grand secours pour les célébrer. Comme ami, je vous prie donc d'aller vers le roi maure (*), lui porter en mon nom une lettre où je lui demande de nouveaux services. » Don Gustios répondit aussitôt : « La chose me plaît ainsi, » et Ruy Velasquez se retira en son palais avec un Maure renégat. Il lui fit écrire en arabe, une lettre où il était parlé des sept infants et de leur père,.... et puis, quand la lettre fut écrite, le Maure eut la tête tranchée....

Don Gustios retourna à Salas, puis il s'en fut à Cordoue, et il remit sa lettre à Almanzor, en lui apprenant la raison de son message. « Quelle lettre m'apportes-tu? — Roi, je ne sais ce qu'elle renferme. — Sache-le donc, Gustios, car Ruy Velasquez veut que je te fasse trancher la tête; mais moi je me contenterai de te mettre en prison bonne et sûre, » et ceci fut fait

---

(*) Il y a ici une légère erreur. Almanzor n'était pas souverain, mais hadjeb; il est vrai qu'il exerçait l'autorité souveraine.

aussitôt; mais le brave don Gustios avait pour le garder une belle Morisque de bon lignage, qu'il se prit à tendrement aimer.

Après que Ruy Velasquez eut envoyé Gonçalo Gustios à Cordoue, il parla à ses sept neveux, les sept infants. « Neveux, leur dit-il, tandis que votre père est allé vers Almanzor, vous serait-ce chose agréable de venir avec moi faire une tournée jusqu'à Almenar? Sinon gardez la terre. » Et ils répondirent : « Don Ruy, il ne serait pas beau de vous voir aller à l'ennemi, tandis que nous resterions au pays. » Alors Ruy Velasquez envoya dire en la contrée que quiconque voulait aller en terre ennemie se préparât à l'accompagner; et ses gens, quand ils surent qu'il était question de guerre, en furent grandement réjouis.

Ruy Velasquez voyant cette multitude de gens envoya dire à ses neveux qu'ils se préparassent à le suivre, qu'il les attendrait dans la plaine de Febros; il partit aussitôt de Barvadiello.

Les sept infants ne tardèrent pas à le suivre; mais quand ils furent arrivés à une forêt de sapins, ils cherchèrent quelques augures : les augures furent mauvais. Ils virent dans les airs un aigle emportant dans ses fortes serres un hibou qui jetait de grands cris. Les corbeaux, en tournoyant, poussaient aussi des croassements sinistres; et don Nuño Salido eut grand chagrin de ce que ces augures étaient si menaçants; il dit aux infants : « Il faut retourner à Salas. »

Gonçalo Gonçalez, le plus jeune des sept frères, lui dit : « Don Nuño Salido, ne parlez pas ainsi; ces présages ne nous regardent point; ils sont sinistres, mais c'est pour l'ennemi. Vous êtes d'un grand âge, don Nuño, les batailles ne vous conviennent plus; retournez, retournez, vieillard. C'est le repos qu'il vous faut; à nous les combats. — Mes fils, je vous ai dit la vérité : qui a vu de tels augures ne doit pas revoir son pays.... ; » et il ajouta bien d'autres choses que ne voulurent pas croire les infants. Ils se séparèrent; mais en son triste chemin Nuño Salido eut la pensée qu'il faisait bien mal d'abandonner ainsi par crainte de la mort ceux qu'il avait si longtemps élevés, et il commença à se dire à lui-même : Certes, si la mort doit prendre quelqu'un, il vaut bien mieux qu'elle me prenne que ces enfants si jeunes. Il y aurait mauvaise renommée pour moi; et moi qui ai été honorable en mes jeunes ans, j'aurais une vieillesse honteuse. En pensant ainsi, il prit la route que suivaient les infants.

Ils arrivèrent où était Velasquez, et là il y eut de grands débats entre eux, car Nuño Salido y fut insulté, et Gonçalo Gonçalez ne le voulant pas souffrir, tua d'un fort coup de poignard un vassal de Ruy Velasquez qui voulait frapper le vieillard. On cria donc aux armes! Grande rage fut des deux côtés; puis don Ruy feignit d'être en loyal et bon accord avec ses sept neveux, et après que tous se furent remis en amour et bonne intelligence, ils s'en furent à Almenar. Don Ruy Velasquez se mit en embuscade avec les siens, et ordonna aux infants de courir la campagne.

Les Maures étaient prévenus, et bientôt ils en virent paraître plus de dix mille entre bannières et guidons. « Neveux, ceci n'est rien, dit Ruy Velasquez; toutes courses dans ces plaines m'ont réussi; soyez sans peur, et si cela était nécessaire, j'irais vous secourir..... » Puis le cauteleux don Ruy s'en fut vers les Maures, pour leur parler de l'attaque et de ses neveux.

On raconte que Nuño Salido s'était glissé derrière lui, et que quand il le vit parler aux Maures, il éleva une voix terrible : « O traître! homme de nulle foi!... Dieu t'a donné triste reconfort, car tant que durera le monde il sera parlé de toi et de ta lâche trahison; » et quand il eut dit ces paroles, il retourna vers les infants à bride abattue. « Armez-vous, mes fils, car Ruy Velasquez et les Maures sont maintenant d'accord; armez-vous, il leur faut votre vie. » Et les infants, quand ils l'eurent entendu, s'armèrent en toute hâte; et comme les Maures étaient très-nombreux, ils firent quinze corps et s'élancèrent contre les infants, en les entourant de toutes parts; et Nuño Salido commença à les encourager, leur disant : « Mes fils, ô mes fils! ne craignez rien, les augures sont toujours bons aux hommes forts. Je vous le dis en vérité, ce sera moi qui attaquerai cette première bande : dorénavant donc, soyez en la garde de Dieu; » en disant cela, il s'élança contre les Maures, et il en tua beaucoup; mais comme les Maures étaient beaucoup aussi, ils le tuèrent.

Ils se ruèrent les uns contre les autres, et les chrétiens se battirent de si grand cœur qu'ils en défirent bien plus qu'on ne leur en tua; mais, hélas! les deux cents cavaliers des infants mordirent la poussière, et les sept frères restèrent sans autre compagnie d'hommes qui vînt les aider.

Et quand ils virent qu'il n'y avait plus autre chose à faire que vaincre ou mourir, ils appelèrent à leur aide l'apôtre Santiago, et ils s'en furent de nouveau contre les Maures, et Fernand Gonçalez dit alors à ses frères : « Bon courage, frères, et combattons de cœur, car il n'y a ici personne qui nous aide, sinon Dieu; et puisque notre brave maître est mort et tant de braves hommes de lance, il faut les venger ou mourir, ou mourir, frères ! »

Ils combattirent donc, ils en tuèrent beaucoup, puis ils se réfugièrent sur la crête d'une colline, et ils y lavèrent leurs visages, tout souillés de poussière et de sang; mais, en se regardant, ils ne virent pas Fernand Gonçalez, leur frère, et ils comprirent bien qu'il était mort, ou captif, ou blessé.

Et les infants étant ainsi prirent la résolution d'envoyer demander trêve à Viara et à Galve, les chefs maures, jusqu'à ce qu'ils eussent fait demander à Ruy Velasquez s'il ne viendrait pas les secourir, et ils le firent ainsi; les Maures leur accordèrent la trêve qu'ils demandaient, et Gonçalo Gonçalez fut choisi pour aller parler à don Ruy.

Mais quand il eut parlé, don Ruy Velasquez lui répondit : « Je ne sais ce que vous me demandez, mon neveu. — Don Ruy, faites-nous la courtoisie de nous secourir, car les Maures sont nombreux... Ils nous ont tué Fernand Gonçalez, votre neveu, et avec lui les deux cents cavaliers que nous commandions; et en vérité, si vous ne le faites pas pour nous, faites-le pour Dieu, car nous sommes chrétiens. »

Ruy Velasquez répondit : « Ami, retournez à votre joyeuse aventure, et rappelez-vous les noces de doña Lambra. Vous êtes bons chevaliers et bons à la défense. » Et quand Gonçalo Gonçalez eut entendu ces paroles, il retourna vers ses frères, et les frères abandonnés étaient tristes de ce que nulle aide ne leur viendrait pour le combat. Mais voilà que Dieu mit au cœur de quelques chrétiens, qui étaient avec Ruy Velasquez, un peu de pitié et de courage, et environ trois cents chevaliers se décidèrent à aller rejoindre les infants; il voulut les retenir, mais ils partirent trois par trois, quatre par quatre, faisant serment qu'ils tueraient Ruy Velasquez, si Ruy Velasquez s'opposait à leur volonté : c'étaient des hommes de courage.

A leur tête, les infants allèrent attaquer les Maures, et ils commencèrent une bataille si forte et si sanglante que nul homme auparavant n'avait ouï dire qu'il y en eût eu une semblable livrée par un si petit nombre de cavaliers que l'on comptait de chrétiens; l'histoire rapporte qu'ils tuèrent deux mille Maures avant que l'un d'eux eût succombé. Mais les trois cents cavaliers qui étaient venus secourir les infants périrent presque tous, et, de leur côté, les infants de Lara étaient si harassés par le combat, qu'ils n'avaient plus la force de lever le bras et de frapper de l'épée. Et quand les chefs maures Galve et Viara les virent si accablés, ils en eurent pitié, et les tirant de la mêlée, les conduisirent à leurs tentes où ils les firent désarmer, et où ils leur envoyèrent du pain et du vin.

Mais lorsque Ruy Velasquez vint à apprendre cette circonstance, il leur dit que c'était chose bien fatale en soi que de conserver la vie à de tels hommes, et qu'il en arriverait malheur, parce qu'il ne retournerait jamais en Castille, mais qu'il se rendrait à Cordoue et qu'il demanderait leur mort.

Gonçalo Gonçalez dit à don Ruy : « Faux traître ! Dieu te puisse pardonner. »

Mais Viara et Galve dirent à leur tour aux infants : « Nous ne savons comment agir; car si votre oncle s'en va à Cordoue, comme il le dit, il y aura grande haine contre nous. Almanzor lui donnera tous ses pouvoirs; et mal nous adviendra pour cette raison. Puisque c'est ainsi, nous allons vous reconduire dans la plaine où nous vous avons pris. »

Et quand les Maures virent les infants de Lara dans la plaine, les tambours retentirent; ils fondirent sur eux comme la pluie d'orage tombe dans la campagne, et alors commença une bataille plus forte et plus cruelle qu'aucune de celles que l'on eût vues.

Bien que les six infants fussent comme un seul guerrier, et qu'ils combattissent avec grand effort de courage, il vous faut savoir que Gonçalo Gonçalez faisait de beaucoup plus grandes actions que les autres; mais le nombre des ennemis était si grand qu'ils ne pouvaient plus résister, et ils étaient déjà si fatigués de combattre qu'ils restaient au même lieu. Et leurs bons chevaux ! c'était pitié que de les voir; et quand même les infants auraient voulu combattre, ils ne l'auraient pas pu; car bientôt ils n'eurent plus d'épées ni d'autres armes : elles étaient brisées ou perdues.

Quand les Maures les virent sans armes, ils tuèrent leurs chevaux et prirent les chevaliers; puis les ayant dépouillés de leur armure, ils les décollèrent un à un, sous les yeux de leur oncle Ruy Velasquez, et sans aucun autre retard.

Mais quand Gonçalo Gonçalez, le plus jeune de tous, vit ses frères décollés devant lui, il reprit du cœur et s'élança sur le mécréant qui leur avait tranché la tête; d'un coup de poing dans la poitrine il le fit tomber mort à ses pieds. Il en tua d'autres; mais enfin on s'empara de lui, et comme les autres il eut la tête tranchée.

Cela étant fait, Ruy Velasquez prit congé des Maures et retourna à son logis de Bilaren.

Les Maures prirent les têtes des sept infants et celle de Nuño Salido, et on les porta à Almanzor; celui-ci les fit laver; les fit placer sur un drap blanc, et on amena Gonçalo Gustios pour qu'il les reconnût. Quand il les vit, sa douleur fut si forte qu'il tomba à terre; on crut qu'il était trépassé, mais il se releva et versant de grosses larmes, il dit à Almanzor : Ces têtes je les reconnais bien. Ce sont celles de mes fils, les sept enfants de Salas, et l'autre c'est celle de Nuño Salido qui les a élevés.

Et après avoir dit cela, il commença à pousser des gémissements si remplis de douleur qu'il n'y avait pas un homme qui le vît qui n'eût grande douleur aussi, et qui pût retenir ses larmes.

Il prenait lui-même les têtes une à une, et raisonnait avec chacune d'elles des grandes actions qu'elle avait faites.

Et sa douleur était si grande qu'il supplia Almanzor de le faire mourir; mais Almanzor eut pitié de lui, et il voulut qu'aucun mal ne lui fût fait. Il lui dit : « Va en ton pays; il y a longtemps que ta femme doña Sancha ne t'a vu; quant aux têtes de tes fils, je ferai pour elles tout ce qu'il faudra faire. »

La dame maure que Gonçalo Gustios avait aimée le prit alors à part. « Seigneur, lui dit-elle, je suis enceinte de vous, et il faut que vous ayez pour bien de me dire comment je dois agir. — Si c'est un garçon, donnez-le à élever à deux nourrices et qu'elles l'élèvent bien, et quand il sera en âge de comprendre ce qui est bien et ce qui est mal, vous lui direz qu'il est mon fils et vous l'enverrez à Salas. » En disant cela, il tira une bague qu'il avait au doigt, la rompit en deux et en donna la moitié à la dame maure pour qu'elle la remît un jour à son fils.

La dame maure enfanta bientôt un fils, auquel on donna le nom de Mudarra Gonçalez; on l'éleva suivant les instructions de Gonçalo Gustios, et

Mudarra devint un vaillant chevalier.

Quand il se sentit assez fort pour venger ses frères, il prit congé d'Almanzor et s'en fut à Salas; il se fit reconnaître par son père, et quand celui-ci eut vu la moitié d'anneau qu'il portait, il lui plut beaucoup; il en mena grande joie. Mais au bout de quelques jours Mudarra dit à don Gustios: « Je suis venu ici pour savoir de vous comment allait votre fortune, pour venger la mort des infants, et puisque c'est ainsi, il n'est pas bon que nous prolongions plus longtemps cette affaire. »

Il s'en fut à Burgos, où étaient le comte Garci Fernandez et Ruy Velasquez; il défia celui-ci devant le comte; Ruy Velasquez ne voulut pas accepter le combat; Mudarra en eut grande colère; et il alla vers lui pour le frapper de l'épée, mais Garci Fernandez le retint de sa propre main, et ne le laissa pas faire. Il ordonna une trêve de trois jours; mais il ne put la prolonger plus longtemps, et tous ceux qui étaient présents prirent congé du comte. Ruy Velasquez tarda jusqu'à la nuit pour s'en aller.

Mudarra Gonçalez l'attendait sur le chemin qu'il devait prendre, et quand il vint à passer il lui parla à voix haute:

« Tu mourras, faux et traître..... » Puis il se laissa aller sur lui de toute la force de son cheval, et lui donna un si grand coup d'épée que de ce coup il tomba mort.

Après cela, Mudarra Gonçalez parvint à prendre doña Lambra et la fit brûler. Par cette vengeance il gagna l'amitié de toute sa famille, et principalement de doña Sancha, mère des sept infants de Lara, qui voulut le reconnaître pour son fils. A cette occasion, les historiens nous font connaître la cérémonie symbolique et pleine de sens, bien qu'un peu bizarre, par laquelle, en ce temps, on consacrait l'adoption. Pour montrer que l'adopté n'entrait pas dans sa nouvelle famille par les voies ordinaires de la nature, on le revêtait d'une chemise; mais il ne la mettait pas de la manière accoutumée. Il y entrait par une des manches qui était très-large, et on lui faisait sortir la tête par le collet. Ensuite la personne qui l'adoptait le baisait au visage, et il était ainsi agrégé à la famille. Cette ancienne coutume a donné lieu au proverbe espagnol, employé pour exprimer une chose qui s'écarte des règles habituelles: « Entrer par la manche et sortir par le collet. » Tout se passa de cette manière quand doña Sancha adopta Mudarra Gonçalez, qui le même jour reçut le baptême et fut armé chevalier par le comte Garci Fernandez. C'est de lui, dit-on, que descend la célèbre famille des Manriquez de Lara. Bien des écrivains regardent cette aventure comme entièrement fabuleuse. Pour notre compte, nous sommes loin de croire que tout se soit passé bien exactement comme on le rapporte; mais nous pensons aussi qu'au fond de tout cela il doit y avoir quelque chose de réel, et M. Ferdinand Denis cite, à l'appui de la vérité de cette histoire, le procès-verbal dressé le 12 décembre 1579, de l'exhumation des sept têtes des infants de Lara et de celle de Nuño Salido (*).

(*) Voici le texte de ce procès-verbal: « 2° Le 12 décembre 1579, fut faite une information d'office par le gouverneur de la susdite ville de Salas, avec l'assistance de don Pedro de Tovar, marquis de Berlange, et de doña Maria de Recalde sa femme, devant Miguel Redondo, écrivain de ses ordres; de laquelle information il résulte qu'alors il y avait en la grande église de Santa Maria, dans le mur même de la chapelle, du côté de l'Évangile, les têtes des sept infants de la terre de Lara, et celle de Gustios leur père, et celle de Mudarra Gonçalez, le fils bâtard de ce dernier. Et quoiqu'il y eût tant d'années qu'elles étaient là (les épitaphes étant fort anciennes), comme quelques personnes doutaient si c'était vérité, on ordonna d'ouvrir et de creuser l'endroit des peintures, au lieu où la muraille était couverte des blasons, pour savoir ce qu'il y avait dedans, et pour s'assurer de l'authenticité des choses. Et ledit gouverneur mettant cela en exécution, ordonna à un ouvrier d'enlever une table peinte qui était fixée dans la muraille, laquelle porte sept têtes de peinture antique paraissant avoir plus de cent ans. Et au-dessus il y a

Cette chronique nous a éloignés un instant des faits positifs de l'histoire.

sept inscriptions nommant : Diego Gonçalez, Martin Gonçalez, Suero Gonçalez, don Fernand Gonçalez, Ruy Gonçalez, Gustios Gonçalez, Gonçalo Gonçalez, et à la suite un peu plus bas, se trouvait une autre tête qui, selon l'inscription placée au-dessus, est celle de Nuño Salido. D'autre part au-dessous des têtes, on voit un château doré, puis au sommet deux corps d'hommes peints de la ceinture en haut ; l'inscription de l'un dit : *Gonçalo Gustios ;* celle de l'autre : *Mudarra Gonçalez.* Chacun d'eux tient en la main la moitié d'un anneau, qu'il joint à l'autre moitié qu'on lui présente. Et la table une fois enlevée, parut tracée sur la muraille une autre peinture fort ancienne, avec les mêmes noms que ceux inscrits sur la première, si ce n'est que le nom attribué à la tête qui se trouve dans la partie inférieure de la première table dit *Nuno Salido*, tandis que la plus ancienne porte *Nuno Salido*. Et comme lesdites peintures étaient sur pierre et qu'il n'y avait là aucun ouvrier qui pût rompre la muraille, on suspendit les recherches. Néanmoins, le 16 du même mois de l'année 1579, le gouverneur lui-même ordonna à Pedro Saler, tailleur de pierres, de sonder ladite muraille pour savoir si elle était creuse, et, en frappant plusieurs coups avec un marteau à l'endroit où se trouvent les armes (à savoir un château doré), on entendit sonner creux. Alors, en levant la table peinte qui était sur ladite pierre, on trouva une autre pierre d'une demi-vare environ de large sur un tiers de hauteur. Elle était mobile et se tirait facilement, et ledit maçon l'enleva tandis que se trouvaient là présents plusieurs habitants de la ville. Et, dans l'intérieur, il y avait une grande cavité en forme de chapelle, où se montrait un coffre dont le couvercle était fixé au moyen de deux clous. Et, après l'ouverture, on le déposa près des degrés de l'autel, où on le décloua. Ce fut alors que parut un linceul très-fin, mais en très-bon état et sans déchirure ; il servait à envelopper les têtes dont il a été parlé ; elles étaient à moitié détruites et déjointes en raison de l'action du temps. Cependant, les mâchoires et les voûtes du crâne se trouvaient en tel état de conservation, que l'on reconnaissait clairement que c'étaient les restes des têtes qui étaient renfermées dans ledit coffre. Et, une fois qu'elles eurent été vues par les habi-

Il y faut maintenant revenir, et nous rappeler entre les mains de quels souverains se trouvaient les États chrétiens de la Péninsule au commencement du onzième siècle. En Ramon Borell gouvernait le comté de Barcelone ; Sancho, fils de Garcia le Trembleur, possédait l'Aragon et la Navarre qui ne faisaient qu'un seul royaume. La Castille était toujours entre les mains du comte Garcia Fernandez. Le roi de Léon, don Bermude, auquel ses infirmités ont fait donner le surnom de Goutteux, était mort en 999, laissant pour héritier Alphonse son fils, qu'il avait eu de doña Elvire sa femme. Quoique ce jeune prince n'eût que cinq ans lors de la mort de son père, on l'avait élu pour roi, et on avait confié son éducation au comte Menendo Gonçalez. Sancho, Garcia Fernandez et le tuteur d'Alphonse V, instruits par leurs défaites des vingt-cinq dernières années, sentirent la nécessité de s'allier pour résister à la puissance musulmane. Chacun d'eux rassembla le plus de troupes qu'il lui fut possible, et les trois armées se réunirent vers les sources du Duero, dans les plaines de Soria. Don Sancho, qui était roi, non-seulement de la Navarre et de l'Aragon, mais encore d'une partie du versant septentrional des Pyrénées, avait tiré de France d'importants secours. Enfin les peuplades basques étaient aussi entrées dans cette ligue. Almanzor, de son côté, avait fait venir d'Afrique un nombre de troupes plus considérable que celui qu'il en tirait chaque année. Les Maures et les Espagnols se rencontrèrent auprès d'une hauteur appelée Calatañazor, c'est-à-dire en arabe la Hauteur du vautour (Calat al nossour). Les deux armées passèrent une journée entière à s'observer et à prendre leurs dispositions. Le lendemain la lutte fut acharnée, et la nuit seule

tants de cette ville et d'autres individus, ledit gouverneur ordonna que l'ouvrier reclouât le coffre ; ce qu'il fit en employant cinq ou six clous, au moyen desquels il fixa le couvercle, laissant dedans les têtes et remettant la boîte dans la chapelle au lieu où elle était précédemment. »

14ᵉ *Livraison.* (ESPAGNE.)

séparà les combattants, sans que d'un côté ni de l'autre on eût cédé un pied de terrain. Nul ne savait au juste quelles pertes il avait faites, ni n'osait s'attribuer la victoire. Retiré dans sa tente, Almanzor attendait que, suivant leur habitude, les généraux de son armée s'y réunissent pour lui rendre compte de ce que chacun d'eux avait fait; mais il n'en vint que quelques-uns. Les autres faisaient panser leurs blessures, ou bien ils étaient restés au nombre des morts. Il reconnut alors combien la journée avait été funeste pour les siens, et il ordonna de lever le camp avant la pointe du jour. Sa défaite lui fit éprouver un chagrin si amer qu'il ne prit aucun soin de ses blessures. Bientôt elles s'envenimèrent; comme il ne pouvait plus se tenir à cheval, on le mit sur une civière, et ses soldats le portèrent ainsi pendant quinze lieues. Sur les confins de la Castille, près de Medina-Cœli, il rencontra son fils Abd-el-Meleck qui venait au-devant de lui. C'est en cet endroit qu'il s'arrêta, et qu'il mourut le vingt-septième jour du mois de ramadán de l'année 392 (le dimanche 9 août 1002). Il fut enterré avec ses vêtements, et on le couvrit de la poussière qu'il avait recueillie dans tant de batailles.

Les chroniqueurs chrétiens eux-mêmes ne peuvent s'empêcher de rendre hommage au beau caractère de ce général; non-seulement ils avouent qu'il fut un grand homme de guerre, mais ils reconnaissent que souvent il se montra plein de noblesse et de générosité. On raconte qu'un jour il avait cerné dans un défilé une troupe assez considérable d'Espagnols. Les chrétiens étaient dans une telle position, que toute défense était impossible. Il les fit sommer de se rendre. Mais ceux-ci refusèrent : ils préféraient mourir; et puisque leurs armes ne pouvaient les sauver, ils se mirent tous à genoux pour prier Dieu en attendant qu'on les égorgeât. Almanzor fut touché de leur courage : il ordonna à ses soldats d'ouvrir les rangs pour les laisser partir; il aima mieux envoyer ce renfort à ses ennemis que de faire massacrer tant de braves gens.

Mariana, Ferreras, et plusieurs autres écrivains, placent la bataille de Calatañazor et la mort d'Almanzor en 998. C'est évidemment une erreur : les annales de Compostelle, celles de Burgos et les auteurs arabes disent qu'il ne mourut qu'en 1002. A ces preuves il en faut joindre une, qui, nous le croyons, n'a point encore été invoquée, bien qu'elle nous paraisse sans réplique. Le dinar d'Hescham II, gravé pl. n° 77, et sur lequel se trouve le nom d'Almanzor, est daté de l'année 391 de l'hégire (*). Cette année a

(*) *Des années de l'hégire.*

Il est impossible de s'occuper de l'histoire de l'Espagne pendant l'occupation des Arabes, sans rencontrer à chaque pas des dates énoncées en années de l'hégire. Masdeu, les Tablettes chronologiques de Lenglet et même l'Art de vérifier les dates, ne donnent que des tables de concordance entre l'ère chrétienne et l'hégire. Ce sont des comptes tout faits. Mais ces ouvrages ne parlent aucunement de la manière de trouver cette concordance. On peut cependant ne pas avoir sous la main ces livres fort volumineux; il est donc utile d'expliquer ici comment se compose l'année arabe, et d'exposer la méthode que nous avons employée pour convertir en années de l'ère chrétienne une date quelconque de l'hégire.

Le vendredi, 16 juillet 622, Mahomet ayant été obligé de fuir de la Mecque, ce jour a été pris par les musulmans pour point de départ de leur comput chronologique. Ils comptent leurs années depuis sa fuite qui, en arabe, se dit hégire. Ils divisent le temps d'après les phases de la lune; et comme la lune emploie 354 jours 8 heures 48 minutes pour accomplir sa révolution, ils ont fait leur année ordinaire de 354 jours. Cependant, il n'est pas possible de négliger une fraction aussi importante que 8 heures 48 minutes; répétée trente fois, elle produit précisément 11 jours que les musulmans ont répartis dans chaque période ou cycle de trente années, de manière à avoir 19 années de 354 jours qu'ils appellent des années caves, et 11 années de 355 qu'ils appellent surabondantes. Ce jour surabondant se place à la fin du dernier mois de l'année. Les années surabondantes

commencé le 1ᵉʳ décembre 1000. Almanzor n'était donc pas mort en 998, puisque, deux ans plus tard, on frappait encore la monnaie à son nom.

sont, dans chaque cycle, les 2, 5, 7, 10, 13, 16, 18, 21, 24, 26 et 29.

L'année arabe a 12 mois qui sont de 30 ou 29 jours. Ce sont :

1 Muharrem,	30 jours.	
2 Saphar,	29	
3 Rabia prior		ou Rabia al awal, 30.
4 Rabia posterior		ou Rabia el akher, 29.
5 Sjumada prior		ou Sjumada al awal, 30.
6 Sjumada posterior		ou Sjumada al akher 29.
7 Resjeb,	30.	
8 Sjaban,	29.	
9 Ramadan,	30.	
10 Sjawal,	29.	
11 Dsulkada,	30.	
12 Dsuhassia	29, et dans les années surabondantes, 30.	

Comme on vient de le voir, l'année lunaire est seulement de 354 jours 8 heures 48 minutes. Elle est par conséquent plus courte de plus de 10 jours que l'année solaire, composée de 365 jours 5 heures 49 minutes, et plus courte, à plus forte raison, que l'année julienne qu'on a faite de 365 jours 6 heures. Il en résulte qu'elle avance chaque année de plus de 10 jours sur le cours du soleil, et que, en 33 années, le 1ᵉʳ muharrem a successivement passé par toutes les saisons ; enfin que 33 années arabes ne font que 32 années solaires. Le spirituel auteur de l'Essai sur l'histoire des Arabes, M. Viardot, commet donc une erreur énorme, lorsqu'il dit à la fin de son 1ᵉʳ volume, pages 310-311 : « J'aurais voulu, dans le cours de
« cette histoire, joindre le millésime de
« l'hégire à celui de l'ère chrétienne ; mais,
« d'une part, les musulmans se sont obsti-
« nés à compter par années lunaires pour
« obéir à ce verset du Coran : ... Il a réglé
« les phases de la lune ; elles servent à par-
« tager le temps et à compter les années....
« D'un autre côté, *leur année commence au
« milieu de l'été*. Pour fixer la double date,
« il aurait donc fallu savoir, *chose impossible*,
« non-seulement l'année mais le mois et le
« jour où chaque événement s'était passé,
« afin d'établir ensuite la concordance entre
« les computs chrétien et musulman. Masdeu
« a consacré tout un volume à dresser une
« table de réduction des hégires (Reduccion
« de las egiras), pour l'époque de l'occupa-
« tion de l'Espagne par les Arabes et les
« Mores. On peut la consulter. Mais si on
« se contente d'un calcul approximatif, *il*

Le peuple aime à entourer la mort des hommes célèbres de quelques circonstances merveilleuses. Aussi rapporte-t-on que le jour même de la

« *suffit de retrancher du millésime chrétien*
« *les 622 ans qui ont précédé l'hégire.* »

Qu'on nous pardonne de le dire, cette manière de calculer serait très-peu approximative, car elle donnerait une erreur de 30 ans sur une date de 9 siècles, ce qui ne laisserait pas de jeter quelque perturbation dans la chronologie. Quand on demande une date, c'est une date exacte qu'on désire. Voici le moyen de trouver, avec précision, la concordance entre le comput musulman et la date chrétienne. C'est un de ces problèmes que peut résoudre un enfant, pour peu qu'il connaisse les premiers éléments de l'arithmétique.

Si on veut trouver dans l'ère chrétienne le premier jour d'une année de l'hégire, qui ne dépasse pas le 17 Ramadan 990, voici comment on peut procéder : Il faut chercher le nombre de jours compris dans la date de l'hégire. L'année énoncée dans la date n'est pas une année échue, mais bien l'année courante ; il faut donc retrancher une année du nombre de celles énoncées que nous appellerons H. L'année arabe se composant de 354 jours, il faut multiplier le reste qu'on a obtenu par 354, ce qui donne $354(H-1)$, qui serait le nombre des jours, si toutes les années arabes étaient de 354 jours ; mais on a vu qu'il faut ajouter 11 jours complémentaires par chaque cycle de trente années ; il faut donc augmenter ce produit de 11 fois $\frac{H-1}{30}$. La division $\frac{H-1}{30}$ peut donner un reste. Alors il faut ajouter un jour par chacune des années 2, 5, 7, 10, 13, 16, 18, 21, 24, 26 et 29, qui peuvent se trouver dans ce reste.

L'hégire a commencé le 197ᵉ jour de l'année 622. Il faut donc ajouter 622 ans 197 jours. Les années juliennes ne sont pas de 365 jours, mais de 365,25 ; il faut donc aussi tenir compte des deux fois 0,25 qui avaient couru, puisqu'il ne restait plus que 2 années pour atteindre la période bissextile de 624. Ensuite, pour savoir combien ce nombre de jours forme d'années chrétiennes, on divise par 365,25 ; en un mot, on a cette formule excessivement simple :

$$622 \text{ ans} + \frac{354(H-1) + 11\frac{H-1}{30} + 197{,}50}{365{,}25}.$$

14.

bataille de Calatañazor, on entendit sur les bords du Guadalquivir un individu habillé en pêcheur, qui tantôt en espagnol, tantôt en arabe, déplorait par des chants lamentables les désastres d'Almanzor. Lorsque les habitants de Cordoue s'approchaient de lui, il s'évanouissait à leurs yeux pour

Appliquons cette formule à la monnaie d'Hescham dont on vient de parler, on trouve

$$622 \text{ ans} + \frac{354(391-1) + 11\frac{391-1}{30} + 197,50}{365,25}.$$

Ce qui donne 1000 ans et 336 jours, c'est-à-dire, que l'année 391 de l'hégire a commencé le 336ᵉ jour de l'année 1000. Cette année étant bissextile, le 336ᵉ jour tombe le 1ᵉʳ décembre, ce qui est exactement la concordance de l'Art de vérifier les dates. Si la date de l'hégire dépasse le 17 de Ramadan 990, qui répond au 4 octobre 1582, il faut ajouter dix jours pour la correction grégorienne, et un autre à la fin de 1700, puis un autre à la fin de 1800. Autrement, on aurait la date en années juliennes, qui maintenant diffèrent du calendrier grégorien de 12 jours.

Il n'est pas plus difficile de convertir en années de l'hégire une date donnée en années de l'ère chrétienne. Cette réduction se fait en retranchant 1 du chiffre de l'année julienne, que nous appellerons J. On multiplie ce reste par 365; on y ajoute un jour par chaque année bissextile; on retranche de ce total 227,016 jours, représentant les 621 ans 196 jours courus au moment où l'hégire a commencé; on divise par 10631, ce qui donne autant de cycles de 30 années arabes. Quant au reste, il se divise en années caves ou en années surabondantes dont voici le calcul.

	1	354		11	3898	s	21	7442
s	2	709		12	4252		22	7796
	3	1063	s	13	4607		23	8150
	4	1417		14	4961	s	24	8505
s	5	1772		15	5315		25	8859
	6	2126	s	16	5670	s	26	9214
s	7	2481		17	6024		27	9568
	8	2835	s	18	6379		28	9922
	9	3189		19	6733	s	29	10277
s	10	3544		20	7097		30	10631

Enfin, on ajoute un an au nombre trouvé, parce que l'année courante a toujours une unité en sus des années échues. On ajoute aussi un jour, qui est le premier de l'année qu'on cherche : on a donc cette formule :

$$1 \text{ an} + \frac{365(J-1) + \frac{J-1}{4} - 227016 + 1}{10631}.$$

Appliquons cette formule à l'année 1001.

On aura :

$$1 \text{ an} + \frac{365(1001-1) + \frac{1001-1}{4} - 227016 + 1}{10631}$$
$$= 1 \text{ an} + \frac{365000 + 250 - 227015}{10631}.$$

On trouve 13 cycles de 30 ans ou 390 ans, plus un an, plus 32 jours, c'est-à-dire que l'année 1001 de l'ère chrétienne a commencé le 32ᵉ jour de l'année 391 de l'hégire, ou le 2 safar. C'est une date dont on peut immédiatement vérifier l'exactitude. On vient de voir que le premier jour de l'année 391 de l'hégire tombait le 1ᵉʳ décembre 1000. Les 31 jours de décembre ont rempli le mois de *muharrem*, qui a 30 jours et un jour de safar. Le 32ᵉ sera le 1ᵉʳ janvier 1001, qui ainsi tombe le 2 de safar 391.

Si la date dépasse le 4 octobre 1582, il faut avoir égard à la correction grégorienne.

La seule difficulté réelle résulte de ce que le jour des musulmans et celui des chrétiens ne commencent pas au même instant. Pour nous le jour commence à minuit, c'est-à-dire au moment où le soleil arrivé à nos antipodes coupe le grand cercle qui passe par les pôles et par notre zénith. Chez les musulmans, au contraire, le jour commence au moment où le soleil disparait à l'horizon. Ainsi le jour musulman avance sur le jour chrétien du tout le temps qui reste à courir depuis le coucher du soleil jusqu'à minuit. Un événement se passe aujourd'hui dimanche 26 juin 1842 dans la journée, la date en jours de l'hégire sera le 17 sjumada prior 1268. Si le fait se passe le dimanche 26 juin à 10 heures du soir, la date de l'hégire ne sera plus la même. Le 17 dimanche sjumada prior étant achevé au coucher du soleil, le fait qui se sera passé pour les chrétiens dans une portion de temps qu'ils appellent encore le dimanche, aura lieu, d'après la manière de compter le temps des musulmans, au commencement du lundi 18 sjumada prior 1268. C'est à raison de cette différence que plusieurs chronologistes, voulant tenir compte de la portion du jeudi 15 juillet 622, qui restait encore à courir quand le vendredi musulman 1ᵉʳ jour de l'hégire a commencé, disent que l'hégire a commencé le jeudi 15 juillet, ce qui fait qu'ils comptent un jour de plus à l'hégire.

reparaître un peu plus loin, où il recommençait ses lamentations. Pour moi, dit Lucas de Tuy qui rapporte ce fait, je suis persuadé que c'était le démon qui se désolait de l'abaissement de l'islamisme.

ABD-EL-MELECK SUCCÈDE A SON PÈRE DANS LA CHARGE D'HADJEB. — SA MORT. — IL A POUR SUCCESSEUR SON FRÈRE ABD-EL-RAHMAN. — DÉCADENCE DES ARABES. — MOHAMMED ALMAHADI FAIT PASSER HESCHAM POUR MORT ET S'EMPARE DE LA SOUVERAINETÉ. — MOHAMMED, SOLEÏMAN, ALI-BEN-HAMOUD, ABD-EL-RAHMAN, HYAHIA, ALKASEM, ABD-EL-RAHMAN V, MOHAMMED, HESCHAM III, LE DERNIER DES OMMIADES, SE DISPUTENT LA SOUVERAINETÉ. — L'EMPIRE DES ARABES EN ESPAGNE SE DIVISE EN UNE FOULE DE PETITS ÉTATS INDÉPENDANTS L'UN DE L'AUTRE.

L'administration d'Almanzor fut une époque de gloire pour l'islamisme ; mais ce fut le dernier terme de sa prospérité en Espagne. On peut la comparer à ces éclairs que jette une lumière au moment de s'éteindre. A partir de la mort d'Almanzor, les affaires des musulmans dans la Péninsule ne firent plus que décliner. Les discordes intestines qui de tout temps avaient miné leur puissance, comprimées pendant quelques années par la main victorieuse de Mohammed-ben-Abi-Ahmer, ne tardèrent pas à éclater avec plus de fureur. Cependant quelques jours de victoire étaient encore réservés au califat d'Occident. Abd-el-Meleck, fils et successeur d'Almanzor, avait hérité d'une partie des qualités de ce grand homme. Il commença par faire comme son père, chaque année, une incursion sur le territoire chrétien. Plusieurs de ces courses furent encore heureuses. Des discordes qui déchiraient la Castille rendaient ces succès faciles. L'histoire ne nous fait pas connaître la cause des querelles qui avaient éclaté entre don Garcia, comte de Castille, et don Sancho, son fils ; mais elle nous apprend qu'ils avaient pris les armes l'un contre l'autre, et pendant que toutes les forces de cet État se consumaient ainsi dans des dissensions civiles, les Maures ravageaient impunément le pays. Le comte don Garcia, pour mettre un terme à ces attaques, marcha au-devant des ennemis. Il les rencontra près de Berlanga. Il n'avait que peu de troupes, aussi fut-il accablé par le nombre : il tomba entre les mains des Maures couvert de blessures, dont il mourut deux jours après la bataille. Son cadavre, enterré d'abord sur la terre musulmane, fut racheté par don Sancho, et déposé dans l'église de Saint-Pierre de Cardeña (*). Don Garcia laissa son fils don Sancho pour héritier. Il avait aussi une fille nommée Urraca, qui se consacra au service de Dieu.

Dès que don Sancho fut maître du comté de Castille, il s'empressa de prendre les armes pour venger la mort de son père. Il fit avec succès plusieurs campagnes contre les Arabes. Au commencement de l'année 1008, il remporta de grands avantages sur l'armée d'Abd-el-Meleck, et ce général s'étant retiré à Cordoue y fut bientôt atteint d'une maladie dont il mourut au mois d'octobre suivant. Son frère Abd-el-Rahman, second fils d'Almanzor, lui fut donné pour successeur. On espérait qu'il aurait la fortune et le caractère de son père, parce qu'il lui ressemblait par la taille, par la tournure et par le visage. Mais il était léger, adonné aux plaisirs et peu propre à gouverner ; il était surtout ambitieux, et ses projets ne tardèrent pas à se révéler. Il s'appliqua tellement à capter l'amitié d'Hescham, que celui-ci, qui n'avait pas d'enfants, le fit reconnaître pour son successeur, écartant ainsi plusieurs de ses proches parents. Abd-el-Rahman donna aussitôt la mesure de sa présomption en prenant le surnom qu'avait porté le glorieux Abd-el-Rahman III, celui de *El-Nassr-Leddin-Allah*, défenseur de la loi de Dieu. Un des parents d'Hescham ressentit plus vivement que les autres l'injure que leur faisait ce choix. C'était un jeune homme du nom de Mohammed. Ainsi que le calife lui-même, il

(*) Et non pas de Cerdagne, comme dit le traducteur de Ferreras.

était petit-fils d'Abd-el-Rahman III. Il sortit de Cordoue pour aller parcourir les villes qui se trouvaient sur la frontière de Castille. Il eut peu de peine à déterminer les gouverneurs de ce pays à se révolter contre Abd-el-Rahman. Celui-ci n'eut pas plutôt connaissance de ce soulèvement, qu'il se mit à la tête de la garde du calife, et partit en toute hâte pour aller étouffer la sédition. De son côté, Mohammed, averti de la marche d'Abd-el-Rahman, le laissa courir vers les frontières de la Castille, et ayant pris des chemins détournés, il arriva en toute hâte à Cordoue. Il y pénétra sans que la ville fît la moindre résistance, et il s'empara de l'Alcazar (*), ainsi que de la personne du roi. Alors il fit publier une proclamation par laquelle Hescham le nommait hadjeb à la place d'Abd-el-Rahman, qui était destitué. Celui-ci, en apprenant ce qui se passait à Cordoue, revint en toute hâte sur ses pas. Mohammed et ses partisans ne lui disputèrent pas l'entrée de la ville : ils l'attendirent sur la place qui était devant les portes de l'Alcazar, et c'est en cet endroit que se livra la bataille. Les habitants, pleins de haine contre les troupes africaines qu'Abd-el-Rahman commandait, et révoltés par l'ambition qu'il avait montrée, prirent parti contre lui, en sorte que la victoire fut favorable à son rival. La garde africaine fut forcée de se retirer en désordre. Abd-el-Rahman, quoique blessé, combattit avec courage jusqu'à ce que son cheval, percé de plusieurs coups de lance, se fût abattu. Alors on le prit et on le conduisit devant le nouveau hadjeb, qui le fit aussitôt clouer à un pieu. Mohammed, seul maître du pouvoir, s'empressa de donner toutes les charges de l'État à ceux qui s'étaient montrés favorables à sa cause. Il leur confia la garde des villes les plus importantes. C'est ainsi qu'il nomma Obeid-Allah, son fils, gouverneur de Tolède. Bientôt le titre d'hadjeb ne lui suffit plus : il ne se contenta pas d'avoir toute l'autorité du souverain, il voulut aussi en avoir le nom. Il songeait donc à faire mourir Hescham; mais il fut détourné de ce projet par un brave militaire nommé Wadhah, qui avait reçu le surnom de El-Ahmer (*) à cause de l'attachement qu'il avait toujours témoigné à Almanzor-Ben-Aby-Ahmer, son général. Il représenta à Mohammed qu'il n'était pas nécessaire de verser le sang d'Hescham; qu'il suffirait d'enfermer ce prince dans une prison bien secrète, et de supposer sa mort. On commença donc par publier de tous les côtés qu'Hescham était grièvement malade; puis au bout de quelques jours on mit dans son lit le corps d'un chrétien qui lui ressemblait beaucoup, et qu'on avait étouffé. On exposa publiquement ce cadavre, puis on l'enterra en grande pompe, et Mohammed, le petit-fils d'Abd-el-Rahman III, fût proclamé calife, et prit le surnom de *Mahadi* (**) *Bi'llah*, le pacificateur à l'aide de Dieu.

La haine vivace, qui dès les premiers jours de la conquête animait les Arabes asiatiques contre les Africains, ne s'était pas calmée. La garde du calife, composée en grande partie de Berbères, était surtout odieuse au peuple de Cordoue; et, soit que Al-Mahadi voulût satisfaire cette haine, soit qu'il eût lui-même conservé du ressentiment contre les cavaliers berbères qui s'étaient montrés peu favorables à son élévation, il leur donna l'ordre de sortir sans délai de la ville. Les Berbères et leurs chefs prirent la résolution de désobéir et de renverser l'usurpateur qu'ils regardaient comme le meurtrier d'Hescham. Ils allèrent donc attaquer l'Alcazar. Al-Mahadi fit une sortie, à la tête de ses troupes andalouses. Après une vive résistance, les cavaliers africains, contre lesquels tous les habitants de la ville s'étaient soulevés, furent chassés de la ville. Ce ne fut pas, il est vrai, sans avoir fait un grand carnage de leurs adversaires;

(*) Les auteurs espagnols l'appellent Alamir.

(**) Mariana le nomme Al Mahadio. Il fut proclamé le 25 de la seconde lune de sjumada 399 (24 février 1009).

(*) Le palais.

mais dans le combat leur chef, Hescham-ben-Soleïman, étant tombé de cheval, fut pris et conduit devant Al-Mahadi qui le fit décapiter. Comme les Berbères, chassés de la ville, occupaient encore le faubourg, il leur fit jeter du haut des murailles la tête de leur ancien chef. Il espérait que cet acte de rigueur les intimiderait et les ferait rentrer dans le devoir. Il en fut tout différemment. Cette sévérité ne fit que les animer davantage. Ils résolurent de se venger, et, pour remplacer leur chef, ils firent choix de son neveu, nommé Soleïman, qui, bien que de la race des Ommiades, n'en fit pas moins, à partir de ce moment, cause commune avec les Africains. Ne se trouvant pas assez fort pour faire le siége de Cordoue, il ravagea pendant une vingtaine de jours les environs de la ville; puis il se dirigea vers les frontières de la Castille, où il fit alliance avec le comte don Sancho. Les troupes réunies de Soleïman et du comte de Castille s'avancèrent vers Cordoue. Al-Mahadi, de son côté, rassembla une armée, marcha au-devant d'eux et les rencontra près de Gebal-Quintos. La valeur des chrétiens fit pencher la victoire du côté qu'ils favorisaient. En quelques heures, vingt mille des partisans d'Al-Mahadi furent tués, et le calife, fuyant avec les débris de son armée, se retira dans les environs de Tolède, dont son fils était gouverneur. Soleïman se porta aussitôt vers Cordoue. Mais, bien que cette ville ne se défendît pas, il craignit d'abord d'y pénétrer, tant il redoutait la haine violente des habitants contre les Berbères, et les passions fanatiques soulevées contre lui par son alliance avec les chrétiens. Il se borna d'abord à occuper les environs de la ville. Il s'établit à Zahra. Ce ne fut qu'un mois plus tard, le 15 de rabiah-el-akher de l'année 400 (le mardi 6 décembre 1009), qu'il entra dans Cordoue et qu'il se fit proclamer calife, ajoutant à son titre le surnom de El-Mostaïn-Bi'llah, le protégé de Dieu.

Dès les premiers instants de l'élévation de Soleïman, Wadah-el-Ahmer révéla au nouveau calife l'existence d'Hescham II, et lui donna le conseil de le délivrer et de lui rendre le pouvoir; mais Soleïman lui répondit que ce n'était pas le temps de se remettre en de si faibles mains. El-Mostaïn eût bien voulu conserver auprès de lui les chrétiens, mais il craignait que leur présence ne blessât les idées religieuses des populations arabes et même celles de ses propres soldats. Il renvoya donc le comte de Castille, après lui avoir payé le prix convenu. Pendant ce temps Al-Mahadi, retiré dans les environs de Tolède, s'efforçait à son tour de gagner à sa cause un des princes chrétiens de l'Espagne orientale. Il fit alliance avec En Ramon-Borell, comte de Barcelone. Avec les secours que lui fournit ce prince, il s'avança pour attaquer son ennemi. Soleïman-el-Mostaïn s'efforça de rassembler une armée pour lui résister, mais les Arabes lui refusèrent leur concours. Les tribus berbères, établies en Andalousie, embrassèrent au contraire son parti avec ardeur; mais elles étaient peu nombreuses, et leur dévouement ne pouvait suffire à balancer les forces d'Al-Mahadi, qui réunissait, dit-on, neuf mille chrétiens et trente-quatre mille Arabes. Soleïman fut donc battu à la première rencontre et forcé de se retirer en désordre. Dans sa fuite, il n'osa entrer dans Cordoue; car la haine menaçante des habitants de cette ville l'effrayait. Il se retira à Zahra; puis, ne se trouvant pas encore en sûreté dans cet endroit, il en fit enlever tous les trésors, et abandonna la ville au pillage de ses Berbères. C'est ainsi que commença la destruction de cette cité qui était à peine achevée, et dont aujourd'hui il ne reste plus de vestiges.

Mohammed-el-Mahadi arriva bientôt à Cordoue. Il y fut accueilli comme un libérateur par toute la population arabe. On lui donna le surnom de Al-Dhaffer, le vainqueur, surnom qu'il ne mérita pas longtemps. Car dès qu'il eut mis ordre aux affaires les plus importantes, il s'attacha à la poursuite de Soleïman. Celui-ci s'était retiré avec ses Berbères vers la contrée la plus méridionale de l'Andalousie, dans les environs d'Algeziras. Il l'atteignit sur les bords du Guadiaro. Les Berbères, qui se trouvaient repoussés jusqu'à l'extrémité de l'Espagne, n'avaient plus de retraite possible. Il leur fallait vaincre ou bien tendre le cou au vainqueur. Au reste, leurs chevaux, rafraîchis par plusieurs jours de repos, avaient toute leur force et toute leur agilité. Ceux des soldats d'Al-Mahadi, au contraire, et de ses auxiliaires, étaient épuisés par une marche pénible et précipitée. Ils ne purent résister à l'impétuosité de l'attaque de Soleïman. Les cavaliers chrétiens, qui portaient une lourde armure, et dont les coursiers étaient bardés de fer, eurent surtout à souffrir. Armengol, comte d'Urgel, Arnolphe, évêque de Vique, Ætius, évêque de Barcelone, et Othon, évêque de Girone, restèrent au nombre des morts. L'inscription gravée dans le monastère de Saint-Cucuphat, sur le tombeau d'Othon, qui était abbé de ce couvent, fixe d'une manière certaine au 1er septembre 1010 la date de cette bataille (*).

Après cette défaite, Mohammed-el-Mahadi se retira à Cordoue, et le peuple ne manqua pas d'attribuer l'échec qu'il avait éprouvé sur les bords du Guadiaro à son alliance avec les chrétiens. C'est contre ceux-ci surtout que la colère du peuple était excitée, et le calife, dans la crainte de quelque soulèvement, fut obligé de congédier ses auxiliaires. Cependant Soleïman était venu s'établir dans les environs de Cordoue. Il dévastait la campagne, interceptait toutes les communications. La famine et la peste ne tardèrent pas à désoler la ville de Cordoue. Al-Mahadi ne savait quel parti prendre, ni à qui recourir. Les souffrances et la misère du peuple étaient portées à l'excès. Suivant l'usage, c'était au calife lui-même qu'on s'en prenait de tous ces maux. Dans ces circonstances, Wadah, qui était hadjeb, pensa qu'il pourrait sortir de cette position désespérée en rendant le pouvoir à l'ancien souverain. Il tira donc Hescham de sa prison, et le présenta au peuple le septième jour de la dernière lune de l'année 402 (30 juin 1012). Ce fut avec les démonstrations de la plus vive allégresse que le peuple accueillit son ancien souverain. Mohammed-al-Mahadi, effrayé par ces transports de joie, se cacha dans une des pièces les plus reculées de l'Alcazar. Mais après trois jours, le 3 juillet (*), il fut trouvé dans sa retraite, et fut amené devant Hescham, qui le fit décapiter.

Après que sa tête eût été promenée au bout d'une lance dans les rues de Cordoue, Hescham ordonna qu'elle fût portée à Soleïman. Il espérait que cet exemple l'intimiderait, et l'engagerait à rentrer dans l'obéissance. Elle eut un effet tout contraire. Le chef des Africains, après avoir fait laver et embaumer cette tête, l'envoya à Obeïd-Allah, gouverneur de Tolède, fils d'Al Mahadi, en lui promettant de l'aider à venger la mort de son père. Obeïd-Allah rassembla aussitôt des troupes, et se mit en marche pour venir joindre son armée à celle de Soleïman. Wadah, prévenu de cette démarche, sortit de Cordoue à la tête d'un corps de cavalerie légère, et courut demander l'alliance de don Sancho, comte de Castille. Celui-ci répondit qu'il était en marche avec Soleïman pour le même objet; que le chef des Africains lui offrait six forteresses sur la frontière; mais que si Hescham voulait lui en assurer autant, il préférerait se mettre de son côté. Ce traité fut conclu, et Wadah marcha aussitôt vers Tolède, qu'Obeïd-Allah avait laissé dégarnie de troupes. Il s'en empara

---

(*) Voici cette épitaphe :

Erant anni mille decem post Christi praesepia
Quando dedit isti necem prima lux septembria.

(*) L'ancien Art de vérifier les dates avait adopté cette date de l'année 402. Condé ayant par erreur adopté celle de 400, les nouveaux éditeurs de l'Art de vérifier les dates ont adopté aussi la date de 400, qui est cependant évidemment erronée. 400 répond à l'année 1010, et l'épitaphe de l'évêque Othon nous apprend qu'au mois de septembre 1010, Al-Mahadi livrait la bataille de Guadi.

facilement à l'aide des intelligences qu'il avait dans la ville. Il en remit le commandement à Ismaïl Dzi-el-Noun, qui fut la souche des rois de Tolède. Dès qu'Obeïd-Allah fut instruit de la prise de cette ville, il s'empressa de retourner sur ses pas pour venir chercher les ennemis. Il rencontra bientôt les troupes de Wadah et de Sancho. Il leur livra bataille. Mais il fut vaincu et fait prisonnier. On l'envoya sous bonne escorte à Cordoue, et le calife le fit décapiter. Ensuite, on remercia le comte Sancho, on lui livra les villes qui lui avaient été promises, et l'armée victorieuse de Wadah s'en revint à Cordoue. A son approche, Soleïman abandonna les environs de cette ville. Il les avait d'ailleurs tellement dévastés que ses troupes elles-mêmes ne pouvaient plus y vivre. Poursuivi par l'armée de Wadah, il traversa la chaîne de montagnes qui sépare le bassin du Guadalquivir de celui de la Guadiana, et, remontant ce dernier fleuve, il s'empara de Calatrava. Il se mit aussi en rapport avec les gouverneurs des principales villes de l'Espagne orientale, et notamment avec El-Mundir, le gouverneur de Saragosse, et parvint à l'attirer dans son parti, en lui promettant que, s'il l'aidait à s'emparer de Cordoue, il lui laisserait la souveraineté entière du pays qu'il gouvernait; puis, avec les forces que Mundir lui amena, il vint de nouveau dévaster les environs de Cordoue. Il interceptait toutes les communications, en sorte qu'une horrible famine ne tarda pas à désoler cette capitale Hescham, ne sachant à qui s'adresser, écrivit deux lettres, l'une à Aly-ben-Hammoud, gouverneur de Ceuta, et de la famille des Édrisites, qui régnait alors dans cette partie de l'Afrique; l'autre au frère de celui-ci, nommé Al-Casem-ben-Hammoud, gouverneur d'Algeziras, pour réclamer leur secours. Il leur promettait que, s'ils parvenaient à le débarrasser de ses ennemis, il ferait reconnaître Aly-ben-Hammoud pour son successeur. Le hadjeb Wadah, pensant que l'intervention de nouvelles troupes africaines ne pouvait qu'augmenter les embarras dans lesquels on était plongé, s'abstint d'envoyer ces lettres. Cependant la famine et les maux devenaient chaque jour plus pressants. On attribua au hadjeb tous les désastres dont on était accablé. On l'accusa de correspondre avec Soleïman. Ces cris du peuple arrivèrent aux oreilles du soupçonneux Hescham, qui fit saisir les papiers de son ministre. On trouva chez lui les lettres adressées à Casem et à Aly-ben-Hammoud. Le calife se crut trahi, et, sans se souvenir que c'était par le conseil de Vadah qu'Al-Mahadi ne l'avait pas mis à mort, que c'était à Wadah qu'il devait d'être remonté sur le trône, il le fit décapiter, justifiant par sa cruauté ce proverbe vrai chez les Arabes comme chez les Espagnols, et comme chez nous : *a buen servicio, mal galardon*, à bon service mauvaise récompense. Hescham nomma ensuite pour hadjeb, à la place de Wadah, un officier du nom de Hayran. C'était un bon choix, et capable de rétablir sa fortune si elle n'eût pas été entièrement perdue. Mais tous les efforts du nouveau hadjeb ne purent empêcher que le 6 de schawal de l'année 403 (lundi 20 avril 1013), les Africains ne s'emparassent de Cordoue.

Hayran et ce qui restait de soldats fidèles, rassemblés devant l'Alcazar, combattirent jusqu'à la dernière extrémité. Hayran, dangereusement blessé, tomba sans connaissance au milieu des morts. Ce fut à la nuit seulement, et quand le combat eut cessé, qu'il put se traîner chez un de ses amis, où il se cacha, et où il se guérit de ses blessures. Quant à Hescham, on ne sait ce qu'il devint. Mariana et quelques écrivains disent qu'il passa en Afrique; mais on n'a réellement aucune notion certaine sur sa destinée.

Le soir même, Soleïman s'installa dans l'Alcazar. La première fois qu'il avait régné, il avait été proclamé sous le titre de Mostaïn-B'illah (*), le pro-

(*) La drachme que nous donnons n° 2 de la planche 80 porte ce surnom de

tégé de Dieu. Cette fois, il reçut le nom de El-Dhaffer-bi-Haoul-Bi'llah, le vainqueur par la puissance de Dieu. Ensuite, Soleïman congédia ses auxiliaires. Mundir et les autres gouverneurs de l'Espagne orientale retournèrent dans leurs États, qui, à partir de ce moment, commencèrent à former autant de souverainetés indépendantes.

Cependant Soleïman ne resta pas longtemps tranquille possesseur du pouvoir souverain. Hayran, guéri de ses blessures, se retira dans la ville d'Orihuela. A l'aide de ses amis et de ses richesses, il eut bientôt rassemblé une petite armée, à la tête de laquelle il s'empara d'Almeria, de Jaën, de Baëza et d'Arjona. Maître de ces quatre places importantes, il se rendit en Afrique auprès de Aly-ben-Hammoud (*), gouverneur de Ceuta, un des deux frères édrisites auxquels Hescham avait écrit pour leur demander du secours, et pour leur offrir sa succession s'ils le délivraient de ses ennemis. Ces lettres avaient, on se le rappelle, été interceptées par Wadah.

Mostaïn Bi'llah. Elle est frappée à Zahra : elle ne porte, dans la date, que le chiffre des unités 4. Il y faut joindre quatre centaines d'années, ce qui donne l'année 404 de l'hégire, 1013 de l'ère chrétienne, qui fixerait d'une manière précise l'époque du règne de Soleïman, s'il pouvait, sur ce point, s'élever la moindre difficulté.

Voici la traduction des légendes inscrites sur cette drachme; je la dois à l'obligeance de M. Alp. de Longperrier :

Légende circulaire : Au nom de Dieu a été frappé ce dirhem dans la ville de Zahra, l'an 4.

Légende intérieure. Il n'y a de Dieu que le Dieu unique; il n'a pas de pair.

SUR L'AUTRE FACE : *Légende circulaire :* Mahomet est le messager de Dieu, qui l'a envoyé avec la direction de la religion, afin qu'il l'étendit.

Légende intérieure : l'Iman Suleïman, prince des fidèles, el Mostaïn Bi'llah.

(*) Mariana l'appelle Hali-Aben-Hamir; Ferreras le nomme Ali-Aben-Hamit, et M. Romey, Aly-Aben-Hammoud. Ferreras dit qu'il était ommiade. C'est une erreur : il était édrisite.

Quand Hayran avait été nommé hadjeb, elles étaient passées entre ses mains, et il les avait soigneusement conservées. Il l'engagea à venir en Espagne pour rétablir sur le trône Hescham, qu'il croyait prisonnier de Soleïman, ou bien, si ce prince n'existait plus, pour le venger et recueillir sa succession.

Aly et Casem son frère n'hésitèrent pas à accepter le rôle de vengeurs d'Hescham. Aly passa en Andalousie avec des troupes qu'il joignit à celles de Casem, et ils marchèrent ensemble pour attaquer Soleïman, qu'ils rencontrèrent près de l'ancienne ville d'Italica. Le calife fut vaincu, et tomba, ainsi que son frère et son père, entre les mains d'Aly. Celui-ci, arrivé à Cordoue, fit amener devant lui les trois prisonniers. Il leur demanda ce qu'ils avaient fait d'Hescham; et, comme ils répondirent qu'ils ne savaient ce qu'il était devenu; « je voue ces têtes à la vengeance d'Hescham, » dit-il, et il les décapita tous les trois de sa propre main, le dimanche 22 muharrem 407 (1ᵉʳ juillet 1016).

On fit chercher Hescham dans toutes les villes qui dépendaient de la domination musulmane, mais inutilement. Ce ne fut que quand toutes ces perquisitions furent achevées, et après un interrègne de quatre mois et vingt jours, le 13 de la seconde lune de sjumada 407 (17 octobre 1016), qu'Aly se fit proclamer émir, en prenant le surnom de *Motawak-el-Bi'llah,* celui qui se confie en Dieu. Au reste, il s'en fallut de beaucoup que le nouveau souverain fût reconnu par tous les musulmans d'Espagne. Presque tous les gouverneurs des provinces lui refusèrent obéissance. Aly ne tarda même pas à mécontenter ceux qui avaient combattu pour lui. Hayran se retira à Almeria, et fit une ligue avec plusieurs gouverneurs arabes pour renverser le calife africain, et replacer sur le trône un souverain ommiade.

Aly s'empressa de marcher avec son armée pour étouffer cette révolte. Il paraît même que, dès le commencement, ses armes furent heureuses,

Cependant ses premiers succès ne produisirent pas un grand résultat, puisqu'au commencement de l'année 408 de l'hégire (1017 de J. C.), ils n'empêchèrent pas Hayran de proclamer pour calife Abd-el-Rahman, surnommé Al-Mortadhy-Bi'llah (celui qui est agréé de Dieu). Il était arrière-petit-fils du glorieux Abd-el-Rahman III. Peu de temps après cette élection, la division s'étant mise entre les principaux chefs de l'armée d'Al-Mortadhy, plusieurs d'entre eux se retirèrent, en sorte que l'émir africain conserva facilement l'avantage. Il fit même Hayran prisonnier, et, remplissant l'office de bourreau, il lui trancha la tête de sa propre main. Débarrassé de ce premier ennemi, Aly s'apprêtait à poursuivre Abd-el-Rahman-al-Mortadhy, lorsqu'il fut étouffé dans un bain par trois de ses serviteurs, gagnés, dit-on, par le parti arabe. Les historiens placent cet événement le 10e jour de l'avant-dernière lune de cette année 408 (le 29 avril 1018).

Les Berbères proclamèrent aussitôt pour souverain, sous le surnom de Al-Mamoun (l'illustre), Al-Casem (*), frère d'Aly. De son côté, Yahya, fils d'Aly-ben-Hammoud, passa en Espagne à la tête d'une armée pour revendiquer l'héritage de son père. Ainsi, à cette époque, trois princes se disputaient la souveraineté de l'Espagne musulmane : Abd-el-Rahman-al-Mortadhy, qui était soutenu par les Arabes dévoués à la famille des Ommiades ; Al-Casem-al-Mamoum, nommé par les Berbères d'Espagne, Yahya, qui venait à la tête d'autres Berbères, et escorté d'une garde de noirs.

La guerre que se faisaient les prétendants africains favorisait les intérêts d'Abd-el-Rahman, et comme ses progrès devenaient inquiétants pour ses deux rivaux, l'oncle et le neveu convinrent de faire trêve à leurs divisions et d'attendre, pour partager entre eux l'empire, qu'ils eussent exterminé Al-Mortadhy, leur ennemi commun. Yahya occupa Cordoue pendant qu'Al-Casem se rendait à Malaga, où l'appelaient quelques affaires importantes. Le fils d'Aly-ben-Hammoud profita de cette absence pour violer l'arrangement qui avait été conclu. Il se fit proclamer calife, et répéta que son oncle n'avait aucun droit à la souveraineté, et qu'il n'y aurait d'autre part que celle qu'il voudrait bien lui laisser. Au reste, cette jactance fut bientôt punie; car Al-Casem, furieux en apprenant ce manque de foi, s'empressa d'accourir, à la tête de son armée. Yahya avait envoyé la plus grande partie de la sienne contre son compétiteur ommiade ; il fut pris au dépourvu et forcé de fuir. Al-Casem-al-Mamoum rentra dans Cordoue. Il n'avait signalé que par des meurtres et par des violences les premiers instants de son califat qu'il avait passés dans cette ville ; il était déjà odieux aux habitants. Quelques nouveaux actes de barbarie et l'insolence des Africains, dont sa garde était composée, ne tardèrent pas à faire éclater la fureur populaire. Il fut attaqué et assiégé dans son palais, et ce ne fut que par une espèce de miracle qu'il parvint à sortir de la ville et à se soustraire à la vengeance de ses sujets. Ses fils furent également chassés de Séville, dont ils étaient gouverneurs. Enfin, Al-Casem, forcé de fuir, se retira dans les environs de Malaga. Yahya, son neveu, qui exerçait la souveraineté dans cette partie de l'Andalousie, parvint à faire saisir le fugitif et le fit jeter dans une prison, où l'on croit qu'il mourut.

Pendant que ces événements se passaient, et pendant que les habitants de Cordoue proclamaient Abd-el-Rahman IV pour calife, ce prince combattait, dans la plaine de Grenade, contre le gouverneur de cette ville et contre d'autres partisans d'Al-Casem. Mais au moment où la victoire venait de se déclarer en sa faveur, lorsque ses ennemis étaient déjà en fuite, il fut traversé d'une flèche et tomba mort.

Quand on apprit à Cordoue la mort d'Al-Mortadhy, on élut, pour le rem-

(*) Ferreras l'appelle Alcacim ; Mariana le nomme Cazin, et M. Viardot, Quasem.

placer, Abd-el-Rahman V, frère du fameux Mohammed-al-Mahadi, et on le proclama, le 15 de ramadan 414 (1ᵉʳ décembre 1023), sous le surnom de El-Mostadhir-Bi'llah (celui qui espère en Dieu). C'était un jeune homme d'une grande austérité de mœurs. Il voulut rétablir la discipline dans ses troupes et mettre un terme aux excès de toute nature auxquels elles se livraient. Cette sévérité fit beaucoup de mécontents, et Abd-el-Rahman V n'avait encore régné que 71 jours, quand, le 27 dsulkada 414 (10 février 1024), il fut égorgé par ses soldats. Ils élurent à sa place son cousin Mohammed II, qui prit le surnom de Mostakfi-Bi'llah (celui à qui Dieu suffit). Ce jeune homme fit des largesses aux soldats, donna les principales places de l'État à ses partisans, et se retira à Zahra, où il vécut dans les délices, s'occupant presque uniquement du soin de faire réparer les jardins de cette magnifique résidence. Mais bientôt ses prodigalités eurent épuisé ses richesses et vidé les coffres de l'État. Dans ces temps de désordre, les subsides que les provinces devaient payer ne rentraient pas au trésor. Il fallut surcharger d'impôts le peuple de Cordoue et des environs, qui commença à murmurer, imputant à l'avarice du souverain les exactions dont il était l'objet. Les soldats, de leur côté, attribuèrent aussi à son avarice la cessation de ses prodigalités. On ne tarda pas à conjurer contre lui. Mais, averti par des officiers qui lui étaient restés fidèles, de l'instant où il devait être attaqué, il prit pendant la nuit la fuite avec sa famille, et se retira dans les environs de Tolède, où bientôt il mourut, pour avoir mangé d'une poule empoisonnée.

A la nouvelle de cette révolution, les partisans de Yahya vinrent l'engager à reprendre le califat. Ce prince gouvernait ses États d'Algésiras, Malaga, Ceuta et Tanger, avec beaucoup de modération. Il était aimé de ses sujets, et il lui fut facile de rassembler une armée, à la tête de laquelle il marcha vers Cordoue. Il y fut bien accueilli par les habitants, qui espéraient enfin un peu de repos sous son administration. Il écrivit aux gouverneurs des provinces pour les engager à venir lui prêter serment. Les plus éloignés s'abstinrent de répondre; les plus voisins refusèrent hautement de reconnaître son autorité. Le calife résolut de les faire rentrer dans le devoir, et voulut commencer par faire un exemple en châtiant celui de Séville. C'était Mohammed, Arabe d'origine, et de la noble famille des Beny-Abêd. Prévenu que Yahya venait pour l'attaquer, il alla se placer sur son chemin et l'attira facilement dans une embuscade. Le calife y fut tué d'un coup de lance, et sa tête fut portée à Séville. Mohammed-ben-Abed fit enrichir le crâne de Yahya de pierreries, et en fit faire une coupe dont il aimait, dit-on, à se servir.

Après la mort d'Yahya les habitants de Cordoue firent choix, pour souverain, du frère aîné d'Abd-el-Rahman, Al-Mortadhy. Celui-ci refusa longtemps d'accepter un fardeau qu'il regardait comme étant au-dessus de ses forces. Enfin, quand, après de longues instances, on fut parvenu à vaincre sa répugnance pour le pouvoir, on le proclama calife, sous le nom d'Hescham III El-Motadd-Bi'llah. Bien qu'Hescham eût fini par accepter le pouvoir, il ne voulut pas d'abord aller à Cordoue, dont le peuple ne savait pas se gouverner et ne voulait pas se laisser gouverner. Il confia l'administration intérieure de l'État à Djehwar, qu'il nomma son hadjeb, et pour lui il alla faire la guerre aux chrétiens, combattant tantôt sur les frontières de la Castille, tantôt sur celles de la Catalogne ou du Portugal. « Pendant son « séjour aux frontières, dit M. Romey, « il encouragea fort une institution « qui paraît avoir été la source des « ordres religieux militaires; c'étaient « des guerriers appelés Rabits, ce qui « proprement veut dire solitaires. Ces « Rabits, ou guerriers de frontières, « professaient une grande austérité de « vie et s'adonnaient continuellement « à l'exercice des armes, s'obligeant, « par vœu, à défendre leurs frontières

« des algarades et chevauchées des « chrétiens. C'étaient tous des chevaliers d'élite, rompus aux fatigues de « la guerre ; ils ne devaient jamais fuir, « mais combattre avec intrépidité, et « mourir plutôt que d'abandonner leur « poste. Il paraît vraisemblable que c'est « de ces Rabits que sont provenus, « tant en Espagne que parmi les chrétiens d'Orient, les ordres religieux « militaires, si célèbres par leur valeur « et par d'éminents services rendus à « la chrétienté. »

Cette absence prolongée du calife favorisait la tendance de désorganisation, qui se manifestait depuis longtemps dans l'État. Chaque jour les liens qui avaient rattaché les provinces à la capitale, tendaient à se relâcher, et elles n'envoyaient plus aucun subside au trésor. Djehwar pria Hescham avec instance de revenir à Cordoue. Le calife céda avec regret à ces prières. Bientôt il fut forcé de faire la guerre à des gouverneurs qui refusaient de reconnaître son autorité. Cette guerre, constamment malheureuse, se termina par un traité désavantageux qui blessa l'orgueil des habitants de Cordoue. Ils commencèrent à murmurer ; puis ils demandèrent hautement qu'Hescham fût déposé et banni. En apprenant, par la bouche de son hadjeb, quels étaient les désirs du peuple, Hescham III s'écria : « Grâces soient rendues à Dieu qui le veut ainsi ! » Il se retira dans un château qu'il avait fait élever sur la Sierra Morena. Les habitants de Cordoue ne l'y laissèrent pas tranquille, et il fallut qu'il allât chercher un asile près de Lérida, où il resta jusqu'à sa mort. C'est dans le courant de l'année 422 de l'hégire (1031 de J. C.) qu'il avait quitté Cordoue. Il fut le dernier prince ommiade, et c'est à peine si, après lui, le califat d'Occident subsista même de nom. Djehwar, qui fut élu à sa place, ne voulut pas accepter seul la responsabilité qu'entraîne le pouvoir. Il forma un conseil des plus puissants chefs des tribus et ne s'en réserva que la présidence. Il renvoyait à cette assemblée toutes les affaires importantes. Il refusa de quitter sa maison pour habiter les palais que les califes avaient fait élever. Cette sage conduite eût sans doute rétabli en Espagne les affaires des musulmans, si cela eût été possible ; mais tout ce que la Providence avait destiné de prospérité à cet État était épuisé. Il s'était déjà morcelé. En un laps de 22 années, douze princes s'étaient succédé sur le trône, et la multiplicité de ces changements avait détruit le prestige et l'autorité qui doivent toujours accompagner le nom du souverain. Les provinces ne voulurent plus dépendre de la capitale. Chaque ville un peu importante s'érigea en État indépendant. C'est ainsi qu'une foule de petits royaumes, ou émirats, se formèrent des débris du califat d'Occident.

RÈGNE D'ALPHONSE V. — CE PRINCE RECONSTRUIT LÉON ET LES AUTRES VILLES DE SON ROYAUME RUINÉES PAR LES MAURES. — CONCILE DANS LEQUEL SONT RÉDIGÉS LES FUEROS BUENOS DE LÉON. — ALPHONSE FAIT LA GUERRE AUX MAURES. IL EST TUÉ AU SIÉGE DE VISEO. — D. SANCHO, COMTE DE CASTILLE. — ORIGINE DES MONTEROS DE ESPINOSA. — GARCIA, COMTE DE CASTILLE, MEURT ASSASSINÉ PAR LES VELAS. — IL A POUR SUCCESSEUR SANCHO LE GRAND. — LES ENFANTS DE SANCHO LE GRAND ACCUSENT LEUR MÈRE D'ADULTÈRE. — CE ROI PARTAGE SES ÉTATS ENTRE SES ENFANTS. — RECONSTRUCTION DE PALENCIA. — GUERRE ENTRE LÉON ET LA CASTILLE A L'OCCASION DE CES TRAVAUX. — LA CASTILLE EST ÉRIGÉE EN ROYAUME. — MORT DE SANCHO LE GRAND. — GUERRE ENTRE RAMIRE ET D. GARCIA. — GUERRE ENTRE BERMUDE ET FERDINAND. — MORT DE BERMUDE. — LES ROYAUMES DE CASTILLE ET DE LÉON SONT RÉUNIS DANS LA MÊME MAIN.

Pour présenter d'une manière intelligible cette série si compliquée de révoltes et de révolutions qui ont amené la dissolution du califat d'Occident, il nous a fallu laisser de côté les événements qui se passaient dans la partie chrétienne de la Péninsule. Jetons maintenant un coup d'œil en arrière ; voyons quel a été le sort des trois princes qui s'étaient unis pour abattre dans les champs de Calatañazor l'étendard de cet Almanzor si longtemps victorieux.

L'un d'eux, Alphonse V, fils de Bermude le Goutteux, était encore enfant ; il régnait sur la Galice, les Asturies et sur le royaume de Léon. Sancho le Grand, fils de Garci le Trembleur, était roi de Navarre, d'Aragon et de Sobrarbe. Enfin le troisième, Garci Fernandez, était comte indépendant de Castille. Ce dernier, peu de temps après la victoire de Calatañazor, avait à son tour été vaincu par les Maures : il était mort en combattant, et avait été vengé par le comte Sancho, son fils, qui avait porté ses armes jusque sous les murs de Cordoue. C'était, à la vérité, comme auxiliaire de Mostaïn Bi'llah, un des prétendants au califat, qu'il avait pénétré jusqu'au cœur de l'Andalousie ; mais aucune armée chrétienne depuis la défaite du Guadalète ne s'était avancée aussi loin. Un autre prince chrétien, dont les Arabes avaient aussi acheté l'alliance, le comte Ramon Borell, avait été combattre les Berbères de Soleïman jusque dans les plaines d'Algéziras. De toutes parts l'empire des Maures s'écroulait ; celui des chrétiens, au contraire, sortait chaque jour de ses ruines.

Alphonse V, dirigé par le comte Melendo, son tuteur, et par la reine, sa mère, deux sages conseillers, s'appliquait à réparer les désastres que les invasions des Maures avaient causés dans ses États. Il rebâtissait les églises, les villes ruinées par la guerre. Il releva la capitale de son royaume détruite par Al-Mansour ; aussi le trouve-t-on souvent désigné de cette manière dans les écrivains espagnols : Alphonse, celui qui reconstruisit Léon. Au reste, il ne se borna pas à réparer des murailles : il appliqua ses soins à rendre l'administration du royaume plus régulière, à recueillir les ordonnances de ses prédécesseurs, à les modifier et à les améliorer. C'est sous son règne qu'un concile réuni (*) en 1020 rédigea les fueros de Léon, connus aussi sous le nom de bons fueros d'Al-pnonse V. C'était pour la Galice, pour les Asturies et pour le royaume de Léon, la première modification apportée par écrit aux lois des Goths. Ces fueros établissaient les rapports qui devaient exister entre les sujets et le roi ; ils consacraient les libertés et les immunités des villes et des citoyens ; ils contenaient la constitution politique de l'État. Suivant l'usage reçu à cette époque, les rédacteurs de ce code fulminèrent l'anathème contre ceux qui tenteraient de violer cette charte : « Si quelqu'un de notre race, y est-il « dit, ou d'une race étrangère, tentait « sciemment de violer notre constitu- « tion, qu'il ait les mains, les pieds « et la tête brisés ; que ses yeux soient « arrachés, ses entrailles répandues ; « qu'il soit frappé à la fois de la lèpre « et du glaive de l'anathème, et que « dans la damnation éternelle il porte « la peine de son crime avec le démon « et les anges rebelles. »

On pense que c'est à peu près à la même époque que des fueros ont été rédigés pour la Castille ; mais ni le texte, ni même le sens de ces lois ne sont venus jusqu'à nous.

Alphonse fit aussi avec succès plusieurs guerres contre les Maures ; il leur enleva quelques villes sur la rive gauche du Duero. En 1027, il assiégeait Viseo depuis quelque temps, et la ville, pressée par la famine, se trouvait réduite aux dernières extrémités, lorsqu'un matin Alphonse, voulant examiner l'état de la place, s'approcha imprudemment des murailles sans être armé de sa cuirasse ; il ne portait qu'un léger vêtement. Du haut des créneaux, un archer lui lança une flèche qui le blessa mortellement : l'armée espagnole leva aussitôt le siège. Le corps du roi fut porté à Léon et enterré dans l'église de Saint-Jean, que lui-même avait fondée. Alphonse V était monté sur le trône à l'âge de cinq ans, et son règne durait déjà depuis vingt-huit années. Pendant ce temps d'une sage administration il s'appliqua à faire disparaître les ruines dont la guerre avait couvert son royaume. Il dota son pays de lois sages et libérales.

(*) Mariana dit qu'il fut réuni à Oviedo, Ferreras dit à Léon.

Marié en 1014, avec doña Elvire, fille du comte Melendo son tuteur, il laissa deux enfants nés de cette union: Doña Sancha, et Bermude qui lui succéda sur le trône.

Un des premiers actes de Bermude fut d'assurer la paix du côté de la Castille, en contractant une alliance de parenté avec le souverain de ce pays. C'était, comme on l'a vu, le comte Sancho, fils de Garci-Fernandez. Ce prince avait deux filles: l'aînée, doña Nuña, que les auteurs appellent aussi fort souvent Elvire, était mariée à Sancho le Grand, roi d'Aragon et de Navarre; la plus jeune, nommée Thérèse, fut accordée à Bermude (*).

Suivant quelques historiens, un événement des plus tragiques et des plus romanesques signala le commencement du règne de ce comte de Castille. Sa mère, disent-ils, était devenue éperdument amoureuse d'un prisonnier maure: elle voulait l'épouser; mais elle savait bien que Sancho ne consentirait jamais à cette alliance, qui blessait en même temps son orgueil et sa religion. Elle prit donc la résolution de l'empoisonner, pour lever l'obstacle qu'il mettait à ce mariage. Elle avait déjà préparé le breuvage qu'elle devait lui présenter au milieu d'un repas, lorsqu'il reviendrait de la chasse. Mais le secret du crime qu'elle projetait lui échappa: il fut surpris par une cameriste, qui s'empressa de le révéler à son fiancé, l'un des veneurs du comte. Ce fidèle serviteur prévint son maître du danger qui le menaçait. Après une journée passée à la poursuite des animaux sauvages, Sancho rentra dans son palais, et sa mère vint lui offrir elle-même la coupe empoisonnée. Alors profitant de l'avis qu'il avait reçu, il exigea qu'elle goûtât la liqueur qu'elle lui présentait; comme elle refusait de se soumettre à cette épreuve, il ordonna d'employer la force pour la contraindre à boire le poison qu'elle lui avait préparé; et bientôt elle mourut au milieu d'horribles souffrances.

Le comte voulant récompenser le service que lui avait rendu son veneur, le maria à celle qu'il aimait, et lui accorda pour lui et pour sa descendance le privilége de veiller à la sûreté des comtes de Castille et de leurs successeurs. Ce privilége, ils l'ont toujours conservé en même temps qu'ils gardaient la charge et le titre de *monteros* (veneurs). Sancho leur ayant donné la ville d'Espinosa, cette cité prit d'eux le nom d'Espinosa de los Monteros. Les veneurs, de leur côté, ayant ajouté à leur qualité le nom de la ville dont ils étaient seigneurs, se sont appelés Monteros de Espinosa. A la longue, tout en continuant de porter le titre de *Monteros*, ils ont cessé de s'occuper de vénerie; mais ils ont constamment joui du privilége de garder la porte de la chambre des souverains de Castille et de veiller à la sûreté de leur personne en quelque lieu qu'elle se trouvât.

Cette origine des Monteros de Espinosa est rapportée par Garribay, par Mariana, par Guevara, dans sa chronique des Monteros de Espinosa, et par Argote de Molina, dans ses commentaires sur le livre de vénerie d'Alphonse XI. Elle semble parfaitement dans les mœurs de cette époque barbare. Cependant quelques auteurs en contestent la réalité. Au reste, la race du comte Sancho était destinée à périr victime de l'ingratitude et de la perfidie. On se rappelle ce comte Vela, seigneur d'une partie de l'Alava, qui, s'étant révolté contre le comte Fernan Gonçalez, avait été chassé et obligé d'aller chercher un refuge chez les Arabes. Il était mort laissant trois

(*) Ferreras pense que ce mariage n'eut lieu qu'en 1028, après l'assassinat du comte Garcia. Cela ne nous paraît pas probable. Après la mort de Garcia, le comté de Castille passa entre les mains de Sancho le Grand. Des difficultés ne tardèrent pas à s'élever entre Bermude et son puissant voisin. Ce n'eût pas été le moment où Sancho le Grand eût été accorder la main de sa belle-sœur à un souverain qui aurait pu élever, par la suite, des prétentions sur la Castille. Il est plus croyable que ce mariage avait eu lieu du vivant même du comte Sancho.

fils (*). Le comte Sancho les avait reçus en grâce, leur avait rendu leurs biens, et pour que la réconciliation fût plus complète, l'aîné des Velas avait tenu sur les fonts de baptême le jeune fils du comte de Castille. Malgré ces bontés, ils n'avaient pas tardé à causer de nouveaux troubles dans le pays, et le comte ayant été forcé de les chasser de nouveau, ils avaient été chercher un asile chez Alphonse V, qui les avait accueillis, et qui, pour leur assurer le moyen de vivre d'une manière conforme à leur naissance, leur avait assigné des terres assez considérables.

Le 5 février 1022, le comte Sancho étant mort, son fils Garcia, âgé environ de 13 ans, fut reconnu pour son successeur, et les grands du royaume, pour resserrer encore les liens de parenté qui existaient entre le souverain de la Castille et le roi Bermude de Léon, firent demander à celui-ci de donner Sancha, sa sœur, pour épouse à leur jeune prince. Bermude, comme on l'a vu, avait déjà pour femme doña Thérésa, sœur de doña Garcia. Il consentit volontiers à cette nouvelle alliance, et il fut convenu que les noces seraient célébrées dans la ville de Léon. Garcia devait s'y rendre avec beaucoup de seigneurs castillans. Sancho le Grand y vint aussi avec deux de ses fils, don Garcia et don Ferdinand. Mais le jeune comte de Castille, empressé de voir sa fiancée, et ne pensant pas nécessaire de se tenir sur ses gardes puisqu'il allait à une fête, laissa le roi don Sancho le Grand à Sahagun, et avec une faible escorte il prit les devants et courut à Léon. Les Velas, pleins de haine et de perfidie, allèrent au-devant de lui, se mirent à genoux et lui baisèrent la main. Ils montrèrent une grande repentance des troubles qu'ils avaient suscités, et demandèrent un pardon qui leur fut gracieusement octroyé. Cependant, ils

(*) Mariana les appelle Rodrigo, Diego et Iñigo. On les trouve désignés, dans de vieux diplômes, sous les noms de Veremond, Roderich et Nébutien. Rodrigue de Tolède les appelle Rodrigo, Diego et Iñigo. Lucas de Tuy n'en nomme que deux, Diego et Sylvestre.

ne faisaient ces démarches que pour écarter toute méfiance et pour accomplir plus sûrement la trahison qu'ils méditaient. Pendant que la ville tout entière ne respirait que le plaisir et que l'allégresse, un matin que le jeune Garcia se rendait seul à l'église de San Salvador pour y entendre la messe, ils l'attaquèrent à la porte même du lieu saint. Ils se précipitèrent sur lui l'épée à la main; et Rodrigue, l'aîné des trois frères, bien qu'il lui eût servi de parrain, lui porta le premier coup. Les autres accoururent ensuite pour l'achever, et par cette trahison ils rendirent doña Sancha veuve avant qu'elle eût été mariée. Quelques seigneurs de Léon voulurent défendre Garcia; mais, surpris et sans armes, ils furent tués par les Velas et par ceux qui les accompagnaient. Cependant, le tumulte ayant appelé du monde, les meurtriers prirent la fuite, sortirent de Léon et coururent s'emparer de la ville de Monçon. Sancho le Grand alla les y attaquer, et les ayant pris, il les fit brûler vifs. Quant à la sœur de Bermude, elle témoigna, disent tous les historiens, la plus vive douleur de la mort de son fiancé.

Sancho le Grand, qui avait pour femme l'aînée des sœurs du jeune comte don Garcia, fut appelé à lui succéder, et se trouva ainsi le prince le plus puissant de la Péninsule, car il possédait à lui seul les royaumes d'Aragon, de Sobrarbe, de Navarre, et le comté de Castille. Il avait fait aux Maures des guerres fréquentes et leur avait enlevé beaucoup de places sur les bords du Gallego et de l'Èbre; aussi l'étendue de ses États l'a-t-elle fait appeler *el-Mayor* (le plus grand), et quelquefois aussi l'empereur d'Espagne. Au dire de quelques auteurs, toute sa grandeur ne le mit pas à l'abri de cuisants chagrins. Voici comment le fait est rapporté par Mariana : Sur le point de partir pour faire la guerre, Sancho le Grand avait recommandé vivement à la reine un cheval, le plus beau et le mieux dressé qu'il eût dans ses écuries. Don Garcia, son fils aîné, eut envie de ce coursier et le demanda sa mère qui allait le lui donner, quand un seigneur nommé Sèse fit observer à la reine que le roi pourrait être mécontent de cette condescendance au désir de son fils. Doña Elvire refusa donc à Garcia ce qu'il désirait. Celui-ci, furieux de ce que ses prières avaient eu sur l'esprit de sa mère moins de pouvoir que les paroles d'un simple chevalier, résolut, pour se venger, de l'accuser d'adultère. Il désigna Sèse comme son complice, et pour donner plus de poids à cette calomnie, il parvint à la faire appuyer par son frère Ferdinand.

Cette dénonciation fit éprouver au roi la douleur la plus vive. Jusqu'à ce jour, sa femme n'avait donné aucun motif qui pût faire douter de sa chasteté, et cependant les accusateurs étaient ses propres fils dont il ne pouvait soupçonner le mensonge. La reine fut donc renfermée dans le château de Naxera. Les grands et la noblesse du pays furent convoqués pour terminer ce déplorable procès. Le tribunal, suivant les usages du temps, s'en remit au jugement de Dieu; il rendit une sentence qui condamnait la reine à être brûlée vive si elle ne prouvait en champ clos qu'elle était innocente du crime qui lui était imputé. Cette décision mettait la reine dans la position la plus critique. Bien des chevaliers croyaient à son innocence, mais aucun n'osait se déclarer son champion. Ils étaient éloignés par le rang et par le caractère des accusateurs qui étaient les propres enfants du roi.

Sancho le Grand avait eu de sa femme trois fils: Garcia, Ferdinand et Gonzalo. Il avait eu aussi hors mariage d'une dame d'Eybar, que les uns appellent Urraca, et les autres Caya, un bâtard nommé don Ramire. Ce jeune prince fut touché de compassion en voyant l'extrémité à laquelle la reine était réduite, et ce fut lui qui ramassa le gage de bataille jeté par les accusateurs. Cependant, ce combat impie de frère contre frère n'eut pas lieu. Un saint personnage ayant reçu de Garcia l'aveu de sa perfidie, le détermina, par de sages exhortations, à l'avouer en public. Garcia et Ferdinand se jetèrent aux pieds de Sancho et de la reine pour leur demander pardon. La faute de Ferdinand était excusable; il avait été entraîné par la foi qu'il avait eue dans son frère aîné; mais celle de Garcia était bien plus grave. Aussi la reine ne voulut-elle pas qu'il héritât des États qu'elle avait apportés à son mari, ni de ceux qui lui avaient été constitués en douaire. Le partage des biens de Sancho le Grand fut donc réglé d'avance, et de la manière suivante: Ferdinand eut la Castille, qui n'était encore qu'un comté; Gonzalo, le plus jeune, eut le royaume de Sobrarbe; Garcia fut réduit au royaume de Navarre. Quant à l'Aragon, qui formait le douaire de la reine, il en fut disposé en faveur de don Ramire, son généreux défenseur. Toute cette histoire n'est peut-être pas très-authentique; mais si les causes de ce partage ne sont pas celles que rapportent les chroniqueurs, au moins est-il certain que par la suite la succession de Sancho fut divisée de cette manière. Au reste, à l'époque où nous sommes arrivés, Sancho le Grand régnait encore, et non content d'être le souverain le plus puissant de la Péninsule, il travaillait encore à étendre ses domaines; aussi, des contestations ne tardèrent-elles pas à s'élever entre lui et le roi de Léon relativement aux limites de leurs États.

Un jour que Sancho le Grand poursuivait un sanglier, cet animal, vivement pressé par la meute, chercha un asile dans les ruines d'une chapelle située dans l'endroit le plus fourré de la forêt. C'est là qu'il s'accula aux restes d'un autel pour faire tête aux chiens et aux veneurs. Sans respect pour l'endroit saint où le sanglier s'était réfugié, Sancho leva l'épieu pour le frapper; mais son bras resta paralysé sans qu'il pût l'abaisser. Le roi comprit bien que c'était un châtiment que le ciel lui infligeait, parce qu'il avait manqué de respect pour le lieu saint. Plein de repentir, il adressa ses prières à saint Antoine, dont l'image se voyait encore sur l'autel, et il obtint aussitôt que son bras recouvrât

15e *Livraison.* (ESPAGNE.)

le mouvement. Pour perpétuer le souvenir de ce double miracle, il fit vœu de relever la chapelle de saint Antoine; et ayant appris que la ville de Palencia, entièrement détruite par les guerres, avait autrefois existé en cet endroit, il résolut de la relever, et il chargea l'évêque d'Oviédo de surveiller ces constructions.

Cependant, le roi don Bermude voulut s'opposer à ces travaux. Il prétendait que cette place était dans ses domaines; qu'il n'était pas permis au roi Sancho d'y élever une ville. Celui-ci, au contraire, soutenait que ce territoire avait toujours fait partie du comté de Castille. Tout en laissant de côté la cause miraculeuse attribuée par les chroniqueurs à la reconstruction de Palencia, il est fort probable que les travaux entrepris pour relever cette ville amenèrent une guerre entre les deux États. Sancho le Grand entra avec son armée dans le royaume de Bermude, et s'empara de tout le pays qui s'étend depuis la rivière de Pisuerga jusqu'à celle de Cea. Bermude, pris au dépourvu, et trop faible pour résister à Sancho le Grand, se retira en Galice pour rassembler de nouvelles troupes. Sancho continua ses conquêtes. Il s'avança jusqu'à Astorga, qu'il emporta sans beaucoup de peine.

L'année suivante, Bermude ayant rassemblé une armée, s'avança pour reprendre les terres qui lui avaient été enlevées. Sancho, de son côté, conduisit à sa rencontre des troupes nombreuses. Les armées étaient en présence quand les évêques qui se trouvaient dans les deux camps parvinrent à ménager un accommodement. On convint que don Bermude donnerait sa sœur, doña Sancha, en mariage à Ferdinand, second fils de Sancho le Grand; que Sancho abandonnerait immédiatement à Ferdinand le comté de Castille, qui serait érigé en royaume, et que, de son côté, don Bermude donnerait pour dot à sa sœur toutes les terres qui lui avaient été enlevées depuis la Pisuerga jusqu'à la Cea. C'est ainsi que la Castille, d'abord simple comté relevant du royaume de Léon, devint, sous Fernan Gonzalès, un État indépendant, que, sous Ferdinand, elle fut érigée en royaume, et qu'elle était destinée par la suite à absorber toutes les autres souverainetés de la Péninsule.

Le roi Sancho ne survécut que de trois années à cet arrangement. Il mourut en 1035. Mariana dit qu'il fut assassiné sur la route d'Oviédo, où il se rendait pour visiter les reliques des saints; mais les historiens ne font pas connaître le nom de ses assassins, et ne signalent aucune des circonstances de sa mort. Ce prince se montra vaillant guerrier, habile politique. Il fut à la fois maître de presque tous les États chrétiens de la Péninsule; et, sans la faute qu'il commit de les partager entre ses enfants, on doit croire que les Maures eussent été chassés d'Espagne quelques siècles plus tôt. Il voulut laisser une couronne royale à chacun de ses quatre fils. Cela peut être le désir et le calcul d'un excellent père; mais c'est incontestablement l'acte d'un mauvais souverain. Ce partage fut d'autant plus préjudiciable aux intérêts des chrétiens, que la puissance musulmane était alors divisée en une foule de petits États, jaloux les uns des autres, divisés entre eux d'intérêts et d'affections. Chaque ville formait un royaume. Quelque personnage puissant s'y était emparé du titre et de l'autorité de roi, et il y avait autant de dynasties royales qu'il y avait de cités. Nous citerons douze de ces petits royaumes, et nous ne les aurons pas nommés tous. Il y avait des rois de Denia et des Baléares, de Valence, de Tolède, d'Albaracin, de Séville, de Murcie, d'Almérie, de Saragosse, de Malaga, de Cordoue, de Badajoz et de Grenade.

Valence avait pour souverain Abd-el-Azis, fils de cet Abd-el-Rahman qui avait eu pour père le célèbre Mohammed-al-Manzor, et qui avait été mis à mort par El-Mahadi. Nous avons déjà parlé de Dzi-el-Noun. Ce chef avait, on se le rappelle, aidé Wadah, le hadjeb d'Hescham II, à chasser de Tolède Obeid-Allah, fils du calife Mohammed-el-Mahadi. Le gouvernement de cette importante cité lui avait été confiée. Mais bientôt, lorsque Hescham II eut fait décapiter Wadah, Dzi-el-Noun avait profité de l'anarchie dans laquelle était plongé le califat de Cordoue, pour se déclarer souverain indépendant de Tolède. Hayran, qui avait succédé à Wadah dans la dignité de hadjeb de Hescham II, s'était, après la disparition de ce prince, emparé d'Almérie. Les seigneurs édrisites de la famille Hammoud appelés au secours d'Hescham, étaient restés souverains d'Algéziras et de Malaga. Séville obéissait à ce Mohammed-Ismaël-ben-Abed que nous avons vu tuer Yahya dans une embuscade et faire une coupe du crâne de ce malheureux souverain. Chaque ville avait ainsi sa dynastie. Ces petits États, envieux les uns des autres, eussent été facilement conquis par les chrétiens, si ceux-ci fussent restés unis entre eux; mais Sancho le Grand avait morcelé ses domaines, et la division n'avait pas tardé à éclater entre ses enfants. Chacun d'eux, se rappelant combien la puissance de leur père avait été grande, se sentait saisi de l'ambition de l'égaler. Chacun d'eux trouvant trop petit le lot qui lui était échu, essaya d'empiéter sur la part de son frère. Au moment de la mort de son père, don Garcia accomplissait un pèlerinage. Il avait, dit-on, fait vœu de visiter à Rome les églises de Saint-Pierre et de Saint-Paul, afin d'expier par cette pénitence le crime qu'il avait commis en accusant faussement sa mère. Don Ramire, son frère, voulut profiter de cette occasion pour augmenter ses États. Il se ligua avec les rois maures de Tudèle, d'Huesca et de Saragosse, entra en Navarre et alla mettre le siège devant la ville de Tafalla. Don Garcia revint à temps de son pèlerinage, et, averti de ce qui se passait, il réunit des troupes en grand secret et vint tomber sur le camp de son frère. Il mit tant d'impétuosité dans son attaque, qu'en un instant toute l'armée de don Ramire fut en déroute. Cette surprise fut si subite, que don Ramire, pour échapper, se vit obligé de fuir sur un cheval sans selle et sans bride, qu'il fut heureux de trouver au milieu de la déroute. Don Garcia profita de sa victoire. Il poursuivit son frère avec activité, et lui enleva une partie du royaume d'Aragon.

De son côté, Bermude, voyant les États de Sancho morcelés, et sachant les fils de ce prince occupés à se disputer leurs royaumes, résolut de reprendre les domaines qui lui avaient été arrachés par la force. Il rassembla son armée, enleva presque tout ce qu'il avait été contraint d'abandonner à Ferdinand, et il courut mettre le siège devant Palencia dont la construction avait été le premier motif de la guerre. Il s'en rendit maître sans beaucoup d'efforts. Ferdinand, de son côté, ne se trouvant pas assez puissant pour résister à Bermude, appela à son secours son frère Garcia. Celui-ci, débarrassé des attaques de don Ramire, lui amena une armée de Navarrais. Ils unirent leurs forces et marchèrent au-devant de leur adversaire. Les deux armées se rencontrèrent, le 8 juin 1037, sur les bords du Carrion dans la vallée de Tamara, où l'on en vint aux mains. Bermude, plein de confiance dans son adresse et dans la vigueur de son cheval, que l'on nommait Pelayolo, se précipita au milieu des escadrons ennemis, appelant Ferdinand afin de le combattre corps à corps. Mais pendant qu'il s'avançait ainsi imprudemment, il fut frappé d'un coup de lance et tomba de son cheval. Sa mort jeta le désordre et la consternation dans son armée. La victoire se déclara pour le roi de Castille. Ce souverain ayant épousé doña Sancha, sœur de Bermude, se trouvait, du chef de sa femme, le seul héritier de son beau-frère. Il s'empressa de faire valoir ses droits. Il pénétra dans le royaume de Léon, et, presque sans coup férir, il s'empara des villes et des châteaux qui se trouvèrent sur son chemin. Lorsqu'il arriva sous les murailles de la capitale, les habitants fermèrent les portes de la ville; mais ils ne persévérèrent pas longtemps dans la volonté de se défendre; ils se rendirent, et Ferdinand fut proclamé roi de Léon, le 22

15.

juin 1037. C'est ainsi que les deux États les plus puissants de l'Espagne se trouvèrent réunis dans la même main.

MORT DE GONÇALO, ROI DE SOBRARBE. — DISSENSIONS ENTRE FERDINAND ET DON GARCIA; BATAILLE D'ATAPUERCA OU DON GARCIA EST TUÉ. — GUERRES DU ROI FERDINAND CONTRE LES MAURES. — PRISE DE VISEO, DE LAMEGO ET DE COIMBRE. — INCURSION DANS LE ROYAUME DE TOLÈDE. — ALLIANCE AVEC YAHYA EL-MAMOUN. — LES RELIQUES DE SAINT ISIDORE DE SÉVILLE SONT TRANSPORTÉES A LÉON. — EXPÉDITION DANS LE ROYAUME DE VALENCE. — FERDINAND Ier PARTAGE SES ÉTATS ENTRE SES ENFANTS. — MORT DE FERDINAND Ier.

Pendant que Ferdinand, aidé par Garcia, s'emparait du royaume de Léon, une circonstance qu'il n'avait pas été possible de prévoir venait doubler la puissance de don Ramire. Depuis sa défaite de Tafalla, ce prince se tenait retiré dans les montagnes de l'Aragon. Le jeune roi de Sobrarbe, Gonçalo, en revenant de la chasse, fut tué d'un coup d'épieu, sur le pont de Montclus, par un de ses veneurs appelé Ramonet de Gascogne (*).

Les contemporains ne nous ont laissé aucun détail sur la cause de cet assassinat; mais, par quelque motif que le meurtrier ait été poussé, ce fut Ramire qui tira profit de ce crime. Soit parce que ses États étaient limitrophes du pays de Sobrarbe, soit parce qu'il était frère de Gonçalo, il fut appelé à lui succéder. Après cet accroissement de puissance, don Ramire se trouva assez fort pour reprendre la partie de ses États qui lui avait été enlevée par don Garcia. Suivant Ferreras, ils lui auraient été gracieusement restitués et sans qu'il ait été besoin de recourir aux armes, et les deux frères se seraient réconciliés, sinon de cœur, au moins de paroles.

On a vu Garcia venir au secours de Ferdinand attaqué par Bermude : il ne faudrait pas en conclure qu'une parfaite intelligence existât entre ces deux princes. Don Garcia avait craint sans doute que le roi de Léon ne s'emparât de la Castille et ne devînt pour lui un dangereux voisin. C'était au contraire le roi de Castille qui s'était emparé du royaume de Léon. Pour lui, le résultat était le même, et ce n'était pas sans jalousie qu'il avait vu Ferdinand acquérir, par la réunion de ces deux États, tant de puissance, que souvent les auteurs contemporains le nomment l'empereur d'Espagne.

Ferdinand, de son côté, ne manquait pas de sujets de mécontentement. Sancho le Grand, en partageant ses États, avait donné à Garcia l'Alava et même plusieurs des villes de la Castille. Aussi trouve-t-on, dans les diplômes de cette époque, le titre de roi de Castille et de Navarre, pris par don Garcia, tandis que celui de roi de Burgos y est seul donné à Ferdinand. Les frères d'ailleurs n'étaient pas d'accord sur les limites de leurs États respectifs. Tous les deux revendiquaient également Bribiesca et plusieurs autres villes de la Rioja. Cette mésintelligence n'avait pas été jusqu'à une rupture publique; mais Ferdinand vivait dans une continuelle appréhension de ce que son frère oserait entreprendre contre lui. Aussi, pendant les premières années de son règne, se borna-t-il à pacifier plusieurs parties du royaume de Léon et de la Galice qui n'avaient pas voulu reconnaître son autorité. Il s'appliqua à mériter l'amour de ses sujets en leur donnant de sages institutions. Il confirma les *buenos fueros* d'Alphonse V. Il en accorda de nouveaux. En 1050, il réunit à Oviédo un concile pour régler non seulement les matières ecclésiastiques, mais encore les affaires temporelles de ses États. Il régnait depuis dix-sept ans, lorsque l'inimitié qui existait entre les deux frères éclata ouvertement. Don Garcia étant tombé malade, Ferdinand se rendit auprès de lui pour aller le visiter; mais le roi de Navarre voulut profiter de ce voyage

(*) Suivant Blancas, il se serait appelé Ramonet de Tomanera, et, suivant d'autres, Gafevenan de Gascogne.

pour retenir son frère prisonnier et pour s'emparer ensuite de tous ses États. Ferdinand fut averti à temps, il s'échappa le cœur plein de ressentiment et regagna en toute hâte ses États. Peu de temps après, étant à son tour tombé malade, don Garcia, pour faire oublier la trahison qu'il avait méditée, crut devoir se rendre en Castille. Ferdinand le fit arrêter et retenir prisonnier dans le château de Ceya. Mais don Garcia corrompit ses gardes, s'évada, et, de retour dans ses États, rassembla une armée pour tirer vengeance de l'insulte qui lui avait été faite. Ferdinand lui envoya des ambassadeurs afin de l'apaiser, mais il ne put y réussir. Il réunit donc également ses troupes, et le 1er septembre 1054, les deux armées se rencontrèrent à quatre lieues environ de Burgos, dans la vallée d'Atapuerca. Les deux armées n'étaient pas égales, et quoique Garcia eût recherché l'alliance du roi de Saragosse, et qu'il eût des Maures dans son camp, il était bien loin cependant d'avoir une armée aussi nombreuse que celle de son frère. Il passait pour habile capitaine en même temps que pour brave soldat; mais son caractère dur et intraitable lui avait fait de nombreux ennemis. Les rangs de son armée étaient pleins de mécontents. Ferdinand, au contraire, qui ne lui cédait en rien comme bon général, ou comme vaillant chevalier, avait en outre le talent de se faire aimer. Il était à la tête d'une armée qui lui était dévouée. Les chances n'étaient donc pas égales; aussi, toutes les personnes sincèrement attachées à don Garcia l'engagèrent-elles à accepter la paix que Ferdinand lui faisait encore proposer. Il ne voulut rien entendre, et la bataille commença. Un vieillard, qui avait servi de précepteur à Garcia, voyant son entêtement et prévoyant l'issue du combat, se jeta au plus fort de la mêlée sans bouclier, sans casque, sans cuirasse, et armé seulement de sa lance et de son épée. Il ne voulait pas survivre à son élève, et il reçut en brave la mort qu'il cherchait.

Pendant la nuit, Ferdinand avait fait occuper par l'élite de ses chevaliers une petite hauteur boisée, qui se trouvait sur le flanc de l'armée navarraise. Quand on en fut venu aux mains, cette troupe de choix fondit sur le flanc des Navarrais, avec tant d'impétuosité qu'elle y eut en quelques instants jeté le désordre. Elle pénétra jusqu'à l'endroit où Garcia combattait en personne, et ce prince tomba mortellement frappé de plusieurs coups de lance. Quelques auteurs prétendent que cette troupe était formée de chevaliers tous issus du sang royal de Léon, qui, excités par doña Sancha, avaient juré de venger sur Garcia la mort de Bermude. D'autres racontent qu'elle se composait en grande partie de mécontents, qui, la veille même, avaient déserté du camp de Garcia; d'autres disent enfin que ce roi tomba sous les coups de Sancho Fortunès, dont il avait déshonoré la femme. Quelle que soit, de ces trois versions, celle qui mérite créance, le résultat fut toujours le même, et son armée prit la fuite. Ferdinand aurait peut-être pu s'emparer du royaume de son frère. Il montra beaucoup de modération; il se contenta de reprendre les villes qui depuis longtemps étaient en litige entre les deux États, et laissa aux enfants de Garcia les États de leur père. Don Sancho Garcès, l'aîné de ses fils, eut le royaume de Navarre; don Ramire eut en souveraineté la ville de Calahorra, nouvellement enlevée aux Maures. Garcia laissa encore deux autres fils, don Ramon et don Ferdinand, ainsi que deux filles, Ermesenda et Ximena.

Le roi Ferdinand fit aussi la guerre contre les Maures. On n'est pas d'accord sur la date de ses diverses opérations militaires. Quelques-uns les font remonter jusqu'aux premières années de son règne. Les autres, avec plus de vraisemblance, pensent qu'il n'osa tenter de grandes entreprises que lorsque la mort de son frère l'eut délivré de toute inquiétude du côté de la Navarre. Au reste, à quelque époque que ces campagnes aient eu lieu, tous les historiens demeurent d'accord qu'elles furent glorieuses et profitables pour les chrétiens. A la tête de son armée, il entra dans la partie du Portugal qui se trouve entre le Duero et le Mondego. Il assiégea Viseo, cette ville devant laquelle avait péri Alphonse V, son beau-père. Elle était défendue par un corps d'archers qui lançaient leurs traits avec tant d'adresse et de vigueur, qu'ils perçaient les casques et les cuirasses les plus durs, en sorte que les assiégeants furent obligés de s'armer de boucliers doublés de bois et de triples cuirasses. Viseo est placée sur une hauteur. Dans la partie la plus élevée de la ville, se trouvent encore deux tours de construction romaine : c'est surtout de ce point que les archers incommodaient les assiégeants. Ferdinand leur opposa des compagnies d'habiles frondeurs. La défense fut acharnée, mais inutile, et la ville fut emportée. Ferdinand ternit l'éclat de cette victoire par un acte de barbarie, auquel on voudrait pouvoir ne pas ajouter foi. Mais le récit unanime de tous les historiens ne laisse malheureusement pas de doute. L'archer qui, en combattant loyalement sur les murailles de la ville, avait tué Alphonse V, fut trouvé au nombre des prisonniers. Ferdinand lui fit couper les deux poignets. La guerre avait alors un caractère de férocité, auquel l'esprit se refuserait à croire, si nous n'avions vu de nos jours à quels excès les Espagnols peuvent quelquefois se laisser entraîner. Lorsqu'une ville tombait au pouvoir des chrétiens, les habitants étaient égorgés, mutilés ou réduits en servitude; et quand le vainqueur ne se trouvait pas assez fort pour conserver des murailles qu'il avait privées de tous leurs habitants, il les rasait pour que de nouveaux ennemis ne vinssent pas s'y établir. On coupait les arbres, on arrachait les vignes, on incendiait les moissons, et quelquefois on se glorifiait de sanglantes dépouilles. Nous avons vu le roi de Séville, Ben-Abed, se faire une coupe avec le crâne d'un prince qu'il avait tué. Un autre roi arabe, celui de Saragosse, ayant vaincu sous les murs de Balbastro le comte En-Armengol d'Urgel, lui fit couper la tête, la fit embaumer, enchâsser d'or, et il la portait sans cesse avec lui comme un gage de victoire.

Lamego éprouva bientôt le sort de Viseo. Enfin Ferdinand s'empara de la ville de Coimbre, située sur la rive droite du Mondego ; en sorte qu'il se trouva maître de tout le pays qui s'étend de la rive de ce fleuve jusqu'à celle du Duero.

Les chroniqueurs espagnols, toujours prodigues de merveilleux, racontent qu'une révélation divine fit connaître à Compostelle la prise de Coimbre, bien avant que cette nouvelle ait pu y parvenir par les voies humaines. Un saint homme, qui était venu en pèlerinage au tombeau de l'apôtre, s'émerveillait en entendant les Espagnols raconter combien de fois saint Jacques avait combattu pour leur assurer la victoire. Il s'étonnait de ce que le fils de Zébédée, qui, de son vivant, avait été un simple pêcheur, se fût après sa mort converti en homme d'armes. Mais dans la nuit qui précéda le 24 juin 1058, saint Jacques lui apparut monté sur un cheval blanc ; et lui montrant des clefs qu'il tenait à la main, lui dit que le lendemain, à la troisième heure du jour (neuf heures du matin), il ouvrirait avec ces clefs les portes de Coimbre à l'armée de Ferdinand. Dès que le jour parut, le pèlerin raconta la vision qu'il avait eue. On envoya des messagers au camp de Ferdinand, pour être plus promptement instruit de la vérité, et ils trouvèrent que tout s'était passé comme le saint l'avait annoncé.

Ferdinand ne se borna pas à des expéditions en Portugal : il porta ses armes dans la partie la plus centrale de la Péninsule. Après avoir franchi la chaîne de montagnes qui sépare la vallée du Duero de celle du Tage, il se jeta dans l'ancien pays des Carpétains. Il portait de tous les côtés la dévastation : il détruisait partout ces tours construites sur des endroits élevés, au sommet desquelles se tenaient des vedettes arabes pour avertir leurs compatriotes des incursions des ennemis. Lorsqu'ils apercevaient un parti de chrétiens, ils allumaient un bûcher préparé sur la plate-forme, afin que la flamme pendant la nuit, ou pendant le jour la fumée, répandissent l'alarme. Il existe encore beaucoup de ces édifices en Espagne, où, ainsi que nous l'avons dit (pag. 36), elles ont conservé le nom de *atalayas*, vedettes.

Il s'avança jusqu'à Madrid, qui portait alors le nom de Magerit, et jusqu'à Alcala de Hénarès, dont il commença le siége. Mais le roi de Tolède Yahya, surnommé *Al-Mamoun* (*), le Renommé, fils de Dzi-el-Noun, craignant que la ville, une des plus importantes de son royaume, ne lui fût enlevée, envoya de grands présents au roi de Castille et de Léon, en lui demandant la paix et son alliance.

Le roi Ferdinand ne s'occupa pas uniquement des choses de la guerre. Il profita de ce qu'il se trouvait en paix avec Ben-Abed, roi de Séville, pour lui faire demander les restes de saint Isidore, qu'il fit transporter à Léon avec beaucoup de pompe. La translation du corps de ce saint personnage avait appelé à Léon la plus grande partie des seigneurs et des évêques de ses royaumes. Il profita de cette circonstance pour les réunir en concile, afin de faire approuver par eux le partage qu'il voulait faire de ses États. Il donna à Sancho, l'aîné de ses fils, le royaume de Castille; à Alphonse le royaume de Léon; et celui de Galice à Garcia, le plus jeune. Il voulut que ses filles eussent aussi de petites souverainetés : Urraca, l'aînée, eut la ville de Zamora; Elvire, sa sœur, eut celle de Toro. Ainsi Ferdinand renouvelait la faute commise par son père, et sa propre expérience ne lui avait guère profité. Il morcelait de nouveau ses États, et, avec l'intention d'assurer le bonheur de ses enfants, il jetait entre eux des éléments de discorde. Après avoir fait approuver ce partage, il fit encore une expédition contre les Maures. Il avait, sous les murs d'Alcala de Hénarès, contracté une étroite alliance avec le roi de Tolède, Yahya-el-Mamoun. Celui-ci, mécontent du roi de Valence, Abd-el-Melech, descendant du fameux Almanzor, résolut de le détrôner, bien que ce prince fût son gendre. Il réclama l'assistance de Ferdinand, et, avec l'aide de ce roi, il alla mettre le siége devant la ville de Valence, dont il se rendit maître. Au retour de cette expédition, Ferdinand tomba malade, et mourut le 27 décembre 1065. Il fut en possession du royaume de Léon vingt-huit ans et quelques mois. Il y avait déjà plus de douze ans qu'il régnait sur la Castille, en sorte qu'il porta le titre de roi pendant plus de quarante années. Mariana dit qu'il mourut en odeur de sainteté.

MORT DE DON RAMIRE, ROI D'ARAGON. — SANCHO-FERNANDEZ FAIT LA GUERRE AU ROI DE LÉON. — BATAILLE DE LLANTADA. — BATAILLE DE GOLPEJARA. — SANCHO DÉTRONE GARCIA, ROI DE GALICE. — ALPHONSE SE RÉFUGIE A TOLÈDE. — SANCHO ASSIÉGE ZAMORA. — IL EST ASSASSINÉ PAR VELLIDO DOLFOS. — ALPHONSE V LUI SUCCÈDE, ET RÉUNIT LES ROYAUMES DE CASTILLE, DE LÉON ET DE GALICE.

Des quatre fils de Sancho le Grand, un seul vivait encore : c'était don Ramire, roi d'Aragon. Il faisait sans relâche la guerre aux Maures, et s'efforçait d'agrandir ses États aux dépens de ceux des rois de Saragosse et de Lérida. Vers la fin de l'année 1067 (460 de l'hégire), il avait été mettre le siége devant le château de Grados (*), situé sur la rive droite de la Ésera, à une demi-lieue environ de l'endroit où la Isavena se jette dans cette rivière. Ahmet Ier, surnommé Al-Moktadir-Bi'llah (**), qui était alors roi de Saragosse, réclama l'assistance du roi de Castille, Sancho-Fernandez,

---

(*) C'est de ce surnom Al-Mamoun que les chroniqueurs espagnols ont fait le nom d'Almenon, donné par eux à Yahya Ier. Ce roi fut le père de sainte Casilda, dont nous avons déjà rapporté la légende, page 9.

(*) Aujourd'hui Graus.
(**) Mariana l'appelle Al-Mugdadir-Vila.

dont il s'était reconnu tributaire. Sancho vint avec son allié pour faire lever le siége de Grados. On livra bataille non loin de la ville. Les Aragonais furent vaincus, et don Ramire mourut en combattant. Il eut pour successeur Sancho-Ramirès, l'aîné de ses fils.

Trois petits-fils de Sancho le Grand, portant également le nom de Sancho, se trouvèrent en même temps sur le trône. C'étaient Sancho-Ramirès, roi d'Aragon; Sancho-Garcès, roi de Navarre; Sancho-Fernandez, roi de Castille, qu'on appelle aussi Sancho le Fort, à cause de sa vigueur et de sa témérité. Ce dernier pensait que le roi son père avait commis une grande injustice à son égard, en donnant à chacun de ses frères une partie de ses États. Tant que sa mère doña Sancha vécut, il se borna à se plaindre, parce qu'il n'osait pas arracher à ses frères leur part de l'héritage paternel; mais en 1068, dès qu'elle fut morte, il rassembla une puissante armée. Le roi de Léon, don Alphonse, qui se trouvait le plus menacé, appela aussi ses sujets sous les armes, et réclama le secours de son frère le roi de Galice, qui lui envoya quelques troupes. Le 19 juillet 1068, les deux armées de Léon et de Castille se rencontrèrent près d'un endroit appelé Llantada. Après un combat où la victoire fut longtemps disputée, l'armée d'Alphonse fut mise en fuite et obligée de chercher un asile dans la ville de Léon. Cependant cet avantage avait, sans doute, été bien chèrement payé par Sancho, car il n'en tira aucun profit : il ne poursuivit pas sa victoire, et deux années se passèrent sans nouvelle tentative de sa part. En 1070, les deux frères recommencèrent la guerre, et leurs armées se rencontrèrent sur les bords du Carrion, dans un lieu appelé Golpejara (*). Le roi don Sancho et ses Castillans furent mis en fuite. Don Alphonse, plein d'humanité, et voulant épargner le sang chrétien, défendit à ses troupes de poursuivre les vaincus. Sa bonté lui fit ainsi commettre une faute, qu'il ne tarda pas à expier. Dans l'armée vaincue se trouvait le capitaine Rodrigue Diaz de Bivar, plus fameux sous le surnom du Cid. Il rallia pendant la nuit une partie des fugitifs, et pensant que les vainqueurs devaient être tranquilles et sans méfiance, dès le point du jour il se jeta sur leur camp, et les ayant surpris plongés dans le sommeil, il en fit un grand carnage et les mit facilement en déroute. Alphonse, qui s'était réfugié dans une église, y fut pris et conduit à Burgos. Dès que doña Urraca connut cette nouvelle, elle vint s'entremettre entre ses deux frères. Elle obtint par ses instances que Sancho laisserait la vie à don Alphonse; mais cette concession lui fut accordée à la condition seulement que ce prince se ferait moine. On renferma donc le vaincu dans le monastère de Sahagun, situé sur le bord de la Céa.

Don Sancho, non content de s'être emparé du royaume de Léon, entra dans la Galice pour se rendre maître des États de don Garcia. Celui-ci, d'un esprit violent et tyrannique, s'était aliéné l'esprit de ses sujets; aussi ne put-il faire aucune résistance. Il fut obligé de prendre la fuite à la tête d'un corps de trois cents cavaliers, et il se réfugia en Portugal chez les Maures, auxquels il demanda des secours; mais ils refusèrent d'embrasser sa cause. Il rentra donc dans ses anciens domaines, et étant parvenu à réunir une petite armée, il se mit à courir le pays. Sancho s'attacha aussitôt à sa poursuite. Il le rejoignit, l'attaqua, battit les troupes qui l'accompagnaient, le fit prisonnier, et le renferma en Galice, dans le château de Luna. Mais, au bout de quelque temps de captivité, don Garcia parvint à s'échapper, et se retira dans les États de Ben-Abed, roi de Séville.

De son côté, don Alphonse, reclus bien contre son gré dans le monastère de Sahagun, parvint, avec l'aide de trois frères de la famille des Ansurez, à sortir de ce couvent. Il

---

(*) Suivant l'archevêque don Rodrigue, Vulpecularia, la renardière.

gagna les terres des Maures, et demanda un asile au roi de Tolède, Yahya-Al-Mamoun, qui lui fit l'accueil le plus gracieux. Ce prince lui donna pour résidence une maison voisine de son palais. Alphonse était prudent, modeste, libéral. Ses manières étaient pleines de charme, en sorte qu'il eut bientôt gagné l'affection de tous ceux qui le voyaient; il obtint facilement la permission de garder avec lui non-seulement Pedro, Gonçalo et Fernand-Ansurez, que sa sœur Urraca avait attachés à sa personne, comme compagnons et comme conseillers, mais encore bien d'autres Espagnols, qui, fidèles même dans la mauvaise fortune, vinrent le rejoindre à Tolède. Al-Mamoun les accueillit tous avec générosité; et, pour qu'ils pussent vivre sans être à charge à son hôte, il leur assigna des grades dans son armée; il les prit tous à sa solde et les employa dans les guerres qu'il faisait contre les autres Maures. Quand la guerre cessait, le prince exilé passait son temps à chasser. Pour la commodité de ses veneurs, il avait construit, au milieu des bois, un rendez-vous de chasse qui s'est accru avec le temps, et qui est devenu la ville de Brihuega. Al-Mamoun se plaisait beaucoup dans sa société. Un jour, qu'ils avaient été se récréer ensemble dans un jardin de plaisance, situé hors de la ville, sur les bords du Tage, Alphonse s'endormit à l'ombre de quelques arbustes. Le hasard voulut que le roi vînt, avec ses courtisans, s'asseoir de l'autre côté du buisson. Leur conversation tomba sur la forte position de la ville de Tolède, et sur l'impossibilité de l'enlever de vive force. Un des Maures, plus expérimenté que les autres, dit qu'il était cependant un moyen infaillible de se rendre maître de la ville : qu'il suffisait, pour cela, de ravager pendant sept ans ses environs; d'y détruire les récoltes et les moissons, de manière à ce que les habitants ne pussent pas se procurer de vivres. Alphonse, qui s'était éveillé, n'avait pas perdu un mot de cette conversation; mais il feignait de continuer à dormir. Quand le roi vit que le prince chrétien était couché près de là, il craignit qu'il n'eût entendu ce qui venait d'être dit, et qu'il ne fût tenté de faire usage quelque jour du moyen de prendre Tolède, qui venait de lui être révélé. Il voulut donc vérifier s'il dormait; et, pour cela, il lui versa du plomb fondu dans la main. Mais Alphonse supporta cette épreuve sans sourciller. Le plomb fondu coula entre ses doigts sans y laisser de trace ; c'est ce qui lui fit donner le surnom d'Alphonse *à la main trouée.* Voilà, dit Mariana, des bavardages et des contes de nourrices ; car, eussiez-vous un sommeil aussi dur que celui d'Épiménide, la douleur que vous causerait le contact du plomb fondu ne pourrait manquer de vous éveiller. Il faut plutôt croire que ce nom d'Alphonse à la main trouée lui fut donné à raison de sa libéralité.

Les historiens racontent encore une autre circonstance du séjour d'Alphonse à Tolède. Un jour, disent-ils, que ce prince se trouvait à côté d'Al-Mamoun, ses cheveux se hérissèrent. Ce fut en vain que le roi les lui abattit plusieurs fois; ils se relevèrent toujours. Les Maures, grands partisans des augures et de la divination, prétendirent que cela signifiait qu'un jour Alphonse s'emparerait de la couronne de Tolède. Ils conseillaient au roi de le faire mourir. Mais Al-Mamoun était d'un caractère humain; il aimait Alphonse, et ne pouvait croire que celui-ci voulût jamais rien entreprendre contre les lois de l'hospitalité. Il était persuadé d'ailleurs qu'on chercherait en vain à empêcher l'accomplissement des décrets de la Providence. Il se contenta donc de demander à Alphonse la promesse qu'il resterait toujours son allié, et que jamais il n'entreprendrait rien contre lui.

Pendant que le roi de Léon passait ainsi son temps réfugié à Tolède, Sancho le Fort, que ses succès rendaient plus fier et plus ambitieux, pensait qu'il n'avait rien fait tant qu'il n'avait pas mis la main sur la totalité des États que Ferdinand son père avait possédés. Il résolut donc de dépouiller ses deux sœurs, Elvire et Urraca, des petits apanages qui leur avaient été laissés. Il eut bientôt enlevé la ville de Toro, qui appartenait à Elvire. Il n'en fut pas de même de celle de Zamora, que sa position entre le Duero et l'Esla rend d'une bien plus grande importance. Alphonse V en avait soigneusement relevé les murailles ruinées par Al-Manzor; et doña Urraca avait confié le soin de la défendre à Arias Gonçalo, vieux capitaine rempli d'expérience et de valeur. Les attaques tentées par Sancho pour emporter la place de vive force avaient toutes été vigoureusement repoussées. Il résolut donc de la prendre par famine. Les habitants commençaient déjà à souffrir beaucoup des inconvénients du siège, lorsqu'un nommé Vellido Dolfos, ou Vellido Ataulfe, sortit de la ville sans dire quel était son projet, mais en promettant de forcer les assaillants à se retirer.

Il se présenta dans le camp de Sancho, en disant qu'il avait été chassé de la ville, où l'on avait voulu le massacrer parce qu'il avait ouvert l'avis de se rendre; mais qu'il montrerait au roi une poterne dont on négligeait la garde, et par laquelle il était facile de pénétrer dans la ville. Sancho, plein de confiance en sa force et en son adresse, sortit de son camp seul avec Vellido Dolfos, pour aller reconnaître la partie des remparts qui lui était signalée. Mais, dans le moment où il se méfiait le moins de ce transfuge, celui-ci le tua par derrière d'un coup de javeline, et se sauva en courant pour gagner la porte de la ville qui lui fut ouverte. Le Cid et plusieurs autres chevaliers de l'armée de Sancho se mirent à la poursuite du meurtrier; mais les portes de la ville se refermèrent derrière lui, au moment où ils allaient l'atteindre.

Aussitôt que la nouvelle de cette mort se fut répandue dans le camp, les soldats qui venaient de la Galice et de Léon commencèrent à s'en retourner chez eux. Il n'en fut pas de même des Castillans, qui étaient les vassaux naturels du roi Sancho, et qui se regardaient comme engagés à plus de fidélité envers sa mémoire. Une partie d'entre eux porta le corps de don Sancho jusqu'au monastère d'Oña, où la sépulture lui fut donnée. Les autres continuèrent le siège, accusant tous les habitants de Zamora de félonie et de trahison. Ils menaçaient de raser la ville et de tuer tous ceux qui y demeuraient. Don Diego Ordoñez, de la maison de Lara, un des plus vigoureux et des plus adroits chevaliers de la Castille, se présenta près de la ville, couvert de son armure et monté sur son coursier de bataille; puis, ayant gagné un endroit élevé pour qu'on pût mieux l'entendre, il se mit à reprocher à la ville de Zamora l'assassinat du roi, appelant en champ clos la ville tout entière, et l'accusant de félonie. C'était un usage reçu en Castille, que celui qui jetait son gage de bataille à une ville, en la défiant pour cause de félonie, devait combattre successivement contre cinq champions. Arias Gonçalo et ses trois fils Pédro, Diego et Rodrigo, sortirent pour répondre à l'accusation. Les trois fils d'Arias Gonçalo furent tués. Cependant le troisième, quoique blessé à mort, en voulant porter un coup de sabre au Castillan, atteignit le cheval dont il coupa la bride, si bien que le coursier, épouvanté, emporta hors de la lice Diego Ordoñez qui, dès lors, aux termes des lois sur les duels, défis et gages de bataille, devait être considéré comme vaincu. C'est ainsi que fut purgée l'accusation de félonie portée contre Zamora. Tout ceci, continue Mariana, ressemble moins à la vérité qu'à nos antiques romances de chevalerie. Cette réflexion n'est pas entièrement juste; ce défi et cette manière de prouver son innocence sont parfaitement dans les mœurs de l'époque. C'est bien là ce caractère batailleur et chevaleresque du moyen âge, dont il reste encore quelques faibles traces dans les habitudes espagnoles. Mais ce qui doit faire considérer le fait comme apocryphe, c'est que la conséquence qu'on en tire est contraire aux principes qui à cette époque, réglaient le duel judiciaire. Alphonse VIII, qui, plus tard, n'a fait que recueillir les usages consacrés par la tradition, s'exprime ainsi dans son *Fuero real* (*) :

« Les témoins nommés par le roi « doivent conduire les combattants au « lieu qu'il a désigné, et leur montrer « toutes les bornes de la lice, afin « qu'ils connaissent bien le champ dont « ils ne peuvent sortir, à moins que le « roi ou les témoins ne l'ordonnent, « et de la manière seulement qu'ils le « prescriraient ; car, si l'un d'eux sort « de la lice par sa volonté ou par la « force de l'autre combattant, il est « vaincu.

« Cependant, s'il ne sort que par la « faute de son cheval, ou parce que « ses rênes sont rompues, ou par quel-« que autre accident involontaire, et « sans y être contraint par la force de « son ennemi, il n'est pas considéré « comme vaincu, pourvu que, soit à « pied, soit à cheval, il rentre dans la « lice sitôt que cela est possible. »

Ainsi, jamais un chevalier n'a pu être considéré comme vaincu, parce que la bride de son cheval a été coupée, et le chroniqueur qui a inventé ce conte était probablement quelque moine peu au fait des lois de la chevalerie.

Urraca s'empressa d'envoyer un messager à son frère pour le prévenir de la mort de Sancho, et pour lui dire qu'un grand nombre de seigneurs lui offraient la couronne. Alphonse pouvait craindre que le roi maure ne fût tenté de le retenir. Cependant il aima mieux se confier à lui que de chercher à s'échapper, et à donner une semblable marque de méfiance contre le souverain qui l'avait si gracieusement accueilli. Celui-ci avait déjà été averti des événements qui s'étaient passés près de Zamora. Il fut touché de la franchise d'Alphonse, et pour le lui prouver, il l'accompagna lui-même jusqu'à la limite de ses États. Il lui demanda seulement de rester toujours sincèrement son ami et celui d'Hescham, son fils. Alphonse en fit le serment.

Lorsqu'il se présenta dans le royaume de Léon, les habitants n'hésitèrent pas à le reconnaître pour roi. Il éprouva plus de difficulté pour la Galice. Garcia était réfugié chez Ben Abêd, roi de Séville. A la nouvelle de la mort de Sancho, il s'empressa d'accourir. C'était un esprit remuant qui pouvait encore mettre le trouble dans le royaume ; mais il se rendit imprudemment à Léon, où Alphonse le fit arrêter et renfermer dans une prison, où il resta jusqu'à la fin de ses jours.

La Castille était le seul des États de son père dont il ne fût pas encore en possession. Alphonse se rendit à Burgos, où les Castillans consentirent à le reconnaître pour roi, à condition qu'il jurerait, en termes non ambigus, que non-seulement il n'avait pas participé à la mort de son frère, mais encore qu'il ne l'avait préparée en aucune manière. Tous les seigneurs présents hésitaient à faire connaître cette décision à Alphonse, et à lui demander le serment qu'on exigeait de lui. Le Cid seul osa se charger de cette mission délicate. Ce fut, dit-on, la cause de la défaveur avec laquelle Alphonse le traita par la suite. L'année 1073 commençait lorsque Alphonse fut proclamé roi de Castille. Il avait alors trente-sept ans. Nous avons vu que sa libéralité lui avait mérité le surnom d'Alphonse à la Main trouée.

(*) Fuero real de Alonzo VIII, libro IV, tit. 21, livre IX.

Los fieles puestos por el rey han de meter al reptador y el reptado en el plazo que fuere puesto por el rey, o por quien el mandare e han de les mostrar los mojones todos del plazo, o porque sepan e entiendan bien su plazo de que no han de salir sino quando les mandaren e como les mandaren el rey salir o los fieles, ca qualquier dellos que sin mandado del rey o de los fieles saliere del plazo por su voluntad o por fuerça del otro combatidor es vencido.

Pero si por maldad del cavallo o por rienda quebrada o por otra occasion manifiesta, segun bien vista de los fieles contra su voluntad e non por fuerça del otro combatidor saliere del plazo, si luego que pudiere, de cavallo o de pie tornare al plazo, no sea vencido por tal salida.

Son courage et son adresse dans les combats lui valurent aussi le titre d'Alphonse le Brave.

LE CID. — SA GÉNÉALOGIE, SES EXPLOITS. — IL EST EXILÉ PAR ALPHONSE VI. — PRISE DE SÉVILLE PAR AL-MÂMOUN. — MORT DE CE ROI. — MORT D'HESCHAM SON SUCCESSEUR. — ALLIANCE D'ALPHONSE VI AVEC BEN-ABÊD. — PRISE DE TOLÈDE PAR ALPHONSE.

Le Cid est un de ces héros que le peuple prend en passion, qu'il se plaît à parer de toutes les qualités, de toutes les vertus du guerrier; c'est une de ces grandes figures qui font le sujet des chants nationaux. On associe au récit de hauts faits véritables les circonstances les plus fabuleuses et les traditions les plus extravagantes; et quand l'historien cherche la vérité au milieu de ce mélange de mensonge et de réalité, il manque de guide pour discerner ce qui appartient sérieusement à l'histoire. Aussi quelquefois, pour sortir d'embarras, il nie complétement l'existence de celui que les refrains populaires ont célébré. C'est ainsi que Masdeu en agit avec le Cid Campeador: Il n'admet pas que ce héros ait vécu. D'autres historiens moins hardis ne vont pas jusqu'à nier entièrement l'existence de ce fameux capitaine; mais ils s'appliquent à prendre le contre-pied des traditions reçues: ils ne font plus qu'un chef de bandits de celui qu'on représente comme le modèle de toutes les vertus chevaleresques. Quant à nous qui n'avons pas la prétention de ne rapporter que des choses vraies, qui nous bornons à raconter les croyances espagnoles sans les critiquer, nous répéterons ce que nous trouvons d'intéressant parmi les faits qui lui sont attribués, et le lecteur saura bien faire la distinction de ce qui peut appartenir à l'histoire ou de ce qui rentre dans le domaine des romances.

Pendant le temps de l'occupation arabe, le titre de *cid*, ou plutôt de *cidi*, qui signifie seigneur, a été porté en Espagne par plus d'un chrétien. C'est peut-être une des causes qui ont jeté tant d'obscurité et tant de confusion dans les récits. On a probablement attribué à un seul homme ce qui n'a été exécuté que par plusieurs. Quoi qu'il en soit, lorsqu'on parle du Cid maintenant, on entend toujours parler de Rodrigo-Diaz, ou, suivant une contraction populaire, Ruy-Diaz, c'est-à-dire Rodrigo, fils de Diego. Il était né à Bivar, château situé à deux lieues environ de Burgos. Il descendait de Laïn-Calvo, le plus jeune des deux juges auxquels, du temps de Froïla, les Castillans avaient confié l'administration de leur pays (*).

Son père, Diego Laïnez, ayant été frappé au visage par le comte Lozano Gomez de Gormaz, un des seigneurs les plus vaillants de la cour de Ferdinand Ier, et ne se sentant plus, à cause de sa vieillesse, la force de tirer lui-même vengeance de l'insulte qu'il avait reçue, lui remit le soin de son honneur. Rodrigo, encore jeune, prit la vieille épée de Mudarra le Castillan, qui était suspendue à la muraille; il alla provoquer le comte de Gormaz, le combattit et le tua.

Ximena, fille du comte de Gormaz, alla demander justice au roi Ferdinand, non de la mort de son père, car la mort donnée dans un combat loyal ne pouvait à cette époque faire la matière d'une plainte légitime; mais elle accusait Ruy-Diaz de profiter de ce qu'elle était orpheline pour l'insulter.

(*) Voici sa généalogie telle que la donne Mariana:

Laïn-Calvo eut pour femme Nuña-Bella.
De ce mariage naquit Fernand-Nuño, marié à Egilona.
Leur fils fut Laïn-Nuñez, père de Diego Laïnez qui épousa Thereza-Nuña. Ils eurent pour fils Rodrigo-Dias ou Ruy-Diaz, surnommé le cid Campeador. Celui-ci épousa doña Ximena. Ils eurent un fils, Diego-Rodriguez, qui mourut du vivant de son père, et deux filles, doña Elvira et doña Sol, mariées d'abord aux infants de Carrion; puis, en secondes noces, doña Elvira avec don Ramire, fils de Sancho-Garcia, roi de Navarre, et doña Sol avec don Pedro, fils du roi d'Aragon.

« Chaque jour, disait-elle, il vient avec son milan sur le poing, et pour me faire outrage, il le repaît aux dépens de mon colombier; il tue les colombes que j'élève. Elles sont venues mourantes tomber près de moi, et leur sang a souillé mon tablier. Je l'ai fait dire à Ruy-Diaz. Il a répondu par des menaces. Le roi qui laisse outrager l'orpheline et qui ne fait pas justice n'est pas digne de régner. »

Ferdinand se trouva fort embarrassé; car Ruy-Diaz, voulant prouver sa valeur non-seulement aux dépens des ennemis de sa famille, mais encore de ceux de l'État, avait déjà vaincu cinq rois maures, et les avait faits prisonniers; lorsque plus tard il les avait mis généreusement en liberté, ceux-ci s'étaient reconnus ses tributaires et l'avaient déclaré leur cid. Ferdinand ne pouvait pas priver sa couronne de l'appui d'un semblable guerrier. Pour éteindre les inimitiés qui existaient entre la maison de Gormaz et celle de Lainez, il n'était qu'un moyen, c'était de les allier; aussi le roi ne trouva-t-il pas de meilleur expédient que de marier Chimène et le Cid.

Un des premiers exploits du Cid fut encore un combat en champ clos. Des difficultés s'étant élevées entre don Ferdinand et don Ramire, roi d'Aragon, au sujet de la possession de Calahorra qui venait d'être enlevée aux Maures, les deux frères convinrent qu'ils choisiraient chacun un chevalier, et que celui dont le champion serait vainqueur resterait maître de la cité contestée. Martin Gomez combattit pour l'Aragon, le Cid défendit les droits de Ferdinand. Il tua son adversaire et la ville fut adjugée à la Castille.

A cette époque, Henri II était empereur d'Allemagne. La prétention qu'il éleva d'étendre sa souveraineté sur l'Espagne, ancienne province de l'empire d'Occident, donna encore au Cid l'occasion de se signaler. Les historiens espagnols, mais il faut avouer qu'ils sont seuls à parler de ce fait, racontent que le pape Victor II avait réuni un concile à Florence, dans le but de réformer la discipline ecclésiastique. Des ambassadeurs de l'Empereur vinrent s'y plaindre de ce que non-seulement l'Espagne ne lui rendait pas foi et hommage, mais encore de ce que des rois espagnols s'arrogeaient le titre d'empereur que lui seul avait le droit de porter (*). Le pape embrassa dans le concile le parti de Henri II, et on envoya des députés à Ferdinand, pour lui enjoindre, sous peine d'excommunication, de quitter le titre d'empereur et de reconnaître la suzeraineté de l'empire d'Allemagne.

Ferdinand rassembla les cortès de Léon et de Castille, afin qu'elles délibérassent sur cette affaire. Dans la crainte d'attirer sur ses États un puissant ennemi, le roi se montrait d'avis de céder aux prétentions de Henri II. Le Cid s'y opposa vivement : il soutint que ce serait compromettre grandement l'honneur et la liberté de l'Espagne; il parvint à faire prévaloir son sentiment. On envoya donc au pape une ambassade, dont les principaux personnages furent don Alvar-Fañez de Minaya et un comte qui, comme le Cid, portait le nom de don Rodrigue. Pour appuyer les négociations, on leva une armée, qui passa les Pyrénées sous la conduite du Cid, et qui s'établit dans les environs de Toulouse. Le pape envoya de nouveaux légats. On négocia dans la ville de Toulouse; les prétentions de l'empereur allemand furent abandonnées, et l'Espagne dut à la fermeté du Cid de conserver sa liberté intacte.

Quand Ferdinand fut mort, don Sancho le Fort n'eut pas de serviteur plus fidèle que le Cid. Ce capitaine l'accompagna à la bataille de Golpejara : ce fut lui qui ramena la victoire du côté des Castillans. Enfin il était au camp devant Zamora quand Sancho y fut tué. Il poursuivit Vellido Dolfos, et il allait le frapper de sa lance quand les portes de la ville, en se refermant,

---

(*) Sancho le Grand, et Ferdinand lui-même, lorsqu'il eut, par la mort de Bermude, réuni les royaumes de Léon et de Castille, avaient pris quelquefois le titre d'empereur.

empêchèrent qu'il ne pût l'atteindre. Enfin, on a vu qu'il avait été chargé de demander au roi Alphonse le Brave de jurer qu'il n'avait été pour rien dans la mort de son frère.

Pendant les premières années du règne d'Alphonse, le Cid fit la guerre aux Maures de l'Andalousie; mais l'histoire de ces expéditions est entourée de trop d'obscurité pour qu'on puisse dire d'une manière certaine contre quel prince il tourna ses armes. Elles furent, au reste, toujours victorieuses, et le talent qu'il déploya dans la conduite de son armée lui valut le glorieux surnom de *Campeador*, ce qui ne signifie pas, comme le dit Muller dans sa Vie du Cid, *le héros sans égal*, mais bien le conducteur du camp, *campi ductor*. On le vantait comme le capitaine qui savait le mieux l'art de conduire une armée; on l'appelait *El-Campeador*, le plus habile en castramétation, comme de nos jours Napoléon disait du général Lobau: « C'est le premier manœuvrier de France. »

Les succès du Cid excitèrent l'envie; et comme il ne reçut pas à la cour d'Alphonse l'accueil qu'il espérait, il se retira à la campagne, sous le prétexte de soigner sa santé chancelante, mais en réalité pour laisser à la haine de ses ennemis le temps de se calmer. Pendant qu'il vivait ainsi dans la retraite, les Maures du royaume de Saragosse entrèrent sur les terres de Castille, et poussèrent leurs ravages jusqu'auprès de Saint-Étienne de Gormaz. Le Cid rassembla en toute hâte quelques troupes, se mit à la poursuite des pillards et les repoussa jusque dans leur pays; ensuite, au lieu d'entrer sur le territoire de Saragosse, il se jeta à droite et se mit à courir la campagne du royaume de Tolède, portant la dévastation jusque sous les murailles de la capitale. Il fit plus de sept mille prisonniers, et revint chargé de butin.

Al-Mamoun se plaignit de cette violation de la paix jurée, et don Alphonse ayant réuni les grands du royaume pour leur soumettre cette plainte, on condamna le Cid à l'exil. On ne lui laissa que neuf jours pour sortir de la Castille. Le Cid obéit à l'ordre qui lui était donné; mais il manquait de l'argent nécessaire pour solder trois cents chevaliers qui suivaient sa fortune. Ne sachant comment s'en procurer, il eut recours, suivant le poëme qui a célébré ses hauts faits, à un expédient qui chez nous conduirait son auteur bien près de la police correctionnelle. Il remplit deux coffres de sable, les fit soigneusement fermer et les envoya chez deux juifs, leur affirmant qu'ils étaient remplis de bijoux précieux. Il les leur laissa en gage pour une somme d'or qu'ils lui prêtèrent. Il recommanda sa femme et ses enfants à l'abbé de Saint-Pierre de Cardeña, monastère pour lequel il eut pendant toute sa vie beaucoup de dévotion. Il partit ensuite pour son exil, enleva aux Maures le château d'Alcozer, très fort par sa position sur une roche escarpée, non loin de Calatayud et d'Alhama. De cet endroit il faisait des courses sur les terres voisines; il battit même deux capitaines que le roi de Valence envoyait pour mettre fin à ses ravages. Le butin qu'il ramassa en toutes ces rencontres fut si considérable, que non-seulement il paya les dettes qu'il avait contractées (*), mais qu'il put envoyer en présent au roi don Alphonse trente chevaux de choix, avec autant de cimeterres suspendus à l'arçon de la selle, et trente esclaves maures richement vêtus, chargés de les conduire. Le roi remercia le Cid de ce présent, mais, dans la crainte de mécontenter Al-Mamoun, il ne crut pas devoir le rappeler de l'exil; néanmoins il permit à tous ceux de ses sujets qui voulaient combattre sous les ordres du Cid d'aller le rejoindre. Il trouvait ainsi en même temps le moyen d'honorer ce brave capitaine et de débarrasser le royaume d'une foule d'esprits remuants, qui, élevés dans les armes, ne pouvaient s'accoutumer au repos.

(*) On montre encore dans la cathédrale de Burgos deux coffres. Ce sont, dit-on, ceux que le Cid avait donnés en gage.

Alphonse, cependant, ne resta pas longtemps en paix avec les Maures. La quatrième année de son règne, la 469ᵉ de l'hégire (1077 de Jésus-Christ), la guerre ayant éclaté entre Al-Mamoun de Tolède et Mohammed-Ben-Abéd, il marcha au secours de celui qui lui avait si généreusement accordé l'hospitalité. Al-Mamoun, avec l'aide des chrétiens, s'empara du royaume de Murcie, dont le roi était l'allié et presque le sujet de Ben-Abéd. Il prit ensuite avec la même rapidité Medina, Al-Zahra, Cordoue, et l'un des fils de Mohammed-Ben-Abéd fut tué dans cette dernière ville. Enfin le vainqueur arriva devant Séville avant que les habitants fussent prévenus de son approche. Il s'en rendit maître; mais ce fut là le terme de ses succès. Ben-Abéd avait rallié son armée dans les environs de Jaen. Les forces d'Al-Mamoun, au contraire, se trouvaient disséminées dans tout le pays qu'il venait de conquérir. Il les attaqua, et reprit tous ses États aussi promptement qu'il les avait perdus. Il vint à son tour attaquer Séville. Al-Mamoun s'y trouvait alors retenu par une maladie, dont il mourut dans le courant du mois de dsulkada 469 (juin, 1077 de J. C.), le jour même où Ben-Abéd commençait le siége. Soit que cette mort eût jeté le découragement parmi ses soldats, soit que son armée ne se trouvât pas assez forte pour se maintenir à Séville, elle abandonna cette conquête, mais elle se retira en bon ordre, et Alphonse VI s'empara pour son propre compte de la ville de Coria, qu'il conserva.

Al-Mamoun avait laissé pour successeur son jeune fils Hescham, surnommé *El-Kader-Bi'llah*, le Fort avec l'aide de Dieu. Ce prince ne survécut à son père que d'une année et quelques mois. Il fut remplacé sur le trône par son jeune frère Yahya, qui n'avait aucune des vertus d'Al-Mamoun. Il était lâche et sanguinaire, prodigue et débauché. Ses actes de luxure et de cruauté eurent bientôt soulevé contre lui tant de haine, qu'une partie des habitants de Tolède vint prier Alphonse de les délivrer du tyran sous lequel ils gémissaient. Ils promirent de faire tous leurs efforts pour lui faciliter l'entrée de la ville. D'un autre côté, Ben-Abéd, dont l'ambition était insatiable, avait, comme on l'a vu, promptement réparé ses désastres. Il s'était emparé des royaumes de Murcie et de Malaga. Ces conquêtes avaient considérablement augmenté sa puissance. Il ne voyait que le roi de Tolède ou celui de Castille et de Léon qui pussent lui porter ombrage : il chercha donc à détruire au moins l'un de ces deux rivaux. Il fit une alliance avec le roi de Castille pour la ruine de Tolède, et pour cimenter encore davantage cette union, il lui offrit pour femme Zaïda, sa fille. Alphonse, quoique déjà marié, accepta ces propositions; il reçut les villes qui lui étaient données pour dot de la fille de Ben-Abéd, et après avoir réuni dans toutes les parties de ses États une nombreuse armée, il commença la guerre contre le royaume de Tolède. Bien des auteurs ont présenté sa conduite comme le résultat d'une noire ingratitude; cependant le roi chrétien s'était montré fidèle au pacte d'amitié conclu avec *Al-Mamoun* et avec *Hescham*. En Espagne, à cette époque, les traités se faisaient de prince à prince et non pas d'État à État; les princes vis-à-vis desquels il avait pris des engagements n'existaient plus : il était donc entièrement libre, et d'ailleurs, il ne faut pas perdre de vue qu'il était appelé par une partie de la population. Pendant quatre années il ne cessa de ravager le pays : il s'empara successivement de toutes les places voisines; enfin, au commencement de l'année 1085, il vint commencer le siége de Tolède. Cette ville, dont toutes les communications étaient coupées depuis longtemps, dont les environs avaient été dévastés pendant quatre années, se trouvait mal garnie de vivres, et la famine ne tarda pas à s'y faire sentir. Yahya ne pouvait plus espérer de secours. L'émir de Badajoz, qui avait tenté de faire lever le siége, avait été repoussé par les chrétiens. Le roi de Saragosse avait bien assez de se défendre chez lui, pressé qu'il était par les Catalans, par les Aragonais et par le Cid. Réduit à ses seules ressources, le roi de Tolède fit proposer à Alphonse de se reconnaître son tributaire, s'il voulait lui accorder la paix. Celui-ci répondit que plus tôt il eût pu accepter ces conditions; mais que les choses en étaient venues à un tel point que maintenant la reddition de la place était le seul arrangement auquel il pût prêter l'oreille. Alors le petit nombre de guerriers que renfermait la place résolut de se défendre jusqu'à la dernière extrémité : ils repoussèrent avec valeur les assauts qui chaque jour étaient livrés à la place. Alphonse fit cesser ces attaques inutiles, et se contenta de serrer la ville plus étroitement. Enfin la famine devint telle, que les assiégés offrirent de se rendre, à condition que les musulmans qui voudraient quitter Tolède seraient libres d'en sortir en emportant tous leurs biens; que ceux qui préféreraient y rester conserveraient toutes leurs propriétés; qu'ils auraient le libre exercice de leur culte, et que pour en célébrer les cérémonies ils garderaient la mosquée principale dont ils étaient en possession; qu'ils ne payeraient d'autres impôts que ceux qu'ils payaient à leurs rois; qu'ils auraient enfin des juges de leur nation et de leur croyance pour décider leurs différends, d'après leurs lois et leurs coutumes.

Ces conditions ayant été acceptées, Yahya sortit de la ville pour se réfugier à Valence, et le roi Alphonse entra dans Tolède le 27 muharrem de l'année 478 de l'hégire, c'est-à-dire le dimanche 25 mai 1085 de Jésus-Christ, jour de la fête de saint Urbain, pape et martyr. C'est de ce point qu'Alphonse gouverna par la suite, et Tolède devint la capitale de la partie chrétienne de l'Espagne, après être restée à peu près trois cent soixante-quatorze années entre les mains des Maures. Cette conquête était d'une immense importance. Cette cité, placée au centre de la Péninsule, était l'ancienne ville royale des Goths.

Elle s'élève, dit Bowles sur un rocher de trois lieues environ de circonférence, formé en entier de cette pierre grise appelée berroqueña, qui s'avance dans le lit du Tage, en sorte que la ville est de trois côtés entourée par les eaux du fleuve, au levant, au midi et à l'ouest. Le Tage qui, à Aranjuez, coule à peu près au niveau des plaines environnantes, est à Tolède encaissé à une profondeur considérable, et ce n'est pas sans étonnement que l'œil mesure la hauteur des ponts qui sont jetés d'une rive à l'autre, et dont un n'a cependant qu'une seule arche : c'est celui qui a conservé le nom arabe d'*al Cantara*, le pont. Le bloc immense de berroqueña sur lequel la ville est assise forme plusieurs collines; il est de presque tous les côtés escarpé et d'un abord difficile, ce qui a fait dire à Tite-Live que cette ville était fortifiée par sa seule position, *munita loco*; mais aussi, construite sur une roche aride, elle manque de fontaines, et les habitants n'ont d'autre eau que celle qu'ils recueillent dans des citernes. Les rues sont étroites, sinueuses et souvent d'une pente très-rapide. Ce sont les inconvénients de sa situation; néanmoins cette ville a dans tous les temps paru si importante aux Espagnols, qu'avec cette exagération qui leur est propre, « ils font, à ce que rapporte un écrivain français, passer leur méridien par Tolède, parce qu'ils disent qu'Adam a été le premier roi d'Espagne, et que Dieu, au moment de la création, a mis le soleil sur leur ancienne ville de Tolède. »

LES FEMMES D'ALPHONSE LE BRAVE. — INTRODUCTION DU MISSEL ROMAIN EN ESPAGNE. — MORT DE SANCHO GARCÈS DE NAVARRE, TUÉ DANS UNE PARTIE DE CHASSE. — DES COMTES DE BARCELONE. — MORT DE RAMON-BORELL. — EN-BERENGUER. — RAMON BERENGUER, DIT L'ANCIEN, DONNE A LA CATALOGNE LES LOIS NOUVELLES CONNUES SOUS LE NOM DES USATIQUES. — RAMON BERENGUER, SURNOMMÉ TÊTE D'ÉTOUPE, MEURT ASSASSINÉ EN 1082. RAMON BERENGUER SON FILS.

Tous les auteurs ne sont pas d'accord sur le nom des épouses qu'Alphonse fit successivement asseoir sur le trône de Castille. La première a été Agnès, fille du duc d'Aquitaine, avec laquelle il avait été fiancé dès 1069, mais qu'il paraît n'avoir épousée qu'en 1074 lorsqu'il fut remonté sur le trône.

En 1078 il se sépara d'Agnès, sans que l'histoire nous fasse connaître les motifs de ce divorce. Il épousa Ximena Muños, qui était sa cousine au sixième degré. Les représentations du pape le déterminèrent à rompre cette nouvelle union, que l'Église regardait comme nulle à cause du lien de parenté qui existait entre les époux.

En 1080 il épousa Constance, veuve d'Hugues, comte de Châlon-sur-Saône. En 1083, et lorsque Constance vivait encore, il reçut presque pour épouse Zaïda, fille du roi de Séville Ben-Abéd. Elle se fit chrétienne, et reçut lors de son baptême le nom de Marie, et, disent quelques auteurs, celui d'Isabelle. Après la mort de Constance, elle devint l'épouse légitime d'Alphonse. Ce fut de toutes ses femmes celle que ce roi paraît avoir le plus affectionnée.

Ensuite, en 1095, Alphonse se maria avec Berte, née en Toscane, et qui avait été répudiée par Henri quatrième, roi de Germanie. Enfin il épousa encore une dame du nom de Béatrix, dont on ne connaît ni la famille ni la patrie.

En 1085, lorsque la ville de Tolède fut enlevée aux musulmans, la reine était Constance, qui, ainsi qu'on l'a vu, était d'origine française. Beaucoup de ses compatriotes faisaient partie de l'armée qui avait pris cette capitale, et un grand nombre d'entre eux s'y étaient établis après la victoire. Plusieurs moines de Cluny avaient également assisté au siége; enfin Bernard, prieur du couvent de Sahagun, qui était aussi Français et né dans un village des environs d'Agen, y avait suivi la reine Constance, sa protectrice; après la conquête de Tolède, il avait été nommé par Alphonse archevêque de cette ville. Ce prélat signala les premiers temps de son épiscopat en violant la capitulation conclue avec les Maures. On était convenu que la principale mosquée continuerait à être consacrée à l'exercice de leur culte; mais les chrétiens, jaloux de voir le plus beau temple de la ville occupé par les musulmans, s'y rendirent pendant la nuit avec l'archevêque, en brisèrent les portes, s'y établirent, et les réclamations des musulmans, pour obtenir qu'il leur fût restitué, demeurèrent inutiles. Une autre question religieuse, qui pouvait aussi avoir de graves conséquences, fut tranchée par des moyens dont certes on ne s'aviserait pas aujourd'hui. Dans toute l'Espagne, on célébrait la messe suivant le rite gothique, tel qu'il avait été arrêté par saint Isidore. Les Français et les autres étrangers habitués à répéter l'office de Rome ne pouvaient s'accoutumer à cette nouvelle manière de prier. Un grand nombre d'Espagnols, et surtout ceux qui avaient vécu sous la domination arabe, tenaient avec obstination aux prières que leurs pères leur avaient enseignées. C'est cette circonstance qui fit donner au Bréviaire réglé par saint Isidore le nom de Missel mozarabe. On plaida avec chaleur pour le mozarabe et pour le romain; mais les raisons fournies de part et d'autre n'ayant pu convertir personne, on convint de s'en rapporter au jugement de Dieu. On nomma un champion pour chacun des offices, et ils combattirent en champ clos. Le champion du Bréviaire mozarabe fut Juan Ruiz de los Matanzas. Il eut l'avantage; cependant sa victoire ne fut pas décisive, car il ne put forcer le champion du Bréviaire romain à se reconnaître vaincu. On se détermina donc à recourir à une autre épreuve: celle du feu. On alluma une grande fournaise, et on y jeta en même temps les deux livres. Le Bréviaire romain sauta hors du feu un peu roussi (*chamuscado*); quant au Missel mozarabe, il resta longtemps dans la fournaise, dont il fut retiré intact. Le peuple proclamait donc la victoire du Missel mozarabe; mais, ainsi qu'on l'a vu, Constance était Française, et par conséquent portée

16ᵉ *Livraison*. (Espagne.)

pour l'office romain. Tout le monde sait quelle influence une femme exerce en toute matière sur les déterminations de son mari. Alphonse déclara donc comme juge, que, puisque les deux missels étaient sortis intacts de l'épreuve, tous deux étaient agréés de Dieu. Il ordonna que le Missel romain fût adopté dans toutes les églises nouvelles, et que dans les anciennes on pût conserver l'office mozarabe. Ce fut cette décision, fort sage à notre avis, mais peu en rapport avec le résultat des épreuves, qui donna lieu au proverbe : « *Alla van las leyes do quieren reyes;* » « Si veult le roy, ce veult la loy. »

Avec le temps, l'office romain finit par prendre la prééminence. Il est généralement adopté; néanmoins il existe dans la cathédrale de Tolède une chapelle richement dotée par le cardinal Ximenès, où l'on célèbre encore le saint sacrifice de la messe suivant le rite mozarabe. Il y a aussi une chapelle mozarabe à Salamanque, et pendant les dernières années du dix-huitième siècle le cardinal Lorenzana, archevêque de Tolède, a fait réimprimer le missel mozarabe avec beaucoup de soin.

La Péninsule était, du temps d'Alphonse le Brave, coupée en tant de royaumes que les événements se croisent, s'entremêlent, et, pour n'omettre aucun fait important, on est souvent obligé de se reporter en arrière. On se rappelle qu'après la bataille d'Atapuerca, où fut tué Garcia, le roi Ferdinand Ier de Castille laissa la souveraineté de la Navarre à son neveu Sancho-Garcès, fils du prince qui venait de succomber. Ce jeune roi administra ses États avec sagesse; mais il avait un frère nommé Raymond, qui, ambitieux, turbulent et envieux du pouvoir, ne songeait qu'aux moyens de s'emparer du trône. Il n'y pouvait parvenir que par un fratricide : il ne recula pas devant cet abominable crime. Le 4 juin 1076, Sancho, qui était un intrépide veneur, était allé chasser dans les environs de Milagro et de Funès. La meute n'avait pas tardé à se récrier ; bientôt elle avait lancé un sanglier. En quittant sa bauge, cet animal prit un grand parti et se mit à percer devant lui, enlevant tous les chiens à sa suite. Soit que le roi eût perdu la chasse et qu'il espérât de cette manière la retrouver plus facilement, soit qu'il voulût la voir sans se fatiguer à la suivre, il escalada une roche escarpée nommée Peñalen, qui domine toute la contrée : elle est d'une grande hauteur, et en quelques endroits elle se trouve taillée à pic. Il s'était approché du bord d'un de ces précipices, pour mieux apercevoir ce qui se passait dans la vallée, quand don Raymond et plusieurs conjurés le poussèrent tout à coup rudement par derrière et le firent tomber du haut du rocher. Ce crime, au reste, ne profita guère à son auteur. Les peuples eurent horreur du fratricide et refusèrent de le reconnaître pour roi. Deux jeunes fils que laissait don Sancho-Garcès étaient trop jeunes pour qu'on leur confiât le gouvernement; on redoutait le caractère de don Ramire, second frère du roi ; les grands se déterminèrent donc à appeler son cousin germain Sancho-Ramirès, roi d'Aragon. Alphonse à la main trouée, qui était son parent au même degré, prétendit aussi avoir part à sa succession. Il s'avança à la tête d'une armée puissante; mais la guerre n'eut pas lieu : Sancho-Ramirès et Alphonse s'accommodèrent. Toute la partie des États de Sancho-Garcès, qui se trouva sur la rive droite de l'Èbre, fut adjugée au roi de Léon et de Castille. Toute la portion située sur la rive gauche de ce fleuve revint à Sancho-Ramirès, qui fut proclamé à Pampelune roi de Navarre et d'Aragon. Quant aux meurtriers de Sancho-Garcès, on ignore ce qu'ils devinrent; mais plusieurs auteurs sont d'avis qu'ils allèrent chercher à Saragosse un asile auprès d'Al-Moktadir-Bi'llah.

Depuis longtemps nous n'avons pas parlé du comté de Barcelone, et cependant, de même que les autres États chrétiens de la Péninsule, la Catalogne s'agrandissait aux dépens de l'empire musulman. Nous avons vu en 1010 le comte Ramon-Borell venir, comme auxiliaire d'Al-Mahadi, combattre dans les environs d'Algeziras contre les Berbères de Soleïman. Ce prince mourut sept années plus tard, en 1017, laissant pour successeur En-Berenguer, son fils, qui était encore sous la tutelle de sa mère la comtesse Ermesinde. Les commencements de ce règne furent malheureux. L'année même de la mort de Ramon-Borell, un parti de Maures envahit la Catalogne, pillant et saccageant tout le pays, jusqu'à peu de distance de Barcelone. L'année suivante, au contraire, la comtesse Ermesinde ayant demandé des secours à Richard, duc de Normandie, qui avait épousé une de ses filles, attaqua à son tour les Maures, tira vengeance de l'invasion qu'ils avaient faite dans ses États, et contraignit le roi de Saragosse à lui payer un tribut.

Berenguer régna pendant dix-huit ans et mourut en 1035, laissant de la comtesse Sanxa, qu'il avait épousée en 1023, trois enfants : En-Ramon-Berenguer, En-Willelm et En-Sanxo. L'aîné de ces trois fils, En-Ramon-Berenguer, fut proclamé comte de Barcelone. Il épousa en premières noces doña Beatriz. Il en eut deux fils, l'un appelé En-Pere-Ramon, l'autre En-Berenguer-Ramon. Ces deux enfants, dit dans sa chronique le moine anonyme de Ripoll, étaient une race de vipères. Après la mort de Beatriz, Ramon-Berenguer, qu'on appelle l'ancien parce qu'il est le premier des quatre comtes de ce nom qui se succédèrent sans interruption sur le trône de Barcelone, épousa Almodis, fille du comte de Limoges; elle avait elle-même été mariée deux fois, en premier lieu au comte Hugues de Lesignam, et ensuite à Pons, comte de Toulouse; mais ces deux mariages avaient été annulés pour cause de parenté.

Le règne de Ramon-Berenguer l'ancien fut signalé par des conquêtes faites sur les Maures. Les Barcelonais leur enlevèrent Manresa, Prados-del-Rey, Cerbera et quelques autres villes. Mais l'acte de son gouvernement le plus important, celui qui devait avoir le plus d'influence sur le sort de la Catalogne, fut la promulgation d'un nouveau code de lois. Depuis longtemps les dispositions du *Forum judicum* n'étaient plus en harmonie avec les mœurs : il était devenu nécessaire de le modifier. En-Ramon-Berenguer et la comtesse Almodis eurent l'honneur d'être les législateurs de leur pays. Ils publièrent en 1068 un nouveau code sous le nom de *Lois usatiques*, ou simplement d'Usatiques de Barcelone. Ces lois étaient encore en vigueur au dix-huitième siècle : elles formaient encore le droit commun de la Catalogne. Publiées d'abord en latin, elles ont été traduites en catalan dans les cortès générales tenues à Barcelone par Ferdinand en 1413. Dans ces cortès on fit un recueil de toutes les constitutions de la Catalogne; on les divisa en chapitres, où furent classées toutes celles qui avaient trait à la même matière. Au commencement de chaque division on plaça religieusement les usatiques qui s'y rapportent; on les mit en tête comme le principe et comme la source de tout le droit catalan. Dans les cortès de 1585, les constitutions de la Catalogne ont de nouveau été revisées, et les usatiques ont été respectueusement maintenus à la place qu'ils occupaient. Dans ses Commentaires, imprimés à Barcelone en 1639, le jurisconsulte Fontanella disait : « Dans nos lois, le droit canonique est préféré au droit civil ; mais le droit des usatiques l'emporte sur l'un et sur l'autre (*). » Enfin, en 1702, dans les cortès tenues à Barcelone, Philippe IV faisait encore reviser ces lois.

Comment se fait-il que les historiens généraux de l'Espagne, et même ceux de la Catalogne, aient à peine accordé une mention fugitive au code qui a régi

(*) Par le droit civil il faut entendre ici les constitutions votées par les cortès; car les usatiques avaient également trait à des matières civiles, administratives ou criminelles.

« Legibus nostris jus canonicum præponitur civili, jus usaticorum præfertur utrique.

Page 385, *Fontanella*, Sacri regii senatus Cathaloniæ decisiones. Barcinonæ, 1639.

cette principauté pendant sept cents ans, et sous l'empire duquel elle est devenue la contrée, sinon la plus fertile, au moins la plus industrieuse et la plus active de la Péninsule? C'est un oubli qui ne se comprend pas.

Ces lois sont au nombre de 174. Bien qu'elles se ressentent de l'époque de barbarie à laquelle elles ont été promulguées, cependant on y trouve des dispositions de la plus profonde sagesse. Le caractère de ces temps était la domination de la force brutale : on comprend, en effet, que tout devait se terminer par la force dans un pays où il avait fallu reprendre par les armes chaque pouce de terrain, où celui qui enlevait une ville, un château sur les ennemis, en restait propriétaire et seigneur. La moindre discussion entre les détenteurs des fiefs, ou bien entre leurs vassaux, se terminait par des combats et par des guerres. Substituer la puissance de la loi à celle des armes, remplacer la violence par le droit, voilà quelle fut la tendance principale de cette législation. Les usatiques 61, 63, 83, 98, 99, 172, 173, 174 traitent de la paix et de la trêve, *pacis et treugæ*. Ils n'ont d'autre but que de défendre aux seigneurs de se faire justice par leurs mains.

Pour inspirer le respect de la loi à ses sujets, il fallait que le comte commençât par la respecter lui-même ; aussi, dans l'usatique 124, Ramon-Berenguer, en retraçant les devoirs du prince, lui impose-t-il l'obligation de juger en droit, c'est-à-dire d'après la loi, et de ne jamais juger en équité ; car sous le prétexte de décider d'après l'équité, le juge substitue ses passions et ses préjugés à l'inflexible impartialité du droit. Rien n'est plus contraire à la justice que ces décisions où le magistrat est assez présomptueux pour se croire plus juste et plus éclairé que le législateur. Aussi l'usatique dit-il que le prince et ses successeurs doivent entretenir une cour de justice et juger suivant le droit : *Co es que tenguessen justicia, e justiassen per dret* (*).

(*) 124. Alium namque, etc.

En France, à la fin du treizième siècle, celui qui avait été dépouillé par la force était autorisé à reconquérir par la force l'objet qu'on lui avait enlevé. Ce fut saint Louis qui proscrivit cet usage. La célèbre ordonnance connue sous le titre d'Etablissements de saint Louis condamne à 60 livres d'amende le gentilhomme qui s'est ressaisi par la force de la chose qui lui appartenait. Et, dit Beaumanoir, en parlant de la réintégrande, l'amende est plus forte si je suis baron ou noble puissant ; *car de tout comme l'homme est plus fort et plus puissant, de tout fait-il plus grand dépit au roy quand il va contre son établissement qu'il fict pour le quemun profict de son royaume*. On a beaucoup vanté la sagesse de cette ordonnance, mais personne n'a dit que depuis déjà deux cents ans Ramon-Berenguer avait établi en Catalogne ce principe, qu'il n'est pas permis de se faire justice par ses mains. L'usatique 154 (*) est ainsi conçu :

« Quiconque aura par la violence « dépouillé quelqu'un de ce qu'il pos-« sédait avant que cela ait été ordonné « par la sentence du juge, lors même « que sa cause serait juste, perdra tout « ce qu'il a ainsi repris, et celui qui a « été dépouillé sera remis en posses-« sion de ce qui était entre ses mains « et le gardera en toute propriété.

« Et si celui qui a eu ainsi recours « à la violence s'est emparé de ce qui « ne pouvait pas lui être attribué par « le juge, il rendra à celui qu'il a dé-« pouillé non-seulement la chose qu'il « lui a enlevée, mais encore une chose « semblable. »

Pour prévenir la foule des mauvais procès, l'usatique 87 (**) condamne l'appelant qui succombe, à payer à son adversaire quatre fois le montant des dépens que celui-ci a déboursés. C'est une disposition tellement sage, qu'il n'est de nos jours personne ayant l'habitude des affaires, qui ne regrette de ne pas trouver dans notre code quelque disposition analogue.

(*) 154. Quicunque violenter, etc.
(**) 87. Si quando, etc.

Les lois usatiques accordaient aux voyageurs et aux commerçants une protection toute spéciale. Elles punissaient sévèrement ceux qui coupaient les arbres, les vignes ou les autres productions de la terre. L'esprit public n'était pas assez avancé pour qu'elles pussent proscrire le combat judiciaire et les épreuves par le feu ou par l'eau, mais elles tendaient à restreindre le nombre des cas où il était permis d'y recourir. Ces usages, malgré les éloges qu'il est juste de leur accorder, avaient aussi bien des côtés défectueux; mais il faut se rappeler l'époque à laquelle ils ont été publiés. L'esclavage y est maintenu, et la loi gradue le tarif des sommes dues à celui qui ramène un esclave fugitif, suivant le lieu où il l'a repris (*).

Celui qui prête un faux témoignage est condamné par l'usatique 85 à avoir le poignet tranché (**); mais il peut se racheter de cette peine par une amende de cent sous d'or. Enfin celui qui est convaincu d'homicide, lorsqu'il n'a pas voulu ou n'a pas pu s'arranger *suivant le droit* pour payer le prix du sang, est remis à la merci de l'héritier du mort, qui reste maître de faire ce qu'il voudra du coupable, pourvu qu'il ne le tue pas (***).

Ces lois étaient donc assez douces: elles ne permettaient que rarement de répandre le sang. Leur but principal était de substituer le droit à la force. Aussi, quand on les compare à ce que nous connaissons des codes en usage au onzième siècle dans les autres parties de l'Europe, on est étonné que les historiens n'aient pas rendu hommage à leur sagesse.

Huit ans après avoir doté son pays de ces lois, En-Ramon-Berenguer mourut le 25 mai 1076. Il avait eu de sa première femme deux enfants: En-Pere-Ramon et Berenguer-Ramon. Il avait de son mariage avec la comtesse Almodis un autre fils appelé En-Ramon-Berenguer, que l'épaisseur de sa chevelure avait fait nommer *Cap-d'Estopa*, tête d'étoupe. Les enfants de Beatriz, comme le disent les historiens, étaient une race de vipères. Il paraît que l'un d'eux, En-Pere-Ramon, avait, du vivant même de son père, attenté à la vie de la comtesse Almodis, et que, chassé de la Catalogne pour punition de ce parricide, il avait été mourir en pays étranger de honte et de désespoir. Quand Ramon-Berenguer le Vieux décéda, ses seuls héritiers étaient Berenguer-Ramon et Cap-d'Estopa. Ils partagèrent les États de leur père. Ce dernier eut en partage le comté de Barcelone, et obtint bientôt pour épouse Mahalta ou Mathilde, fille de Robert Guiscard, un de ces chefs normands qui, au retour de la terre sainte, s'étaient emparés de la Sicile et de la Pouille. Cette alliance avait augmenté la puissance du comte de Barcelone. Respecté des Maures qui redoutaient son courage, adoré de son peuple qu'il s'efforçait de rendre heureux, il ne lui restait à désirer qu'un héritier de son nom et de sa couronne. Pour l'obtenir, des prières publiques avaient été adressées à Dieu, et Dieu les avait exaucées.

Le 11 novembre 1082, jour de la Saint-Martin, la comtesse Mahalta était accouchée d'un fils. Il y avait vingt-cinq jours que cet heureux événement avait comblé de joie les Catalans et leur souverain, lorsque celui-ci se mit en route pour Girone. Après s'être arrêté à San-Celoni, afin d'entendre l'office de saint Nicolas, qu'on fêtait en ce jour, il continuait son voyage, accompagné seulement de quelques chevaliers. A un endroit de la route appelé la *Perxa del Estor*, il fut contraint par la difficulté du chemin à ralentir la marche de son coursier.

Tout à coup il pousse un cri: il tombe sur le cou de son cheval, vomissant des flots de sang. Un trait lancé par une main inconnue l'avait mortellement frappé. Le premier soin de ceux qui l'accompagnaient fut de se presser autour de lui, de lui prêter secours; quand ils songèrent à le venger, il était

---

(*) Us. 116. Sarracenis, etc.
(**) Us. 85. Precipimus, etc.
(***) Us. 100. De homicidio.

trop tard, son assassin avait disparu.

Il serait difficile d'exprimer par combien de douleur fut accueillie cette nouvelle. Il semblait que la mort du comte fût plus douloureuse encore, parce qu'on ignorait son meurtrier. Nul indice ne l'avait fait connaître; quelques soupçons s'étaient portés sur Berenguer-Ramon. On savait qu'il était jaloux de la puissance de son frère, et qu'il se montrait peu content de la part qui lui était échue dans les domaines paternels. Mais ces soupçons étaient vagues, et nulle voix ne s'était élevée pour accuser un homme qu'on regardait comme appelé à gouverner le comté; car chacun sentait qu'un État continuellement en guerre avec des ennemis puissants comme les Maures, entouré de voisins ambitieux, avait besoin d'un chef qui pût combattre. Une longue tutelle ne promettait au pays que des malheurs et que des désastres. Le fils de Cap-d'Estopa n'avait que vingt-cinq jours quand le crime fut commis. La couronne était donc bien près du front de Berenguer. Ce n'est pas, s'il eût existé des preuves de son crime, qu'il eût manqué de voix courageuses pour le dénoncer; mais en l'absence de preuves on se taisait.

Ne sachant sur qui venger la mort du comte, on lui préparait en silence de magnifiques obsèques. C'était vers Girone qu'il se dirigeait quand il fut frappé. C'est dans l'église de Girone qu'on lui rendit les derniers honneurs. Lorsqu'on apporta son corps, le clergé et le peuple en larmes sortirent tout entiers de la ville pour le recevoir. Le prêtre, en approchant du cadavre, était au moment d'entonner, ce verset : *Succurrite, sancti Dei, occurrite, angeli* (*).

(*) Ce double miracle est raconté par presque tous les historiens de la Catalogne, par Gorch del Compte, par P. Tomich; d'autres, au contraire, nient non-seulement que ces miracles aient eu lieu, mais ils nient aussi que Berenguer-Ramon ait été l'assassin de son frère. La tutelle de son neveu lui fut, dit-on, déférée, et il administra le comté jusqu'en 1091, époque à laquelle il partit pour faire le pèlerinage de la terre sainte. Il mourut pendant ce voyage. On

Mais ses lèvres ne purent le prononcer; tous ses efforts furent vains; malgré sa volonté, de ses lèvres s'échappèrent ces mots de la Genèse, qui retentirent au loin et glacèrent à la fois les assistants de surprise et d'épouvante : *Ubi est Abel, frater tuus? ait Dominus ad Chaïm*. Il voulut se reprendre et prononcer le capitule que lui indiquait la liturgie : il ouvrit la bouche, et une seconde fois on entendit cette phrase accusatrice : « Où est Abel ton frère? dit le Seigneur à Caïn. »

C'est Dieu qui désigne le coupable, s'écria le peuple. Berenguer-Ramon est l'assassin de son frère. Le comte protesta en vain de son innocence. On exigea qu'il jurât sur la croix qu'il était innocent. Le prêtre étendit vers lui le signe de notre rédemption. Bérenguer, sans hésiter, leva la main, ouvrit la bouche pour parler; mais il ne put articuler une parole. Sa langue resta immobile et glacée; il était muet.

On ne douta plus de son crime. Les barons le bannirent. En horreur à tout le monde, chargé du poids de l'anathème, privé de la parole, dépouillé de tout ce qu'il possédait, il partit pour la terre sainte, afin d'expier par ce pèlerinage une partie de ses crimes. Le petit-fils de Grifa-Pelos, devenu un pauvre pèlerin, fut réduit à tendre, sur la route, la main aux passants; enfin il expira dans ce pénible voyage, de fatigue, de misère et de désespoir.

DIVISION ENTRE ALPHONSE ET BEN-ABED. — LES MAURES D'ESPAGNE RÉCLAMENT LE SECOURS DES ALMORAVIDES. — ORIGINE DES ALMORAVIDES. — LES ALMORAVIDES PASSENT EN ESPAGNE. — BATAILLE DE ZALACA. — LE CHEF DES ALMORAVIDES EST RAPPELÉ EN AFRIQUE PAR LA MORT DE SON FILS. — BEN-ABED EST DÉFAIT PAR LE CID ET RÉCLAME DE NOUVEAU LE SECOURS DES ALMORAVIDES. — YOUSSOUF, LEUR ÉMIR,

donne d'excellentes raisons en faveur des deux opinions, et le lecteur est libre de choisir l'une ou l'autre. Quant aux miracles nous les rapportons, mais nous n'en garantissons pas l'authenticité.

VIENT POUR LA SECONDE FOIS EN ESPAGNE. — IL EST FORCÉ DE LEVER LE SIÉGE DE LEBIT ET RETOURNE EN AFRIQUE. — YOUSSOUF PASSE POUR LA TROISIÈME FOIS EN ESPAGNE. — IL S'EMPARE SUCCESSIVEMENT DE GRENADE, DE CORDOUE, DE SÉVILLE, D'ALMÉRIE, DE MURCIE, DE VALENCE, DE L'ALGARVE ET DE BADAJOZ.

Ben-Abêd, en contractant une alliance avec Alphonse et en lui facilitant la prise de Tolède, avait espéré qu'il obtiendrait une part dans les dépouilles du vaincu. Il avait compté tirer quelque profit de la ruine de la dynastie des Dzy-el-Noun. Il éprouva le mécontentement le plus vif quand il vit le roi de Castille conserver pour lui seul tout le territoire enlevé au fils d'Al-Mamoun. Il fit entendre quelques plaintes. Alphonse répondit qu'il était prêt à exécuter les conventions intervenues entre lui et l'émir de Séville; qu'il avait seulement promis de le secourir contre tous ses ennemis; qu'il ne demandait pas mieux que d'accomplir sa promesse, et pour prouver que l'exécution suivrait de près ses paroles, il entra dans les États de Ben-Abêd, et à la tête de 1,500 cavaliers couverts de fer, il courut le rejoindre au fond de l'Andalousie, auprès de Medina-Sidonia où il se trouvait en ce moment. Le roi maure fut peu satisfait de cette visite, qu'il prit pour une bravade plutôt que pour une offre de service. Néanmoins Alphonse s'inquiéta peu de sa mauvaise humeur. Il voulut voir ce fameux détroit qui sépare l'Europe de l'Afrique. Il se rendit à Tarifa, et lorsqu'il eut atteint le rivage il s'avança dans la mer jusqu'à ce que son cheval perdît pied. Enfin, s'ecria-t-il, j'ai donc touché l'extrémité de la terre d'Espagne! Toutes ces manifestations de la part du prince, qui venait d'enlever aux Maures la plus forte de leurs places d'armes, devaient inspirer des craintes sérieuses aux moins clairvoyants. Cependant Ben-Abêd ne trouva pas que le moment de rompre fût encore venu, et Alphonse retourna dans ses États pour s'occuper de nouvelles conquêtes.

Deux rois maures, celui de Saragosse et celui de Badajoz, avaient, on se le rappelle, essayé de venir au secours de Tolède. Pour tirer vengeance de cette tentative, Alphonse se mit à faire des incursions dans leurs États. C'est alors que le roi de Badajoz, trop faible pour résister à un si puissant voisin, et ne voyant personne en Espagne qui pût le secourir, écrivit au souverain qui régnait dans le nord de l'Afrique, pour réclamer son assistance. Ben-Abêd fit bientôt la même démarche; car l'occasion de rompre entièrement avec Alphonse n'avait pas tardé à se présenter. Il s'était engagé à payer, chaque année, une somme d'argent aux chrétiens. Des discussions s'élevèrent sur la bonté de la monnaie avec laquelle il voulait acquitter ce tribut. Pendant la nuit qui suivit cette altercation, le trésorier envoyé par Alphonse pour le percevoir fut poignardé. Le roi de Castille ayant demandé raison de ce crime, son ambassadeur fut insulté par Ben-Abêd. La guerre était devenue inévitable. L'émir de Séville s'adressa donc à Youssouf ben-Taschfyn, émir de Fez et de Maroc, en le conjurant de passer en Europe. Youssouf ne se rendit pas immédiatement à cette demande. Alors Ben-Abêd convoqua tous les souverains maures de l'Espagne pour qu'ils délibérassent ensemble sur les moyens de sauver la cause de l'islamisme. Le danger commun fit cesser un instant les haines et les jalousies qui divisaient ces petits États, et leurs chefs se réunirent à Séville sous la présidence de Ben-Abêd. L'assemblée presque entière fut d'avis d'appeler Youssouf-ben-Taschfyn dans la Péninsule. Le gouverneur de Malaga, Ben-Yakoub, fut seul d'un avis contraire. Soyez unis, dit-il, et vous serez encore assez puissants pour triompher des chrétiens. Mais n'appelez pas les Africains en Espagne, car s'ils vous délivrent d'Alphonse, ce ne sera que pour vous imposer des chaînes plus pesantes.

Comme cela arrive presque toujours dans les assemblées délibérantes, la passion l'emporta sur la sagesse. Ben-Yakoub ne put faire prévaloir son opinion. On le déclara mauvais musulman, on l'appela partisan des chrétiens, on l'excommunia, on le voua à la mort, et Omar-ben-Afthas, roi de Badajoz, fut chargé d'aller réclamer de nouveau le secours de Youssouf-ben-Taschfyn, prince des Almoravides.

Les Almoravides, dont le nom va souvent se représenter dans l'histoire de la Péninsule, étaient des musulmans réformés ou plutôt nouvellement convertis. Sur les confins du Sahara existait la tribu des Lamtounes, qui n'était elle-même qu'une des soixante et dix familles entre lesquelles se divisait la race des Sanhadjah. Ce sont les Touariks de nos jours qui habitent au nord du désert, au sud d'Alger, de Fez et de Maroc. Ils ont encore conservé les mœurs et le costume des anciens Lamtounes. Comme leurs aïeux, ils ont l'habitude de porter un morceau d'étoffe qui ne laisse que les yeux découverts, qui cache tous le bas du visage, et qui tombe jusque sur la poitrine, sans doute pour que les organes de la respiration restent garantis du sable que le moindre vent soulève. Ces Lamtounes vivaient dans une grossière ignorance, ne connaissant que de nom la loi de Mahomet. Un fakir entreprit de les éclairer. Il s'établit dans un ermitage (*Rabitten*), où de nombreux disciples vinrent bientôt écouter sa parole. A raison de leur assiduité à fréquenter son ermitage, il les appela Morabites ou Al-Morabites, nom dont les Espagnols ont fait celui d'Almoravides (*).

Le prince de ces nouveaux convertis, partageant leur ardeur fanatique, employa la force des armes pour convertir les autres tribus du désert. Les Almoravides s'emparèrent ensuite de presque toute la côte septentrionale de l'Afrique. C'est au chef de ces hordes barbares et superstitieuses qu'on allait ouvrir la Péninsule.

Youssouf-ben-Taschfyn, avant de consentir à passer en Espagne, voulut assurer sa retraite pour le cas où le sort des armes ne lui serait pas favorable. Il exigea qu'on lui remit un des ports les plus importants et l'un des plus voisins de la côte d'Afrique. Il voulait être certain de pouvoir entrer en Espagne ou sortir de ce pays quand bon lui semblerait. Pour le satisfaire, on lui livra la ville d'Algesiraz. Alors il réunit une armée nombreuse composée, pour la plus grande partie, d'habitants du Sahara. Cette armée, rassemblée aux environs de Ceuta, passa le détroit en peu de jours, et Youssouf-ben-Taschfyn débarqua lui-même à Algesiraz, le 15 de rabi-el-awal de l'année 479 de l'hégire (30 juin 1086 de J. C.). Il fut accueilli par les émirs espagnols comme un libérateur. Ils vinrent se ranger sous ses bannières et s'avancèrent avec lui pour aller combattre Alphonse. Ce prince reçut la nouvelle du débarquement des Almoravides et de la ligue des émirs andalous lorsqu'il venait de mettre le siége devant Saragosse. Il leva aussitôt son camp; demanda des secours au roi d'Aragon, au comte de Barcelone, et rassembla de nouvelles forces dans tous ses États. Il était occupé de ces préparatifs lorsqu'il reçut un message de Youssouf-ben-Taschfyn. Le chef des Almoravides lui écrivait pour le sommer de se reconnaître son tributaire, d'embrasser le mahométisme, ou de combattre. Alphonse répondit à cette insolente provocation, que celui qui la lui adressait n'avait pas besoin de se fatiguer à marcher, qu'il allait le trouver, et à l'instant il se mit en route.

Les deux armées se rencontrèrent sur les bords de la Guadiana, à quelques lieues de Badajoz, dans les bois et les plaines appelées de Zalaca (*). C'est là qu'on en vint aux mains. Les auteurs chrétiens parlent fort peu de cette bataille. Les Arabes, au contraire, sont remplis de détails; mais les circonstances dont ils entourent les faits principaux sont évidemment fabuleuses et n'ont pas le mérite d'être

---

(*) Suivant quelques auteurs, ce nom de Morabites aurait une autre signification il voudrait dire dévoués à Dieu.

(*) Il y a dans Mariana Caçalla.

intéressantes. En écartant les rêveries astrologiques et les explications de songes dont ces derniers entremêlent leur récit, voici ce qu'il est possible d'en croire :

Quelque temps avant la bataille, une terreur panique s'empara d'un corps de l'armée d'Alphonse, et plusieurs milliers d'hommes prirent la fuite sans avoir été attaqués et sans être poursuivis. Malgré cette défection, ses troupes étaient encore fort nombreuses. Du côté des Almoravides, disent les auteurs arabes, il y avait tant de combattants que Dieu seul peut en connaître le chiffre. Les deux armées restèrent quelques jours à s'observer. Enfin la bataille s'engagea le 11 resjeb 479 (22 octobre 1086) (*).

Dans le commencement, l'avantage fut du côté des chrétiens. Les Maures furent presque tous mis en fuite. Mais Youssouf-ben-Taschfyn étant parvenu par une manœuvre habile à se jeter sur le camp d'Alphonse, commença à le piller et à l'incendier. A la vue des flammes qui dévoraient les tentes, aux cris des femmes et des malades qu'on égorgeait, une partie des chrétiens fit volte-face. Le désordre se mit dans leurs rangs. Alors les Maures qui étaient en fuite se rallièrent, revinrent à la charge : ils firent un horrible carnage. Alphonse lui-même fut blessé, et il fut contraint de se retirer en fuyant jusqu'à Tolède, accompagné seulement de quelques cavaliers échappés à ce désastre. Le nombre des chrétiens tués dans cette déplorable affaire fut considérable. Quelques auteurs rapportent qu'il s'éleva à plus de vingt mille ; d'autres racontent qu'on planta en terre une lance, et qu'autour de cette arme on entassa toutes les têtes des guerriers d'Alphonse tués dans le combat, et que la pyramide ainsi formée de ces horribles trophées dépassait de beaucoup la hauteur de la pique la plus longue qu'on eût pu trouver dans le camp. Le butin fut aussi considérable, et les Maures saluèrent sur le champ de bataille Youssouf du titre encore inusité d'émir des émirs d'Espagne.

Le soir même de cette victoire, pendant qu'on s'occupait du partage des dépouilles, Youssouf reçut la nouvelle de la mort de son fils, qu'il avait laissé malade à Ceuta. Il fut tellement affecté de ce douloureux événement, qu'il se déroba au triomphe et aux fêtes qui l'attendaient en Andalousie, et il retourna en Afrique pour assister aux funérailles de l'enfant qu'il avait perdu. Avant de quitter le théâtre de sa victoire, Youssouf ben-Taschfyn choisit pour commander les Almoravides pendant son absence, Schyr-ben-Abou-Bekr, plus connu dans les chroniques espagnoles sous le nom du roi Bucar.

Youssouf était seul l'âme de la ligue des émirs andalous. Dès qu'il fut parti, chacun ne songea plus qu'à ses propres intérêts, la ligue fut dissoute, et l'on ne put tenter aucune grande entreprise. L'armée africaine se contenta de piller les frontières de la Galice. L'émir de Badajoz s'attacha à reprendre les villes que les chrétiens lui avaient enlevées. Ben-Abêd, de son côté, enleva celles qu'il avait données pour la dot de sa fille Zaïde ; il désola aussi les environs de Tolède ; il revint ensuite dans le royaume de Murcie. Mais une petite armée chrétienne, qui probablement avait le Cid pour général, l'atteignit, tailla ses troupes en

(*) Les Arabes, toujours prêts à accuser les princes chrétiens de perfidie, avancent qu'Alphonse avait proposé aux Almoravides de ne combattre, ni le vendredi, parce que c'est le jour saint des mahométans, ni le samedi, parce que c'est le jour saint des juifs, et que beaucoup de ceux-ci se trouvaient dans les deux armées, ni le dimanche, jour saint des chrétiens, et de livrer la bataille seulement le lundi ; que cependant, malgré cette trêve consentie par les deux généraux, Alphonse avait attaqué les mahométans le vendredi 11 resjeb. Pour convaincre cette allégation de mensonge, il suffit de dire que le 11 resjeb n'était pas un vendredi, mais bien un jeudi. Au reste, comme il faut être exact en tout, il est juste de dire que pour faire concorder leur conte et la date véritable, quelques auteurs reculent la bataille d'un jour et la placent au 12 resjeb, 23 octobre.

pièces dans les environs de Lorca, et le contraignit à se réfugier dans cette ville.

On ne peut dire d'une manière très-certaine quels furent les hauts faits du Cid. Il paraît que, bien longtemps avant l'invasion des Almoravides, il était rentré en grâce auprès d'Alphonse. Mais accoutumé à une entière liberté d'action, et ne pouvant se soumettre aux ordres d'un autre chef, il avait mieux aimé faire la guerre seul et avec ses propres ressources. Alphonse le lui avait permis, et lui avait donné à titre de seigneurie tout ce qu'il pourrait conquérir. Le Cid avait donc été s'établir sur les confins de l'Aragon et du royaume d'Albaracin. Il avait construit un château sur le sommet d'une roche, qui conserve encore aujourd'hui le nom de Roche du Cid (*Peña del Cid*). C'est de cette retraite inaccessible qu'il s'élançait pour soumettre ou pour rançonner le pays voisin. Du sommet de son rocher il exerçait une influence qui s'étendait sur les rois maures de Saragosse, d'Albaracin et même de Valence, auxquels il avait, dit-on, vendu souvent le secours de ses armes. A la tête de la petite armée qui lui était dévouée, il s'était avancé à la rencontre de Ben-Abêd, l'avait attaqué, l'avait vaincu, et s'était emparé du château d'Albit ou de Lébit, dans une position très-forte, à quelques lieues seulement de Lorca. De cette retraite il se mit à faire tous les jours des incursions sur les domaines des rois maures. Mais c'était surtout les États de Ben-Abêd qu'il prenait à tâche de dévaster, parce que c'était ce prince qui avait appelé les Almoravides en Espagne. Fatigué de cette guerre acharnée et ne se sentant pas assez fort pour y mettre un terme, Ben-Abêd passa en Afrique : il alla trouver Youssouf, pour se plaindre à lui de ce qu'on laissait les chrétiens se relever du coup qu'il leur avait porté. Youssouf vint donc de nouveau en Espagne. Il convoqua les rois andalous; mais ces souverains commençaient à comprendre qu'ils avaient eu tort d'introduire chez eux une race étrangère. Le danger qui les y avait déterminés s'était éloigné; Alphonse avait été vaincu, et d'ailleurs celui-ci ne leur semblait plus si redoutable depuis qu'ils avaient pu comprendre combien Youssouf était à craindre. Le plus grand nombre d'entre eux s'abstint donc de répondre à l'appel qui leur était adressé. Néanmoins Youssouf, avec les troupes africaines qu'il avait amenées, et avec celles de quelques princes qui s'étaient rendus à son camp, alla mettre le siége devant le château de Lébit. Cette place était, à ce qu'on pense, défendue par le Cid lui-même à la tête d'une garnison de 10,000 soldats d'élite. Les attaques du prince almoravide furent inutiles. La discorde ne tarda pas à éclater entre les rois qui lui avaient amené des troupes. Abd-el-Azis, roi de Murcie, ayant été insulté par Ben-Abêd et par Youssouf, ne se borna pas à quitter l'armée; il commença à courir la campagne et à couper les vivres aux assiégeants. De son côté, Alphonse, pendant les dix-huit mois qui s'étaient écoulés depuis la bataille de Zalaca, avait réuni une armée nouvelle. Il avait reçu des secours de France et il s'avançait pour attaquer Youssouf. Mais celui-ci ne crut pas devoir l'attendre; il retourna en Afrique, le cœur plein de courroux contre les rois andalous qui lui avaient fait défaut. Quant à Alphonse, il se contenta de dégager la garnison qui avait si vaillamment combattu. Il l'emmena, abandonnant la place; qui entourée de tous les côtés par des forteresses arabes, ne lui semblait pas pouvoir être utilement conservée.

Youssouf resta une année entière à rassembler des troupes en Afrique, et il débarqua de nouveau en Espagne dans le courant de l'année 483 de l'hégire (1090 de Jésus-Christ), mais cette fois sans y être appelé par aucun des princes qui y commandaient. La guerre sainte contre les chrétiens n'était plus pour lui qu'un prétexte. Il convoqua tous les émirs, mais aucun ne vint. Il commença cependant une campagne contre Alphonse; mais il ne tarda pas à dévoiler ses véritables projets. Reçu comme allié par Abd-Allah-ben-Balkin-ben-Badir, roi de Grenade, il fit au bout de deux mois arrêter ce souverain et le fit conduire à Agmât en Afrique, avec ses femmes, ses enfants et son frère, et il s'empara de son royaume.

Ben-Abêd comprit alors le sort qui l'attendait et toute l'étendue de l'imprudence qu'il avait commise. Il essaya de la réparer, en se préparant à une résistance désespérée. Ce fut inutilement. Une division des troupes almoravides, sous la conduite de Kasour, s'empara, le 3 de safar 484 (27 mars 1091), de Cordoue, gouvernée par un fils de Ben-Abêd. Ce jeune prince fut inhumainement massacré par le vainqueur, malgré les termes de la capitulation qui lui avait ouvert les portes de la ville. Ronda tomba aussi au pouvoir des Almoravides, et Kasour tua encore de sa propre main un autre fils de Ben-Abêd qui l'avait défendue. Toutes les places qui avaient appartenu à l'émir de Séville lui furent successivement enlevées; il ne lui restait plus que Carmona et Séville. Carmona fut prise d'assaut par Abou-Bekr le 17 de rabia el awal 484 (le 9 mai 1091 de Jésus-Christ). Alors ce malheureux souverain comprenant qu'il ne pouvait plus résister sans un secours étranger, s'adressa à cet Alphonse le Brave contre lequel il avait appelé le vainqueur de Zalaca. Alphonse envoya à son secours une armée de vingt mille hommes, commandée, à ce qu'on croit, par le Cid. Mais elle fut repoussée par des forces plus considérables, que le général almoravide avait opposées aux chrétiens. Enfin Motamed-ben-Abêd ayant perdu ce dernier espoir de secours, fut forcé de capituler. Il livra Séville dans le courant de septembre 1091. On l'envoya en captivité en Afrique à Agmât, où il vécut encore quatre années dans une telle misère, que les filles de celui qui avait été roi de la plus belle partie de l'Andalousie marchaient les pieds nus, et qu'elles étaient réduites à filer pour vivre.

Dans la même année, les Almoravides s'emparèrent de Jaen et de Murcie. Trois royaumes restaient encore à soumettre dans l'Espagne méridionale: ceux de Valence, de Badajoz et de l'Algarve. Ce fut d'abord contre celui de Valence que les lieutenants de Youssouf tournèrent leurs efforts. On se rappelle que ce royaume avait longtemps appartenu aux descendants d'Almanzor. Cette dynastie avait été chassée par Yahya-el-Mamoun en 1065. C'était dans cette ville que s'était réfugié Yahya II, après que le royaume de Tolède lui eut été enlevé par Alphonse en 1085. Il s'y défendit courageusement. Mais le cadi de la ville était Ahmed-ben-Djehaf (*) el-Moaferi, de la race des anciens souverains de Valence. Celui-ci, d'intelligence avec les Almoravides, leur livra les portes de la ville. Ils s'y précipitèrent, y firent un grand carnage, et Yahya reçut le coup mortel en combattant avec vaillance. Quant à Ahmed-el-Moaferi, pour prix de sa trahison, il reçut des vainqueurs le gouvernement de leur nouvelle conquête.

Pendant que les Almoravides travaillaient à réunir en un seul royaume tous ces petits États formés des débris de l'empire des Ommyades, Alphonse avait cherché à raffermir par des alliances sa puissance un moment ébranlée. Thérèse, sa fille, qu'il avait eue de son union déclarée illégitime avec Ximena Muños, était mariée à Henri, quatrième fils de Henri de Bourgogne et arrière-petit-fils du roi de France, Robert, l'excommunié. Il avait donné Urraca, née de son mariage avec Constance, à Raymond, autre comte bourguignon, et avec l'aide de ses gendres, il avait fait plusieurs campagnes heureuses en Estrémadure et en Portugal. Le 30 avril 1093, il avait pris Santarem, le 4 mai Lisbonne et le 8 Cintra. Pendant qu'Alphonse s'agrandissait aux dépens du roi de l'Algarve, les Almoravides, sous la conduite d'Abou-Bekr, s'emparaient du reste de ce royaume. Un

(*) Mariana l'appelle Abenxasa. Don Roderic et Ferreras le nomment Abeu-Japhiat.

seul des rois andalous restait donc encore debout. c'était celui de Badajoz, Omar-ben-Afthas. Il fut à son tour attaqué par Abou-Bekr; il livra aux Almoravides une bataille où ses troupes furent défaites. Se voyant sans espoir de salut, il offrit de livrer Badajoz, à condition qu'on le laisserait sortir de la ville avec ses fils, ses filles et tout ce qu'il possédait. En effet, on le laissa sortir ; mais quand il fut à quelque distance, on envoya à sa poursuite un corps de cavaliers lamtounes qui le tuèrent à coups de lance lui et ses fils. C'est par cet assassinat que le chef des Almoravides se débarrassa du dernier des rois andalous, et qu'il réunit en ses mains tout ce qui restait aux musulmans dans le midi de la Péninsule. Le roi de Saragosse était le seul qu'il n'eût pas osé attaquer. Quant au roi d'Albaracin, il n'avait conservé son royaume qu'en se reconnaissant vassal de Youssouf. C'était une époque nouvelle qui commençait pour la puissance musulmane en Espagne. Déjà trois fois nous l'avons vue se modifier. Pendant la première période qui n'a duré que 41 ans, depuis la bataille du Guadaleté en 711 jusqu'à l'année 756, l'Espagne a été gouvernée par les lieutenants des califes abassides.

La seconde période commence à l'arrivée d'Abd-el-Rahman-el-Daghel qui a établi en Espagne l'empire des Ommyades. Sa dynastie n'a eu que 275 ans d'existence, et l'année 1031 a vu tomber du trône Hescham III, le dernier des califes d'Occident.

La troisième période se compose de ce temps de désordre et d'anarchie où l'ancien empire des Ommyades est resté divisé en cette foule de petits États, qu'un même homme a pu voir naître et mourir. Après 63 ans seulement, en 1094, un nouveau pouvoir, celui des Almoravides, s'établissait. Une destinée plus longue ne lui était pas réservée.

PRISE DE VALENCE PAR LE CID. — SUPPLICE D'AHMET-EL-MOAFERI. — MORT DE SANCHO RAMIREZ. — BATAILLE D'ALCORAZ. — DON PEDRO CHANGE LES ARMES D'ARAGON. — PRISE DE HUESCA. — MORT DU CID. — ABOU-BEKR FAIT LE SIÉGE DE VALENCE. — VALENCE EST ABANDONNÉE PAR LES CHRÉTIENS. — ILS REPORTENT LE CORPS DU CID A SAN PEDRO DE CARDENA.

Au milieu de ces grands événements, les armes du Cid ne restaient pas oisives, et tandis que le roi Alphonse reculait au couchant de la Péninsule les limites de la domination chrétienne, Ruy Dias tentait d'enlever aux Almoravides une de leurs plus riches conquêtes. Il avait été mettre le siège devant la ville de Valence. Agissait-il avec ses propres forces ou bien avait-il, comme le disent quelques auteurs, demandé des troupes au roi de Castille? C'est un fait qu'il n'est guère possible d'éclaircir. Quant à l'allégation qu'il aurait tenté une entreprise aussi hardie avec le concours des rois de Saragosse et d'Albaracin, elle est d'une telle invraisemblance qu'il faut la laisser dans les écrivains arabes dont on l'a tirée. Le roi de Saragosse était vivement pressé par Sancho-Ramirez d'Aragon, par les Catalans et par les chevaliers normands venus en aide au jeune comte de Barcelone, Ramon Berenguer, qui était, on se le rappelle, fils de Cap-d'Estopa et de Mahalta, fille de Robert Guiscard. Lorsque les Almoravides étaient débarqués à Algesiraz, il était assiégé dans sa capitale par le roi de Castille, et c'est à leur arrivée qu'il avait dû de ne pas être dépouillé de son royaume. Il ne résistait qu'avec peine aux efforts des chrétiens. Est-il possible qu'il ait, par une attaque ingrate autant qu'imprudente, attiré sur lui la colère du puissant Youssouf? Quant au petit roi d'Albaracin, qui n'avait conservé le titre de roi que sous le patronage du souverain de Saragosse et à la charge de se reconnaître vassal des Almoravides, s'il se fût armé ouvertement contre ceux qu'il venait de reconnaître pour ses suzerains, il eût commis à la fois une imprudence et une félonie. Ni le roi de Saragosse ni celui d'Albaracin n'ont donc prêté leur concours pour assiéger Valence. C'est assez que, satisfaits de voir le Cid s'interposer comme une barrière entre eux et un protecteur dont la trop grande puissance les effrayait, ils n'aient apporté aucun empêchement à une entreprise dont ils ne pouvaient ostensiblement désirer la réussite. Le Cid a donc lui seul attaqué Valence, que le cadi Ahmed-ben-Djehaf-el-Moaferi défendait pour les Almoravides. Abou-Bekr vint inutilement au secours de la place assiégée. Il fut vaincu, et Valence pressée par la famine fut contrainte de se rendre en sjumada-el-awal 487 (19 mai au 17 juin 1094). El-Moaferi stipula dans la capitulation, que sa charge de cadi lui serait conservée, et que les vainqueurs respecteraient également les propriétés et les personnes. Le Cid fit hommage de sa conquête au roi Alphonse, mais, tant qu'il vécut, il y exerça la souveraine puissance. Il la traita avec justice et avec bonté. Les Arabes eux-mêmes sont forcés de le reconnaître. Il gouverna, disent-ils, avec une apparente douceur; mais après une année, il fit saisir Ahmet-el-Moaferi, et le fit brûler vif sur la place publique de Valence.

C'est un parti pris chez les historiens d'une certaine école, de jeter le blâme sur tout ce que leurs devanciers ont loué; de chercher à flétrir tout ce qu'on a, jusqu'à ce jour, signalé comme noble et comme généreux. Aussi reprochent-ils au Cid, comme l'acte de la plus odieuse barbarie, cette mort qui ne fut probablement qu'une cruelle, mais indispensable sévérité. Répétant une accusation ramassée chez les écrivains arabes, ennemis et détracteurs de tout ce qui était chrétien, ils prétendent que le Cid fit brûler Ahmet sur la place publique de Valence, pour le contraindre à déclarer où étaient cachés les trésors du roi Yahya. Ils oublient qu'il faut juger un peu les faits d'après le caractère connu des personnages. L'histoire ne reproche au Cid aucun autre trait de cruauté ou de perfidie. Est-il probable qu'il eût été démentir une vie tout entière de générosité? Ahmet-el-Moaferi, au contraire, était un ambitieux qui s'était maintenu au pouvoir sous trois gouvernements différents. Il avait trahi son prince, livré son pays, ouvert Valence aux Almoravides, et pour prix de sa trahison, il avait reçu le commandement de la ville. Il avait encore conservé le pouvoir pendant une année après que Valence avait été conquise par les chrétiens. Sa mort est probablement le châtiment de quelque trame, de quelque trahison nouvelle que la vigilance du Cid a déjouée. Il a expié bien sévèrement son crime; mais à raison de son supplice, faut-il s'éprendre pour lui d'une tendresse si fervente qu'elle aille jusqu'à jeter l'injure à la mémoire du plus fameux des guerriers castillans? Nous ne comprenons pas ces amitiés subites pour l'ambition et pour la perfidie, et nous ne nous sentons au cœur nulle sympathie pour le traître qui a vendu sa ville natale, fût-il, comme Ahmet, de la race d'Almanzor.

Au reste, le zèle que le vainqueur a montré pour la religion chrétienne, a peut-être contribué autant que ses succès, à lui mériter les imprécations dont les auteurs arabes chargent sa mémoire. Beaucoup de chrétiens s'étaient établis à Valence. Le Cid s'empressa de rétablir en cette ville le culte du vrai Dieu. Sur sa demande, un évêché y fut érigé en 1098, et l'on choisit pour évêque, Jérôme de Périgueux, un de ces moines venus de France avec la reine Constance et avec Bernard, archevêque de Tolède.

L'année 1094, qui vit tomber Valence entre les mains des chrétiens, fut également signalée par d'autres actions dignes d'être racontées. Sancho Ramirès, après avoir enlevé aux musulmans Barbastro, Montaragon, et toutes les villes des environs d'Huesca, vint mettre le siège devant cette place. Elle était très-forte; malgré toutes les attaques du roi, elle se défendait courageusement, et le siège traînait en longueur. D. Sancho voulant cependant emporter Huesca de vive force, s'approcha des remparts plus que la prudence ne le permettait. Au moment où il levait le bras pour signaler un endroit de la muraille qui lui semblait plus faible, et vers lequel il voulait faire diriger les machines de guerre, un trait parti du haut des créneaux le frappa dans l'aisselle, au défaut de la cuirasse. Le roi sentant bien que la blessure était mortelle, fit appeler ses fils. Il leur fit jurer de ne pas lever le siége avant d'avoir pris la ville. Quand il eut ainsi réglé les affaires de ce monde, il s'occupa de sa conscience. Puis il fit arracher le trait qui était resté dans sa blessure, et il mourut le 4 juin 1094. D. Pedro son fils aîné, qui portait déjà le titre de roi de Sobrarbe, hérita de tous ses États. Son second fils, Alphonse, n'eut que la seigneurie de quelques villes. Le plus jeune, nommé don Ramire, avait, dès l'année précédente, pris l'habit de moine dans le couvent de Saint-Pons de Tomiers, situé sur le territoire de Narbonne.

Don Pedro et son frère continuèrent le siége, comme ils l'avaient juré à leur père. Pendant les premiers moments, la nécessité de régler les affaires du royaume ne leur permit pas de le pousser avec autant de vigueur qu'ils l'auraient désiré; mais bientôt ils le pressèrent avec plus d'ardeur, et la ville, réduite aux dernières extrémités, fut obligée d'appeler à son secours le roi de Saragosse. Celui-ci, pour délivrer Huesca, se mit en marche à la tête d'une puissante armée. Don Pedro, digne fils de celui qu'il avait remplacé sur le trône, alla au-devant de l'ennemi. Il le rencontra le 18 novembre 1096, non loin de la ville d'Huesca, dans la plaine d'Alcoraz. La victoire ne fut pas longtemps douteuse. Les musulmans laissèrent sur le champ de bataille 40,000 des leurs. On dit que quatre rois nègres furent trouvés au nombre des morts; ce qui ne semble pas très-étonnant, lorsqu'on se rappelle que le titre de roi était souvent pris par les gouverneurs de la plus petite ville musulmane. Le vulgaire, toujours ami des prodiges, raconte qu'on vit saint George combattre pour les Aragonnais, et qu'un chevalier de la famille de Moncade, qui se trouvait le même jour en Syrie, dans la ville d'Antioche où il avait été pour prendre part à la croisade, fut cependant remarqué parmi les plus braves qui se signalèrent à Alcoraz. Nous ne nous occupons pas sérieusement de ces prodiges; mais ce qui paraît certain, c'est qu'à partir de ce jour don Pedro changea les armes que, depuis Iñigo Arista, les rois d'Aragon portaient d'azur et au premier canton la croix d'argent pattée, terminée à sa branche inférieure en lame de poignard. Il prit la croix de Saint-George, de gueules en champ d'argent, et dans chacun des quatre cantons, une tête de roi nègre au naturel, couronnée d'or.

Sept jours après la victoire d'Alcoraz, la ville, désespérant de pouvoir plus longtemps se défendre, se rendit et le roi y entra le 25 novembre. Huesca devint pendant quelque temps la résidence des rois d'Aragon.

Les musulmans, désolés par tant de désastres, ne cessaient de déplorer la perte de Valence. Néanmoins, tant que le Cid vécut, ils osèrent à peine concevoir l'espérance de la reconquérir; mais l'année même de la prise de Jérusalem par les croisés, en 1099, le Cid rendit son âme à Dieu. Dès que les musulmans furent instruits de cette mort, ils formèrent le projet de reprendre la riche cité qu'il leur avait enlevée. Abou-Bekr, à la tête d'une flotte formidable, s'était depuis peu de temps emparé des Baléares. Il vint, excité par le fils d'Ahmet-el-Moaferi, gouverneur d'Almeria, mettre le siége devant Valence. La ville était gardée par les vieux soldats du Cid, que commandaient Ximène sa veuve, et Alvar Fañez de Minaya, le compagnon de tous ses travaux. Ils se défendirent avec courage. En 1101, Alphonse envoya une armée au secours des assiégés. Cette armée rencontra les troupes d'Abou-Bekr, les battit; mais les musulmans étaient maîtres de toutes les places voisines, d'où ils sortaient pour ravager les environs. Aussitôt que l'armée d'Alphonse fut éloignée, ils vinrent recommencer le siége.

Alors le roi de Castille comprit qu'il ne pouvait, sans des peines et sans des dépenses trop grandes, conserver une place entourée de tous les côtés par les Maures. Il se résolut à l'abandonner. Ce fut un moment solennel que celui où tous ces vieux soldats quittèrent la conquête achetée au prix de leur sang. On n'y laissa ni une femme, ni un enfant, ni un cheval, ni une voiture, ni un meuble qui appartinssent aux chrétiens. Chacun enleva tout ce qu'il possédait. On emporta aussi le corps du Cid. Des écrivains rapportent même qu'il avait été embaumé, qu'on le revêtit de son armure, qu'on l'attacha droit sur Babieca, son bon cheval de bataille, qu'on lui mit dans la main droite, Tisona, l'une de ses deux épées (*), qu'on porta sa bannière haute, et qu'on le fit ainsi marcher au premier rang comme il avait coutume de le faire aux jours de danger. Les Maures, en voyant tout cet appareil, en apercevant la poussière que soulevaient tant de chariots qui sortaient de la ville, crurent que c'était une armée immense qui s'avançait pour les attaquer. Ils livrèrent le passage, et tous les chrétiens de Valence purent regagner la Castille.

Le Cid fut déposé dans le tombeau qui lui avait été préparé dans l'église de Saint-Pierre de Cardeña. Ximena mourut, dit-on, deux années plus tard et fut ensevelie à côté de lui. Le noble cheval de bataille, le brave Babieca, reçut aussi les honneurs de la sépulture. Il fut mis en terre à la porte de l'église de Saint-Pierre. La bannière du Cid et ses épées restèrent au monastère de Cardeña, et pendant longtemps, quand les rois de Castille allaient entreprendre quelque guerre importante, ils faisaient porter devant eux la croix du Cid (c'est-à-dire l'une de ses épées), dans l'espoir que cette noble relique leur assurerait la victoire (**).

(*) L'autre épée du Cid se nommait Colada.

(**) Voici la lettre assez curieuse qu'Alphonse XI écrivait en 1335 : « Al-Abad de San Pedro de Cardeña, salud y gracia.

MORT DE DON PEDRO Ier D'ARAGON. — DON ALPHONSE Ier HÉRITE DU TRONE. — MORT D'YOUSSOUF. — BATAILLE D'UCLÈS; MORT DE L'INFANT DON SANCHO. — ALPHONSE IV DONNE SA FILLE URRACA EN SECONDES NOCES A DON ALPHONSE Ier D'ARAGON. — MORT DU ROI ALPHONSE VI.

La victoire d'Alcoraz ne fut pas la seule que don Pèdre Ier d'Aragon remporta contre les Maures. Ses armes furent constamment heureuses. Depuis huit années sa fortune ne s'était pas démentie; mais chacun doit en cette vie supporter sa part de chagrins et d'afflictions : c'est une triste condition de la nature humaine. Le 18 août 1104, ses deux enfants don Pèdre et Isabelle lui furent enlevés. Soit qu'il n'ait pu supporter la douleur que leur perte lui causa, soit qu'il fût atteint déjà de quelque grave maladie, il mourut quarante jours seulement après eux, le 28 septembre 1104. Il laissa pour successeur son frère Alphonse, surnommé le Batailleur à raison du grand nombre de combats qu'il a livrés.

Le prince des Almoravides, Youssouf-ben-Taschfyn, ne tarda pas non plus à payer son dernier tribut à la nature. Il était âgé de cent ans, et mourut dans le courant de l'année 1106. Son

« Sepades que por la gran deuocion que
« auemos con la cruz del Cid, la qual lle-
« vamos la otra vez quãdo fuimos sobre
« Xibraltar, tenemos por bien de embiar
« por ella para lleuar la con nos otros en
« esta ida que imos a Portugal ; y embia-
« mos alla para que nos la trayan a Alvaro
« Rois, e a Joã Garcia nuestros Ballesteros,
« e vos que embiedes dos monjes con
« ellos, etc.

« A l'abbé de Saint-Pierre de Cardeña, salut et grâce. C'est afin que vous sachiez qu'à raison de la grande dévotion que nous avons en la croix du Cid, que nous avons portée avec nous l'autre fois quand nous avons été au camp devant Gibraltar, nous trouvons bon de l'envoyer demander, pour l'avoir avec nous dans la guerre que nous allons faire en Portugal. Nous envoyons donc nos deux arbalétriers Alvar Rois et Jean Garcia pour qu'ils nous l'apportent; et vous, envoyez deux moines avec eux, etc., etc. »

fils Aly, que depuis trois ans il avait fait reconnaître pour son successeur, fut proclamé émir. Il resta pendant quelque temps en Afrique pour y mettre ordre aux affaires de son gouvernement ; ensuite ayant à cœur d'achever l'entreprise commencée par son père et de rétablir en Espagne la domination musulmane, il y fit passer, sous la conduite de son frère, une armée de Lamtounes. Les Maures recommencèrent donc à faire avec plus d'activité la guerre aux chrétiens. Ils allèrent mettre le siège devant le château d'Uclès. C'était un de ceux livrés par Ben-Abed à Alphonse. Il faisait partie de la dot de Zaïda. Le roi de Castille rassembla des troupes. Il voulait marcher lui-même à leur tête pour aller chasser les ennemis ; mais son grand âge et les maladies dont il était atteint lui eussent difficilement permis de faire une campagne. On parvint donc à le dissuader de prendre lui-même le commandement de l'armée. Il en remit la direction au comte don Garcia, et, pour qu'il eût plus d'autorité, il envoya avec lui l'infant don Sancho, qui n'était pas âgé de plus de onze ans. C'était l'enfant de Zaïda, celle de ses femmes qu'Alphonse avait le plus aimée. Le roi n'avait pas eu d'autre fils de ses nombreux mariages. C'était une double raison pour qu'il chérît avec plus de tendresse cet unique héritier de sa couronne. Le jeune infant avait été élevé par don Garcia, comte de Cabra ; ce fut à ce brave guerrier que fut principalement confiée la défense de sa personne. Lorsque les chrétiens furent arrivés près d'Uclez, ils attaquèrent les Almoravides ; mais ils furent mis en déroute. Au plus fort de la mêlée, l'infant Sancho, s'adressant au comte de Cabra, lui cria : « Père ! père ! mon cheval est blessé. » Le comte s'empressa d'accourir. Il sauta à bas de son cheval au moment où celui de Sancho s'abattait ; il plaça l'infant entre lui et son bouclier. La mort les menaçait de toute part ; néanmoins il se défendit vaillamment. Il couvrait le jeune prince avec son bouclier, et les coups de son épée tenaient les assaillants éloignés. Mais ayant eu un pied tranché d'un coup de sabre et ne pouvant plus se soutenir, il se coucha sur le corps de son élève, afin de recevoir la mort avant lui.

La nouvelle de cette défaite arriva bientôt à Tolède où le roi était resté. « Ah! mon fils, s'écria Alphonse en sanglotant, ah! mon fils, joie de mon cœur, lumière de mes yeux, consolation de ma vieillesse ! Ah ! mon fils, miroir où j'aimais tant à me contempler. Ah ! mon grand héritier ! Chevaliers, où l'avez-vous laissé ? Comtes, rendez-moi mon fils. »

Les chevaliers, émus de la douleur du roi, restèrent quelque temps sans répondre. Enfin l'un d'eux, le comte Gomez, lui répondit : « Seigneur, pourquoi nous demander votre fils ? vous ne nous l'avez pas confié. — Si je ne vous l'ai pas confié, reprit le roi, je vous ai envoyés avec lui pour le protéger. Celui que j'avais chargé de sa garde l'a défendu ; et quand il ne pouvait plus le défendre il s'est couché sur lui, et il est mort en le couvrant de son corps. Mais vous qui l'avez abandonné, que venez-vous faire ici ? » Alors on dit qu'Alvar Fañes lui répondit : « Seigneur, depuis votre enfance vous avez durement fait la guerre. Vous avez appris en combattant qu'il ne suffit pas toujours d'agir vaillamment pour avoir la chance favorable. La fortune a cette fois été pour les musulmans. Votre fils était mort ; à quoi eût-il servi que nous fussions restés avec lui sur le champ de bataille ? Il ne fût revenu personne pour défendre l'État contre les Maures, et le fruit de tous vos travaux eût été perdu. »

Quand les premiers moments de sa douleur furent passés, le roi s'occupa d'assurer la succession au trône. Peu de temps après la défaite de Zalaca, Alphonse avait marié à Henri, descendant de Robert l'Excommunié, sa fille doña Thereza, qu'il avait eue de son union passagère avec Ximena Muñoz ; il avait à la même époque donné sa fille légitime Urraca pour épouse à Raymond de Bourgogne. Il avait confié au premier le gouvernement du Portugal; il avait fait l'autre comte de toute la Galice; mais ces honneurs n'avaient pas suffi à l'ambition de ses gendres. Ils avaient formé une alliance pour s'emparer du trône après la mort du roi. Ce traité ne fut pas tenu assez secret; Alphonse eut des preuves de la haine qu'ils portaient à Zaïda, et de leur coalition pour dépouiller l'infant Sancho de la couronne (*). Il avait donc conçu contre eux un juste ressentiment. Le comte Raymond était mort peu de temps avant le désastre d'Uclez, laissant un fils en bas âge. Cet enfant, appelé Alphonse-Raymondez, se trouvait, par la perte du jeune Sancho, le seul descendant mâle du roi Alphonse le Brave. Suivant l'ordre naturel des successions, il devait être un jour son héritier; mais le roi reportait sur lui une partie du ressentiment que le comte Raymond avait mérité. Il le faisait donc élever loin de la cour, au fond de la Galice, et il résolut de donner un nouveau mari à sa fille. Ses vues se tournèrent du côté de don Alphonse Ier, qui, depuis 1104, était monté sur le trône d'Aragon. Les nobles castillans furent blessés du choix qu'il faisait d'un prince étranger. Ils le considérèrent comme injurieux pour eux puisqu'il exprimait dans leur opinion que le roi ne trouvait aucun d'eux digne de s'asseoir sur le trône. Cependant comme ils n'osaient pas adresser eux-mêmes leur réclamation à Alphonse, ils lui firent parler par son médecin. Le roi fut vivement irrité de leurs prétentions. Il défendit à leur interprète de se représenter jamais devant lui, et il donna la main de sa fille à don Alphonse d'Aragon, quoiqu'ils fussent cousins issus de germain (**).

(*) Le texte de ce traité se trouve dans d'Achery, *Spicilegium veterum scriptorum*, t. III, p. 418.

(**) C'est par erreur que M. Viardot, dans son Histoire des Arabes, dit qu'ils n'étaient parents qu'au septième degré; c'est au sixième qu'il faut dire: d'Urraca à son père Alphonse, il y a un degré; à Ferdinand son aïeul 2; à Sancho le Grand son bisaïeul, 3;

Lors du départ de son fils pour la désastreuse campagne d'Uclez, Alphonse était déjà malade; le chagrin augmenta encore ses souffrances. Cependant il montait tous les jours à cheval par l'ordre de ses médecins qui essayaient, par cet exercice, de rappeler la chaleur dans son corps accoutumé à la fatigue. Enfin, vers la fin de juin, il se sentit encore plus faible; il vit bien que le moment était venu pour lui de s'occuper uniquement des intérêts de l'autre vie. Il avait alors, dit Mariana, soixante et dix-neuf ans, et il mourut le 1er juillet 1109.

Alphonse avait mérité que ses contemporains lui déférassent le surnom de Brave. Sa libéralité l'avait fait appeler aussi Alphonse à la Main trouée. Il était sans jactance dans la bonne fortune, et jamais il ne se laissa abattre par l'adversité. Il joignait aux qualités du vaillant capitaine les talents de l'homme d'État. Il avait surtout le talent si rare de se faire aimer; aussi la nouvelle de sa mort fut-elle accueillie dans tous ses États par un deuil général, comme si le peuple eût compris que des jours de trouble et de discorde allaient succéder aux temps de gloire et de prospérité.

RÈGNE DE DONA URRACA. — DISSENSIONS ENTRE LA REINE ET SON MARI. — LA REINE EST EMPRISONNÉE. — BELLE CONDUITE DE PERANZULEZ. — GUERRE ENTRE L'ARAGON ET LA CASTILLE. — SIÈGES DE TOLÈDE ET DE MADRID PAR LES ALMORAVIDES. — ALPHONSE RAYMONDEZ PROCLAMÉ ROI DE GALICE. — SUITE DE LA GUERRE ENTRE L'ARAGON ET LA CASTILLE. — CONCILE DE PALENCIA. — LE MARIAGE DE DONA URRACA ET D'ALPHONSE EST CASSÉ. — AMOURS DE DONA URRACA. — ALPHONSE RAYMONDEZ EST PROCLAMÉ ROI DE CASTILLE. — MORT DE LA REINE URRACA.

Nous ne nous étendrons pas sur le règne de la fille d'Alphonse VI. Il fut pour la Castille un temps de malheurs

à Ramire, fils de Sancho le Grand, 4; à Sancho Ramirez, petit-fils de Sancho le Grand, 5; Alphonse le Batailleur, arrière-petit-fils de Sancho le Grand et mari d'Urraca, ne forme que le sixième degré.

et de dissensions intestines. C'est l'histoire de toutes les époques où le pouvoir tombe entre les mains d'une femme trop faible pour en supporter le fardeau, trop orgueilleuse pour reconnaître son insuffisance. Urraca voulait bien qu'Alphonse fût le mari de la reine de Castille; mais elle voulait aussi rester seule maîtresse dans les États que son père lui avait laissés. Elle prétendait y exercer seule l'autorité souveraine, et ne souffrait pas même qu'Alphonse y prît le nom de roi. Peut-être n'est-il pas juste de lui imputer à elle seule tous les torts que lui donne l'histoire. Beaucoup de nobles castillans se trouvaient humiliés d'obéir à un prince aragonais, et par leurs paroles aussi bien que par leurs actions ils fomentaient l'orgueil d'Urraca, et l'encourageaient à oublier qu'elle était épouse, pour se rappeler seulement qu'elle était souveraine. Alphonse le Batailleur, de son côté, n'était pas de caractère à se soumettre aux caprices d'une femme présomptueuse, imprudente, volontaire. Il portait aussi une couronne, et ne voulait être nulle part l'inférieur de celle qu'il avait reçue pour compagne. Il ne pouvait tolérer l'orgueil de tous ces nobles qui entouraient sa femme, et qui soufflaient la discorde dans son ménage et dans l'État. Les choses en vinrent au point qu'il fit arrêter la reine et la fit enfermer dans le château de Castellar; mais la reine, à l'aide des seigneurs de son parti, parvint à s'échapper. Elle courut se mettre à la tête de ses sujets, et la guerre éclata entre l'Aragon et la Castille.

Alphonse le Batailleur avait pris des précautions pour s'assurer de la possession d'un grand nombre de villes dans les États de sa femme. Il en avait remis le commandement à des hommes qui lui étaient dévoués, à des Aragonais ou à des Castillans qui avaient embrassé son parti; car parmi les Castillans eux-mêmes il en était qui aimaient mieux encore obéir à un prince aragonais qu'aux favoris d'une femme débauchée. Soit à tort, soit à raison, Urraca était accusée d'entretenir des liaisons coupables avec plusieurs seigneurs : les comtes don Goncalez de Lara et don Gomez de Candespina passaient surtout pour être les plus avancés dans ses bonnes grâces. On raconte même que de ses amours avec ce dernier elle eut un fils appelé Fernando, à qui sa naissance illégitime fit donner le surnom de *Hurtado, le dérobé.* C'est de lui, dit-on, que la célèbre famille des Hurtados a tiré son origine. Quant au peuple, il supporte tous les maux enfantés par les folies des rois; mais il n'est pas de loi, pas d'ordonnance capables de l'empêcher de flageller le vice; aussi, dans ses épigrammes, dans ses chansons, il racontait les amours de la reine et stigmatisait sa vie infâme.

Alphonse profita de cette disposition des esprits pour s'emparer d'une partie de la Castille. Les gouverneurs de quelques places les lui donnèrent, d'autres les lui vendirent. Mais au milieu de toutes ces trahisons, de tous ces manques de foi, on aime à rencontrer un acte de loyauté; on se plaît à le redire : Peranzulez (*), noble castillan, avait, avant ces dissensions, reçu du roi d'Aragon le gouvernement de plusieurs places de la Castille et lui avait prêté foi et hommage comme à son seigneur. Quand la guerre éclata, Peranzulez se trouva fort embarrassé, car il lui sembla qu'il manquerait à la justice s'il remettait au roi des cités qui appartenaient à doña Urraca; et d'un autre côté, il avait prêté serment de fidélité au roi. Voici comment il s'y prit pour mettre d'accord son serment et l'équité. Il remit les places à des garnisons castillanes, et alla livrer sa personne à Alphonse le Batailleur pour recevoir le châtiment que ce prince lui imposerait. Dans le premier moment de la colère, Alphonse voulait le faire mettre à mort; mais les seigneurs aragonais chargés de le juger décidèrent qu'il avait rendu à chacun ce qui lui appartenait : à la reine, les villes dont elle était la souveraine naturelle; au roi, le vassal qui n'avait pas rempli

(*) Zurita, Anales de la Corona de Aragon, le nomme Pero Anzurez.

ses engagements. Ils déclarèrent donc qu'il avait fait noblement son devoir, et bientôt Alphonse lui-même, lorsque sa colère fut calmée, ne put s'empêcher d'accorder à la loyauté de Peranzulez les éloges qu'elle méritait.

Les Almoravides n'eurent pas plutôt connaissance des querelles qui divisaient les chrétiens, qu'ils conçurent l'espérance de reconquérir tout ce qu'Alphonse le Brave leur avait enlevé. Ils ravagèrent les environs de Tolède et vinrent même mettre le siége devant cette ville. Le guerrier chargé de la défendre était un vieux compagnon du Cid : c'était Alvar Fañez de Minaya. Il ne se borna pas à repousser les assauts ; le septième jour après que les ennemis eurent investi la place, il fit une sortie, pénétra dans leur camp, incendia toutes les machines qu'ils avaient préparées pour battre les murailles, et il leur fit éprouver de si grandes pertes, qu'ils abandonnèrent le siége. Ils allèrent attaquer Madrid, espérant qu'ils en auraient plus facilement raison. Ils en ruinèrent les murailles ; mais ils ne purent parvenir à s'en rendre maîtres. Ils se retirèrent, emportant néanmoins un riche butin, et emmenant un grand nombre de prisonniers. L'audace des Almoravides et la facilité avec laquelle ils avaient ravagé le pays, étaient dues en grande partie aux dissensions qui déchiraient la Castille. Cependant, la crainte de livrer ainsi les chrétiens aux attaques des musulmans ne fut pas suffisante pour rétablir la paix entre Alphonse et doña Urraca. La reine, désespérée de voir un si grand nombre des principales villes de ses États entre les mains des Aragonais, rassembla une armée dont elle donna le commandement aux comtes don Pedro Gonçalez de Lara et Gomez de Candespina. Ils marchèrent au-devant d'Alphonse, et le rencontrèrent dans un lieu appelé le champ de l'Épine. Le comte de Lara, qui conduisait la première ligne des Castillans, ne put soutenir le choc des ennemis. Il fut mis en fuite. Le comte Gomez fit de vains efforts pour rappeler la victoire, il fut tué en combattant. Un chevalier de la maison d'Olea, qui portait sa bannière, ayant eu son cheval tué et les deux mains coupées, saisit sa bannière entre ses bras afin de ne pas la laisser abattre, et il fallut le tuer pour la renverser. Alphonse profita de l'avantage qu'il venait d'obtenir pour pénétrer au cœur des États de doña Urraca. Il prit beaucoup de villes, et alla même assiéger Astorga. Mais il ne put s'en rendre maître. Il gagna aussi plusieurs batailles contre l'armée de la reine et contre les Portugais que cette princesse avait appelés à son secours ; puis, après tous ces succès, il fut à son tour assiégé dans Carrion. Cependant, avec l'aide du grand nombre de partisans qu'il avait parmi les sujets même d'Urraca, il parvint à sortir d'embarras.

Le pape Pascal II, touché de l'état où se trouvaient les affaires d'Espagne, envoya un légat pour rétablir, si cela était possible, la bonne harmonie entre les deux époux. En 1114, un concile fut réuni dans la ville de Palencia, et l'on y décida que le degré de parenté qui existait entre Alphonse et Urraca était un obstacle à la validité du mariage. Toutes les prétentions du roi sur les États de sa femme furent détruites par cette décision ; aussi se laissa-t-il reprendre une partie des villes qu'il y avait occupées. Néanmoins, ce divorce ne fut pas suffisant pour ramener la paix dans les royaumes de doña Urraca. Déjà en 1112, les Galiciens, mécontents de son administration, avaient proclamé roi de Galice, Alphonse, ce jeune fils qu'elle avait eu de son mariage avec le comte Raymond. En 1116, plusieurs villes de Léon, de l'Estrémadure, de la Castille, et Tolède même, suivirent cet exemple. Le royaume resta ainsi partagé pendant trois années entre la reine et son fils ; mais chaque jour la conduite d'Urraca excitait davantage l'indignation populaire. A Ségovie, les habitants se soulevèrent et se saisirent du comte don Pedro Gonçalez de Lara, son favori, et le renfermèrent dans le château de Mansilla. Urraca,

17.

furieuse de cet outrage, se retira dans la ville de Léon où elle ne tarda pas à être assiégée par les partisans de son fils. Forcée de se renfermer dans la citadelle, elle y fut si vivement pressée, qu'elle fut obligée de se rendre, et que le reste d'autorité qu'elle exerçait encore lui fut enlevé. On ne sait pas au juste la date de sa mort. Mais on pense qu'elle survécut de dix-sept années à son père, ce qui reporterait l'époque de son décès en 1126. Quelques auteurs disent qu'elle mourut dans le château de Saldaña, des suites d'une couche. La chronique d'Alphonse VII raconte qu'elle avait osé porter une main sacrilége sur le trésor de l'église de Saint-Isidore de Léon, et que, par un juste châtiment de Dieu, elle expira sur le seuil de l'église, ayant encore un pied dans le lieu saint, l'autre dehors (*).

PRISE DE TUDÈLE PAR ALPHONSE LE BATAILLEUR. — SIÉGE DE SARAGOSSE. — BATAILLE DE CUTANDA. — PRISE DE SARAGOSSE. — LÉGENDE DE NOTRE-DAME DEL PORTILLO. — ORIGINE DES ALMOHADES. — EXPÉDITION D'ALPHONSE LE BATAILLEUR AU CŒUR DE L'ANDALOUSIE. — CESSION DE ROTA-EL-YEHUD FAITE AUX CHRÉTIENS. — BATAILLE DE FRAGA. — MORT D'ALPHONSE LE BATAILLEUR.

Le concile de Palencia, en déclarant la nullité du mariage d'Alphonse le Batailleur, détruisit toutes les prétentions que ce prince pouvait élever sur les royaumes de Castille et de Léon. Il tourna donc ses armes vers les États des rois arabes de Tudèle et de Saragosse. Il lui vint de France de nombreux auxiliaires. Gaston de Béarn, Centulle de Bigorre, Rotron du Perche, le comte de Comminge et bien d'autres seigneurs, qui regardaient cette entreprise comme une guerre sainte, se joignirent à lui. Alphonse commença par s'emparer de quelques villes voisines, Borja, Almudebar. Il y mit de bonnes garnisons pour qu'elles courussent le pays; puis, quand il eut ainsi ruiné les environs et affamé Saragosse, il vint, dans le courant de l'année 1116, mettre le siége devant cette cité.

Les Maures de Tudèle comprirent bien que Saragosse une fois entre les mains des chrétiens, leur ville située sur l'Èbre, 14 lieues plus haut, se trouverait privée de toute communication avec les autres États musulmans de l'Espagne, et ne tarderait pas à succomber. Défendre Saragosse, c'était se défendre eux-mêmes. Ils firent donc tout ce qui était en leur pouvoir pour secourir Abd-el-Melech surnommé Amad-Dawlah, qui en était alors le souverain. Ils ne cessèrent de harceler les assiégeants. Rotron, comte du Perche, ayant été chargé de mettre un terme à ces attaques continuelles, alla se placer en embuscade dans les environs du Tudèle. Il détacha ensuite quelques cavaliers avec ordre de courir la campagne afin d'attirer à eux les mahométans de la ville. En effet, la garnison voyant un si petit nombre de fourrageurs, sortit pour leur donner la chasse. Les chrétiens, afin de l'attirer plus loin, se retirèrent avec précipitation. Abusée par cette fuite simulée, elle se laissa entraîner à les poursuivre. Mais le comte Rotron ne la vit pas plutôt éloignée, qu'il sortit de son embuscade, courut s'emparer des portes de Tudèle, faisant main basse sur tous ceux qui essayèrent de se défendre, en sorte qu'à leur retour, les musulmans trouvèrent les portes fermées et les remparts occupés par les troupes d'Alphonse. Le roi de Saragosse, Amad-Dawlah, vivement pressé par les chrétiens, réclama le secours des Almoravides. On se rappelle que le royaume de Saragosse et les autres petites souverainetés de l'Espagne orientale étaient les seuls dont Yousef-ben-Taschfyn ne se fût pas emparé. Temin, qui administrait l'Andalousie, l'Algarbe et le royaume de Valence pour Aly-ben-Youssouf son frère, ne voulut pas laisser échapper cette occasion d'étendre sa domina-

(*) Pour peindre sa mort, la chronique d'Alphonse se sert d'une expression dont notre langue n'ose pas rendre la triviale énergie : *rebentò*, elle creva.

tion. Il envoya au secours de la place une armée de Lamtounes sous le commandement d'Abd-allah-ben-Mezdeli (*), qui fit lever le siége. Ce général reprit aussi Almudebar et plusieurs villes voisines. Mais Tudèle et d'autres positions importantes restèrent au pouvoir d'Alphonse.

Les Almoravides n'étaient pas venus à Saragosse seulement pour délivrer cette ville de l'attaque des chrétiens, mais bien pour s'y établir en maîtres. Amad-Dawlah ne tarda pas à deviner leurs projets, et craignant que Ben-Mezdeli ne le fît arrêter et ne l'envoyât mourir en Afrique, il s'évada et courut se réfugier dans la plus inaccessible de ses forteresses, dans Rotha-al-Yehud, cette ancienne place d'armes d'Hafsoun, située, comme on se le rappelle, au pied des Pyrénées, sur des rochers escarpés, entourés de presque tous les côtés par un torrent (**). Quelques auteurs pensent qu'il reprit le gouvernement de Saragosse après la retraite des Almoravides. Zurita dit au contraire, et cette opinion nous paraît préférable, que ceux-ci restèrent maîtres de la ville jusqu'au moment où les chrétiens vinrent la leur enlever.

Alphonse, pour avoir échoué une première fois dans son entreprise, n'avait pas renoncé à l'espoir de s'emparer de cette capitale de l'Aragon. Il commença par reprendre Almudebar, et vint, en 1118, mettre de nouveau le siége devant la ville.

Saragosse était une ville d'une trop haute importance pour que les Almoravides voulussent la laisser tomber sans la secourir. Temin, frère d'Aly, vint lui-même à la tête d'une armée de Lamtounes. Il avait établi son camp à quatre lieues au sud de Saragosse, près du château de Maria sur les bords de la Guerba. Mais il ne crut pas ses troupes assez nombreuses pour attaquer le camp des Aragonais. Il se retira donc sans rien entreprendre ; il espérait d'ailleurs que la mauvaise saison forcerait bientôt Alphonse à se retirer. Il se contenta d'envoyer son neveu, le propre fils d'Aly, à la tête d'un gros corps de troupes, pour qu'il se jetât dans la ville et qu'il y introduisît des vivres. Mais Alphonse, instruit de sa marche, s'avança au-devant de lui et le rencontra à quatorze lieues de Saragosse dans les environs de Cutanda. Il l'attaqua avec tant d'impétuosité, que les Almoravides ne purent soutenir son choc. Ils furent culbutés ; le plus grand nombre d'entre eux resta sur le champ de bataille, et leur général, le fils d'Aly, fut retrouvé parmi les morts. Après cette victoire, Alphonse revint continuer le siége. Il considéra même la prise de la place comme tellement assurée, qu'il nomma d'avance don Pedro de Librana évêque de Saragosse.

Les musulmans, en apprenant la défaite de Temin, perdirent tout espoir d'être secourus. Aussi ne tardèrent-ils pas à capituler ; ils rendirent la ville aux chrétiens le mercredi 3 ramadan, 512 de l'hégire (18 décembre 1118). Un des premiers soins du vainqueur fut de purifier et de rendre aux chrétiens le temple de Notre-Dame-del-Pilar. Déjà nous avons raconté la fondation de cet édifice. Mais s'il faut ajouter foi aux récits des auteurs aragonais, Notre-Dame-del-Pilar n'est pas la seule église de Saragosse qui peut se glorifier d'une origine miraculeuse. Il faut y joindre encore Notre-Dame-del-Portillo. Voici comment le père Murillo rapporte cette légende (*) : « Le roi Alonzo ayant « arraché aux Maures la ville de Sara- « gosse, qui était restée quatre cents « ans en leur possession, les infidèles « tentèrent de la reconquérir par sur- « prise. Une nuit, à l'aide de pics, ils « percèrent le rempart, et déjà ils « s'étaient ouvert un passage (*un portillo*) et ils commençaient à entrer, « lorsque les gardes, réveillés par le « bruit, aperçurent une vive clarté.

(*) Ferreras l'appelle Amazaldi.

(**) Condé, Historia de la dominacion de los Arabes en España, deuxième partie, ch. 50.

(*) Excelencias de Saragoza, f° 253.

« La Vierge, assistée des anges, com-
« battait ainsi qu'un valeureux capi-
« taine et faisait un grand carnage des
« infidèles. En arrivant sur le lieu du
« combat, ils virent un grand nombre
« d'ennemis terrassés, et sur la brèche
« on trouva une petite image de la
« Vierge. » On bâtit d'abord en ce lieu
une simple chapelle, puis dans la suite
une église qui a reçu le nom de Notre-
Dame-del-Portillo. C'est par allusion
à cette légende qu'on y a gravé ce distique :

O Salduba potens, Augusti nominis hæres,
Felix quod murus sit pia virgo tibi.

La prise de Saragosse jeta la consternation parmi les Maures de ces
contrées, et presque toutes les villes
qu'ils y possédaient encore leur furent
rapidement enlevées. En 1120, Alphonse gagna Calatayud. En 1121,
il assiégeait Daroca ; les Almoravides
vinrent au secours de la place, mais
ils furent battus, et laissèrent aux
vainqueurs un butin immense et plus
de deux cents chameaux. Suivant Ferreras, ce serait à cette occasion seulement qu'on aurait combattu près de
Cutanda. Cependant le plus grand
nombre des historiens chrétiens sont
d'avis que la bataille de Cutanda eut
lieu pendant le siége de Saragosse (*).
Il n'y aurait rien de bien étonnant à
ce que le même point eût servi deux
fois de champ de bataille, et tout ce
qui paraît certain, c'est que les Almoravides furent défaits en venant au
secours de Daroca, de même qu'ils
l'avaient été lors du siége de Saragosse.

Le prince des Almoravides, Aly-
ben-Youssouf, qui se trouvait en Afrique, résolut de passer lui-même en
Espagne afin de mettre un terme aux
progrès des chrétiens. Il y était aussi
appelé par le soulèvement des habitants de Cordoue, qui, fatigués des insultes et des vexations de toute espèce
que se permettaient ses soldats, les

(*) Quant aux auteurs arabes, ils la placent au 19 de rabia prior ou 23 de rabia
posterior de l'année 514 de l'hégire, 18 juin
ou 22 juillet 1120, c'est-à-dire, pendant le
siége de Calatayud.

avaient attaqués et chassés de la ville.
Aly parvint à calmer cette révolte.
Mais ce fut à peu près tout l'avantage
qu'il retira de son expédition dans la
Péninsule ; il fut rappelé en Afrique
par un ennemi qui devait être, pour
la puissance des Almoravides, plus
funeste encore que les chrétiens.

Un célèbre philosophe nommé Abu-
Walid-Algazali, qui tenait son école à
Bagdad, avait publié un livre intitulé
*De la résurrection des sciences et de
la loi.* Les doctrines qui s'y trouvent
enseignées furent déclarées, par l'é-
cole de Cordoue, contraires à la pureté de l'islamisme, et l'auteur en fut
blâmé comme hérétique. Aly avait approuvé cette décision. Il avait été plus
loin encore : il avait ordonné de recueillir, soit en Espagne, soit dans ses
États d'Afrique, tous les exemplaires
qu'on pourrait trouver de ce livre, et
de les brûler publiquement. C'est au
milieu de ses disciples qu'Algazali
reçut la nouvelle de ces condamnations. En entendant qu'Aly avait donné
l'ordre de brûler son ouvrage, il changea de couleur, et levant au ciel ses
mains tremblantes, il invoqua Dieu
contre ceux qui avaient jugé son écrit,
et contre le roi qui avait ordonné de
le livrer aux flammes. O Allah ! disait-
il, déchire, détruis ses royaumes
comme il a détruit et déchiré mes
livres ; fais qu'il cesse d'en être le
souverain. Tous ses disciples se joi-
gnant à sa prière, répondirent : Qu'il
en soit ainsi. L'un d'eux ajouta : Iman,
demande à Dieu que tes imprécations
s'accomplissent par mes mains. Amen!
continua l'iman. O Allah ! fais que mes
demandes s'accomplissent par les mains
de celui-ci.

Ce disciple qui demandait à devenir
l'instrument dont se servirait la Providence pour détruire l'empire des Almoravides était Africain. Après avoir
étudié à la célèbre école de Cordoue,
il était allé en Orient pour achever de
s'instruire. Il se nommait Moham-
med-Abd-Allah, fils de Timurt (*). Il fut

(*) Ferreras l'appelle Mahomet-Benty-
mart.

plus tard désigné sous le nom d'*Al-Mehedi* (le prophète). De retour dans son pays au commencement de la première lune de rabia 510 (août 1116), il commença à prêcher une doctrine très-austère et à déclamer contre les vices du peuple et des rois. Ses paroles ne tardèrent pas à fanatiser la populace et à lui attirer un grand nombre de sectaires, qui se donnaient le nom de *al-mouhedyn*, c'est-à-dire unitaires. De ce mot, les Espagnols ont fait celui d'Almohades. Ses disciples, dans leur zèle insensé, voulaient exterminer tous ceux qui ne croyaient pas en un Dieu unique, qui n'a point de pair, qui n'a point engendré et n'a point été conçu; qui n'a pas eu de commencement et qui n'aura pas de fin.

Al-Mehedi marchait toujours accompagné du premier de ses disciples qu'il appelait son vizir, et qu'il nommait *abd-el-moumen*, le serviteur du croyant. Il prêchait dans les mosquées et dans les places publiques. Toléré d'abord, il avait bientôt causé tant d'agitation par l'exaltation de ses doctrines, qu'Aly avait cru devoir le proscrire. La persécution avait encore augmenté le nombre de ses disciples. Enfin ils devinrent assez nombreux pour former une armée qui battit à plusieurs reprises les troupes d'Aly, et qui s'empara de la ville de Tinmâl, située au milieu des montagnes. Les Almohades n'en sortaient que pour faire des courses contre les Almoravides, et pour porter dans les environs le pillage et la dévastation.

Cette guerre retenait Aly en Afrique. Elle l'occupait tellement qu'il ne pouvait donner lui-même ses soins aux événements de la Péninsule. Les gouverneurs des villes frontières, chargés presque seuls de soutenir tout le poids de la guerre, lui annonçaient chaque jour de nouveaux désastres. Ils se plaignaient de ce que les chrétiens mozarabes, qui étaient ses vassaux et qui vivaient librement dans ses États, mêlés aux musulmans, servaient eux-mêmes de guides et d'éclaireurs aux ennemis et facilitaient ainsi leurs succès et leurs déprédations. Aly, pour mettre un terme à ces trahisons continuelles, écrivit aux gouverneurs de ses villes d'Espagne de faire promptement et en secret enlever tous les chrétiens des frontières; de faire transporter en Afrique ceux qui seraient convaincus d'avoir excité les troupes d'Aragon ou de Castille à faire des courses dans leur pays; quant aux autres, de les amener dans le cœur de l'Andalousie et de les disséminer au milieu des musulmans. Ces ordres sévèrement exécutés causèrent la mort d'un grand nombre de ces infortunés. Arrachés au pays où ils étaient nés, ils furent déportés sur la terre d'Afrique, où les regrets, la misère et l'inclémence du ciel les eurent bientôt fait périr. Ceux qui, traités moins cruellement, furent seulement emmenés dans le fond de l'Andalousie, réclamèrent l'assistance d'Alphonse le Batailleur. Ils lui promirent que s'il paraissait au milieu de l'Andalousie avec une armée capable de protéger leur révolte, ils se soulèveraient en sa faveur; qu'ils lui livreraient Grenade et bien d'autres cités, ou bien que s'il ne lui était pas possible de s'établir solidement dans le pays, ils reviendraient avec lui, emmenant leurs femmes, leurs enfants, leur famille, emportant leurs richesses, leur industrie, et qu'ils peupleraient les parties de ses États que la guerre avait rendues désertes. Alphonse consentit à tenter cette entreprise. Il réunit quatre mille cavaliers seulement, qui jurèrent de suivre sa bannière et de ne jamais tourner les épaules à l'ennemi. Cette expédition fut considérée comme une guerre sainte. Ceux qui en firent partie prirent la croix; aussi dans plusieurs endroits Condé appelle-t-il les soldats d'Alphonse ses croisés (*). Il pénétra d'abord sur les terres du royaume de Valence, et de toutes parts les chrétiens accouraient à son camp. Guidé par eux, il ravageait les

(*) Troisième partie, ch. xxxix. Combatió la fortaleza por algunos dias, pero no la pudó entrar y perdió harta gente de sus *cruzados*.

propriétés musulmanes. Il y faisait un butin immense, prenant les grains enfouis dans les mazmorras, enlevant les troupeaux. Comme il n'avait apporté avec lui aucune machine pour battre des murailles, il ne put faire avec succès aucun siége important; mais partout il restait maître de la campagne, et son armée s'augmentait à chaque pas qu'il faisait en avant. Tous les chrétiens que les Maures avaient pris dans les guerres précédentes trouvaient moyen de briser leurs fers et de venir le rejoindre. Les Mozarabes qu'Aly avait fait arracher de leurs foyers, tous ceux que les vexations des Almoravides avaient exaspérés, venaient se ranger sous ses bannières. Il parcourut ainsi les royaumes de Denia, de Murcie, et il arriva au village de Degma près de Grenade (*). Cette armée qui, lors de son départ de Saragosse, se composait de quatre mille cavaliers, comptait alors plus de cinquante mille combattants, dont la plus grande partie de cavalerie. Elle s'avançait portant de tous les côtés la terreur; à son approche, on répéta dans toutes les mosquées de Grenade la prière de la crainte (*la azala del temor*), qui ne se récite que dans les plus pressants dangers.

Cependant Temin, qui gouvernait l'Andalousie pour son frère Aly-ben-Yousouf, avait réuni une puissante armée. Il vint avec elle camper sous les murs de Grenade, en sorte qu'Alphonse ne crut pas devoir entreprendre le siége de cette ville, et qu'il continua sa marche et s'avança jusqu'au bord de la Méditerranée. Les Almoravides cherchèrent à inquiéter sa marche. Un matin ils attaquèrent son arrière-garde, y jetèrent le désordre, et déjà ils se mettaient à piller le bagage, lorsque Alphonse accourut à la tête de quatre corps de cavalerie, se précipita sur les musulmans avec tant d'impétuosité, qu'ils ne purent supporter le choc de ses escadrons. Ils furent culbutés, mis en fuite; les chrétiens les poursuivirent jusqu'à la nuit, et non-seulement ils recouvrèrent le peu de butin que les Almoravides avaient enlevé, mais ils leur prirent tout leur bagage.

Temin, rendu plus prudent par cette leçon, n'osa plus attaquer l'armée chrétienne; mais il se contenta de la suivre et de la harceler. Alphonse, dont le camp était encombré de butin, qui marchait suivi par ces populations chrétiennes qu'il venait arracher à l'oppression des Almoravides, ne crut pas sage de rester plus longtemps dans un pays où cette multitude ne pouvait tarder à manquer de vivres. Il se retira donc tranquillement en passant par Guadix, par Murcie, par Xativa; et, après une campagne de dix-huit mois, il revint en Aragon, chargé de butin, et ramenant avec lui toutes les familles chrétiennes que les Almoravides avaient voulu déporter au cœur de l'Andalousie. L'auteur de l'essai sur l'histoire des Arabes peint cette expédition d'Alphonse comme une course de chevalier errant, sans but et sans résultat. Nous nous abstenons pour notre compte d'apprécier les faits; nous nous bornons à les rapporter. Cependant, entrer en Andalousie avec une troupe de quatre mille cavaliers seulement, la parcourir pendant dix-huit mois, y subsister aux dépens des musulmans, en revenir avec une armée plus que décuplée, rapporter un butin immense, briser les fers d'un grand nombre de captifs, favoriser l'émigration de 40,000 familles chrétiennes qui y vivaient opprimées, en appauvrir le pays ennemi, en enrichir ses propres États, ne nous semble pas un si minime résultat, qu'on doive le considérer comme sans importance.

Aly, furieux de cette expédition et ne pouvant en tirer vengeance sur Alphonse le Batailleur, fit porter sa colère sur ceux des chrétiens mozarabes qui n'avaient pas abandonné ses États; vengeance aveugle et folle, puisqu'elle ne frappait que ceux qui lui étaient restés fidèles; il en fit déporter le plus grand nombre en Afrique; en sorte,

---

(*) C'est probablement aujourd'hui le village de Diezma, à peu de distance du Rio-Fardez, que Condé, d'après les auteurs arabes, appelle le Fardux.

qu'à partir de cette époque, il n'en resta plus que très-peu dans la partie de l'Espagne soumise à sa domination. Quant à l'Espagne orientale, elle se trouvait déjà presque en entier au pouvoir d'Alphonse et des comtes de Barcelone. Cependant l'ancien roi de Saragosse, Amad Dawlah, y possédait encore quelques villes, et, après l'usurpation des Almoravides, il s'était retiré dans la forteresse de Rotah-al-Yehud. Il mourut dans le courant de la lune de sjaban 524 de l'hégire (juillet 1130), laissant pour successeur son fils Abu-Giafar-Ahmed, surnommé Saïf-al-Dawlah (l'épée de l'État) (*). Celui-ci voyant cette place et les autres villes qui lui restaient encore entièrement entourées par les chrétiens, n'ayant aucun secours à espérer des Almoravides, ne voulut pas attendre qu'elles lui fussent enlevées par les armes. Il les échangea donc pour d'autres domaines qui lui furent donnés sur les confins du royaume de Tolède.

Avec quel prince fit-il cet échange ? C'est un point assez difficile à éclaircir. Condé dit que ce fut avec Alphonse Raymondez. En effet, Alphonse Raymondez était roi de Castille, et pouvait seul donner des terres dans les environs de Tolède : d'un autre côté, quel intérêt pouvait-il avoir à posséder une forteresse dans les Pyrénées dont il était séparé par tout l'Aragon ? D'ailleurs Condé confond quelquefois Alphonse le Batailleur et Alphonse Raymondez, puisqu'il fait mourir ce dernier à la bataille de Fraga. Ce qui est contraire à toutes les données de l'histoire.

La chronique d'Alphonse VII n'élude la difficulté qu'en commettant une erreur énorme ; car, pour tout concilier, elle place Rotah-al-Yehud sur les confins de l'Andalousie, tandis que cette forteresse était réellement au pied des Pyrénées : Mariana et Ferreras commettent la même faute ; l'un veut que cette place ait été à l'embouchure du Guadalquivir, l'autre l'a dit située dans la Manche. On comprend que c'est là un moyen trop facile de trancher la question. Pour la résoudre d'une manière plus satisfaisante, n'est-il pas possible de croire qu'un traité est intervenu entre Alphonse le Batailleur, Alphonse Raymondez et Saïf-al-Dawlah ? ce dernier aura cédé ses États de l'Espagne orientale à Alphonse d'Aragon, qui, de son côté, aura rendu, à Alphonse de Castille, des terres dans la Rioja, ou bien sur quelque autre point de ses frontières. Alphonse de Castille, à son tour, aura donné à Saïf-al-Dawlah, dans le royaume de Tolède, des domaines qui ont incontestablement été possédés par celui-ci. Cet arrangement paraît d'autant plus probable que, suivant la chronique d'Alphonse VII, cette cession fut faite, par Saïf-al-Dawlah, à une époque où les rois chrétiens étaient sur le point d'en venir aux mains. Alphonse le Batailleur, lorsqu'il avait été marié à Urraca, s'était assuré de la possession d'un grand nombre de places dépendant de la Castille et du royaume de Léon. En 1114, lorsque le concile de Palencia eut déclaré la nullité de son mariage, il laissa reprendre quelques-unes de ces villes. Il en conserva néanmoins encore beaucoup. Lors de la mort de doña Urraca, en 1126, Alphonse Raymondez avait levé une armée pour les reconquérir. Le Batailleur, de son côté, s'était avancé pour les défendre. Les Aragonais et les Castillans étaient sur le point de combattre, quand, en 1127, un arrangement fut conclu entre les deux princes, et l'Aragonais s'engagea à restituer la plus grande partie des domaines dont la possession lui était contestée. Deux ans ne s'étaient pas écoulés, que, mécontent de cette concession, Alphonse le Batailleur reprit les armes. Il alla mettre le siége devant Moron. Alphonse Raymondez s'avança de son côté pour dégager cette place. Dans cette circonstance, les évêques qui se trouvaient dans les deux armées essayèrent d'éviter l'effusion du sang chrétien. Un nouvel arrangement fut conclu en 1129, et c'est précisément en

---

(*) Mariana et Ferreras l'appellent Safadola.

1129 que la chronique d'Alphonse VII place la cession faite par Saïf-al-Dawlah de Rotah-al-Yehud et de ses autres États. En présence de ce rapprochement de dates, est-il déraisonnable de penser que ces deux transactions se rattachaient l'une à l'autre par quelque lien commun? Au reste, ce ne sont là que des conjectures, et ce qui seulement paraît prouvé d'une manière incontestable, c'est que Saïf-al-Dawlah, ce dernier descendant des Beni-Hud de Saragosse, reçut dans le royaume de Tolède des domaines, d'où nous le verrons bientôt s'élancer pour se mêler à toutes les tourmentes qui vont renverser la domination des Almoravides.

Abu-Tahir-Temin, frère du roi Aly et son représentant en Espagne, était mort en 1126. Taschfyn-ben-Aly, propre fils du roi, lui avait succédé dans ce commandement. Quelques courses, exécutées avec bonheur sur les frontières des chrétiens, lui valurent bientôt chez les musulmans le renom d'un vaillant capitaine. Enhardi par ces petits avantages, il résolut en 1132 d'entreprendre le siège de Tolède, et, dans ce but, il réunit une nombreuse armée. Saïf-al-Dawlah, qui haïssait profondément les Almoravides, auxquels il attribuait la ruine de sa famille, entretenait des espions parmi les musulmans d'Andalousie. Ceux-ci l'avertirent des projets de Taschfyn, et il s'empressa d'en donner avis au roi de Castille, qu'il servait comme un fidèle vassal. Alphonse, prévenu à temps, rassembla ses forces, marcha à la recherche de l'armée des Almoravides et la tailla en pièces. Il continua sa marche victorieuse jusque dans les environs de Séville, où il rencontra de nouveau et battit une seconde fois l'armée commandée par Taschfyn. Les musulmans de ces contrées, effrayés par cette double défaite et par les ravages que les chrétiens exerçaient de tous les côtés, réclamèrent l'intervention de Saïf-al-Dawlah, et, sur sa recommandation, ils furent épargnés par le roi Alphonse, qui se contenta de leur imposer un tribut, et qui se retira dans ses États, à la tête de son armée victorieuse et chargée de riches dépouilles.

Pendant que le roi de Castille portait ainsi les armes chrétiennes jusque dans les champs de Séville, celui d'Aragon continuait ses conquêtes dans l'Espagne orientale. Il venait de s'emparer de Mequinenza, ville très-forte, située près de l'endroit où la Segré reçoit les eaux de la Cinca. Il avait ensuite été mettre le siège devant Fraga, qui se trouve à deux lieues au-dessus de l'embouchure de la Cinca. Mais comme la ville est entourée de ravins et placée sur des rochers escarpés, qu'elle était d'ailleurs défendue par une bonne garnison, les chrétiens ne faisaient pas de progrès, et le siège traînait en longueur. Zacharia Ben-Gania, qui commandait à Lerida pour les Almoravides, se mit à courir la campagne à la tête d'un corps de cavalerie, afin de harceler les assiégeants et de leur couper les vivres. Les défenseurs de Fraga, de leur côté, faisaient de vigoureuses sorties. Le 23 ramadan de l'année 528 de l'hégire, mardi 17 juillet 1134, jour de la fête de sainte Juste et de sainte Rufine, les chrétiens étaient occupés à repousser une sortie des assiégés, lorsqu'on vit paraître la cavalerie de Ben-Gania. Le roi Alphonse prit aussitôt une partie de ses cavaliers, et courut à la rencontre des Almoravides; mais cette troupe n'était pas assez nombreuse pour soutenir le choc des guerriers de Ben-Gania : elle fut mise en déroute, et Alphonse fut tué en combattant. Son corps ne fut pas reconnu au nombre des morts, ce qui a donné lieu à une foule de romans. Quelques écrivains ont dit que, désespéré de sa défaite, il avait été s'enfermer dans un couvent où il s'était laissé mourir de chagrin; d'autres ont raconté qu'il avait été à Jérusalem. Ce sont évidemment là des fables. Un roi qui, pendant vingt-neuf ans, a fait la guerre avec des fortunes diverses, n'abandonne pas son royaume pour une défaite, qui, comme celle de Fraga, n'avait rien d'irréparable; il ne l'abandonne pas surtout, quand il ne laisse pas d'héritiers, que sa retraite peut plonger ses États dans tous les maux de l'anarchie ou dans tous les embarras d'une élection, et Alphonse est mort sans avoir d'enfant. Il avait, à la vérité, écrit un testament, par lequel il laissait tous ses États aux hospitaliers de Jérusalem; mais on comprend que de semblables dispositions sont trop contraires au bien public pour qu'elles puissent jamais recevoir leur exécution.

ÉLECTION DE GARCIA-RAMIREZ PAR LES NAVARRAIS. — ÉLECTION DE RAMIRE LE MOINE PAR LES ARAGONAIS. — ALPHONSE VII SE FAIT COURONNER COMME EMPEREUR. — DON RAMIRE LE MOINE DONNE SA FILLE POUR FIANCÉE AU COMTE RAMON BERENGUER IV ET REMET A CE PRINCE L'ADMINISTRATION DU ROYAUME. — DE RAMON BERENGUER III, COMTE DE BARCELONE. — TASCHFYN EST RAPPELÉ EN AFRIQUE PAR SON PÈRE. — QUOSAY PRÊCHE DANS L'ALGARBE LA DOCTRINE D'AL-GAZALI. — SOULÈVEMENT DE CETTE PROVINCE. — SOULÈVEMENT DE CORDOUE, DE VALENCE, — DE MURCIE, — D'ALMÉRIE. — MORT DE SEIF-AL-DAWLAH. — RUINE DES ALMORAVIDES EN AFRIQUE. — QUOSAY APPELLE LES ALMOHADES EN ESPAGNE. — ILS DÉBARQUENT A ALGÉSIRAZ.

La mort d'Alphonse le Batailleur laissait deux trônes vacants : celui d'Aragon et celui de Navarre; car personne ne pouvait songer sérieusement à exécuter le legs que ce prince avait fait de tous ses États en faveur des hospitaliers de Jérusalem. Les cortès de la Navarre et de l'Aragon se réunirent à Borja, dans le but de se nommer un roi. Le seigneur de cette ville était don Pedro de Atarez. De tous les concurrents à la couronne, c'était celui qui paraissait avoir le plus de chances; aussi commença-t-il à s'enorgueillir et à se conduire avec arrogance, comme si son élection eût été déjà consommée. Par cette manière d'agir il s'aliéna tous les esprits; personne ne voulut plus lui donner son suffrage, et les électeurs n'ayant pu s'entendre pour faire un autre choix, se séparèrent sans avoir rien terminé. Alors les Navarrais se réunirent à Pampelune, où ils nommèrent pour roi de Navarre don Garcia, petit-fils de Sancho-Garcez, que nous avons vu mourir assassiné au milieu d'une partie de chasse, par son frère don Ramon.

Quant aux Aragonais, leurs cortès s'assemblèrent à Monçon, suivant d'autres écrivains, à Jaca; elles cherchèrent aussi un descendant de leur ancienne race royale. Le brave Sancho-Ramirez, mort au siége de Huesca, avait laissé trois fils : don Pedro, don Alphonse et don Ramire. Les deux premiers étaient déjà morts sur le trône. Quant au troisième, il était moine dans le couvent de Saint-Pons de Tomiers. Les Aragonais ne pensèrent pas que ce fût une raison qui dût l'exclure du trône, et ils le proclamèrent roi. Ils exigèrent qu'il se mariât, et, avec la permission de l'antipape Anaclet, don Ramire le Moine épousa Agnès, sœur de Guillaume, comte d'Aquitaine. Léonore, fille de ce prince, venait de recevoir pour mari Louis le jeune, qui, depuis, fut roi de France.

Pendant que ces élections se faisaient, un autre concurrent réclamait également les trônes d'Aragon et de Navarre. C'était Alphonse VII. Il prétendait que ces deux États devaient lui appartenir : la Navarre, parce qu'il avait Sancho le Grand pour bisaïeul, tandis que ce roi n'était que le trisaïeul du prince que les Navarrais venaient de choisir (*); l'Aragon, parce que don Ramire, étant moine, lui semblait ne pouvoir être roi; que, dès lors, c'était à lui Alphonse VII que le trône devait revenir, comme au plus proche parent du dernier souverain. Il entra donc à la tête d'une armée dans la Navarre et dans l'Aragon; il s'empara, sans qu'on fît la moindre résistance, d'un grand nombre de places; il entra même dans Saragosse. Mais Ramire le Moine et Garcia-Ramirez s'étant reconnus ses vassaux, il leur laissa leurs États, et se contenta du titre de leur suzerain. Il lui sembla dès lors qu'ayant des rois sous

(*) Sancho le Grand { 1 Alphonse VI. 2 Urraca. 3 Alphonse VII.
{ 1 Don Garcia. 2 Sancho-Garcez. 3 Ramiro-Sanchez. 4 Garcia-Ramirez.

sa domination, il pouvait prendre le titre d'empereur. Il se fit donc couronner en cette qualité : aussi est-il appelé par les historiens Alphonse l'Empereur (*). Les Arabes le nomment *El-Embalatour*. C'est à partir de ce couronnement que Tolède fut désignée sous le titre de ville impériale.

Ces difficultés avec le roi de Castille étaient à peine apaisées, qu'une guerre plus sérieuse éclata entre l'Aragon et la Navarre. Les Aragonais disaient que le prince élu par eux avait, comme héritier de son frère, droit à tous les États que celui-ci avait possédés. Ramire le Moine réclama donc la souveraineté de la Navarre, et fit, mais sans succès, la guerre à don Garcia.

Les jugements que portent sur Ramire le Moine les auteurs, même contemporains, sont le plus contradictoires. Le moine anonyme de Ripoll, qui écrivait environ en 1190, représente don Ramire comme un prince bon, brave et généreux. Les autres, au contraire, le dépeignent comme un homme cruel et totalement inhabile aux affaires. Il était, disent-ils, si embarrassé de son écu et de sa lance, lorsqu'il montait à cheval, qu'il était obligé de tenir les guides avec ses dents. Sa manière d'être, autant que son ancienne profession, le faisaient mépriser par les grands, qui ne l'appelaient que le *roi frocard* (*el rey cogulla*). Enfin, il avait si mal administré l'État, il avait fait tant de largesses ruineuses, qu'après trois ans de règne, en 1137, dans les cortès de Barbastro, toutes les donations de villes ou de châteaux, qu'il s'était laissé arracher, furent déclarées nulles. Une fille était née de son mariage avec Agnès, et bien qu'elle n'eût alors guère plus d'une année, il la fiança au comte de Barcelone. Tout en conservant le titre de roi, il remit à ce seigneur l'administration du royaume, et soit que sa femme fût morte, soit qu'il ne considérât plus comme suffisante l'autorisation de se marier

qui lui avait été donnée, il se retira dans un couvent pour ne plus s'occuper des choses de ce monde.

Le comte de Barcelone, auquel on venait de fiancer Pétronille, fille du roi Ramire, était le petit-fils de don Ramon-Berenguer II, surnommé *Cap-d'Estopa*. On se rappelle comment, en 1082, Cap-d'Estopa avait été assassiné par son frère, laissant un fils âgé seulement de vingt-cinq jours. Ce jeune comte, qui avait reçu, comme son père, le nom de Ramon-Berenguer, se montra le digne héritier de ceux dont il était né. Dès qu'il fut en âge de combattre, il fit la guerre aux Maures. Il était le seul prince chrétien de la Péninsule qui eût une marine capable d'accomplir quelque grande entreprise. Il engagea encore à sa solde des vaisseaux génois et pisans; puis, à la tête d'une flotte formidable, il partit des côtes de la Catalogne pour aller tenter la conquête de Mayorque. Il s'empara, en effet, de la capitale de cette île. Les historiens catalans racontent que, pendant son absence, les Maures ayant envahi la Catalogne, il confia la garde de Mayorque aux Pisans et aux Génois; mais il ne fut pas plutôt parti, qu'ils vendirent sa conquête aux Almoravides. Rien de semblable ne se trouve raconté par les auteurs italiens ; il ne faut donc pas accorder au récit de cette trahison plus de foi qu'il n'en mérite.

En Ramon-Berenguer III mourut en 1131, laissant pour héritier du comté de Barcelone En Ramon-Berenguer, le quatrième du nom (*). C'est celui qui venait de recevoir la fille de don Ramire pour fiancée. Elle lui était donnée, à la condition qu'après la mort de don Ramire le titre de reine appartiendrait à Pétronille seule; mais que, si elle venait à mourir sans enfant, Ramon-Berenguer hériterait du royaume. Ce prince exécuta scrupuleusement les clauses du contrat :

(*) Les historiens, et surtout les historiens aragonais, donnent aussi quelquefois ce surnom à Alphonse le Batailleur.

(*) Il eut encore Berenguer qui hérita du comté de Provence; doña Berenguela qui fut femme d'Alphonse VII, et Cécile femme du comte de Foix.

ne voulut pas même porter le blason des rois aragonais ; il conserva celui de ses aïeux ; ses descendants ne crurent pas devoir le changer. C'est de cette manière que les anciennes armes des comtes de Barcelone, données, dit-on, par Charles le Chauve à Wifred le Velu, devinrent et sont encore aujourd'hui celles de l'Aragon, qui porte d'or à quatre paux de gueules.

Jusqu'au 16 août 1147, jour de sa mort, Ramire le Moine conserva le titre de roi ; après lui, sa fille Pétronille fut reine d'Aragon ; mais la souveraineté fut réellement exercée par le comte de Barcelone.

Cette réunion dans la même main, de la Catalogne et de l'Aragon, rendit moins sensible la scission qui venait de s'opérer dans les États d'Alphonse le Batailleur, et permit de continuer avec avantage la guerre contre les musulmans. Au reste, la fortune de ces derniers était loin de s'améliorer. En Afrique, le sort des armes continuait à être contraire aux Almoravides. El-Mehedi était mort, mais Abd-el-Moumen, son successeur, avait à plusieurs reprises vaincu les troupes d'Aly-ben-Youssouf, et, dans le courant de l'année 528 (du 1er novembre 1133 au 22 octobre 1134), il s'était fait proclamer Emir-al-Moumenim. En Espagne, l'incendie commençait aussi à s'allumer. Déjà une révolte contre les Almoravides avait éclaté à Cuenca : elle avait été promptement réprimée par Taschfyn ; mais Aly, pressé par les Almohades, venait de rappeler son fils auprès de lui. Il espérait que le courage et les talents dont celui-ci avait fait preuve en Espagne parviendraient à rétablir ses affaires. Dans le courant de 1138, Taschfyn repassa donc en Afrique, emmenant avec lui les meilleures troupes des Almoravides, et un corps de chrétiens mozarabes, qu'il regardait comme l'élite de son armée. Il laissa le commandement du pays à Abu-Zacari-Yahia-ben-Gania. C'était un brave capitaine ; mais il ne lui restait que des forces insuffisantes pour maintenir l'ordre dans un pays où, de tous côtés, les esprits s'agitaient. Ce fut dans l'Algarbe que la première révolte éclata. Un Maure du nom d'Ahmet-ben-Hussein-ben-Quosay se mit à prêcher cette doctrine d'Al-Gazali, proscrite par les Almoravides. Il eut bientôt réuni une troupe nombreuse de partisans, parmi lesquels se trouvaient quelques-uns des principaux personnages de la province, Mohammed-ben-Omar, jeune homme de la première noblesse de Silves, et Abu-Mohammed-Sidi-Rai, fils du gouverneur de Jabura. Il ne se borna pas à des prédications, et pour faire prévaloir ses doctrines il eut, de même que Mehedi, recours à la voie des armes. Le 2 de safar 539 (4 août 1144), il s'empara de Mertola, place forte sur la rive gauche de la Guadiana ; il se rendit encore maître de Beja, de Libla, et de plusieurs autres villes de ces contrées ; ses partisans poussèrent même leurs courses jusqu'aux portes de Séville, et s'emparèrent de Triana. A la nouvelle de cette levée de boucliers, Abu-Zacaria-ben-Gania, qui se tenait à Cordoue, partit aussitôt de cette ville pour châtier les rebelles. A son approche, ils se retirèrent précipitamment ; néanmoins Ben-Gania fit si grande diligence qu'il parvint à les rejoindre et qu'il les mit en déroute ; mais cette victoire lui fut de peu de profit, car les restes de l'armée vaincue se jetèrent dans la ville de Libla dont il fut obligé de faire le siége. Les disciples de Ben-Quosay s'y défendirent avec beaucoup d'intrépidité. Il y avait déjà trois mois que Ben-Gania était devant cette place, quand il apprit que le peuple de Cordoue s'était soulevé contre les Almoravides. Après avoir poignardé le cadi, il avait proclamé pour émir Abu-Giâfar-Hamdain-ben-Mohammed-ben-Hamdain(*) ; presque au même moment, Ben-Gania apprit la nouvelle de la révolte de Valence. Le gouverneur de cette ville était son propre neveu Abd-Allah, fils de son frère Mohammed-ben-Gania. Le soir du mercredi 18 ramadan 539

(*) C'est celui dont Ferreras transforme le nom en celui de Ben-Fandi.

(mardi 13 mars 1145) (*), il avait été forcé de fuir de la ville en toute diligence et de se réfugier à Xativa, où il n'était arrivé que le matin.

Zacharia-ben-Gania reçut aussi la nouvelle des soulèvements de Murcie, d'Alméria, de Malaga. Dans cette dernière ville, les habitants avaient forcé les Almoravides à se retirer dans la forteresse où ils les tenaient étroitement assiégés. D'une extrémité à l'autre de l'Espagne musulmane, les populations se soulevaient. Zacharia-ben-Gania jugeant dès lors que ce pays était perdu pour les Almoravides, voulut préparer aux siens un lieu de refuge. Il écrivit à son frère, qui gouvernait à Séville, de réunir toutes les troupes almoravides qu'il commandait, et de passer avec elles à Mayorque, afin de s'assurer des îles Baléares. Le départ des Almoravides fut à Séville et dans les environs le signal du soulèvement. Abd-Allah-ben-Maymon s'y fit proclamer émir. Les révoltés d'Alméria avaient élu pour leur souverain Mohammed-ben-Bardanis. Ceux de Valence avaient nommé Abd-el-Melech Merwan-ben-Abd-el-Azis. De même qu'à la chute des Ommiades, chaque ville, chaque bourgade se choisissait un souverain, dont le règne quelquefois ne durait qu'une semaine. A Cordoue, un parti s'était formé en faveur de Seïf-al-Dawlah, ce descendant des Beni-Hud de Saragosse, à qui l'empereur Alphonse avait donné des terres sur les confins du royaume de Tolède, et qui s'était reconnu son vassal. Il y avait seulement quatorze jours que Ben-Hamdain avait été élu, lorsqu'il fut chassé de la ville et que Seïf-al-Dawlah fut proclamé à sa place. Ce dernier entra dans Cordoue aux acclamations de la populace, qui lui donna le surnom de Al-Mostansir-Bi'llah (*) (celui qui demande le secours de Dieu). Mais telle était l'inconstance de ce peuple, qu'au bout de huit jours il était déjà fatigué de son nouveau souverain. Un grand nombre de villes se déclaraient en faveur de Seïf-al-Dawlah. Pour profiter de leurs bonnes dispositions, il avait été forcé de sortir de Cordoue. Pendant son absence, le peuple avait massacré son lieutenant, et Hamdain était rentré dans la ville le 10 dsuhassia 539 (3 juin 1145), douze jours après en être sorti. Hamdain avait encore été proclamé à Ronda, à Xerez, à Medina-Sidonia et à Grenade.

Abd-el-Azis, celui que les Valenciens avaient choisi pour chef, avait réuni sous son autorité Alicante, Xucar, Liria, Murviedro; il avait été à la tête des forces de Valence, assiéger Xativa, où s'était réfugié l'ancien gouverneur almoravide Abd-Allah-ben-Mohammed-ben-Gania. Après une longue résistance, la ville avait fini par se rendre, et en safar 540 (du 24 juillet au 22 août 1145), Abd-el-Azis était rentré à Valence chargé de dépouilles; mais le 25 sjumiada prior de l'année 540 (13 novembre 1145), lorsqu'il ne commandait encore que depuis huit mois, le peuple se souleva, le chassa, et mit à sa place Ben-Ayad.

Quosay continuait à dominer dans l'Algarbe. Zacharia-ben-Gania, à la tête des Almoravides, tenait la campagne, et conservait encore une grande partie des places situées dans les environs de Séville. Quant à Seïf-al-Dawlah, il possédait Murcie, Malaga, Jaen, Ubeda, Baeza, Andujar. Tous ces petits chefs, animés d'une haine réciproque, cherchaient mutuellement à se détruire. Ils se faisaient la guerre; mais la guerre n'était pas le seul moyen auquel ils eussent recours; le poignard et le poison leur venaient en aide. C'était dans toute l'Andalousie

---

(*) Le jour chrétien se compte à partir de minuit, tandis que le jour musulman commence quand le soleil a disparu sous l'horizon. La soirée du mardi 13 mars 1145 n'était déjà plus le mardi pour les musulmans; le mercredi avait commencé pour eux au moment où le soleil s'était couché. (Voir la note des pages 210, 211, 212.)

(*) On rencontre souvent les surnoms de Mostaïn-Bi'llah et Mostansir-B'illah, qui ont presque la même signification. Aïn veut dire aide, nasir signifie secours.

un désordre affreux, une anarchie sans exemple. Les garnisons almoravides, qui, dans beaucoup de villes, étaient restées maîtresses des citadelles, livraient aux habitants qui les tenaient assiégées, des combats de tous les jours. A Grenade, le peuple, fatigué de la résistance que lui opposaient les lamtounes réfugiés dans la forteresse de l'Alhambra, et pensant que pour terminer cette guerre il fallait un autre chef que celui qui avait été proclamé, appela Seïf-al-Dawlah, qui s'empressa d'accourir. Mais le jour même de son arrivée il faillit être empoisonné par le cadi de la ville, qui voulait signaler de cette manière sa fidélité au parti d'Hamdain. Cette trahison n'effraya pas Seïf-al-Dawlah; il attaqua courageusement les Almoravides; mais son fils Amad-Dawlah fut tué dans un des combats qu'il leur livra. Enfin, rebuté par un mois d'attaques inutiles, il se retira à Jaen. Seïf-al-Dawlah se flattait de l'espoir qu'avec le secours de l'empereur Alphonse, dont il s'était reconnu le vassal, il parviendrait facilement à soumettre toutes les villes de l'Espagne musulmane. Il avait donc réclamé l'assistance de ce souverain, qui lui avait envoyé des troupes sous la conduite des comtes Manrique et Armengol d'Urgel; mais ces auxiliaires se conduisirent en maîtres plutôt qu'en alliés. La mésintelligence ne tarda pas à se mettre entre le prince musulman et ses protecteurs. Les querelles devinrent bientôt si violentes, qu'on se défia et qu'on en vint aux mains. Les Castillans livrèrent bataille à leurs alliés; Seïf-al-Dawlah fut fait prisonnier et mené au camp des chrétiens. Là une dispute s'éleva entre quelques soldats, pour savoir à qui le prisonnier appartiendrait: ils se battirent, et, au milieu de la rixe, ce malheureux prince tomba mortellement frappé. Cet événement arriva le 20 sjaban 540 (5 février 1146). Les écrivains arabes, auxquels Condé a emprunté les matériaux de son histoire, racontent les faits d'une manière différente. Suivant eux, les chrétiens, empressés de se mêler aux dissensions qui déchiraient l'Andalousie, avaient abandonné le parti d'un vassal qui ne réclamait pas leurs secours, et ils s'étaient déclarés les protecteurs de Tograi, alcayde de Cuenca. Ils étaient entrés avec lui dans le royaume de Murcie, qu'ils prétendaient enlever à Seïf-al-Dawlah. Celui-ci ayant joint ses troupes à celles de Ben-Ayad de Valence, avait marché au-devant des Castillans. Il les avait rencontrés dans les plaines d'Albacete, non loin de Chinchilla, leur avait livré bataille, et, frappé d'un coup de lance en combattant au premier rang, il était mort des suites de sa blessure dans la nuit qui avait suivi sa défaite.

Pendant que ces faits se passaient dans l'Andalousie, des événements plus importants encore avaient lieu dans l'Algarbe. Ben-Quosay était parvenu à se rendre maître de presque toute cette province; mais ses premiers compagnons, Mohammed-ben-Omar et Sid-Rai, mécontents de la part d'autorité qui leur avait été faite, s'étaient séparés de lui et lui faisaient la guerre. Quosay, vivement pressé par eux, et sachant combien la puissance des Almohades avait fait de progrès en Afrique, résolut de s'adresser à Abd-el-Moumen, leur chef, pour l'engager à passer en Espagne. Il y avait sept années déjà que Taschfyn était retourné en Afrique. A son arrivée dans ce pays, il avait trouvé les affaires dans l'état le plus déplorable. Son courage n'avait pu les rétablir. Il avait été battu plusieurs fois par les Almohades, et le chagrin que le roi Aly avait éprouvé à la nouvelle de ces défaites avait été si profond, qu'il en était tombé malade et qu'il était mort dans le courant de resjeb 539 (du 28 décembre 1144 au 6 janvier 1145).

Taschfyn-ben-Aly avait hérité du trône de son père; mais il n'avait pu résister longtemps aux armes victorieuses d'Abd-el-Moumen. Assiégé dans la ville d'Oran, il était mort, disent quelques auteurs, dans une tour que les assiégeants étaient parvenus à incendier; suivant d'autres historiens, voyant que le siége traînait en longueur, Taschfyn avait formé le projet de se rendre en Espagne. Il avait profité de l'obscurité de la nuit pour sortir de la ville. Il avait suivi le bord de la mer, afin de gagner le port où il comptait s'embarquer. Mais soit qu'ayant l'esprit préoccupé il n'ait pas fait attention au chemin qu'il suivait, soit que l'obscurité de la nuit l'ait empêché d'apercevoir un ravin qui barrait sa route, il y roula avec son cheval, et le lendemain on y retrouva son cadavre. Dès que les Almoravides connurent la mort de leur prince, ils proclamèrent pour roi son fils Abu-Isak-Ibrahim. Mais ce jeune prince fut bientôt assiégé par Abd-el-Moumen dans la ville de Maroc. Les habitants ne tardèrent pas à être réduits à la plus affreuse famine ; cependant ils se défendaient courageusement. Enfin, le 18 sjawal 541 (23 mars 1147), la ville fut prise, tous les habitants furent passés au fil de l'épée ou réduits en esclavage, et le dernier des souverains almoravides, Abu-Isak-Ibrahim, tomba sous le tranchant du glaive.

Ces derniers événements n'étaient pas encore accomplis, lorsque Ben-Quosay écrivit à Abd-el-Moumen, pour lui apprendre comment il avait enlevé la plus belle partie de l'Algarbe aux Almoravides, qu'il traitait d'hérétiques et de mauvais musulmans. Il l'engageait à venir établir sa souveraineté en Espagne. Le chef des Almohades lui répondit dans le courant de la seconde lune de rabia 540 (du 21 septembre au 20 octobre 1145), le nomma gouverneur de l'Algarbe, et aussitôt il se mit en mesure de passer dans la Péninsule. Il réunit promptement une armée de dix mille hommes de cavalerie et de vingt mille fantassins, en confia le commandement à Abu-Amrân-Muza-ben-Saïd. Ce fut le premier corps d'Almohades qui vint en Espagne. Il débarqua sur la côte d'Algeciraz, dans le courant du mois de dsu-hassia 540 (du 15 mai au 12 juin 1146).

DES QUATRE PARTIS PRINCIPAUX QUI SE PARTAGEAIENT L'ESPAGNE MUSULMANE. — ALLIANCE DE BEN-GANIA AVEC LES CHRÉTIENS. — PRISE DE CORDOUE PAR LES CHRÉTIENS. — PRISE DE SÉVILLE PAR LES ALMOHADES. — PRISE DE CALATRAVA ET D'ALMÉRIE PAR LES CHRÉTIENS. — LES ALMOHADES REPRENNENT CORDOUE. — LE CORAN D'OTHMAN EST ENVOYÉ AU CHEF DES ALMOHADES. — MORT DE ZACHARIA BEN-GANIA. — ALPHONSE VII ASSIÉGE DE NOUVEAU CORDOUE. — DES DIFFÉRENTES FEMMES DE L'EMPEREUR ALPHONSE. — PARTAGE DE SES ÉTATS. — LE PORTUGAL FORME UN ROYAUME SÉPARÉ. — MORT DU ROI GARCIA DE NAVARRE. — MORT DE L'EMPEREUR ALPHONSE. — LES ALMOHADES REPRENNENT ALMÉRIE. — ILS PRENNENT GRENADE. — LES DERNIERS DÉBRIS DES ALMORAVIDES SE RETIRENT A MAYORQUE.

Les Almohades venaient former un nouveau parti au milieu des partis nombreux qui déjà se disputaient les dépouilles des Almoravides; mais ils ne purent pas, comme le vainqueur de Zalaca, signaler leur entrée dans la Péninsule par une victoire éclatante. Ils ne purent pas, comme l'avait fait Youssouf, se substituer immédiatement à tous les petits souverains qui s'étaient partagé le pays. Ils n'abattirent pas toutes les factions, seulement ils s'élevèrent un peu au-dessus des autres. Cependant, dès les premiers jours de leur arrivée, ils avaient vu Ben-Quosay et Sidi-Ray se joindre à eux. Algeciraz s'était rendue après un siége de quelques jours; Xérès leur avait ouvert ses portes; Gibraltar avait suivi cet exemple. La partie occidentale de l'Espagne musulmane se trouvait donc en leur pouvoir; il n'en était pas de même dans la partie orientale. La mort de Seïf-al-Dawlah avait, à la vérité, fait disparaître la faction de ce chef; mais ses États s'étaient partagés entre la faction de Ben-Hamdain de Cordoue et celle de Ben-Ayad de Valence. Ce dernier, ayant été tué dans une expédition contre les chrétiens, avait été remplacé par Abu-Abd-Allah-Mohammed-ben-Saïd (*). Le qua-

(*) C'est celui que Ferréras appelle Mohamet-Aben-Zat, ou le roi Loup.

trième parti qui disputait la possession du pays était celui de Zacharia-ben-Gania. Il avait pour lui tout ce qui restait des Almoravides. Il occupait encore les environs de Séville et de Cordoue; mais il ne se sentait pas assez fort pour résister aux Almohades; il n'avait aucun secours à espérer de l'Afrique, où la puissance des Almoravides n'existait plus. Les chrétiens pouvaient seuls lui prêter un appui efficace : il réclama donc leur alliance. L'empereur Alphonse lui envoya des troupes, et ses guerriers, unis aux Almoravides, après avoir enlevé Andujar et Baëza, allèrent attaquer Cordoue qui était occupée par la faction de Ben-Hamdain. Pendant ce temps, les Almohades s'avançaient de leur côté : ils mettaient le siége devant Séville, en sorte que les deux villes les plus importantes de l'Andalousie se trouvèrent attaquées en même temps par deux armées qui, bien qu'ennemies l'une de l'autre et séparées seulement par une distance de vingt-deux lieues, ne cherchèrent pas à se livrer bataille et se laissèrent tranquillement achever les siéges qu'elles avaient entrepris. Les Almohades entrèrent dans Séville le 12 de sjaban 541 de l'hégire (17 janvier 1147); vers la fin du même mois, les chrétiens prirent Cordoue, et Raymond, archevêque de Tolède, consacra la mosquée au vrai Dieu; mais ce fut une prise de possession trop précipitée. Malgré le désir qu'éprouvait l'empereur de conserver cette ville, il n'y était entré que comme allié de Ben-Gania, et il ne pouvait sans perfidie dépouiller celui-là même qu'il était venu défendre. Il se retira donc après que Ben-Gania se fut reconnu son vassal et lui eut juré fidélité sur le Coran. C'est sans doute à l'occasion de ce serment que les historiens arabes ont dit que la copie du Coran, écrite de la main d'Othman, apportée à Cordoue par Abd-el-Rahman-El-Daghel, avait été profanée par les chrétiens. Alphonse ne conserva pas Cordoue; mais pour s'indemniser des frais de la guerre il garda Baëza, dont la défense fut confiée au comte Manrique.

L'empereur ne borna pas là ses conquêtes. On se rappelle qu'il existait chez les musulmans d'Espagne une association de guerriers qui prenaient le nom de rabits (ermites) (*). Ils se consacraient à l'état des armes. Leurs seules occupations étaient de prier Dieu et de combattre les chrétiens. L'antique ville d'Oretum, qui a pris d'eux le nom de Calatrava (Calat-Rabit, la hauteur des Ermites), leur servait de principale retraite. C'est de là qu'ils partaient pour aller faire des courses dans le royaume de Tolède. L'empereur Alphonse s'empara de cette ville dans le courant de 1147. Après avoir délivré ses États des incursions de ces pirates de terre, il résolut de faire le siège d'Alméria. Le port de cette ville servait de retraite à une foule de corsaires musulmans qui exerçaient des ravages continuels sur les côtes de la Catalogne, de la France et de l'Italie. Avec le concours de la Navarre et de l'Aragon, il alla placer son camp sous les murs de cette ville. Une flotte puissante, formée de vaisseaux fournis par le comte de Barcelone, par celui de Montpellier, par les républiques de Pise et de Gênes, vint bloquer Alméria par mer. La ville, ainsi étroitement serrée de tous les côtés, se rendit le 17 octobre 1147 (20 sjumada prior 542 de l'hég.). Chaque année était signalée par quelque victoire des chrétiens. Le dernier jour de l'année 1148, le comte Ramon Berenger enleva Tortose aux musulmans. L'année suivante, il prit Lérida, et cette ville de Fraga rendue célèbre par la mort d'Alphonse le Batailleur.

Les Almohades, de leur côté, poursuivaient sans relâche ce qui restait des Almoravides. Ils avaient mis le siége devant Cordoue. Ben-Gania, vivement pressé, était sorti de la ville pour aller réclamer des secours de l'empereur Alphonse, dont il s'était reconnu le vassal. Il avait jusqu'à son retour laissé le commandement à l'un

---

(*) Voir fol. 220.

de ses lieutenants nommé Yahya-ben-Aasa. Celui-ci ne défendit la place que pendant peu de jours, et il capitula sous la condition que les Almoravides se retireraient librement à Carmona. Les Almohades entrèrent donc à Cordoue, et leur chef envoya en Afrique le Coran copié par Othman, comme le plus beau présent qu'il pût offrir à Abd-el-Moumen. Ce prince dépensa, dit-on, des sommes énormes pour le couvrir d'ornements. On le conservait dans une caisse de bois de senteur, recouverte de lames d'or. Des rubis, des émeraudes y formaient d'élégants dessins. Au milieu de chaque lame se trouvait un rubis taillé comme une fleur du tussilage, et de grandeur naturelle. La couverture du livre était d'une étoffe de soie verte, brochée d'or, semée d'émeraudes, de rubis et d'autres pierres d'une valeur inestimable. Le tout était enveloppé dans du drap d'or, brodé de perles fines. Les Ommiades d'Espagne et les princes qui leur avaient succédé sur le trône de Cordoue s'étaient plu à décorer ce livre de tout ce qu'il y a de plus précieux. Lorsque Abd-el-Moumen allait à la guerre, ou lorsqu'il montait à cheval pour quelque grande cérémonie, il faisait porter cette châsse devant lui, sur une riche litière, aux côtés de laquelle on tenait quatre étendards.

Après cette conquête, les Almohades s'emparèrent de Carmona, puis ils entrèrent dans le royaume de Jaën. Zacharia-ben-Gania, ayant pour auxiliaire un corps de chevaliers chrétiens, commandés par le comte Manrique, marcha au-devant des Almohades. Son lieutenant Yahya-ben-Aasa, peut-être pour s'excuser de n'avoir pas mieux défendu Cordoue, vantait à toute occasion la valeur et l'adresse des guerriers almohades, et par ses paroles jetait le découragement dans l'armée. Ben-Gania, regardant comme une trahison ces éloges donnés à ses ennemis, tira son cimeterre, et d'un seul coup il lui abattit la tête. « Voilà, dit-il, ce que j'aurais dû faire au lieu de te confier la défense de Cordoue. » Après plusieurs escarmouches, où l'avantage fut indécis, les armées se livrèrent bataille dans la campagne de Grenade, le vendredi 28 sjaban 543 (11 janvier 1149) (*). La victoire fut courageusement disputée; mais, dans le combat, Zacharia-ben-Gania tomba mortellement frappé de plusieurs coups de lance. Sa perte fut vivement sentie par toute son armée, car il était un brave capitaine; c'était lui qui avait gagné, contre Alphonse le Batailleur, la bataille de Fraga. Il fut en Espagne le dernier des généraux almoravides, car ceux qui prirent le commandement après lui méritent à peine d'être cités.

L'année suivante 1150, l'empereur Alphonse entra dans l'Andalousie, et, bien qu'il connût la mort de Ben-Gania son allié, il se déclara le protecteur de la cause des Almoravides. A la tête d'une nombreuse armée, il alla mettre le siège devant Cordoue. Néanmoins, il ne put entrer dans la ville, et, comme la mauvaise saison arrivait, il se retira en saccageant le pays. Il entra dans Jaën qu'il livra au pillage.

L'année même de cette expédition d'Alphonse contre les Almohades, le roi de Navarre, don Garcia, étant à la chasse, dans les environs de Lorca, le jeudi 21 novembre 1150, veille de la Sainte-Cécile, fit une chute de cheval dont il mourut. Il eut pour successeur son fils Sancho. Il laissait aussi deux filles : Marguerite qui fut mariée à Guillaume, roi de Sicile, surnommé le Mauvais; Blanche, dont l'union avec le fils aîné de l'empereur fut célébrée le 4 février suivant. L'empereur Alphonse avait été marié, en 1128, à doña Berenguela, sœur du comte de Barcelone, Ramon Berenger IV. Cette princesse était morte après vingt et un ans de mariage, laissant deux fils, Sancho et Ferdinand; elle avait eu d'autres enfants qui paraissent être morts en bas âge. Elle avait aussi deux filles : doña Sancha qui épousa, en 1153, le roi de Navarre Sancho. L'autre se nommait, suivant quelques auteurs,

(*) Suivant d'autres auteurs, le jeudi 10 sjaban 543 (24 décembre 1148).

Constance; suivant d'autres, Isabel ou Élisabeth, et probablement elle portait ces deux noms. En 1155, le roi de France, Louis le Jeune, ayant répudié sa femme Éléonore, qui ne lui avait pas donné d'enfants mâles, demanda la main de la seconde fille de l'empereur. Elle lui fut accordée, et, dans le cours de l'année suivante, Louis le Jeune fit avec sa femme un pèlerinage à Saint-Jacques de Compostelle. A son retour, il passa par Tolède, où son beau-père le reçut avec magnificence.

A cette époque, l'empereur Alphonse était remarié; il avait épousé doña Rica, fille de Ladislas II de Pologne. Il en avait une fille nommée Sancha, qui dès sa naissance avait été fiancée au jeune fils de la reine Pétronille d'Aragon et du comte Ramon Berenger.

Avant de se remarier avec doña Rica, à une date que les historiens ne peuvent déterminer d'une manière bien certaine, l'empereur Alphonse avait fait entre ses deux fils le partage de ses États. L'aîné, Sancho, fut reconnu comme devant lui succéder dans les royaumes de Tolède, de Castille et de Biscaye. Ferdinand, le plus jeune, eut le royaume de Léon, la Galice et les Asturies.

On a peine à s'expliquer la persistance avec laquelle les abus se perpétuent. Il semble que les leçons de l'expérience n'auraient pas dû être perdues pour un prince aussi éclairé que l'était Alphonse VII, et qu'il aurait dû apprendre, par l'exemple de ses prédécesseurs, combien de semblables partages sont nuisibles à la puissance des États et au bonheur des peuples. Ce morcellement des États laissés par Alphonse le Brave devait paraître d'autant plus sensible, que déjà le Portugal s'en était séparé pour former un royaume indépendant. Cette partie de ses domaines avait été donnée par Alphonse le Brave, seulement à titre de comté relevant de sa couronne, à don Henri de Bourgogne, mari de sa fille Thérèse. Ce comte de Portugal était mort en 1112 à Astorga, où il avait été au secours de la reine Urraca, attaquée par Alphonse le Batailleur. Son fils don Alphonse Enriquez profita des embarras qui accompagnèrent les commencements du règne d'Alphonse VII, pour se rendre indépendant. Il eut assez de bonheur pour repousser les troupes envoyées contre lui, et, lors d'une victoire qu'il remporta sur les musulmans, il fut salué par son armée du titre de roi (*).

Tant que l'empereur vécut, cette diminution de force ne fut pas sensible. Alphonse était à lui seul plus puissant que chacun des autres princes de la Péninsule; et, s'il avait de son vivant donné à ses fils le titre de rois de Léon et de Castille, il conserva seul en réalité la souveraineté de ces États. Il fit donc encore plusieurs incursions dans le pays des musulmans. En 1147, les Almohades ayant réuni un grand nombre de troupes, Alphonse de son côté rassembla son armée; il entra en Andalousie, livra bataille aux ennemis et les vainquit. Puis, se sentant sans doute atteint de la maladie qui devait l'enlever, il laissa une partie de l'armée à son fils Sancho, pour qu'il recueillît les fruits de la victoire, et, à la tête du reste des troupes, il se mit en marche pour rentrer en Castille. Près du port de Muradal, dans un lieu appelé Fresnada, il se trouva si mal qu'il s'arrêta sous un chêne et voulut qu'on y plantât sa tente. Après avoir reçu les derniers sacrements de la main de l'archevêque de Tolède qui l'accompagnait, il mourut le 21 août 1157, âgé de cinquante et un ans cinq mois et vingt et un jours. Il fut regretté de tous ses sujets; car, s'il gagna par sa bravoure le cœur de ses soldats, il mérita l'amour du peuple en faisant respecter les personnes et les

(*) Tout ce qui concerne le Portugal doit faire la matière d'un autre volume, qui doit être écrit par M. Ferdinand Denis, si savant dans tout ce qui touche la littérature et l'histoire de ce pays. Nous ne rapporterons donc que les faits liés à l'histoire d'Espagne d'une manière trop intime pour qu'il soit possible de les passer sous silence.

propriétés, en protégeant les bourgeois et les laboureurs contre les gens de guerre naturellement enclins au pillage et à la violence. On raconte que, dans les premières années de son règne, un guerrier de sang noble, un de ceux qu'en Espagne on appelle ordinairement infançons, se confiant en ce que son manoir, situé au fond de la Galice, se trouvait éloigné de la résidence du roi, et en ce qu'on vivait dans des temps de trouble, s'empara de la propriété d'un laboureur. Engagé, par le gouverneur de la province à restituer ce qu'il avait usurpé, il ne tint nul compte de cet avertissement. Le roi dissimula pendant quelque temps; puis il partit secrètement pour la Galice, se déguisa pour faire la route, afin qu'on ne pût être averti de sa venue; et, dès qu'il fut arrivé, il fit subitement investir le château de l'infançon. Celui-ci, qui n'était pas préparé à se défendre, essaya inutilement de fuir. Il fut arrêté, fut pendu à la porte de son manoir, et cet exemple de sévérité apprit au peuple qu'il pouvait compter sur la justice de son roi.

Alphonse ne fut pas plutôt mort que les musulmans reprirent courage. Ils recouvrèrent les villes d'Andujar et de Baëza. Depuis l'année 1152, ils avaient fait d'inutiles efforts pour reprendre Almérie. Ils la reconquirent dans l'année qui suivit la mort de l'empereur. Ce qui restait d'Almoravides, privé de l'appui d'Alphonse, ne put résister longtemps à l'ascendant des Almohades. En l'année 557 de l'hégire (1161 de J. C.), Grenade fut prise par les troupes d'Abd-el-Moumen, et les derniers débris des Almoravides se retirèrent à Majorque où la prévoyance de Ben-Gania leur avait ménagé une retraite. Depuis la bataille de Zalaca, qui avait établi leur domination, jusqu'à la prise de Grenade, il ne s'était écoulé que les trois quarts d'un siècle, et cette puissance, si redoutable à son début, s'évanouit comme elle s'était formée, à la voix d'un fourbe ou d'un fanatique.

RÈGNE ET MORT DE SANCHO LE REGRETTÉ. — TROUBLES DANS LE ROYAUME A L'OCCASION DE LA MINORITÉ D'ALPHONSE VIII. — RIVALITÉ ENTRE LES LARA ET LES CASTRO. — LE ROI FERDINAND ENTRE EN CASTILLE. — MORT DE RAMON BERENGER. — LE FAUX ALPHONSE LE BATAILLEUR. — LA REINE PÉTRONILLE ABDIQUE EN FAVEUR DE SON FILS ALPHONSE II. — ABD-EL-MOUMEN VIENT EN ESPAGNE. — SA MORT. — SON FILS YOUSSOUF-BEN-YACOB LUI SUCCÈDE. — GUERRE ENTRE LES ALMOHADES ET LES MUSULMANS DE VALENCE.

Après la mort de l'empereur Alphonse, don Sancho et don Ferdinand se mirent en possession des États qu'il avait assignés à chacun d'eux. Ferdinand eut la Galice, les Asturies et le royaume de Léon. Sancho, qui était l'aîné, eut la Castille avec le royaume de Tolède et la Rioja. Héritiers des qualités de leur père, ils eurent tous les deux les qualités qui font un bon administrateur pendant la paix; réunies aux talents d'un homme de guerre. Cependant, Sancho était d'un caractère plus doux et plus affable; et lorsqu'une fin prématurée vint l'enlever à l'amour de ses sujets, le peuple lui donna le surnom de Sancho le Regretté (*el Deseado*). Don Ferdinand, au contraire, était d'un naturel soupçonneux; et comme il se méfiait de son frère, aussitôt qu'il connut la mort d'Alphonse, et avant même que les derniers honneurs lui eussent été rendus, il courut à Léon pour prendre possession de son royaume, tandis que don Sancho s'empressait de se rendre à Fresnada avec les grands et les prélats. Ce fut celui-ci qui fit porter en grande pompe le corps d'Alphonse à Tolède, et qui le fit ensevelir dans la cathédrale de cette ville.

Sancho Garcez, qui était alors roi de Navarre, et auquel son érudition a fait donner le surnom de savant, voyant les États d'Alphonse morcelés, crut que l'occasion était favorable pour recouvrer la Rioja, qui, depuis le partage fait par Sancho le Grand, n'avait cessé d'être un sujet de contestation entre la Navarre et la Castille, et de laquelle Alphonse l'empereur s'était emparé à la mort d'Alphonse le Batailleur. D'un autre côté, les Almohades ne laissaient pas de repos au roi de Castille, et lui enlevaient chaque jour quelqu'une des places conquises par son père. Sancho III pensa que, de ces deux ennemis, le roi de Navarre était celui qu'il était plus urgent de repousser. Il s'occupait donc à rassembler des hommes et de l'argent pour commencer la guerre, lorsqu'une heureuse circonstance amena dans ses États Ponce, comte de la Minerva, un des premiers seigneurs de Léon. Il avait été page d'armes de l'empereur Alphonse. Il se réfugiait en Castille, parce qu'il avait été offensé par le roi Ferdinand, qui, trompé par de faux rapports, lui avait enlevé ses honneurs et ses domaines. Il passait pour un des meilleurs capitaines de son époque. Don Sancho lui confia le commandement de son armée, et le chargea de faire la guerre au roi de Navarre. Le comte ayant repris en peu de jours, aux Navarrais, les villes qu'ils avaient enlevées, leur livra deux batailles, et resta deux fois victorieux; ensuite il revint à Burgos, et le roi Sancho, après l'avoir comblé d'éloges, voulut lui faire restituer les domaines et les dignités dont Ferdinand l'avait dépouillé. Sancho entra donc avec son armée dans les États de son frère; mais celui-ci vint le trouver et promit de rendre justice au comte de la Minerva. Il offrit en même temps de prêter au roi de Castille foi et hommage; ce que Sancho refusa, en répondant que le fils de l'empereur ne pouvait être le sujet ni le vassal de personne.

Ces succès contre la Navarre, ces arrangements avec le royaume de Léon n'empêchaient pas la Castille d'être vivement attaquée par les musulmans. La ville de Calatrava, conquise par Alphonse VII, était principalement menacée. C'est à cette occasion que fut fondé l'ordre des chevaliers de Calatrava (*).

Don Sancho s'apprêtait à porter la guerre dans les États musulmans, lorsque sa femme périt le 24 juin 1158. Cette perte causa une grande douleur au roi. Il tomba malade et mourut le dernier jour d'août, après un règne d'un an et onze jours. Ce malheur plongea la Castille dans de longues dissensions intestines. Il ne laissait qu'un enfant, nommé Alphonse, à peine âgé de quatre ans. Par son testament, il lui avait nommé pour tuteur don Gutierre de Castro, que lui-même il avait eu pour gouverneur. Une autre disposition du même acte prescrivait de laisser aux seigneurs les villes et les châteaux dont la garde leur était confiée. Elle ne pouvait leur être ôtée qu'à la majorité du roi, c'est-à-dire lorsque le jeune Alphonse aurait atteint sa quinzième année. Sancho avait inséré cette clause dans son testament, afin d'empêcher qu'on ne dépouillât de leur état les seigneurs qui l'avaient servi, ceux qui avaient servi son père, et que le tuteur qu'il donnait à son fils ne pût, en les remplaçant par ses propres créatures, s'assurer le moyen d'usurper la couronne. Cette mesure de méfiance ne pouvait manquer d'avoir bientôt des conséquences funestes. Une minorité est toujours un temps de trouble. Les ambitions, qui ne sont plus comprimées par la supériorité incontestée que donne l'autorité royale, travaillent sans relâche à bouleverser le pays. Chacun se croit capable d'exercer les premières charges, et se prétend des droits pour les obtenir. Cette soif des honneurs, cette fureur de s'élever, qui, dans les temps ordinaires, fait déjà bouillonner tant de têtes, reçoit un nouveau degré d'activité. Alors, pour assurer la tranquillité de l'État, il faudrait un pouvoir ferme et solidement établi. Mais, rendre les gouverneurs des villes inamovibles, c'était ôter à celui qui régissait l'État le moyen de punir leur désobéissance, de contenir leur mauvais vouloir, de

---

(*) On trouvera plus bas plus de détails sur cette fondation, dans un chapitre consacré aux différents ordres militaires établis en Espagne.

châtier leur rébellion; c'était rendre tout gouvernement impossible, enlever toute force, toute énergie au pouvoir; c'était le déconsidérer et le placer dans un état continuel de suspicion. Telles étaient cependant les conséquences que le testament de Sancho devait avoir : elles ne tardèrent pas à se faire sentir. A cette époque, deux familles puissantes par leurs richesses, par leurs alliances, par l'étendue de leurs domaines, l'emportaient sur toutes les autres maisons de la Castille. C'étaient celle des Lara et celle des Castro. Le plus important parmi les Castro était don Gutierre, à qui l'éducation du jeune roi était confiée. Il n'avait pas d'enfants; mais son frère, Rodrigo de Castro, avait quatre fils, don Fernan, don Alvar, don Pedro et don Gutierre. Il avait aussi une fille, mariée à don Alvar de Gusman. Les Lara étaient trois frères, don Manrique, don Alvar et don Muño. Ils possédaient sur les bords du Duero des domaines d'une grande importance. Leur mère, nommée dona Aba, avait été mariée en premières noces au comte Garcia de Cabra, celui qui était mort en couvrant de son corps l'infant don Sancho. Elle avait eu de lui un fils appelé Garcia Acia (*), qui se trouvait ainsi le frère utérin des seigneurs de Lara.

Les Lara furent vivement blessés de voir la régence confiée à don Gutierre, ils s'en plaignirent en public, et ajoutèrent en secret que c'étaient maintenant les Castro qui régnaient; mais qu'ils sauraient bien empêcher que le pouvoir impérial fût exercé par d'autres que par leur souverain naturel. Ils laissèrent si facilement deviner que leur intention était de prendre les armes, que don Gutierre faisant passer le bien du pays avant son propre intérêt, consentit à se dessaisir de la tutelle qui lui avait été confiée. Il remit la personne du jeune roi à Garcia Acia. Mais celui-ci ne se sentant pas, sans doute, toute l'habileté que les circonstances exigeaient, livra le jeune roi à don Manrique de Lara. Ce fut alors le tour des Castro de se récrier; ils se plaignirent de cette substitution; ils voulurent ressaisir le pouvoir qu'ils avaient volontairement laissé échapper. Ce fut en vain que Gutierre vint, aux termes du testament de Sancho, réclamer la tutelle qui lui avait été déférée; ses adversaires ne tinrent nul compte de ses réclamations. De toute part, on courut aux armes. Ce n'était dans le royaume que trouble et qu'agitation. Alors don Ferdinand de Léon, soit qu'il espérât tirer quelque profit de ces discordes, soit qu'il n'agît qu'avec de bonnes intentions, et pour rétablir la paix en Castille, entra dans ce royaume à la tête d'une armée, et commença par dévaster les bords du Duero, où les Lara avaient la plus grande partie de leurs domaines. Don Manrique se hâta d'emmener le jeune Alphonse à Soria, pour l'y tenir loin du théâtre et des dangers de la guerre. Dans ces entrefaites, don Gutierre vint à mourir, et son adversaire, rendu plus hardi par cette circonstance, voulut dépouiller tous les Castro des places dont ils avaient le commandement; mais ceux-ci refusèrent de les rendre, en invoquant les termes du testament de Sancho. Cette résistance excita la colère de Manrique, et pour montrer jusqu'où son ressentiment pouvait aller il fit déterrer le cadavre de Gutierre, et voulut qu'on lui fît son procès comme à un coupable de lèse-majesté. Mais le succès trompa son attente : les juges refusèrent de prononcer une sentence contre don Gutierre de Castro, et ils ordonnèrent que son corps fût reporté au couvent de San Christoval de Encas, dont on l'avait arraché.

Cependant l'armée de Ferdinand parcourait librement la Castille, où personne n'était en état de lui résister, et don Manrique, effrayé des maux qui menaçaient le pays, promit de remettre à ce prince la personne d'Alphonse et l'administration de son royaume, à condition qu'il serait pris des engagements pour assurer qu'à l'expiration de la tutelle tous les États du jeune roi lui seraient rendus. Pour confir-

---

(*) Suivant Ferreras, Garcia de Aza.

mer ce contrat, on convoqua dans la ville de Soria les cortès du royaume de Castille ; mais pendant que cette assemblée délibérait, un seigneur appelé Nuño Almexar (*) enleva le jeune Alphonse VIII des mains de ceux qui allaient le livrer à son oncle. Il l'emmena d'abord à Saint-Étienne de Gormaz, ensuite il le conduisit à Atienza, enfin il s'arrêta dans la ville d'Avila, dont les habitants se consacrèrent à la défense du jeune prince jusqu'à ce qu'il eût atteint sa onzième année, ce qui leur mérita le surnom de fidèles d'Avila. Cependant Ferdinand, furieux d'avoir été joué, se rendit maître, soit par force, soit de bon gré, de la plus grande partie du royaume, et même de Tolède, qu'il administra comme tuteur du jeune roi.

L'Aragon se trouva bientôt dans des embarras semblables à ceux dont la Castille avait à souffrir. Le mari de la reine Pétronille ayant fait un voyage en Italie, mourut à Saint-Dalmace, village situé au pied des Alpes, le 6 août 1162 (**). Il laissait plusieurs enfants, et par son testament, fait seulement de vive voix, il leur donna pour tuteur le roi Henri II d'Angleterre, et divisa entre eux ses États de la manière suivante : Ramon, qui était l'aîné et qui prit le nom d'Alphonse II, régna sur l'Aragon et sur la Catalogne; don Pedro, le second, eut en partage la Cerdagne et tout ce que son père possédait dans la Gaule narbonnaise ; don Sancho, le plus jeune de ses fils, n'hérita d'aucun de ses États : il fut seulement substitué à ses deux frères, pour le cas où ceux-ci viendraient à mourir avant lui sans enfants. Ramon Berenguer avait aussi une fille nommée doña Dulce, qui fut par la suite mariée au roi Sanche de Portugal. La reine Pétronille n'avait ni le talent ni la force nécessaire pour gouverner l'État, qui bientôt éprouva les conséquences de sa faiblesse. Un imposteur se fit le chef des mécontents et de ces gens qui sont en tout temps prêts à fomenter le désordre. Il avait quelques traits de ressemblance avec Alphonse le Batailleur, mort il y avait vingt-huit ans à la bataille de Fraga. Il se fit passer pour ce prince : il disait que, fatigué des choses de ce monde, il s'était déguisé pour aller prendre part aux guerres que les chrétiens faisaient contre les Sarrasins dans la terre sainte. Le vulgaire, naturellement enclin à écouter les fables les plus absurdes, enchérissait encore sur les récits que faisait le faux Alphonse. Le parti que cet imposteur avait su se faire menaçait de bouleverser le royaume. Heureusement, avant qu'il eût eu le temps de troubler sérieusement la paix publique, il fut arrêté à Saragosse, où la reine Pétronille le fit pendre. L'année suivante, les cortès générales d'Aragon et de Catalogne se réunirent à Barcelone. La reine, à la demande des riches hommes et des infançons, abdiqua la royauté en faveur de son fils. Ce jeune prince, né en 1152, avait alors à peine onze ans ; mais on le déclara majeur, et les Aragonais pensèrent qu'il valait mieux être gouverné par un enfant que par une femme.

Les circonstances se présentaient aux Almohades d'une manière trop favorable pour qu'ils ne fussent pas tentés d'en profiter et pour qu'ils n'essayassent pas de recouvrer ce qui leur avait été enlevé ; aussi, au commencement de l'année 556 de l'hégire (1160 de Jésus-Christ), Abd-el-Moumen passa lui-même en Espagne. Mais il n'avait amené que des forces insuffisantes, et toutes ses opérations se bornèrent à la prise d'un château dans les environs de Badajoz. Ensuite il retourna en Afrique, afin de préparer une nouvelle expédition, car les chrétiens n'étaient pas les seuls ennemis qu'il eût à combattre dans la Péninsule : Mohammet-ben-Sad, roi de Valence, de Murcie et de Jaen, faisait

---

(*) Suivant Ferreras, Almegir.

(**) Il y a dans Ferreras le 15 août : c'est évidemment une erreur. Le moine de Ripoll porte la date du 8 des ides d'août de l'année 1200 de l'ère d'Espagne, et Blancas le 8 des ides d'août de l'année 1162 de J. C.

aux Almohades une guerre sans relâche. Le jeudi 20 resjeb 557 (5 juillet 1162), il entra dans la campagne de Grenade, et livra aux Almohades une bataille, qui, disent les écrivains arabes, fut tellement meurtrière pour les deux partis, qu'on la surnomma azabicat, c'est-à-dire l'effusion du sang. Dans cette journée, Ben-Sad eut le désavantage. Il se retira dans les Alpuxarras, où il ramassa de nouvelles troupes, à la tête desquelles il revint, deux mois plus tard, le 12 sjawal 557 (lundi 24 septembre 1162), livrer dans les mêmes lieux une nouvelle bataille aux Almohades, sans pouvoir les vaincre.

Cependant, Abd-el-Moumen avait rassemblé des forces considérables et il s'apprêtait à passer en Espagne, lorsqu'il fut atteint d'une maladie dont il mourut, suivant quelques auteurs, le 8, et, suivant d'autres, le 10 sjumada posterior de l'année 558 (mardi 14 ou jeudi 16 mai 1163). Il eut pour successeur Youssouf-Abu-Yacob, un de ses fils. Celui-ci ne crut pas prudent de commencer son règne par une guerre en Europe; il pensa qu'il était sage avant tout d'affermir sa puissance en Afrique. Il licencia donc presque toutes les troupes que son père Abd-el-Moumen venait de rassembler, et il resta huit années avant de songer à repasser en Espagne. Il ne faudrait pas croire néanmoins que, pendant ce temps, les campagnes de l'Andalousie ne furent troublées par aucun cri de guerre. Ben-Sad ne cessait de combattre les Almohades. Le 8 du dernier mois de l'année 560 (16 octobre 1165), le roi de Valence livra dans les environs de Murcie une bataille à ses ennemis. Malgré tout le courage dont il fit preuve dans cette rencontre, Ben-Sad ne put l'emporter sur eux, et le secours de plusieurs milliers de chrétiens qui combattaient dans ses rangs ne put le garantir d'une défaite. Les auteurs arabes, avec l'exagération toute orientale qui leur est habituelle, racontent que les clameurs des guerriers et le cliquetis des armes produisirent un tel retentissement, qu'il ébranlait les airs jusqu'à plusieurs lieues de distance, et qu'on l'entendait encore, même plusieurs jours après que la bataille eut cessé (*).

ALPHONSE VIII COMMENCE A RÉGNER PAR LUI-MÊME. — IL ENTRE DANS TOLÈDE. — MORT DE MANRIQUE DE LARA. — ALPHONSE VIII EST RECONNU MAJEUR ET SE MARIE AVEC DONA LEONORE D'ANGLETERRE. — MORT DE BEN-SAD. — MARIAGE DE YOUSSOUF-ABU-YACOB AVEC LA FILLE DE BEN-SAD. — MORT DE FERDINAND DE LÉON. — SON FILS ALPHONSE IX LUI SUCCÈDE. — MORT DE YOUSSOUF-ABU-YACOB. — SON FILS YACOB LUI SUCCÈDE. — BATAILLE D'ALARCOS. — MARIAGE DE DONA BERENGUELA DE CASTILLE AVEC LE ROI DE LÉON. — MARIAGE DE BLANCHE DE CASTILLE AVEC LOUIS VIII.

Le repos où le nouvel émir des Almohades Youssouf-Abu-Yacob laissait les chrétiens fut un grand bonheur pour le roi de Castille. Chaque jour lui faisait regagner un peu de l'autorité dont les partis s'étaient emparés. Beaucoup de seigneurs pensaient qu'Alphonse, ayant atteint sa onzième année, pouvait exercer l'autorité royale. Ils citaient l'exemple des Aragonais, qui venaient de confier le gouvernement à un souverain qui n'était guère plus âgé. Ils lui adressaient donc des lettres et des envoyés pour le presser de prendre lui-même les rênes de l'État. Ce jeune prince, cédant à leurs instances, se décida à parcourir son royaume et à visiter chacune de ses villes. Ceux qui dans le principe accompagnaient le roi étaient en petit nombre : c'étaient quelques seigneurs castillans et une garde de cent cinquante cavaliers que les fidèles d'Avila lui avaient donnée pour défendre et protéger sa personne. C'étaient de bien faibles ressources pour reconquérir un royaume; mais Alphonse avait en sa faveur toutes les haines que les tyrannies des seigneurs avaient soulevées; il avait pour lui la mémoire de Sancho le Regretté. Aussi beaucoup de villes et de forteresses ne se bornèrent pas à lui ouvrir volontai-

(*) Conde, Historia de la dominacion de los Arabes en España, 3ª p., cº. XLVII.

rement leurs portes, elles lui offrirent de l'argent, des vivres, et tout ce dont il pouvait avoir besoin, et bientôt il fut à la tête d'une petite armée. La première conquête d'une véritable importance qu'il osa tenter fut celle de la cité impériale, celle de Tolède, la capitale de ses États. Il dut le succès de cette entreprise à l'un des principaux citoyens de cette ville, nommé don Estevan Illan. Celui-ci venait de faire bâtir à ses frais, dans la partie la plus élevée de Tolède, l'église de San Roman. Auprès de cette église il avait construit une tour, qui servait à la fois d'embellissement et de forteresse. Don Estevan avait reçu de don Ferdinand Ruiz de Castro, qui gouvernait la ville, quelques sujets de mécontentement : il embrassa donc avec ardeur le parti du jeune roi. Il le fit entrer dans Tolède à l'aide d'un déguisement, et lui ouvrit la tour de San Roman sur laquelle on arbora l'étendard royal. Ensuite on se mit à crier sur les places publiques qu'Alphonse, le roi, était dans la ville. A cette nouvelle, le peuple commença à s'émouvoir. Les habitants prirent les armes : les uns pour défendre l'autorité de don Ferdinand Ruiz de Castro, mais le plus grand nombre en faveur du jeune roi ; en sorte que le gouverneur ne se trouvant pas en état de résister dans la ville, l'abandonna en fuyant et se retira à Huète. Ce fut le 26 août 1166 que le roi fut ainsi proclamé dans Tolède.

Don Ferdinand Ruiz de Castro, retiré à Huète, ne cessait de faire des courses sur le territoire de Tolède. Don Manrique, à la tête d'une partie de l'armée royale, marcha au-devant de lui. Les deux troupes se rencontrèrent et combattirent avec acharnement ; mais don Manrique de Lara ayant été tué d'un coup d'épée, les troupes qu'il commandait prirent la fuite. Cette mort contribua beaucoup à augmenter cette haine des Lara et des Castro qui avait déjà occasionné tant de troubles dans le royaume et qui devait encore causer tant de maux. Malgré cet échec, le jeune Alphonse n'en continua pas moins à ranger sous son autorité un grand nombre de villes. Celle de Zurita, qui était défendue par Lope de Arenas, un des lieutenants de Ruiz de Castro, n'ayant pas voulu ouvrir ses portes, Alphonse en forma le siége. Elle se défendit pendant quelque temps ; mais le gouverneur ayant été assassiné par un de ses domestiques, la place ne tarda pas à se rendre. C'est ainsi, en s'occupant à recouvrer pied à pied le royaume de son père, dont quelques sujets rebelles lui disputaient la possession, qu'Alphonse atteignit enfin la majorité fixée par le testament. Il avait atteint sa quinzième année lorsqu'il réunit en 1170 les cortès de Castille dans la ville de Burgos. Cette assemblée déclara traître quiconque garderait contre la volonté du roi les villes qui lui avaient été confiées. Don Ferdinand Ruiz de Castro n'ayant plus de prétexte pour retenir les places qui étaient entre ses mains, les remit au roi ; et craignant le ressentiment que sa résistance avait dû exciter, il quitta la Castille pour se réfugier chez les musulmans. Il ne se borna pas à chercher un asile sur leur territoire, il déclara publiquement qu'il renonçait à sa patrie, et par cette déclaration, devenu étranger, il se mit à courir et à ravager les frontières de la Castille.

On voit combien les mœurs de cette époque différaient des principes reçus de nos jours : maintenant, celui qui combat contre ses concitoyens encourt la peine de mort ; les lois et le cri public le flétrissent du nom de traître. Dans cet âge, au contraire, que les amis du bon vieux temps citent comme étant par excellence l'âge de la loyauté et de la chevalerie, il suffisait d'accomplir quelques formalités pour avoir le droit de porter sans déshonneur les armes contre son pays, ou de manquer à la foi qu'on avait jurée à son seigneur. Il suffisait, disait-on alors, de se dénaturaliser (*desnaturalisar se*). Toute prévention à part, est-ce que les principes de notre temps ne sont pas préférables? est-ce qu'ils ne sont pas plus conformes à la raison ?

Les cortès de Burgos s'occupèrent

aussi de marier le jeune roi de Castille, qui épousa, au mois de septembre suivant, Léonore, fille de Henri II d'Angleterre et de Léonore d'Aquitaine. Une étroite alliance existait entre Alphonse d'Aragon et le roi Henri II d'Angleterre, qui avait été désigné par Ramon Berenguer pour tuteur de ses enfants. Ce mariage fut donc une raison pour accroître encore la bonne harmonie entre Alphonse de Castille et Alphonse d'Aragon. Une foule de rapports tendaient à rapprocher ces jeunes princes : ils portaient le même nom, avaient à peu près le même âge et avaient des intérêts semblables. Tous deux avaient à se plaindre du roi de Navarre : ils formèrent donc une ligue contre ce souverain, et se donnèrent respectivement des places de sûreté.

Il serait trop long de rapporter ici les troubles que causèrent encore dans le royaume les haines des Castro et des Lara, ou les guerres qui eurent lieu entre la Navarre, l'Aragon et la Castille. Il est un fait cependant qui mérite d'être cité, pour prouver combien à cette époque la mémoire du Cid exerçait encore d'influence. Dans une des nombreuses incursions que le roi de Navarre fit dans la vieille Castille, il pénétra jusqu'aux environs d'Atapuerca, et il s'en retournait chargé de butin, quand l'abbé de San Pedro de Cardeña, touché par les larmes des pauvres gens dont son armée emmenait les troupeaux et emportait toute la fortune, s'efforça de le rejoindre. Il lui dit qu'il n'était pas juste de faire retomber sur de malheureux laboureurs les maux de la guerre que se faisaient les rois. Il le supplia de faire rendre à ces infortunés ce qui leur avait été enlevé. L'abbé, gardien du tombeau du Cid, avait fait porter devant lui l'étendard de ce guerrier. Le roi, plein de vénération pour cette glorieuse bannière, ordonna de restituer aux laboureurs ce qui leur avait été pris. Les marques de son respect ne se bornèrent pas là : il voulut reconduire lui-même ceux qui la portaient, et les escorter jusqu'à l'endroit où elle restait ordinairement déposée.

Lorsque ces querelles entre les rois chrétiens étaient pendant quelque temps suspendues, alors ils en profitaient pour combattre leur ennemi commun : ils tournaient leurs armes contre les musulmans. C'est ainsi qu'Alphonse VIII fit la conquête de Cuenca, tandis que, de leur côté, Alphonse d'Aragon et Ferdinand de Léon leur enlevaient plusieurs villes d'une moindre importance. Les Almohades de l'Andalousie, qui chaque jour se voyaient arracher quelque partie de leur territoire, réclamèrent l'assistance de leur souverain Youssouf-Abu-Yacob. Celui-ci fit en Espagne plusieurs expéditions, sans obtenir aucun avantage. Il ne pouvait en être autrement, car les Almohades n'avaient pas seulement à combattre les chrétiens, il fallait encore qu'ils fissent la guerre aux musulmans des royaumes de Valence et de Murcie. Youssouf-Abu-Yacob, dans le but de mettre un terme aux discordes qui divisaient les musulmans d'Espagne, résolut de contracter une alliance avec les Ben-Sad. Le roi de Valence, Mohammed-Ben-Sad, était mort dans le courant de 567 (1172). Il avait laissé pour successeur Abul-Hégiag-Youssouf-Ben-Mohammed-Ben-Sad. Il avait aussi laissé une fille, et, disent les auteurs arabes, en 570 (1174), l'émir Al-Moumenim-Youssouf-Abu-Yacob épousa la charmante fille de Mohammed-Ben-Sad, sœur du souverain de l'Espagne orientale. Ce mariage fit cesser pour un instant les guerres que les musulmans se faisaient entre eux. Mais cette tranquillité passagère ne put leur rendre la supériorité sur les chrétiens. En 1184, Youssouf-Abu-Yacob dirigea lui-même une expédition en Portugal. Il alla assiéger Santarem, et mourut, disent quelques auteurs, des blessures reçues dans un combat que les chrétiens lui livrèrent, sous les murailles de cette ville, le mardi 13 rabia posterior 580 (24 juillet 1184). Suivant les autres, il se noya pendant la retraite en traversant le Tage. Il eut pour successeur son fils Yacob-Ben-Youssouf, qui repassa précipitamment en Afrique pour y assurer sa domination.

Quatre années plus tard, mourut le roi Ferdinand de Léon. Ce prince ne fit rien dans le cours de sa vie qui puisse recommander sa mémoire à la postérité. Quelques auteurs jugent avec une grande sévérité la conduite qu'il a tenue pendant la minorité de son neveu; ils l'accusent d'avoir voulu en profiter pour s'emparer de la Castille. Si cette accusation ne nous paraît pas assez prouvée pour que nous nous y associions, les faits au moins la rendent assez probable pour que nous ne la combattions pas.

Ferdinand eut pour successeur son fils Alphonse IX. A peine sur le trône, ce jeune prince épousa Thereza, fille du roi de Portugal. Ce mariage fut déclaré illégitime par l'Église, à raison de la parenté qui existait entre les époux; et comme ils refusaient de se séparer, l'excommunication fut lancée contre eux et l'interdit fut mis sur le royaume. Il ne fut levé qu'en 1195, lorsque le roi renvoya doña Thereza en Portugal.

Les mêmes querelles qui avaient séparé Alphonse VIII et son oncle Ferdinand continuèrent, sous le nouveau roi, à diviser les royaumes de Léon et de Castille. Cependant, en 1195, le danger commun et les préparatifs que faisait l'émir-al-moumenim, durent momentanément les réunir. Don Martin, archevêque de Tolède, entraîné par son zèle pour la religion, avait fait, à la tête de ses hommes d'armes, une irruption dans l'Andalousie; il avait mis le pays à feu et à sang et était revenu chargé de riches dépouilles. Les musulmans, pour tirer vengeance de cette agression, rassemblèrent tout ce qu'ils avaient d'hommes en état de porter les armes. La guerre sainte fut aussi prêchée en Afrique, et l'émir-al-moumenim-Yacob-Ben-Youssouf passa en Espagne avec une armée formidable. Alphonse de Castille, averti des préparatifs que faisaient les musulmans, demanda des secours au roi de Léon et au roi de Navarre, don Sanche, qui, depuis environ une année, avait succédé à son père don Sanche le Savant (el Sabio). Ces deux princes promirent de lui amener des troupes. Fort de cette promesse et plein de confiance en l'armée qu'il conduisait, Alphonse VIII, sans attendre les secours qu'on lui annonçait, marcha au devant des musulmans, qui avaient déjà passé la Sierra Morena, et vint camper en face d'eux, dans les environs d'Alarcos. Plusieurs des officiers du roi voyant combien l'armée musulmane était nombreuse, jugèrent qu'il était prudent d'attendre l'arrivée des troupes de Léon et de Navarre; les autres, au contraire, disaient que les attendre serait leur laisser une part dans l'honneur de la victoire et dans le riche butin qui devait en être le prix. Ils étaient d'avis qu'il fallait combattre à l'instant même. Ce conseil fut celui qui flatta davantage le courage du roi. Le mercredi 9 de sjaban 591 (19 juillet 1195), il rangea son armée en bataille. Sa cavalerie, composée en grande partie des religieux de Calatrava, de Saint-Jacques et de Saint-Julien, se précipita sur l'armée ennemie et parvint à pénétrer au milieu des masses épaisses qu'elle présentait. Mais là, entourée par des ennemis qui se renouvelaient sans cesse, elle fut accablée par le nombre et fut à son tour mise en déroute. Près de vingt mille chrétiens parmi lesquels on comptait presque tous les chevaliers des ordres religieux, restèrent sur le champ de bataille. Après la bataille, on amena à Yacob-Ben-Youssouf plusieurs milliers de prisonniers chrétiens, et ce prince, dans l'ivresse que lui inspirait sa victoire, les fit remettre en liberté sans exiger d'eux aucune rançon.

Les musulmans s'emparèrent aussitôt d'Alarcos, qu'ils ruinèrent entièrement. Ils reprirent Calatrava, puis ils entrèrent dans le royaume de Tolède. D'après Mariana, ils n'auraient pas dépassé la ville d'Ybanes, qui est à six lieues de Tolède. Suivant d'autres, ils s'avancèrent jusque sous les murailles de cette capitale. Mais la ville leur parut trop forte pour qu'ils osassent l'attaquer. Ils passèrent outre, et allèrent prendre Guadalajara, Talamanca, et ils s'en retournèrent à Séville, pour revenir l'année suivante.

Le roi de Castille se retira à Tolède avec les débris de son armée, tandis que les rois de Léon et de Navarre y arrivaient eux-mêmes à la tête des secours qu'ils avaient promis. Il paraît qu'Alphonse, aigri par sa défaite, répondit quelque mot piquant au reproche qu'ils lui faisaient de ne les avoir pas attendus pour livrer bataille. Ils se retirèrent aussitôt avec leurs troupes, et dès qu'ils furent arrivés chacun sur les frontières de leurs États, ils se mirent à courir et à ravager les terres de la Castille. Cette trahison irrita vivement Alphonse VIII. Après avoir pourvu à la sûreté des places qui pouvaient être attaquées par les musulmans, il rassembla des troupes pour aller mettre fin aux ravages de ses auxiliaires.

L'année suivante, Yacob-ben-Youssouf entra de nouveau dans le royaume de Tolède; mais Alphonse trouva le moyen de se défendre contre les musulmans, et de faire en même temps avec avantage la guerre au roi de Léon. L'émir Yacob-ben-Youssouf, fatigué de ne pouvoir enlever aucune des villes qu'il avait attaquées, et d'ailleurs rappelé en Afrique par des révoltes qui menaçaient sa couronne, conclut avec les chrétiens une trêve de dix années, et repassa la mer. Ainsi, cette funeste journée d'Alarcos, l'échec le plus désastreux que les armes chrétiennes eussent essuyé en Espagne depuis la défaite de Zalaca, n'aboutit qu'à la prise de quelques places, et ne consolida ni en Espagne ni en Afrique la domination des Almohades.

Dès qu'Alphonse VIII se vit libre de ce côté, il se jeta sur le royaume de Léon. Alphonse IX s'avança pour le combattre, et les deux princes étaient sur le point d'en venir aux mains, lorsque les prélats qui se trouvaient dans les deux armées, s'entremirent pour amener la paix. L'avis de tout le monde fut que le meilleur moyen de la rendre durable était de donner pour épouse dona Berenguela, fille aînée du roi Alphonse VIII, au roi de Léon, dont le premier mariage avec Thereza de Portugal, sa cousine, avait été annulé. Sans s'arrêter au lien de parenté qui existait entre Alphonse IX et dona Berenguela, et qui était presque au même degré que celui qui l'unissait à sa première femme (*), on conclut ce mariage, qui, plus tard, fut aussi condamné par l'Église, mais dont cependant naquit le roi saint Ferdinand.

Dona Berenguela n'était pas la seule des filles d'Alphonse VIII à laquelle le ciel réservât le bonheur d'enfanter un saint roi. En l'année 1200, la mère de la reine de Castille, Léonore d'Aquitaine, qui avait été mariée en premières noces à Louis le Jeune, roi de France, et ensuite à Henri II d'Angleterre, dont elle était veuve, vint demander une de ses petites-filles en mariage pour le fils de Philippe-Auguste. Ce fut Blanche de Castille qui lui fut accordée, et qu'elle conduisit elle-même en France. Cette seconde fille d'Alphonse VIII fut mère de saint Louis.

MORT D'ALPHONSE II D'ARAGON. — DON PEDRO II EST COURONNÉ PAR LE PAPE. — MARIAGE DE DON PEDRO AVEC MARIE DE MONTPELLIER. — NAISSANCE DE DON JAYME LE CONQUÉRANT. — MORT DE DON PEDRO LE CATHOLIQUE. — BATAILLE DES NAVAS DE TOLOSA. — ORIGINE DES CHAÎNES DANS LES ARMES DE NAVARRE.

Le roi Alphonse second d'Aragon mourut le 25 avril 1196. Il avait été fiancé dès sa plus grande jeunesse à Sancha, fille d'Alphonse l'empereur et de l'impératrice Rica. Quelques différends qui s'élevèrent entre lui et Alphonse VIII le déterminèrent, pendant quelque temps, à renoncer à

(*) Alphonse IX : 1° Urraca, sa mère; 2° Alphonse Enriquez, son aïeul maternel; 3° Dom Sancho de Portugal, son oncle maternel; 4° Dona Thereza, sa cousine germaine, sa première femme.

1° Ferdinand, son père; 2° Alphonse, l'empereur, son aïeul paternel; 3° don Sancho le Regretté, son oncle paternel; 4° Alphonse VIII, son cousin germain; 5° dona Berenguela, sa cousine issue de germain.

dée de réaliser cette union. Il envoya même des ambassadeurs à Constantinople pour demander une des filles de l'empereur d'Orient; mais, pendant que ses ambassadeurs étaient en route, ces difficultés s'aplanirent, et quand ils revinrent, ils le trouvèrent marié. Alphonse II donna un exemple rare, je ne veux pas dire de notre temps, mais à l'époque où il vivait. Il resta fidèle à la reine, ce qui lui mérita le nom d'Alphonse le Chaste. Il eut de son mariage quatre fils, don Pedro, qui fut son successeur, Alphonse, Sancho et Ferdinand. Il eut aussi quatre filles : Constance, mariée au roi de Hongrie, Éléonore et Sancha, qui épousèrent des comtes de Toulouse, et Dulce, qui se consacra au service de Dieu.

Au commencement de son règne, don Pedro II, surnommé le Catholique, fit le voyage de Rome, où il fut accueilli avec magnificence par le pape Innocent III. Il y reçut l'onction sainte dans l'église de Saint-Pancrace, et le souverain pontife le couronna de sa propre main. Les auteurs catalans rapportent à cet égard une histoire assez bizarre. Ils disent que le roi ayant été prévenu que l'usage des papes était de poser avec leurs pieds le diadème sur la tête de ceux qu'ils couronnaient, voulut éviter qu'Innocent III n'en agît avec lui de cette manière. Il imagina de faire construire sa couronne en pain azyme, et la fît orner des pierres les plus précieuses, afin que le pape, arrêté par la fragilité de la matière, fût obligé de prendre la couronne avec ses mains. On ne sait guère ce qui peut avoir donné lieu à cette tradition racontée sérieusement par le grave Blancas; ce qui est certain, c'est que, pour prix de la condescendance que le pape avait eue de le couronner, don Pedro lui fit hommage de son royaume, et s'engagea à lui payer un tribut annuel. Mais la constitution aragonaise ne laissait pas au souverain le droit de disposer de la fortune publique. Dans les cortès de Huesca, les représentants du pays attaquèrent l'engagement pris par le roi, le déclarèrent nul, et le tribut ne fut pas payé.

Don Pedro eut pour première femme la nièce du comte de Forcalquier, qui lui donna un fils nommé Ramon Berenguer; mais cet enfant mourut en bas âge, et sa mère ne lui survécut que peu de temps. Alors don Pedro épousa Marie, fille de Guillaume, seigneur de Montpellier. Le récit de ces secondes noces ressemble à une intrigue de comédie (*), bien plus qu'à de l'histoire, et cependant les circonstances en sont attestées par les auteurs les plus sérieux, justifiées par les pièces les plus irrécusables. Don Pedro conçut pour la nouvelle reine une aversion si violente qu'il refusa de consommer le mariage, et qu'il se pourvut auprès de la cour de Rome pour le faire annuler. Il prétendait que Marie de Montpellier était sa cousine, et que d'ailleurs elle était déjà mariée quand il l'avait épousée. La reine répondait qu'à la vérité, lorsqu'elle était encore très-jeune, elle avait été mariée au comte de Comminge; mais que ce mariage avait été considéré comme nul, parce que le comte de Comminge était son parent, et qu'en outre, au moment où cette union avait été contractée, le comte de Comminge avait déjà deux épouses vivantes : Guillelma, fille d'Arnauld de la Barca, et l'autre, Beatrix, fille du comte de Bigorre.

Le pape décida que le mariage de don Pedro devait être maintenu, et l'on trouve dans Zurita le bref qui fut expédié à cette occasion. Si l'Église pouvait déclarer indissoluble le lien qui unissait les deux époux, elle était sans action pour contraindre le roi à exercer tous les droits que lui donnait sa qualité de mari. Malgré les représentations que lui avaient adressées à cet égard les seigneurs aragonais, il disait que jamais la reine ne serait mère de l'héritier de la cou-

---

(*) Cette histoire a en effet fourni à Calderon de la Barca une de ses plus jolies comédies; c'est celle intitulée : *Gustos y disgustos no son mas que imaginacion.*

ronne; il refusait d'habiter avec elle, et tandis qu'elle demeurait au château de Mirevaux, dans les environs de Montpellier, don Pedro séjournait où les soins de la royauté, où les plaisirs l'appelaient. Un jour qu'il était venu à Lates, près de Montpellier, pour se livrer au plaisir de la chasse, un riche homme d'Aragon, nommé Guillelm d'Alcala, parvint à le conduire à Mirevaux en lui faisant espérer qu'il y serait accueilli par une dame dont il était amoureux. A cette dame, qui devait le recevoir dans l'obscurité, on substitua la reine. Le lendemain, quand le roi reconnut son erreur, il s'emporta. Il jura qu'il ne se laisserait plus prendre à un semblable piége. Mais sa colère ne servit de rien. Des témoins, choisis parmi les grands du royaume, avaient constaté le rapprochement des époux. Marie de Montpellier devint enceinte, et accoucha d'un fils la veille de la Purification, 1er février 1208. Elle le fit aussitôt présenter à l'église de Sainte-Marie de Montpellier, et, pour déterminer le nom qu'elle lui donnerait, elle fit prendre douze cierges du même poids et de la même grosseur, à chacun desquels elle attacha le nom de l'un des douze apôtres. Celui qui dura le plus longtemps fut celui de saint Jacques; c'est pour cela qu'elle appela son fils Jacques, ou, en idiome catalan, Jacme et Jayme.

Don Pedro, souverain de Montpellier et d'une partie de la Gaule narbonnaise, devait être inévitablement appelé à jouer un rôle dans ces guerres déplorables que l'hérésie des Albigeois et le fanatisme de saint Dominique avaient allumées. Raymond, comte de Toulouse, qui avait épousé Éléonore, l'une des sœurs du roi d'Aragon, avait été excommunié, et Montfort, à la tête d'une armée de fanatiques, s'était chargé de le dépouiller de ses Etats. Don Pedro, guidé par un sentiment de justice et révolté par la barbarie des agresseurs, prit parti pour son beau-frère. Il entra dans la Gaule narbonnaise à la tête de son armée, et vint mettre le siége devant le château de Muret, où il fut tué, le 14 septembre 1213.

L'année précédente, en 1212, s'était passé un des faits les plus célèbres de l'histoire espagnole; et quoique don Pedro d'Aragon n'y ait pas joué le premier rôle, il est juste, cependant, de lui rendre la part d'honneur qui lui appartient. On se rappelle qu'à la suite du désastre d'Alarcos une trêve de dix années avait été conclue avec le prince des Almohades, Yacoub-ben-Youssouf. Ce souverain était mort en Afrique, dans la soirée du jeudi 9 rabia prior de l'année 595 (mercredi 20 janvier 1199). Il avait eu pour successeur son fils Mohammed Abu Abd-Allah, que la flatterie avait décoré chez les Arabes du titre glorieux de al-Nassr-Leddin-Allah, le soutien de la loi de Dieu, et que la couleur verte de son turban avait fait désigner par les chrétiens sous le nom de Mohammet le vert.

Aussitôt que le terme de la trêve fut arrivé, les deux partis reprirent les armes; les mahométans avec la présomption de reconquérir tout ce qui leur avait été arraché en Espagne; les chrétiens avec l'espoir de renverser le faible empire des Almohades, et de chasser entièrement les musulmans de la Péninsule. Alphonse de Castille envoya don Fernan son fils à la tête d'une armée pour parcourir les environs d'Andujar et de Baeza. De son côté, Mohammed-Al-Nassr était passé en Espagne à la tête d'une armée que les écrivains arabes évaluent à 160,000 hommes, et à laquelle vinrent se joindre les troupes des musulmans de l'Andalousie. Il était entré dans les Etats chrétiens au commencement de l'année 608 de l'hégire (juin 1211); et au lieu de profiter de l'avantage que lui donnait le nombre de ses troupes, et de marcher en avant pour chercher l'armée espagnole, il s'arrêta à attaquer la ville de Salvatierra. Mais ce siége traîna tellement en longueur, disent les auteurs arabes, qu'une hirondelle fit son nid sous le pavillon de Mahommed, qu'elle eut le temps d'y élever sa couvée, et que les petits s'envolèrent avant que la ville fût prise.

Don Alphonse, en apprenant que les Almohades assiégeaient Salvatierra, s'était mis en route pour aller dégager cette place. En chemin il rencontra l'armée de son fils qui revenait de parcourir les frontières de l'Andalousie, et ce jeune prince lui représenta qu'avec le peu de troupes qu'ils avaient réunies il y aurait témérité à affronter la multitude des ennemis. Alphonse se rendit à ces raisons, et Salvatierra ne fut pas secourue; mais elle se défendit courageusement; et ce ne fut qu'à la fin de septembre que les musulmans purent s'en rendre maîtres. Mais alors l'hiver approchait. Les vivres et le fourrage leur manquèrent. Déjà les maladies s'étaient mises dans leur armée. Il fallut qu'ils renonçassent à tenter cette année aucune grande entreprise. Ils se retirèrent donc en Andalousie pour attendre le retour de la belle saison.

Pendant que l'impéritie des généraux de Mahommed épuisait ainsi l'armée musulmane en efforts inutiles, Alphonse et l'infant Ferdinand profitaient de ce répit pour rassembler des troupes et pour prendre toutes les mesures réclamées par la sûreté publique; mais l'infant, épuisé par les fatigues de la campagne pénible qu'il avait faite, fut atteint d'une fièvre qui l'enleva en peu de jours. Il mourut le vendredi 14 octobre 1211. Ce funeste événement, tout en accablant le roi Alphonse d'une profonde douleur, n'arrêta pas les préparatifs qu'il faisait pour résister à la puissante armée des Almohades. Il fit au contraire tout ce que la prudence put lui suggérer. Il demanda des secours à tous les princes chrétiens de la Péninsule; il fit répéter dans tous ses États des prières publiques pour invoquer l'assistance du ciel; et la guerre qu'il allait soutenir fut prêchée comme une croisade, comme une entreprise agréable à Dieu. Des troupes d'étrangers dont on ne peut fixer le nombre, mais qui, disent les écrivains, s'élevaient à plus de cent mille hommes, se réunirent à Tolède où était le rendez-vous fixé par le roi. Cette armée, sans chef, sans discipline, avide de meurtre et de pillage, commença son œuvre par des séditions. Les soldats voulaient, disaient-ils, faire justice des juifs qui se trouvaient en grand nombre à Tolède. Il fallut toute l'énergie du roi et des seigneurs castillans pour réprimer ces fanatiques. On ne peut guère calculer à quels excès se seraient portés ces dangereux auxiliaires si le roi d'Aragon ne fût arrivé à la tête d'une armée de 20,000 fantassins et de 3,500 cavaliers; il vint aussi des troupes du Portugal et du royaume de Léon. Cette immense armée partit de Tolède le 21 juin 1212. L'avant-garde, composée des étrangers, était commandée par Diego de Haro. Le centre marchait sous les ordres du roi d'Aragon. Le roi Alphonse de Castille fermait la marche avec une nombreuse infanterie et à la tête de 14,000 cavaliers castillans.

Le troisième jour on arriva devant la ville de Malagon, qui était au pouvoir des musulmans. La garnison, en voyant combien était nombreuse l'armée des chrétiens, ne tenta pas de se défendre. Elle se retira dans la citadelle; elle y fut attaquée, et les troupes étrangères, qui formaient l'avant-garde des chrétiens, étant parvenues à escalader les remparts, massacrèrent sans pitié tous les musulmans. L'armée se porta ensuite sur Calatrava, qui résista peu de temps. Les musulmans rendirent la place à condition qu'on leur laisserait la vie et la liberté. Les soldats étrangers, qui ne respiraient que sac et que pillage, voulaient passer tous les infidèles au fil de l'épée; ils voulaient surtout s'enrichir des dépouilles des vaincus. Mais Alphonse de Castille, qui a mérité d'être nommé Alphonse le Noble, Alphonse le Bon, ne voulut pas laisser massacrer tant de braves gens qui s'étaient rendus sur sa parole royale. Il ordonna qu'ils pussent en sûreté rejoindre le camp musulman. Ce fut pour les étrangers un motif de mécontentement; et comme ils souffraient beaucoup des chaleurs intolérables, pour la plupart d'entre eux, ils abandonnèrent presque tous l'armée, et partirent pour retourner dans leur pays. En arrivant près de Tolède ils tentèrent de piller la ville; mais les habitants leur en fermèrent les portes, et cette multitude, manquant de chef et n'ayant pas de provisions, fut obligée, pour pouvoir subsister sur la route, de se diviser par petites troupes, ce qui la rendit moins dangereuse pour les pays qu'elle traversa. Les rois espagnols durent être peu contrariés par la défection de ces bandes, car elles étaient, par leur indiscipline, plus redoutables pour ceux qu'elles venaient secourir que pour les ennemis qu'elles allaient combattre. Leur départ fut d'ailleurs grandement compensé par l'arrivée du roi Sancho le Fort, qui amenait une armée de Navarrais.

Dans leur marche, les chrétiens forcèrent quelques châteaux. Enfin ils arrivèrent au pied de la Sierra Morena. Mohammed les avait gagnés de vitesse, et s'était depuis quelque temps emparé de tous les défilés de ces montagnes; il s'était principalement assuré du port de la Losa par lequel il paraissait indispensable que passât l'armée chrétienne pour pénétrer en Andalousie. Mohammed espérait que, si elle voulait forcer ces défilés, maître de la position, il aurait peu de peine à remporter la victoire. Si elle s'arrêtait, elle aurait bientôt épuisé le pays et manquerait de vivres et de fourrage. Si elle reculait, c'était pour elle un échec, un déshonneur, et tous les frais de cet immense armement se trouvaient avoir été dépensés en pure perte. Ces calculs étaient sages; mais un pouvoir plus élevé que celui des hommes les déjoua. Les rois chrétiens avaient réuni un conseil de guerre, et ils délibéraient pour savoir ce qu'on ferait. Don Lope, fils de Diego de Haro, était parvenu à s'emparer des hauteurs du port de Castro-Ferral; mais après ce port il en fallait forcer un autre et l'on ne pouvait songer à engager l'armée dans un passage d'un accès aussi difficile. On était dans le plus grand embarras lorsqu'un pâtre se présenta au camp. Suivant quelques auteurs, il se nommait Martin Alhaja, suivant les autres, ce n'était pas un homme, mais un ange que Dieu envoyait au secours des chrétiens. Il dit qu'il avait longtemps gardé ses troupeaux dans ces montagnes, et que, si on voulait se fier à lui, il indiquerait un chemin pour mener, sans péril, toute l'armée jusqu'aux plaines où était campée l'armée des Almohades. S'en rapporter sur une chose de cette importance à la parole d'une personne qu'on ne connaissait pas, n'eût pas été la conduite de chefs prudents. Mais on convint que Diego de Haro et Garcia Romero iraient en éclaireurs, avec quelques bataillons, pour s'assurer de la possibilité de franchir la Sierra, et pour s'emparer du passage. Ce pâtre leur fit suivre un chemin qui s'élevait le long du flanc de la montagne, et qui, dans le commencement, paraissait se diriger vers un point diamétralement opposé à celui qu'on voulait atteindre, et il parvint à les conduire, par un chemin facilement praticable, jusqu'à l'autre côté de la montagne, où se trouvait une vaste plaine capable de contenir toute l'armée. Diego de Haro fit donc à l'instant même prévenir les rois, et, pour que ceux qu'il envoyait ne se trompassent pas à leur retour, et qu'ils pussent facilement reconnaître le chemin, le pâtre qui les avait conduits plaça le squelette d'une tête de vache dans un endroit où le sentier formait un embranchement qui pouvait les égarer. C'est, dit-on, ce qui lui fit, par la suite, donner le nom de *Cabeça de Vaca*.

L'armée gagna, par ce chemin, l'autre côté de la montagne, et commença à s'y retrancher le samedi 14 juillet 1212. Les musulmans furent bien surpris de voir les chrétiens arrivés en cet endroit; néanmoins ils ne perdirent pas courage, et ils vinrent présenter la bataille; mais pendant deux jours on la refusa, et l'on s'occupa uniquement à fortifier le camp, à reconnaître la disposition du terrain et l'emplacement occupé par les ennemis. Enfin, le lundi 14 safar 609 (*) (16 juillet 1212), la bataille fut donnée.

Le roi Alphonse le Noble était au centre avec les troupes de Castille. Sancho le Fort était à l'aile gauche; l'aile droite était formée des Aragonais, commandés par don Pedro le Catholique.

Quant à Mohammed-al-Nassr, il choisit une petite éminence pour faire dresser son pavillon, qui était rouge, en signe de guerre. Tout autour se serraient rangés en cercle les plus braves de son armée. Ils étaient entourés d'un retranchement, formé avec de fortes chaînes de fer, qui les protégeaient contre le choc de la cavalerie. Mohammed le Vert (*), enveloppé d'un manteau noir qu'avait porté Abd-el-Moumen, assis sur un bouclier, et ayant devant lui son cheval, occupait le centre de cette enceinte. En avant de ce corps de bataille était placée une ligne formée de plusieurs milliers de chameaux liés ensemble par des chaînes de fer. Enfin, en avant se trouvait le reste des troupes musulmanes. Aux premiers rangs étaient des guerriers armés de longues piques qu'ils appuyaient à terre contre leur pied, et dont ils tendaient la pointe en avant pour recevoir la gendarmerie chrétienne, tandis que, derrière eux, des archers, des frondeurs, des arbalétriers faisaient pleuvoir une grêle de traits et de pierres sur les hommes et sur leurs chevaux. Plusieurs fois la cavalerie d'Alphonse vint se briser contre cette ligne hérissée de piques; mais enfin elle l'enfonça, et les chrétiens arrivèrent à l'enceinte des chaînes. Là, il fallut livrer une nouvelle bataille, parce que les Almohades, qui défendaient ces retranchements, étaient les plus vaillants. Enfin, les Navarrais parvinrent les premiers à briser les chaînes et à pénétrer dans l'enceinte. Alvar Nuñez de Lara fut, du côté des Castillans, celui qui s'y précipita le premier. Il fit franchir les chaînes par son cheval, et ouvrit ainsi le chemin à ceux qui venaient derrière lui. Alors la défaite des musulmans fut complète. Ils prirent la fuite, et 200,000 d'entre eux tombèrent sous le fer des vainqueurs. Alphonse VIII, dans la lettre qu'il écrivit au pape pour lui annoncer la défaite des infidèles, ne donna pas le nombre des ennemis res-

---

(*) Il y a dans Condé le 15 safar, ce qui est une erreur. Le 15 safar 609 est le 215,500ᵉ jour de l'hégire. Ce nombre de jours donne 30,785 semaines et 5 jours. Or, comme ces semaines commencent le vendredi, le 5ᵉ jour après et y compris le vendredi tombe un mardi. Donc le 15 safar correspond au mardi 17 juillet et non au lundi 16.

En général, il ne faut pas accepter sans vérification les dates données par les auteurs arabes que cite Condé. Ce savant écrivain est mort avant d'avoir mis la dernière main à son ouvrage, et n'a pas pu achever lui-même cette vérification. Presque toutes ces dates comptent un jour de plus, et on pourrait croire que les musulmans d'Espagne avaient adopté le système des chronologues qui font commencer l'hégire par le jeudi, si quelquefois l'erreur ne se trouvait de deux et de trois jours, et si d'autres fois au contraire la concordance n'était exacte. Ainsi la bataille d'Alarcos (Condé, IIIᵉ partie, ch. LIII) est indiquée par eux au mercredi 9 de sjaban 591, 209,292ᵉ jour de l'hégire, ce qui fait 29,898 semaines plus six jours, commençant par le vendredi, ce qui donne bien le mercredi, et ce qui correspond exactement au mercredi 19 juillet 1195, date des auteurs chrétiens. On peut présumer pour expliquer ces nombreuses erreurs, que les auteurs arabes consultés par Condé avaient été rédigés en partie sur des documents mozarabes, qui aujourd'hui nous sont inconnus, mais où les dates étaient exprimées en années de l'ère de safar ou d'Espagne; il en est résulté que l'historien arabe a cité exactement le nom du jour de la semaine qu'il trouvait écrit dans ces documents, mais que probablement très-inhabile au calcul, il s'est presque constamment trompé d'un jour ou de deux en faisant sa conversion des dates de l'ère de safar en dates de l'hégire.

(*) Le vert est la couleur des fatimistes, et Mohammed-ben-Yacob affectait de porter un turban de couleur verte, parce qu'il se prétendait descendant d'Aly et de Fatimah.

tés sur le champ de bataille, il dit seulement qu'on les a poursuivis tant que le jour a duré, et qu'on en a tué beaucoup plus dans la poursuite que dans le combat. Il ajoute qu'il n'y eut que deux cent vingt-cinq chrétiens mortellement blessés (*). Quelque faible que semble ce chiffre, il peut cependant facilement s'expliquer quand on songe que les chrétiens étaient tous couverts de lourdes cuirasses ; que leurs chevaux étaient bardés de fer, tandis que les Africains, dont se composait presque toute l'armée de Mohammed, ne portaient aucune arme défensive. La seule qualité qui rendait quelquefois les troupes africaines redoutables, était leur légèreté. Mais à ce combat, la stupidité de leur chef avait été jusqu'à les enchaîner. Quand les chrétiens furent entrés au milieu de ces masses mal armées et si pressées qu'elles ne pouvaient se mouvoir, ils n'eurent qu'à laisser tomber leur bras pour donner la mort, et le carnage dut être affreux. Mohammed fut obligé de fuir jusqu'à Baeza sur un mulet. Dans cette ville, il changea de monture et ne s'arrêta plus que lorsqu'il fut arrivé à Jaen. Alphonse fit rendre des actions de grâces à Dieu sur le champ de bataille, pour le remercier de la victoire qu'il venait d'accorder aux chrétiens. On pilla le camp et tous les bagages des Almohades. On trouva à l'endroit où l'on avait combattu, un si grand nombre de traits et de piques, que l'armée, quoiqu'elle soit restée trois jours en cet endroit n'eut pas besoin d'employer d'autre bois pour entretenir ses feux. Le grand étendard de l'émir Al-Moumenin tomba entre les mains des vainqueurs. Il était de soie bleue; on y avait représenté un croissant d'argent, accompagné de cinq étoiles d'or et entouré de devises arabes. Il fut suspendu à la voûte de la cathédrale de Tolède. Argote de Molina affirme que, quatre siècles plus tard, on l'y voyait encore au-dessus de la sépulture de don Diego de Haro.

En mémoire de cette victoire, et, pour rappeler qu'il avait le premier brisé les chaînes qui servaient de retranchement aux Almohades, le roi de Navarre changea son écu. Jusqu'alors il l'avait porté simplement de gueules. Il y ajouta des chaînes d'or avec une émeraude au milieu. Un morceau de celles qui avaient été rompues par lui, fut conservé pendant longtemps près de son sépulcre, dans l'église de Notre Dame de Roncevaux.

Les chrétiens ne quittèrent le champ de bataille que trois jours après la victoire. Ils enlevèrent presque sans combat les villes voisines, Ferral, Briche, Baños et Tolosa; cette dernière a laissé son nom à cette journée, appelée par tous les historiens chrétiens des *navas de Tolosa* (des plaines de Tolosa). Quant aux auteurs arabes, ils la maudissent et la désignent sous le nom du désastre de *hisn Alacâb*. La ville de Baeza ne fit aucune résistance: tous ses habitants l'avaient abandonnée. Ubeda, où s'étaient réfugiés les musulmans qui n'avaient pas péri dans la bataille, fut assiégée, prise d'assaut, et tous ceux qui la défendaient furent passés au fil de l'épée. Malgré tous ces succès, les vainqueurs furent obligés de s'arrêter. Ils manquaient de vivres, et les maladies commençaient à se mettre parmi eux. Chaque souverain retourna donc dans ses États, et

---

(*) Ce chiffre a été vivement contesté. Quelques auteurs ont prétendu qu'il fallait lire 25,000. Mais alors il n'aurait rien eu d'extraordinaire, et les chrétiens, loin d'avoir à se féliciter du petit nombre des leurs tués dans le combat, auraient eu à déplorer une perte immense. La chronique écrite par Villazan, en 1276, établit un parallèle entre la bataille des Navas et celle de Rio-Salado, et détermine d'une manière précise le nombre des chrétiens morts à chacune de ces affaires. Ce document est assez authentique pour qu'on l'accepte sans discussion. Voici, au reste, la phrase de Rodrigue de Tolède qui a donné lieu à cette controverse : *Et secundum existimationem creduntur circiter bis centum millia interfecta. De nostris autem vix defuere viginti quinque.* On estime qu'il put périr deux cent mille Maures. La perte des nôtres, au contraire, fut à peine de vingt-cinq.

Alphonse, pour perpétuer le souvenir de cette victoire, institua à Tolède une fête, à laquelle il donna le nom de Triomphe de la croix. L'année suivante, il entra encore sur les terres des musulmans. Il s'empara de Dueñaz, d'Alcaraz et d'Esnavajor.

Le roi de Léon, Alphonse IX, n'avait pris aucune part à ces campagnes glorieuses; et, loin de prêter son concours au roi de Castille, il était entré dans ses États et s'était rendu maître de quelques-unes des places que, lors de leurs différends, ce prince lui avait enlevées. Après sa victoire, Alphonse le Noble aurait pu tirer vengeance de cette agression. Il agit avec plus de générosité. Non-seulement, il laissa au roi de Léon les villes dont celui-ci s'était saisi, mais encore il lui en rendit plusieurs autres, et le conjura d'oublier les motifs d'animosité qui avaient pu exister entre eux pour ne songer qu'à faire la guerre aux ennemis de la religion. Alphonse de Léon allégua qu'il manquait de cavalerie. Le roi de Castille lui envoya six cents cavaliers, sous la conduite de Diego de Haro. Alors le roi de Léon entra en Estramadure, où il fit un grand butin, et où il enleva aux musulmans l'antique Norma Cesarea, que son pont magnifique avait fait appeler par les Arabes Al Cantara (*le pont*) (*). Le roi de Léon confia la garde de cette ville aux chevaliers de Calatrava, qui, cinq années plus tard, la cédèrent aux chevaliers de San Julian *del pereyro*. Ces succès, quelque grands qu'ils fussent, ne contentaient pas encore le roi de Castille. Il aurait voulu tirer plus de profit de l'état de faiblesse auquel la bataille de las navas de Tolosa avait réduit les Almohades. Après sa défaite, Mohammed-al-Nassr était repassé en Afrique, et, après y avoir fait reconnaître pour futur successeur son fils qui n'avait que dix ans, il avait abandonné la conduite des affaires à ses vizirs, et s'était renfermé dans son harem, soit pour y expier la honte de sa défaite, soit pour s'y abandonner plus librement à une vie de repos et de volupté. Mais cette existence ne devait durer que quelques mois, et Mohammed-al-Nassr-Ledin-Allah était mort empoisonné, le mercredi 10 de sjaban 610 (25 décembre 1213). De même qu'à la chute des Almoravides, les musulmans d'Espagne se trouvèrent abandonnés à toutes les horreurs de l'anarchie. Alphonse eût désiré profiter de cette désorganisation pour les chasser entièrement de la Péninsule. Afin d'atteindre ce but, il fallait mettre un terme aux différends qui divisaient les rois d'Aragon et de Portugal. Il devait avoir une entrevue avec ces deux souverains. En se rendant au lieu choisi pour cette conférence, il tomba malade dans le village de Gutierre-Muños, et rendit son âme à Dieu le 22 septembre 1214 (*).

ÉTABLISSEMENT D'UNE UNIVERSITÉ A PALENCIA. — LE FUERO REAL.

Alphonse VIII fut un des plus grands princes de son époque. Plein de courage dans la mauvaise fortune, il supporta, sans se laisser abattre, le désastre d'Alarcos. Sans jactance dans la prospérité, il ne s'enorgueillit pas outre mesure de la victoire de las navas de Tolosa. Mais il ne faut pas considérer ce souverain seulement comme un grand homme de guerre. Il fut aussi le protecteur des lettres et le législateur de son pays. A l'instigation de l'archevêque de Tolède, don Rodrigue Ximenez de Rada, il établit dans la

---

(*) Condé ne place la prise de cette place qu'en sjumada prior de l'année 614, du 8 juillet au 5 août 1217. Ce qui paraît être une erreur.

(*) Mariana dit le 8 octobre 1214; Ferreras, le 5 ou le 6 août; don Rodrigue, archevêque de Tolède, indique le 10 des kalendes d'octobre de l'année 1252 de l'ère d'Espagne, ce qui correspond au 22 septembre 1214 de J. C. Comme c'est de la main de ce savant prélat qu'Alphonse mourant a reçu les derniers secours de la religion, on devrait considérer cette date comme certaine, s'il n'était pas possible qu'elle eût été altérée par les copistes.

ville de Palencia une université pour l'enseignement des lettres et des sciences. La continuité des guerres avait tellement restreint le nombre des hommes lettrés en Espagne, que ceux qui voulaient se livrer à l'étude étaient obligés de chercher en France ou en Italie des maîtres qui manquaient dans leur pays. L'archevêque don Rodrigue, qui fut considéré comme savant parmi les savants prélats qui assistèrent au concile de Latran, était élève de l'université de Paris (*). Alphonse VIII institua dans la ville de Palencia des chaires pour les lettres et pour les sciences, et fit venir à grands frais, de France et d'Italie, les plus savants professeurs.

En ce temps, la Castille ne possédait pas de corps de lois. Le Fuero juzgo, dont la traduction vulgaire nous paraît remonter à une époque bien antérieure à ce prince, était ou totalement oublié, ou tombé en désuétude. Ce fut Alphonse VIII qui dota son pays du code intitulé *el Fuero real*. Cependant, il faut se hâter de le dire, le préambule même de ce livre peut faire naître quelques doutes sur son véritable auteur. Le voici tel qu'il est imprimé dans l'édition faite à Salamanque, en 1569 :

« Fuero real de don Alphonse IX,
« roi de Castille. »

« Au nom de Dieu. Amen.

« Comme les cœurs des hommes sont
« divisés de beaucoup de manières,
« c'est chose toute naturelle que leurs
« esprits et que leurs actions ne se
« trouvent pas toujours d'accord. De
« là naissent entre eux des différends,
« des contestations, et c'est une obli-
« gation pour le roi, qui doit à ses
« peuples la paix et la justice, de leur
« faire des lois, pour qu'ils sachent
« comment ils ont à vivre; pour que
« les délits et les procès soient jugés ;
« pour que ceux qui font mal soient
« punis. En conséquence, nous don

« Alphonse, roi de *Castille, de To-*
« *lède, de Léon, de Galice, de Sé-*
« *ville, de Cordoue, de Murcie, de*
« *Jaen, de Badajoz, de Baeza et de*
« *l'Algarve*, considérant que jusqu'à
« notre temps la plus grande partie de
« nos États n'a pas eu de *fuero*, que
« les causes s'y décident d'après les
« opinions arbitraires et variables des
« juges, ou d'après des usages suran-
« nés et contraires à la justice; qu'il
« résulte de ces abus une foule de
« maux et de dommages pour les po-
« pulations et pour les particuliers;
« qu'on nous a demandé en grâce de
« corriger les usages contraires au
« droit et de donner un *fuero* sous le-
« quel on vécût à l'avenir, après en
« avoir conféré avec notre cour et avec
« les jurisconsultes, nous avons donné
« le fuero écrit dans ce livre, pour ser-
« vir à juger également les hommes et
« les femmes, et nous mandons que
« ce fuero soit gardé à tout jamais,
« sans que personne soit assez osé pour
« aller à l'encontre. »

Ce code, on vient de le voir, est intitulé *Fuero* de don Alphonse IX, et nous n'avons appelé le fils de Sancho le Regretté qu'Alphonse VIII. Cela est vrai; mais beaucoup d'écrivains comptent le Batailleur au nombre des rois de Castille, à cause de son mariage avec Urraca. Dans leur système, il prend le rang d'Alphonse VII; Alphonse l'empereur devient le VIIIe, et le fils de Sancho le Regretté se trouve le IXe. Le numéro mis, par un copiste ou par un éditeur, est donc tout à fait indifférent. Et ces termes de VIIIe ou de IXe peuvent s'appliquer au même prince.

Une difficulté plus sérieuse résulte de ces termes du préambule lui-même: *Roi de Séville, de Cordoue, de Murcie, de Jaen, de Badajoz, de Baeza et de l'Algarve*. Tous ces royaumes n'ont été enlevés aux Maures que par saint Ferdinand. Ce n'est donc que postérieurement à ces conquêtes que les souverains de la Castille ont pu s'appeler rois de Cordoue. Cette désignation ne pourrait donc convenir qu'au fils de saint Ferdinand, Alphonse X,

---

(*) Voici un assez mauvais distique latin qui a été gravé sur son tombeau :
Mater Navarra, nutrix Castella, schola Parisius,
Sedes Toletum, hortus mausoleum, requies cœlum.

surnommé le Savant (el Sabio). Cependant, il paraît plus probable que ces mots, *roi de Séville*, etc., auront été interpolés par un copiste maladroit, car Alphonse X ne saurait être l'auteur du *fuero real*. « Jusqu'à notre temps, dit le rédacteur de ce code, la plus grande partie de nos États n'a pas eu de fuero. » Ce code est donc antérieur aux *siete partidas*. Mais Alphonse nous apprend que les *siete partidas* ont été commencées par lui le vingt-quatrième jour de la cinquième année de son règne. Est-il raisonnable de croire, sans preuve, qu'il avait, pendant les quatre premières années de son règne, fait un code auquel il aurait donné le nom de *fuero real*, pour en recommencer immédiatement un autre, sous le nom des *siete partidas*? Le *fuero real* a donc précédé le règne d'Alphonse X, et il semble qu'on ne saurait dès lors l'attribuer qu'au seul Alphonse le Noble.

Cependant la question est controversée. Frankenau attribue ce code à Alphonse X (*). Don Antonio, dans sa bibliothèque espagnole (**), pense qu'il a été rédigé par Alphonse X, le dernier de ce nom. Mais Ustarroz, dans son ouvrage intitulé : *Progrès de l'histoire dans le royaume d'Aragon*, dit qu'Alphonse VIII ou IX, celui qui a repris sur les Maures la ville d'Ubeda, et Léonora sa femme, ont rédigé le vieux fuero de Castille, en l'année 1212 de J. C.; qu'ils l'ont imposé pour règle aux tribunaux, et que ce livre est resté la seule loi jusqu'à la promulgation des *siete partidas* (***). Cette dernière opinion nous paraît la seule admissible. Au reste, à quelque règne que ce corps de lois appartienne, il est une des sources du droit castillan, et comme tel il mérite qu'on l'étudie.

La division de ce code est simple, claire et facile à saisir. Il est partagé en quatre livres : le premier s'occupe de la foi catholique, puis des lois en général, de ceux qui concourent à les faire exécuter, depuis le roi jusqu'au simple donneur de paroles (bozero) (c'est par ce nom qu'on désignait alors les avocats), jusqu'à l'écrivain public, dont les actes peuvent faire foi en justice. Il s'explique enfin sur la forme des contrats; et dans un titre qui est placé le dernier du premier livre, il s'occupe des choses qui font l'objet des procès. C'est une transition toute naturelle pour arriver à la procédure civile et criminelle, réglée par le livre second. Le mariage, la vente, l'échange et les autres contrats civils font la matière du troisième livre. Le quatrième contient les lois pénales, les lois sur les duels juridiques, et comme cela devait arriver chez un peuple qui depuis longtemps combattait pour faire prévaloir sa croyance religieuse, ce livre, qui commence au nom de Dieu, dont le titre premier est intitulé : de la Foi catholique, se termine encore par une chose qu'on regardait comme sacrée, la protection due aux pèlerins.

En parcourant ce recueil, au milieu des lois empreintes de toute la rudesse de l'époque, on découvre quelquefois des dispositions d'une haute sagesse. Souvent on rencontre, présentés sous les formes les plus bizarres, les préceptes de nos codes, tant il est vrai que les principes de justice et d'équité ne peuvent que rarement être méconnus.

Le législateur espagnol du douzième siècle veut-il définir le caractère de la loi, voici comment il s'explique :

T. VI. L. 1. « La loi aime et en« seigne les choses qui sont de Dieu;
« elle apprend la doctrine, la justice;
« elle est source de science, règle de
« bonnes coutumes, guide du peuple
« et de sa vie; elle est faite pour les
« hommes comme pour les femmes,
« pour les jeunes gens comme pour
« les vieux, pour les savants comme
« pour ceux qui ne le sont pas, pour
« ceux de la ville comme pour ceux de
« la campagne. Elle est une garantie
« pour le roi et pour ses peuples. »

(*) Arcana Themidis Hispanæ, sectio II, § 15.

(**) Liv. x, ch. 15, § 813.

(***) Liv. I, ch. I, § 2.

L. 2. « La loi doit être claire pour que tout le monde la puisse entendre, et qu'elle n'induise personne en erreur. Il faut qu'elle soit appropriée au pays et au temps, qu'elle soit honnête, juste, égale pour tous et utile. »

L. 3. « Telle est la raison qui nous a engagés à faire ces lois, afin qu'elles refrènent la méchanceté des hommes, que la vie des bons soit assurée, et que les méchants cessent de mal faire par crainte du châtiment. »

L. 4. « Il vaut mieux supposer qu'on sait tout plutôt que d'admettre qu'on ignore le nécessaire (*); car il est écrit que celui qui n'a pas voulu entendre n'a pas voulu bien faire; et pour cela nous établissons que nul ne pense à mal agir sous le prétexte qu'il ne sait ni le droit ni la loi. Car si quelqu'un a agi contre la loi, qu'il ne se puisse excuser en disant : Je ne savais la loi. »

A côté de ces principes si sages et si équitables, on pourrait citer comme contraste la loi intitulée : De la conservation du roi (*de la guarda del rey*); peut-être l'étrange assemblage de despotisme et de légalité qui s'y trouve contenu modifiera-t-il quelques-unes des idées qu'ont données à bien du monde les fables inventées sur les anciennes libertés castillanes. On y trouvera reproduite, presque mot pour mot, une des dispositions du *Fuero juzgo* (**). « De même que souvent la maladie ou la plaie qui s'est étendue sur le corps ne peut être guérie sans que le médecin emploie le fer ou la brûlure, ainsi la méchanceté de ceux qui sont endurcis et opiniâtres dans le mal ne peut céder qu'à la sévérité des châtiments. *Car il est écrit que tel serait fou à commettre la faute, qui sera sage à raison de la peine.* Aussi est-ce un devoir pour nous de nous attacher soigneusement à extirper par nos lois ceux qui, de leur nature, ne connaissent ni frein ni respect, afin que chacun évite de mal faire, et sache comment il doit aimer et garder le roi, son domaine, et tout ce qui le concerne.

« En conséquence, nous ordonnons que tous demeurent avertis que leur devoir est de veiller avec amour à la vie et au salut du roi, de s'efforcer en toutes circonstances d'accroître son honneur et son domaine. Qu'il n'y ait donc personne d'assez osé pour tenter rien contre le roi, soit en paroles, soit en action, ni pour exciter contre lui des agitations ou des soulèvements dans le royaume, ou chez les étrangers, ni pour s'arrêter près de ses ennemis, ni pour leur fournir des armes, ni pour leur donner assistance de quelque manière que ce puisse être.

« Nous ordonnons que toute personne qui aurait commis ou essayé de commettre ces crimes, *meure pour cela, et qu'on ne la laisse pas vivre, et si par aventure le roi est d'une assez grande clémence pour vouloir la laisser vivre,* il ne le pourra sans qu'au moins on ait arraché les yeux au coupable, afin qu'il ne voie pas le mal qu'il a voulu faire, et qu'il ne traîne plus qu'une existence amère et douloureuse. Le roi fera et disposera, selon sa volonté, des biens de celui que l'on aura mis à mort pour ce crime, ou bien auquel on aura arraché les yeux en lui laissant la vie. Il ne lui pourra rien remettre des biens qui lui auront appartenu, et ce qu'il lui donnera ne pourra jamais excéder la vingtième partie de ce qu'on lui aura enlevé. Jamais le roi, ni son successeur n'auront le droit de lui faire une plus ample grâce.

« Et comme il pourrait arriver que des hommes, en se voyant coupables d'un crime semblable, fissent aux églises, à leurs femmes, à leurs enfants ou à quelque autre personne que ce soit, des donations ou des aliénations frauduleuses de leur avoir, dans la vue de le soustraire au roi,

---

(*) Il y a dans le texte : Todo saber, esquiva a no saber. Tout savoir, esquive à ne savoir pas.

(**) Voyez ci-dessus pag. 118, 2ᵉ colonne.

« nous ordonnons que tout acte fait
« dans cette intention de fraude, en
« quelque forme qu'il ait eu lieu, par
« écrit ou devant témoins, demeure
« comme non avenu, et que tout ce
« que le coupable possédait quand il a
« commis son crime, tout absolument
« soit acquis au roi, ainsi qu'il a été
« dit.

« Nous ne saurions non plus souf-
« frir qu'il soit dit du mal du roi, ni
« qu'aucune de ses actions lui soit re-
« prochée, et, pour cela, nous établis-
« sons que tout homme, qui saurait
« ou aurait entendu dire que le roi a
« commis quelque erreur, l'en avertisse
« en son particulier, et si le roi veut
« se corriger, qu'il se taise et garde le
« secret, afin qu'un autre homme n'ap-
« prenne rien de lui. Mais dans le cas
« où il agirait différemment, s'il est
« fidalgo, prêtre clerc ou laïque, après
« que le fait aura été reconnu pour
« vérité, qu'il soit banni du royaume
« et perde la moitié de tout son bien
« au profit du roi qui en usera suivant
« son gré; mais s'il n'est pas fidalgo,
« que le roi fasse de lui et de ses biens
« ainsi qu'il avisera. »

Assurer l'inviolabilité du roi, voilà ce que veut le législateur. Ce but, en lui-même, est sage et doit être approuvé; mais, dans ses dispositions qui renchérissent encore sur le code des Goths, cette loi a quelque chose de féroce, qui révolte le cœur et qui outrage la raison. « Jamais, dit-elle, ni le roi, ni son successeur n'auront le droit de faire une plus ample grâce. » C'est une espèce de sacrilége que de limiter la clémence du prince. C'est d'ailleurs une menace inutile, car les mesures d'une sévérité excessive sont celles qu'on applique le moins. L'événement a presque toujours trouvé le souverain moins impitoyable que la loi, et, quand il a voulu faire grâce, les prohibitions qu'elle contient ne l'en ont jamais empêché.

Maintenant, si nous examinons ces lois dans leur forme, il est un trait du caractère national qui n'échappera à aucun de ceux qui les liront. On a reproché aux Italiens leurs madrigaux, leurs concetti; aux Espagnols, on peut reprocher leurs proverbes. Ils en ont un si grand nombre, ils ont tellement formulé en sentences tout ce qui peut se dire, qu'ils en mettent dans les actes les plus sérieux, et le peu de lois qui viennent d'être citées en contiennent trois (*).

Les sages mesures adoptées par Ramon Berenguer l'Ancien, dans son code des usatiques, sur la possession et sur la complainte, se trouvent reproduites dans le fuero real. De même que la loi de Barcelone, la loi castillane prive de tout droit sur l'objet litigieux celui qui s'en est emparé par la force. « Dès
« qu'une chose soit meuble, soit de
« racine (**), fait la matière d'un procès
« ou d'une contestation, si avant de
« l'avoir obtenue du juge, celui qui la
« réclame la donne, l'aliène, la prend
« par force, ou par tout autre moyen
« en enlève la détention à son adver-
« saire, que l'alcade saisi du procès
« la fasse remettre à celui qui la déte-
« nait dans le principe; et si le de-
« mandeur avait quelque droit sur cette
« chose, qu'il le perde; que celui à
« qui elle a été rendue, la conserve
« sans avoir d'autre réponse à fournir;
« et si le demandeur n'avait aucun
« droit sur la chose enlevée, qu'il
« donne à celui qu'il avait dépouillé
« une chose semblable ou le prix équi-
« valent; et cela, parce qu'avant de
« l'avoir gagné en justice, il a pris ou
« fait prendre ce qu'un autre déte-
« nait. »

Au reste, pour exercer l'action possessoire, il faut, de même que dans la loi romaine ou dans la loi française, posséder depuis un an et un jour. L'édit perpétuel avait défini en peu de syllabes les caractères que doit avoir la détention pour constituer une possession valable. Il ne faut posséder *ne vi, nec clam, nec precario*, sans violence, publiquement, à titre non pré-

---

(*) Todo saber esquiva a no saber. Aquel que no quiso entender, no quiso bien fazer. El loco en la culpa sera cuerdo por la pena.

(**) Lib. 1º, t. XII, lij. *Rays* de racine, c'est-à-dire immeuble.

caire. Il paraît difficile de rendre ces idées d'une manière plus concise, et cependant les Espagnols font usage d'une phrase qui, aussi expressive, a le mérite de l'emporter par la brièveté : il faut posséder, disent-ils, *por se, en paz, y en faz;* pour soi, en paix et publiquement.

Chez les Espagnols, l'action au civil prend le nom de *pleyto;* au criminel, d'accusation, *querela.* Le *fuero real* s'occupe encore d'une troisième espèce d'instance, c'est le *riepto* ou gage de bataille. Le combat n'était pas admis dans toutes les espèces de causes, et les dispositions des lois du *fuero real* sur les gages de bataille prouveront combien la civilisation avait fait de progrès dans l'espace d'un siècle. Sous Alphonse à la Main-Trouée, on a vu le combat judiciaire employé pour décider même des affaires religieuses, pour savoir si le Missel romain devait l'emporter sur le Missel mozarabe. Le *fuero real*, au contraire, n'admet plus le duel judiciaire que pour les deux cas de félonie ou de trahison. Mais lors même que le combat pouvait être demandé, celui qui était provoqué restait libre de l'accepter ou de le refuser. « Lorsque le provoqué a démenti « le fait, il est en son pouvoir d'ac- « cepter ou de refuser le combat, car le « roi ne doit pas ordonner la bataille, « parce qu'il y a eu provocation. Mais « quand les deux parties la demandent, « il doit fixer et le jour et le lieu du « combat, désigner les armes, nommer « des témoins qui voient et entendent « ce qu'ils diront, qui leur partagent « le camp et le soleil, qui leur disent « avant de combattre comment ils doi- « vent faire, qui examinent si les ar- « mes sont semblables à celles qu'a « choisies le roi; et avant que les té- « moins se soient retirés d'entre les « combattants, ceux-ci peuvent encore « prendre des armes ou des chevaux « meilleurs (*). »

Pour bien se rendre compte de la valeur d'une législation, il est bon de la comparer aux législations contemporaines. Certainement dans plusieurs parties de la France il y avait, à cette époque, plus de lumières qu'en Espagne : c'est à Paris qu'il fallait venir chercher de savants professeurs. Mais si on rapproche les mœurs judiciaires des deux nations au commencement du treizième siècle, l'avantage doit rester à la loi castillane. Celle-ci ne permet le duel que pour félonie, pour les attaques à la personne. On a beaucoup répété que les Établissements de saint Louis avaient aboli le combat judiciaire en France; il eût fallu dire seulement qu'ils l'avaient réglementé, car ils permettent le combat, même entre frères, pour des discussions purement civiles. Deux chapitres des Établissements feront justice de toutes les déclamations qu'on a écrites à cet égard.

« Chap. 168. Dui frères ne se com- « battent pas ensemble de fié, de terre « et de muëbles. Se ce n'est de traïson « ou de murtre ou de rat. Et se ils s'en- « trappelloient de terre ou de muë- « ble, dont il doie istre bataille; ils « porroient bien mettre serjans por aus « ou por autres.

« Chap. 82. Se ainsainc avenoit que « hons coutumier appellat un cheva- « lier ou gentilhons que deust être che- « valier de murtre ou de larrecin, ou « de roberie ou d'aucun grand meffet « dont le quiex que ce soit deust pren- « dre mort, le gentilhons ne se com- « battroit pas à pied mès à cheval, se « il voloit. Mès se le gentilhons appe- « loit le vilain droit donroit qu'il se « combastit a pié pour ce que ce fut de « si grand chose, comme nous avons « dit cy dessus, et cil qui seroit vaincu « seroit pendu. »

Vous avez vu que l'un des maux de cette époque étaient les rébellions de tous ces riches hommes qui, lorsqu'ils s'étaient dénaturalisés (*desnaturalisados*), se pensaient dégagés de toute obligation envers leur pays. Si l'usage avait réglé la manière dont devait se faire cette renonciation à son pays, le fuero n'en parle pas, et cette coutume impie, acceptée par les mœurs, paraît

---

(*) Lib. 4, t. XXI, l. VIII, des gages de bataille et de défis.

au moins n'avoir pas été reconnue par la loi. Voici maintenant une dernière disposition empruntée au titre du mariage :

« Si le père, la mère ou quelque « autre parent ont en leur puissance « une *fille en cheveux, en cabellos*, « et ne la marient pas avant trente ans, « et qu'ensuite elle se marie sans leur « consentement, elle n'aura encouru « aucune peine, pourvu qu'elle ait « choisi un mari convenable (*). »

La loi emploie le mot de *manceba en cabellos*, fille en cheveux, parce qu'autrefois en Espagne les jeunes filles portaient toutes les cheveux tressés et tombant sur les épaules ; les femmes mariées étaient seules dans l'usage de les tenir relevés. Cette coutume y existe encore dans quelques cantons.

Les termes de cette loi sage ne rappellent-ils pas la réponse de l'oracle au père de la princesse de Babylone : Quand on ne marie pas les filles, elles se marient elles-mêmes ?

DES ORDRES MILITAIRES ÉTABLIS EN ESPAGNE. — DES TEMPLIERS. — DE SAINT JULIEN DEL PEREYRO. — DE L'ORDRE DE CALATRAVA. — DE CELUI D'ALCANTARA. — DE CELUI DE MONTESA.

Le fuero real ne donne que peu de renseignements sur l'organisation militaire des Espagnols. On y trouve seulement que les riches hommes et les seigneurs convoqués par le roi devaient arriver à son camp à la tête d'un certain nombre de leurs vassaux, et qu'à défaut d'accomplir ce devoir, ils encouraient des peines sévères. Les villes qui se gouvernaient par elles-mêmes étaient aussi dans l'obligation d'y envoyer leurs milices. Mais le temps de service, dû chaque année par ces différents corps au souverain, était limité à un certain nombre de jours, en sorte que souvent ce terme expirait le lendemain d'une bataille ; alors le vainqueur se retrouvait aussi faible que le vaincu, et ne pouvait tirer aucun profit de ses succès. Les princes n'avaient pas assez de ressources financières pour entretenir des armées permanentes, et cette organisation vicieuse des forces du pays, qui éternisait les guerres, fut certainement une des causes les plus puissantes qui aidèrent les musulmans à se maintenir pendant si longtemps sur la terre d'Espagne. Tous les esprits, préoccupés de ces inconvénients, accueillirent avec empressement l'idée d'instituer des congrégations d'hommes, qui, à l'exemple de ces rabits musulmans, se consacreraient entièrement à prier et à combattre. On fut frappé des avantages qu'on pourrait en tirer contre les ennemis de la foi, et l'on ne comprit pas combien ces corps armés permanents, libres de leurs mouvements, et relevant d'un chef spirituel, qui n'était pas le chef de l'État, deviendraient bientôt menaçants pour le pouvoir royal et pour la tranquillité publique. On ne vit que les services qu'on pouvait en attendre, sans s'apercevoir des dangers qu'ils présentaient.

Alphonse le Batailleur paraît être le premier, parmi les princes espagnols, qui ait eu la pensée de créer dans la Péninsule une milice religieuse. Quelques auteurs rapportent qu'en 1118, à peu près à l'époque de la prise de Saragosse, il réunit à Mont-Réal une société de chevaliers, choisis parmi les seigneurs français ou espagnols qui l'avaient le mieux servi. Il les organisa en communauté, sous le nom de chevaliers du Saint-Sauveur, et leur donna une règle qui avait beaucoup d'analogie avec celle que suivirent, plus tard, les Templiers (*). La marque de ces chevaliers était la croix ancrée de gueules qu'ils portaient sur un habit blanc. Lorsque le même roi fit son incursion en Andalousie, ce fut accompagné de six mille chevaliers qui portaient la croix. On le retrouve encore, deux ans plus tard, combattant

(*) Libro III, t. I, ley 6.

(*) Les chevaliers du Saint-Sépulcre furent institués en 1099 ; les chevaliers de Saint-Jean de Jérusalem en 1104 ; les Templiers en 1119.

à la tête d'autres chevaliers, que le traducteur de Ferreras appelle les chevaliers de la Palme. Ces institutions n'eurent que peu d'éclat, ou peu de durée, et c'est à peine si on en trouve quelque trace chez les historiens. Elles furent éclipsées par la gloire des ordres créés à Jérusalem, des chevaliers du Saint-Sépulcre, des hospitaliers de Saint-Jean et des Templiers. Ces derniers surtout avaient déjà, en 1131, acquis tant de renom en Espagne, que Ramon-Berenguer III voulut, au lit de la mort, être revêtu de l'habit de leur ordre. Une autre preuve de leur influence est le legs fait en leur faveur par Alphonse Ier d'Aragon. Ce testament, il est vrai, ne fut pas exécuté; mais, en 1141, les Templiers avaient fait entendre de vives réclamations, et, pour les apaiser, Ramon-Berenguer IV, qui gouvernait alors le royaume au nom du roi don Ramire le Moine, leur avait donné en Aragon des villes et des revenus. Cette institution était étrangère à l'Espagne; mais bientôt un autre ordre prit naissance sur le sol même de la Péninsule. Dans le courant de l'année 1156, deux seigneurs de Salamanque, nommés don Suero et don Gomez, animés de cet enthousiasme qui avait enfanté les croisades, formèrent le projet de consacrer entièrement leurs personnes et leurs biens à la guerre contre les infidèles. Ils parcouraient les bords de la rivière Coa, cherchant un lieu où ils pussent s'établir. Dans leurs excursions, ils rencontrèrent un saint homme, qui, édifié de leur projet, leur indiqua un ermitage consacré à saint Julien, dont les abords pouvaient être facilement fortifiés. Les deux seigneurs, après en avoir examiné la situation, allèrent demander à l'évêque de Salamanque, sur le diocèse duquel il se trouvait, la permission de s'en emparer. L'évêque leur concéda cet ermitage, avec une étendue de terre assez considérable, plantée de poiriers. Les deux seigneurs y élevèrent une forteresse, et, quelques autres personnes s'étant jointes à eux, fondèrent en cet endroit l'ordre militaire qui porta, dans le principe, le nom de Saint-Julien del Pereyro(*). Ces chevaliers religieux suivaient la règle de Saint-Benoît. Ils portaient, pour marques distinctives, un chaperon et une ceinture rouge. Leur écu était d'or, à la croix fleuretée de gueules, chargée en cœur d'un écusson avec un poirier au naturel.

A peu près à la même époque, en 1157, après la mort de l'empereur Alphonse VII, les Almohades rassemblèrent beaucoup de troupes pour faire une invasion dans le royaume de Tolède. Au bruit de leurs préparatifs, les Templiers, qui gardaient la ville de Calatrava, ne se croyant pas assez forts pour résister aux armes des musulmans, et, désespérant de pouvoir la défendre, la rendirent à don Sancho le Regretté. Ce prince, fort embarrassé de cette restitution, fit publier que, si quelque riche homme voulait se charger de la défense de la ville de Calatrava, il la lui donnerait avec toutes ses prérogatives et toutes ses dépendances. Cependant personne ne se présentait pour accepter cet héritage délaissé par les Templiers. Alors saint Raymond, abbé du monastère de Fitero, et un autre moine appelé frère Diego Velasquez, qui avait fait la guerre avant d'entrer en religion, s'offrirent pour garder Calatrava. Le roi leur ayant donné cette place, ainsi qu'il l'avait promis, l'abbé don Raymond obtint, par ses exhortations religieuses et par ses sermons, ce que la puissance des Templiers n'avait pu faire. Il rassembla plus de vingt mille hommes qu'il conduisit à Calatrava, avec plusieurs frères de son couvent. La place fut abondamment pourvue de vivres de toute espèce. On la mit en état de résister aux attaques des musulmans, et saint Raymond, persuadé que les défenseurs de la ville auraient plus de courage et plus de persévérance quand ils seraient unis par des liens religieux, fonda l'ordre militaire qui a pris le nom de Calatrava. La bulle du pape, qui approuva

(*) *Un peral* signifie un poirier, *un pereyro* un lieu planté de poiriers.

cette institution, la soumit à la règle de Saint-Benoît et à l'observation de Cîteaux. Le costume des nouveaux chevaliers était un scapulaire blanc, avec un capuchon. Le scapulaire pouvait se trouver couvert par leur armure ou par d'autres vêtements; mais le capuchon devait toujours tomber sur leurs épaules et rester apparent comme marque distinctive de leur état religieux. L'écu des chevaliers de Calatrava était d'or à la croix fleuretée de gueules accompagnée de deux entraves de sable. Presque tous les ordres religieux ayant la croix pour armes, ces deux entraves, qui en espagnol se disent *travas*, ont été ajoutées, pour rappeler que c'était le blason de Calatrava, de même que les armes de l'ordre d'Avis, établi en Portugal, sont la croix accompagnée de deux oiseaux, *aves*. Les chevaliers de Calatrava gardèrent le même costume jusqu'à ce qu'une bulle de Benoît XIII, datée de 1397, les eût dispensés de porter le capuchon. Le signe qui servit alors à les reconnaître, fut la croix rouge qu'ils portèrent sur leur habit.

La ville de Calatrava fut reprise par les musulmans après la bataille d'Alarcos. Mais elle fut de nouveau conquise sur eux quelques jours avant la victoire de las navas de Tolosa, et elle fut restituée aux chevaliers par Alphonse le Bon.

En 1217, on trouva que le voisinage de la Guadiana, dont les eaux baignent les murailles de ce premier chef-lieu de l'ordre, en rendait le séjour malsain, et l'on transporta le couvent à quelques lieues de là, dans un endroit qui prit le nom de Calatrava la Nueva.

L'ordre de Saint-Jacques de l'Épée paraît être né à peu près à la même époque, bien que plusieurs personnes prétendent faire remonter son institution jusqu'au temps de don Ramire II, et même jusqu'au jour où le tombeau du patron de l'Espagne a été découvert. Ce qu'il y a de vrai, c'est qu'une confrérie, dont on a conservé les statuts, s'était formée pour loger et pour secourir les pèlerins qui venaient à Saint-Jacques de Compostelle. Ce n'était, au reste, pas là le seul objet de l'association. Dans ces temps où les lois étaient le plus souvent impuissantes pour protéger les citoyens paisibles, les membres de la confrérie de Saint-Jacques s'étaient associés dans le but de se protéger entre eux; ils avaient établi le tarif des peines pécuniaires auxquelles ils se soumettaient s'ils commettaient quelque insulte ou quelque violence envers un de leurs frères. Les chanoines de Saint-Éloy, dont le couvent se trouvait situé près de Saint-Jacques de Compostelle, étaient membres et peut-être fondateurs de cette institution. Ils s'occupèrent de faire construire des hospices le long de la route qui conduit de France à Saint-Jacques, afin d'y recevoir les pèlerins et les voyageurs. La piété publique s'empressa de doter une confrérie dont le but était si utile et si charitable; bientôt elle eut amassé de grandes richesses. Vers la fin du douzième siècle, sous le règne de Ferdinand II de Léon, quelques seigneurs de ce royaume, dont la vie, à ce que rapporte l'histoire, n'était pas pure de toute violence et de tout pillage, résolurent d'expier par des bonnes œuvres les fautes qu'ils avaient commises, et de se consacrer, sous l'invocation du fils de Zébédée, à combattre les ennemis de la foi. On ne saurait dire s'ils étaient membres de l'ancienne confrérie; mais les chanoines de Saint-Éloy appuyèrent de tous leurs efforts les démarches faites par don Pedro Fernandez de Fuente-Encalada, premier maître de Saint-Jacques, pour obtenir du pape l'autorisation de fonder cet ordre militaire. Lorsque ces chevaliers eurent, le 5 juillet 1175, reçu d'Alexandre III une bulle qui reconnaissait leur caractère religieux, et qui les assujettissait à la règle de Saint-Augustin, ils s'établirent dans l'hospice de Saint-Marc, fondé dans le faubourg de Léon par les chanoines de Saint-Éloy. Ils portaient l'écu d'or à l'épée de gueules en forme de croix, auquel on a donné, on ne sait pourquoi, le nom de *lagarto*, lézard. Cette épée, dit Rodrigue de Tolède, est rouge parce qu'elle est teinte du sang des Arabes. *Rubet ensis sanguine Arabum.* Le pommeau en est en forme de cœur. La garde, qui fait les branches de la croix, est fleuretée à ses deux extrémités, et est au milieu chargée d'une coquille. La bannière différait un peu de l'écu des chevaliers, elle était d'or à la croix fleuretée de gueules, accompagnée de quatre coquilles de gueules et chargée en cœur d'une cinquième. Ces coquilles plates, dont on trouve un grand nombre sur la côte de Galice, étaient devenues les emblèmes de l'apôtre saint Jacques. Les personnes qui visitaient son tombeau, les ramassaient au bord de la mer, et les attachaient à leur chapeau et à leur pèlerine, comme témoignage du pieux voyage qu'elles venaient de faire. C'est par la même raison que celles qui revenaient de Jérusalem en rapportaient des palmes; ce qui leur avait fait donner le nom de *palmerins*. L'ancienne confrérie de Saint-Jacques ne tarda pas à se fondre entièrement dans cette nouvelle milice, qui acquit des biens considérables.

La ville d'Alcantara, conquise sur les Maures par le roi de Léon et de Galice, Alphonse IX, dans l'année qui suivit la bataille des navas de Tolosa, avait été confiée par lui à la garde des chevaliers de Calatrava; mais ceux-ci ne la conservèrent que cinq ans. Ce temps écoulé, ils trouvèrent plus avantageux de la remettre aux chevaliers de Saint-Julien del Pereyro, à la condition qu'ils relèveraient de l'ordre de Calatrava. Mais par la suite, les chevaliers chargés de la garde de la ville d'Alcantara obtinrent du pape une bulle qui les délivra de cette suprématie. Ils changèrent leurs armoiries en l'écu d'or à la croix fleuretée de sinople. Sans doute, cette couleur verte de la croix fut choisie pour rappeler celle du poirier qui se trouve dans les armes qu'ils quittaient.

Il faut parler encore de l'ordre fondé en 1201, par Alphonse II d'Aragon, dans les environs de Tortose, sous le nom de Saint-George d'Alfama. En 1317, après l'extinction de l'ordre des Templiers, En-Jayme le Juste donna tout ce qu'ils possédaient dans le royaume de Valence à un ordre qu'il institua dans la ville de Montesa, sous l'invocation de Saint-George. Celui d'Alfama se confondit avec la nouvelle institution qui resta soumise à l'ordre de Calatrava, et qui fut approuvée par une bulle du pape Jean XXII. Les armoiries de ce nouvel ordre furent l'écu d'or à la croix alésée de gueules.

Chacun de ces ordres avait un chef qui prenait le nom de maître. Mais il n'y en avait qu'un seul par chaque ordre. On disait le maître de Saint-Jacques, le maître d'Alcantara, on ne joignait pas à ce titre l'épithète de grand. Il n'était nécessaire d'ajouter aucune indication au mot de maître qui désignait la dignité la plus élevée. Si des auteurs français qui ont parlé de l'Espagne, se sont servis du nom de grand maître, c'était sans doute pour se conformer à l'usage des ordres français, où le grade le plus éminent était ainsi dénommé.

Le grand commandeur (*comendador mayor*) venait immédiatement après le maître, et le remplaçait lorsqu'il était absent. Le troisième dignitaire était le *clavero*, qui avait l'administration des finances et de tous les biens. Ensuite était le prieur de la principale maison de l'ordre, puis les commandeurs. Chez les chevaliers de Saint-Jacques, il y avait un conseil de treize frères, sans l'avis desquels le maître ne pouvait entreprendre aucune affaire importante. C'est ce conseil qui était chargé d'élire le maître. Les membres qui le composaient avaient la prééminence sur tous les commandeurs.

Ces ordres ne sont pas les seuls qui furent érigés en Espagne; mais ils sont les seuls qui aient exercé sur les affaires du pays une active influence. Ils acquirent bientôt une telle autorité qu'elle égalait presque l'autorité royale, et que, plus d'une fois, elle fit trembler les rois. Aussi, après que les Maures eurent été expulsés d'Espagne, Ferdinand le Catholique s'occupa de désarmer ces ordres, dont la mission était accomplie; il obtint du pape Innocent VIII une bulle qui lui remit l'administration des maîtrises. Le roi lui-même fut nommé maître des différents ordres, et, depuis ce moment, cette dignité n'a plus été séparée de la couronne.

Il a aussi été créé en Espagne des décorations, dont le but était de perpétuer le souvenir de quelque grande action, ou de récompenser le mérite; mais leur nomenclature présenterait peu d'intérêt. Il est un ordre cependant qu'il serait injuste d'omettre.

Ramon-Berenguer IV venait de conquérir Tortose dans le courant de l'année 1148. Les chrétiens n'en étaient encore en possession que depuis peu de temps, lorsque les musulmans essayèrent de reprendre cette ville qui leur fermait l'entrée de l'Èbre. Les défenseurs étaient en petit nombre, et ils eussent infailliblement succombé, sans le courage des femmes qui vinrent combattre sur les remparts, et qui mirent en fuite les ennemis. Ramon-Berenguer, pour honorer leur courage, créa l'ordre des Dames de la Hache. Il leur donna pour décoration une hache de gueules, qu'elles portaient sur le corsage de leur robe.

Voici encore une institution espagnole : les dames ne pardonneraient pas qu'on la passât sous le silence : en 1379, don Juan Ier, lors de son couronnement, arma chevaliers cent jeunes seigneurs, auxquels il conféra l'ordre de la Colombe qu'il venait de créer. Le collier de l'ordre était une chaîne d'or, d'où pendait une colombe d'argent dans un cercle rayonnant d'or. Le vœu que faisaient les chevaliers était de rester fidèles à leurs femmes.

MINORITÉ DE JAYME Ier D'ARAGON. — MINORITÉ DE DON ENRIQUE Ier DE CASTILLE. — MORT DE CE PRINCE. — BERENGUELA, REINE DE CASTILLE, ABDIQUE EN FAVEUR DE FERDINAND III SON FILS. — GUERRE ENTRE FERDINAND, ROI DE CASTILLE, ET SON PÈRE ALPHONSE IX DE LÉON. — ILS FONT LA PAIX ET TOURNENT LEURS ARMES CONTRE DES MUSULMANS. — DISCORDES ENTRE LES ALMOHADES. — CONQUÊTES DES CHRÉTIENS. — MORT D'ALPHONSE IX DE LÉON. — FERDINAND RÉUNIT LES COURONNES DE CASTILLE ET DE LÉON.

La mort de don Pèdre d'Aragon et celle d'Alphonse le Bon de Castille laissaient également ces deux États en proie à tous les maux d'une minorité. En Aragon surtout, la position était embarrassée, car l'héritier de la couronne se trouvait entre les mains d'un seigneur étranger. Don Pèdre, avant de recourir aux armes pour soutenir les comtes de Toulouse, ses beaux-frères et ses vassaux, avait tenté la voie des négociations. Il avait même encore négocié après que la ville de Carcassonne eut été enlevée au comte Raymon-Roger, son feudataire, et il avait consenti à la laisser au comte Simon de Montfort, à condition que celui-ci lui prêterait foi et hommage. Pour rendre plus intime l'union qu'il venait de contracter avec ce seigneur, il avait été convenu que le fils unique du roi, l'infant don Jayme, épouserait la fille du comte et d'Alix de Montmorency. Les fiancés étaient encore en bas âge, et en attendant que le mariage pût être contracté, on avait remis le jeune Jayme entre les mains du comte Simon de Montfort, qui devait rester chargé de son éducation. Il y était encore lorsque le roi don Pèdre fut tué devant le château de Muret, et cette circonstance favorisait les prétentions à la couronne qu'élevaient les deux frères du feu roi, don Sancho, comte de Roussillon, et Ferdinand, abbé de Montaragon. Ils disaient que le mariage de Marie de Montpellier étant nul, son fils se trouvait illégitime, et ne pouvait hériter des États de son père. D'accord pour repousser don Jayme du trône, ils le disputaient entre eux. Don Sanche se prévalait contre son compétiteur de ce que celui-ci était moine profès, ce qui, disait-il, le rendait incapable de régner. Mais Ferdinand répondait en invoquant l'exemple de don Ramire le moine. Le pays se trouvait ainsi divisé en trois partis. Ceux qui défendaient les droits de don Jayme s'adressèrent au pape pour qu'il enjoignît à Simon de Montfort de leur rendre leur roi. Ils obtinrent ce qu'ils demandaient. Le comte remit don Jayme au légat du pape et aux seigneurs qui l'accompagnaient. Ceux-ci l'amenèrent à Lérida, où les cortès du royaume d'Aragon étaient réunies. L'archevêque de Tarragone prit dans ses bras cet enfant pour le montrer à cette assemblée, qui l'accueillit par des cris d'allégresse et le salua du titre de roi. Il n'avait encore que six ans et demi, et tous les membres des cortès, en le voyant si jeune, jurèrent avec enthousiasme de défendre sa personne et ses droits. C'est le premier exemple que rapporte l'histoire d'un serment prêté par les Aragonais à leur souverain. On choisit pour gouverneur du jeune roi Guillaume de Mont-Redon, maître des Templiers du royaume d'Aragon. On choisit la ville de Monçon pour sa résidence. Dans l'espoir de mettre un terme aux agitations occasionnées par don Sanche, l'oncle du jeune roi, on lui confia l'administration de l'État. Mais comme cette dignité ne suffisait pas à son ambition, qu'il aspirait à l'autorité suprême, et qu'on redoutait quelque mouvement en Catalogne, les cortès se réunirent à Tarragone, en 1218, et les Catalans prêtèrent à don Jayme le serment de fidélité. La même année, au mois de septembre, les cortès générales d'Aragon et de Catalogne se réunirent à Lérida. Le comte don Sancho y fut présent, et moyennant une somme annuelle qui lui fut assurée, il renonça à ses prétentions, se démit de l'administration et rendit hommage à son neveu.

En Castille, le pouvoir royal était aussi tombé dans les mains d'un prince trop jeune pour l'exercer. Don Enrique Ier n'avait encore que onze ans. On chargea sa mère du gouvernement du royaume et de la tutelle du jeune prince. Mais le chagrin qu'elle avait éprouvé de la mort de son mari la conduisit rapidement au tombeau; elle rendit l'âme le dernier jour d'octobre 1214. Elle légua, par son testament, la tutelle et l'administration du royaume à doña Berenguela, sa fille aînée qui avait été mariée au roi de Léon Alphonse IX, mais qui en avait ensuite été séparée pour cause de parenté. L'autorité dont cette princesse se trouva investie, était ambitionnée par les grands, qui faisaient peu de cas du roi, parce qu'il était un enfant, et de la régente, parce qu'elle était une femme. Les plus puissants d'entre eux étaient les trois frères de la maison de Lara, don Alvar, don Ferdinand et don Gonzalo. Ils surent par leurs intrigues déterminer Berenguela, qui craignait de succomber sous le poids des affaires, à remettre la régence et la garde du roi à don Alvar, l'aîné d'entre eux. Celui-ci fit seulement serment, entre les mains de l'archevêque de Tolède, de ne rien faire que pour le bien du royaume. Cette cession fut à peine accomplie, que don Alvar de Lara s'empara des biens publics; il ne respecta pas davantage les biens des particuliers, ni même ceux des églises, et les choses en vinrent au point que don Rodrigue, doyen de Tolède et vicaire de l'archevêque, se crut dans la nécessité de lancer contre lui une sentence d'excommunication. Tous ceux qui étaient jaloux de voir le pouvoir aux mains des Lara, tous ceux auxquels ils avaient donné quelque sujet de mécontentement, se groupèrent autour de doña Berenguela, lui reprochèrent d'avoir abdiqué le pouvoir, et formèrent en son nom un puissant parti. Bientôt tout le royaume se trouva rempli de troubles. Ces agitations auraient pu désoler pendant longtemps la Castille; un événement qu'il n'était pas donné à la prudence des hommes de prévoir vint y mettre un terme. Le jeune roi était à jouer dans une cour avec quelques jeunes seigneurs de son âge; une pierre lancée en l'air par l'un d'eux, nommé Mendoce, alla détacher du toit une tuile qui tomba sur la tête de don Enrique. Elle lui fit une blessure dont il mourut onze jours plus tard, le mardi 6 juin 1217.

Don Enrique Ier ne laissait pas d'autre héritier que des sœurs; l'aînée d'entre elles était Berenguela, qui de son mariage avec Alphonse IX avait eu quatre enfants : Saint Ferdinand, Alphonse, Constance et Berenguela. Le trône devait naturellement lui revenir; mais les Castillans qui redoutaient avant tout la domination d'un prince étranger, craignaient que le roi Alphonse IX de Léon ne voulût, en qualité de mari de Berenguela, s'emparer du royaume. On s'empressa d'envoyer auprès de lui des messagers, avant qu'il pût connaître la mort de don Enrique. Ceux-ci lui dirent que doña Berenguela désirait vivement voir son fils don Ferdinand. Ils emmenèrent ce jeune prince, promettant de le remettre à son père, aussitôt qu'elle aurait été satisfaite. Don Ferdinand, qui ne savait rien des intentions de sa mère, arriva à Otella, où elle l'attendait. Elle le mena aussitôt à Najera. Dans cette ville, elle déclara qu'elle, reine de Castille, renonçait à la couronne en faveur de don Ferdinand son fils. La cérémonie se fit sur une place publique, sous un grand orme. On leva la bannière du nouveau roi, et on agit avec toute la solennité d'usage en pareille circonstance. Ensuite, doña Berenguela jugea qu'il était opportun de faire parcourir le royaume par le jeune roi. Elle le mena à Palencia, où il fut reçu par les habitants avec des témoignages d'amour. Don Alvar de Lara, qui se voyait dépouillé de toute autorité, demanda que le nouveau roi fût mis en tutelle entre ses mains, bien qu'il eût déjà dix-huit ans et demi; mais Berenguela, qui n'avait pas oublié sa conduite odieuse et tyrannique, rejeta bien loin cette demande. Cependant un grand nombre de villes se trouvaient entre les mains des seigneurs de Lara et de leurs partisans, qui menaçaient de bouleverser le royaume. Pour prévenir ces malheurs, Berenguela voulut faire confirmer par les cortès la renonciation qu'elle avait faite en faveur de son fils. Elle les convoqua donc à Valladolid. Là, elle fut reconnue pour la légitime héritière du trône, et de nouveau elle renonça à la couronne en faveur de son fils. Don Ferdinand fut proclamé roi. La cérémonie eut lieu sur une estrade qu'on avait exprès dressée dans le faubourg, afin que la grande quantité de peuple qui était accourue de toutes les parties du royaume, pût en être témoin. Ensuite on conduisit don Ferdinand à la cathédrale, pour qu'il y jurât de garder les priviléges du royaume.

Cependant le roi Alphonse IX conçut une violente colère en apprenant ce qui se passait : il prétendait que c'était à lui seul que le royaume de Castille devait revenir. Il y entra à la tête de quelques troupes, et se dirigea précipitamment vers Burgos, dont il espérait s'emparer facilement. Mais don Lope de Haro et d'autres seigneurs sortirent à sa rencontre, l'attaquèrent et le forcèrent à la retraite.

Bien que Ferdinand eût été proclamé roi par les cortès, quelques villes refusèrent de le reconnaître; il fallut qu'il en fît le siége. Mais elles ne résistèrent pas longtemps. Toutes les difficultés s'aplanissaient devant lui. Le royaume se pacifiait; il n'y avait plus que les plus ardents partisans d'Alvar de Lara qui osassent troubler la paix publique, et le bonheur voulut que ce seigneur fût fait prisonnier par les troupes du roi, en sorte que, pour obtenir la vie et la liberté, il fallut qu'il restituât toutes les places qui étaient encore entre ses mains. Tariego, Alarcon, Aïnaya, Villafranca, Pancorvo furent remises aux officiers du roi. Don Ferdinand de Lara tenait encore les villes de Castro Xerits et d'Orejon. Il refusait de les rendre, et le roi assembla une armée pour les lui enlever. Cependant il ne fut pas nécessaire d'en venir aux armes, et Ferdinand de Lara obtint de conserver ces villes comme lieutenant du roi, après qu'il lui eut prêté foi et hommage. La clémence du roi ne put déterminer l'esprit turbulent d'Alvar de Lara à se tenir en repos. Après avoir été mis en liberté, ce seigneur vécut pendant quelque temps en paix près de Palence; mais cette vie obscure ne tarda guère à l'ennuyer. Il rassembla quelques-uns de ses anciens partisans, et se mit à ravager le pays. Vivement poursuivi par l'armée du roi, il fut obligé de se jeter dans le royaume de Léon, et d'aller chercher un asile auprès d'Alphonse IX. Là, il parvint à ranimer l'ambition de ce prince, en lui répétant que c'était à lui et non à son fils que la Castille devait revenir. Ses paroles déterminèrent le roi Alphonse à prendre les armes. Ferdinand, de son côté, assembla une armée, et bientôt sans doute on en serait venu aux mains, quand l'instigateur de cette guerre, le comte don Alvar, tomba malade. Quelques personnes, regardant cette circonstance comme un avertissement du ciel, engagèrent don Alphonse à faire l'abandon de prétentions qui n'étaient pas fondées. Les deux rois firent la paix, et la nouvelle de cet accommodement aggrava tellement le mal du comte d'Alvar de Lara, qu'il sentit bien que sa dernière heure était arrivée. Alors il demanda à être revêtu de l'habit de chevalier de Saint-Jacques, et il mourut si pauvre qu'il ne laissa pas de quoi payer les frais de sa sépulture. Doña Berenguela l'ayant appris, envoya une riche étoffe pour l'ensevelir, avec de l'argent pour lui faire rendre les derniers honneurs.

Dès que toute mésintelligence eut cessé entre Alphonse IX et son fils, ces deux souverains ne songèrent plus qu'à faire la guerre aux musulmans. Après la bataille de las navas de Tolosa, Mohammed-Ben-Yacoub était retourné en Afrique, où il était mort empoisonné le 25 décembre 1213. Dès que son fils, Youssouf-al-Mostansir bi'llah, eut été proclamé émir, l'oncle de celui-ci, Abu-Mohammed-abd-Allah-Ben-Yacoub repassa en Espagne pour y prendre le gouvernement des États qui restaient aux musulmans dans ce pays. Il gouvernait par lui-même les villes de Xativa, de Denia et de Murcie, qui étaient sa propriété, et il avait, pour lieutenant, Saïd-Ben-Bargan. En ce temps de désorganisation, tout était vénal en Andalousie; les emplois n'y étaient pas la récompense du mérite. On les donnait à ceux qui offraient les présents les plus riches. Pas un commandant de château, pas un magistrat ne restait en place lorsqu'un prétendant se présentait pour mettre l'enchère sur le commandement ou sur la charge. Sous une semblable administration, il ne pouvait y avoir que trouble, que désordre et que violence. Ces occasions étaient trop favorables pour que les chrétiens n'en profitassent pas. Le roi de Léon alla mettre en 1222 le siége devant Cacerez (*), et, dans ce temps où tout se vendait, les musulmans obtinrent pour une grosse somme d'argent que les chrétiens se retireraient. L'année suivante, les troupes de Léon et de Castille réunies allèrent porter le fer et le feu jusque dans les environs de Séville. Elles livrèrent bataille aux musulmans, et remportèrent sur eux une victoire signalée. Pendant que les chrétiens s'avançaient ainsi jusqu'au cœur de l'Andalousie, l'émir Al-Moumenim se tenait renfermé au fond de son sérail; il y vivait entouré de femmes et d'esclaves. Épuisé par les voluptés, il mourut le 13 dsuhassia 620 (7 janvier 1224), à peine âgé de vingt et un ans. Il ne laissait pas d'héritier direct, et l'on proclama pour lui succéder un de ses oncles, Abu'l-Melech-Abd-el-Vahid-Ben-Yacoub. Mais Abu-Mohammed-Abd-Allah-Ben-Yacoub, qui gouvernait en Espagne, avait de nombreux partisans, qui attaquèrent à Maroc le nouvel élu et le forcèrent à abdiquer le 13 de safar 621 (7 mars 1224), et, dans la crainte qu'il ne voulût essayer de reprendre le pouvoir, ils lui enlevèrent la vie trois jours plus tard (**), et proclamèrent Abu-Mohammed-Abd-

(*) Les auteurs arabes cités par Condé placent ces faits en 1218, et disent que les chrétiens ont été attaqués et vaincus par les musulmans. On peut penser que leur récit de cette victoire n'est pas plus exact que leur date.

(**) Condé compte qu'il régna 8 mois et neuf jours. Ou ce calcul est inexact, ou les dates qu'il donne sont erronées, car du 13 du dernier mois de l'année 620 au 13 du second mois de l'année 621, il ne s'est écoulé que 2 mois.

Allah. Pendant que ces dissensions occupaient le peu de force qui fût resté aux musulmans, saint Ferdinand fit une invasion en Andalousie, ravagea les environs de Baëza, prit et ruina plusieurs places, et ne se retira qu'à l'approche de l'hiver, emportant un butin immense. Au printemps suivant, il entra de nouveau sur les terres des Maures; mais Abu-Mohammed-Abd-Allah vint au-devant de lui, et ce prince ne se trouvant pas assez fort pour résister à la puissance des chrétiens, lui demanda de le recevoir pour vassal; il s'engagea à lui payer le quart des revenus de sa couronne, et à lui remettre un certain nombre de places fortes. En exécution de cette convention, en 1227, le roi Ferdinand arriva de nouveau en l'Andalousie. Le château de Baëza, les villes de Salvatierra et de Burgalimar lui furent livrées. Capilla devait aussi être occupée par les chrétiens. Cependant, malgré les ordres d'Abu-Mohammed, le capitaine qui la défendait refusa de leur en ouvrir les portes. Il fallut en faire le siège. Au reste, cette résistance fut inutile, et les troupes du roi Ferdinand s'en emparèrent après trois mois de combats. Le traité qu'Abu-Mohammed avait été forcé de contracter avec les chrétiens, irrita vivement ses sujets. Ils l'accusèrent d'être mauvais musulman, le déclarèrent indigne de régner, publièrent hautement sa déchéance, et, pour ne pas s'en tenir à des paroles et à de vaines cérémonies, ils gagnèrent les principaux de sa garde, qui l'étouffèrent dans ses appartements, en l'année de l'hégire 624 (du 22 décembre 1226 au 12 décembre 1227.)

Suivant Mariana et Ferreras, Abu-Mohammed serait mort d'une manière différente, quoique tout aussi malheureuse. Les habitants de Cordoue, mécontents des relations qui existaient entre leur souverain et les chrétiens, résolurent de le tuer. Abu-Mohammed, prévenu du danger qui le menaçait, sortit secrètement de la ville pour se retirer à Almodovar. Mais les conjurés, avertis de son départ, montèrent à cheval, coururent à sa poursuite, et l'ayant rejoint, l'attaquèrent et lui coupèrent la tête. Ainsi trois fils d'Yacoub vainqueur d'Alarcos, étaient déjà morts sur le trône. Mohammed-el-Nassr, Abu'l-Melech et Abu-Mohammed. Ce fut encore un fils d'Yacoub qui se présenta pour réclamer le pouvoir, et qui fut proclamé émir; il se nommait Al-Mamoun-Abu'l-Ola. (*) Édris-Ben-Yacoub. C'était un homme rigide qui conçut le projet de réformer les abus. Il regardait les règlements établis par El-Mehedi comme rendant tout bon gouvernement impraticable, il les abrogea. Il défendit qu'on rappelât le nom d'El-Mehedi dans les prières, et le fit effacer des inscriptions publiques. Ces réformes rencontrèrent une vive opposition. Dès que la pensée en fut connue en Afrique, on s'y souleva, et l'on y proclama pour émir son neveu Abu-Zacharia-Yahya-Ben-al-Nassr. Ce chef passa en Espagne à la tête d'une armée d'Africains. Al-Mamoun rassembla aussitôt les troupes de Séville et de Cordoue, marcha à sa rencontre, le battit et le contraignit à se jeter dans les montagnes avec les débris de ses troupes. Mais il ne s'embarrassa pas de le poursuivre, et courut dégager Jaën attaqué par les Castillans. Il fit lever le siège, pourvut à la défense des frontières et confia le commandement de l'Andalousie à son frère Cidi-Abu-abd-Allah. Quant au royaume de Valence, il était gouverné comme un État souverain, par son autre frère Cidi-Mohammed, que les auteurs chrétiens appellent Abu-Zeït. Quand il eut remis la garde des villes principales aux officiers dont la bravoure et la fidélité lui paraissaient le plus assurées, il s'embarqua le 22 sjawal 624 (5 octobre 1227) pour aller en Afrique châtier ceux qui lui étaient opposés.

Pendant son absence, les Castillans renouvelèrent deux fois leurs attaques

(*) Condé, au commencement de son chap. 57, 3e partie, l'appelle Abu'l Ola, et au commencement du premier chapitre, 4e partie, le nomme Abu-Aly; Mariana, liv. x, ch. xii, l'appelle Abuli.

contre la ville de Jaën, sans la pouvoir enlever. Le roi de Léon fut plus heureux ; il se rendit maître de Mérida dans le courant de l'année 1230. Après cette conquête, il était revenu à Léon remercier Dieu auprès du tombeau de saint Isidore, et il s'était mis en route pour aller en pèlerinage à Saint-Jacques de Compostelle, lorsqu'il mourut le 23 septembre 1230. Alphonse IX avait fait un testament par lequel il laissait son royaume à ses filles, doña Blanche et doña Dulce. Ce fut un sujet de trouble et de discorde, car déjà le roi Ferdinand avait, du vivant de son père, été reconnu par les cortès pour héritier de la couronne. Le royaume de Léon se retrouva donc divisé en deux factions. L'une prétendait qu'on se conformât aux dernières volontés du roi ; l'autre pensait que l'héritier légitime était celui qui avait déjà été reconnu, et auquel on avait juré fidélité. Ces divisions auraient pu causer une guerre civile. Mais la sagesse de doña Bérenguela sut les apaiser. Elle détermina les sœurs de Ferdinand à se contenter d'une rente qu'il s'engagea à leur payer, et les royaumes de Léon et de Castille se trouvèrent réunis pour ne plus être séparés.

DON JAYME ASSIÉGE PEÑISCOLA. — LE ROI DE VALENCE SE RECONNAIT SON VASSAL. — DÉSOBÉISSANCE ET MORT DE PEDRO DE AHONEZ. — CONQUÊTE DES BALÉARES. — LE ROI DE VALENCE EST DÉTRÔNÉ PAR ABU-GIOMAIL. — SOULÈVEMENT DE BEN-HUD. — BEN-HUD S'EMPARE DE MURCIE ET DE GRENADE. — MORT D'ALMAMOUN. — FIN DE LA DYNASTIE DES ALMOHADES.

En Aragon, les précautions prises pour assurer la tranquillité du pays n'avaient pas atteint le but qu'on se proposait. Don Ferdinand, oncle du roi, bien que moine profès et abbé du couvent de Montaragon, n'avait pas renoncé à l'espoir de s'emparer de la couronne. Il était aidé dans ses projets par une foule d'esprits inquiets et turbulents ; par don Guillem de Moncada, par don Pedro de Ahonez. Sous prétexte d'écarter le roi des mauvais conseillers auxquels il prêtait l'oreille, ils s'étaient emparés de sa personne, et, pour arracher de ce jeune prince, qui n'avait encore que dix-huit ans, une partie de ce qu'ils désiraient obtenir, ils l'avaient pendant quelque temps fait garder, sans le laisser communiquer avec qui que ce fût. Don Jayme avait hâte de s'affranchir de cette tyrannie. Pour y parvenir, il feignit de partager les idées des seigneurs qui l'opprimaient. Il se rendit avec eux aux cortès réunies à Tortose ; mais sans attendre que les délibérations de cette assemblée fussent terminées, s'échappa, alla se réfugier dans une commanderie de chevaliers du Temple, et, de là, il écrivit à tous les seigneurs qu'ils eussent à se réunir en la ville de Téruel, afin de le suivre dans le royaume de Valence, où il comptait faire la guerre aux Musulmans. Quelques Aragonais, et des Catalans en plus grand nombre, répondirent à cette convocation. Don Jayme, à la tête de cette armée, entra dans le royaume de Valence, et après avoir ravagé le pays, il alla mettre le siège devant une place très-forte, à laquelle sa situation au sommet d'un rocher en forme de pyramide a fait donner le nom de Peñiscola (*). Elle est entourée de presque tous les côtés par la mer. Les abords en sont escarpés et très-difficiles. La garnison qui y était renfermée se défendait courageusement. Cependant le roi de Valence, en apprenant qu'elle était attaquée, envoya des ambassadeurs à don Jayme pour lui demander la paix. Il lui offrit de se reconnaître son vassal, et de lui payer chaque année la cinquième partie des revenus de sa couronne. Le jeune roi accepta cette proposition ; et reprit le chemin de Téruel. En route on rencontra don Pedro de Ahonez, qui venait, à la tête d'un corps de troupes levé à ses frais, pour faire une incursion sur les terres de Valence. Le roi, désirant observer la paix qu'il venait de conclure, lui enjoignit de s'arrêter. Pedro Ahonez ne fit nul cas de cette

(*) La queue du rocher.

défense, et se mit à ravager le pays. Alors don Jayme envoya des troupes pour l'arrêter : à leur approche, don Pedro prit la fuite. On le poursuivit avec célérité; on l'atteignit, et comme il ne voulait pas se rendre, on le tua. Cette mort fut l'occasion de nouveaux embarras. Les partisans de Pedro de Ahonez et de l'infant don Ferdinand présentèrent cette mort comme le résultat d'une atroce vengeance, et la plus grande partie de l'Aragon se souleva contre son souverain. Il fallut toute son adresse et toute son énergie pour apaiser ces troubles, mais enfin il y parvint, et son oncle Ferdinand lui-même, forcé de lui rendre hommage, se trouva heureux d'être reçu en grâce.

Il y avait trois ans que la paix avec Cidi-Mohammed était conclue, et comme Valence était le seul État des infidèles qui se trouvât en contact avec les Aragonais et les Catalans, il semblait que la carrière des conquêtes leur fût désormais fermée. Mais des corsaires de Mayorque ayant pris quelques vaisseaux de Barcelone, don Jayme les fit réclamer. On ne répondit que par des insultes aux représentations de ses ambassadeurs. Dès ce moment, il résolut d'exterminer ces pirates et de s'emparer des îles Baléares. Il passa une année à préparer cette expédition. Les cortès de Barcelone la regardèrent comme devant produire, en faveur de leur commerce, des résultats si avantageux, qu'elles ne balancèrent pas à accorder à don Jayme l'impôt appelé *bovatique*; c'était une taxe qui se payait par chaque couple de bœufs. Les Catalans n'accordaient à leurs souverains le droit de la percevoir que dans les circonstances les plus graves. Don Jayme réunit sur la plage de Salaü une flotte de 135 voiles; il s'embarqua, dans le courant de septembre 1229, à la tête de 15,000 fantassins et de 1500 cavaliers, et il acheva en peu de mois la conquête de Mayorque.(*).

(*) Les détails de cette expédition se trouvent dans Muntañer, dans la chronique

Le roi de Valence, vassal de don Jayme, n'avait mis aucun obstacle à cette entreprise; il n'avait donné aucun secours au roi de Mayorque, et n'avait pas essayé de prévenir, par quelque diversion, le coup dont ce prince était menacé. Cidi-Mohammed était resté fidèle au prince qu'il avait reconnu pour suzerain. Cette fidélité fut regardée par les Musulmans les plus fervents comme un oubli de leur religion. Ils accusèrent leur roi d'être chrétien au fond du cœur. Un chef, nommé Abu-Giomail-ben-Zeyan-Mudafe-Al-Giusami, se mit à la tête des mécontents. Cidi-Mohammed lui livra plusieurs combats, et se défendit avec plus de courage que de bonheur : enfin, abandonné de presque tous les siens, il fut, dans le courant de 627 de l'hégire (1230 de J.-C.), forcé de chercher un refuge auprès de don Jayme, et Zeyan resta roi de Valence.

Cette révolte n'est pas la seule qui à cette époque ait troublé en Espagne l'empire des Almohades. Yahya-ben-Al-Nassr, qui, vaincu par Al-Mamoun, avait été contraint de se réfugier dans les montagnes, venait de sortir de sa retraite pour ravager le pays. Un ennemi plus redoutable encore s'était levé contre leur puissance. C'était Abu-Abd-Allah-Mohammed-ben-Yousouf-ben-Hud. Il descendait, comme l'indique son nom Ben-Hud, de cette famille illustre qui avait donné des rois à l'Espagne orientale, et qui avait, dans le principe, combattu, non sans quelque gloire, contre les Almohades, pour leur disputer la souveraineté de l'Andalousie. Par son éloquence et par sa générosité, il avait assemblé un grand nombre de vaillants cavaliers, qui s'étaient déclarés en sa faveur, et avaient juré de mourir pour son service. Ils s'étaient réunis à Escurianté, dans le gouvernement d'Uxixar, et l'avaient proclamé roi des Musulmans d'Espagne, le 1er de rama-

attribuée au roi Jayme et dans Gomesius Miedes. Mais il n'y a pas lieu de s'en occuper ici, l'histoire spéciale des Baléares faisant partie d'un autre volume de l'Univers.

dan de l'année 625 (4 août 1228). Pour détacher les populations de la domination des Almohades et pour les engager à suivre son parti, il allait répétant que sa mission était de rendre la liberté aux populations opprimées par d'injustes vexations; il promettait de remplacer par des impôts et par des contributions légalement établies, les charges arbitraires dont les tyrans almohades les avaient accablées. Il prêchait que la doctrine de Mahomet avait été altérée par eux; qu'ils avaient profané les mosquées. Pour exciter le fanatisme populaire, il les bénissait de nouveau et les purifiait par des cérémonies publiques.

A la nouvelle de ces soulèvements, Al-Mamoun s'empressa de repasser en Espagne, et voulant consacrer toutes ses forces à réprimer les deux rebelles, Yahya-ben-Al-Nassr et Ben-Hud, il envoya demander la paix au roi de Castille, don Ferdinand. Dès que les conditions en furent arrêtées, il rassembla autant de monde que cela lui fut possible, et il marcha à la recherche de Ben-Hud, qu'il rencontra dans les champs de Tarifa. Les deux armées combattirent avec un égal acharnement, et la nuit put seule les séparer sans que la victoire se fût déclarée pour aucun parti. Le lendemain, dès le point du jour, la bataille recommença. Mais les Almohades étaient inférieurs en nombre : ils ne purent résister bien longtemps. Al-Mamoun fut obligé de se retirer, laissant sur le champ de bataille ses principaux officiers. Son propre fils, Abu'l-Hasan, fut blessé à la tête de l'avant-garde qu'il commandait. Cette sanglante affaire eut lieu le 6 de ramadan 626 (29 juillet 1229). Al-Mamoun fit sa retraite en bon ordre; mais il ne put empêcher Ben-Hud de recueillir tous les avantages de la victoire. Celui-ci fut bientôt maître de Murcie, et entra sur les terres de Grenade. Cidi-Abu-Abd-Allah, frère du roi Al-Mamoun, sortit à sa rencontre. Il y eut entre eux de sanglantes escarmouches, mais presque toujours l'avantage resta du côté de Ben-Hud : la victoire suivait ses bannières. Enfin, Cidi-Abu-Abd-Allah se vit contraint à se renfermer dans Grenade, où Ben-Hud l'assiégea bientôt. Les partisans de ce chef avaient des intelligences dans la place : les portes de la ville lui furent livrées, et il fut proclamé roi de Grenade dans le courant de l'année 628 (du 9 octobre 1230 au 29 octobre 1231). Cidi-Abu-Abd-Allah se retira dans la citadelle; mais voyant les dispositions hostiles des habitants, et le peu de ressources qui lui restaient pour s'y maintenir, il l'abandonna, et vint apprendre à Al-Mamoun la perte de cette ville. Celui-ci, ne se sentant pas en état d'achever heureusement, avec les forces qu'il avait en Espagne, la guerre qu'il avait à soutenir, résolut de recruter en Afrique des troupes dont le nombre pût mettre un terme aux succès de Ben-Hud. Mais, comme il était en route pour se rendre à Maroc, il mourut, dans la dernière lune de l'année 629 (du 19 septembre au 17 octobre 1232). On peut dire que la mort de ce chef fut en Espagne le terme de la domination des Almohades; et si leur dynastie dura encore en Afrique pendant trente-sept années, elle ne fit que s'y débattre dans une pénible et sanglante agonie. Dès que la nouvelle de la mort du roi Al-Mamoun arriva à Maroc, il s'y éleva plusieurs partis. Les uns proclamèrent Abu-Zacharia-Yahya, qui était fils de son frère Al-Nassr, et qui soutenait en Espagne, avec peu de succès, ses prétentions au trône. D'autres, en plus grand nombre, élurent Raxid [1] Abu-Mohammed-Abd-el-Walid, son cousin. Yahya ne fut pas plus heureux en Afrique qu'il ne l'avait été en Andalousie, et, après de nombreux revers, il mourut près de la ville de Fez, dans la lune de sjawal de l'année 633 (du 9 juin au 7 juillet 1236). Sa mort ne mit pas fin aux troubles qui déchiraient l'Afrique et l'Andalousie. Abd-

_____
[1] Al-Raxid. Mariana l'appelle *Arrasio*, et il en fait le successeur immédiat de Mohammed-el-Nassr. Il passe ainsi sous le silence les règnes d'Abu'l-Melech, d'Abu-Mohammed et d'Al-Mamoun.

el-Walid ne put parvenir à les apaiser. Son règne ne fut qu'une suite non interrompue d'inquiétudes et d'agitations. Enfin il se noya dans un marais où il fut jeté par son cheval, qui avait pris le mors aux dents. Ce malheur arriva le 9 sjumada posterior de l'année 640 de l'hégire (4 décembre 1242).

Après la mort d'Abd-el-Walid, on proclama son frère, Abu'l-Hasan, surnommé Saïd. C'est de son temps que commencèrent à s'élever contre lui, dans l'Afrique orientale, les Beni-Zeyanes et les Beni-Merines, familles nobles et puissantes de cette contrée. Ils ne lui laissèrent pas un instant de repos. Abu'l Hasan rassembla une armée nombreuse pour punir la révolte d'Abu-Yahya-Jagmerasin(*), qui se faisait appeler sultan de Tlemcen. Il le rencontra, lui livra bataille le mardi 29 safar 641 (**) (18 août 1243); mais il fut vaincu et mourut au plus fort de la mêlée. Il eut pour successeur au trône un autre prince descendant d'Abd-el-Moumen, nommé Omar-ben-Abu-Ibrahim-Ishac. C'était un prince sage et vertueux. Il continua la guerre contre les Beni-Merines avec des fortunes diverses. Cet émir fit un pèlerinage à Tinmâl, pour visiter le tombeau de Mehedi, suivant l'usage des princes almohades ses prédécesseurs. Pendant ce voyage, un de ses parents se souleva contre lui : c'était un nommé Abu'l-Ola-Edris, auquel on avait donné le surnom d'Abu-Dibus(***), le père de la masse, parce que, lorsqu'il était en Andalousie, il avait pour habitude de toujours porter une masse d'armes. Avide d'autorité, il s'unit aux ennemis de sa race, et offrit aux Beni-Merines de les rendre maîtres de Maroc, s'ils voulaient partager l'empire avec lui. Cette proposition ayant été acceptée, il livra Maroc aux Beni-Merines, et l'infortuné Omar fut obligé de fuir avec quelques cavaliers seulement, jusqu'à la ville d'Azamor, qu'il croyait lui être dévouée. Mais quand les habitants d'Azamor le virent accompagné de si peu de monde, ils se soulevèrent et le mirent en prison. Il parvint cependant, à force de promesses, à gagner un des esclaves chargés de le garder : ils s'évadèrent ensemble pendant la nuit, en se laissant glisser à l'aide d'une corde en bas de la muraille, et ils s'éloignèrent sur des chevaux qu'on leur tenait prêts; mais, dans sa route, Omar fut attaqué par l'esclave qui l'accompagnait. Il se défendit longtemps; mais enfin il succomba. Ce fut le 2 de safar 665 (2 novembre 1266) que ce crime fut consommé.

Abu-Dibus, avec l'aide des Beni-Merines, s'empara de la souveraineté. Il fit enfermer les enfants d'Omar, et les retint en prison tant que dura le pouvoir qu'il avait usurpé. Mais bientôt les Beni-Merines lui firent la guerre, pour ne pas exécuter les conditions dont ils étaient convenus. La fortune des armes fut changeante, mais le plus souvent elle se montra contraire à Abu-Dibus. La troisième année de son règne, le 2 muharrem 668 (1er septembre 1269), il voulut jouer son royaume en une seule fois. Il livra une bataille aux Beni-Merines sur les bords du Guadilgafir. Pendant toute la journée, on se disputa la victoire sans qu'elle penchât de part ni d'autre. Mais, vers le soir, les troupes d'Abu-Dibus furent enfoncées, et lui-même reçut la mort en combattant comme un lion blessé. C'est ainsi que finit l'empire des Almohades et des descendants d'Abd-el-Moumen, sans qu'il restât d'eux ni trace ni rejetons. Leur domination avait duré 152 ans(*), et, ajoute l'auteur arabe en finissant

(*) C'est probablement le Gomaranca de Mariana.

(**) Condé dit le mardi 29 safar 646. C'est une erreur évidente. Le 29 safar 646 correspond au 13 juin 1248, qui tombe un samedi.

(***) Suivant Mariana Budebusio.

(*) 152 années arabes et 107 jours, depuis le samedi 14 ramadan 515, jour où El-Mehedi fut proclamé, jusqu'au 2 muharrem 668, jour de la mort d'Abu-Dibus, c'est-à-dire depuis le samedi 26 novembre 1121, jusqu'au 1er septembre 1269, cent quarante-sept années chrétiennes et 279 jours.

ce chapitre : Louanges à Dieu, dont le pouvoir est infini, éternel, et dont l'empire ne finit pas.

ORIGINE DE BEN-ALHAMAR, ROI DE GRENADE. — BATAILLE DU GUADALÉTÉ. — DON JAYME ENTREPREND LA CONQUÊTE DU ROYAUME DE VALENCE. — LES CASTILLANS SURPRENNENT UN FAUBOURG DE CORDOUE. — SIÉGE DE CORDOUE. — MORT DE BEN-HUD. — PRISE DE CORDOUE. — PRISE DE VALENCE.

Quand, après la mort d'Al-Mamoun, Yahya-ben-Al-Nassr fut passé en Afrique pour soutenir ses prétentions au trône, Ben-Hud ne resta pas pour cela seul maître de l'Andalousie. Le parti qui lui était opposé choisit pour chef un jeune homme vertueux et prudent comme un vieillard, vaillant et bon capitaine comme le fameux Al-Manzor. Il était connu sous le nom de Mohammed-ben-Alhamar (fils du rouge). Les écrivains ne sont pas d'accord sur son origine. Condé en fait le neveu de Yahya-ben-Al-Nassr. Mais, pour établir cette parenté, dont les autres historiens ne parlent pas, il est obligé de se mettre en contradiction avec lui-même. Il fait mourir Yahya-ben-Al-Nassr à deux époques distinctes et dans deux endroits différents (*).

D'autres racontent que Ben-Alhamar était d'une des nobles familles arabes qui avaient pris part à la conquête de la Péninsule, et que sa race y avait constamment conservé, depuis l'invasion, le gouvernement d'Arjona. Au moment où l'empire des Almohades s'écroulait, il avait rêvé qu'un essaim d'abeilles et une volée d'oiseaux étaient venus s'abriter sous son toit. Ayant demandé l'explication de ce songe à un érmite, celui-ci lui avait annoncé qu'il serait roi. Le bruit de cette prédiction s'étant répandu dans Arjona,

(*) Après avoir raconté dans sa troisième partie, ch. 57, qu'en 629 (1232 de J. C.), Yahya passa en Afrique et qu'il y mourut en 633 (1236) dans les environs de Fez, il écrit plus bas, dans la quatrième partie, chap. 2, que le même Yahya-Ben-Al-Nassr fut tué en 629 (1232) à la prise de la ville de Jaën, laissant à son neveu Al-Hamar son héritage et le soin de sa vengeance.

le peuple, toujours ami du merveilleux, avait voulu la réaliser, et Ben-Alhamar avait été choisi pour chef.

D'autres prétendent que, comme Viriathes, il était originairement berger; qu'ennuyé de porter la houlette, il s'était joint à une troupe de bandits dont il était bientôt devenu le chef, que, s'étant signalé par d'heureux exploits, il avait vu le nombre de ses partisans s'accroître, et que son armée avait fini par le proclamer roi. Peut-être, pour bien comprendre l'ascendant qu'il a exercé, faut-il se rappeler encore une fois cette ancienne rivalité de races qui n'avait pas cessé d'exister entre les Arabes et les Berbères. Ben-Hud, descendant de ces anciens rois de Saragosse qui avaient successivement combattu les Almoravides et les Almohades, qui s'étaient montrés ennemis de tout ce qui venait d'Afrique, était le représentant de ce qui restait d'Arabes. Il avait aussi avec lui les populations mozarabes de l'Andalousie, qui ne s'étaient pas encore jetées dans les bras du roi de Castille. Autour de Ben-Alhamar, au contraire, étaient venus se grouper les Berbères, les Lamtounes, débris des partis d'Al-Mamoun et d'Yahya-ben-el-Nassr. C'est dans cette faction sans doute qu'il restait des éléments de force, puisqu'elle a fondé le dernier pouvoir musulman qui devait, pendant encore deux siècles et demi, se maintenir dans la Péninsule. Quelles qu'aient été les causes de l'élévation d'Alhamar, il s'empara d'Arjona, de Jaën, de Guadix, de Baza, et il se déclara l'ennemi de Ben-Hud et de ses partisans. Les entreprises des chrétiens étaient grandement favorisées par les guerres continuelles que se faisaient ces trois factions, de Giomail-ben-Zeyan de Valence, de Ben-Hud et d'Alhamar. Les villes étaient désunies; les gouverneurs ne savaient à qui obéir. Beaucoup d'entre eux, plus ambitieux que prudents, se déclaraient indépendants. C'était, disaient-ils, pour que les villes ou les forteresses qui leur avaient été confiées, ne se mêlant à aucun parti, demeurassent tranquilles et ne fussent pas dévastées par les maux de la guerre. Les habitants se félicitaient de ce système d'isolement et de neutralité, sans penser qu'il les laissait à la merci du premier parti un peu puissant qui viendrait les attaquer. Saint Ferdinand, voulant profiter de ces discordes, avait commandé à son frère don Alphonse et à don Alvar Perez de faire une incursion dans le pays ennemi. Ces deux capitaines étaient donc entrés, à la tête d'un petit nombre de cavaliers, sur le territoire de Cordoue; ils avaient pillé tous les environs de la ville; ensuite, ils avaient été ravager ceux de Séville, et s'étaient avancés, sans rencontrer de résistance, jusqu'à Xérès, sur les bords du Guadalété. Ben-Hud, que les succès obtenus par Ben-Alhamar dans les environs de Grenade tenaient dans une continuelle appréhension, avait longtemps hésité à sortir de Séville pour combattre les chrétiens. Cependant les ravages qu'ils exerçaient l'y déterminèrent. Il rassembla une armée nombreuse et se mit à leur poursuite. Lorsqu'il les rejoignit, ils étaient campés près du Guadalété. Pour lui, il établit son camp en face du leur, dans un champ d'oliviers, et il envoya mille cavaliers pour attirer les chrétiens au combat. Mais ceux-ci ne sortirent pas de leur camp. Voyant combien l'armée musulmane était nombreuse, ils ne voulurent pas s'épuiser en escarmouches inutiles; ils comprirent qu'un effort désespéré pouvait seul les tirer du danger où ils s'étaient placés. La retraite leur était interdite: ils avaient la mer derrière eux; devant eux ils avaient une armée dix fois plus nombreuse que la leur. Pour se débarrasser du butin, qui aurait gêné leurs mouvements, ils commencèrent par massacrer les prisonniers qu'ils traînaient à leur suite. Aux cris de ces malheureux qu'on égorgeait, l'armée des Musulmans accourut, altérée de vengeance; mais les Castillans étaient tous des guerriers éprouvés. Ils s'avancèrent en bon ordre, formant une masse compacte. Don Alvar marchait à leur tête. L'arrière-garde était commandée par l'infant don Alphonse. Ils chargèrent la cavalerie musulmane avec tant d'ensemble qu'ils la culbutèrent, lui passèrent sur le corps. Ils s'ouvrirent ensuite un chemin au milieu de l'infanterie, qui, rompue et en désordre, fut obligée de fuir et de chercher un abri au milieu des oliviers. Les Castillans évitèrent ainsi, par leur courage et leur bonne discipline, une déroute que le nombre de leurs ennemis devait faire regarder comme certaine. A cette simple relation des auteurs arabes, les chroniqueurs chrétiens ajoutent un miracle. A la pointe du jour, disent-ils, les Castillans, après avoir massacré leurs prisonniers, se formèrent en un escadron serré et se précipitèrent sur les Maures en invoquant saint Jacques. D'abord, ils furent accablés par la multitude de leurs ennemis; mais il vint à leur secours des saints dont les figures et les tuniques blanches jetaient un éclat surnaturel. En les voyant, les infidèles, frappés de frayeur, prirent la fuite et furent vivement poursuivis par les chrétiens qui en tuèrent un grand nombre. On ajoute même, dit Mariana, qu'à Zamora il ne manqua pas de personnes pour attester une des circonstances de ce miracle inconnue des combattants. Elles affirmèrent que dans la nuit qui avait précédé la bataille, elles avaient vu passer saint Isidore, saint Jacques et d'autres saints qui marchaient avec précipitation, dans la crainte de manquer l'heure du combat. La vérité, dit-il, qui la pourra savoir?

Cette bataille fut livrée sur la fin de l'année 680 de l'hégire, c'est-à-dire, vers le mois de septembre 1283 de J. C.

Du côté de l'orient, Abu-Giomail-ben-Zeyan, qui n'avait renversé Cidi-Abu-Mohammed que parce que celui-ci ne s'était pas montré ennemi assez acharné des chrétiens, était par sa position forcé de leur faire la guerre. Il entra donc sur les terres de l'Aragon; il pénétra jusqu'aux environs d'Amposta et de Tortose, et il revint de cette expédition avec beaucoup de prisonniers et beaucoup de butin. Les chrétiens ne tardèrent pas à tirer vengeance de cette agression. D. Jayme pouvait disposer de toutes ses forces. Non-seulement il avait achevé la conquête des Baléares, mais il n'était pas même embarrassé du soin de garder sa conquête. Il en avait confié le gouvernement à l'infant don Pedro de Portugal, en échange du comté d'Urgel que celui-ci possédait comme héritier de sa femme Aurembiasse. Il résolut de faire la conquête du royaume de Valence. Il exposa donc son projet, qui fut approuvé dans les cortès tenues à Monçon en 1232. Il est vrai que plusieurs seigneurs aragonais et catalans refusèrent de prendre part à cette expédition, en disant qu'elle n'était pas nécessaire à la sécurité du royaume; mais le pape Grégoire IX permit de faire prêcher en France une croisade pour mettre fin à cette guerre sainte.

Sans attendre que les préparatifs fussent achevés, les habitants de Téruel enlevèrent aux Musulmans la ville d'Ares, où ils mirent une bonne garnison. Blasco de Alagon leur prit Morella. L'année suivante, don Jayme entra dans le royaume de Valence, à la tête d'une armée composée en partie de soldats recrutés dans le Languedoc et dans l'Auvergne. Il alla mettre le siége devant Burriana, dont la prise lui semblait importante, afin d'assurer ses communications par mer, et d'approvisionner par cette voie son armée de vivres, d'armes, et de toutes les munitions dont elle pouvait avoir besoin. Après un long siége, cette place se rendit le 5 sjawal 630 (15 juillet 1233). On prit ensuite Chivert, Pulpis, Peñiscola, Castellon et Cuevas. L'année suivante, on conquit Moncada, Mazeros, et d'autres positions moins importantes.

Pendant que les Aragonais gagnaient ainsi pied à pied le royaume de Valence, les Castillans, de leur côté, avaient porté la guerre au cœur de l'Andalousie. Ils avaient pris Ubeda. Après avoir confié cette conquête à de hardis défenseurs, saint Ferdinand était retourné à Léon. Les garnisons qu'il avait laissées dans les villes d'Andujar et d'Ubeda, n'étaient pas d'humeur à se tenir sans cesse renfermées derrière leurs murailles. Elles poussèrent leurs courses jusque sous les remparts de Cordoue. Parmi les prisonniers qu'elles ramenèrent de leurs expéditions, se trouvèrent quelques-uns de ces vieux soldats que les Musulmans appelaient des *almogavares*. Ceux-ci, pour se concilier la bienveillance de leurs vainqueurs, leur contèrent que le roi Ben-Hud était en ce moment à Écija, où il faisait des préparatifs afin d'aller au printemps suivant attaquer la ville d'Ubeda, qu'il voulait essayer de reprendre; ils ajoutèrent qu'il avait laissé Cordoue presque sans défenseurs, et qu'il serait facile de s'emparer par surprise du faubourg d'Axarquia (*). Domingo-Muños-Adalid, gouverneur d'Andujar, fit savoir aux commandants chrétiens des places voisines l'intention où il était de profiter des renseignements qu'il avait obtenus. Il les pria de l'aider dans cette entreprise, et se mit en campagne avec un petit corps d'infanterie et de cavalerie. Pendant la nuit du 8 janvier 1236, à la faveur de la pluie qui tombait à torrents, il s'approcha des remparts. N'y entendant aucun bruit de sentinelles, il fit escalader la muraille par quelques soldats, qui, après avoir surpris et égorgé plusieurs postes, s'emparèrent de la porte de Martos et l'ouvrirent au reste de sa troupe. Une fois dans le faubourg, les chrétiens commencèrent à forcer les maisons et à massacrer les mahométans. Ceux-ci, étourdis d'un événement aussi inattendu, songèrent à peine à se défendre et tâchèrent de se réfugier dans la ville; mais il en périt un grand nombre sous les coups des Castillans, qui restèrent maîtres du faubourg malgré tous les efforts que tentèrent les habitants de Cordoue pour les en déloger. Néanmoins, pour se maintenir longtemps dans ce poste,

(*) Axarquia, du levant.

ils avaient besoin de renforts. Don Alvar-Perez et tous les gouverneurs des frontières s'empressèrent d'envoyer ce qu'ils avaient de troupes disponibles. On adressa aussi un courrier à saint Ferdinand pour lui donner avis de ce qui se passait, et cet homme fit si grande diligence qu'il ne s'arrêta ni jour ni nuit. Il arriva lorsque le roi allait se mettre à table. Ce prince se donna à peine le temps de prendre quelques aliments, puis il monta à cheval, suivi seulement d'une trentaine de seigneurs. En partant, il laissa l'ordre à toute la noblesse de le suivre au plus vite à Cordoue. Partout, sur son passage, il ramassait les troupes qui pouvaient se mettre en marche. Il recommandait aux gouverneurs des villes de lui envoyer promptement leurs bandes. Il faisait avertir les ordres militaires de se rendre sans délai à son camp, en sorte que, lorsqu'il arriva devant Cordoue, il avait déjà une petite armée. Pour s'assurer un passage sur les deux rives du Guadalquivir, il alla camper près du pont d'Alcolea, qui est sur ce fleuve à une lieue environ au-dessus de la ville, entre le Guadamellato et le Rio-Cuzna. Son armée était encore très-faible, car la mauvaise saison mettait un obstacle à la marche des troupes ; néanmoins son arrivée remplit de joie et d'espérance les chrétiens ; elle répandit la terreur parmi les défenseurs de Cordoue. Ils firent demander des secours à Ben-Hud. Ce prince, qui était à Ecija occupé à faire des préparatifs pour la campagne suivante, rassembla beaucoup de troupes. Mais, se souvenant encore de la défaite qu'il avait éprouvée sur les bords du Guadaleté, il voulut connaître d'une manière certaine quelles étaient les forces de l'armée chrétienne. A cet effet, il envoya don Lorenço Suarez, avec mission d'examiner ce qui se passait dans le camp de don Ferdinand. Ce seigneur était Galicien. Il avait été banni pour avoir pris part aux troubles qui, à la mort d'Alphonse IX, avaient agité son pays. Il s'était réfugié chez les Musulmans et servait dans leur armée : mais il désirait vivement rentrer en grâce auprès de Ferdinand. Il profita de cette occasion pour lui rendre un important service. Il alla le trouver, lui fit part de la perplexité de Ben-Hud, et lui conseilla de faire augmenter pendant la nuit le nombre de ses feux, afin de faire croire que son armée était beaucoup plus considérable. Il s'en retourna ensuite au camp des Musulmans, avec un visage consterné. Il dit que l'armée chrétienne était très-forte et qu'il y aurait de l'imprudence à l'attaquer, retranchée comme elle l'était entre trois rivières. Cependant, Ben-Hud hésitait encore sur le parti qu'il devait prendre lorsqu'il reçut une lettre d'Abu-Giomail-Ben-Zeyan. Le roi de Valence lui demandait des secours, et offrait de se reconnaître son vassal s'il parvenait à le délivrer des attaques de don Jayme qui menaçait d'assiéger sa capitale. Ben-Hud ne voulut pas laisser échapper cette occasion d'étendre son autorité. Il pensait d'ailleurs que la ville de Cordoue était assez forte pour faire une longue résistance ; qu'il aurait le temps d'aller combattre et vaincre les Aragonais, et de revenir ensuite chasser les Castillans. Il se mit donc en marche et arriva à Almeria, où il voulait s'embarquer pour Valence. Il y fut reçu par le gouverneur Abd-el-Rahman, qui lui offrit une fête brillante et un banquet splendide, auquel assistèrent les principaux chefs de l'armée. Dans la nuit qui suivit ce repas, Aben-Hud mourut subitement. Quelques auteurs prétendent que ce roi ayant dans cette même soirée voulu se mettre au bain, Abd-el-Rahman l'y fit étouffer. Mais ce crime, dont ils n'allèguent ni preuves ni motifs, n'est pas même vraisemblable. Si le roi de Cordoue, après avoir pris sa part d'un abondant repas, se plongea dans un bain, il n'est pas besoin d'expliquer sa fin par un crime, et la nature a pu se charger seule de lui faire expier son imprudence. Aussi personne dans le camp ne soupçonna cette trahison ; et les uns attribuèrent la mort de Ben-Hud à une apoplexie, d'autres à l'ivresse. Elle arriva le jeudi 27 sjumada

1er de l'année 633 (7 février 1236). En apprenant cette catastrophe, toute son armée se débanda sans que personne cherchât à la retenir ni à succéder au prince qui venait de succomber. Don Lorenço Suarez, à la tête de tous les chrétiens qui servaient dans le camp de Ben-Hud, vint grossir l'armée castillane qui, s'augmentant chaque jour par de nouveaux renforts, fut bientôt en état d'investir Cordoue. Au bout de quatre mois, les habitants n'ayant aucun espoir d'être secourus, et commençant à sentir les atteintes de la famine, demandèrent à capituler. On convint qu'ils sortiraient libres, avec seulement ce qu'ils pourraient emporter sur eux. En exécution de cette capitulation, ils remirent la place aux assiégeants, le dimanche 22 sjawal 633 (29 juin 1236). Dès que les chrétiens y furent entrés, ils arborèrent la croix sur le sommet de la grande mosquée d'Abd-el-Rahman, et l'étendard du roi Ferdinand sur l'Alcazar. On retrouva dans la mosquée les cloches de Saint-Jacques de Compostelle, qu'Almanzor avait fait apporter, comme un trophée, sur les épaules des prisonniers chrétiens, depuis le fond de la Galice jusqu'à Cordoue. Par de justes représailles, saint Ferdinand les fit reporter, sur les épaules des mahométans, jusqu'à l'endroit d'où elles avaient été enlevées.

Les chrétiens ne profitèrent pas seuls de la prise de Cordoue et de la mort de Ben-Hud. Alhamar, déjà roi d'Arjona, de Jaën, de Baza, acheva de s'emparer de cette partie de l'Andalousie qui forma par la suite le royaume de Grenade. A Murcie, dès que la mort de Ben-Hud fut connue, on proclama son frère Aly-Ben-Yousouf-Ben-Hud, surnommé Adid-Dawla; mais ce prince ne put longtemps conserver le pouvoir. On se révolta contre lui. Il fut pris et décapité. Les auteurs chrétiens font aussi mention d'un chef du nom de Ben-Hudiel, dont ne parlent pas les auteurs arabes cités par Condé. Les habitants de Séville s'érigèrent en république. Mais partout l'autorité était contestée. C'était l'anarchie comme à la chute des Ommiades, comme à la chute des Almoravides; seulement elle était moins active, moins énergique, moins sanglante, parce que les dominateurs de la Péninsule étaient énervés, et que tant de révolutions avaient produit chez eux l'affaissement et tari les sources de la vitalité. Le royaume de Valence s'écroulait comme ceux de l'Andalousie. Don Jayme avait fait vœu de ne pas repasser l'Èbre qu'il n'eût repris cette ancienne conquête du Cid.

Abu-Giomail-Ben-Zeyan, comprenant qu'il ne pourrait résister aux attaques du roi d'Aragon, lui avait fait offrir de se reconnaître son vassal. Il lui avait proposé de lui donner beaucoup de villes et de lui payer un tribut; mais don Jayme avait répondu qu'il était trop tard. C'était la ville de Valence qu'il voulait, et telle était son impatience, que, sans attendre son armée qui n'était pas encore réunie, et n'ayant encore avec lui que mille fantassins et trois cent soixante cavaliers, il traversa le Guadalaviar et alla asseoir son camp entre la ville et le Grao. C'est ainsi qu'on appelle la plage de Valence, parce qu'elle est taillée en forme de degrés. Successivement des corps nombreux arrivèrent de toutes les parties de l'Aragon. Il vint aussi de France une troupe de chevaliers d'élite, sous les ordres de l'archevêque de Narbonne. L'armée fut bientôt assez forte pour fermer toutes les avenues de la ville. Ben-Zeyan, qui ne pouvait espérer aucun secours du côté de l'Andalousie, avait fait réclamer l'assistance des Beni-Zeyanes ses parents qui commandaient à Tunis. Ceux-ci envoyèrent à son aide une flotte de dix-huit voiles. Mais les Musulmans qui la montaient, en voyant sur le rivage l'armée de don Jayme qui ne s'élevait pas alors à moins de soixante mille fantassins et mille cavaliers, n'osèrent pas aborder au Grao. Ils suivirent la côte et allèrent débarquer auprès de Peñiscola, dans l'espoir d'enlever cette place. Mais la garnison, aidée par un détachement que le roi avait envoyé pour la secourir, chargea vigoureusement les Musulmans et les contraignit à regagner leurs vaisseaux. Les Beni-Zeyanes s'éloignèrent aussitôt et firent voile en toute hâte pour retourner en Afrique, afin d'échapper à la flotte catalane qui était sortie de l'Èbre et qui apportait des vivres au camp. La retraite des Africains jeta le découragement parmi les assiégés. Les Aragonais, au contraire, poussaient chaque jour leurs attaques avec plus de vigueur. Le roi faisait lui-même les fonctions d'un chef habile, et quelquefois celles d'un imprudent soldat. Un jour, qu'il s'était beaucoup trop avancé des murailles, il fut atteint d'une flèche au front (*). Cependant cette blessure fut promptement guérie, et ne le contraignit à se tenir renfermé que pendant cinq jours seulement. Après quatre mois de siége, les Valenciens qui manquaient de vivres, qui ne pouvaient attendre de secours de nulle part, et dont les remparts étaient ruinés en plusieurs endroits, demandèrent à capituler. Le vainqueur consentit à laisser sortir les assiégés avec tout ce qu'ils pourraient emporter sur eux, à condition que la bannière royale d'Aragon serait immédiatement arborée à Valence, et que la ville lui serait remise cinq jours plus tard. A l'instant convenu, le 28 septembre 1238 (16 saphar 636), le roi Ben-Zeyan sortit de la ville avec 50,000 de ses sujets. Il eut une entrevue avec don Jayme, auquel il promit de remettre toutes les villes, châteaux ou forteresses que les Musulmans occupaient jusqu'à la rive gauche du Rio-Jucar. Au moyen de cet abandon, on convint d'une trêve de sept années.

Don Jayme entra en triomphe dans Valence, avec les seigneurs et les prélats qui avaient pris part au siége. Il partagea, entre eux et les ordres religieux et militaires, les propriétés de la ville, les métairies qui l'environnaient, et il accorda des fueros à ceux qui voudraient venir repeupler sa conquête.

DON SANCHO LE FORT, DE NAVARRE, ADOPTE DON JAYME D'ARAGON. — DON SANCHO MEURT. — THIBAULT LUI SUCCÈDE. — MIRACLE DES CORPORAUX DE DAROCA. — PRISE DE XATIVA PAR LES ARAGONAIS ET LES CATALANS. — LE ROYAUME DE MURCIE SE DONNE A FERDINAND DE CASTILLE. — SIÉGE DE GRENADE. — SIÉGE ET PRISE DE JAEN. — LE ROI DE GRENADE, ALHAMAR, SE RECONNAIT VASSAL DE FERDINAND. — SIÉGE ET PRISE DE SÉVILLE. — DON JAYME EXPULSE LES MAHOMÉTANS DU ROYAUME DE VALENCE. — LES DIFFÉRENTS MARIAGES DE DON JAYME; SES AMOURS; LES DISSENSIONS QUI EN SONT LA SUITE. — MORT DU ROI SAINT FERDINAND. — MORT DE THIBAULT Ier DE NAVARRE. — MORT DE THIBAULT II. — MORT DE DON HENRI.

Un seul des souverains qui avaient pris part à la glorieuse victoire des Navas de Tolosa, subsistait encore; c'était le roi de Navarre que les exploits de sa jeunesse avaient fait appeler Sancho le Fort. Mais alors les infirmités qui l'empêchaient de sortir avaient fait changer ce surnom en celui de Sancho le Renfermé, el Encerrado. Il n'avait pas d'enfants. Sa sœur, doña Blanche, avait été mariée en France, au comte Thibault de Champagne. Elle en avait eu un fils, qui se trouvait l'héritier présomptif du royaume de Navarre; mais ce jeune prince, impatient de régner, entretenait des intelligences avec les seigneurs navarrais, et il suscitait des troubles dans le pays pour s'emparer du trône avant l'instant fixé par la nature. Don Sancho, justement irrité de cette conduite, chercha dans une alliance étrangère le moyen de se venger de la déloyauté de son neveu. Le roi don Jayme, qui était revenu vainqueur de Mayorque, se trouvait en ce moment à Saragosse. Don Sancho lui ayant fait demander une entrevue, les deux souverains eurent des conférences à Tudelle. Don Sancho adopta publiquement don Jayme pour fils, et

(*) On a conservé le casque de don Jayme, la selle de son cheval et plusieurs pièces de son armure. En regardant ce casque dont la forme quoique bizarre ne manque pas d'élégance (voir la planche 48), on comprend aisément que don Jayme ait été blessé au front; car son casque ne portait pas de visière.

le fit reconnaître par les cortès comme héritier du royaume de Navarre.

Quatre années plus tard, le 7 avril 1234, le roi don Sancho mourut. Après qu'on lui eut rendu les derniers devoirs, les cortès s'assemblèrent pour lui donner un successeur. La plupart des membres de cette assemblée penchaient pour Thibault, comte de Champagne et de Brie, fils de Thibault III et de doña Blanche, sœur de don Sancho le Renfermé. Ils regardaient ses droits comme plus positifs que ceux conférés à don Jayme par l'adoption du roi qui venait de mourir. Néanmoins, désireux de terminer, s'il était possible, cette élection d'une manière pacifique, ils s'adressèrent à don Jayme lui-même, lui demandèrent qu'il voulût bien les relever de l'hommage qu'ils lui avaient prêté; et le roi d'Aragon renonça généreusement aux droits qu'il pouvait avoir. Le comte Thibault s'empressa donc de venir prendre possession de son royaume, et il fut couronné à Pampelune le 8 mai 1234. Ce prince, après avoir établi l'ordre dans ses États et avoir pourvu à l'administration du pays, fut saisi de la folie religieuse de cette époque. Il se croisa, partit pour la terre sainte, et alla dépenser au siége d'Ascalon une bravoure et des ressources qu'il eût employées plus utilement contre les Maures d'Espagne. Au reste, l'empire des musulmans dans la Péninsule allait sans cesse s'affaiblissant. Les Castillans ou les Aragonais arrachaient chaque jour quelque parcelle de cet édifice qui s'écroulait. Après la prise de Valence, don Jayme le Conquérant s'était rendu à Montpellier pour mettre fin à quelques difficultés qui s'étaient élevées entre lui et les habitants de cette ville. Les généraux qu'il avait laissés à la garde de sa nouvelle conquête ne se crurent pas liés d'une manière bien étroite par les trêves qui avaient été conclues; des troupes passèrent le Jucar, sous la conduite de Guillen de Aguilon et d'autres officiers pour piller les terres des musulmans. Les chevaliers de l'ordre du Temple prirent Culléra; quant à don Guillen, après avoir saccagé la vallée de Bayren, il entra dans celle d'Albayda et vint attaquer le château de Chio, où s'était réfugiée une partie de la population des environs. La garnison, pour donner au loin l'alarme, alluma des feux au sommet des Atalayas. A ce signal tous les musulmans de la contrée prirent les armes, et s'empressèrent d'accourir pour repousser l'agression des Aragonais. Ils étaient, disent les chroniqueurs, au nombre de plus de vingt mille; les chrétiens, au contraire, ne formaient qu'une petite troupe, mais ils étaient bien décidés à combattre avec courage, quelle que fût la multitude de leurs ennemis. Afin de mériter la protection divine, aussitôt que le soleil fut levé ils commencèrent la journée par entendre la messe. Elle était commencée. Six de leurs chefs allaient recevoir le pain de la communion : déjà les hosties étaient consacrées, lorsque les musulmans commencèrent l'attaque. Il fallut quitter l'autel pour courir aux armes. Le prêtre craignant que dans la bataille les hosties ne fussent profanées, les enveloppa dans les corporaux et les cacha dans les broussailles. Les chrétiens après avoir mis en fuite les musulmans, prirent et rasèrent le château de Chio, qu'ils ne pouvaient garder; quant au prêtre, il alla chercher dans sa cachette le précieux dépôt qu'il lui avait confié, mais il trouva les corporaux teints du sang que les hosties avaient versé. A la vue de ce miracle, les vainqueurs rendirent grâces à Dieu. Chacun des chefs voulait emporter ces précieuses reliques; mais pour mettre fin entre eux à toute contestation, on les plaça dans une cassette sur le dos d'une mule, afin que Dieu guidât lui-même cet animal vers le lieu où il ordonnait qu'elles restassent déposées. La mule prit la route d'Aragon. Arrivée à Daroca, elle entra dans la chapelle de l'hôpital Saint-Marc, où elle s'agenouilla, donnant ainsi à entendre que c'était dans cet endroit que les saints corporaux devaient être vénérés. Ils ont pendant longtemps été conservés dans cette chapelle ; ils ont été ensuite transportés dans l'église principale de Daroca. On montrait aussi, dit Mariana, le pale du calice dans un couvent de dominicains de Carboneras.

Dès que don Jayme fut de retour à Valence, les musulmans lui portèrent leurs plaintes. Le roi les accueillit avec bonté. Il blâma vivement la conduite de ses officiers ; il parla même de les punir et de confisquer les biens de don Guillen de Aguilon, pour dédommager les musulmans des pertes qu'ils avaient souffertes ; mais toutes ces paroles restèrent sans effet, et bientôt recommencèrent les courses des chrétiens sur les terres des musulmans. Plusieurs places furent successivement enlevées. Un parti d'Aragonais étant entré sur le territoire de Xativa, l'alcayde qui avait le gouvernement de cette ville se mit à leur poursuite, les attaqua, les mit en déroute, leur enleva le butin qu'ils avaient ramassé, et fit six d'entre eux prisonniers. Don Jayme les fit aussitôt réclamer ; et comme on refusait de les remettre en liberté, il s'avança vers Xativa, à la tête de son armée. L'alcayde de cette ville, pour ne pas être assiégé, fut obligé de livrer au roi d'Aragon la ville de Castellon et de se reconnaître son vassal. Cette concession, quelque grande qu'elle fût, ne procura aux musulmans de Xativa qu'un répit assez court. En 1243, don Rodrigo de Lizana, gouverneur de Valence, recommença les incursions sur le territoire de cette ville. Dans une de ces expéditions il fut mis en déroute par les Maures. A la nouvelle de cet échec, le roi don Jayme fit marcher ses troupes vers Xativa. Il en commença le siège, et la ville, après une vigoureuse résistance, fut prise au mois de juin 1244.

L'effet naturel des conquêtes de don Jayme était de pousser vers le couchant les musulmans du pays de Valence, et de les jeter sur le royaume de Murcie; aussi Abu-Giomail-ben-Zeyan essaya-t-il de s'indemniser aux dépens de ce royaume des pertes qu'il faisait dans le sien. L'état de révolution dans lequel se trouvait Murcie lui promettait une heureuse réussite : les habitants y étaient divisés en plusieurs factions. Les gouverneurs s'étaient déclarés maîtres des villes et des forteresses dont la garde seulement leur avait été confiée; ils disputaient entre eux sur l'étendue et sur les limites de leurs juridictions. Les populations ne retiraient de ces différends que meurtres et que désolation. Tout le monde était mécontent de cet état de choses. Abu-Giomail-ben-Zeyan eut donc peu de peine à s'emparer de quelques forteresses. Les habitants de Llorca, commandés par Azis-ben-Abd-el-Melech, sortirent à sa rencontre ; mais ils furent vaincus, et leur chef fut tué dans le combat, le dimanche 22 ou 29 ramadan 640 (*) (15 ou 22 mars 1243). Ceux de Murcie ne sachant comment repousser Ben-Zeyan, et ne trouvant pas Ben-Alhamar assez puissant pour les protéger, et peut-être se sentant de la répugnance contre lui, parce qu'il était l'appui du parti berbère, tandis qu'eux formaient les restes du parti arabe de Ben-Hud, se jetèrent dans les bras des chrétiens. Ils adressèrent un ambassadeur à Tolède, pour proposer à saint Ferdinand de reconnaître sa souveraineté, pourvu qu'il prît de son côté l'engagement de les protéger et de les défendre. L'infant don Alphonse le Savant, fils de saint Ferdinand, arrivait en ce moment à Tolède, pour prendre le commandement des troupes qui allaient combattre en Andalousie. Il pensa qu'il ne fallait pas laisser échapper cette occasion, et il se mit en route pour profiter de l'offre qui lui était faite. Il était arrivé à Alcaraz, quand les principaux seigneurs du royaume de Murcie vinrent au-devant de lui. On convint qu'ils conserveraient une part des revenus de Murcie, et qu'ils continueraient à faire face aux charges de l'État. Ces conventions furent rédigées par écrit, et signées par Mohammed-ben-Aly-

---

(*) Condé écrit, le dimanche 26 ramadan 640. C'est une erreur évidente. Le 26 ramadan 640 était un jeudi.

ben-Hud et par les alcaydes d'Alicante, d'Elche, d'Orihuela, d'Alhama, d'Aledo, d'Aceca et de Chinchila. Les gouverneurs de Llorca et de Carthagène refusèrent seuls d'y prendre part. On reçut Alphonse à Murcie, et les citadelles des principales villes de ce royaume furent livrées aux chrétiens.

Cette conquête toute pacifique plaçait le nouveau royaume d'Alhamar dans la position la plus critique. Néanmoins il résolut de bien se défendre, et fit tout son possible pour approvisionner d'armes et de vivres les places frontières. Il combattit avec avantage contre quelques partis chrétiens, et défit un corps commandé par Alphonse de Léon, frère naturel du roi Ferdinand. Don Isidore, gouverneur de Martos et commandeur de l'ordre de Calatrava, fut tué dans cette rencontre, ainsi que don Argote et plusieurs autres personnages de distinction. Ferdinand, pour tirer vengeance de cet échec, entra en Andalousie, s'empara d'Arjona et de plusieurs autres villes. Enfin il alla mettre le siége devant Grenade. Alhamar repoussa toutes les attaques, et la mauvaise saison venant en aide à sa défense, les chrétiens furent obligés de lever le siége. Mais l'année suivante, ils vinrent investir Jaën. Alhamar ayant échoué dans toutes ses tentatives pour secourir la place, se rendit seul au camp du roi Ferdinand, se mit à sa discrétion, et lui baisa la main en signe de vasselage. Le roi de Castille voulut répondre noblement à cet acte de confiance : il reçut le roi de Grenade avec amitié. Les deux souverains convinrent du tribut qu'Alhamar payerait chaque année, ainsi que du nombre de cavaliers qu'il devrait fournir pour le service de la Castille chaque fois qu'il en serait requis. Enfin, la ville de Jaën fut remise aux chrétiens. Ce traité fut, suivant Condé, signé dans le courant de 643 de l'hégire (1245 de J. C.). Il y avait huit mois que cet arrangement était conclu lorsque Mohammed ben Alhamar reçut des lettres de Ferdinand, qui lui disait de venir à la tête de 500 cavaliers pour l'aider à faire le siége de Séville. On commença, suivant l'usage de cette époque, par ravager tous les environs de la ville qu'on voulait assiéger, on porta la dévastation jusque sous les murs de Xérès. Pour commencer le siége, il fallait être maître de la mer, car les Maures de Tanger et de Ceuta avaient amené des secours aux habitants de Séville, et si l'embouchure du Guadalquivir restait libre, ils pouvaient introduire chaque jour dans la place des vivres ou des défenseurs. Ramon Bonifaz, amiral du roi Ferdinand, fit construire sur les côtes de la Biscaye une flotte de 13 bâtiments, qui vint mouiller à l'embouchure du fleuve. Les vaisseaux musulmans sortirent pour le combattre. Ils avaient l'avantage du nombre, mais les matelots basques étaient tous des hommes aguerris qui manœuvraient avec bien plus d'adresse que les Africains. La victoire se déclara bientôt pour eux. Ils prirent trois navires des Maures, en coulèrent deux, en incendièrent un, et mirent les autres en fuite. Ils purent ainsi remonter le Guadalquivir jusqu'à Séville, dont toutes les communications par la rivière se trouvèrent interceptées, et le siége fut commencé le 20 août 1247.

Séville est la tête de l'Andalousie. La richesse et la grandeur des édifices qu'elle renferme, la beauté de sa position, ont fait dire : « Qui n'a pas vu Séville n'a pas vu merveille. » *Quien no ha visto Sevilla, no ha visto maravilla.* Elle est située sur la rive gauche du Guadalquivir, et le fleuve la sépare d'un faubourg qui prend le nom de Triana. Un pont de bateaux assurait une communication entre les deux rives. Le roi de Castille établit son camp sur la gauche du fleuve, au-dessous de la ville, dans un endroit appelé le camp de la *Tablada*. Don Pelayo Correa, maître de Saint-Jacques, assit le sien sur l'autre rive, du côté d'Alfarache, pour empêcher les secours qui auraient pu être amenés de Niebla. Il serait bien long de raconter tous les combats qui furent livrés, de dire tous les faits d'armes par lesquels se signalèrent les assiégeants. Au commencement, les efforts portèrent principalement sur le faubourg de Triana; mais ces attaques n'avaient que peu de succès, car la ville y faisait continuellement passer de nouveaux renforts. Pour empêcher ces communications, l'amiral Ramon Bonifaz résolut de briser le pont, et profitant de l'instant où la marée montait et où le vent soufflait de l'ouest, il fit déployer au vent toutes les voiles de deux bâtiments lourdement chargés, et les lança contre le pont. La violence du choc fut si grande, que les chaînes de fer qui servaient à lier les bateaux furent brisées, et que les communications entre la ville et le faubourg demeurèrent interrompues. Alors le faubourg de Triana, réduit à ses propres ressources, ne tarda pas à tomber entre les mains des chrétiens. Parmi les guerriers qui se signalèrent à l'attaque du faubourg, on cite Pérez de Vargas. Quelqu'un lui contestait le droit de porter les armes gravées sur son écu. Un jour, il resta si longtemps au combat, et reçut tant de traits et de pierres sur son bouclier, que son blason se trouva presque entièrement effacé. « Vous avez bien raison, » dit-il, en rentrant au camp, à celui qui lui disputait la propriété de ses armes, « vous méritez mieux que moi de les conserver, car vous ne les exposez pas tant. »

Quand le siége eut duré dix-huit mois, les musulmans, qui manquaient de vivres et qui n'avaient aucun secours à espérer, demandèrent à se rendre. La capitulation fut signée le 5 sjaban 646 de l'hégire (23 novembre 1248 de J. C.). On consentit à laisser les assiégés maîtres de se retirer où bon leur semblerait, avec ce qu'ils pourraient emporter. On leur accorda un mois pour exécuter la convention. Mais, quatre jours après qu'elle eut été conclue, le 27 novembre, on remit à saint Ferdinand le château et les clefs de la ville. Il sortit de Séville cent mille âmes, hommes, femmes ou enfants. Les uns passèrent en Afrique, les autres allèrent chercher un asile dans le royaume de Grenade. Ferdinand prit possession de la ville le 22 décembre 1248. Il y entra en procession avec tout le clergé qui était dans son armée, et il entendit la messe dans la principale mosquée, qui fut purifiée et consacrée au culte chrétien.

Pendant que les musulmans de Séville succombaient sous les coups de la Castille, ceux échappés aux armées de Jayme, qui vivaient dispersés dans le royaume de Valence, se rassemblèrent et tentèrent un dernier effort pour se soustraire à la domination des Aragonais. Un chef, du nom d'Alasdrach, les conduisit au combat avec quelque bonheur. Mais il ne put lutter longtemps contre la puissance de l'Aragon. Il fut vaincu, et don Jayme décréta que tous les musulmans qui se trouvaient encore dans le royaume de Valence devraient, dans l'espace d'une année, sortir de ses États. Ces infortunés cédèrent à la nécessité. Ils abandonnèrent leurs maisons, leurs champs, les tombeaux de leurs pères. Les uns allèrent chercher un asile en Afrique. La plupart vint augmenter le nombre des sujets d'Alhamar. Ils portèrent dans le royaume de Grenade leur industrie, leurs capitaux, et leur haine implacable contre les chrétiens. Alhamar leur accorda des terres; il les exempta d'impôts pendant plusieurs années; il s'attacha à faire prospérer dans son royaume les arts et l'agriculture; et ses États, enrichis de presque toute la population qui avait été perdue par les royaumes de Séville, de Cordoue et de Valence, se trouvèrent pour quelque temps les plus riches et les plus peuplés de la Péninsule.

Jusqu'à présent, nous n'avons vu que les conquêtes de don Jayme; c'est maintenant au sein de ses États qu'il faut suivre les actions de ce grand roi. Si, contre les musulmans, le bonheur de ses armes ne se démentit jamais, il trouva dans sa propre famille bien des sujets d'affliction; et les années les plus glorieuses de son règne ne furent pas toutes exemptes de troubles et d'agitations intérieures.

En 1221, et lorsqu'il n'avait encore que quatorze ans, il avait été marié à doña Léonor, fille d'Alphonse le Noble, par conséquent, sœur de doña Berenguela et tante du roi Ferdinand de Castille. Bien qu'il eût un fils de cette union, elle fut attaquée comme illégitime, lorsqu'elle durait déjà depuis huit années. Un concile en prononça la nullité, à raison du degré de parenté qui existait entre les époux (*). Presque tous les auteurs pensent que don Jayme lui-même, engagé dans d'autres amours, provoqua les poursuites ecclésiastiques qui amenèrent cette décision. Néanmoins, l'infant don Alphonse fut déclaré légitime, et reconnu pour héritier présomptif du royaume.

Quelques années plus tard, don Jayme contracta une nouvelle union. Le 8 septembre 1235, il épousa la princesse Yolande (**), fille du roi de Hongrie. Il en eut trois fils, qui furent don Pedro, don Jayme et don Sancho. Les filles nées de la reine Yolande furent au nombre de cinq, savoir : Yolande, mariée à Alphonse le Savant, fils de saint Ferdinand ; doña Isabelle, mariée à Philippe, roi de France ; doña Constance, mariée à don Emanuel, infant de Castille ; doña Sancha et doña Maria, qui se consacrèrent au service de Dieu.

Doña Yolande se préoccupait, avant tout, du sort réservé à ses enfants. Elle voyait avec envie que le fils de Léonor fût seul héritier du trône. Une reine, tout aussi bien qu'une autre femme, exerce, sur les déterminations de son mari, une immense influence. Doña Yolande engagea le roi à prendre une mesure qui devait avoir pour l'État les conséquences les plus désastreuses. Dans les cortès assemblées à Daroca en 1243, don Jayme annonça l'intention de partager le royaume entre ses enfants. Il attribuait l'Aragon à don Alphonse, son fils aîné, et la Catalogne à don Pedro. Cet arrangement ne pouvait contenter personne. Alphonse se plaignit avec amertume de ce qu'on le dépouillait de la plus grande partie des États qui lui revenaient par droit d'aînesse. Les Catalans se plaignirent de ce que ce partage renfermait la Catalogne dans des limites trop restreintes. Ces réclamations furent si vives, que, l'année suivante, au mois de janvier 1244, dans les cortès tenues à Barcelone, le roi don Jayme crut devoir changer les frontières qu'il avait d'abord fixées. Ce fut alors aux Aragonais à faire entendre des réclamations et des plaintes. En 1250, par suite de conférences tenues à Ariza, don Jayme ajouta le royaume de Valence à la part de don Alphonse ; mais cela ne suffit pas pour rétablir le calme. Les esprits s'irritèrent de plus en plus. Si l'on n'en vint pas aux mains, on prit les armes, et toute la prudence de don Jayme fut nécessaire pour éviter un conflit.

Ces éléments de désordre ne furent pas les seuls qui vinrent troubler l'État. Doña Yolande n'avait pas conservé longtemps pour elle seule l'amour de don Jayme. Thérèse Vidaure et bien d'autres maîtresses avaient eu part dans ses mobiles affections. Soit que l'évêque de Girone eût, comme le disent les historiens, révélé quelque faiblesse amoureuse du roi qui lui avait été confiée au tribunal de la pénitence ; soit qu'il se fût borné à reprocher en public à ce souverain le déréglement de ses mœurs, don Jayme, irrité, lui fit couper la langue. A la nouvelle du supplice, un long cri d'horreur partit de toutes les églises de la Péninsule. L'anathème vint frapper celui qui n'avait pas craint de porter une main sacrilége sur l'oint du Seigneur. Le royaume fut mis en interdit. Il fallut que le conquérant des Baléares et de Valence sollicitât une absolution publique et qu'il fît pénitence.

La reine Yolande mourut après 16 années de mariage, dans le mois d'octobre 1252. Cette mort laissait un champ libre aux amours du roi, qui ne tarda pas à épouser Thérèse Vidaure. Il en eut des enfants (*) : ce qui ne l'empê-

(*) Alphonse l'empereur : 1° Don Sancho le Regretté ; 2° Alphonse le Noble ; 3° Léonor ; 4° doña Sancha, mariée à Alphonse II d'Aragon ; 5° don Pedro ; 6° don Jayme.

(**) Les Espagnols l'appellent doña Violante.

(*) Don Pedro, seigneur d'Ayerve, et don Jayme, seigneur d'Exerica.

cha pas, au bout de quelques années, de demander la dissolution de cette union, sous le prétexte qu'il était survenu à Thérèse Vidaure une lèpre contagieuse. La vérité est qu'il était occupé par d'autres amours. En 1275, lorsqu'il était déjà âgé de 60 ans, il enleva la femme d'un de ses sujets ; il fallut la menace de l'anathème pour le faire renoncer à ce commerce adultère. C'est déjà un mal immense quand les désordres du roi ne portent atteinte qu'à la morale publique ; mais ils deviennent un crime lorsqu'ils compromettent la tranquillité du pays, et parmi les nombreux bâtards, fruits des liaisons illégitimes de Jayme, il s'en trouva qui se mêlèrent aux discordes civiles.

L'infant don Alphonse d'Aragon n'avait jamais consenti franchement au partage des États de son père. Il s'apprêtait, dit-on, à prendre les armes pour maintenir son droit d'aînesse, lorsque, dans le courant de 1260, il mourut subitement. Cet événement fit passer tous ses droits et toutes ses prétentions à don Pedro. Ce fut alors ce prince qui craignit à son tour le partage des États de son père. Parmi les bâtards de don Jayme, il s'en trouvait un nommé Ferdinand Sanchez, pour lequel le roi montrait une affection toute particulière. Don Pedro craignit que son père ne voulût laisser à celui-ci la souveraineté du royaume de Valence. Ce soupçon suffit pour faire naître entre les deux frères une haine violente. Des deux côtés on prit les armes. En 1275, don Pedro assiégea Ferdinand Sanchez dans le château de Pomar. Celui-ci ne se sentant pas assez fort pour y résister longtemps, voulut s'échapper déguisé en paysan ; mais il fut pris, reconnu et conduit devant son frère, qui lui fit passer un lacet au cou, le fit étrangler et fit jeter son cadavre dans la Cinca, qui coule auprès du château.

Pour ne pas interrompre le récit de ces discordes intestines, il a fallu laisser de côté les autres événements de l'époque. Revenons donc maintenant au point d'où nous sommes partis, c'est-à-dire à la prise de Séville. Maître de cette importante cité, Ferdinand eut bientôt conquis toutes les villes des environs, à l'exception de Niebla et de quelques places sans importance. Ne trouvant plus dans la Péninsule d'ennemis du nom chrétien à combattre, puisqu'il était en paix avec le roi de Grenade, il prit la résolution de passer en Afrique et d'y poursuivre les musulmans. Pour mettre ce projet à exécution, on préparait une flotte sur les côtes de la Biscaye ; mais les atteintes du mal qui devait enlever Ferdinand vinrent arrêter l'exécution de ses desseins. Atteint d'une hydropisie incurable, il mourut le jeudi (*) 30 mai 1252, laissant à ceux qui l'entouraient l'exemple d'une sainte résignation aux volontés de Dieu et le souvenir de ses grandes actions.

Il avait été marié une première fois à Béatrix, fille de Philippe, empereur d'Allemagne. Devenu veuf, il avait épousé en secondes noces Jehanne, fille de Simon, comte de Ponthieu. Il avait eu plusieurs enfants de ces deux unions. Voici ceux qui existaient au moment de sa mort : Alphonse X, surnommé le Savant, son fils aîné, qui lui succéda sur le trône ; don Fadrique ; don Enrique ; don Philippe et don Manuel.

Ferdinand III est incontestablement un des plus grands rois et un des plus grands hommes dont l'Espagne se glorifie. L'Église l'a rangé au nom-

(*) On trouve, dans Condé, la date de sa mort indiquée au jeudi 21 rabia 1er 650. Je cite cette date parce qu'elle est encore une preuve à l'appui de cette opinion que j'ai émise, que les auteurs arabes consultés par Condé ont écrit l'histoire en grande partie d'après les documents mozarabes, où les dates étaient primitivement en années de l'ère d'Espagne ou de Sophar. En effet, dans la date mozarabe qu'ils avaient à convertir, ils ont conservé le nom du jour de la semaine, le jeudi. C'est en effet un jeudi que saint Ferdinand est mort ; mais, en convertissant le quantième de l'hégire, ils ont fait une erreur de deux jours, et ont indiqué le 21 rabia prior 650, qui tombe le samedi 1er juin 1252.

bre des bienheureux, et l'histoire n'aurait rien à lui reprocher, si ses chroniqueurs ne rapportaient qu'en 1236, non content de laisser faire à Palence un de ces exécrables sacrifices qui consistent à brûler des hérétiques, il attisa lui-même le feu et y jeta du bois. On aimerait à croire que les chroniqueurs, qui presque tous étaient des moines, ont pensé, dans leur zèle fanatique, augmenter ses titres de gloire en lui imputant cet acte de barbarie dont il n'était pas coupable. On répugne à penser que ce grand homme soit descendu jusqu'à se faire l'assistant du bourreau.

Le roi Thibault Ier de Navarre survécut de peu de temps à saint Ferdinand. Ce prince est surtout connu par la protection qu'il accorda aux beaux-arts. Il cultiva lui-même la musique et la poésie; il faisait des vers qu'il chantait en s'accompagnant avec la guitare; il avait l'habitude d'exposer ses poésies dans son palais pour les soumettre au jugement du public. Ce prince fut marié trois fois. Il épousa en premières noces la fille du comte de Lorraine; mais cette union fut stérile, et elle fut annulée pour cause de parenté. Sa seconde femme fut Sibyle, fille de Philippe, comte de Flandre. Il en eut une fille nommée Blanche, mariée à Jean, duc de Bretagne, surnommé le Roux. En troisièmes noces, il épousa Marguerite, fille d'Archambaud, comte de Foix. Il en eut deux fils, Thibault et Henri, ainsi qu'une fille nommée Léonore. Il mourut le 8 juillet 1253, laissant pour héritier son fils Thibault II. Les événements du règne de celui-ci ne tiennent qu'une bien petite place dans l'histoire de la Péninsule. Il épousa Isabelle, fille de saint Louis. Parmi les présents de noces que lui fit ce roi, il faut compter une épine de la couronne de Notre-Seigneur. Cette précieuse relique fut par lui déposée dans l'église de Pampelune.

Thibault accompagna son beau-père à la conquête de la terre sainte, et saint Louis étant mort le 25 août 1270, Thibault passa en Sicile, où il mourut à Trapani, le 5 décembre de la même année. Il ne laissait pas d'enfants; ainsi Henri, son frère, auquel en partant il avait laissé l'administration du royaume, fut proclamé roi à Pampelune, le 1er mars 1271.

Henri avait épousé Blanche, fille de Robert, comte d'Artois. Il en avait un fils du nom de Thibault, qui lui fut enlevé pendant la seconde année de son règne. Il avait aussi une fille nommée doña Juana. Elle entrait dans sa troisième année lorsqu'il mourut, le 27 août 1274, étouffé, dit-on, par son obésité. Ce fut cette princesse qui hérita de la Navarre.

RÈGNE D'ALPHONSE X, SURNOMMÉ LE SAVANT. — ALTÉRATION DES MONNAIES. — ALPHONSE EST ÉLU EMPEREUR. — RÉBELLION DE DON ENRIQUE. — GUERRE AVEC LES MUSULMANS DE GRENADE. — ILS RÉCLAMENT LE SECOURS DES BENI-MERINES. — DON JAYME S'EMBARQUE POUR LA TERRE SAINTE. — L'INFANT DON PHILIPPE ET D'AUTRES SEIGNEURS MÉCONTENTS SE RETIRENT DANS LE ROYAUME DE GRENADE. — MORT DE MOHAMMED Ier BEN ALHAMAR. — SON FILS MOHAMMED II LUI SUCCÈDE. — ALPHONSE X SE REND AUPRÈS DU PAPE. — MOHAMMED II APPELLE EN ESPAGNE YACOB ABU-YOUSOUF, ROI DE MAROC. — BATAILLE D'ECIJA ET MORT DE NUÑO DE LARA. — MORT DE DON SANCHO, ARCHEVÊQUE DE TOLÈDE. — MORT DE L'INFANT DON-FERNAND DE LA CERDA. — DON SANCHO SE MET A LA TÊTE DE L'ARMÉE CASTILLANE. — IL FORCE YACOB ABU-YOUSOUF A DEMANDER UNE TRÊVE. — LES CORTÈS DE SÉGOVIE PROCLAMENT DON SANCHO HÉRITIER PRÉSOMPTIF DU TRÔNE. — RÉVOLTE DES MUSULMANS DU ROYAUME DE VALENCE. — MORT DE DON JAYME LE CONQUÉRANT.

Dès que Ferdinand fut mort, on proclama pour roi don Alphonse X, son fils aîné. C'était un prince qui, bien qu'élevé au bruit des armes, avait cependant trouvé le temps de cultiver les sciences avec tant de succès, qu'il passait pour l'homme le plus savant de son époque. Ses travaux sur l'astronomie sont restés célèbres, et dans un temps où les lois qui règlent la marche des corps célestes étaient encore un secret pour l'intelligence humaine, il semblait les avoir pressenties. Un jour qu'on exposait devant lui le système du monde, comme on l'exposait au treizième siècle, il fut frappé des absurdités que contenaient ces explications, et il laissa échapper ces paroles : « Vraiment, puisque le monde est arrangé comme vous le dites, Dieu aurait bien fait de me consulter quand il l'a créé. J'aurais pu lui donner quelques bons conseils. » Bien des auteurs ont reproché ces paroles à Alphonse. Ils n'y ont vu que le cri d'une vanité démesurée. N'est-ce pas plutôt une ironie contre les docteurs qui discutaient devant lui sur des phénomènes qu'ils ne comprenaient pas ?

L'étendue des connaissances d'Alphonse était réellement prodigieuse pour ce temps, et il a mérité le nom d'*Alonzo el Sabio* que les Espagnols lui ont donné. Ce n'est pas qu'il faille, comme l'ont fait quelques personnes, traduire ce mot de *Sabio* par celui de Sage; c'est plutôt savant qu'on doit entendre. Mais il y a de l'injustice à présenter ce prince comme un pédant tout gourmé d'équations, de calculs astrologiques et incapable de comprendre ou de diriger les affaires de ce monde. Alphonse, du temps de son père, s'était déjà distingué comme un brave et habile capitaine. Sans doute il a fait des fautes dans l'administration de l'État, mais les malheurs de son règne sont dus aux circonstances dans lesquelles il se trouvait, bien plus encore qu'à ses fautes.

La folie des croisades n'avait pas seulement épuisé d'hommes plusieurs contrées de l'Europe ; les dépenses de ces immenses armements avaient déplacé une si grande quantité de numéraire et fait de telles plaies aux finances de tous les États, que partout on en était aux expédients. L'altération des monnaies fut de tous les côtés le palliatif auquel les souverains eurent recours. On sait combien elle causa de troubles en France sous le règne de Philippe le Bel. En Aragon, peu de temps après la prise de Valence, il courait des pièces connues sous le nom de *malgrines, jaqueses, torneses, bar-celoneses*. Elles contenaient une telle quantité de cuivre, que dans les cortès de Monçon, en 1236, il fallut régler le titre que devait avoir le signe monétaire. Il fut décidé qu'il serait de même aloi que l'ancienne monnaie appelée jaquesa, ou monnaie de Jaca en l'honneur de cette ville qui avait été le berceau de la monarchie (*). En Castille et en Andalousie, le défaut de numéraire se faisait sentir de la manière la plus pressante. Les musulmans des royaumes de Jaën, de Séville et de Cordoue, en se retirant devant leurs vainqueurs, avaient emporté toutes leurs richesses ; ils avaient laissé un pays entièrement ruiné, qui, pendant plusieurs années, ne pourrait rien fournir à ses nouveaux habitants. Il fallait que ceux-ci tirassent tout du dehors. Cette nécessité de tout acheter chez leurs voisins sans avoir eux-mêmes rien à leur vendre, devait nécessairement épuiser leurs ressources en peu de temps. Aussi trouve-t-on que, deux ans après la conquête de Cordoue, en 1238, la disette de vivres et de numéraire était telle dans ce royaume, que Ferdinand fut obligé d'y envoyer des provisions et 25,000 maravédis d'or. Quand Alphonse monta sur le trône, il n'y avait que trois ans que Séville avait été prise. On y éprouvait la même pénurie qui s'était fait sentir à Cordoue en 1238; mais le trésor était vide. Alphonse eut donc recours à un remède alors en usage : il altéra la monnaie. Le commerce n'est jamais dupe d'une valeur nominale donnée au signe monétaire ; il ne le reçoit jamais que pour sa valeur intrinsèque, et les marchands, pour obtenir l'équivalent de ce qu'ils vendent, en exigent un prix nominal plus élevé. Le roi crut pouvoir éviter cette augmentation de prix, en fixant pour chaque denrée un maximum qu'il n'était pas permis au vendeur de dépasser. Il en arriva qu'on

(*) Don Jayme est le premier qui ait mis une croix patriarcale sur la monnaie aragonaise. La pièce de don Jayme, gravée planche 80, n° 5, est une jaquesa.

21.

n'apporta plus rien sur les marchés; la disette commença à désoler le pays. Pour la faire cesser, Alphonse fut dans la nécessité de rendre la liberté au commerce; et afin que les employés qui recevaient un traitement de l'État ne mourussent pas de faim, il fut obligé d'augmenter leurs salaires. De cette manière, il ne retira aucun profit de cette altération. Il n'en resta que le mécontentement qu'elle avait jeté dans toutes les classes.

On peut aussi considérer comme une des fautes commises par Alphonse X, l'ambition qui lui fit briguer le titre d'empereur. Il avait, par sa mère Béatrix, des prétentions sur le duché de Souabe, qu'avait possédé l'empereur Philippe, son aïeul maternel. Il crut que le meilleur moyen pour faire prévaloir ses droits était de se faire nommer empereur. Les électeurs, réunis à Francfort en 1256, ne tombèrent pas d'accord sur le prince qu'ils devaient choisir. Les uns élurent Alphonse X; le choix des autres tomba sur Richard, comte de Cornouailles.

Alphonse s'étant inutilement adressé au pape, pour faire confirmer par lui son élection, prit le parti de recourir à la voie des armes. Il commença par acheter à prix d'argent l'alliance de quelques princes, et il se mit à préparer des armements pour passer en Italie. Dans l'état déplorable où se trouvaient les finances, de semblables dépenses ne purent se faire qu'en surchargeant le pays d'impôts qui augmentèrent le mécontentement général. Il fallait aussi qu'Alphonse, sur le point de quitter son royaume, nommât des régents qui gouvernassent en son absence. Son choix ne tomba pas sur ses frères, qui ambitionnaient ce poste. Ce fut pour eux un nouveau motif de plainte. L'aîné d'entre eux ne se borna pas à des paroles; il rassembla des troupes, s'empara d'Arcos, de Lebrija, et détermina le chef musulman qui commandait à Niebla à refuser le tribut qu'il payait chaque année au roi de Castille. Don Nuño de Lara, chargé par Alphonse X de châtier cette révolte, prit ses meilleures troupes, et livra aux rebelles une rude bataille. Il les vainquit, et don Enrique n'osa pas se renfermer dans Lebrixa. Il s'embarqua à Cadix, et se rendit par mer à Valence, dans l'intention d'aller chercher un asile auprès de don Jayme. Mais ce roi, dont Alphonse X avait épousé la fille Yolande, refusa de le recevoir. Alors il eut la pensée de se réfugier auprès du roi Alhamar. Il lui écrivit pour lui demander la permission de se retirer dans ses États. Le roi de Grenade, voulant encore rester en paix avec Alphonse, se montra peu disposé à conserver à sa cour un prince aussi inquiet et aussi turbulent que don Enrique. Il lui conseilla donc de passer en Afrique, auprès du roi de Tunis. L'infant resta plusieurs années près de ce souverain. Mais un jour qu'il l'attendait dans une des cours du palais pour l'accompagner à la chasse, on y lâcha deux énormes lions qu'on tenait ordinairement renfermés dans des cages. Le brave Espagnol tira son épée pour se mettre en défense; mais les lions ne l'attaquèrent pas, et le laissèrent sortir sain et sauf. Don Enrique ne se plaignit pas; il se contenta d'aller prévenir les gardiens des lions de mieux les renfermer à l'avenir. Mais persuadé que ce qui lui était arrivé n'était pas le résultat du hasard, et qu'on avait voulu le faire périr, il quitta l'Afrique pour passer en Italie.

Tant que les musulmans virent le gouvernement du roi de Castille tranquille et ferme, ils respectèrent les traités conclus avec saint Ferdinand. On dit même qu'Alhamar montrait une telle vénération pour la mémoire de ce prince, qu'il envoyait chaque année à Séville cent cierges de cire blanche, pour célébrer l'anniversaire de sa mort. Mais quand l'État fut affaibli par des divisions intestines, ils crurent le moment venu de reprendre ce qui leur avait été enlevé en Andalousie. De tous les côtés, ils se révoltèrent, et massacrèrent les garnisons chrétiennes. Les villes de Xérès, d'Arcos, de San-Lucar, furent reprises par eux, ainsi que le royaume de Murcie tout entier. Alphonse ne s'attendait pas à cette subite agression. Il rassembla des troupes à la hâte, et fit demander des secours à don Jayme, son beau-père. Le roi d'Aragon se chargea de réduire les Maures du royaume de Murcie, tandis que les troupes de Castille auraient raison de la rébellion des Maures de l'Algarve et du royaume de Grenade. L'armée d'Alphonse rencontra les musulmans, leur livra bataille, et les mit en déroute. Alors Alhamar réclama le secours du prince qui régnait à Maroc. C'était un prince de la race des Beni-Merines, nommé Yacob-Abu-Yousouf, qui fit aussitôt passer quelques cavaliers en Andalousie. Mais leur arrivée ne put empêcher Alphonse de recouvrer rapidement Xérès, Médina-Sidonia, et toutes les villes qu'il avait perdues dans ces contrées. Ben-Alhamar avait reçu avec beaucoup d'égards les cavaliers que les Beni-Merines lui avaient envoyés. Les Arabes Andalous virent avec jalousie la préférence qu'il manifestait pour quelques cavaliers africains, des Zégris ou des Zénètes. Les alcaydes de Guadix, de Comarès et de Malaga en furent surtout blessés. Ils prétextèrent des affaires importantes pour retourner dans les villes qu'ils gouvernaient; mais ils n'y furent pas plutôt arrivés, qu'ils écrivirent à Alphonse pour se reconnaître ses vassaux, et pour lui demander des secours que le roi de Castille s'empressa de leur envoyer. Alhamar, effrayé de cette défection, fit demander la paix. Il offrit de payer les mêmes tributs qu'il avait payés à saint Ferdinand, de fournir le même nombre de cavaliers. A ces conditions, Alphonse ajouta que le roi de Grenade s'abstiendrait pendant un an d'inquiéter en aucune manière les alcaydes de Comarès, de Guadix et de Malaga. Cet arrangement fut bientôt suivi de la pacification du royaume de Murcie, et la tranquillité fut encore pour quelque temps rétablie dans la Péninsule.

Don Jayme voulut profiter de ce moment de calme pour aller à la conquête de la terre sainte. Ce fut en vain que son gendre s'efforça de le détourner de cette folle entreprise; Alphonse eut lui-même bien de la peine à se défendre des instances qui lui étaient faites pour qu'il prît part à la croisade; mais il eut la sagesse de résister. Il se borna à donner à don Jayme un secours de 5,000 maravédis d'or, et le roi d'Aragon s'embarqua à Valence, le 4 septembre 1269. Il était déjà en vue de la Sicile, lorsque sa flotte fut dispersée par une horrible tempête. Le vaisseau qu'il montait, poussé par les vents vers les côtes de France, vint aborder à Aigues-Mortes. Don Jayme y aborda, et après s'être pendant quelque temps remis à Montpellier des fatigues de la mer, il regagna l'Aragon, renonçant à une guerre que le ciel paraissait réprouver.

La bonne intelligence entre la Castille et le royaume de Grenade ne fut pas de longue durée. Dès que l'année de trêve qui avait été stipulée par Alphonse en faveur des alcaydes de Malaga, de Guadix et de Comarès, fut écoulée, Alhamar se mit en mesure de leur faire la guerre. Mais Alphonse voulant entretenir un élément de discorde parmi les musulmans, fit dire au roi de Grenade que ces alcaydes s'étaient reconnus ses vassaux; que si la guerre leur était faite, il ne pourrait s'empêcher de les défendre, et que les attaquer serait l'attaquer lui-même. En entendant ces paroles, le roi de Grenade fut rempli de colère; mais il était trop prudent pour la laisser éclater, il attendit, et bientôt l'événement lui apporta une vengeance. Les impôts dont Alphonse avait surchargé ses États avaient soulevé contre lui bien des mécontentements. L'ambition de quelques seigneurs se chargea de les exploiter; et sous le prétexte du bien public, ils formèrent une ligue qui avait pour chef l'infant don Philippe, le propre frère du roi. Ils assemblèrent des troupes, et ils menaçaient de mettre tout le royaume en feu. Cependant, les cortès réunies à Burgos s'étant montrées peu favorables à leurs desseins, ils abandonnèrent avec toutes leurs troupes le royaume d'Alphonse, et se retirèrent auprès du roi de Grenade, qui les accueillit avec joie. Ils firent un traité avec lui, et s'engagèrent à le servir dans toutes ses guerres. A l'aide de ce renfort inattendu, Alhamar commença la guerre contre les alcaydes de Guadix, de Comarès et de Malaga. Pendant plusieurs années de suite, il dévasta leur territoire. Mais comme ces ravages ne terminaient rien, il réunit toutes ses troupes, pour mettre fin à la lutte par un puissant effort. Au sortir de Grenade, le cavalier qui marchait en tête de l'armée, n'ayant pas assez baissé sa lance, elle toucha le cintre de la porte, et se brisa. Cet accident fut considéré par tout le monde comme un mauvais présage; et en effet, lorsque le soleil eut atteint la première moitié de sa course, le roi se trouva indisposé. Son mal devint bientôt si grave, qu'on essaya de le reporter à Grenade. Mais on ne put atteindre cette ville, on fut forcé de s'arrêter. Les médecins qui l'entouraient ne savaient que faire. Bientôt il fut pris de convulsions et d'un vomissement de sang, et il mourut vers le soir, le jeudi 27 (*) sjumada posterior 671 de l'hégire (19 janvier 1273 de J. C.).

Dès qu'on eut rendu les derniers honneurs au roi Alhamar, on proclama pour lui succéder son fils Mohammed II. C'était un prince courageux et prudent. Il ne changea rien à l'ordre établi par son père dans l'État. Il continua à entretenir une garde d'Africains et une garde d'Andalous. Les Africains avaient toujours pour chef un prince des Beni-Mérines ou des Beni-Zeyanes, et leurs capitaines étaient choisis dans les nobles tribus des Masamudes, des Zénètes ou des Zanhagas. Les Andalous étaient commandés par un membre de la famille royale, ou par quelque officier distingué par ses exploits.

Le roi Alphonse X avait fait plusieurs tentatives pour déterminer l'infant don Philippe et les autres seigneurs qui s'étaient retirés avec lui dans le royaume de Grenade, à rentrer dans ses États. La mort d'Alhamar, et peut-être aussi une négociation habilement menée par le maître de Calatrava, les déterminèrent à revenir en Castille.

Alphonse voyant encore une fois ses États tranquilles, et n'ayant pas abandonné la prétention qu'il avait de se faire couronner empereur, se mit en route pour aller trouver le pape, afin de faire annuler le choix que les électeurs venaient de faire de Rodolphe de Habsbourg. Dès que Mohammed II sut que le roi de Castille était éloigné de ses États, il pensa que l'occasion se présentait favorable pour reconquérir toute l'Andalousie. Il réclama donc l'assistance du prince de la famille des Beni-Mérines, qui gouvernait à Maroc : c'était Yacob-Abu-Yousouf. Il offrit à ce roi de lui livrer les villes d'Algéciraz et de Tarifa, pour lui servir de magasins et de places d'armes, et pour qu'il restât maître d'entrer dans la Péninsule et d'en sortir quand il le voudrait. Abu-Yousouf accepta ces offres, et passa en Andalousie à la tête d'une armée de 17,000 cavaliers. Quant au nombre des fantassins, on ne le connaît pas, mais il dut être beaucoup plus considérable. Les alcaydes de Malaga, de Comarès et de Guadix craignant de voir cet armement se tourner contre eux, vinrent s'accommoder avec le roi Mohammed, et tous les musulmans, ayant pour le moment mis leurs dissensions de côté, ne songèrent plus qu'à faire la guerre aux chrétiens. Pour les attaquer à la fois sur tous les points, ils convinrent qu'Abu-Yousouf, avec la plus grande partie de ses troupes, se jetterait sur le royaume de Séville; que Mohammed, à la tête de ses troupes, auxquelles se joindraient quelques compagnies africaines, entrerait dans le royaume de Jaën, tandis que les alcaydes de Malaga, de Guadix et de Comarès pénétreraient sur les terres de Cordoue.

A la nouvelle de cette triple invasion, don Nuño de Lara, qui commandait les forces chrétiennes disséminées le long de la frontière, assembla à la hâte tout ce qu'il put réunir de troupes, et il alla se poster près d'Écija, où il fallait nécessairement que passât le

---

(*) Condé met le *jeudi* 29 sjumada posterior 671. C'est évidemment une erreur : le 29 était un samedi.

roi de Maroc. Plein de confiance en la bonté de ses troupes, il ne voulut pas se renfermer dans cette place : c'eût été laisser les Africains maîtres de la campagne. Il les attendit, et leur livra bataille. Les Maures étaient si nombreux, que leur multitude finit par accabler les chrétiens. Les Castillans furent défaits; mais leur défaite même fut glorieuse et profitable. Ils laissèrent sur le champ de bataille don Nuño leur général, 250 cavaliers et 4,000 fantassins; mais le chiffre des Maures qui avaient péri était bien plus élevé, et quand Yacob-Abu-Yousouf, en parcourant le champ de bataille, put connaître combien cette poignée de braves lui avait fait chèrement payer la victoire, il se demanda ce que deviendrait son armée, lorsqu'elle aurait à combattre à nombre égal. Cette réflexion, jointe à l'avis qu'on amenait des troupes de tous les côtés, le détermina à ne pas s'avancer davantage. Il se borna à ravager les frontières du royaume de Séville, et il ne put même pas réussir à s'emparer de la ville d'Ecija, où s'étaient jetés les restes de l'armée vaincue.

Suivant le plan qui avait été arrêté entre les musulmans, les troupes de Mohammed étaient entrées dans le royaume de Jaën. L'archevêque de Tolède, qui était don Sancho, l'un des fils de don Jayme, en apprenant les ravages qu'elles exerçaient dans ce pays, rassembla tout ce qu'il put trouver de cavalerie à Tolède, à Madrid, à Guadalajara, à Talavera, et partit en grande hâte pour l'Andalousie. L'archevêque avait plus de bravoure que de prudence. Jeune et plein de présomption, il brûlait du désir d'imiter les exploits de son père; il voulait poursuivre les Maures, les attaquer, leur enlever le butin qu'ils avaient fait. Les plus sensés parmi les officiers qui l'accompagnaient désiraient qu'on attendît l'arrivée de don Lope Diaz de Haro qui venait, à marche forcée, à la tête d'une division de bonnes troupes; mais leur avis ne prévalut pas. On courut à la recherche des ennemis. Les troupes de l'archevêque se composaient pour la plupart de recrues; lui-même était peu exercé au métier de la guerre. Les Musulmans eurent donc peu d'efforts à faire pour obtenir la victoire. L'archevêque don Sancho fut pris. Mais bientôt une discussion s'éleva entre les soldats de Mohammed et leurs auxiliaires africains. Chaque nation prétendait que ce prisonnier devait lui appartenir. La querelle s'animait, et on était sur le point d'en venir aux mains, quand un des Maures tua le prisonnier d'un coup de lance, en disant : Il n'est pas juste que tant de braves musulmans se disputent pour un chien. Quand don Sancho fut mort, on lui coupa la tête et la main gauche où se trouvait son anneau pontifical, et on abandonna son corps sur le champ de bataille. Cependant don Lope Diaz de Haro arriva le lendemain. Il poursuivit les Maures qui se retiraient, et les atteignit près de Martos. Il les combattit pendant toute la journée sans pouvoir les mettre en fuite; l'obscurité seule sépara les deux armées. Mais pendant la nuit, les Maures abandonnèrent le champ de bataille, emportant la plus grande partie de leur butin. Il fallut leur racheter à prix d'or la tête et la main de l'archevêque. Elles furent réunies à son corps et enterrées dans la cathédrale de Tolède.

Cette année 1275 devait être funeste pour les chrétiens, non-seulement par les désastres de la guerre; ils devaient encore être éprouvés par d'autres malheurs. L'infant don Ferdinand de la Cerda, fils aîné d'Alphonse X, rassemblait des troupes à Villa-Real (*). Le travail auquel il fallut qu'il se livrât pour faire face à tous les besoins de l'État, les fatigues d'une marche pénible à la tête de son armée pendant les plus grandes chaleurs de l'année, détruisirent sa santé. Il tomba malade et mourut dans le courant du mois d'août. Cette mort était un des événements les plus déplorables qui pus-

(*) Le nom de cette ville, fondée par Alphonse X, a été changé par don Juan II de Castille en celui de Ciudad-Real.

sent affliger le pays, car elle fut la source des dissensions civiles qui le déchirèrent pendant tant d'années. L'infant don Ferdinand était le fils aîné de don Alphonse; il avait été surnommé *de la Cerda*, parce qu'en venant au monde, il portait sur les épaules une large place couverte de soies, qui en espagnol s'appellent *cerdas*. Marié en 1266 à Blanche, fille de saint Louis, il en avait deux fils, don Alphonse et don Ferdinand de la Cerda. Lorsqu'il sentit la mort s'approcher, il fit appeler don Juan Nuñez de Lara, dans l'amitié duquel il avait la plus entière confiance; il lui recommanda de protéger et de défendre sa femme et ses deux fils.

Dès que cette mort fut connue, l'infant don Sancho, second fils de don Alphonse X, se mit à la tête de l'armée. Il plaça des garnisons dans toutes les villes menacées; il évita de livrer bataille pour laisser s'éteindre d'elle-même la première ardeur des Africains. Après avoir mis des troupes dans Ecija, dans Jaën, dans Cordoue, il se rendit à Séville, où il fit promptement armer la flotte, afin d'empêcher que Yacob-Abu-Yousouf pût tirer d'Afrique des secours ou des vivres. Les vaisseaux castillans commencèrent à croiser dans le détroit et sur les côtes de l'Andalousie, et le roi Yacob-Abu-Yousouf fut bien plus alarmé de cette mesure qu'il ne l'eût été d'une défaite. Son armée se trouvait dans un pays ruiné par la guerre; ses magasins étaient épuisés, et les vivres commençaient à lui manquer. Il se retira à Algéciras, et ne voulant pas attendre, pour conclure la paix, que son armée fût détruite par la famine, sans s'inquiéter en aucune manière du roi de Grenade, il conclut avec don Sancho une trêve de deux années. Dès que les alcaydes de Guadix et de Malaga eurent connaissance de ce traité, ils se retirèrent dans leurs villes, envoyèrent leur soumission à don Sancho, et se reconnurent de nouveau les vassaux du roi de Castille; en sorte que le roi de Grenade se trouva réduit à ses seules forces.

Tous les soins que s'était donnés l'infant don Sanche pour amener la paix, le succès qu'il avait obtenu, rendaient son nom populaire. Il s'était d'ailleurs appliqué à gagner également la faveur des grands et celle de la foule. Il se montrait caressant, affable et libéral avec tout le monde, et par ces manœuvres habiles il se frayait le chemin du trône. Cependant Alphonse X était de retour du voyage inutile qu'il avait été faire dans l'intérêt de son élection. Don Sancho vint le rejoindre à Tolède. Là, quelques seigneurs demandèrent qu'on reconnût publiquement celui-ci pour l'héritier présomptif de la couronne. Alphonse se montra peu satisfait de cette réclamation. Il répondit que dans son opinion les infants de la Cerda ne pouvaient sans injustice être privés du trône, héritage de leur père. Cependant, comme la question était de la plus haute gravité, on réunit les cortès à Ségovie; car c'était à elles seules qu'il appartenait de reconnaître l'héritier de la couronne.

Bien des livres ont été écrits pour savoir qui avait droit au trône de Castille, ou de l'infant don Sancho, ou de l'infant don Alonzo de la Cerda. Ferreras, qui certainement a fait de très-estimables et très-compendieux travaux, cite cependant quelquefois des autorités qu'il n'a pas examinées. Ainsi, il invoque le fuero juzgo comme tranchant la difficulté en faveur de don Sancho, parce que, dit-il, aux termes des lois gothiques, la parenté immédiate était préférée à la représentation. Nous rappellerons ce que nous avons déjà dit (*). Chez les Goths la royauté était élective. La loi première du prologue du fuero juzgo réglait la manière dont l'élection devait être faite. Quand une dignité doit être donnée par le vote des électeurs, il n'est certainement question ni de représentation, ni de succession immédiate; on ne saurait donc tirer aucun argument de la loi gothique en faveur de l'un ou de l'autre système.

(*) F° 117 et suivants.

Le code des Goths est demeuré le droit commun de l'Espagne, mais suivant les divers royaumes il a subi quelques modifications. Ainsi, en Aragon, la couronne était déférée par droit de succession; et afin que ce droit ne restât jamais douteux, en l'année 1275, dans les cortès tenues à Lérida, on rédigea une loi pour décréter que le trône serait héréditaire, de mâle en mâle, par droit de primogéniture, et qu'il ne serait dévolu à la ligne collatérale qu'à défaut de descendance masculine dans la ligne directe. Dans l'ancien royaume des Asturies, au contraire, dans la Galice et dans le royaume de Léon, il était de principe que la couronne était élective. Aussi les rois, pour la transmettre à leurs enfants, avaient-ils pris l'habitude de faire, de leur vivant, reconnaître et proclamer leur successeur, qui, de cette manière, à leur mort, se trouvait saisi de la royauté, non en vertu d'un droit d'héritage, mais en vertu du serment qui lui avait été prêté. Aussi, depuis Pélage, la couronne était toujours restée dans sa famille. Le peuple s'était accoutumé à obéir à ses descendants, sans se demander s'il lui devait obéissance à titre d'élection ou bien à titre d'hérédité. Quand la Castille fut reconquise sur les Maures, elle suivit naturellement le même droit que le royaume de Léon. Lorsqu'elle en fut séparée du temps de Sancho le Grand, pour former un comté indépendant, lorsqu'elle fut érigée ensuite en royaume par Sancho le Grand, au profit de son fils Ferdinand, elle ne s'était pas donné un droit nouveau. Nulle part on n'en trouve de traces. Ainsi, en Castille, jusqu'à l'avénement de la maison de Bourbon, le droit, la fiction légale ont été l'élection; mais le fait, l'usage sont restés l'hérédité.

Si les cortès de Ségovie eussent dû se décider d'après la loi aragonaise, telle qu'elle avait été votée dans les cortès de Lérida, ou d'après nos idées françaises, sans aucun doute le droit eût été en faveur du fils de Ferdinand de la Cerda. Mais si on considérait la couronne comme élective, les cortès de Ségovie avaient droit de choisir qui elles voulaient. Si on admettait, au contraire, que l'usage avait rendu la couronne héréditaire, en l'absence de toute constitution écrite, de tout droit spécial, il fallait s'en rapporter à l'usage sur la manière dont l'hérédité devait être réglée, et dans toute la série des descendants de Pélage on ne trouvait pas l'exemple d'un seul fils de roi, qui, mort avant son père, eût transmis à ses fils des droits à un trône qu'il n'avait pas occupé. Pour rencontrer une semblable transmission, il faut la chercher dans la dynastie des Ommiades, où Abd-el-Rahman-ben-el-Mactoul avait succédé à son aïeul Abd-Allah. Mais les usages des Arabes ne pouvaient servir de règle aux chrétiens; et dans la famille de Pélage souvent on a vu les frères du roi décédé choisis pour lui succéder de préférence à ses propres fils. Jamais on n'avait vu les petits-fils d'un roi exclure leur oncle du trône. Les cortès de Ségovie chargèrent donc l'infant don Manuel de déclarer en leur nom que le droit était en faveur de don Sancho. Elles proclamèrent celui-ci héritier de la couronne. Il faut cependant que la question ne parût pas alors aussi claire qu'elle nous le semble aujourd'hui, puisque cette décision fut vivement critiquée par de savants publicistes, et qu'on a donné au fils de Ferdinand de la Cerda le surnom d'Alphonse le Déshérité.

Pendant que les Castillans s'occupaient de ces graves intérêts, don Jayme voyait la guerre éclater dans le royaume de Valence. Il avait ordonné d'en expulser tous les infidèles; mais sans doute ce décret de bannissement n'avait pas été exécuté avec une grande rigueur. On y comptait encore beaucoup de musulmans; et l'arrivée de Yacob-Abu-Yousouf leur ayant fait concevoir l'espoir de se soustraire à la domination chrétienne, ils avaient couru aux armes.

Don Jayme s'était rendu à Xativa pour être plus près du théâtre de la guerre. Elle ne se fit pas avec autant de succès qu'il l'aurait voulu, et un corps d'Aragonais, commandé par don Garci de Ruiz de Azagra, étant tombé dans une embuscade, fut taillé en pièces. Le roi en conçut un chagrin qui, joint à la fatigue, lui causa une grave maladie. Pour changer d'air, il se fit transporter à Alzira; mais comme le mal augmentait, il fit appeler son fils don Pedro, lui remit le gouvernement de l'État, et se fit ensuite revêtir d'une robe de bernardin. Il voulait se rendre au couvent de Poblet et y passer le reste de ses jours. Mais la maladie ne le lui permit pas, et il mourut à Valence le 27 juillet 1276. Il avait rédigé un testament par lequel il laissait l'Aragon, la Catalogne et le royaume de Valence à don Pedro; il léguait à son second fils les Baléares, ainsi que les États qu'il possédait en France. Don Jayme le Conquérant était un prince prudent, valeureux; il eût toujours été un grand homme s'il n'eût rencontré que des hommes; mais il ne pouvait résister aux regards d'une femme.

TROUBLES EN NAVARRE; LA REINE BLANCHE ET SA FILLE SE RÉFUGIENT EN FRANCE. — LA VEUVE DE DON FERDINAND DE LA CERDA, SA MÈRE ET SES ENFANTS SE RÉFUGIENT EN ARAGON. — MORT DE L'INFANT DON FADRIQUE ET DE SIMON RUIZ DE CAMEROS. — SIÉGE D'ALGECIRAZ. — NOUVEAUX TROUBLES EN NAVARRE. — L'ARMÉE FRANÇAISE ASSIÉGE PAMPELUNE. — TRANSACTION RELATIVEMENT AUX DROITS DES INFANTS DE LA CERDA. — CORTÈS DE SÉVILLE; ALPHONSE X DEMANDE LE DROIT D'ALTÉRER LA MONNAIE. — IL DEMANDE QU'ON RATIFIE L'ARRANGEMENT RELATIF AUX INFANTS DE LA CERDA. — CORTÈS DE VALLADOLID. — ON DONNE A DON SANCHO LE GOUVERNEMENT DE L'ÉTAT. — GUERRE ENTRE DON SANCHO ET SON PÈRE. — MASSACRE DES HABITANTS DE TALAVERA. — TESTAMENT D'ALPHONSE X. — MORT D'ALPHONSE.

On a vu que le roi Henri de Navarre était mort le 27 août 1274, laissant pour héritière sa fille Juana, âgée seulement de trois ans. Elle devait apporter en dot une couronne à celui qui serait son mari. Aussi les princes voisins recherchaient-ils avec empressement une alliance qui pouvait considérablement augmenter leurs États. Ils s'occupaient à se faire des partisans parmi les seigneurs navarrais, qui se divisaient en deux partis. Les uns voulaient un prince aragonais; les autres préféraient un Castillan. Blanche, veuve de don Henri, tutrice de la jeune reine et régente du royaume, avait, du consentement des cortès, confié la direction des affaires à don Pedro Sanchez de Montaigu. Ce seigneur était favorable aux prétentions de l'infant d'Aragon, don Pedro, qui eût voulu marier son fils avec la jeune reine de Navarre. Les seigneurs qui préféraient une alliance castillane, avaient pour chef don Garcie Almoravides. Tout le pays était partagé entre ces deux factions. On en était venu aux armes; on ravageait les récoltes; on incendiait les maisons; c'était le commencement d'une guerre civile dont on ne pouvait prévoir les chances. Aussi Blanche résolut-elle de mettre en sûreté la couronne et la liberté de sa fille en la plaçant sous la protection de Philippe le Hardi. Elle passa en France avec sa fille, se rendit à Paris où le roi lui assigna un hôtel et des revenus. Ensuite il envoya, pour gouverner le royaume de Navarre, Eustache de Beaumarchais, qui, après avoir, suivant l'usage, juré de respecter et de faire respecter les fueros navarrais, prit la direction des affaires; et par une conduite pleine de sagesse et de fermeté, il parvint à rétablir momentanément la tranquillité en Navarre.

Dans la Castille, au contraire, les discordes civiles n'avaient pas encore éclaté. Mais c'était un incendie qui couvait. Il s'en fallait beaucoup que la décision des cortès de Ségovie eût convaincu tout le monde de la justice des prétentions de l'infant don Sancho. Yolande, reine de Castille, était Aragonaise; et, jugeant d'après les principes admis par la constitution de son pays, elle trouvait inique de priver du trône les fils de son premier-né. Blanche, fille de saint Louis, élevée dans les idées françaises, se révoltait contre une décision qui dépouillait ses enfants de ce qui, aux termes de la loi salique, eût été l'héritage de leur père. Yolande, ne trouvant pas, auprès d'Alphonse X, la justice et l'appui qu'elle eût désirés pour les infants de la Cerda, les enleva, et, avec leur mère, elle se rendit auprès de son frère don Pedro d'Aragon.

Alphonse X, et surtout don Sancho, se montrèrent fort irrités de cette fuite. Ils firent redemander à don Pedro de leur renvoyer les fugitifs. Mais ce prince répondit qu'il n'avait jamais livré ceux qui étaient venus chercher un asile auprès de lui, et qu'il ne commencerait pas par trahir sa sœur et ses neveux. Cette réponse augmenta encore le mécontentement de don Sancho, qui, accusant l'infant don Fadrique, son oncle, d'être favorable au parti des infants de la Cerda, et d'avoir conseillé leur fuite, le fit étrangler à Burgos, lorsqu'il rentrait dans son palais (*). Il adressait les mêmes reproches à Simon Ruiz de Cameros. Il fit incendier la maison où ce seigneur s'était retiré, à Treviño, et le fit ainsi périr dans les flammes. Cependant le parti des infants de la Cerda avait trouvé plus d'un appui. Le frère de Blanche, Philippe le Hardi, envoya plusieurs fois des ambassadeurs au roi de Castille, pour lui adresser des réclamations; et, comme Alphonse n'y faisait pas droit, il lui déclara la guerre, et se disposa à passer les Pyrénées; mais le pape intervint. Il menaça le roi de France de l'anathème, s'il commençait les hostilités. Cette menace, jointe à la mauvaise saison qui rendait le passage des montagnes difficile, contribua à maintenir la paix.

Cependant le terme de la trêve conclue avec Yacob-Abu-Yousouf était arrivé. L'armée de don Alphonse avait été mettre le siège devant Algéciraz; elle serrait la ville par terre et par mer. Mais, comme le siège traînait en longueur, l'argent vint à manquer pour payer la solde et les vivres. Don Alphonse chargea un juif de Séville, nommé Cax de la Maloa, de lui trouver des fonds.

Cependant Sancho souffrait avec impatience que sa mère fût retirée auprès du roi d'Aragon. Il avait envoyé l'infant don Manuel auprès d'elle pour obtenir son retour. Après une longue négociation, on convint que la liberté serait laissée à Blanche de se retirer en France, si elle le jugeait convenable; que les infants de la Cerda seraient élevés dans le château de Xativa, et qu'Yolande reviendrait en Castille; mais, quand cet accord eut été conclu, la reine différa de l'exécuter, sous prétexte qu'elle avait contracté des dettes, et qu'elle ne pouvait pas quitter l'Aragon sans les avoir payées. Alors don Sancho se transporta chez le juif Cax de la Maloa; soit de bon gré, soit de force, il se fit remettre l'argent ramassé pour l'armée qui assiégeait Algéciraz, et l'envoya à la reine Yolande. Cependant la flotte et l'armée ne recevant ni vivres ni argent, les maladies et la désertion commencèrent à se mettre dans le camp et dans les équipages. Abu-Yousouf, en ayant été averti par ses espions, vint, à la tête d'une escadre bien armée, attaquer les vaisseaux chrétiens qui manquaient de tout et qui étaient à peu près déserts. Il les détruisit presque tous. Il entra triomphant dans le port d'Algéciraz, et les chrétiens furent forcés de lever précipitamment le siège (*).

En Navarre, le parti castillan, un moment comprimé par Eustache Beaumarchais, avait pris de nouvelles forces. Une sédition éclata à Pampelune; Sanchez de Montaigu y fut massacré, et le gouverneur français, Eustache de Beaumarchais, forcé de se retirer dans la citadelle, y fut assiégé par les révoltés. Dès que Philippe le Hardi fut informé de cette rébellion, il envoya en Navarre une armée sous le commandement de Robert, comte d'Artois, et du connétable Imbert; et elle

(*) Mariana dit qu'il fut décapité. Liv. XIV, ch. 3.

(*) Condé place cet événement au 15 rabia 1ᵒʳ 678 (26 juillet 1279); il y a probablement là une erreur d'une année, car les chrétiens le mettent en 1278. Alors il faudrait lire, 15 rabia 1ᵒʳ 677 (6 août 1278).

vint, la veille du jour de Noël 1272, mettre le siége devant Pampelune. Alphonse avait envoyé des troupes au secours des révoltés; mais, après s'être avancées jusqu'à trois lieues de Pampelune, elles se retirèrent sans avoir osé attaquer les Français. Le connétable Imbert entra dans la ville, et les rebelles furent sévèrement châtiés.

En voyant une armée française si près de ses frontières, Alphonse manifesta le désir de terminer à l'amiable ses différends avec le roi Philippe. Il eut une entrevue avec le comte d'Artois; mais, comme celui-ci n'avait aucun pouvoir pour traiter, on fixa d'autres conférences. Enfin, après bien des débats, on convint, à titre de transaction, que le roi de France reconnaîtrait don Sancho comme héritier de la couronne de Castille, mais qu'on donnerait à l'infant Alphonse de la Cerda le royaume de Murcie, à titre de fief relevant de la couronne de Castille. Ce n'était pas tout d'avoir conclu cet arrangement : il fallait encore le faire accepter par les cortès. Elles furent convoquées à Séville pour la fin de l'année 1281. Alphonse leur exposa que les guerres soutenues contre les Maures de Grenade, dans les années précédentes, avaient épuisé le trésor; qu'il fallait frapper le peuple de nouveaux impôts, ou bien autoriser le roi à altérer la monnaie d'argent, en y alliant une plus grande quantité de cuivre. Bien qu'Alphonse eût déjà la triste expérience d'une opération de ce genre, il insista pour cette refonte des monnaies. Les cortès, de leur côté, tout en éprouvant le mécontentement le plus vif de cette mesure, ne surent en proposer aucune autre pour faire face aux besoins de l'État, et furent forcées de l'approuver. Alphonse leur rendit aussi compte de l'arrangement qu'il avait conclu avec le roi de France, et il demanda l'approbation des représentants de la nation. Don Sancho, qui avait été reconnu héritier présomptif de la couronne, manifesta tout son mécontentement de la proposition qui était faite de démembrer son héritage. Il refusa d'assister aux séances des cortès; mais il employa toute son influence pour que cet arrangement ne fût pas sanctionné, et ses partisans parvinrent à empêcher qu'on terminât rien sur cette affaire. Bien que la proposition sur la refonte des monnaies eût été adoptée, elle avait cependant indisposé contre le roi presque tous les représentants des villes. Don Sancho profita de ce mécontentement général, et indiqua pour le mois d'avril suivant une nouvelle réunion des cortès. Il choisit la ville de Valladolid pour tenir cette assemblée, où, disait-il, on remédierait à tout. Le remède qu'on y proposa fut de remettre le gouvernement entre les mains de don Sancho. Cette motion fut faite par l'infant don Manuel, et adoptée presque par l'unanimité des membres. On alla plus loin : on demanda qu'Alphonse fût dépouillé du titre de roi, qui serait donné à don Sancho. Mais celui-ci, avec une hypocrite modestie, répondit que tant que son père vivrait, il fallait lui conserver le titre de roi et les honneurs de la souveraineté; qu'il était content, pour son compte, du titre d'héritier présomptif et de régent du royaume. En apprenant ce qui se passait à Valladolid, Alphonse fut rempli de colère. Il voulut châtier la rébellion de son fils; mais il était abandonné par presque tout le monde. C'est à peine si quelques villes lui étaient restées fidèles. Il demanda contre son fils des secours en France, en Portugal; mais ce fut inutilement. Il fut réduit à implorer l'assistance du roi de Maroc. Ce prince lui envoya des troupes et de l'argent; mais cette aide fut insuffisante pour faire rentrer ses sujets dans le devoir. Il invoqua l'autorité du pape; mais le souverain pontife ne jugea pas à propos d'user des armes spirituelles contre un fils qui faisait à son père cette guerre impie. Chaque jour apportait au malheureux Alphonse quelque nouveau sujet de ressentiment. Aussi le 8 novembre de l'année 1282, il fit dresser publiquement, à Séville, une déclaration par laquelle il donnait sa malédiction à Sancho, après l'avoir déshérité comme fils ingrat et comme sujet rebelle. Ces actes ne servirent, au reste, qu'à irriter encore les passions, et à donner une nouvelle activité à la guerre civile. Un faubourg de Talavéra ayant embrassé le parti d'Alphonse, don Sancho vint à la tête de bonnes troupes. Il fit prendre et massacrer quatre cents des principaux habitants. Il fit couper leurs corps par quartiers, et en fit attacher les débris à des pieux plantés près d'une porte de la ville, qui, depuis ce temps, a conservé le nom de porte des Quartiers, *Puerta de Quartos*.

Cependant, l'âge et les chagrins avaient épuisé les forces d'Alphonse. Vers les premiers jours de novembre 1283, sentant qu'il ne lui restait que peu de temps à vivre, il voulut confirmer le testament qu'il avait déjà fait. Il maudit l'infant don Sancho pour cause d'ingratitude et de désobéissance, le déshérita et l'exclut du trône, lui et toute sa postérité. Il institua pour son héritier, Alphonse, fils aîné de Ferdinand de la Cerda, et, à défaut d'Alphonse, son jeune frère Ferdinand. A défaut de ceux-ci, ou de leurs descendants, il institua le roi de France. Quelques jours plus tard, l'infant don Juan ayant abandonné le parti de son frère, Alphonse voulut lui laisser un témoignage de son contentement, et, par un codicille daté du 22 janvier 1284, il lui légua les royaumes de Séville et de Badajoz. Il légua aussi à son autre fils, l'infant don Diego, le royaume de Murcie. Il languit encore quelque temps. Don Sancho fit quelques démarches pour obtenir le pardon de son père. Alphonse commençait à se laisser fléchir quand il mourut à Séville, le mardi 4 avril 1284; avant de mourir, il pardonna, dit-on, à son fils, mais il ne révoqua aucune des dispositions qu'il avait consignées dans ses testaments.

Alphonse ne fut marié qu'une fois, et eut de la reine Yolande don Fernand de la Cerda, mort en 1275; don Sancho, qui, malgré l'exhérédation prononcée contre lui, demeura son successeur; don Juan, don Pedro et don Diego (*). Il avait eu d'une maîtresse, avant son mariage, une fille nommée Béatrix, qui fut mariée au roi de Portugal; il eut aussi un fils bâtard nommé Alphonse le Jeune.

Son royaume fut agité par des troubles presque continuels, que causa d'abord la pénurie du trésor et que ses fautes perpétuèrent. Comme Alphonse le Grand, il fut avant le temps dépouillé par ses fils de l'autorité royale. Si Alphonse, au lieu d'être roi, eût été un simple écrivain, personne ne lui contesterait le titre de sage. Son amour pour les lettres, l'étendue de ses connaissances, la protection qu'il accorda aux savants, de quelque secte qu'ils fussent, sa tolérance religieuse doivent recommander sa mémoire à la postérité. Il a aboli en Espagne l'usage d'écrire les actes en ce latin barbare du moyen âge; il a voulu que tous les contrats fussent rédigés en castillan; enfin, ce qui suffirait à la gloire d'un siècle, il a rédigé ce code si connu sous le nom de *Siete partidas*.

QUELQUES LOIS DES SIETE PARTIDAS.

Il est des époques dans la vie des nations où l'esprit public, saisi d'une fièvre insatiable de changement, court après des institutions nouvelles; il s'agite sans règle et sans mesure : c'est alors un devoir pour les rois de modérer cette ardeur de progrès, de la contenir dans de justes limites. D'autres fois, au contraire, les peuples semblent sommeiller; il faut dans ces circonstances que les princes donnent l'élan à leurs sujets. C'est à eux à deviner les besoins que la voix publique n'a pas encore fait connaître, à y pourvoir avant même qu'ils aient été compris du vulgaire : c'est dans ce dernier état que se trouvait l'Espagne. Alphonse VIII avait en 1212 donné un corps de lois à la Castille, mais c'était pour la Castille seulement que ces lois avaient été rédi-

(*) Ce dernier est aussi souvent nommé Jayme. Il est bon de se rappeler que Diego, Yago, Jayme, ne sont que le même nom.

gées : elles n'avaient pas d'ailleurs toute l'étendue désirable; elles étaient loin de prévoir tous les cas. Saint Ferdinand avait eu la pensée d'établir pour tous ses États une législation uniforme, et de combler les lacunes qui existaient dans le droit d'Alphonse le Noble. Mais le temps lui avait manqué pour accomplir cette tâche; il l'avait léguée à son fils Alphonse le Savant, et dès les premières années de son règne, ce prince s'était mis à l'œuvre. C'est Alphonse lui-même qui prend la peine de nous apprendre ces détails. Voici quelques passages du prologue mis par ce roi en tête de son ouvrage :

« Dieu est le commencement et la
« source de toutes choses, et sans lui
« nulle chose ne saurait exister. C'est
« sa puissance qui les a créées, sa sa-
« gesse qui les gouverne, sa bonté qui
« les maintient; aussi quiconque veut
« entreprendre un bon travail doit s'a-
« dresser à Dieu et lui demander en
« grâce le savoir, la persévérance et la
« force nécessaires pour le bien mener
« à fin. C'est pourquoi nous don Al-
« phonse, roi de Castille, de Cordoue,
« de Murcie, de Jaën et de l'Algarve,
« voyant la grandeur des États que Dieu
« accorde aux rois dans ce monde, les
« biens de toute sorte qu'ils reçoivent
« de lui, et particulièrement l'honneur
« qu'ils ont de porter le nom de rois;
« considérant que c'est une obligation
« pour eux de rendre la justice aux
« peuples qui leur sont soumis et qui
« sont les créatures de Dieu; connais-
« sant quelle immense responsabilité
« pèse sur eux lorsqu'ils n'accomplis-
« sent pas bien ce devoir,....... nous
« avons fait ce livre pour être en aide
« à ceux qui viendront après nous......
« Mais comme nous ne pouvions trou-
« ver dans nos facultés et dans notre
« esprit toutes les bonnes raisons né-
« cessaires à cette grande entreprise,
« afin de l'achever avec succès, nous
« avons eu recours à la grâce de Dieu
« et à celle de son fils bien-aimé
« Notre-Seigneur Jésus-Christ, avec
« l'aide de qui nous l'avons commen-
« cée, à celle de la Vierge sainte sa

« mère, qui sert d'intermédiaire entre
« nous et lui, et à celle de toute la cour
« céleste; nous nous sommes aussi
« prévalus de leurs paroles. Nous avons
« encore tiré parti des préceptes des
« sages qui ont expliqué la nature des
« choses; nous nous sommes servis des
« édits, des lois et des bons fueros
« qu'ont établis dans les terres soumi-
« ses à leurs juridictions les seigneurs
« et les hommes versés dans la science
« du droit. Nous avons classé leurs
« raisons chacune en la place qui lui
« convient.

« Trois motifs nous ont principale-
« ment déterminés à commencer ce
« travail. Le premier est que le très-
« noble et bienheureux roi Ferdinand,
« notre père, qui était rempli de jus-
« tice et d'équité, avait l'intention de
« l'entreprendre, s'il eût vécu plus
« longtemps, et qu'il nous a recom-
« mandé de le faire à sa place. Le se-
« cond est l'espoir de venir en aide et
« assistance à ceux qui régneront après
« nous, et de leur épargner une partie
« de la fatigue et des peines qu'ont à
« supporter dans l'administration des
« royaumes ceux qui veulent bien
« faire.

« La rédaction et la mise en ordre de
« ce livre ont été commencées la veille
« de la Saint-Jean-Baptiste, quatre
« ans et vingt-trois jours après notre
« avénement au trône, arrivé quand
« on comptait de l'ère d'Adam 5021
« années hébraïques et 287 jours,....
« et de l'ère de l'incarnation 1251 an-
« nées romaines et 152 jours..... Il a
« fallu sept ans entiers pour l'ache-
« ver. »

Ainsi toutes ces dates sont bien précises. Alphonse est monté sur le trône le 152e jour de l'année 1252. Cette année étant bissextile, le 152e jour est le 31 mai. Il a commencé les partidas le 23 juin 1256, et les a achevées le 23 juin 1263.

Ces lois, au reste, ne furent pas reçues sans opposition, et les cortès de la Castille demandèrent que le vieux fuero, celui qui avait été promulgué par Alphonse VIII et par Léonore son épouse, fût maintenu, et qu'il fût permis aux juges d'y puiser les motifs de leurs décisions. Alphonse X enjoignit donc aux tribunaux d'appliquer concurremment le fuero real et les siete partidas. L'emploi simultané de ces deux corps de lois pourrait sembler étrange ; mais, en les comparant, on cessera de s'étonner, car, presque la totalité des textes du fuero real a été reproduite par Alphonse X. Les antinomies entre les deux législations sont excessivement rares, et toutes les deux sont encore en vigueur en Espagne.

Le nom de Sage a été contesté au roi don Alphonse X; nous ne l'avons plus appelé que le Savant. Cependant il y a autre chose que de la science dans le code énorme qu'il a promulgué. Au milieu de cette lourde et ridicule érudition, dont il a, suivant l'usage de cette époque, surchargé quelques passages des siete partidas, on ne peut s'empêcher d'y reconnaître autant de sagesse qu'en peuvent avoir les ouvrages des hommes.

La division de ce code embrasse toutes les parties du droit. Nous avons des docteurs qui disent que tout se trouve dans la Bible. Les Espagnols prétendent que tout se trouve dans les siete partidas. Alphonse, dans un préambule qu'il nomme Septénaire, explique pourquoi il a partagé son ouvrage en sept. La seule explication raisonnable était que cette division lui semblait claire et appropriée aux besoins de la matière qu'il traitait ; mais cela eût été trop simple pour l'époque où il vivait. « Le Septénaire, dit-il, « est un compte très-noble ; il a été « en grand honneur chez les sages de « l'antiquité. » Alors le législateur se met à prouver par des citations d'Aristote, de l'Ancien et du Nouveau Testament, que la division par sept est la meilleure. Il faut parler de ces puérilités, de ces jeux d'érudition, indignes du code où ils sont renfermés, comme d'un précieux spécimen du pédantisme et du mauvais goût de l'époque. Mais, quand le législateur rentre dans le fond de son sujet, sa parole redevient claire, nette, et d'une grande simplicité. Voici l'analyse qu'il donne lui-même de son ouvrage :

« Dans la première partie, nous « parlons de toutes les choses qui ont « trait à la religion catholique, qui ap- « prend à l'homme à connaître Dieu « par la foi.

« Dans la seconde, nous parlons de « ce qui est dû aux empereurs, aux « rois et aux autres grands seigneurs, « et aussi de ce qu'ils doivent faire « pour devenir meilleurs ; pour que « leurs domaines et leurs royaumes « soient prospères et bien défendus ; « pour que leurs volontés, qui doivent « toujours rester dans les limites du « droit, soient d'accord avec celles de « leurs sujets.

« Dans la troisième, nous parlons « de la justice qui fait vivre les hommes « en paix les uns avec les autres, et de « ce qui est nécessaire pour atteindre « ce but : des juges, des huissiers, des « témoins, des enquêtes, de toutes les « écritures, des jugements, des appels, « des servitudes.

« Dans la quatrième, nous nous oc- « cupons des fiançailles, des mariages « et des choses qui s'y rapportent ; des « enfants qui naissent en légitime ma- « riage, et des autres enfants, quels « qu'ils soient. Nous parlons aussi de « la puissance paternelle, de l'obéis- « sance que les enfants doivent à leurs « parents, du vasselage et des fiefs.

« Dans la cinquième, nous parlons « des différents contrats que les hom- « mes font entre eux, comme le prêt, « la donation, l'achat et la vente, l'é- « change, le louage, le contrat de « rente, les commerçants et les mar- « chés, les foires, les droits de péage, « les obligations, les gages, la garantie, « le payement, et de tous les actes et « conventions que les hommes font « entre eux d'un commun accord ; « quelles sont celles qui sont valables ; « quelles sont celles qui ne le sont pas.

« Dans la sixième partie, nous par- « lons des testaments, des codicilles, « des successions, de la garde des or- « phelins, et de toutes les choses qui y « ont trait.

« Dans la septième partie, nous par-

« lons des accusations, des trêves, des « sûretés, des gages de bataille, des « trahisons, des faux, des larcins, des « vols, des incendies, des homicides, « des adultères, et de tous les méfaits « dont les hommes sont capables; des « peines et des châtiments qu'ils mé-« ritent pour leurs fautes, et c'est de « cette manière que se complète ce livre « de justice; car, de même que les bons « méritent bien et récompense pour le « bien qu'ils font, de même les mé-« chants doivent recevoir la peine de « leur méchanceté. Aussi, quiconque « voudra appliquer son esprit à la lec-« ture des sept parties de notre livre, « y trouvera tout ce qui est nécessaire « pour arriver à l'amour de Dieu par « la croyance et par la foi, et aussi à « l'amour des hommes entre eux par « la justice et par la vérité. »

L'élasticité de ce cadre permettait de l'étendre à tous les sujets; et il faut avouer qu'Alphonse a étrangement abusé de cette faculté, car on trouve dans sa compilation une foule de passages qui n'ont aucun des caractères de la loi. Ils n'ont pas de sanction. Ils n'ordonnent ni ne défendent, ne permettent ni ne punissent. Ainsi, plusieurs titres de la seconde partida sont employés à prescrire la manière dont le roi doit vivre. Voici la loi V du titre IV :

« Quel doit être le roi dans son lan-« gage.

« Il résulte toujours un grand pré-« judice pour le roi comme pour les « autres hommes, quand ils font usage « de paroles mauvaises et malsonnantes « qu'ils ne devraient pas prononcer ; « car ils ne les ont pas plutôt lâchées, « qu'ils ne les peuvent reprendre. Aussi, « un philosophe a-t-il dit qu'il valait « mieux pour l'homme se taire que « parler ; qu'on devait se garder de dé-« lier sa langue devant les autres, et « surtout devant ses ennemis, dans la « crainte qu'ils ne prissent occasion de « vos paroles pour vous desservir et « pour vous faire du tort. Car il est « impossible que celui qui parle beau-« coup ne commette pas quelques er-« reurs. L'abus de la parole rabaisse le « prix de ce que vous dites, et fait con-« naître vos faiblesses. Si vous n'êtes « pas homme d'un grand mérite, tout « le monde le reconnaîtra à votre lan-« gage ; car, de même qu'on entend « au son quand un vase est fêlé, de « même le bon sens de l'homme se juge « d'après ses paroles. »

Ce n'est certainement pas là une loi ; c'est tout au plus un conseil. Il serait facile de citer une grande quantité de dispositions semblables. Les titres 21, 22, 23 de la même partida, contiennent quelques lois sur les obligations des seigneurs en temps de guerre; mais ils exposent surtout fort au long la théorie de la guerre, telle que les Espagnols et les Maures se la faisaient depuis plusieurs siècles. Il dit quels étaient les devoirs des officiers, des cavaliers et des fantassins. Il dit comment on doit placer les vedettes, comment on doit éclairer sa marche, comment on doit dresser les embuscades, comment on doit conduire les alga-rades (al-garas), ces courses rapides par lesquelles on va surprendre l'ennemi, piller les grains enfouis dans ses masmorras, et enlever les bestiaux. Ce sont ces expéditions que, dans nos guerres avec les Arabes de l'Algérie, nous appelons encore al-ghazias ou razias.

Tous ces détails forment un véritable traité de tactique à l'usage de cette époque. Au temps d'Alphonse, il a pu être d'une grande utilité. Il est maintenant excessivement curieux; car il nous apprend la manière de combattre des Espagnols aux douzième et treizième siècles; mais ce ne sont pas là des lois. Cependant, à côté de ces enseignements, se trouvent des règles sur le partage du butin; et le titre 28 de la même partida contient le code pénal militaire. Il y est dit : « com-« ment se doivent châtier tous les hom-« mes qui, étant venus à la guerre, y « commettent des fautes. »

Si on voulait retirer des siete partidas tout ce qui n'est que discussion ou conseil, on en réduirait considérablement l'étendue. Mais il resterait toujours un corps de lois merveilleusement appropriées au génie du peuple pour lequel elles sont faites. Cette aptitude du législateur à se plier aux mœurs et aux coutumes du pays est la première sagesse qu'il doit ambitionner; et, sous ce point de vue, les lois d'Alphonse X ne laissent rien à désirer. Je n'en citerai plus qu'une, parce qu'elle reproduit d'une manière frappante un des traits du caractère espagnol. On a déjà vu des exemples de cet héroïsme de la défense poussé jusqu'à la férocité. On a vu les siéges de Sagunte, de Numance, celui de Calahorra, pendant lequel les assiégés avaient souffert une famine si affreuse, qu'à Rome elle était devenue proverbiale. On y disait endurer *une faim calagurritaine*. Eh bien! tout cela se trouve résumé dans une seule loi. C'est la 8ᵉ, au titre 17 de la 4ᵉ partida.

« Seyendo el padre cercado en al« gun castillo que toviesse de señor si « fuesse tan cuytado de fambre que « non oviesse al que comer, puede co« mer al fijo, sin mal estança ante que « diesse el castillo sin mandado de su « señor. »

Le père qui se trouve assiégé dans un château qu'il tient de son seigneur, s'il est pressé par la faim et n'a plus de quoi manger, peut, sans mériter de reproche, manger son fils plutôt que de rendre le château sans ordre de son seigneur.

Cette loi n'a pas besoin de longues explications, et il suffit de la glose qu'en faisait le commentateur des partidas, Lopez de Tovar : *Mira valdé istam legem quæ permittit potius homicidium filii ut comedatur, urgente fame, quam traditionem castelli.* Faites bien attention à cette loi qui, en cas de famine, permet de tuer son fils et de le manger plutôt que de rendre le château.

LA NAVARRE EST RÉUNIE A LA COURONNE DE FRANCE. — LA SICILE SE DONNE AU ROI DON PEDRO D'ARAGON. — COMMENCEMENT DU RÈGNE DE DON SANCHO. — HISTOIRE DE LA SEIGNEURIE D'ALBARACIN. — LES FRANÇAIS FONT LA GUERRE AU ROI D'ARAGON. — PRISE DE GIRONE. — MORT DE PHILIPPE LE HARDI. — DON JAYME EST DÉPOUILLÉ DU ROYAUME DE MAJORQUE. — MORT DE DON PEDRO. — SON FILS ALPHONSE III LUI SUCCÈDE. — L'INFANT ALPHONSE DE LA CERDA EST MIS EN LIBERTÉ. IL PREND LE TITRE DE ROI DE CASTILLE. — MORT D'ALPHONSE III D'ARAGON. — SON FRÈRE DON JAYME, ROI DE SICILE, LUI SUCCÈDE. — DÉFENSE DE TARIFA; HÉROÏSME DE GUSMAN LE BON. — MORT DE DON SANCHO. — SON FILS FERDINAND LUI SUCCÈDE. — SUPPRESSION DE L'ORDRE DES TEMPLIERS. — MORT DE FERDINAND L'AJOURNÉ.

Pour échapper aux intrigues et aux soulèvements que les partisans de l'Aragon et de la Castille excitaient dans la Navarre, la veuve de Henri s'était réfugiée à la cour de Philippe le Hardi. La jeune reine Jeanne avait été élevée à Paris; aussi, le 15 août 1284, dès qu'elle fut en âge d'être mariée, on l'unit à Philippe le Bel. Ce fut cette alliance qui mit la couronne de Navarre sur la tête d'un petit-fils de saint Louis; et lorsque Jeanne mourut, le 4 avril 1305, elle laissa pour héritier son fils, le roi de France, Louis Hutin. L'Aragon vit ainsi passer entre les mains d'un prince voisin cette Navarre qu'il convoitait, cette Navarre démembrée des États d'Alphonse le Batailleur; mais une large compensation lui était réservée. Le roi d'Aragon don Pedro avait, en 1262, épousé Constance, fille de Mainfroi, prince de Tarente, roi de Sicile; il avait reçu pour dot 50,000 onces d'or, et cette alliance ne devait pas tarder à lui donner des droits au trône des Deux-Siciles. Mainfroi, son beau-père, chef du parti des Gibelins, avait été excommunié par le pape. L'investiture de son royaume avait été donnée par le souverain pontife à Charles d'Anjou, frère de saint Louis. La fortune des armes ne lui avait pas été favorable : vaincu par les Français dans une bataille qu'il leur livra en 1265 près de Bénévent, il était resté au nombre des morts. Son neveu Conradin avait, après lui, essayé de disputer la couronne à Charles d'Anjou; mais ayant livré bataille dans le comté de Tagliacozzo, il avait été vaincu,

Fait prisonnier près d'Astura, quelques jours après sa défaite, il avait été condamné à mort; et du haut de l'échafaud où la hache du bourreau allait le frapper, il avait lancé son gant à la foule, en déclarant qu'il léguait son royaume à celui qui se chargerait de sa vengeance. Le fils de Mainfroi ayant été pris par Charles d'Anjou et étant mort dans sa prison, Constance, d'après les règles de la nature (*), était seule héritière du trône de Sicile. Il est vrai que Charles d'Anjou l'occupait et par droit de conquête et en vertu de l'investiture du pape; mais le joug qu'il avait imposé aux Siciliens leur était tellement insupportable, sa tyrannie leur était si odieuse, qu'ils résolurent de s'y soustraire. Un seigneur sicilien nommé Procida (**) fut l'agent le plus actif de cette conjuration. Il vint, dit-on, apporter à don Pèdre le gant que Conradin avait jeté du haut de son échafaud en signe d'investiture, et il lui offrit la couronne de Sicile. Don Pedro hésitait à accepter ce dangereux présent. Il alléguait que pour cette entreprise une flotte était indispensable, et qu'il manquait d'argent pour l'armer. Procida lui fit prêter par l'empereur Paléologue les fonds qui lui étaient nécessaires. Au reste, les Siciliens n'attendirent pas, pour se soulever, que les voiles catalanes parussent sur leurs côtes. Tout le monde sait comment ils chassèrent Charles d'Anjou; tout le monde connaît les vêpres siciliennes. Messine et Palerme avaient reconquis leur liberté, et don Pedro, dont cependant la flotte était prête, hésitait encore à accepter la couronne qu'on plaçait sur sa tête, lorsque les Palermitains lui députèrent deux des principaux d'entre eux pour l'engager à venir prendre possession du royaume. Alors, bien assuré des dispositions des Siciliens, il vint jeter l'ancre à Trapani. Les victoires que don Jayme, son fils, et Roger de Lauria, son amiral, remportèrent sur la flotte de Charles d'Anjou, achevèrent de lui assurer la possession de cette île.

Cependant le pape, dévoué aux intérêts des Français, fulmina l'excommunication contre don Pedro. De son côté, Charles d'Anjou crut réparer ses défaites en adressant un cartel à son vainqueur. Cette provocation ridicule fut acceptée; on convint que le 1ᵉʳ juin 1283 les deux rois, accompagnés chacun de cent chevaliers, se rendraient à Bordeaux pour y combattre en champ clos. Mais le défi resta sans effet; le roi d'Aragon trouva que la grande quantité de troupes rassemblées en Guyenne par le roi de France rendait le lieu du combat peu sûr. Au reste, c'eût été de sa part une folie insigne d'aller risquer dans une semblable lutte le fruit des victoires qu'il ne cessait de remporter. En 1284, Roger de Lauria battit encore une flotte commandée par le prince de Salerne, Charles le Boiteux; il fit même ce prince prisonnier. La victoire se montra si constante pour ses armes, que la valeur et l'adresse des Catalans étaient devenues proverbiales en Sicile; à Naples, trois siècles plus tard, on disait encore un *coup de lance catalane* pour un coup mortel. On trouve plusieurs fois cette locution employée dans le Pentamerone d'Abbattutis (*).

(*) Conradin était petit-fils de l'empereur Frédéric II et de Constance, sœur de don Pedro le Catholique. Ainsi don Pedro le Grand pouvait prétendre au trône de Sicile, soit comme issu de germain de Conradin, soit comme gendre de Mainfroi.

(**) Les historiens ne sont pas d'accord sur le nom de cet agent de la révolution sicilienne. Les chroniqueurs français ou catalans, sans doute pour rendre la prononciation du *c* italien, l'appellent Jean Prochita. La version latine de Pandulfo Colenuccio le nomme Procula. *Procula Salernitanus, qui Manfredi medicus fuerat, inito cum Siculis consilio, insulam eam ex Gallorum servitute in libertatem vindicare decrevit.*

(*) Giovan Battista Basilio, comte de Torone, a laissé d'assez nombreux ouvrages en dialecte napolitain, et entre autres le *Pentamerone, o cunto de li cunte*, publié pour la première fois à Naples, en 1637, sous le pseudonyme de Gian Alesio Abbattutis. C'est dans cet ouvrage plein de verve

Le pape, irrité de ce que don Pedro avait osé porter la main sur un royaume qui relevait directement du saint-siége, fulmina de nouveau contre lui l'anathême. Il le déclara déchu du trône d'Aragon, et donna l'investiture de son royaume à Charles de Valois, fils du roi de France Philippe le Hardi. Il fit prêcher la croisade contre le souverain excommunié.

Le danger qui menaçait don Pedro devait lui faire rechercher l'alliance du roi don Sancho de Castille. Il eut donc avec lui une entrevue à Ciria, et don Sancho promit de l'aider à repousser les attaques des Français, pourvu que lui-même ne fût pas contraint d'occuper ses armes contre Abu-Yousouf.

Il y avait alors à peu près une année qu'Alphonse le Savant était mort, et que don Sancho s'était emparé de sa succession. Toutefois ce n'était pas sans contestation qu'il avait recueilli son héritage. Son frère, l'infant don Juan, avait voulu faire valoir le testament de son père, et réclamer le royaume de Séville qui lui avait été légué. Mais les habitants de cette ville avaient eux-mêmes repoussé ses prétentions. Don Juan avait été obligé de les abandonner, et de reconnaître la souveraineté de son frère.

Un autre ennemi tout aussi dangereux avait aussi commencé à troubler le royaume. C'était don Juan Nuñez de Lara. Il s'était retiré en Navarre, et venait d'entrer, à la tête d'un corps de troupes, sur les terres de la Castille. Il y avait porté le ravage et la désolation. Les troupes castillanes s'étaient mises à sa poursuite; mais au lieu de retourner en Navarre, il s'était retiré avec tout son butin dans la ville d'Albaracin. Cette ville, que les anciens appelaient Lobetum, et, disent quelques autres, Turia, s'élève dans les montagnes inaccessibles où le Tage, le Guadalaviar et le Jiloja prennent leur source. Lors de l'arrivée des Almoravides, l'émir d'Albaracin fut un des princes musulmans de l'Espagne orientale qui, à l'aide des Beni-Hud de Saragosse, purent conserver le titre de souverains. En 1171, cette ville dépendait des domaines de Ben-Sad, qui, ayant reçu de grands services de Pedro Ruiz de Azagra, la lui donna en toute souveraineté. Le roi de Castille Alphonse le Noble et Alphonse II d'Aragon prétendirent également que cette ville devait faire partie de leurs domaines, et que Pedro Ruiz de Azagra devait leur rendre hommage pour ce fief; mais ce seigneur répondit qu'il ne tenait son domaine ni de l'Aragon, ni de la Castille; qu'il ne le devait qu'à lui seul, et qu'il ne rendrait hommage à personne. Les deux rois pensèrent à employer les armes pour contraindre Ruiz de Azagra à reconnaître leur suzeraineté; mais quelques différends survenus entre eux les détournèrent de cette entreprise, et don Pedro Ruiz de Azagra resta souverain indépendant de cette ville. Après sa mort, elle passa à son frère Hernando Rodriguez de Azagra. Celui-ci la transmit à son fils Pero Fernandez de Azagra, qui eut plusieurs enfants: Pero Fernandez, Garci Fernandez, doña Thereza et don Alvaro de Azagra. Ce fut ce dernier qui hérita de l'État d'Albaracin. Quand il mourut, il le transmit à sa fille unique doña Thereza, mariée à Juan Nuñez de Lara. C'est dans cette ville que don Juan Nuñez venait de se réfugier. La place, construite dans une position extrêmement forte, était encore défendue par d'épaisses et de hautes murailles. Il croyait donc pouvoir y braver la colère de don Sancho et celle de don Pedro. Une des premières conventions intervenues entre les deux souverains de Castille et d'Aragon fut que ce dernier assiégerait la ville d'Albaracin, sur laquelle don Sancho lui abandonna toutes ses prétentions. Les troupes de don Pedro commencèrent donc le siége, qui fut poussé avec énergie, et bientôt, malgré le courage des défenseurs, la ville commença à se trouver étroitement serrée. Nuñez de Lara sortit de la place pour aller chercher des secours; mais n'ayant pu réunir une ar-

et de gaieté que Perrault a puisé la plupart des sujets de ses contes.

mée assez nombreuse pour oser entreprendre de faire lever le siége, il fit dire aux défenseurs de capituler, et ils se rendirent le jour de la Saint-Michel, 29 septembre 1284.

Tout en faisant cette conquête, don Pedro ne s'en préparait pas moins à soutenir la guerre contre le roi de France, qui s'était chargé d'exécuter le décret de déchéance prononcé par le pape. Il avait fait demander à don Jayme, son frère, de lui amener des secours; mais celui-ci avait contre don Pedro des sujets de mécontentement. Dès le commencement de son règne, le roi d'Aragon avait exigé qu'il lui rendît hommage, comme son vassal, à raison du royaume de Majorque et des autres domaines que leur père lui avait laissés. Don Jayme s'était soumis à la nécessité; mais il n'avait pas renoncé à tirer vengeance de ce qu'il regardait comme un affront et comme un acte de tyrannie. Loin de venir au secours de son frère, il embrassa le parti des Français; il leur servit de guide. Don Pedro avait fait garder les ports des Pyrénées. Don Jayme leur indiqua, par la vallée de Vañul, un passage qui n'était pas défendu, et l'armée française, commandée par Philippe le Hardi et par le connétable Jean d'Harcourt, pénétra en Catalogne. Elle prit Roses, Ampurias, et vint mettre le siége devant Girone, que le comte de Cardone défendait. Quant à don Pedro, ne pensant pas qu'il lui fût possible de tenir en rase campagne contre l'armée française, et ne voyant pas arriver les troupes castillanes sur lesquelles il avait compté, il licencia une partie de son armée; il ne garda que l'élite de ses chevaliers, et se jeta avec eux dans les montagnes, pour harceler sans cesse les Français et pour les affamer en coupant leurs communications, en enlevant leurs convois. Il fut heureusement secondé dans cette entreprise par sa flotte, qui remporta deux fois l'avantage sur celle de Philippe le Hardi. Néanmoins, la ville de Girone, vivement pressée par les Français, fut obligée de se rendre le 7 septembre 1285. Mais ce siége avait occupé toute la belle saison. La grande quantité de morts abandonnés dans les campagnes avait infecté l'air. Les maladies s'étaient mises dans l'armée. Il fallut donc songer à la retraite. On laissa une bonne garnison dans Girone, et on reprit la route du Roussillon. Philippe le Hardi lui-même était atteint de l'épidémie qui décimait ses troupes. On le reporta dans une litière jusqu'à Perpignan, où il mourut le 6 octobre 1284.

A peine les Français furent-ils éloignés, que don Pedro se représenta devant Girone, et la garnison laissée par Philippe le Hardi ne tarda pas à rendre la ville. Ainsi délivré du danger qui le menaçait, le roi d'Aragon songea à tirer vengeance de la conduite de son frère. Il résolut de lui enlever le royaume de Majorque. Ce fut l'infant don Alphonse, son fils aîné, qui fut chargé de tenter cette expédition, et qui alla mettre le siége devant Majorque. Ce prince était à peine parti que son père tomba malade, et mourut le 10 novembre 1285, laissant par son testament le royaume d'Aragon à don Alphonse, et la Sicile à son second fils, don Jayme, les substituant l'un à l'autre en cas de mort sans enfant. Alphonse reçut la nouvelle de la mort de son père pendant qu'il achevait le siége de Majorque. Il ne quitta pas son entreprise, et prit immédiatement le titre de roi d'Aragon. Ce fut de la part des Aragonais l'objet de vives réclamations. Ils lui représentèrent qu'il n'avait le droit prendre le titre de roi et d'en exercer l'autorité qu'après avoir juré de respecter les fueros et les libertés de la nation. Alphonse ayant donc achevé la conquête qu'il avait commencée, se rendit à Saragosse, où il prêta le serment qu'on exigeait des rois à leur avénement au trône.

Pendant que ces événements s'accomplissaient, don Sancho vivait au milieu de craintes continuelles et d'éternelles révoltes. En portant sur la couronne de son père une main sacrilége, il avait donné à ses sujets l'exemple de la rébellion; il leur avait appris que l'autorité royale n'était pas sacrée;

qu'on pouvait l'attaquer et la détruire. Il se soutenait non comme un roi, mais comme un chef de parti en s'appuyant sur des intrigues. Il lui fallait payer les services de ceux dont le crédit avait favorisé ses prétentions, ou bien acheter la tranquillité des autres; il lui fallait gorger les Haro d'honneurs et de pouvoirs; il lui fallait apaiser les Lara. Un des seigneurs qui avaient le plus contribué à le faire nommer roi était don Lope de Haro. Il le combla de faveurs; il l'allia à la famille royale en lui donnant son propre frère, l'infant don Juan, pour gendre. Sa générosité ne servit qu'à accroître les exigences et l'orgueil de don Lope, qui ne tarda pas à devenir odieux aux autres seigneurs avec lesquels il agissait comme s'il eût été leur souverain. Son arrogance ne respectait pas le roi lui-même. Dans une discussion qu'il eut avec lui, il s'emporta au point de rouler son manteau autour de son bras, en forme de bouclier, de tirer son épée et de se précipiter sur don Sancho; mais les gardes se jetèrent sur lui: l'un d'eux lui abattit le poignet droit d'un coup de sabre; un autre le renversa à terre d'un coup de masse d'armes, et, quand il fut tombé, on acheva de le tuer. L'infant don Juan, qui avait imité la colère de son beau-père et qui, comme lui, avait tiré son épée, fut forcé de chercher un refuge auprès de la reine. Cette princesse lui sauva la vie. Il fut seulement arrêté et renfermé dans le château de Burgos. La mort de Lope de Haro, loin de rendre la tranquillité au pays, ne fit qu'augmenter le trouble. Toutes les villes qui appartenaient soit à lui, soit à ses partisans, se soulevèrent; un grand nombre de seigneurs se retirèrent en Aragon auprès du roi don Alphonse. Ce prince avait déjà quelques sujets de mécontentement contre don Sancho; il embrassa la cause de ceux qui se réfugiaient auprès de lui. Depuis treize ans, on tenait les infants de la Cerda renfermés dans le château de Xativa; on les y avait soigneusement gardés comme un moyen d'allumer la guerre civile en Castille. Alphonse ne se borna pas à les mettre en liberté: au commencement du mois de décembre 1288, il fit proclamer, à Jaca, Alphonse de la Cerda roi de Léon et de Castille. Il ne se contenta pas d'une vaine cérémonie: il lui donna une armée avec laquelle le prétendant alla porter la guerre dans les États de Sancho. Néanmoins ces forces étaient insuffisantes, ou bien les généraux qui les commandaient manquaient de talent, et les Cerda ne firent rien de profitable; tous leurs avantages se bornèrent à occuper quelques villes, et la guerre se continua sans qu'il se passât rien d'intéressant. Elle durait depuis trois années, lorsque le roi don Alphonse d'Aragon mourut à Barcelone. Il ne laissait pas d'enfant; ce fut don Jayme, son frère, roi de Sicile, qui fut appelé à lui succéder. Ce prince remit donc le gouvernement de cette île à sa mère Constance et à son frère Frédéric, et il vint réclamer l'héritage d'Alphonse, qui ne lui fut disputé par personne.

Au moment où la mort avait frappé le roi d'Aragon, ce prince était sur le point de terminer, par un traité, ses différends avec le roi Charles d'Anjou et avec Charles de Valois; mais sa mort avait tout remis en question. Le roi don Jayme craignit de voir se renouveler la guerre avec la France, et voulant s'assurer la tranquillité du côté de la Castille, il fit demander la paix à don Sancho. Celui-ci, qui redoutait toujours les entreprises des infants de la Cerda, fut trop heureux de la lui accorder, et les deux souverains, pour cimenter davantage la bonne harmonie qui s'établissait entre eux, convinrent que don Jayme épouserait Isabelle, fille de don Sancho, bien qu'elle ne fût encore âgée que de neuf ans.

Tranquille du côté de l'Aragon, don Sancho s'occupa de la guerre contre les musulmans. Depuis l'instant où Mohammed II avait appelé en Espagne les armes des Beni-Merines, Yacobben-Yousouf était resté maître d'Algéciraz et de Tarifa; il profitait de la possession de ces deux villes pour venir faire en Andalousie de fréquentes invasions. Don Sancho résolut de lui enlever Tarifa, et il parvint à s'en emparer après un siége long et difficile. Cette conquête fut confiée à la garde du maître de Calatrava qui, plus tard, fut remplacé dans ce commandement par Alphonse Perez de Guzman. Le roi Abu-Yousouf fut très-chagrin de la perte de cette ville. Il s'occupait à faire des préparatifs pour la recouvrer, lorsque l'infant don Juan arriva en Afrique. Ce prince, mis en liberté par don Sancho, s'était montré peu reconnaissant de cet acte de clémence; il avait quitté son pays et venait à Maroc lui chercher des ennemis. Il offrit ses services au roi Abu-Yousouf, et promit de faire rentrer Tarifa sous son autorité, pourvu qu'on lui donnât 5,000 cavaliers et quelques troupes d'infanterie; avec ces forces il attaqua la ville; mais il fut toujours repoussé. Outré de ne pouvoir réussir dans son entreprise, il fit amener au bord du fossé un fils de Perez de Guzman qui était tombé entre ses mains, et ayant fait appeler le gouverneur, il le menaça de faire décapiter sous ses yeux ce malheureux enfant, si la ville n'était pas livrée. Perez de Guzman ne répondit pas; il tira seulement son épée et, du haut des créneaux, la jeta aux musulmans. Les assiégeants furieux exécutèrent leur menace; ils égorgèrent cette innocente victime, et lancèrent sa tête sur les remparts. Mais ils ne tirèrent aucun profit de cet acte de férocité; le courage de la défense ne se démentit pas, et ils ne tardèrent pas à être forcés à la retraite. Cet héroïsme de Perez de Guzman a justement été célébré comme égalant les plus belles actions de l'antiquité. Il faut ajouter que ce courage de la défense, porté presque jusqu'au fanatisme, est un des traits du caractère espagnol, et dût-on m'accuser de me répéter, je ne saurais m'empêcher de rappeler ici cette glose de Lopez de Tovar : *Mira valde istam legem quæ permittit homicidium filii, potius quam traditionem castelli.* Faites bien attention à cette loi qui permet de tuer son fils plutôt que de rendre la place. Cette action fit donner au défenseur de Tarifa le nom de *Guzman le Bon.* Vous comprenez bien que le mot de *bon* ne signifie pas ici, en espagnol, cette tendresse de l'âme qui fait qu'on aime autrui et qu'on se plaît à l'obliger; *bon* signifie ce qui est bien, ce qui est généreux, et certes Guzman méritait ce surnom.

Don Sancho, atteint d'une maladie dont il ne devait pas guérir, fit son testament; il institua pour son successeur son fils Ferdinand, qu'il avait déjà fait reconnaître par les cortès et il mourut, le 25 avril 1295, laissant à son héritier et à sa veuve une autorité contestée et un royaume rempli de troubles.

Tandis que l'incertitude sur le droit de succession au trône remplissait la Castille d'agitation et de misère, l'Aragon, fort par sa constitution, qui empêchait toutes les usurpations en même temps qu'elle réglait tous les droits, devenait chaque jour plus florissant et plus riche. Le pape avait, à la vérité, élevé la ridicule prétention de changer à son gré les princes de ce pays; il avait donné l'investiture du royaume d'Aragon à Charles de Valois; mais les armes de la France n'avaient pu faire exécuter cette sentence. Néanmoins on vivait dans l'appréhension continuelle d'une guerre, et la paix était désirée. Déjà, sous le règne d'Alphonse, on avait été sur le point de la conclure. Enfin, le 21 juin 1295, elle fut arrêtée entre don Jayme, Charles de Valois et Charles de Naples. Un mariage entre Blanche, fille de Charles de Naples, et don Jayme, fut la première condition de cette transaction. Don Jayme avait, on se le rappèle, été fiancé avec Isabelle, fille de don Sancho de Castille; mais cette union, que le roi d'Aragon avait pu désirer lorsque Sancho était sur le trône, ne lui présentait plus aucun intérêt; le degré de parenté qui existait entre les fiancés, et pour lequel le saint-siége avait refusé des dispenses, était une excuse suffisante : don Jayme épousa donc Blanche, qui lui apporta en dot, soixante mille livres d'argent. Charles de Valois renonça à l'investiture du royaume d'Aragon prononcée à son profit par le pape; enfin, le souverain pontife promit de donner au roi d'Aragon l'investiture des îles de Corse et de Sardaigne.

De son côté, don Jayme s'engagea à mettre en liberté le prince de Salerne et les autres prisonniers qu'il conservait comme otages. Il rendit à son oncle le royaume de Majorque, dont celui-ci avait été dépouillé; il fit l'abandon de tout ce que les Catalans avaient pris dans la Calabre et dans la Sicile; il fut même convenu que si les Siciliens ne voulaient pas adhérer à ce traité, don Jayme prêterait le secours de ses armes pour les y contraindre. Cette condition du traité se réalisa: don Frédéric fut choisi pour roi par les Siciliens à la place de Jayme, et, soit courage et bonheur de son côté, soit mollesse et connivence de la part de son frère, qui ne le combattait qu'à regret, il sut se maintenir sur le trône et le transmit à ses descendants.

Ces événements, ou du moins le traité dont ils étaient la conséquence, avaient suivi de peu de temps la mort de don Sancho. Ce prince, comme on l'a vu, n'avait laissé qu'un royaume déchiré par les factions. Non-seulement on disputait la couronne à son fils, on allait jusqu'à lui dénier le titre d'enfant légitime. Don Sancho avait épousé doña Maria, fille d'Alphonse de Molina. Ce mariage avait été censuré pour cause de parenté. Cependant don Sancho n'avait jamais voulu consentir à se séparer de sa femme. Il en avait eu plusieurs enfants: don Alphonse, qui était décédé avant lui; don Ferdinand, son héritier, qui était à peine âgé de dix ans; don Pedro, don Philippe et deux infantes, doña Isabelle et doña Beatrix. Lorsqu'il fut mort, son frère don Juan, se prévalant de ce que le mariage avait été déclaré nul, prétendit que don Ferdinand n'était pas enfant légitime et ne pouvait pas hériter; il réclama donc le trône comme étant le parent le plus proche du roi qui venait de mourir.

L'infant don Enrique, frère d'Alphonse le Savant, celui qu'on a vu chercher un refuge en Afrique et passer ensuite en Italie, y avait embrassé le parti de Conradin. Livré à Charles d'Anjou par l'abbé d'un monastère où il s'était réfugié après la bataille de Tagliacozzo, il avait été jeté dans une prison dont il n'était sorti qu'en 1286, et sept années plus tard il était rentré en Espagne. Il y avait été bien accueilli par son neveu don Sancho; mais ni son âge, ni sa longue captivité, ni son exil plus long encore, n'avaient pu calmer son caractère ambitieux et remuant. Il exigea que la régence et la tutelle lui fussent conférées. La veuve de don Sancho fut obligée de les lui abandonner et de ne conserver pour elle que la garde de la personne de son fils. Tout le pays était déchiré par les factions. Don Diégo Lopez de Haro, fils de don Lope, soutenait que la Biscaye formait l'héritage de son père; il s'en était emparé les armes à la main. L'infant don Juan, de son côté, quand il eut été forcé d'abandonner ses prétentions au trône, réclama la Biscaye comme devant lui revenir du chef de sa femme, héritière de Lope de Haro. Alphonse de la Cerda combattait toujours pour obtenir la couronne, et s'efforçait de détacher le roi d'Aragon don Jayme de l'alliance de la Castille. Pour prix des services qu'il attendait de lui, il lui abandonnait le royaume de Murcie. Afin de gagner à son parti l'infant don Juan, il lui donnait le royaume de Léon. Le roi de France aussi, Philippe le Bel, éleva des prétentions au trône de Castille; il soutint que petit-fils de Blanche, fille d'Alphonse le Noble, il avait seul des droits à la couronne.

Ce fut une chose merveilleuse que le jeune Ferdinand ait pu se maintenir au milieu de tous ces partis; qu'entouré des Haro, des Lara, des infants don Juan et don Enrique, qui ne songeaient qu'à leurs seuls intérêts et jamais à celui de l'État, il n'ait pas succombé sous les attaques dont il était le but. Cependant avec le temps il acquit plus d'autorité. En 1305, Alphonse de la Cerda, abandonné de l'Aragon et d'une grande partie de ses partisans, fut obligé de se retirer en France et de nommer des arbitres pour transiger sur ses droits aussi bien que sur les difficultés qui existaient entre l'Aragon et la Castille. On décida que le roi d'Aragon conserverait la partie du royaume de Murcie qui se trouve au nord de la rivière de Segura, à l'exception de la ville de Murcie et de ses dépendances ; que tout le reste de ce royaume serait rendu à la Castille. Quant à don Alphonse de la Cerda, on décida qu'il cesserait de prendre le titre de roi de Castille et d'en porter les armes ; qu'il écartèlerait son écu du blason de sa mère qui était celui de France; qu'il remettrait toutes les places qu'il avait en son pouvoir, et qu'en échange on lui en donnerait d'autres de manière à lui assurer une existence conforme à sa naissance. Alonzo de la Cerda refusa d'abord de ratifier cette sentence ; mais comme ses ressources étaient épuisées, il fut bientôt forcé de s'y soumettre.

C'est pendant ce règne déjà si rempli de révoltes que s'accomplit la suppression des Templiers. Ces chevaliers avaient acquis tant de puissance et tant de richesses, qu'ils inspirèrent des craintes sérieuses à l'autorité royale. Ce fut là sans doute le plus réel de leurs crimes, mais ce ne fut pas celui dont on les accusa. Liés entre eux par des serments qui n'étaient pas connus du vulgaire, ils portaient des signes de reconnaissance dont le sens n'était révélé qu'aux seuls initiés ; ainsi, ils avaient la croix à trois branches qu'ils appelaient baphomet, c'est-à-dire, le baptême de l'intelligence. Ces mystères, ces appellations singulières servirent de texte aux accusations portées contre eux. On leur reprocha d'avoir adopté les principes des gnostiques, de s'être livrés aux rêveries de l'astrologie, de renier le Christ. Le savant M. de Hammer a récemment publié, dans les Mines de l'Orient, une longue dissertation pour démontrer que les Templiers étaient réellement coupables. Malgré tout le mérite de cet écrit, malgré toutes les recherches qu'on a faites, leur crime ou leur innocence sont encore un problème qu'il n'est plus donné à personne de résoudre. Mais ils étaient menaçants pour l'autorité du chef de la nation. L'intérêt public voulait qu'ils fussent détruits ; aussi on les condamna. En France, ils furent brûlés ; en Espagne, on les traita moins rigoureusement. Ferdinand, pour exécuter une bulle du pape, s'empara des biens qu'ils possédaient dans ses États. Ceux qui avaient des commanderies en Aragon se renfermèrent dans les places qu'ils y possédaient ; mais désespérant de pouvoir s'y maintenir, ils les remirent au roi et demandèrent à être jugés. On instruisit contre eux dans toutes les parties de l'Espagne. Don Rodrigo Ibañez, grand commandeur des Templiers d'Espagne, et les principaux dignitaires de l'ordre, comparurent devant les prélats assemblés à Salamanque, et le concile les déclara innocents des crimes dont s'étaient souillés les autres membres de l'ordre établi en France. On leur laissa donc la liberté. On déclara que leur foi et que leur honneur étaient purs ; mais on ne leur rendit pas leurs biens, qui furent partagés entre les chevaliers de Saint-Jean de Jérusalem et les ordres de Saint-Jacques, d'Alcantara et de Calatrava. En Aragon, ils servirent à fonder l'ordre de Saint-Georges de Montesa. Les troubles que ces événements avaient occasionnés étaient apaisés. Don Ferdinand, âgé de plus de vingt-six ans, commençait à tenir les rênes de l'État d'une main plus ferme. En paix avec l'Aragon, tranquille du côté de l'infant de la Cerda, il faisait avec succès la guerre contre les Maures de Grenade, quand un de ces événements qu'il n'est donné à l'intelligence humaine ni de prévoir, ni de comprendre, vint replonger la Castille dans tous les maux dont elle sortait. Deux jeunes seigneurs du nom de Carvajal vivaient retirés à Martos ; on les accusait d'avoir assassiné à Palencia Juan Alonzo de Benavidez au moment où il sortait du palais du roi. En se rendant à son armée, qui faisait le siége d'Alcaudete, don Ferdinand fut obligé de passer par Martos. Il fit saisir les frères Carvajal, et convaincu de leur crime, sans vouloir écouter leur justification, il ordonna de les précipiter du haut des murailles de la ville. Pendant qu'on les conduisait au supplice, les deux condamnés protestèrent de leur innocence et déclarèrent qu'ils ajournaient le roi à comparaître dans trente jours devant le tribunal de Dieu.

Le dimanche, 17 septembre 1312, le roi, qui se trouvait alors à Jaën, après avoir pris son repas, se jeta sur son lit et s'endormit pour ne plus se réveiller. Lorsque ses domestiques, étonnés de la longueur de son sommeil, entrèrent dans sa chambre, ils le trouvèrent mort. C'était le trentième jour après le supplice des Carvajal; c'était le terme de l'ajournement qu'ils lui avaient donné. Cette coïncidence frappa tous les esprits; on y trouva quelque chose de surnaturel; et ce prince reçut le nom de Ferdinand l'Ajourné.

ABU-YOUSOUF REND LA VILLE D'ALGECIRAZ A MOHAMMED II. — MORT DE CE PRINCE. — SON FILS MOHAMMED III LUI SUCCÈDE. — IL DEVIENT AVEUGLE ET EST DÉTRÔNÉ PAR MULEY-AL-NASSR SON FRÈRE. — MULEY-AL-NASSR EST DÉTRÔNÉ PAR SON NEVEU ISMAÏL ABU-WALID-BEN-FERAG. — MINORITÉ D'ALPHONSE XI. — TROUBLES ET DISSENSIONS QUI ACCOMPAGNENT L'ÉTABLISSEMENT DE LA RÉGENCE. — MORT DE LA REINE CONSTANCE. — LES INFANTS DON PEDRO ET DON JUAN MEURENT EN DIRIGEANT UNE EXPÉDITION DANS LA CAMPAGNE DE GRENADE. — MORT DE LA REINE MARIE. — ÉTAT DÉPLORABLE DE LA CASTILLE AVANT LA MAJORITÉ D'ALPHONSE XI.

C'est un fait digne d'observation, que tous les princes qui ont appelé à leur secours les émirs africains ont eu bientôt à s'en repentir. Mohammed II, après avoir introduit en Espagne les Beni-Merines, eut à se défendre plus d'une fois contre leurs attaques. Cependant, à la faveur des dissensions qui divisaient le royaume de Castille, il parvint à se maintenir et contre les chrétiens et contre Abu-Yousouf (*); et même celui-ci ayant, comme on l'a vu, perdu la ville de Tarifa, et ayant échoué en 1294 dans ses efforts pour la reprendre, se dégoûta de faire la guerre en Europe. Il n'y possédait plus que la ville d'Algéciraz. La conservation de cette place lui était excessivement onéreuse; il proposa donc de la restituer au roi Mohammed, moyennant une somme d'argent. Ce marché fut accepté, et les Beni-Merines abandonnèrent la dernière ville qui leur restât en Espagne. Le roi Mohammed II se trouva donc le seul souverain musulman de la Péninsule. Il profita des troubles qui accompagnèrent la minorité de Ferdinand pour faire plusieurs expéditions sur les terres des chrétiens. Enfin, après un règne de trente années arabes, il mourut dans la soirée du dimanche, 8 sjaban de l'année 701 de l'hégire (samedi, 7 avril 1302); il était occupé à faire sa prière quand il s'éteignit; son corps ne portait les traces d'aucune douleur; seulement ses joues étaient couvertes de larmes. Il laissait trois enfants: Mohammed Abd-Allah, son fils aîné, qu'il avait de son vivant associé au trône, et qui fut son successeur; Muley-al-Nassr (**), et une fille mariée au gouverneur de Malaga, Ferag-Ben-al-Nassr (***).

Mohammed III était un prince très-laborieux, disent les historiens arabes; il passait les nuits entières à expédier les affaires commencées dans la journée; aucun de ses ministres ne pouvait travailler aussi longtemps que lui; aussi étaient-ils obligés de se relever l'un l'autre. Cet excès de fatigue ne tarda pas à ruiner sa santé; il perdit presque entièrement la vue. Un parti se forma en faveur de son frère Muley-al-Nassr. On disait que Mohammed

---

(*) La chronique d'Alphonse XI fait de ce nom celui de Boyuzaf.

(**) Ferreras et la chronique de Villazan l'appellent Nazar; Mariana le nomme Azar.

(***) La chronique de Villazan le nomme Farrachen; dans Mariana on trouve Farraquen; dans Ferreras, Farax; et dans Condé, Ferag.

était aveugle, ce qui le mettait dans la nécessité de s'en rapporter à ses conseillers pour examiner les affaires; on répétait qu'un prince avait besoin de voir par ses propres yeux. A la sortie de la lune de ramadan de l'année 708 (14 mars 1309), une grande foule de populace entoura le château et se mit à crier: Vive Muley-al-Nassr! vive notre roi Al-Nassr! Ensuite cette tourbe culbuta le peu de gardes qui défendaient le palais, et les révoltés ne laissèrent à Mohammed III que l'alternative de mourir ou d'abdiquer. Ce prince se résigna, et laissa la royauté à Muley-al-Nassr, qui le fit conduire à Almunecar.

Il est rare qu'on puisse garder sans contestation une autorité mal acquise. Muley se plaignit bientôt des menées d'Ismaïl-Abu-Walid (*), fils de sa sœur et de Ferag, alcayde de Malaga. Il fit des représentations à son beau-frère; mais celui-ci, loin de réprimer l'ambition de son fils, se borna à rappeler à Muley la manière dont il avait dépouillé Mohammed; et Ismaïl ne cessa pas d'agiter le royaume. Dans le courant de l'année 710 de l'hégire (1310), Muley-al-Nassr fut frappé d'une attaque d'apoplexie. On le crut mort, et les partisans de Mohammed allèrent tirer de sa retraite le roi détrôné; mais, lorsqu'il arriva à Grenade, Muley avait recouvré la santé, et Mohammed fut obligé de retourner promptement à Almunecar. Trois ans plus tard, le 3 sjawal 713 (21 janvier 1314), il se noya dans un étang. Suivant quelques auteurs il y tomba par accident; mais le plus grand nombre des historiens attribuent sa mort à un crime. Au reste, il ne resta pas longtemps sans vengeance. Ismaïl-Abu-Walid, fils de Ferag, alcayde de Malaga, rassembla en toute hâte une armée, et le jeudi, 27 du mois de sjawal de l'année 713 de l'hégire (14 février 1314), vingt-quatre jours seulement après la mort de son oncle, il prit le titre de roi. Le lendemain, 28, il vint mettre le siége devant Grenade. Muley était bien déterminé à se défendre; mais une partie des habitants sortit de la ville et alla grossir le camp de son adversaire. Au point du jour, les partisans d'Ismaïl lui ouvrirent une des portes de la ville, en sorte qu'il y entra sans coup férir, et que le roi fut obligé de se retirer dans l'Alhambra. Là, vivement pressé par ceux qui l'assiégeaient, il fut bientôt forcé de capituler le 3 dulhagia 713 (21 mars 1314). Ismaïl lui laissa pour habitation la ville de Guadix. Muley s'y retira avec ses partisans, et y mourut huit années plus tard, le 6 de la lune de dsulkada 722 (16 novembre 1322).

Quelles que fussent les révolutions qui, à cette époque, agitaient le royaume de Grenade, le gouvernement des Maures pouvait passer pour calme et pour tranquille en comparaison de celui de la Castille. Le roi Ferdinand l'Ajourné avait laissé pour héritier un enfant au berceau. Les grands n'avaient pas hésité à le proclamer leur souverain. Mais que pouvait un enfant pour assurer la tranquillité publique? Que pouvait-il dans un pays déjà tout sanglant de ses discordes civiles? Une partie du règne d'Alphonse le Savant n'avait été que troubles et rébellions; du temps de Sancho, les intrigues, les guerres, les vengeances, les réactions, les exécutions sanglantes, n'avaient pas cessé de déchirer l'État. Sous la minorité de Ferdinand l'Ajourné, le pillage, le meurtre, l'assassinat, tout ce qu'il y a de mauvaises passions, avaient un libre cours. Quelle allait donc être la désolation nouvelle qui allait affliger ce malheureux pays?

Aussitôt que Ferdinand avait été mort, on avait prié la reine Marie sa mère de s'emparer de la régence. Sans doute la minorité de son fils avait été bien agitée, bien turbulente, cependant les peuples avaient confiance en la vieille Marie de Molina; ils ne pouvaient suspecter la bonté de ses intentions. En acceptant, elle aurait peut-être épargné quelques calamités à son pays; mais elle avait déjà supporté le fardeau d'une régence; elle hésita. Au

(*) Ferreras l'appelle Abu-Gualid.

lieu de se proclamer seule tutrice d'Alphonse, de saisir l'autorité d'une main ferme, elle trembla, elle appela près d'elle son fils don Pedro; elle parla de partager le gouvernement; elle laissa envahir le pouvoir par tous ceux qui voulurent s'en emparer; elle n'osa pas essayer de donner la paix à la Castille; au reste, peut-être n'eût-elle pas réussi. La position était difficile, et les prétendants à la régence étaient nombreux: d'abord, on trouve la reine Constance, la veuve de Ferdinand l'Ajourné; elle ne voulait pas abdiquer toute part d'autorité; il lui fallait des villes à régir, des États à gouverner; ensuite se présentait don Juan Manuel, fils de l'infant don Juan Manuel, frère d'Alphonse X. Il était commandant de la frontière de Murcie. Sa puissance, la consanguinité qui le liait au jeune roi, lui paraissaient des titres suffisants pour gouverner l'État.

L'infant don Juan, ce gendre et ce complice de Lope de Haro, celui qui, après avoir reçu la liberté de la clémence de son frère don Sancho, en avait profité pour porter les armes contre son pays et pour égorger le fils de Guzman le Bon, ce don Juan, qui avait rempli de tant de troubles et de tant de séditions la minorité de Ferdinand, prétendait aussi avoir au moins une part dans la tutelle.

Il ne faut pas oublier une de ces vieilles familles qu'on est accoutumé à voir mêlées à toutes les agitations du pays; les Lara, n'avaient pas désappris les discordes civiles, et Juan Nuñez de Lara fils du seigneur d'Albarraçin, réclamait également une part du pouvoir; enfin, la bonne reine Marie voulait s'étayer de l'appui de son fils; elle voulait que don Pedro l'aidât à supporter le poids des affaires. Tous ces prétendants avaient leurs affidés et leurs soldats; ils agissaient par les armes et par l'intrigue, et chacun d'eux avait à son service un simulacre d'assemblée nationale qui lui déférait la tutelle. Ainsi, en 1313, aux cortès de Palencia, une assemblée, réunie dans le couvent de Saint-François de cette ville, confiait la régence à la reine Marie et à l'infant don Pedro, tandis qu'une autre, qui se tenait dans le couvent de Saint-Paul, proclamait régents l'infant don Juan et la reine Constance. Ces assemblées se séparèrent sans rien avoir pu faire d'utile; plusieurs autres eurent le même résultat. Sur ces entrefaites, la reine Constance périt presque subitement le 17 novembre 1313. Cette mort diminua le nombre des compétiteurs sans diminuer beaucoup les embarras. Enfin, après bien des difficultés, ne pouvant s'accorder sur le choix d'un tuteur, on se détermina à diviser la tutelle. On décida que chaque prétendant exercerait l'autorité dans les villes qui l'avaient choisi, mais que la garde du jeune roi serait confiée à la reine Marie, son aïeule; qu'il n'y aurait pour tous les tuteurs qu'un seul sceau qui resterait, ainsi que la chancellerie, avec le roi et avec la reine. Ce partage de l'autorité ne rendit pas la tranquillité à la Castille; mais cependant elle permit à don Pedro de faire la guerre au roi Ismaïl. Il eut sur les Maures de nombreux avantages, et soit que l'influence et la popularité que ses victoires lui acquéraient eussent excité l'émulation de l'infant don Juan, soit que celui-ci ne vît dans ces entreprises que l'occasion d'y amasser du butin et de toucher une partie des subsides accordés par les cortès, il voulut aussi prendre part à une de ces expéditions. Les infants don Juan et don Pedro rassemblèrent, à Alcaudete, leurs troupes, qui pouvaient s'élever à 9,000 hommes de cavalerie; quant aux fantassins on n'en dit pas le nombre. Les deux généraux, bien qu'on fût parvenu aux jours les plus chauds de l'année, se déterminèrent à pénétrer jusque sous les murs de Grenade. Ils enlevèrent en passant la ville d'Illora. En donnant un jour de plus à cette conquête, ils auraient pu l'achever et prendre la citadelle, qui se défendait encore; mais ils marchaient avec tant de précipitation, qu'ils ne voulurent pas s'arrêter, et ils arrivèrent en vue de Grenade, le samedi, veille de la Saint-Jean-Baptiste. Ils restèrent deux jours dans la campagne de Grenade, sans rien faire de profitable. Le troisième jour, ils commencèrent à se retirer. Don Pedro commandait l'avant-garde, l'infant don Juan était au dernier escadron avec le bagage. Quand les Maures s'aperçurent que les chrétiens se retiraient, ils sortirent de la ville en grand nombre; on pouvait bien compter 5,000 cavaliers accompagnés d'une grande multitude de fantassins. Osmin, leur général, n'avait ni l'espoir de remporter une victoire, ni même l'intention de combattre; mais, à la faveur de la connaissance qu'il avait du pays, il voulait harceler les chrétiens. Cependant l'occasion se présenta plus favorable qu'il ne l'espérait. A l'heure la plus brûlante de la journée, l'armée des infants, qui ne portait pas de provision d'eau, se trouva éloignée de toute rivière; les guerriers étaient dévorés par une soif ardente; leurs pesantes armures d'acier, échauffées par tous les feux d'un soleil caniculaire, étaient devenues des fournaises; leurs bras avaient peine à porter leurs lances ou à soulever leurs épées. C'est en cet instant que les Maures se précipitèrent sur l'arrière-garde commandée par l'infant don Juan qui, ne se sentant pas en état de faire une longue résistance, envoya en toute hâte demander du secours à son neveu don Pedro. Celui-ci se donna beaucoup de mouvement pour rassembler et pour animer ses gens qui ne retournaient qu'à regret au combat. Il venait de tirer son épée pour les commander, quand il tomba tout à coup de son cheval, et il rendit l'âme sans prononcer un mot (*). En apprenant ce funeste événement, l'infant don Juan fut frappé comme l'avait été don Pedro; il s'évanouit; cependant il ne mourut pas sur le coup; il vécut jusqu'au soir, mais sans pouvoir proférer une parole. Dès que cette triste nouvelle se fut répandue dans l'armée, les soldats se groupèrent avec empressement autour de leurs chefs. Les Maures, qui s'étaient occupés à piller les bagages abandonnés par l'arrière-garde, et qui n'avaient pas encore eu le temps d'apprendre la mort des deux infants, voyant une grande agitation dans l'armée des chrétiens, crurent que ceux-ci allaient les charger, et se retirèrent à Grenade avec tout leur butin, en sorte que les Castillans purent librement se retirer. Ils placèrent le corps de l'infant don Pedro en travers sur une mule, et comme l'infant don Juan n'était pas encore tout à fait mort, on l'assit sur un cheval; mais dès que la nuit arriva, il rendit l'âme. La fuite était si rapide, qu'on ne faisait pas une grande attention à lui; son cadavre tomba de cheval sans qu'on s'en aperçût, et il resta sur la terre des Musulmans. Quand le fils de l'infant don Juan, qui se trouvait à Baëna, apprit ce funeste événement, quand il vit qu'on ne rapportait pas le corps de son père, il en conçut un grand chagrin, et il écrivit à Ismaïl, roi de Grenade, en lui demandant de le faire chercher dans ses États sur la route que l'armée avait parcourue. Le cadavre fut retrouvé et rendu au fils de l'infant don Juan.

La mort qui frappait d'une manière si inattendue deux des régents ne pouvait manquer de causer encore de nouveaux troubles dans le pays. Ce ne fut pas sans de vives contestations que l'infant don Philippe put être substitué, dans la régence, à son frère don Pedro. Quant à l'infant don Juan, il eut son fils pour successeur; et ce prince trouva le moyen de se montrer plus turbulent encore et plus mauvais que ne l'avait été son père; aussi, comme son corps était à l'avenant de son âme, on l'avait surnommé don Juan *le Contrefait* (el Tuerto).

La mort de la reine Marie vint encore augmenter la confusion et le désordre. Elle rendit son âme à Dieu dans la ville de Valladolid, le mardi 1er juin 1322. Sentant sa fin approcher,

(*) Condé rapporte différemment cette catastrophe. « Les deux valeureux princes de Castille, dit-il, moururent en cet endroit en combattant comme des lions. » IIIe partie, ch. XVIII.

elle appela les principaux seigneurs de la ville, et leur fit promettre de garder le jeune roi jusqu'à sa majorité, et de ne livrer sa personne à aucun de ceux qui prenaient le titre de régents. Elle leur recommanda aussi l'infante Léonor, sœur du roi. Après qu'elle eut obtenu d'eux cette promesse, qui fut fidèlement exécutée, elle ne s'occupa plus que de son salut, et mourut laissant son pays dans la plus déplorable anarchie. Pour se faire une idée du spectacle que présentait alors le beau royaume de saint Ferdinand, il faut lire quelques lignes de la chronique d'Alphonse XI (*).

« Les riches hommes et les chevaliers vivaient d'exactions et de vols « qu'ils commettaient dans le pays. « Les tuteurs les laissaient faire pour « pouvoir, à leur tour, se prévaloir de « leur aide; mais, aussitôt qu'un riche « homme ou qu'un chevalier quittait « le parti de l'un des tuteurs, celui qui « était abandonné ruinait les domaines « et les vassaux du transfuge. C'était, « disait-il, pour punir ce déserteur « des crimes qu'il avait commis avant « de quitter son parti. Cependant le « tuteur s'inquiétait peu de ces crimes, « tant que leur auteur lui gardait son « amitié.

« Toutes les villes, soit qu'elles eus« sent reconnu le gouvernement de l'un « des tuteurs, soit qu'elles s'adminis« trassent par elles-mêmes, étaient dé« chirées par des factions. Dans les « villes où il y avait des tuteurs, les « plus puissants opprimaient les fai« bles; en sorte que ceux-ci s'occupaient « sans relâche du moyen de se sous« traire au pouvoir de ce tuteur, et « d'en faire prévaloir un autre, afin « de renverser en même temps et de « ruiner leurs ennemis. Dans les villes « où l'on n'avait pas reconnu de tu« teurs, les plus forts s'emparaient des « revenus royaux pour entretenir de « grandes troupes de gens armés, qui « leur servaient à opprimer ceux qui « étaient moins puissants. Aussi, dans « quelques-unes de ces villes, des trou« pes d'artisans se soulevaient sous le

(*) Chronique d'Alphonse XI, ch. xl.

« prétexte de l'intérêt commun. Ils « saccageaient et pillaient les biens des « oppresseurs. En nulle partie du « royaume, on ne rendait justice d'a« près le droit. Les choses en étaient « venues au point que, dans la crainte « des voleurs, on ne sortait sur les « routes qu'en armes et par grandes « compagnies. Personne n'habitait dans « les endroits ouverts. Dans les villes « fermées, bourgeois, artisans, gen« tilshommes ne subsistaient presque « tous que de vols et de brigandage; « enfin, il se commettait tant de cri« mes, que c'était chose dont on ne « s'étonnait plus de trouver des ca« davres sur les grands chemins. »

MAJORITÉ D'ALPHONSE XI. — CHATIMENT DES BANDITS DE VALDENEBRO. — CONSEILLERS D'ALPHONSE XI. — LIGUE ENTRE DON JUAN LE CONTREFAIT ET DON JUAN MANUEL. — LE ROI PARVIENT A DÉJOUER CETTE LIGUE. — IL EST FIANCÉ A LA FILLE DE DON JUAN MANUEL. — IL FAIT ASSASSINER DON JUAN LE CONTREFAIT. — IL ÉPOUSE L'INFANTE DE PORTUGAL. — NOUVELLE RÉVOLTE DE DON JUAN MANUEL. — MORT DE GARCILASO DE LA VEGA. — DON ALPHONSE FAIT COMTE DON NUNEZ DE OSORIO. — MORT DE CELUI-CI. — L'INFANT D'ARAGON, DON JAYME, RENONCE A SES DROITS A LA COURONNE. — MORT DU ROI D'ARAGON, DON JAYME II. — ALPHONSE IV LUI SUCCÈDE. — MARIAGE D'ALPHONSE IV ET DE L'INFANTE LÉONOR DE CASTILLE. — MORT D'ISMAÏL-BEN-FERAG. — MOHAMMEDBEN-ISMAÏL LUI SUCCÈDE. — TRÊVE ENTRE LA CASTILLE ET LE ROYAUME DE GRENADE. — ALPHONSE DE LA CERDA RENONCE A TOUS SES DROITS. — SERMENTS DE L'ALAVA ET DE LA BISCAYE. — MOHAMMED-BEN-ISMAÏL VA DEMANDER DES SECOURS EN AFRIQUE. — ABU-MELECH PASSE EN ESPAGNE. — SIÉGE DE GIBRALTAR. — MORT DE MOHAMMED-BEN-ISMAÏL. — SON FRÈRE ABU'L-HEGIAG LUI SUCCÈDE. — GUERRE AVEC LA NAVARRE.

Alphonse XI venait d'entrer dans sa quinzième année. Suivant les lois de la Castille, il était majeur, et il allait prendre l'administration du royaume. Il était simple dans ses vêtements; il était sobre, se plaisait à la chasse, à l'exercice du cheval et au maniement des armes. Il aimait à s'entourer de chevaliers hardis et vigoureux. Il parlait avec élégance et facilité. Son intelligence était plus développée que ne l'est ordinairement celle des hommes de son âge; aussi ressentait-il vivement tous les maux dont le pays était accablé. Il était surtout frappé de ce que les tribunaux ne rendaient pas la justice qui est, dans un État, le principe de tout ordre et de toute tranquillité. Son premier soin fut de commencer par consacrer plusieurs jours chaque semaine à juger les procès criminels ou civils (*). Il se montra le persécuteur infatigable des bandits qui dévastaient le pays; et c'est à leurs dépens qu'il commença à faire preuve de cette énergie de caractère qui lui mérita le surnom de *Alonzo el Vengador*, Alphonse le Vengeur (**). Dans les environs de Valladolid, se trouvait un château appelé Valdenebro. Ceux qui l'habitaient, sans s'inquiéter de ce qu'ils étaient dans le voisinage du roi, continuaient leurs crimes et leurs brigandages comme au temps de l'administration des tuteurs. Alphonse résolut de les châtier. Il alla en personne attaquer ce repaire de malfaiteurs; et l'ayant emporté, il fit justice de tous ceux qui s'y trouvaient. Plusieurs fois, dans le courant de son règne, le roi fit ainsi preuve d'une implacable sévérité. Les personnes dont le roi avait formé sa maison n'étaient cependant pas toutes pures de tout reproche. C'étaient Garcilaso de la Vega et Alvar Nuñez de Osorio. Pendant la tutelle, ils avaient, eux et leurs bandes, commis quelques actes de brigandage; mais, dès que le jeune roi avait pris lui-même le gouvernement de l'État, ils lui avaient offert leurs services. Comme c'étaient des hommes intrépides et habiles, et que leurs compagnies étaient bien organisées, Alphonse les avait volontiers accueillis. Il avait aussi pour *almojarif*, c'est-à-dire pour trésorier, un juif du nom de Yuzaf d'Ecija. Ces trois personnes étaient celles qui partageaient sa confiance et qui formaient son conseil.

Don Juan le Contrefait et don Juan, fils de l'infant don Juan Manuel, s'étaient sans doute flattés de conserver, sous un jeune prince, le pouvoir dont ils avaient tant abusé quand il était mineur. Ils furent grandement mécontents en voyant le roi choisir pour ses conseillers des personnes qui avaient été attachées à l'infant don Philippe, et qui, par conséquent, s'étaient toujours trouvées dans les rangs de leurs ennemis. Ils quittèrent donc Valladolid, où les cortès avaient été réunies. Ils partirent avec leurs bandes sans prévenir Alphonse, et en répandant le bruit qu'ils se retiraient parce que le roi avait donné l'ordre de les mettre à mort. Ils se réunirent à Cigalès, ville qui faisait partie des domaines de don Juan le Contrefait. Ils formèrent une alliance pour se défendre respectivement contre le roi; et, pour donner plus de force à cette alliance, ils convinrent que don Juan, qui était veuf, épouserait Constance, fille de don Juan Manuel, bien que celle-ci ne fût encore qu'une enfant. Alphonse ne trouva pas de meilleur moyen, pour séparer ces deux alliés, que de faire dire à don Juan Manuel qu'il était lui-même disposé à devenir son gendre, et à épouser doña Constance. Cette union flattait trop l'orgueil et les intérêts de don Manuel pour qu'il hésitât un seul instant. Il accepta donc avec empressement. L'oncle du roi, l'infant don Philippe, et sa femme, doña Marguerite de la Cerda, allèrent chercher à Peñafiel, la jeune Constance, et l'amenèrent à Valladolid, où son père, don Juan Manuel, l'accompagna. On fit célébrer les fiançailles; mais, comme Constance n'était pas en âge d'être mariée, et que le roi lui-même était fort jeune, on ne conclut pas le mariage. Le roi remit sa fiancée à doña Margue-

---

(*) L'action civile s'appelle en espagnol *pleyto*; au criminel elle prend le nom de *querela*. Il y avait encore une autre nature de procès, ceux où il y avait félonie ou injure, et où l'on avait recours au combat: on les appelait *rieptos*, gages de bataille.

(**) *Vengador* pourrait aussi rendre l'idée de vindicatif.

rite de la Cerda, pour qu'elle l'élevât, et le gouvernement de la frontière fut confié à don Manuel, qui, dans ce poste, remporta quelques avantages sur Osmin, général du roi de Grenade.

Dès que don Juan le Contrefait connut l'arrangement qui était intervenu entre le roi et don Juan Manuel, il fut rempli de courroux, se plaignit d'avoir été trahi, et ne songea plus qu'à susciter des troubles dans le pays. Il reçut près de lui tous les brigands qu'effrayait la justice du roi; mais il chercha aussi des forces dans de plus nobles alliances. On élevait, en Aragon, Blanche, fille de l'infant don Pedro, celui qui était mort dans la plaine de Grenade. Elle possédait, comme héritière de son père, de nombreuses villes en Castille. Il pensa qu'il pourrait, à l'aide de ce mariage, causer de grands embarras à don Alphonse; il fit donc demander la main de Blanche. Alphonse n'ignorait aucune de ces menées; et, pour en détourner le coup, il fit dire à don Juan le Contrefait qu'il ne serait pas éloigné de lui donner pour épouse l'infante doña Léonor, sa propre sœur. L'ambitieux don Juan fut ébloui par cet appât. Il vint trouver le roi qui, l'ayant convié à une fête, le fit assassiner au moment où il entrait dans la salle du festin. Ensuite don Alphonse, pour s'excuser de ce crime, déclara don Juan coupable de lèse-majesté. Il se saisit de toutes les villes, châteaux ou lieux fortifiés que celui-ci possédait, au nombre de plus de quatre-vingts. Enfin, soit de bon gré, soit de force, il détermina doña Maria Diaz de Haro, mère de don Juan le Contrefait, à lui vendre la seigneurie de la Biscaye. Si l'on ne considère que le caractère pervers de don Juan, la quantité de crimes dont il s'était souillé, on ne peut s'empêcher de reconnaître qu'il avait bien mérité le châtiment qui l'a frappé. On ne peut nier que sa mort ait été profitable à l'État; et cependant tous les auteurs sont d'accord pour la reprocher à don Alphonse : tant il est vrai que rien ne justifie la trahison, et que ni l'intérêt public, ni celui de la justice, ne sauraient en aucune manière atténuer l'horreur que nous inspire l'assassinat.

Dès que don Juan Manuel connut la mort de don Juan le Contrefait, il fut saisi de frayeur; et, craignant d'être atteint par un semblable châtiment, parce qu'il sentait le mériter, il abandonna la défense de la frontière, et se retira dans la ville de Chinchilla, qu'il regardait comme inexpugnable. Alphonse le fit plusieurs fois engager à revenir à son poste, et à servir dans la guerre qu'il avait l'intention de faire contre les Maures. Mais don Manuel, bien loin de répondre à ces offres, fit alliance avec le roi de Grenade; et don Alphonse, dans la nécessité de nommer un autre commandant de la frontière, donna cette place importante à don Pedro Lopez de Ayala. Il fit avec quelque succès une campagne contre les Maures, et il était encore à son camp lorsque quelques seigneurs portugais vinrent lui proposer d'épouser Maria, infante de Portugal. Ce mariage présentait au roi des avantages qu'il ne trouvait pas dans son union avec la fille de don Juan Manuel. Il fit donc demander au pape les dispenses que sa proche parenté avec l'infante de Portugal rendait nécessaires. A la nouvelle de ce projet de mariage, don Juan Manuel, dont la fille Constance se voyait ainsi privée de la couronne, fut transporté de fureur. Il envoya déclarer au roi qu'il renonçait à sa naturalité; qu'il se tenait pour relevé du serment de fidélité qu'il lui avait juré, et il commença à faire des courses sur les domaines de don Alphonse.

Les royaumes de Castille et de Léon, depuis un demi-siècle, avaient passé par tant de révolutions, les éléments de désordre et d'anarchie s'y étaient tellement implantés, qu'il suffisait de parler de rébellion pour trouver des partisans. La révolte de don Juan Manuel raviva donc l'incendie que la sagesse et l'énergie du jeune roi commençaient à éteindre. Le pays fut de nouveau déchiré par la guerre civile; et deux des intimes conseillers du roi, éditeurs responsables de ses actes de sévérité, périrent au milieu de ces luttes sanglantes. L'un d'eux, Garcilaso de la Vega, fut assassiné à Soria, avec vingt autres chevaliers. Le second, Alvar Nuñez de Osorio, était celui que le roi affectionnait le plus. Alphonse XI voulant le créer comte, avait renouvelé, pour lui, le cérémonial, tout symbolique, suivi autrefois par les rois goths (*). Le mot de comte (*comes*), on se le rappelle, signifiait, dans l'origine, camarade ou compagnon. Pour indiquer d'une manière sensible que quelqu'un devenait le compagnon du roi, on avait pensé que rien n'était mieux que de servir à manger, au roi et à son comte, dans le même vase. Voici, suivant la chronique d'Alphonse XI, comment la cérémonie se passa : le roi et Alvar Nuñez de Osorio s'assirent sur une estrade; et, devant eux, on plaça une coupe remplie de vin, où trempaient trois tranches de pain. Le roi dit alors : *Mange, comte*. Le comte répondit : *Mange, roi*. Tous deux répétèrent trois fois les mêmes paroles, et ensuite ils se partagèrent ces tranches de pain, les mangèrent, et, à l'instant, toutes les personnes présentes crièrent : Vive le comte! vive le comte! *Evad el conde!* A partir de ce moment, Alvar Nuñez de Osorio eut un pennon, une chaudière, une maison, et un train de comte.

L'élévation de don Alvar et la faveur d'Alphonse avaient excité l'envie des seigneurs espagnols. Don Alvar avait d'ailleurs été, ainsi que Garcilaso, le ministre des sévérités du roi. Il avait amassé contre lui tant de haines, que la ville de Valladolid s'étant révoltée, les rebelles prirent pour prétexte l'orgueil et la cruauté de don Alvar de Osorio. Le roi, pour ôter tout motif à la révolte, éloigna don Alvar de sa personne. Celui-ci, irrité de cette disgrâce, se retira dans son château de Belber, et songea à faire alliance avec don Juan Manuel. Il pouvait devenir un ennemi très-dangereux. Mais un seigneur de ses ennemis, don Ramir Florez de Guzman, le tua par trahison, avant qu'il eût mis ses projets à exécution.

Les violences de don Juan Manuel n'empêchèrent pas le mariage de don Alphonse avec l'infante de Portugal de se conclure; et bientôt l'alliance du roi de Castille fut aussi recherchée par le souverain de l'Aragon, qui lui fit demander la main de l'infante doña Leonor.

Il faut se rappeler que don Jayme II, surnommé le Juste, avait épousé Blanche, fille de Charles de Naples. Il en avait eu cinq fils et autant d'infantes. Les fils étaient Jayme, Alphonse, Juan, Pedro et Ramon Berenguer. Les filles furent Maria, Constance, Isabelle, Blanche et Violante.

Jayme, l'aîné des fils de don Jayme II, avait été fiancé, dès l'année 1309, à l'infante doña Leonor de Castille. Dix ans plus tard, on voulut réaliser cette union. L'Église bénit les époux; mais le jour même de son mariage, don Jayme protesta, en disant qu'il n'avait pas été libre, qu'il avait été forcé par son père; et, à l'instant même, il abandonna sa femme. Il fit ensuite, dans les cortès réunies à Tarragone, en décembre 1319, une renonciation publique à tous ses droits au trône, en déclarant qu'il était engagé dans les ordres sacrés. Il prit, en effet, l'habit de Saint-Jean de Jérusalem, et bientôt il passa dans l'ordre de Saint-George de Montesa, qui venait d'être fondé. Sa conduite remplit tout le monde d'étonnement, car son intempérance et ses débauches démontrèrent qu'on ne la pouvait pas attribuer à un sentiment de vertu ou de piété. Au moyen de cette renonciation, Alphonse, le second fils du roi, se trouvait l'héritier présomptif de la couronne. Il fut reconnu en cette qualité par les cortès réunies à Tarragone en 1319, et par celles de Saragosse, tenues le 15 septembre 1320.

Son troisième fils, don Juan, fut archevêque de Tolède. Quelques contestations qu'il eut avec don Juan Manuel et avec Alphonse XI le déterminèrent

---

(*) Voyez f° 119.

à quitter ce siége pour passer à celui de Tarragone. Il fut aussi nommé patriarche d'Alexandrie.

Le quatrième, don Pedro, fut comte de Ribagorce. C'était un homme d'une grande piété. Après la mort de sa femme, sœur du comte de Foix, il partagea ses biens entre les enfants qu'il avait eus d'elle, et se retira à Valence, chez les moines mendiants de l'ordre de Saint-François.

Le dernier, Ramon Berenguer, eut le comté de Prades.

Pendant le règne de don Jayme, l'Aragon ne fut troublé par aucune dissension intestine, et, quand des contestations s'élevèrent entre le roi et ses sujets, don Jayme fut le premier à les soumettre à ce tribunal suprême, qui était une garantie contre les empiétements du pouvoir démocratique aussi bien que contre les abus de l'autorité royale. Il s'en rapporta au Justicia d'Aragon, et regardant que la véritable force des rois repose dans le respect de la légalité, il exécuta toujours avec bonne foi les décisions des tribunaux, et mérita par sa conduite le surnom de Juste qui lui fut confirmé par la postérité. Son règne ne fut pas non plus sans quelque illustration guerrière. Les luttes qu'il eut à soutenir pour prendre possession des îles de Corse et de Sardaigne, que le pape lui avait données, ajoutèrent des pages glorieuses à l'histoire militaire des Aragonais et des Catalans. Ce prince mourut à Barcelone le 2 novembre 1327 (*). Son successeur fut Alphonse IV, qui avait épousé en premières noces doña Thérèse Entença. L'infante était morte des suites d'une couche, quinze jours avant que son mari montât sur le trône; elle lui laissait plusieurs enfants : don Pedro, qui fut son successeur; don Jayme, comte d'Urgel; Constance, qui fut mariée au roi de Majorque; et Isabelle, qui mourut peu de temps après sa mère. Il y avait une année qu'Alphonse d'Aragon était veuf, lorsqu'il fit demander en mariage doña Leonor, infante de Castille, la sœur du roi Alphonse XI, la même que son frère aîné, don Jayme, avait répudiée lorsqu'il sortait de recevoir la bénédiction nuptiale. Le roi de Castille consentit volontiers à cette union, car, elle privait don Juan Manuel de quelques secours qu'il tirait de l'Aragon et elle le mettait dans l'impossibilité de continuer à troubler le royaume. Le mariage fut célébré avec une grande pompe le 6 février 1329.

L'année suivante, Alphonse XI put tourner ses armes contre les Maures de Grenade. Depuis déjà quatre années Ismaïl-ben-Ferag ne régnait plus; un assassinat avait mis fin à sa domination en même temps qu'à sa vie. Un de ses cousins, Mohammed-ben-Ismaïl, fils du gouverneur d'Algéciraz, avait, dans ses excursions sur les terres des chrétiens, enlevé une jeune captive d'une admirable beauté. Le roi Ismaïl-ben-Ferag ne l'eut pas plutôt vue, qu'il s'en éprit, qu'il s'en empara, et qu'il la fit enfermer dans son harem. Mohammed-ben-Ismaïl n'attendit que trois jours pour tirer vengeance de cet acte de tyrannie. Le 26 regeb de l'année 725 (8 juillet 1325), accompagné de quelques conjurés, il se jeta sur le roi son cousin, qui sortait de l'Alhambra, il le poignarda ainsi qu'un de ses vizirs qui voulait le défendre, et il prit la fuite avant que les gardes et les eunuques eussent même pensé à se mettre en défense. Les blessures d'Ismaïl-ben-Ferag étaient mortelles; il succomba peu d'instants après les avoir reçues, et aussitôt on proclama pour émir son fils Mohammed, qui n'était encore âgé que de dix années. Ce jeune prince, disent les historiens arabes consultés par Condé, était libéral; il était grand chasseur, maniait les armes avec adresse, aimait les chevaux et se plaisait à étudier leurs généalogies; il était courageux et payait de sa personne. Un jour, en poursuivant des chrétiens dans les environs de Baena, il jeta sa zagaie à l'un des fuyards et lui traversa le corps. Ce-

(*) Ferreras indique le 31 octobre. Les auteurs contemporains disent qu'il mourut le lendemain de la Toussaint; Ferreras aura lu la veille.

pendant le blessé continuait à fuir de toute la vitesse de son cheval, emportant dans sa blessure la zagaie qui était garnie d'or et de pierres précieuses. Plusieurs musulmans s'étaient attachés à sa poursuite pour la lui enlever. Laissez! laissez! dit le jeune roi; si ce malheureux ne doit pas mourir de sa blessure, il faut au moins qu'il ait de quoi la faire soigner. En 1329, quand Alphonse XI recommença la guerre, Mohammed-ben-Ismaïl était déjà âgé de quatorze ans. Dans cette campagne, les armes chrétiennes furent heureuses, et don Alphonse prit la ville de Teba. Après cette conquête, il se retira à Séville, où vint le trouver une ambassade du roi de Grenade, qui se reconnaissait son vassal et qui s'engageait à lui payer le même tribut que Ben-Alhamar avait payé à saint Ferdinand. Le roi accepta cette soumission, et une trêve de quelques années fut conclue.

Plusieurs événements qui se passèrent à peu près à cette époque vinrent affermir la puissance d'Alphonse plus encore que les avantages qu'il avait remportés sur les musulmans. Le plus dangereux adversaire de son père et de son aïeul, don Alphonse de la Cerda, las d'avoir lutté si longtemps contre la mauvaise fortune, vint spontanément trouver le roi à Burguillos. Il se mit à sa merci, lui baisa la main, et renonça, par un acte authentique, à tous les droits ou à toutes les prétentions qu'il avait au trône. Le roi, de son côté, l'accueillit avec bonté et lui donna des domaines, afin qu'il pût vivre d'une manière conforme à sa naissance (*). L'Alava fit aussi offrir par ses députés la seigneurie à don Alphonse, et le roi s'étant rendu dans le champ d'Arriaga, où les gentilshommes et les cultivateurs de l'Alava étaient dans l'usage de tenir leurs assemblées, ils lui prêtèrent serment comme à leur seigneur.

Quoique ce soit anticiper de deux années sur la série des événements, la similitude des faits doit engager à parler ici du serment que les Basques réunis sous le chêne de Guernica, prêtèrent au roi Alphonse XI. On se rappelle qu'après la mort de don Juan le Contrefait, sa mère, doña Maria Diaz de Haro, avait, soit de bon gré, soit de force, vendu au roi de Castille la seigneurie de la Biscaye. Mais don Juan Nuñez de Lara ne regardait pas cette vente comme le privant des droits qu'il prétendait avoir lui-même sur ce pays. Cependant le roi eut recours aux armes; il força don Juan Nuñez de Lara à lui demander merci et reçut le serment des Basques.

Pendant que le roi de Castille s'occupait ainsi à assurer la tranquillité de ses États, le roi de Grenade ne restait pas oisif. Il mettait à profit la trêve qui avait été consentie avec le roi de Castille pour faire des invasions dans la partie du royaume de Murcie qui appartenait à l'Aragon; puis, avant que le terme des trêves fût expiré, sentant bien qu'il ne serait pas assez puissant pour résister à l'ascendant des chrétiens, il passa en Afrique afin de réclamer l'assistance d'Abu'l-Hasan (*), prince de la race des Beni-Merines. Celui-ci promit de lui envoyer 7,000 cavaliers sous les ordres de son propre fils Abu-Melech (**). Au commencement de l'année 1333, les Africains vinrent en effet débarquer à Algéciras, et à peine à terre, ils se mirent en marche pour aller assiéger Gibraltar. Depuis plusieurs années cette ville

(*) Alonzo de la Cerda eut deux fils. L'aîné, Luis de la Cerda, comte de Clermont, fut nommé par le pape roi des îles Canaries; le second, don Juan de la Cerda, que les historiens français appellent Charles d'Espagne, reçut du roi de France le comté d'Angoulême, et fut nommé connétable de France en remplacement du comte d'Eu, décapité en 1350. Il mourut assassiné par les ordres du roi de Navarre Charles le Mauvais.

(*) La chronique d'Alphonse VI, écrite par Villazan, le nomme Albo-Hazen; celle de Lopez de Ayala le nomme Abulhacen. Mariana et Ferreras l'appellent Abohacem.

(**) Suivant Ferreras, Abul-Melic; suivant la chronique et suivant Mariana, Abomelique.

était au pouvoir des chrétiens. La défense en était alors confiée à Vasco Perez de Meyra. Ce capitaine avait reçu des fonds pour munir Gibraltar d'armes et de vivres; mais il avait gardé l'argent, et il avait laissé les arsenaux et les magasins vides; lorsque les Maures se présentèrent devant la ville, il se trouva pris au dépourvu. Il résista néanmoins pendant quelque temps, et le roi don Alphonse fit des préparatifs pour aller à son secours; mais il ne put pas venir bien promptement. A cette époque les troubles de la Castille étaient bien loin d'être apaisés; don Juan Nuñez de Lara n'avait pas encore renoncé à ses prétentions. Cependant le roi rassembla une armée; il marcha en grande hâte pour faire lever le siége; mais lorsqu'il arriva à Xérès de la Frontera, il apprit, par un messager que lui envoyait Jofre Tenorio son amiral, que la ville s'était rendue, et que Vasco Perez de Meyra, craignant sans doute le châtiment de sa faute, était passé en Afrique. Don Alphonse fut très-chagrin de cette perte, et, sans hésiter, il se détermina à faire à son tour le siége de Gibraltar pour l'enlever à ses nouveaux possesseurs. Il pressait vivement les attaques lorsque le roi de Grenade vint camper près de lui et le contraignit à la retraite. Les auteurs arabes et les chroniqueurs chrétiens ne rapportent pas ce fait de la même manière. Suivant les Arabes, Mohammed-ben-Ismaïl força le camp des chrétiens et se jeta dans la ville, en sorte que les attaques ne pouvant plus obtenir de succès, Alphonse XI fut obligé de convenir avec Abu-Melech et avec le roi de Grenade d'une trêve de quatre années. Mohammed-ben-Ismaïl, fier de l'avantage qu'il avait obtenu, et vain comme le sont les jeunes gens, railla les officiers africains, en leur disant qu'il était heureux pour eux qu'il fût venu les délivrer. Les Africains furent vivement blessés de ces plaisanteries, et quelques-uns d'entre eux, pour s'en venger, assassinèrent Mohammed-ben-Ismaïl, le mercredi 13 dulhagia 733 (25 août 1333).

Suivant la chronique d'Alphonse, et suivant presque tous les auteurs chrétiens qui l'ont suivie, la levée du siége aurait été le résultat de négociations. Les seigneurs espagnols auraient eux-mêmes engagé le roi à laisser une entreprise que les circonstances où se trouvait la Castille ne permettaient pas de mener à bonne fin. En effet, le pays était agité par don Juan Nuñez de Lara. Don Juan Manuel, après avoir reçu de l'argent pour faire la guerre aux Maures de Grenade, avait au contraire employé ces ressources pour ravager les domaines du roi de Castille. Don Juan de Haro avait également reçu la solde de ses gens de guerre et les employait à commettre des ravages en Castille. C'étaient des crimes qu'avant tout il fallait punir; car, pour obtenir contre les ennemis de l'extérieur des avantages profitables, il faut être tranquille chez soi. On accueillit donc la proposition d'une trêve faite par les Maures. Les rois de Grenade et de Castille firent assaut de courtoisie; ils mangèrent à la même table et se donnèrent mutuellement de riches présents. La paix contrariait les vues d'Abu-Tebe et d'Abraham, fils du général Osmin; ils prétendirent que le roi traitait trop favorablement les ennemis de l'islamisme. Ils dirent qu'il voulait se faire chrétien, et, pour preuve, ils alléguèrent qu'il portait une veste qui lui avait été donnée par don Alphonse de Castille, et se précipitant dans sa tente avec quelques complices, ils le poignardèrent le 25 août 1333.

Les Maures de Grenade lui donnèrent pour successeur son frère appelé Yuzuf-Abu'l-Hegiag (*). Ce prince se montra scrupuleux observateur de la trêve qui avait été conclue, et don Alphonse put s'occuper uniquement à réduire les rebelles qui troublaient la tranquillité de ses États. Don Juan Alphonse de Haro ayant été surpris dans la ville d'Agonzillo, expia par sa mort sa trahison et ses crimes.

Don Alphonse contraignit aussi don

(*) Mariana le nomme Jose Bulagix.

23.

Juan Manuel et don Juan Nuñez de Lara à demander des arrangements qui leur furent accordés. Ces troubles ne furent pas plutôt apaisés qu'une guerre étrangère vint succéder à ces discordes intestines. La Navarre, on se le rappelle, avait été réunie à la couronne de France. Jeanne, unique héritière du roi de Navarre, don Henri, avait épousé Philippe le Bel. Elle était morte le 4 avril 1305, laissant la couronne de Navarre à son fils Louis Hutin. En 1314, au décès de son père, ce prince avait réuni sur sa tête les deux couronnes de France et de Navarre. Mais cette réunion ne dura pas longtemps; Louis Hutin mourut à Vincennes le 5 juin 1316, ne laissant qu'une fille de son mariage avec Marguerite de Bourgogne. On appliqua donc, lors de sa mort, cette maxime de notre droit : que les lis ne filent pas. La couronne de France fut déférée à son frère Philippe le Long. Mais le principe de la loi salique ne pouvait s'appliquer à la couronne de Navarre, qui avait été apportée par les femmes; elle pouvait tomber en quenouille, et l'on reconnut Jeanne, fille de Louis Hutin, reine de Navarre.

Philippe le Long, et ensuite Charles le Bel, ses oncles, administrèrent ce royaume pendant qu'elle était mineure. A la mort de Charles le Bel, les deux filles de ce roi, et une fille de Philippe le Long, disputèrent à Jeanne le titre de reine de Navarre; mais les cortès s'étant réunies, proclamèrent pour reine la fille de Louis Hutin, Jeanne, qui était mariée à Philippe, comte d'Évreux. A partir de ce moment, le royaume commença à être gouverné en son nom; et Jeanne, ainsi que son mari, furent couronnés, à Pampelune, le 5 mars 1329. Six ans plus tard, dans le courant de l'année 1335, don Enrique de Salis, qui gouvernait la Navarre en qualité de vice-roi, parce que Jeanne et Philippe d'Évreux étaient dans leurs États de France, fit publier un manifeste par lequel il se plaignait de dégâts que les Castillans auraient commis sur la frontière de la Navarre.

Dès qu'Alphonse XI eut connaissance de cet acte, il fit écrire au vice-roi de ne pas commettre d'hostilités, car son intention était de lui donner toutes satisfactions. Mais don Enrique de Salis ne tint nul compte de cette promesse, et il entra en Castille à la tête d'une armée. Don Alphonse envoya, pour le combattre, Martin Fernandez de Porto-Carrero, qui atteignit l'armée navarraise, lui livra bataille, et la mit en déroute. Après la victoire de Tudèle, les Castillans se retirèrent, donnant à leurs ennemis un grand exemple de modération, qu'au reste ils ne suivirent pas. Le comte de Foix rassembla les fugitifs de Tudèle. Il y joignit ses propres troupes, et vint attaquer Logroño. A son approche, le commandant de la place, Ruy Diaz de Gaona, passa l'Èbre et marcha au devant de lui. Mais sa troupe était trop faible pour résister aux forces des Navarrais. Elle fut repoussée en désordre. Alors Ruy Diaz, pour protéger la retraite de la garnison, et pour qu'elle eût le temps de regagner la ville, se plaça à la tête du pont; et là, aidé de trois soldats seulement, il arrêta l'armée ennemie, et permit aux Castillans de se réfugier à l'abri des remparts. Cet acte de dévouement lui coûta la vie. Il tomba en combattant, et son corps fut jeté dans l'Èbre. Quant aux trois soldats qui l'accompagnaient, ou bien ils s'exposèrent moins que lui, ou bien ils furent plus heureux, car ils purent rentrer sains et saufs dans la ville. La résistance de la garnison rebuta les Navarrais; et l'intervention de l'archevêque de Reims, que le roi de France avait envoyé auprès d'Alphonse XI, comme ambassadeur, pour lui demander son alliance, ne tarda pas à rétablir la bonne harmonie entre la Navarre et la Castille.

SUITE DU RÈGNE D'ALPHONSE XI. — DON JUAN NUNEZ DE LARA EST ASSIÉGÉ ET PRIS DANS LERMA. — GUERRE DE PORTUGAL. MORT D'ABU-MELECH. — RÉVOLTE ET SUPPLICE DU MAÎTRE D'ALCANTARA. — DÉFAITE DE LA FLOTTE DE CASTILLE. — MORT D'ALPHONSE IV D'ARAGON. — SON FILS DON PEDRO IV LUI SUCCÈDE. — ABU L

HASAN ASSIÉGE TARIFA. — BATAILLE DE RIO-SALADO. — SIÈGE ET PRISE D'ALGECIRAZ.

Il en était des discordes de la Castille comme de ces incendies qu'on croit avoir éteints, mais qui se raniment au moindre vent. La soumission de don Juan Nuñez de Lara et de don Juan Manuel n'était ni vraie, ni sincère ; on comprenait qu'ils ne resteraient tranquilles que tant qu'ils y seraient contraints, car tout le monde savait bien que c'était la force et l'occasion de se révolter qui leur manquait, plutôt que le désir et la volonté de le faire. Ces deux seigneurs cherchèrent à augmenter leur puissance en se procurant l'appui d'un prince étranger. Ils firent négocier un mariage entre l'infant don Pedro de Portugal et Constance, fille de don Juan Manuel. Le roi don Alphonse, qui n'ignorait aucune de ces menées, prit des mesures pour empêcher que doña Constance pût quitter la Castille. Ce fut pour don Juan Manuel un nouveau motif de colère, et il ne cessa de presser le roi de Portugal de commencer la guerre. Alphonse le Vengeur, fatigué enfin de toutes ces trahisons, réunit les cortès. Il y exposa la conduite de don Juan Manuel et de don Juan Nuñez de Lara. Il demanda justice. Aussi tous les seigneurs décidèrent-ils qu'il fallait réduire ces sujets rebelles, et qu'on ne devait déposer l'épée qu'après les avoir exterminés. Le roi en personne, à la tête de son armée, entra dans les domaines de Juan Nuñez, et il alla mettre le siège devant la ville de Lerma, où ce seigneur s'était renfermé, tandis que les maîtres d'Alcantara et de Calatrava allaient, avec les chevaliers de leur ordre, se poster près de la ville de Garci-Muños, où se tenait don Juan Manuel, pour empêcher que celui-ci vînt porter des secours à don Juan de Lara, et pour mettre un obstacle à ce que sa fille Constance pût passer en Portugal. Bientôt la ville de Lerma fut vivement pressée ; alors le roi de Portugal envoya un ambassadeur à don Alphonse, pour lui demander que le siège fût levé, parce que, disait-il, don Juan de Lara s'étant reconnu son vassal, il serait forcé de prendre sa défense. Le roi de Castille répondit à ce message que don Juan était son sujet, et son sujet rebelle ; que son droit était de le punir, et qu'il le ferait, comme la dignité de sa couronne et l'intérêt de l'État l'exigeaient. Dès que le roi de Portugal eut reçu cette réponse, il leva des troupes, et vint attaquer Badajoz. Mais il fut bientôt forcé de lever honteusement le siège ; et la diversion qu'il avait prétendu faire en faveur de don Juan de Lara ne produisit aucun effet, car Lerma fut réduite à capituler ; et, le 4 décembre 1336, elle fut remise au roi. Don Juan Nuñez de Lara avait seulement stipulé, en se rendant, que lui et les siens auraient la vie sauve. Mais le roi en agit généreusement à son égard. Il se borna à faire démanteler la plupart des villes qui avaient soutenu la rébellion ; et, loin de punir Lara, il le nomma son premier porte-étendard, lui donna Cigalez et plusieurs autres places. Au reste, la conduite du roi de Portugal dans cette affaire, la manière dont il s'était empressé de prêter son appui aux rebelles, avait justement irrité le roi de Castille, qui, faisant partager sa colère par les cortès, en obtint facilement les subsides nécessaires pour tirer vengeance de cette agression. La guerre commença. On ne remporta sur terre nul avantage bien remarquable. Il n'en fut pas de même sur mer ; et Jofre Tenorio, amiral de Castille, ayant attaqué, près de Lisbonne, la flotte portugaise, commandée par le Génois Manuel Penazo, remporta une victoire signalée, prit huit galères, en coula six à fond. Le pape ne fut pas plutôt instruit de cette guerre, qu'il envoya l'archevêque de Rhodes pour tâcher de rétablir la paix entre les deux États. L'archevêque de Reims s'entremit aussi dans cette négociation. D'abord les efforts de ces deux prélats restèrent vains ; mais, enfin, on finit par conclure une trêve, et don Juan Manuel, qui se trouvait désormais exposé seul aux coups du roi, lui fit demander un arrangement. Alphonse XI consentit à oublier tout le passé. Il accueillit favorablement don Juan Manuel, qui, depuis ce temps, resta toujours fidèlement attaché à son service.

Il était impossible que cette paix et ces arrangements tombassent dans un moment plus favorable. Les trêves avec les Maures étaient expirées; Abu'l-Hasan, après avoir renversé en Afrique les ennemis qui s'y étaient levés contre lui, ne songeait plus qu'à se rendre maître de toute la Péninsule. Abu-Melech, son fils, était passé à Algéciraz avec 5,000 cavaliers et un grand nombre de fantassins. Il avait commencé à ravager la frontière. Le roi de Castille ne fut pas pris au dépourvu; il entra, à la tête de son armée, dans le royaume de Grenade; il dévasta les environs de Ronda, remporta quelques avantages contre les habitants de cette ville; puis, comme l'hiver était arrivé, il se retira pour aller tenir les cortès qu'il avait convoquées à Madrid, laissant en son absence la garde de la frontière à Gonzalo Martinez, maître d'Alcantara. Tant que le roi avait été en campagne, Abu-Melech était resté à Algéciraz; mais il ne sut pas plutôt que le roi avait quitté l'Andalousie, qu'il recommença à tenir la campagne. Pour se procurer les provisions de pain dont il manquait, il forma le dessein de surprendre la ville de Lebrija, qui est située dans une plaine fertile, non loin de l'embouchure du Guadalquivir, et où les chrétiens avaient amassé de grands magasins de blé. Il alla poser son camp auprès de Xérès, et envoya un corps de 1,500 chevaux pour enlever Lebrija. Mais la garnison était prévenue, et repoussa vigoureusement leurs attaques. Ayant échoué dans cette entreprise, les 1,500 cavaliers maures remontèrent le Guadalquivir jusqu'aux environs de Séville, ravageant le pays et enlevant les troupeaux. A la nouvelle de cette incursion, Fernand Perez Porto Carrero, qui commandait à Tarifa, Alvar Perez de Guzman, et don Pedro Ponce de Léon,

ainsi que le maître d'Alcantara, réunirent leurs compagnies, et se mirent à la poursuite des Maures, qui, chargés du butin et embarrassés par la quantité de bestiaux qu'ils emmenaient, ne pouvaient marcher bien précipitamment. Cependant, auprès d'Arcos les chrétiens avaient perdu leur trace, et les éclaireurs, qui suivaient leur piste, ne savaient plus de quel côté diriger l'armée. De même qu'en chasse, quand la meute est tombée en bout de voie, le veneur avec des chiens de créance prend les devants pour relever le défaut; de même, on alait lancer des batteurs d'estrade pour retrouver la piste qu'on avait perdue, lorsqu'un homme du pays vint donner avis que les ennemis étaient arrêtés dans une vallée, à une demi-lieue de distance. Bien que les chrétiens ne fussent guère qu'au nombre de huit cents, ils n'hésitèrent pas à se précipiter sur les Maures deux fois plus nombreux. Ils les culbutèrent, en tuèrent un grand nombre, firent les autres prisonniers; c'est à peine s'il put s'en échapper un pour porter la nouvelle de ce désastre. Le lendemain, les vainqueurs, qui s'étaient joints à la garnison d'Arcos, furent encore renforcés par la bannière de la ville d'Ecija : leur armée s'élevait alors à environ 2,000 chevaux et 2,500 fantassins. Ils délibérèrent pour savoir s'ils s'en tiendraient à l'avantage qu'ils avaient remporté, ou s'ils iraient au-devant d'Abu-Melech, qui avait quitté son camp de Xérès pour s'avancer vers Alcala de los Gazules. Ce dernier avis, tout audacieux qu'il était, prévalut. Les chrétiens se dirigèrent vers Xérès, sans tenir compte du nombre d'ennemis qu'ils pourraient avoir à combattre. C'étaient, il faut l'avouer, de braves guerriers que ces vieux Castillans. « Quand ils demeuraient dans leurs « terres, dit la chronique d'Alphonse, « ils étaient de vrais bandits; mais « quand ils entraient en campagne, « quand ils venaient faire cette sainte « guerre, en eux tout se convertissait « en bien. Ils se confessaient souvent, « faisaient pénitence de leurs fautes,

« communiaient tous les dimanches et
« frappaient fort sur les ennemis ;
« aussi n'était-il pas étonnant qu'un
« petit nombre d'entre eux suffît pour
« l'emporter sur beaucoup de Maures. »
Les vainqueurs d'Arcos marchèrent
donc toute la nuit, et arrivèrent avant
le jour en vue du camp des Africains.
Ceux-ci, persuadés qu'il n'y avait pas
en Andalousie d'armée capable de les
attaquer, dormaient dans une sécurité
parfaite : ils n'avaient ni éclaireurs, ni
sentinelles. En entendant le cri de Sant
Iago, poussé par l'avant-garde espagnole, ils se figurèrent que c'était une plaisanterie du détachement qu'ils avaient
envoyé à Lebrija, et ne songèrent pas
à se mettre en défense ; seulement
cent cavaliers environ commandés par
Ali-Atar (*), cousin d'Abu-Melech,
vinrent pour défendre le passage d'un
petit ruisseau qui couvrait le camp.
Mais les chrétiens l'attaquèrent avec
furie ; Ali-Atar fut tué et sa troupe
fut mise en fuite. Alors les Espagnols
se précipitèrent sur le camp des musulmans, massacrèrent tous ces malheureux, qui ne tentèrent même pas
de faire résistance. Abu-Melech, au
milieu du tumulte, n'avait pas eu le
temps de trouver un cheval : il fuyait
à pied ; mais bientôt fatigué de courir,
il chercha à se cacher près du ruisseau
au milieu d'un buisson de ronces ;
puis, voyant des chrétiens arriver, il
se jeta à terre comme s'il eût été mort.
En passant, un soldat espagnol, qui
ne le connaissait pas, remarqua qu'il
respirait encore, lui donna deux coups
de lance, et continua son chemin sans
plus s'inquiéter de lui. Dès que les
chrétiens furent éloignés, la souffrance
arracha des gémissements au malheureux Abu-Melech. Un Maure qui s'était caché dans le buisson, attiré par
ses plaintes, s'approcha de lui et voulut l'emporter sur ses épaules ; mais
Abu-Melech qui perdait tout son
sang et qui se sentait défaillir, lui dit
de le laisser là, de gagner la terre des
Maures, s'il le pouvait, et de revenir
avec du monde pour le chercher. Bientôt dans les angoisses de l'agonie, Abu-Melech sentit une soif dévorante ; il
se traîna au bord du ruisseau : c'est là
qu'on le trouva mort. Le nombre des
musulmans qui périrent dans cette occasion est porté par la chronique
d'Alphonse à 10,000. Les vainqueurs
s'emparèrent du camp des Maures et
s'enrichirent de tout leur bagage. A la
nouvelle de cette défaite, Abu'l-Hasan
fut saisi d'une profonde douleur. Il
résolut de tirer vengeance de la mort
de son fils. Il commença à faire prêcher la guerre sainte, à rassembler des
soldats et à armer une flotte de deux
cent cinquante voiles.

Ces immenses préparatifs, dont la
renommée exagérait encore l'importance, avaient jeté le roi Alphonse dans
une grande inquiétude, quand il lui
survint une autre cause de tourment.
Jusqu'à présent nous n'avons parlé que
des actes publics du roi ; il faut cependant dire quelques mots de ses faiblesses. En 1330, en revenant de la
campagne où il avait enlevé aux Maures
la place de Teba, don Alphonse s'était
arrêté à Séville ; il y avait rencontré
une jeune veuve nommée doña Leonor
de Guzman, fille de Pedro Nuñez de
Guzman. Elle était remplie de bonnes
qualités ; mais surtout aucune femme
ne lui était comparable pour la grâce
et pour la beauté. Il en devint amoureux, et elle prit un tel ascendant sur
son esprit, que rien ne se faisait plus
dans le royaume sans qu'elle fût consultée. Lors de la mort d'Abd-el-Melech, en 1339, alors que cette liaison
durait depuis neuf années, Gonçalo
Martinez, maître d'Alcantara, fut accusé de plusieurs délits, et fut cité à
comparaître à Madrid devant le roi.
On ne sait si les accusations portées
contre lui étaient fondées, ou si elles
étaient forgées par la haine de Leonor
de Guzman, qui, dit-on, voulait le
perdre parce qu'il s'était opposé à l'élection d'Alphonse Mendez de Guzman, son frère, à la dignité de maître de Saint-Jacques. Quoi qu'il en
soit, don Gonçalo Martinez refusa
de comparaître, et offrit au roi de
Portugal, et ensuite à Yusuf-Abu'l-

(*) Suivant la chronique Ali-Cazar.

Hegiag, de leur livrer les places confiées à sa garde. Si jusqu'à ce jour le maître d'Alcantara avait été innocent, il devint coupable; mais la promptitude qu'on mit à le poursuivre empêcha l'exécution de ses trahisons. Alphonse se présenta devant la ville de Valencia de Alcantara, où Gonçalo Martinez s'était renfermé, et lui-même s'approcha des remparts de la place pour le sommer de lui ouvrir les portes. Gonçalo Martinez, au lieu d'obéir, fit lancer contre le roi des flèches et des pierres dont deux vinrent frapper son écu, une l'arçon de sa selle, et plusieurs la croupe de son cheval. Une flèche atteignit aussi mortellement un frère d'Alcantara, qui se tenait à pied auprès d'Alphonse. Aussitôt ce prince déclara Gonçalo Martinez coupable de lèse-majesté. La ville fut assiégée. Les chevaliers qui s'y trouvaient ne partageaient pas l'aveuglement du maître d'Alcantara : ils livrèrent Valence au roi. Gonçalo Martinez fut pris, décapité comme traître, et son corps fut livré aux flammes.

Les soins donnés par Alphonse XI à cette expédition ne détournèrent pas son attention de la guerre bien autrement importante dont il était menacé. Pour mettre un obstacle au passage des Africains en Espagne, il recommanda à son amiral Jofre Tenorio de surveiller soigneusement le détroit. Néanmoins cette croisière ne put empêcher que la flotte d'Abu'l-Hasan ne gagnât le port d'Algeciraz. Le vulgaire, dont le jugement n'est pas toujours équitable, attribua ce résultat à la négligence ou au manque de courage de Jofre Tenorio. Ce brave marin, indigné d'une semblable imputation et ne voulant pas y survivre, se jeta en désespéré au milieu de la flotte africaine qui lui était bien supérieure. Sa galère fut bientôt entourée par les galères et par les vaisseaux des musulmans, qui faisaient pleuvoir sur son bord des pierres, des flèches, et des barres de fer qui blessaient beaucoup de monde. Cependant son équipage résistait vaillamment. Les marins qui le composaient étaient tellement dévoués à Jofre Tenorio, que lorsque l'un d'eux se sentait mortellement blessé, il venait lui baiser la main et faisait un effort pour retourner mourir au milieu de la mêlée. Trois fois les Maures entrèrent dans la galère de l'amiral, trois fois il les chargea et les chassa de son bord; mais enfin il fut accablé par les forces qui l'entouraient. Tous les siens moururent en combattant à ses côtés, et lui-même tenant du bras gauche son étendard serré contre sa poitrine, combattit de l'autre main jusqu'à ce que les Maures, lui ayant coupé une jambe, il tomba : alors ils lui brisèrent la tête d'un coup de barre de fer. De toute la flotte chrétienne, quelques vaisseaux et cinq galères seulement parvinrent à s'échapper. Ce désastre eut lieu le jeudi 8 safar 741 (3 août 1340).

La destruction de cette flotte plaçait Alphonse dans une position très-périlleuse. Il s'empressa de réclamer le secours du Portugal et de l'Aragon. La trêve qui avait été consentie avec le Portugal fut convertie en une paix définitive. Alphonse XI s'engagea à laisser sortir de ses États la fille de don Juan Manuel, pour qu'elle pût aller épouser l'infant don Pedro. De son côté, le roi de Portugal s'engagea à prêter à Alphonse XI un secours en hommes et en vaisseaux, pour combattre contre les Maures.

On s'empressa aussi de resserrer l'alliance avec l'Aragon et de faire disparaître les motifs de division qui pouvaient exister entre les deux pays. Alphonse IV d'Aragon avait, on se le rappelle, épousé en secondes noces doña Leonor de Castille. Ce prince, affligé d'une santé débile, ne tarda pas à donner à l'infant don Pedro, l'aîné des enfants qu'il avait eus de sa première femme, la plus grande part dans les affaires du gouvernement. Ce fut une cause de haine mortelle entre l'infant don Pedro et doña Leonor, qui usait de son influence sur le roi pour faire assurer de nombreux domaines à ses enfants don Ferdinand et don Juan. Lorsque après de longues souffrances Alphonse IV mourut le 23 janvier

1336 (*), don Pedro IV fut proclamé roi. Les querelles se ranimèrent entre lui et sa belle-mère. Il voulut dépouiller ses frères des apanages que son père leur avait donnés. Doña Leonor réclama l'assistance du roi Alphonse XI, son frère. Ce fut entre la Castille et l'Aragon une cause de collision. Mais les difficultés qui existaient entre don Pedro et ses frères ayant été soumises au jugement des cortès de Castellon de Buriana, de Gandessa et de Daroca, un arrangement fut conclu en 1338, et le roi d'Aragon, qui regardait son royaume de Valence comme celui que menaçaient principalement les invasions des Maures, fit pour les repousser une étroite alliance avec la Castille. Quand la flotte de l'amiral Jofre Tenorio eut été détruite par les Africains, le roi Alphonse obtint du roi don Pedro d'Aragon un secours de 12 galères, commandées par don Pedro de Moncada. La flotte de Portugal, sous les ordres de l'amiral génois Penazo, vint se poster à Cadix. Le roi de Castille acheta encore de la république de Gênes le secours de quinze galères; enfin il parvint à armer dans les ports de ses États quinze galères et douze vaisseaux. Mais avant que ces forces fussent réunies, Abu'l-Hasan put faire passer en Andalousie un nombre immense de musulmans, qui, aux prédications fanatiques dont retentissaient leurs mosquées, étaient accourus de tout le nord de l'Afrique, persuadés qu'ils allaient, comme au temps du roi Roderic, faire encore la conquête de la Péninsule. Cependant Alphonse XI avait mis toutes ses places en état de défense; il avait confié le commandement de Tarifa à don Juan Alphonse de Benavidez. Depuis dix jours seulement ce capitaine était entré dans la place, quand, le 23 septembre 1340, 30 rabia prior (**) 741, Abu'l-Hasan vint asseoir son camp devant cette ville.

Aussitôt la flotte de Castille, sous les ordres de don Alphonse Ortez, prieur de Saint-Jean, commença à croiser dans le détroit, en vue de Tarifa; mais une horrible tempête dispersa les bâtiments qui la composaient. Plusieurs galères furent jetées à la côte et prises par les musulmans, qui massacrèrent les équipages; et, dans sa joie, Abu'l-Hasan disait que la main de Dieu était avec lui, puisqu'elle envoyait des ouragans pour exterminer la flotte des chrétiens.

Le roi de Castille ne fut pas découragé par ce nouveau désastre. Le roi de Portugal était venu le rejoindre avec mille cavaliers seulement. Le pape avait envoyé un étendard et fait prêcher la croisade; mais on n'avait pas le temps d'attendre l'effet de cette prédication. Les deux rois avaient dû se contenter de leurs seules forces, qui, réunies, formaient environ 40,000 fantassins et 18,000 chevaux. C'était peu en comparaison de l'armée d'Abu'l-Hasan, qui ne s'élevait pas à moins de 400,000 fantassins et de 60,000 cavaliers. Cette énorme disproportion de forces n'arrêta pas les rois de Castille et de Portugal. Ils partirent ensemble de Séville le lundi 16 octobre; ils marchèrent à petites journées, et mirent treize jours à franchir la distance qui les séparait de la ville assiégée. Ce fut le dimanche 29 octobre (7 sjumada prior 741) qu'ils arrivèrent en vue du camp des Maures, dans un endroit appelé la *Peña del Ciervo*, la Roche du Cerf, ou, comme disent les Arabes, *Hijarayel*. A leur approche, Abu'l-Hasan plaça son camp sur une éminence au nord-ouest de la ville : il se trouvait séparé de la Peña del Ciervo par une petite rivière appelée le Rio Salado (*). Le roi de Castille arrêta aussitôt l'ordre dans lequel on combattrait le lendemain. Comme la hauteur sur laquelle Abu'l-Hasan s'était posté se trouvait entre Tarifa et le camp des chrétiens, Alphonse XI pensa qu'il serait bon de faire entrer en secret dans la ville des troupes qui pussent le lendemain, pen-

---

(*) Blancas, dit le x des calendes de février, c'est-à-dire le 23 janvier; suivant Ferreras, le 24.

(**) Il y a dans Condé le 3 : évidemment il a oublié un zéro.

(*) Les Arabes l'appellent Guadacelito.

dant la bataille, attaquer les Maures par derrière et tomber sur leur camp; aussi, dès que la nuit fut venue, il envoya une division de 1,000 chevaux et de 4,000 fantassins, pour qu'elle essayât de pénétrer jusqu'à la ville. Cette colonne trouva le gué du Rio Salado gardé par 3,000 cavaliers maures : elle les culbuta, et continuant sa route, elle alla se joindre aux assiégés. Le lendemain, lundi 30 octobre 1340 (8 sjumada prior 741), dès le point du jour, les chrétiens entendirent la messe, qui fut dite par l'archevêque de Tolède, primat des Espagnes. Le roi reçut la communion, et la plus grande partie de l'armée imita son exemple. Ensuite chacun se rendit au poste qui lui avait été assigné. L'avant-garde fut confiée à don Juan Manuel et à don Juan de Lara. Les rois conduisaient eux-mêmes le corps de bataille : Alphonse de Castille était à la droite, et marchait le long de la mer pour attaquer Abu'l-Hasan. Le roi de Portugal avec ses 1,000 cavaliers et la bannière de don Pedro, infant de Castille, avec les maîtres d'Alcantara et de Calatrava, occupait la gauche et s'appuyait sur une ligne de collines. Il avait en face de lui l'armée du roi de Grenade, Yusuf Abu'l-Hégiag. L'arrière-garde et la réserve se composaient de la bannière de don Pedro Nuñez de Guzman, et de l'infanterie recrutée dans les montagnes des Asturies et de la Biscaye. Une partie de cette infanterie resta sur la hauteur de la Peña del Ciervo, pour garder le camp. D'un autre côté, la garnison de Tarifa, les 5,000 hommes qui avaient été les rejoindre, et ce que l'amiral d'Aragon don Pedro de Moncada avait pu mettre à terre de ses équipages, se rangèrent en bataille sous les murs de la ville assiégée, de manière à menacer les derrières de l'armée africaine. Quand ces dispositions furent prises, l'armée se mit en marche. L'avant-garde, en arrivant au Rio Salado, trouva tous les gués défendus par des corps nombreux d'ennemis. Les troupes que commandaient don Juan Manuel et don Juan de Lara s'arrêtèrent. Il y eut un moment d'hésitation, et la pensée courut dans tous les esprits qu'ils voulaient trahir le roi. Mais Gonzalo et Garcilazo Ruiz de la Vega, suivis des compagnies de don Fadrique, un des fils naturels du roi, passèrent la rivière et attaquèrent les musulmans. Toute l'armée les imita, et bientôt les Africains, ne pouvant résister à l'ensemble et à l'impétuosité des troupes chrétiennes, furent mis en fuite; enfin les Castillans ayant pénétré jusque dans le camp d'Abu'l-Hasan, la déroute devint complète.

Le roi de Castille fut cependant un instant en danger. Le corps d'armée qu'il commandait s'étant laissé entraîner à la poursuite des fuyards, don Alphonse ne se trouva plus qu'à la tête d'une faible escorte. De nombreux musulmans vinrent pour l'assaillir; alors don Alphonse, s'adressant aux siens, leur dit : « *Chargez, chargez, et n'oubliez pas que je suis votre roi Alphonse de Castille et de Léon. Aujourd'hui je verrai quels sont mes vassaux, ils verront quel est leur roi.* » En achevant ces paroles, il piquait son cheval; mais l'archevêque de Tolède, qui ne l'avait pas quitté de la journée, saisit la bride et le retint, en lui disant : « N'allez pas exposer à l'aventure le sort de la Castille et de Léon, car les Maures sont en fuite, et, grâce à Dieu, vous êtes vainqueur. » L'escorte fit bonne contenance; et Ponce de Léon, à la tête des troupes de la ville de Zamora, vint la dégager. Alors les Castillans ne rencontrèrent plus de résistance. Les Maures se retirèrent en fuyant dans la direction d'Algéciraz, et les deux rois les poursuivirent jusqu'au bord du Guadamelsi, qui coule à l'est de Tarifa. Des quatre cent soixante mille hommes qui composaient l'armée musulmane, il en périt deux cent mille dans cette fameuse journée. Fatime, femme d'Abu'l-Hasan, et fille de l'émir de Tunis, fut tuée dans sa tente, sans être connue. Deux jeunes fils d'Abu'l-Hasan eurent le même sort. Un autre de ses fils, nommé Abo-Hamar, son neveu Aboham, trois de ses femmes, sa sœur, appelée Homalfat, tombèrent entre les mains des chrétiens. Le nombre des prisonniers fut prodigieux. On fit un immense butin. Mais ce qu'il y eut de plus étonnant dans cette journée, ce fut le petit nombre des chrétiens qui périrent. Les auteurs ne portent leur nombre qu'à vingt. Le roi de Grenade se retira avec les débris de son armée à Marbella. Quant à Abu'l-Hasan, il avait fui jusqu'à Algéciraz; et craignant que le roi de Castille ne fît garder le détroit de manière à lui interdire la retraite, il repassa en Afrique dans la nuit même qui suivit sa défaite.

Ce désastre avait jeté le découragement chez les Maures; et probablement si le roi Alphonse avait pu attaquer immédiatement la ville d'Algéciraz, il s'en serait facilement rendu maître; mais son armée n'avait de vivres que pour peu de jours, et la mauvaise saison était proche. Les différents corps qui la composaient se séparèrent. Le roi se retira à Séville, et remit au printemps suivant à recueillir les avantages de la victoire qu'il venait de remporter. Il se mit à ramasser des fonds, car presque tout ce qu'on avait trouvé dans le camp d'Abu'l-Hasan avait été employé à donner des récompenses ou à payer la solde arriérée des troupes. Mais le royaume se trouvait épuisé par les impôts qu'il avait déjà payés; le roi obtint des mandataires des villes seulement un faible subside qui ne lui permit pas de mettre sur pied une armée bien nombreuse. Cependant, par ruse plus encore que par force, il fit cette année une importante conquête. Il répandit le bruit qu'il voulait attaquer Malaga; et, pour donner plus de crédit à cette rumeur, il envoya en vue de cette ville deux vaisseaux chargés de vivres. Le roi Yusuf-Abu'l-Hegiag, trompé par cette démonstration, dégarnit plusieurs villes pour réunir à Malaga des vivres et des troupes nombreuses. L'armée castillane se mit en route; mais, quand elle fut arrivée à Ecija, au lieu de continuer son chemin vers le midi pour gagner le bord de la mer, elle tourna brusquement vers l'est, et alla investir Alcala de Benzaïde; dont les magasins étaient vides, et dont les défenseurs étaient peu nombreux; car une partie de sa garnison avait été envoyée à Malaga. Le roi de Grenade s'avança pour essayer de faire lever le siége; mais il n'osa pas attaquer l'armée chrétienne; et les assiégés n'ayant plus de secours à espérer, et d'ailleurs manquant d'eau, rendirent la ville avec les armes et les munitions qu'elle contenait. Ils demandèrent seulement qu'on les laissât se retirer en liberté. Alphonse leur accorda cette capitulation; et Alcala de Benzaïde, qui prit par la suite le nom d'Alcala la Real, lui fut livrée le 21 saphar 742 (6 août 1341). Après ce premier succès, Alphonse alla assiéger Priego, qui ne résista que peu de jours. Il enleva dans la même campagne le château de Carcabuey, celui de Benamexil, et la ville de Rute. Alors le roi de Grenade lui fit demander la paix, et offrit de lui payer le même tribut qu'Alhamar avait payé à saint Ferdinand. Alphonse répondit qu'il y consentirait volontiers, pourvu que Yusuf renonçât à l'alliance d'Abu'l-Hasan. Cette condition ne fut pas acceptée, et la guerre continua. Elle mit le prince castillan dans la nécessité de réclamer de ses sujets de nouveaux subsides. Il leur représenta que la ville d'Algéciraz était la position la plus redoutable que les Africains possédassent encore en Espagne; car elle se trouve si voisine de Ceuta, qu'en moins d'un jour une flotte peut aisément faire le trajet d'un de ces ports à l'autre; en sorte que, tant qu'elle resterait entre les mains des Maures, l'Espagne serait menacée de leurs invasions; qu'il fallait la leur enlever, et que cela était d'autant plus urgent, qu'Abu'l-Hasan, pour tirer vengeance de sa dernière défaite, avait réuni une flotte redoutable, et qu'il se préparait encore une fois à couvrir de ses innombrables armées les campagnes de l'Andalousie. Il fut donc résolu qu'on ferait le siége d'Algéciraz. Néanmoins, ce ne fut qu'avec bien de la peine que les mandataires des villes se déterminèrent à voter les ressources qui étaient nécessaires pour cette grande entreprise,

Pendant que le roi s'occupait des préparatifs de la campagne, il reçut la nouvelle que son amiral Egidio Bocanegra avait détruit, dans un port d'Afrique, dix galères ennemies. A peu de temps de là, une nouvelle victoire fut encore remportée par don Egidio sur la flotte des Africains. Le combat fut livré près de l'embouchure du Guadamelsi; et non-seulement les chrétiens battirent les Maures, mais ils s'emparèrent de plusieurs galères, et notamment de celle qui portait le trésor destiné à payer la solde de l'armée d'Abu'l-Hasan. Ces succès déterminèrent le roi à commencer le siége d'Algéciraz plus tôt qu'il ne l'avait projeté. Le 25 juillet 1342, il partit de Xérez; et, le 3 août, il alla asseoir son camp sur une hauteur, entre la rivière Palmones et la ville, près d'une tour, qui prit par la suite le nom de tour des Adalides, et dont il commença par se rendre maître. Son armée, à cette époque, était moins nombreuse que la garnison qu'il allait assiéger. Elle ne se composait encore que de 2,600 cavaliers et 4,000 fantassins. La ville était défendue par 800 cavaliers choisis parmi les plus braves des Beni-Merines; 12,000 fantassins, sans compter les habitants capables de porter les armes, dont le nombre ne s'élevait pas à moins de 18,000. Enfin, les murailles étaient garnies de machines de guerre de toutes les espèces. On y voyait même des armes sinon inconnues, au moins peu employées jusqu'à cette époque. C'est la première fois que l'histoire ait fait mention de l'usage des armes à feu (*).

(*) Condé dit, d'après des manuscrits arabes, que les Maures s'étaient déjà servis de canons au siége de Tarifa : « *Principieron a combatirla con maquinas è ingenios de truenos que lanzaban balas de hierro grandes con nafta, causando gran destrucion en sus bien torreados muros.* » Ils commencèrent à la battre avec des machines et des engins de tonnerre qui, au moyen du naphte, lançaient des boulets de fer et qui causaient de grands dégâts dans ses murs bien garnis de tours.

J'ai déjà relevé les fréquentes erreurs

Le passage de la chronique d'Alphonse qui décrit leur effet est assez curieux pour être cité (*). « Ils lançaient aussi avec les tonnerres des boulets de fer dont les hommes avaient une grande frayeur, car en quelque membre qu'ils vous atteignissent, ils l'emportaient net comme si on l'eût coupé avec le couteau. Pour peu que quelqu'un fût blessé par le boulet, c'était un homme mort ; et il n'y avait pas de chirurgien qui le pût guérir, d'abord parce que le boulet venait en brûlant comme du feu, ensuite parce que les poudres qu'ils employaient pour les lancer étaient de telle nature, que les boulets ne faisaient pas de blessures qui ne devinssent mortelles. »

Pendant les premiers temps, les chrétiens eurent donc de rudes combats à soutenir; mais chaque jour il leur arrivait des renforts, et bientôt ils purent se rapprocher de la ville. Cependant avant de commencer à battre les murailles, le roi, prévoyant que le siége durerait longtemps, s'occupa d'assurer ses communications d'une manière commode. Voulant qu'on pût apporter facilement des vivres à son camp, et que pendant l'hiver la crue des rivières n'arrêtât pas les convois, il fit construire des ponts et rétablir les chaussées. C'est pendant ces travaux, et dans le courant du mois de septembre, que mourut le maître de Saint-Jacques Alonzo Mendez de Gusman. Les treize chargés de l'élection du nouveau maî-

de chronologie commises par les auteurs arabes consultés par Condé. Le nombre de ces erreurs me fait considérer ces ouvrages comme rédigés longtemps après les événements, et sur des documents mozarabes dont on ne peut aujourd'hui apprécier l'exactitude. Ils méritent donc moins de créance que les chroniqueurs, qui, ainsi que Villazan, étaient presque contemporains des faits qu'ils rapportent ; et d'ailleurs on se rappelle que les chrétiens avaient pris le camp d'Abu'l-Hasan. S'il s'y fût trouvé des armes à feu, ils les eussent prises, et les Maures n'auraient pas été les seuls à s'en servir au siège d'Algéciraz.

(*) Chronique d'Alphonse, ch. 292, édition de Madrid, 1787, p. 536.

tre conférèrent la maîtrise à don Fadrique, un des fils que le roi avait eus de sa liaison avec Leonor de Gusman. La jeunesse du nouveau maître, qui n'avait pas encore le nombre d'années exigé par les statuts de l'ordre, ne fut pas un obstacle, et le pape lui accorda des dispenses d'âge.

Tout l'hiver se passa en combats livrés à la garnison. Il s'écoulait peu de jours sans que des partis maures sortissent de la ville pour venir ruiner les tranchées que les assiégeants creusaient, ou pour détruire les tours de bois qu'ils élevaient. Mais les chrétiens eurent moins encore à souffrir de l'ennemi que des intempéries de la saison. Les pluies furent tellement abondantes, qu'elles détrempèrent les cabanes de terre où les troupes étaient logées. La plus grande partie de l'armée se trouva sans abri, car les vents avaient déchiré et mis hors de service presque toutes les tentes. Au reste, le roi ne se trouva pas mieux traité que ses soldats; il n'y avait pas dans son logement un seul endroit où l'on fût à couvert; et plusieurs fois il fut obligé de rester levé pendant toute la nuit, parce qu'il pleuvait dans son lit. Tant de souffrances ne rebutèrent pas les chrétiens. Ils choisirent, pour asseoir le camp, une position nouvelle dont le sol était plus sablonneux, afin que les chevaux et les bestiaux ne périssent pas dans la boue. Le roi fit apporter par mer des bois avec lesquels on construisit des abris plus solides.

Quand le printemps fut arrivé, plusieurs seigneurs étrangers vinrent en Espagne pour prendre part à cette guerre sainte, et pour mériter les indulgences que le pape avait accordées à ceux qui combattaient les musulmans. Les plus célèbres furent les comtes anglais de Derbi(*) et de Salisberi; Gaston, comte de Foix et de Béarn; son frère Bernard, comte de Castilbon; et enfin le roi Philippe de Navarre. Tous ces renforts, en augmentant considérablement les forces de l'armée, permirent d'investir complètement la ville, en sorte que par terre toute communication fut interdite aux assiégés. La flotte d'Alphonse, à laquelle vinrent passagèrement se joindre dix galères portugaises, sous le commandement de l'amiral Pezano, et dix galères aragonaises, sous celui de l'amiral Moncada, bloquaient étroitement le port. Cependant elle ne pouvait empêcher les Maures, maîtres de Gibraltar, de profiter des vents d'est pour passer pendant la nuit au milieu des escadres chrétiennes, et d'apporter ainsi aux assiégés des vivres et des rafraîchissements. Afin de les priver de ces secours, on ferma l'entrée du port avec de fortes poutres liées entre elles, en sorte que la barque la plus légère n'y pouvait pénétrer.

Pendant qu'Alphonse pressait ainsi la ville de tous les côtés, le roi de Grenade faisait des efforts pour la délivrer. Il avait espéré que des incursions sur les frontières des chrétiens feraient une puissante diversion, et détermineraient Alphonse à lever le siége; mais il avait été partout repoussé, et ce moyen ne lui ayant pas réussi, il avait levé des troupes nouvelles, et s'était avancé pour secourir Algéciraz; mais à la vue du camp des assiégeants, il avait renoncé à cette entreprise, et ne croyant pas qu'il lui fût possible de le forcer, il avait employé la seule voie

---

(*) Henri, comte de Derbi ou Darbi, de la famille royale d'Angleterre. C'est lui qui fut chargé par Édouard, en 1345, de porter la guerre en Guienne.

La chronique d'Alphonse écrit son nom de cette manière : El conde *De Arbi*.

La chronique de Lopez de Ayala dit ainsi :

« Le duc de Lancastre qui fut comte de Derbi, vint aussi au siége d'Algeciraz.... Quand il vint au camp il était comte de Derbi, ce n'est que plus tard qu'il fut fait comte de Lancastre.

On le trouve ainsi désigné dans le vœu du héron :

> Le preu conte d'Erby a li quens apelé
> Et li proie pour Dieu et pour la Trinité,
> Que il venc au hairon son voloir et son gré.

Les historiens français écrivent Darbi ou Derbi. C'est par erreur que le traducteur de Ferreras a écrit le comte d'Arbize.

qui lui restât, celle des négociations. Ses ambassadeurs avaient proposé au roi Alphonse de l'indemniser des frais de la guerre, s'il voulait abandonner le siége. Mais le roi de Castille avait exigé un prix si considérable, que rien n'avait pu se conclure, et que les ambassadeurs s'étaient retirés après avoir obtenu la permission de visiter le camp, qui, établi depuis une année, était devenu presque une ville. Il contenait non-seulement des casernes pour les troupes, des logements pour les officiers et pour les seigneurs, mais on y trouvait encore des rues entières occupées par des boutiques où se vendaient les denrées nécessaires à la vie, et même de ces objets de luxe qu'on ne rencontre que dans une cité florissante, comme des draps et des bijoux. Les envoyés de Yusuf-Abu'l Hégiag se retirèrent émerveillés de l'ordre, de l'abondance et de la discipline parfaite que le roi avait su établir dans son armée. Ils commencèrent à désespérer du salut d'Algéciraz. Cependant le siége durait depuis déjà si longtemps, que les finances du roi étaient épuisées. Le pape, pour l'aider à mener à bien cette grande entreprise, lui avait prêté 20,000 florins, le roi de France lui en avait donné 50,000; mais ces ressources étaient encore insuffisantes. Alphonse fit fondre son argenterie, et la fit convertir en monnaie. Les villes lui accordèrent un nouveau subside; enfin l'Estramadure envoya au camp 5,000 vaches et 20,000 moutons. Mais quelque grands que fussent ces secours, les dépenses de l'armée et de la flotte étaient encore plus considérables. Les comtes de Béarn et de Castilbon se plaignirent de ce que la solde promise à leurs troupes ne suffisait pas pour subsister, et quittèrent le camp au mois d'août 1343. Mariana pense que cette insuffisance de leur solde qu'ils alléguèrent fut un prétexte qu'ils saisirent pour se retirer, parce qu'ils ne pouvaient plus supporter les chaleurs excessives de la saison, qui, jointes aux fatigues, faisaient naître dans le camp une foule de maladies. Déjà les comtes de Derbi et de Salisberi avaient pris congé du roi de Castille, en disant qu'Édouard leur souverain les rappelait en Angleterre. Mais le comte de Salisberi était tombé malade, et avait été obligé de s'arrêter à Séville. Gaston de Foix fut atteint par la maladie dans la même cité; mais, moins heureux que le comte de Salisberi, il ne guérit pas. Les siens ne reportèrent que son corps dans ses États, et il fut inhumé dans l'abbaye de Bolbonne, où était le tombeau de sa famille.

Le roi Philippe de Navarre tomba aussi malade, et comme il ne voulait rien faire de ce que lui prescrivaient les médecins du roi, son mal ne tarda pas à s'aggraver. Il fut obligé de quitter le camp, et il mourut à Xérès de la Frontera, le 28 septembre. Après sa mort, la reine Jeanne sa femme, à qui appartenait la couronne, régna encore pendant six ans sur la Navarre.

Ces pertes affaiblirent l'armée d'Alphonse; mais surtout elles relevèrent le courage des Maures. Le roi de Grenade fit de nouvelles démarches auprès d'Abu'l-Hasan, pour le déterminer à passer en Espagne afin de secourir les assiégés. Les Africains profitèrent de ce qu'une tempête avait forcé la flotte chrétienne à prendre le large, et le 3 octobre, leurs galères, au nombre de plus de soixante, vinrent aborder au port d'Estepona. Le 7, elles se rendirent à Gibraltar, où toutes les forces des Africains et des Maures de Grenade se concentrèrent. Cette armée resta deux mois dans cette ville sans secourir Algéciraz. Deux fois elle s'avança jusqu'au bord du Palmones; mais Alphonse avait choisi sur l'autre rive une position si redoutable, que les musulmans n'osèrent pas franchir le fleuve, et qu'ils se retirèrent. Enfin ils revinrent une troisième fois, le 12 décembre 1343, veille de la Sainte-Luce (25 resjeb 744). Ils passèrent le Palmones; mais ils furent complétement mis en déroute, et perdirent l'espoir de faire lever le siége d'Algéciraz. Cependant la ville ne se rendit pas. Elle résista encore pendant tout l'hiver. Ce ne fut qu'après 19 mois et 18 jours de siége, lorsque les défenseurs manquèrent de vivres, que le 22 mars 1344 (7 dzulkada 744), un ambassadeur du roi de Grenade vint proposer à Alphonse de faire capituler la ville, à condition qu'il laisserait les défenseurs se retirer avec tout ce qu'ils possédaient; qu'il accorderait à Abu'l-Hasan et au roi de Grenade une trêve de quinze années. Ce dernier offrait, au reste, de se reconnaître vassal de la Castille, et de lui payer chaque année un tribut de 12,000 doubles d'or. Alphonse réduisit la trêve à dix années; mais il accepta les autres conditions. Quand on fut ainsi tombé d'accord, deux capitaines du roi de Grenade vinrent baiser la main de don Alphonse en signe de vasselage, et les chrétiens prirent possession d'Algéciraz, le 27 mars 1344, veille du dimanche des Rameaux; aussi le roi voulut-il qu'en mémoire de ce jour, la mosquée principale de la ville fût consacrée à Notre-Dame de la Palme.

Après cette victoire, Alphonse n'ayant plus d'ennemis à combattre, ni dans son royaume ni à l'extérieur, s'occupa du soin de rétablir les finances, épuisées par tant de guerres. Il fit jouir ses sujets d'une paix dont ils étaient privés depuis si longtemps.

DON PEDRO LE CÉRÉMONIEUX S'EMPARE DES ÉTATS DU ROI DE MAJORQUE SON BEAU-FRÈRE. — DISCUSSIONS RELATIVEMENT A LA SUCCESSION FUTURE AU TRÔNE D'ARAGON. — LES SEIGNEURS D'ARAGON SE FORMENT EN UNION. — L'UNION DE VALENCE SE SOULÈVE ÉGALEMENT CONTRE LE ROI. — L'INFANT DON JAYME, FRÈRE DU ROI, MEURT EMPOISONNÉ. — L'UNION D'ABORD VICTORIEUSE EST VAINCUE. — LE FUERO QUI AUTORISAIT L'UNION EST ANÉANTI. — DON ALPHONSE COMMENCE LE SIÉGE DE GIBRALTAR. — IL Y MEURT DE MALADIE.

Pendant que le roi de Castille triomphait des ennemis de la foi chrétienne, et augmentait ses domaines à leurs dépens, le roi d'Aragon faisait aussi des conquêtes; mais celles-ci n'étaient motivées ni par la justice ni par la religion. Il travaillait à dépouiller son beau-frère, don Jayme, roi de Majorque. Si le caractère cruel, ambitieux et perfide de don Pedro n'eût pas suffi pour le déterminer à cette usurpation, on pourrait attribuer sa conduite odieuse au ressentiment d'une offense qu'il avait reçue. Le roi de Majorque, après avoir différé pendant trois années de rendre à don Pedro l'hommage auquel il était obligé pour ceux de ses États qui relevaient de la couronne d'Aragon, vint enfin remplir ce devoir à Barcelone, le 17 juillet 1339. Quelque temps plus tard, le roi don Pedro partit pour Avignon, afin d'aller à son tour rendre en personne au pape son hommage, à raison de la possession des îles de Corse et de Sardaigne qu'il tenait comme vassal du saint-siége. Il fut accompagné dans ce voyage par le roi de Majorque, et le jour où don Pedro, entouré d'un brillant cortége, s'avançait pour aller au palais du saint-père, ayant don Jayme à côté de lui, l'écuyer qui tenait par la bride le cheval de don Jayme ayant remarqué que le seigneur qui remplissait la même fonction auprès du roi d'Aragon marchait plus vite que lui, donna un coup au cheval du monarque aragonais pour l'arrêter. Il frappa même le seigneur qui le conduisait. Don Pedro fut d'autant plus offensé de cette audace, que, par son silence, le roi de Majorque sembla l'autoriser. Dans le premier moment de colère, il porta la main à son épée; mais son oncle, qui était à côté de lui, l'arrêta et l'empêcha de tirer vengeance de cette injure. Don Pedro en conserva-t-il le ressentiment? C'est ce qu'il n'est pas possible de savoir; mais il se montra toujours animé d'un mauvais vouloir pour son frère, et l'occasion d'en donner la preuve ne tarda pas à se présenter.

En 1341, don Jayme ayant refusé de rendre hommage au roi de France pour le comté de Montpellier, le duc de Normandie assembla des troupes afin de s'emparer par les armes du fief dont on contestait la souveraineté. Don Jayme, à la nouvelle de ces armements, envoya prévenir don Pedro, et lui demanda de le secourir comme un seigneur doit secourir son vassal. Mais l'Aragonais, qui ne désirait rien tant que de voir son beau-frère affaibli, afin de pouvoir plus facilement s'emparer de ses dépouilles, répondit d'une manière évasive. Don Jayme s'imagina qu'il réussirait mieux par lui-même que par ses ambassadeurs. Il se rendit en Catalogne, et se fit accompagner par sa femme doña Constance, dans l'espoir qu'elle exercerait un peu d'influence sur l'esprit du roi d'Aragon. Tout cela fut inutile. Don Pedro promit seulement d'envoyer un ambassadeur au roi de France; mais déjà le duc de Normandie s'était emparé des vicomtés d'Omelas et de Carladois. Don Jayme, qui s'était retiré dans le Roussillon à la tête de quelques troupes, fit encore savoir au roi d'Aragon combien sa position était dangereuse. Il lui demanda de nouveau des secours. Don Pedro en promit, mais il n'en envoya pas. Loin de là, au commencement de l'année suivante (1342), il fit ajourner don Jayme à comparaître, dans le délai de vingt-six jours, devant les cortès de Barcelone. Il l'accusait d'avoir voulu se rendre indépendant, d'avoir, de son chef, déclaré la guerre au roi de France, d'avoir souffert dans ses États une autre monnaie que celle de Barcelone, et d'en avoir fait battre une mauvaise. Don Jayme ne comparut pas sur l'assignation qui lui avait été donnée. Il fut déclaré rebelle, contumace, et, comme tel, déchu de tous les domaines qu'il tenait à foi et hommage de la couronne d'Aragon. Cependant le pape ayant intercédé pour lui, il obtint un sauf-conduit, et vint à Barcelone pour s'expliquer avec le roi don Pedro. D'abord celui-ci le reçut avec une apparente bonté; mais bientôt, prétextant qu'il avait appris que don Jayme avait formé le projet de l'enlever et de l'emmener à Majorque, il lui retira doña Constance, sa femme. Le roi de Majorque se plaignit vivement de cette violation du sauf-conduit; mais don Pedro, satisfait d'avoir retiré sa sœur de ses mains, le laissa partir sans s'inquiéter de ses cris ou de ses menaces. Don Jayme, furieux, se rendit aussitôt à Majorque, où il déclara la guerre au roi d'Aragon.

Il saisit tous les biens que les Aragonais possédaient dans ses États. Il publia un manifeste par lequel il protesta que tout ce qui lui était imputé n'était que calomnie et qu'imposture. Sans doute, ce prince avait pour lui la justice; mais sa conduite n'en fut pas moins imprudente. Bon droit a besoin d'aide, et n'ayant pas le moyen de faire prévaloir sa cause, il ne fallait pas donner un prétexte à la spoliation que l'Aragonais voulait exercer.

Dès que la guerre fut ainsi déclarée, don Pedro rappela les galères qu'il avait envoyées au siége d'Algéciraz, sous le commandement de l'amiral de Moncada, et il commença les hostilités à la fois dans le Roussillon et dans les Baléares. Le roi don Jayme voulut en vain s'opposer à la descente de don Pedro dans l'île de Majorque; abandonné par ses sujets, dont il n'avait pas su se faire aimer, il fut forcé de prendre la fuite et de se réfugier en France. Les Baléares prêtèrent serment de fidélité à don Pedro, et furent réunies à la couronne d'Aragon. Don Jayme ne fut pas plus heureux dans le Roussillon. L'armée aragonaise lui enleva plusieurs places, et dévasta les environs de Perpignan. Le roi don Jayme, qui n'avait ni troupes ni argent pour résister à un ennemi si puissant, résolut d'essayer de le fléchir par la soumission. Engagé d'ailleurs à cette démarche par don Pedro Exerica, seigneur aragonais, qui lui faisait espérer que le roi don Pedro agirait à son égard avec générosité, il accourut lui-même se livrer à son beau-frère, qui venait de s'emparer de la ville d'Elne. Don Pedro exigea qu'avant tout les portes de Perpignan lui fussent ouvertes; don Jayme, espérant toucher son vainqueur par cet acte d'obéissance, lui fit livrer la ville, et don Pedro y ayant reçu le serment de fidélité des habitants, rendit, le 22 juillet 1344, un édit par lequel il déclarait le Roussillon réuni pour toujours à la couronne d'Aragon. Après avoir mis de bonnes garnisons dans toutes les villes, il retourna à Barcelone; et comme les plaintes de don Jayme ne cessaient de le poursuivre, il fit décider par les états d'Aragon qu'on payerait à don Jayme une pension annuelle, à condition qu'il cesserait de prendre le titre de roi. On lui laissait aussi les domaines qu'il possédait dans le Languedoc ; mais ils étaient de peu d'importance, car le roi de France lui en avait enlevé la meilleure partie. Quand on vint signifier à don Jayme la décision des cortès, il entra en fureur. Il accusa don Pedro de l'avoir trompé. Enfin la violence de ses reproches n'ayant pas de bornes, le roi d'Aragon envoya quelques troupes pour le saisir ; et le malheureux prince, forcé de fuir, fut obligé, à la tête d'une poignée de monde, de traverser les Pyrénées, qui étaient couvertes de neige, et de gagner la France. Il se réfugia auprès du jeune Gaston Phœbus, comte de Foix, qui était son allié. Le roi d'Aragon voulut lui retirer cet asile. Il écrivit à la comtesse Éléonore de Comminges, qui pendant la minorité de son fils avait le gouvernement des pays de Foix et de Béarn, pour la sommer de refuser toute espèce de secours au roi fugitif. Mais cette généreuse princesse répondit avec courage : « Ni mon fils ni moi ne pouvons déférer à la sommation de don Pedro d'Aragon, justice et alliance s'y opposent. »

Don Jayme fit plusieurs tentatives malheureuses pour recouvrer ses États. Enfin, le 18 avril 1349, il vendit au roi de France le comté de Montpellier pour 120,000 écus d'or. Il employa cette somme à équiper 3,000 fantassins et 300 chevaux, et à la tête de cette petite armée, il alla tenter de reconquérir Majorque. Mais le vice-roi de l'île lui opposa des forces six fois plus considérables. Don Jayme fut défait, et mourut en combattant.

Ce ne fut pas seulement pour dépouiller l'infortuné don Jayme que don Pedro eut recours à la perfidie, et qu'il se montra cruel et impitoyable. Trois ans avant la dernière tentative du malheureux souverain de Majorque, les troubles les plus graves avaient agité l'Aragon. Une question sur le droit de successibilité au trône, impru-

demment soulevée, avait gravement compromis l'autorité royale. Don Pedro n'avait pas de fils. La reine doña Maria de Navarre lui avait donné trois infantes, doña Costanza, doña Juana et doña Maria. Voulant assurer d'avance le trône à ses enfants, don Pedro faisait promulguer des édits au nom de doña Costanza, comme si elle eût dû naturellement lui succéder. A la vérité, la constitution aragonaise n'exclut pas les femmes du trône. La fille de don Ramire le Moine, mariée à Ramon Berenguer, a régné sur l'Aragon ; mais elle était le seul rejeton qui restât de la race des Abarca, et ce n'était qu'à défaut de prince du sang royal que les femmes pouvaient hériter du trône. Don Jayme, comte d'Urgel, frère du roi, et lieutenant général du royaume, se plaignit de ce que ces dispositions étaient prises pour le dépouiller des droits qu'il avait à la couronne. Don Pedro s'irrita en entendant ces protestations ; il ôta à don Jayme la lieutenance générale du royaume. Mais celui-ci, sachant bien que le roi ne négligerait aucun moyen pour faire réussir ses projets, s'était depuis longtemps fait un parti. Tous les seigneurs qu'avait indignés la manière odieuse dont le roi de Majorque avait été dépouillé, tous les mécontents, favorisaient le comte d'Urgel. Ils s'assemblèrent à Saragosse, et profitant de ce que la constitution de l'État les y autorisait, ils formèrent l'Union, en exécution de ce fuero qui permet aux seigneurs, lorsque leurs priviléges ou leurs libertés sont violés, de faire choix d'un autre roi, fût-il païen (*). Les infants don Fernand et don Juan, qui avaient des intérêts conformes à ceux de don Jayme, embrassèrent son parti, et tous se plaignirent de ce que le roi voulait troubler l'État en changeant l'ordre de succession au trône.

L'accouchement de la reine faillit terminer ces troubles en en faisant disparaître le motif. Elle mit un fils au monde ; mais cet enfant vécut seulement un jour, et la reine elle-même

(*) Page 183.

mourut cinq jours plus tard. L'Union ne fut donc pas forcée d'abandonner ses réclamations. Elle continua à miner l'autorité royale, tout en protestant de son profond respect pour la couronne. Ainsi le sceau que cette assemblée avait fait graver pour donner l'authenticité aux actes émanés d'elle, représentait don Pedro entouré de ses sujets agenouillés, qui lui présentaient humblement leurs suppliques. Don Jayme avait été choisi pour président. Don Juan Ximenès de Urrea, seigneur de Biota; don Pedro Coronel, Blasco de Alagon, et Lope de Luna, principaux chefs de l'Union, avaient été nommés conservateurs de la liberté. Au reste, ce n'était pas contre le roi que l'on dirigeait des reproches, mais contre ses ministres, Bernard de Cabrera et Berenguer de Arbella. Elle suppliait le roi de venir prendre part à ses travaux. Don Pedro refusa pendant longtemps; mais il fut forcé par les circonstances de s'éloigner de Valence, où il résidait; alors la révolte éclata dans cette ville; une seconde Union s'y forma. Elle prit l'infant don Ferdinand pour président, et les deux Unions firent entre elles une étroite alliance. Presque toutes les villes des royaumes d'Aragon et de Valence embrassèrent leur parti; et le roi, après avoir employé tous les moyens qu'il put imaginer pour dissiper cette assemblée, se rendit à Saragosse. Là, il fit usage d'une recette qui n'est certainement pas nouvelle, mais qui ne manque jamais de réussir. Il eut recours à la corruption. Il acheta des suffrages, et parvint à gagner à son parti don Lope de Luna, un de ceux-là même qui avaient été nommés conservateurs de la liberté. Cependant il voulut trop se presser de profiter de l'influence de ses nouveaux alliés. Dans une séance, il s'emporta contre don Jayme, et l'invectiva avec véhémence; celui-ci répondait avec la plus grande modération; mais un des gentilshommes de sa maison ouvrit les portes de l'assemblée, et cria au peuple que le roi insultait tout le monde; qu'il voulait dissoudre l'Union. Alors la populace furieuse se précipita dans l'église où se tenait l'assemblée, et les seigneurs eurent bien de la peine à défendre le roi contre les fureurs de l'émeute. L'imprudence de la conduite de don Pedro excita les passions; et le roi, forcé de céder à l'irritation qu'elle avait produite, accorda tous les privilèges qu'on réclamait. Don Jayme fut rétabli dans la lieutenance générale du royaume, et fut déclaré l'héritier présomptif de la couronne. Mais il ne jouit pas longtemps de ce triomphe. Don Pedro, peu de mois après la mort de la reine doña Maria, avait envoyé demander la main de doña Leonor, fille du roi de Portugal. Le vaisseau qui portait cette princesse était attendu à Barcelone, et le roi s'y rendit pour recevoir sa nouvelle épouse. Il fut accompagné par don Jayme, qui mourut le jour même où cette princesse débarqua. Tout le monde pensa qu'il avait été empoisonné, et cette croyance jeta une nouvelle irritation dans les esprits. On pensa qu'il n'y avait plus de ménagements à garder, et l'Union se détermina à réduire par les armes les villes qui tiendraient pour le roi. Les royalistes, de leur côté, réunirent des troupes. Ils marchèrent au-devant de l'armée de Valence; mais ils furent deux fois mis en déroute. Aussitôt que don Pedro fut instruit de ces défaites, il partit avec quelques troupes pour le royaume de Valence, afin d'aller y réparer les échecs que son parti avait éprouvés. L'Union de Saragosse, de son côté, envoya au secours des Valenciens 15,000 hommes, sous la conduite du seigneur de Biota et de don Lope de Luna. Ce dernier était depuis quelque temps dans les intérêts du roi. Il trouva donc bientôt un prétexte pour se séparer de son collègue, et pour se retirer à Carmone et à Daroca, sans cependant se déclarer ouvertement pour don Pedro.

Cette défection laissait encore l'armée des Valenciens forte de près de 50,000 hommes; et don Pedro, qui était bien loin de réunir un nombre de troupes aussi considérable, s'était arrêté à Murviedro pour attendre les forces que devaient lui amener les seigneurs de son parti. Craignant d'être attaqué dans cette ville, il s'occupa d'en faire réparer les fortifications. Les habitants s'en inquiétèrent; et, pensant que cela se faisait par le conseil de Bernard de Cabrera et de Berenguer de Arbella, ils coururent à la demeure de ces deux ministres pour les massacrer. Mais ceux-ci parvinrent à s'échapper, laissant le roi exposé à la fureur de la populace mutinée. Les séditieux, pour empêcher que don Pedro ne s'évadât et n'allât rejoindre ses ministres, le saisirent avec la reine et les infantes, et les conduisirent à Valence dans les premiers jours de l'année 1348. Une sédition ne tarda pas à éclater parmi les citoyens de cette ville; qui coururent aux armes et se précipitèrent vers le logis du roi, pour égorger Bernard de Cabrera et Berenguer de Arbella. Le roi ne savait comment apaiser le tumulte. Don Pedro de Moncada lui conseilla de sortir avec une masse à la main, et de reprocher aux Valenciens leur témérité. Il lui dit que la population de Valence est la plus légère et la plus mobile du monde, et qu'en le voyant, elle changerait aussitôt d'opinion. Il en arriva comme Pedro de Moncada l'avait prévu. Non-seulement la présence du roi apaisa le tumulte, mais la direction des esprits fut tellement modifiée, que le peuple reconduisit le roi avec des acclamations de joie; en sorte que l'infant don Fernand jugea prudent de sortir de Valence avec sa cavalerie et avec les principaux chefs de l'Union. Le roi, pour achever de calmer les Valenciens, leur accorda les priviléges que réclamait l'Union. Il donna une complète amnistie pour tous ceux qui s'étaient révoltés à cette occasion; mais il se promettait bien de révoquer toutes ces concessions, quand il en aurait fini avec l'Union de Saragosse.

Les troupes royales se dirigèrent vers l'Aragon, et l'armée de l'Union vint à sa rencontre. Mais on n'était plus aux premiers jours de la révolution. Une partie des principaux chefs avait été gagnée. Don Lope de Luna, Blasco de Alagon, qui d'abord avaient été nommés les conservateurs de la liberté, étaient passés du côté de don Pedro. Les chefs des insurgés, effrayés par tant de défections, se méfiaient les uns des autres; néanmoins ils combattirent avec courage, mais ils furent défaits. L'infant don Ferdinand fut blessé, et tomba entre les mains des chevaliers castillans, qui avaient embrassé le parti de don Pedro. Gil de Albornoz, qui les commandait, pour soustraire le prisonnier au ressentiment de son frère, le fit aussitôt conduire en Castille. Les deux autres principaux chefs de l'Union, don Pedro Fernandez de Ixar et le seigneur de Biota, furent aussi faits prisonniers, et ils furent mis à mort.

Le roi, qui était parti de Téruel avec un corps de troupes pour venir renforcer son armée, arriva lorsqu'elle avait déjà remporté la victoire. Il marcha aussitôt vers Saragosse, qui le reçut humblement, et se livra à sa discrétion. Non-seulement le roi révoqua tous les priviléges qui lui avaient été arrachés, il abolit encore le fuero qui autorisait l'Union. Il s'en fit rapporter le titre original, et voulut le lacérer en public. Comme cette charte était écrite sur un parchemin très-épais, et qu'il ne pouvait la déchirer assez vite à son gré, il tira le poignard qu'il portait à sa ceinture, et se mit à la déchiqueter. En la coupant, il se blessa un doigt, en sorte qu'il rougissait les lambeaux du parchemin. Quelqu'un le lui ayant fait observer, il répondit : « Cela devait être. Pour effacer un « semblable privilége, il fallait du sang « de roi. » Soit à raison de cette anecdote, soit à raison de sa cruauté, don Pedro le Cérémonieux reçut aussi le surnom de don Pedro du Poignard. Il punit de mort treize des habitants de Saragosse les plus influents. Il en fit mourir plusieurs dans d'autres villes. Ensuite il marcha vers le royaume de Valence, dont l'Union ne s'était pas laissé effrayer par la déroute des Aragonais. Il remporta sur l'armée des Valenciens une victoire complète. Il entra dans Valence en vainqueur irrité ; il abolit tous les priviléges qu'il avait accordés ; et, au mépris de l'amnistie qu'il avait donnée, il tira, par de sanglantes exécutions, vengeance de l'offense qui avait été faite à la majesté royale.

La guerre civile ne fut pas, cette année, le seul fléau qui dévasta l'Aragon. Une affreuse épidémie vint y porter ses ravages. La reine elle-même tomba malade, et mourut dans le courant du mois de novembre 1348.

Pendant tous ces troubles, la Castille était restée tranquille. Cinq années de paix avaient suffi à don Alphonse pour remettre l'ordre dans ses finances et pour réparer les forces de son royaume. Bien que la trêve avec les Maures ne fût pas expirée, le roi, voyant, en 1349, qu'Abu'l-Hasan était occupé en Afrique par la révolte d'un de ses fils, crut l'occasion favorable pour enlever aux Africains la dernière ville qu'ils possédassent en Espagne. Il commença le siége de Gibraltar ; mais les maladies se mirent dans son armée. Alphonse lui-même en fut atteint, et il mourut dans son camp le vendredi saint, 26 mars 1350 (16 muharrem 751) (*). Cette mort prématurée fut une perte immense pour l'Espagne ; elle retarda de bien des années l'entière expulsion des Maures. Alphonse le Vengeur joignait aux talents du grand capitaine les qualités d'un grand roi. Il avait su rétablir le calme dans son royaume, qui, depuis la mort de saint Ferdinand, n'avait pas cessé d'être déchiré par les factions ; aussi fut-il vivement regretté par tous ses sujets, et leurs regrets devinrent bientôt plus amers, quand on put apprécier son successeur.

RÈGNE DE DON PEDRO LE CRUEL. — CHRONIQUES DE LOPEZ DE AYALA ET DE GRACIA DEI. — LA REINE DONA MARIA FAIT METTRE A MORT DONA LÉONOR DE GUZMAN. — ASSASSINAT DE GARCILASO DE LA VEGA. — SUPPLICE DE PLUSIEURS HABITANTS DE BURGOS. — CORTÈS DE VALLADOLID. — AFFAIRE DES BEHETRIES. — MORT DE DON ALONZO CORONEL. — MARIA DE PADILLA DEVIENT LA MAÎTRESSE DU ROI. — MARIAGE DE DON PEDRO AVEC BLANCHE DE BOURBON. — LE ROI ABANDONNE LA REINE POUR RETOURNER AVEC LA PADILLA. — IL TROMPE PAR UN FAUX MARIAGE JUANA DE CASTRO. — DON ALONZO DE ALBUQUERQUE ET PLUSIEURS SEIGNEURS SE LIGUENT CONTRE LE ROI. — TOLÈDE EMBRASSE LEUR PARTI. — LA REINE MÈRE ELLE-MÊME SE RÉUNIT AUX CONFÉDÉRÉS. — DON PEDRO SE REMET ENTRE LEURS MAINS. — IL S'ÉCHAPPE ET PARVIENT A DISSOUDRE LA LIGUE. — DON ENRIQUE DE TRASTAMARE EST OBLIGÉ DE FUIR ET DE CHERCHER UN ASILE EN FRANCE.

Quand la seconde moitié du quatorzième siècle commença, par une fatale coïncidence la Péninsule ibérique tout entière se trouva soumise à la domination de quelques-uns de ces princes que la colère divine n'envoie que pour châtier les nations. En Aragon, le roi avait mérité le surnom de don Pedro du Poignard. La reine de Navarre, morte le 6 octobre 1349, à Conflans Sainte-Honorine, avait laissé pour héritier Charles le Mauvais. En 1357, don Pedro, que des historiens appellent le Justicier, que d'autres nomment le Cruel, monta sur le trône de Portugal. Enfin la Castille obéissait au fils d'Alphonse le Vengeur, à don Pedro le Cruel. Qu'avait donc fait la malheureuse Péninsule pour être affligée d'une réunion de semblables souverains ?

Quelques historiens se sont efforcés de réhabiliter la mémoire de don Pedro de Castille. Ils prétendent justifier sa conduite, et accusent de calomnie les auteurs qui l'ont flétri du nom de Cruel. Suivant eux, il faut suspecter la véracité de don Pedro Lopez de Ayala ; car si cet auteur a été témoin de la plupart des faits qu'il raconte, il y a aussi pris une part active. A la bataille de Navarete, il portait l'étendard de don Enrique de Trastamare, et il a dû nécessairement montrer quelque partialité en faveur de la cause qu'il avait embrassée. Mais si vous

(*) Condé dit le jeudi 10 muharrem. Cette date est évidemment fausse, le 10 muharrem 751 tombe un samedi.

cherchez dans les écrivains partisans de don Pedro la réfutation des faits rapportés par Ayala, vous serez tout étonné de ne trouver que de vaines déclamations dénuées de preuves. Un des serviteurs les plus zélés de ce prince, Gracia Dei, son roi d'armes, a écrit une chronique qu'il oppose à celle de Lopez de Ayala. Je l'ai lue sans y trouver un seul mot qui pût me faire douter raisonnablement de la fidélité de Lopez de Ayala (*).

Gracia Dei passe sous le silence les faits les plus importants et le mieux avérés. Lorsqu'il veut contredire la manière dont quelque événement est rapporté par ce qu'il appelle les histoires mensongères, *las historias fingidas*, il se borne à dire : Les faits ne sont pas exactement racontés; mais il ne met aucun récit à la place de celui qu'il critique. La faiblesse de ses récriminations, les erreurs patentes que contient sa chronique, sont la meilleure preuve que Lopez de Ayala n'a pas été partial ; autrement, ses adversaires n'eussent pas manqué d'opposer la vérité au mensonge. Une autre chronique se trouve à la suite du manuscrit de Gracia Dei, et est ainsi intitulée : *Relation sommaire de l'histoire véridique du roi don Pedro de Castille, composée de morceaux tirés de divers auteurs contemporains*; mais elle contient bien plus d'erreurs encore que celle de *Gracia Dei*. Ainsi, pour excuser les premiers actes de cruauté de don Pedro, elle dit que ce prince était très-jeune, tandis que ses frères étaient déjà des hommes faits, qui avaient acquis dans l'État une grande importance personnelle ; en sorte qu'il lui fut nécessaire de recourir à une excessive rigueur pour réprimer leurs tentatives ambitieuses. Voici la vérité. Don Pedro était né le 30 août 1334. Il avait, lors de la mort de son père, quinze ans sept mois et vingt-six jours. Les deux fils jumeaux que don Alphonse avait eus de Leonor de Guzman, don Enrique, comte de Trastamare, et don Fadrique, maître de Saint-Jacques, étaient nés le 13 janvier 1333. Ils étaient donc plus âgés que don Pedro d'une année cinq mois et vingt et un jours seulement. Don Fernand, seigneur de Ledesma, était né la même année que don Pedro (1334). Le seigneur de Aguilar, don Tello, était né en 1337; par conséquent il était de trois ans plus jeune que le roi. Enfin trois autres fils de Leonor de Guzman, nommés Pedro, Sancho et Juan, n'étaient encore que des enfants quand don Pedro monta sur le trône (*).

L'éducation du jeune roi avait été confiée à don Juan-Alonzo de Albuquerque, qui, loin de réprimer ses mauvais penchants, semble les avoir excités pour obtenir sur son esprit une plus grande influence. Ce fut lui qui, conjointement avec la reine Marie, se trouvèrent chargés du gouvernement de l'État. Leonor de Guzman, en voyant ainsi le pouvoir entre les mains de celle dont elle avait été la rivale, redouta sa vengeance, et alla chercher un asile contre sa colère derrière les remparts élevés de Medina Sidonia, dont la seigneurie lui appartenait. Mais don Alonzo de Albuquerque s'efforça de la rassurer. Il lui fit dire qu'elle n'avait rien à craindre, pourvu qu'elle vînt se mettre à la merci du roi. Il lui fit dire, au contraire, que si elle restait à Medina Sidonia, on emploierait la force des armes pour l'en arracher. Leonor de Guzman fit la faute de croire à la parole de don Alonzo de Albuquerque. Elle se rendit

(*) La chronique de Gracia Dei a été imprimée dans un ouvrage intitulé le *Semanario erudito*, que je n'ai pu trouver à Paris; mais elle existe en manuscrit à la bibliothèque royale, ancien fonds du roi, n° 9994. C'est à l'obligeance de notre savant bibliographe M. Ferdinand Denis que je dois la connaissance de ce document.

(*) Le roi Alphonse avait encore eu deux autres fils de Leonor de Guzman ; c'étaient don Pedro, l'aîné de tous, mort à Guadalajara au mois de septembre 1338 ; et don Sancho qui était imbécile, ce qui détermina son père à lui retirer la seigneurie de Ledesma pour la donner à don Fernand. (Chronique de Villazan, ch. 189.) Ce don Sancho mourut jeune et bien avant son père.

à Séville; et les obsèques du roi étaient à peine achevées, qu'on enfermait comme prisonnière celle qui avait été son amie. Le comte de Trastamare fut aussi bientôt obligé de fuir. Par le conseil de sa mère, il avait épousé doña Juana, fille de Juan Manuel, seigneur de Villena, pour trouver dans son alliance un appui contre les persécutions qui le menaçaient. Cette union mécontenta le roi, et on vint avertir le comte don Enrique que son frère voulait le faire enfermer. Il fut donc obligé de se réfugier précipitamment dans les Asturies. A cette époque, le roi don Pedro tomba malade. On désespérait de sa vie, et de grandes contestations s'élevaient déjà pour savoir qui serait son successeur. L'infant d'Aragon, don Fernand, fils de Leonor, sœur de don Alphonse X, avait un grand nombre de partisans. D'autres parlaient d'élever à la couronne don Juan Nuñez de Lara, qui descendait de don Fernand de la Cerda. Il y avait encore d'autres prétendants; mais il n'était en aucune manière question de don Enrique de Trastamare ou de ses frères. Contre toute attente, don Pedro recouvra promptement la santé. Sa convalescence mit fin à toutes les prétentions. Elles n'eurent d'autre résultat que de faire naître dans l'esprit du roi une haine implacable contre ceux qui avaient ambitionné sa succession. Deux d'entre eux, Juan Nuñez de Lara et le seigneur de Villena, moururent dans l'année.

Quand don Pedro eut recouvré la santé, il se mit à parcourir ses États. La reine doña Maria, qui l'accompagnait, traînait à sa suite la malheureuse Leonor de Guzman, et lui faisait expier ainsi bien cruellement sa faveur passée. Dans la ville de Llerena, le maître de Saint-Jacques obtint la permission de visiter sa mère. En l'apercevant, doña Leonor se jeta dans ses bras, le baisa, et se mit à pleurer. Tous les deux restèrent ensemble une grande heure à verser des larmes sans pouvoir se dire une parole. Cette scène attendrissante ne fut interrompue que par les geôliers. Ils vinrent dire que le roi voulait parler à don Fadrique. Ce fut la dernière fois que celui-ci put voir sa mère. La reine fit conduire doña Leonor dans la ville de Talavera et quelques jours s'étaient à peine écoulés, qu'elle y envoya Alphonse Ferrandez Olmedo. Celui-ci, par ses ordres, mit à mort la malheureuse prisonnière.

Ce ne fut pas don Pedro qui commanda ce crime; mais s'il ne le commit pas, il s'en rendit complice en l'approuvant. Il fit mander son frère don Tello, et lui dit : « Don Tello, vous « savez comment votre mère doña « Leonor est morte. » Ce jeune prince sous l'impression de la terreur qu'il éprouvait, lui répondit : « Seigneur, je « n'ai plus d'autre père ni d'autre « mère que votre merci. » Cette réponse flatta don Pedro, et valut à celui qui l'avait faite un accueil favorable.

Un autre crime suivit de près la mort de doña Leonor. Un seigneur nommé Garcilaso de la Vega, dont la seule faute était d'avoir été attaché au parti des Lara, fut massacré à Burgos, dans le palais même du roi. Don Pedro fit jeter son corps dans la rue, où il fut foulé aux pieds par les taureaux qu'on y laissait courir.

Don Pedro ayant aussi exigé des habitants de Burgos un impôt qui n'avait pas été voté par les cortès, plusieurs citoyens résistèrent à cette concussion. Il en fit prendre trois, qui, pour servir d'exemple aux autres, furent mis à mort.

Il se rendit de Burgos à Valladolid, où il avait convoqué les cortès du royaume. C'étaient les premières qu'il réunissait. Elles s'assemblèrent au commencement de la deuxième année de son règne, en mai 1351. Plusieurs innovations y furent discutées, et l'on proposa notamment de partager entre les seigneurs les communes libres qui existaient en Castille sous le nom de béhétries.

Ces communes jouissaient de fueros qui leur permettaient de choisir elles-mêmes les seigneurs auxquels elles voulaient obéir, et à cette époque on répétait ce dicton : *Les béhétries peu-*

rent changer de seigneur sept fois par jour; c'est-à-dire, qu'elles pouvaient les prendre et les changer quand bon leur semblait. Ces espèces de petites républiques se divisaient en plusieurs catégories. Il y avait d'abord les béhétries qu'on appelait de mer à mer, parce qu'elles avaient le droit de choisir leur seigneur, soit dans les pays qui avoisinent l'Océan, soit dans ceux qui sont baignés par la Méditerranée: en Biscaye, si cela leur convenait, ou, si elles l'aimaient mieux, en Andalousie; en un mot, où cela leur plaisait; voilà pourquoi on les appelait béhétries de mer à mer. Il n'y en avait que quatre seulement en Castille; c'étaient Becerill, Avia, Palacios de Meneñez et Villasillos. Parmi les autres béhétries, les unes étaient astreintes à choisir leur seigneur dans certaines familles, d'autres ne pouvaient choisir que parmi les naturels de la béhétrie.

Don Alonzo de Albuquerque appuyait vivement la proposition qui était faite de les partager; car il pensait que sa puissance et l'influence qu'il exerçait sur l'esprit du jeune roi suffiraient pour lui assurer une part considérable dans cette distribution. Mais la proposition ne fut pas adoptée. Un des seigneurs qui combattirent cette mesure avec le plus de chaleur, fut don Alonzo Fernandez Coronel; l'opposition qu'il fit en cette circonstance à la volonté de don Alonzo de Albuquerque le rendit odieux à ce ministre. Il était d'ailleurs mal vu du roi, parce qu'il avait donné une de ses filles nommée doña Maria à Juan de la Cerda, et qu'il avait soutenu que don Juan Nuñez de Lara devait hériter du trône. Sa perte fut donc décidée. Don Alonzo Coronel ayant appris qu'on lui réservait le sort de Garcilaso de la Vega, se retira dans ses domaines, et s'occupa de mettre en état de défense ses villes d'Aguilar, de Burguillos, de Montalvan et de Capilla. Don Pedro ne tarda pas à l'aller attaquer, et il eut bientôt emporté les villes de Montalvan et de Capilla. Celle de Burguillos résita davantage; aussi, quand elle fut prise, le roi fit couper les deux mains à l'alcayde qui l'avait défendue. Ensuite, il courut dans les Asturies assiéger Gijon, qui appartenait au comte don Enrique. Cette ville se rendit presque aussitôt. Don Pedro, après avoir terminé cette expédition, revint en Andalousie pour mettre le siége devant Aguilar. Il fit battre la ville, et bientôt, malgré la vigoureuse résistance des assiégés, les remparts présentèrent des brèches praticables. Don Alphonse Coronel, qui n'avait pas de pitié à espérer, s'apprêta à mourir le plus honorablement qu'il le pourrait. Il était dans l'église et assistait au saint sacrifice, quand on vint lui dire que le roi entrait dans la ville. « Eh bien, dit-il, je vais d'abord m'occuper de Dieu. » Il attendit que l'hostie eût été consacrée et que la communion fût achevée; ensuite, il alla se renfermer dans une tour; mais la défense n'était plus possible; il fut bientôt forcé de se rendre, et le roi le fit mettre à mort.

Le caractère du roi était trop entier pour qu'Alonzo de Albuquerque pût conserver longtemps par des moyens honnêtes l'influence qu'il exerçait; il songea donc à lui donner une maîtresse, pensant que celle-ci resterait dans ses intérêts, et qu'elle l'aiderait à maintenir don Pedro dans sa dépendance. Parmi les jeunes personnes qui composaient la maison de doña Isabel de Meneñez, sa femme, il s'en trouvait une dont le nom est devenu célèbre : c'était Maria de Padilla. Elle était petite, jolie et pleine d'esprit. Don Pedro la vit, et ce fut Juan Fernandez de Hinestrosa, l'oncle maternel de Maria, qui se chargea de la lui livrer. Au reste, cette jeune fille n'usa pas de sa faveur comme Albuquerque l'avait espéré; elle employa uniquement son crédit à faire la fortune de sa famille, et le ministre ne tarda pas à reconnaître combien il s'était trompé. Il chercha donc à lui donner une rivale, et s'occupa de marier don Pedro. Un ambassadeur fut envoyé en France pour demander la main de Blanche, fille du duc de Bourbon. Albuquerque pensait qu'une princesse qui réunissait toutes les qualités, la jeunesse, la beauté, l'esprit et la vertu, effacerait bien vite dans l'esprit du roi les traces d'un amour satisfait. Blanche fut amenée à Valladolid, et les noces furent célébrées le lundi 3 juin 1353. Soit que don Pedro n'eût consenti à ce mariage que comme forcé et contre son gré, soit qu'il n'eût pas trouvé dans une princesse de seize ans les charmes lascifs de sa concubine, deux jours après la célébration du mariage, le mercredi 5 juin, il abandonna Blanche pour retourner à Montalvan, où il avait laissé Maria de Padilla.

On a cherché à justifier la conduite du roi, en disant qu'il avait découvert une intrigue amoureuse entre Blanche de Bourbon et le maître de Saint-Jacques. Mais si don Pedro eût appris quelque chose de semblable, ne se fût-il pas empressé de le publier, et de repousser ainsi les reproches qu'on lui adressait? Ce n'est pas certainement par trop d'indulgence que don Pedro a péché. N'eût-il pas aussitôt fait périr les coupables? Il faut donc laisser aux romanciers ces amours imaginaires; et l'on doit au moins rendre à la chronique de *Gracia Dei* la justice de dire qu'elle n'a pas répété cette absurde supposition. « Quelle fut la cause de « cette conduite inexplicable? écrit Gra-« cia Dei, Dieu seul le sait. » Le roi ne fut ébranlé ni par les prières de sa mère, ni par celles de la reine Léonor, sa tante. Don Alonzo de Albuquerque pensant que ses exhortations produiraient plus d'effet, partit pour aller le trouver; mais il apprit en route que celui-ci, pour se soustraire à l'ennui que lui causaient ses réprimandes, voulait le faire périr. Aussitôt il retourna sur ses pas, et se réfugia dans ses domaines, sur les frontières du Portugal. Don Pedro, en apprenant cette retraite, retourna à Valladolid, auprès de sa mère et de Blanche de Bourbon; mais il n'y resta que deux jours; il quitta de nouveau sa femme, et depuis ce moment il ne la revit plus. De retour auprès de Maria de Padilla, et débarrassé de tout censeur incommode, il changea les principaux officiers de la couronne; il distribua toutes les dignités de l'État aux parents de sa maîtresse; il fit déposer le maître de Calatrava, et fit donner la maîtrise à don Diégo Garcia de Padilla, frère de doña Maria; enfin, il fit prendre Blanche de Bourbon, qui s'était retirée avec la reine mère dans la ville de Medina del Campo, et la fit renfermer à Arevalo, où elle fut traitée en prisonnière, sans qu'il fût permis à la reine mère, ni à personne, de la voir. Beaucoup de seigneurs, révoltés de l'injustice et de la cruauté de cette conduite, s'étaient joints à don Alonzo de Albuquerque. Un nouvel excès du roi vint augmenter encore le nombre des confédérés.

Doña Juana de Castro, veuve de don Diego de Haro, n'avait pas moins de sagesse que de beauté. Le roi jeta les yeux sur elle; mais comme il vit bien que les moyens ordinaires de séduction seraient inutiles auprès d'elle, il lui proposa de la faire reine, car, disait-il, son mariage avec Blanche était nul. Il fournit des témoins pour prouver les causes de nullité qu'il alléguait, et fit décider la question par les évêques d'Avila et de Salamanque. Ces timides prélats n'osèrent pas contredire un prince que la passion rendait frénétique; ils déclarèrent qu'il était libre, et son mariage avec doña Juana de Castro fut célébré; mais après peu de jours, suivant quelques auteurs le lendemain du mariage, il abandonna cette nouvelle victime. Les membres de la famille de Castro, impatients de l'outrage fait à leur parente, se jetèrent dans le parti des mécontents. Quant à doña Juana, elle se retira à Dueñas, où elle se consola en prenant le vain titre de reine, et où elle mit au monde un fils nommé don Juan, fruit de cette union passagère (*).

Le comte de Trastamare, le maître de Saint-Jacques, les infants d'Aragon

---

(*) Algo deste casamiento dicen las historias fingidas que andan, aunque callan que desta doña Juana de Castro tubiese el rey D. Pedro hijo como le tubo, a qual llamaron el ynfante D. Juan.

Chronique de Gracia Dei, manuscrit de la Bibliothèque royale, f° 15.

se rangèrent aussi au nombre des confédérés. La ville de Tolède entra aussi dans cette ligue. Le roi avait donné à Hinestrosa, oncle de Maria de Padilla, l'ordre d'aller à Arevalo, d'y prendre Blanche de Bourbon, et de la conduire à Tolède. En arrivant dans cette ville, Blanche demanda la permission de faire sa prière dans l'église de Sainte-Marie. Mais une fois dans cet asile, elle refusa d'en sortir, en disant que, dès qu'elle serait à l'Alcazar, on la ferait mourir. Le seigneur de Hinestrosa n'osa pas employer la violence par respect pour le lieu saint, et aussi parce qu'il voyait les habitants prêts à se soulever en faveur de la reine. Il fut donc obligé de se rendre auprès du roi pour lui demander ses ordres. Pendant ce temps, les habitants ouvrirent leurs portes à don Fadrique, maître de Saint-Jacques, et prirent parti pour les confédérés. Au reste, les réclamations que ceux-ci adressaient au roi n'avaient rien que de raisonnable. Ils demandaient que le roi traitât Blanche en reine; que Maria de Padilla fût confinée dans un couvent de France ou d'Aragon; enfin, que les charges de l'État fussent ôtées aux parents de la concubine.

Don Pedro, ne voulant pas accorder ce qu'on exigeait de lui, et ne se sentant pas assez de forces pour résister à une ligue aussi puissante que celle qui s'était formée contre lui, eut recours à la trahison. Il gagna un médecin italien, nommé Paul de Perouze, qui accompagnait Alonzo de Albuquerque. Ce misérable empoisonna son maître, et, pour prix de son crime, il reçut des terres près de Séville, et un emploi dans la maison de don Pedro. Sur le point de mourir, Alonzo de Albuquerque fit son testament, par lequel il défendit qu'on l'enterrât avant que l'on eût atteint le but pour lequel la ligue s'était formée. Les seigneurs jurèrent d'exécuter sa volonté. Ils firent embaumer son corps; et, soit qu'ils marchassent au combat, soit qu'ils se réunissent en conseil, ils faisaient porter devant eux le cercueil qui renfermait son cadavre. Dans leurs assemblées, ils considéraient toujours Alonzo de Albuquerque comme présent; et lorsque c'était à ce seigneur à donner son avis, don Juan Alonzo Rui Diaz Cabeza de Vaca, qui avait été son majordome, prenait la parole en son nom.

Les forces de la ligue s'augmentaient chaque jour; et le roi voyant bien qu'il tenterait vainement de la dissoudre par la force, engagea des négociations. Il voulait les traîner en longueur, et obtenir ainsi du temps dont il profiterait pour gagner quelques-uns des confédérés. Mais ceux-ci pénétrèrent ses vues, et leur armée s'avança vers la ville de Toro, dans laquelle don Pedro s'était renfermé avec sa mère, et avec la reine Leonor, sa tante. Lorsqu'ils arrivèrent en vue des remparts, tous les cavaliers mirent pied à terre, et marchèrent à la suite du corps d'Alonzo de Albuquerque, qu'on portait sur une civière couverte d'un drap d'or. Ils passèrent ainsi près de la ville, et allèrent prendre leurs logements dans un village peu éloigné. Le lendemain, don Pedro, qui, du haut des murailles, avait vu ce convoi, et dont les troupes étaient peu nombreuses, s'éloigna précipitamment, et se rendit à Urueña, où était Maria de Padilla. Il ne fut pas plutôt parti, que la reine mère fit prévenir les confédérés de son absence. Elle se déclara pour eux, et elle leur livra la ville de Toro. Ces nouvelles causèrent une grande inquiétude au roi. Il craignit de voir son royaume tout entier se soulever contre lui; et, comptant plus sur la ruse que sur la force, il revint lui-même se livrer aux confédérés. Ceux-ci commencèrent par éloigner les personnes qui leur portaient ombrage; et, comme chacun d'eux pensait bien plus à son intérêt personnel qu'au bien général, ils se partagèrent les charges de l'État. Regardant alors que le but de la ligue était atteint, ils firent enterrer le corps de don Alonzo de Albuquerque au monastère de l'Épine. Ils gouvernaient au nom de don Pedro, qui conservait bien le titre de roi, mais qui, en réalité, n'était libre de rien faire. Cette captivité du roi dura quelques mois (*). Don Pedro attendit que les confédérés fussent divisés d'intérêts, que la plupart d'entre eux fussent retournés dans leurs domaines, et qu'ils eussent licencié leurs troupes. Il s'attacha à gagner quelques-uns des principaux chefs; et, lorsqu'il vit que la ligue était réellement dissoute, il profita de la liberté qu'on lui laissait d'aller à la chasse pour s'échapper. Les seigneurs étaient successivement chargés de veiller à sa garde. Un jour que cette garde était confiée à don Tello, celui-ci, que le roi avait gagné en promettant de lui donner d'immenses domaines, l'accompagna à la chasse et favorisa son évasion. Quand le roi fut libre, il réunit les cortès à Burgos. Il se plaignit, dans cette assemblée, de ce que, sans respect pour la majesté royale, les seigneurs et ses frères l'avaient tenu prisonnier. Il réclama des troupes et de l'argent pour leur faire la guerre. Ce qu'il demandait lui fut accordé. Ce fut alors le temps des vengeances, et le sang recommença à couler. A Tolède, le roi condamna vingt-deux habitants au dernier supplice. Parmi ces malheureuses victimes, se trouvait un orfèvre plus qu'octogénaire. Son fils, qui atteignait à peine sa dix-huitième année, demanda la grâce de mourir à sa place. Le roi, sans être touché de sa jeunesse ni de son dévouement, autorisa cet échange, et le malheureux jeune homme fut mis à mort.

Ces cruautés frappèrent de terreur les habitants de Tolède; néanmoins don Pedro ne crut pas devoir se fier à leur fidélité. Il chargea Hinestrosa de prendre la reine Blanche, et de la renfermer dans le château de Siguenza.

Ensuite don Pedro songea à châtier la ville de Toro. C'était là que se tenaient ceux des confédérés qui ne s'étaient pas encore séparés : la reine doña Maria, la reine doña Leonor, le comte de Trastamare, don Fadrique, et le maître de Calatrava, don Pero Estevanez Carpintero. Il commença le siège; mais il espérait plus de succès de son adresse que de la force de ses armes. Pendant que le comte de Trastamare était allé dans les Asturies pour y ramasser des troupes, il parvint à détacher don Fadrique de la ligue. Il gagna aussi plusieurs habitants de la ville; et, le 5 février 1356, une des portes lui fut livrée. Dès qu'il fut maître de la ville, il fit mettre à mort Pero Estevanez Carpintero, Ruy Gonzalez de Castañeda, et plusieurs autres seigneurs. On les tua sous les yeux mêmes de la reine mère, qui, frappée d'épouvante à la vue de cet horrible spectacle, tomba à terre sans connaissance. Quand elle eut repris ses sens, elle ne trouva de paroles que pour maudire son fils. Après quelques jours, elle demanda à se retirer en Portugal, et cette permission lui fut accordée.

Le comte de Trastamare, le seul des confédérés que le roi n'eût pas ou gagné ou puni, n'était pas assez puissant pour soutenir la lutte. Il gagna donc un port de la Biscaye, où il s'embarqua pour la France. C'est ainsi que don Pedro parvint à dissiper cette ligue qui devait le renverser, et que, redevenu maître absolu de son royaume, il put donner un libre cours à ses passions et à sa férocité.

(*) La chronique de Gracia Dei dit que cette captivité dura 4 ans. C'est une erreur patente. Don Pedro n'est revenu à Toro que vers la fin de 1354. Au commencement de 1355, il avait réuni des cortès à Burgos. Gracia Dei dit encore que pendant ce temps la reine Blanche se trouvait à Toro. C'est encore une erreur. Blanche de Bourbon n'a pas quitté Tolède depuis le moment où elle y a été amenée par Hinestrosa, jusqu'à celui où elle en a été emmenée en 1355, pour être conduite à Siguenza.

SUITE DU RÈGNE DE DON PEDRO LE CRUEL. — ORIGINE DE LA GUERRE ENTRE L'ARAGON ET LA CASTILLE. — LE ROI D'ARAGON APPELLE À SON AIDE DON ENRIQUE DE TRASTAMARE ET LES AUTRES CASTILLANS RÉFUGIÉS EN FRANCE. — MORT DE DON JUAN DE LA CERDA. — AMOURS DE DON PEDRO ET D'ALDONZA CORONEL. — DON PEDRO FAIT METTRE A MORT DON FADRIQUE, MAÎTRE DE SAINT-JACQUES, SON FRÈRE, DON JUAN D'ARAGON, SON COUSIN GERMAIN, DONA LEONOR, SA TANTE; DON

JUANA DE LARA, SA BELLE-SŒUR. — IL FAIT EMPOISONNER DOÑA ISABELLE DE LARA, VEUVE DE DON JUAN D'ARAGON. — IL FAIT METTRE A MORT SES DEUX JEUNES FRÈRES DON PEDRO ET DON JUAN.

Don Pedro, débarrassé de la ligue qui avait si sérieusement compromis son autorité, ne tarda pas à trouver de nouveaux ennemis; cette fois ce ne fut pas avec quelques-uns de ses sujets que la lutte s'engagea. Il vivait depuis quelque temps en assez mauvaise intelligence avec don Pedro le Cérémonieux. Un motif de rupture ne tarda pas à se présenter. Don Pedro de Castille avait descendu le Guadalquivir jusqu'à San Lucar de Barrameda, pour aller voir la pêche des thons. Il trouva dans la baie dix galères aragonaises qui, sous le commandement de Mosen Francès Perellos, se dirigeaient vers la Manche afin d'assister le roi de France dans la guerre que lui faisait l'Angleterre. Mosen Francès Perellos trouva dans les eaux de San Lucar de Barrameda deux bâtiments sous pavillon pisan. Il prétendit que ces navires appartenaient aux Génois; et comme depuis longtemps l'Aragon était en guerre avec la république de Gênes, qui lui disputait la possession de la Corse et de la Sardaigne, il s'en empara, les emmena malgré les réclamations de don Pedro, et les fit mettre en vente. Don Pedro, par représailles, fit saisir les biens des négociants catalans établis à Séville, puis il envoya un ambassadeur au roi d'Aragon, pour demander que Francès Perellos lui fût livré. Le roi d'Aragon répondit que Perellos n'était pas en ce moment dans ses États, et que par conséquent il ne pouvait le livrer; mais qu'aussitôt que cet officier serait de retour, sa conduite serait sévèrement examinée, qu'il serait puni suivant la gravité de sa faute, de manière à ce que le roi de Castille reçût une pleine satisfaction. Cette réponse ne contenta pas l'ambassadeur: il déclara donc de la part de son roi la guerre à l'Aragon. Don Pedro le Cérémonieux répondit qu'il n'était pas juste de faire la guerre à un peuple pour l'acte d'un particulier; qu'au reste, si on l'attaquait, il se défendrait, et qu'il prenait Dieu à témoin de la justice de sa cause.

Les hostilités commencèrent, et le roi d'Aragon appela à son aide tous les Castillans que les fureurs de leur roi avaient forcés de s'expatrier. Don Enrique, réfugié en France, répondit à son appel, et reçut des domaines, moyennant lesquels il s'engagea à entretenir au service de l'Aragon un corps de 800 cavaliers. Les principaux capitaines du roi d'Aragon étaient don Enrique de Trastamare, don Pedro de Exerica, et le comte Lope Fernandez de Luna. Du côté du roi de Castille, les capitaines étaient Fadrique, maître de Saint-Jacques, les deux infants d'Aragon, don Juan et don Fernand, et enfin don Juan de la Cerda et Alvar Perez de Guzman; mais il faut dire que le roi d'Aragon était bien mieux servi par ses officiers que le roi de Castille ne l'était par les siens. Ces derniers, en effet, détestaient les cruautés de leur souverain et vivaient dans une continuelle appréhension de voir tomber sur leur tête son implacable colère; aussi beaucoup d'entre eux ne tardèrent-ils pas à l'abandonner pour passer au service de l'Aragon. Don Fernand, marquis de Tortose, l'aîné des infants d'Aragon, fut celui qui donna l'exemple de cette défection; il fut bientôt suivi par don Juan de la Cerda et par don Alvar Perez de Guzman. Ces deux seigneurs étaient les gendres de don Alonzo Coronel, seigneur d'Aguilar, qui avait été une des premières victimes de la fureur de don Pedro. Don Juan avait épousé doña Maria Coronel; don Alvar Perez de Guzman était mari de doña Aldonza. Cette dernière avait été remarquée par le roi, qui voulait l'enlever à son mari. Ce motif détermina les deux beaux-frères à déserter la cause d'un tyran qui, non content de verser le sang de ses sujets, cherchait à leur ravir leur honneur. Don Alvar Perez de Guzman passa en Aragon; don Juan de la Cerda se retira dans ses domaines d'Andalousie, où il rassembla des troupes et il commença à ravager le pays; mais il fut attaqué et fait prisonnier par les milices de Séville. Le roi était à Tarazona qu'il venait d'enlever aux Aragonais lorsqu'il reçut cette nouvelle. Il manifesta une grande joie en apprenant que don Juan de la Cerda était tombé entre ses mains, et il envoya aussitôt à Séville un de ses arbalétriers à masse, nommé Rodrigo Perez de Castro, avec ordre de mettre, sans le moindre délai, don Juan de la Cerda à mort. Dès que Maria Coronel fut avertie de la captivité de son mari, elle alla se jeter aux genoux de don Pedro, et celui-ci, par un raffinement de cruauté dont lui seul était capable, lui donna un ordre écrit pour que son mari lui fût rendu sain et sauf. Il savait bien cependant que sa condamnation devait être déjà exécutée; aussi lorsque doña Maria Coronel arriva à Séville pour faire rendre don Juan à la liberté, il y avait huit jours qu'il avait été mis à mort.

Cependant le pape ne voyait pas sans douleur la guerre qui divisait l'Aragon et la Castille; il avait envoyé dans la Péninsule un légat qui, en 1357, parvint à faire conclure une trêve d'une année. Doña Aldonza Coronel profita de ce temps de paix pour venir à Séville, où se trouvait en ce moment le roi, afin de lui demander la grâce d'Alvar Perez de Guzman. Le roi la fit enlever du couvent de Sainte-Claire où elle s'était réfugiée; mais s'il fallut dans le principe qu'il employât la violence, bientôt elle cessa d'être nécessaire, et doña Aldonza Coronel devint la maîtresse avouée du bourreau de son père. Don Pedro ne pouvait lui donner pour demeure l'Alcazar, qui était occupé par Maria de Padilla; il la logea dans un antique bâtiment de construction romaine, élevé sur le bord du Guadalquivir et appelé la Tour-de-l'Or qui avait sans doute été dans le principe destiné à protéger la navigation. Pendant longtemps, pour fermer le passage du fleuve, on y attachait le bout d'une chaîne, dont l'autre extrémité allait s'accrocher sur la rive droite au faubourg de Triana (*).

Don Pedro donna des gardes à sa nouvelle maîtresse, et pour qu'elle n'eût pas à redouter la jalousie de Maria de Padilla, il lui laissa par écrit de pleins pouvoirs. Aldonza ne tarda pas à en abuser; elle fit arrêter Hinestrosa, l'oncle de sa rivale; mais don Pedro désapprouva cet acte: il fit remettre Hinestrosa en liberté; puis dégoûté déjà de ces passagères amours, il les quitta pour retourner à Maria de Padilla.

Quand on s'occupe de ce règne, on rencontre à chaque pas le rapt et l'adultère, le meurtre et l'assassinat. Ainsi maintenant, s'il faut laisser de côté les concubines de don Pedro, c'est pour raconter un fratricide. Le maître de Saint-Jacques venait de reprendre Jumilla. Cette ville du royaume de Murcie avait été enlevée pendant la trêve par un seigneur aragonais, qui prétendant qu'elle était sa propriété privée, soutenait qu'elle n'avait pu être comprise dans les traités conclus entre les deux rois; mais don Fadrique l'avait reconquise, et pensant avoir mérité par ce service les bonnes grâces de son frère, il venait en toute hâte à Séville, où celui-ci l'avait fait appeler.

Le matin même du jour où don Fadrique devait arriver, le roi fit venir en ses appartements l'infant don Juan d'Aragon, son cousin, et Diego Perez Sarmiento, qui était grand adelantade de Castille. Il leur fit faire serment sur la croix et sur les saints évangiles de garder le secret sur ce qu'il allait leur dire. Après qu'ils eurent juré, le roi parla ainsi à l'infant: « Mon cousin, je sais fort bien, et vous savez comme moi que le maître de Saint-Jacques, don Fadrique, mon frère, vous veut beaucoup de mal. Je crois que vous le lui rendez. Et moi, comme je sais qu'en certaines choses il va contre mon service, je prétends le faire tuer aujourd'hui. Je vous prie que vous m'aidiez; en le faisant vous me rendrez un grand service. Aussi

(*) Voir la planche 37.

tôt que le maître sera mort, je compte partir pour la Biscaye afin de faire tuer don Tello, et de vous donner les terres de la Biscaye et de Lara qui vous reviennent naturellement, puisque votre femme doña Isabelle est fille de Juan Nuñez de Lara et de doña Maria. » Alors l'infant répondit au roi : « Seigneur, je vous remercie d'avoir bien voulu me confier votre secret. Il est vrai que je veux beaucoup de mal au maître de Saint-Jacques et au comte don Enrique son frère. Ils ne me veulent pas moins de mal parce que je suis à votre service. Je suis donc très-satisfait que vous ayez pris la détermination de faire tuer aujourd'hui le maître, et si tel est votre plaisir, je le tuerai moi-même. » Le roi fut très-satisfait de la réponse de l'infant, et lui repartit : « Infant, mon cousin, j'agrée ce que vous me dites, et je vous prie de faire ainsi que vous le proposez. » Mais Diego Perez Sarmiento, qui était présent, dit à don Juan : « Seigneur, laissez faire le roi, il ne manquera pas d'arbalétriers pour tuer le maître de Saint-Jacques. » Ces paroles déplurent grandement au roi, car il eût vu avec plaisir que l'infant tuât don Fadrique.

Le mardi 29 mai 1358, le maître de Saint-Jacques, don Fadrique, arriva à l'Alcazar de Séville, à l'heure de tierce; aussitôt il alla faire sa révérence au roi, et le trouva occupé à jouer. En entrant il lui baisa la main, et celui-ci le reçut en apparence de fort bon visage. Il lui demanda de quel lieu il était parti ce même jour, et s'il avait un bon logement. Le maître répondit qu'il venait de Santillane, qui est à cinq lieues de Séville; et que, quant au logement, il ne le connaissait pas encore, mais qu'il espérait bien qu'il serait bon. Alors le roi lui dit d'aller arrêter son quartier, et de revenir ensuite; le roi disait cela, parce que le maître était venu accompagné de beaucoup de chevaliers. Le maître se sépara alors de don Pedro. Il alla voir doña Maria de Padilla, ainsi que les filles du roi, qui se tenaient dans un autre appartement. Doña Maria savait tout ce qui avait été résolu contre le maître, et quand elle vit don Fadrique, elle lui fit si triste visage que tout le monde aurait pu la comprendre, car elle voulait du bien au maître, et c'était contre son gré que la mort de celui-ci avait été ordonnée. Dès que le maître eut vu doña Maria, ainsi que les filles du roi, ses nièces, il s'en fut et descendit dans la cour de l'Alcazar, où l'on avait laissé les mules. Il voulait aller à son logement pour disposer son monde; mais quand il fut dans la cour, les mules ne se trouvèrent plus, car les portiers du roi avaient fait sortir tout le monde de la cour; ils avaient mis les mules dehors, puis ils avaient fermé toutes les portes. Le maître en voyant que ses mules n'étaient pas là, ne savait pas s'il devait retourner vers le roi, ni ce qu'il devait faire; et un chevalier natif des Asturies, qui se trouvait avec lui, et que l'on nommait Suer Gutierrez de Navalez, comprit qu'il y avait quelque mal là-dessous; il voyait en l'Alcazar un grand mouvement, et dit au maître : « Seigneur, la porte de derrière de la cour est encore ouverte; sortez; les mules ne manqueront pas. » Il lui répéta plusieurs fois ce conseil, car il pensait que si le maître sortait de l'Alcazar, il serait sauvé, ou du moins qu'on ne pourrait le prendre sans qu'un grand nombre des siens mourussent avant lui. Sur ces entrefaites, deux chevaliers de Saint-Jacques, appelés l'un Ferrand Sanchez de Tovar, l'autre Juan Ferrandez, qui ne savaient rien de ce qui se préparait, vinrent dire au maître que le roi le demandait. Le maître se disposa donc à retourner vers le roi : il était fort inquiet, et se doutait déjà du mal qui allait advenir. Comme il passait par les portes du palais, à mesure qu'il pénétrait dans les salles il trouvait moins de monde, car il avait été ordonné aux portiers de ne laisser entrer personne. Le maître arriva jusqu'à l'endroit où était le roi, et on laissa entrer avec don Fadrique le maître de Calatrava, qui l'accompagnait sans se douter en aucune manière de ce qui allait se passer. Lorsqu'ils arrivèrent au salon où se tenait le roi, ils le trouvèrent fermé. Les portes ne s'ouvrirent pas sur-le-champ, et Pero Lopez de Padilla, le chef des arbalétriers, était dehors avec eux. Enfin ils furent introduits, et le roi dit à Lopez de Padilla, son grand arbalétrier : « Prenez le maître. — Lequel des deux faut-il prendre? repartit Padilla. — Prenez le maître de Saint-Jacques, » dit le roi. Et à l'instant Pero Lopez mit la main sur don Fadrique, et lui dit : « Je vous arrête. » Le maître en fut tout épouvanté, et aussitôt le roi dit aux arbalétriers de masse qui étaient là : « Tuez le maître de Saint-Jacques. » Et comme les arbalétriers n'osaient le faire, un homme de la chambre du roi, que l'on appelait Ruy Gonçalez de Atiença, dit à haute voix : « Traîtres, comment vous comportez-vous? N'entendez-vous pas que le roi vous ordonne de tuer le maître? » Et comme les arbalétriers virent que le roi le commandait, ils levèrent leurs masses pour frapper don Fadrique. L'un d'eux s'appelait Nuño Fernandez de Roa, l'autre Juan Diente, et un autre Garci Dias d'Albarracin; et le quatrième Rodrigo Perez de Castro. Quand le maître vit ce qui en était, il se dégagea des mains de Pero Lopez de Padilla, il sauta dans la cour, et portant la main à son épée, il voulut la tirer; mais il ne put y parvenir, parce que la garde était engagée dans le baudrier. Les arbalétriers arrivèrent sur le maître pour le frapper; toutefois ils ne le purent d'abord atteindre, parce que don Fadrique courait rapidement d'un côté et d'autre. Enfin Nuño Fernandez, qui le suivait de plus près, l'atteignit et lui donna de sa masse sur la tête, de manière qu'il tomba à terre; et alors arrivèrent les autres gardes, et tous le frappèrent. Dès que le roi eut vu le maître à terre, il se mit à chercher dans les autres salles de l'Alcazár, pensant y trouver quelques-uns de ceux qui avaient accompagné don Fadrique, car il prétendait aussi les tuer; mais il ne trouva personne : les uns n'avaient pu entrer avec le maître; les autres s'étaient enfuis ou cachés. Cependant il trouva un écuyer appelé Sancho Ruiz de Villegas, qui s'était réfugié dans l'appartement où se tenait Maria de Padilla : il s'était emparé de Béatriz, la fille aînée du roi; il la tenait entre ses bras, pensant ainsi échapper à la mort; mais le roi la lui fit arracher, et il le frappa lui-même avec la dague qu'il portait à sa ceinture. Quand Sancho Ruiz de Villegas fut étendu mort, le roi retourna au lieu où gisait le maître; et trouvant que celui-ci respirait encore, il tira la dague qu'il portait à sa ceinture, la remit à l'un des pages de sa chambre, et le lui fit achever. Puis quand cela fut fait, le roi fit dresser la table, et prit son repas dans la salle où le cadavre du maître de Saint-Jacques était étendu.

Le roi fit ensuite appeler l'infant don Juan, et lui dit qu'il allait partir pour la Biscaye, afin de faire mettre don Tello à mort, et qu'alors ce serait à lui que reviendrait la seigneurie de la Biscaye, puisque sa femme s'en trouvait légitime héritière. L'infant baisa la main du roi, et le remercia de la grâce qu'il lui promettait. Ils se mirent en route pour la Biscaye; mais don Tello, prévenu de son arrivée, s'embarqua et gagna les côtes de France. Don Juan voyant que don Tello était parti, réclama la seigneurie qui lui avait été promise; le roi répondit que cela était juste. La junte générale des habitants de la seigneurie fut convoquée et se réunit suivant l'usage sous le chêne de Guernica. Don Pedro présenta don Juan à l'assemblée, en rappelant les droits que donnait à cet infant son mariage avec Isabelle de Lara; mais il avait eu soin de voir en secret les membres influents de la junte, et d'après les instructions que le roi leur avait données, ils répondirent qu'ils ne voulaient pas d'autre seigneur que le roi de Castille. L'infant don Juan comprit bientôt qu'il avait été joué, et peut-être ne mit-il pas assez de prudence dans l'expression de son mécontentement. Peu de jours après la junte, le roi, qui se trouvait à Bilbao, envoya dire à don Juan qu'il vînt au palais. L'infant s'y rendit sur-le-champ : il entra dans la chambre du roi ; il n'était accompagné que par trois écuyers, qui restèrent à la porte. Pour toute arme l'infant portait un petit poignard. Quelques-uns de ceux qui se trouvaient avec le roi, et qui connaissaient son projet, se mirent à jouer avec l'infant de manière à lui enlever son poignard. Quand cela fut fait, Martin Lopez de Cordoba, valet de chambre du roi, saisit don Juan à bras-le-corps, et Juan Diente, l'un des arbalétriers, donna à l'infant un coup de masse sur la tête ; d'autres arbalétriers arrivèrent, et le frappèrent aussi. Malgré ces coups, l'infant ne tombait pas : tout étourdi, il fit quelques pas vers l'endroit où était Juan Fernandez de Hinestrosa, qui, le voyant venir ainsi, tira l'épée, la porta en avant, en lui criant : « Oh là ! oh là ! » Un des arbalétriers, appelé Gonzalo Reclo, donna un coup de masse sur la tête de l'infant, qui tomba mort. Alors le roi le fit jeter par une fenêtre de son logement qui donnait sur la place publique, et il dit aux Basques qui s'y étaient rassemblés : « Tenez, voilà, voilà le seigneur de Biscaye, celui qui voulait vous gouverner. » Le roi fit porter le corps de l'infant à Burgos : on le garda pendant quelque temps dans le château, ensuite on le jeta dans l'Arlanzon, en sorte qu'on ne le revit plus. Don Juan fut assassiné le mardi 12 juin, quinze jours après que le maître de Saint-Jacques eut éprouvé le même sort.

C'est ainsi que don Pedro le Cruel se vengeait, par la mort de don Juan, de la défection de son frère aîné le marquis de Tortose, qui avait été un des premiers à quitter son parti pour passer au service de l'Aragon. Mais cette vengeance ne lui suffisait pas encore : il fit arrêter la reine Leonor sa tante, mère des infants d'Aragon, et Isabelle de Lara, veuve de don Juan, et les fit emprisonner à Castro Xeriz.

Cependant la guerre entre l'Aragon et la Castille continuait. Le légat du pape faisait, à la vérité, tous ses efforts pour déterminer les deux rois à faire la paix ; mais les prétentions de don Pedro de Castille étaient si follement exagérées, qu'il n'était pas possible de les accepter ; aussi ce prince, furieux de ne pas obtenir tout ce qu'il demandait, attribua ce refus aux principaux chefs de l'armée aragonaise : c'étaient don Enrique de Trastamare, don Tello, et don Fernand, marquis de Tortose. La haine inventive de don Pedro le Cruel chercha par quel crime il pourrait faire retomber sur eux sa vengeance. Il tenait prisonnière à Castro Xeriz la reine Leonor, sa tante, mère de l'infant don Fernand : il la fit mettre à mort ; il fit aussi renfermer dans Almodovar del Rio doña Juana de Lara, épouse de don Tello. Il l'avait prise lorsque celui-ci s'était sauvé en France après la mort de don Fadrique. Quelques jours plus tard il la fit ramener à Séville, où elle fut tuée par ses ordres. Enfin Isabelle de Lara, veuve de don Juan, vivait encore. Il l'avait fait enfermer à Castro Xeriz avec doña Leonor ; il l'envoya, après la mort de celle-ci, à Xerès de la Frontera. Il fit aussi transférer dans cette dernière ville Blanche de Bourbon, sa femme, qui était depuis déjà longtemps dans le château de Siguenza. Ces deux infortunées furent mises dans la même prison, mais Isabelle de Lara souffrit moins longtemps : elle mourut la première, et l'on croit qu'elle fut empoisonnée.

La guerre cependant continuait avec acharnement entre l'Aragon et la Castille, et don Pedro le Cruel eut plus d'un échec à subir ; il en fut un surtout dont il éprouva un vif ressentiment. Dans le mois de septembre de l'année 1359, un corps d'armée commandé par don Juan Fernandez de Hinestrosa et par don Fernand de Castro fut battu par don Enrique et par don Tello. Don Fernand de Castro parvint à s'échapper en fuyant à toute bride ; mais Hinestrosa fut tué. Le roi de Castille en fut vivement affecté, car Hinestrosa était l'oncle maternel de doña de Padilla. Ne pouvant se venger sur les ennemis, il fit retomber sa colère sur ses plus jeunes frères, don Juan, qui n'avait alors que dix-neuf ans, et don Pedro, qui n'était âgé que de quatorze. Ils furent mis à mort par ses ordres. Ni leur jeunesse, ni leur innocence, ne purent les protéger contre ce tyran qui, souillé déjà du sang de don Fadrique, n'hésita pas à commettre encore deux fratricides.

FIN DU RÈGNE DE DON PEDRO LE CRUEL. — PRÉDICTION DE SAINT DOMINIQUE DE LA CHAUSSÉE. — MORT DE SIMUEL LEVI. — MORT DE YUSUF-ABU'L-HEGIAG. — MOHAMMED-BEN-YUSUF LUI SUCCÈDE. — IL EST DÉTRÔNÉ PAR ISMAÏL, QUI A SON TOUR EST DÉTRÔNÉ PAR ABU-SAID, SURNOMMÉ ALHAMAR OU LE ROUGE. — PAIX ENTRE L'ARAGON ET LA CASTILLE. — MORT DE LA REINE BLANCHE DE BOURBON. — MORT DE MARIA DE PADILLA. — MORT DU ROI ABU-SAID ET DE TRENTE-SEPT CHEVALIERS MAURES. — NOUVELLE GUERRE ENTRE L'ARAGON ET LA CASTILLE. — MORT DE L'INFANT FERDINAND D'ARAGON. — DON ENRIQUE APPELLE EN ESPAGNE LES COMPAGNIES BLANCHES COMMANDÉES PAR BERTRAND DU GUESCLIN. — DON PEDRO ABANDONNE L'ESPAGNE SANS COMBATTRE. — IL EST RAMENÉ PAR LE PRINCE DE GALLES. — BATAILLE DE NAVARETE. — DON PEDRO VEUT MASSACRER LES PRISONNIERS DE GUERRE. — LA MÉSINTELLIGENCE SE MET ENTRE LUI ET LE PRINCE NOIR. — DON PEDRO SIGNALE SON RETOUR PAR DE NOUVEAUX MASSACRES. — DON ENRIQUE REVIENT EN CASTILLE. — SIÉGE DE TOLÈDE. — BATAILLE DE MONTIEL. — MORT DE DON PEDRO.

La victoire remportée sur Hinistrosa par don Henrique, don Tello, et le comte d'Osuna, qui commandaient l'armée aragonaise, avait considérablement augmenté leur assurance. Ils entrèrent donc dans la Rioja et s'emparèrent de Najara. Dans cette ville, ils firent mettre à mort un grand nombre de juifs par haine pour don Pedro et parce que ce prince favorisait d'une manière toute particulière ceux de ses sujets qui suivaient la loi de Moïse. Ils pénétrèrent jusqu'à Pancorvo et ils reprirent la ville de Tarazone. De son côté, le roi don Pedro s'empressa de rassembler son armée. Il s'avança en toute hâte pour aller s'opposer aux progrès des Aragonais, et alla camper à Azofra, village peu éloigné de Najara.

Si l'histoire devait écarter le récit de tout ce qui paraît surnaturel, peut-être faudrait-il passer ici sous silence une prédiction qui vint effrayer don Pedro et qui, peut-être, ne fut pas sans influence sur le reste de sa carrière. Un prêtre de la ville de Saint-Dominique de la Chaussée se présenta au camp et demanda à parler au roi. « Seigneur, lui dit-il, j'ai vu en songe « le grand saint Dominique de la « Chaussée qui m'a chargé de venir « vous trouver et vous conseiller de « bien vous tenir sur vos gardes, car « vous devez recevoir la mort de la « main du comte don Enrique votre « frère. »

En entendant ces paroles, le roi se troubla et demanda au prêtre si quelqu'un l'avait envoyé pour lui adresser une semblable menace. « C'est, reprit celui-ci, saint Dominique seul qui m'a commandé de venir vous donner cet avis. » Don Pedro ayant appelé du monde, le prêtre répéta en public ce qu'il avait dit en particulier, et comme il persistait à soutenir que saint Dominique seul l'avait engagé à faire cette démarche, le roi ordonna d'élever immédiatement un bûcher devant sa tente, et il y fit brûler vif le messager de saint Dominique.

Un auteur célèbre a dit : « Souvent des faits qui, suivant les probabilités, ne devaient pas avoir lieu, arrivent par cela seul qu'ils ont été prédits. » Cette pensée s'applique merveilleusement à la prédiction de saint Dominique. Un combat fut livré entre les Castillans et les Aragonais; ces derniers furent mis en fuite et forcés de se retirer à Najara. Don Enrique s'était réfugié dans cette place, mais elle était mal approvisionnée; il était impossible d'y faire une sérieuse résistance. Tous les partisans de don Pedro voulaient donc qu'elle fût attaquée sans le moindre délai; on y eût pris don Enrique. Dans toute autre circonstance, le roi de Castille n'eût pas laissé échapper cette occasion d'assouvir sa haine et d'assurer sa tranquillité; mais peut-être la prédiction qu'il venait d'entendre lui fit-elle craindre un de ces retours de fortune si fréquents à la guerre. Il ne voulut pas presser son ennemi; il le laissa tranquillement sortir de Najara et défendit qu'on le poursuivît. Il se contenta de mettre une bonne garnison dans la ville qu'il avait recouvrée, puis il retourna à Séville, où il continua à faire mettre à mort tous les seigneurs qui lui portaient ombrage. Plusieurs de ceux que sa colère menaçait avaient été chercher un refuge en Portugal. Le roi de ce pays s'engagea à les livrer, et le roi de Castille, en échange, promit de faire arrêter, et d'envoyer en Portugal, Coelho, Alvaro et Pacheco, afin que don Pedro pût venger sur eux la mort de sa maîtresse Inez de Castro. Ce marché de sang s'exécuta. Men Rodriguez Tenorio, Ferrand Gudiel de Tolède, Fortun Sanchez Calderon, et d'autres encore, furent remis au tyran de la Castille, qui les fit mettre à mort. Alvaro et Coelho furent envoyés en Portugal. Quant à Pacheco, lorsqu'on vint pour l'arrêter, il était à la chasse; il fut possible de l'avertir du danger qui le menaçait; il eut le temps de se réfugier en Aragon.

Quelque horreur que puisse inspirer le récit de ces assassinats, il faut en rapporter de plus odieux encore. La colère, la vengeance, avaient paru jusqu'à présent les seuls mobiles des crimes de don Pedro, et, malgré tout ce que ces passions ont d'affreux, au moins elles ne présentent rien de bas et n'avilissent pas la pensée; mais tremper ses mains dans le sang par amour pour l'argent, c'est joindre la bassesse à la perversité; c'est là cependant qu'en était arrivé don Pedro. Cupide autant que cruel, il fit mettre à mort, en 1360, son trésorier Simuel Levi. Ce juif, tout en remplissant les coffres de don Pedro, avait accumulé pour son compte d'immenses richesses; il avait fait aussi la fortune de ses parents. Tout ce qu'il avait amassé fut confisqué par don Pedro.

A chaque instant l'histoire des Maures vient se mêler à celle des rois de Castille. Il faut interrompre ici le récit des crimes de don Pedro et s'occuper un instant des révolutions qui agitaient le royaume de Grenade. A la mort d'Alphonse le Vengeur, le prince musulman qui régnait dans la Péninsule était, on se le rappelle, Yuzuf-Abu'l-Hegiag. Le 1er sjawal 755 (19 octobre 1354), ce roi était prosterné dans la mosquée principale de Grenade, où il faisait sa prière, lorsqu'un homme furieux se jeta sur lui et le poignarda. Aux cris de détresse poussés par ce prince, la prière cessa; on se précipita sur l'assassin, qui fut aussitôt mis à mort par les témoins de son crime. On reporta le roi à son palais; mais il rendit le dernier soupir lorsqu'on y arriva. On proclama aussitôt pour roi son fils aîné Mohammed (*). Ce prince s'empressa de faire demander au jeune roi de Castille la continuation des trêves qui avaient été conclues en 1350. Don Pedro accueillit volontiers cette demande, et Mohammed l'aida de ses vaisseaux dans la guerre qu'il faisait à l'Aragon. Le roi de Grenade gouverna tranquillement ses États pendant cinq années; mais Ismaïl, son frère consanguin qui ambitionnait le trône, et Abu-Saïd qui était aussi son parent, conjurèrent contre lui. Ils rassemblèrent bientôt un assez grand nombre de partisans. Le 28 ramadan 760 (23 août 1359), cent hommes déterminés profitèrent de l'obscurité de la nuit pour escalader la partie la plus élevée du palais de Mohammed. Ils y attendirent en silence que la moitié de la nuit fût écoulée; alors, à un signal donné, ils se précipitèrent dans le palais tandis que d'autres conjurés attaquaient et brisaient les portes, en proclamant pour roi le prince Ismaïl;

(*) Ferreras le nomme dans un endroit Mohammed-Yago et dans un autre Mohammed-Lago-abul-Gualid; il dit, année 1354, qu'il était oncle de Yusuf, et, année 1359, qu'il était son frère. Il fait mourir Yusuf le

car ils pensaient que ceux qui étaient entrés les premiers n'avaient pas manqué de mettre Mohammed à mort; mais ceux-ci, plus avides de pillage qu'empressés de verser le sang, s'occupaient à dévaliser le palais. Pendant ce temps Mohammed était, avec une des femmes de son harem, dans une pièce retirée. Il descendit dans les jardins; son fils s'y était déjà réfugié. Ils y trouvèrent heureusement des chevaux; ils prirent la fuite et arrivèrent sains et saufs à Guadix, où les habitants reçurent Mohammed comme leur roi et leur seigneur.

Le rebelle Ismaïl fut proclamé roi et s'empressa d'envoyer des ambassadeurs à don Pedro le Cruel. Il lui demanda le maintien des trêves, et offrit de continuer à l'aider de ses vaisseaux dans la guerre qu'il soutenait contre l'Aragon. Don Pedro accepta ces offres. Cependant, Mohammed voyant que le secours de don Pedro lui manquait pour remonter sur le trône, passa en Afrique, où le roi de Fez, Abu-Salem, lui fit le meilleur accueil. Ce prince lui donna des troupes pour venir combattre l'usurpateur; mais elles étaient à peine débarquées en Andalousie, qu'elles reçurent la nouvelle de la mort de leur souverain, et que l'ordre leur fut transmis de retourner en Afrique. Leur départ priva Mohammed de la plus grande partie de son armée; il ne se sentait plus assez fort pour tenter les chances de la guerre, et il se retira à Ronda, qui s'était déclarée pour lui. Néanmoins Ismaïl ne jouit pas longtems du pouvoir qu'il avait usurpé. Abu-Saïd avait été l'un des artisans les plus actifs de la révolution qui avait renversé Mohammed. Il avait fait donner à son jeune parent le titre de roi; mais il avait, en réalité, gardé pour lui-même la plus grande partie de l'autorité. Il

en profita pour gagner presque tous les chefs, et, le samedi, 25 sjaban 761 (11 juillet 1360)[19], une révolte éclata dans Grenade. Ismaïl fut pris et massacré, et l'on proclama roi à sa place Abu-Saïd, plus connu sous le nom d'Alhamar, c'est-à-dire le Rouge, qui lui fut donné soit à raison de la couleur de sa barbe et de ses cheveux, soit parce qu'il descendait d'Alhamar, le premier roi de Grenade. Abu-Saïd sachant que le roi de Castille était favorable au parti de Mohammed-ben-Yusuf, dut naturellement rechercher l'alliance du roi d'Aragon. Ce fut pour don Pedro le Cruel un sujet de mécontentement et d'alarmes. A peine assez fort pour résister à l'Aragon, il se demanda comment il pourrait faire pour lutter contre les Aragonais sur les frontières de la Castille, et contre les Maures dans le cœur de l'Andalousie. Il résolut d'avoir recours à la ruse qui, tant de fois, lui avait réussi. Il accueillit les ouvertures de paix que lui faisait le nouveau roi de Grenade, et, après avoir ainsi mis ses frontières en sûreté du côté des Maures, il partit au commencement de l'année 1361, pour faire la guerre en Aragon. Il remporta quelques avantages dans cette campagne, qui se termina par un traité de paix. Don Pedro de Castille, qui avait ses arrière-pensées, se montra peu exigeant: il demanda seulement que don Enrique, don Tello, et tous les réfugiés castillans qui se trouvaient en Aragon, fussent renvoyés de ce pays. Moyennant cette concession, il offrit de rendre à don Pedro le Cérémonieux les places qu'il lui avait enlevées, et promit d'être, à l'avenir, son ami fidèle et son allié sincère. Ces conditions furent acceptées. Don Pedro remit les villes dont il s'était rendu maître; mais ce ne fut pas sans conserver dans son cœur un vif ressentiment de la nécessité où il était de les restituer. Dans ses instincts de bête féroce, il avait besoin de faire tomber le poids de sa colère sur quelqu'un. Que ce fût sur un innocent ou sur un coupable, peu lui importait, pourvu que du sang fût versé. L'infortunée reine Blanche de Bourbon était tou-

---

[19] 19 novembre. Il y a une erreur d'un mois. Mariana le nomme Mohammed-Lago; Ginès de Hita l'appelle Mahomad Lagus. Bleda lui donne le même nom et il ajoute: ce nom de Lagus signifie en arabe le Vieux. Marmol lui donne encore le surnom de Abil-Gualid ou Abu'l-Walid et celui de Ibni-Nacer ou ben-Nassr.

jours prisonnière; elle avait été successivement renfermée à Arevalo, à Tolède, à Siguenza, à Xerez de la Frontera; c'est dans cette dernière ville qu'elle était captive quand, en 1361, don Pedro revint à Séville après avoir conclu la paix avec l'Aragon; ce fut sur elle qu'il se vengea des concessions qu'il avait été obligé de faire. Elle avait pour garde Iñigo Ortiz de las Cuevas, qui s'appelait aussi de Estuñiga. Don Pedro envoya à Xerez un homme que l'on nommait Alonso Martinez de Urueña. C'était un serviteur de ce maître Paul de Pérouse, médecin et trésorier du roi, qui avait été accusé d'avoir empoisonné Alonzo de Albuquerque. Cet homme venait pour donner du poison à la reine; mais quand don Iñigo Ortiz se fut entretenu avec lui, et quand il sut ce qu'on prétendait faire, il s'en alla vers le roi, et lui dit qu'il n'accomplirait jamais une telle action; que tant que la reine se trouverait confiée à sa garde, il croirait faire un acte de trahison s'il prêtait son consentement à ce qu'elle fût mise à mort; que si le roi voulait la faire périr, il n'avait qu'à la retirer de ses mains. Le roi fut très-irrité des scrupules d'Iñigo, et il ordonna qu'on remît la prisonnière à Juan Perez de Rebolledo, habitant de Xerez, son sergent d'armes. Quand la reine fut au pouvoir de celui-ci, le roi la fit tuer. Cette infortunée princesse n'avait que vingt-cinq ans lorsqu'elle mourut. Elle était blonde; elle avait le teint très-blanc et sa figure était pleine de grâce; elle était bonne et pieuse; elle passait une partie de son temps à prier, et elle souffrit avec une admirable résignation les maux de sa longue captivité. Les romanciers, qui veulent trouver de l'amour partout, flétrissent la mémoire de cette infortunée princesse en supposant une intrigue incestueuse entre elle et le maître de Saint-Jacques. Il suffirait peut-être, pour en faire justice, de rapporter deux vers de ces chants populaires où les traditions de l'époque se trouvent consignées avec une si touchante naïveté :

« Je meurs sans que le roi m'ait connue, et je m'en vais parmi les vierges. »

On peut, au reste, opposer à cette calomnie un argument plus puissant encore, celui des chiffres et des dates. Au mois de mars 1351, don Fadrique, après avoir pleuré avec sa mère à Llerena, se retira dans ses domaines pour ne reparaître à la cour de son frère que deux années plus tard. C'est pendant son absence, le 21 février 1352, que Blanche de Bourbon arriva à Valladolid. Le mariage fut célébré le 3 juin 1352. Don Fadrique était toujours absent; il n'assista pas à la célébration. Où donc placerez-vous cette intrigue amoureuse qui aurait dû précéder le mariage, puisque c'est deux jours après qu'il eut été conclu, le 5 juin, que don Pedro a abandonné sa femme?

Don Fadrique n'est revenu à la cour qu'en 1353, quelque temps après le mariage, et il a été bien accueilli par son frère, qui ne l'avait pas vu depuis deux ans. Est-ce que le roi don Pedro l'eût reçu d'une manière amicale s'il eût eu, comme on le prétend, connaissance de l'intrigue qu'on invente? En 1353, don Pedro fit arrêter la reine Blanche de Bourbon, qui était à Medina-del-Campo avec la reine mère et avec Léonore d'Aragon; il la fit jeter dans une prison. A l'exception du peu de semaines de liberté dont elle jouit à Tolède, elle fut toujours captive et renfermée avec la plus grande sévérité. Les détails que donne la chronique de Lopez de Ayala, nous apprennent qu'elle ne pouvait communiquer avec personne. « Un jour, dit cet auteur, pendant qu'elle était dans la prison où elle mourut, un homme, que l'on eût pris pour un pasteur, se présenta au roi comme il se préparait à la chasse dans les environs de Xerez et de Medina-Sidonia, et cet homme dit au roi que Dieu l'envoyait vers lui pour lui annoncer que les maux qu'il faisait endurer à la reine Blanche étaient montés jusqu'au ciel, dont, sans aucun doute, la colère saurait l'atteindre; que bien au contraire s'il retournait vers celle qui était son épouse et avec laquelle il devait vivre selon que l'exigeait la raison, un fils naîtrait de lui, qui monterait sur le trône de Castille. Le roi fut très-épouvanté; il fit saisir l'homme qui lui avait tenu ce langage, et il crut un moment que c'était un émissaire de la reine Blanche à qui elle avait soufflé ces paroles. En conséquence, il envoya immédiatement son camérier et son chancelier au lieu où la princesse était prisonnière. Par ses ordres, ils devaient faire toute perquisition sur cet événement; ils arrivèrent en cette ville sans être nullement attendus. Ils s'en allèrent sur-le-champ vers la reine; ils montèrent à la tour où elle était enfermée. Ils la trouvèrent les deux genoux à terre, faisant ses oraisons; elle pleurait, elle se recommandait à Dieu; car elle pensait que son heure était venue. Alors les deux officiers lui firent part de leur mission, lui demandant si elle avait envoyé cet homme dont il a été parlé; mais elle répondit que jamais elle ne l'avait vu. Les gardes, interrogés à leur tour, répondirent qu'un tel message n'avait pu être envoyé par la reine Blanche, et que nul homme ne pénétrait au lieu où elle était prisonnière. Après qu'on eut gardé l'homme pendant quelques jours, on le lâcha, et depuis il n'a jamais reparu. »

La mort de Blanche de Bourbon ne précéda que de peu de temps celle de Maria de Padilla. Au mois de juillet de l'année 1361 cette favorite succomba aux atteintes d'une cruelle maladie, et ce fut un juste châtiment du ciel qui vint ainsi frapper le tyran dans sa concubine, à l'instant même où il venait d'assassiner celle qu'il avait prise pour compagne à la face des hommes et à la face de Dieu. Doña Maria de Padilla laissait un fils nommé don Alphonse, âgé de deux ans, et trois filles : doña Béatrix, doña Costanza, et doña Isabelle. Don Pedro fit bientôt convoquer les cortès à Séville, et, dans cette assemblée, il déclara que Blanche de Bourbon n'avait pas été sa femme légitime; que jamais elle n'avait pu l'être. Qu'avant de l'épouser il s'était uni à Maria de Padilla; que la crainte de troubler le royaume l'avait seul engagé à tenir ce mariage secret, mais que ses enfants étaient légitimes. Il exigea donc que son fils Alphonse fût reconnu pour héritier présomptif du royaume; il voulut qu'on donnât à Maria Padilla le titre de reine, et il la fit inhumer à Séville dans la chapelle des rois.

Pendant que ces événements s'accomplissaient, le roi Mohammed-Ben-Yusuf, retiré à Ronda, l'une des villes qui lui étaient restées fidèles, ne cessait d'implorer l'assistance du roi de Castille. Celui-ci ne demandait pas mieux que de tirer vengeance d'Abu Saïd, dont l'usurpation l'avait mis dans la nécessité de conclure avec l'Aragon une paix désavantageuse. Les Castillans commencèrent donc à faire des invasions dans le royaume de Grenade. Dans presque toutes les rencontres, les Maures éprouvèrent des pertes; on leur fit un grand nombre de prisonniers. Cependant don Pedro, qui n'était pas moins cupide que cruel, se fit remettre tous les captifs, s'engageant à donner à ceux dont ils étaient la propriété trois cents maravédis pour chacun d'eux; mais il garda les prisonniers sans rien payer du prix qu'il avait promis, ce qui mécontenta beaucoup les troupes. Le 15 janvier 1362, le maître de Calatrava, Diego Garcia de Padilla, ayant essayé de surprendre Guadix, éprouva un échec; il fut pris avec plusieurs autres seigneurs. Le roi de Grenade, qui ne se sentait pas assez fort pour résister à la puissance du roi de Castille, et qui d'ailleurs était effrayé par les révoltes de plusieurs villes soulevées en faveur de Mohammed, désirait ardemment la paix; il pensa que ce serait une bonne occasion pour lui de l'obtenir. Il traita très-bien les prisonniers; non-seulement il n'exigea pas de rançon pour les mettre en liberté, mais encore il les renvoya chargés de présents qu'il adressait au roi. Cependant, ces témoignages de ses intentions pacifiques n'avaient pas désarmé le courroux de don Pedro, et le roi Abu Saïd le Rouge pensa qu'en se livrant spontanément au roi de Castille avec une confiance chevaleresque, il gagnerait ses bonnes grâces. De même que le premier Alhamar était venu se mettre à la merci de saint Ferdinand, de même Abu-Saïd vint trouver don Pedro à Séville. Il était accompagné par 400 cavaliers et 200 fantassins qui apportaient de riches étoffes, des bijoux, des perles et des pierreries les plus précieuses. Don Pedro lui fit bon accueil ; il eut soin qu'on lui donnât des logements. Il recommanda au maître de Saint-Jacques, don Garcia Alvaros de Tolède, d'engager à un banquet le roi Abu-Saïd et 50 des plus nobles chevaliers qui l'avaient accompagné ; puis, au milieu du repas, il fit entrer dans la salle du festin des hommes d'armes qui arrêtèrent le roi et les 50 Maures qui étaient à table avec lui. On arrêta aussi, dans les endroits où ils étaient logés, les autres Maures de son escorte ; on les retint tous prisonniers. On s'empara de tout ce qu'ils avaient apporté de précieux, et, deux jours plus tard, don Pedro fit conduire Alhamar, et 37 des principaux chevaliers maures, dans un champ situé non loin de l'Alcazar. C'est en cet endroit que l'on exécutait ordinairement les malfaiteurs ; aussi l'avait-on nommé le champ de la *Tablada*, c'est-à-dire le champ de l'Échafaud. Le roi Alhamar était monté sur un âne et vêtu d'une robe écarlate. Don Pedro les fit tous mettre à mort. On rapporte même qu'il commença par frapper de sa lance le roi Alhamar, en lui disant : « Voilà pour le mauvais traité que tu m'as forcé de faire avec l'Aragon. » En se sentant blessé, Alhamar lui reprocha avec dédain sa conduite indigne d'un chevalier. Pendant cette expédition, le crieur répétait ces paroles : « C'est la « justice que notre seigneur et roi « fait des traîtres qui ont donné la « mort au roi Ismaïl, leur roi et sei- « gneur. »

Dès que la mort d'Abu-Saïd fut arrivée à Malaga, où se trouvait Mohammed, celui-ci s'empressa d'accourir à Grenade, où il fut reçu comme roi. Don Pedro lui envoya la tête de son ennemi avec celle de tous les chevaliers maures qui avaient été massacrés au champ de la Tablada. Tranquille désormais du côté de l'Andalousie, don Pedro n'attendait que l'occasion favorable pour recommencer la guerre contre l'Aragon. Sachant bien que le roi de France finirait par lui demander compte de la mort de la reine Blanche, il rechercha l'alliance du roi d'Angleterre. Il fit aussi un traité avec le roi de Portugal et un autre avec le roi de Navarre. Il fut convenu que l'armée navarraise entrerait en Aragon en même temps que l'armée castillane ; et bientôt, en 1362, profitant de ce que don Pedro le Cérémonieux, confiant dans la paix jurée, avait licencié ses troupes, avait renvoyé de ses États les réfugiés castillans, et de ce que ce prince était lui-même à Perpignan, de l'autre côté des Pyrénées, don Pedro le Cruel et Charles le Mauvais se jetèrent sur l'Aragon. Les Navarrais enlevèrent le château de Sos ; les Castillans prirent Ariza, Ateca, Celena, Alhama, et vinrent mettre le siège devant Calatayud. Le comte de Osuna, don Pedro et don Artal de Luna, furent faits prisonniers en voulant se jeter dans la place, et comme les assiégés ne purent être secourus à temps, ils furent forcés de se rendre le 29 août. Au milieu de ces succès, qu'il devait à la violation de la foi jurée, don Pedro le Cruel fut frappé par un de ces coups terribles dont le cœur d'un père peut seul comprendre toute l'amertume. Le seul fils que Maria de Padilla lui eût laissé, don Alphonse, qu'il avait fait reconnaître héritier du trône, mourut le 17 octobre 1362. C'est en ce moment que don Pedro, abattu par la douleur que cette perte lui causait, fit son testament. Par cet acte, il institua pour héritières du trône les filles qu'il avait eues de Maria de Padilla, en les substituant l'une à l'autre, et, pour le cas où elles ne lui survivraient pas, il légua le trône à don Juan, ce fils qu'il avait eu de Juana de Castro. Enfin, pour assurer l'exécution de ces dispositions, il assembla les cortès et fit reconnaître par cette assemblée les filles de Maria de Padilla pour ses héritières. Après avoir ainsi pourvu à la succession du royaume, il ne s'occupa plus que de la guerre contre l'Aragon. Il avait joint à son armée des troupes auxiliaires que lui avaient envoyées les rois de Grenade et de Portugal. A l'aide de cet accroissement de forces il fit de rapides progrès : il enleva Teruel, Tarasone, et beaucoup d'autres villes ; il pénétra jusqu'au cœur du royaume de Valence ; il prit la ville de Murviedro et assiégea celle de Valence elle-même.

Cependant le roi d'Aragon avait rappelé à son secours tous les réfugiés castillans qu'il avait eu la loyauté de faire sortir de son royaume. Don Enrique et ses frères, don Tello et don Sancho, lui amenèrent quelques troupes levées en France. A leur approche don Pedro, qui ne voulait pas hasarder dans une seule bataille tous les avantages qu'il avait obtenus, abandonna le siége de Valence. Néanmoins, la guerre continuait à être désastreuse pour le roi d'Aragon, qui perdait chaque jour quelque ville ou quelque château. Ce prince, voulant mettre un terme à ces revers, envoya des ambassadeurs pour traiter de la paix. Il offrit de donner sa fille Juana en mariage au roi de Castille, tandis que son fils aîné, don Juan, duc de Girone, et héritier présomptif du trône d'Aragon, épouserait doña Beatrix, fille aînée de Maria de Padilla. En acceptant ces conditions ostensibles, le roi de Castille en exigea une secrète : il voulut qu'on lui livrât, morts ou vifs, don Enrique de Trastamare et l'infant don Fernand, marquis de Tortose, qui, en qualité de petit-fils de Fernand l'Ajourné, se prétendait héritier présomptif du royaume de Castille. Ce marché fut accepté par le roi d'Aragon, qui commença même à l'exécuter, car, ayant fait dire à l'infant don Fernand de venir à Burriana, il l'y fit mettre à mort dans le courant de juin ou de juillet 1363. Ce crime effraya tous les Castillans réfugiés en Aragon. Plusieurs d'entre eux avaient été attachés au parti de l'infant don Fernand ; mais maintenant qu'il n'existait plus, ils se rangèrent tous autour de don Enrique de Trastamare. En effet, tous les seigneurs qui, au commencement du règne de don Pedro le Cruel, avaient pu prétendre à sa succession, n'existaient plus. La noble famille des Lara avait été exterminée ; Juan de la Cerda avait été supplicié ; les deux fils de la reine d'Aragon, Leonor, étaient morts assassinés. Don Enrique était, de tous les seigneurs castillans, celui qui se trouvait le plus près du trône. Tous ceux qui autrefois l'en avaient séparé étaient tombés sous les coups de don Pedro le Cruel. Aussi, dès que Fernand fut mort, le comte de Trastamare put se considérer comme l'héritier du trône de Castille ; ce fut un nouveau motif pour qu'il se tînt en garde contre les embûches qu'on lui tendrait. Le roi d'Aragon ne put donc remplir la condition que le tyran de la Castille avait mise à la paix. Il eut bien, dans le château de Sos, une entrevue avec Charles de Navarre et avec don Enrique. Les deux rois espéraient qu'ils pourraient y faire assassiner ce dernier ; mais don Enrique prit si bien ses mesures, qu'ils n'eurent que la honte de leur mauvaise entreprise. La guerre continua donc par terre et par mer ; et un seul fait donnera l'idée de la manière dont elle était faite par don Pedro le Cruel. Cinq galères aragonaises étant tombées entre ses mains, il fit mettre à mort tous les équipages, à l'exception seulement des ouvriers qui savaient fabriquer des rames. Les affaires se maintinrent de cette manière jusqu'à l'année 1366.

Le roi Charles V avait enfin rendu la paix à la France. Mais une foule d'aventuriers qui n'avaient d'autre métier que la guerre, d'autre moyen de subsistance que le pillage, s'étaient réunis par bandes et dévastaient le pays. On cherchait le moyen d'en débarrasser le royaume, quand don Enrique proposa de les employer contre le roi de Castille. Charles V accueillit cette proposition avec d'autant plus de faveur qu'il avait un juste motif de faire la guerre à don Pedro. Les embarras où s'était trouvé le royaume n'avaient pas permis encore de tirer vengeance de la mort de Blanche de Bourbon ; l'occasion se présentait de punir ce monstre, qui, bourreau de sa propre famille, n'avait pas craint de plonger ses mains dans le sang royal de France. Charles V choisit le célèbre Bertrand du Guesclin pour commander les compagnies, qui, moyennant 200,000 florins donnés par Charles V, s'engagèrent à aller guerroyer en Espagne. Il est vrai qu'en passant par Avignon elles exigèrent encore du pape un secours de 100,000 francs, et l'absolution générale de tous les péchés commis par les gens qui en faisaient partie. Du Guesclin, tant qu'il n'eut pas traversé les Pyrénées, fit courir le bruit qu'il allait combattre les Maures de Grenade. Il avait ordonné que tous les soldats des compagnies portassent sur leurs habits de grandes croix blanches, ce qui leur fit donner le nom de compagnies blanches(*). Du Guesclin était accompagné dans cette expédition par un grand nombre de seigneurs français. Les plus connus étaient Bertrand de Matignon, les sires de Montauban, de Dinan, de Coëtquen, de Beaumont, Léon de Montfort, Alain de Liscouet, Raguenel de Maubourcher, Geoffroy et Sylvestre Budes, Antoine de Beaujeu, Guisnard de Bailleul, Olivier de Mauni, Guillaume Bouestel, Guillaume de l'Aunoi; mais avant tous, il faut nommer Jean de Bourbon, comte de la Marche, le Bègue de Villaine et le maréchal d'Andrehan.

Le roi Pedro le Cruel fut justement alarmé en apprenant qu'il allait avoir à combattre ces compagnies blanches qui ne s'élevaient pas à moins de trente mille hommes. Le seigneur d'Albret lui conseilla de les débaucher en leur proposant un parti plus avantageux que celui qu'on leur avait offert. Mais le roi de Castille était à la fois trop avare et trop méfiant pour tenter un semblable expédient.

Ce fut au mois de mars de l'année 1366 que don Enrique entra en Castille à la tête de cette armée. Il alla se présenter devant Calahorra, dont les portes lui furent ouvertes par Fernand Sanchez de Tobar, qui en était gouverneur. Il s'y fit proclamer roi de Castille et de Léon, et le premier acte du nouveau souverain fut de récompenser ses partisans chacun suivant son rang et suivant l'importance des services qu'il avait rendus. Il donna à Bertrand du Guesclin le comté de Trastamare, à Caureley celui de Carrion; il rendit la seigneurie de la Biscaye à don Tello, et donna Albuquerque à son autre frère don Sancho; ensuite il dirigea sa marche vers Burgos. Don Pedro était en cette ville; mais toutes les instances des habitants ne purent le déterminer à y rester pour faire face à son ennemi. Après avoir écrit aux gouverneurs de toutes les places qu'il avait enlevées au roi d'Aragon de les démanteler, de les abandonner et de lui amener leurs garnisons, il quitta Burgos; mais, avant de partir, il fit mettre à mort Juan Fernandez de Tobar, dont le seul tort était d'avoir pour frère le gouverneur qui avait livré Calahorra.

Don Pedro était, par sa cruauté, devenu si odieux à ses sujets, qu'il se vit abandonné de tout le monde. Burgos ouvrit ses portes à don Enrique, qui s'y fit couronner; Tolède et toutes les villes se rendirent avec joie au prince qui les délivrait de cet esclavage sanglant; enfin don Enrique arriva à Séville, où don Pedro n'avait pas osé l'attendre, mais où l'on trouva encore une partie de ses trésors. Ils servirent à payer les compagnies ou à récompenser les partisans du vainqueur. Don Pedro le Cruel chercha un asile en Portugal; mais le roi refusa de le recevoir. Il revint donc en Espagne. Il voulut se renfermer dans Albuquerque; mais le seigneur qui commandait dans cette ville ayant refusé de lui en ouvrir les portes, il passa en Galice. Là il trouva Fernand de Castro et l'archevêque de Saint-Jacques. Tous deux l'engageaient à tenter au moins la fortune des armes, en lui promettant que beaucoup de seigneurs se rallieraient à sa cause. L'archevêque lui avait même amené un corps de 1,200

(*) C'est ainsi que les appelle Lopez de Ayala, année 1362, ch. VIII.

hommes. Don Pedro récompensa par une trahison cet acte de dévouement. Il fit assassiner l'archevêque de Saint-Jacques, ainsi que le doyen de cette église. Il s'empara de leurs trésors; puis, chargé de ces nouveaux crimes, il s'embarqua dans le port de la Corogne, où se trouvait sa flotte, et il alla chercher un refuge à Bayonne, qui était alors au pouvoir des Anglais. Don Enrique, resté sans contestation maître du royaume, rassembla les cortès à Burgos, au mois de novembre 1366. Il y fit proclamer son fils pour héritier de la couronne et réclama des subsides, que l'assemblée lui accorda. Comme les compagnies venues de France faisaient quelques ravages, et que leur entretien était fort coûteux, le roi fit le compte de la solde qui leur était due, et il les renvoya après les avoir satisfaites. Il ne garda avec lui que Bertrand du Guesclin et les Bretons qui l'avaient accompagné, Hugues Caureley et les Anglais qui faisaient partie des compagnies. Il ne lui restait guère que 1,500 lances. Pendant ce temps, don Pedro le Cruel avait été solliciter les secours du prince de Galles, et celui-ci faisait à Bayonne des préparatifs de guerre. Don Enrique, pour conjurer le danger qui le menaçait, traita avec Charles le Mauvais, qui s'engagea à ne pas laisser passer les Anglais par la Navarre, et à défendre contre eux les ports des Pyrénées. Mais c'était une imprudence que de compter sur la parole de Charles. Ce prince, pour éluder l'exécution de cette convention sans qu'on lui reprochât de manquer à sa promesse, se fit enlever par Olivier de Mauny, qui le retint quelque temps prisonnier. Pendant qu'il était ainsi en captivité, les troupes du prince de Galles traversèrent tranquillement les défilés des Pyrénées et descendirent vers la Castille. Don Enrique rassemblait son armée à Burgos. Là, un chef des compagnies qu'il avait conservées, Hugues de Caureley, qui était Anglais, lui dit qu'il ne pouvait pas servir contre le prince de Galles, fils du roi d'Angleterre, et, à la tête des 400 lances qu'il commandait, il alla rejoindre les ennemis. Malgré cette défection, don Enrique avait encore une nombreuse armée. Il marcha à la rencontre du prince de Galles, et assit son camp aux environs de Saint-Dominique de la Chaussée, dans la chênaie de Bañarez. Ses généraux se trouvaient divisés d'opinion sur le plan de campagne qu'il convenait de suivre. Les Espagnols disaient qu'il fallait se hâter de livrer bataille; que don Enrique avait conquis sa couronne presque sans combattre, et qu'il était nécessaire qu'il en rehaussât la gloire par quelque action d'éclat. Ils ajoutaient d'ailleurs que don Pedro avait encore des partisans, qu'il disposait d'immenses richesses, et qu'on devait craindre, si la guerre traînait en longueur, qu'il ne parvînt à débaucher une partie de l'armée. Les officiers français disaient, au contraire, que l'armée du prince de Galles se composait de troupes excellentes, mais qu'elle manquait de magasins; qu'elle aurait bientôt épuisé les ressources du pays, et qu'elle serait forcée de se retirer, ou qu'elle périrait par la famine et par les maladies. Un corps d'Anglais qui, sous la conduite de Pelleton, était entré dans l'Alava pour ramasser des vivres, avait été attaqué par une division de l'armée de don Enrique, et avait été mis en une complète déroute. Les officiers français voulaient qu'on se bornât ainsi à des engagements partiels; ils eussent désiré qu'on ne hasardât pas le sort de la campagne dans une bataille générale. Malheureusement leur avis ne prévalut pas; et comme le prince de Galles s'avançait du côté de Logroño, le roi don Enrique marcha pour lui barrer le passage. Les Anglais étaient venus se poster à Navarrète; don Enrique alla occuper la ville de Najara. Des deux côtés on se prépara au combat. Le centre de l'armée de don Enrique se composait de 1,000 hommes d'armes à pied, sous le commandement de du Guesclin, du maréchal d'Audenehan, du Bègue de Villaine; c'est là aussi que se trouvait la bannière royale portée par Pedro Lopez de Ayala; l'aile gauche se composait de 1,000 cavaliers qui obéissaient à l'infant don Tello; la droite, formée aussi de cavalerie, était sous les ordres du comte de Ribagorce, que le roi don Enrique avait fait marquis de Villena; le roi, à la tête de 1,500 cavaliers, formait la réserve. Le prince de Galles avait rangé son armée dans un ordre à peu près semblable: au centre étaient 3,000 hommes d'armes à pied commandés par le duc de Lancastre, Olivier Clisson, Jean Chandos, et cet Hugues Caureley qui venait d'abandonner le parti de don Enrique; à sa droite, composée de cavalerie, se trouvaient les sires d'Albret, de Mussident et d'Armagnac; l'aile gauche était sous les ordres du captal de Buch et du comte de Foix; à l'arrière-garde se trouvait don Pedro le Cruel avec la bannière du roi de Navarre.

Quand on en vint aux mains, le centre de l'armée espagnole, commandé par du Guesclin, chargea si vigoureusement le centre des Anglais, qu'il le força à reculer; mais l'aile gauche, que commandait don Tello, ne suivit pas ce mouvement; au moment où l'aile droite des Anglais, guidée par les sires d'Albret et d'Armagnac, s'ébranla pour charger, don Tello et les siens se sauvèrent sans combattre. Cette fuite fut-elle seulement un acte de lâcheté de la part de l'infant ou bien une trahison? Les historiens ne le disent pas; mais la jalousie qu'il montra en toutes circonstances contre don Enrique peut justifier tous les soupçons. La cavalerie anglaise, n'ayant plus d'adversaires en face, se précipita sur le flanc gauche de l'infanterie, commandée par du Guesclin, qui ne tarda pas à être mise en désordre. Le roi don Enrique chargea plusieurs fois et s'efforça, mais inutilement, de rétablir le combat; il fut mal secondé par ceux qui étaient sous ses ordres. Le sort de la journée était décidé. Cette bataille fut livrée entre Navarrète et Najara, le 3 avril 1367, veille du dimanche de la Passion (*). Du Guesclin et presque tous les chevaliers français furent faits prisonniers. Quant à don Enrique, il put se sauver et se réfugier en France, où vint le rejoindre la reine, qu'il avait laissée à Burgos.

Le jour même de la bataille, don Pedro voyant un seigneur castillan, nommé Iñigo Lopez de Orozco, qui était prisonnier, le tua de sa propre main. Le chevalier à qui appartenait ce prisonnier vint se plaindre au prince dans les historiens français sous le nom de bataille de Navarrète. Les auteurs espagnols l'appellent la bataille de Najara. Dans les chroniques en vers et en prose de du Guesclin, elle est nommée la bataille de Nadre. Enfin, dans une quittance du prix de la rançon de du Guesclin, conservée aux archives du royaume, section historique, elle est appelée la bataille de Nazare.

Lopez de Ayala qui portait l'étendard de don Enrique, et qui fut au nombre des prisonniers, dit que la bataille eut lieu le samedi 3 avril 1367.

La chronique en prose de du Guesclin fixe la bataille à la veille de Pâques, c'est-à-dire au 17 avril.

La chronique en vers parle de la veille de Pâques fleurie; ce serait donc le 10 avril; mais ces chroniques de du Guesclin ne sauraient être sérieusement considérées comme des documents historiques. Ces assemblages informes de récits, où le défaut d'exactitude n'est pas racheté par le mérite de l'expression, fourmillent des erreurs les plus grossières. Ainsi on y fait venir les Maures par mer jusqu'à Tolède.

« *Près de Toulette sur ung port de mer « arrivèrent Sarrazins qui à terre descen- « dirent.* » (Page 301.)

« *Tant chevauchèrent le roi Henry, mes- « sire Bertrand et la chevalerie de France, « que à quatre lieues de Toulette de Corde « devers la mer rencontrèrent les coureux « de Pietre.* » (Page 302), édition de M. Francisque Michel. Paris, 1830.

« Lors l'amiral de mer sur sa foi li jurra, « Qu'à droict port à Toulette les payens liverra. Vers 14438 et 14439. Vie du vaillant Bertrand du Guesclin, Documents inédits de l'histoire de France.

Enfin les mêmes chroniques prennent le nom de la race des Beni-Merines pour un nom de royaume qu'on y appelle Bel-Marin et Belle-Marine.

(*) Cette bataille est aujourd'hui désignée

de Galles, et celui-ci reprocha vivement au roi la cruauté de sa conduite. Don Pedro chercha à s'excuser; mais, à partir de ce moment, le roi et le prince de Galles commencèrent à être mécontents l'un de l'autre. Le lendemain, don Pedro demanda que tous les prisonniers castillans lui fussent livrés; il offrait d'en payer la valeur à ceux qui les avaient pris; il disait que si on les laissait s'échapper, ou si on les mettait à rançon, ils seraient autant d'ennemis acharnés qui troubleraient son royaume. Mais le prince de Galles lui répondit que les chevaliers qui l'avaient accompagné avaient combattu non-seulement pour de l'argent, mais encore pour l'honneur, et que rien au monde ne les déterminerait à livrer des prisonniers qui s'étaient rendus à eux; car personne n'ignorait qu'il ne les aurait pas plutôt entre ses mains, qu'il les ferait mettre à mort. Don Pedro, fort irrité de ce refus, répondit au prince de Galles qu'alors il considérait son royaume comme plus perdu qu'auparavant, et que puisqu'on ne voulait pas lui livrer ces prisonniers, il regardait qu'on lui avait fait dépenser inutilement ses trésors. Mais le prince de Galles lui répondit : « Je vous conseille de mettre fin à tous ces assassinats, et de vous efforcer de gagner l'attachement de vos sujets; autrement vous exposez grandement votre couronne et même votre personne. Si vous continuez comme par le passé, les choses en viendront à un tel point, que tous mes efforts et tous ceux du roi d'Angleterre, mon père, vous seront d'un vain secours. » Le prince de Galles conduisit le roi don Pedro à Burgos. Il fit reconnaître son autorité dans cette ville et dans la plus grande partie du royaume; puis il demanda à se retirer, et réclama le payement de ce qui était dû à son armée. Don Pedro fit quelques difficultés. Il ne put solder comptant qu'une partie de ce qu'il devait, et commença à parcourir son royaume, afin de ramasser de l'argent. Il se rendit en toute hâte à Tolède. Dans cette ville, il fit mettre à mort Rui Ponce de Paloméque et Ferrand Martinez del Cardenal. A Cordoue, en une soirée, il fit massacrer seize des principaux habitants. A Séville, il fit également tuer Gil Bocanegra, Juan, fils de Pero Ponce de Leon; il fit brûler vive doña Urraca de Osorio, mère de Juan Alphonse de Guzman; enfin, dans un court espace de temps, il commit tant de crimes, qu'ils eussent suffi pour rendre sa domination exécrable, et pour faire chérir celle de son adversaire. Celui-ci, après sa défaite, s'était réfugié en Languedoc, où l'assistance du roi de France ne lui manqua pas. Chaque jour, les seigneurs faits prisonniers à la bataille de Navarrète, qui avaient payé leur rançon, venaient se joindre à lui. D'un autre côté, le prince de Galles s'était retiré en Guienne, indigné de la cruauté de don Pedro et mécontent de l'ingratitude avec laquelle ce souverain avait manqué à ses promesses. L'occasion était donc favorable pour une nouvelle entreprise. Le pape avait excommunié don Pedro le Cruel, et avait déclaré que don Enrique, malgré l'illégitimité de sa naissance, était capable de monter sur le trône de Castille. Le roi de France avait avancé des sommes à l'aide desquelles le prince, vaincu à Navarrète, avait pu rassembler quatre cents lances, dont il avait donné le commandement au comte d'Osone, au bâtard de Béarn, à Guillaume de Villamur, et au Bègue de Villaine. A la tête de cette petite armée, il se mit en route pour tenter de nouveau la fortune et pour reconquérir son royaume. Le roi d'Aragon, qui avait fait alliance avec le prince de Galles, voulut interdire à don Enrique de passer par l'Aragon; mais celui-ci ne tint nul compte de cette défense. Il évita la rencontre de l'armée aragonaise, dirigea sa marche par Balbastro et par Huesca; il traversa ensuite une partie de la Navarre, et vint passer l'Èbre à Azagra. Il n'eut pas plutôt mis le pied sur le sol de la Castille, qu'il descendit de son cheval. Il traça une croix à terre, et, après l'avoir baisée, il jura de ne plus sortir de son royaume. Ensuite il se dirigea, avec tout son monde, vers Calahorra, qui était la ville la plus voisine. Il y entra le jour de Saint-Michel, 29 septembre 1367, cinq mois et vingt-six jours après la bataille de Navarrète. De cette place, il se rendit à Burgos, où il fut accueilli avec joie. Presque toutes les villes de la Castille suivirent cet exemple. A Cordoue, dès qu'on eut appris son retour, on se souleva en sa faveur. Plus de la moitié du royaume se déclara pour lui. Don Enrique commença par s'établir fortement dans la vieille Castille; par y lever des troupes, et par y rassembler de l'argent. Il alla mettre le siège devant la ville de Léon, qui se rendit à lui le dernier jour d'avril 1368. Il prit aussi Madrid. Pour gagner le cœur des habitants, il maintint parmi ses soldats la discipline la plus sévère, et défendit tout pillage. Enfin, le 30 août 1368, il commença le siége de Tolède. Le capitaine qui défendait cette place était Fernando Alvarez. Il avait de bonnes troupes; et don Pedro, pour être sûr de la fidélité des habitants, avait emmené un grand nombre d'otages. Pendant que don Enrique pressait le siége de Tolède, don Pedro et Mohammed de Grenade, son allié, assiégeaient Cordoue; les mahométans avaient même attaqué la ville avec tant de vigueur, qu'ils s'étaient emparés d'une tour. On craignit un instant que la ville ne fût forcée; mais les habitants, excités par les cris et par les exhortations de leurs femmes, se précipitèrent sur les assiégeants, et les repoussèrent en leur faisant éprouver d'énormes pertes, en sorte que les deux rois se déterminèrent à lever le siége. Don Pedro retourna à Séville pour préparer les moyens de secourir Tolède. Quant au roi de Grenade, il voulut profiter des dissensions qui déchiraient la Castille pour recouvrer quelques-unes des places qui lui avaient été enlevées. Il attaqua les villes de Jaen et d'Ubeda, qui, de même que Cordoue, avaient embrassé le parti de don Enrique, et il y exerça d'affreux ravages.

Don Pedro et les musulmans n'étaient pas les seuls ennemis que don Enrique eût à combattre. La jalousie de son frère don Tello lui suscita plus d'un embarras. Ce prince abandonna son parti, fit un traité avec le roi de Navarre, et décida Logroño, ainsi que plusieurs autres villes de ces environs, à se donner à ce souverain.

Le siége de Tolède durait depuis déjà sept mois, lorsque, dans les premiers jours de l'année 1369, don Enrique reçut à son camp un ambassadeur du roi de France, qui venait pour confirmer l'alliance entre les deux couronnes. Cet envoyé était aussi chargé d'annoncer l'arrivée d'un secours de cinq cents lances, que le roi de France envoyait sous le commandement de Bertrand du Guesclin. La rançon de ce vaillant capitaine avait été payée, et les forces qu'il amenait arrivaient fort à propos, car don Pedro se préparait à venir délivrer Tolède, qui était réduite aux plus dures extrémités. Dès que don Enrique fut informé que l'armée de don Pedro était prête, il écrivit aux maîtres de Saint-Jacques et de Calatrava, et aux autres seigneurs de Cordoue qui soutenaient sa cause, de venir le rejoindre à son camp devant Tolède. Ils formaient un corps d'environ 1,500 hommes d'armes, qui se mit en marche au moment où don Pedro partit de Séville. Ils s'avancèrent vers Tolède, en décrivant une ligne parallèle à la route suivie par l'armée de don Pedro. Ils arrivèrent à Villa-Réal en même temps que don Pedro atteignait Alcocer. Don Enrique, de son côté, ne crut pas devoir attendre son ennemi devant Tolède. Il laissa seulement un faible corps de troupes pour continuer le siège, et il traversa la chaîne de montagnes qui sépare la vallée du Tage du bassin de la Guadiana. Don Pedro était campé près de Montiel; et, ne pensant pas que don Enrique voulût venir au-devant de lui, il avait dispersé ses compagnies dans les villages environnants. Cependant l'alcayde de Montiel le prévint qu'on apercevait beaucoup de feux dans l'éloignement. Il répondit que, sans doute, c'étaient ceux allumés par les troupes des martres de Saint-Jacques et de Calatrava, qui se rendaient au camp devant Tolède; néanmoins il fit donner l'ordre à ses compagnies de le rejoindre le lendemain; et, dès le point du jour, il envoya des coureurs pour s'assurer de ce que pouvaient être les feux qu'on avait aperçus. Mais l'armée de don Enrique s'était mise en marche au milieu de la nuit, et s'avançait en grande hâte pour surprendre don Pedro; les éclaireurs de celui-ci furent à peine en route qu'ils tombèrent au milieu de l'avant-garde commandée par Bertrand du Guesclin. Ils furent repoussés, et don Pedro n'eut que le temps de ranger en bataille celles de ses troupes qu'il avait avec lui. En un instant, il fut attaqué, culbuté, mis en fuite, et forcé de chercher un asile dans le château de Montiel. Il y eut peu de monde tué dans cette rencontre, car celles des compagnies de don Pedro qui étaient disséminées dans les villages voisins n'eurent pas le temps de se réunir, et elles ne furent pas engagées. Celles qui étaient avec don Pedro prirent la fuite au premier choc, en sorte que l'armée de don Enrique ne perdit qu'un seul homme. Cette bataille fut livrée le mercredi 14 mars 1569.

Quand le roi don Enrique vit que son ennemi s'était réfugié dans Montiel, il mit la plus grande activité à faire construire une enceinte de pierres sèches tout autour de ce château, afin que personne ne pût en sortir, ou y porter des vivres. Ce travail, qui devait ôter à don Pedro tout espoir de fuir, était terminé lorsqu'un des défenseurs de Montiel, qui était de la connaissance de Bertrand du Guesclin, demanda à lui parler en particulier, et lui offrit une somme considérable s'il voulait laisser le roi don Pedro sortir du château. Bertrand du Guesclin refusa d'abord. Mais quand il eut parlé à ses parents et à ses amis des offres qui lui avaient été faites, on l'engagea à tout révéler au roi don Enrique. Celui-ci dit à du Guesclin d'accepter la proposition qui lui était faite. Au milieu de la nuit du 23 mars 1369, le neuvième jour après la bataille, don Pedro se rendit à la tente de Bertrand du Guesclin. Il y était depuis quelque temps, lorsque don Enrique de Trastamare, que l'on avait prévenu, y entra armé de toutes pièces. D'abord il ne reconnaissait pas son frère, car il y avait bien longtemps qu'il ne l'avait vu; mais un des chevaliers français lui dit : Tenez, voici votre ennemi; et comme il hésitait, don Pedro répondit : Eh bien! oui! me voici. Alors don Enrique le reconnut bien, et, tirant sa dague, il le blessa au visage. Don Pedro se jeta sur lui, le saisit à bras-le-corps, et les deux rois tombèrent à terre. Don Enrique lui donna plusieurs coups de dague, jusqu'à ce qu'il l'eût laissé sans vie. Il est des auteurs qui ajoutent d'autres circonstances à ce récit. Ils disent que quand les rois furent tombés, don Enrique se trouva dessous; mais que Bertrand les fit retourner, de manière à ce que don Enrique fût dessus et à ce qu'il pût frapper et tuer don Pedro.

Les chroniques de du Guesclin, en vers et en prose, racontent la mort de don Pedro d'une manière toute différente. Ils disent que don Pedro, espérant tromper la vigilance des sentinelles, s'était avancé jusqu'à une brèche faite au mur que les assiégeants avaient construit tout autour de Montiel. Il l'avait déjà franchie, et il avait le pied dans l'étrier pour remonter à cheval, quand le Bègue de Villaine, qui veillait en cet endroit, le saisit par derrière à bras-le-corps, et le fit prisonnier. Il l'emmena dans sa tente; et ce serait là, en l'absence de Bertrand du Guesclin, que la lutte entre don Enrique et don Pedro aurait eu lieu. La première de ces versions, qui est celle de Lopez de Ayala, a aussi été adoptée par Mariana et par Ferreras. Elle paraît en effet plus conforme à la vraisemblance.

Lorsque don Pedro succomba sous les coups de son frère don Enrique de Trastamare, il était âgé de trente-quatre ans et sept mois. Il avait régné dix-neuf ans moins trois jours.

Il n'est pas de paradoxe qui ne trouve des partisans; et quelques écrivains ont présenté don Pedro comme un prince héroïque, victime de l'ambition des grands seigneurs espagnols. Tous ces meurtres, dont le récit fait frémir, étaient, disent-ils, nécessaires pour assurer la tranquillité de l'État; mais la liste seule des assassinats de don Pedro n'est-elle pas là pour démentir leur allégation? Comment la mort de la malheureuse Blanche de Bourbon, comment celle de don Pedro et don Juan, qui n'étaient que des enfants, pouvaient-elles être nécessaires?

Sans doute la tranquillité publique est un bien si précieux que, peut-être, ne serait-elle pas achetée trop cher par un peu de sang. Cependant un crime, lors même qu'il est commis dans l'intérêt public, ne cesse pas d'être un crime; on pourrait peut-être l'excuser s'il assurait le bonheur général. Le résultat ne justifierait pas le coupable; il pourrait seulement atténuer l'horreur de son action. Mais qu'on ne cherche pas à justifier des exécutions sanglantes, en disant qu'elles étaient faites avec de bonnes intentions. L'intention ne justifie pas ce qui est criminel. Lorsque des actes d'une sévérité excessive n'ont point assuré la tranquillité du pays, c'est qu'ils n'étaient pas nécessaires; et celui qui les a commandés est doublement coupable, d'abord pour les avoir osés, ensuite pour s'être trompé sur le résultat qu'ils devaient produire. Quand un prince a, comme don Pedro, jeté par ses fureurs le trouble et le désordre dans un royaume qu'il avait reçu tranquille et florissant, l'abus qu'il fait de son autorité devient le plus abominable des crimes, le plus exécrable des forfaits.

RÈGNE DE DON ENRIQUE II. — DESTRUCTION D'ALGÉCIRAZ PAR LES MAURES. — GUERRE AVEC LE PORTUGAL. — MORT DE DON TELLO. — PRISE DE CARMONA PAR DON ENRIQUE, ET MORT DE MARTIN LOPEZ DE CORDOBA. — VICTOIRE DE LA FLOTTE CASTILLANE SUR CELLE DES ANGLAIS. — GUERRE ENTRE LA CASTILLE ET L'ARAGON. — DON JUAN, FILS DE DON ENRIQUE, ÉPOUSE LA FILLE DU ROI D'ARAGON. — PRÉTENTION DE JEAN DE GAND, DUC DE LANCASTRE, AU TRÔNE DE CASTILLE. — MORT DE DON SANCHO, SEIGNEUR D'ALBUQUERQUE. — SIÉGE DE BAYONNE PAR DON ENRIQUE. — TENTATIVES DE DON JAYME, INFANT DE MAJORQUE. — GUERRE ENTRE LA CASTILLE ET LA NAVARRE. — MORT DE DON ENRIQUE II.

Dès que les défenseurs de Tolède furent instruits de la mort de don Pedro, ils ouvrirent leurs portes aux assiégeants, et se mirent à la merci de don Enrique. Le vainqueur fut reconnu pour souverain par la plus grande partie des villes du royaume. Cependant les événements de Montiel n'aplanirent pas toutes les difficultés. Les États voisins cherchèrent à profiter des embarras qui accompagnent l'établissement d'un nouveau roi; mais don Enrique sut faire face en même temps à tous les ennemis. Charles de Navarre s'était emparé de Logroño et de plusieurs villes voisines; Molina, Cañete, Requena, avaient été livrées au roi d'Aragon par les officiers à qui la garde en avait été confiée. Les Maures, toujours prêts à profiter des dissensions qui troublaient les États chrétiens, ravagèrent pendant deux années les frontières de l'Andalousie. En 1370, ils reprirent la ville d'Algéciraz, qui était mal défendue; et, comme ils ne se sentaient pas assez puissants pour la conserver, ils la ruinèrent et ils en rasèrent les murailles. Cette perte fit éprouver un grand chagrin à don Enrique, et il eût bien voulu en tirer vengeance; mais il avait d'autres ennemis à combattre. Il fit donc de nouveau demander une trêve au roi de Grenade. Le maître de Saint-Jacques, don Gonzalo Mexia, et Pedro Moñiz, maître de Calatrava, qui conduisirent cette négociation, déterminèrent, à la fin de l'année 1370, Mohammed à accorder la paix.

Délivré des inquiétudes que les Maures lui avaient inspirées, don Enrique se trouva plus à même de faire face aux attaques qui lui venaient du côté du Portugal. Le roi don Ferdinand prétendait avoir droit au trône de Castille, comme seul descendant légitime du roi de Castille, don Sancho IV, son bisaïeul (*).

Il était appuyé dans ses prétentions par tous les mécontents; car tous ceux qui avaient reçu des faveurs de don Pedro, ou qui, par sa mort, avaient perdu quelque charge ou quelque avantage, favorisaient les adversaires de don Enrique. Les Portugais s'étaient emparés de Ciudad Rodrigo, d'où ils faisaient des courses sur les terres de Castille, pillant les campagnes, incendiant les villages. Don Enrique, pour mettre un terme à ces dévastations, avait été, dans les premiers jours de 1370, assiéger cette ville; mais il l'avait trouvée mieux défendue qu'il ne l'avait espéré. Le siége avait traîné en longueur, et les pluies abondantes qui accompagnèrent le commencement de cette année l'avaient contraint à abandonner cette entreprise. Il se retira à Medina del Campo, et les cortès, qu'il réunit dans cette ville, lui accordèrent des subsides pour l'aider à achever le payement de ce qui était dû aux troupes étrangères, afin de pouvoir les congédier. Du Guesclin reçut pour lui seul 120,000 doubles d'or, indépendamment des seigneuries de Soria, d'Almazan, d'Atiença, de Montagudo et de Seron, qui lui furent données, et qu'il revendit au roi don Enrique, en 1374, moyennant 240,000 doubles d'or. C'étaient des sommes immenses pour cette époque; mais on ne pouvait acheter assez cher les secours d'un guerrier qui était l'arbitre de la paix et de la guerre. Ainsi, au moment où don Enrique fut obligé de se priver des services de du Guesclin, le roi d'Aragon, qui avait la guerre à soutenir en Sardaigne, négociait avec ce capitaine afin qu'il consentît à se charger de cette expédition. Mais le roi Charles V ayant besoin de son service, le rappela en France, et lui donna l'épée de con-

(*) Doña Beatriz, fille de don Sancho IV et sœur de Ferdinand l'Ajourné, avait été mariée à don Alphonse, roi de Portugal; de cette union était né don Pedro le Justicier père de don Ferdinand.

nétable, que venait de remettre le seigneur de Fiennes. Dès que la saison permit d'entrer en campagne, don Enrique chargea son frère don Tello d'aller en Galice, et de se joindre au chef de cette province, Pedro Ruiz de Sarmiento, afin d'arrêter les progrès des Portugais, qui s'étaient rendus maîtres de Compostelle, de Tuy et du port de la Corogne. Mais don Tello fut atteint d'une maladie qui fit des progrès rapides, et qui l'enleva le 15 octobre de cette année 1370. Ce prince avait plus d'une fois donné des preuves d'un caractère inquiet et jaloux. On l'a soupçonné d'avoir été la cause volontaire de la défaite de Najara. Pendant le siège de Tolède, il détermina plusieurs villes à se livrer au roi de Navarre. Sa mort, loin d'être une perte pour don Enrique, le délivrait probablement de bien des embarras; aussi quelques personnes prétendirent qu'elle n'était pas naturelle, et l'on répéta que don Tello avait été empoisonné. Néanmoins, cette accusation est repoussée par tous les écrivains sérieux. Les avantages qui résultèrent pour don Enrique de cette mort prématurée, furent les seuls motifs qui la lui firent attribuer. Il hérita des seigneuries de Biscaye et de Lara, qu'il donna à don Juan, son héritier présomptif, et depuis cette époque ces domaines n'ont plus été séparés de la couronne de Castille. Au reste, la mort de don Tello ne nuisit en aucune manière aux opérations de la guerre. La flotte castillane remporta des avantages sur celle du Portugal, et Pedro Ruiz de Sarmiento battit Ferdinand de Castro, qui était en Galice le soutien principal du parti portugais. Le roi don Ferdinand de Portugal, dégoûté de la guerre par tous ces mauvais succès, prêta l'oreille aux propositions de paix qui lui étaient faites. Il fut convenu qu'il remettrait au roi don Enrique les villes dont il s'était emparé, et qu'il épouserait doña Leonor, fille de ce roi; mais il n'exécuta qu'une partie de ce traité. Afin de prouver son désir de vivre à l'avenir en bonne intelligence avec la Castille, il restitua les villes qu'il avait prises, mais il s'excusa de ne pouvoir épouser doña Leonor, parce que déjà il avait contracté des engagements avec doña Leonor Tellez de Menezes. Don Enrique accepta ces excuses, en répondant que sa fille ne manquerait pas de maris. Cette paix, au reste, n'eut que peu de durée. L'année suivante (1373), les Portugais arrêtèrent dans les eaux de Lisbonne quelques navires qui étaient sortis des ports de la Biscaye et des Asturies, chargés de fer et d'acier. Cette agression, dont on ne donnait aucun prétexte, ralluma la guerre entre les deux royaumes. Don Enrique s'empara de Viseo. Il alla même assiéger Lisbonne, brûla dans le Tage beaucoup de vaisseaux portugais, et il reprit ceux dont la capture avait été la cause de la guerre. Enfin le cardinal Guido de Bologne, légat du pape, s'entremit pour amener un arrangement entre les deux rois. Cette fois, une paix plus stable fut conclue; et, pour lui donner de nouvelles chances de durée, on maria don Sancho, comte d'Albuquerque, avec doña Beatrix, sœur du roi Ferdinand de Portugal, et l'on fiança doña Isabelle, fille naturelle du même prince, avec don Alonzo, comte de Gijon, fils bâtard du roi de Castille. Il fut aussi convenu qu'on chasserait de Portugal les seigneurs castillans bannis ou mécontents qui s'y étaient réfugiés au nombre de plus de cinq cents. C'est ainsi que don Enrique affermissait sa couronne par des guerres heureuses et par sa modération dans la victoire. Une fois cependant il oublia cet esprit de douceur qui fit chérir sa domination, et qui fit oublier qu'un fratricide lui avait aplani le chemin du trône. Don Pedro le Cruel, avant de partir pour secourir Tolède, avait renfermé dans Carmona ses trésors et ses enfants, à l'exception de doña Costanza et de doña Isabelle, ses filles aînées, qu'il avait laissées à Bayonne. Elles étaient restées comme otages entre les mains du prince de Galles, pour lui assurer le payement des sommes qui lui étaient dues. Don Pedro avait confié la garde de Carmona à Martin Lopez de Cordoba, qui se disait maître de Calatrava. Après la mort de don Tello, cette ville avait été sommée de se rendre; mais le gouverneur avait refusé de reconnaître la souveraineté de don Enrique, et celui-ci, qui ne se trouvait pas en mesure d'assiéger une place aussi forte, s'était borné à laisser dans les environs quelques corps de troupes pour tenir la garnison en respect. Cet état de choses dura deux années. Mais quand les trêves conclues avec le roi de Grenade permirent à don Enrique de disposer de forces considérables, il vint, au commencement du printemps de 1371, attaquer Carmona. Il employa pour la réduire tous les moyens en usage à cette époque; mais les assiégés se défendaient avec courage. Don Enrique, désireux d'en finir promptement, essaya de les surprendre. Quarante hommes d'armes profitèrent de l'obscurité de la nuit pour escalader une tour; mais les sentinelles ayant entendu quelque bruit, donnèrent l'alarme. Toute la garnison accourut, on brisa les échelles, et ces hommes, que l'on n'avait pas fait soutenir assez promptement, se trouvèrent si vivement pressés, qu'ils furent obligés de se rendre. Martin Lopez de Cordoba les ayant fait renfermer dans un préau, les y fit tous massacrer de la manière la plus cruelle, à coups d'épée et à coups de lance. Cet acte de férocité causa beaucoup de chagrin au roi. Il voulut que les attaques fussent poussées avec encore plus de vigueur. Bientôt les assiégés, réduits aux dernières extrémités, se virent contraints à capituler. En l'absence du roi, qui était retourné à Séville, ce fut le maître de Saint-Jacques qui arrêta les conditions de la reddition. Il accorda la vie sauve à don Martin Lopez de Cordoba. Mais don Enrique ne ratifia pas cette convention: il fit mettre don Martin à mort, malgré les réclamations du maître de Saint-Jacques, qui lui reprochait cette violation de la foi due aux traités. Les enfants de don Pedro furent envoyés à Tolède, et ils y furent retenus prisonniers.

Toutes les entreprises de don Enrique avaient une heureuse issue, et quelquefois la fortune le favorisa au delà de ses espérances. En 1372, il avait envoyé sa flotte pour aider les Français qui faisaient la guerre en Guienne. Son amiral Ambrosio Bocanegra, qui la commandait, attaqua l'escadre anglaise. Il la mit en déroute, prit ou détruisit tous les bâtiments qui la composaient, et il prit notamment celui qui portait le comte de Pembrock, commandant de l'expédition, et celui qui était chargé du trésor destiné au payement des troupes.

Il eut le même bonheur dans les guerres qu'il soutint contre la Navarre et contre l'Aragon. Don Pedro le Cérémonieux se plaignait de ce que don Enrique refusait de lui donner le royaume de Murcie et plusieurs villes qu'il avait promis de lui livrer s'il parvenait à conquérir la couronne de Castille. Don Enrique répondait qu'à la vérité cette convention avait été faite entre eux, mais qu'il ne l'avait consentie qu'à la condition que le roi d'Aragon l'assisterait de tous ses efforts; que don Pedro, loin d'avoir rempli cet engagement, s'était ligué avec ses ennemis et avait voulu lui interdire le passage lorsqu'il était revenu de France pour entrer une seconde fois en Castille. Au reste, il demandait pour son fils don Juan la main de l'infante d'Aragon, Leonor. Le duc d'Anjou et Guido de Bologne, légat du pape, firent tous leurs efforts pour terminer le différend qui divisait ces deux rois, et le jour de la Pentecôte de l'année 1374, une trêve fut conclue. Il fut convenu que don Pedro donnerait sa fille pour femme à don Juan, héritier présomptif du trône de Castille.

Il restait encore à don Enrique un ennemi à combattre, et ce n'était pas le moins redoutable. Jean de Gand, quatrième fils du roi Édouard d'Angleterre, avait épousé en premières noces la fille de Henri, qui, d'abord comte de Derby, était ensuite devenu duc de Lancastre. Jean de Gand, lorsque son beau-père était mort, en 1361, avait hérité du titre de duc de Lancastre. En 1371, il était venu prendre le gouvernement de la Guienne, où la maladie du prince de Galles, son frère aîné, avait grandement compromis les affaires des Anglais. A cette époque, le duc de Lancastre était veuf; il trouva à Bayonne les deux filles de don Pedro le Cruel; il épousa doña Costanza, qui était l'aînée, et se prévalut de ce que le testament de don Pedro la déclarait héritière du trône, et de ce que ses droits avaient été reconnus dans les cortès de Séville, en 1362. La seconde, doña Isabelle, fut mariée à Edmond de Langley, comte de Cambridge, cinquième fils du roi Édouard d'Angleterre. Ces alliances ne laissèrent pas d'inquiéter don Enrique; mais, jusqu'à l'année 1374, le duc de Lancastre se borna à prendre le titre de roi de Castille, sans recourir aux armes. Il se contenta de solliciter l'alliance des rois de Navarre et d'Aragon; mais, au commencement de 1374, il rassembla en Angleterre une armée de trois mille cavaliers et dix mille fantassins. Il ne voulut pas que cette armée fût conduite par mer en Guienne, dans la crainte qu'elle n'éprouvât le sort de l'expédition commandée par le comte de Pembrock. Il alla donc débarquer à Calais, où les secours que lui donna le duc de Bretagne portèrent ses forces à trente mille hommes. Au bruit de cet armement, don Enrique s'empressa de rassembler des troupes à Burgos. Les seigneurs qui, jusqu'à ce moment, lui avaient été hostiles, se hâtèrent de venir le servir. La crainte de voir la couronne passer sur une tête étrangère rallia tous les partis autour de lui. Cependant un accident déplorable fut causé par ce rassemblement : une rixe s'éleva entre des soldats relativement aux logements qui leur étaient donnés. Le comte Sancho d'Albuquerque, frère du roi, voulut intervenir pour séparer les combattants. Il mit à la hâte des armes qui n'étaient pas les siennes. Ce changement empêcha qu'on ne le reconnût. Un homme d'armes lui porta un coup de lance qui l'atteignit dans l'œil. Le fer pénétra jusqu'au cerveau, et don Sancho expira presqu'à l'instant (*). Ainsi, des huit fils que don Alphonse le Vengeur avait laissés, un seul vivait encore. Don Fernand de Ledesma était mort de maladie en 1350, peu de temps après son père. Le maître de Saint-Jacques, don Fadrique, avait été assassiné par l'ordre de son frère, don Pedro le Cruel, le 29 mai 1358. Les deux plus jeunes avaient également été mis à mort par son ordre dans le courant de l'année 1359. Don Tello, seigneur d'Aguilar, était mort de maladie le 15 octobre 1370. Don Pedro le Cruel avait reçu, de la main de son frère, le châtiment de ses crimes, le 23 mars 1369. Don Sancho, comte d'Albuquerque, venait de périr dans une émeute, le 19 février 1374. Il ne restait plus que don Enrique. Ce prince fut vivement affecté de ce funeste événement. Il ordonna que les personnes qui avaient commis le meurtre fussent livrées à la justice; mais elles avaient pris la fuite, et il ne fut possible de les condamner que par contumace.

L'armée que don Enrique avait rassemblée n'était pas très-nombreuse. Elle ne s'élevait qu'à 1,200 cavaliers et 5,000 fantassins; mais c'étaient tous des soldats d'élite. Ils se mirent en marche et allèrent se poster à Bañares, afin d'être à même de se porter du côté où le danger serait le plus pressant; mais ils n'eurent pas besoin de combattre, et l'entreprise menaçante du duc de Lancastre s'évanouit en fumée. Il était débarqué à Calais, et, pour arriver en Espagne, il fallait qu'il traversât toute la France. Deux armées françaises, commandées par le duc de Bourgogne et par l'amiral Jean de Vienne, ne cherchèrent pas à lui disputer le passage. Elles se bornèrent à le harceler sans lui laisser de relâche, en sorte que lorsqu'il arriva à Bordeaux, son armée se trouva réduite à 6,000 hommes, en fort mauvais état et incapables de rien entreprendre. Le duc de Lancastre fit réclamer des secours des rois de Navarre et d'Aragon; mais ces princes ne voulurent pas s'engager dans une guerre dont le succès leur paraissait fort incertain. Le duc de Lancastre fut donc obligé de repasser honteusement la mer sans avoir pu rien entreprendre. Quand l'armée anglaise fut entièrement ruinée, le duc d'Anjou fit demander à don Enrique de venir mettre le siège devant Bayonne. Le roi de Castille établit son camp sous les murs de cette ville. Il y resta quelque temps. Mais comme le duc d'Anjou, occupé lui-même au siège de Montauban, ne pouvait lui envoyer les troupes qu'il lui avait promises, et que l'abondance des pluies et la rareté des vivres faisaient beaucoup souffrir son armée, il retourna en Castille, délivré de toute inquiétude relativement aux prétentions de Jean de Gand.

Le roi d'Aragon ne jouissait pas de la même tranquillité. Il avait vu se relever un ancien ennemi. On se rappelle comment don Pedro le Cérémonieux avait dépouillé son beau-frère du royaume de Majorque. A la même bataille où ce malheureux prince était mort en combattant, son fils, l'infant de Majorque, avait été fait prisonnier. Il avait été retenu à Barcelone dans une étroite captivité. Enfin, en 1362, après une détention de treize années, il s'était procuré des armes, et était parvenu à s'échapper en poignardant ses geôliers. Don Pedro s'en était peu inquiété, parce que sa domination à Majorque et dans le Roussillon était solidement établie; mais, lorsque don Pedro se fut montré favorable aux Anglais, et qu'il eut fait alliance avec le prince de Galles et avec le duc de Lancastre, les Français vinrent au secours de l'infant de Majorque. En 1374, ce prince entra dans le Roussillon et dans le comté d'Urgel, à la tête de mille lances. L'année suivante, il pénétra dans l'Aragon; mais cette agression n'eut pas de succès. Manquant de vivres, et vivement pressé par les troupes aragonaises, il fût heureux de trouver un refuge sur les terres de Castille. Il y était à peine, qu'il fut atteint d'une fièvre qui l'enleva en peu de jours. Sa sœur Isabelle,

---

(*) Selon Lopez de Ayala, le dimanche 19 mars, suivant une lettre de don Enrique rapportée par Cascalès, le 19 février 1374.

veuve du marquis de Montferrat, l'avait accompagné dans cette expédition. Elle se mit à la tête de son armée, la reconduisit en France, et céda tous les droits qu'elle avait sur les États de son père au duc d'Anjou, qui se mit aussitôt en mesure de les faire valoir. Il leva des troupes, et arma quarante galères; mais ces préparatifs restèrent sans emploi. On présume que le duc d'Anjou renonça à ses prétentions pour obliger don Enrique, qui le lui demandait. Quoi qu'il en soit, cette année la paix fut définitivement conclue entre l'Aragon et la Castille. Le mariage entre l'infant don Juan et doña Leonor d'Aragon fut réalisé. A la même époque, l'infant Charles, fils du roi de Navarre, épousa doña Leonor, fille du roi don Enrique. Cette dernière union n'empêcha pas la guerre d'éclater, trois années plus tard, entre la Castille et la Navarre. Charles le Mauvais ayant fait un nouveau traité d'alliance avec les Anglais, le roi de France ne se borna pas à lui faire la guerre; il engagea aussi don Enrique à entrer en Navarre. Charles le Mauvais, pressé des deux côtés des Pyrénées par deux ennemis également puissants, fut obligé de renoncer à la ligue anglaise et de demander la paix, qui lui fut accordée. Il y avait peu de temps qu'elle était conclue, lorsque don Enrique tomba malade à Saint-Dominique de la Chaussée, où il mourut, le dimanche 29 mai 1379. Aux yeux de certaines gens, la mort d'un prince n'a jamais été naturelle; aussi quelques historiens racontent-ils sérieusement que ce roi est mort empoisonné. Le roi Mohammed, disent-ils, voyant qu'il ne restait plus à don Enrique d'ennemis à combattre, craignit qu'il ne tournât vers Grenade la puissance de ses armes. Pour conjurer ce danger, il lui fit offrir, par un Maure qui s'était réfugié à sa cour, une paire de bottines d'un travail précieux. Mais elles contenaient un poison subtil. Le roi tomba malade le jour même qu'il les mit, et il mourut dix jours plus tard.

Pour juger avec impartialité la conduite de don Enrique, il suffit de se rappeler qu'il a trouvé la Castille remplie de troubles et de dissensions, qu'il l'a laissée tranquille et florissante; qu'en aucune circonstance il ne s'est laissé abattre par l'adversité; qu'il ne s'est jamais enorgueilli de la bonne fortune. Il s'est montré libéral à l'excès, et il a partagé, peut-être avec trop de prodigalité, les fruits de la victoire entre ceux qui l'entouraient; en sorte que les seigneuries qu'il avait distribuées reçurent le nom spécial de donations de Henri (donaciónes Enriqueñas), et furent soumises à un droit particulier. On décida qu'elles ne seraient transmissibles qu'en ligne directe, et ne passeraient jamais aux collatéraux; de cette manière, en peu de temps, elles ont presque toutes fait retour à la couronne.

La reine doña Juana, sa femme, ne lui survécut que de deux années. Cette princesse, pleine de courage et de vertus, fut sincèrement regrettée. Elle était si bienfaisante, qu'on l'avait surnommée la mère des pauvres.

La plupart des historiens placent aussi en 1379 la mort du roi de Grenade, peu de mois après celle de don Enrique de Trastamare (*). Moham-

(*) Ce n'est, je l'avoue, qu'avec une extrême méfiance que je place ici la mort de Mohammed-ben-Yusef. Conde le fait vivre jusqu'en 1392, et il supprime en entier le règne de Mohammed-abu'l-Hagen. Il fait de Yusef-abd-Allah le fils et le successeur immédiat de Mohammed Lagus. Cependant presque tous les auteurs font régner un autre prince entre ces deux souverains. Marmol, Bleda, Mariana, Ferreras inscrivent au nombre des rois de Grenade Mohammed abu'l-Hagen, et lui donnent pour successeur son fils Yusef-abd-Allah.

Parmi les pièces justificatives qui accompagnent la chronique de don Enrique III, on trouve une lettre adressée par Yusef-abd-Allah au conseil de la ville de Murcie sous la date du 10 saphar 793 (17 janvier 1391). Dans cet écrit, où il annonce son avénement au trône et la mort de son père, Yusef s'intitule fils d'Abd-Allah-abu'l-Haxexe. C'est le nom d'Abu'l-Hagen que le traducteur aura modifié à sa manière, et ce document trancherait invinciblement la question, si on ne pouvait pas le suspecter

med-ben-Yusef, surnommé Lagus, eut pour successeur Mohammed-Abu'l-Hagen, auquel on donna le surnom de Guadix, parce qu'il habitait souvent cette ville, et qu'il s'appliqua à l'embellir.

RÈGNE DE DON JUAN Ier DE CASTILLE. — GUERRE AVEC LE PORTUGAL. — MORT DE LA REINE LEONOR. — DON JUAN ÉPOUSE LA FILLE DU ROI DE PORTUGAL. — MORT DU ROI FERDINAND DE PORTUGAL. — DON JUAN RÉCLAME LA COURONNE AU NOM DE SA FEMME. — LE MAÎTRE D'AVIS EST PROCLAMÉ ROI DE PORTUGAL. — BATAILLE D'ALJUBARROTA. — NOUVELLE TENTATIVE DU DUC DE LANCASTRE. — FIANÇAILLES DE DON ENRIQUE ET DE DOÑA CATALINA. — TRÊVE ENTRE LA CASTILLE ET LE PORTUGAL. — MORT DE DON JUAN.

Quand don Juan eut rendu les derniers honneurs à son père, il se fit couronner à Burgos, avec sa femme, doña Leonor, fille du roi d'Aragon. Il n'avait alors que vingt et un ans et trois mois. Son âge et son caractère promettaient à la Castille un règne long et heureux. Le jeune roi était doux, affable. Il ne jugeait pas légèrement, et prêtait volontiers l'oreille aux conseils. Quand un avis sage lui était donné, il n'hésitait pas à l'adopter, de quelque part qu'il vînt. Il était d'une petite taille, cependant il avait l'air majestueux. Son premier soin, en montant sur le trône, fut de resserrer

d'être apocryphe ou altéré. Cependant je n'ose regarder la difficulté comme décidée. Mais comme Conde n'indique en aucune manière la raison qui lui fait supprimer le règne de Mohammed Abu'l-Hagen, je suivrai l'opinion la plus généralement admise. Au reste, je dois dire que je prends seul cette détermination; car M. Guéroult, qui devait m'aider de ses lumières et de son talent et dont la collaboration m'eût été si nécessaire dans ces questions difficiles, a été promu à des fonctions importantes qui l'ont forcé de quitter la France. Les premières feuilles de ce volume étaient déjà imprimées lorsqu'il est parti; mais il n'avait pas encore mis la main au travail que nous devions faire en commun; il n'est donc pas juste que je laisse peser sur lui la responsabilité des erreurs que j'ai pu commettre. J. L.

l'alliance entre la Castille et la France, et d'envoyer une flotte pour aider le roi Charles V dans la guerre qu'il faisait au duc de Bretagne, Jean de Montfort, allié des Anglais.

Les heureuses espérances que le commencement de ce règne faisait concevoir furent encore augmentées par l'accouchement de la reine doña Leonor. Le 4 octobre 1379, elle mit au jour un fils auquel on donna le nom de don Enrique. Cet enfant avait à peine quelques mois, lorsque le roi de Portugal, don Ferdinand, le fit demander en mariage pour doña Beatriz, son héritière présomptive.

En 1376, lorsqu'elle n'avait que trois ans, elle avait déjà été fiancée à don Fadrique, duc de Benavente, fils naturel de don Enrique de Trastamare. Don Ferdinand n'avait pas de fils; il craignait qu'après sa mort ses frères ne dépouillassent sa fille du trône. Il avait donc pensé raffermir la couronne sur la tête de cette princesse, en l'unissant à celui qui devait être un jour roi de Castille; il espérait que ce souverain saurait faire respecter les droits de son épouse. Don Juan accueillit avec empressement une alliance qui pouvait réunir un jour dans la même main la Castille et le Portugal. On convint des conditions du mariage, et les cortès de Castille furent réunies à Soria pour donner leur sanction aux arrangements qui avaient été convenus. Ces fiançailles, qui semblaient devoir être un gage de paix entre les deux États, devinrent une cause de guerre. Le Portugal servait de refuge à tous les mécontents de la Castille. Cet asile leur manquait, si les deux royaumes étaient réunis. De leur côté, les Portugais ne pouvaient, sans que leur orgueil se révoltât, songer à cette union qui devait un jour faire passer leur pays sous la domination d'un prince castillan. Les Anglais voyaient aussi avec inquiétude la Castille recevoir un semblable accroissement de puissance. Telle qu'elle était, elle leur paraissait déjà un ennemi assez redoutable; et l'année précédente, la flotte castillane, réunie à celle de France, avait ravagé les côtes d'Angleterre et porté la terreur jusque sur les rives de la Tamise. Ils ne pouvaient donc souffrir que la Castille et le Portugal obéissent au même souverain. D'ailleurs, le duc de Lancastre n'avait pas abandonné ses prétentions à la couronne de Castille, et tout ce qui tendait à augmenter la force de cet État devenait un obstacle de plus à ce que la fille de don Pedro le Cruel pût reconquérir la couronne. Enfin le roi de Portugal était d'un caractère inconstant; il fut facile de le déterminer à rompre une alliance que lui-même avait sollicitée, et de l'engager à entreprendre la guerre contre la Castille. Il fit donc ses préparatifs en grand secret; mais don Juan ne se laissa pas surprendre, et pendant que les Portugais armaient une flotte à l'embouchure du Tage, les Castillans en préparaient une à Séville. Les forces des deux nations ne tardèrent pas à se rencontrer. Seize galères castillanes attaquèrent celles de Portugal, qui, bien qu'au nombre de vingt et une, furent complétement battues, et restèrent toutes au pouvoir des vainqueurs. Beaucoup de seigneurs de distinction qui étaient embarqués sur cette flotte, et notamment don Alphonse Tellez, comte de Barcelos, qui la commandait, furent faits prisonniers. Néanmoins, les Castillans ne tirèrent pas de cette victoire tous les avantages qu'elle pouvait leur assurer. Ils perdirent leur temps à conduire à Séville les bâtiments qu'ils avaient pris, et laissèrent ainsi aux Portugais le temps de se remettre de la terreur que cette bataille leur avait inspirée. La flotte anglaise, qui apportait des secours, put entrer librement dans le port de Lisbonne, et y débarquer des troupes commandées par le frère du duc de Lancastre, Edmond de Langley, comte de Cambridge. Ce seigneur avait amené avec lui son fils, âgé seulement de six ans. On convint que cet enfant épouserait l'infante Beatriz, celle qui avait été fiancée déjà à l'infant de Castille, don Enrique. Pour que cette cérémonie eût plus de solennité, on dressa un lit magnifique, dans lequel on fit coucher l'infante et le jeune Édouard, fils du comte de Cambridge, en présence des prélats et des seigneurs de la cour. Au reste, cette formalité indécente et ridicule ne rendit pas les fiançailles plus stables que celles qui les avaient précédées. La guerre ne dura qu'une année. Les auxiliaires anglais pillaient et dévastaient le pays où ils passaient. Ils causaient plus de mal au Portugal qu'à la Castille, en sorte qu'on fut bientôt fatigué de leur alliance. Le roi don Ferdinand fit donc secrètement proposer la paix à don Juan. Le projet de mariage entre l'infante de Portugal et l'héritier présomptif de la couronne de Castille avait été le motif de la guerre. On avait craint de voir réunir sous le même prince la Castille et le Portugal. Mais le 28 novembre 1380, un second fils était né au roi de Castille. On lui avait donné le nom de Ferdinand. On convint que ce serait lui qui épouserait doña Beatriz. De cette manière, la réunion des deux États ne devait plus avoir lieu, et le motif qui avait provoqué la guerre n'existait plus. Le roi don Juan, en considération de la paix, s'engagea à mettre en liberté tous les prisonniers qu'on avait faits sur la flotte portugaise, et à restituer les bâtiments qu'on avait pris. Il s'engagea aussi à fournir des vaisseaux pour reporter les troupes anglaises dans leur pays. Quoique cette paix eût été conclue sans l'assentiment du comte de Cambridge, il fallut bien qu'il la subît; et le roi de Portugal, voulant mettre un terme aux désordres que les Anglais commettaient dans le pays, leur envoya l'ordre de se tenir prêts à partir aussitôt que la flotte de Castille serait arrivée. Ils quittèrent en effet le Portugal vers la fin du mois d'août 1382.

La joie que cette paix fit éprouver en Castille fut bientôt troublée par une perte douloureuse. La reine Leonor mourut en mettant au monde une fille, qui ne lui survécut que de peu d'instants. Le roi de Portugal pensa que cette mort lui donnait la facilité de réaliser immédiatement une alliance qui assurerait le trône à sa fille bien mieux que celles qu'il avait projetées jusqu'à ce jour. Elle avait été fiancée successivement à don Fadrique, duc de Benavente, fils naturel du roi don Enrique de Trastamare; ensuite à l'infant don Enrique; puis au jeune Édouard, fils du comte de Cambridge; enfin à don Ferdinand; mais il fallait attendre de longues années pour effectuer ce dernier mariage, tandis que doña Beatriz pouvait épouser immédiatement le roi de Castille, qui maintenant se trouvait veuf. Les noces eurent donc lieu à Yelves, au mois de mai de l'année 1383, et il fut convenu que l'infante Beatriz, qui avait dix ans, serait reconnue héritière de Portugal; mais que jusqu'à ce qu'un enfant fût né de son union avec le roi de Castille, la reine mère, doña Leonor Tellez de Menezez, si elle survivait à son mari, conserverait le gouvernement du Portugal. Il y avait à peu près quatre mois que le mariage avait été célébré, quand le roi de Portugal, don Ferdinand, mourut le 22 octobre 1383. Doña Beatriz fut proclamée reine à Lisbonne; mais cette proclamation fut mal accueillie par les Portugais, qui ne pouvaient supporter la pensée d'être soumis à une administration étrangère. Le maître de l'ordre d'Avis, don Juan, fils naturel du roi don Pedro et de doña Thereza, ne tarda pas à susciter des troubles. Il fut nommé protecteur de la nation et régent du royaume. Don Juan étant entré en armes dans le Portugal, pour y faire respecter les droits de doña Beatriz, les Portugais qui formaient le parti du maître d'Avis prétendirent qu'aux termes des conventions, il ne pouvait entrer dans leur pays accompagné de troupes étrangères; que c'était une violation flagrante des traités, par laquelle ils étaient dégagés de toute obéissance à son égard; que, par conséquent, ils étaient libres de se choisir un souverain. Beaucoup de villes, et notamment Coïmbre, Porto, Lisbonne, refusèrent d'ouvrir leurs portes à don Juan. Celui-ci pensa que s'il parvenait à s'emparer de la capitale du royaume, les autres villes ne tarderaient pas à se soumettre. Il commença donc le siège de cette ville, qui, à cette époque, était déjà désolée par des maladies épidémiques. Elle fut étroitement serrée par terre et par mer, et la famine, qui ne tarda pas à s'y faire sentir, augmenta les progrès de l'épidémie. Mais le maître d'Avis, qui était à Lisbonne, n'en persista pas moins à se défendre. Bientôt les maladies gagnèrent le camp des assiégeants; il mourut dans leur armée un grand nombre de seigneurs. Leurs meilleurs soldats furent victimes de ce fléau. Enfin le roi de Castille fut obligé de lever le siège et de se retirer. Le maître d'Avis se mit alors à attaquer à son tour les villes qui avaient embrassé le parti du roi de Castille. Les cortès de Portugal se réunirent à Coïmbre. On soutint dans cette assemblée que doña Beatriz n'était pas fille légitime du roi, puisque sa mère, doña Leonor Tellez de Menezez, était déjà mariée à don Joan Lorenço Vasquez de Acunha, lorsqu'elle passa entre les bras de don Ferdinand; que, de leur côté, les infants don Juan et don Dioniz, fils d'Inès de Castro, n'avaient pas plus de droits, puisqu'il n'était aucunement prouvé que leur mère eût été mariée au roi don Pedro; que dès lors les Portugais pouvaient choisir librement leur souverain. Le plus grand nombre des suffrages se porta sur le maître d'Avis, qui fut proclamé roi. Ce prince fit aussitôt battre monnaie à son nom, et se prépara à soutenir courageusement la lutte. De son côté, don Juan de Castille entra en Portugal à la tête de ses troupes. Les deux armées se rencontrèrent, le 14 août 1385, près du village d'Aljubarrota. Les Portugais étaient beaucoup moins nombreux; mais ils occupaient une position avantageuse. Les officiers castillans les plus expérimentés n'étaient pas d'avis qu'on les y attaquât. Ils voulaient au moins qu'on laissât reposer l'armée castillane, qui était épuisée par une longue marche; mais les plus jeunes répétaient qu'il y aurait du déshonneur à rencontrer l'ennemi sans lui livrer bataille. Leur avis prévalut, et la victoire ne tarda pas à se déclarer pour le maître d'Avis. Les Castillans furent mis en fuite, et perdirent plus de 10,000 hommes dans cette déroute, tandis qu'il ne resta pas plus de 1,000 Portugais sur le champ de bataille. Le roi de Castille, qui était malade, et qui se faisait porter dans une litière, fut obligé, pour échapper à l'ennemi, de monter à cheval et de courir toute la nuit. Il ne s'arrêta qu'à Santarem, ville éloignée de plus de onze lieues de l'endroit où la bataille avait été livrée. Le lendemain il prit une barque, et descendit le Tage pour rejoindre sa flotte, qui se tenait devant Lisbonne. Dès qu'il y fut arrivé, il mit à la voile et se rendit à Séville. Il éprouva tant de douleur de cette défaite, qu'il prit des vêtements de deuil, et qu'il conserva ce costume pendant plusieurs années. Les Portugais, au contraire, célébrèrent pendant longtemps l'anniversaire de la journée d'Aljubarrota. En ce jour, le prédicateur, du haut de la chaire, préconisait la valeur et les prouesses de sa nation, tandis qu'il livrait au rire et aux sarcasmes de l'assemblée la honte et la timidité des Castillans.

Cette victoire affermit sur la tête du maître d'Avis la couronne de Portugal. Néanmoins, il eut encore recours aux Anglais, et sollicita l'appui du duc de Lancastre. Celui-ci saisit avec empressement l'occasion qui se présentait. Il débarqua en Galice à la fin de juillet 1386, à la tête de 1,500 hommes d'armes et de 1,500 archers; il s'empara de plusieurs villes, et notamment de celle de Saint-Jacques, et se fit proclamer roi. Le duc de Lancastre, pour rendre plus durable l'alliance entre lui et le nouveau roi de Portugal, promit de lui donner pour épouse Philippe, sa fille aînée, qu'il avait eue de sa première femme, et l'on convint que ce mariage serait célébré aussitôt que don Juan serait relevé par le pape du vœu de chasteté qu'il avait fait comme maître de l'ordre d'Avis. Le duc de Lancastre et le nouveau roi de Portugal se partagèrent aussi d'avance les États du roi de Castille; mais, dit Mariana, c'était partager le gibier avant de partir pour la chasse. Le roi de Castille n'était pas disposé à laisser la partie sans se défendre. Il avait fait demander des secours au roi de France, qui avait promis de lui envoyer 2,000 lances sous le commandement de Louis de Bourbon, et qui lui avait donné 100,000 florins pour faire face aux premières dépenses de cet armement. En attendant l'arrivée du secours qui lui était annoncé, le roi de Castille donna l'ordre de renfermer toutes les récoltes dans les places fortes, de mettre tous les bestiaux à l'abri d'un coup de main, et de détruire par le feu tout ce qu'on ne pourrait pas renfermer, afin que les ennemis ne trouvassent nulle part ni vivres ni fourrage. Les Anglais surtout eurent à souffrir de ce genre de guerre, et l'année ne s'était pas encore écoulée, qu'ils avaient perdu, par la famine et par les maladies, le tiers de leur monde. Les villes attaquées par les confédérés se défendirent avec courage; en sorte qu'ils ne purent rien faire d'utile. Le duc de Lancastre envoya un roi d'armes pour défier le roi de Castille ou pour le sommer d'abandonner le royaume. Il fit établir par des juristes les prétendus droits de doña Costanza sa femme. Le roi de Castille adressa des ambassadeurs au duc de Lancastre pour réfuter les prétentions de doña Costanza. Tout cela était pour le public : en secret il lui fit proposer un arrangement qui confondrait tous les droits; c'était de marier doña Catalina, fille aînée qu'il avait eue de doña Costanza, avec l'infant don Enrique, héritier présomptif de la couronne de Castille. Le duc ne repoussa pas cette proposition; mais sa réponse ostensible fut qu'il ne déposerait les armes que lorsqu'il aurait chassé du trône le fils de don Enrique de Trastamare. Il vint en effet, avec le roi de Portugal, faire le siège de Benavente; mais la place repoussa toutes les attaques, et les assaillants manquant de vivres furent bientôt obligés de se retirer en Portugal. C'est sur ces entrefaites qu'arriva le secours des 2,000 lances françaises, commandées par le duc de

ESPAGNE.

Bourbon; mais il n'était déjà plus nécessaire; on congédia ce corps après lui avoir payé la solde qui lui était due. De son côté, le duc de Lancastre, qui n'espérait plus faire prévaloir ses prétentions par la force des armes, ne tarda pas à accepter les offres qui lui avaient été faites de la part du roi de Castille. Il proposa d'ouvrir des conférences à Bayonne, où l'on conviendrait des conditions du mariage, et il quitta le Portugal avec le peu de troupes qui lui restaient.

Les articles du traité, entre le duc de Lancastre et le roi de Castille, furent arrêtés à Bayonne de la manière suivante : on convint que l'infant don Enrique épouserait doña Catalina, fille de doña Costanza et petite-fille de don Pedro le Cruel; qu'on assignerait pour douaire à la fiancée, Soria, Almazan, Atienza, Deza et Molina; que l'on payerait, en différents termes, 600,000 florins au duc de Lancastre, et qu'on assurerait à doña Costanza une rente viagère de 40,000 florins.

Les cortès réunies à Briviesca, en 1388, ratifièrent ces conditions. Elles ajoutèrent seulement qu'à l'avenir l'héritier présomptif de la couronne prendrait le titre de prince des Asturies, comme le fils aîné du roi d'Angleterre prenait le titre de prince de Galles, comme le fils aîné du roi de France recevait, depuis 1349, le titre de dauphin, de même enfin que, depuis 1352, on commençait à désigner le fils aîné du roi d'Aragon sous le titre de duc de Girone.

Les fiançailles furent célébrées la même année, avec beaucoup de pompe, dans la cathédrale de Palencia. Don Enrique n'avait encore que neuf ans; sa fiancée était plus âgée de dix années.

La Castille et le Portugal avaient également besoin de repos. En 1389, un arrangement intervint donc entre les deux États; on se rendit, de part et d'autre, les villes qu'on s'était enlevées, et l'on convint d'une trêve de six années.

En paix avec tous ses voisins, don Juan de Castille réunit les cortès à Guadalaxara, pour s'entendre avec cette assemblée sur les améliorations à apporter dans l'administration du royaume, et pour délivrer le peuple des charges que la guerre lui avait imposées. Dans cette assemblée, il accorda une amnistie à tous ceux qui avaient embrassé le parti de Jean de Lancastre ou du maître d'Avis. Il ne fit qu'une seule exception : Alphonse, comte de Gijon, fils naturel de Enrique de Trastamare, avait, du vivant même de son père, donné des preuves de son caractère inquiet et turbulent. Depuis l'avénement de don Juan, il avait, par ses révoltes, troublé plusieurs fois la tranquillité du pays. Son frère lui avait toujours accordé un généreux pardon; mais, cette fois, il ne croyait pas pouvoir lui rendre la liberté sans danger pour l'État.

La modération et la clémence de ce prince, les sages mesures adoptées par les cortès de Guadalaxara, promettaient à la Castille des années moins agitées et plus heureuses, lorsqu'un événement imprévu vint détruire toutes ces espérances. Quelques familles chrétiennes vivaient depuis très-longtemps dans le royaume de Maroc; suivant quelques auteurs, elles y étaient fixées depuis la perte de l'Espagne; suivant d'autres, elles provenaient de ces Mozarabes qu'Aly-ben-Yousouf avait fait déporter en Afrique après l'expédition qu'Alphonse le Batailleur avait faite au cœur de l'Andalousie (*). Don Juan avait demandé, pour ces chrétiens, la liberté de venir se fixer

(*) La qualité de Goths qui leur est donnée par une lettre que le roi de Maroc écrivait à don Juan, ne contredit aucune de ces explications; car des familles gothiques peuvent avoir subsisté longtemps en Andalousie, et avoir été transportées plus tard en Afrique. Ce nom de Goths ne précise donc en aucune manière l'époque de leur translation dans ce pays. Voici au reste le passage de cette lettre : « Ya te envio lo que pedias e a los de tu ley de grand linage, e tienes los. Estos son los cincuenta christianos farfanes, Godos de los antigos de tu regno, etc. »

dans ses États. Cette permission leur avait été accordée, et cinquante de ces chrétiens d'Afrique, qu'on appelait Farfanès, et qui passaient pour être de très-habiles cavaliers, vinrent à Alcala de Henarès pour remercier le roi. Celui-ci voulut voir leurs exercices, et, stimulé par leur exemple, il lança à toute bride, au milieu d'un champ labouré, le cheval sur lequel il était monté. L'inégalité des sillons fit broncher son coursier, qui s'abattit; don Juan fut lancé à terre avec tant de roideur qu'il fut tué sur le coup. L'archevêque de Tolède accourut aussitôt; il commença par publier que le roi n'était pas mort, afin d'éviter les troubles et les soulèvements que cet événement pouvait causer. Il fit dresser une tente à l'endroit même où le roi était tombé, et, dès la nuit suivante, il envoya des courriers aux villes principales et aux seigneurs les plus influents, pour leur apprendre ce malheur et pour les engager à garder la fidélité à l'infant don Enrique. Cette mort si imprévue arriva le dimanche 9 octobre 1390. Don Juan, qui n'avait que 33 ans, régnait depuis 11 ans 3 mois et 20 jours. Il laissait pour héritier l'infant don Enrique, qui, depuis cinq jours seulement, était entré dans sa 12e année. Ainsi, la Castille, qui devait espérer quelque temps de repos, se vit tout à coup replongée au milieu des inquiétudes et des agitations d'une minorité.

FIN DU RÈGNE DE DON PEDRO LE CÉRÉMONIEUX. — SES DIFFÉRENTS MARIAGES. — IL ÉPOUSE SYBILE FORCIA. — DISCUSSIONS ENTRE LUI ET DON JUAN SON FILS. — INTERVENTION DU JUSTICIA D'ARAGON. — DON PEDRO FAIT ENLEVER L'INFANTE DE SICILE. — IL MEURT. — MORT DU ROI DE NAVARRE CHARLES LE MAUVAIS.

Don Pedro le Cérémonieux avait épousé successivement plusieurs femmes. La première, doña Maria, infante de Navarre, était morte en 1346, après huit années de mariage. Il en avait eu trois filles : doña Costanza, doña Juana, et doña Maria. Elle lui avait aussi donné un fils en 1346, pendant les troubles de l'union; mais la vie de cet infant n'avait duré qu'un jour, et sa mère ne lui avait survécu que de quelques heures. L'année suivante, don Pedro avait épousé doña Leonor, infante de Portugal. Cette union avait duré peu de temps. Leonor avait succombé, en 1348, victime de la peste qui, en cette année, avait désolé tout le midi de l'Europe. En 1349, don Pedro se maria de nouveau; il épousa doña Leonor, sœur aînée du roi de Sicile. Cette union fut plus longue et plus féconde. Le 27 décembre 1351, la reine accoucha d'un fils, auquel on donna le nom de Juan. L'année suivante, pour distinguer ce jeune prince des infants don Juan et don Ferdinand ses oncles, qui, à cette époque, vivaient encore, on lui conféra le nom de duc de Girone; et depuis cette époque, ce titre a servi à désigner l'héritier présomptif de la couronne d'Aragon. Don Pedro eut encore deux autres fils de la même princesse, don Martin et don Alphonse, et une fille, doña Leonor. C'est celle qui avait été mariée à don Juan Ier de Castille. Doña Leonor, la troisième femme du roi d'Aragon, mourut dans le courant de 1374.

Le roi d'Aragon, né le 5 septembre 1319, avait déjà soixante et un ans lorsqu'il songea à se marier pour la quatrième fois. Il épousa, en 1380, Sybile Forcia, veuve d'une grande beauté et sœur de Bernard Forcia, seigneur catalan. Ce mariage fut une cause de troubles. Don Pedro fit à sa nouvelle épouse des libéralités excessives. Il lui donna des biens dépendant de la dotation de la couronne, et, dans les cortès réunies à Monzon, en 1384, il demanda aux représentants du pays de sanctionner ces donations. Don Juan, son héritier présomptif, protesta contre cette proposition, en disant que le roi, en montant sur le trône, faisait serment de ne rien aliéner de ce qui formait le domaine de l'État. Cette opposition irrita vivement doña Sybile, qui fit partager sa colère par don Pedro. Celui-ci voulut ôter à don Juan la lieutenance générale du royaume, qui lui appartenait comme à l'héritier présomptif. Il voulait même le priver de son droit de succession au trône. Don Juan fut sur le point de recourir aux armes pour venger l'injure qu'il recevait, et pour se défendre contre les persécutions dont l'accablait sa marâtre; mais il réfléchit qu'on lui reprocherait éternellement d'avoir porté les armes contre son père : il préféra donc avoir recours à des moyens pacifiques, et il en appela au *justicia* d'Aragon, qui était alors Domingo Cerdan. Le pouvoir du justicia avait cela de particulier, qu'il ne pouvait rien ordonner, mais il pouvait défendre. Lorsqu'un acte du gouvernement lui paraissait violent ou illégal, il délivrait des cédules (*firmas*) qui arrêtaient l'exécution de ces ordres, fussent-ils émanés du roi lui-même. Domingo Cerdan délivra donc une cédule. Il déclara qu'il y avait violence. Il défendit d'obéir à l'édit qui dépouillait don Juan de la lieutenance du royaume, parce qu'elle appartenait de droit à l'héritier présomptif de la couronne. Il ajouta, au reste, que si le roi avait quelque grief à alléguer, que s'il se trouvait blessé par la cédule, il n'avait qu'à exposer ses raisons devant le tribunal du justicia, qui se montrerait équitable pour le père aussi bien que pour le fils. Il ne faut pas oublier que le prince, dont un magistrat annulait ainsi les édits, était ce même don Pedro du Poignard, qui avait déchiré le fuero de l'union. Cependant, ce roi si cruel, si ambitieux, si entier dans ses volontés, s'arrêta devant une simple injonction de la magistrature. Il avait appris à comprendre que la plus grande force du souverain repose dans le respect de ses sujets pour la constitution, et que lui-même doit leur en donner l'exemple.

Parmi les événements du règne de don Pedro, il en est encore un qu'il est impossible de passer sous le silence. Les rois d'Aragon, déjà propriétaires de la Sardaigne, avaient toujours les yeux tournés vers la Sicile, à laquelle leur famille avait donné des souverains. Ils ne voulaient pas que ce trône pût être occupé par un prince étranger. En 1377, lorsque Frédéric mourut, il laissa pour son héritière doña Maria sa fille, lui substituant, en cas de mort, Guillaume, son fils naturel, et, à défaut de celui-ci la maison d'Aragon. Dès que don Pedro connut ces dispositions, il voulut s'approprier la Sicile, par le prétexte que les lois de l'État excluaient les femmes de la couronne. Il fit faire inutilement des démarches auprès du pape, pour obtenir de lui l'investiture du royaume de Sicile. Mais le souverain pontife ne lui accorda pas ce qu'il demandait. Cependant, Artal d'Alagon, qui était tuteur de la jeune infante, avait résolu de la marier avec Galeaz, fils du seigneur de Milan. Don Pedro ayant été instruit de ce projet, fit attaquer par sa flotte les vaisseaux que Galeaz avait préparés et qui devaient le porter en Sicile. Ces bâtiments furent défaits, en sorte que Galeaz fut contraint de rester en Italie. Au reste, don Pedro ne s'arrêta pas là. Il fit, pendant la nuit, escalader le château de Catane, où la jeune princesse habitait. On la surprit et on l'emporta. Elle fut amenée en Catalogne, où don Pedro la fit élever avec le plus grand soin, afin de la marier à l'un de ses petits-fils, et d'assurer ainsi à ses descendants la couronne de Sicile; mais il n'eut pas le temps de voir ses vœux réalisés. En 1386, quoiqu'il n'eût encore que soixante-sept ans, il comptait déjà cinquante années d'un règne laborieux et agité. Sa santé était altérée par les travaux et par les inquiétudes; il fut frappé de la maladie qui devait le conduire au tombeau. Quelques historiens entourent cet événement de circonstances surnaturelles. Suivant eux, le roi avait eu quelques discussions avec l'évêque don Pedro Clasquier, relativement à la propriété de la ville de Tarragone. Le prélat s'adressa, dans ses prières, à sainte Thècle, patronne de cette cité. La sainte apparut au roi, le frappa au visage, et ce prince, disent-ils, en fut tellement effrayé, qu'il tomba malade, et qu'il mourut au bout de quelques mois, le 5 janvier 1387.

Don Pedro était un prince d'une grande habileté. Il a su conduire presque toutes ses entreprises au but qu'il voulait atteindre; et, s'il n'eût pas été si prodigue du sang de ses sujets et de celui de ses parents, on eût pu le compter parmi les plus grands princes de cette époque.

Vers la fin du règne de don Pedro, la chrétienté se trouva partagée entre deux papes qui se disputaient la tiare, et, il faut le dire, ce furent des considérations toutes terrestres qui déterminèrent les différents États à embrasser le parti de l'un plutôt que de l'autre. La France avait reconnu le pape Clément VII, qui résidait à Avignon.

Les puissances qui étaient alors soumises à son influence politique, Naples, la Navarre et la Castille, avaient suivi le parti de ce pape. L'Angleterre, au contraire, et ses alliés s'étaient déclarés pour Urbain VI. Ainsi le Portugal, selon qu'il fut l'allié du roi de Castille ou celui de Jean de Lancastre, reconnut alternativement l'un ou l'autre des papes. L'Aragon, qui conserva longtemps la neutralité, mais qui, après la bataille de Navarrète, avait penché vers le parti des Anglais, finit aussi par offrir l'obédience au pape Urbain, et plus tard il revint à Clément.

Le roi don Pedro le Cérémonieux avait été précédé de quelques jours seulement dans le tombeau par le roi de Navarre. On fixe au 1er janvier 1387 la mort de Charles le Mauvais; mais on n'est pas d'accord sur les circonstances dont elle fut accompagnée. On raconte que ce prince, pour ranimer ses forces épuisées, se fit, par le conseil de ses médecins, envelopper dans un drap imbibé d'eau-de-vie. Celui qui avait cousu ce drap, voulant couper le fil, commit l'imprudence d'approcher une bougie pour le brûler. Aussitôt l'eau-de-vie s'enflamma de tous les côtés sans qu'on pût l'éteindre. Charles le Mauvais fut ainsi couvert d'horribles brûlures, et survécut seulement trois jours.

Suivant Froissart, le roi de Navarre, pour se réchauffer, aurait seulement fait mettre dans son lit une boule d'airain que l'on avait trop laissé chauffer, et qui aurait communiqué le feu aux draps, aux couvertures, aux rideaux et à tout le lit : on en aurait retiré ce prince à demi brûlé, et il aurait vécu encore quinze jours au lieu d'atroces souffrances. Mariana dit qu'il était atteint d'une maladie de peau. Ses médecins l'entouraient de compresses imprégnées de soufre. Une étincelle étant malheureusement tombée sur les linges qui l'enveloppaient, la flamme fit des progrès rapides. Quelque version qu'on adopte, il paraît certain qu'il mourut d'une mort affreuse, juste châtiment des crimes et des perfidies par lesquels il désola le royaume de France.

Il eut pour successeur son fils Charles, surnommé le Noble.

RÈGNE DE DON JUAN Ier D'ARAGON. — IL DÉPOUILLE SYBILE FORCIA DE SES DOMAINES. — TROUBLES CAUSÉS DANS L'ÉTAT PAR LA VIE EFFÉMINÉE DU ROI. — SA MORT. — DON MARTIN SON FRÈRE EST PROCLAMÉ ROI. — PRÉTENTIONS DU COMTE DE FOIX. — SA MORT.

Sybile Forcia, qui redoutait le ressentiment de don Juan, n'attendit pas, pour s'éloigner, que don Pedro eût les yeux fermés; elle partit la veille de sa mort, espérant qu'elle aurait le temps de se mettre en sûreté. En ce moment don Juan était aussi retenu à Gironne par la maladie; mais les Catalans, voulant témoigner leur attachement à leur nouveau souverain, arrêtèrent Sybile, ainsi que Bernard Forcia son frère, et plusieurs de ses partisans. On les conduisit à Barcelone, où leur procès fut aussitôt instruit; plusieurs personnes furent condamnées à mort, et la reine Sybile fut forcée de renoncer à tous les domaines qui lui avaient été donnés par le roi don Pedro son mari. Aussitôt don Juan d'Aragon en fit présent à doña Violante sa femme.

Ce prince n'avait rien du caractère de son père. On a vu que don Pedro était actif, rusé, ambitieux et cruel. Don Juan était, au contraire, d'un naturel doux et affable. Il préférait le repos à la guerre, et donnait presque tout son temps à la fauconnerie, à la chasse, à la musique et à la poésie. La reine suivait son exemple, et ce n'était dans le palais que bals, que festins, que jeux et que divertissements. Les trouvères, qui, suivant l'usage du temps, couraient de châteaux en châteaux pour réciter leurs vers, étaient magnifiquement accueillis à sa cour. Ils y recevaient des prix proportionnés à la finesse de leurs lais, à la suavité de leurs romances. La recherche d'une rime, l'achèvement d'un madrigal, passaient bien avant les affaires les plus importantes de l'État. Don Juan alla même jusqu'à envoyer une ambassade au roi de France pour lui demander qu'il fît rechercher quelques-uns des troubadours les plus fameux de ses États, et qu'il les fît passer en Catalogne. Cependant les nobles aragonais s'indignaient de la vie efféminée de leur roi, qui négligeait les affaires du pays, et qui dissipait en plaisirs et en cérémonies inutiles les ressources de l'État. Ils firent entendre leurs plaintes dans les cortès réunies à Monzon. Ils demandaient surtout qu'on éloignât doña Carroza Villaragut, favorite de la reine, qui était cause de tous ces scandales. Cette dame exerçait, disait-on, un empire souverain sur doña Violante, qui, à son tour, dominait le roi, et qui dirigeait toutes les affaires de l'État. D'abord don Juan ne voulut rien entendre; mais les esprits ne tardèrent pas à s'aigrir. On fut sur le point d'en venir aux mains. Alors, pour apaiser ces troubles et pour prévenir une guerre civile, qui allait éclater, il éloigna la favorite et diminua les dépenses de la cour.

La tranquillité était à peine rétablie, que Bernard d'Armagnac fit, sans aucun motif, une invasion dans la Catalogne. Il ravagea les environs d'Ampurias et de Girone. Le roi don Juan, surpris par cette agression subite, rassembla des troupes et chassa les ennemis. L'année suivante ils revinrent encore dans la Catalogne et mirent le siége devant Besalu; mais le roi rassembla son armée: il remporta contre eux des avantages dans plusieurs rencontres, les contraignit à lever précipitamment le siége et à repasser les Pyrénées.

Don Juan s'occupa ensuite de réaliser le projet de don Pedro. Pour assurer le trône de Sicile à sa famille, il maria son neveu don Martin, fils de l'infant don Martin, à doña Maria, et leur donna ensuite des troupes et des vaisseaux, afin qu'ils passassent dans cette île et qu'ils y fissent valoir leurs droits. Il y avait trois ans que cette expédition était partie pour la Sicile, lorsqu'un malheur imprévu vint terminer le règne et la vie de don Juan. Il se rencontre quelquefois dans l'histoire des coïncidences qui feraient croire que la fatalité s'attache à de certains noms et à de certaines époques. Don Juan Ier de Castille était mort d'une chute de cheval, le 9 octobre 1390. Ce fut un accident semblable qui causa la mort de don Juan Ier d'Aragon. Le 19 mai 1395, il chassait dans le bois de Foja près de Montgriu et d'Urriols. Il fit lever une louve. Son cheval, effrayé à la vue de cette bête féroce, qui était d'une taille monstrueuse, s'emporta; et soit que dans cette course désespérée à travers la forêt le roi ait eu la tête brisée contre quelque branche d'arbre, soit qu'il se soit tué en tombant à terre, on ne releva qu'un cadavre.

Don Juan avait été marié deux fois: d'abord à Marthe ou Mathe, sœur de Jean, comte d'Armagnac: il n'en avait eu qu'une fille nommée Juana, mariée au comte de Foix. Il avait épousé en secondes noces Violante, fille de Robert, comte de Bar: il en avait une fille nommée Violante, mariée à Louis, duc d'Anjou; et deux fils, don Jayme et don Fernand, qui n'avaient vécu que peu d'années. Dès que la mort de don Juan fut connue, les cortès d'Aragon proclamèrent roi l'infant don Martin, son frère. Cette décision était, d'ailleurs, conforme aux dispositions testamentaires laissées par don Juan. Le nouveau souverain se trouvait alors en Sicile, où il avait accompagné son fils. Doña

Maria, sa femme, s'empara aussitôt de l'administration. Violante qui, du vivant de don Juan, dirigeait seule toutes les affaires du royaume, voulut conserver le pouvoir : elle allégua qu'elle était enceinte ; mais il fut bientôt constaté que son allégation n'était pas exacte ; elle dut renoncer à ses prétentions. Un autre concurrent ne tarda pas à se présenter pour réclamer la succession de don Juan : c'était Matthieu, comte de Foix, qui avait épousé doña Juana, fille aînée du roi qui venait de mourir. Il ne fut arrêté ni par la décision des cortès, ni par la clause du testament qui lui fut notifié. Il entra à main armée en Aragon. Il était accompagné de sa femme doña Jeanne. Ils prirent le titre et les insignes de la royauté, et firent mettre sur leur bannière l'écu d'or à quatre paux de gueules. Ils s'emparèrent de la ville de Balbastro ; mais la reine doña Maria avait mis le pays en état de défense. Les troupes qu'elle avait rassemblées harcelaient sans relâche celles du comte de Foix : elles leur coupaient les vivres ; en sorte que la petite armée du prétendant, exténuée de fatigue et décimée par la famine, fut obligée de se retirer précipitamment et de chercher un asile dans la Navarre.

Cependant le roi don Martin, après avoir pourvu à la sûreté de la Sicile, revint en Aragon. Le premier usage qu'il fit de son autorité fut de proclamer le comte de Foix et sa femme traîtres à l'État, et de déclarer tous les biens qu'ils possédaient dans le royaume confisqués au profit du fisc. Don Martin ne se borna pas à prononcer des condamnations : il rassembla des troupes ; et lorsque le comte de Foix voulut, au commencement de l'année suivante (1398), faire une nouvelle incursion dans l'Aragon, il trouva sur son chemin des forces imposantes qui le forcèrent à la retraite. Cependant le comte de Foix, par ses alliances avec les comtes d'Armagnac et par les secours qu'il pouvait tirer de France, était toujours un ennemi dangereux. Mais il décéda sans postérité dans le courant de 1398. Don Martin fit une transaction avec la comtesse de Foix ; il lui assura une pension de trois mille florins ; et au moyen de cet arrangement il fut débarrassé de toute inquiétude et de tout compétiteur.

RÈGNE DE DON ENRIQUE III SURNOMMÉ LE MALADE. — ON FORME UN CONSEIL DE RÉGENCE. — LES RÉGENTS NE PEUVENT S'ENTENDRE ET REMPLISSENT L'ÉTAT DE TROUBLES. — LE COMTE DE GIJON EST MIS EN LIBERTÉ. — MASSACRE DES JUIFS — MORT DE MOHAMMED GUADIX. — SON FILS YUZUF LUI SUCCÈDE. — RÉVOLTE DES HABITANTS DE GRENADE. — INVASION DES MAURES SUR LES TERRES DES CHRÉTIENS. — NOUVELLES TRÊVES AVEC LE PORTUGAL. — LE ROI DON ENRIQUE PREND LE GOUVERNEMENT DU ROYAUME. — IL MET SON MANTEAU EN GAGE POUR PAYER SON SOUPER. — IL RÉDUIT LES PENSIONS DES SEIGNEURS. — EXPÉDITION MALHEUREUSE DE MARTIN YAÑEZ DE LA BARBUDA. — ALPHONSE DE GIJON EST DÉCLARÉ COUPABLE DE FÉLONIE ET DÉPOUILLÉ DE SES DOMAINES. — MORT DE YUZUF. — SON DEUXIÈME FILS MOHAMMED-BEN-ALBA LUI SUCCÈDE. — GUERRE CONTRE LES MAURES DE GRENADE. — MORT DE DON ENRIQUE LE MALADE.

Quand la mort de don Juan de Castille fut connue, toutes les ambitions s'agitèrent ; les grands accoururent en foule, dans l'espoir de prendre une part à l'administration du royaume. Peu de temps avant la bataille d'Aljubarrota, le roi don Juan se trouvant à Cellorico, en Portugal, avait rédigé ses dernières volontés. On retrouva ce testament parmi les papiers du roi ; mais il avait déjà plus de six années de date ; et les dispositions qu'il contenait n'étaient plus en harmonie avec les circonstances. D'ailleurs elles ne contentaient personne. Tous les seigneurs qu'elles n'appelaient pas à prendre part à la régence étaient opposés à son exécution ; ceux qui étaient désignés pour administrer l'État pendant la minorité trouvaient trop restreints les pouvoirs qui leur étaient légués. On convint donc de ne pas parler de ce testament, et même le plus grand nombre était d'avis qu'on le brûlât.

immédiatement. Mais l'archevêque de Tolède s'y opposa, parce qu'il contenait, en faveur de la cathédrale de Tolède, plusieurs legs dont il soutenait la validité. On le lui laissa donc entre les mains ; et, sans s'arrêter aux clauses qu'il énonçait, on nomma un conseil de régence, composé : 1° de Fadrique, duc de Benavente, fils naturel du roi don Enrique de Trastamare ; 2° don Alphonse d'Aragon, marquis de Villena, celui qui, à la bataille de Najara, commandait l'aile droite de don Enrique (*). Il avait été élevé, par don Juan, à la dignité de connétable de Castille. Le troisième était don Pedro de Trastamare, petit-fils du maître de Saint-Jacques don Fadrique.

On leur avait adjoint les évêques de Tolède et de Saint-Jacques, les maîtres de Saint-Jacques et de Calatrava ; et l'on avait décidé que huit des seize représentants des cités ayant voix aux cortès, feraient partie de ce conseil, et qu'ils seraient changés tous les trois mois. L'archevêque de Tolède fut mécontent de cet arrangement. Il trouvait qu'on ne lui avait pas attribué assez d'autorité. Il invoquait une loi des partidas, aux termes de laquelle, en cas de minorité, la régence doit être confiée à une, trois ou cinq personnes ; tandis que le conseil qu'on avait nommé se trouvait composé de quinze membres. Il eût été bien difficile que quinze personnes pussent rester d'accord. L'archevêque de Tolède fut le premier qui se sépara de ses collègues. Il réclama l'exécution du testament de don Juan : le duc de Benavente ne tarda pas à suivre son exemple. Ils rallièrent à leur parti le maître d'Alcantara et don Diego de Mendoza, qui fut la souche des ducs de l'Infantado ; et, sous le prétexte de mettre fin aux troubles qui commençaient à désoler le royaume, ils levèrent 1,500 cavaliers et 3,500 fantassins. De son côté, l'archevêque de Saint-Jacques, pour opposer un compétiteur de plus au duc de Benavente et à l'archevêque de Tolède, demanda qu'on mît en liberté le comte de Gijon, et qu'on le plaçât au nombre des régents ; car, par sa naissance et par l'étendue de ses États, il ne le cédait à personne ; et, comme s'il n'y avait pas encore assez d'éléments d'agitation dans le royaume, on ouvrit les portes de la prison où était renfermé ce prince turbulent. Une part du pouvoir lui fut conférée. Les inquiétudes, les rivalités, suites nécessaires de ce morcellement de l'autorité, ne furent pas, en ce temps, le seul mal dont le peuple eut à souffrir. Les prédications fanatiques de Fernand Martinez, archidiacre d'Ecija, excitèrent la populace, qui n'attendait qu'un prétexte pour se soulever. A Cordoue, on courut aux armes, on saccagea les maisons des juifs, on pilla leurs meubles ; on enleva leurs bijoux, leur argent. Tolède et beaucoup d'autres villes du royaume suivirent cet exemple ; et, de tous les côtés, la religion servit de prétexte au vol et à l'assassinat.

Les hostilités que commirent les Maures de Grenade vinrent aussi troubler la tranquillité publique. Mohammed-Abu'l-Hagem avait fourni l'exemple unique, chez les Maures, d'un règne sans révoltes et sans guerres. Il s'était toujours montré l'ami fidèle des chrétiens. Il était mort dans le courant de l'année 793 de l'hégire (1391). Abu-Abd-Allah Yuzuf, son fils, qui lui avait succédé, partageait ses dispositions pacifiques. Il commença par adresser, le 10 saphar 793 (17 janvier 1391), une lettre au conseil de la ville de Murcie, pour demander la continuation des trèves. Mais Yuzuf avait quatre fils, nommés Yuzuf, Mohammed, Aly et Ahmet. Le second, Mohammed, ne supportait qu'avec impatience la pensée que son frère aîné hériterait seul du pouvoir ; oubliant donc le respect

---

(*) Son fils aîné, Pedro de Villena, avait épousé en 1378 doña Juana, sœur d'Alphonse de Gijon et fille naturelle de don Enrique de Trastamare et de doña Elbira Iñiguez de Vega. Don Pedro était mort à la bataille d'Aljubarrota.

Son second fils, don Alonzo de Villena, avait épousé une autre fille naturelle de don Enrique, doña Léonor, fille de doña Léonor Alvarez.

qu'il devait à son père, il commença à conspirer contre lui; et, cherchant dans la religion un prétexte à son crime, il répandit dans le peuple le bruit que son père n'était musulman que de nom; qu'il laissait les chrétiens en repos, quand on pouvait profiter de leurs divisions pour les attaquer et pour les vaincre. Le peuple se mutina, courut en armes, aux portes de l'Alhambra, demander la déposition de Yuzuf. Ce prince était sur le point d'abdiquer la souveraineté et de la remettre à son fils rebelle, quand l'ambassadeur du roi de Fez, qui était un homme d'autorité, sortit à cheval sur la place, et se mit à haranguer les mutins avec tant d'éloquence, qu'il les fit rentrer dans le devoir. Néanmoins, il fallut que Yuzuf commençât la guerre contre les chrétiens. Les campagnes de Murcie et de Lorca furent dévastées par ses troupes; mais l'adelantade de Murcie, don Alonzo Faxardo, bien qu'il n'eût que peu de troupes, attaqua les ennemis avec tant de valeur, qu'il en tua un grand nombre, et qu'il leur enleva tout le butin qu'ils avaient ramassé. Yuzuf, qui ne faisait la guerre que contre son gré, consentit bientôt les trêves qui lui furent demandées. Les ambassadeurs de la Castille n'obtinrent pas les mêmes résultats en Portugal. Ils demandèrent en vain le prolongement de la paix; don Juan de Portugal, rempli de confiance par ses victoires passées, par la faiblesse du jeune roi, et par les dissensions qui agitaient la Castille, répondit qu'il voulait encore tenter la fortune des armes. Il fut d'ailleurs encouragé dans ce refus par les menées du duc de Benavente, qui, mécontent des autres régents, cherchait à se procurer une alliance particulière avec le roi de Portugal. Il avait demandé la main de doña Béatrix, fille naturelle de ce souverain. Les autres régents eurent connaissance de ce projet de mariage, qui pouvait devenir dangereux pour la tranquillité du royaume, car tous les domaines du duc de Benavente étaient situés sur la frontière des deux États. Ils lui firent donc proposer une autre union aussi riche. Don Fadrique resta quelque temps indécis; en sorte que les deux mariages manquèrent également. Pendant qu'il hésitait, de nouveaux ambassadeurs avaient été envoyés au roi don Juan, qui avait enfin accordé une trêve de quinze années, à condition qu'on rendrait aux Portugais les villes de Miranda et de Sabugal, qui leur avaient autrefois appartenu. Le temps de la minorité se passa en discordes et en intrigues. Le jeune roi, qui montrait déjà une raison au-dessus de son âge, se détermina à prendre le gouvernement de l'État, quoiqu'il s'en fallût de deux mois qu'il n'eût atteint l'époque de sa majorité. Dans les premiers jours du mois d'août 1393, comme il n'avait encore que treize ans et dix mois, il déclara aux régents qu'il les déchargeait du soin de gouverner le royaume, et il ordonna que les actes de l'autorité fussent désormais revêtus de son sceau particulier. Il convoqua les cortès à Madrid, pour le mois d'octobre. Dans cette assemblée, on s'occupa de rétablir l'ordre dans les finances, que la mauvaise administration des régents avait placées dans l'état le plus déplorable. On réduisit les pensions que les seigneurs s'étaient attribuées.

Une anecdote qui peut-être n'est pas bien vraie, mais que presque tous les historiens rapportent, peint à merveille le caractère du roi et les désordres de la régence. A l'époque où il prit le gouvernement, il se plaisait à résider à Burgos. La chasse était son passe-temps favori; et la chasse aux cailles était de toutes celle qu'il préférait. Un soir, qu'il revenait des champs fatigué et bien affamé, il ne trouva rien de préparé pour son repas. Il en demanda la cause. Son dépensier lui répondit qu'il n'avait pas d'argent, et que les marchands, dont les mémoires étaient déjà considérables, refusaient de lui faire davantage crédit. Cette réponse mécontenta le roi, qui, néanmoins, se contint. Il donna au dépensier un manteau pour qu'il le mît en gage, et qu'il lui achetât un morceau de mouton, afin de le joindre au cailles qu'il apportait de la chasse. Pendant le repas, don Enrique causa avec le dépensier, qui le servait en guise de page. Celui-ci lui dit que les grands faisaient bien meilleure chère; il lui raconta que l'archevêque de Tolède, le duc de Benavente, le comte de Trastamare, et d'autres seigneurs, donnaient de somptueux festins; et que ce jour-là même, l'archevêque les recevait tous à sa table. Le roi voulut vérifier par lui-même comment les choses se passaient. A la faveur d'un déguisement, il entra dans la salle du festin, confondu avec les gens qui servaient. Il entendit chaque seigneur faire parade des revenus que ses biens lui rapportaient, et des pensions qu'il s'était fait attribuer sur le domaine royal. Don Enrique recueillit soigneusement tous les faits, et prit la résolution de mettre un terme à ces abus. Le lendemain matin, il fit répandre le bruit qu'il était très-malade, et qu'il allait dicter son testament. Il envoya l'ordre aux grands de se rendre au château. On ne permit l'entrée qu'à eux seuls. Leurs domestiques et leurs escortes restèrent dehors. Une fois que les grands furent introduits dans le château, les portes se refermèrent derrière eux, et il ne leur fut plus possible d'en sortir. Le roi les laissa attendre pendant très-longtemps. Enfin, vers l'heure de midi, il entra dans la chambre dans laquelle on les avait réunis. Il tenait à la main son épée nue. Tous les seigneurs restèrent stupéfaits de cette manifestation. Ils ne savaient ce que cela signifiait. Ils se levèrent, et le roi, dont le visage paraissait animé par la colère, alla s'asseoir sur son trône. Alors il s'adressa à l'archevêque, et lui demanda combien il avait vu de rois en Castille. Il adressa ensuite la même question à chacune des autres personnes présentes. Les unes répondirent : J'ai vécu sous trois rois, sous quatre; les plus âgés dirent sous cinq. Comment cela peut-il être, reprit don Enrique, si moi, qui suis bien plus jeune que vous, je connais plus de vingt rois? Et comme ils se récriaient, il ajouta : C'est vous qui êtes les rois, pour la ruine du royaume. C'est un affront pour nous. Mais nous aurons soin que cette royauté ne dure plus longtemps. Nous ne vous laisserons pas plus longtemps vous jouer de nous. En disant cela, il appela les ministres de justice, qui entrèrent suivis de six cents soldats. Les seigneurs furent grandement effrayés. Alors l'archevêque de Tolède se mit à genoux, et, les larmes aux yeux, il demanda pardon au roi des fautes qu'il avait commises contre sa personne et contre son service. Les autres suivirent son exemple. Le roi, après qu'il les eut bien épouvantés, déclara qu'il leur faisait grâce de la vie; mais il ne voulut pas les mettre en liberté avant qu'ils eussent rendu les places dont la garde leur avait été confiée. Il exigea qu'ils restituassent les sommes qu'ils s'étaient indûment fait payer sur le domaine royal. En public, tout le monde approuva cette mesure; ceux même qui s'en trouvaient atteints osèrent d'abord à peine en murmurer. Dès que le roi fut entré dans sa quinzième année, on célébra son mariage avec doña Catalina. On ne tarda pas non plus à célébrer les noces de l'infant don Ferdinand, frère du roi, avec la comtesse d'Albuquerque. Elle était, on se le rappelle, fille de l'infant don Sancho, mort d'un coup de lance qu'il avait reçu dans une émeute. Elle possédait tous les domaines que son père avait reçus de don Enrique de Trastamare, et tous ceux que sa mère avait apportés en dot; aussi passait-elle pour la plus riche héritière du royaume.

Les premiers temps du règne de don Enrique furent signalés par la mort du maître d'Alcantara, Martin Yañez de la Barbuda, qui avait été auparavant *clavero* de l'ordre portugais d'Avis. Les détails de cette catastrophe, rapportés par la chronique de Radès y Andrada, sont assez curieux pour qu'il ne soit pas permis de les passer sous le silence.

Il y avait à cette époque en Espagne un ermite du nom de Sayo. C'était un saint homme; il vivait depuis longtemps dans la solitude; l'austérité de sa vie l'avait mis en grande renommée; on ne parlait que de l'efficacité de ses prières; de toutes parts on venait réclamer ses conseils, bien qu'il eût peut-être plus de piété que d'expérience des choses de ce monde, plus de vertu que de lumières. Cet ermite avait prédit au maître d'Alcantara qu'il ferait la conquête de Grenade comme le Cid avait fait celle de Valence. Le maître eut foi dans les paroles de Juan Sayo. Il envoya deux de ses écuyers pour défier en ces termes le roi de Grenade, Yuzuf : « La foi de Jésus-« Christ est seule sainte et bonne; la « foi de Mahomet n'est qu'erreur et « que fausseté. Si vous dites le con-« traire, c'est un mensonge que vous « soutiendrez, et Martin Yañez de la « Barbuda, qui nous envoie vers vous, « vous défie et vous offre le combat; « et si vous ne voulez pas combattre « seul à seul, il combattra à la tête de « 10, de 20 ou de 500 chrétiens, et « vous aurez avec vous un nombre « double de Maures. On combattra à « pied ou à cheval, selon que vous le « choisirez, et la foi de celui qui rem-« portera la victoire sera reconnue « pour être seule la vraie foi. »

Ce défi fut accueilli par le roi de Grenade comme l'acte d'un insensé, et les écuyers qui le lui avaient apporté furent chassés ignominieusement. Le maître d'Alcantara se mit donc aussitôt en marche, et il écrivit au jeune roi don Enrique, pour le prévenir qu'il allait faire la guerre aux Maures de Grenade. Ce roi fut vivement affligé de cette détermination. Il envoya aussitôt des lettres au maître pour lui défendre de rompre les trêves que les chrétiens avaient conclues avec le roi Yuzuf; mais lorsque les messagers arrivèrent, le maître d'Alcantara était déjà parti. Ils firent grande diligence, et parvinrent à le rejoindre. Martin Yañez faisait porter devant sa troupe, à côté de sa bannière, une perche surmontée d'une grande croix. C'est dans cet ordre qu'il s'avançait, lorsqu'on lui remit les ordres du roi de Castille. Il les lut, et dit qu'il les respectait comme venant de son souverain; mais qu'il n'était pas question d'une affaire de souveraineté, et seulement d'une affaire de religion; que ce serait une grande honte si la croix était obligée de retourner en arrière, et s'il ne mettait pas son entreprise à fin. Il continua son chemin, et arriva à Cordoue. Ceux qui commandaient dans cette ville voulurent d'abord refuser de lui laisser traverser le pont; mais alors le peuple commença à murmurer. « C'est, disait-on, une œuvre sainte qu'on veut empêcher. Juan Sayo nous a promis la victoire, et nul de nous ne doit périr dans le combat. Qu'on nous laisse donc le passage libre, ou nous allons forcer les barrières. » Des murmures on allait en venir à la révolte; il fallut donc céder. Martin Yañez franchit le Guadalquivir, et continua à s'avancer vers le royaume de Grenade, quoiqu'il n'eût avec lui que 300 lances; car il faut à peine compter 5,000 fantassins qui s'étaient rangés sous sa bannière. C'étaient des gens de toute espèce, des hommes sans connaissance de la guerre, sans discipline, pour la plupart des aventuriers ou des fanatiques, nus, et presque sans armes. Plusieurs seigneurs coururent au-devant de lui pour le dissuader de sa périlleuse entreprise, et pour lui répéter qu'il conduisait ces malheureux à la boucherie; car le roi de Grenade pouvait aisément réunir 5,000 cavaliers et plus de 200,000 fantassins. Le maître d'Alcantara les remercia de leurs conseils; mais il répondit qu'il avait confiance en Dieu et qu'il comptait dans le courage des braves gens qui l'accompagnaient. Il poussa donc en avant, et arriva sur la frontière du royaume de Grenade le dimanche de l'Octave, 26 avril 1394 (24 sjumada posterior 796) (*).

Il y avait en cet endroit une tour appelée Exea, défendue par quelques Maures. Le maître d'Alcantara les fit

(*) Condé place cette défaite en 798, c'est-à-dire deux années après sa date réelle.

sommer de se rendre et de se convertir à la foi chrétienne; mais ils se moquèrent de cette sommation. Il donna donc aussitôt l'ordre de les attaquer. La garnison se défendit vigoureusement, et fit pleuvoir sur les assiégeants une grêle de traits et de pierres. Martin Yañez, qui voulait lui-même monter à l'assaut, reçut une blessure à la main; trois hommes furent tués à côté de lui. On s'éloigna pendant un instant de la tour, et le maître appela Juan Sayo, qui faisait partie de l'expédition. « Mon ami, lui dit-il, vous m'aviez assuré que personne ne périrait, et cependant il vous faut prier pour les trépassés; car voici trois braves soldats qui sont morts à la première affaire. » — « Cela est vrai, répondit l'ermite; mais ce que je vous ai prédit, je le répète encore : j'ai parlé seulement des batailles que vous livreriez en rase campagne. » — « Nous le verrons bien, » répondit Martin Yañez. En attendant, il se mit à déjeuner, pendant qu'on entassait une grande quantité de bois contre la tour, de manière à l'incendier. Dans ce moment, les Maures de Grenade arrivèrent. Ils paraissaient si nombreux, qu'il était fort difficile de juger combien ils pouvaient être; mais si l'on en croit les auteurs contemporains, on ne devait pas compter moins de 120,000 fantassins et de 5,000 cavaliers. A la vue d'une armée si puissante, l'infanterie de Martin Yañez commença à se débander. Cependant le maître, pour lui rendre un peu d'assurance en lui offrant l'exemple de ses hommes d'armes, décida que ceux-ci combattraient à pied. Il plaça au milieu d'eux sa bannière et la croix. Ces dispositions étaient à peine terminées lorsque la bataille s'engagea. Les Maures se précipitèrent de manière à séparer les hommes d'armes du reste de l'armée. Ils y parvinrent, non sans perdre bien du monde; mais enfin ils en vinrent à bout. Alors l'infanterie de Martin Yañez, ramassis de gens sans expérience et sans valeur, se mit à fuir dans toutes les directions. Elle fut poursuivie par les Maures, et de 5,000 hommes qui la composaient en commençant la bataille, il n'en echappa guère plus de 1,500. Quant aux hommes d'armes, ils combattirent vaillamment, et le maître d'Alcantara, impassible au milieu du danger, se distingua parmi les plus braves. Mais les Maures, qui les enveloppaient de toutes parts, les accablaient d'une pluie de flèches, de carreaux et de pierres. Aussi, pas un seul de ces braves guerriers ne survécut. Les chevaliers d'Alcantara demandèrent et obtinrent des Maures la permission de venir enlever le corps de leur maître. Ils l'emportèrent à Alcantara, l'ensevelirent dans l'église de Sainte-Marie d'Almocovara, et sur sa tombe ils gravèrent cette épitaphe :

*Aqui yace aquele que, por
neva cousa, nunca ovve pavor en
seu corazaon.*

« Ci gît celui dont, pour aucune cause, jamais le cœur ne connut la crainte (*). »

Cette défaite répandit l'alarme parmi les chrétiens. On s'attendait à voir les Maures, fiers de leur victoire, se précipiter sur la Castille; mais Yusuf se montra rempli de modération. Il déclara qu'il ne rendait pas don Enrique responsable de l'acte de quelques fanatiques, et il continua à observer la trêve.

Don Enrique mit tous ses soins à rétablir le calme dans ses États. Affable et libéral, il savait aussi dans l'occasion se montrer sévère. Il lui fallut, dans les premières années de son règne, lutter contre les prétentions exagérées des grands; il parvint à les gagner par sa bonté ou à les réduire par la force des armes. Don Alphonse, duc de Gijon, fut celui dont les révoltes troublèrent le plus longtemps le royaume. Enfin le roi, obligé de recourir à la force des armes pour ré-

(*) Pour ne rien omettre sur Martin Yañez de la Barbuda, il faut rappeler un mot attribué à Charles V, quoiqu'il paraisse peu digne de la majesté impériale. On lui citait l'épitaphe du maître d'Alcantara : Ce gentilhomme, dit l'empereur, n'a donc jamais mouché la chandelle avec ses doigts; car il aurait eu peur de se brûler.

duire ce sujet rebelle, alla mettre le siége devant la ville de Gijon, où il s'était fortifié. Don Alphonse, vivement pressé, et n'ayant plus l'espoir de résister longtemps, proposa au roi de terminer leurs différends par un arbitrage, et de s'en rapporter au jugement du roi de France. Don Enrique accepta ce compromis. Il envoya des ambassadeurs à Paris, et le conseil du roi de France, après avoir entendu les raisons des deux parties, déclara don Alphonse, duc de Gijon, coupable de félonie envers son souverain. Il fut donc banni d'Espagne, et dépouillé de tous ses domaines.

Don Enrique eut aussi des guerres étrangères à soutenir. Tous les régents du royaume n'avaient pas apposé leur signature au traité par lequel des trêves avaient été conclues entre la Castille et le Portugal. Ils avaient même refusé de le ratifier dans les délais convenus. Ce fut un prétexte dont s'empara le roi don Juan pour recommencer la guerre; mais don Enrique, bien qu'il fût presque toujours malade, et que les forces de son corps ne répondissent pas à son courage, ne redoutait pas la guerre. Il préférait la paix, parce qu'elle lui laissait le loisir de protéger le commerce et d'assurer le bonheur de ses sujets; mais il avait coutume de dire: « Je crains plus les malédictions de mon peuple que les armes de mes ennemis. » Il fit donc la guerre contre le Portugal; il remporta quelques avantages, et, en 1398, les Portugais lui firent demander la paix. « Ce n'est pas moi, répondit-il, qui ai commencé la guerre; je ne m'opposerai pas à la paix, pourvu que les conditions en soient honorables. » Néanmoins on ne put s'entendre pour conclure un arrangement définitif; mais, dans le courant de 1393, on convint d'une trêve de dix années.

Il fallut aussi que le roi don Enrique repoussât les attaques des Maures. Deux années environ après la défaite d'Yañez de la Barbuda, dans le courant de l'année de 798 de l'hégire (1396), le roi Yuzuf était mort. On se rappelle que quelques auteurs ont accusé Mohammed Lagus d'avoir fait périr le roi don Enrique de Trastamare en lui envoyant des brodequins empoisonnés. On prétendit qu'à son tour Yuzuf avait été victime d'une semblable perfidie; on raconte que le roi de Fez lui avait donné une robe richement brodée. Mohammed ne s'en fut pas plutôt revêtu qu'il se sentit saisi de cruelles douleurs. C'était l'effet du poison subtil dont elle était imprégnée. Il souffrit pendant trente jours, au bout desquels il expira. D'autres auteurs, et cette version paraît plus raisonnable, disent qu'il mourut des suites d'une maladie dont il était atteint depuis longtemps.

Suivant le mode de succession adopté chez les Maures d'Espagne, le trône devait passer au fils aîné d'Yuzuf. Mais Mohammed-ben-Balba, son second fils, était d'un caractère remuant et ambitieux; par ses intrigues, il s'était depuis longtemps assuré de la couronne. Dès que le roi fut mort, Mohammed s'empara du pouvoir, fit enfermer son frère aîné dans la forteresse de Salobreña; puis, craignant que le roi de Castille ne se montrât favorable au parti du prince qu'il détrônait, il prit la résolution d'aller en personne lui demander son amitié. Sous le prétexte de visiter les frontières de son royaume, il sortit de Grenade sans appareil et presque sans escorte. Il se rendit à Tolède, accompagné seulement de vingt-cinq braves cavaliers. Il y fut très-bien reçu par le roi don Enrique. Les deux rois renouvelèrent les trêves, et Mohammed-ben-Balba retourna fort satisfait à Grenade, où l'on ne connaissait pas son voyage. Cette paix, au reste, ne dura pas longtemps. Quatre années plus tard, en 1401, la guerre avec les Musulmans recommença. Les Maures et les Castillans se reprochaient mutuellement d'avoir les premiers violé la trêve. Mais il est fortement à présumer que les torts furent réciproques. Les garnisons des frontières firent de part et d'autre des incursions. En 1405, Mohammed-ben-Balba, enhardi par la faible santé du roi de Castille, qui, étant presque toujours malade, ne pouvait se mettre à la tête des arnées, surprit Ayamonte, attaqua plusieurs autres places et exerça de grands ravages sur la frontière des chrétiens. L'année suivante, il entra dans le royaume de Jaen à la tête de 4,000 chevaux et de 25,000 fantassins; il alla assiéger Quesada; mais il ne put enlever la place, et fut obligé de se retirer. Le roi don Enrique s'empressa de mettre ses frontières en état de défense, et, afin d'obtenir les subsides nécessaires pour faire la guerre, il convoqua les cortès à Tolède pour le jour de la Saint-André (30 novembre). Les cortès accordèrent tout ce que la position des finances permettait de donner, et supplièrent le roi de subvenir au reste de la dépense avec les trésors qu'il avait amassés. Pendant qu'on s'occupait de tous ces arrangements, le roi, qui était continuellement malade, sentit ses maux s'aggraver. Il reconnut que sa fin était arrivée, et se prépara pieusement à la mort. Il avait deux filles, doña Maria et doña Catalina, et un fils, né le 6 mars 1405. Don Enrique, avant de mourir, recommanda ses enfants à don Fernand, son frère, et il rendit l'âme à Dieu le jour de Noël (25 décembre 1406).

DON JUAN II DE CASTILLE SUCCÈDE A DON ENRIQUE SON PÈRE. — LA RÉGENCE EST CONFIÉE A DON FERDINAND L'HONNÊTE ET A LA REINE CATHERINE. — GUERRE AVEC LE ROYAUME DE GRENADE. — MORT DE MOHAMMED-BEN-BALBA. — YUSUF SON FRÈRE AÎNÉ LUI SUCCÈDE. — LA GUERRE CONTRE LES MAURES RECOMMENCE. — SIÈGE D'ANTEQUERA. — RÈGNE DE DON MARTIN D'ARAGON. — MORT DU ROI DON MARTIN DE SICILE. — MORT DE DON MARTIN, ROI D'ARAGON. — PRÉTENDANTS A LA COURONNE D'ARAGON. — DON FERDINAND L'HONNÊTE SE MET SUR LES RANGS. — PRISE D'ANTEQUERA PAR LES CHRÉTIENS. — DON FERDINAND EST ÉLU ROI D'ARAGON.

Le fils de don Enrique III n'avait encore que vingt-deux mois; aussi n'était-il personne en Castille qui ne s'alarmât en songeant que le royaume allait être de nouveau livré à toutes les agitations d'une longue minorité. Beaucoup de seigneurs répétaient que, dans l'intérêt général, il fallait se conformer aux anciens usages de la monarchie; que, dans le principe, la royauté était élective, et que très souvent, lorsque le fils du roi ne s'était pas trouvé en âge de gouverner par lui-même, on avait fait monter son oncle sur le trône. Un nombreux parti, qui avait pour chef le connétable don Ruy Davalos, voulait déférer la couronne au frère de don Enrique III, comme on avait préféré don Sanche IV à don Alonzo de la Cerda. Quelques-uns même citaient des prophéties qui promettaient une couronne à don Ferdinand l'Honnête. Mais celui-ci donna l'exemple d'un désintéressement et d'une loyauté bien rare : il repoussa les offres qui lui étaient faites. Quand les grands et le peuple furent assemblés pour reconnaître le successeur de don Enrique, le connétable don Ruy Lopez Davalos vint encore demander à Ferdinand qui l'on devait proclamer. « Qui pourrait-on proclamer, répondit-il à haute voix, sinon le fils de mon frère ? » Il donna l'ordre qu'on levât les étendards pour don Juan second, son neveu, dont le nom fut salué par les acclamations des rois d'armes et par celles de la foule. Don Ferdinand se contenta de réclamer l'exécution du testament de don Enrique. Par cet acte, qu'il avait rédigé peu de temps avant sa mort, le roi confiait le gouvernement du royaume à doña Catherine, sa veuve, et à don Ferdinand, son frère. Il chargeait Juan de Velasco et Lopez de Zuñiga de l'éducation du jeune roi; mais la reine ne voulut pas souffrir qu'on la dépouillât du droit que la nature lui avait donné d'élever elle-même son fils. Cette dernière disposition du testament ne fut donc pas exécutée, et dans les cortès du royaume, réunies à Ségovie au commencement de 1407, pour indemniser Juan de Velasco et Lopez de Zuñiga de ce qu'on leur enlevait ces fonctions, on donna 6,000 florins à chacun d'eux. Dans la même assemblée, on chargea don Ferdinand du soin de faire la guerre contre les Maures de Grenade, et on lui

27.

accorda les subsides nécessaires à cette entreprise. Ce prince se mit donc à la tête de l'armée. Il remporta plusieurs avantages sur les ennemis auxquels on reprit Ayamonte. Zahara leur fut aussi enlevée. Don Fernand, dans les premiers jours de l'année suivante (1408), réunit de nouveau les cortès à Guadalaxara, et cette assemblée lui accorda pour continuer la guerre un subside de 150,000 ducats. Les chrétiens recommencèrent donc à faire des incursions sur le territoire ennemi. Les Maures demandèrent en vain la paix; on ne leur accorda qu'une trêve de huit mois. C'est pendant cet intervalle que vint à mourir le roi de Grenade Mohammed-ben-Balba. Ce prince s'était emparé du trône au préjudice de son frère aîné, qu'il tenait prisonnier dans le fort de Salobreña. Lorsqu'il sentit sa fin s'approcher, il voulut assurer à son fils le couronne qu'il avait usurpée, et il donna l'ordre de mettre Yuzuf à mort. Il écrivit à l'alcayde de Salobreña une lettre dont les historiens arabes nous ont conservé le texte. Il y disait : « Alcayde de Salobreña, mon « serviteur, aussitôt que tu recevras « cette lettre des mains de Ahmed-ben-« Xaras, l'un de mes officiers, tu ôte- « ras la vie à Cidi Yuzuf, et tu m'en- « verras sa tête par le porteur. J'es- « père que tu ne feras pas faute à mon « service. » Lorsque cet ordre arriva à Salobreña, Yuzuf était occupé à jouer aux échecs avec l'alcayde. Celui-ci, ayant aussitôt pris connaissance de ce message, se troubla et ne put pas dissimuler l'angoisse qui l'agitait; car Yuzuf avait su par sa bonté et par son caractère aimable se faire chérir de tous ceux qui l'entouraient. L'alcayde ne savait comment lui faire part de l'ordre cruel qu'il venait de recevoir; mais Yuzuf le devina : « Que veut le roi? lui dit-il; c'est ma tête qu'il demande. On m'accordera bien quelques heures pour disposer de ce qui me reste en ce monde! » Mais l'envoyé répondit que son temps était compté, et qu'il ne pouvait dépasser le nombre d'heures qui avaient été fixées pour son retour. « Au moins, reprit Yuzuf, achevons notre partie d'échecs. » L'alcayde était si troublé qu'il ne touchait pas une pièce sans faire quelque inadvertance. Yuzuf, qui avait conservé tout son sang-froid, l'avertissait à chaque coup de ses erreurs. Cependant la partie approchait de sa fin, quand deux cavaliers, dont les chevaux étaient couverts de sueur, arrivèrent à Salobreña. Ils annoncèrent que Mohammed était mort le 14 de la dernière lune de la 810e année de l'hégire (11 mai 1408), et que le peuple avait élu Yuzuf pour roi. Ce prince échappa de cette manière à la mort pour monter sur le trône, et il fut proclamé sans opposition. Il ne suivit pas les exemples que son frère lui avait donnés; il se montra clément et miséricordieux. Comme on lui présentait la liste des personnes qui s'étaient employées le plus activement pour faire monter Mohammed sur le trône : « Je ne veux pas la connaître, dit-il ; je serais peut-être tenté d'être cruel à leur égard : ce serait leur fournir une juste excuse pour m'avoir préféré mon frère. »

Un des premiers soins du nouveau roi fut de faire demander aux régents de Castille de prolonger de plusieurs années les trêves qui avaient été consenties du vivant de Mohammed-ben-Balba. Une transaction de cette nature ne pouvait se terminer sans une longue négociation, et, tandis qu'on s'occupait du traité, de nouveaux incidents vinrent rendre la paix impossible. Les chrétiens avaient, durant la guerre précédente, abandonné le fort de Priego. Les Maures, le trouvant sans défense, y étaient entrés ; mais, pensant que la conservation de ce poste leur coûterait trop de peines et de dépenses, ils l'avaient abandonné à leur tour. Don Ferdinand, jugeant qu'il était avantageux d'occuper de nouveau cette position en fit relever les murailles. Soit que les Maures aient considéré ces travaux de fortification comme un acte d'hostilité commis au mépris de la trêve, soit qu'ils ne fussent portés à cette agression que par leur haine habituelle pour les chrétiens, ils attaquèrent subitement Priego, et s'en emparèrent. Ferdinand, irrité, en devint plus exigeant : il voulut que, avant tout, le roi de Grenade se reconnût vassal du roi de Castille, ainsi que l'avaient fait ses prédécesseurs. Yuzuf refusa de se soumettre à ce qu'il regardait comme une humiliation, et la guerre recommença dans les premiers jours de l'année 1410. Le 27 avril 1410 (22 dsuhassia 812), le régent alla mettre le siége devant Antequera. Les Maures firent de vaines tentatives pour secourir cette ville; leur armée, forte de 80,000 fantassins et de 5,000 cavaliers, vint attaquer les chrétiens; mais ceux-ci, quoique beaucoup moins nombreux, remportèrent une victoire signalée. Enfin, après cinq mois de siége, ils enlevèrent la ville d'assaut, le mardi 16 septembre 1410 (16 sjumada 1er 813). Les Musulmans, voyant la ville prise, se retirèrent dans la citadelle, où ils résistèrent encore huit jours; mais ils furent forcés de capituler le 24 septembre (24 sjumada 1er). Cette glorieuse conquête, en plaçant Ferdinand au rang des premiers capitaines de son époque, contribua sans doute autant que les droits du sang à lui assurer par la suite la couronne d'Aragon. Pendant que les Castillans assiégeaient Antequera, des événements se préparaient qui devaient changer la face de la Péninsule. Don Martin, le dernier fils de don Pedro le Cérémonieux, avait eu quatre enfants de la reine doña Maria, sa femme; mais trois étaient morts en bas âge. Il ne lui restait plus que don Martin, roi de Sicile. Ce jeune prince, ayant été forcé d'aller faire la guerre en Sardaigne, pour réprimer les révoltes de ce pays, fut atteint à Cagliari d'une maladie dont il mourut, le 25 juillet 1409. Don Martin de Sicile avait été marié en premières noces avec doña Maria de Sicile. Il en avait eu un fils nommé don Pedro, mais cet enfant était mort encore au berceau. Sa mère lui avait survécu peu de temps, elle était morte le 27 mai 1401. Don Martin avait alors épousé doña Blanca, infante de Navarre, qui lui avait donné un fils nommé don Martin, mort au mois d'août 1407. Il laissait bien encore une fille nommée doña Violante, et un fils appelé don Fadrique; mais ces enfants étaient le fruit d'amours illégitimes. Sa mort ouvrait la porte à une foule d'ambitions; car il ne restait plus pour succéder au trône d'Aragon que des héritiers éloignés. Dans l'espoir d'assurer la tranquillité du royaume, don Martin se maria de nouveau. Il épousa Marguerite de Prades, qui était du sang royal. Il n'avait que cinquante et un ans, et l'on pouvait encore espérer qu'il aurait des enfants; mais sa santé était délabrée, et cet espoir était bien douteux. Aussi le duc d'Anjou ne balança pas à déclarer ses prétentions, et, le 17 septembre 1409, le jour même qu'on célébrait le deuxième mariage de don Martin, il fit demander à ce prince de reconnaître pour héritier présomptif de la couronne Louis, duc de Calabre, son fils, qu'il avait eu de son union avec doña Violante, fille de don Juan 1er d'Aragon. Le roi regarda comme de mauvais augure qu'on vînt au milieu des fêtes de son mariage lui demander de choisir un successeur. Il reçut l'ambassadeur chargé de ce message; mais il ne lui fit pas de réponse. Cependant il ne tarda pas à tomber grièvement malade. Ce furent, dit-on, les remèdes qu'il prit, dans l'espoir de ranimer ses forces et d'obtenir un descendant, qui achevèrent de ruiner sa santé. Il était au lit de la mort dans une cellule du couvent de Valdoncellas, lorsque les députés du royaume vinrent le prier de déclarer quel était son légitime successeur. Il répondit que c'était celui qui aurait le meilleur droit. On ne put tirer de lui aucune autre parole. Il mourut le 31 mai 1410, et en lui finit la descendance masculine des comtes de Barcelone.

L'infant Ferdinand l'Honnête était occupé au siége d'Antequera lorsqu'il apprit la mort de don Martin, son oncle. Il fit aussitôt rédiger une déclaration publique par laquelle il acceptait la couronne d'Aragon, bien que personne ne la lui eût encore offerte, et il envoya des ambassadeurs en Aragon, pour qu'ils y fissent valoir ses droits.

Les prétendants à la couronne étaient

au nombre de cinq. D'abord, don Fadrique, duc de Luna, fils naturel de don Martin, roi de Sicile; 2° le comte d'Urgel. Celui-ci avait pour bisaïeul don Alphonse IV, dont le fils don Jayme était père de don Pedro et aïeul du comte, qui avait en outre épousé Isabelle, fille de don Pedro le Cérémonieux et de Sibyle Forzia. Il était ainsi cousin de don Martin au cinquième degré; 3° don Alphonse d'Aragon, marquis de Villena, comte de Gandie, avait pour père don Pedro, fils de don Jayme second. Il était ainsi cousin du roi don Martin au cinquième degré; 4° Louis, duc de Calabre, était fils de doña Violante, qui elle-même avait pour père don Juan Ier d'Aragon. Il était par conséquent petit-neveu de don Martin et son parent au quatrième degré.

Le cinquième prétendant était Ferdinand l'Honnête, infant de Castille. Il était fils de don Juan Ier de Castille et de doña Leonor, sœur de don Martin. Il était le propre neveu de ce roi et son parent au troisième degré (*).

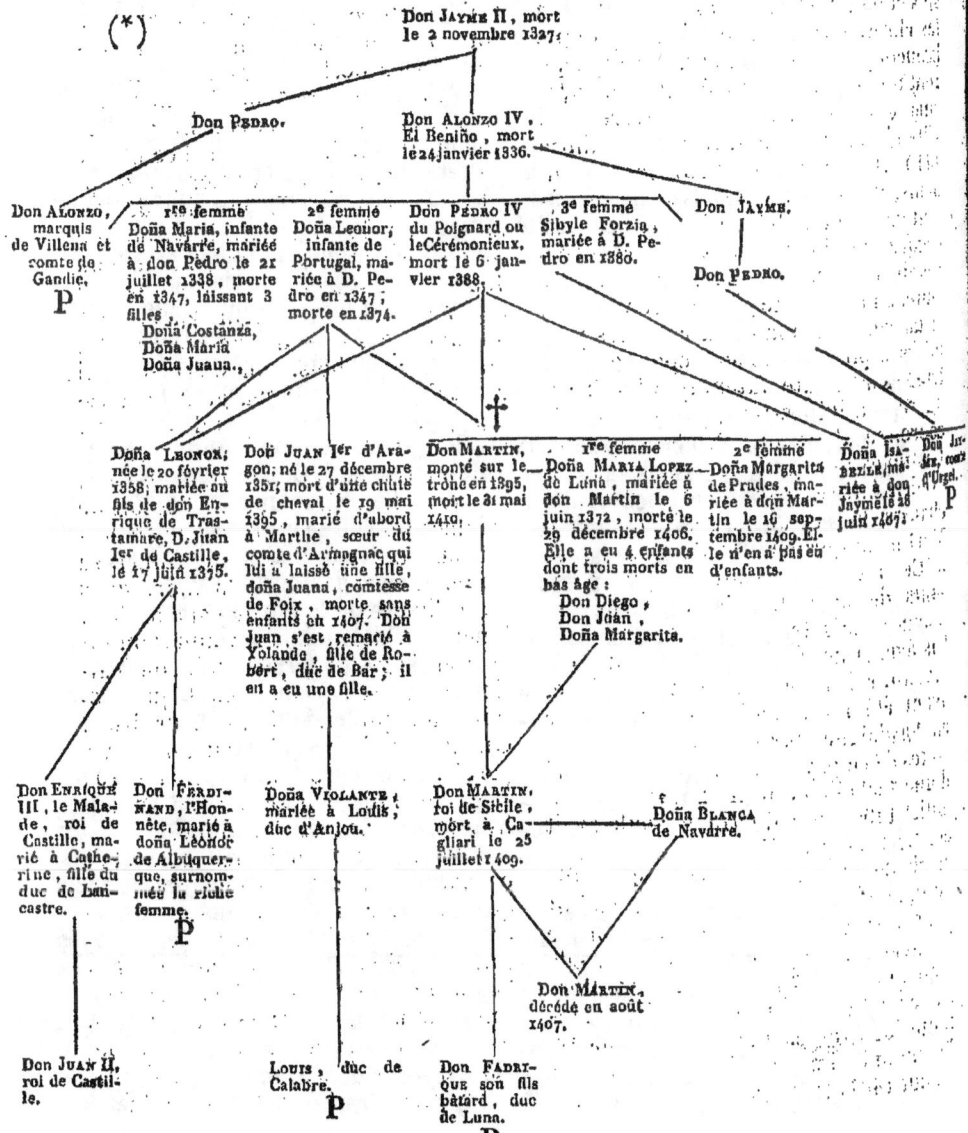

Si, pour déterminer les droits des prétendants, il eût suffi de compter les degrés de parenté, don Fernand l'Honnête l'eût emporté sur ses concurrents sans la moindre contestation; mais on lui opposait qu'en Aragon les femmes ne succédaient pas au trône, et que par conséquent doña Leonor, fille de don Pedro du Poignard et sœur de don Martin, n'avait pu transmettre à son fils un droit à la couronne quand elle-même n'en avait aucun. La même objection pouvait également être opposée au duc de Calabre, qui ne se rattachait à la tige royale que par doña Violante, sa mère, fille de don Juan Ier d'Aragon. Dans tous les cas, il était parent du dernier roi à un degré plus éloigné que don Ferdinand. Il devait donc être exclu par ce prince. On opposait avec raison à Frédéric, duc de Luna, l'illégitimité de sa naissance.

Le comte d'Urgel descendait en ligne directe et par les mâles d'Alphonse IV, son bisaïeul; si, en Aragon, les femmes étaient en réalité privées de droit à la couronne, il devait l'emporter sur don Ferdinand.

Le marquis de Villena descendait également par les mâles de la souche royale; mais, pour l'y rattacher, il fallait remonter jusqu'à don Jayme II. Le marquis de Villena était d'ailleurs très-âgé, en sorte que les deux seuls compétiteurs entre lesquels le débat dut sérieusement s'établir, étaient Ferdinand l'Honnête et le comte d'Urgel. Les cortès de Catalogne, celles de Valence ou celles d'Aragon ne pouvaient isolément nommer un souverain. Il fallait le concours de tous les états de la couronne. Des cortès furent réunies à Calatayud, et les députés de la Catalogne et du royaume de Valence furent engagés à s'y trouver. On examina dans cette assemblée les droits des prétendants; mais on ne termina rien, et l'on convint que des cortès générales s'assembleraient à Alcañiz, parce que cette ville était à proximité de la Catalogne et du royaume de Valence. Les esprits étaient partagés entre l'infant don Ferdinand et le comte d'Urgel. Ce dernier avait pour lui la plus grande partie de la Catalogne. Il y comptait parmi ses partisans les Moncade, les Cardone. A Saragosse, il était assuré du concours de beaucoup de familles puissantes, des Alagon et des Luna. Il paraissait donc réunir plus de chances favorables que tous ses concurrents; mais il était d'un caractère inquiet et turbulent. Il ne crut pas devoir s'en rapporter à la bonté de son droit; il rassembla des troupes, et ses partisans commencèrent à courir le pays. Les violences, les crimes qu'ils commirent eussent suffi pour discréditer la meilleure des causes. Don Garcia Heredia, archevêque de Saragosse, qui avait présidé les cortès de Calatayud, avait embrassé le parti de Ferdinand. Il exerçait une grande influence; et, pour se débarrasser d'un adversaire aussi redoutable, don Antonio de Luna l'attira à une entrevue près d'Almunia, où il le fit assassiner. Il lui porta lui-même les premiers coups. Ce sacrilège remplit tout le monde d'horreur, et fit le plus grand tort à la cause du comte d'Urgel. On comparait sa conduite violente avec celle pleine de modération que tenait don Ferdinand. Ce n'est pas que l'infant de Castille, s'en rapportant uniquement à la bonté de sa cause, se soit abstenu de toute démarche, et qu'il ait attendu la décision des cortès sans se mettre en mesure de la faire respecter. Après avoir pris Antequera, il avait conclu avec le roi de Grenade une trêve de dix-sept mois, et il était entré en Aragon à la tête d'un corps de troupes castillanes. Mais, loin d'exercer des ravages, il ne cherchait qu'à rétablir l'ordre, à calmer les factions, et à assurer la liberté des délibérations des cortès d'Alcañiz. On proposa dans cette assemblée de nommer neuf juges, trois aragonais, trois catalans et trois valenciens, qui entendraient les envoyés de tous les prétendants, et décideraient à qui la couronne devait appartenir. Cette motion fut accueillie par tout le monde. Les électeurs furent, pour l'Aragon, don Domingo, évêque de Huesca; Francisco de Aranda, et Berenguel de Bardaji. La Catalogne choisit Sagarida, archevêque de Tarragone; don Guillen Valseca, et Bernard Gualbe. Les juges nommés par Valence furent Saint-Vincent Ferrer, de l'ordre des dominicains; Boniface Ferrer, son frère, prieur de la Chartreuse de Porta-Cœli; enfin Ginez Rabaza; mais au bout de quelques jours ce dernier perdit la raison, ou, suivant quelques auteurs, il simula des accès de démence pour se débarrasser d'une mission qui lui paraissait trop périlleuse. On le remplaça par Pedro Bertrand, jurisconsulte distingué. Les électeurs se réunirent à Caspe, petite ville située sur les bords de l'Èbre. Ils entendirent pendant trente jours les avocats des prétendants. Ensuite, ils se renfermèrent pour relire tous les mémoires qui leur avaient été fournis. Ils employèrent deux mois à ce travail. Au bout de ce temps, le 28 juin 1412, les électeurs firent connaître leur décision. Il fallait, pour être élu, réunir les deux tiers des suffrages et compter au moins une voix de chaque nation. Don Ferdinand obtint précisément le nombre de votes nécessaire. Il fut donc élu roi. Le 3 du mois de septembre suivant, ce prince fut proclamé par les cortès générales réunies à Saragosse. Deux des prétendants, le comte de Luna et le duc de Gandie, assistèrent à cette cérémonie. Le comte d'Urgel allégua, pour ne pas s'y trouver, qu'il était malade; mais ce n'était qu'un prétexte, et il espérait bien faire réformer par la force des armes une sentence qu'il regardait comme injuste. Il sollicitait l'appui de l'Angleterre; mais le nouveau roi ne lui laissa pas le temps de mettre ses projets à exécution. Il l'assiégea dans Balaguer, où il s'était retiré comme dans un fort inexpugnable. La ville ne put résister longtemps aux attaques de don Fernand. Le comte d'Urgel fut obligé de se rendre, et il paya par la perte de sa liberté l'imprudence de sa tentative. Il fut emprisonné d'abord en Castille dans le château d'Urueña. Ensuite on le transféra dans celui de Mora. Enfin il mourut, le 1er juin 1433, dans le château de Xativa, au royaume de Valence, sans avoir recouvré sa liberté.

Le nouveau roi ne s'occupa pas seulement de rétablir le calme dans l'intérieur du royaume : il sut conserver la Sicile et la Sardaigne, dont la possession était sur le point d'échapper à l'Aragon; enfin il se montra digne, par son affabilité, par ses talents et par ses succès, du trône auquel on venait de l'appeler.

MORT DE FERDINAND L'HONNÊTE. — LA RÉGENCE DE CASTILLE EST DÉFÉRÉE A DOÑA CATALINA SEULE. — MORT DE DOÑA CATALINA. — DON JUAN II PREND LE GOUVERNEMENT DU ROYAUME. — L'INFANT D'ARAGON, DON ENRIQUE, FAIT LE ROI DON JUAN PRISONNIER. — LE ROI S'ÉCHAPPE AVEC L'AIDE DE DON ALVARO DE LUNA. — DON ENRIQUE EST A SON TOUR EMPRISONNÉ PAR LE ROI. — LE CONNÉTABLE DAVALOS EST CONDAMNÉ COMME TRAITRE. — DON ALVARO DE LUNA EST NOMMÉ CONNÉTABLE. — ALPHONSE V FAIT LA GUERRE EN SARDAIGNE ET EN CORSE. — IL VA AU SECOURS DE JEANNE DE NAPLES, QUI L'ADOPTE POUR SON HÉRITIER. — ALPHONSE V, DE RETOUR EN ESPAGNE, OBTIENT QUE SON FRÈRE DON ENRIQUE SOIT MIS EN LIBERTÉ. — LE CONNÉTABLE DON ALVARO EST UNE PREMIÈRE FOIS ÉLOIGNÉ DE LA COUR. — IL EST BIENTÔT RAPPELÉ. — LA CASTILLE EST DE NOUVEAU REMPLIE DE TROUBLES CAUSÉS PAR LES ROIS DE NAVARRE ET D'ARAGON ET PAR LES INFANTS. — DON ALVARO DE LUNA LEUR FAIT LA GUERRE ET LES CONTRAINT A DEMANDER LA PAIX. — MORT DU ROI DE GRENADE YUZUF. — SON FILS MOHAMMED-EL-HAYZARI LUI SUCCÈDE. — IL EST DÉTRÔNÉ PAR MOHOMMED-EL-ZAQUIR. — IL REMONTE SUR LE TRÔNE AVEC L'AIDE DU ROI DE CASTILLE. — IL SE MONTRE INGRAT ENVERS CE SOUVERAIN, QUI LUI FAIT LA GUERRE. — IL EST DÉTRÔNÉ PAR YUZUF-BEN-ALHAMAR. — MORT DE YUZUF-BEN-ALHAMAR. — MOHAMMED-EL-HAYZARI MONTE POUR LA TROISIÈME FOIS SUR LE TRÔNE. — GUERRE ENTRE LES MAURES ET LES CHRÉTIENS.

Ferdinand l'Honnête, en montant sur le trône d'Aragon, n'avait pas oublié qu'il avait promis à son frère de protéger et de défendre le jeune don Juan. Jusqu'à ce jour, il avait rempli

ESPAGNE.

fidèlement la tâche qu'il avait acceptée. Chargé par les cortès de Castille de faire la guerre aux Maures, il s'était montré digne de la confiance qu'on lui avait témoignée; mais, vainqueur d'Antequera, il ne croyait pas avoir fait assez, tant que les Musulmans seraient maîtres de Grenade. Il s'était donc mis en marche pour passer en Castille, afin d'y préparer une expédition contre les Maures. Mais à peine avait-il commencé ce voyage qu'il tomba malade, et qu'il fut forcé de s'arrêter à Igualada, où il expira, le 2 avril 1416, avant d'avoir entièrement accompli la quatrième année de son règne. Il laissa de son union avec doña Leonor d'Albuquerque une fille nommée doña Maria, qui épousa, en 1420, son cousin germain, le jeune roi de Castille don Juan II. Il eut aussi quatre fils: l'aîné, qui monta après lui sur le trône d'Aragon, qui régna sous le nom d'Alphonse V, et qui était depuis l'année précédente marié avec doña Maria, sœur du jeune roi de Castille. Le second de ses fils, né le 29 juin 1397, était don Juan, qui épousa, en 1419, doña Blanche, fille du roi don Carlos de Navarre et veuve du roi don Martin de Sicile. Le troisième, nommé don Enrique, n'avait pas encore atteint sa douzième année lorsqu'il avait été, en 1409, élu maître de Saint-Jacques. Enfin, le dernier était l'infant don Pedro.

La mort de Ferdinand priva l'Aragon d'un prince sage et courageux; mais elle fut plus regrettable encore pour la Castille, où la régence fut confiée à la reine seule. Cette princesse, fille du duc de Lancastre, était pleine de vertus et surtout de bonnes intentions. Mais on lui reproche d'avoir apporté d'Angleterre un goût immodéré pour le vin. On attribue sa fin prématurée à l'abus qu'elle en fit. On la trouva morte dans son lit, le 1er juin 1418.

Don Juan avait alors treize ans et près de trois mois. On le déclara majeur, et l'administration du royaume lui fut remise; mais il eût fallu pour gouverner l'État une volonté plus énergique, une main plus ferme que celle du jeune roi. Il était entouré de seigneurs avides de pouvoir et de richesses, qui ne comptaient pour rien les désastres du pays, les révoltes et les séditions, s'ils pouvaient en tirer quelque avantage. Parmi ces factieux, les plus turbulents étaient ceux qui, à raison de leurs liens de parenté avec le jeune roi, auraient dû se serrer autour de lui pour le protéger et le défendre; c'étaient ses cousins germains, les infants d'Aragon don Juan, don Enrique et don Pedro. L'amirante de Castille, don Henriquez, le comte de Trastamare et le duc de Benavente, bien qu'ils fussent membres de la famille royale, prenaient part à toutes les intrigues et à toutes les rébellions. De tous ces grands seigneurs qui s'étaient flattés de tirer parti de la faiblesse du roi, le premier qui laissa éclater ses projets ambitieux fut l'infant d'Aragon don Enrique. Plus âgé que don Juan de quelques années, il souffrait avec impatience que ce prince écoutât d'autres conseils que ceux qu'il donnait. Quoique maître de Saint-Jacques et voué par cette profession au célibat, il avait demandé la main de doña Catalina, seconde sœur du roi; mais sa demande n'avait pas été agréée. Il résolut donc d'enlever par la force ce qu'il n'avait pu obtenir de bon gré. Sous le prétexte de rassembler une escorte pour se rendre en Navarre auprès de doña Blanca, sa belle-sœur, il leva en Aragon trois cents lances, et il dirigea sa marche de manière à s'approcher de Tordesillas, où se tenait la cour. Il pénétra au point du jour dans la ville; il alla droit au palais. En ayant trouvé les portes fermées, il les fit enfoncer, et pénétra dans la chambre de don Juan. Au bruit que firent ces gens armés, le prince, réveillé en sursaut, s'emporta contre l'infant. Mais don Alvaro de Luna, qui couchait dans la même chambre que lui, et au pied même de son lit, voyant combien les agresseurs étaient nombreux, jugea sur-le-champ que toute résistance était inutile, et parvint à apaiser la colère du roi. Don Alvaro de Luna était un jeune homme élevé avec don Juan. Il avait été le compagnon des jeux de son enfance. Doué d'une prudence et d'une finesse qui n'excluaient ni le courage ni la fermeté, il était prompt à concevoir une entreprise, hardi et persévérant pour la mener à fin. Par ces qualités, il avait acquis déjà beaucoup d'empire sur l'esprit indolent du roi, qui ne savait ni prendre de lui-même une résolution, ni l'exécuter quand il l'avait prise. Cependant cette influence ne parut pas alors bien redoutable à don Enrique; car il ne crut pas nécessaire d'éloigner don Alvaro; cependant il fit emprisonner ou bannir de la cour toutes les personnes qu'il supposa contraires à ses projets. Il les remplaça par ses propres créatures. De cette manière, rien ne se fit plus que par sa volonté. Il contraignit le roi à lui donner la main de l'infante Catalina avec d'immenses domaines pour dot. Il conserva néanmoins le titre de maître de Saint-Jacques avec l'administration des biens de la maîtrise. Il fit même ordonner par le roi que désormais cette administration serait héréditaire, et que don Enrique transmettrait cette dignité à ses descendants.

L'action audacieuse de don Enrique avait soulevé contre lui une grande partie des seigneurs du royaume. Son propre frère, l'infant de don Juan, avait vivement blâmé sa conduite; il avait rassemblé des troupes, et de tous les côtés on avait pris les armes. Cependant la guerre civile n'éclata pas encore. Le roi semblait avoir oublié l'affront qu'il avait reçu. Il paraissait se résigner patiemment à n'être plus qu'un instrument docile de la volonté de son geôlier. Il ne réclamait pas contre l'esclavage dans lequel on l'avait réduit, lorsque tout à coup il s'échappa. Don Enrique avait transporté la cour à Talavera, où il venait de célébrer les fêtes de son mariage. Le 28 novembre 1420, tandis que le nouveau marié était encore au lit, le roi sortit de Talavera sous le prétexte d'aller à la chasse. Don Alvaro de Luna avait tout préparé pour la fuite. Ils gagnèrent ensemble le château de Montalvan, où don Enrique vint bientôt inutilement les bloquer. Ils s'y maintinrent avec obstination, et comme ils manquaient de vivres, ils aimèrent mieux souffrir la famine et manger leurs chevaux que d'ouvrir les portes à ceux qui les attaquaient. Cependant l'infant don Juan et tout ce qu'il y avait en Castille de seigneurs fidèles à leur roi avaient rassemblé des troupes. L'approche de cette armée suffit pour forcer les assiégeants à la retraite. Le premier usage que fit don Juan de sa liberté fut de révoquer toutes les donations qu'on lui avait arrachées. Il défendit de livrer le marquisat de Villena qui avait été assigné pour dot à la femme de l'infant don Enrique. Alors celui-ci, furieux, s'en empara de vive force; mais le roi et don Alvaro de Luna ayant rassemblé une armée, lui enlevèrent en quelques jours toutes les villes qu'il avait prises. Don Juan révoqua aussi l'ordonnance par laquelle il avait déclaré les rentes de la maîtrise transmissibles par droit d'hérédité. L'infant, irrité par ces rigueurs, et prétendant qu'on ne pouvait légitimement le dépouiller de la dot de sa femme, voulut d'abord faire la guerre au roi. Il se mit en marche à la tête de 1,500 chevaux pour aller l'attaquer. Mais on lui représenta combien cette agression était criminelle et périlleuse. Il se détermina donc à suivre des voies plus pacifiques pour faire valoir les droits qu'il croyait avoir. Il se rendit à Madrid; mais le lendemain de son arrivée, le 14 juin 1422, il fut arrêté par ordre de don Juan. On l'accusa d'avoir entretenu des intelligences avec le roi de Grenade. On produisit des lettres écrites en son nom par le connétable Lopez Davalos, et par lesquelles il engageait les Maures à faire une invasion en Andalousie, tandis que lui-même ferait la guerre en Castille. Don Enrique eut beau protester de son innocence, et répéter que les lettres étaient fausses, on le déclara coupable de trahison, ainsi que le connétable don Lopez Davalos. On emprisonna don Enrique dans le château de Mora;

et l'administration de la maîtrise de Saint-Jacques fut remise à Gonçalo de Mexia, qui était un des commandeurs de cet ordre. Quant au connétable, il fut assez heureux pour se soustraire par la fuite au sort qui l'attendait. Il se réfugia dans le royaume de Valence. Mais on confisqua ses biens; on le dépouilla de ses charges et de ses dignités, et le tout fut distribué entre les seigneurs que le roi voulait favoriser. Don Alvaro de Luna eut pour sa part la dignité de connétable.

Il est rare que les proscrits conservent des amis. Cependant le connétable Davalos, fugitif et réduit à la misère, reçut la preuve d'un de ces dévouements qui honorent à la fois celui qui en est l'objet et celui qui en est capable. Son majordome était un nommé Alvar Nuñez de Herrera, natif de la ville de Cordoue. Ce généreux serviteur, voyant l'état malheureux où son seigneur était réduit, vendit tous les biens qu'il avait reçus de lui. Il réunit ainsi huit mille florins d'or et les lui envoya par un de ses fils déguisé en tisserand, qui les porta cachés dans des navettes qu'on avait creusées exprès.

Pendant que don Juan II faisait ainsi punir l'infant don Enrique, le roi d'Aragon Alphonse V n'était pas en Espagne. Déjà maître de la Sicile, il disputait aux Génois la possession de la Sardaigne et de la Corse. L'expédition qu'il fit dans cette dernière île, vers la fin de 1420, mérite une mention particulière. Le courage avec lequel les habitants de Bonifazio repoussèrent les attaques d'Alphonse, est digne d'être cité. Mais il est un fait surtout qui rentre plus spécialement dans le cadre de cet ouvrage; car il prouve les progrès que les Aragonais avaient faits dans l'art de la guerre. Ils furent les premiers à se servir d'armes à feu portatives, ou du moins c'est dans la relation du siége de Bonifazio, écrite par Pietro Cirneo, qu'il en est pour la première fois question (*).

(*) Petrus Cirnœus, de Rebus corsicis, lib. III.

« In caveis vero malorum, et turribus navium erant continue hostes jacientes tela, quibus item immixtæ, erant perforatæ in cannæ speciem fusilis æneæ manuales bombardæ : sclopetum vocant. Gestatores, armatum hominem, emissa, impellente igni, glande plumbea transfigebant. »

(Dans les hunes et sur les tours des vaisseaux se tenaient continuellement des ennemis qui jetaient des traits; il y en avait aussi parmi eux qui se servaient de bombardes à main, faites d'airain fondu et semblables pour l'apparence à une canne que l'on aurait forée; on les appelait escopettes. Ceux qui les portaient lançaient par l'explosion du feu, un gland de plomb avec une telle violence, qu'il pouvait transpercer un guerrier couvert de son armure.)

Don Alphonse était sous les murs de Bonifazio quand les envoyés de Jeanne II de Naples vinrent implorer son assistance. Ils lui promirent que, s'il voulait défendre cette reine contre les ennemis qui la pressaient de toute part, elle l'adopterait et lui assurerait après elle la couronne de Naples. Le roi d'Aragon, ayant accepté ces conditions, passa en Italie avec la plus grande partie de ses forces. Il délivra Jeanne de ceux qui l'attaquaient; mais la bonne intelligence ne dura pas longtemps entre cette princesse et son fils adoptif. Suivant les historiens espagnols, elle fut effrayée en voyant la puissance du protecteur qu'elle avait appelé; elle craignit de s'être donné un maître plutôt qu'un appui, et voulut le faire empoisonner. Suivant les auteurs napolitains, Alphonse, reconnaissant combien la reine était d'un caractère léger et versatile, craignit qu'elle ne voulût choisir un autre héritier; il prit donc la résolution de s'assurer de sa succession en la faisant arrêter et conduire en Catalogne, et en s'emparant par la force de tout le royaume de Naples. Quelle que soit, au reste, la cause de la mésintelligence qui éclata entre les deux souverains, on en vint aux mains. Jeanne révoqua l'adoption qu'elle avait faite d'Alphonse V, et adopta Louis d'Anjou. Alors Alphonse V, rappelé en Espagne par la nécessité de rassembler de nouvelles forces, laissa à son frère don Pedro le soin de diriger les affaires d'Italie. En revenant, il surprit et il pilla la ville de Marseille, qui appartenait au duc Louis d'Anjou. Enfin, il débarqua en Catalogne vers la fin de l'année 1423.

Alphonse V réclama aussitôt avec instance la liberté de son frère. Il menaça de porter la guerre en Castille, si don Enrique n'était pas relâché. Déjà même ses troupes s'approchaient des frontières, et don Juan, pour épargner à son peuple les horreurs d'une guerre, consentit à regret à délivrer le turbulent don Enrique. On voulait aussi qu'avec la liberté il lui remît les domaines et les honneurs dont il l'avait privé. Mais don Juan refusa toujours de les rendre. Ce refus servit de prétexte à l'infant don Enrique pour remplir de nouveau la Castille de troubles. Trois partis principaux divisaient le pays : celui de don Alvaro de Luna, celui de l'infant don Juan, et celui de don Enrique; mais, ainsi que cela ne manque jamais d'arriver, ces factions ennemies entre elles s'unissaient toujours contre celle qui se trouvait au pouvoir. L'infant don Juan avait combattu don Enrique lorsqu'il l'avait vu s'emparer seul du gouvernement de l'État. Maintenant, c'était entre les mains du connétable don Alvaro que reposait l'autorité ; c'était aussi contre don Alvaro de Luna que toutes les factions se liguaient. Ce qui rendait cette coalition encore plus redoutable, c'est que l'infant don Juan venait de succéder sur le trône de Navarre à son beau-père don Carlos le Noble, mort à Olite, le samedi 8 septembre 1425; et qu'au lieu de s'occuper du bonheur de ses sujets, il apportait, dans la ligue formée contre don Alvaro, tout ce que sa couronne lui donnait de force et d'influence. On attribuait au connétable tous les maux du pays et tous les troubles dont il était agité. Les clameurs des mécontents finirent par ébranler le roi de Castille. Dans l'espoir de ramener le calme dans les esprits, il éloigna don Alvaro de la cour; mais il s'en fallut de beaucoup que cet exil rendît la tranquillité au royaume; chacun voulait remplacer don Alvaro, et s'efforçait d'hériter de la part du pouvoir dont on l'avait dépouillé. Hernand Alonzo de Robles, qui eut, après don Alvaro, la direction des affaires, était un homme pétri de petite vanité. Souvent il feignait d'être malade, pour forcer le roi et les infants à venir s'entretenir chez lui des affaires les plus urgentes. Alors il allait répétant qu'on avait tenu le conseil dans sa demeure. Son orgueil le rendit bientôt si odieux, que ses ennemis lui imputèrent une foule de crimes. On l'accusa d'avoir parlé avec peu de respect de la personne du roi. Il fut arrêté, renfermé à Ségovie, et ensuite à Ucéda, où il mourut en prison. Cependant les troubles, loin de s'apaiser, allaient toujours en augmentant, et les choses en vinrent au point que les mécontents eux-mêmes réclamèrent le rappel de don Alvaro. Le roi de Navarre, craignant que l'infant don Enrique ne prît trop d'empire sur l'esprit du roi, fut le premier à demander que le connétable revînt à la cour. Don Juan s'empressa donc de rappeler son favori; et, voulant que ce retour fût pour tout le monde un gage de paix et de réconciliation, il accorda pour le passé un pardon général. L'État de Villena, qui avait été assigné pour dot à la femme de don Enrique, se trouvant placé sur la frontière, formait en quelque sorte une des portes du royaume. Il ne pouvait, sans danger, être mis entre les mains du frère d'un prince voisin. Mais en échange, le roi donna à don Enrique les villes de Truxillo, d'Alcaraz, et quelques autres d'une moindre importance, auxquelles il ajouta 200,000 florins. La clémence du roi n'eut pas le résultat qu'on devait en attendre; elle ne fit pas taire les clameurs des mécontents. Les rois d'Aragon et de Navarre, ainsi que l'infant don Enrique, recommencèrent leurs menées. Le connétable voulut se défendre avec les mêmes armes qu'on employait contre lui. Il chercha à soulever en Aragon des résistances contre la volonté de don Alphonse; mais ce prince n'avait pas la mansuétude du roi de Castille. L'archevêque de Saragosse, ayant été soupçonné de prendre part aux intrigues de don Alvaro de Luna, fut arrêté, et ne reparut jamais. Les uns disent qu'il fut étranglé; les autres prétendent qu'il fut noyé dans l'Èbre.

Les rois de Navarre et d'Aragon firent approcher des troupes des frontières de la Castille, pensant qu'ils pourraient la surprendre, et peut-être agrandir leurs États aux dépens d'un royaume déchiré par tant de factions. Mais le connétable surveillait tous les mouvements de ses ennemis. Quand ils s'avancèrent pour envahir le pays, ils trouvèrent les Castillans sous les armes, et ils eurent à se repentir de leur injuste agresssion; car don Juan II porta en Aragon et en Navarre la mort, le pillage, l'incendie et la dévastation. Il prononça aussi la confiscation de tous les domaines que le roi de Navarre et les infants possédaient en Castille, et il pressa ses ennemis avec tant de vigueur, qu'ils furent obligés de lui demander la paix. Cependant on ne put tomber d'accord d'un arrangement définitif, et l'on conclut seulement, en 1430, avec la Navarre et l'Aragon, une trêve de cinq années. Quant aux infants don Pedro et don Enrique, comme ils étaient en possession d'Albuquerque et de quelques villes voisines, ils continuèrent à faire la guerre en Estremadure. Leurs forces étaient encore redoutables, et ils comptaient au nombre de leurs partisans, le maître d'Alcantara, don Juan de Sotomayor, qui leur livra le chef-lieu de l'ordre; mais un des commandeurs, propre neveu du maître, profita de l'absence de celui-ci pour arrêter l'infant don Pedro, qui était resté à Alcantara, et pour le remettre entre les mains du roi de Castille.

L'infant don Enrique eut alors recours à la médiation du roi de Portugal. Il fit demander, par ce prince, la liberté de son frère; et, pour l'obtenir, il fut obligé de restituer, en 1432, toutes les places qu'il occupait, et de laisser en paix la Castille.

Dès que don Juan II fut débarrassé de cette guerre, il dirigea ses armes contre les Maures; mais bien des révolutions s'étaient accomplies dans le royaume de Grenade depuis la prise d'Antequera. Le roi Yuzuf, après avoir vu tomber les remparts de cette ville sous les coups de Ferdinand l'Honnête, avait, au commencement de l'année 1417, conclu une trêve avec les chrétiens; et il avait apporté tous ses soins à ce qu'elle ne fût pas violée. Il resta donc en paix avec la Castille pendant tout le reste de sa vie. On fixe l'époque de sa mort à l'année 826 de l'hégire (du 15 décembre 1422 au 5 décembre 1423). Mais aucun auteur, soit chrétien, soit musulman, n'en détermin: la date d'une manière plus précise (*). Il eut pour successeur son fils Muley-Mohammed-Nassr-ben-Yuzuf, connu sous le surnom de el-Hayzari, le Gaucher, à ce que disent quelques auteurs, parce qu'effectivement il se servait de la main gauche; suivant d'autres, à cause de son mauvais jugement, qui, dans toutes les circonstances, lui fit choisir l'expédient le plus désavantageux. El-Hayzari s'appliqua, comme son père, à entretenir la bonne intelligence avec les chrétiens, et à conserver l'amitié du roi de Tunis; mais il ne sut pas, comme son père, gagner l'affection du peuple. Une insurrection éclata, et l'on proclama pour son successeur un de ses cousins, Mohammed-el-Zaquir, c'est-à-dire le Petit. El-Hayzari fut assez heureux pour échapper aux révoltés. Il gagna le bord de la mer, déguisé en pêcheur; il monta sur une petite barque, et passa en Afrique, auprès du roi de Tunis. Ce prince lui offrit un asile dans son palais, et lui

---

(*) Ferreras ne parle en aucune manière de la mort de ce roi : c'est une impardonnable négligence. M. d'Hermilly, dans les notes qu'il a ajoutées à la traduction de cet auteur, dit que Yusef mourut dans l'année 826 de l'hégire, qui a commencé au mois d'août 1423. C'est une erreur manifeste. L'année 826 de l'hégire a commencé le 15 décembre 1422. L'Essai de l'Histoire des Arabes de M. Viardot dit que le roi Yusef mourut en 1425. C'est encore une erreur.

fit la promesse de l'aider à recouvrer son royaume, si quelque jour la fortune se montrait plus favorable à sa cause.

Mohammed-el-Zaquir, qui s'était élevé par la sédition, ne pouvait se maintenir que par la violence. Il persécuta de la manière la plus cruelle tous ceux qu'il soupçonna de favoriser el-Hayzari. Un des principaux personnages parmi les Maures, nommé Yuzef-ben-Zéradj, fut obligé de quitter Grenade. Il vint, accompagné de quarante cavaliers de sa famille ou de ses amis, chercher un refuge à Lorca. Il se rendit ensuite auprès du roi de Castille; il l'implora en faveur du roi el-Hayzari, et le supplia d'aider ce prince à reconquérir sa couronne. Don Juan adressa aussitôt une ambassade au roi de Tunis, pour le prier de renvoyer el-Hayzari en Espagne, promettant que, de son côté, il l'appuierait de tous ses efforts pour le rétablir sur le trône. El-Hayzari revint donc à la tête d'un corps de 1,500 hommes, que le roi de Tunis lui avait donné. Au bruit de son arrivée, Mohammed-el-Zaquir envoya, pour le combattre, un corps de 700 chevaux. Mais à peine les deux troupes furent-elles en présence, que plus de 400 cavaliers abandonnèrent Mohammed-el-Zaquir, pour passer du côté de l'ancien roi. Toutes les villes lui ouvrirent leurs portes, et il entra dans Grenade au commencement de l'année 1429. L'usurpateur, abandonné de tout le monde, se fortifia dans l'Alhambra; mais il y fut attaqué si vigoureusement, que ses soldats effrayés le livrèrent aux assaillants. Il fut aussitôt décapité, après avoir régné deux ans et quelques mois.

El-Hayzari, ainsi remonté sur son trône, ne témoigna pas au roi de Castille toute la reconnaissance qu'il lui devait, et le voyant occupé par les troubles de son royaume et par les révoltes des infants d'Aragon, il refusa d'acquitter le tribut que ses ancêtres avaient payé. Le roi de Castille commença donc à lui faire la guerre, et ses troupes enlevèrent la ville de Ximena. Il s'avançait vers Grenade, lorsque Yuzuf-ben-Alhamar (*), qui était de la famille royale, et dit-on petit-fils de ce Mohammed-Alhamar, massacré par don Pedro le Cruel, au champ de la Tablada, fit demander au roi son assistance pour s'emparer du trône de Grenade. Il offrit de se reconnaître vassal de la Castille, d'acquitter le tribut que les anciens rois de Grenade avaient payé. Don Juan accepta ces offres, et il s'avança à la tête de son armée jusque dans la campagne de Grenade. Les Maures sortirent de la ville pour le combattre. Une sanglante bataille s'engagea entre les deux armées le 29 juin 1431 (18 sjawal 834). Les Maures furent vaincus, et laissèrent sur le terrain un nombre immense des leurs. Un figuier, planté à l'endroit où eut lieu le plus fort de l'action, fit donner à ce combat le nom de journée du figuier. Don Juan resta quelques jours campé dans la sierra d'Elvire. Enfin, voyant que les vaincus ne se décidaient pas à lui ouvrir les portes de Grenade, il se retira à Cordoue, emportant un butin considérable, et bien qu'il n'eût pu chasser Mohammed-el-Hayzari, il n'en proclama pas moins Yuzef-ben-Alhamar, roi de Grenade. Celui-ci, de son côté, se reconnut vassal de don Juan; il s'obligea à lui payer tribut, et, en cas de guerre, à fournir à la Castille un corps de 150 cavaliers. Il prit aussi l'engagement de se rendre aux cortès, toutes les fois qu'elles se réuniraient au delà des montagnes de Tolède. Quand on sut que don Juan avait reconnu publiquement Yuzuf-ben-Alhamar pour roi de Grenade, et qu'il avait promis de le placer sur le trône, beaucoup de villes se déterminèrent à embrasser son parti. Ce chef se trouva ainsi bientôt à la tête d'une armée nombreuse. Il se dirigea vers Grenade, et remporta sur les troupes envoyées contre lui une victoire signalée, en sorte que el-Hayzari, ne croyant pas qu'il fût possible de se défendre dans Grenade, car les esprits y étaient disposés à la révolte, abandonna

(*) Ferreras l'appelle Yusef-ben-Muley. Mariana le nomme Yusef-ben-Almao.

cette ville, et se retira à Malaga, où il comptait un grand nombre de ses partisans. Yuzuf-ben-Alhamar entra à l'Alhambra, et il y fut proclamé roi le 1er janvier 1432 (26 rabia posterior 835); mais il était déjà vieux, et sa santé était délabrée. Il ne régna que six mois, et mourut le 24 juin 1432 (13 sjaval 835). Sa mort laissait le trône vacant. Mohammed-el-Hayzari fut, pour la troisième fois, proclamé roi de Grenade. Il fit demander une trêve au roi de Castille, qui ne consentit qu'à lui accorder un répit de quelques mois. C'est à cette époque, en 1432, ainsi qu'on l'a vu, que le roi don Juan se trouva débarrassé des inquiétudes que lui avaient causées les infants d'Aragon. Il put donner tous ses soins à la guerre des Musulmans; néanmoins elle ne fut pas poussée avec une grande vigueur. On prit Benamaurel et Ben-Calema, et les hostilités continuèrent pendant plusieurs années sans donner lieu à aucun événement qui mérite d'être rapporté.

EXPÉDITIONS D'ALPHONSE V EN ITALIE. — NOUVEAUX TROUBLES EN CASTILLE. — LE CONNÉTABLE EST POUR LA SECONDE FOIS ÉLOIGNÉ DE LA COUR. — LE PRINCE DES ASTURIES SE RÉUNIT AUX MÉCONTENTS. — LES MÉCONTENTS GARDENT LE ROI DON JUAN PRISONNIER. — CE PRINCE S'ÉCHAPPE DE LEURS MAINS. — LE CONNÉTABLE D'ALVARO DE LUNA EST RAPPELÉ A LA COUR. — BATAILLE D'OLMEDO. — MORT DE L'INFANT DON ENRIQUE. — LE ROI DE CASTILLE VEUT SE DÉFAIRE DU CONNÉTABLE. — ARRESTATION, CONDAMNATION ET SUPPLICE DU CONNÉTABLE. — MORT DE JEAN II.

Alphonse V n'avait pas renoncé à la pensée de joindre la couronne de Naples à celles d'Aragon et de Sicile, qu'il portait déjà. Il n'eut pas plutôt conclu une trêve avec le roi de Castille, qu'il s'occupa d'armer une flotte considérable, sur laquelle il passa en Sardaigne au commencement de l'année 1432. Cependant il n'eut pas d'abord recours à la voie des armes. Il croyait qu'il déterminerait Jeanne à révoquer tout ce qu'elle avait fait en faveur du duc d'Anjou. Il fut trompé dans son espoir; car en 1434, Louis, duc d'Anjou, étant mort sans postérité, par suite des fatigues qu'il avait supportées au siège de Cosenza, Jeanne adopta à sa place René d'Anjou, frère de ce prince, et elle mourut en 1435, désignant encore par son testament René pour son héritier. Cependant le roi d'Aragon prétendit avoir seul droit au royaume de Naples. Il fit la guerre pour s'en rendre maître; mais la fortune ne lui fut pas toujours favorable. En 1435, la flotte aragonaise fut battue par les forces réunies de Philippe, duc de Milan, et de la république de Gênes. Le roi lui-même, avec ses frères et tous les seigneurs qui l'avaient accompagné, furent faits prisonniers. Cette défaite, qui semblait devoir ruiner ses espérances, n'eut au contraire que d'heureux résultats. Prisonnier de Philippe, il fit comprendre à ce souverain qu'il était contraire aux intérêts du Milanais qu'un prince français fût maître de Naples. Le duc de Milan le relâcha donc bientôt sans rançon, et fit avec lui une étroite alliance. Bientôt Alphonse eut de nouveau rassemblé des forces considérables, et il poursuivit son entreprise sur le royaume de Naples. Le pape, qui était favorable au parti de René d'Anjou, eut beau lancer l'anathème, le roi d'Aragon ne fut pas arrêté par l'excommunication. En 1438, il put venir faire le siège de Naples; mais les assiégés se défendirent avec courage. Un des frères du roi, l'infant don Pedro, fut tué sous les murailles de la place; il eut la tête emportée par un boulet de canon. Le siège fut levé. Mais quatre ans plus tard, en 1442, Alphonse vint de nouveau attaquer cette ville, et parvint à s'en rendre maître.

Pendant que le roi d'Aragon conquérait ainsi une couronne en Italie, la Castille continuait à être agitée par des troubles intérieurs. Si la retraite des infants d'Aragon et l'absence du roi don Alphonse lui procurèrent un instant de repos, il fut de peu de durée. La faveur et la puissance de don Alvaro faisaient trop d'envieux; on ne cessait de conjurer sa perte. Ces troubles prirent une nouvelle activité, quand le duc de Milan eut remis en liberté Alphonse V et ses frères. L'infant don Enrique revint en Espagne, et recommença à mêler ses plaintes à celles des mécontents. C'était au connétable que tout le monde attribuait les maux de l'État. Don Juan finit par croire ce que tout le monde répétait. Il consentit, pour la seconde fois, à écarter de la cour le connétable don Alvaro. Cette concession n'empêcha pas le pays d'être déchiré par des dissensions intestines. Tout ce qui, dans d'autres temps, aurait présenté des gages de tranquillité, ne servait qu'à accroître le désordre. Le roi de Castille avait un fils, né le 6 janvier 1425, de son mariage avec doña Maria, infante d'Aragon. Ce prince, auquel on avait donné le nom de don Enrique, atteignait à peine sa quinzième année; il était bien jeune encore, cependant on pensa à lui donner une épouse. Parmi les princes dont on pouvait rechercher l'alliance, on jeta les yeux sur le roi de Navarre; sur ce même don Juan un des agents les plus actifs des troubles qui n'avaient cessé de désoler la Castille. Il avait eu trois enfants de son mariage avec l'infante Blanche de Navarre. L'aîné, don Carlos, né le 9 mai 1421, avait été nommé prince de Viane, par don Carlos le Noble, son aïeul, et il avait été reconnu héritier présomptif de la couronne. Doña Leonor, la plus jeune de ses filles, fut mariée plus tard au comte de Foix; enfin une autre infante, née le 6 juin 1424, portait le nom de Blanche, de même que sa mère. Ce fut celle-ci qu'on maria au prince des Asturies. Le jeune don Enrique, d'un caractère inquiet et turbulent, céda bientôt aux instigations de son beau-père. Il s'unit aux mécontents, et fit cause commune avec les factieux.

Depuis que le connétable Alvaro de Luna était éloigné de la cour, le roi restait à la merci des rebelles; tout se faisait par leur volonté. Craignant sans cesse qu'on vînt soustraire le roi à leur domination, ils faisaient garder à vue ce malheureux souverain, qui ne pouvait parler librement à personne. Enfin le prince des Asturies eut honte de l'état d'esclavage auquel on avait réduit son père. Il résolut de le délivrer de ses geôliers; mais il ne se sentait pas assez puissant pour entreprendre de lutter seul contre le roi de Navarre et contre l'infant don Enrique. Un homme seulement en Castille pouvait contre-balancer leur influence, c'était le connétable don Alvaro de Luna. Le prince des Asturies se rapprocha de lui, et, tous les deux unissant leurs efforts, parvinrent à arracher le roi des mains de ses oppresseurs. Les mécontents ne se résignèrent pas tranquillement à laisser le pouvoir échapper de leurs mains. Ils avaient rassemblé des troupes, et le 19 mai 1445, leur armée rencontra les troupes royales auprès d'Olmedo. Une bataille fut livrée, et les factieux furent mis en déroute. L'infant don Enrique d'Aragon, qui lui-même avait pris part à l'action, fut blessé à la main. Le chagrin qu'il éprouva de sa défaite et les fatigues d'une fuite rapide envenimèrent sa blessure, et bientôt il en mourut.

L'infant don Enrique laissait vacante la dignité de maître de Saint-Jacques. On la conféra au connétable don Alvaro. Il n'était plus possible de rien ajouter à la fortune de cet homme. Dans le royaume, rien ne se faisait que par lui. Le roi, soumis à la volonté despotique de son favori, ne disposait de rien, et pour les choses les plus futiles comme pour les plus sérieuses il se soumettait à ce que le connétable avait décidé. Cependant une circonstance vint révéler au roi combien était tyrannique l'empire qu'exerçait don Alvaro de Luna. La reine doña Maria était morte, et le roi l'avait peu regrettée; car dans toutes les circonstances elle s'était montrée plus dévouée aux infants d'Aragon, ses frères, qu'à la cause de son mari. Don Juan songeait à contracter une nouvelle union, et son affection pour

Radegonde, fille du roi de France Charles VII, n'était un secret pour personne. Le connétable, sans avoir égard à la préférence du roi, et sans consulter ce prince, traita d'une alliance avec l'infante de Portugal. Il annonça à don Juan que cette union était nécessaire, et don Juan ne résista pas à la volonté de son favori. Mais s'il n'eut pas assez d'énergie pour se révolter contre la violence faite à ses sentiments, il fut vivement blessé. Il n'osa pas encore vouloir et préparer la perte du connétable, il l'attendit et la désira. Pendant sept années encore don Alvaro se maintint au pouvoir, au milieu des séditions et des guerres civiles. Enfin, en 1452, le roi se détermina à le faire arrêter. Ce fut don Alvaro de Zuñiga qui se chargea d'aller assiéger le connétable dans la maison où il était retranché, et où il se défendit. Cependant le connétable ayant écrit au roi pour lui demander si c'était par son ordre que cette violence lui était faite, don Juan lui fit enjoindre de se rendre, en ajoutant, par un billet tracé de sa propre main, qu'il ne lui serait fait aucun mal injustement. Quand le connétable fut arrêté, le roi s'empara de ses trésors, de ses papiers, et de tous ses États. Il le fit comparaître devant une commission chargée d'examiner les crimes qu'on lui imputait. Ce tribunal le condamna à mort. Pour exécuter la sentence, on amena le connétable de Portillo, où il avait été enfermé, à Valladolid. Il se confessa et il communia. Ensuite on le fit monter sur une mule, et le crieur public marchait devant lui, en répétant : Voici la justice que fait faire notre seigneur et roi, et il lisait la liste des crimes imputés au condamné.

Au milieu de la place publique de Valladolid, on avait dressé un échafaud couvert d'un tapis. On y avait placé une croix entre deux cierges. Quand le connétable y fut monté, il commença par saluer la croix; il fit ensuite quelques pas, et donna, à un de ses pages qui pleurait, son chapeau, et la bague dont il se servait comme de sceau, en lui disant : Ce sera le dernier présent que je pourrai te faire. Pendant le trajet, ayant aperçu Barrasa, écuyer du prince des Asturies, il l'appela, et lui dit : Allez auprès de votre maître, Barrasa, et recommandez-lui de récompenser les services qu'on lui rend, mieux que ne le fait son père.

Ayant vu sur l'échafaud un crochet attaché à une poutre très-élevée, il demanda au bourreau à quoi ce crochet devait servir. Le bourreau lui répondit que c'était pour exposer sa tête quand elle serait détachée de son corps. Lorsque je serai mort, dit don Alvaro de Luna, faites de moi selon votre volonté. Il donna lui-même un ruban qu'il avait apporté, afin qu'on lui attachât les pouces; ensuite il tendit la gorge sans manifester la moindre frayeur, et il tomba sous le fer du bourreau le 5 du mois de juillet 1435 (*).

Le corps de don Alvaro de Luna ne demeura que trois jours exposé sur l'échafaud; mais sa tête resta neuf jours accrochée en public. Un vase pour recevoir les aumônes, afin de payer la sépulture du condamné, avait été placé à côté de son cadavre; car il ne possédait plus rien, celui qui, pendant trente années, avait disposé des trésors de l'État, qui avait été maître de la maison du roi, au point que nulle chose, ni grande ni petite, ne s'y faisait que par sa volonté; il ne possédait plus rien, celui qui avait été comte de Santistevane de Gormaz, duc de Truxillo, possesseur de soixante bourgades ou forteresses; qui avait été connétable de Castille et maître de Saint-Jacques. Il fut enterré aux dépens de la charité publique, dans l'église Saint-André, au lieu où l'on ensevelissait les malfaiteurs. Ce fut seulement quelques années plus tard que ses amis obtinrent la permission de

---

(*) Cette date est celle donnée par Mariana. Fereras indique le 7 juin, et M. Ferdinand Denis, dans ses Chroniques chevaleresques de l'Espagne et du Portugal, la fixe au 22 juin.

faire transporter son corps dans la cathédrale de Tolède.

Le supplice d'Alvaro de Luna restera un opprobre éternel pour la mémoire de don Juan. Pendant trente années, le connétable avait défendu le roi contre cette noblesse avide, ambitieuse, ennemie du repos de l'État, qui ne connaissait d'autre droit que la force, et d'autre guide que son intérêt. Il n'avait pas reculé devant cette tâche, que Louis XI allait bientôt commencer en France. Pendant trente années, il avait lutté avec adresse, avec courage, avec dévouement, contre l'aristocratie castillane. Peut-être au milieu de ce combat, n'était-il pas resté tout à fait pur de crimes; peut-être avait-il songé à sa propre fortune autant qu'à l'intérêt de l'État. Mais les services qu'il avait rendus étaient immenses, et il ne méritait pas la mort des malfaiteurs. Si, en le condamnant, don Juan avait pensé assurer la tranquillité publique, la mort de don Alvaro n'améliora pas les affaires. Les troubles continuèrent, et le roi, malade de chagrin, quelques-uns disent de remords, sentit sa fin approcher à grands pas. Il y avait environ un an que le connétable avait été supplicié, lorsque don Juan second mourut à Valladolid, le 21 juillet 1454. Il se plaignit jusqu'au dernier moment de sa malheureuse destinée. Trois heures avant de rendre le dernier soupir, il répétait encore au bachelier Ciudad Real, son médecin : Plût à Dieu que j'eusse été fils d'un simple officier, ou bien moine dans le couvent de l'Abrojo.

La mort de don Juan causa peu de regrets. Son règne avait été agité par les factions, que son excessive faiblesse ne savait pas réprimer; et, quel que soit le vice du roi qui rend le peuple malheureux, son indolence, ou sa rigueur, peu importe si le résultat est le même. Un prince qui laisse faire le mal, est aussi coupable que celui qui le fait. Don Juan, dit-on, aimait l'histoire et la poésie; il a laissé quelques compositions qui ne sont pas sans mérite. Mais, avant d'être littérateur, il faut qu'un prince s'occupe du bonheur de ses sujets. Qu'il fasse de bons vers lorsqu'il a assuré le repos de l'État, sa gloire s'en accroîtra sans doute et la postérité chantera ses louanges. Celui au contraire qui néglige le gouvernement du royaume pour s'adonner aux lettres n'est digne que de blâme, car dans un roi il faut flétrir comme un vice tout ce qui contribue au malheur public. Don Juan avait eu, de son mariage avec Marie, infante d'Aragon, deux filles, doña Catalina et doña Léonor, mortes toutes deux en bas âge. Il lui restait un fils, don Enrique IV, qui lui succéda sur le trône, et que ses contemporains ont surnommé l'Impuissant. De son second mariage avec doña Isabelle de Portugal, il eut doña Isabelle, née le 23 avril 1451, et don Alphonse, né quelques mois seulement avant la mort de son père, le 15 décembre 1453.

LE PRINCE DE VIANE RÉCLAME LA COURONNE DE NAVARRE. — IL EST VAINCU PAR SON PÈRE, ET EST FAIT PRISONNIER. — IL EST MIS EN LIBERTÉ; NOUVELLE GUERRE. — LE PRINCE DE VIANE EST CONTRAINT A SE RÉFUGIER EN ITALIE. — MORT D'ALPHONSE V. — LE ROI JEAN LUI SUCCÈDE. — LE PRINCE DE VIANE VIENT SE METTRE A LA MERCI DE SON PÈRE. — CELUI-CI LE FAIT ARRÊTER. — RÉVOLTE DES CATALANS. — ILS PROCLAMENT LE PRINCE DE VIANE HÉRITIER DE LA COURONNE ET LIEUTENANT GÉNÉRAL DU ROYAUME. — MORT DE CE PRINCE. — LES CATALANS SE DONNENT AU ROI DE CASTILLE, QUI LES ABANDONNE. — ILS PROCLAMENT ROI L'INFANT DON PEDRO DE PORTUGAL. — CE PRINCE MEURT; ILS PROCLAMENT ROI RENÉ D'ANJOU, QUI ENVOIE JEAN SON FILS EN CATALOGNE. — LE ROI DON JUAN DEVIENT AVEUGLE. — IL RECOUVRE LA VUE. — IL EST OBLIGÉ DE CÉDER L'ADMINISTRATION DE LA NAVARRE AU COMTE DE FOIX. — MORT DU COMTE DE FOIX. — MORT DU DUC JEAN DE LORRAINE. — FIN DE LA RÉVOLUTION DE CATALOGNE. — GUERRE CONTRE LA FRANCE RELATIVEMENT À LA POSSESSION DU ROUSSILLON ET DE LA CERDAGNE.

Le prince qui gouvernait la Navarre n'avait cessé d'exciter en Castille le trouble et le désordre; il était juste qu'à son tour il éprouvât les maux qu'il avait fait éprouver aux autres ; ce châtiment du ciel ne lui manqua pas. Il avait de son premier mariage, trois enfants : Léonor, mariée au comte Gaston de Foix; Blanche, dont l'union avec le prince des Asturies resta treize ans stérile, et fut cassée en 1453, pour impuissance respective des époux. Il avait aussi un fils, don Carlos, prince de Viane, que les cortès de Navarre avaient reconnu comme héritier de la couronne. Lorsque la reine Blanche mourut, en 1441, elle consacra encore par son testament le droit de son fils; elle recommanda seulement à don Carlos de ne pas prendre la couronne sans l'agrément et sans la bénédiction de son père. Don Juan se prévalut de ce conseil renfermé dans les dernières volontés de la reine, pour conserver le trône qui appartenait à son fils. Le prince de Viane supporta d'abord patiemment cette usurpation. Mais, en 1447, le roi don Juan se remaria ; il épousa doña Juana, fille de don Fadrique Enriquez, amirante de Castille, et, dès cette époque, la mésintelligence commença à régner entre le père et le fils. La Navarre était divisée entre deux familles puissantes, les Beaumont et les Agramont (*). La première était attachée au prince de Viane; la seconde, au contraire, soutenait le roi don Juan. Mais toutes les deux excitaient le père et le fils l'un contre l'autre, en sorte qu'une guerre civile ne tarda pas à éclater. Don Juan, indépendamment des ressources que lui présentait la faction des Agramont, tirait encore des troupes de l'Aragon, dont il était gouverneur, pendant que son frère, Alphonse V, combattait en Italie. Le prince de Viane, pour qui beaucoup de villes s'étaient déclarées, était encore soutenu par le roi de Castille. On en vint aux mains près de Tafalla. La fortune fut défavorable au prince de Viane; il fut fait prisonnier.

Le roi de Castille et les cortès d'Aragon adressèrent des représentations à don Juan; ils demandèrent que don Carlos fût mis en liberté, que la principauté de Viane lui fût rendue, et que les revenus de l'État fussent partagés par moitié entre le père et le fils. Don Juan refusa d'abord de consentir à cet arrangement; mais, craignant de mécontenter les Aragonais, il promit tout ce qu'on demandait. Il mit son fils en liberté. Mais ce fut le seul point de la convention qu'il exécuta, en sorte que la guerre civile recommença bientôt. Alors don Juan appela à son secours le comte de Foix, son gendre. Le prince de Viane ne put résister à leurs forces réunies ; il fut forcé de quitter la Navarre, et il se retira en Italie, auprès d'Alphonse V, son oncle. Celui-ci voulut s'entremettre pour terminer le différend entre le père et le fils ; mais la mort vint le frapper le 27 juin 1458, avant qu'il eût pu accomplir ce projet.

Alphonse V, que l'on a surnommé le Savant, et aussi le Magnanime, était, à ce que disent les historiens de cette époque, un prince accompli. Guerrier intrépide, administrateur habile, il aimait les beaux-arts et cultivait les lettres. Un jour, on citait devant lui l'opinion d'un roi qui prétendait que les princes avaient bien autre chose à faire que de s'occuper de la littérature. Ce n'est pas là, reprit-il, une parole de roi, mais une parole de bœuf. Il recevait à sa cour un grand nombre d'écrivains distingués, et les admettait dans son intimité. Il eut pour amis Lorenzo Valla et Antonio de Palerme. Ce dernier a même écrit un recueil des mots spirituels qu'Alphonse V laissait continuellement échapper. On ne reproche à ce prince qu'un seul défaut, c'est de s'être adonné au culte de Vénus, encore plus qu'à celui des Muses. Il ne laissa pas d'enfants légitimes, mais seulement un fils naturel, nommé Ferdinand, auquel il légua par son testament le royaume de Naples, qu'il avait gagné à la pointe de son épée. Quant aux autres États qu'il avait reçus de Ferdinand l'Honnête, il les

---

(*) C'est, dit-on, de cette souche qu'est sortie la famille des Gramont.

transmit à son frère don Juan. Ce prince prit donc comme roi, à partir de cet instant, l'administration de l'Aragon, qu'il avait eue jusqu'à ce jour seulement comme gouverneur.

Le prince de Viane crut que son père, maître des royaumes d'Aragon, de Sicile, de Mayorque, de Minorque, de Valence, et de la principauté de Catalogne, se déterminerait plus facilement à lui rendre la Navarre. Il vint donc se mettre à sa merci, et il sollicita son pardon. Don Juan promit d'oublier tout le passé; mais il ne rendit pas encore la Navarre, et bientôt il suffit du premier dissentiment pour faire disparaître cette réconciliation qui n'était bien sincère ni de part ni d'autre. Don Juan voulait marier son fils à l'infante de Portugal. Don Carlos préférait l'alliance de la Castille, et recherchait la main de doña Isabelle, sœur de don Enrique l'Impuissant. Le roi d'Aragon s'irrita de ne pas trouver, dans le prince de Viane, une aveugle obéissance à toutes ses volontés. Il lui fit donner l'ordre de se rendre aux cortès de Catalogne, qui étaient réunies à Lerida. Don Carlos s'empressa d'accourir; mais il ne fut pas plutôt arrivé, que son père le fit arrêter. Cette conduite injuste et violente révolta tous les esprits. Les Catalans réclamèrent aussitôt, en disant que c'était une violation manifeste de leurs priviléges; car une personne, convoquée pour faire partie des cortès, ne pouvait pas être arrêtée pendant la tenue de l'assemblée. Les cortès d'Aragon joignirent leurs plaintes à celles des Catalans. Les députés envoyés pour réclamer que le prince fût mis en liberté ne furent pas reçus par le roi. Alors le peuple de Barcelone prit les armes et s'empara de Fraga. Beaucoup de personnes, dans les royaumes d'Aragon et de Valence, se déclarèrent pour le prince de Viane. En Navarre, les Beaumont, qui avaient reçu de Castille un secours de 1,000 lances, se présentèrent sur la frontière de l'Aragon; en sorte que le roi, craignant une révolte générale, consentit à délivrer don Carlos. La reine doña Juana Enriquez elle-même fut chargée d'aller à Morella tirer le prince de sa prison et de le remettre entre les mains des Barcelonais. Elle s'acquitta de cette commission, et les Catalans reçurent avec joie de ses mains le prince de Viane; mais regardant la jeune reine comme l'auteur des persécutions que son beau-fils avait eues à souffrir, ils ne voulurent pas permettre qu'elle entrât dans Barcelone. Ils ne s'arrêtèrent pas là; ils exigèrent que don Carlos, fils aîné du roi, fût reconnu héritier de la couronne; qu'on lui remît immédiatement le gouvernement de la Catalogne, et qu'il fût nommé lieutenant général des autres parties du royaume. Don Juan consentit à tout ce qu'on demandait, et le 24 juin 1461, don Carlos fut proclamé héritier présomptif de tous les États de son père. Mais trois mois ne s'étaient pas entièrement écoulés que, le 23 septembre, don Carlos, atteint d'une violente maladie, mourait à Barcelone. Cette fin si imprévue, en privant les Catalans du chef qu'ils s'étaient donné, ne rendit pas la tranquillité au pays. A tort ou à raison, l'opinion s'accrédita que le prince de Viane était victime d'un horrible forfait, et que don Juan l'avait fait empoisonner à la sollicitation de Juana Enriquez, pour assurer le trône au fils qu'il avait eu de son second mariage. En effet, don Ferdinand, qui était né le vendredi 10 mars 1452, de son union avec la fille de l'amirante de Castille, fut reconnu héritier présomptif de la couronne, dans les cortès d'Aragon, tenues à Calatayud. Cependant cette cérémonie ne calma pas les discordes. Les Catalans avaient horreur de retomber sous le gouvernement d'un roi qui avait les mains teintes du sang de son propre fils. Ils songèrent d'abord à s'ériger en république; ensuite ils firent offrir au roi de Castille la principauté de Catalogne. Don Enrique accepta d'abord. Il fit passer des troupes à Barcelone. Plus tard, pour terminer tous ses différends avec le roi d'Aragon, il convint de s'en rapporter à l'arbitrage du roi de France. La décision, qui fut prononcée par Louis XI, mécontenta également toutes les parties. Néanmoins, comme il était dit dans la sentence que don Enrique devait renoncer à toute prétention sur la Catalogne, le roi de Castille retira ses troupes de la principauté, et fit exhorter les Catalans à rentrer sous l'obéissance de leur souverain légitime.

Abandonnés par le prince dans lequel ils avaient placé leur confiance, les Catalans ne perdirent pas courage, et regardant don Juan comme indigne du trône, ils cherchèrent un chef parmi ceux qui avaient disputé la couronne à Ferdinand l'Honnête. Isabelle, fille aînée du comte d'Urgel, avait été mariée, en 1428, à don Pedro, fils du roi de Portugal. Il était sorti un fils de cette union : c'était don Pedro, connétable de Portugal, qui était alors occupé en Afrique à faire la guerre aux Musulmans. Les Catalans appelèrent ce petit-fils du dernier comte d'Urgel au trône de Catalogne et d'Aragon. Ce prince, ayant accepté le rang qu'on lui offrait, fut proclamé roi à Barcelone, le 21 janvier 1464. Il lutta pendant 18 mois contre les forces de don Juan; mais au commencement de juin 1466, il fut saisi par une fièvre violente, et mourut le 29 de ce mois, laissant de nouveau les insurgés sans chef. Ceux-ci, fidèles au principe qu'ils avaient adopté, choisirent encore parmi les anciens prétendants de la couronne. Louis d'Anjou, duc de Calabre, n'existait plus; mais il avait laissé un frère héritier de ses droits. Les Catalans offrirent donc la couronne à René d'Anjou, qui l'accepta, et qui, en 1467, fit passer en Catalogne son fils Jean, duc de Lorraine. Cet adversaire était le plus redoutable qui eût encore disputé le trône à don Juan. Il était allié à la maison royale de France, et Louis XI avait ouvertement promis de favoriser son entreprise. Le chagrin que cette élection causa au roi d'Aragon ne fut pas le seul qui vint le frapper. Des infirmités se joignirent aux inquiétudes que ce nouvel ennemi lui causait. A la suite des fatigues de la guerre, il avait complétement perdu la vue. A la vérité, son fils Ferdinand l'aidait à supporter le poids des affaires, et dans les cortès réunies à Saragosse en 1468, don Juan avait nommé son fils roi de Sicile, et il l'avait associé au gouvernement du royaume. Mais Ferdinand n'avait encore que seize ans; et quoique la prudence parût chez lui devancer l'âge, les circonstances étaient si difficiles, qu'il pouvait bien seconder son père, mais non pas le remplacer. Un médecin de Lerida, nommé Abiabar, entreprit de rendre la vue au roi. A l'aide d'une aiguille, il ôta la cataracte qui lui couvrait l'œil droit, et cette opération ayant parfaitement réussi, le médecin la recommença un mois plus tard sur l'œil gauche, avec le même succès. Une semblable cure devait, à cette époque, paraître miraculeuse. Aussi, dans le peuple, on l'attribua à un pouvoir surnaturel. On répéta que le roi avait été guéri, parce que ses yeux avaient été touchés avec le clou de sainte Engracia. Rendu à la lumière, don Juan s'occupa plus activement de la guerre. Néanmoins il ne put, l'année suivante, empêcher le duc de Lorraine de s'emparer enfin de Girone, qu'il avait assiégée deux fois inutilement. Le comte de Foix, sachant son beau-père engagé dans une guerre dont on ne pouvait prévoir l'issue, voulut aussi tirer partie des embarras dans lesquels il le voyait plongé. Il réclama pour sa femme la couronne de Navarre. Le prince de Viane avait, en mourant, déclaré que la couronne, qui lui appartenait, devait passer, après lui, à Blanche, sa sœur. Mais, dès que Blanche avait été héritière du trône de Navarre, don Juan avait reporté sur elle la haine qu'il avait eue pour don Carlos. Il l'avait fait arrêter, et avait confié sa garde au comte de Foix. Cependant il n'avait pas réfléchi que cette princesse était le seul obstacle qui séparât la femme du comte de Foix de la couronne de Navarre. Aussi, Blanche mourut-elle le 2 décembre 1464, après trois ans seulement de captivité, et les historiens les plus judicieux s'accordent presque tous à dire que cette malheureuse princesse mourut empoisonnée.

Doña Leonor, femme du comte de Foix, était donc le seul représentant de don Carlos le Noble. Gaston, après avoir attendu pendant cinq années que son beau-père se déterminât à lui abandonner la Navarre, profita, en 1469, des circonstances, pour exiger que ce royaume lui fût remis. Don Juan, qui ne soutenait qu'avec peine la lutte contre le duc de Lorraine, ne voulut pas s'attirer un nouvel ennemi. Il fut donc forcé d'acquiescer aux demandes de son gendre. Il lui abandonna l'administration et les revenus de la Navarre, et ne conserva pour lui que le titre de roi. Mais Gaston ne jouit pas longtemps des concessions qu'il avait arrachées; il mourut au bout de trois ans. On eût dit que la couronne de don Juan était l'arche sainte, et que tous ceux qui y portaient la main devaient périr en peu de temps. Le prince de Viane était mort trois mois après avoir été proclamé par les Catalans. Don Pedro de Portugal n'avait conservé que dix-huit mois le titre de roi. Le duc de Lorraine résista plus longtemps. Pendant trois années, il fit la guerre avec des fortunes diverses; mais il mourut le 16 décembre 1470, laissant encore une fois les Catalans sans chef. Dès lors, l'insurrection, qui manquait de but et de direction, ne fit plus que s'affaiblir. L'année suivante, Girone ouvrit ses portes au roi don Juan. Barcelone ne se rendit que par capitulation, et après que le roi se fut engagé de nouveau à maintenir les fueros et priviléges de la Catalogne, et après qu'il eut déclaré qu'en faisant la guerre contre son souverain, cette ville n'avait préjudicié en rien à la fidélité, attendu la juste cause qu'elle avait eue de se soulever. La reddition de Barcelone mit fin à la rébellion; mais elle ne procura cependant pas encore la paix au pays. Les troupes françaises occupaient le Roussillon et la Cerdagne, qui, au commencement de la révolution, leur avaient été livrés comme garantie de la somme de deux cent mille écus d'or, que don Juan s'était engagé à payer à la France, pour un secours de sept cents lances, qui lui avait été envoyé pendant qu'il faisait la guerre contre le prince de Viane. Mais avec le temps, les choses avaient bien changé de face, et dès que les Catalans avaient élu René, non-seulement le roi de France n'était pas resté l'allié du roi d'Aragon, mais il était devenu son ennemi.

Les habitants d'Elne et de Perpignan, qui regrettaient la domination catalane, se soulevèrent, et don Juan s'empressa d'accourir à leur secours. Il s'enferma dans Perpignan qui était menacé par l'armée française, et pour rassurer les habitants, effrayés par les préparatifs de Louis XI, il les rassembla dans l'église cathédrale, et fit en public le serment solennel de rester avec eux jusqu'à la fin du siége, d'en partager les travaux et les dangers. Les habitants, animés par cette résolution, résistèrent à toutes les attaques, et Ferdinand étant venu au secours de la ville, obligea les assiégeants à se retirer. On conclut une trêve de six mois. Mais au bout de ce temps, les Français vinrent de nouveau assiéger la ville. Les habitants se défendirent avec une telle opiniâtreté, qu'ils souffrirent la famine jusqu'à se nourrir de cadavres. Enfin, après huit mois, ils furent forcés de se rendre.

DON ENRIQUE IV ÉPOUSE DOÑA JUANA, INFANTE DE PORTUGAL. — SES AMOURS AVEC DOÑA CATALINA DE SANDOVAL ET AVEC DOÑA GUIOMAR DE CASTRO. — AMOURS DE LA REINE AVEC BERTRAND DE LA CUEVA. — LA REINE ACCOUCHE D'UNE FILLE, QUI EST SURNOMMÉE LA BELTRANEJA. — LIGUE DES SEIGNEURS CASTILLANS CONTRE LEUR ROI. — L'INFANT DON ALPHONSE EST PROCLAMÉ HÉRITIER PRÉSOMPTIF DE LA COURONNE. — LES FACTIEUX LE PROCLAMENT ROI. — BATAILLE D'OLMEDO. — MORT DE DON ALPHONSE. — LES FACTIEUX OFFRENT LA COURONNE A L'INFANTE ISABELLE, QUI LA REFUSE. — CORTES DE GUISANDO, OÙ DOÑA ISABELLE EST PROCLAMÉE HÉRITIÈRE DE LA COURONNE. — MARIAGE DE DON

ISABELLE ET DE FERDINAND, ROI DE SI-
CILE. — FIANÇAILLES DE LA BELTRANEJA
AVEC LE DUC DE GUYENNE. — NOUVELLE
RÉCONCILIATION ENTRE ISABELLE ET DON
ENRIQUE IV. — MORT DU MARQUIS DE
VILLENA. — MORT DE DON ENRIQUE.

La sentence qui avait séparé don Enrique IV de sa première épouse, laissait peser sur lui une présomption d'impuissance. Une de ses préoccupations, quand il fut monté sur le trône, fut de se remarier, pour assurer la tranquillité du pays, en donnant des successeurs au trône. Il épousa donc l'infante doña Juana de Portugal, qui ne lui apporta pas de dot, mais à laquelle cependant il dut constituer un douaire fort considérable. Au reste, les premières années de ce mariage ne furent pas plus fécondes que son union avec Blanche de Navarre. Alors le prince commença à entretenir publiquement des concubines. Peut-être, en affichant le scandale de ses liaisons adultères, pensa-t-il échapper au ridicule qui poursuit l'homme dénué de la faculté d'être père. Au reste, cet artifice tourna contre lui-même; et la stérilité de toutes ces amours fit dire que des maîtresses n'étaient qu'un meuble d'apparat pour ce prince énervé par des voluptés trop précoces. Il choisit d'abord Catalina de Sandoval; mais bientôt il se sépara d'elle; et cette dame ayant consenti à recevoir les soins d'un autre cavalier, il se vengea de son rival, en lui faisant couper la tête à Medina del Campo. Après cet acte d'une horrible cruauté, il osa profaner les choses saintes, et sous le prétexte que les religieuses du couvent de San Pedro de las Dueñas avaient besoin d'être réformées, il leur donna pour abbesse Catalina de Sandoval, son ancienne concubine. Il prit ensuite doña Guiomar de Castro; et le pouvoir de cette favorite était si grand, que rien de ce qu'elle demandait n'était refusé. La jalousie de la reine en devint extrême; et un jour cette princesse fut tellement exaspérée par les triomphes de sa rivale, qu'elle la saisit par les cheveux, et qu'elle la jeta à terre. Don Enrique s'empressa d'accourir, et repoussa brutalement la reine, qui tomba évanouie. De semblables scènes, toutes scandaleuses qu'elles fussent, n'étaient que le prélude d'actes encore plus honteux. On dit que la reine admit dans son intimité Bertrand de la Cueva, majordome de la maison royale, et que le roi prêta lui-même les mains à cette intrigue. Il désirait que la reine devînt mère, parce qu'il serait, de cette manière, lavé du reproche d'impuissance qu'on lui adressait. La vie dissolue par laquelle la reine s'est souillée, permet certainement, pour ce qui la regarde, de croire cette accusation fondée. Quant à la connivence de don Enrique, elle est moins vraisemblable. Peut-être n'est-elle qu'une fable inventée plus tard pour favoriser le parti d'Isabelle et de Ferdinand. Quoi qu'il en soit, don Enrique voulut se donner les honneurs de la paternité. Doña Juana était devenue enceinte. Il la fit porter à bras d'hommes depuis Aranda jusqu'à Madrid. Lorsqu'elle approcha de cette ville, il sortit au-devant d'elle pour la recevoir, et, par galanterie, il la prit en croupe sur sa mule. Il parcourut ainsi les rues de la ville, et la conduit à Alcazar.

La reine accoucha, au commencement de l'année 1462, d'une fille, qui reçut, comme sa mère, le nom de Juana. Elle était à peine née, que le roi rassembla les grands du royaume, pour qu'ils lui jurassent fidélité comme à l'héritière présomptive de la couronne. Mais beaucoup d'entre eux s'y refusèrent, en disant qu'elle n'était pas fille du roi; qu'elle avait pour père Bertrand de la Cueva, et ils la désignèrent par le sobriquet insultant de la Beltraneja. Le roi lui-même semblait prendre à tâche d'accréditer ces bruits. A propos de l'accouchement de la reine, il voulut gratifier Bertrand de la Cueva, et le nomma comte de Ledesma. On eût dit que tout concourait à dégrader la majesté royale. Sous le règne précédent, les seigneurs s'étaient montrés avides, ambitieux, turbulents; mais ils avaient trouvé, dans Alvaro de Luna, un adversaire qui s'était efforcé de réprimer leur audace. On professait encore, au moins en paroles, le respect de la royauté. Sous Enrique IV, rien n'arrêtait les factieux, la personne du roi était sans prestige, et les domaines de l'État étaient au pillage. Juan Pacheco, favori du jeune prince, s'était fait donner ce marquisat de Villena, que le roi don Juan II avait trouvé trop considérable pour faire la dot d'une infante. Cependant il était jaloux de la faveur que Bertrand de la Cueva venait d'obtenir. L'archevêque de Tolède, l'amirante de Castille, avaient aussi chacun leurs partisans. Les mécontents se plaignant, non sans de justes raisons, de la manière dont l'État était gouverné, formèrent une ligue, et adressèrent au roi un mémoire, par lequel ils signalaient les excès qui avaient eu lieu. Ils exigeaient que don Bertrand de la Cueva fût éloigné de la cour; enfin ils demandaient tous à être relevés du serment qu'ils avaient prêté à doña Juana, parce qu'elle n'était pas fille du roi et que le roi, dont l'impuissance était notoire, le savait bien. Ils ajoutaient que si le roi ne réprimait pas ces abus, ils sauraient bien en obtenir la réforme par la force des armes.

Le roi reçut cette réclamation sans en être trop ému, et pour répondre au grief qui le touchait de plus près, il se soumit à l'épreuve la plus humiliante à laquelle un prince se soit jamais résigné. Il forma une commission, dans le but de faire constater son aptitude au mariage. Les membres qui la composaient décidèrent, qu'à la vérité don Enrique avait été privé quelque temps par un maléfice de la vertu générative, mais que, depuis cette époque, il l'avait recouvrée. Les mécontents, on le pense bien, ne s'arrêtèrent pas devant cette déclaration ridicule. Le roi eut une longue entrevue avec le marquis de Villena, qui, en ce moment, était à leur tête, et l'on tomba d'accord de proclamer, pour héritier du trône, le frère du roi, l'infant Alphonse, qui avait alors environ dix ans. On convint qu'il épouserait doña Juana, sa nièce, dès qu'elle serait en âge d'être mariée. Ce prince fut donc amené au camp; on lui jura fidélité comme à l'héritier du trône. Ensuite le roi le remit aux mécontents. A peine ceux-ci eurent-ils le jeune Alphonse entre leurs mains, qu'ils l'emmenèrent à Avila. Un théâtre fut élevé par eux auprès de cette ville, au milieu d'une vaste plaine. Ils y placèrent l'effigie de don Enrique, ornée du manteau et de tous les insignes de la royauté. Puis, en présence du peuple accouru en foule pour assister à ce spectacle, le crieur (*) public commença à donner lecture d'une sentence rendue contre le roi, et dans laquelle étaient rapportés tous les excès et tous les crimes qui lui étaient imputés. A mesure qu'on lisait la sentence, on enlevait à l'effigie quelqu'un des insignes de la royauté, et lorsque cette figure fut entièrement dépouillée, on la précipita avec mépris du haut du théâtre. Ensuite on y fit monter l'infant don Alphonse; on le fit asseoir sur le trône; on le proclama roi. On déploya pour lui l'étendard royal, et les factieux, l'élevant sur un pavois, crièrent: Castille! Castille! pour le roi Alphonse! Tolède, Burgos, et beaucoup d'autres villes approuvèrent ce que les séditieux avaient fait. Plusieurs seigneurs, au contraire, virent avec indignation l'outrage adressé à la majesté royale, et amenèrent leurs troupes à don Enrique. Néanmoins leur secours n'empêcha pas les séditieux d'aller mettre le siége devant la ville de Peñaflor, qui était restée fidèle; mais les habitants se défendirent avec courage, et, par représailles de ce qui s'était fait à Avila, ils traînèrent dans la boue l'effigie de l'archevêque de Tolède, et la livrèrent aux flammes. Enfin ils se battirent si bien, qu'ils forcèrent les factieux de lever le siége. Ce n'était en Castille que désordre et

(*) *Un pregonero*, c'est l'officier qui assiste le bourreau lors de l'exécution des condamnations prononcées par les tribunaux criminels. Il est chargé de crier en public le contenu de la sentence que le bourreau va exécuter.

que confusion. On disait que l'Espagne était sur le penchant de sa ruine, comme au temps du roi Roderic; et par dérision, on donnait à l'archevêque de Tolède le surnom de don Oppas.

L'armée des factieux fut rencontrée par celle du roi, auprès de la ville d'Olmedo. Les deux partis combattirent avec un égal acharnement, et la victoire ne se déclara pour aucun côté; les deux armées quittèrent le champ de bataille, en se vantant d'avoir eu l'avantage. Il était impossible de prévoir quelle serait l'issue de ces révolutions, quand une maladie imprévue enleva en quelques instants l'infant don Alphonse. Il mourut le 5 juillet 1468, trois ans après la proclamation d'Avila. On prétendit qu'il avait été empoisonné, quoique rien absolument ne justifie une semblable accusation. Cette perte enlevait aux factieux le prétexte même de leur révolte. Ils cherchèrent à remplacer don Alphonse par un autre chef, dont on pût aussi invoquer le droit à la couronne. Ils firent offrir à doña Isabelle, sœur de don Enrique, de la proclamer reine; mais cette jeune princesse donna un grand exemple de sagesse et de modération. Elle repoussa cette proposition, et elle rappela aux factieux la fidélité qu'ils devaient à leur souverain légitime. Elle exprima seulement le désir de voir son droit comme héritière de la couronne, consacré par une déclaration solennelle. Les factieux demandèrent donc au roi qu'il fît reconnaître sa sœur, comme devant lui succéder sur le trône; ils réclamèrent en outre une amnistie générale pour le passé. Le roi, se trouvant trop heureux de sortir par ces concessions de la position critique où la révolte l'avait placé, accorda tout ce qu'on demandait. Il eut, avec sa sœur, une entrevue publique à Guisando, où les cortès s'étaient réunies. Dans cette assemblée, les seigneurs renouvelèrent le serment de fidélité qu'ils avaient juré au roi. Ils prêtèrent un semblable serment à l'infante Isabelle, qui devait lui succéder.

Les protestations que la reine voulut faire entendre au nom de sa fille, ne furent pas écoutées, et le légat du pape, qui était aussi venu à Guisando, délia les seigneurs du serment qu'ils avaient fait autrefois à la Beltraneja.

Isabelle, ainsi placée sur le degré le plus rapproché du trône, devait apporter en dot, à celui qui serait son époux, les droits qu'elle avait sur la couronne de Castille. Elle joignait en outre la grâce, la beauté, aux qualités de l'esprit. Aussi tous les princes voisins commencèrent à rechercher sa main, et chacun d'eux demanda un appui aux factions qui pouvaient exercer quelque influence sur la décision d'une aussi grande affaire. L'amirante don Fadrique Enriquez favorisait ouvertement les prétentions de don Ferdinand d'Aragon, roi de Sicile, dont il était l'aïeul maternel. L'archevêque de Tolède soutenait le même parti. Ce fut une raison suffisante pour que le marquis de Villena, qui avait repris tout son empire sur l'esprit du roi, s'efforçât d'empêcher cette union. Il proposa d'autres alliances. D'abord il demanda la main d'Isabelle pour le roi de Portugal; mais ce prince fut refusé. Ensuite il présenta le duc de Guyenne; mais ce nouveau prétendant essuya également un refus Isabelle avait déjà fait un choix; elle pensait que l'union la plus avantageuse était celle de Ferdinand d'Aragon; mais elle avait à craindre qu'on essayât de contraindre sa volonté. Prévenue que le marquis de Villena envoyait des cavaliers pour la retenir prisonnière dans Madrigal, où elle s'était réfugiée auprès de sa mère, elle réclama le secours de l'amirante et de l'archevêque de Tolède, qui lui envoyèrent un corps de 500 lances. Avec cette escorte, elle se rendit à Valladolid. De son côté, Ferdinand venait en grande hâte pour célébrer son mariage. Sachant que le duc de Medina-Cœli était chargé de s'opposer à son entrée en Castille, il passa la frontière à l'aide d'un déguisement, accompagné seulement de quatre personnes, et il rejoignit Isabelle à Valladolid, où le mariage fut célébré le 25 octobre 1469.

Le marquis de Villena, furieux d'avoir vu déjouer toutes ses précautions, résolut de faire revivre les droits de la Beltraneja, qu'il avait autrefois combattus. Il s'appliqua à persuader à don Enrique qu'elle était réellement sa fille. Il lui disait qu'il ne devait pas souffrir que doña Isabelle usurpât la place de Juana, qui avait été proclamée héritière du trône, et qui avait, en cette qualité, reçu le serment des représentants de la nation. Le roi, souverainement irrité du mariage que sa sœur avait contracté sans son consentement, révoqua la déclaration faite à Guisando, en faveur d'Isabelle, et en publia une autre en faveur de doña Juana. Le marquis de Villena sentait bien qu'une semblable reconnaissance serait de peu de valeur, si doña Juana ne trouvait pas un mari capable de soutenir un jour ses droits. Il songea donc à la fiancer au roi de Portugal; mais ensuite il crut préférable d'appuyer la demande du duc de Guyenne. On célébra les fiançailles de doña Juana avec ce prince dans la vallée de Lozoya, en présence d'une cour nombreuse réunie pour cette cérémonie. Les ambassadeurs du duc de Guyenne, qui ne devaient pas être très-satisfaits de la légitimité de la fiancée, exigèrent que la reine jurât en public que don Enrique était bien réellement le père de doña Juana. Ils ne se contentèrent pas de ce serment; ils voulurent encore celui du roi. Ce prince, qui le plus souvent hésitait en parlant de sa prétendue paternité, qui quelquefois l'affirmait et souvent la niait, ne balança pas, en cette circonstance, à faire, de la manière la plus solennelle, la déclaration qui lui était demandée. Ces fiançailles auraient pu, certainement, compromettre gravement les prétentions d'Isabelle; mais le duc de Guyenne regardait les droits de Juana comme si douteux, qu'il songeait à une autre alliance, et il avait fait demander en mariage la fille du duc de Bourgogne. Il mourut le 12 mai 1472, avant que sa fiancée fût sortie de Castille. Le marquis de Villena chercha alors une autre union pour la Beltraneja. Il jeta les yeux sur don Enrique, fils de ce prince turbulent qui était mort des suites d'une blessure reçue à Olmedo. L'infant don Enrique quitta l'Aragon, et passa en Castille. Mais son sot orgueil blessa tous les grands; il les traitait comme s'il eût été déjà héritier de la couronne; il leur tendait sa main à baiser. Le roi, d'ailleurs, goûtait peu cette union; il disait qu'il fallait marier sa fille avec un roi puissant, ou bien qu'il fallait lui assurer pour dot une armée respectable, et vingt millions pour la solder. Le mariage ne se fit pas, et le roi, dont les dispositions variaient à chaque instant, eut quelques contestations avec la reine et se montra beaucoup moins empressé de soutenir les intérêts de la Beltraneja. On choisit cette occasion pour le réconcilier avec sa sœur et avec don Ferdinand. Il eut avec eux une entrevue dans la ville de Ségovie. Il leur fit le plus gracieux accueil, et se promena dans les rues de cette ville, conduisant lui-même, par la bride, le palefroi sur lequel était monté Isabelle. Ils soupèrent ensemble à la même table, et la soirée se passa en danses et en divertissements; mais la fête fut troublée par une indisposition qui survint au roi. Le marquis de Villena, qui, par cette réconciliation, pouvait perdre beaucoup de son importance, et qui craignait le ressentiment de Ferdinand et d'Isabelle, parvint à exciter de nouvelles défiances dans l'esprit de don Enrique; mais heureusement il mourut avant que ses intrigues eussent pu causer de nouveaux malheurs. Don Enrique, dont la santé était depuis longtemps délabrée, ne survécut que peu de jours à son favori. Il rendit l'âme le 12 décembre 1474.

RÈGNE D'ISABELLE ET DE FERDINAND. LE POUVOIR EST DIVISÉ ENTRE LES DEUX ÉPOUX. — TROUBLES CAUSÉS DANS LE ROYAUME PAR LE MARQUIS DE VILLENA ET PAR L'ARCHEVÊQUE DE TOLÈDE. — LE ROI DE PORTUGAL EST FIANCÉ A DOÑA JUANA. — BURGOS SE SOULÈVE EN FAVEUR DE FERDINAND ET D'ISABELLE. ZAMORA LEUR EST RENDUE. — BATAILLE

DE TORO. — GUERRE CONTRE LA FRANCE. — DÉFENSE DE FONTARABIE. — LE PAPE RÉVOQUE LA DISPENSE QU'IL AVAIT DONNÉE POUR LE MARIAGE DE DOÑA JUANA AVEC LE ROI DE PORTUGAL. — PAIX AVEC LA FRANCE. — PAIX AVEC LE PORTUGAL. — DOÑA JUANA SE FAIT RELIGIEUSE. — ÉTABLISSEMENT DE LA HERMANDAD.

Quand, après la mort de don Enrique, on eut déployé les étendards de Castille pour Isabelle et Ferdinand, on s'occupa de régler la forme du gouvernement, et de déterminer la part de pouvoir qu'exercerait chacun des époux. Alors on fut menacé de voir se renouveler le dissentiment qui avait divisé doña Urraca et don Alphonse le Batailleur. Don Ferdinand prétendait que la couronne lui appartenait de son chef; car il était le seul descendant mâle de don Enrique de Trastamare. Il soutenait qu'en cette qualité il devait exclure du trône sa cousine Isabelle, et il revendiquait pour lui seul le titre de roi et toute l'autorité royale. Isabelle, au contraire, disait qu'en Castille les femmes avaient toujours été considérées comme capables d'hériter de la couronne, qu'étant la plus proche parente du dernier roi, c'était elle qui devait lui succéder. Pour mettre fin à cette discussion, les deux époux convinrent de s'en rapporter à l'arbitrage de quelques savants jurisconsultes, dont la décision fut défavorable à la prétention de don Ferdinand. Ce prince se montra fort mécontent de la sentence, et il était sur le point de retourner en Aragon; cependant Isabelle sut le retenir par ses caresses et par la sagesse de ses raisonnements. Elle lui dit qu'entre eux peu importait de quel côté vînt le droit au trône; qu'il n'y pouvait perdre aucune part de son autorité, puisque, comme épouse, elle serait toujours soumise à la volonté de son mari; mais qu'il était bon de rendre cet hommage au principe dans l'intérêt de leur fille, qui, si Dieu ne leur donnait pas d'enfant mâle, serait appelée à leur succéder, et qui devrait épouser un prince étranger; qu'il fallait donc réserver soigneusement ses droits. Ferdinand se rendit à cette raison, et l'on convint que les deux époux gouverneraient conjointement; qu'on mettrait dans les actes le nom du roi avant celui d'Isabelle; qu'on ne se servirait que d'un même sceau, où leurs armes seraient réunies; que Ferdinand ne pourrait rien aliéner des biens de la couronne sans le consentement d'Isabelle; que celle-ci nommerait seule les gouverneurs des villes et des forteresses du royaume de Castille; enfin on régla la manière dont la justice serait administrée. Les attributions données à Isabelle n'étaient pas pour elle un vain honneur. Douée d'un esprit viril et d'un caractère énergique, elle travaillait avec tant d'assiduité à l'expédition des affaires de l'État, qu'elle occupait souvent plusieurs secrétaires jusqu'à une heure fort avancée de la nuit. Aussi les contemporains, en parlant d'elle et de son mari, les désignaient-ils par le même titre; ils les appelaient *los reyes, les rois*.

La bonne intelligence établie entre eux par ce juste partage du pouvoir, ne se démentit jamais; elle était, au reste, bien nécessaire dans la position difficile où se trouvait l'État. Juan Pacheco, marquis de Villena, était mort; mais son fils avait hérité de son esprit turbulent et de ses projets ambitieux. Don Alphonse Carrillo, archevêque de Tolède, de son côté, avait été le plus ardent promoteur des droits d'Isabelle; mais en aplanissant pour cette princesse les voies du trône, en facilitant son mariage avec l'infant d'Aragon, il avait pensé travailler en même temps pour lui-même. Il voulait une grande part du pouvoir, et cette part ne lui était pas donnée; il était mécontent. Ces deux seigneurs qui, sous le règne précédent, avaient toujours été opposés l'un à l'autre, se réunirent pour soutenir les droits de doña Juana la Beltraneja. Ils proposèrent donc pour femme, au roi de Portugal, cette prétendue fille de don Enrique, et promirent d'appuyer de tout leur pouvoir ses prétentions au trône; ils se flattaient d'ailleurs de les faire facilement prévaloir. Depuis longtemps le royaume était divisé en deux grandes factions: l'une avait le marquis de Villena pour chef; l'autre suivait la direction que lui donnait l'archevêque de Tolède. Ces deux seigneurs pensèrent qu'en se réunissant, ils entraîneraient avec eux la noblesse tout entière, et qu'il ne resterait plus d'appui aux rois Ferdinand et Isabelle. Ils étaient d'ailleurs maîtres d'un grand nombre de villes et de citadelles, qu'ils pouvaient livrer au parti qui soutiendrait les droits de doña Juana. Le roi de Portugal se laissa tenter par leurs offres. Il entra en Estremadure, et commença la guerre. Il fit aussi demander à Rome la dispense nécessaire pour épouser doña Juana, sa nièce. En attendant, il fut fiancé avec elle dans la ville de Palencia, dont on lui avait ouvert les portes. Il prit alors letitre de roi de Castille. Zamora et quelques autres cités lui furent livrées par les partisans du marquis de Villena et de l'archevêque de Tolède. Néanmoins il s'en fallut de beaucoup que les espérances des factieux se réalisassent. Un grand nombre de seigneurs, qu'ils avaient espéré entraîner dans leur révolte, restèrent fidèles à leurs souverains. Les milices des villes s'empressèrent d'accourir au premier appel d'Isabelle et de Ferdinand, qui eurent bientôt rassemblé une armée. Les Portugais n'étaient pas les ennemis les plus dangereux que les nouveaux souverains eussent à redouter. Les factieux faisaient surtout la force du parti de doña Juana. Don Ferdinand n'hésita pas à les combattre, et l'on reconnut bientôt que le sceptre n'était plus dans les mains débiles de l'impuissant don Enrique. Le marquis de Villena, vigoureusement attaqué dans ses domaines, se vit enlever, en quelques mois, Baëza, Truxillo, et Villena qui fut réunie au domaine de la couronne.

Les fonds manquaient aux nouveaux souverains; ils empruntèrent l'argenterie des églises. Beaucoup de citadelles étaient entre les mains des factieux; mais les habitants de presque toutes les villes s'embarrassaient peu des motifs que les grands invoquaient pour colorer leur révolte, et ils favorisaient le parti d'Isabelle. A Burgos, le peuple se souleva contre le gouverneur qu'avait nommé le marquis de Villena. Les partisans de celui-ci se retirèrent dans la forteresse et dans l'église de Sainte-Marie la Blanche. Ils y furent aussitôt assiégés par Ferdinand, qui ne leur laissa pas un moment de repos. Le roi de Portugal essaya vainement de les secourir; il fut obligé de se retirer sans rien entreprendre, et la citadelle de Burgos se rendit le 30 janvier 1476.

Zamora, qui avait été livrée aux Portugais, ne tarda pas non plus à rentrer sous la domination de ses souverains légitimes. Un officier, nommé Valdez, qui avait la garde du pont et d'une des portes de la ville, était convenu de livrer l'entrée aux troupes d'Isabelle. Le roi de Portugal, en ayant eu quelque soupçon, voulut faire enlever à cet officier le poste qui lui avait été confié. Mais celui-ci construisit, pendant la nuit, un retranchement en pierres derrière la porte du pont. Quand on vint pour lui ôter son commandement, il reçut à coup de flèches et d'escopette les cent hommes d'armes commandés par Juan de Porras, qui avaient été envoyés contre lui. La garnison tout entière prit alors les armes, et vint l'attaquer; mais elle ne put réussir à le déloger de sa position. Le roi de Portugal, qui d'ailleurs se méfiait des habitants, pensa que Valdez n'avait pu se déterminer à faire une semblable résistance qu'avec la certitude d'être bientôt secouru par des forces imposantes. Il jugea donc prudent de quitter Zamora. Il donna l'ordre à la garnison de se renfermer dans la citadelle, et il se retira à Toro (*).

(*) Le père Daniel, dans son *Histoire de la milice française*, émet l'opinion que les armes à feu portatives n'ont commencé à être en usage que vers les premières années du seizième siècle. C'est évidemment une erreur. On a vu que déjà en 1420, au siége de Boniface, les Aragonais avaient employé ces armes; sans doute, elles étaient alors excessivement grossières. Mais, depuis ce

Ferdinand entra aussitôt dans la ville de Zamora, et commença le siége de la citadelle. Le roi de Portugal se hâta de rassembler des forces, afin d'aller la secourir. Il pensa qu'il valait mieux courir les chances d'une bataille pour gagner le royaume par une victoire, que de dépenser tant de temps à faire des siéges ou à défendre des places. Il demanda au marquis de Villena et aux autres seigneurs, qui l'avaient engagé à commencer la guerre, de lui amener les troupes qu'ils avaient promises. Mais ceux-ci répondirent qu'ils ne le pouvaient pas, et qu'ils avaient besoin de toutes leurs forces pour défendre leurs domaines, grandement compromis par les attaques de Ferdinand. Le roi de Portugal apprit alors qu'il devait compter seulement sur ses propres ressources. A la tête des troupes que lui avaient amenées son fils l'infant don Juan et l'évêque d'Evora, il vint camper près de Zamora ; mais il ne put y rester longtemps ; car des détachements envoyés par doña Isabelle se tenaient sur les derrières de son armée, et lui coupaient les vivres. Le vendredi 1er mars 1476, il se décida donc à se retirer,

sans avoir pu rentrer dans cette ville, et sans avoir pu forcer Ferdinand à lever le siége de la citadelle. Dès que le roi de Castille vit les Portugais se retirer, il se mit à leur poursuite, et les atteignit vers les quatre heures du soir, à deux lieues de Toro. Au premier choc, l'aile droite de l'armée castillane, qui s'avançait vers les Portugais, fut reçue par une nuée de traits, de boulets et de balles, en sorte qu'elle perdit beaucoup de monde, et qu'elle fut mise en désordre. Mais elle se rallia promptement, et après plusieurs heures d'un combat opiniâtre, les Portugais furent mis en déroute. Leur aile gauche seulement, commandée par l'infant don Juan, se retira en bon ordre.

Les pertes des vaincus furent considérables, et cette journée acheva de ruiner le parti de doña Juana. Dès que doña Isabelle en eut reçu la nouvelle à Tordesillas, où elle se trouvait, elle alla pieds nus au couvent de Saint-Paul, près de la ville, rendre des actions de grâces à Dieu. Cette victoire jeta le découragement parmi les partisans du roi de Portugal. La forteresse de Zamora se rendit. Atienza fut enlevée par surprise, et plusieurs villes, qui étaient au pouvoir des rebelles, se soulevèrent contre leurs gouverneurs.

C'eût été une chose surprenante que le roi de France, Louis XI, n'eût pas cherché à tirer parti des embarras d'un prince voisin. Il voulut profiter de la guerre que les rois Ferdinand et Isabelle avaient à soutenir, et il tenta de s'emparer de la Biscaye. Il fit investir Fontarabie ; mais les Basques se défendirent avec courage. Trois fois les Français vinrent assiéger la ville, et trois fois ils furent obligés de se retirer.

Tout réussissait au gré des nouveaux rois. Les seigneurs, qui s'étaient montrés les plus ardents pour la cause de doña Juana, cherchaient maintenant à faire la paix. Le roi de Portugal, dont les forces diminuaient tous les jours, et dont les espérances s'évanouissaient une à une, s'était rendu lui-même en France pour demander des secours à Louis XI ; mais ce

premier essai, cinquante ans s'étaient écoulés. Elles étaient devenues d'un usage plus répandu. Antonio de Nebrixa, contemporain de Ferdinand et d'Isabelle, parle de ces armes qu'il nomme tantôt *sclopeta* et *sclopetrus*. Il raconte ainsi l'attaque du pont de Zamora :

Lib. IV, cap. VII. « Prima luce mittit Lusitanus Joannem illum Porrium cum equitibus centum cataphractis qui jussa exequerentur. Qui cum ad pontis primum accessissent caput, sagittis, *sclopetris*, lapidibusque pulsi fugatique sunt ; inclamatumque est a præsidiariis Ferdinandum atque Elisaben agnoscere Hispaniarum reges, at præterea neminem. »

On trouve encore cette phrase dans le récit de la bataille de Toro : « Sed magna pars tormentorum globis, *sclopetarum*que glandibus excepta aut cecidit aut ictibus saucia ex pugna discedit. » Fernand del Pulgar signale dans les mêmes circonstances l'emploi des armes à feu portatives qui avaient à cette époque reçu en Espagne le nom de espingardas.

prince les lui avait refusés, en répondant que toutes ses ressources étaient nécessaires pour combattre le duc de Bourgogne; qu'il avait trop d'occupations de ce côté pour songer encore à faire la guerre du côté des Pyrénées. En effet, l'année suivante (1479), la paix fut conclue entre la France et la Castille. Enfin le pape, qui avait accordé une bulle pour autoriser le mariage de doña Juana avec son oncle, révoqua cette dispense comme lui ayant été surprise. C'était le dernier coup porté aux prétentions de cette malheureuse princesse. Le roi de Portugal, fatigué d'une lutte où presque toujours il avait eu le dessous, et n'ayant plus d'intérêt personnel à la continuer, puisqu'il ne pouvait épouser la prétendue fille de don Enrique, ne tarda pas à faire la paix avec la Castille. Enfin, doña Juana, dont le parti était abandonné par tout le monde, renonça elle-même à des prétentions que personne ne soutenait plus. Elle se consacra à Dieu dans le couvent de Sainte-Claire de Coïmbre.

Au milieu des préoccupations de la guerre, Ferdinand et Isabelle n'avaient pas négligé les intérêts de la justice. Sous don Juan II et sous don Enrique l'Impuissant, la force, la violence avaient été la seule loi. Beaucoup de gens de guerre, accoutumés à vivre de rapine et de pillage, préféraient le brigandage à toutes les professions honnêtes; aussi le nombre des malfaiteurs s'était-il accru au delà de toute mesure. L'Espagne était infestée de bandits, qui commettaient impunément toute sorte de crimes; le viol, le rapt et le sacrilége; le vol, l'incendie et l'assassinat. Contre ces hommes, qui ne craignaient ni la justice de Dieu, ni la justice du roi, les citoyens avaient à défendre, non-seulement leurs biens, mais encore leurs personnes, leurs femmes et leurs filles. La multitude de ces bandits était immense. Les uns attaquaient sur les grandes routes les voyageurs et les marchands qui se rendaient aux foires; ils les dépouillaient et les assassinaient. D'autres, poussant plus loin leur audace, s'emparaient de quelque château, d'où ils s'élançaient pour ravager le pays voisin; ils enlevaient non-seulement les meubles, les troupeaux, les récoltes, mais ils emmenaient encore prisonniers les habitants qui tombaient entre leurs mains; et ils ne les mettaient en liberté que moyennant une lourde rançon. Ferdinand et Isabelle avaient à cœur de mettre un terme à toutes ces abominations. Mais la justice du pays était impuissante à saisir les coupables. Il ne fallait pas demander aux seigneurs de concourir à réprimer les abus; car quelques-uns d'entre eux en étaient les complices ou les instigateurs. D'ailleurs le pouvoir de chacun d'eux ne s'étendait pas au delà des limites de son domaine, et les seigneurs s'étaient toujours montrés si remuants, que loin d'étendre et de fortifier le pouvoir dont ils avaient fait un si mauvais usage, il eût fallu l'affaiblir et le restreindre. Les villes, au contraire, et surtout les villages, avaient le plus grand intérêt à mettre un terme à ces crimes, qui compromettaient à chaque instant la fortune et la vie des habitants. Le roi chargea donc les villes et les villages de veiller à la tranquillité publique, et comme chaque ville, chaque village, pris isolément, eût été trop faible pour résister aux attaques des malfaiteurs, il les réunit en une grande association, qui reçut le nom de Fraternité, en espagnol, *Hermandad*. Elle eut pour mission spéciale de veiller à la sûreté des routes, et de réprimer tous les crimes commis dans la campagne. On posa le principe de cette association dans les cortès réunies, en 1476, à Madrigal. On tint, la même année à Dueñas, une assemblée de députés des principales villes du royaume, à l'effet d'organiser la Hermandad. On forma un fonds spécial, qui servit à lever deux mille cavaliers et un grand nombre de fantassins. On en donna le commandement à don Alphonse, duc de Villa Hermosa, frère naturel du roi. Celui-ci se mit à la poursuite des bandits avec une infatigable activité. Il prit et rasa les châteaux qui leur servaient de repaire, et s'il ne parvint pas à guérir entièrement cette plaie du brigandage, qui n'a jamais cessé de désoler la Péninsule, au moins il diminua considérablement le mal. L'établissement de la Hermandad ne devait être que temporaire. Aussi, dans les cortès réunies à Madrid en 1478, on prorogea sa durée de trois années. Ce ne fut pas, au reste, sans une vive opposition de la part des seigneurs que la Hermandad put s'établir. Elle ne leur permettait plus d'opprimer leurs vassaux. Aussi, dans une lettre écrite au roi par l'archevêque de Tolède et par plusieurs autres factieux, et où se trouvent exposés leurs griefs contre l'administration d'Isabelle et de Ferdinand, on remarque ce passage : « D'abord, il faut abolir la Hermandad nouvellement établie, qui est à charge aux peuples et odieuse aux grands. »

Dans le principe, l'organisation de la Hermandad était en grande partie militaire. Aussi, les troupes dont elle pouvait disposer, furent-elles employées par Ferdinand et par Isabelle dans leurs guerres contre les Musulmans. Tant que la guerre dura, les premiers statuts de cette association ne furent pas changés. Quand le royaume des Maures eut été détruit, Ferdinand et Isabelle, par leur pragmatique du 7 juillet 1496, modifièrent la Hermandad. Par une autre ordonnance rendue à Saragosse, le 29 juillet 1498, ils déchargèrent les villes et les campagnes de la contribution qu'elles avaient payée pendant vingt ans pour le maintien de cette confrérie. C'était une dépense fort considérable ; car cent habitants devaient pourvoir à l'équipement et à l'entretien d'un homme d'armes, sans compter encore beaucoup d'autres frais accessoires. A partir de l'année 1498, le trésor royal resta seul chargé des dépenses de la Hermandad. Rien ne fut changé, ni dans le but de cette confrérie, ni dans ses attributions primitives. Si on lui donne quelquefois le nom de Sainte-Hermandad, ce n'est pas qu'elle se rapporte en aucune manière aux matières religieuses; mais, dit Hernando del Pulgar, c'est chose sainte que celle qui a trait au service du roi et à l'administration de la justice. Elle a toujours eu pour but unique la poursuite des crimes et des délits commis dans la campagne. Cependant une foule de personnes se figurent qu'elle est une dépendance du Saint-Office. Cette erreur est accréditée par tous les mauvais romans qu'on a écrits sur l'Espagne. Voici le texte même de la loi de Ferdinand et d'Isabelle, qui détermine la compétence (*) de la Hermandad.

« En outre, nous mandons et or« donnons que maintenant, et doré« navant, la junte générale, les mem« bres de notre conseil de la Herman« dad, les juges commissaires par eux « donnés en notre nom, et aussi nos « alcaldes de la Hermandad pour toutes « les cités, villes, bourgs, vallées ; « quartiers, ou élections de nos royau« mes et seigneuries, aient à connaître « et connaissent pour cas, et comme « en cas de Hermandad seulement, « des crimes et délits qui seront ici « spécifiés, et non d'aucun autre.

« C'est-à-dire, des voies de fait, des « vols, des larcins de biens meubles « et de bestiaux, du rapt ou du viol de « toute femme autre que des prosti« tuées, si le fait a été commis dans « un lieu désert ou dépeuplé.

« Il y a encore cas de Hermandad « lorsque les malfaiteurs, après avoir « commis le délit dans un lieu peuplé, « se sauvent dans la campagne, em« portant les biens qu'ils ont volés ou « dérobés, ou bien emmenant les fem« mes qu'ils ont ravies de force.

« Sont également cas de Hermandad, « les arrestations de grand chemin, « les meurtres, blessures, lorsque le « fait a été commis dans un endroit « désert et dépeuplé, et que les coups « ont été portés avec préméditation, « ou de guet-apens, avec trahison ou « perfidie, ou bien lorsqu'ils ont eu « pour objet de favoriser un vol ou un « rapt, lors même que le vol ou le « rapt n'auraient pas été effectués.

(*) Ferdinand et Isabelle à Cordoue, le 7 juillet 1496. (Loi 2, titre 13, livre 8 de la Récopilacion de don Felipe II.)

« Sont aussi cas de Hermandad, la
« détention dans une prison particu-
« lière, ou l'arrestation arbitraire faite
« en un lieu désert, ou bien dans un
« lieu peuplé, si le coupable a emmené
« son prisonnier dans la campagne ;
« ou s'il a arrêté un fermier ou un
« collecteur de nos rentes royales, pour
« aller dans la campagne toucher ou
« demander lesdites rentes, encore
« qu'il n'ait pas emmené le prisonnier
« dehors. Il n'y a pas de détention
« dans une prison particulière, lors-
« que le créancier arrête son débiteur
« qui est en fuite, ou lorsque le créan-
« cier a reçu de son débiteur l'autori-
« sation par écrit de l'arrêter en cas
« de non payement. Il faut néanmoins
« que dans ces deux cas la personne
« qui a été arrêtée soit remise dans les
« vingt-quatre heures aux alcaldes
« ordinaires du lieu le plus voisin,
« qui ne soient pas vassaux dudit
« créancier.

« Sont aussi cas de Hermandad, les
« incendies de maisons, de vignes, de
« moissons, de colombiers, faits vo-
« lontairement en lieu désert ou dé-
« peuplé. Et pour déterminer quand il
« y a cas de Hermandad, on entend
« par lieu désert ou dépeuplé l'endroit
« non fermé, qui a moins de 30 ha-
« bitants. Il y a vol ou larcin encore
« que le maître de l'objet enlevé n'ait
« pas été présent à l'enlèvement, et soit
« qu'il y ait eu ou qu'il n'y ait pas eu
« de résistance. » Enfin le reste de cette
loi classe encore parmi les délits pu-
nissables par la Hermandad, tous les
attentats commis, toute violence exercée contre un membre de la Sainte-
Hermandad pendant ses fonctions, ou
à l'occasion de ses fonctions.

Les agents subalternes de la Hermandad sont appelés *quadrilleros*. Ils
sont choisis et soldés par les villes ou
par les villages, et le nombre de quadrilleros que doit entretenir chaque
localité, est proportionné au nombre
de ses habitants (*).

Dans toute cité, ville ou hameau
de trente habitants ou au-dessus, on
élit deux alcaldes de la Hermandad ;
l'un est choisi parmi les chevaliers ou
écuyers, l'autre parmi les bourgeois
ou roturiers. On ne peut refuser cette
charge, sous peine d'amende et de bannissement. Les alcaldes choisis peuvent être indéfiniment réélus ; ils peuvent porter partout la vara d'alcalde,
et, pour les actes de leur compétence,
ils ont toute l'autorité que la loi donne
aux autres magistrats (*).

Les quadrilleros, quand un délit ou
un crime leur est dénoncé, ou quand
il vient à leur connaissance, de quelque manière que ce soit, doivent donner la chasse au malfaiteur, et appeler
tout le monde à sa poursuite, en faisant sonner les cloches dans toutes
les paroisses où ils passent, afin que,
de tous les villages, on sorte pour
courir sus au coupable. Cervantès avait
certainement cette loi présente à la
pensée, lorsqu'après avoir raconté
comment don Quichotte délivra les
infortunés qu'on menait, contre leur
gré, où ils ne voulaient pas aller, il
ajouta cette réflexion : « Sancho fut
« tout marri de ce résultat ; car il pensa
« en lui-même que ceux qui s'en allaient
« fuyant, donneraient avis du cas à la
« Sainte-Hermandad qui sortirait, à en
« rompre les cloches (**), pour cher-
« cher les délinquants. »

Lorsque les quadrilleros sont arrivés
à cinq lieues de leur point de départ,
ils doivent remettre à d'autres la trace
du malfaiteur. Les quadrilleros et les
personnes qu'ils ont appelées doivent
ainsi se succéder, et poursuivre le malfaiteur jusqu'à ce qu'ils l'aient pris,
ou jusqu'à ce qu'en fuyant, il soit
sorti du royaume (***).

Lorsque le malfaiteur, poursuivi
par la Hermandad, trouve asile dans
un château ou dans une forteresse, et
qu'on refuse de le livrer, cet endroit
doit être immédiatement assiégé ; et
lorsqu'il est pris, il doit être rasé (****).
Enfin, pour faciliter encore l'arresta-

(*) Loi IV.

(*) Loi I.
(**) *A campana herida*.
(***) Loi IV.
(****) Loi XVI.

tion des coupables, toute personne requise par les alcaldes de la Hermandad doit leur prêter assistance et leur donner main-forte.

La Hermandad avait aussi sa législation pénale, et les peines qu'elle prononçait étaient empreintes de toute la rudesse et de toute la cruauté de cette époque. Celles portées contre les voleurs se composaient toujours d'une amende et d'un châtiment corporel ; elles étaient graduées suivant l'importance des larcins. Si l'objet dérobé était d'une valeur de 150 maravedis ou au-dessous, le coupable était battu de verges, et payait une amende quadruple du prix de l'objet volé. Pour un vol dont l'importance s'élevait de 150 à 1,500 maravedis, le condamné avait les oreilles coupées, et recevait cent coups de fouet; de 1,500 maravedis jusqu'à 5,000, le voleur devait avoir un pied amputé, et défense lui était faite, sous peine de mort, de jamais monter sur un cheval ou sur une mule. Au-dessus de 5,000 maravedis, la peine était la mort. Toutes les fois que la peine capitale était prononcée par la Hermandad, le condamné devait être tué à coups de flèches. Il était conduit dans la campagne, attaché à un poteau, qui ne devait jamais présenter la forme d'une croix, et il servait de but aux flèches des quadrilleros. Cependant, dit la loi, il faut tâcher de le tuer le plus vite possible, afin que son âme soit moins longtemps en danger.

La maladresse ou la cruauté des archers pouvait prolonger ce supplice d'une manière atroce. Une loi rendue par Charles V, à Ségovie, en 1532, ordonna que désormais on étranglerait le condamné avant que les archers commençassent à lui décocher leurs traits.

Le principal but qu'on s'était proposé en instituant la Sainte-Hermandad, était de réprimer le brigandage. A l'époque où elle fut organisée, le mal était si grand, qu'elle ne pouvait manquer d'y apporter quelque soulagement; mais elle était incapable de le guérir dans sa racine. Faire la police, n'est pas une chose si facile, qu'on puisse confier cette mission au premier venu.

Pour déjouer les ruses des malfaiteurs, il faut avoir plus d'adresse et plus d'activité qu'ils n'en ont eux-mêmes. Il faut connaître leurs mœurs, leurs habitudes; on ne les apprend que par une longue expérience. Que pouvaient donc faire ces alcaldes de la Hermandad, qui s'étaient toujours occupés d'une profession étrangère à leurs nouvelles fonctions? Ils ne recevaient qu'une mission temporaire, quelquefois contre leur gré, et le plus souvent ils n'en comprenaient ni l'importance ni les difficultés; ils faisaient de la police en amateurs. De leur côté, les quadrilleros n'étant pas surveillés d'une manière efficace, ont cédé à l'instinct qui domine chez tous les agents subalternes; ils ont songé d'abord à leurs propres intérêts; ils ont pensé à remplir leurs fonctions de la façon qui leur offrait le plus de commodité et le plus de profit; ils ont souvent trouvé qu'il était moins fatigant et plus lucratif de transiger avec les malfaiteurs que de les poursuivre. La paresse, la corruption et la lâcheté sont entrées dans la confrérie. Quatre siècles ont passé sur cette mauvaise institution. Le brigandage s'est enraciné dans les mœurs du pays, et il faudra maintenant de bonnes lois et de longues années pour extirper cette maladie honteuse.

MORT DE DON JUAN II. — FERDINAND LUI SUCCÈDE SUR LE TRÔNE D'ARAGON. — LÉONORE LUI SUCCÈDE SUR LE TRÔNE DE NAVARRE. — MORT DE GASTON DE FOIX. — MORT DE LÉONORE. — SON PETIT-FILS FRANÇOIS PHŒBUS LUI SUCCÈDE. — MOHAMMED-EL-HAYSARI EST DÉTRÔNÉ PAR MOHAMMED-BEN-OZMIN. — CRUAUTÉ DE MOHAMMED-BEN-OZMIN. — IL FAIT MASSACRER, DANS L'ALHAMBRA, LES PRINCIPAUX HABITANTS DE GRENADE. — MOHAMMED-BEN-OZMIN EST DÉTRÔNÉ PAR MOHAMMED-BEN-ISMAEL. — GUERRE ENTRE BEN-ISMAEL ET LES CHRÉTIENS. — CONDITION SINGULIÈRE DE LA TRÊVE. — MORT DE MOHAMMED-BEN-ISMAEL. — MULEY-ABU'L-HASAN LUI SUCCÈDE. — RÉVOLTE DE L'ALCAYDE DE MALAGA. — DON FERDINAND RÉCLAME LE TRIBUT DU ROI DE GRENADE. — RÉPONSE DE CE SOUVERAIN.

Un événement qui depuis longtemps

était attendu, mais qui devait avoir la plus grande influence sur l'avenir de la Péninsule, vint réunir sur la même tête la couronne d'Aragon et celle de Castille. Don Juan II d'Aragon, chargé d'années, mourut à Barcelone, le 9 janvier 1479.

Ce roi avait eu, ainsi qu'on l'a déjà vu, trois enfants de Blanche de Navarre, sa première femme. La fille de l'amirante de Castille, avec laquelle il s'était marié en secondes noces, lui avait donné un fils, don Ferdinand le Catholique, qui hérita de la couronne d'Aragon. Il en eut aussi trois filles. Doña Juana, l'une d'elles, épousa don Ferdinand, roi de Naples. Les deux autres, doña Maria et doña Léonore, ne se marièrent pas. Il avait eu aussi plusieurs enfants naturels. Alphonse, qui fut maître de Calatrava, qui ensuite résigna cette dignité, fut nommé, par son père, duc de Villa-Hermosa et de Ribagorce. C'est à celui-ci que don Ferdinand avait confié le commandement des troupes de la Hermandad. Don Juan eut encore un autre bâtard, qui mourut archevêque de Saragosse. Il eut aussi une fille naturelle, nommée doña Léonore, mariée à Louis de Beaumont, connétable de Navarre, et deux autres fils morts très-jeunes.

Zurita, Blancas et Mariana font un grand éloge de ce prince; ils l'appellent le *vraiment Grand;* mais ce que nous savons des actes de ce souverain, ne justifie pas un si glorieux surnom. Son ambition et sa turbulence ont rempli la Castille de troubles. Il a usurpé la Navarre, qui appartenait à son fils, le prince de Viane. Après avoir persécuté ce malheureux prince, il l'a fait périr par le poison. Blanche, sa fille, est aussi morte empoisonnée. Est-ce que ces faits ne protestent pas contre les louanges données à sa mémoire? Est-ce qu'il peut avoir été vraiment un grand roi, celui qui a été le bourreau de ses enfants?

Don Ferdinand hérita des couronnes d'Aragon, de Valence, de Catalogne, de Majorque et de Sicile; mais la Navarre appartenait à la seule fille qui restât encore à don Juan de son premier mariage. Léonore, veuve du comte de Foix, prit donc ce titre de reine, qu'elle convoitait depuis tant d'années; au reste elle ne jouit pas longtemps de cette couronne, encore toute souillée du meurtre de l'infortunée Blanche. Elle mourut le 10 février 1479, après un règne de 21 jours.

Léonore laissait une nombreuse postérité; elle avait eu quatre fils et cinq filles; ses fils étaient Gaston, Juan, Pedro et Jayme; mais l'aîné de ces enfants, Gaston, qui aurait dû lui succéder, lui avait été enlevé d'une manière funeste. Il était marié à Madeleine, sœur de Louis XI. Le duc de Guyenne, son beau-frère, ayant célébré un tournoi à Bordeaux, en 1470, Gaston voulut entrer dans la lice; il y fut frappé à la visière de son casque par un éclat de lance, qui lui pénétra profondément dans l'œil, et lui fit une blessure mortelle. Gaston avait deux enfants, François Phœbus et doña Catalina. Ce fut le jeune François Phœbus, à peine âgé de onze ans, qui succéda à Léonore, son aïeule. Cette princesse mit par son testament la couronne de Navarre sous la protection du roi de France. Elle se méfiait avec raison de l'ambition et de la perfidie de Ferdinand, son frère. Lorsqu'elle mourut, de nouveaux troubles civils éclatèrent en Navarre. Les factions des Agramont et des Beaumont se réveillèrent avec tant de fureur, que la mère et les oncles du jeune François Phœbus attendirent quelque temps avant de prendre possession du gouvernement.

Pendant que les forces de tous les royaumes chrétiens de la Péninsule se concentraient dans la même main, l'empire des Maures se consumait en luttes intestines. Pour suivre le fil de ces révolutions il faut nous reporter à l'instant où Mohammed-el-Haysari remonta pour la troisième fois sur le trône. Un des premiers soins de ce prince fut de remettre le commandement de ses troupes à un capitaine nommé Abd-Elbar, qui fit avec bonheur de nombreuses incursions sur les terres des chrétiens. Ces succès ne suffirent pas pour lui concilier l'amour de ses sujets et pour mettre un terme aux factions qui désolaient Grenade. Beaucoup de seigneurs mécontents quittèrent le royaume et passèrent au service de la Castille. Le principal d'entre eux fut un propre neveu du roi, nommé Mohammed-ben-Ismaël. Quelques offenses qu'il avait reçues de Mohammed-el-Haysari le déterminèrent à se retirer sur les terres des chrétiens. Le roi de Grenade avait encore un autre neveu, appelé Mohammed-ben-Ozmin-el-Ahnaf. On l'avait surnommé le Boiteux, parce qu'en effet, une infirmité corporelle le gênait dans sa marche. Celui-ci, qui habitait Almerie, voyant combien le gouvernement de son oncle s'était attiré d'embarras et d'inimitiés, vint en secret dans la capitale, avec un certain nombre de personnes qui lui étaient dévouées. Il répandit l'or parmi le bas peuple, excita les jalousies et les passions des mécontents, et fit si bien, qu'en peu de temps il agita tous les esprits. Ses intrigues provoquèrent une émeute, à l'aide de laquelle il s'empara de l'Alhambra. Il fit renfermer dans un cachot son oncle el-Haysari, et ce prince, dont la fortune avait déjà présenté tant de vicissitudes, fut de nouveau dépouillé de la couronne, treize ans après être, pour la troisième fois, remonté sur le trône.

Mohammed-ben-Ozmin-el-Ahnaf, le Boiteux, fut proclamé roi de Grenade, dans les deux premières semaines de la lune de sjumada posterior, 848, qui correspondent à la dernière quinzaine de septembre 1444.

Cette révolution ne fut pas unanimement approuvée. Abd-Elbar se retira à Montefrio, et beaucoup de ses amis vinrent l'y rejoindre. Rétablir une quatrième fois el-Haysari sur le trône n'était pas possible: ce malheureux prince était entre les mains de ben-Ozmin. Se soulever en sa faveur n'eût servi qu'à hâter l'instant de sa mort. Les mécontents songèrent donc à couronner Mohammed-ben-Ismaël, qui était en Castille; ils lui offrirent le trône. Le roi don Juan II, qui régnait alors en Castille, promit de fournir des secours à ce prince, pour l'aider à chasser ben-Ozmin de Grenade. Mais ses États étaient alors tourmentés par tant de factions, que l'aide par lui donnée ne pouvait pas être bien efficace. La guerre traîna donc en longueur, et ben-Ozmin s'appliqua à dévaster les terres des chrétiens, qu'il considérait doublement comme ses ennemis: à titre de chrétiens et à titre d'alliés de son adversaire. Pendant plusieurs campagnes, la fortune des armes lui fut favorable; mais le 9 février 1452 (18 muharrem 856), un parti de Maures, qui avait pénétré dans les environs d'Arcos, fut mis en déroute par don Juan Ponce de Léon. Le mois suivant, un autre corps ayant fait invasion sur les terres de Murcie et de Lorca, fut battu par don Alonzo-Faxardo. Ce détachement était commandé par un fils d'Abd-Elbar, qui, n'ayant pas voulu embrasser la même cause que son père, était resté à Grenade, et servait avec fidélité le roi ben-Ozmin. Jusqu'à ce jour, ce prince lui avait témoigné la plus entière confiance; il l'avait chargé des expéditions les plus difficiles; mais quand il le vit revenir vaincu, il lui reprocha amèrement sa défaite. « Puisque tu n'as pas su mourir en brave sur le champ de bataille, lui dit-il, je veux que tu meures comme un lâche dans la prison; » et il le fit mettre à mort. Ce trait de cruauté n'est pas le seul qu'on ait à reprocher à Mohammed le Boiteux: il versait le sang pour le moindre prétexte. Il était craint de ses sujets, mais il en était abhorré. Dès que les circonstances permirent à don Juan de tourner ses armes contre les Maures, il envoya de puissants secours à Mohammed-ben-Ismaël. Le roi ben-Ozmin fut vaincu en bataille rangée; il se retira en fuyant jusqu'à Grenade. Il tenta de réunir ses partisans dans cette ville; mais, il s'était fait détester pour sa férocité, il ne put rassembler que peu de monde; et jugeant bien alors que la fortune l'avait abandonné, il voulut au moins se venger de ceux des habitants de Grenade qu'il regardait comme favorables à la cause de son adversaire. Il fit mander à l'Alhambra les principaux d'entre eux, et il les y fit décapiter (*). Il se fortifia ensuite dans ce château; mais voyant que toute la ville, soulevée contre lui, proclamait roi son cousin Ismaël, il ne se crut plus en sûreté dans cette forteresse; il ne voulut pas attendre qu'il y fût assiégé; il l'abandonna pour se retirer dans les montagnes, avec quelques cavaliers qui avaient été les ministres de ses cruautés et les exécuteurs de ses vengeances.

Mohammed-ben-Ismaël fut reçu à Grenade dans les derniers mois de la vie du roi don Juan, c'est-à-dire, vers le commencement de 1454 (**), en l'année 858 de l'hégire.

Au reste, ben-Ismaël ne se montra pas longtemps reconnaissant envers les chrétiens; il ne renouvela pas avec don Enrique l'Impuissant les traités qu'il avait conclus avec don Juan, et il se mit à faire des incursions sur les frontières. Le roi don Enrique rassembla son armée; il pénétra jusque dans la campagne de Grenade; il mit tout à feu et à sang, et il fit repentir ben-Ismaël de son ingratitude. Les Maures, épouvantés des ravages qu'exerçait don Enrique, demandèrent la paix. Le roi ben-Ismaël s'engagea à payer un tribut annuel de 12,000 ducats et à remettre en liberté 600 esclaves chrétiens. On inséra en outre dans le traité cette singulière condition, que la frontière de Jaen ne serait pas comprise dans la trêve, et que sur ce point seulement les deux nations pourraient continuer la guerre. Au reste la paix ne fut bien scrupuleusement exécutée ni d'une part ni de l'autre. Le prince Aly-Muley-Abu'l-Hasan (*), fils aîné du roi de Grenade, fit une incursion sur le territoire d'Estepa. Les chrétiens ne se montrèrent pas plus rigides observateurs de la trêve qui avait été conclue, et ils enlevèrent aux Maures la ville de Gibraltar, qui demeura réunie à la couronne de Castille. Don Enrique considéra cette conquête comme tellement importante, qu'il décida qu'à l'avenir le roi joindrait à ses autres titres celui de roi de Gibraltar. Dans les derniers mois de l'année suivante (1463-868) (**), don Enrique, ayant rassemblé son armée, entra dans le royaume de Grenade; mais les Maures lui apportèrent des présents et le tribut qu'ils s'étaient engagés à payer; de nouvelles trêves furent conclues, et ben-Ismaël resta en paix avec les chrétiens jusqu'au moment de sa mort, arrivée à Almérie le dimanche 7 avril 1465 (10 sjaban 869). Il eut pour successeur son fils aîné Aly-Muley-Abu'l-Hasan, qui était déjà fort âgé. Ce prince resta pendant quatre années tranquille possesseur de son royaume. Au bout de

---

(*) Il est possible que ce soit ce massacre qui a donné naissance à la tradition populaire de l'assassinat des Abencerrages dans une des salles de l'Alhambracari; il y a presque toujours quelque chose de vrai dans ces récits qui se transmettent de génération en génération.

Pedro Ginez de Hita, dans le délicieux roman qu'il a intitulé : Histoire des guerres civiles de Grenade, voulant rendre odieux le roi qu'il appelle *aboaudili*, lui a attribué le crime commis par un de ses prédécesseurs, et il a entouré ces faits de circonstances romanesques. L'ouvrage de Ginez de Hita a eu un succès prodigieux. Ses récits sont devenus des croyances populaires. Allez visiter l'antique demeure des rois de Grenade, on vous montrera des traces rougeâtres qui existent sur le marbre blanc d'une des fontaines de l'Alhambra (planche 21); on ne manquera pas de vous dire : « Voyez, señor, voici la marque du sang des Abencerrages. »

(**) Condé place cet événement en l'année 859 de l'hégire. C'est une erreur évidente. L'année 859 de l'hégire a commencé le 22 décembre 1454. A cette époque, le roi don Juan était mort depuis cinq mois, et ce sont les secours du roi don Juan qui ont aidé Mohammed-ben-Ismaël à monter sur le trône.

(*) Mariana le nomme Alboacen; Hernando del Pulgar l'appelle Aly-Muley-Abul-Haçan; Ferreras le désigne successivement sous les noms de Hale-Acen, Albohacen, Ale-Aben-Azan et Abul-Hascen.

(**) L'année 868 de l'hégire a commencé le 15 septembre 1463.

ce temps, son frère Cidi-Abd-Allah, qui était gouverneur de Malaga, refusa de recevoir ses ordres et se révolta contre lui. Abu'l-Hasan envoya des troupes pour châtier cette rébellion. Abd-Allah (*), craignant d'être chassé de Malaga par les troupes de Grenade, vint demander l'assistance de don Enrique, qui promit de le protéger. Ce fut un motif suffisant pour déterminer Abu'l-Hasan à déclarer la guerre aux chrétiens. Il fit des incursions sur les terres des chrétiens; mais Ruy de Léon, qui commandait sur les frontières d'Andalousie, le fit repentir de cette agression, et lui enleva la ville de Montejicar. Les Maures, punis d'avoir violé la trêve, s'abstinrent les années suivantes de commettre de nouvelles hostilités sur les terres du roi de Castille. La mort de don Enrique ne changea pas leurs dispositions. En l'année 1478, comme les trêves étaient sur le point d'expirer, Abu'l-Hasan envoya proposer à Ferdinand et à Isabelle de renouveler les traités. Ferdinand demanda d'abord qu'Abu'l-Hasan se reconnût son vassal, et qu'il acquittât le tribut que ben-Ismaël avait payé. Les ambassadeurs maures répondirent qu'ils n'avaient pas reçu de pouvoirs pour faire une semblable concession. Ferdinand et Isabelle députèrent donc des ambassadeurs à Grenade pour traiter cette affaire; mais Abu'l-Hasan refusa de se soumettre aux conditions qu'on voulait lui imposer. « Allez, répondit-il aux envoyés castillans, allez, et dites à vos souverains que les rois qui payaient le tribut sont morts depuis longtemps; qu'on ne bat plus ni or ni argent dans les ateliers de la monnaie de Grenade : on n'y forge que des cimeterres et des fers de lances. » A cette époque, don Ferdinand et Isabelle n'étaient pas encore débarrassés de la guerre que leur faisait le roi de Portugal; ils cédèrent à la nécessité, et accordèrent à Muley-Abu'l-Hasan les trêves qu'il demandait; mais ils se promirent bien qu'ils le feraient cruellement repentir de sa réponse hautaine.

DE L'INQUISITION D'ESPAGNE. — DE SON ORIGINE ET DE SON ORGANISATION. — MANIÈRE DE PROCÉDER DE L'INQUISITION. — PEINES QU'ELLE PRONONÇAIT CONTRE LES ACCUSÉS (*).

Dès que le mot d'inquisition est prononcé, les yeux se tournent vers

---

(*) Llorente a commencé la préface de son Histoire de l'inquisition, en accusant d'inexactitude tous les historiens qui l'ont devancé.

« Aucun d'entre eux, dit-il, n'a parlé « de l'inquisition avec le soin que le pu- « blic a droit d'attendre de ceux qui écri- « vent l'histoire. C'est ce qu'on peut dire de « l'auteur français de *l'Histoire des inquisi-* « *tions*, laquelle a paru dans le dix-sep- « tième siècle, et plus particulièrement de « *M. Lavallée*, qui, en 1809, a publié à « Paris l'Histoire des inquisitions religieuses « d'Italie, d'Espagne et de Portugal, *qu'il* « *assure avoir découverte à Saragosse*, etc. » Probablement Llorente n'avait pas lu ou n'avait pas compris l'ouvrage de mon grand-père dont il parle si légèrement. En aucun endroit, en aucune circonstance, mon aïeul n'a dit avoir trouvé son Histoire des inquisitions à Saragosse, où il n'a jamais été. Il a écrit au contraire, et de la manière la plus claire, page 7 du 1er volume, qu'il a composé en entier cette histoire; qu'il l'avait commencée lorsque l'inquisition était encore debout, et qu'il l'a achevée après que ce tribunal a été renversé. Il a indiqué, pag. 11 et suiv., les auteurs qu'il a consultés pour son travail. Il n'a donc pas fait ce conte ridicule que Llorente lui prête. On peut, d'après cette seule circonstance, juger de la véracité de l'auteur espagnol et de la foi due à ses critiques.

Au reste, je serai plus juste avec Llorente qu'il ne l'a été avec ses devanciers. Son ouvrage n'est pas à l'abri de tout reproche; mais il est bon. Llorente a pu fouiller dans les archives de l'inquisition, dont il était secrétaire. Il a ainsi été à même de recueillir beaucoup de renseignements que nul autre n'avait encore pu se procurer; je me suis donc souvent servi de son travail; mais tout en le prenant quelquefois pour guide, j'ai puisé encore à d'autres sources; je me suis efforcé d'éviter les exagérations déclamatoires sous lesquelles il cherche à dis-

---

(*) Mariana l'appelle Alquirçote, Ferreras lui donne le nom de Alcuerçote.

la Péninsule. Le souvenir de ce terrible tribunal est tellement lié à celui de l'Espagne, qu'on ne saurait les séparer, et, pour bien des personnes, le saint-office est une institution purement espagnole. Cependant il est juste de rendre à chacun le bien qu'il a fait, ou les iniquités qu'il a commises; et ce n'est pas en Espagne que le saint-office a pris naissance.

Au douzième siècle, dans presque tous les États de la chrétienté, le clergé était profondément corrompu. L'ignorance, l'avarice, la luxure et la simonie étaient les moindres de ses vices. Arnauld de Brescia, disciple d'Abailard, prêcha la réforme de tant d'abus. Ses attaques allèrent-elles au delà des limites que la religion et la justice auraient dû lui prescrire? C'est une question qu'il est inutile d'examiner ici; mais les abus qu'il attaquait étaient trop évidents pour que ses prédications ne fissent pas de nombreux prosélytes. Sa doctrine donna naissance à plusieurs sectes. Ceux des réformateurs qui trouvèrent un asile dans le pays de Vaud, recurent le nom de Vaudois; ceux établis entre la Garonne et la rive droite du Rhône furent appelés les *pauvres de Lyon*, les *parfaits*, les *croyants*, les *bons hommes*, et plus généralement les *Albigeois*, parce qu'ils avaient commencé à s'établir dans la ville d'Albi.

Leurs principes, dit-on, n'étaient pas entièrement conformes à ce qu'enseigne l'Église; mais peut-être eût-il été possible de les ramener et de les convaincre par la douceur. Saint Bernard eût été d'avis qu'on employât la conciliation; mais saint Bernard mourut en 1153, et la cour de Rome jugea plus facile et surtout plus profitable à ses intérêts d'avoir recours à des voies rigoureuses. En 1179, le concile de Latran déclara que, bien que l'usage des peines qui font verser le sang soit réprouvé par la religion, cependant l'Église ne refuse pas les secours qui lui sont offerts par les princes, pour punir les hérétiques, parce que la crainte du supplice est souvent un remède utile pour l'âme.

Le concile réuni à Vérone, en 1184, alla beaucoup plus loin; il ordonna de livrer à la justice séculière tous ceux qui seraient déclarés hérétiques par les évêques. Il prescrivit à ceux-ci de visiter au moins une fois par an le pays soumis à leur obédience, pour examiner si la foi de leurs diocésains était pure. Il leur était enjoint d'obliger quelques-uns des habitants à promettre par serment de dénoncer tous les hérétiques qu'ils pourraient découvrir.

En 1197, don Pedro II d'Aragon publia un édit par lequel il ordonnait à tous les hérétiques de sortir de son royaume avant le dimanche de la Passion, déclarant que si, cette époque passée, il s'en trouvait encore dans ses domaines, leurs biens seraient saisis, et que le tiers en serait donné aux dénonciateurs.

Cependant toutes ces mesures n'empêchaient pas le nombre des réformateurs de s'accroître. Le pape Innocent III, voulant apporter un remède aux progrès du mal, envoya dans le Languedoc Arnauld Amaury, abbé de Cîteaux, Pierre de Castelnau ou de Château-Neuf, et Raoul, tous trois revêtus de la dignité de légats. Ceux-ci commencèrent à prêcher les Albigeois; mais leur parole obtint peu de succès. Alors Arnauld, pour être aidé dans cette tâche difficile, appela douze abbés de son ordre, auxquels vinrent bientôt se joindre Diego Acebes, évêque d'Osma, et le sous-prieur de la cathédrale de la même ville, Dominique de Guzman, qui fut canonisé en 1234. Néanmoins les prédications ne parurent pas encore au pape un moyen assez efficace; il voulut y joindre les peines temporelles, et il fit menacer de l'excommunication les princes qui ne travailleraient pas d'une manière assez énergique à extirper l'hérésie. Pierre de Castelnau, qui avait été chargé d'adresser ces menaces au comte de Toulouse, se noya en passant le Rhône. On s'empressa de dénaturer cet événement

---

simuler son vieux levain d'inquisiteur. J'ai tâché surtout d'éviter les erreurs dont il n'est pas exempt.

on prétendit que ce légat avait été assassiné par les Albigeois; on alla même jusqu'à dire qu'ils avaient agi d'après les ordres du comte Raymond de Toulouse, et il ne manque pas d'historiens qui donnent l'assassinat de Pierre de Castelnau comme certain. Le pape aperçut tout le parti qu'il pouvait tirer de cette mort. Il rangea son légat au nombre des martyrs, et le béatifia par une bulle en date du 9 mars 1208; puis, profitant de l'émotion causée par ces événements, il chargea l'abbé de Cîteaux de prêcher une croisade contre les assassins et contre leurs complices. Toutes les chaires retentirent de l'anathème fulminé contre les Albigeois. Aux fanatiques soulevés par ces prédications incendiaires, vinrent se joindre tous les bandits du royaume attirés par l'appât du pillage. Une armée nombreuse, réunie à Lyon, se mit en marche sous la conduite de Simon de Montfort, pour se précipiter sur les États des comtes de Toulouse, de Béziers, de Foix et de Comminges. Il serait trop long de rapporter toutes les abominations commises par ces gens qui marchaient sous l'invocation de la croix. Un seul mot donnera la mesure de ce que pouvait ce ramassis de fanatiques. Le 22 juillet 1209, les remparts de Béziers furent forcés, et le sac de la ville commença. Hommes, femmes, filles, enfants, vieillards, tout fut massacré sans pitié. Des soldats cependant avaient demandé à l'abbé de Cîteaux à quel signe ils distingueraient les catholiques des Albigeois. « Tuez! tuez toujours! répondit-il, Dieu saura bien reconnaître les siens. »

Cependant l'exécution littérale de cette parole du légat eût été l'extermination de tous les habitants du Languedoc; et Arnauld Amaury, le comprenant lui-même, délégua à Dominique de Guzman le pouvoir qu'il avait reçu du pape, de réconcilier les hérétiques avec l'Église. Saint Dominique fut donc chargé de s'enquérir de la foi de ceux qu'il réconciliait, des erreurs dans lesquelles ils étaient tombés; il eut le pouvoir de leur imposer des pénitences; c'est ainsi qu'il devint le premier chef de l'inquisition. Mais la tâche qui pesait sur lui était trop vaste pour qu'il pût l'accomplir sans être secondé; il conçut donc le projet de fonder un ordre de frères prêcheurs, occupés exclusivement de combattre les hérésies. Cette institution fut approuvée par le pape quelques années plus tard, et les moines qui la composaient furent appelés Dominicains, du nom de leur fondateur. C'est ainsi que l'inquisition reçut sa première organisation.

En 1215, le quatrième concile de Latran fit faire de nouveaux progrès à cette institution; il décréta à l'égard des Albigeois: 1° que ceux qui auraient été condamnés par les évêques, comme hérétiques impénitents, seraient livrés à la justice séculière, pour subir le juste châtiment qu'ils méritaient, après avoir été dégradés du sacerdoce, s'ils étaient prêtres; 2° que les biens des laïques condamnés seraient confisqués, et ceux des prêtres appliqués à l'usage de leurs églises; 3° que les habitants suspects d'hérésie seraient sommés de se purger par la voie canonique; que ceux qui ne voudraient pas se soumettre à cette mesure seraient frappés d'excommunication, et que s'ils restaient plus d'un an sous l'anathème sans avoir recours au pardon de l'Église, ils seraient traités comme hérétiques; 4° que les seigneurs seraient avertis et même contraints par la voie des censures ecclésiastiques à s'engager par serment à chasser de leurs domaines tous les habitants notés comme hérétiques; 5° que tous les seigneurs convaincus de négligence dans l'exécution de cette mesure, seraient excommuniés par le métropolitain ou par ses suffragants, et que si, au bout d'un an, ils n'avaient pas satisfait au devoir qui leur était imposé, il en serait donné avis au pape, afin que Sa Sainteté pût déclarer leurs sujets déliés du serment de fidélité, et offrir leurs terres aux catholiques qui voudraient s'en emparer; que ceux-ci en jouiraient paisiblement, en vertu de la décision du concile, après en avoir chassé les hérétiques; qu'ils conserveraient avec soin la foi catholique, et seraient soumis aux mêmes charges à l'égard du suzerain, pourvu que celui-ci ne mît aucun obstacle à l'exécution du décret; 6° que les catholiques qui se croiseraient pour exterminer les hérétiques, auraient part aux indulgences accordées à ceux qui faisaient le voyage de la terre sainte; 7° que l'excommunication décrétée par le concile ne regardait pas seulement les hérétiques, mais tous ceux qui les auraient favorisés ou accueillis dans leurs maisons; qu'ils seraient déclarés infâmes, si, au bout d'un an, ils n'avaient pas satisfait à leurs devoirs, et qu'ils seraient comme tels exclus de tous les emplois publics; qu'ils seraient privés du droit d'élire leurs magistrats, déclarés inhabiles à déposer devant les tribunaux, à faire des dispositions testamentaires et à recueillir aucune succession; que personne ne serait obligé de paraître en justice lorsqu'ils seraient demandeurs; s'ils étaient juges, que leurs sentences seraient déclarées nulles, et qu'aucune cause ne pourrait être portée à leur tribunal; que ceux qui seraient avocats n'auraient plus le droit de plaider; que les actes des notaires frappés par le décret cesseraient d'être authentiques; que les prêtres seraient condamnés à la dégradation et à la perte de leurs bénéfices; que tous ceux qui communiqueraient avec ces excommuniés après qu'ils auraient été notés comme tels, seraient sous l'anathème; qu'ils ne pourraient participer aux sacrements de l'Église, même à l'article de la mort; que la sépulture ecclésiastique leur serait refusée; que leurs dons et leurs offrandes ne seraient pas reçus, et que les prêtres qui ne se conformeraient point à cette dernière disposition, seraient interdits s'ils étaient séculiers, et dépouillés de leurs bénéfices s'ils étaient moines; 8° que personne n'aurait droit de prêcher sans en avoir reçu l'autorisation du saint-siège ou d'un évêque catholique; que ceux qui ne se conformeraient pas à ce décret, devaient être excommuniés et subir d'autres peines s'ils ne se soumettaient pas promptement; 9° que tous les ans, chaque évêque visiterait lui-même ou ferait visiter par un homme habile la partie de son diocèse où l'on croirait qu'il existe des hérétiques; qu'après avoir appelé trois habitants les plus estimés (ou même un plus grand nombre s'il le jugeait convenable), il les obligerait à lui découvrir les hérétiques du canton, les personnes qui se réunissaient en assemblées secrètes, ou qui menaient une vie singulière et différente de celle des autres chrétiens; qu'il se ferait amener tous ceux qui lui seraient dénoncés, et les punirait canoniquement s'ils ne prouvaient leur innocence, ou si, après avoir fait abjuration, ils retombaient dans l'hérésie; si quelque habitant refusait d'obéir à l'évêque dans ce qui lui serait commandé, et de prêter serment de déclarer tout ce qui serait parvenu à sa connaissance, il devait être déclaré hérétique pour ce fait seul; et enfin les évêques, convaincus d'avoir négligé de purger leurs diocèses des hérétiques, seraient eux-mêmes traités comme coupables, et déposés de leurs siéges.

Ce sont ces lois d'intolérance et de persécution que les inquisiteurs étaient chargés d'appliquer; elles faisaient un devoir de l'espionnage et de la délation. Cependant, ni les prescriptions canoniques, ni les monitoires ne stimulaient assez vivement le zèle des dénonciateurs. L'inquisition voulut avoir des espions qui fussent reçus dans la société, qui pussent pénétrer au sein de la famille; ce fut encore Dominique de Guzman qui, en 1219, organisa cette police religieuse. Il fonda un ordre de femmes qui devaient vivre saintement et s'occuper de l'extirpation des hérésies; enfin il en créa un troisième pour les personnes qui vivaient dans le monde. Cette nouvelle institution devait concourir au même but. Il lui donna le nom de *tiers-ordre de pénitence*. On l'appela aussi *milice du Christ*. Enfin il fallait aux inquisiteurs un corps armé permanent qui veillât à la sûreté de leur personne, ou qui exécutât leurs sentences. Dominique de Guzman n'eut pas le temps de s'occuper de l'organisation de cette troupe de moines armés. Il mourut en 1221; mais sa mort n'arrêta rien, et l'année même de son décès, un ordre de chevalerie fut créé par Conrad, légat du pape. Les chevaliers qui le composaient devaient combattre l'hérésie, et prêter en toute circonstance assistance à l'inquisition. Ils reçurent également le nom de *milice du Christ*. Ces deux milices, qui tenaient de si près au saint-office, et qui étaient, comme on le disait, de sa famille, se confondirent bientôt sous le nom de *familiers de l'inquisition*.

Voilà donc quelle était cette institution dès les premières années du treizième siècle. Un tribunal, composé de frères prêcheurs, auxquels on joignit bientôt des franciscains, était chargé de poursuivre et de condamner les hérétiques, et de les livrer après la condamnation au bras séculier pour l'exécution de la sentence. Ce tribunal était assisté par une police de femmes bigotes et d'hommes fanatisés; il était défendu par une force armée toujours permanente. C'était là un pouvoir temporel fortement constitué; néanmoins il ne dura que peu de temps aux lieux qui l'avaient vu naître. Il ne put pas jeter en France de profondes racines. Il n'en fut pas de même en Italie, où la puissance papale se servit de l'inquisition comme d'une arme terrible pour écraser les Gibelins. L'inquisition devait aussi prospérer en Espagne. Les institutions, dit-on, ne grandissent qu'au lieu où elles sont nées. *Lex nata, non lata*. Il faut une loi qui soit née et non pas apportée. L'inquisition fit mentir ce proverbe, et cependant en Espagne elle fut d'abord humble et faible; elle y végéta pendant deux siècles avant d'acquérir son droit de naturalisation. Elle s'introduisit en Aragon et en Catalogne à la faveur des troubles qui suivirent la mort de don Pedro II. Mais les fueros de l'Aragon garantissaient la liberté individuelle; ils étaient un obstacle à ce que l'inquisition pût y prendre un grand développement. Néanmoins les inquisiteurs surent déjà s'y rendre tellement odieux, que beaucoup d'entre eux périrent de mort violente. Ainsi, en 1277, l'inquisiteur Pedro de Cadireta fut lapidé par le peuple.

Jusqu'au règne de Ferdinand et d'Isabelle, l'inquisition resta confinée dans les Etats de la couronne d'Aragon, et si Llorente pense qu'il y eut, dès le treizième siècle, un tribunal d'inquisiteurs en Castille, il ne signale aucune preuve à l'appui de cette opinion, qui paraît démentie par toutes les données de l'histoire. Ce fut en 1481 que l'inquisition fut introduite dans le royaume d'Isabelle la Catholique. On peut croire qu'en l'établissant d'abord en Andalousie, et plus tard dans le reste de ses domaines, cette princesse céda aux sentiments d'une piété peu éclairée; mais un semblable motif ne saurait suffire pour expliquer la conduite de Ferdinand; car ce prince ne connut jamais d'autre culte que son ambition, d'autre mobile que son intérêt. Il tirait gloire de sa mauvaise foi, et répondait, en parlant de Louis XII, qui se plaignait d'avoir été dupé par lui : « Il dit que je l'ai trompé deux fois; il en a bien menti, je l'ai trompé plus de dix. » Il lui fallait un intérêt positif pour agir, et cet intérêt n'est pas difficile à trouver. Ses finances étaient épuisées par la guerre; l'inquisition lui offrait le tiers de tous les biens qu'elle confisquerait, et elle promettait de confisquer les biens de tous les juifs qui se trouvaient en grand nombre en Espagne. Ensuite ce tribunal, qui frappait dans l'ombre, qui jugeait et qui punissait sans publicité, pouvait aider Ferdinand à se défaire de ceux de ses ennemis qu'il n'oserait pas attaquer en face. L'inquisition pouvait abattre tous ces grands d'Aragon et de Castille, toujours prêts à se soulever, et dont la puissance était sans cesse menaçante pour le souverain. La cour de Rome s'était servie de l'inquisition pour écraser les Visconti, les Malatesta, les Ordelafe, les Manfredi. Pourquoi donc voudrait-on que le roi d'Aragon n'eût pas cédé à la tentation de s'en servir pour ruiner la famille royale de Navarre, dont il convoitait les États? Ferdinand trouvait dans l'inquisition le moyen de remplir son trésor et d'abattre ses ennemis; aussi, sans s'inquiéter de ce que l'organisation de ce tribunal avait d'attentatoire aux libertés du pays et de menaçant pour l'autorité du prince, il commença par l'établir à Séville. Le 6 janvier 1481, six condamnés furent livrés aux flammes; le 26 mars, 17 eurent le même sort; le 4 novembre, 298 victimes avaient déjà subi la peine du feu dans Séville seulement. On ne porte pas à moins de 2,000 le nombre des malheureux qui, cette année, furent brûlés en Andalousie. Un plus grand nombre de contumax furent exécutés en effigie; enfin 17,000 furent frappés de peines diverses. Beaucoup de personnes remarquables par leur position ou leur fortune se trouvaient au nombre de ceux qui périrent. Leurs biens furent partagés entre le fisc et l'inquisition. Les supplices de ces infortunés se renouvelaient si souvent, qu'on bâtit, au champ de la *Tablada*, une plate-forme en pierre, à laquelle on donna le nom de *Quemadero* (*). On y éleva quatre grandes statues, qu'on désignait sous le nom des *quatre prophètes*. Les condamnés, dont on voulait rendre le supplice plus affreux, y étaient renfermés, et y étaient brûlés, de même qu'autrefois les victimes offertes par les druides à leurs fausses divinités étaient consumées vivantes dans des statues d'osier. Le premier inquisiteur général qui présida à ces horreurs fut Thomas Torquemada, dominicain. Il avait été le confesseur d'Isabelle lorsqu'elle était encore enfant, et lui avait fait jurer que si jamais elle devenait reine, elle ferait sa principale affaire du châtiment des hérétiques. Ce qui peut donner une idée du caractère et de l'ignorance de ce moine fanatique, c'est qu'il était imbu de tous les préjugés populaires de son temps; il croyait à l'existence de la licorne; il attribuait à la défense de cet animal fantastique l'effet de neutraliser l'effet de tous les poisons (*); et comme il avait la conscience de l'exécration qu'il inspirait, il craignait d'être empoisonné, et gardait sans cesse sur sa table une prétendue défense de licorne. Pour se mettre à l'abri du poignard des assassins, il ne marchait qu'escorté d'une troupe de 50 familiers à cheval et de 200 à pied.

Les règles de l'ancienne inquisition rédigées, il y avait un siècle, par Nicolas Eymeric, inquisiteur d'Aragon, ne lui suffisaient plus; il lui fallut des lois plus sévères, et le 29 octobre 1484, un nouveau code de l'inquisition en 28 articles fut publié sous le titre d'*Instructions*.

La réforme de l'inquisition fut étendue à l'Aragon, où elle occasionna des murmures et des troubles. Pour être suspect à l'inquisition, il suffisait d'être *chrétien nouveau*, c'est-à-dire d'avoir au nombre de ses ancêtres une personne qui eût été entachée de judaïsme et d'hérésie. Le nombre des chrétiens nouveaux était fort considérable; aussi la résistance qu'éprouva l'établissement de l'inquisition fut-elle presque générale. On adressa au roi des réclamations. On invoqua les fueros du pays qui interdisaient la confiscation des biens. Les rois Ferdinand et Isabelle n'avaient pas encore statué sur les réclamations des Aragonais. Rien n'était donc encore perdu pour eux; mais il est dans tous les partis des individus impatients et disposés à substituer la violence aux voies légales. Quelques chrétiens nouveaux résolurent de faire assassiner un des inquisiteurs pour effrayer les autres. On chercha des gens qui voulussent se charger de tuer Pedro Arbuès de

(*) L'endroit où l'on brûle. Je dirais le *brûloir*, si ce mot était français.

(*) De la corne de licorne, on fait des vases à boire, et eussiez-vous pris le poison le plus redoutable, eussiez-vous été atteint de la flèche la mieux *herbée*, une eau limpide, un vin généreux bu dans cette coupe suffira pour vous guérir. (*Le Monde enchanté*, par M. Ferdinand Denis, ch. III.)

(**) *Directorium inquisitorum*, imprimé à Rome en 1587, avec des commentaires de Francisco de Peña.

ESPAGNE.

Epila, inquisiteur principal de Saragosse. Celui-ci portait par précaution sous ses vêtements une cotte de mailles. Il gardait continuellement sous sa toque une calotte d'acier. Les meurtriers l'assaillirent dans l'église; l'un d'eux lui donna sur le bras gauche un violent coup d'épée, tandis qu'un autre le frappait par derrière au cou avec un poignard, et lui faisait une blessure si profonde qu'il mourut au bout de deux jours.

Ce crime eut un effet tout opposé à celui qu'en attendaient ceux qui l'avaient comploté. Tous les chrétiens *vieux*, c'est-à-dire qui ne comptaient ni juifs ni hérétiques parmi leurs ancêtres, s'attroupèrent, et s'étant divisés en bandes, se mirent à la poursuite des chrétiens nouveaux pour les massacrer. On ne peut calculer quelles auraient été les conséquences de cette émeute, si le jeune évêque de Saragosse ne fût monté à cheval, et ne se fût jeté au milieu des partis pour contenir la multitude, en promettant que tous les coupables seraient punis. Cet assassinat produisit dans les esprits une réaction en faveur de l'inquisition. Pedro Arbuès de Epila fut béatifié, et une horrible persécution commença contre les chrétiens nouveaux, qui furent presque tous soupçonnés d'avoir concouru à cet assassinat. L'inquisition poursuivit non-seulement les personnes suspectes d'avoir provoqué ce crime, mais encore toutes celles qui avaient donné asile aux proscrits ou favorisé leur fuite; ni le rang ni la fortune des accusés ne put les mettre à l'abri des cruautés du saint-office, et l'infant de Navarre, le propre neveu de Ferdinand, le fils de sa sœur consanguine doña Léonore et de Gaston de Foix (*), fut arrêté pour avoir favorisé la fuite de quelques-uns des accusés. Il fut mené à Saragosse et jeté dans les cachots de l'inquisition, dont il ne sortit que condamné à une pénitence publique.

Le roi Ferdinand, en introduisant l'inquisition en Castille, avait toujours eu la pensée que son influence pourrait diriger ce tribunal; il s'était, dans ce but, réservé la formation du conseil suprême de l'inquisition; il en nomma président de droit et à vie le grand inquisiteur; mais il lui adjoignit comme conseillers Alphonse de Carillo, évêque nommé de Mazara en Sicile, Sancho Velásquez de Cuéllar, et Ponce de Valencia, tous les deux docteurs en droit. Les conseillers avaient voix délibérative pour les affaires où la puissance royale était engagée, et purement consultative dans ce qui touchait à la juridiction spirituelle, dont le grand inquisiteur était seul investi aux termes des bulles apostoliques. Cette organisation donna lieu à une immense quantité de conflits. L'inquisition s'empara d'une foule d'affaires qui ne concernaient en réalité que l'autorité temporelle. Les magistrats eurent à lutter contre les empiétements continuels des inquisiteurs. En 1486, le capitaine général de Valence ayant fait mettre en liberté un individu arrêté par ordre des inquisiteurs, fut obligé de rendre compte de sa conduite, et se vit forcé de recevoir l'absolution des censures qu'il avait, disait-on, encourues. La puissance temporelle se trouva ainsi dans presque tous les cas soumise à l'arbitraire d'inquisiteurs ignorants et fanatiques;

(*) Llorente dit dans sa préface que don Jayme était fils de l'infortuné prince de Viane. C'est une erreur énorme qui, au reste, n'est pas répétée dans le cours de l'ouvrage. Llorente écrit, chapitre VI, article V, § IV et V, que Jayme était fils légitime de doña Léonore, ce qui est vrai. Mais, quelques lignes plus bas, on a intercalé dans la traduction française, faite sous les yeux de Llorente, cette phrase qui ne se trouve pas dans le texte espagnol: « *Don Jayme était cousin de Catherine, reine de Navarre* (non pas, vraiment, il était son oncle), *et quoiqu'il ne fût pas enfant légitime* (si vraiment il était enfant légitime de la reine Léonore), *il inspirait toujours des craintes.* » Quand Llorente et son traducteur se mettent à deux pour commettre de semblables erreurs historiques, ils ne devraient pas parler de celles qu'ils imputent aux autres sans cependant les indiquer. Il ne faut pas jeter de pierres aux voisins quand on a une maison de verre.

au grand préjudice de la justice et de l'humanité. Ces empiétements ne furent pas les seuls que Ferdinand et Isabelle eurent à repousser. La cour de Rome, voyant les sommes immenses que l'inquisition retirait des confiscations, voulut aussi puiser à cette source de richesses. Elle admit les appels des jugements de l'inquisition, et fit chèrement payer les sentences qu'elle rendait. Le plus grand nombre des chrétiens nouveaux achetèrent à grand prix des bulles qui les déclarèrent réconciliés. Cette manière de procéder portait un grand préjudice au fisc et aux inquisiteurs, qui voyaient ainsi tarir la source des confiscations. Ce fut de leur part et de celle de Ferdinand le motif de vives réclamations. Enfin, après de longs débats, Alexandre Borgia, par des brefs du 23 août 1497 et 17 septembre 1498, révoqua toutes les bulles de réconciliation données par lui-même ou par ses prédécesseurs; mais il ne rendit pas le prix énorme que la cour de Rome avait reçu pour les délivrer.

Dans les premiers temps, Torquemada déléguait ses pouvoirs à des inquisiteurs qui se rendaient passagèrement dans une ville, et quand ils y avaient accompli leur mission, ils se transportaient dans un autre endroit. Ces juges voyageurs ne pouvaient atteindre le but que Ferdinand et Torquemada se proposaient; on organisa donc des tribunaux sédentaires à Tolède, à Séville, à Cordoue, à Murice, à Cuenca, à Logroño, à Valladolid, à Llerena et plus tard à Grenade. Voici comment ils procédaient : Une dénonciation était toujours la base et le point de départ de leur instruction. Au reste, ils s'inquiétaient peu du caractère de celui qui avait porté l'accusation. Ils recevaient des déclarations anonymes, ou venant de personnes infâmes; peu importait au saint-office de quelque source impure qu'elles arrivassent. La dénonciation pouvait être écrite ou verbale. Dans ce dernier cas, l'inquisiteur, qui la recevait, en dressait un acte, après avoir fait prêter, à celui qui la faisait, le serment qu'il dirait la vérité. On stimulait le zèle des délateurs par tous les moyens possibles. Les confesseurs en faisaient une obligation pour leurs pénitents. Tous les ans, le troisième dimanche de carême, on lisait à la messe, après l'évangile, un mandement appelé l'édit des délations; il enjoignait à toute personne, sous peine d'excommunication majeure, de faire connaître au saint-office, dans le délai de six jours, tous les actes contraires à la pureté de la foi dont on pouvait avoir connaissance. Par un autre édit, lu en chaire le dimanche suivant, on déclarait frappé de l'anathème toute personne qui avait laissé passer la semaine sans faire la déclaration qui avait été prescrite.

Pour comprendre jusqu'à quel point les tribunaux de l'inquisition avaient poussé l'absurdité des accusations, il faut lire le texte de cet édit des délations. Il a été modifié plusieurs fois par des additions successives. Le voici tel qu'on le publiait dans les derniers temps :

« Nous, les inquisiteurs contre la dépravation hérétique et l'apostasie dans le royaume et dans l'archevêché de Valence, dans les évêchés de Tortose, Ségorbe, Albarracin et Teruel, nommés et députés par l'autorité apostolique, etc., etc.

« A toutes personnes habitant, résidant ou demeurant dans les cités, villes ou villages de notre district, de quelque état, condition, prééminence ou dignité qu'elles soient, exemptes ou non exemptes, et à chacun de vous à qui parviendra la connaissance de notre présente lettre, de quelque manière que ce soit, salut en Notre-Seigneur Jésus-Christ, qui est le véritable salut, puissiez-vous obéir à nos mandements, les garder et les accomplir, car ils sont en vérité la parole apostolique.

« Savoir faisons, que devant nous est comparu le promoteur fiscal du saint-office, lequel nous a exposé que depuis quelque temps, ainsi que nous le savons et que cela est notoire, nous n'avons fait ni inquisition ni visite générale dans les cités, villes et villages de ce district, en sorte que nous n'avons pas eu connaissance de beaucoup de délits commis et perpétrés contre notre sainte foi catholique; qu'il en résulte que le service de Notre-Seigneur est négligé au grand dommage et préjudice de la religion chrétienne; qu'il est donc urgent que nous fassions et que nous prescrivions lesdites inquisition et visite générale, lisant pour cela des édits publics, et châtiant ceux qui se trouveront coupables, pour la plus grande gloire et pour la propagation de notre sainte foi catholique. Considérant que sa demande est juste et voulant y faire droit, ainsi que cela convient au service de Dieu Notre-Seigneur, nous vous donnons et mandons les présentes, afin que si vous, ou chacun de vous, savez, apprenez ou avez vu, ou avez entendu dire qu'une ou quelques personnes vivantes, présentes, absentes ou mortes, aient émis, avancé ou embrassé des opinions ou des doctrines hérétiques, suspectes, erronées, téméraires, malsonnantes, scandaleuses ou blasphématoires contre Dieu Notre-Seigneur et sa sainte foi catholique, et contre ce que prêche et enseigne notre sainte mère l'Eglise de Rome, vous le disiez et le déclariez devant nous.

« C'est-à-dire, si vous savez ou avez entendu dire que quelques individus ont gardé le samedi comme une fête, ce qui est une pratique de la loi de Moïse; s'ils ont mis le samedi des chemises blanches ou des vêtements plus propres, ou de fête; s'ils ont posé sur leurs tables des nappes blanches; s'ils ont mis des draps blancs à leur lit en l'honneur du sabbat; s'ils se sont abstenus d'allumer du feu ou de se livrer à aucun travail à partir du vendredi soir; s'ils ont purifié la viande destinée à leur nourriture, en la plongeant dans l'eau pour en ôter le sang; s'ils en ont enlevé la graisse; s'ils ont ôté la noix du gigot du mouton ou de tout autre animal; s'ils ont égorgé le gibier ou les oiseaux destinés à leur nourriture, en prononçant de certaines paroles, en essayant d'abord le couteau sur l'ongle pour voir s'il a des brèches et en recouvrant le sang de terre; si, sans une absolue nécessité, ils ont mangé de la chair en carême, et pendant les jours où elle est prohibée par notre sainte mère l'Eglise; s'ils ont cru ou soutenu qu'ils la pouvaient manger sans péché; s'ils ont observé le grand jeûne, qu'ils appellent le jeûne *du pardon;* si ce jour ils ont marché les pieds nus; s'ils ont récité des prières judaïques; si, à la nuit, ils se sont demandé réciproquement pardon; si les pères ont posé la main sur la tête de leurs enfants sans leur faire le signe de la croix, et en leur disant: Soyez bénis de Dieu et de moi; car ce sont des cérémonies que prescrit la loi de Moïse.

« Vous direz aussi s'ils ont observé le jeûne de la reine Esther ou le jeûne du Rebiaso qu'ils appellent le jeûne de la destruction de la sainte maison; s'ils observent d'autres jeûnes de la loi judaïque dans le cours de la semaine, comme le lundi ou le jeudi, s'abstenant lesdits jours de manger jusqu'à ce que la nuit soit arrivée, et jusqu'au lever de la première étoile; s'ils se privent ce soir-là de manger de la viande; s'ils se sont purifiés la veille, pour se préparer au jeûne; s'ils ont coupé leurs ongles et l'extrémité de leurs cheveux, et s'ils les ont gardés ou jetés dans le feu; s'ils ont récité des prières judaïques en baissant et levant alternativement la tête, le visage tourné vers la muraille, après s'être lavé les mains avec de l'eau ou de la terre; s'ils sont vêtus de serge, d'étamine ou de lin, ayant les reins serrés avec des cordes ou des courroies qui forment plusieurs nœuds.

« S'ils célèbrent la Pâque des Azymes, commençant par manger des laitues, de l'ache ou d'autres herbes potagères.

« S'ils célèbrent la Pâque des Tabernacles, en parant leurs maisons de branches vertes et d'ornements; s'ils donnent ou acceptent ce jour quelque festin.

« S'ils célèbrent la fête des Flambeaux, s'ils les allument un à un jusqu'à dix, et s'ils les éteignent ensuite en prononçant des oraisons judaïques.

« S'ils font des bénédictions sur la table à la manière des Juifs; s'ils ont bu le vin fait par un juif; s'ils ont fait la Babara, c'est-à-dire s'ils ont pris le vase de vin à la main en prononçant quelques paroles et donnant à boire à chacun une gorgée; s'ils ont mangé de la chair de quelque animal égorgé par les Juifs; s'ils ont mangé à la même table qu'eux, et s'ils ont partagé leurs aliments.

« S'ils ont récité les psaumes de David sans dire le *Gloria Patri*; s'ils attendent le Messie et s'ils disent que le Messie promis par la loi n'est pas venu, qu'il doit venir, et qu'il doit les tirer de la captivité et les mener à la terre de promission. Si pour observer la loi de Moïse, une femme est restée, quarante jours après son accouchement, sans entrer dans le temple. Si, lorsqu'il leur naît des enfants, ils les font circoncire; s'ils leur donnent des noms en usage chez les Juifs; si, lorsqu'ils les ont fait baptiser, ils grattent le saint chrême ou s'ils le lavent. Si, sept jours après la naissance d'un enfant, ils l'ont plongé dans un bassin rempli d'eau, où l'on a mis de l'or, de l'argent, des perles, du froment, de l'orge et d'autres substances, et s'ils ont lavé l'enfant dans ce vase en prononçant certaines paroles.

« S'ils ont fait tirer l'horoscope de leurs enfants.

« Si quelques personnes se sont mariées suivant le rite judaïque; s'ils ont fait le *Ruaya*, c'est-à-dire, si au moment de partir pour un voyage ils ont réuni leurs amis dans un repas. S'ils ont porté des noms usités chez les Juifs. Si en pétrissant le pain ils ont pris une partie de la pâte et l'ont fait brûler en signe de sacrifice. Si lorsqu'une personne est à l'article de la mort ils lui ont tourné le visage vers la muraille et l'ont laissée dans cette position pour expirer. Si après la mort ils ont lavé le cadavre avec de l'eau chaude; s'ils lui ont rasé la barbe, les aisselles et les autres parties du corps; s'ils l'ont fait ensevelir dans un linceul neuf, avec des chausses, une chemise et un manteau; s'ils lui ont mis sous la tête un oreiller fait avec de la terre vierge; s'ils lui ont placé dans la bouche une pièce de monnaie, une perle ou quelque autre chose. S'ils ont pandu l'eau des cruches et des autres vases dans la maison du défunt et dans les maisons voisines, pour se conformer à la coutume des Juifs; si en signe de deuil et pour honorer le défunt, ils ont mangé à terre, derrière la porte, des olives et du poisson au lieu de viande. S'ils sont restés pendant une année sans sortir de leur maison en conformité de la loi des Juifs. S'ils ont enterré les morts dans de la terre vierge ou dans un ossuaire de Juif; s'ils sont retournés à leur première religion après avoir reçu le baptême. Si quelqu'un a dit que la loi de Moïse est aussi bonne que celle de notre rédempteur Jésus-Christ, vous devez le dénoncer. »

L'édit des délations, après avoir examiné de cette manière avec la plus minutieuse attention tous les actes qui peuvent faire considérer par l'inquisition un individu comme hérétique judaïsant, passe en revue avec autant de soin toutes les pratiques du mahométisme, et le fait de s'être revêtu de linge blanc le vendredi, suffisait pour faire traduire quelqu'un devant l'inquisition, parce que le vendredi est le jour de fête des Musulmans.

A ces détails, qui dans le principe formaient presque tout l'édit, on a, suivant les circonstances, fait diverses additions qui en ont plus que triplé l'étendue. Les opinions prêchées par Luther, celles de la secte des illuminés ainsi que les autres hérésies condamnées par l'Église y sont passées en revue. Tout ce qui touche à la sorcellerie, tout ce bagage de l'ignorance et de la friponnerie fournissait aussi de la pâture à l'inquisition. Pour être coupable à ses yeux, il suffisait au mot le plus inoffensif; d'avoir laissé percer un doute sur l'utilité des institutions monacales; il suffisait d'avoir lu ou possédé un livre prohibé par la sainte inquisition, et en cette matière le zèle absurde de Torquemada n'avait pas de limite,

Enfin, les choses les plus étrangères à la pureté de la foi rentraient dans les attributions de l'inquisition. On était déclaré fauteur d'hérésie pour avoir fait sortir d'Espagne des chevaux par les ports des Pyrénées. On aurait peine à le croire, si un paragraphe de l'édit des délations n'était là pour en fournir la preuve. Il s'exprime en ces termes : « Vous devez aussi déclarer si vous savez ou avez entendu dire que quelques individus aient donné, vendu ou procuré, ou, si à l'avenir, ils donnent, vendent ou procurent des chevaux, armes, munitions et approvisionnements aux infidèles, hérétiques ou luthériens, s'ils ont servi d'intermédiaire pour les faire obtenir de quelque manière que ce soit; si dans ce but ils ont fait passer ou par la suite font passer des chevaux, munitions ou approvisionnements, par les ports de Béarn, de France, de Gascogne ou d'autres parties; s'ils les ont vendus ou achetés ; si à l'avenir ils les vendent ou achètent, ou s'ils prêtent aide et assistance pour ce trafic; contre tous lesquels aussi bien que contre ceux qui, connaissant ces faits, ne les déclareraient pas, il sera procédé, conformément aux édits publiés par le saint-office et dans toute la rigueur du droit, comme contre des fauteurs d'hérésie. »

Cet édit se termine en prononçant l'excommunication majeure contre toute personne, quelle qu'elle soit, qui, ayant eu connaissance de quelqu'un des actes signalés dans l'édit, ou de quelque attaque contre la foi catholique, ne l'aurait pas immédiatement fait connaître à l'inquisition.

Quand par ces moyens on avait arraché une dénonciation à la faiblesse ou à la simplicité de quelque âme timorée, on commençait une procédure qui n'avait pas pour but la découverte de la vérité, mais seulement la condamnation de celui qui était accusé. Tout était calculé pour arriver immanquablement à ce résultat; aussi sur deux mille accusés, souvent ce terrible tribunal ne prononçait pas un acquittement. Depuis que l'inquisiteur Eymeric et plus tard Torquemada ont rédigé les premiers codes de l'inquisition, l'instruction a subi des modifications ; mais l'esprit et la tendance de ces lois sont toujours restés les mêmes.

L'audition des témoins était le premier acte de cette monstrueuse procédure; on ne faisait pas savoir à ceux qu'on mandait devant le saint-office sur quel fait ils étaient appelés à déposer. Il fallait qu'ils cherchassent dans leurs souvenirs ce que l'inquisition pouvait avoir intérêt à connaître ; aussi arrivait-il souvent que les témoins se méprenaient sur l'objet de l'accusation, en sorte qu'ils racontaient des actes qui ne s'y rattachaient en aucune manière, et que par leur récit ils compromettaient d'autres personnes que les accusés. Les inquisiteurs recueillaient avec soin ces dépositions, qui étaient aussitôt transformées en dénonciations et servaient de point de départ à d'autres poursuites. J'ai en ce moment entre les mains les pièces originales d'un procès suivi devant l'inquisition de Valladolid, où les choses se sont passées de cette manière : Don Christoval de Padilla, habitant de Zamora, était poursuivi comme luthérien et comme hérétique dogmatisant. Un des témoins, interrogé relativement aux faits qu'on lui reprochait, ayant nommé doña Marina de Sayavedra, épouse de don Pablo Cisneros de Sotelo, et ayant dit qu'elle avait assisté au prêche, cette simple énonciation donna lieu à une procédure nouvelle contre Marina de Sayavedra. Le 22 avril 1558, les inquisiteurs Francisco Vaca et Guigelmo délivrèrent un mandat de prise de corps contre cette infortunée. Il résulte des déclarations faites par deux médecins, devant l'inquisition et sous la foi du serment, qu'elle était atteinte d'une fièvre et d'un tremblement qui ne la quittaient pas ; qu'elle était paralysée et qu'elle ne jouissait pas toujours de la plénitude de son jugement. Cependant elle fut poursuivie par le saint-office et elle figura dans l'*auto-da-fé* célébré à Valladolid le dimanche de la Trinité 21 mai 1559. Don Christoval de Padilla y fut brûlé avec treize autres personnes, sans compter Leonor de Vibero, dont le cadavre fut déterré et porté sur le bûcher. Marina de Sayavedra y parut revêtue du *san-benito*. Elle fit abjuration et fut réconciliée; mais pour pénitence, le saint-office lui imposa une prison perpétuelle et ses biens furent confisqués.

Llorente, qui parle de ce mémorable *auto-da-fé* dans le chapitre XX de son histoire de l'inquisition, dit que Marina de Sayavedra était veuve. C'est une erreur que n'aurait pas dû commettre un écrivain qui commence par accuser d'inexactitude tous les auteurs qui l'ont précédé. Greffier du saint-office, il a eu certainement entre ses mains les pièces originales que je tiens maintenant.

Doña Marina de Sayavedra n'était pas veuve, car le 31 mai 1559, dix jours après l'*auto-da-fé*, don Pablo Cisneros de Sotelo (et non *Juan* Cisneros de *Soto*, comme écrit Llorente) présenta au saint-office une requête, pour demander que sa femme, qui était paralytique, et que la terreur produite par l'auto-da-fé avait rendue entièrement folle, lui fût remise, afin qu'il l'a fît soigner et guérir, si cela était possible. Le même jour intervint une ordonnance des inquisiteurs, qui permettait de transporter la pauvre insensée à Zamora, et qui lui donnait provisoirement pour prison la maison de son mari. L'exemple d'amour conjugal que donnait don Pablo de Sotelo, en réclamant une personne condamnée par l'inquisition, ne tarda pas à lui attirer des persécutions. En effet, le 17 septembre 1563, Marina de Sayavedra, qui avait été réintégrée dans les prisons du saint-office, présentait cette requête aux inquisiteurs :

« Très-magnifiques et très-révérends
« seigneurs, pour l'amour de Notre-
« Seigneur et par pitié pour tout ce
« que j'ai souffert, je vous supplie,
« moi Marina de Sayavedra, d'user
« en ma faveur de votre miséricorde
« *habituelle*. Cisneros de Sotelo, mon
« mari, à raison du procès et des
« peines qu'il a supportées et qu'il sup-
« porte encore *à cause de moi*,
« peut subvenir à mes besoins,
« sorte que je suis dans le plus grand
« dénûment. Je vous supplie donc
« vouloir bien me permettre d'aller
« passer dans ma maison les froids
« de cet hiver, afin que je m'y fasse
« soigner pour mes infirmités et pour
« ma paralysie, etc., etc. »

Quatre lignes, d'une écriture à peu près indéchiffrable, sont tracées au bas de cette requête. Contiennent-elles la permission qui était demandée? Quelques mots que j'ai pu lire me le feraient penser; cependant je n'en ai pas la certitude.

Qu'on me pardonne cette digression, je reviens maintenant à la procédure du saint-office. Avant de recevoir la déposition d'un témoin, on lui faisait prêter serment de ne rien révéler des questions qui lui seraient adressées, ni des réponses qu'il pourrait faire. Les personnes poursuivies par le saint-office étaient admises à témoigner les unes contre les autres. Si la déposition de ces témoins n'avait pas répondu à l'attente des inquisiteurs, on avait recours à la torture; car devant l'inquisition, on recevait la question, ou pour son propre compte, et parce qu'on était accusé, c'était la torture *in proprium caput*, ou bien comme témoin, et parce qu'on était présumé avoir mis des réticences dans sa déposition, c'est ce qu'on appelait la torture *in caput alienum*.

Quand les commissaires d'un tribunal inquisitorial avaient silencieusement recueilli un certain nombre de dépositions contre un individu, ils adressaient une circulaire à tous les autres tribunaux de la Péninsule, pour demander s'il n'existait pas dans leurs greffes de dénonciations contre la même personne. S'il s'en trouvait, on envoyait toutes ces notes au tribunal qui en avait fait la demande.

On remettait alors à des docteurs en théologie qu'on appelait les qualificateurs du saint-office, une analyse de la dénonciation et des dépositions des témoins; mais on en retranchait tout ce qui pouvait leur faire connaître circonstances de temps, de lieu ou de personne. Aucune des pièces originales du procès ne leur était montrée. Leur décision n'était plus dès lors qu'une vaine formalité, puisqu'elle dépendait nécessairement de l'exactitude plus ou moins rigoureuse avec laquelle avait été fait cet extrait. Sur l'examen de cette pièce incomplète et tronquée, seul document qui leur fût fourni, les qualificateurs devaient décider par écrit si le fait en lui-même méritait une censure théologique; si les propositions étaient hérétiques, voisines de l'hérésie ou capables d'y conduire; ils décidaient si on devait présumer que celui qui les avait prononcées avait donné son assentiment à l'hérésie, s'il en était seulement suspect, et dans ce cas si le soupçon était léger, s'il était véhément ou grave au dernier point.

Muni de cette pièce, le fiscal requérait l'arrestation de l'accusé. Un mandement signé des inquisiteurs était remis à un alguazil, qui procédait à la prise de corps. Le greffier des séquestres l'accompagnait toujours dans cette opération; il mettait les biens de l'accusé sous la main de l'inquisition, et il était bien rare qu'ils en sortissent. On ôtait au prisonnier ses armes, son argent, ses papiers; et on ne lui laissait du linge et des vêtements qu'après en avoir fait une visite minutieuse, pour s'assurer qu'on n'y avait caché ni poison, ni argent, ni instrument tranchant. Le prisonnier était alors jeté dans les cachots de l'inquisition. Tous les malheureux qui nous ont laissé la relation de leur séjour dans ces tristes demeures, les dépeignent comme des cabanons sombres, humides et infects. Llorente prétend au contraire que c'étaient des cellules claires, sèches et aérées. Il est probable que des deux côtés on dit la vérité, et que, suivant les temps, suivant les localités, suivant les administrateurs, le régime de ces prisons aura beaucoup varié; mais partout, autant du moins que les circonstances l'ont permis, l'emprisonnement a été solitaire. L'accusé était privé de toute communication avec qui que ce fût. Il y avait certainement dans cet isolement de quoi abattre le courage le plus énergique et confondre l'esprit le mieux organisé. Lorsqu'un condamné est renfermé seul pour subir la peine d'un forfait, sans doute son sort est à plaindre; mais au moins il sait quelle doit être la durée de sa peine; il en voit le terme, et cela doit suffire pour soutenir son courage. Mais l'infortuné, plongé dans les cachots de l'inquisition, ne pouvait connaître la peine qui le menaçait, ni calculer le temps où son procès serait terminé. Nulle règle ne prescrivait aux inquisiteurs de juger dans un délai donné. On avait adopté dans les procédures de l'inquisition un usage qui devait nécessairement entraîner d'immenses longueurs. A l'exception de quelques cas très-rares, on n'expédiait aucune copie des actes rédigés devant l'inquisition. Lorsqu'on voulait faire ratifier par un témoin la première déposition qu'il avait faite, on la lui représentait en original. S'il avait changé de pays, on envoyait ces pièces au lieu où il s'était rendu, et on attendait qu'elles fussent de retour pour juger le procès. On a vu des dépositions de témoins qui, ayant été ainsi envoyées aux Indes, se sont perdues en route, et ce n'est qu'au bout de cinq ans qu'on a su qu'elles n'étaient pas parvenues à leur destination. Pendant tout ce temps, le malheureux prisonnier restait dans sa cellule, privé de toute consolation, de tout conseil, ignorant la cause de ces déplorables délais, et ne connaissant pas même le motif de son arrestation; car on ne lui indiquait pas même le fait dont il était accusé. Devant toutes les cours criminelles, celui que la justice poursuit sait de quelle imputation il faut qu'il se défende; devant l'inquisition, on voulait qu'il s'accusât lui-même. On le faisait comparaître devant le tribunal; on lui répétait que l'inquisition ne faisait jamais arrêter une personne sans avoir acquis une preuve suffisante des délits qu'elle avait commis contre la sainte foi catholique; on l'engageait à confesser spontanément ses fautes; on lui

30° *Livraison.* (ESPAGNE.)

promettait avec une douceur hypocrite que s'il les avouait franchement, l'inquisition se montrerait indulgente à son égard. On faisait ainsi comparaître l'accusé à trois reprises successives, et on appelait ces trois comparutions les audiences de monition. Si l'accusé, fouillant dans sa conscience, découvrait le fait qui avait provoqué son arrestation, il était possible qu'il abrégeât la durée de la procédure, et qu'il fût jugé avec indulgence; mais cela était aussi un piège qui lui était tendu; car, si ses aveux n'étaient pas entièrement conformes aux dépositions des témoins, on le considérait comme ayant voulu tromper le tribunal par ses réticences, et le fiscal en tirait un argument, pour requérir contre lui des peines plus sévères. Quand les trois audiences de monition étaient épuisées, le fiscal faisait enfin connaître à l'accusé les charges qui s'élevaient contre lui. Mais les dépositions des témoins n'étaient jamais communiquées en entier au prévenu. On avait toujours soin d'en retrancher les circonstances de lieu ou de personne, de manière à ce qu'il ne pût pas deviner qui avait été son dénonciateur, ni quels témoins avaient déposé dans sa cause. On l'interrogeait sur chaque fait; on enregistrait ses réponses, et si elles n'étaient pas telles que les inquisiteurs les espéraient, on avait recours à la torture. Tout ce qu'on a écrit sur ces horribles tourments, dit Llorente, reste bien au-dessous de la vérité; ils étaient si épouvantables, qu'ils avaient fait horreur à l'inquisition elle-même, et le code inquisitorial avait défendu qu'on donnât deux fois la question au même accusé. Mais les inquisiteurs avaient trouvé le moyen d'éluder cette prohibition. Lorsqu'un accusé était sur le point de succomber par l'excès de la douleur, ils suspendaient la question; ils attendaient que l'accusé eût recouvré des forces pour supporter ces affreux supplices. Alors on le torturait de nouveau. Mais, disaient les inquisiteurs, ce n'était pas lui donner une seconde fois la question, c'était la continuer; c'était toujours la même opération, qui seulement avait été interrompue. Enfin quand l'affaire était instruite, le fiscal formulait l'accusation; mais cette accusation restait dans le vague; elle ne précisait ni les circonstances de lieu, ni les circonstances de temps.

Un des arguments les plus puissants qu'un accusé puisse employer en matière criminelle, pour prouver son innocence, est de dire: Au moment précis où le crime a été commis, j'étais éloigné de l'endroit où il a eu lieu. Mais comment faire usage de cet argument, si l'accusation ne précise rien? La confrontation des témoins et de l'accusé est indispensable pour connaître la vérité; car, dans un grand nombre de cas, un témoin peut de bonne foi se tromper sur le nom de la personne à laquelle il impute un délit; il a pu prendre Jayme pour Christobal, et l'accusé qui se sent innocent peut lui dire: Mais regardez-moi donc! Est-ce bien moi qui ai tenu le propos que vous rapportez? Devant l'inquisition, il n'y avait pas de confrontation, et l'accusé ne connaissait jamais les noms des témoins. On ne pouvait opposer qu'une défense vague à une accusation qui ne se présentait pas en face. C'était un véritable colin-maillard judiciaire, où l'accusé cherchait à l'aveuglette ses moyens de salut. On lui accordait un avocat; mais cet avocat devait être choisi parmi ceux que l'inquisition avait agréés. Cet avocat ne communiquait jamais librement avec son client; il ne pouvait pas examiner les pièces du procès, on ne lui donnait qu'une analyse tronquée des dépositions. Comment aurait-il pu en contester la sincérité? Il ne les connaissait qu'imparfaitement. Il ne pouvait discuter la moralité des témoins. Tout son rôle se bornait à réclamer l'indulgence du tribunal, ou à fournir des témoins à décharge. Mais devant l'inquisition, les témoins qui déposaient en faveur de l'accusé étaient toujours suspects, et n'influaient que peu sur la décision des inquisiteurs. Ainsi, dans l'affaire de Marina de

Sayavedra, cette infortunée, fit entendre Antonio Sanchez, prieur de Sainte-Marie, de Zamora; le frère du prieur qui, lui-même, était curé d'une des paroisses de Zamora; un autre prêtre nommé Antonio Garrote, et plusieurs habitants notables de la même ville. Ces témoins déposèrent unanimement qu'ils l'avaient toujours connue pour bonne chrétienne; qu'elle faisait aux pauvres de nombreuses aumônes. Cela ne l'empêcha pas d'être condamnée à une prison perpétuelle et à la confiscation de ses biens.

Les débats qui avaient lieu par écrit, n'étaient qu'une parodie de la justice. Après ce simulacre de défense, on donnait encore une lecture des charges; on qualifiait de nouveau les faits; puis on rendait la sentence. Les absolutions étaient si rares, qu'à peine en pouvait-on compter une sur deux mille jugements; car pour peu que le juge eût le moindre doute, l'accusé était déclaré légèrement suspect d'hérésie, et le plus léger soupçon suffisait pour motiver des pénitences. Si l'accusé était véhémentement soupçonné d'hérésie, la peine devenait plus sévère. Elle s'accroissait encore, si l'accusé était hérétique formel. Mais s'il avait donné des marques de repentir, il n'y avait pas encore lieu à l'application de la peine de mort. Dans ces trois cas, l'accusé pouvait être réconcilié; il était absous de l'excommunication et des censures canoniques; mais l'inquisition lui imposait des pénitences dont la gravité variait suivant les circonstances. Si le soupçon d'hérésie était très-léger, la réconciliation pouvait avoir lieu dans la salle même du tribunal, à huis clos et en présence seulement des membres du saint-office, ou bien, les portes ouvertes, en présence des personnes que cette cérémonie ne manquait pas d'appeler. L'accusé comparaissait la tête nue et revêtu d'un *san-benito*, portant à la main un cierge de cire verte. Il se mettait à genoux et faisait abjuration de l'hérésie dont il était soupçonné. D'autres fois, suivant la gravité des cas, la réconciliation avait lieu dans une église de la ville, ou bien en public et en présence d'un grand concours de peuple. Cette cérémonie était nommée un acte de foi, un *auto-da-fé*.

Il ne faut pas croire que tout fût fini après l'*auto-da-fé*, et que, moyennant la honte de son abjuration publique, le réconcilié demeurât quitte avec le saint-office. Il était presque toujours condamné à porter le *san-benito* pendant un temps plus ou moins long. Ses biens ou la plus grande partie de ses biens était confisquée. Il lui était interdit de se servir de cheval ou de mule. Il ne lui était permis de porter ni bijoux, ni or, ni soie. Il était déclaré incapable d'occuper ni emploi, ni charge civile ou ecclésiastique. Il n'était pas seul frappé de cette incapacité: elle s'étendait à tous les enfants qui pourraient lui naître par la suite, et à leur postérité. Cependant la décision du saint-office ne devait nuire en aucune manière aux enfants du réconcilié, lorsqu'ils étaient déjà nés à l'époque où leur parent avait commis la faute qui avait attiré les censures théologiques. Ainsi doña Marina de Sayavedra avait cinq fils: Juan de Cisneros, chanoine de Zamora; Pedro et Christobal, chevaliers de l'ordre de Malte; Alonzo et Juan Batista, trop jeunes pour avoir encore un état. Elle avait aussi deux filles qui étaient déjà mariées. Ses enfants, plusieurs années après l'*auto-da-fé*, présentèrent requête pour faire fixer l'époque à laquelle leur mère avait commencé à commettre la faute pour laquelle elle avait été réconciliée. Il intervint une décision de l'inquisition, pour déclarer que le crime d'hérésie avait commencé à être commis le jour de Noël de l'année 1557; en sorte que la réconciliation de Marina de Sayavedra ne pouvait porter de préjudice ni à la noblesse, ni à la pureté de leur sang. Ils furent donc déclarés aptes à posséder des bénéfices ecclésiastiques, ou à porter les habits de Saint-Jacques, de Calatrava et d'Alcantara.

Lorsqu'un accusé persistait dans son hérésie, malgré les exhortations des inquisiteurs, il était déclaré impénitent. On appelait relaps celui qui, après avoir été réconcilié, était une seconde fois poursuivi par l'inquisition. Le relaps et l'impénitent étaient toujours relaxés. En espagnol comme en français, relaxer est synonyme d'élargir, de mettre en liberté; mais ne vous y trompez pas, devant l'inquisition les mots ne s'accordaient plus avec les idées. C'était au nom d'une religion toute d'amour et de charité qu'on organisait la persécution ; c'était au nom d'un Dieu clément qu'on instituait les plus épouvantables supplices. Il fallait donc, pour les inquisiteurs, changer le sens des mots. On a vu que vous *réconcilier* voulait dire vous voler vos biens, vous rendre infâme vous et votre postérité ; vous *relaxer*, dans le langage du saint-office, cela signifiait vous envoyer à la mort. Si l'on voulait trouver dans l'histoire un autre exemple de cette hypocrisie de langage, il faudrait chercher dans les plus mauvais jours de notre révolution. Lors du massacre des prisonniers de l'Abbaye, les septembriseurs, parodiant les formes de la justice, s'étaient érigés en tribunal. On amenait devant eux chaque prisonnier. *Élargissez le prévenu*, était le mot dont on se servait pour donner le signal de le massacrer. Ces gens-là avaient deviné le vocabulaire de l'inquisition. Tout était hypocrisie dans cet affreux tribunal. La devise même qu'il avait choisie était un mensonge. Les inquisiteurs inscrivaient sur leurs bannières : *Exurge, Domine, et judica causam tuam;* « Levez-vous, Seigneur, et jugez votre cause; » et c'étaient eux qui se chargeaient de juger la cause de Dieu et de venger ses injures. Les inquisiteurs disaient que leur caractère ecclésiastique ne leur permettait pas de prononcer la peine de mort : alors ils faisaient préparer le supplice; ils y conduisaient les victimes, ils les livraient au bourreau. C'était ce qu'ils appelaient remettre l'accusé entre les mains de l'autorité séculière. L'accusé, disaient-ils, était relaxé des prisons du saint-office pour être remis à la justice ordinaire; c'était un juge séculier qui prononçait la sentence et qui acceptait la responsabilité de tout ce que l'arrêt avait de sanguinaire.

On habillait l'accusé d'un vêtement appelé *zamarra* ou *san-benito*. Dans les premiers temps, lorsque Dominique de Guzman commença à réconcilier des hérétiques, il jugea convenable de leur faire porter le signe de la rédemption, comme témoignage apparent de leur retour à la foi; mais toutes les personnes qui étaient venues combattre les Albigeois portaient également la croix. Pour qu'elles ne fussent pas confondues avec les hérétiques réconciliés, l'inquisiteur prescrivit à ceux-ci de mettre sur leurs vêtements deux croix, faites en étoffe et d'une couleur qui tranchât avec le reste de leur costume. D'abord ces deux croix étaient placées des deux côtés de la poitrine; ensuite on n'en mit plus qu'une sur la poitrine et l'autre sur l'épaule. On substitua enfin à ces croix le sac des pénitents qui était bénit par les évêques, ce qui lui a fait donner le nom de sac bénit, *saco-bendito*, d'où est venu par corruption le nom de san-benito. Plus tard, pour distinguer le san-benito de l'habit de plusieurs corporations religieuses, on ordonna qu'il descendrait à peine au genou, qu'il serait de couleur jaune, qu'il n'aurait plus la forme d'un sac, mais qu'il serait ouvert sur les côtés ; enfin qu'on y représenterait des croix de couleur rousse. Le cardinal inquisiteur Ximenès de Cisneros trouva qu'il était injurieux pour la croix de la faire servir à signaler les hérétiques, et de la leur imposer comme une marque d'opprobre. Il ordonna donc qu'à l'avenir on ne tracerait plus de croix droites sur les *san-benitos* ou *zamarras*, mais seulement des sautoirs, ou croix de Saint-André.

L'esprit fécond des inquisiteurs a inventé autant d'espèces de *san-benitos* qu'ils établissaient de catégories de condamnés. Il y en avait trois pour les réconciliés. Lorsque le réconcilié était légèrement suspect, il portait son san-benito jaune sans croix. S'il abjurait comme véhémentement suspect, il avait une demi-croix sur son san-benito. S'il était hérétique formel, la croix était entière (*). Les condamnés portaient presque toujours une corde autour du cou.

Il y avait également trois sortes de san-benitos pour les accusés qui devaient être relaxés. Celui qui s'était repenti avant la prononciation de la sentence, portait un san-benito jaune avec une croix rousse et entière. Il avait en outre la tête couverte d'une *coroza*, c'est-à-dire d'un bonnet pyramidal fait de la même étoffe que le san-benito, et sur lequel on avait tracé des croix rousses. Il était condamné à la mort, mais son corps ne devait pas être livré au bûcher.

La seconde catégorie de condamnés parmi ceux qui devaient être relaxés, étaient ceux qui avaient donné des signes de repentir après leur condamnation. Le san-benito était de la même étoffe que le précédent, mais on y avait représenté une figure sur un bûcher, au milieu des flammes; le san-benito et la coroza étaient également semés de flammes; mais les flammes étaient renversées pour exprimer que le coupable ne serait pas brûlé vif; qu'on commencerait par l'étrangler et qu'on ne mettrait son corps sur le bûcher qu'après sa mort.

Sur le san-benito destiné à ceux qui étaient considérés comme mourant dans l'impénitence finale, on avait représenté une figure entourée de flammes. La coroza et le reste du san-benito étaient semés de flammes dans leur direction naturelle et de figures de diables. L'infortuné qui portait ce vêtement était brûlé vif.

(*) Les figures représentées par la gravure 57 sont des condamnés du saint-office. Celui qui marche en tête est un hérétique formel qui doit être réconcilié. Si, à son costume, on eût ajouté la *coroza*, cette addition eût indiqué qu'il était destiné à mourir étranglé. Celui qui marche ensuite doit être étranglé, puis brûlé; enfin le dernier doit être brûlé vif.

Derrière ces condamnés s'avancent des pénitents. Sur le dernier plan, on aperçoit les hallebardiers qui les escortent.

Quand les inquisiteurs avaient décidé qu'un accusé serait remis au bras séculier, on lui faisait connaître cette décision, afin qu'il se préparât à la mort; mais les réconciliés n'avaient aucune connaissance de la sentence prononcée contre eux, et on avait commencé à l'exécuter avant de la leur avoir lue. Au jour indiqué pour l'*auto-da-fé*, on faisait sortir sur la place publique les condamnés revêtus de leurs hideux costumes. Ils étaient suivis des pénitents, du clergé, et gardés par les familiers du saint-office. On les amenait au lieu préparé pour le supplice, où des estrades avaient été préparées pour les juges séculiers et pour toutes les personnes notables de la ville. On faisait monter les condamnés sur un échafaud. On y lisait la sentence relative à chacun d'eux. L'arrêt par lequel on remettait l'accusé au bras séculier, se terminait toujours en priant le juge ordinaire d'user de clémence à leur égard (*). Aussi, dit Melchior Macañaz dans son apologie de l'inquisition, « l'inquisition *n'impose aucune peine* à ceux qui s'obstinent dans leurs erreurs, et ne demande autre chose *sinon qu'on n'ôte pas la vie aux coupables*; s'ils se convertissent, elle se borne à leur appliquer les peines canoniques; mais l'épée de la justice que le roi tient déposée dans le tribunal pour le châtiment des coupables, ne laisse pas de se rougir quelquefois *de leur sang*... Alors même il le fait dans la sainte vue de convertir plusieurs par la mort d'un seul, comme cela arrive ordinairement. »

N'est-ce pas le comble de l'hypocrisie? au moment de l'exécution on parlait d'humanité, et cependant les bûchers étaient préparés, et l'on y conduisait déjà les condamnés, qui le plus souvent étaient poursuivis par les imprécations d'une populace frénétique. A l'auto-da-fé du 21 mai 1559, où Marina de Sayavedra fut réconciliée, un des accusés relaxés, nommé Antonio Herrezuelo, étant sur le bûcher au milieu

(*) Llorente, ch. IV, art. 12, n° 21.

du bois qui commençait à s'allumer, repoussait les exhortations qui lui étaient adressées. Un des soldats de l'escorte, cédant à un excès de fanatisme, lui donna un grand coup de hallebarde. Le sang se mit à tomber jusque sur le bûcher, et ne cessa de couler que lorsque les flammes eurent dévoré la victime.

L'inquisition ne fut jamais arrêtée par le rang ou par les talents de celui qu'elle poursuivait. Ainsi, du temps de Ferdinand, elle persécuta le savant historien Antonio de Nebrixa. Llorente donne une longue liste des hommes célèbres qu'elle a poursuivis; mais si longue qu'elle soit, cette liste reste incomplète. On pourrait choisir beaucoup de noms parmi ceux qu'il a oubliés. Je ne citerai que Vesale, ce médecin fameux de Philippe II. Il est le premier qui ait osé étudier la structure de notre corps sur des cadavres humains. C'est à lui qu'on doit les premiers progrès de l'anatomie. Les planches de son ouvrage intitulé : *Corporis humani fabrica* ont été dessinées par le Titien. Son amour pour la science fut pris par les inquisiteurs pour de l'impiété et pour une profanation. Ni sa renommée, ni la protection de Philippe II, ne purent le garantir des atteintes du saint-office. Une partie des papiers où il avait consigné ses études et ses expériences furent brûlés, et lui-même il fut condamné à faire à pied le voyage de Jérusalem. Jusqu'à nos jours l'inquisition est restée la même ; elle était moins violente parce que les états de crise ne peuvent toujours durer ; mais elle n'avait changé ni de règle ni de maximes ; et il ne lui fallait que des circonstances favorables pour reprendre toute son activité. A une époque très-rapprochée de l'entrée de Napoléon en Espagne, les prisons de l'inquisition ont vu mourir des victimes. En 1800, une béate de Cuenca mourut dans les cachots du saint-office, et son effigie fut brûlée.

Vers l'année 1790, Michel Maffre des Rieux, né à Marseillan (Hérault), et non à Marseille, comme le dit Llorente avec son inexactitude accoutumée, se rendit en Espagne pour y prendre du service ; il fut d'abord placé dans les gardes walonnes, d'où il passa dans le régiment de la Havane avec le grade de lieutenant. Quelques plaisanteries qu'il se permit sur la religion le firent jeter dans les prisons du saint-office. Les inquisiteurs lui ayant promis de le réconcilier en secret, il avoua tout ce qu'on lui reprochait. Mais on ne tint pas la parole qu'on lui avait donnée ; on le conduisit, revêtu d'un hideux san-benito, dans l'église, où il trouva un grand concours de personnes de la ville qui avaient été attirées par l'annonce publique d'un *autillo*. Alors il entra en fureur ; il maudit une religion qui permettait de déshonorer un homme pour quelques légèretés de langage. Il fallut le reconduire dans sa prison. Là désespéré de voir son avenir brisé par une condamnation qui lui enlevait son grade et lui fermait la carrière militaire, il parvint à s'étrangler, quoiqu'on l'eût enchaîné.

Plusieurs procès entamés par l'inquisition étaient à peine commencés quand l'invasion française est venue y mettre fin. Un décret de l'empereur Napoléon, en date du 4 décembre 1808, a aboli ce terrible tribunal ; c'est un immense service qu'il a rendu à l'humanité tout entière, et l'Espagne l'a trop vite oublié.

COMMENCEMENT DE LA GUERRE DE GRENADE. — ABU'L-HASAN ENLÈVE ZAHARA AUX CHRÉTIENS. — LES CHRÉTIENS PRENNENT ALHAMA. — DIFFÉRENDS ENTRE ABU'L HASAN ET SON FILS ABU-ABD-ALLAH. — MALHEUREUSE ENTREPRISE DES CHRÉTIENS SUR LOXA. — ABU-ABD-ALLAH EST PROCLAMÉ ROI DE GRENADE. — DÉFAITE DES CHRÉTIENS DANS LA CAMPAGNE DE MALAGA. — ABU-ABD-ALLAH EST FAIT PRISONNIER PAR LES CHRÉTIENS. — IL EST MIS EN LIBERTÉ ET SE RECONNAÎT VASSAL DU ROI FERDINAND. — LE ROYAUME DE GRENADE SE PARTAGE ENTRE ABU-ABD-ALLAH-EL-CHICO ET ABU-ABD-ALLAH-EL-ZAGAL. — SIÉGE ET PRISE DE VELEZ MALAGA. — PRISE DE MALAGA. — EL CHICO S'ENGAGE A LIVRER GRENADE AUX CHRÉTIENS DÈS QU'ILS AURONT CONQUIS TOUS

LES ÉTATS D'EL-ZAGAL. — CHANGEMENTS DANS LA CONSTITUTION ARAGONAISE; INTRODUCTION DE LA HERMANDAD EN ARAGON. — DISPOSITIONS RELATIVES AUX PAGES DE REMENÇA.

Quand les rois Ferdinand et Isabelle eurent apaisé les troubles qui avaient désolé si longtemps la Castille; quand, par la création de la hermandad, ils eurent pourvu à la répression des délits; lorsqu'enfin l'extension donnée à l'inquisition fut devenue pour eux une source de revenus, ils se préparèrent à cette lutte, qui devait se terminer par la destruction du royaume de Grenade. Les circonstances se montraient aussi favorables que les chrétiens pouvaient le désirer. L'empire des Maures portait le germe de sa destruction. Les dissensions intestines devaient accélérer sa ruine. Les membres de la famille royale étaient divisés entre eux. Mohammed-abu-abd-Allah avait longtemps refusé de reconnaître la suzeraineté de son frère Muley-Abu'l-Hasan. Ce dernier, d'un caractère cruel et superbe, avait rendu son autorité odieuse à ses sujets, et l'intérieur même de son palais était rempli de troubles et d'intrigues. Il avait eu, de la sultane Aija, sa première femme et sa cousine, un fils nommé Abu-abd-Allah, que les auteurs espagnols appellent Boabdil, Abo-Abdéli, ou Alcadurbil. Muley était déjà avancé en âge, lorsqu'il avait épousé une chrétienne renégate, nommée Zoraya, fille de l'alcaïde de Martos; il la chérissait et en avait eu deux enfants, Cidi Yahya et Cidi Almayar, auxquels il voulait assurer le trône, au préjudice de son fils aîné. Chacune des deux reines abhorrait sa rivale et cherchait à la perdre. Ces inimitiés ne restaient pas renfermées dans l'enceinte de l'Alhambra. Elles divisaient la ville de Grenade en deux factions. Une partie de la noblesse du royaume avait embrassé le parti de l'infant Abu-abd-Allah, qui, par ses manières affables, savait gagner tous les cœurs. C'est au milieu de ces éléments de ruine et de dissolution que le roi Muley-Abu'l-Hasan commit l'imprudence d'attaquer les chrétiens. Sachant que la ville de Zahara, qui avait été enlevée aux musulmans, du temps de Ferdinand l'Honnête, était mal gardée, il profita de l'obscurité d'une nuit de tempête pour en escalader les murailles. Ceux des habitants qui firent résistance furent massacrés; tous les autres furent réduits en captivité et emmenés à Grenade. Abu'l-Hasan revint triomphant, et une partie de la noblesse alla au-devant de lui pour le féliciter de sa conquête. Cependant ces éloges ne furent pas unanimes, et un vieillard nommé Macer fit entendre ces paroles prophétiques : « Les ruines de Zahara retomberont sur nos têtes. Fasse, Allah, que je me trompe; mais il me semble que la fin de notre domination en Espagne est arrivée. » En effet la prise de Zahara ne resta pas longtemps sans représailles. 3,000 cavaliers et 4,000 fantassins, sortis de Séville sous les ordres du marquis le Cadix, arrivèrent devant Alhama, le jeudi 27 février 1482, avant la pointe du jour (8 muharrem 887 de l'hégire). Juan Ortega, suivi de plusieurs soldats, escalada les murailles de la citadelle, et ouvrit la porte qui donnait sur la campagne, en sorte que tous les chrétiens purent y entrer et en chasser la garnison. Dès que les habitants d'Alhama surent que la citadelle était au pouvoir de leurs ennemis, ils élevèrent des barricades à l'entrée de toutes les rues qui aboutissaient auprès de la porte de cette forteresse, et ils s'y postèrent en grand nombre, bien résolus à se défendre. Aussitôt qu'il fit jour, les chrétiens voulurent pénétrer dans la ville; mais ils furent reçus par une grêle de projectiles. Don Sancho de Avila, alcaïde de Carmone, et Martin de Roxas, alcaïde d'Arcos, les premiers qui sortirent de la citadelle, tombèrent frappés de plusieurs balles. Cependant il ne fallait pas hésiter; car Alhama n'est qu'à 8 lieues de Grenade, et pourvu qu'on tardât à se rendre maître de la ville, elle devait recevoir des secours. Alors les chrétiens percèrent la muraille de la citadelle en face d'un endroit où les Maures n'avaient pas élevé de retranchements. Par cette ouverture, ils se précipitèrent dans la ville, et prirent à revers les barricades des habitants. On se battit avec acharnement pendant toute la journée. La nuit ne mit pas fin à la lutte. Enfin le courage des chrétiens l'emporta; les défenseurs de la ville furent massacrés ou faits prisonniers.

Quand la nouvelle de cette perte arriva à Grenade, la consternation fut générale. Abu'l-Hasan partit à la tête de 3,000 cavaliers et de 50,000 fantassins rassemblés à la hâte. Pour arriver plus vite, il n'emmena pas d'artillerie, en sorte qu'il ne put forcer l'enceinte d'Alhama, et du haut des murailles, les vainqueurs repoussèrent tous ses assauts. Il se détermina donc à les y assiéger. De leur côté les chrétiens, attaqués par une armée si nombreuse, firent demander des secours aux gouverneurs de la frontière. Don Enrique de Guzman, duc de Medina Sidonia, et don Rodrigo Giron, maître de Calatrava, s'avancèrent à la tête de 5,000 chevaux et d'une nombreuse infanterie pour attaquer le camp des Maures; mais ceux-ci ne les attendirent pas, et levèrent précipitamment le siège. On mit dans Alhama une garnison nouvelle; on l'approvisionna abondamment de tout ce qui pouvait être nécessaire à la défense, et l'armée se retira. Elle ne fut pas plutôt éloignée qu'Abu'l-Hasan vint de nouveau mettre le siége devant cette ville; en sorte que Ferdinand hésitait à conserver une place qu'on ne pouvait secourir qu'avec peine et à grands frais. Beaucoup de capitaines étaient d'avis qu'on abandonnât Alhama après l'avoir rasée; mais Isabelle insista pour qu'on la gardât, parce que c'était la première conquête qu'on eût faite sur les musulmans depuis le commencement de son règne. On résolut donc d'aller de nouveau la dégager, et d'aller en même temps assiéger Loxa, ville située sur le Genil, à peu de distance d'Alhama. Lorsque les secours arrivèrent, les Maures s'étaient déjà retirés. Abu'l-Hasan avait été obligé de retourner à Grenade, pour apaiser les troubles qui agitaient cette ville. Persuadé que ces désordres étaient fomentés par la sultane Aija et par son fils Abu-abd-Allah, il les fit arrêter et les fit emprisonner dans la tour de Comarès. La sultane Aija, redoutant la cruauté du roi, et craignant qu'il ne fît périr son fils, parvint, avec l'aide de ses femmes, à faire échapper ce jeune prince. Elles le descendirent avec des cordes par la fenêtre de sa prison. Aussitôt qu'il fut en liberté, ses partisans le proclamèrent roi. Abu'l-Hasan était détesté; aussi un grand nombre des habitants embrassèrent-ils le parti d'Abu-abd-Allah. Les deux factions se livrèrent des combats sanglants et acharnés; elles s'étaient en quelque sorte partagé la cité. Le roi Abu'l-Hasan occupait l'Alhambra, château fortifié qui s'élève au sud-est de Grenade. Abu-abd-Allah s'était emparé d'un autre château appelé l'Albaycin, situé à l'extrémité opposée de la ville.

Pendant que la guerre civile déchirait ainsi la capitale des Maures, les chrétiens avaient été mettre le siége devant Loxa; mais l'emplacement de leur camp était mal choisi; ils n'avaient pas de forces suffisantes pour une entreprise de cette importance; la ville était défendue par un vaillant capitaine nommé Aly Athâr; enfin la garnison était nombreuse et expérimentée. Elle faisait des sorties vigoureuses et fréquentes. Cependant elle n'eût peut-être pas suffi pour contraindre les chrétiens à la retraite; mais Abu'l-Hasan vint à son secours. Le 13 juillet 1482 (26 sjumada 1er 887), il attaqua le camp de Ferdinand, pendant que, de son côté, Aly Athâr faisait une sortie. Les chrétiens, pressés à la fois des deux côtés, firent des pertes considérables, et furent obligés de se retirer. Le maître de Calatrava fut au nombre de ceux qui périrent dans cette malheureuse rencontre.

Abu'l-Hasan, glorieux de ce succès, alla se présenter devant Alhama; mais il la trouva trop bien défendue pour essayer de s'en emparer ; alors il courut attaquer la ville de Cañete, dont il se rendit maître. Après cette heureuse expédition, il revenait à Grenade, quand il apprit que son fils Abu-abd-Allah avait profité de son absence pour se saisir de l'Alhambra, que le peuple entier avait reconnu ce jeune prince pour roi, et que beaucoup de villes avaient suivi l'exemple de Grenade. Il fut donc obligé de se retirer à Malaga, qui lui était restée fidèle, ainsi que Guadix et Baza.

Les chrétiens ne tardèrent pas à reprendre Cañete; mais ce succès fut bien balancé par un désastre tel que depuis bien longtemps les armes chrétiennes n'en avaient pas éprouvé en Espagne. A la fin du mois de mars 1483 (saphar 888), 2,700 cavaliers, sous les ordres du maître de Saint-Jaques, du marquis de Cadix et du comte de Cifuentès, entrèrent dans l'Axarquia (*) de Malaga; ils ravagèrent toute la campagne, et ils y firent un immense butin; ils incendiaient les moissons et les fermes; ils coupaient les arbres et les vignes. Du haut de leurs murailles, les habitants de Malaga voyaient les colonnes de fumée qui s'élevaient de leurs récoltes ou de leurs granges, que la flamme dévorait. Ils prirent la résolution d'aller attaquer les chrétiens, et sortirent sous la conduite d'Abu-abd-Allah, gouverneur de Cadix, et de Reduan Bénégas. Ce dernier, qui commandait les arbalétriers, gagna, par des chemins détournés, les montagnes qui entourent la plaine de Malaga, tandis qu'Abu-abd-Allah, à la tête de la cavalerie, marcha droit aux chrétiens. Ceux-ci, désireux de garder leur butin, voulurent éviter le combat, et se jetèrent dans les montagnes, dont ils ne connaissaient pas les passages. Ils trouvèrent les hauteurs occupées par les Maures qui les habitaient, et par les arbalétriers que Reduan Bénégas y avait conduits. Ils s'avançaient presque au hasard au milieu d'étroites vallées; bientôt ils rencontrèrent des obstacles élevés par les Maures pour rendre le chemin impraticable. Ils se virent dans l'impossibilité d'avancer, et la retraite leur était coupée par les cavaliers d'Abu-abd-Allah (*). Resserrés dans ces défilés, ils ne pouvaient ni fuir ni combattre, et les Maures, embusqués sur les hauteurs, les tuaient à coups d'arbalètes ou d'armes à feu. Ce ne fut qu'à la nuit que le maître de Saint-Jacques parvint à surmonter les obstacles qui s'opposaient à son passage; il escalada les hauteurs, et après un sanglant combat, il put regagner Antequera. Le marquis de Cadix, guidé par des transfuges qui connaissaient tous les sentiers de ces montagnes, trouva aussi le moyen de s'échapper d'un autre côté. Le comte de Cifuentès, qui formait l'arrière-garde, fut moins heureux; il fut fait prisonnier. 800 chrétiens furent tués dans cette journée. Il resta entre les mains des Maures deux fois autant de prisonniers. Cette victoire donna au gouverneur de Malaga, qui l'avait remportée, une grande importance parmi les Maures. On avait surnommé Abu'l-Hasan le Vieux. Son fils avait été surnommé Abu-abd-Allah-el-Zaquir, en espagnol el Chiquito, c'est-à-dire l'enfant; je mettrais volontiers le bambin. Son oncle, le gouverneur de Malaga, qui portait aussi le nom d'Abu-abd-Allah, fut surnommé el Zagal; ce qui signifie l'homme dans toute la vigueur de la jeunesse. On répétait qu'Abu-abd-Allah-el-Chiquito était aussi inutile que son vieux père, et qu'Abu-abd-Allah-el-Zagal pouvait seul sauver le royaume. Voulant mettre un terme à ces discours, el-Chiquito prit la résolution de faire aussi quelque action d'éclat qui pût lui mériter les applaudissements de ses partisans. A la tête d'une troupe nombreuse de cavaliers et de fantassins, il se présenta devant Lucena, ville grande et riche, mais très-mal fortifiée; il espérait l'emporter aisément. Il arriva sous les murs de la place le 21 avril 1483 (13 rabia

---

(*) *Axarquia*, le levant. C'était le nom donné à une partie des environs de Malaga.

(*) Mariana l'appelle *Abohardil*.

prior 888). Diego Fernandez de Cordova, qui en était gouverneur, sachant qu'il ne pourrait résister aux attaques des Maures, fit prévenir les villes voisines du danger où il se trouvait, et pour gagner du temps, il se mit à parlementer. Tout en promettant de se rendre, il eut l'adresse de faire traîner ces négociations jusqu'au moment où l'on vit paraître les premiers coureurs des chrétiens qui venaient au secours de Lucena. A leur approche, le roi Abu-abd-Allah, craignant d'avoir à combattre toutes les forces de l'Andalousie, commença à faire retirer son armée. Le comte de Cabra et Gonzalve de Cordoue, son neveu, qui commandaient les chrétiens, se mirent à la poursuite des Maures, et les atteignirent à une lieue environ de Lucena, près d'un petit ruisseau dont les rives sont couvertes de frênes, de saules et de buissons. Aussitôt l'infanterie des Maures, qui avait déjà traversé le ruisseau, fut saisie d'une terreur panique; elle se débanda et se mit à fuir dans tous les sens. Abu-abd-Allah essaya de soutenir le choc des chrétiens avec sa cavalerie; mais Aly-Athâr, alcaïde de Loxa, ayant été tué d'un coup de lance, et presque tous les cavaliers qui accompagnaient le roi étant morts, ou ayant pris la fuite, ce prince se jeta à bas de son cheval, qui était trop fatigué pour pouvoir le mettre en sûreté. Il essaya de se cacher au milieu des buissons; mais des fantassins chrétiens qui étaient à la poursuite des fuyards l'ayant aperçu, il déclara qu'il était le roi de Grenade, et il se rendit à eux.

Lorsque ce désastre fut connu à Grenade, la ville entière fut plongée dans le deuil et dans la désolation. Le vieux roi Abu'l-Hasan se réjouit seul du malheur commun. Il s'empressa de revenir dans sa capitale, et il s'empara de l'Alhambra, sans que les partisans de son fils cherchassent à lui en disputer l'entrée.

Pendant ce temps, le roi Ferdinand, encore tout chagrin de l'échec éprouvé par les chrétiens dans l'Axarquia de Malaga, pressait de tout son pouvoir les préparatifs de la guerre; il s'occupait de ce soin quand il reçut la nouvelle du succès inespéré qui venait de couronner ses armes sous les murs de Lucena. Voulant profiter des circonstances, il se mit aussitôt en route, et vint ravager la campagne de Grenade. Les habitants de cette ville voyaient incendier leurs récoltes, sans essayer de les défendre; ils se bornaient à se lamenter et à maudire le vieux roi qui avait attiré sur les musulmans cette guerre d'extermination. Celui-ci, connaissant toute la haine qu'on lui portait, n'osait pas aller combattre les chrétiens; il craignait que, s'il sortait de Grenade, on ne le laissât pas rentrer. Il se contenta donc de députer des ambassadeurs au roi Ferdinand, pour lui proposer une trêve. Mais encore tout rempli d'orgueil par la victoire de l'Axarquia de Malaga, il eut la prétention de dicter des conditions; aussi Ferdinand répondit-il qu'il n'était pas venu pour recevoir des lois, mais pour en imposer. Abu'l-Hasan fit aussi demander que son fils lui fût livré; il offrait de donner en échange le comte de Cifuentès et neuf autres prisonniers. Mais le roi Ferdinand trouva qu'il serait indigne de lui de livrer Abu-abd-Allah entre les mains de son père; car c'eût été l'envoyer à une mort certaine. Il pensait d'ailleurs qu'il était plus profitable pour les chrétiens de mettre ce prince en liberté, puisque c'était le moyen de perpétuer les factions qui déchiraient le royaume des Maures. Il traita donc son prisonnier avec générosité, et conclut avec lui un traité par lequel Abu-abd-Allah-el-Chiquito se reconnut vassal du roi de Castille, et s'engagea à donner en otage son fils aîné et les fils de douze principaux seigneurs de Grenade, pour garantir qu'il ne manquerait pas à sa fidélité envers son suzerain. Il se soumit à l'obligation d'assister aux cortès générales du royaume toutes les fois qu'il serait convoqué. Il promit en outre de payer un tribut annuel de 12,000 écus, et de délivrer, en l'espace de cinq ans, 400 captifs chrétiens.

Dès que ces conditions furent arrêtées, la sultane Aija envoya au-devant de son fils les seigneurs qui lui étaient le plus dévoués, afin qu'ils lui servissent d'escorte. Ceux-ci firent entrer de nuit Abu-abd-Allah dans Grenade, et ils parvinrent à s'emparer de l'Albaycin. Le lendemain matin, quand on sut dans la ville que le roi Chiquito était de retour, une grande partie du peuple se mit à le proclamer de nouveau, en criant : Vive notre roi Abu-abd-Allah ! Les trésors de la sultane, habilement répandus, mirent presque tout le bas peuple dans ses intérêts; et Grenade fut de nouveau livrée à toutes les horreurs de la guerre civile.

Dans l'espoir d'apporter un terme à ces maux, un vieillard qui exerçait une grande influence sur les musulmans de Grenade, représenta que le vieil Abu'l-Hasan, accablé par les années, ne pouvait plus veiller aux besoins de l'État; que son fils Abu-abd-Allah-*el-Chiquito* s'était fait le vassal et le tributaire des chrétiens, ce qui le rendait odieux et suspect à la noblesse du royaume; que ni l'un ni l'autre ne pouvaient donc rester roi. Que le gouverneur de Malaga, Abu-abd-Allah-*el-Zagal*, la terreur des frontières chrétiennes, était seul capable d'apporter un remède aux maux du pays. Abu'l-Hasan, touché de ces raisons, ou plutôt dans l'espoir de priver du trône son fils qu'il abhorrait, consentit à ce qu'Abu-abd-Allah-*el-Zagal* fût proclamé roi, et il lui remit l'Alhambra.

Ni le roi Chiquito, ni ses partisans, n'acceptèrent cet arrangement; et la lutte continua entre les deux factions. Alors el-Zagal lui proposa de partager l'autorité. El-Zagal serait resté maître de l'Alhambra, et son neveu aurait gardé l'Albaycin, et tous les deux se seraient réunis pour combattre les chrétiens. Abu-abd-Allah-el-Chiquito craignit que cette proposition ne cachât quelque piège. Cependant il fut contraint de se soumettre à un partage qu'il ne pouvait empêcher.

Quant au vieil Abu'l-Hasan, il fut assez heureux pour ne pas voir la destruction de son royaume. Il se retira avec son harem à Illora, et ensuite à Almuñecar, où il mourut bientôt. Plusieurs écrivains pensent que son frère el-Zagal le fit assassiner. Dieu seul le sait, disent les historiens musulmans.

Cependant les chrétiens, favorisés par les discordes qui leur livraient les Maures sans défense, portaient dans le royaume de Grenade le ravage et la désolation. Ils soumirent successivement Alora, Alozayna, Cazarabonela, Setenil, Cohin et Marbella. L'importante place de Ronda fut enlevée par eux le 23 mai 1485 (8 sjumada prior 890). C'est au siège de cette place qu'on fit le premier usage des projectiles creux. Les historiens de cette époque, après avoir décrit les fusées incendiaires dont on se servait, ajoutent : Les canonniers fabriquèrent avec de la fonte de fer une autre sorte de grosses et de petites boules, qu'ils lançaient dans la ville, où elles faisaient d'affreux ravages. Les chrétiens tentèrent aussi une expédition contre Moclin. Mais Abu-abd-Allah-el-Zagal marcha au secours de cette place. Il leur fit éprouver quelques pertes et les contraignit à la retraite.

L'année suivante, ils vinrent mettre de nouveau le siége devant Loxa. Aly-Athâr, ce brave capitaine qui avait défendu la ville lors de la première attaque, n'existait plus. Il était mort dans le désastre de Lucena; mais ses fils habitaient encore Loxa, et sa fille avait épousé le roi Abu-abd-Allah-el-Chiquito. Ce prince envoya des ambassadeurs à Ferdinand pour demander que cette place, qui lui appartenait, fût épargnée. Il rappela qu'aux termes de leurs conventions les troupes chrétiennes ne devaient pas inquiéter les villes qui reconnaissaient son autorité. Le roi Ferdinand répondit que la ville de Loxa avait été expressément exceptée de cette convention, et que d'ailleurs Abu-abd-Allah en transigeant avec son oncle, pour le partage de l'autorité dans le royaume de Grenade, avait manqué aux obligations qu'il avait contractées comme vassal de la couronne de Castille. Le roi Chiquito voulant prouver qu'il ne négligerait rien pour défendre ses domaines, rassembla des troupes, força le camp des chrétiens, et se jeta dans Loxa. Mais ce secours n'empêcha pas Ferdinand de presser vivement le siége. La ville se défendit courageusement et Abu-abd-Allah-el-Chiquito fut plusieurs fois blessé en repoussant les attaques des assiégeants. Mais enfin la place fut obligée de capituler. Les chrétiens reprochèrent à Abu-abd-Allah-el-Chiquito d'avoir violé le traité qu'il avait contracté et d'avoir porté les armes contre son suzerain. Le roi maure allégua, pour se disculper, qu'il n'avait pas été maître d'agir différemment. On avait intérêt à le croire, et on le laissa libre, pour que sa liberté continuât à fomenter les dissensions qui déchiraient le royaume de Grenade. Ferdinand accorda aux assiégés des conditions avantageuses, et il entra dans Loja, le 29 mai 1486 (25 sjumada prior 891). Dans le courant du mois suivant, les chrétiens se rendirent maîtres d'Ilora, que les Maures avaient l'habitude d'appeler l'œil droit de Grenade, et de Moclin, qu'ils nommaient son bouclier. La prise de Zagra, de Baños, et de quelques autres places, suivit de peu de jours la reddition de Moclin. Après ces conquêtes, l'armée chrétienne entra dans la campagne de Grenade pour la ravager. El-Zagal fit de vains efforts pour empêcher ces dévastations; mais ses troupes furent culbutées et poursuivies jusque dans les champs d'oliviers qui entourent la ville, où l'on se battit de nouveau.

Pendant plusieurs jours la campagne de Grenade fut mise à feu et à sang. Enfin les chrétiens se retirèrent; mais leur départ ne rendit pas la tranquillité à la ville. La guerre civile ensanglanta ses places publiques. Les partisans d'el-Zagal, qui occupait l'Alhambra, et ceux du roi Chiquito, dont l'Albaycin faisait la demeure, se livrèrent plusieurs combats acharnés, sans que l'un des deux rois pût parvenir à chasser son compétiteur.

L'année suivante, l'armée chrétienne alla mettre le siége devant Velez-Malaga. El-Zagal chargea Reduan Bénégas de se jeter dans la place et de la défendre. Il lui promit d'aller bientôt en personne pour la secourir. En effet, il rassembla des troupes à la hâte et s'approcha de Velez-Malaga, à la tête de 20,000 hommes. Mais il fut battu, son armée fut entièrement dispersée, et il retourna à Grenade, accompagné seulement de quelques cavaliers. Lorsqu'il y arriva, la nouvelle de sa déroute l'avait précédé. Le peuple soulevé accablait le roi vaincu de ses malédictions; les personnes même le plus attachées à sa cause l'abandonnèrent pour embrasser le parti de son neveu. On lui refusa l'entrée de Grenade, et il se retira avec le petit nombre de serviteurs qui lui étaient restés fidèles; il se rendit à Guadix, qui, ainsi qu'Almeria et que Baza, le reconnaissait encore pour souverain.

Reduan Bénégas défendit courageusement la ville de Velez-Malaga; mais il ne pouvait résister longtemps aux ravages que faisait l'artillerie de Ferdinand; il rendit la place le 27 avril 1487 (3 sjumada prior 892).

La ville de Malaga fut assiégée à son tour. Elle avait une garnison composée en partie de troupes africaines, que le gouverneur avait prises à sa solde. Ces gens, féroces et indisciplinés, se méfiaient des habitants et même de leurs propres officiers. Craignant qu'on ne les livrât aux chrétiens, ils ne voulaient pas entendre parler de négociation. Ils mettaient à mort quiconque cherchait à sortir de la ville. Cependant Malaga, bloquée de tous les côtés, commençait à souffrir de la famine, lorsque le 18 août 1487 (27 sjaban 892), la place fut livrée à Ferdinand par un des principaux habitants, nommé Aly Dordux. Tous les soldats africains qui ne parvinrent pas à gagner le port et à se sauver par mer, furent réduits en esclavage. Les transfuges chrétiens, et ils étaient assez nombreux, furent mis à mort. Les juifs qui, après avoir embrassé la religion chrétienne, avaient apostasié, furent brûlés par l'inquisition. Les autres habitants, juifs ou maures, purent se racheter pour une faible rançon.

Abu-abd-Allah-el-Chiquito avait, autant que cela avait été en son pouvoir, contribué à la prise de cette ville; car il avait attaqué et taillé en pièces un corps d'armée que son oncle conduisait au secours de Malaga. Il envoya complimenter Ferdinand de sa conquête, et lui fit demander sûreté pour tous les Maures de son parti. En réclamant cette garantie pour ses sujets, il promit de livrer aux chrétiens la ville de Grenade, trente jours après qu'ils se seraient rendus maîtres des villes qu'occupait encore el-Zagal.

La reddition de Malaga entraîna celle d'un grand nombre de places des environs. Cependant le roi Ferdinand fut un instant distrait des soins de la guerre par des troubles qui éclatèrent en Aragon. Il se rendit à Saragosse avec la reine Isabelle, pour y rétablir l'ordre. On fit, à cette occasion, à la constitution aragonaise, un changement d'une grande importance. Jusqu'à ce jour, les fonctionnaires et les magistrats avaient été élus par le peuple et par le corps municipal; mais ces élections donnaient presque toujours lieu à quelques troubles. Pour éviter les désordres dont elles étaient le prétexte, on abandonna au roi le soin de faire les nominations. C'était une grave atteinte aux anciennes libertés du pays; cependant elle provoqua peu de réclamations, tandis que l'établissement d'une institution utile éprouva une vive résistance. La hermandad, qui existait depuis plusieurs années en Castille, n'avait pas encore été introduite en Aragon. On l'organisa dans ce royaume; mais les seigneurs dont elle blessait les intérêts, et dont elle compromettait le pouvoir, ne cessèrent de faire des efforts pour la renverser; en sorte que dans les cortès tenues à Taraçone en 1495, ils obtinrent que la juridiction de la hermandad demeurât suspendue pendant quelques années.

Il existait une lutte continuelle entre les seigneurs qui voulaient étendre leur autorité et les vassaux qui cherchaient à s'y soustraire; c'était surtout en Catalogne que se montrait ardente et passionnée cette guerre de la liberté contre les priviléges. On connaissait dans ce pays une classe de vassaux appelés *Pages de rachat* (*Pageses de remença*). Le mot page s'explique de lui-même, il vient du latin *pagus*, et signifie villageois. On nommait ces gens vassaux, ou pages de rachat, parce que leurs ancêtres, réduits en esclavage par les musulmans, avaient été rachetés à prix d'argent par les seigneurs, qui, par cette raison, les considéraient comme leurs esclaves, et les avaient assujettis à une foule de redevances aussi onéreuses qu'avilissantes. En 1483, les vassaux de rachat avaient pris les armes pour se soustraire aux vexations de toute nature auxquelles ils étaient en butte. Le roi Ferdinand, attentif à maintenir la tranquillité dans ses États, s'efforça d'apaiser cette révolte. Les seigneurs, aussi bien que les pages de rachat, étant convenus de s'en rapporter à son jugement, il abolit, en 1486, toutes les redevances avilissantes auxquelles les pages avaient été soumis; il ordonna qu'ils serviraient à leurs seigneurs une rente annuelle, en témoignage de leur servitude, et il décida qu'ils pourraient, quand ils le voudraient, racheter leur liberté, en payant une somme qu'il fixa d'avance.

SUITE DE LA GUERRE DE GRENADE. — SIÉGE ET PRISE DE BAZA. — EL-ZAGAL REMET AUX CHRÉTIENS ALMERIA, GUADIX ET TOUS SES DOMAINES. — FERDINAND FAIT SOMMER ABU-ABD-ALLAH-EL-CHIQUITO DE LUI LIVRER GRENADE. — LES CHRÉTIENS METTENT LE SIÉGE DEVANT GRENADE. — LA REINE ISABELLE VIENT AU CAMP. — INCENDIE DU CAMP. — CONSTRUCTION DE LA VILLE DE SANTA-FÉ. — CAPITULATION DE LA VILLE DE GRENADE. — FIN DE LA DOMINATION DES MAURES EN ESPAGNE.

Il faut maintenant revenir à la guerre contre les musulmans; car elle était la principale affaire de cette époque. L'année suivante, Ferdinand continua ses conquêtes; il mit le siége devant Vera; mais cette ville ne voulut pas tenter les chances d'une défense, elle se rendit le 10 juin 1488 (29 sjumada posterior 893). Muxacra, Velez-el-Rubio, Velez-el-Blanco, se soumirent également. Le roi aurait voulu assiéger ensuite Almeria; mais il était nécessaire de prendre auparavant le château de Taberna, élevé dans une position presque inexpugnable. El-Zagal accourut au secours de la place avec 1,000 cavaliers et vingt fois autant de fantassins; mais il ne voulut pas tenter le sort d'une bataille, il se jeta dans les bois environnants. De là il harcelait sans relâche les chrétiens qui faisaient des courses dans le pays, et jusque dans les environs de Baza. Dans une de ces escarmouches, Philippe d'Aragon (*), maître de Montesa, fut tué, et Ferdinand, jugeant que son armée n'était pas assez forte pour réduire la place, leva le siége, et se retira à Murcie. Quand les chrétiens furent éloignés, el-Zagal attaqua les places qui lui avaient été enlevées cette année, et, soit par force, soit par persuasion, il les fit rentrer sous son autorité. Au printemps de l'année suivante, les rois Ferdinand et Isabelle, ayant résolu de tenter quelque grande entreprise, réunirent leur armée à Jaën; elle se composait de 13,000 cavaliers, de 50,000 fantassins, et d'une artillerie redoutable. Elle se mit en route, et prit en chemin la ville de Cujar; mais le but de l'expédition était le siége de Baza. L'armée arriva devant cette place au commencement de juin. Cette ville est située sur le penchant d'une colline, au pied de laquelle passe une petite rivière; de tous les autres côtés elle est entourée d'escarpements, qui en rendent l'approche très-difficile. Elle renfermait une nombreuse garnison, et elle était approvisionnée de vivres pour quinze mois. Les environs de la place étaient sillonnés par de nombreux canaux d'irrigation. C'étaient autant d'obstacles que les assiégeants avaient à surmonter; aussi faisaient-ils peu de progrès. Les exhalaisons de ces terres inondées causaient beaucoup de maladies dans l'armée; en sorte qu'un grand nombre de capitaines étaient d'avis qu'il fallait abandonner une entreprise dont le succès paraissait excessivement douteux; car la garnison se défendait vaillamment, et depuis plusieurs mois que le siége était commencé, on était à peine plus avancé que le premier jour. Cependant Ferdinand, bien déterminé à ne pas reculer, fit, tout autour de la ville, élever un retranchement et creuser un fossé large et profond, pour empêcher les secours qu'on tenterait d'y jeter; il fit aussi construire neuf forts qui commandaient toutes les avenues de la place. Comme l'hiver approchait, on remplaça les tentes par des maisons de bois, qui formaient comme une ville. Enfin, pour affermir le courage de ses troupes, et pour leur prouver aussi bien qu'aux ennemis, qu'il était décidé à ne pas se retirer sans avoir emporté la place, il pria la reine Isabelle de se rendre au camp. Cette princesse y vint, accompagnée de l'infante sa fille. Son arrivée jeta le découragement dans l'esprit des assiégés. Ils avaient éprouvé bien des pertes dans les nombreuses sorties qu'ils avaient faites, et ils ne pouvaient pas espérer qu'il leur vînt des secours de Guadix ou d'Almeria; car les troupes qui se trouvaient dans ces deux villes étaient nécessaires pour les défendre. Ils prirent donc le parti de capituler; mais avant tout, Cidi Yahya Alnayar et Hacen le Vieux, qui défendaient la ville, firent savoir à Abu-abd-Allah-el-Zagal que, s'il ne venait pas les secourir, ils seraient forcés de se rendre. El-Zagal éprouva un grand chagrin en recevant ce message. Cependant, comme il n'avait pas de forces suffisantes pour faire lever le siége, il répondit à Cidi Yahya d'agir comme il le jugerait convenable. La ville fut donc remise à Ferdinand, le 4 décembre 1489 (10 muharrem 895), et Cidi Yahya se ren-

(*) Il était fils naturel de Carlos, prince de Viane. Il se trouvait ainsi le neveu de Ferdinand.

dit au camp des chrétiens, avec les principaux de ses officiers. Il était fils de Zelim, second frère du vieux Muley-Abu'l-Hasan; il se trouvait par conséquent le neveu d'el-Zagal et le cousin d'Abu-abd-Allah-el-Chiquito. Ferdinand, honorant en lui le descendant d'une race royale, aussi bien que le brave défenseur de Baza, lui fit le plus gracieux accueil, et lui donna la seigneurie de Marchena, avec les villes et les vassaux qui en dépendent. L'infant Yahya fut touché de ces bienfaits, et se dévoua au service d'un prince qui le traitait si généreusement. Il se rendit auprès d'Abu-abd-Allah-el-Zagal, et lui représenta que la ruine de Grenade était consommée; qu'une plus longue résistance était inutile, et ne pourrait avoir d'autre résultat que la désolation du royaume et l'extermination de ses habitants. Il lui fit comprendre que ce qu'il y avait de mieux pour ses intérêts et pour ses sujets, était de s'en rapporter à la générosité des rois Ferdinand et Isabelle. El-Zagal reconnut la sagesse de ce conseil; il se rendit avec l'infant Yahya au camp du roi chrétien, et il s'engagea à livrer Almeria, Guadix, et toutes les villes qui restaient en son pouvoir; il stipula que tous les Maures qui les habitaient conserveraient leurs biens, leur religion et leur liberté. Le roi Ferdinand lui donna en échange la seigneurie d'Andarax, la vallée d'Alhaurin, avec toutes les fermes, tous les villages et toutes les possessions qui en dépendaient, ainsi que la moitié de la saline de Maleha. Ces conventions furent rendues publiques seulement au moment où les villes furent livrées. Aussi les habitants et les chrétiens eux-mêmes ne pouvaient revenir de leur étonnement. Les habitants des villes soumises, qui s'attendaient à tous les maux, à toutes les horreurs de la guerre, et qui s'en voyaient délivrés, conseillaient aux villes qui n'étaient pas encore conquises de suivre leur exemple. C'est ainsi que Taberna, Seron, Almuñecar et Salobreña se rendirent volontairement.

Ces succès remplirent de joie le cœur des chrétiens; cependant ils avaient payé ces brillantes conquêtes par de cruels sacrifices. Le dernier jour de décembre, le roi Ferdinand passa son armée en revue; elle se trouvait diminuée de 20,000 hommes. 3,000 seulement avaient péri en combattant; le surplus était mort de maladie (*).

Dès que les rois Ferdinand et Isabelle furent maîtres des États d'Abu-abd-Allah-el-Zagal, ils sommèrent el-Chiquito de leur livrer Grenade, comme il s'y était engagé. L'infortuné souverain reconnut trop tard la faute qu'il avait commise. Il répondit qu'il n'était pas maître d'exécuter ces conventions, parce qu'il y avait à Grenade un parti nombreux et puissant qui ne le lui permettrait pas. Il priait donc Ferdinand d'agréer ses excuses, et de se tenir pour satisfait des conquêtes que la bonté divine lui avait accordées. Il ne faut pas reprocher trop sévèrement à Abd-abu-Allah ce manque de foi; car il ne pouvait agir différemment. Tout ce qu'il y avait de fanatiques dans les villes nombreuses que Ferdinand avait gagnées depuis neuf années, avait été refoulé dans Grenade. Ces hommes, exaspérés par les pertes que leur religion venait de faire, étaient mêlés à la population déjà si turbulente de la capitale. Quand ils virent qu'il était question de livrer aux chrétiens la dernière retraite qui restait aux musulmans sur la terre d'Espagne, ils se soulevèrent, et, accusant leur roi de trahison et d'apostasie, ils coururent en armes attaquer l'Albaycin. Abu-abd-Allah eut beaucoup de peine à résister aux attaques de ces furieux, et il ne put calmer la révolte qu'en promettant d'opposer aux chrétiens une résistance acharnée.

Au reste, cette défense ne pouvait plus servir à rien. Le terme de la domination des musulmans dans la Péninsule était arrivé; rien ne pouvait retarder la chute de leur empire. Le

(*) Condé indique ces événements comme s'étant passés en 896, 1490-1491. C'est un parachronisme d'une année.

sultan Bajazet II, dont les Maures de Grenade avaient réclamé l'assistance, envoya au pape deux religieux du Saint-Sépulcre, pour l'engager à détourner le roi Ferdinand de faire la guerre aux Maures. Il menaçait de traiter les chrétiens qui étaient dans ses États de la même manière que Ferdinand traiterait les Maures de Grenade. Mais les rois Ferdinand et Isabelle ne furent pas arrêtés par cette crainte; ils firent de nouveau sommer le roi de Grenade d'exécuter sa promesse, et celui-ci ayant de nouveau refusé de le faire, l'armée chrétienne partit de Cordoue le 26 mai 1490 (6 resjeb 895), pour aller ravager la campagne de Grenade. Elle incendia les moissons, détruisit tous les fruits de la terre; puis, quand cette œuvre de désolation fut accomplie, elle se retira.

Tant que les chrétiens furent dans la campagne de Grenade, Abu-abd-Allah se tint renfermé dans la ville. Dès qu'ils furent éloignés, il sortit à la tête de ses troupes, et courut attaquer Alhendin, petit château situé à peu de distance de Grenade, et dans lequel Ferdinand avait laissé une garnison de 200 hommes; il le prit et le rasa. De tous les côtés il envoya des émissaires, pour engager ceux qui étaient restés fidèles à la foi de Mahomet, à oublier leurs sujets de discorde et à s'entendre pour repousser les chrétiens; car le salut de l'État dépendait de leur union. Ces prédications ne furent pas sans effet. Andarax et les Alpuxaras se soulevèrent contre el-Zagal, qui leur avait été donné pour seigneur. Des troubles éclatèrent aussi à Guadix. Quelques habitants de Salobreña ouvrirent les portes de la ville aux troupes de Grenade. La garnison chrétienne fut obligée de se renfermer dans la citadelle, dont Abu-abd-Allah-el-Chiquito commença le siége. Dès que Ferdinand fut instruit de ces soulèvements, il envoya des secours sur les points menacés. Son armée ravagea de nouveau les environs de Grenade. Tout ce qui avait échappé lors de la première expédition des chrétiens tout ce que la terre avait pu produire depuis cette époque fut détruit. El-Chiquito, sachant que les chrétiens venaient au secours de la citadelle de Salobreña, abandonna précipitamment le siége qu'il avait entrepris, et s'éloigna rapidement, sans oser tenter les chances d'une bataille. La révolte des Alpuxaras fut apaisée. Néanmoins el-Zagal, qui souffrait impatiemment de se voir sujet dans un pays où il avait été roi, et dégoûté d'ailleurs de ses domaines par la rebellion de ses sujets, vint trouver Ferdinand, et lui demanda la permission de quitter l'Espagne. Le roi consentit à sa demande, et lui remit une somme considérable pour prix des domaines qu'il abandonnait. El-Zagal, usant de la permission qui lui était donnée, se réfugia en Afrique avec sa famille et beaucoup de mahométans qui s'étaient attachés à sa fortune.

Ferdinand, après avoir ainsi réprimé les tentatives du roi de Grenade, et l'avoir contraint à se renfermer dans sa capitale, se retira à Cordoue, pour y faire les préparatifs de la campagne suivante.

Au commencement du printemps, le 11 avril 1491 (1er sjumada posterior 896) (*), ce roi partit de Séville, à la tête d'une partie de son armée. Les différentes divisions qui devaient la composer le rejoignirent en chemin, et il posa son camp, le 23 avril, près des fontaines appelées les Yeux de Guetar, qui sont situées à une lieue et demie de Grenade.

Le soir même, le roi envoya le marquis de Villena, avec 3,000 cavaliers, pour courir les montagnes voisines, et il lui promit de le soutenir avec le gros de l'armée pour le cas où les Maures de la Sierra lui feraient une trop vive résistance, et pour assurer ses derrières si les habitants de Grenade

(*) Condé indique le printemps de l'année 897; c'est une erreur de chiffre évidente, puisque lui-même fixe la date de la prise de Grenade au 22e jour de la 1re lune de 897, c'est-à-dire, à une époque antérieure au printemps de l'année 897.

cherchaient à l'inquiéter. Le roi tint parole. Il s'avança jusqu'à Padul, repoussa les Maures qui étaient sortis de la ville. De cette manière, le marquis de Villena put exécuter l'ordre qu'il avait reçu ; il brûla neuf villages qui auraient envoyé des vivres à Grenade, et il revint au camp chargé de butin. Afin d'empêcher que les assiégés ne fissent venir de ces montagnes des vivres ou des secours, on résolut d'en ruiner toutes les habitations. Ce fut en vain que les Maures cherchèrent à défendre les défilés et à y arrêter l'armée chrétienne, ils furent mis en déroute, et quinze villages furent encore détruits. Après cette expédition, on s'occupa de fortifier le camp; on l'entoura de fossés et de retranchements, et le roi passa la revue de son armée, qui se trouva composée de 10,000 hommes de cavalerie et de 40,000 fantassins ; elle était accompagnée d'une nombreuse artillerie, et rien de ce qui pouvait assurer le succès de cette entreprise n'avait été négligé. Cependant il était évident que le siège devait être long. Grenade est située en partie dans une plaine, en partie sur deux collines, entre lesquelles passe le Darro. Presque au sortir de la ville, cette rivière se jette dans le Genil. Les murailles étaient fortes et flanquées de plus de mille tours. Tous les musulmans qui portaient en leur cœur la haine du nom chrétien s'étaient réfugiés à Grenade, qui ainsi renfermait un grand nombre de soldats braves et expérimentés. Il ne se passait pas de jour sans que Muza, l'un des principaux chefs de la garnison, sortît dans la plaine de Grenade à la tête de 3,000 cavaliers pour escarmoucher avec les chrétiens, et pour protéger les convois de vivres qu'on amenait. Un autre corps parcourait les montagnes pour repousser les chrétiens qui ne cessaient de brûler des villages. C'était un combat de tous les jours, et, pendant les premiers temps du siège, les Maures, soit par bravade, soit par confiance en leurs forces, ne fermaient pas les portes de la ville.

Tous ces obstacles n'ébranlèrent point la résolution que Ferdinand avait prise de ne point abandonner le siége ; et pour que tout le monde en fût bien convaincu, il fit venir à l'armée Isabelle et ses enfants. La tente du marquis de Cadix était la meilleure et la plus commode qui fût dans le camp. Ce seigneur l'offrit à la reine, et on la dressa auprès de celle du roi.

Si la présence d'Isabelle animait le courage des soldats, elle ne fut pas toujours sans inconvénient, et le 10 juin (12 sjaban), une des caméristes de cette princesse s'étant endormie sans éteindre une lumière placée trop près de la toile, le feu y prit et gagna les tentes voisines, ainsi que les baraques des soldats, en sorte qu'en peu d'instants une partie du camp fut couverte de flammes (*).

Ferdinand, craignant que cet événement ne fût le résultat de quelque trahison, et que les Maures ne cherchassent à profiter du désordre occasionné par l'incendie, sortit de sa tente à moitié nu, mais portant son bouclier et son épée; il monta ainsi à cheval, et il rangea hors du camp une partie de l'armée pour recevoir les Maures s'ils se présentaient ; mais ils ne bougèrent pas. La reine, ne voulant pas que l'armée fût une seconde fois exposée au même danger, et désirant que les soldats eussent pour l'hiver des logements plus commodes, ordonna que l'on construisît des maisons de pierre, couvertes de tuiles. Tout le monde applaudit à cette proposition. Chacun se mit à l'ouvrage avec tant d'ardeur, qu'au bout de 80 jours on eut élevé une ville. La reine voulut qu'elle fût appelée Santafé : c'est le nom qu'elle conserve encore aujourd'hui. Quand les Maures virent à leur porte cette ville ennemie qui avait été créée comme par enchantement, ils comprirent qu'il n'y avait plus de salut pour eux, et le découragement s'empara de leur esprit. Les horreurs de la famine com-

(*) Mariana place cet événement à la date du 10 juin 1471 (12 sjaban 896); Ferreras indique la date du 14 juillet (7 ramadan).

mençaient aussi à se faire sentir dans la place. Cependant les assiégés ne songeaient pas encore à se rendre, et chaque jour ils faisaient des incursions dans la campagne pour combattre les chrétiens. Une de ces rencontres leur devint funeste. Isabelle désirait contempler de plus près la ville assiégée. Ferdinand fit donc sortir de Santafé la plus grande partie de son armée, qui se rapprocha de Grenade; la reine se rendit à une maison située dans la plaine et se plaça près d'une fenêtre d'où elle pouvait apercevoir toute la ville. Cependant les Maures, voyant l'armée chrétienne qui s'avançait, marchèrent à sa rencontre avec plusieurs pièces d'artillerie. Isabelle avait demandé qu'on évitât d'en venir aux mains; mais il ne fut pas possible d'éviter la bataille. Dès que la reine vit les deux armées qui se chargeaient, elle se jeta à genoux, et levant les mains au ciel, elle pria Dieu de ne pas permettre que le sang chrétien fût versé. Sa prière, dit-on, fut exaucée, pas un chrétien ne périt; tandis que 600 Maures furent tués; 1,400 furent blessés ou faits prisonniers; enfin l'artillerie, qui était sortie de la ville, tomba au pouvoir des chrétiens. On poursuivit les Maures jusque sous les murs de la ville, et on parvint même à s'emparer de deux tours. A partir de ce moment, Muza fit fermer les portes de Grenade, et les assiégés cessèrent de faire des sorties. Cependant chaque jour la famine devenait plus affreuse. Enfin Abu-abd-Allah se détermina à capituler. Il envoya comme parlementaire Abu'l Cazim Abd-el-melech (*). Du côté des chrétiens Gonzalve de Cordoue et Fernand de Zafra, secrétaire du roi, furent chargés de régler les articles de la capitulation. On en débattit les conditions pendant plusieurs jours; enfin elle fut signée le 25 novembre 1491 (22 harrem 897).

Les Maures fanatiques, et il n'en manquait pas dans Grenade, prêchaient comme ils l'avaient déjà fait à Malaga, que Mahomet lui-même viendrait au secours de la ville, et qu'il exterminerait les assiégeants. Afin de contenter ceux qui étaient assez simples pour croire à ces promesses, on convint que si la ville n'était pas secourue dans 40 jours, elle serait livrée aux chrétiens. Ce terme expirait le 6 janvier 1492 (6 rabia 1er 897).

Les principales conditions du traité furent que tous les captifs chrétiens seraient mis en liberté sans rançon; que la ville de Grenade, ses portes, ses forteresses et ses tours, ainsi que les armes, seraient livrées aux chrétiens; que les Maures conserveraient leurs maisons, leurs meubles et leurs propriétés rurales; que le libre exercice de leur religion leur serait laissé; que leurs procès seraient jugés d'après leurs lois, et par des juges de leur nation; que ceux qui voudraient vendre leurs biens et se retirer en Afrique en seraient entièrement libres.

A l'égard d'Abu-abd-Allah-el-Chiquito, il fut convenu que le roi Ferdinand lui assignerait des terres et des vassaux dans les Alpuxarras, et que si au contraire il préférait quitter l'Espagne, on lui payerait en argent la valeur des seigneuries qui lui auraient été attribuées.

Quand les articles de la capitulation furent connus à Grenade, cette partie de la population, qui n'a d'énergie que pour la révolte et pour le désordre, mais qui n'est bonne à rien quand il faut combattre l'ennemi, devint furieuse; elle était encore excitée par les fanatiques, dont les prédications annonçaient l'arrivée de Mahomet. Abu-abd-Allah, craignant qu'ils ne fussent la cause de quelque désastre, prévint Ferdinand qu'il livrerait la ville avant le jour stipulé dans la capitulation. En effet, le 2 janvier 1492 (1er rabia prior 897), les rois Ferdinand et Isabelle sortirent de Santafé, suivis d'une partie de leur armée, et se dirigèrent

(*) Mariana le nomme Bulcacim-Mulch. Ferreras dit que le parlementaire mauré se nommait Iucef-Aben-Comija. Il est probable qu'il y eut plusieurs négociateurs du côté des musulmans comme du côté des chrétiens; toutes ces énonciations peuvent donc parfaitement se concilier.

vers Grenade. Le roi Abu-abd-Allah sortit à leur rencontre à la tête de 50 cavaliers. En abordant Ferdinand, il voulut mettre pied à terre, comme l'avaient fait ceux de sa suite; mais Ferdinand ne le souffrit pas. Le roi vaincu lui dit alors : Nous sommes en votre pouvoir; je vous remets le royaume. Allah le veut! J'ai la confiance que vous userez de votre victoire avec clémence et avec générosité. Ensuite il lui présenta les clefs de la ville. Ferdinand l'embrassa et lui adressa quelques paroles de consolation.

Alors le comte de Tendilla, nommé gouverneur de la ville, y entra avec les troupes qui devaient en prendre possession. Il trouva les rues désertes: tous les habitants se tenaient renfermés dans leurs maisons. Dès que le comte fut entré à l'Alhambra, le cardinal de Mendoza, qui l'accompagnait, arbora la croix sur la tour de Comarez. De leur côté, les comtes de Tendilla et de Cardeñaz étaient montés sur d'autres tours, où ils plantèrent l'étendard du roi et la bannière de saint Jacques.

Dès que Ferdinand et Isabelle, qui se tenaient hors de la ville avec le reste de l'armée, aperçurent la croix et les étendards arborés sur l'Alhambra, ils se mirent à genoux et rendirent grâces à Dieu.

Tandis que les chrétiens entraient dans Grenade, Abu-abd-Allah se rendit auprès de la reine, et lui baisa la main. Ensuite il prit congé de Ferdinand, et sans vouloir rentrer dans la ville, il partit pour l'exil avec sa famille qui l'attendait. Arrivé au sommet d'un coteau qui se trouve à peu de distance de Padul, et d'où l'on aperçoit encore Grenade, il se retourna, et en contemplant cette cité qu'il ne devait plus revoir, il ne put retenir ses larmes. Allah huakbar!! Dieu est grand! s'écria-t-il en poussant un profond soupir. Pleure-la maintenant comme une femme, lui dit sa mère, puisque tu n'as pas su la défendre comme un homme. Le triste souvenir du dernier adieu que ce malheureux prince adressait à son royaume et à sa patrie, a fait donner à cet endroit le nom qu'il porté encore; on l'appelle le Soupir du Maure. Abu-abd-Allah se rendit avec sa famille à Purchena, dont la seigneurie lui avait été donnée, ainsi que celle d'Andarax, et de beaucoup d'autres villes dans les Alpuxarras. Mais ne pouvant vivre simple particulier là où il avait été roi, il vendit au roi pour 80,000 ducats d'or les seigneuries qui lui avaient été assurées, et il passa en Afrique avec sa famille dans le courant de l'année 1493. Là, ce prince infortuné, qui n'avait pas su mourir pour la défense de sa patrie et de son trône, se fit tuer en combattant pour un prince étranger.

Isabelle et Ferdinand ne mirent pas ce jour-là le pied dans Grenade, ils retournèrent à Santafé; ils n'entrèrent dans leur conquête que le 6 janvier 1492 (5 rabia prior 897) (*). Ils firent aussitôt célébrer le sacrifice divin à l'Alhambra, et ils remercièrent le Seigneur qui leur avait donné le moyen d'extirper la domination musulmane établie en Espagne depuis près de huit siècles.

DE L'ARCHITECTURE CHEZ LES MAURES D'ESPAGNE. — MONNAIE MOZARABE D'ALPHONSE VIII. — LA GIRALDA. — L'ALCAZAR DE SÉVILLE. — L'ALHAMBRA. — TRADITION RELATIVEMENT AU MASSACRE DES ABENCERRAGES. — DES PEINTURES DE L'ALHAMBRA. — ADRESSE DES MAURES POUR CISELER LES MÉTAUX. — ARMES EMPLOYÉES PAR LES MAURES.

La domination des Maures en Espagne a duré si longtemps qu'on retrouve partout, dans ce pays, les traces de leur passage. On y rencontre une foule d'usages qui trahissent une origine tout orientale. A Séville, à Cordoue, à Grenade, et surtout dans le royaume de Valence, on dirait que l'empire des Arabes n'a cessé que d'hier. Les immenses travaux qu'ils ont exécutés pour l'irrigation des ter-

(*) Mariana indique le 8 rabia; c'est une erreur.

res, les canaux qu'ils ont creusés avec tant d'industrie pour la distribution des eaux, font encore la richesse des pays qu'ils ont cultivés. Les édifices qu'ils ont construits restent aussi comme de précieux témoignages des progrès qu'ils avaient faits dans les arts, et causent l'étonnement des voyageurs. On chercherait en vain dans quelque autre contrée des monuments de cette architecture qui est née et qui est morte en Espagne ; qui n'a point eu de modèle, et qui n'a pas laissé d'imitateurs. Il semble qu'Abd-el-Rahman, en fondant un empire séparé de celui des Abassides, ait voulu oublier toutes les traditions du passé. Il a créé un genre d'architecture nouveau, comme il créait un nouveau royaume. Il voulait construire un temple qui ne le cédât en magnificence ni aux plus belles églises de la chrétienté, ni aux mosquées élevées par les califes de Bagdad. Cependant l'art de suspendre dans l'espace ces voûtes immenses qui donnent à nos basiliques tant de grandeur et tant de majesté n'a jamais été connu des Maures. Pour construire un édifice d'une grande étendue, où la foule des croyants pût se rassembler afin de prier en commun, il en soutint le toit à l'aide de plus de mille colonnes. Il y répandit la lumière en le couvrant d'une multitude de petites coupoles que les Arabes appelaient des moitiés d'orange (*medias naranjas*), et qui donnent à cette construction un air de famille avec les édifices de l'Asie. C'était pour Abd-el-Rahman une réminiscence de son pays. Cette mosquée de Cordoue (*), qu'il a commencée, et que son fils Hescham a finie, forme le premier type de l'architecture mauresque. Elle en a déjà tous les défauts, elle en révèle toutes les beautés. Ce qu'on peut reprocher le plus souvent à l'architecture mauresque, c'est une grande lourdeur dans l'ensemble des monuments ; mais il est juste d'ajouter que cette lourdeur de la masse est presque toujours rachet[ée] par des détails d'une légèreté, d'une délicatesse, d'une grâce exquise. On peut dire que les Maures d'Espagne se sont montrés médiocres architect[es], mais excellents décorateurs. Les mu[rs] extérieurs de leurs monuments [sont] entièrement plats. Rien n'y vient interrompre la monotonie de la l[igne] droite ; on n'y voit aucun relief, [au]cune corniche. Ils ne savent pas d[es]siner un profil. Voyez l'extérieur [de] la mosquée de Cordoue (*), la tou[r de] Comarès (*1), l'entrée de l'Alh[am]bra (*2), la porte du Jugement [(*3),] le portail et la vue du Généralif [(*4),] et la Giralda (*5) elle-même, de[puis] le bas jusqu'au couronnement ajouté par les chrétiens ; tout y est plat. A[ussi] lorsque le temps ou la main de l'ho[mme] a fait disparaître ces revêtements [de] stuc aux brillantes couleurs, cette b[ro]derie de légères arabesques dont [les] murs sont incrustés, leurs constru[c]tions ne présentent le plus souven[t à] l'extérieur, qu'un lourd amas de mur[ail]les. Le palais de l'inquisition de C[or]doue (*6), qui fut autrefois l'alc[a]zar des souverains de cette ville, [a] l'aspect d'une vieille forteresse ; [en]core n'y trouverez-vous pas la g[râce] de nos manoirs du moyen âge. L[es] créneaux qui surmontent les constru[c]tions mauresques ne forment aucu[ne] saillie sur le profil du mur. Ils son[t] rangés sur son sommet comme l[es] dents d'une scie. Au contraire, d[ans] les fortifications chrétiennes de c[ette] époque, les créneaux étaient placés [en] encorbellement ; cette disposition était préférable. Des jours pratiqués d[e] haut en bas dans la partie du crénea[u] qui se trouvait en saillie permettaien[t] aux assiégés de voir le pied du mu[r] sans se découvrir, et de faire pleuv[oir] par là les projectiles sur les ennemi[s]. Pour le coup d'œil, cette espèce d[e]

(*) Elle a déjà été décrite, p. 156. Voir aussi les gravures 14, 15, 16 et 17.

(*) Planche 14.
(*1) Pl. 18.
(*2) Pl. 20.
(*3) Pl. 19.
(*4) Pl. 35 et 33.
(*5) Pl. 38.
(*6) Pl. 58.

galerie qui entourait le sommet des édifices n'était pas moins préférable. Regardez l'alcazar de Ségovie(*), paré de son élégante couronne de tourelles et de créneaux, et décidez s'il n'est pas cent fois plus gracieux que l'extérieur de tous les monuments arabes.

Les Maures employaient quelquefois, dans leurs constructions, des pierres de taille et des moellons. Quelquefois aussi ils mettaient alternativement des couches de béton et des couches de pierre. Cependant il n'existe que peu d'exemples de ce genre de maçonnerie. On en voit quelques ruines dans les environs de Grenade; mais comme elles sont très-rares, et qu'elles remontent à une haute antiquité, beaucoup de personnes les ont attribuées aux Phéniciens.

Le procédé que les Maures employaient le plus souvent consistait à fabriquer un ciment auquel ils mêlaient du gravier et de gros cailloux ronds; ils versaient ce mortier entre des planches éloignées l'une de l'autre, de manière à laisser entre elles l'épaisseur du mur qu'ils voulaient bâtir. Quand ce béton s'était solidifié, ils fabriquaient une autre assise, jusqu'à ce qu'ils fussent arrivés à la hauteur qu'ils désiraient atteindre. C'est de cette manière qu'ont été élevés presque tous les bâtiments de l'Alhambra et de l'alcazar de Séville. Avec le temps, ce ciment a acquis une excessive dureté. Dans beaucoup d'endroits, il est recouvert d'un enduit très-fin, et quelquefois d'un stuc si merveilleusement composé, que plusieurs siècles n'ont pu en ternir l'éclat, ni en altérer les couleurs.

Les Maures ne donnaient que rarement une forme circulaire à leurs constructions. Presque toutes leurs tours sont carrées. On doit considérer comme des exceptions quelques tours octogones qui leur sont attribuées. Ces exceptions sont rares, et ces monuments sont mozzarabes plutôt que mauresques; ainsi les tours qui flanquent la porte des Serranos à Valence (*), ont été commencées par Pedro le Cérémonieux en 1349, c'est-à-dire cent ans après que les Maures avaient été chassés de Valence.

Les mêmes observations peuvent s'appliquer à la jolie tour de l'église de Saint-Nicolas de Cordoue (*1); ni sa forme, ni la galerie qui la couronne ne permettent de la regarder comme une construction entièrement mauresque; cette tour est probablement un ancien minaret dont l'aspect et la forme ont été considérablement changés par les travaux qu'on y a faits depuis la conquête de Cordoue. Si vous trouvez un monument de forme circulaire, à moins que vous n'ayez des preuves bien claires et bien concluantes de son origine, ne l'attribuez pas à des architectes maures. Ainsi, je penserais volontiers que la construction en forme de demi-lune qui se trouve en avant de la porte principale de l'Alhambra (*2), est de construction chrétienne.

Les monuments mauresques ne portent pas tous également empreint le cachet de leur origine. Le style des constructions arabes s'est modifié suivant le temps, suivant les lieux où les constructions ont été élevées. Comparez les bains mauresques (*3) qui existent dans le couvent de Tordesillas, le cloître qui précède la mosquée de Cordoue (*4), et le jardin entouré d'arcades qui dépend du Généralif (*5). Ces trois monuments ont la même disposition : ce sont des cours ou des jardins entourés d'arcades. Cependant voyez quelle différence dans l'exécution. A Tordesillas, sur les bords du Duero, dans le royaume de Léon, où la domination arabe a pénétré, mais où elle a duré moins longtemps, où elle a exercé une influence moins profonde et moins durable que dans le midi de la Péninsule, cette architecture s'est presque confondue avec celle

---

(*) Pl. 37.
(*) Pl. 39.
(*1) Pl. 40.
(*2) Pl. 19.
(*3) Pl. 44.
(*4) Pl. 17.
(*5) Pl. 34.

des anciens maîtres du pays. Ces chapiteaux, ces arcades à plein cintre, tout cela est byzantin autant que mauresque, et le seul trait qui caractérise bien le genre mauresque est cette porte surmontée d'un cintre plus grand que la moitié du cercle; au contraire, dans le cloître qui précède la mosquée de Cordoue, toutes les arcades portent ce cachet particulier. Dans la vue tirée des jardins du Généralif, les arcades sont dentelées; toute la maçonnerie est brodée de détails si légers, si remplis de grâces, qu'on ne saurait ni les décrire, ni les imiter.

On vient de voir que le couvent de Tordesillas contient des traces d'architecture mauresque. Il ne faudrait pas conclure de là qu'il n'a pas été édifié par les chrétiens. Pendant huit siècles les Castillans et les Arabes se sont trouvés continuellement en contact, en sorte que souvent la langue des deux peuples, leurs mœurs et leurs arts se confondaient. Ainsi on connaît des monnaies frappées par des princes chrétiens, où cependant la légende est inscrite en caractères arabes. Le denier d'or d'Alphonse VIII (*) porte l'emblème de la croix et les trois lettres romaines ALP; tout le reste est en arabe. Les princes maures inscrivaient souvent des sentences du Coran sur leurs monnaies. A leur exemple, Alphonse VIII a gravé sur la sienne un verset tiré de nos livres saints. On lit d'un côté : « L'émir des catholiques, Alphonse, fils de Sanche, que Dieu le fortifie et le secoure. »

« Ce dinar a été frappé à Tolède (*Talitila*), l'an 1241 de safar. »

On lit au revers :

Dans le champ : « L'iman de l'Église du Messie est le pape de Rome. »

Et pour légende on trouve le seizième verset du dernier chapitre de l'évangile selon saint Marc :

« Au nom du Père, du Fils et du Saint-Esprit, ne formant qu'un seul Dieu; celui qui croit et qui est baptisé sera sauvé. »

Ce qu'Alphonse VIII a fait pour

(*) Pl. 8e.

cette monnaie, d'autres princes [ont] fait pour des monuments. Les arc[hi]tectes musulmans ont quelquefois [été] appelés à Tolède ou à Burgos pour exercer leurs talents, et le nom [de] maçon s'exprime encore en espag[nol] par un mot arabe, par celui d'alba[ñil]. Quand don Pedro le Cruel voulut em]bellir l'alcazar de Séville, ce fût à [des] artistes maures qu'il confia ces [tra]vaux.

C'est un problème très-difficile [à ré]soudre, que de décider quelle [est] l'origine de l'arc en tiers-point. Est[-ce] une invention de l'architecture [mau]resque ? Est-ce un emprunt que [les] Arabes ont fait aux monuments [chré]tiens du moyen âge ? Je ne [sais]. Mais je ferai remarquer qu'à l'alc[azar] de Séville, le cintre mauresque [se] combine avec l'ogive d'une manière [ex]cessivement gracieuse. On dirait, [du] reste, qu'on s'est efforcé de faire [con]courir tous les genres d'architect[ure] pour embellir la demeure de Maria [de] Padilla, car on y remarque des gal[e]ries mauresques soutenues par des co]lonnes de marbre blanc d'ordre cor[in]thien.

A l'alcazar de Séville, le cintre [mau]resque et l'ogive sont employés simu]tanément, mais chacun d'eux y [con]serve son caractère particulier. Da[ns] le gracieux édifice reproduit planc[he] 41, vous trouverez un arceau qui par]ticipe de l'un et de l'autre. Comme [l'o]give, il est formé par l'intersection [de] deux arcs de cercle. Il tient du cintr[e] mauresque, en ce qu'au lieu de se ré]trécir à partir de sa base, il va d'abord en s'élargissant, pour se rétrécir en]suite. Cet agencement de lignes a l'in]convénient de donner à l'arceau un aspect un peu lourd; mais là, comm[e] dans tous les édifices mauresques, cett[e] lourdeur est rachetée par la profusio[n] par l'élégance des détails. C'est da[ns] cet édifice que se fait maintenan[t à] Grenade la vente du charbon, ce q[ui] lui a vaut le titre modeste de *Casa-d[el] carbon*. Du temps des Maures sa de]tination était bien différente. C'est l[à] que se tenait la poste; car il faut avouer que les Maures nous avaie[nt] devancés pour l'invention de toutes les institutions utiles, et quand, en 1464, Louis XI voulut établir les postes en France, il commença par envoyer à Grenade, afin d'apprendre comment ce service y était organisé.

Le pont de Cordoue porte les traces de plusieurs architectures différentes. La partie représentée pl. 43 se compose d'arches à plein cintre. Mais il existe aussi plusieurs arches construites par les Maures qui présentent la forme de cette espèce d'ogive qu'on remarque à la Casa-del-carbon.

Passer sous le silence la célèbre Giralda de Séville (*), serait une faute impardonnable. Cette tour a été construite par les Maures jusqu'aux trois quarts de sa hauteur; les chrétiens ont ajouté le couronnement. Le tout est surmonté par une statue de la Foi. Toute la partie qui est l'ouvrage des Maures est décorée de sculptures d'un genre beaucoup plus simple que celles de leurs autres édifices.

Dans l'intérieur de la tour, les Maures ont pratiqué un escalier tournant sans marches; il est si large et la pente en est si douce, que plusieurs hommes à cheval peuvent y monter de front, jusqu'à la hauteur où commencent les travaux des chrétiens; à cet endroit, l'escalier devient plus rapide et se compose de degrés.

L'Alhambra est le chef-d'œuvre de l'architecture mauresque. La cour des Lions (**) a environ 30 mètres de longueur, sur 15 de largeur. Elle est entourée, dans tout son pourtour, par un portique formé de colonnes de marbre blanc; aux deux extrémités se trouvent deux vestibules qui avancent chacun, dans la cour, d'environ 6 mètres. A partir de terre, jusqu'à la hauteur de 1 mètre 50 centimètres, les murs sont revêtus avec des tuiles bleues et jaunes, disposées en échiquier; au-dessus et au-dessous règne une bordure émaillée en bleu et or, sur laquelle sont inscrites des sentences arabes. Les colonnes de marbre blanc qui soutiennent le toit des vestibules, et qui forment un portique tout autour de la cour, sont extrêmement minces; elles ont environ 2 mètres 70 cent. de hauteur, en comprenant la base et le chapiteau; elles ont un module de 21 centimètres environ. La forme des chapiteaux qui les couronnent est très-variée, et ceux que reproduit la planche 30 en donnera l'idée, mieux qu'une description ne pourrait le faire. Ces colonnes sont disposées d'une manière fort irrégulière; quelquefois elles sont seules. Aux angles des vestibules elles forment des groupes de trois, mais le plus souvent elles sont accouplées. Les plafonds et les murs sont incrustés d'ouvrages moulés en stuc avec la plus grande délicatesse; le dessin en est riche et varié, comme les caprices de l'imagination orientale. Charles V, lorsqu'il a fait réparer l'Alhambra, a trouvé le moyen de placer son aigle à deux têtes parmi ces élégantes arabesques : il figure sur le fronton des vestibules.

Le milieu de la cour est occupé par douze lions de marbre blanc, très-mal faits; ils portent sur leur dos le bassin d'une vaste fontaine. Du temps des Maures, le toit était couvert de tuiles peintes et soigneusement vernissées; mais, depuis plus d'un siècle, on a remplacé cette couverture, qui était en mauvais état, par de grandes tuiles rouges, qui produisent le plus mauvais effet.

Dans un pays où le soleil est toujours brûlant, l'air et la fraîcheur doivent être l'agrément le plus envié pour une habitation. Les Maures excellaient surtout dans l'art de distribuer les eaux. Des jets d'eau, des fontaines répandent la fraîcheur dans presque toutes les parties de l'Alhambra. Un portique sous lequel on trouve de l'ombre à toutes les heures du jour, des plates-bandes dont les fleurs embaument l'air, puis un vaste réservoir d'une eau limpide, voilà ce que renferme la cour nommée de l'Alberca, c'est-à-dire du Vivier (*).

(*) Pl. 38.
(**) Pl. 23.

(*) Pl. 24.

Il faut aussi des salles de bains, et ces lieux de voluptés ne manquaient pas dans la demeure des rois de Grenade (*). On y trouve les bains du roi et ceux de la reine. Les murs de ces chambres sont revêtus, jusqu'à une certaine hauteur, de ces carreaux en faïence de diverses couleurs, que les Espagnols ont nommés *azulejos* (*1). De même que cela est encore l'usage dans presque tous les bains de l'Orient, ces salles ne sont éclairées que par des trous pratiqués dans la voûte.

Que dire maintenant de la salle du Jugement (*2) ou de celle des Abencerages (*3) ? On se croirait transporté dans un château de fée. C'est toujours la même élégance dans les détails. Le burin du graveur peut essayer de montrer tout ce que ces lieux ont de richesse et de beauté ; mais la plume de l'écrivain doit renoncer à l'espoir de le faire comprendre.

La salle des Abencerages mérite cependant d'attirer plus particulièrement l'attention, non-seulement pour la délicatesse des ornements dont elle est surchargée, mais encore à raison des souvenirs qui s'y rattachent. Pedro Ginez de Hita a publié un roman intitulé *Histoire des guerres civiles de Grenade* (*4).

Les fictions dont ce livre est rempli sont devenues, en Espagne, des croyances populaires ; et c'est dans la salle des Abencerages que la tradition place une des scènes les plus sanglantes de ce roman. Les Zegris et les Gomelès avaient résolu de faire périr les Abencerages, dont la gloire leur faisait envie. Pour y parvenir, ils accusèrent la reine Daraxa d'adultère, et supposèrent que son complice était l'Abencerage Aben Hamad. Ils affirmèrent avoir été témoins du crime, et avoir surpris les coupables dans un bosquet de rosiers blancs du Généralif.

Le roi Abu-Abd-Allah prêta l'oreille à cette accusation, et, pour se venger, il résolut de faire périr toute la tribu des Abencerages. Il fit mander ces chevaliers à l'Alhambra ; on ne les introduisait que l'un après l'autre, et à mesure qu'ils y entraient, on les décapitait. Le romancier prétend que cette horrible boucherie a eu lieu dans la cour des Lions (*). La tradition, au contraire, indique la salle appelée des Abencerages, comme le lieu où ce crime aurait été commis. Trente-six des plus nobles chevaliers de Grenade périrent victimes de cette trahison. Le page de l'un d'eux, qui était entré avec son maître sans qu'on fît attention à lui, parvint à sortir sans être vu ; il alla prévenir les autres Abencerages, et empêcha que la tribu entière ne fût exterminée.

La reine accusée d'adultère en appela au jugement de Dieu ; mais elle ne voulut pas confier sa cause à des chevaliers de sa nation. Esperança de Hita, prisonnière chrétienne qui se trouvait au nombre de ses dames, lui avait vanté le courage de D. Juan Chacon, gouverneur de Carthagène. Elle écrivit à ce seigneur pour le prier d'embrasser sa défense. D. Juan Chacon, avec D. Alonzo de Aguilar, D. Manuel Ponce de Léon et D. Diégo Fernandez de Cordoba, déguisés en Turcs, se rendirent à Grenade. Ils dirent qu'ils s'étaient embarqués à Constantinople pour se rendre en Afrique ; que forcés par la tempête de relâcher à Almuñecar, ils étaient venus pour voir Grenade, et qu'ayant appris l'accusation

---

(*) Pl. 25 et 26.

(*1) Ces carreaux, fort en usage en Andalousie et dans le royaume de Valence, ont été pendant longtemps un objet de luxe ; aussi, pour exprimer qu'un individu ne réussirait pas dans ses entreprises, qu'il ne ferait pas fortune, on disait proverbialement : Il ne bâtira pas sa maison avec des *azulejos*.

(*2) Pl. 22.

(*3) Pl. 21.

(*4) Une suite de ce roman a été publiée par le même auteur sous le pseudonyme de Aben-Hamin. Cette suite est très-rare, et presque aussi inconnue que la première partie est célèbre.

(*) « Asi como entro en la quadra de los leones le echaron mano sin que pudiese hazer resistencia, y alli en una taça de alabastro mui grande en un punto fue degollado. »

portée contre la reine, ils offraient de prendre sa défense et de convaincre ses ennemis d'imposture. Les accusateurs, qui étaient Mahomad Zegri, Ali Hamet Zegri, Mahardon Gomelès et Mahardin son frère, furent vaincus, et l'un d'eux, Mahomad Zegri, avoua, avant de mourir, qu'il avait été l'inventeur de cette horrible trahison.

Ce combat est entièrement fabuleux, et s'il eût eu lieu, les auteurs castillans de cette époque n'auraient pas manqué de raconter une entreprise aussi glorieuse pour leurs compatriotes. Hernando del Pulgar ne l'aurait point passée sous silence. Quant au massacre des Abencerages, il est beaucoup plus difficile d'arriver à la connaissance de la vérité. Il est certain que l'Alhambra a été le théâtre de bien des scènes sanglantes. Ainsi Mohammed-ben-Ozmin a fait massacrer dans l'Alhambra un grand nombre des plus nobles citoyens de Grenade. On trouve encore dans Ferreras, sous la date de l'année 1482 (*), qu'un Abencerage étant parvenu à se faire aimer de la sœur du roi Muley Hasan, ce prince le fit massacrer dans son palais. C'est probablement un de ces deux faits qui a donné l'idée du roman de Ginez de Hita. Une partie de ces aventures se trouve représentée dans des peintures qui existent à l'Alhambra, et qu'on attribue, je crois, bien mal à propos, aux Maures de Grenade. Abu-abd-Allah n'eût pas fait peindre dans son palais des faits qui lui étaient peu honorables; d'ailleurs, à quelle époque eussent été faits ces tableaux? Les dernières années du règne d'Abu-abd-Allah el Chiquito, pendant lesquelles cet événement aurait eu lieu, ont été tellement remplis par la guerre et par les désastres, que ce prince n'aurait pas eu le temps de s'occuper à enrichir sa demeure de peintures. Quelques personnes ajoutent qu'en général les Mahométans regardent comme un acte réprouvé par leur religion de représenter des êtres ayant vie. Cela est vrai seulement pour les musulmans de la secte d'Omar. Ceux de la secte d'Ali, les Persans, par exemple, ne se font aucun scrupule de représenter des animaux et même des hommes. Les Ommyades avaient à cet égard introduit en Espagne un peu de la tolérance des fatimites. Il faut donc écarter l'argument tiré de la religion. Mais il en est un autre qui doit paraître plus concluant. La peinture est un art où l'on ne réussit qu'après de longues études et de pénibles travaux. Avant de créer des œuvres d'un certain mérite, elle commence par produire des essais grossiers. Si cet art eût été cultivé à Grenade du temps des Maures, on en eût trouvé d'autres traces que celles qui existent à l'Alhambra. Il en serait mention dans les auteurs qui ont écrit peu de temps après la conquête de Grenade. Cependant les peintures de l'Alhambra ne sont pas dénuées d'un certain mérite. Qu'on regarde ces chasses au lion et au sanglier (*), ce conseil de musulmans (*1) et ces costumes mauresques (*2), et l'on conviendra que ces ouvrages n'ont pu être composés qu'à une époque où la peinture avait déjà fait beaucoup de progrès. On ne doit les faire remonter qu'au temps où des travaux considérables ont été faits à l'Alhambra par ordre de Charles V.

Un talent qu'on ne saurait contester aux Maures, c'est celui de travailler les métaux; ils excellaient en ce genre; et l'on peut citer comme un chef-d'œuvre en ce genre les deux vases que représente la planche 47; ils ne sont pas moins remarquables pour la singularité de leur forme que pour la délicatesse des ornements dont ils sont couverts. Un de ces vases est décoré du blason des rois de Grenade. Un jour, après une victoire remportée sur les chrétiens, Mohammed-ben-Alhamar qui revenait à la tête de ses troupes triomphantes, fut salué par le

---

(*) Traduction de M. d'Hermilly, t. VII, p. 582.

(*) Pl. 27.
(*1) Pl. 28.
(*2) Pl. 29.

peuple du surnom de vainqueur (*Ghaleb*); il répondit avec une pieuse modestie : Il n'y a pas d'autre vainqueur que Dieu (*Wé lé ghaleb ilé Allah*). Cette phrase devint sa devise, et ce souverain s'étant donné des armoiries à l'imitation des princes chrétiens, prit l'écu d'argent à la bande d'azur sur laquelle il inscrivit ces mots : *Il n'y a pas d'autre vainqueur que Dieu.*

Ces armes restèrent jusqu'au dernier temps celles des rois de Grenade et on les retrouve sur l'un de ces deux vases. Cette circonstance atteste d'une manière certaine leur origine mauresque, dont sans cela peut-être il serait permis de douter, car on trouve sur l'un la représentation d'oiseaux et sur l'autre l'image de quadrupèdes. La figure d'êtres animés ne se trouve que rarement dans les ouvrages des musulmans, et il faut en général ne pas se montrer trop confiant en fait d'antiquités mauresques. L'ambassadeur de Maroc, à son passage par Grenade, acheta de Medina Conti, auteur de l'ouvrage intitulé : *Paseos por Granada*, un bracelet de cuivre que le vendeur prétendait avoir appartenu à la sultane Fatima. Conti se servit de plusieurs inscriptions arabes et de nombreux certificats pour démontrer que ce bracelet avait été réellement porté par cette princesse, et qu'il avait été trouvé dans les ruines de l'Alhambra. Il fut avéré par la suite que ce bracelet avait été fabriqué par Conti lui-même, et qu'il s'était servi, pour le faire, des débris d'un vieux chandelier de cuivre.

Les Maures fabriquaient en filigrane d'argent des objets du travail le plus délicat. A la fin du siècle dernier, on montrait encore à Grenade une épée qu'on disait être celle du roi Abu-Abd-Allah. On racontait qu'après la conquête de Grenade elle avait été donnée par le roi Ferdinand au capitaine L. Luis de Valdivia qui l'avait transmise à ses descendants. Le fourreau en était fait de filigrane d'argent, et le nom d'Abu-Abd-Allah s'y trouvait inscrit. Une autre épée à peu près semblable était entre les mains du marquis de Campotejar. Enfin il existe à l'Armeria real de Madrid une armure et deux épées qu'on prétend avoir appartenu au dernier roi de Grenade (*). Je ne sais trop ce qu'il faut croire de cette prétention ; mais ce qu'il est possible de dire sans crainte d'être démenti, c'est que ces armes sont du travail le plus parfait. Néanmoins je ne me charge pas d'expliquer comment un chevalier pouvait combattre lorsqu'il avait la tête couverte de ce casque, où l'on n'avait pratiqué aucune ouverture pour donner passage à la vue. La planche 46 représente encore un casque de la même espèce. J'avoue que je ne puis comprendre quel usage on pouvait en faire. Je ne pense pas non plus qu'on ait pu, mais beaucoup employé cette demi-pique au milieu de laquelle on a ajouté une lame de poignard. Elle devait être fort incommode à manier. C'est évidemment là une de ces inventions dont on fait parade, mais dont on ne se sert pas. Il ne faut pas regarder comme aussi inutile ce brassard à l'extrémité duquel on a fixé une lame acérée. Il a beaucoup d'analogie avec un poignard encore en usage en Asie, et dont les coups doivent être terribles. En général les armes des Maures de Grenade étaient les mêmes que celles des chrétiens. C'étaient la lance, l'épée, la dague, la pique et la hache d'armes. Leurs principales armes de jet étaient l'arc, la fronde et l'arbalète. Ils avaient été les premiers à faire usage de l'artillerie ; mais entre leurs mains elle était restée peu redoutable, tandis qu'elle était devenue la force principale de l'armée de Ferdinand. C'est à son artillerie que ce prince avait dû la prise de Ronda et de la plupart des villes du royaume de Grenade. Les Maures avaient bien eu le mérite d'inventer les bouches à feu, mais ils ne les avaient pas perfectionnées ; celles qui défendaient Grenade étaient d'une construction grossière. Il existait encore, il y a soixante ans, plusieurs de ces pièces à l'Alhambra. Elles étaient

(*) Pl. 45.

de fer, et leur forme était entièrement cylindrique. On les remplissait de pierres qu'on y introduisait par les deux extrémités, car elles étaient forées de part en part; puis, à l'extrémité postérieure, à l'aide d'une armature de fer, on fixait une chambre remplie de poudre.

Les Maures nous ont appris l'usage de la poudre. Ils nous ont aussi fait connaître une autre invention qui a exercé une influence encore plus active sur les destinées du monde : ils ont apporté d'Asie le moyen de fabriquer le papier de pâte. Dans tous les arts ils avaient devancé les chrétiens. Ils étaient parvenus à un éminent degré de civilisation, quand leurs adversaires étaient encore plongés dans les ténèbres de la barbarie. Ils étaient plus instruits et aussi braves que les chrétiens. Ils étaient aussi sages dans le conseil, aussi hardis dans le combat. Pourquoi donc ont-ils succombé? C'est que pendant huit siècles ils ont été déchirés par des divisions intestines; c'est qu'ils manquaient de l'esprit de concorde qui fait la force et la prospérité des nations.

FIN DU VOLUME.

TABLE DES MATIÈRES

CONTENUES DANS LE 1er VOLUME.

Abd-Allah, 7e des princes Ommyades de Cordoue, succède à El-Mundhir son frère; sa mort, 178.

Abd-El-Azis, fils de Muza, gouverneur de l'Espagne, accorde une capitulation à Tadmir, 131; épouse Égilona, veuve de Roderich, 133; meurt assassiné par ordre du calife Abasside Abd-El-Meleck, 133.

Abd-El-Meleck, gouverneur arabe de la Péninsule, depuis octobre 732 jusqu'à janvier 736, 139; gouverne encore la Péninsule en 741 et 742, et meurt crucifié entre un chien et un pourceau, 143.

Abd-El-Rahman, gouverneur arabe de la Péninsule. C'est l'Abdérame des chroniqueurs. Sa mort à la bataille de Poitiers, 138.

Abd-El-Rahman, surnommé *El-Daghel*, l'Intrus, appelé par Mariana Adahil, et par Eginhard *Ibn-Mauga*, 1er des Ommyades d'Espagne; arrive dans la Péninsule et y fonde un État indépendant des califes d'Orient, 146; sa mort, 153.

Abd-El-Rahman II, 4e des princes Ommyades d'Espagne, fils d'El-Hakem, succède à son père, 165; sa mort, 171.

Abd-El-Rahman III, 8e des princes Ommyades d'Espagne, surnommé *Ben-El-Mactoul* (le fils de l'assassiné), succède à Abd-Allah, son aïeul, 178.

Abd-El-Rahman IV, 15e des princes Ommyades d'Espagne, surnommé *Morthady Bi'llah* (celui qui est agréé de Dieu), arrière-petit-fils d'Abd-El-Rahman III, monte sur le trône; sa mort, 219.

Abd-El-Rahman V, 18e des princes Ommyades d'Espagne, surnommé *El-Mostadhir Bi'llah* (celui qui espère en Dieu), frère de Mohamed-El-Mahadi, monte sur le trône; sa mort, 220.

Abu-Abd-Allah, 21e et dernier roi de Grenade, fils de Muley-Abu'l-Hasan et de la sultane Aija, appelé par les auteurs chrétiens Boabdil, Abo-Abd-Eli, Alcardubil, et surnommé *El-zaquir* (c'est-à-dire *El Chiquito*, le Bambin), est proclamé roi de Grenade, 472; est fait prisonnier par les chrétiens auprès de Lucena, 473; est mis en liberté, 475; est fait prisonnier une seconde fois, en défendant Loxa contre les chrétiens, 475; est de nouveau mis en liberté, 476; s'engage à livrer Grenade quand El-Zagal sera dépouillé de ses États, 477; est sommé de tenir sa promesse, 479; refuse et est assiégé dans Grenade, 480; rend Grenade, 482; sa mort, 483.

Abu-Abd-Allah, alcayde de Malaga, fils de Mohamed ben Ismaïl, frère de Muley-Abu'l-Hasan, oncle du précédent, gagne la bataille de la Axarquia de Malaga, et est surnommé *El-Zagal*, 473; est reconnu roi de Grenade, 475; est chassé de Grenade, 476; abandonne ses États à Ferdinand et Isabelle, 479.

Abu'l-Hasan, appelé par les auteurs chrétiens Albo-Hazen, Abulhacen ou Abohacem, prince africain de la race des Beni-Merines, envoie des secours aux Maures de Grenade, 354; assiége Tarifa; perd la bataille de Rio-Salado ou de Tarifa, 361.

(Voyez aussi *Muley-Abu'l-Hasan*, roi de Grenade.)

Abu'l-Katar, gouverneur arabe de la Péninsule en 743 et 744, 143; sa mort, 144.

Abu'l-Meleck, appelé par les auteurs chrétiens Abulmélic et Abomélique, fils d'Abu'l-Hasan, prince africain de la race des Beni-Merines, passe en Espagne, 354; sa mort, 359.

Abu-Saïd, surnommé *Alhamar* (le Rouge), 10e roi de Grenade, détrône Ismaïl II, 386; est mis à mort par don Pédro le Cruel avec 37 chevaliers maures, dans le champ de la Tablada, 389.

Agila, roi goth, 101.

Agramont (les). Faction qui agitait la Navarre, 435.

Alarich, roi goth, fils d'Eurich, est vaincu et tué par Clovis à la bataille de Vouglé, 99.

Alasdrach, chef des Maures du royaume de Valence révoltés du temps de don Jayme Ier, 319.

Alava. L'Alava offre la seigneurie à Alphonse XI, 354.

Albaracin. Histoire des seigneurs d'Albaracin, 339.
Albufera, 10.
Albuquerque. Alonzo de Albuquerque, gouverneur de don Pédro le Cruel, 373; forme une ligue contre le roi, 376; meurt empoisonné; son testament, 377.
Alcala de Benzaïde, aujourd'hui Alcala la Real, est enlevée aux Maures par Alphonse XI, 363.
Al-Cantara (Norba Cæsarea). Pont d'Alcántara, 93; ordre militaire d'Alcantara, 300; le maître d'Alcantara, Gonçalo Martinez, se révolte et est mis à mort, 360.
Al-Casem, appelé par les écrivains chrétiens Alcacim, Cazin et Quasem, surnommé *Al-Mamoun*, c'est-à-dire l'Illustre, 16ᵉ roi de Cordoue, 218.
Alfama. Chevaliers de Saint-George d'Alfama, 300.
Algazali, un des fondateurs de la secte des Almohades, 262.
Algéciraz. Alphonse X entreprend le siége d'Algéciraz et est forcé de le lever, 331; cette ville est cédée au roi Abu Yousouf par le roi de Grenade, 345; siége et prise d'Algéciraz par Alphonse XI, 364; prise et démantelée par les Musulmans, 397.
Al-Hakem Iᵉʳ, appelé par les auteurs chrétiens Albacan, El Achem, Abulaz et Abulazin, 3ᵉ prince Ommyade de Cordoue, fils d'Hescham, 159.
Al-Hakem II, 9° prince Ommyade, fils d'Abd-El-Rahman III, 197.
Alhama, est prise par les chrétiens, 471.
Alhamar. Voyez *Abu-Saïd* et *Mohammed-ben-Alhamar*.
Alhambra. Voy. *Architecture mauresque*.
Aliabar, médecin, rend la vue à don Juan II d'Aragon, en lui faisant l'opération de la cataracte, 437.
Al-Mamoun (Abu'l-Ola-Edris-ben-Yacob), appelé par les auteurs chrétiens Abu'lola, Abu Aly et Abuly, 8ᵉ roi Almohade de Cordoue, fils de Yacob Almanzour, 305.
Almanzor, ou plutôt *Almanzour* (le Victorieux), Mohammed-ben-Abi-Ahmer, hadjeb de Al-Hákem II, 197; mort d'Almanzor, 210.
Almehedi, fondateur de la secte des Almohades, 263.
Almohades. Leur origine, 263; ils passent en Espagne, 272; fin de la domination des Almohades, 308.
Almoravides, appelés en Espagne, 247; origine des Almoravides, 248; leur débarquement en Espagne, 248; reprennent Valence, 254; ruine des Almoravides en Espagne, 272.
Alphonse Iᵉʳ le Catholique, gendre de Pélage, succède à Favila sur le trône des Asturies, 141.
Alphonse II le Chaste, fils de Froila, est élu roi, et dépouillé du royaume par Mauregat, 154; est associé au trône par Bermude le Diacre, 154; sa mort, 170.
Alphonse III le Grand, fils d'Ordoño Iᵉʳ, monte sur le trône, 172; dépouillé par ses enfants, 175; sa mort, 175.
Alphonse IV le Moine, fils aîné d'Ordoño II, est proclamé roi; abdique et se fait moine; veut reprendre la royauté, 189; don Ramire lui fait crever les yeux; il meurt, 190.
Alphonse V, celui qui releva Léon, fils de Bermude le Goutteux, monte sur le trône, 209; donne les bons fueros au royaume de Léon; meurt au siège de Viseo, 222.
Alphonse VI, à la Main trouée, ou le brave roi de Léon, fils de Ferdinand Iᵉʳ, monte sur le trône, 231; est dépouillé de son royaume par Sancho II, 232; se réfugie chez le roi de Tolède, 233; succède à Sancho II sur les trônes de Castille, de Léon et de Galice, 235; prend Tolède, 239; sa mort, 257.
Alphonse VII (*Alonzo-Raimondez*), surnommé l'*Empereur*, fils de doña Urraca et de Raymond de Bourgogne, est proclamé roi de Galice, 259; prend Cordoue, 272; partage ses États entre ses enfants, 275; sa mort, 276.
Alphonse VIII le Noble ou le Bon, fils de Sancho le Regretté, succède à son père sur le trône de Castille, 277; commence à régner par lui-même, 280; épouse Léonore d'Angleterre, 282; perd la bataille d'Alarcos, 283; gagne la bataille de las Navas, 289; publie le *fuero real*, 292; sa mort, 292.
Alphonse IX, fils de Ferdinand II, roi de Léon, succède à son père, 283; prend Mérida, 306; sa mort, 306.
Alphonse X le Savant ou le Sage, monte sur le trône, 322; altère les monnaies, 323; se fait élire empereur, 324; est forcé de lever le siége d'Algéciraz, 331; est dépouillé de l'autorité par son fils don Sancho, 334; publie les *siete partidas*, 333; sa mort, 335.
Alphonse XI, surnommé le *Vengeur*, roi de Castille et de Léon, fils de Ferdinand l'Ajourné, succède à son père, 346; devenu majeur, prend le gouvernement de l'État,

349; mérite le surnom de Vengeur, 350; ses amours avec Léonore de Guzman, 359; assiège et prend Algéciraz, 364; meurt au siége de Gibraltar, 379.

Alphonse Ier, roi d'Aragon, surnommé *le Batailleur*, fils de Sancho Ramirez, succède à son frère don Pédro, 255; épouse doña Urraca, 257; son mariage est déclaré nul, 259; assiège et prend Saragosse, 261; fait une glorieuse expédition au cœur de l'Andalousie, 263; mort d'Alphonse le Batailleur devant Fraga; son testament, 266.

Alphonse II, roi d'Aragon, surnommé *le Chaste*, fils de Ramon Bérenger et de Péronille, succède à son père; est déclaré majeur, quoique n'ayant que onze ans, 279; sa mort, 285.

Alphonse III, roi d'Aragon, fils de Pédro le Grand, prend le titre de roi avant d'avoir juré d'observer les fueros, 340; meurt sans enfants, 341.

Alphonse IV, roi d'Aragon, surnommé *el Benigno*, le Doux, fils de Jayme le Juste, monte sur le trône, 353; sa mort, 360.

Alphonse V le Savant et le Magnanime, roi d'Aragon, fils de Ferdinand l'Honnête, monte sur le trône, 425; assiège Bonifazio, 427; est adopté par Jeanne de Naples, 427; est prisonnier du duc de Milan, 431; mort d'Alphonse V, 435.

Alphonse de Villena, est un des tuteurs de don Enrique le Malade, 413; prétend à la couronne d'Aragon, 423.

Alphonse, fils de Juan II, roi de Castille, et de doña Isabelle de Portugal; sa naissance, 434; est proclamé roi par les seigneurs révoltés, 440; sa mort, 441.

Alphonse de Gijon, fils naturel d'Enrique de Trastamare, est retenu prisonnier, 407; est déclaré félon et banni d'Espagne, 417.

Alvaro de Luna; origine de sa faveur auprès de don Juan II, 426; est éloigné de la cour pour la première fois, 428; est éloigné de la cour pour la deuxième fois, 432; est rappelé, 432; sa mort, 433.

Aly-ben-Hammoud est proclamé, sous le nom de Motawak-el-Bi'llah (celui qui se confie en Dieu), 14e émir de Cordoue, 218; est étouffé dans un bain, 219.

Amalarich, roi goth, fils d'Eurich; il a Theudio pour tuteur, 99; il épouse Clotilde, fille de Clovis; il est vaincu et mis à mort par l'armée de ses beaux-frères, 100.

Ambesa, gouverneur arabe de la Péninsule, de novembre 721 à mai 725, 137.

Amilcar, général carthaginois, fonde Barcelone, attaque Héliké, meurt en combattant, 48.

Ampurias, fondée par les Grecs, 45; est prise par Philippe le Hardi, 340.

Andalousie; origine de ce nom, 97.

Andobal, Endobel, Entubel, Entubal et Indibilis, général espagnol vaincu par Scipion, 58; est tué en combattant, 59.

Annibal, assiège et prend Sagonte, 49; passe en Italie, 53.

Antequera, est prise par Ferdinand l'Honnête, 421.

Aragon; origine du comté d'Aragon, 147; comtes d'Aragon, 166; constitution ou fueros d'Aragon, 180; origine des armes d'Aragon, 184, 254, 269.

Architecture pélasgique, 89; phénicienne, 89; romaine, 92, 93; gothique, 126; ogivale, 126; byzantine, 126; mauresque (mosquée de Cordoue), 156; description de Médina al-Zahra, 191; mosquée de Cordoue, Alhambra, généralif Alcazar de Séville, Giralda, 484 et suiv.

Arlanza. Saint-Pierre d'Arlanza, fondée par Fernand Gonçalez, 193.

Armes et manière de combattre des anciens Espagnols, 52; lames et aciers espagnols, 12 et 13; armes et manière de combattre des Espagnols après l'invasion des Arabes, 142; armes à feu en usage pour la première fois, 364; armes à feu portatives employées pour la première fois au siége de Bonifazio, 427; employées à la prise de Zamora et à la bataille de Toro, 444; armes en usage chez les Maures, 490.

Armes (blason) de Barcelone, 179; d'Aragon, 184, 254, 269; des rois de Grenade, 490.

Arriaga, lieu où se réunissaient les juntes de l'Alava, 354.

Artabres, 33.

Asdrubal fonde Carthagène, 48; mort d'Asdrubal, assassiné par un Espagnol, 49.

Asdrubal, frère d'Annibal, prend le commandement de l'Espagne, 52; est vaincu par les Scipions, 54; est vaincu par Scipion l'Africain l'ancien, passe en Italie, est défait par Claude Néron, et perd la vie dans le combat, 57.

Asdrubal-Gisgon, commande une partie de l'armée des Carthaginois en Espagne, 54; est battu par Marcius, 55.

Astarté, divinité espagnole, 42.

Asturies; limites des Asturies, 33.

Atalaya; origine des tours appelées Atalayas, 36.

32.

TABLE DES MATIÈRES

Athanagilde, roi goth, appelle les Romains en Espagne; est père de Brunehaut, que les Espagnols appellent Brunechilde, 102.

Aurélio, fils d'Alphonse le Catholique, succède à Froïla, son frère, 150.

Axarquia, bataille de l'Axarquia de Malaga, 473.

Ayala; Pédro Lopes de Ayala, auteur de la chronique de don Pédro et d'Enrique de Trastamare, 372.

Ayoub, gouverneur arabe de la Péninsule en 716, relève les ruines de Bilbilis, et lui donne son nom Calat-Ayoub, aujourd'hui Calatayud, 133.

Azagra, seigneur d'Albaracin, 339.

Badajoz (Pax Augusta), est fondée par Auguste, 81.

Bagaudes; formation des Bagaudes, 96.

Bahalats, 32, 41.

Baledji, gouverneur arabe de la Péninsule, 143.

Barbares; invasion des barbares, 93; ils se partagent l'Espagne, 94.

Barbuda; Yañez de la Barbuda fait une invasion dans le royaume de Grenade; sa mort, 415, 417.

Barcelone, fondée par Amilcar, 48; porte de Barcelone, 93; assiégée et prise par Louis le Débonnaire, 160; origine des comtes de Barcelone, 177; origine des armes de Barcelone, 179; lois usatiques de Barcelone, 243.

Barra; arc de Barra, 92.

Bastules Phéniciens, 34.

Batailles d'Alarcos, 283; d'Alcoraz, 254; d'Aljubarrota, 405; d'Arrigoriaga, 173; d'Atapuerca, mort de Garcia, 229; de l'Axarquia de Malaga, 473; de Azabecat, 280; de Bardeña real, 187; de Calatañazor, 209; de Clavijo, 170; de Covadunga, 134; de Cutanda, 261; de Saint-Étienne de Gormaz, 186; de Saint-Étienne de Gormaz 193; de Fraga, 266; de Golpegara, 233; du Guadalète ou de Xérès, 115; du Guadalète, 311; de Junquera, 187; de Llantada, 232; de Lodos, 158; de Montiel, 395; de Navarète ou de Najara, 392; de las Navas de Tolosa, 287; d'Olmedo, 432; de Piedra Hita, 196; de Poitiers, 138; de Portela de Arenas, 200; de Roncal, 187; de Roncevaux, 1re, 152; 2e, 165; de Simancas, 171; id., 190; de Tarifa ou de Rio-Salado, 361; de Toro, 445; de Toulouse, mort de Zamah, 136; d'Uclez, mort de l'infant Sancho, 256; de Vouglé, 99; de Zalaca, 248.

Bayonne, assiégée par don Enrique de Trastamare, 401.

Béatrix, fille de Ferdinand, roi de Portugal, est fiancée à don Fadrique, duc de navente, fils naturel de don Enrique, 403; est fiancée à don Enrique le Malade, 403; est fiancée au fils du duc de Cambridge, 404; est fiancée à don Ferdinand l'Honnête, 404; épouse don Juan de Castille, 405.

Beaumarchais; Eustache Beaumarchais gouverneur de la Navarre, 339.

Beaumont; les Beaumont, faction qui agitait la Navarre, 435.

Behetries; formation des Behetries, Behetries, 374.

Beltran de la Cueva est introduit dans la familiarité de la reine Juana; on attribue la paternité de l'infante Juana surnommée la Beltraneja, 439.

Beltraneja, surnom donné à la fille Juana de Portugal et d'Enrique l'Impuissant, 439. Voyez *Juana*.

Beni Merines. Voyez *Merines*.

Bera, comte de Barcelone, 161.

Berenguela, fille d'Alphonse VIII, épouse Alphonse IX, 284; hérite du trône de Castille et abdique en faveur de son fils saint Ferdinand, 302.

Berenguer, comte de Barcelone, 210. Voyez *Ramon-Berenguer*.

Bermude Ier, surnommé le Diacre, cède à Mauregat, 154.

Bermude II, surnommé le Goutteux, fils d'Ordoño III, est élu roi, 200.

Bermude III succède à Alphonse V son père, 223; sa mort à la bataille de Tamara, 227.

Bernard del Carpio, 161.

Blanche de Bourbon mariée à don Pédro le Cruel, 375; mise à mort par ordre de Pierre le Cruel, 386.

Blanche de Castille, mère de saint Louis, 284.

Blanche de Navarre, fille de Juan II de Blanche de Navarre, mariée à don Enrique l'Impuissant, 432; son mariage cassé, 435; sa mort, 437.

Bovatique, impôt, 307.

Brihuega, fondation de Brihuega.

Brutus. Decius Junius Brutus passe Lethé, 68.

Cæpion. Quintus Servilius Cæpion fait assassiner Viriathes, 65.

Calagurris (Calahorra). Les habitants de Calagurris sont réduits à se nourrir de cadavres humains, 77.

Calatayud (Bilbilis). Fondation de Calatayud, 133.

CONTENUES DANS LE 1er VOLUME. 497

Calatrava. Première fondation de l'ordre de Calatrava, 277; chevaliers de l'ordre de Calatrava, 298.

Calpurnius Lanarius assassine Salinator, lieutenant de Sertorius, 72.

Cambridge. Edmond de Langley, comte de Cambridge, frère du duc de Lancastre, fait la guerre à don Juan Ier de Castille, 404.

Candespina, un des amants de doña Urraca, 258-259.

Cantabrie. Limites de la Cantabrie, 33.

Carlos. Charles le Mauvais, roi de Navarre, fils de Jeanne, reine de Navarre, et de Philippe, comte d'Évreux, monte sur le trône, 372; sa mort, 410.

Carlos. Le noble roi de Navarre; sa mort, 428.

Carlos, prince de Viana, fils de Juan II d'Aragon et de Blanche de Navarre, petit-fils de Carlos le Noble, réclame la couronne, 435; sa mort, 456.

Carmona assiégée et prise par don Enrique II, 399.

Carolina, colonie de la Carolina, 10.

Carrières de marbre, 13; de Berroquena, 14.

Carthagène fondée par Asdrubal, 48; description de Carthagène, 49.

Carthaginois. Les Carthaginois chassent les Phéniciens d'Espagne, 47.

Carvajal. Les frères Carvajal ajournent le roi Ferdinand, 345.

Castille. Origine des comtes de Castille, 175; juges de Castille, 188; vente de la Castille pour un cheval et un faucon, 194.

Castro. Juana de Castro est trompée par don Pedro le Cruel, 376.

Catalina, fille du duc de Lancastre, est fiancée à don Enrique le Malade, 407; est mariée à don Enrique, 415; sa mort, 425.

Cauca. Habitants de Cauca massacrés par Lucullus, 62.

Cava. Histoire de la Cava, 113.

Celtes. Celt-ac'h, 34; Celtibères, 31.

Cerda. Ferdinand de la Cerda, fils d'Alphonse X, meurt, 327; les enfants de la Cerda, don Alphonse et don Ferdinand, sont menés en Aragon et élevés dans le château de Xativa, 331; Alphonse de la Cerda est mis en liberté et proclamé roi, 341; une transaction lui ôte le titre de roi, 344; il renonce à ses droits à la couronne, 454.

Cerda. Juan de La Cerda mis à mort par ordre de don Pedro le Cruel, 380.

César pleure en voyant le buste d'Alexandre; passe en Espagne pour l'enlever à Pompée, 78; s'empare de l'Espagne; défait l'armée de Pompée à Pharsale; fait la guerre en Espagne contre les fils de Pompée; combat à Munda; meurt assassiné, 79.

Charlemagne. Invasion de Charlemagne en Espagne, 151; défaite de Roncevaux, 152.

Charles d'Anjou fait mettre Conradin à mort, 337; défie don Pédro le Grand, 338.

Chasse. Chasse à la fourchette, 22; de la chasse en Espagne, 23; chasse aux cygnes par Alphonse XI, 24.

Childebert, roi de Paris, assiége Saragosse; rapporte d'Espagne la tunique de saint Vincent; fonde l'abbaye Saint-Vincent, aujourd'hui Saint-Germain des Prés, 101.

Chindasuinte détrone Tulga, fils de Chintila, 107.

Chintila, roi goth, succède à Sisenand, 107.

Cid (le). Rodrigo-Diaz ou Ruy-Diaz de Bivar, surnommé le Cid Campeador, gagne la bataille de Golpejara, 232; demande le serment d'Alphonse VI, 235; histoire du Cid et de sa généalogie, 236; prend Valence, 253; mort du Cid, 254; la croix du Cid, 255.

Cimbres. Les Cimbres sont repoussés par les Vascons et les Celtibères, 71.

Ciudad-Real, autrefois Villa-Real, est fondée par Alphonse X, 327.

Coïmbre. Prise de Coïmbre par Ferdinand Ier, 230.

Colonies romaines. Italica, 59; des affranchis, 61; de Cordoue, 61; de Merida, 81; de Legio Septima, 81; différence des colonies et des municipes, 86; médailles des colonies, 93.

Comte. Ce qu'était le comte chez les Goths, 119; comtes d'Aragon : voyez *Aragon*; comtes de Castille : voyez *Castille*; comtes de Barcelone : voyez *Barcelone*; manière dont se faisaient les comtes, 352.

Conradin mis à mort par ordre de Charles d'Anjou, 337.

Convents juridiques, 86.

Cordoba. Martin Lopez de Cordoba mis à mort par ordre de don Enrique II, 399.

Cordoue. Mosquée de Cordoue, 156, 484; prise de Cordoue par Alphonse VII, 273; prise de Cordoue par saint Ferdinand, 312.

Corocota, célèbre brigand, 82.

Coronel. Alonzo Coronel est mis à mort, 375.

Coronel. Aldonza Coronel devient la maîtresse de don Pedro le Cruel, 380.

Corporaux. Miracle des Corporaux de Daroca, 316.

Culture de la Biscaye, 15; de l'Aragon, 16; de la Catalogne, 16, de Valence, 17; du mûrier, 18; du caroubier, 19; des raisins de Grenade et de Valence; de l'amandier, 20; de la vigne, 20; de la soude, 20.

Cynetes, 34.

Daroca. Corporaux de Daroca, 316.

Davalos, le connétable, est condamné comme traître et privé de sa charge, 426.

Denia, fondée par les Grecs, 46.

Derbi. Le comte de Derbi ou de Darbi, depuis duc de Lancastre, va au siége d'Alagéciraz, 365.

Dominique de la Chaussée (S.) prédit la mort de don Pedro le Cruel, 384.

Dominique de Guzman (S.). Voyez *Inquisition.*

Duc. Ce qu'était le duc chez les Goths, 118.

Duguesclin conduit les compagnies blanches en Castille, 391.

Eba, fils de Witiza, est, après la mort de son père, recueilli en Afrique par le comte Julien, 113.

Écrivains espagnols, de la période romaine, 8; de la période gothique, 123.

Egica, roi goth, associe Witza son fils au trône, 112.

Egilona, veuve de Roderich, dernier roi des Goths, est prise pour femme par Abd-el-Azis en 133.

Enrique Ier (don), roi de Castille, fils d'Alphonse le Noble, succède à son père et meurt en minorité, 302.

Enrique II de Trastamare *(don),* fils naturel d'Alphonse le Vengeur, prend les compagnies blanches à son service, 390; vaincu à Najara, 392; rentre en Castille, 394; assiége Tolède, 395; tue don Pedro le Cruel, 396; sa mort, 402.

Enrique III (don), roi de Castille, fils de Juan Ier de Castille et de Léonor d'Aragon, surnommé le Malade; sa naissance; est fiancé à Béatrix de Portugal, 403; est fiancé à doña Catalina, fille du duc de Lancastre, 407; monte sur le trône, 412; s'empare du pouvoir avant sa majorité, 414; sa mort, 419.

Enrique IV (don), roi de Castille et de Léon, fils de don Juan II, surnommé l'Impuissant; étant encore enfant embrasse le parti des mécontents, 432; succède à don Juan II son père, 434; son mariage avec Blanche est cassé pour impuissance, 435;

épouse Juana d'Arajon, 439; ses amours avec Catalina de Sandoval et Guiomar de Castro, 439; sa mort, 442.

Enrique, frère et successeur de Thibault II, roi de Navarre, meurt d'obésité, 322.

Enrique. L'infant don Enrique, frère d'Alphonse X., se révolte; il se réfugie en Afrique et ensuite en Italie, 324; est pris à la bataille de Tagliacozzo, est mis en liberté; rentre en Espagne, est nommé tuteur de Ferdinand l'Ajourné, 343.

Enrique (don), infant d'Aragon, fils de Ferdinand l'Honnête, s'empare de la personne du roi de Castille don Juan II, 425; est arrêté à son tour, 426; sa mort, 432.

Epreuve. Origine des épreuves par l'eau et par le feu, 100.

Ere. Ère d'Espagne, de César, ou de Sofar, 80.

Ervige. Se fait par trahison déclarer successeur de Wamba, 111.

Espinosa de los Monteros. Voy. *Monteros.*

Étymologies du mot Espagne, 31; des mots Ibérie et Celtibérie, 31.

Eurich, roi goth, le troisième des fils de Théodored, donne aux Goths leur premier corps de lois, 98.

Fadrique, maître de Saint-Jacques, fils de Léonor de Guzman et du roi Alphonse le Vengeur, est mis à mort par ordre de don Pedro le Cruel, 380.

Fadrique, duc de Benavente, fils naturel de don Enrique de Trastamare, est un des tuteurs de don Enrique le Malade, 413.

Fadrique, duc de Luna, fils naturel de Martin, roi de Sicile, prétend à la couronne d'Aragon, 423.

Farfanès, chevaliers mozzarabes, 407.

Favila, second roi des Asturies, fils de Pélage, meurt étouffé par un ours, 141.

Ferag. Voyez *Ismaël ben Ferag.*

Ferdinand Ier, roi de Castille, fils de Sancho le Grand, 225; prend Coimbre, 230; meurt, 231.

Ferdinand II, roi de Léon, fils d'Alphonse l'Empereur, 270.

Ferdinand III (Saint), roi de Castille et de Léon, fils d'Alphonse IX de Léon et de doña Berenguela de Castille; doña Berenguela abdique en sa faveur, 302; prend Cordoue, 312; prend Séville, 318; mort du saint Ferdinand, 321.

Ferdinand IV, roi de Castille et de Léon, succède à don Sancho son père, 342; meurt ajourné par les Carvajal, 345.

Ferdinand l'Honnête, roi d'Aragon, fils de Juan Ier de Castille et de Léonore d'Aragon; sa naissance; il est fiancé à Béatrix de Portugal, 404; refuse la couronne de Castille, 419; prend la ville d'Antequera, 421; prétend à la couronne d'Aragon, 423; est élu roi d'Aragon, 424; sa mort, 425.

Ferdinand II d'Aragon et V de Castille, fils de Juan II d'Aragon et de Juana Enriquez, surnommé *le Catholique*, épouse Isabelle, 441; hérite de la couronne d'Aragon, 450; introduit l'inquisition en Castille, 453; fonde la Hermandad, 446; assiége et prend Grenade, 477.

Ferdinand de la Cerda. Voyez *Cerda*.

Ferdinand, infant d'Aragon, marquis de Tortose, frère consanguin de don Pédro du Poignard, est nommé président de l'Union, 370; est assassiné par ordre de son frère, 390.

Fleuves de la Péninsule, 5; Èbre, 5; le Guadalquivir ou Bœtis, 6; la Guadiana, 6; le Tage, le Duero, le Minho, 7; le Léthé, 68.

Fontaines de Madrid, 8; médicinales de Vacia-Madrid; eaux chaudes d'Orense et d'Alhama; fontaine miraculeuse de l'Aveja, 8; fontaine des Sept-Miches, 9.

Forum Judicum ou *Fuero Juzgo* est rédigé sous le règne de Sisenand, dans un concile présidé par saint Isidore de Séville, 107; analyse de quelques dispositions du Fuero Juzgo, 116.

Fuero. Le fuero de l'Union d'Aragon est aboli.

Fuero-real, 292.

Fueros; bons fueros d'Alphonse V, 222; ils sont confirmés par Ferdinand, 228.

Fueros de Sobrarbe, 180.

François Phœbus, fils de Gaston de Navarre et de Madeleine de France, et petit-fils de Léonore, succède à cette reine sur le trône de Navarre, 450.

Froila Ier, roi des Asturies, fils d'Alphonse le Catholique, succède à son père, 146; fait la guerre aux Maures, 149; poignarde Bimaran, son frère, 150.

Froila II, roi des Asturies, fils d'Alphonse le Grand, roi de Léon, 188.

Galba, Sergius Sulpicius, gouverneur de l'Espagne ultérieure, 61; fait par trahison massacrer un grand nombre de Lusitains, 62.

Gallaïques, Gallæci, Galiciens, 33; Gallaïci; Braccari, *ibid.*

Gaona; mort glorieuse de Ruy Diaz de Gaona, 356.

Garcia le Trembleur, 202.

Garcia, fils de Sancho le Grand, roi de Galice, 225; tué à la bataille d'Atapuerca, 229.

Garcia (don), élu roi par les Navarrais après la mort d'Alphonse le Batailleur, 267.

Garcilaso de la Vega, conseiller d'Alphonse XI, 350; mort de Garcilaso, 352.

Garci-Ximenez Ier, roi de Sobrarbe, 140.

Gardingue; ce qu'était le Gardingue chez les Goths, 119.

Gaston. Gaston, comte de Foix, meurt en revenant du siége d'Algéciraz, 366.

Gaston, comte de Foix, gendre de don Juan II d'Aragon, réclame l'administration de la Navarre, 437.

Généralif. Voyez *Architecture mauresque*, 484.

Gésalic, bâtard d'Alaric, est élu roi et se montre indigne de la couronne; sa mort, 99.

Gibier. Voyez *Productions animales*.

Gibraltar; du détroit de Gibraltar, 4; rendu aux Maures par Vasco Perez de Meyra, 355; assiégé par Alphonse XI, 372.

Giralda. Voy. *Architecture mauresque*, 484.

Girone, assiégée et prise par Philippe le Hardi, 340; le titre de duc de Girone devient le titre de l'héritier présomptif de la couronne d'Aragon, 408.

Gonçalo, roi de Sobrarbe, fils de Sancho le Grand, 225; meurt assassiné par Ramonet de Gascogne, 228.

Gracchus, Tibérius Sempronius, fait un traité avec les habitants de Numance, 60.

Gracia Dei, auteur d'une chronique de don Pédro le Cruel, 373.

Grecs. Les Grecs fondent Rosas et Ampurias, 45; Dianium ou Artenion et Sagonte, 46.

Grenade. Prise de Grenade, 482.

Guadaleté. Le Léthé, 68; bataille du Guadaleté, 115; autre bataille du Guadaleté, 311.

Guernica, lieu où se réunissaient les juntes de la Biscaye, 354.

Guizando; taureaux de Guizando, 89.

Gundemar, roi des Goths, succède à Witerich, 105.

Guzman le Bon, défend Tarifa, 342.

Guzman (Léonore de); ses amours avec Alphonse XI, 359; ses fils, 373; est emprisonnée, 373; est mise à mort, 374.

Hafsoun; faction d'Hafsoun, 176.

El Haïtam, gouverneur arabe de la Péninsule en 729, 137.

El Hakem, troisième émir Ommyade d'Espagne, fils d'Hescham; appelé par les auteurs Alhacan et el Achem, succède à son père, 159; mérite d'être surnommé *Abu'l Assi*, le Père du mal; sa mort, 165.

El Hakem II, neuvième émir Ommyade d'Espagne, fils d'Abd-el-Rahman III, succède à son père, 195; sa mort, 197.

Hannon, général carthaginois, vaincu par Scipion l'Africain l'ancien, 57.

Haras, 29.

Haro. Mort de Lope de Haro, 341.

Hégire. Des années de l'hégire, 210.

Henry. Voyez *Enrique*.

Hermandad; lois et institution de la Hermandad, 446.

Herménigilde reçoit de Léovigilde, son père, le commandement d'une partie du royaume, 102; se révolte une première fois contre son père et obtient son pardon, 103; se révolte une seconde fois, est vaincu, pris et mis à mort, 104; est canonisé, 104.

Hescham ou *Issem*, fils d'Abd-el-Rahman-el-Daghel, deuxième émir Ommyade de Cordoue, 155; mort d'Hescham, 159.

Hescham II, surnommé *Almowayed Bi'llah*, le Protégé de Dieu, dixième émir Ommyade d'Espagne, fils d'El Hakem II, succède à son père, 197; est emprisonné; on le fait passer pour mort, 214; remonte sur le trône, 216; sa dernière disparition, 217.

Hescham III, dernier des émirs Ommyades d'Espagne, proclamé sous le nom de Motad-Bi'llah, frère d'Abd-el-Rahman el *Mortadhy*, 220.

Hinestrosa, oncle de Maria de Padilla, 375; est tué en combattant, 383.

Pédro Ginez de Hita, auteur du roman des guerres civiles de Grenade, 488.

Hodeyfa, gouverneur arabe de la Péninsule en 727, 137.

Hodeyrah, gouverneur arabe de la Péninsule en 725, 137.

El Horr ben Abd-el-Rahman-el-Takefi, gouverneur arabe de la Péninsule en 717, appelé par les auteurs chrétiens *Alahor*, perd contre Pélage la bataille de Covadonga, 133.

Ben Hud se soulève contre les Almohades, 307; mort de Ben Hud, 313.

Imbert. Le connétable Imbert vient en Navarre, 331.

Iñigo Arista, roi de Sobrarbe, est élu roi, 183.

Inquisition. Son origine, son organisation, sa manière de procéder, peines qu'elle prononçait, 453.

Isabelle la Catholique, reine de Castille, fille de don Juan II et d'Isabelle de Portugal; sa naissance, 434; refuse la couronne, 441; épouse Ferdinand le Catholique, 441; se réconcilie avec don Enrique, 442; succède à don Enrique, 443; assiste au siége de Grenade, 481.

Isabelle de Montferrat, 401.

Isabelle, infante de Portugal, épouse don Juan II de Castille, 433.

Ismaïl Ben Ferag, cinquième roi de Grenade, détrône Muley al Nassr, roi de Grenade, 346; sa mort, 353.

Ismaïl II, neuvième roi de Grenade, détrône son frère Mohammed Lagus, 385; détrôné par Abu-Saïd, 386.

Italica, fondée par Scipion, 59.

Jacques (saint). Voir *Saint Jacques*.

*Jayme I*ᵉʳ, surnommé *le Conquérant*, roi d'Aragon, fils de Pédro le Catholique et de Marie de Montpellier. Sa naissance, 286; sa minorité, 301; assiége Péñiscola, 306; fait la conquête de Majorque, 307; adopté par le roi de Navarre, 315; ses amours avec Thérèse de Vidaure, 320; part pour la terre sainte, 325; mort de Jayme, 330.

Jayme II (don) le Juste, fils de don Pédro le Grand et roi de Sicile, succède à Alphonse III, son frère, roi d'Aragon, 341; est fiancé à Isabelle, fille de Sancho de Castille, 341; épouse Blanche de Naples, 342; rend à don Jayme, son oncle, le royaume de Mayorque, 343; sa mort, 353.

Jayme (don), roi de Mayorque, fils de don Jayme le Conquérant, trahit son frère, don Pédro le Grand, 340; est dépouillé du trône, 340; le royaume de Mayorque lui est rendu par son neveu don Jayme, 343.

Jayme (don), roi de Mayorque, est dépouillé de ses États par don Pédro d'Aragon le Cérémonieux, son beau-frère, 367; sa mort, 369.

Jayme, comte d'Urgel, arrière-petit-fils d'Alphonse IV d'Aragon, prétend à la couronne d'Aragon, 423; est vaincu et meurt en prison, 424.

Jayme, infant, fils de don Jayme II, proteste contre son mariage avec Isabelle, renonce à la couronne; se fait chevalier de Monteza, 352.

Jayme (don), infant d'Aragon, fils d'Alphonse IV, est proclamé président de l'union; meurt, à ce qu'on croit, empoisonné, 370.

Jean de Gand, duc de Lancastre. Voyez *Lancastre*.

*Juan I*ᵉʳ (*don*) de Castille, fils de don Enrique de Trastamare, épouse Léonore d'Aragon, 402; monte sur le trône, 403; épouse Béatrix de Portugal, 405; sa mort, 408.

Juan II de Castille, fils de don Enrique le Malade, est proclamé roi, 419; pris par don Enrique d'Aragon, 425; s'échappe avec l'aide d'Alvaro de Luna, 426; épouse l'infante Isabelle de Portugal, 433; fait mettre à mort le connétable Alvaro de Luna, 433; sa mort, 434.

*Juan I*ᵉʳ (*don*) d'Aragon, fils de don Pédro IV, sa naissance; est nommé duc de Girone, 408; ses différends avec Sybile Forcia l'obligent à recourir au justicia, 409; monte sur le trône, 410; sa mort, 411.

Juan II (*don*), fils de Ferdinand l'Honnête, succède sur le trône de Navarre à don Carlos le Noble, son beau-père, 428; succède sur le trône d'Aragon à son frère Alphonse V, 436; épouse Juana Enriquez, 435; subit l'opération de la cataracte et recouvre la vue, 437; sa mort, 449.

Juan (*don*), fils d'Alphonse le Savant, réclame l'exécution du testament de son père, 339; épouse la fille de Lope de Haro, 341; assiége la ville de Tarifa, défendue par Guzman le Bon, 342; trouble le pays pendant la minorité d'Alphonse XI; meurt avec l'infant don Pédro en dirigeant une expédition dans la campagne de Grenade, 347.

Juan (*don*) le Contrefait, fils de l'infant don Juan, succède à son père dans sa part de régence, 348; mort de don Juan, 351.

Juan (*don*), fils d'Alphonse IV d'Aragon et de Léonore, sœur d'Alphonse XI de Castille; mis à mort par don Pédro le Cruel, 382.

Juan (*don*), fils de Léonore de Guzman, mis à mort par ordre de don Pédro le Cruel, 384.

Juan (*don*), maître d'Avis, fils naturel du roi don Pédro le Justicier de Portugal, est proclamé protecteur et ensuite roi de Portugal, 405; épouse la fille du duc de Lancastre, 406.

Juana (*doña*), reine de Navarre, épouse Philippe le Bel, 337.

Juana (*doña*), fille de Louis Hutin, reine de Navarre, 356.

Juana (*doña*) Enriquez, fille de l'amirante de Castille, épouse don Juan II d'Aragon, 435.

Juana (*doña*), infante de Castille, surnommée la Beltraneja, fille de don Enrique l'Impuissant et de doña Juana, infante de Portugal; sa naissance, 439; fiancée au duc de Guyenne, 442; fiancée au roi de Portugal, 444; se retire dans le couvent de Sainte-Claire à Coïmbre, 446.

Juges de Castille, 188.

Julien. Le comte Julien, beau-frère de Witiza, est créé proto-spathaire, 113; sa trahison, 114; livre Carmona aux Arabes, 120.

Julien (*Saint-*) *del Pereyro* (chevaliers de), 298.

Lac Saint-Vincent, 9.

Lancastre. Jean de Gand, quatrième fils du roi Édouard d'Angleterre et duc de Lancastre, épouse la fille de don Pédro le Cruel, 400; échoue dans une première tentative pour s'emparer du trône de Castille, 401; débarque en Galice, 406; transige avec le roi de Castille, 407.

Langues différentes parlées en Espagne, 34.

Lara; infants de Lara, 203.

Lara. Juan Nuñez de Lara perd la seigneurie d'Albaracin, 339; Juan Nuñez de Lara est assiégé dans Lerma, 357.

Légendes de l'Aveja, 8; de sainte Casilda, 9; de Notre-Dame del Pilar, 83; de Notre-Dame del Portillo; des corporaux de Daroca, 316; sainte Thècle apparaît à don Pédro IV d'Aragon, 409.

Législation des Goths. Forum judicum, 107; catalane; usatique, 243; castillane. Voyez *Fuero real*, 292, et *Siete partidas*, 333.

Léon. Legio Septima Gemina est fondée par Auguste, 81; devient sous Ordoño II la capitale d'un des royaumes chrétiens de la Péninsule, 186; prise et destruction de Léon par Almanzor, 200.

Léonore de Guzman. Voyez *Guzman*.

Léonore, sœur d'Alphonse le Vengeur, épouse Alphonse IV d'Aragon, 353.

Léonore, fille de Juan II d'Aragon et de Blanche de Navarre, veuve du comte de Foix, monte sur le trône de Navarre, 450.

Léovigilde, est admis par Leuva, son frère, à partager l'administration du royaume, 102; est élu roi, et partage le royaume avec ses fils Hermenegilde et Recared; réprime la première rébellion d'Hermenegilde, 103; fait mettre à mort Hermenegilde révolté une seconde fois, 104.

Lethé. Brutus passe le Lethé, 68.

*Leuva I*ᵉʳ, roi goth, partage l'administration avec Léovigilde, son frère, 102.

Leuva II, meurt assassiné, 105.

Louis d'Anjou, duc de Calabre, petit-fils de don Juan I*er* d'Aragon, prétend à la couronne d'Aragon, 423.

Louis Hutin, hérite de la Navarre, 337; meurt, 356.

Lucullus, Lucius Licinius, gouverneur de l'Espagne citérieure, 61; fait assassiner les habitants de Cauca, 62.

Magon, frère d'Annibal, vient en Espagne, 54; est battu par Marcius, 55; pille le temple d'Hercule; fait mettre en croix les suffètes de Cadix; quitte l'Espagne; on lui attribue la fondation de Mahon, 58.

Mahon; fondation de la ville de Mahon, 47.

Majorque. Voyez *Mayorque*.

Mancinus, Caïus Hostilius Mancinus met le siége devant Numance, 67; est vaincu par les Numantins et forcé de capituler; il est livré par les Romains aux habitants de Numance, 68.

Mandonius, est vaincu par Scipion, 58; est livré aux Romains, 59.

Marcius, rallie les débris des armées de Publius et Cneïus Scipion, 55.

Marquis. Ce qu'étaient les marquis chez les Goths, 119.

Martin, fils de don Pédro le Cérémonieux, succède sur le trône d'Aragon à don Juan I*er*, son frère aîné, 411; se remarie, 421; meurt sans enfants, 421.

Martin, roi de Sicile, fils de Martin, roi d'Aragon, meurt sans enfants légitimes, 421.

Martin Lopez de Cordoba, est mis à mort par ordre de don Enrique II, 399.

Massinissa passe en Espagne, 54; abandonne le parti des Carthaginois, 58.

Mauregat; origine de ce nom, 146; s'empare du trône au préjudice d'Alphonse le Chaste, 154.

Mayorque, Majorque ou Mallorque, est conquise par don Jayme, 307.

Médailles bilingues, 39-91; phéniciennes, 41-90; grecques, 91; turditaines, 91; celtibériennes, 91; romaines, 93; gothiques, 125; mozarabes, 486.

Megara, général des Numantins, 66.

Melkarth, dieu espagnol, 40-42.

Mérida, Augusta-Emerita. La colonie des vétérans est fondée par Auguste, 81; temple de Diane, citerne antique, naumachie de Mérida, 93; prise de Mérida par Alphonse IX, 306.

Merines (Beni-Merines, les), passent en Espagne, 326.

Mesta, Lois et organisation de la Mesta, 26.

Metellus, passe en Espagne pour combattre Sertorius, 73; fait le siége de Lacobriga, 74; sauve les débris de l'armée de Pompée près de Valence; son orgueil ridicule; met la tête de Sertorius à prix, 75.

Meyra. Vasco Perez de Meyra rend Gibraltar aux Maures, 355.

Mines d'argent de Zalamea, de Guadalcanal, 11; de *mercure* d'Almaden, 11; d'*acier*, de Valence, 12; de *cuivre* de Rio tinto, de la Platille, 12; de *fer*, 12, 13; de *plomb*, 13; d'*antimoine*, 13.

Mohammed, gouverneur arabe de la péninsule en 730, 137.

*Mohammed I*er, cinquième émir Ommyade d'Espagne, fils d'Abd-el-Rahman II, succède à son père, 171; sa mort, 178.

Mohammed II el Mahadi, onzième émir Ommyade d'Espagne, d'abord hadjeb d'Hescham II, s'empare du trône, 214; est décapité, 216.

Mohammed III, dix-neuvième émir Ommyade d'Espagne, proclamé sous le nom de Mostakfi Bi'llah, 220.

Mohammed ben Yacoub abu Abdell surnommé *al Nassr Ledin Allah*, le Soutien de la loi de Dieu, et appelé par les chrétiens Mohammed le Vert, quatrième émir Almohade, succède à son père Yacoub ben Yusuf, 286; perd la bataille de las Navas de Tolosa, 288; meurt empoisonné, 303.

Mohammed (Abd Allah-ben-Yacob), septième émir Almohade de Cordoue, frère et successeur d'Abu'l Maleck el Valid, proclamé émir, 304; se reconnaît vassal de saint Ferdinand, 304; meurt assassiné, 305.

Mohammed (cidi), appelé par les auteurs chrétiens Abu-Zeit, émir de Valence, 305; se reconnaît vassal de don Jayme d'Aragon, 306; est détrôné par Zeyan, 307.

*Mohammed-ben-Alhamar I*er, roi de Grenade, 310; se reconnaît vassal de saint Ferdinand, 318; sa mort, 326.

Mohammed-ben-Alhamar II, second roi de Grenade, succède à son père, 326; sa mort, 345.

Mohammed III (Abd Allah-ben-Alhamar), troisième roi de Grenade, fils de Mohammed II, succède à son père, 345; est détrôné par son frère Muley-al-Nassr; sa mort, 346.

Mohammed IV (Ben-Ismaïl), sixième roi de Grenade, fils d'Ismaïl-ben-Ferag, succède à son père, 353; meurt assassiné, 355.

Mohammed V (Abu'l Walid), surnommé *Lagus le Vieux*, huitième roi de Grenade, fils de Yusuf Abu'l Hegiag, succède à son père, 385; est détrôné par Ismaïl II, son frère consanguin, 385; remonte sur le trône, 389; sa mort, 402.

Mohammed VI Abu'l Hagem, surnommé *Guadix*, onzième roi de Grenade, fils de Mohammed Lagus, succède à son père, 403; sa mort, 413.

Mohammed VII Ben Balba, treizième roi de Grenade, succède à Yusuf son père, 418; sa mort, 420.

Mohammed VIII Nassr-ben-Yusuf, surnommé *El Haysari*, c'est-à-dire le Gaucher, quinzième roi de Grenade, fils de Yusuf III, monte sur le trône, 429; est détrôné par Mohammed el Zaquir, son cousin, 429; remonte sur le trône avec l'aide du roi de Castille, 430; est détrôné une seconde fois par Yusuf Ben-Alhamar, 430; remonte une troisième fois sur le trône, 431-450; est détrôné de nouveau par Mohammed Ben-Ozmin, 451.

Mohammed IX, surnommé *El Zaquir* (le Petit), seizième roi de Grenade, détrône son cousin, Mohammed el Haysari, 430; est à son tour détrôné par Mohammed el Haysari, et est mis à mort, 430.

Mohammed X Ben-Ozmin, surnommé *el Ahnaf* (le Boiteux), dix-huitième roi de Grenade, détrône Mohammed el Haysari, son oncle, 451; est détrôné par Mohammed Ben-Ismaïl, 452.

Mohammed XI Ben-Ismaïl, dix-neuvième roi de Grenade, détrône Mohammed Ben-Ozmin, 452; sa mort, 452.

Mohammed-ben-Ismaïl, fils de l'alcayde d'Algéciraz, assassine Ismaïl-ben-Ferag, 353.

Monnaie. Voyez *Médailles*. Altération des monnaies sous Alphonse X, 323; monnaie Jaquesa, 323.

Montagnes. Direction des chaînes de montagnes qui couvrent le sol de l'Espagne, 2; les Pyrénées, 3; Montserrat, 3; fondation du couvent de Montserrat, 4.

Monteros de Espinosa. Leur origine, 223.

Montesa. Chevaliers de Montesa, 300.

Montferrat (Isabelle de), 401.

Mozarabes. Ce qu'étaient les Mozarabes, 133; Bréviaire mozarabe, 241.

Muley-Abu'l-Hasan, vingtième roi de Grenade, surnommé *le Vieux*, fils de Mohammed Ben-Ismaïl, succède à son père, 452; sa réponse aux ambassadeurs de Ferdinand, 453; prend Zahara, 471; cède le trône à El Zagal et meurt, 475.

Muley al Nassr, quatrième roi de Grenade, détrône son frère, Mohammed III Ben-Alhamar, 346; est à son tour dépouillé par Ismaïl Ben-Ferag, 346.

Mundir (*El*) ou *El Mondhir*, sixième émir Ommyade d'Espagne, fils de Mohammed Ier, est chargé de diriger la guerre contre Hafsoun, 177; succède à son père et meurt, 178.

Municipes, 86; médailles des municipes, 93.

Murcie. Le royaume de Murcie se donne à saint Ferdinand, 317.

Muza, Mousa ou *Mosa*, général des Arabes qui envahirent l'Espagne, 127.

Muza, l'un des chefs qui défendirent Grenade contre Ferdinand, 481.

Mythologie et traditions fabuleuses, 40.

Néron (Claude), laisse échapper en Espagne l'armée d'Asdrubal, 55; défait Asdrubal qui était passé en Italie, 57.

Neto, Nito ou *Neton*, divinité espagnole, 43; vénérée sous la forme d'un taureau, 90.

Notre-Dame del Pilar est fondée saint Jacques, fils de Zébédé, 83.

Numance. Les habitants de Numance font un traité avec Tiberius Gracchus, 60; guerre de Numance, 66; repoussent Pompeïus Rufus, et font avec lui un traité de paix; les clauses de ce traité de paix sont niées par Pompeïus. Caïus Hostilius assiége Numance, 67; capitulation de Mancinus, 68; assiégée par Scipion, 69; destruction de Numance, 70.

Ocbah, appelé Aucupa par les auteurs chrétiens, prend le gouvernement de la Péninsule, 141; passe en Afrique, 141; revient en Espagne et meurt, 143.

Oppas, frère de Witiza, est fait évêque de Tolède, 113.

Ordoño Ier, roi des Asturies, fils de Ramire Ier, monte sur le trône après la mort de son père, 171; sa mort, 172.

Ordoño II, fils d'Alphonse le Grand, succède à son père dans le royaume de Galice, 186; joint à ses États ceux de Garcia, son frère, et prend le premier le titre de roi de León, 186; sa mort, 188.

Ordres militaires, 297; du Saint-Sauveur, 297; de la Palme, 297; Templiers, 297; de Saint-Julien del Pereyro, 298; de Calatrava, 277-298; de Saint-Jacques, 299; d'Alcantara, 300; de Saint-George d'Alfama, 300; de Montesa, 300; des Dames de la Hache, 300; de la Colombe, 301.

Organisation militaire des Goths, 120.

Osorio. Alvar Nuñez de Osorio, conseiller d'Alphonse XI, 350; est fait comte par Alphonse XI, 352; sa mort, 352.

Othman, gouverneur de la Péninsule en 728, 137.

Padilla. Maria de Padilla devient la maîtresse de don Pédro le Cruel, 375; mort de Maria de Padilla, 388.

Pages de Remenza, 477.

Palencia. Fondation de Palencia, 225.

Paratge. Origine des hommes de Paratge, 203.

Partidas. Siete Partidas, 333.

Pêche du thon, 29.

Pédro le Cruel (don), roi de Castille, fils d'Alphonse le Vengeur, monte sur le trône, 372; épouse Blanche de Bourbon, 375; ses amours avec Maria de Padilla, 375; trompe Juana de Castro, 376; fait mettre don Fadrique à mort, 380; fait mettre à mort l'infant don Juan d'Aragon, 382; fait mettre à mort ses jeunes frères, don Juan et don Pédro, 384; fait mettre à mort Simuel Lévi, 385; fait mettre à mort Blanche de Bourbon, 386; fait mettre à mort Abu Saïd et trente-sept cavaliers maures, 388; fait assassiner l'archevêque de Saint-Jacques, 392; vainqueur à Najara, 392; fait brûler vive doña Urraca de Osorio, 394; vaincu à Montiel, 395; est tué par son frère, 396.

Pédro Ier (don), roi d'Aragon, fils de Sancho-Ramirez, succède à son père, 254; gagne la bataille d'Alcoraz, et change les armes d'Aragon, 254; mort de don Pédro, 255.

Pédro II (don) le Catholique, est couronné par le pape, 285; son mariage avec Marie de Montpellier, 285; sa mort au château de Muret, 286.

Pédro III (don) le Grand, étant encore infant, fait étrangler son frère, 321; épouse Constance, fille de Mainfroi, roi de Sicile, 337; la couronne de Sicile lui est offerte, 338; accepte le défi de Charles d'Anjou, 338; mort de don Pèdre le Grand, 340.

Pédro IV (don), surnommé *le Cérémonieux*, ou *du Poignard*, est chargé de l'administration de l'Aragon, 360; est proclamé roi, 361; dépouille son beau-frère du trône de Majorque, 369; dissipe l'Union d'Aragon et de Valence, et déchire le fuero de l'Union, 371; fait mettre à mort don Fernand son frère, 390; ses différents mariages, 408; fait enlever Maria, héritière de la couronne de Sicile, 409; sa mort, 409.

Pédro (don), l'un des fils de Léonore de Guzman, est mis à mort par l'ordre de don Pédro le Cruel, 384.

Pédro (don), connétable de Portugal, fils de l'infant don Pédro de Portugal et d'Isabelle, fille du comte d'Urgel, est proclamé roi par les Catalans révoltés contre don Juan II, et ne tarde pas à mourir, 437.

Pédro (don); l'infant don Pédro meurt avec l'infant don Juan, en conduisant une expédition dans la campagne de Grenade, 347.

Pélage; son prétendu voyage à Jérusalem, 112; gagne la bataille de Covadonga, 134.

Pélage (saint); son martyre, 187.

Peñiscola; siége de Peñiscola par Jayme, 306.

Peranzules; sa belle conduite et sa fidélité, 258.

Perpenna, passe en Espagne et se réunit à Sertorius, 74; fait assassiner Sertorius, 76; pris par Pompée, est décapité, 77.

Perpignan; siége de Perpignan, 438.

Pétronille, fille de Ramire le Moine, est fiancée à Ramon-Berenguer, 268; elle succède à Ramire son père, 269; après la mort de son mari, elle abdique en faveur d'Alphonse II, son fils, 279.

Phéniciens; établissement des Phéniciens en Espagne, 44; chassés d'Espagne par les Carthaginois, 47.

Philippe, roi de Navarre, meurt au siége d'Algéciraz, 366.

Philippe; l'infant don Philippe, frère d'Alphonse X, se révolte, 325.

Pompée. Cneïus Pompée est battu à Laurona par Sertorius, 74; est battu près de Valence, 75; donne son nom à Pampelune, 77; est vaincu à Pharsale, 79.

Pompée. Cneïus et Sextus Pompée, fils du grand Pompée, font, en Espagne, la guerre à César, 79; ils sont vaincus à Munda; Cneïus Pompée est tué; Sextus s'accommode avec le sénat romain, 80.

Priscillien; hérésie de Priscillien, 85.

Productions animales, 21; ours, 21; loups, 22; oiseaux de rapine, 22; sangliers, chasse à la fourchette, 22; lapins, 24; sauterelles, 25; idem, 105; troupeaux de brebis errantes et sédentaires, 26; chevaux, 29; pêche du thon, 29.

Productions végétales, 14; le mûrier, 18; le caroubier, 19; le palmier, 19; le palmiste, 19; l'aloès, 20; l'amandier, 20; les vignes, 20; le sumach, 21; le liége, 21; l'ellébore (yerva de Ballestero), 21; le sparto, 21.

Rabits. Voyez *Calatrava.* Ce qu'étaient les Rabits, 220.

Ramire Ier, roi des Asturies (on le croit

fils de Bermude le Diacre), succède à Alphonse le Chaste, 170; sa mort, 171.

Ramire II, roi de Léon, second fils d'Ordoño II, succède à Alphonse le Moine, son frère, 189; remporte la victoire de Simancas, 190; sa mort, 191.

Ramire III, fils de Sancho le Gros, roi de Léon, succède à son père, 195; sa mort, 200.

Ramire Ier, surnommé *le Très-Chrétien*, fils de Sancho le Grand, hérite du royaume d'Aragon, 225; succède à son frère Gonçalez sur le trône de Sobrarbe, 228; meurt devant Grados, 232.

Ramire II, surnommé *le Moine*, roi d'Aragon, dernier fils de Sancho-Ramirez, succède à son frère Alphonse le Batailleur, 267; fiance sa fille et remet l'administration du royaume à Ramon-Berenguer, 268; sa mort, 269.

Ramon-Berenguer, dit *l'Ancien*, comte de Barcelone, 243; donne à la Catalogne les lois usatiques, 243; sa mort, 245.

Ramon-Berenguer II, surnommé *Cap d'Estopa* (tête d'étoupe), comte de Barcelone, meurt assassiné, 245.

Ramon-Berenguer III, comte de Barcelone, fait la conquête de Mayorque, 268.

Ramon-Berenguer IV, comte de Barcelone, épouse Pétronille, fille de Ramire le Moine, 268; sa mort, 279.

Ramon-Borell, comte de Barcelone, 243.

Recared Ier, roi goth, abjure l'arianisme; mérite le nom de Bon, 105.

Recared II, élu roi, 106.

Recesuinte, roi goth, succède à Chindasuinte, son père, 107.

René d'Anjou, est proclamé roi par les Catalans révoltés contre don Juan II, 437.

Robert, comte d'Artois, vient en Navarre, 331.

Robles. Hernand Alonzo de Robles, ministre de don Juan II de Castille, meurt en prison, 428.

Roderich ou *Rodrigue*, échappe aux persécutions de Witiza, 112; détrône Witiza, 113; ses amours avec la Cava, 114; est vaincu par les musulmans à la bataille du Guadalété, 115.

Rosas, fondée par les Grecs, 45; prise par Philippe le Hardi, 340.

Sagonte, fondée par les Grecs, 46; destruction de Sagonte, 49; théâtre de Sagonte, 92.

Saif al Dawlah cède aux chrétiens la forteresse de Rotah al Yéhud, 265.

Saint Jacques, Santiago, fonde Notre-Dame del Pilar, 83; son martyre; son corps est apporté en Galice, 84; découverte de ses reliques, 163; saint Jacques combat à Clavijo, 170; la ville de Saint-Jacques de Compostelle est prise par Almanzor, 202; chevaliers de Saint-Jacques, 299.

Salambo, Vénus génératrice, divinité espagnole, 43.

Salduba change son nom en celui de César Auguste, qui est venu de celui de Saragosse, 83.

Salinator. Livius Salinator, lieutenant de Sertorius, est assassiné, 72.

Salisberi. Le comte de Salisberi va au siége d'Algéciraz, 365.

Sancho Ier, surnommé *le Gros*, est élu roi de Léon et est détrôné par Ordoño, 193; remonte sur le trône, 194; meurt empoisonné, 195.

Sancho Fernandez II, surnommé *le Fort*, roi de Castille, fils du roi Ferdinand, gagne les batailles de Llantada et de Golpejara, 232; est tué au siège de Zamora, 234.

Sancho III le Regretté, roi de Castille, fils de l'empereur Alphonse VII, succède à son père, 276; sa mort, 277.

Sancho IV, roi de Léon et de Castille, fils d'Alphonse X, est proclamé héritier de la couronne au préjudice des enfants de Ferdinand la Cerda, 328; prend l'administration du royaume du vivant de son père, 332; prend Tarifa, 342; mort de Sancho, 342.

Sancho Garcia, roi de Sobrarbe, fils de Fortuno Garcia, succède à son père, 165; sa mort, 167.

Sancho Ier, surnommé *Abarca*, et aussi le Cæsarien, est élu roi d'Aragon et de Navarre, 185; origine de son surnom d'Abarca, 186; cède la couronne à Garci Abarca, son fils, 187.

Sancho II Abarca, aussi appelé Sancho Galindez, roi d'Aragon et de Navarre, fils de Garci Abarca, succède à son père, 197; sa mort, 202.

Sancho III, surnommé *le Grand*, roi de Navarre et d'Aragon, fils de Garci le Trembleur, prend part à la victoire de Calatañazor, 209; hérite de la Castille, 224; sa mort, 226.

Sancho Ramirez IV, roi d'Aragon, fils de don Ramire, succède à son père, 232; est élu roi de Navarre; il est Sancho V de Navarre, 242; sa belle mort au siége d'Huesca, 254.

Sancho Garcez IV, roi de Navarre, fils de don Garcia, succède à son père tué à la bataille d'Atapuerca, 229; meurt assassiné par son frère dans une partie de chasse, 242.

Sancho Garcez VI, roi de Navarre, surnommé *le Savant*, succède à son père, 274; sa mort, 283.

Sancho VII, surnommé *le Fort* et aussi *le Renfermé*, roi de Navarre, fils de Sancho le Savant, succède à son père, 283; prend part à la victoire de *las Navas de Tolosa*, 288; adopte don Jayme, 315; sa mort, 316.

Sancho, archevêque de Tolède, fils du roi don Jayme, est tué par les Maures, 327.

Sancho, comte d'Albuquerque, frère de don Enrique II, fils d'Alphonse le Vengeur et de Léonore de Guzman, est tué dans une émeute, 411.

Santa-Fé, fondée par Isabelle et Ferdinand, 481.

Saragosse. Fabriques d'armes à Saragosse, 13; son premier nom était Salduba, changé en celui de César Auguste, 82; assiégée par Childebert, 100; assiégée par Alphonse le Batailleur, 260; prise par Alphonse, 261.

Sauterelles. Voir *Productions animales*.

Sépultures phéniciennes, 30; d'Olerdola, 30-89.

Scipion (Publius Cornélius), envoyé en Espagne, 53; met en liberté les otages donnés à Annibal, 54; Publius et Cornélius battent Asdrubal, frère d'Annibal, 54.

Scipion (Cnéius Cornélius), frère du précédent, passe en Espagne, 53; bat Hannon, lieutenant d'Asdrubal, 53; bat Himilcon qui commandait la flotte carthaginoise, 53; mort de Publius Cnéius et de Scipion, 55; tombeau des Scipions, 55, 92.

Scipion (Publius Cornélius), fils de Publius Cornélius Scipion, est envoyé en Espagne, 55; prend Carthagène, 56; rend la fiancée d'Allucius, 57; fait raser la ville d'Iliturgi, 57; prend celle d'Astapa, bat Mandonius et Annibal, 58; fonde la ville d'Italica, 59; passe en Afrique, et termine la deuxième guerre punique par la victoire de Zama, 57.

Scipion Nasica, fils de Cnéius, est envoyé comme préteur de l'Espagne Ultérieure, 60.

Scipion (Publius Cornélius Æmilianus), dit *l'Africain le Jeune*, est chargé de la guerre contre Numance, 69; assiège Numance, 69; détruit Numance, 70.

Sertorius, combat les Girisènes et les habitants de Castulo, 72; proscrit par Sylla, se réfugie en Espagne, 72; bat Titus Didius, 72; réunit un sénat à Ébora, 73; fonde une université à Osca, 73; biche de Sertorius, 73; fait le siège de Lacobriga; reçoit les ambassadeurs de Mithridate, 74; bat Pompée à Laurona, 74; bat Pompée près de Valence, 75; sa tête est mise à prix, 75; ses soldats, 75; meurt assassiné, 76.

Séville. Prise et siège de Séville par saint Ferdinand, 318.

Silo, beau-frère d'Aurélio, est élu pour lui succéder sur le trône, 150.

Simuël Levi, mis à mort par ordre de don Pédro, 385.

Sisebute, roi des Goths, cultive les lettres, 105; persécute les Juifs, 106.

Sisebute, fils de Witiza, est, après la mort de son père, recueilli en Afrique par le comte Julien, son oncle, 113.

Sisenand, roi goth, détrône Suintila, 107; fait rédiger le *Forum judicum*, 107.

Sobrarbe. Origine du royaume de Sobrarbe, 139; fin du royaume de Sobrarbe, 167.

Soldures de Sertorius, 75; ils se donnent mutuellement la mort; leur épitaphe, 77.

Soléiman El Mostaïn Bi'llah, le Protégé de Dieu, douzième émir Ommyade d'Espagne, 215; est décapité, 218.

Spathaires. Ce qu'étaient les Spathaires, 119.

Suintila, élu roi goth, 106; détrôné par Sisenand, 107.

Sybile Forcia, dernière femme de don Pédro le Cérémonieux, 408; dépossédée de ses domaines par don Juan Ier d'Aragon, 410.

Tadmir ou *Theudmir*, général goth, fonde un petit royaume en Andalousie après la bataille de Guadalété, 131; fin du royaume de Tadmir, 143.

Tarif, général africain, passe en Espagne et remporte une première victoire contre les chrétiens, 114; gagne une bataille contre Roderic, dernier roi des Goths, 115.

Tarifa, défendue contre les Maures et contre l'infant don Juan par Guzman le Bon, 342.

Tarragone. Murailles de Tarragone, 89; monuments de Tarragone; la maison d'Auguste, 93; aqueduc de Tarragone, 93.

Tello; l'infant de Tello, frère de don Enrique de Trastamare, meurt de maladie, 398.

Templiers, 297; suppression des Templiers en Espagne, 344.

Tenorio; mort de l'amiral Jofre Tenorio, 360.

Thaalaba, général arabe, passé en Espagne, 143.

Théodored, roi goth, meurt en combattant contre Attila, 97.

Théodorich, roi goth, frère et successeur de Thorismond, meurt assassiné par les ordres d'Eurich son frère, 93.

Theudis, Ostrogoth de nation, est choisi pour tuteur d'Amalarich, 99; il est élu roi d'Espagne après la mort d'Amalarich, 100; meurt assassiné, 101.

Theudisèle, roi goth, nie le miracle d'Osiei; sa mort, 101.

Thibault Ier, comte de Champagne, hérite de la Navarre, 316; sa mort, 322.

Thibault II, roi de Navarre, meurt en revenant de la croisade, 322.

Thorismond, roi goth, fils de Théodored, réclame d'Ætius sa part du butin fait en combattant Attila, 97; meurt assassiné par ses frères, 98.

Thoueba est proclamé émir; il meurt, 144.

Tolède prise par les Maures, 128; prise par Alphonse VI, 239.

Tubal, origine des traditions sur Tubal, 40.

Tulga, roi goth, fils et successeur de Chintila, est détrôné par Chindasuinte, 107.

Turditains, Tartesses, Turdules, 34.

Union d'Aragon, 369; de Valence, 370; est abolie, 371.

Urraca; origine du nom d'Urraca, 190; Urraca, fille d'Alphonse VI, monte sur le trône, 257.

Usatiques (lois) de Barcelone, 240.

Valence de Alcántara, fondée par les compagnies de Viriathes, 66.

Valence, située sur les bords de Minho, 66.

Valence, Valencia del Cid, Huerta de Valence, 17; prise par le Cid, 253; reprise par les Almoravides, 234; reconquise par don Jayme, 315.

Vargaz; mot remarquable de Peres de Vargaz, 319.

Vela, dépouillé de l'Alava par le comte Fernand Gonçalez, 194; les fils du comte Vela sont reçus en Castille par le comte Sancho, 223; assassinent le jeune Sancho, 224.

Viana. Don Carlos, prince de Viana. Voyez *don Carlos*.

Vidaure. Thérèse de Vidaure, maîtresse et ensuite femme de don Jayme le Conquérant, 320.

Villa Real fondée par Alphonse X, 327.

Viriathes; origine de Viriathes, 62; bat les Romains à Tribola; bat Caïus Plautius à Ebora; bat Claudius Unimanus, 63; fait lever le siége d'Erisano, 65; accorde la paix à une armée romaine qu'il pouvait détruire, 65; est assassiné, 65.

Wamba, élection de Wamba, 108 et 109; trahison d'Ervige, 111.

Weterich, roi goth, meurt dans une sédition, 105.

Witiza, roi goth; diversité de sentiments des historiens à son égard, 112.

Xativa; prise de Xativa par don Jayme, 317.

Yahya, gouverneur arabe de la Péninsule en 726, 137.

Yahya, dix-septième émir de Cordoue, est proclamé à Cordoue, 219; est chassé de Cordoue par son oncle Alcasem, 219; rentre à Cordoue, 220; est tué, 220.

Yahya Ier, roi de Tolède, surnommé el Mamoun, l'Illustre, demande la paix à Ferdinand, 231; accueille Alphonse VI fugitif, 233; meurt à Séville, 239.

Yahya II, roi de Tolède, surnommé El-Kader Bi'llah, est chassé de Tolède, 239.

Yañez de la Barbuda. Voyez *Barbuda*.

Yousouf et *Yusúf*, chef arabe, est élu pour gouverner l'Espagne, 144; assiégé dans Grenade cède la souveraineté au premier des Ommyades d'Espagne, 146.

Yusuf ben Taschfin, premier des émirs Almoravides d'Espagne, débarque en Espagne, 248; est proclamé émir des émirs d'Espagne; sa mort, 255.

Yusuf abu'l Hegiag Ier, septième roi de Grenade, fils d'Ismail ben Ferag, succède à Mohammed ben Ismail son frère, 355; sa mort, 385.

Yusuf abu abd Allah II, douzième roi de Grenade, succède à Mohammed Guadix; son père, 413; sa mort, 418.

Yusuf III, quatorzième roi de Grenade, fils de Yusuf II, succède à Mohammed ben Balba, son frère, 420; sa mort, 429.

Yusuf ben Alhamar IV détrône Mohammed el Haysari, 430; sa mort, 431.

Zahra; description de Medina-al-Zahra, 191.

Zamah meurt à la bataille de Toulouse, 136.

Zeü, Zade ou Zeïdoun, défend Barcelone assiégée par les Français, 159.

Zeyan abu Giomail ben zeyan Mudafe al Guisami, détrône le roi de Valence cidi Mohammed, 307; est détrôné par don Jayme, 315.

AVIS
POUR LE PLACEMENT DES GRAVURES DE L'ESPAGNE.

Les gravures peuvent être placées à la suite du volume où elles sont expliquées. Il serait peut-être mieux de les réunir toutes et de les relier séparément pour en former un petit atlas ; néanmoins comme plusieurs personnes préfèrent les intercaler dans le texte, voici l'indication des pages où il en est parlé.

Planches.	Pages.
1 Restes de l'ancienne muraille de Tarragone.	89
2 Temple de Diane à Mérida	93
3 Palais d'Auguste à Tarragone	93
4 Théâtre de Sagonte	92
5 Naumachie et ancien théâtre de Mérida	93
6 Arc de Barra	92
7 Porte de Barcelone	93
8 Pont d'Alcantara	93
9 Aqueduc de Ségovie	93
10 Citerne de Mérida	93
11 Tombeau des Scipions	55, 92
12 Anciennes sépultures de la ville d'Olerdola	89
13 Portail d'une église de la Corogne	126
14 Vue exter. de la mosquée de Cordoue	156, 484
15 Intérieur de la mosquée de Cordoue (vue générale)	156, 484
16 Mosquée de Cordoue. Chapelle du Zancarron	157, 484
17 Mosquée de Cordoue ; vue du jardin	157, 484
18 Alhambra ; tour de Comarez	484
19 Id. ; entrée principale	484, 485
20 Id. ; porte du Jugement	484
21 Id. ; salle des Abencerrages	452, 488
22 Id. ; salle du Jugement	488
23 Id. ; cour de l'Alberca	487
24 Id. ; cour des Lions	487
25 Id. ; salle des bains	488
26 Id. ; salles de bains	488
27 Id. ; peintures	489
28 Id. ; id.	489
29 Id. ; id.	489
30 Id. ; détails d'ornement	487
31 Médailles	39, 41, 44, 91
32 Id.	39, 91, 126
33 Extérieur du Généralif	484
34 Jardin du Généralif	485
35 Portique du Généralif	484
36 Alcazar de Séville	486
37 Alcazar de Ségovie	485
38 Giralda de Séville	484, 487
39 Tour de l'Or à Séville	380
40 Tour de l'église de Saint-Nicolas à Cordoue	485
41 Casa del Carbon à Grenade	486
42 Porte des Serranos à Valence	
43 Pont de Cordoue	
44 Couvent de Tordesillas	
45 Sabres et armures d'Abu-abd-Allah Chiquito	
46 Armes mauresques	
47 Vases mauresques	
48 Casque et étriers de don Jayme le Conquérant	(2e volume)
49 Ferdinand à cheval	
50 Tombeau de Ferdinand et d'Isabelle	
51 Cathédrale de Burgos	
52 Cathédrale de Burgos ; intérieur	
53 Cathédrale de Burgos ; chapelle du connétable (2e volume)	
54 Église de Bososte	116
55 Autel de la cathédrale de Séville (2e volume)	
56 Saint-Nicolas à Girone	126
57 Costumes de l'inquisition	
58 Prison de l'inquisition à Cordoue	
59 Charles V à cheval	(2e volume)
60 Armure de don Juan d'Autriche, id.	
61 Couvent de Carmélites à Burgos, id.	
62 Cathédrale de Malaga	
63 Taureaux de Guizando	89
64 Couvent de la Vierge à Cadix (2e volume)	
65 Palais de l'Escurial, id.	
66 Palais de Madrid, id.	
67 S. Pablo del Campo à Barcelone	126
68 Pont de Tolède, à Madrid (2e volume)	
69 Porte d'Alcala, à Madrid, id.	
70 Fontaine à Madrid, id.	
71 Procession du corpus Christi, à Séville, id.	
72 Muletiers, id.	
73 Combat de taureaux,	22
74 Chasse à la fourchette	
75 Moines mendiants (2e volume)	
76 Moines à cheval, id.	
77 Bolero sous une treille, id.	
78 Manolas, id.	
79 Irun, id.	
80 Médailles	192, 197, 323, 486

ERRATA.

Page 159, 1re col., lig. 5, *lisez*: 11 Saphar 180, *au lieu de*: 19 Dsulkada 138.
Page 271, 2e col., lig. 45, *lisez*: au 26 janvier, *au lieu de*: au 6 janvier.
Page 289, 2e col., lig. 50, *lisez*: fatimites, *au lieu de*: fatimistes.
Page 291, 2e col., lig. 19, *lisez*: les rois de Léon et de Portugal, *au lieu*: des rois d'Aragon et de Portugal.

Restes de l'ancienne muraille de Tarragone.

Temple de Diane à Mérida.   Templo de Diana en Mérida.

Palais d'Auguste à Tarragone. Palacio de Augusto en Tarragona.

Ruines du Théâtre de Sagonte. Ruinas del Teatro de Sagunto.

ESPAGNE. ESPAÑA.

Naumachie et Théâtre à Mérida. Naumaquia y Teatro en Mérida.

ESPAGNE. ESPAÑA.

Porte de Barcelone.
Antigua puerta de Barcelona en la plaza nueva.

Pont d'Alcantara.   Puente de Alcántara.

ESPAGNE. ESPAÑA.

Aqueduc de Segovia. Acueducto de Segovia.

ESPAGNE. ESPAÑA.

Aqueduc de Ségovie. Acueducto de Segovia.

ESPAGNE. ESPAÑA.

Citerne de Mérida.
Aljibe de Mérida.

ESPAGNE.   ESPAÑA.

Tombeau dit des Scipions.
Sepulcro llamado delos Escipiones

ESPAGNE. ESPAÑA.

Anciennes Sepultures près de la ville d'Olerdola.
Sepulturas antiguas cerca de la villa de Olerdola.

ESPAGNE.   ESPAÑA.

Portail d'une Église à la Corogne.
Puerta pp.ᵃˡ de una Iglesia en la Coruña.

ESPAGNE. ESPAÑA.

Mosquée de Cordoue.   Mezquita de Córdoba.

Vue générale de l'intérieur de la Mosquée de Cordoue.
Vista general del interior de la Mezquita de Córdoba.

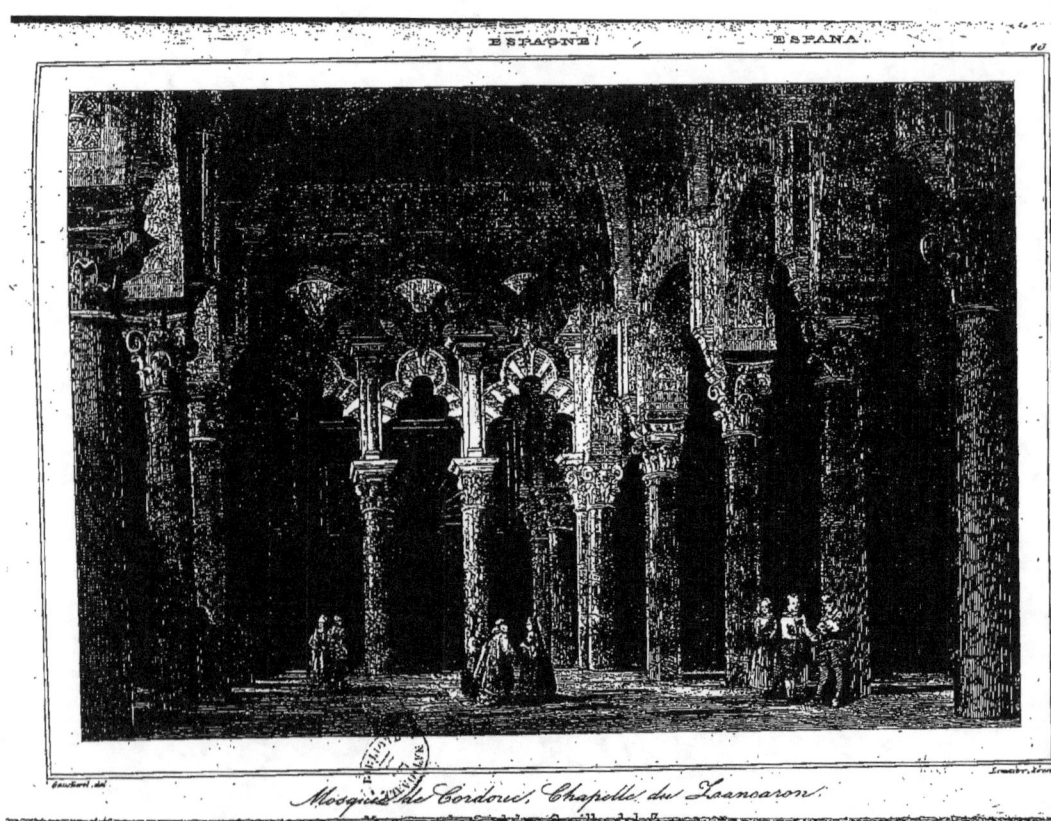

Mosquée de Cordoue. Chapelle du Zancaron.

Mosquée de Cordoue. (Vue prise du Jardin.)
Mezquita de Córdoba. (Vista tomada desde el Jardín.)

Forteresse de l'Alhambra
Castillo de la Alhambra.

ESPAGNE ESPAÑA.

Entrée principale de l'Alhambra.

Entrada principal de la Alhambra.

ESPAGNE   ESPAÑA

Porte du Jugement à l'Alhambra.
Puerta del Juicio en la Alhambra.

ESPAGNE. ESPAÑA.

Salle des Abencerages à l'Alhambra.
Salon de los Abencerrages en la Alhambra.

Salle du Jugement au Palais de l'Alhambra.
Salon del Juicio en el Palacio de la Alhambra.

Patio de los Leones en la Alhambra

Patio de los banos en la Alhambra.

7. Espagne.

Salle des Bains à l'Alhambra. Salon de los Baños en la Alhambra.

Bains à l'Alhambra — Baños en la Alhambra

ESPAGNE — ESPAÑA

Chasses, d'après les peintures moresques de l'Alhambra.
Casas, segun las pinturas moriscas de la Alhambra.

Conseil Arabe. (d'après une peinture de l'Alhambra.)
Consejo Arabe. (segun una pintura de la Alhambra.)

Costumes Moresques. (Peinture de l'Alhambra.)
Trajes Moriscos. (Pintura de la Alhambra.)

ESPAGNE. ESPAÑA.

Chapiteaux à l'Alhambra. Capiteles en la Alhambra

Médailles.   Medallas.

ESPAGNE.　　　　　　　ESPAÑA.

Generalife, à Grenade.　　　　　Generalife en Granada.

ESPAGNE. ESPAÑA.

Le Généralife.   El Generalife.

Portique du Généralife.   Pórtico del Generalife.

ESPAGNE.   ESPAÑA.

Alcazar de Sevilla.

ESPAGNE.   ESPAÑA.

Alcazar de Segovia.

ESPAGNE. ESPAÑA.

La Giralda en Sevilla.

Torre del Oro en Sevilla.

ESPAGNE.   ESPAÑA.   40

Tour de l'Église St Nicolas à Cordoue.
Torre de la Iglesia de S. Nicolas en Cordoue.

ESPAGNE

La Casa del Carbon. (Granada)   La Casa del Carbon. (Granada)

ESPAGNE.   ESPAÑA.

Porte des Seranos à Valence.

ESPAGNE. ESPAÑA.

Cordoue. Córdoba.

ESPAGNE.   ESPAÑA.

Restes de Bains Arabes dans le Couvent de Tordesillas.

Sabres et Armure de Boabdil   Sables y Armadura de Boabdil

ESPAGNE.   ESPAÑA.

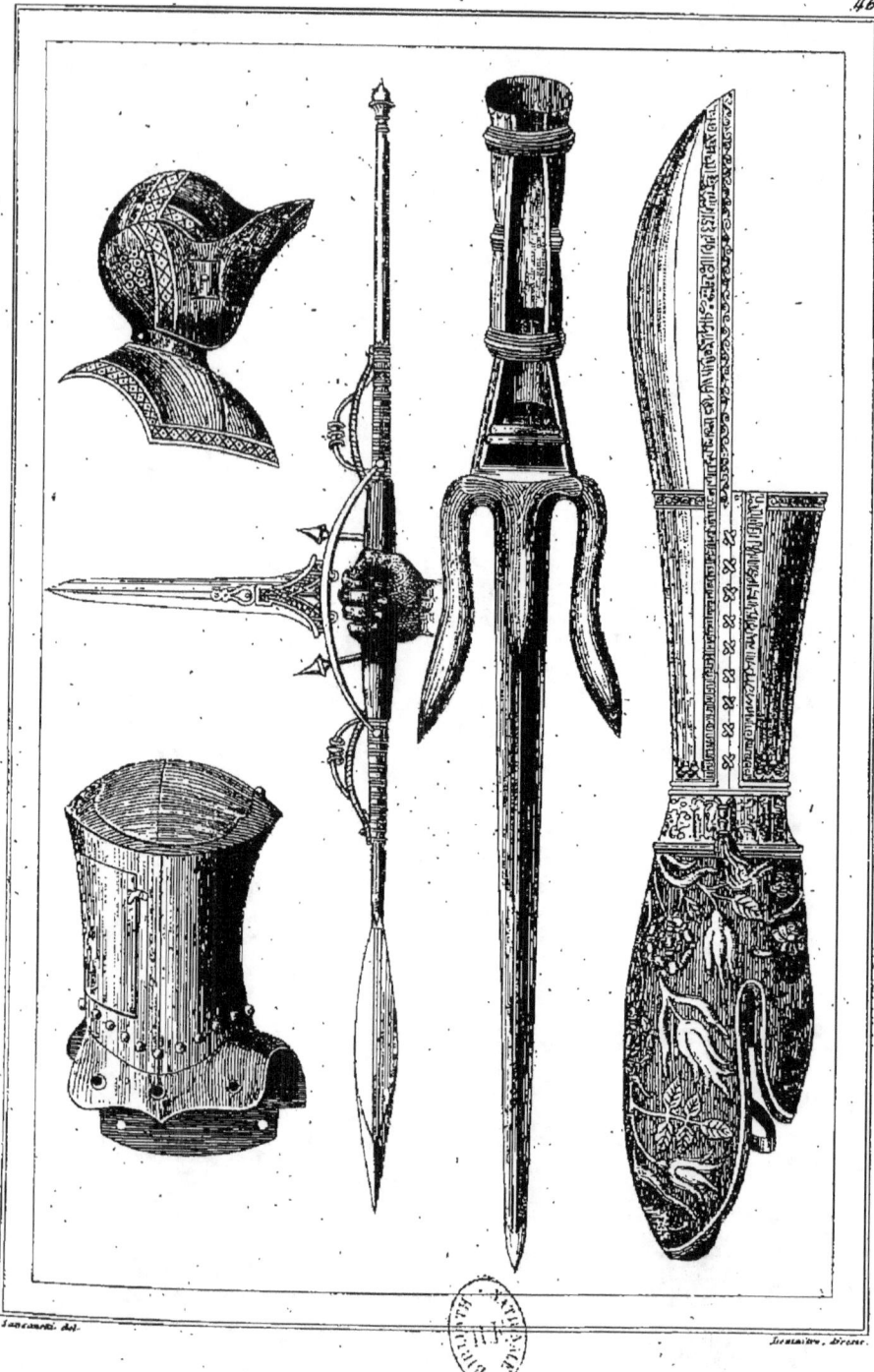

Armes Moresques.

Armas Moriscas.

ESPAGNE. ESPAÑA.

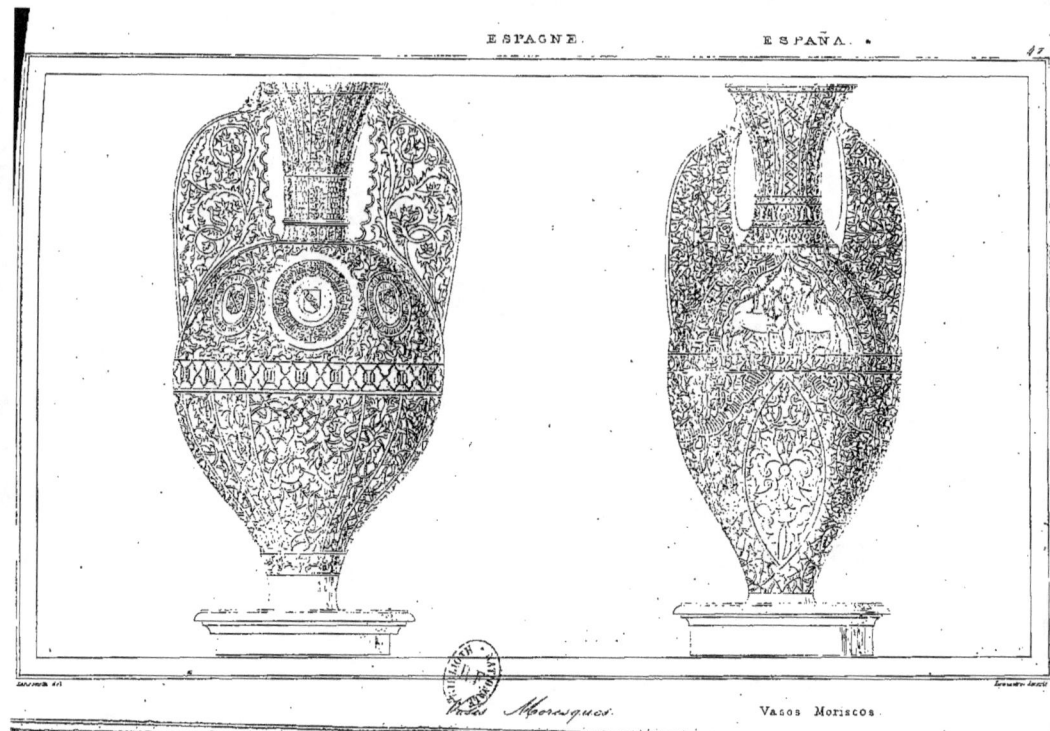

Vases Moresques. Vasos Moriscos.

ESPAGNE. ESPAÑA.

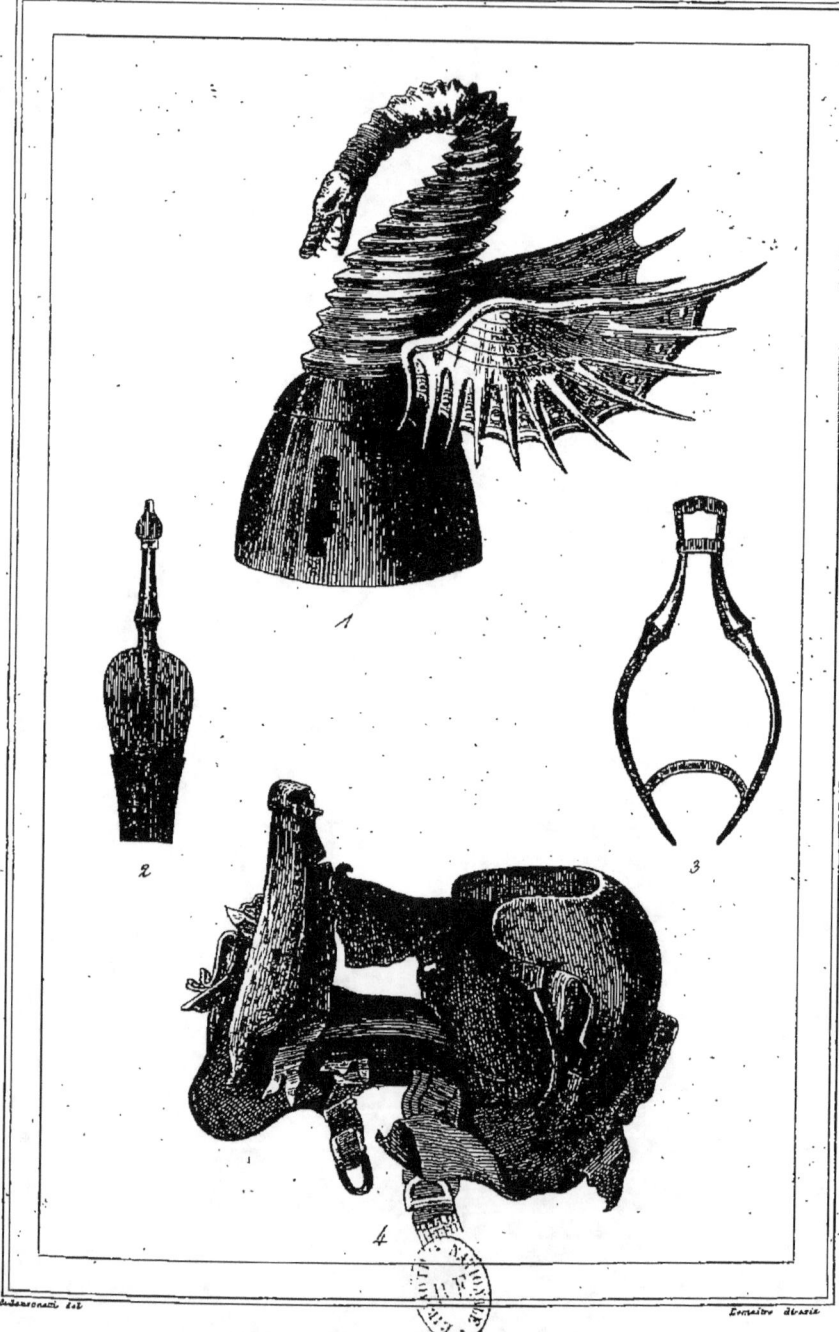

Casque, Étriers, Selle de don Jacques le Conquérant.

www.ingramcontent.com/pod-product-compliance
Lightning Source LLC
Chambersburg PA
CBHW060412230426
43663CB00008B/1462